曾熙年譜長編

書畫名家年譜大系

王中秀 曾迎三 編著

上海書畫出版社

謹以此書

紀念曾熙先生誕辰一百五十五週年

曾熙七十歲像

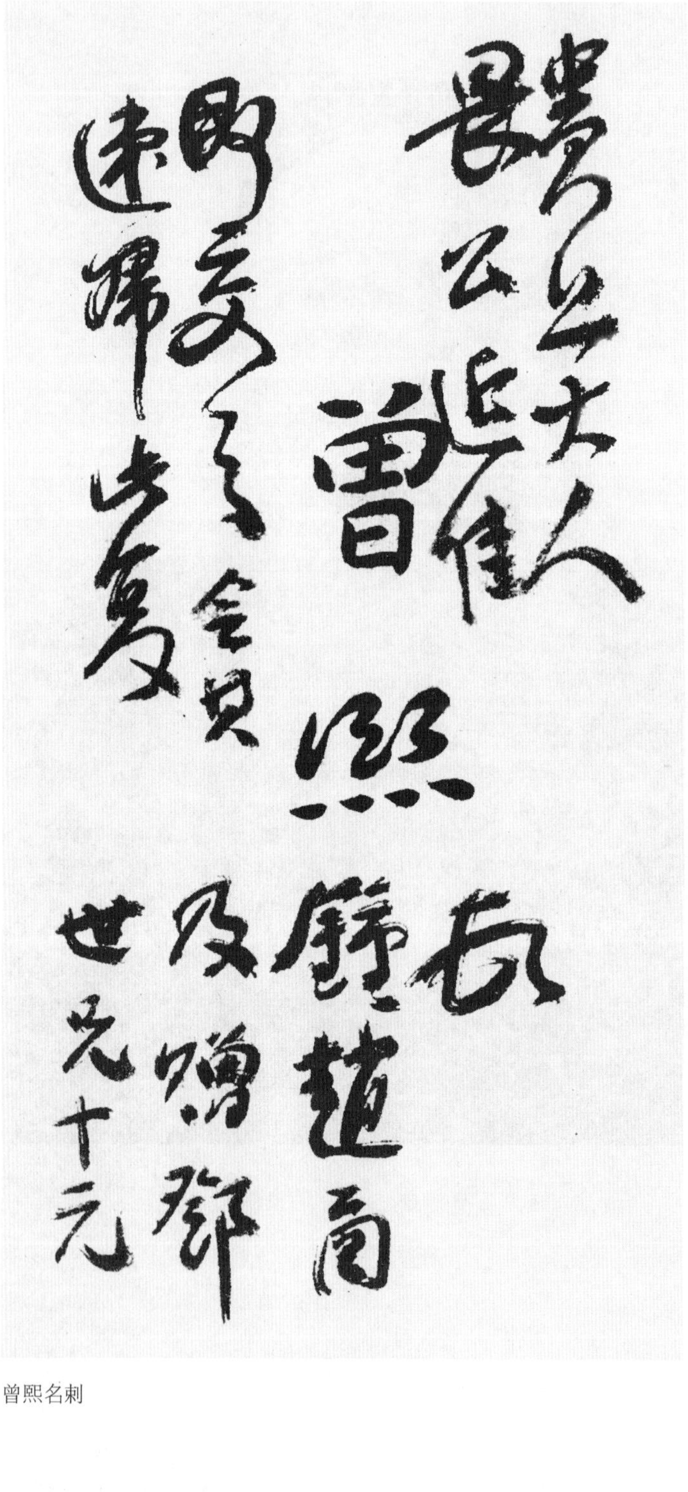

曾熙名刺

目次

序

曾熙(1861—1930),字子緝,號俟園,晚號農髯。晚清民初政治家、教育家,著名文化人、詩人、書法家兼畫家。湖南衡陽人。6 歲入宗祠私塾,年甫弱冠中秀才,繼而投師船山書院鄧輔綸門下學詩文。30 歲中舉,被湖南巡撫薦至兵部任職。中日甲午戰争,隨劉坤一督師山海關。"馬關條約"簽訂前夕,與丁立鈞、沈曾植、李瑞清等,合東南各省公車數千人,詣都察院上書反對和議。"庚子事變",携家返衡陽,主講於石鼓書院,龍池書院。1903 年,會試中第十五名貢士,殿試以二甲成進士。升任兵部主事,兼任提學使、弼德院顧問。1905 年,創辦湖南南路優級師範學堂,任監督。不久又任湖南高等學堂(今湖南大學)監督。晚清實行新政,湖南成立諮議局,籌劃立憲,曾熙當選爲副議長,同時兼任教育會長。辛亥革命後,第二次當選爲湖南省副議長。不久離開政壇,移居上海,以鬻書畫詩文自給。曾先後加入海上題襟館金石書畫會、停雲書畫社、解衣社、寒之友畫社、觀海藝社;又先後任中華女子美術學校校董、城東女學國畫專修科導師。晚年喜收藏、喜品評書畫,與海上名畫家、名收藏家多有交往。

曾熙以文辭書法名世,同代人多有評論。陳三立《清故兵部主事曾君墓志銘》曰,曾氏是由治經書如《禮》、《春秋》"溢而爲文辭詩歌"。"君於書與清道人同淵源,皆務復古,習秦漢篆隸,而後專摹六朝碑體,盡其態。清道人歿,君踵起,名益振,四方賚重直求索不絕,歲所贏輒推濟族戚交朋窮乏者。……在滬居僻巷,而賓友或弟子常滿坐,古貌白鬚,呴呴批肝膈絮語,故親附者眾。晚歲喜購古先名輩遺跡,餘興效作畫,崛奇出天授。"李瑞清曰:"農髯先生今之蔡中郎也。中郎爲書學祖,髯既通蔡學,復下極鍾王以盡其變,所臨《夏承碑》,左右倚伏,陰闔陽開,奇恣詭誕,穹隆恢廓,即使中郎操觚,未必勝之,魏晉以來,能傳中郎之絕學,惟髯一人。"沈曾植曰:"俟園於書溝通南北,融會方圓,皆能冥悟其所以分合之故,如乾嘉諸經師之説經,本自艱苦中來,而左右逢源,絕不見援據貫穿之跡,故能自成一家。昔人以洞達二字評中郎書,若俟園之神明變化,斯可語於洞達矣。"康有爲曰:"農髯於道州爲同鄉,其八分亦可繼美,而其最得力者在《華山》、《夏承》,皆圓筆也。由圓筆以下窮南碑,故其行楷各體皆逸。體峻者見氣骨,體逸者見性情,所謂陰陽剛柔,各有其妙者也。"

曾熙撰寫過大量關於歷代書畫碑刻的題跋,以及課徒、答疑筆錄等等,談史論藝,妙言不迭,是近代書論畫論的重要文獻,對瞭解晚清民初書畫史與書畫思想,具有珍貴的價值,這些題跋文字大都散見於庚午年前的有關報紙、雜志、書信、日記和曾氏書畫作品中。以往我們只知其一鱗半爪,未能窺其詳。近年,曾迎三編成《曾熙詩文題跋集》一書,填補了這一不足。曾熙擅畫,晚年也頗有畫價。其畫得益於書,可謂"文之餘、書之餘"的文人畫,自具一種高古簡逸的風貌。譚延闓 1927 題曾氏山水册云:"農髯以畫示世人,數年前事耳。然其畫蘊蓄於胸中者,蓋數十年。平日所遊名山大川,所見吉金樂石,古今劇跡,一旦噴薄而出,奔赴腕下,宜其邈然高絕,不可追攀。"譚氏乃曾熙摯友,難免多譽,但並非全無道理。曾氏有"吉金樂石、古今劇跡"的功底,總是有助於畫的。惜其畫作也零落分散,雖在拍賣市場偶有一遇,也是吉光片羽,不能睹其詳。嚴格説,曾熙是名符其實的書法家,也是一個有水準的"美術文化人"——有多方面文化藝術素養、諳熟或兼事美術,對美術有相當影響力的文化人。曾熙致仕於晚清和民初,曾治經史,辦教育,晚歲雖以賣字爲生,但其學問功力,盡集中於傳統書畫歷史、書論畫論及鑒賞方面,並在上海藝壇有相當影響,可算是典型的"美術文化人"了。曾熙逝世後,王一亭挽曰:"能書能畫能詩,可稱三絕;有猶有爲有守,無愧完人。"狄楚青挽曰:"品格在羲皇以上,書畫在唐晉之間。"譚延闓挽曰:"兄事卅年,豈意違離成永别;才包三古,只將書畫了生平。"都可以印證這一點。隨着時間的流逝,社會文化的變遷,曾熙逐漸被淡忘。如民國時期,上海畫界曾出現過石濤、八大熱,其情景,被美術史家俞劍華描述爲"家家石濤、人人八大",並認爲是張善子、張大千兄弟推起來的。

殊不知張氏兄弟對石濤、八大的喜愛、收購與摹製,實根源於他們的老師曾熙、李瑞清——曾氏喜石濤,李氏愛八大,正是他們對石濤、八大的高度評價影響了張大千等,才有了張大千對石濤的臨摹研究,並逐漸推起了上海收藏界、藝術界對石濤、八大的熱情。但曾、李是如何評價石濤、八大的,却很少有人知曉!

由於政治和意識形態種種原因,20 世紀的歷史人物被遮蔽和遺忘的現象十分嚴重,在近現代文化藝術的研究中,重新挖掘被遺忘的人群,並探討它産生的根源,是一項重要的學術課題。但這是一件艱難的任務,需要從材料做起,一點一滴的,對歷史作"還原"的工作。近 20 年來,隨着資本、市場和現代媒體的發達——拍賣市場對民國作品的挖掘與展覽,媒體對拍賣行情的宣傳,以及伴隨市場復興而掀起的收藏熱,使人們重新發現了一些被遺忘的歷史人物。與此同時,各地出版了不少近現代美術人物的傳記、年譜、評傳、畫集、文集和研究著作。雖然良莠不齊,但總是填補了一些空白,發掘了有意義的資料,提出了有價值的問題,引起了更多人的關注,從而有力地促進了近現代美術的研究。值得注意的是,不少前輩藝術家的後人也悄然走進這一行列。他們未必都熟悉美術專業和學術研究,但情感和責任推動了他們,從整理、搜集和發掘先人遺作開始,進而編輯畫集文集,乃至動手撰寫年譜。就我所知,在黄賓虹、曾熙、姚華、吕鳳子、胡佩衡、徐悲鴻、陶冷月、吴琴木、潘天壽、林風眠、方人定、黄般若、陳少梅、傅抱石、錢松喦、陸儼少、李可染、郭味蕖、石魯、趙望雲、吴一峰、唐雲、謝稚柳等的研究活動中,都有他們的後人和弟子的身影。

曾迎三乃曾熙之曾孫,正年富力强,事業發達。他未曾見過曾祖父,家中也沒有留下多少曾祖父的作品。但他覺得自己有責任爲其曾祖父、爲曾祖父獻身的中國文化,做一點事情。他從整理、查閱和搜求曾熙的書畫作品和著述文字做起,從上海找到湖南老家,從圖書館、博物館找到拍賣展和拍賣圖録,查閱清史稿、民國史、族譜和有關人士的碑傳、詩文、碑版印拓、書信,點點滴滴地尋找綫索,抄寫、複印材料,有不明白的東西,就請教專家。經過近三十年的努力,他終於編成《曾熙詩文題跋集》,寫出《曾熙年譜》《曾熙傳略》和《清道人年譜》初稿。2009 年,我讀到這些初稿,其中年譜約 20 萬字,思路清晰,文字簡練。但對於曾熙豐富的一生來説,年譜還是顯得單薄。我建議他去請教王中秀兄。其時,中秀兄已出版大部頭的《黄賓虹年譜》,正編著《王一亭年譜長編》,對上海圖書館的報刊文獻頗爲熟悉,對近現代美術特别是上海近現代美術史料下了大功夫,且在學術上以助人爲樂。果然,曾迎三與中秀兄合作,搜尋相關文獻的工作有大發現,大擴展,書稿竟增至 80 餘萬字。其豐富的文獻内容,對 20 世紀政治史、文化史、教育史,特别是書畫藝術史,都有珍貴的價值。

本譜對曾氏在晚清、民國這一歷史巨變時期,在湖南、北京、南京、上海等地求學、遊歷、做官、辦學、搜救古代藝術文獻,以及題寫、雅集、會友、鑒定、赴宴種種活動,作了詳盡的記述。對他相與交往的文化人士,如鄧輔綸、王湘綺、章太炎、楊度、熊希齡、向燊、丁立鈞、陳三立、李瑞清、沈曾植、鄭孝胥、康有爲、于右任、寄禪法師、譚延闓、譚澤闓、夏壽田、鄭文焯、張元濟、周夢坡、哈同、王一亭、姚虞琴、陳曾壽、葉恭綽、狄平子、羅振玉、陳叔通等,藝術家如吴昌碩、齊白石、楊潛庵、何維樸、黄賓虹、蕭俊賢、陳師曾、俞劍華、鄭午昌、劉海粟、陳樹人、錢瘦鐵、丁輔之、趙叔孺、吴徵、吴湖帆、黄曉汀、符鐵年、趙雲壑、唐吉生、許昭,弟子如趙恒惕、張善子、張大千、胡小石、馬宗霍、朱大可、顧蓮村等,都盡所能加以記述,從而多角度勾勒出曾熙的生平跡歷、交遊、藝術活動及其社會背景的種種情狀。年譜對一些人物事跡有所考證,校正了一些流行的不當説法或誤識。如説曾熙像他的朋友李瑞清一樣,在辛亥革命後拒絶入仕於民國,到上海以鬻書爲生,是一位

"勝朝遺老"。編者從曾熙在進入民國後仍一度擔任省參議會副議長、支持譚延闓宣佈湖南獨立、作書刻石以"大漢民國元年"落款等行爲,表明"遺老"之説"是個錯覺"。張大千投師曾熙,一般都認爲是在 1919 年,《年譜》作者通過張大千題六朝銅鏡的年款,又從清道人 1917 年爲張大千集瘞鶴銘題聯兩個"鐵證",指出張大千拜師於曾熙、李瑞清是在 1917 年,改正了"延續了數十年的成説"。中秀兄編寫年譜的突出特點,是對譜主跡歷的直接敘述,言簡意賅,對與譜主相關的事件、活動、環境、人物的原始文獻,則求全求備,充分抄摘。也許可以説,這是一種文獻型的年譜。這樣的年譜,讀起來費力,用起來方便,即它提供的豐富文獻和相關綫索,大有益於文史研究。如《曾熙年譜長編》用了《譚延闓日記》中的大量材料,大凡日記中涉及曾熙的文字,包括開會、談藝、論政、吃飯、聊天、遊觀、看畫、寫字、探病、往來書信等等,都詳加録入,借譚氏的眼睛追蹤了曾熙的日常活動,也借譚氏的紀述描畫出晚清民初以譚氏爲中心、以湖南籍文化人爲骨幹的一個政治文化群體的狀況。它提供的信息,正是歷史文化研究所需要的。我期望看到更多這樣的年譜出現。

郎紹君

壬辰臘後一日

凡例

一、辛亥革命改變了中國歷史走向，也改變了舊體制内精英的個人運命。如果没有那場革命，没有舊皇朝的覆亡，没有失去舊體制的憑藉，他們的前程可以推演，平庸的仕途和仕途的平庸也許便是宿命。革命將擺在他們面前的筵席掀翻，一切都回復到原點。回復到原點失去憑藉的舊體制精英們，各自尋找各自的歸宿。本譜譜主就是一例。早年摯友、中年共同致力於中國教育、晚年與李瑞清以"曾李"並稱於民初書壇畫界的譜主，歷來被學者歸於前清遺老之列。這一歸類或許和與譜主有"曾李"書壇兩大家之稱的李瑞清終身不署民國年號的政治趨向有關。此外，和譜主民國初年經歷之鈎稽的缺失也不無關係。歷史的真相顯示，在清末"新政"的歷史條件下，譜主投身地方教育與立憲活動，民國成立後，參與湖南省參議院的活動，任副議長，展現了他人生的另外一個側面。本譜在鈎稽譜主書畫活動的同時，力圖在更大的視野中，還原其整個人生的軌迹。

二、由於譜主逝世至今八十餘載，其間歷經社會變遷，譜主留下的材料幾乎散失殆盡。本譜的構成主要源自下列的幾大板塊：舊報刊的報導；書畫市場浮現的譜主書畫作品；民國時期出版的譜主碑帖和其他碑帖出版物的譜主題識；張善孖手記《大風堂存稿》；與其交游人士的日記，尤其是交往數十年互相引爲知己的《譚延闓日記》等。

三、譜主的書信，究其數量而言，所見尚夥。這些書信多僅署月日，甚或僅署日期與"即刻"字樣，不少爲便條性質，缺乏紀年的參照，難以斷年，只得割愛。其與譚延闓的通信留存，由於《譚延闓日記》對於收發信件多有記録，本譜盡力鈎稽其内在牽連闌入譜中。然千慮之下，總有一失，尚祈讀者指正。此外，其書信散於民間者亦復不少，本譜儘量將《譚延闓日記》中所收譜主書信的記載録入譜中，以備他日補入。

四、爲便於讀者瞭解譜主作品特色和人物檢索，本譜附以適量插圖和人物索引。由於徵引日記中往往有"曾大""汪九"之類稱謂，除了已知全名者，尚無從得知全名者，均以原稱闌入索引。

五、舊日對同一人之字號有不同的寫法,如“向樂穀”,《譚延闓日記》均作“樂谷”,本譜一仍其舊。這種不同寫法也會引起歧義,如《王湘綺日記》中,對譜主有“熙”“子緝”“士原”“士元”的稱謂外,尚有“泗源”一名字,難以鎖定爲譜主,爲慎重起見,未採入譜中。

六、鑒於碑帖題識涉及金石文字學範疇,以及對原作者的尊重,本譜對引文字體不作規範處理。

七、本譜附録二,一爲“京官住址單(丁酉)”,係丁酉年(1897)湖南籍京官住址單,録自原件,聊存歷史一斑;一爲《大風堂存稿》,係張善孖手録譜主題畫等底稿。两者均有訛誤,本譜一仍其舊,以存歷史之真。

八、本譜所記對聯、册頁等尺寸,即爲第一幅面者,不另註“(各)”字樣。

世系

曲烈(封鄫)炫忠——坤仁——録——浩源——富材——焜——伯基(曲烈至此天命歸湯,基仍承爵)——鋭——汪——志樑——煌——相奎——世鑑——政治——模——端煥——垠——錦容——洪——桂茂——照——培元——銈——允漆——杞——炷——填和——成鋭——湝——椿——炯——垣——銷——福波——時容——炳——均柞——鈴——浤仁——松——炲——墅——鎮玉——浥——祥槫——炷——方堤——宇鑾——沛恩——樸——世美——時泰——巫(襄公六年鄫爲莒滅,子巫奔魯去邑爲曾)——夭——夫——蒧(即點,字子晳,爲孔門高弟)——參——元——西——欽——㝵——羨——遐——煒——樂——浼——旃——嘉——寶——埮——據——闈——植——燿——培——德——珣——涣——梓——勰——端——鉉——海——璜——興——隆——釣——謀——丞——珪——寬——莊——慶——偉——輝——崇德——澄修——肅——知温——載陽——鋭——與道——彦輿——諲——悱——沅老——晞顔——巽申——如瑶——潼——子集——芝——安——絟——潮珧——盟鍕(始由寧鄉遷衡陽)——祖景(始遷龍田)——啓樑——宏福——聞賓——貞文——尚寵——衍組——興瓊——毓湘——傳本——紀領——廣垕——昭銜(曾熙)

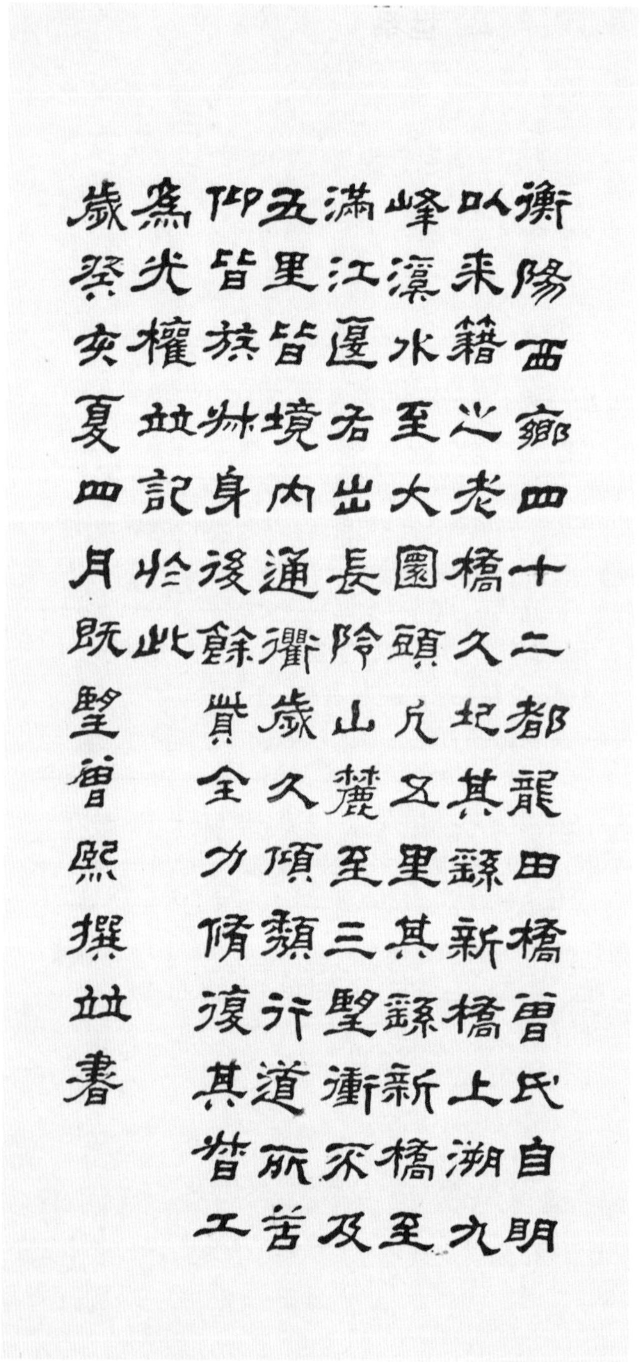

重修龍田橋記　1923 年

題曾景公祠門額

龍田曾景公祠　2012 年攝

龍田曾氏宗祠　2012 年攝

龍田宏嘉堂(譜主出生舊宅)　2012 年攝

龍田曾氏五修族譜　1940 年

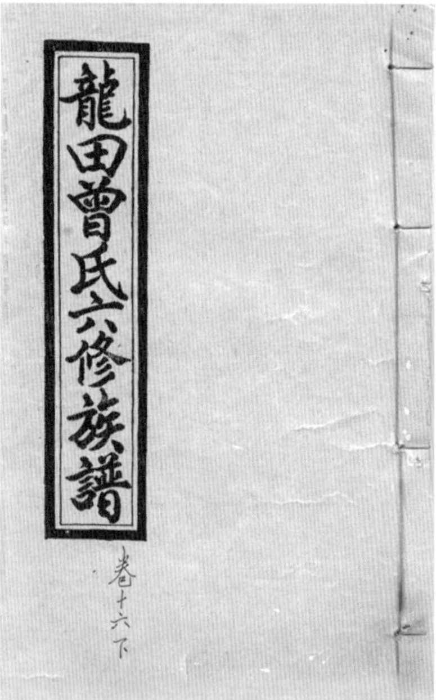

龍田曾氏六修族譜　1999 年

本譜

1861 年 清文宗咸豐十一年 辛酉 一歲

1861 年 12 月 20 日辛酉十一月十九日辰時,生於湖南衡陽縣石頭橋(今石市鄉)龍田村宏嘉堂,廣垕三子。

《龍田曾氏六修族譜》:"生於清咸豐辛酉十一年十一月十九日辰時,壽七十。於民國庚午十九年七月初四申時歿,葬四十二都一區界牌峴塘冲,正咀巽山乾。"

《清故兵部主事曾君墓誌銘》:"君年躋七十,庚午七月四日病卒。"(《散原精舍詩文集》,上海古籍出版社 2003 年 6 月版)

《跋何紹基臨張遷碑》:"案:道州臨此册,跋稱辛酉仲冬十八日,予以是十九日生,蓋長予一日也。記母氏語熙曰:'汝生之辰,冰雪滿地,滴水皆凍。'今跋中記十八雪晨大冷,則予未生之先一日,已成冰天雪地矣。宜予處境似之。"(譚瓶齋藏《蝯叟臨漢碑十册》,商務印書館發行,1933 年 8 月國難後第一版)

自用印:惟辛酉余以生。(丁巳六月,爲楊潛盦作《中堂四屏》)

譜名昭衜,榜名榮甲,更名熙,字子緝,號嗣元、士元,又號俟園,晚號農髯。行承九。

《龍田曾氏六修族譜》:"曾昭衜字子緝,號嗣元,一號俟園,晚號農髯。行承九。邑優生。廩生。光緒辛卯(1891)正科中式第二名舉人,榜名榮甲。癸卯(1903)科補行辛丑(1901)壬寅(1902)正并科中式十五名貢士。殿試二甲(121 名)進士,朝老二等。特授兵部主事。指分直隸補用道,更名熙。"

《清故兵部主事曾君墓誌銘》:"君諱熙,字子緝,初字嗣元,晚號農髯,姓曾氏,世爲衡陽人。"(《散原精舍詩文集》,上海古籍出版社 2003 年 6 月版)

《近代書家名號小志》:"曾熙,原字子緝,取《詩》'於緝熙敬止'之意。晚號農髯,蓋先生衡陽人,清初衡陽王船山號而農也。"(1928 年 8 月 24 日《金鋼鑽》報)

自用印:名熙字曰子緝。(戊辰臘月將望條)

自用印:阿九。(戊午九月跋清道人臨《毛公鼎》)

別署:七十三派嗣孫、龍陽老農、老髯、髯叟、永建齋主人等。

之一:七十三派嗣孫。(庚戌年冬十月一日條)

之二:龍陽老農。(戊辰臘月既望題《豳風圖》)

之三:老髯。(戊午九月跋清道人臨《毛公鼎》)

之四:髯叟。(庚午年六月中浣條)

之五:永建齋主人。(辛酉九月下浣條)

《龍田曾氏六修族譜》:"春秋時期,曾氏始祖曾巫,仕於魯國,五傳曾子,居武城(今山東省嘉祥縣),曾氏始大矣。我龍田族譜,屬於武城曾氏支譜,武城由來於此。"

《衡陽龍田曾氏》:"該族系傳東魯,派衍寧鄉。宗聖五十六派芝公,字光顯,明永樂間由山東宦寧鄉,爲南宗之祖。芝孫銓居寧邑麻田。銓孫玉五,諱盟鏵,六十派,明弘治年間由寧遷衡。玉五長子景,字映星,正德年間避兵亂,卜居衡邑龍田,爲龍田始祖。生啓樑、啓相、啓椿,椿公嗣訖,相公再傳而止。樑公子三:仁德、仁南、仁志,志公嗣訖,衍爲二房。七十三派昭衜,又號熙,字子緝,又號農髯,爲民國間著名書法家。至1948年,已傳十七代,全族人口約2700餘人。族譜創修於清乾隆四十二年(1775),嘉慶七年(1802)續修,光緒元年(1875)三修,宣統二年(1910)四修,一九四〇年五修。"(湖南圖書館編《湖南氏族源流》,嶽麓書社2006年9月版)

齋名:永建齋、游天戲海之樓、心太平庵。

自用印之一:永建齋。

按:1931年立夏日雨中,譚澤闓先生題曾農髯山水遺墨,在"永建齋"小印下記:"永建齋印廿餘年前,余所刻也。瓶齋並記。"

自用印之二:游天戲海之樓。

按:朱大可著《游天戲海室雅言》:"游天戲海室者,我師曾農髯先生之寓齋也。""游天戲海"取之於梁武帝《古今書人優劣評》中論鍾繇書"繇書如雲鵠游天,群鴻戲海"之句。

自用印之三:心太平庵鉢。

按:自題《簡筆山水圖》:"久聞湘陰李文恭公藏宋畫二幀,一郭河陽、一即許畫。今河陽即爲郭侗伯同年所得,此幀復歸雪齋,楚弓楚得,當置酒賀也。同日,

熙再記於海上心太平庵。”(香港蘇富比2005年春拍圖録)

父廣巵,時年三十三歲。

《龍田曾氏六修族譜》:“父曾廣巵,字履安,號敦圃,一號德山。生於清道光己丑九年十月二十日辰時。”

母劉氏,時年三十歲。

《龍田曾氏六修族譜》:“母劉太夫人,生於清道光壬辰十二年五月二十四日巳時。”

《清史稿》:“曾廣巵妻劉,衡陽人。歸廣巵。舅老,姑前卒。兄公初喪,舅痛子,幾失明,出入需人。劉侍舅謹,日執炊,一飯三起視舅起居衣食。雖貧,必具酒肉。舅病,奉侍七晝夜不就枕。舅卒,棄田廬治喪。劉方産,徙陋巷,艱苦冰雪中。”

長兄曾昭衡,時年十一歲。

《龍田曾氏六修族譜》:“字永貞,號權臺。行國三。馳贈中憲大夫。生於清咸豐辛亥元年正月二十一日午時。從軍甘肅歿。葬失。撫子一,瓚,係撫入昭衡次子。”

二兄曾昭衢,時年六歲。

《龍田曾氏六修族譜》:“改名昭雋,字邦達,號可樓,一號可堯。行詩十。欽加同知銜廣西補用知縣。册名銑。誥封中憲大夫。生於清咸豐丙辰六年五月初六日丑時,得年五十六,於宣統辛亥三年六月二十日申時歿。葬四十二都八區壽樹塘屋上首周人墳山内,豎石爲界,庚甲兼西卯。”

1862年 清穆宗同治元年 壬戌 二歲

居宏嘉堂。父廣巵罹病經年,家事全賴母親操持。

按:見下文:“父病經年倚母力。”

1863年 清穆宗同治二年 癸亥 三歲

1863年3月19日癸亥二月初一日丑時,父廣巵病逝,時譜主年僅一足歲零三個月。

《龍田曾氏六修族譜》:"同治癸亥二年二月初一日丑時歿,葬四十二都八區棉花嶺屋後左側辛山乙。"

自題《雪景圖》:"我生年又六十七,一歲三月成孤息。母啼兒笑苦不知,鞠養艱難歷五十。五十四齡母棄我,不意餘生及今日。歲歲家人歡置酒,我獨潛淚仰天泣。當年破屋母所居,父病經年倚母力。呱呱墮地冰雪中,且飲冰水作朝食。鄰媼急進生薑湯,掃雪洗兒長嘆息。平生苦節不敢憶,膝下授經月下織。報德無力衹刺心,此生此痛曷有極。小南山下雲氣深,但有魂夢接朝夕。擬將橐筆入南山,老依母墓剪荆棘。"(私人藏)

父卒,親屬多以其貧皆不欲留其母,不得已,只得與其嫂同住,晝治針黹,夜則紡織,節衣縮食,賢淑治家,全心督子成材。

《清史稿》:"曾廣垕妻劉,衡陽人。歸廣垕。舅老,姑前卒。兄公初喪,舅痛子,幾失明,出入需人。劉侍舅謹,日執炊,一飯三起視舅起居衣食。雖貧,必具酒肉。舅病,奉侍七晝夜不就枕。舅卒,棄田廬治喪。劉方産,徙陋巷,艱苦冰雪中。廣垕又卒,乃與姒李同居,以子爲之後。李亦苦節,劉事之如姑。晝治針黹,夜則紡織,節衣食,命子熙就學,卒成進士。方極困,老稚或乞食,必分食與之。晚少豐,年饑,必出以賑貧者。"

存考:《清史稿》云曾熙父亡其母與妯娌李氏同居,曾熙《曾母戴太淑人六秩壽叙》云"於斯時,諸母中惟太淑人與伯母魏、伯母譚、叔母劉獨厚遇熙母",兩者互有出入,待考。

是年,母親抱譜主過滿江堰從叔母戴氏家,戴氏謂其操持家務不易,然上天必不負其苦心。嘗以錢與點心相與,其母托詞不受,戴氏使人追而强授以點心。

《曾母戴太淑人六秩壽叙》:"戴太淑人,熙之從叔母也。熙少孤,年二齡,熙母嘗襁熙過太淑人家。太淑人謂熙母曰:若志可嘉也。然以若所行,蓋亦可謂難矣。雖然,天必不負若。於斯時,熙父不禄,熙兄弟俱幼弱,同祖諸父皆不欲留熙母,以母年少且貧甚也。故母出而訴諸諸父母前。於斯時,諸母中惟太淑人與伯母魏、伯母譚、叔母劉獨厚遇熙母。太淑人於熙母過時,嘗持錢與稻糕凡小食物與熙,熙母謝以反而再過將拜取之,太淑人使人追之,謂曰:寧反錢,稻糕則食襁中兒也。於斯時,太淑人居滿江堰。滿江堰者,譚姓人宅也,叔祖文峰公易以爲家宅。文峰生親五叔父,其仲曰仁崑世父,叔曰春皆叔父,季曰廬山叔父。太淑人來事春皆叔父,時已析箸而食,易廬而居。滿江堰舊廬,屬五仁世父,而叔父貧,力不能新營,亦遂居滿江堰。於斯時,室不足四間,間不容五步,然而太淑人居之廓如也。太淑人嘗以假廬而居,不得自專。每除夕新歲,必讓諸妯前,諸妯進然後進,諸妯喜然後色喜。嘗元日,諸妯行禮,獨後太淑人。太淑人從容退,叔祖母曰:何爾汝之遠也? 太淑人曰:固成禮矣。叔祖母素厚愛太淑人,故太淑人不以實告也。繼語諸兒曰:祖宗義主敬。室隘人衆,倉皇狼蹌,幾傾躓,無以爲禮,且曰:予一户朝暮之啓閉,未嘗自專,諸兒宜慎之。於斯時,太淑人居約而無愠色,處諸姒無猜忌。"

按:全文參見1898年條。曾熙曰"年二齡",又曰"父不禄",當指實齡。

1864年 清穆宗同治三年 甲子 四歲

1864年1月1日癸亥十一月二十二日,齊白石(璜)生。

1864年5月25日甲子四月二十日,元配湯夫人生。

《龍田曾氏六修族譜》:"元配湯氏,貢生姪女,誥贈夫人,生於清同治甲子三年四月廿日戌時,於光緒己亥廿五年八月十六日巳時,由京都病歿。"

1864年10月16日甲子九月十六日向燊(樂穀)生。

1865年 清穆宗同治四年 乙丑 五歲

居宏嘉堂。

1865年1月27日乙丑元旦,黄賓虹生。

1865年9月30日乙丑八月初十日蕭俊賢(厔泉)生。

1866年 清穆宗同治五年 丙寅 六歲

入曾氏宗祠啓蒙。

1867年 清穆宗同治六年 丁卯 七歲

在曾氏宗祠學習。

1867年6月27日丁卯五月二十六日,繼配萬氏生。

《龍田曾氏六修族譜》:"繼配萬氏,太學生新甫女,誥封夫人,生於清同治丁卯六年五月廿六日寅時,於公元庚寅1950年病殁。葬雅宜塘後山。"

存考:據曾珂生前云:母親病逝在1952年,時在母親身邊,並操辦後事。

1867年8月8日丁卯七月初九日,李瑞清生於廣東。

李雲麾《先從兄清道人行述初稿》:"(父李必昌)以軍功由廣東海尉而湖南武陵、長沙、衡山、平江等縣令,故兄生於粤長於湘。"(《清道人遺集》,黄山書社2011年3月版)

《李氏族譜》:"必昌次子,行二,字仲霖,號雨農,易號梅庵。亦號梅癡。由國子監生報效直隸賑捐户部,護鹽運司經歷,職銜復以軍功洊保知縣,因有志觀光,寄籍湖南納監入闈,改名瑞棻,中式光緒辛卯科副榜第一名。湘人攻激異籍,次年癸巳仍歸本省鄉試中式第九十三名舉人,連捷甲午科會試第二百二十七名進士。乙未科殿試二甲第十五名,朝考一等第十九名。欽點翰林院庶吉士。呈改江蘇試用道,賞戴花翎。著有《春秋君臣大義考》、《羅浮子痿言》、《梅庵詩文集》。同治丁卯年七月初九日寅時生。"

柳肇嘉《清道人傳》:"(李瑞清)庚申八月朔中風卒,其降生同治六年丁卯七月初九也。年五十四,予謚文潔,葬江寧牛首山。"(《清道人遺集》,中華書局1939年9月版)

《光緒廿一年乙未科會試硃卷·李瑞清履歷》:"李瑞清,字仲霖,號雨農,易號梅癡,行二,年二十五歲。江西省撫州府臨川縣人。以國子監生中式癸巳恩科本省鄉試第九十三名舉人。甲午恩科會試中式第二百二十七名貢士。乙未會試正科補行殿試二甲第十五名,賜進士出身。朝考一等第十九名,欽點翰林院庶吉士。"

1867年12月4日丁卯十一月初九日,王震(一亭)生。

1868年 清穆宗同治七年 戊辰 八歲

在曾氏宗祠學習。

1869年　清穆宗同治八年　己巳　九歲

在曾氏宗祠學習。

1869年8月25日己巳七月十八日，吴錡生。

按：吴錡(—1934)字棟臣，號劍秋，一號錫五。宜黄縣人。(《清代硃卷集成》)

1870年　清穆宗同治九年　庚午　十歲

在曾氏宗祠學習。

1871年　清穆宗同治十年　辛未　十一歲

在曾氏宗祠學習。

辛未九月十八日，李瑞清弟李瑞奇(筠庵)生於湖南長沙。

《李氏族譜》："必昌三子，原名瑞奇，字衡仲，號毓華，易號筠庵，又號筠仲，行三。國子監生，加翰林院待詔。改廣東即補知縣，加同知銜。誥授奉政大夫。賞戴花翎。同治辛未年九月十八日子時生。娶湖南長沙縣黄氏三品銜候選道名克襄字子贊公幼女，同治戊辰年五月十四日酉時生。"

曾熙贈李瑞奇八言隸書聯跋語："阿筠(李瑞奇)三弟於吴城將卜新居，本月適晋五十六歲，而賢嫂湘筌老畫友於夏五月晋五十九。爰畫山水小册，執爵豪飲爲樂，聞警遂止。阿筠寫花卉得乾隆諸老逸趣，而湘筌畫友山水直入宋元室矣。丙寅重陽後，兄熙。"(私人藏)

《光緒廿一年乙未科會試硃卷・李瑞清履歷》："弟瑞奇，字衡仲，國子監生，翰林院待詔。"

《李健廿五歲履歷》："叔父瑞奇，易名瑞荃，字毓華，號筠庵，亦號衡仲。賞戴花翎。廣東即補知縣，加同知銜調官湖北。"

按：李瑞奇(—約1941)，江西臨川人，李瑞清弟，行三。易名瑞荃，字毓華，號筠庵，亦號衡仲。賞戴花翎，廣東即補知縣，加同知銜調官湖北。1924年曾任金山縣縣長8個月。工書畫，寫花卉得乾隆諸老逸趣。精鑒賞，收藏書畫碑帖甚富。夫人黄湘荃(1868—1957 年仍健在)亦擅書畫。

1872 年　清穆宗同治十一年　壬申　十二歲

在曾氏宗祠學習。

1873 年　清穆宗同治十二年　癸酉　十三歲

在曾氏宗祠學習。

1874 年　清穆宗同治十三年　甲戌　十四歲

在曾氏宗祠學習。

1875 年　清德宗光緒元年　乙亥　十五歲

在曾氏宗祠學習。

1876 年　清德宗光緒二年　丙子　十六歲

在曾氏宗祠學習。

是年,李瑞清開始學習書法,以篆分入。

李瑞清《與研青論書書》:"頃承垂詢學書之法,書學雖小道,貧道習之幾四十年,以筆沉膇,而質又駑下,年垂五十,尚無所成。"(《清道人遺集》)

李瑞清《玉梅花庵書斷》:"余書本從篆分入,學書不學篆,猶文家不通經也。"(《清道人遺集》)

1877年 清德宗光緒三年 丁丑 十七歲

在曾氏宗祠學習。

所居夾溪水,比屋連雲,而林疏少樹,每至霜降,每見其一二禿枝,古拙可愛,吟有"拳曲一株作蝌蚪"之句。

丁卯元宵寫鄉景冊頁之一:"冬岑霜寒。予所居夾溪水,比屋連雲,林疏少樹,至霜降,但禿兀一二枝,然古拙可愛。少時曾有'拳曲一株作蝌蚪'之句,五十年前猶恍若時(昨)也。"

1878年 清德宗光緒四年 戊寅 十八歲

在曾氏宗祠學習。

1879年 清德宗光緒五年 己卯 十九歲

在曾氏宗祠學習。

1880年 清德宗光緒六年 庚辰 二十歲

1880年1月25日己卯十二月十四日,譚延闓生於浙江巡撫署。

徐崇立《茶陵譚公墓誌》:"公諱延闓,字組安,自號無畏,湖南茶陵縣人。故二廣總督謚文勤公第三子。以光緒五年己卯歲十二月,生於浙江巡撫署。"(《茶陵譚公墓誌》,民國石印本)

約是際,應試補諸生。

陳三立《清故兵部主事曾君墓誌銘》:"幼聰強,弱冠補諸生。"(《散原精舍詩文集》)

1881年 清德宗光緒七年 辛巳 二十一歲

1881年3月20日,章士釗生。

1882年 清德宗光緒八年 壬午 二十二歲

1882年2月18日壬午正月初一日,李瑞清姪李健生。

《李氏族譜》:"瑞祖三子,字子建,號仲乾。以國子監生,鄉試未售,回籍小試入郡庠生,學名健。光緒壬午年正月初一日卯時生。"

《李健二十五歲時履歷》:"李健,字子建,號仲乾,行三。二十五歲,江西撫州府臨川縣府學附生,民藉世居臨川五楊溪,寄寓湖南江南,肄業兩江優級師範學堂。"

1882年7月2日壬午五月十七日,符鑄(鐵年)生。

1882年7月12日壬午五月二十七日,張澤(善孖)生。

本年,叔父曾廣筵歸,有田數百畝,新造敬慎堂於滿江堰之陽。乃請坐館其中,教授其兩子丙、恪,叔母戴氏待如上賓。

《曾母戴太淑人六秩壽叙》:"戴太淑人,熙之從叔母也。……既余館於太淑人家,則在壬午之歲。於斯時,季父已反(返)自東南之役,有田數百畝,新營於滿江堰之陽,是曰敬慎堂。繇壬及丙,凡五歲,熙皆與太淑人居。熙拜,太淑人必答拜。熙曰:我猶子也。太淑人曰:我爲丙、恪敬先生耳。熙食,太淑人必異饌。熙曰:我猶子也,非賓也。太淑人曰:我惟不足以敬先生,非賓汝也。熙寢,太淑人必請易厚衾。熙衣,太淑人入請曰:衣將毋輕乎?熙曰:温爾。太淑人曰:必若母十年衣汝之服也。熙曰:母衣將二十年未嘗易,熙敢易衣!太淑人曰:若叔有冬衣,今已十年矣,以未嘗衣之,故新,請以易之。熙固謝。太淑人曰:若叔有且留此爲寢時温爾足耳。翌日復請。熙避席曰:何阿母遇熙之厚乎!後七歲始反是衣於太淑人,曰:以是存舊物。其七歲爲己丑歲。余以是歲餼於縣,誠兒已三週歲矣。然授衣時,熙固未嘗娶也。"

按:曾廣筵(1832—1909),字講經,號春皆。江蘇補用同知。有子二,長昭丙(1868—1894),次昭恪(1876—1908)。戴氏(1836—1900),太學生作元之女。

1883年 清德宗光緒九年 癸未 二十三歲

館於敬慎堂。

算八字,送彩禮,與湯氏訂婚。

《杏軒公德配唐太恭人八十壽序》:"湯恭人來歸爲甲申歲。先一歲問字納聘。"(《黄梅湯氏四修族譜》)

按:黄梅在衡陽縣石市鄉龍田橋西三十里,俗名獅子橋。湯氏有兄妹共十人,此爲其長女。其父早孤,祖母以習勤勵苦而起家。

1884年 清德宗光緒十年 甲申 二十四歲

館於敬慎堂。

湯氏來歸。

《杏軒公德配唐太恭人八十壽序》:"湯恭人來歸爲甲申歲。"(《黄梅湯氏四修族譜》)

1885年 清德宗光緒十一年 乙酉 二十五歲

館於敬慎堂。

長女智秋生。

《杏軒公德配唐太恭人八十壽序》:"當湯恭人入門,熙年二十三,逾歲生女曰智秋。智秋生五月,熙率湯恭人始以禮見外舅、外舅母與外王母。外王母執熙手,曰:'予年十九苦節,今始得見外曾孫矣。'既喜復自感。是時,外舅喜賓客鄰里來會百數十人,熙見外舅母句婁竈下,事必請命。外王母頭班白,精神不稍衰。是時外兄弟六七人,姨妹三人,長者十數齡,少者初免懷,群兒牽裾啼者哭者,外舅母但摩撫慰之,未嘗發一語。外王母必鷄鳴起,焚香誦經;外舅母亦鷄鳴起,未嘗有倦容。有敬海先生者,外舅族叔也,語熙曰:'元村能有今日者,皆外王母與外舅母拮据之力。外舅性直而俠,言事慷慨,都人多引以爲重,無日無客,苦汝外

舅母矣。’”(《黄梅湯氏四修族譜》)

是年,鄧輔綸任衡陽船山書院山長。

《書院的等級差異·道級書院》:“船山院長學行並重。最先任院長的是李揚華,其時書院爲縣辦。改成道辦之後,聘有鄧輔綸、王闓運二位掌教。鄧爲本省寶慶府(今邵陽市)新化人,曾與王闓運同學於省會城南書院,聲名播於湖湘,著有《白香亭詩文集》,任院長六年(1885—1890)。”(《中國書院制度研究》,浙江教育出版社 1997 年 8 月版)

按:船山書院見本譜庚申初夏,譜主書王湘綺撰《船山書院記》條。鄧輔綸(1828—1893),字彌之,湖南新化人,咸豐元年副貢生,官浙江候補道。幼貧困,讀於邨塾,好爲韵語。與王闓運同學城南書院,嘗於歲暮同走衡陽風雪中,宿廢寺或逆旅,酌酒談詩以爲樂。壯年兼爲商。性慷慨好急人急,曾得逋銀五十,遇同學晏生喪母,盡以贈之。再出將兵,不獲一展,著述以終。輔綸詩學選體,文追漢晉,著有《白香亭詩文集》。

此際,與曾氏家族夾小烝水而居之譚氏家族之譚雪樵,延至其家,提議訂兩家之親,以家貧而彼富,門户不對相質,雪樵云此出其母羅氏之意。以館敬慎堂,朝夕必路經譚家,故得以時常瞻拜羅氏。時羅氏已近古稀之年。

按:參見 1897 年條。《壽譚太恭人》有云:“譚之族與曾氏夾小烝水而居,世通昏姻之族。鄉人議昏多計其家貲之等,田百畝則求昏百畝之家。衡之西偏,未嘗有巨富。田千畝者,鄉稱上富,四百畝者中富,百畝以上者亦曰富人。熙少孤,無祖田數畝,龍田論士之貧者,莫不曰是無如曾季子者。是時雪樵成均擁先業,廣種蓄引烝水灌田,烝右灌將數百畝。田鷄秋肥,原稻新艾,雪樵嘗引余至其家,喟然曰:僕以七尺身,今鬱鬱居此隴上者,徒以羅太恭人故爾。……雪樵因指其懷中兒,謂曰:母言將以此子求昏於公,公許之乎?熙曰:是宜求富家多金者,熙則安能!雪樵曰:母意也。母事師且四十年,今將以此子異日從公學於四方。是歲余館於敬慎堂,朝夕往還必過雪樵廬,遂得以時瞻拜太恭人,而太恭人時將七十矣,髮皤皤然,然嚴敬有度,冬必杅,夏必臬,客退則不輟。”查《龍田曾氏六修族譜》,曾熙長女適“廪貢生、四川高縣、本省茶陵各縣事、辰州法院院長譚毅”。

1886年 清德宗光緒十二年 丙戌 二十六歲

館於敬慎堂。

參加府縣考試,名列前茅,入縣學。

《杏軒公德配唐太恭人八十壽序》:"越歲丙戌,熙以府縣試前列,入縣學。"(《黄梅湯氏四修族譜》)

存考:光緒十四年(1888)戊子八月三日王闓運《湘綺樓日記》記有船山院生曾嗣元(榮甲)夕見一條(詳下條),縣學當指船山書院。

是年,李瑞清開始學習漢分。

《玉梅花庵書斷》:"弱冠學漢分。"(《清道人遺集》)

1887年 清德宗光緒十三年 丁亥 二十七歲

在船山書院就學。

1887年8月7日丁亥六月十八日子時,長子憲璵生。

《龍田曾氏六修族譜》:"字伯藩,號芹生,一號信尹,又任尹,册名炳緯,更名摯,行第主,又行一。江南法政學校畢業。本省瀏陽高等法院第二分院院長。湖北黄岡地方法院院長。生於清光緒丁亥十三年六月十八日子時。"

《杏軒公德配唐太恭人八十壽序》:"丁亥,長子摯生。"(《黄梅湯氏四修族譜》)

1888年 清德宗光緒十四年 戊子 二十八歲

在船山書院就學。

戊子八月三日夕,拜見王闓運。

王闓運《湘綺樓日記》同日條:"三日。陰涼。點史、倍書畢,過看新樓,極有意趣，便携真游李祠。還，江生父子來。船山院生曠子敏、唐鳳韶（哲臣）、馮漱璞（廷耀）、曾嗣元（榮甲）、鄒士霖（桂森）夕見。夜復携兒女看新樓。"

八月，張亨嘉任湖南學政。

《清代官員履歷檔案全編》："張亨嘉，現年四十歲，係福建侯官縣人，由附生應同治四年補行甲子科本省鄉試中式舉人。光緒九年癸未科會試，中式進士，改翰林院庶吉士。十二年四月散館，授職編修。十四年八月簡放湖南學政。十八年五月教習庶吉士，十二月充國史館協修官。十九年五月充廣西鄉試正考官。"（華東師範大學出版社 1997 年 10 月版）

《京師大學堂首任總監督張亨嘉傳略》："光緒十四年（1888），張亨嘉提督湖南學政，認爲掌管教育的官員應該是讀書人的楷模，如不激濁揚清，怎能樹立良好的風氣？於是，向朝廷舉薦文化品德高尚的人主管教育，使湖南的學風爲之一變。張亨嘉提學湖南，舉行府試，發題數十道，分經學、史學、小學、地理、國朝掌故、兵謀、算術、詞賦等二三十門。治經者，分習各經，又分今古文。府試長達二三十日，張亨嘉親自操勞，日間坐堂，喫飯不入内，夜間閱卷，往往通宵達旦。對考生的名次上下斟酌再三，不使稍有顛倒；對學生的取捨更是仔細推敲，惟恐遺漏。其時，他崇儒尊經，敦尚樸學。主張'先之以訓詁，本之以義理，廣之以兵謀、輿地、農政、河渠'，反對'以空疏爲性理者'。有關開科取士的《校士録》刻出後，讀書人争相購賣，認爲命題宏博，當今和過去皆未曾見過。張亨嘉平時愛護人材，求賢若渴，爲選拔人材，不拘文字格式，以真才實學取人。"（《張亨嘉文集》，北京大學出版社 2003 年 5 月版）

冬，邂逅隨父至衡陽之趙恒惕（炎午）。趙是年十二三歲，慕名學書。

《趙資政書傳・第三書史》："光緒十四年冬，公隨父至衡陽，邂曾熙先生。熙長公十七歲，於學無所不窺，尤善隸書，人稱三湘名士，因從熙學書。"（趙聞起編《趙氏名家書法選萃》，1977 年 10 月 10 日臺灣中華書局初版）

1889 年　清德宗光緒十五年　己丑　二十九歲

是歲，將衣還於叔母戴太淑人。

《曾母戴太淑人六秩壽叙》："後七歲始反是衣於太淑人，曰：以是存舊物。其七歲爲己丑歲。余以是歲餬於縣，誠兒已三週歲矣。然授衣時，熙固未嘗娶也。"

1889 年 2 月 12 日己丑正月十三日，譚澤闓生於蘭州陝甘節署。

譚光《叔父瓶齋府君行述》："君（譚澤闓）於光緒十五年己丑正月十三日戌時生於蘭州陝甘節署，春秋五十有九。"（《民國叢書》第五編《湖南文獻匯編》）

己丑春，寄禪住持衡陽羅漢寺，以詩文唱和。

跋清道人書《寄禪禪師冷香塔銘》："寄禪，詩僧耳。當主予郡羅漢寺，嘗過從，極欲橅斅六朝人文字。熙曰：僧詩已足傳，博涉懼荒禪理，遂心頷之。"（清道人書《寄禪禪師冷香塔銘》，庚申仲冬月新學會社影印）

大醒《頭陀之年譜》："光緒十五年，己丑，頭陀三十九歲。住持衡陽羅漢寺。六月，同白香翁游江寧。秋，重游天童寺；游雪竇。十二月，由浙歸衡陽。"（《八指頭陀評傳》，1935 年 4 月初版）

按：寄禪（1851—1912），詩僧。法名敬安，俗姓黄，名讀山，字福餘，湖南湘潭縣人。於阿育王寺燒殘二指，並剜臂肉燃燈供佛，因號"八指頭陀"。他先後六主名山，包括著名的衡陽羅漢寺、南嶽上封寺、大善寺，寧鄉爲溈山密印寺，湘陽神鼎山，長沙上林寺。五十二歲時，出任寧波太白山天童寺住持。1912 年，成立中華佛教總會，被諸山長老推舉爲第一任會長。著有《語録》四卷、《文集》二卷、《嚼梅詩》一卷及《詩集》十卷。

1889 年 7 月 3 日己丑六月初六日，次子憲瓚生。以嗣兄昭衡。

《杏軒公德配唐太恭人八十壽序》："己丑，次述生。其時母氏居舊宅，煙竈十數户，人稠室隘。嫂氏已生三女，家中無婢媪，湯恭人與嫂氏日夕執薪炊爨。母或負，或携，或襁，夜則祖孫一榻。最幼者須乳，抱送湯恭人乳之。外舅母少熙母十三歲，其遇熙母，嘗謹且恤。熙母過勞，嘗語熙母曰：'孫輩宜令兩婦自撫之。年將六十，食且不安，小兒夜啼哭，展轉起坐，不得安寢，何自苦若是耶！'母曰：'吾苦節，與若姑同，若姑尚有田廬可守，予惟箴黹紡織以養以教，及今日有孫，予懼少婦撫哺失慎耳。'且語且泣，外舅母亦泣下。"（《黄梅湯氏四修族譜》）

《龍田曾氏六修族譜》："字仲鹵，號繼尹，一號萍生。行忠一，又行二。大學生册名述。法政專門學校畢業。生於清光緒己丑十五年六月初六日子時，歿葬雅宜塘山。"

己丑八月，赴鄉試，與同赴鄉試之夏壽田（午詒）相識，相携游古寺，徘徊廊廡間，匆匆而别。

夏壽田題曾熙《山水册十二幀》:"余初遇髯在歲己丑同赴鄉試。時一揖通姓名後,即相携同游城中一古寺,寺名今忘之矣。天陰欲雨,秋氣薄人,兩人裴回廊廡間不見一僧。髯拾階間落葉視之,辨其爲梧葉,匆匆遂别。余心獨愛髯甚,久不之忘,顧亦莫能言所以愛髯之故。别後不相聞者且十年,歲戊戌復相遇京師。余賃廡晉陽寺,髯與清道人同居臨川館。髯與清道人至相得,約爲兄弟,朝夕斷斷論書家南北宗,又各出唐宋人畫相誇詫,髯得意時,輒聲震屋瓦。余時相過從,頗厭聞之,顧亦低徊,不忍捨之去。兩人所論,至精微且徵引繁博,今皆不復記憶,但記留食時,有茄鲞甚甘,還家後遣廚人治之,遠不及也。是歲復别,别後偶通音問而已。西幸回鑾之歲,復一相見京師。自是余復南歸,蟄居桂陽,且深入山中絶世事,遂邈不相知。鼎革後,余自蜀歸游京師,聞髯與清道人鬻字滬上,不更與時事。兩人者趣向如一,交好數十年不衰,爲季世所難能也。歲戊辰,余南行旅滬,則清道人死已久,髯遂獨步,書名遍海内,且以畫聞,名過其書,實亦勝之。余居滬一歲復北,北游一歲復至滬上,則髯亦從清道人於泉下矣。宿草之感,可勝言哉! 滬人往往持髯畫索余題識,每一展卷,則必憶及長沙蕭寺裴回拾葉之髯,聲音笑貌,如在目前,至不能復下筆。人生幾何,夢影泡幻,不足論也。宗霍君於髯,有知我之感,持髯遺畫十有二章見示,遂書所感,憶於卷末。論髯畫者,莫允於散原,不更著語。時民國二十有三年元月,歲癸酉冬十有二月朔日也。直叟夏壽田識於海上之釋冰樓。"

按:夏壽田(1870—1937),字耕父,一字桂父,號午詒、天疇、直心翁,桂陽蓮塘大灣人,夏時之子。光緒十五年中舉,十八年會試取謄録,任刑部郎中、山西清吏司行走。光緒二十四年(戊戌科)中進士第八名,殿試榜眼及第,歷任翰林院編修、學部圖書館總纂,爲父辨誣觸怒朝庭遭革職。宣統三年授朝議大夫。民國元年任湖北省民政長,二年任總統府内史。袁世凱稱帝,制誥多出其手,失敗後逃匿天津租界,投曹錕,任機要秘書。後定居上海,與楊度幫助過共産黨。逝後葬上海佛會公墓。1949年後,周恩來總理專門撥款爲其修墓。夏壽田是王闓運弟子,工詩文書法,亦工篆刻,與齊白石友善。

1890年　清德宗光緒十六年　庚寅　三十歲

1890年3月12日庚寅二月二十二日,王褀生。

1890年4月1日閏二月花朝前四日,金陵文正書院開課, 鄧輔綸出題

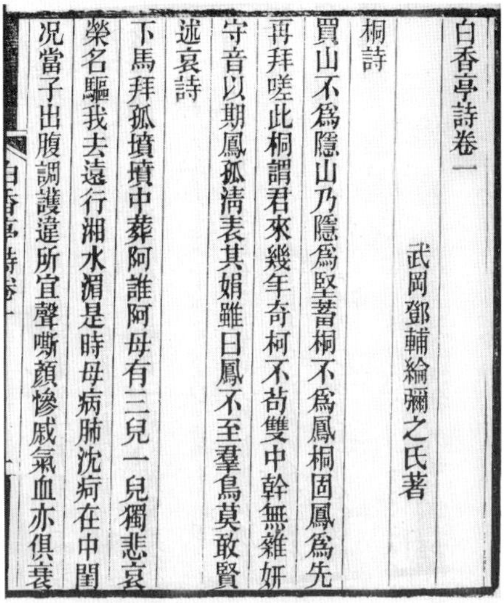
白香亭詩卷一
武岡鄧輔綸彌之氏著
桐詩
買山不爲隱山乃隱爲堅蓄桐不爲鳳桐固鳳爲先
再拜嗟此桐謂君來幾年奇柯不苟雙中幹無雜妍
守音以期鳳孤清表其娟雖日鳳不至羣鳥莫敢賢
述哀詩
下馬拜孤墳墳中葬阿誰阿母有三兒一兒獨悲哀
榮名驅我去遠行湘水湄是時母病肺沈痾在中閨
況當子出腹調護違所宜聲嘶顔慘戚氣血亦俱衰

鄧輔綸白香亭詩集書影

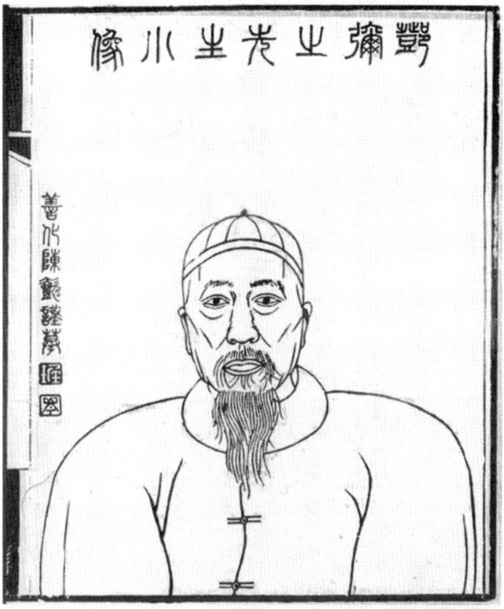

業師船山書院山長鄧輔綸畫像

清末船山書院

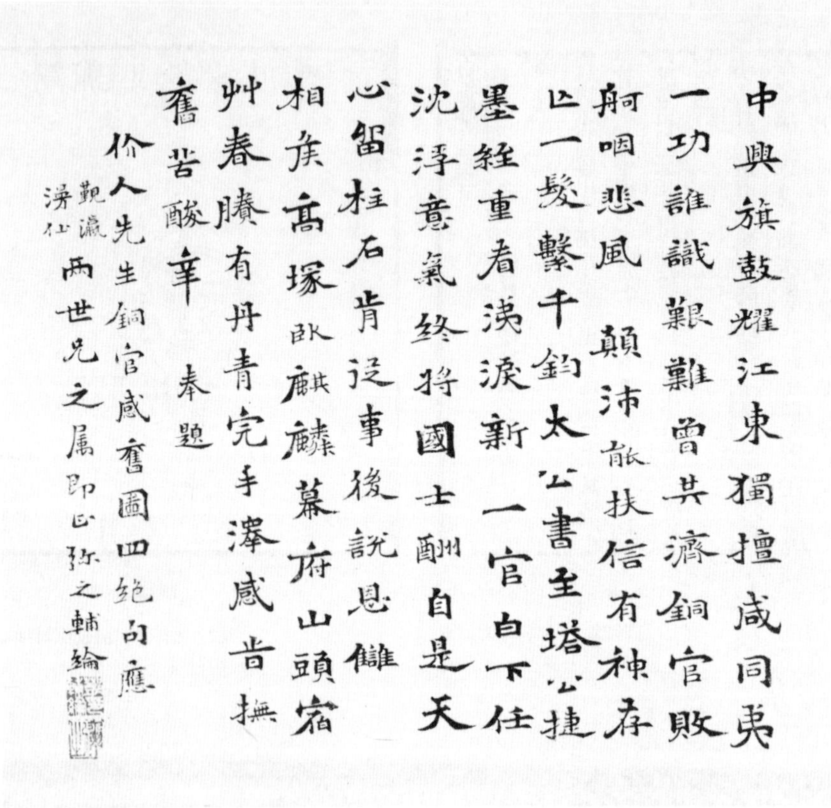

中興旗鼓耀江東獨擅咸同勇
一功誰識艱難曾共濟銅官敗
舸咽悲風顛沛敧扶信有神存
亡一髮繫千鈞太公書至塔公捷
墨絰重看漢淚新一官白下任
沈浮意氣終將國士酬自是天
心留柱石肯從事後說恩讎
相侯高塚臥麒麟幕府山頭宿
艸春騰有丹青完手澤感昔撫
舊苦酸辛　奉題
价人先生銅官感舊圖四絕句應
覲瀛湧仙兩世兄之屬即正弥之輔綸

鄧輔綸墨迹

清末長沙天心閣(1891 年　借住於此)

清末長沙貢院

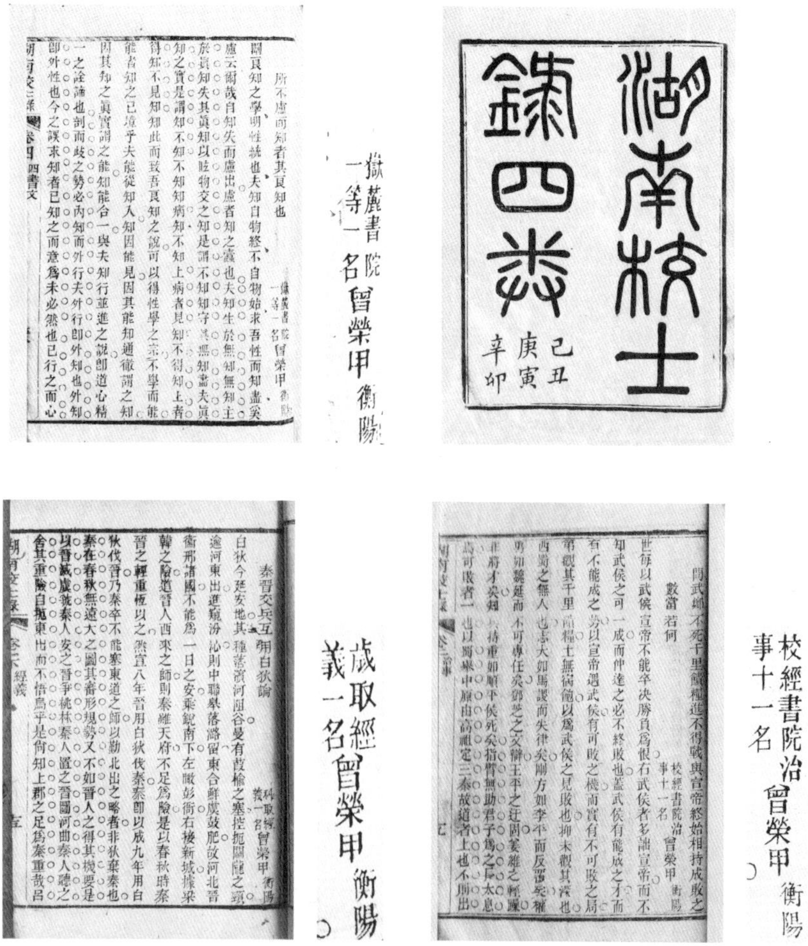

湖南校士録書影　1891 年

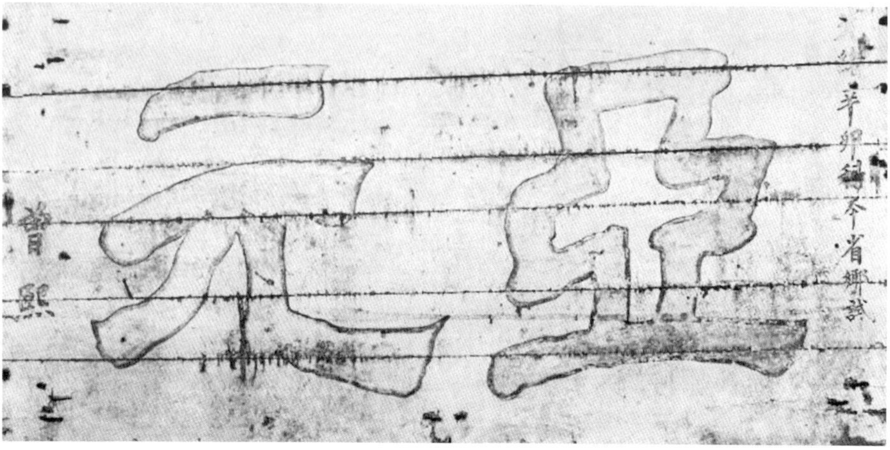

書"亞元"匾額　1891 年

清末北京城門

清末北京貢院

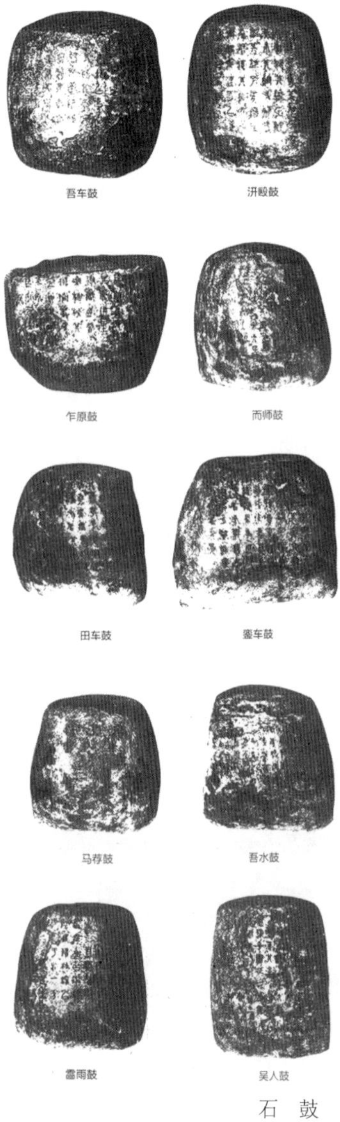

石　鼓

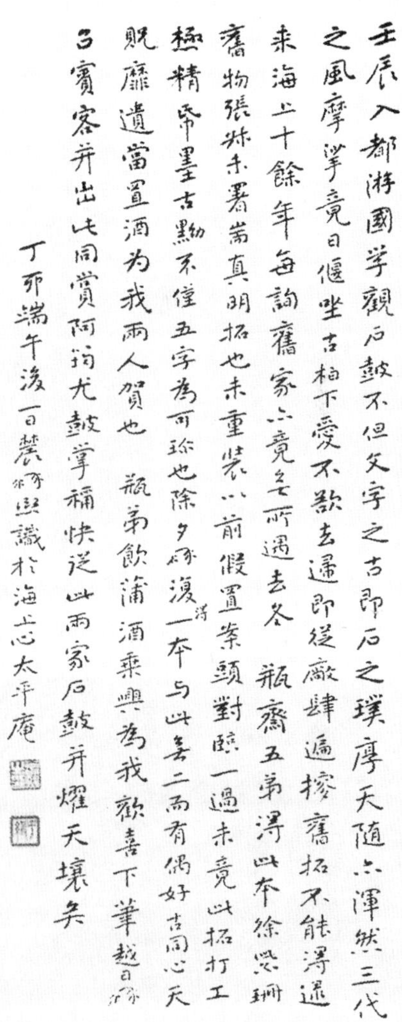

壬辰入都游國學觀石鼓不但文字之古即石之璞厚天隨亦渾然三代之風摩挲竟日偃坐古柏下愛不欲去還即從廠肆遍搜舊拓不能得還來海上十餘年每詢舊家亦竟無所遇去冬　瓶齋五弟得此本徐恩珊舊物張叔未署耑眞明拓也未重裝以前假置案頭對臨一過未竟此拓打工極精煤墨古黝不僅五字為可珍也除夕瓶復得一本與此蓋二而有偶好古同心天既靡遺當置酒為我兩人賀也　瓶弟飲蒲酒乘興為我歡喜下筆越日瓶召賓客并出此同賞阿翁尤鼓掌稱快從此兩家石鼓并燿天壤矣

丁卯端午後一日蘉[illegible]與識於海上心太平庵

题谭泽闓藏石鼓文拓本　1927 年　上海圖書館藏

清末泰山(1892 年　登泰山尋古刻石)

泰山石經峪

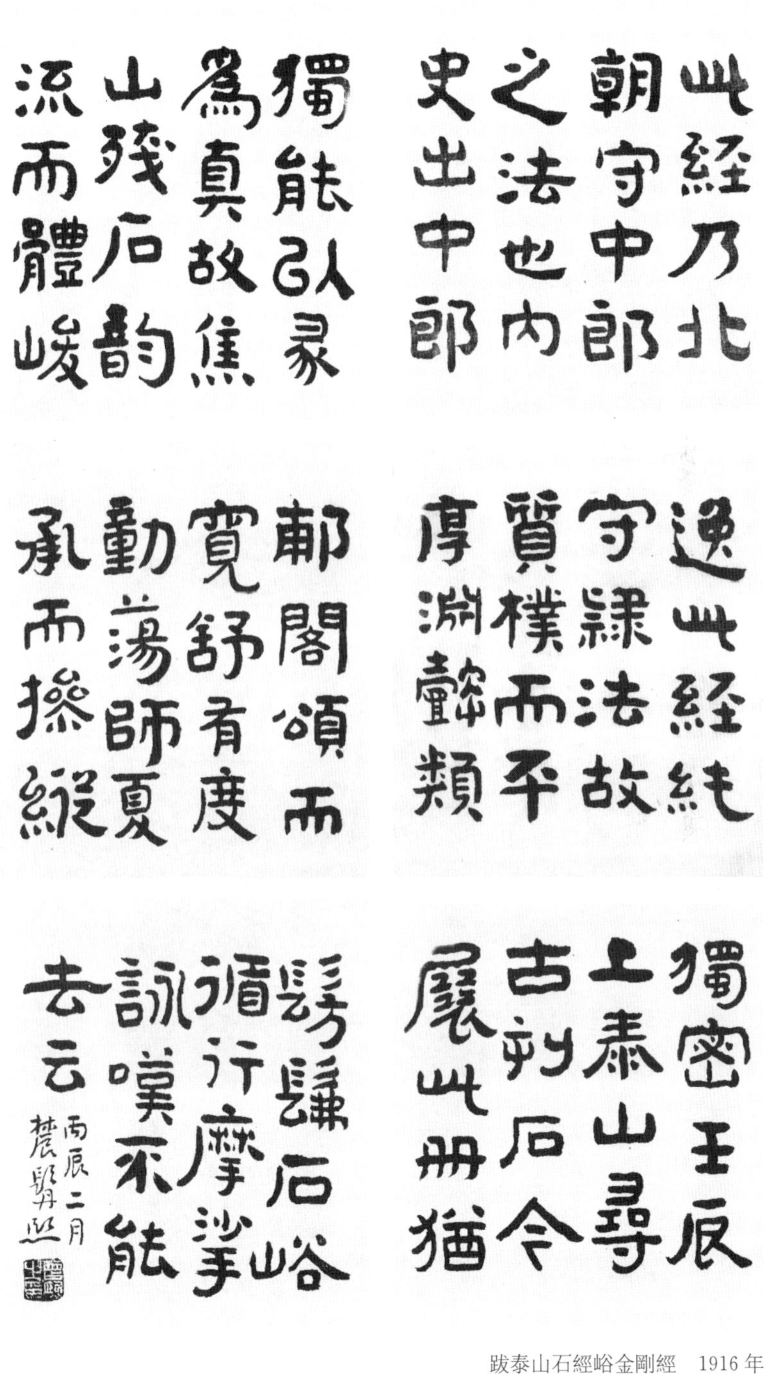

跋泰山石經峪金剛經　1916 年

龍田斗江宅舊居　2012 年攝

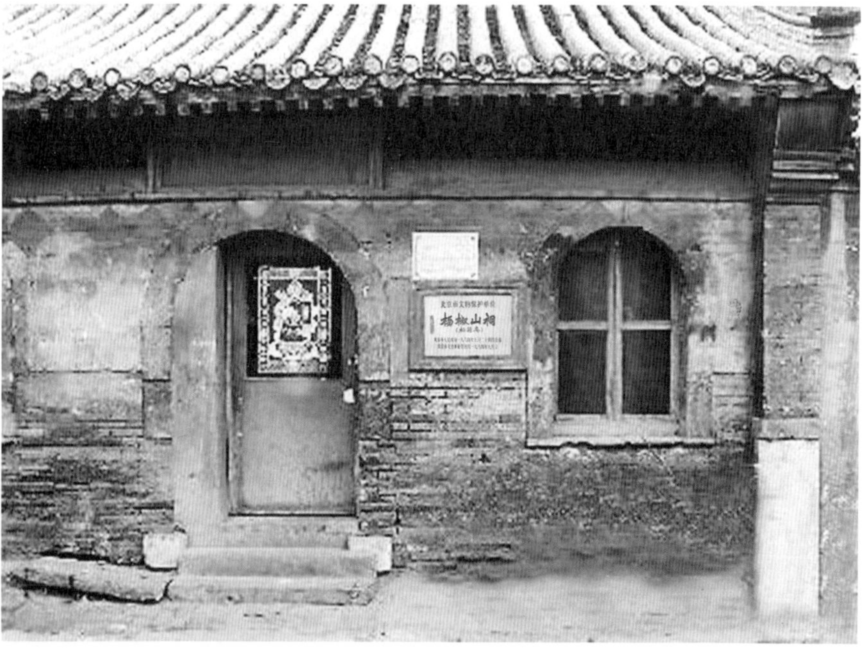

北京宣武門外達智橋胡同松筠閣(1894 年　與李瑞清借住於此)

試士。

《文正書院開課》:"金陵中正街之文正書院係升任許方伯首其事,去冬落成,院内規模宏備,亭臺花木,匠心經營。今正方伯拜朝天之命,同僚即掃庭宇以餞其行。山長鄧君係湘中名宿,昔爲文學侍從之臣,今則優遊林下。上年制府介其鄉之先達,禮聘而來。即以閏花朝前四日爲開課之始。四書題:夫子之墻數仞,至得其門者或寡矣。賦題:擬庾信小園賦。詩題:賦得杏花春雨江南,得春字,七言排律一首。"(1890年4月4日《申報》)

侍鄧輔綸於文正書院,游金陵。

《湖山隨在吟詩稿序》:"熙庚寅侍白香師,游金陵,壬辰自京師再見叔父於籌防局。叔父曰:'白香温柔敦厚,詩教也。予所學淺,但少年任才性爲之。然其指事繫情,譎文隱諷,亦詩中之史也。'今冬,静濤弟撿叔父手編,用聚金法印之,工竣以告熙。熙曰:嗚呼!叔父没,今且十餘歲矣。白下置酒,縱論世事,今何時耶!讀叔父詩者,其在《民勞》、《板蕩》之間乎!"(《湖山隨在吟詩稿》,曾静濤編。衡陽蕭培藏)

跋《清道人節臨六朝碑四種第三集》:"曏侍武岡鄧師金陵文正書院。鄧師曰:'予酷好詩,有詰旦至日夕,能得一稱心之句。'其苦心慘澹如此。"(《清道人節臨六朝碑四種第三集》,上海震亞圖書局出版)

按:曾怒(1883—1945),號静濤,又名昭青。衡陽縣石市鄉人。畢業於南路優級師範學堂。曾熙弟子。

是年,棄劍而專攻書法。先學篆分。

按:見本譜1929年9月19日己巳中秋後二日題黄曉汀《劍鳴廬校碑圖》條:"予少喜學劍,與子同一癡。棄劍而學書,篆分日委蛇。及今四十載,苦樂且忘疲。"

1891年 清德宗光緒十七年 辛卯 三十一歲

辛卯二月,王闓運主講船山書院。

王代功《清王湘綺先生闓運年譜》二月條:"衡州人士復請主講東洲講席。十六日,携代興、代懿、滋茙諸妹至衡州。二十五日,入居講舍。"(《清王湘綺先生闓運年譜》,臺灣商務印書館1978年12月版)

按:王闓運(1832—1916),字紉秋,一字壬秋,號湘綺,湖南湘潭人。咸豐舉人。辭章家。

辛卯三月，鄧輔綸嫁孫女，舟至衡州。

王代功《清王湘綺先生闓運年譜》三月條："鄧丈彌之因嫁孫女，舟至衡州，留談叙别。"(《清王湘綺先生闓運年譜》，臺灣商務印書館 1978 年 12 月版)

約此際，居長沙天心閣，與李瑞清、歐陽君重相識。

跋《清道人節臨六朝碑》："梅道人以周金作篆，從兩漢窺六朝，所謂繇崑崙觀四瀆之到海，每臨一碑，驚絶海内，共几研廿有四年，前道人尚有南北之見，今則服膺予論，因書其後。"(《清道人節臨六朝碑四種第一集》，震亞書局發行)

跋《清道人臨毛公鼎》："臨川李仲子(按：即李瑞清)書毛公鼎文以答其門人，髯見之，乃仰天嘆曰：嗟乎！吾子志不在三代下，今乃以文見，何所遭之蹇耶？當髯居長沙天心閣，歐陽君重語髯曰：'有李癡者，殆古之人也。'及見方作書，墨濡口頰。與語，其聲泠然，其言寥廓。几上稿書，則大篆橆尚書文。他日，仲子過予齋，相與語竟日。時髯方從衡百家，俯仰古今，視當世人無可當意，獨愛仲子，仲子亦愛髯，遂爲莫逆交。"(《清道人臨毛公鼎全文》，上海震亞圖書局 1921 年 10 月版)

辛卯五月，由湖南督學張亨嘉選拔，入湘水校經書院深造，學益進。

《清故兵部主事曾君墓誌銘》："學使者張君亨嘉負雅望，拔君肄業校經堂，學益進。光緒辛卯舉鄉試。"(《散原精舍詩文集》，上海古籍出版社)

《熊希齡傳・第一章拔起邊陬之地》："1891 年 3 月下旬，熊希齡偕譚鳳章離開沅州來到長沙，開始了他在湘水校經書院的求學生活。湘水校經書院原名湘水校經堂，初由湘撫吴榮光於 1836 年創辦，它原本附設在嶽麓書院之内，是湖南省内最早推行實學教育的改革型書院，以經義、治事、詞章分科試士。1852 年太平軍進攻長沙時，嶽麓書院因受戰事影響，課業陷於停頓。到 1876 年，湖南學政朱逌然重新規劃，選調生員來堂學習，規模逐漸恢復。惟校經堂原定額有限，居處狹小，故到了 1888 年張亨嘉督學湖南時，決定加以擴充。1889 年，張亨嘉向湖南鹽商募捐，又與巡撫張煦商議，另在長沙湘春門外度地鳩工，至 1890 年 12 月建成了一座新院，從此湘水校經堂與嶽麓書院分開，易名爲湘水校經書院。1891 年 5 月，校經書院新增學額 20 名，加上原有學額，合共 44 名，每位士子由書院月給膏火銀 8 兩，待遇較爲優厚。熊希齡與譚鳳章就被編在這 44 名學額之内。"(《熊希齡傳》，周秋光著，百花文藝出版社 2006 年 1 月版)

辛卯秋,参加鄉試。

《鄉試考官年表》:"(光緒十七年 辛卯科 湖南)王錫蕃(編修)、丁立鈞(編修)。"(《清代職官年表》,錢實甫編,中華書局1980年7月版)

《光緒辛卯科湖南鄉試同年全録》:"頭品頂戴兵部侍郎兼都察院右副都御史巡撫湖南等處地方提督軍務兼理糧餉張煦(甘肅靈州人,癸丑科進士)。記名道府國史館纂修、功臣館纂修、翰林院編修王錫蕃(山東黄縣人,丙子恩科進士,住上斜衡)。翰林院編修、國史館協修、武英殿總纂丁立鈞(江蘇丹徒縣人,庚辰科進士,住米市胡衕)。同考試官:同知銜衡州府酃縣知縣張祖良(廣西荔浦縣人,甲子並補辛酉舉人)、候補知縣陳俊琨(貴州修文縣人,癸未科進士)、新寧縣知縣張葆連(山西汾陽縣人,癸未科進士)。即用知縣黄濟川(浙江金華縣人,丙戌科進士)、城步縣知縣沈贊颺(江西德化縣人,癸未科進士)、新海防班補用知縣周錫晉(貴州遵義縣人,乙亥恩科舉人)、即用知縣張正基(貴州貴筑縣人,己丑科進士)、即用知縣李光卓(廣西永福縣人,己丑科進士)、即用知縣劉榆生(江西安福縣人,丙戌科進士)、同知銜邵陽縣知縣吕佩瑀(廣西陸川縣人,癸未科進士)、同知銜臨湘縣知縣劉鳳綸(湖北興國州人,甲戌科進士)、即用知縣湯汝和(廣西靈川縣人,己丑科進士)。"(《辛卯科鄉試十八省同年全録》)

按:丁立鈞(1854—1902),字叔衡,號恒齋,鎮江人。光緒六年(1880)進士,官至山東知府。晚得風疾,能以左手作書畫,世頗珍之。17歲中舉。因連遭父母喪,27歲方成進士,歷官翰林院庶吉士、編修、山東沂州府知府。著有《昭代尺牘小傳續集》、《清畫録》、《歷代大禮辨誤》、《東藩事略》、《歷朝紀事本末》九種、《南菁講舍文集》三集十六卷。

鄉試發榜,以第二名中舉人,榜名榮甲。

《龍田曾氏六修族譜》:"光緒辛卯正科中式第二名舉人,榜名榮甲。"

《光緒辛卯科湖南鄉試同年全録》:"勞鼎勛,年23歲,長沙府,優廪生(第1名)。曾榮甲,年29歲,衡陽縣,優廪生(第2名)。鄭沅,年26歲,長沙府,優廪生(第3名)。張成德,年30歲,武岡州,附生(第4名)。彭瑞熙,年38歲,善化縣,附生(第5名)。岳衡,年37歲,寧鄉縣,附生(第6名)。陳璟梅,年27歲,長沙府,優廪生(第7名)。曹垣翰,年35歲,新化縣,附生(第8名)。文濬,年39歲,醴陵縣,職貢生(第9名)。周永年,年28歲,湘陰縣,附生(第10名)。鄒銘恩,年47歲,善化縣,廪生(第11名)。黄瑞蘭,年43歲,平江縣,副拔優廪生(第12名)。李希聖,年26歲,湘鄉縣,優廪生(第13名)。張百禥,年34歲,長沙縣,優廪生(第14名)。鄧潤棠,年33歲,桂東縣,拔貢生(第15名)。劉信淇,年29

歲,瀏陽縣,附生(第16名)。尹銘綬,年26歲,長沙府,優廩生(第17名)。胡棣鄂,年34歲,長沙縣,增生(第18名)。熊希齡,年19歲,鳳凰廳,優廩生(第19名)。周榮期,年40歲,善化縣,廩生(第20名)。黎承禮,年22歲,湘潭縣,附生(第21名)。沈克剛,年38歲,善化縣,候選訓導(第22名)。龍振甲,年40歲,湘鄉縣,增生(第23名)。王章永,年29歲,寧鄉縣,廩生(第24名)。羅宣溶,年33歲,湘陰縣,廩生(第25名)。譚紹裘,年27歲,善化縣,優廩生(第26名)。胡矩賢,年24歲,長沙縣,附生(第27名)。夏宗彝,年41歲,益陽縣,優廩生(第28名)。彭兆琮,年26歲,湘陰縣,優廩生(第29名)。曾榮炳,年30歲,衡陽縣,優廩生(第30名)。粟掞天,年30歲,長沙縣,附生(第31名)。周啓鐀,年24歲,長沙縣,附生(第32名)。李大澂,年33歲,湘潭縣,廩貢生(第33名)。朱光翼,年29歲,寧鄉縣,增生(第34名)。江遠舉,年41歲,平江縣,廩生(第35名)。蕭鶴祥,年27歲,衡陽縣,廩生(第36名)。靳德淦,年32歲,長沙府,廩生(第37名)。嚴毓泗,年23歲,長沙縣,附生(第38名)。彭良弼,年31歲,湘陰縣,附生(第39名)。文俊鐸,年40歲,醴陵縣,優廩貢生(第40名)。金肇漢,年29歲,湘鄉縣,廩生(第41名)。沙上鑄,年26歲,桃源縣,優廩生(第42名)。戴展誠,年34歲,常德府,廩生(第43名)。周宗瑞,年37歲,益陽縣,附生(第44名)。危克濟,年31歲,邵陽縣,廩生(第45名)。彭煌,年26歲,善化縣,廩生(第46名)。李先疇,年28歲,新化縣,附生(第47名)。張芳雋,年31歲,醴陵縣,廩生(第48名)。柳澤綬,年29歲,長沙縣,附生(第49名)。周植謙,年24歲,寧鄉縣,附生(第50名)。劉義惠,年36歲,益陽縣,附生(第51名)。張壽衡,年24歲,巴陵縣,職貢生(第52名)。夏鳴雷,年34歲,益陽縣,廩生(第53名)。屈壽祺,年37歲,長沙縣,增生(第54名)。楊昌謨,年48歲,湘潭縣,優附生(第55名)。石國斌,年27歲,乾州廳,附生(第56名)。胡奎,年25歲,長沙縣,附生(第57名)。(《辛卯科鄉試十八省同年全録》石印本)

《光緒辛卯科湖南鄉試副榜同年全録》:"李瑞棻,年25歲,武陵縣,監生(第1名)。劉啓瑞,年20歲,湘鄉縣,附生(第2名)。謝玉芝,年26歲,新化縣,附生(第3名)。常家鈺,年25歲,長沙縣,優廩生(第4名)。袁愷,年30歲,長沙縣,附生(第5名)。熊錦奎,年34歲,湘陰縣,增生(第6名)。程昌翼,年36歲,湘潭縣,附生(第7名)。羅亮傑,年27歲,安化縣,廩貢生(第8名)。成希尹,年37歲,湘鄉縣,增生(第9名)。"(《辛卯科鄉試十八省同年全録》石印本)

按:1891年10月20日《申報》刊出《湖南鄉試題名全録》。譜主試卷現存下列三篇,附於下:

《子曰爲政以德　兩章》:"聖人懷治象,當在删詩之年也。夫德美如周盛時,君正其爲,民正其思,詩所以興也。豈知政變詩變,而思固未嘗變哉。今世僉謂西周之音舒以樂,東周之音怨以哀,朝政君德,惟詩人得譜其盛衰焉。不知西京作者,不盡聖賢,東土勞民,罔非忠義。特盛則政與德合,天下皆忘其思而以性鳴,衰則君與民睽,天下遂託其思而以情告。序周首篇,南音半操,九州之成,乃由盛及衰,因德繹情,删訂下如相質矣。不然,我夫子修政書有二,書則肇基唐虞,春秋則託始乎桓,奚取於詩哉！蓋以詩者思也,援思紀事者也。雖勝朝附存《商頌》一篇,綜而括之,實不啻我周開國中興之實録也。我儀其時,文顯德,武達德,公成德,聖人位以君相父子大其作述。觀夫虞芮質成文,受命而未宅中,入廟賚歌,武宅中而未顯德。泊(洎)乎營洛作樂,功在合祖,於是有謷之頌,巡嵩岱,告河海,四方諸侯,助靈九廟,而《烈文》、《時邁》作焉,懿鑠盛哉。何德之大,政之美而天下思之？政也所爲,衆星拱極者其象邪？然而我懷周道,不無慨然於鎬都數聖人之用思勞,而天下享其逸益,不無悵然於東遷數聖人之享天下逸而天下轉勞。其思何也？政變也,詩變也,而用思者亦將變矣。然而非變也,正也。傷幽、厲之臣民,猶是忠文、武之臣民也。駜之詩曰思無邪,願取以質之。蓋天地有形之官器偏,能窮無形之治象,但其氣積久而洩易薄,文貞而順,《天保》所以無激詞,《武毅》而嚴有聲。所以衷戎志創業若斯,而繼體可知也。推之《民勞》、《板蕩》,亦不過水旱兵戈之氣,自形其憂懣,而並非有菲薄君父之隱衷。草野無靈之知覺,最善寫朝廟之憂勤,要其志所存,尚非辭所能罄。陝以東,非無怨民,偕之周召,皆爲王道之始,桓以降,非無雅奏,治遠豐鎬,終成霸國之風,世會使然,民志奚疑也。推之《苕華》、《漸石》,備極咨嗟,悱惻之辭,無稍諱於君親,而不異《四牡》、《出車》之忠愛,何也？政變,詩變,而思固未嘗變也。特以有德之朝,徑用其思,失德之朝,曲用其思。徑用思者,民氣環而固主極,曲用思者,民心思而忠國事,稍激近訕,稍譎近欺。訕與欺即邪也。所謂文、武時之詩人易明,幽、厲後之詩人難明也。嗟乎！十五國風土異,宜皆戴宗室之聲,靈明拱極,當不勝興周王魯之餘慨。二百年王迹凌遲久,心睨天家之鼎隧守無邪,或即以褫賊臣僭紀之姦,謀爲政數篇,皆爲删詩發之也,不然,何復有道齊之感哉！”

按:評語:搏題有法,吐辭爲經,至其局緊機圓,足見揣摩純熟。

《獲乎上有道　三句》:“君友皆以義合,信之友始信之君也。夫友達情之説,君友兩欺也。君子但求吾友耳,而獲上之道,即在此。且聖人制禮,其自外至者,皆準於分而已,初無所謂君友也。吾學用而後有君,吾學用而後有友,要必用吾學者不啻同吾學,同吾學者更篤於用吾學,而後有友,乃真有君。此其道,小人用之以廣繫援,君子致之以證學問。吾何以言上必求之友,言獲必求諸信哉？上者據其下而言之,必等其位以相量,猶士之於大夫,大夫之於卿,非也。夫天高地卑,法諸乾坤,而君臣之名以起。民於君曰上,有位者於君亦曰上。若執上卿下卿之例,豈唯知有爵之上,我職小者可自效於君乎？而況分忠君職事之心,移而用之權貴之人，學不可以信己，奚信人哉？夫君子固非有越分之誚也，有位盡位之所能以答君，無位盡志之所能以許己。寸念主持，有時可以窮鬼神之窺伺，而謂不足質聖明之幽獨耶！然而必有友者，謂取之以鏡吾學之欺慊耳。不必事之顯負吾友，此身不可進之朝廷，但心志之交，猶存疑似之迹，則今日不見許於同學，而求異日見孚於君父，不亦悖哉！友者，同吾志而名之，而必因己位以爲衡，則是不可以友德，而但可以友挾，非也。夫天與火蓄，取諸同人，而友朋之義以彰。通德曰友，類情曰友，若執居官僚友之誼，豈得事大夫之賢者，獨不求士之仁者乎？而况性情淪洽之地誤而用之，揣摩顯要之場友即輕相信而已，堪自信哉！夫君子又非有薄協恭之儀也，事可爲，與朝臣同其福，事不可爲，一己任其艱。貞固不回，有時不入良朋之影衾，而謂希冀廟堂之聞聽耶？然而君鑒此者，將取其信以課吾治之密忽耳，不必顯披膽肝，其事早動乎宸眷，但平居匡論若徵，晤坐於明王，則昔有友，今有君，昔見學，今見用，直夙操焉耳。然而君子不以獲上爲念也，知有友焉耳，並不以信友爲念也，知有誠焉耳，而况友之，又何以信哉！"

按：評語：通篇議論，都爲誠字，結穴警闢，得未曾有。

《水由地中行，江淮河漢是也》："經正而緯從，萬世疏滌之策也。夫天下之水，四瀆其經也，經正斯緯從矣。天鍾水患，所以顯一禹之用，即以定萬世之策。且天有柱，古稱崑崙，《爾雅》所謂河出其虚者，而不知江實同其源。蓋昆脊之北出，不經内地，南出不注中區，惟西北一源，西南一源，爲九土南北條之經。然北條祖河而宗濟，南條祖江而宗淮。主其小大言之，而濟雖小，終與河同祀，淮雖短，究與江稱瀆，因其獨源獨入名之。乃予叙南條入江之漢，並不及北條諸水入河者，舉一緯以慨(概)從經之義例然。此亦水自爲經緯，而禹因得以經緯焉，夐哉遠矣！予言掘地注海，掘之云者，不得以鑿龍門，劈砥柱，執治河之上游，雖疑治江之上源。如是也，亦不得以江至揚州掘三派，河至兖州掘九津，執至江河之下流，遂疑治淮濟之下流復如是也。夫《禹貢》記禹治水之功，曰導，曰疏，曰滌，蓋淤者滌之，塞者疏之，不越因其利而導之。予推禹治水之力，曰瀹，曰决，曰排。蓋排者同施以分其力，决者穴出以殺其勢，瀹(者)則使衆水合流之義也。綜之曰掘。明禹雖神，不廢人事，而受治之水，則仍行所無事，而由地中焉。日行日由，亦曰禹即創而水自因耳。雖然，非熟審九州之地形，深度水土之利病，則一江也。梁宜内，荆宜洩，揚宜豬，反其功則江不知而漢可憂。一淮也，豫土厚，徐土輕，揚土浮，失其宜則淮不治，而泗沂益漲，况河患之自禹始不自禹終乎！其揣大勢，河之治難於江者。江固有豬洩之地，而河則自犯龍門，折而東出，逕豫全土，無大澤以分其流，非由行得紓其勢，故冀兖青受河患獨深，而禹之力亦多萃於是。是以江漢宗而荆梁之潛沱，得資其蓄洩。淮土安而徐西之大地，足備其旱澇。横覽大河朔南，猶是先王疆理也，而水利足參農政所未備，况梁貢浮潛逾沔，荆輸沂漢逾洛,限以地者濟以人,揚賦沿及江海,徐粟達至沂淮,僻在夷者憂將進於夏,景懷安邑宏規,具徵會同製作也。而貢道並非河渠所能詳,是則昔之以江淮河濟病者,今轉於是收其利也。或曰北條有埒於河,南條有埒於江,以導黑水入南海例之,則南界非盡於江,以嵎隅爲朝鮮例之,則北界非盡於海。然而南江北河以外,不聞别經刊滌者,殆棄在荒裔與? 抑東北高而南之嶺嶠均未及受害與? 夫禹固爲民除害者也。"按:評語:絶大一則治河論,疏證明通,議論曉暢。(《辛卯直省鄉墨文程》,光緒十九年中夏月上海珍藝局校印)

李瑞清以武陵縣李瑞荃名參加此次湖南鄉試,中副榜第一名,有以"冒籍"相攻訐者,毅然去之。

蔣國榜《臨川李文潔公傳略》:"光緒辛卯,公妣陳太夫人多病,榮禄公宦湘垂三十年,援武陵籍入試,中副榜第一,或以冒籍相攻訐,勢不解,公毅然去之,曰:是區區何足爭議! 始寢。"(《清道人遺集》)

1891 年 10 月 14 日辛卯九月十二日,拜訪王闓運(湘綺),以闈墨請正。

《湘綺樓日記》同日條:"十二日,雨竟日。曾榮甲(士元)來,新中亞元,彌之舊客也。看闈墨,遂無甚庸濫文,而多荒繆字面。今近風氣果變,非徐桐輩所能挽回也。"

1891 年 11 月辛卯十月,督學張亨嘉任滿將離湘,對鄉試未中之學子進行歲科連試。雖然鄉試中式,仍然參加考試。試畢,優秀試卷被輯爲《湖南校士録》,有四篇入選。

《熊希齡傳·第一章拔起邊陬之地》:"1891 年 11 月,學使張亨嘉任滿即將離湘。按當時慣例,學使離任之前,要對全省鄉試中没有中式的士子們進行一次大規模的歲科連試,通過這次考試,選拔諸生當中的佼佼者爲優貢生,可入國子監肄業。熊希齡雖已中舉,但他爲了更好地檢驗自己,也報名應考。這次考試所出題目幾乎全是關於史地方面的。……試畢,張亨嘉將考生當中成績優秀者的試卷輯成《湖南校士録》五册。"(《熊希齡傳》,周秋光著,百花文藝出版社 2006 年 1 月版)

其一《秦晉交兵互用白狄論》:"白狄,今延安地。其種落濱河阻谷,曼有葭榆之塞,控扼關隴之頸,逾河東出,進窺汾沁,則中聯皋落潞留,東合鮮虞鼓肥,故河北晉、衛、邢諸國,不能爲一日之安。乘鋭南下,左瞰彭衙,右接新城,據梁韓之險,道晉人西來之師,則秦雖天府,不足爲險。是以春秋時,秦晉之輕重恒以之。然宣八年晉用白狄伐秦,秦即以成九年用白狄伐晉,乃秦卒不能塞東道之師,以勤北出之略者，非狄棄秦也。秦在春秋無遠大之圖，其審形規勢，又不如晉人之得其機要，是以晉滅虞虢，秦人安之，晉争桃林，秦人置之，晉圖河曲，秦人聽之，舍其重險自扼東出而不悟。烏乎！是尚知上郡之足爲秦重哉！吕相之言曰：白狄君之仇讎，而我之婚姻，晉蓋懼秦之德狄，而重爲婚姻之誼固之爾。故狄畔德未及兩載，而九國之師，即至秦之城下。夫秦地非不險也，雍岐涇渭之襟帶，未始非天下形勝之區也。跧蹙一隅，無與東諸侯得失，轉不如楚之率群蠻，滅申息，問鼎伊洛，兵威肆於中原，雖曰晉制秦易，制楚難，亦秦人棄險不争，有以致之也。迨至三晉既分，上郡入秦，而後雲中之甲，及於燕趙，函谷一塞，六國之師皇畏而不敢前。烏乎！余嘗謂晉不三，秦不一，觀春秋戰國秦晉之間，可以知人事矣。”(《湖南校士録》此文署名“科取經義一名曾榮甲　衡陽”。批語：兵略地形，洞中窾會。)

其二《玉燭解》：“《釋天》：四氣和謂之玉燭。後人皆惑於李巡之説，謂人君德美如玉而明若燭，於是繆附《禮記》‘月合’：四時所佩之玉色，强與上文連合，不知玉燭即燭龍之謂。《山海經》云：天不足西北，無陰陽消息，故有龍銜火照天門，名曰燭龍。故楚辭《天問》云：日安不到，燭龍何照。燭龍者，龍銜火如燭照物，言西北得日之偏，玉燭者日光祥繞；明照如玉，言四時得氣之和。日爲火精，古者取明火於日，故義取諸燭。此三節明釋四時日與風雨之祥，與本節上文推之，春氣清和令行木，其日温陽；夏氣炎赤令行火，其日朱明；秋氣嚴肅令行金，其日白藏；冬氣青英令行水，其日元英。四者就所行之令以推日。謂之玉燭者，就四時之和以推日，且下文春爲發生，言青陽開動，勾者畢達，其風爲發生；夏爲長嬴，言夏日赤盛，萬物咎萼，桐生茂豫，靡有所詘，其風爲長嬴。合之秋冬，皆居四時所行之令以言風。謂□(殘缺一字)景風者，就其和氣，言與下甘雨爲醴泉一也。是玉燭景風醴泉即瑞日祥風甘雨之别偁，後人惑於緯學，解玉燭爲祥光四照，醴泉爲地中出，殆遠乖疋義矣。”(《湖南校士録》此文署名“歲取經義一名曾榮甲　衡陽”。後附批語：“詮釋精當，非有心得者不能。”)

其三《問：武鄉不死，千里饋糧，進不得戰，與宣帝終始相持，成敗之數當若何?》：“世每以武侯、宣帝不能卒决勝負爲恨，右武侯者多詘宣帝，而不知武侯之可一成，而仲達之必不終敗也。蓋武侯有能成之才，而有不能成之勢。以宣帝遇武侯，有可敗之機而實有不可敗之局。第觀其千里饋糧，士無宿飽，以爲武侯之見敗也，抑未觀其深也。西蜀之無人也。志大如馬謖而失律矣，剛方如李平而反覆矣，權勇如魏延而不可專任矣。鄧芝之文辯，王平之迂固，姜維之輕躁，非將才矣，知兵持重如順平侯死矣。指臂無助，君子爲之長太息焉，可敗者一也。以蜀舉中原，由高祖定三秦故道者，上也。不則出秦川，循秦嶺而東，當子午而北，亦其次也。不則《隴中對》所云，將荆州之衆向宛洛者，與出關之兵相應，皆勝筭也。然荆州敗謀於關壯，繆矣。上庸爲孟達所携，不能爲我有矣。凡平日所百計而探奇者,胥無望矣。不獲已而始出祁山,縱取隴右,未必關中之遽得,况并隴而不能舉,可敗者二也。用兵之數,習於水者,入山則困,習於山者,游平原則困。蜀有重山之險,兵利於箐峒,而不利於曠野。故一出平原,而步伐擊刺之不敵於騎射也,越險有餘而長驅不足,况益以四方精鋭,延之久而損其半,可敗者三也。且夫魏之勢,則固不可以敗矣。當武侯初出秦雍固無備也,以楙守長安,如其無守也,乃僅攻其散地,况有郝昭之守,陳倉、武都、陰平尚未能逾渭水一步,况舉咸陽。是故天水、南安、安定得如未得也,陳倉圍而不危也,沔陽成固而不懼也,屯五丈原而不能進也,木門挫而僅亡一張郃也,益之以吴圍合肥而未有以應也。在蜀者,如彼在魏者,如此蜀攻魏日急,魏備蜀日固攻者勞守者逸,主客之形,判焉若此,誰謂宣帝之必敗而武鄉之必成邪!烏虖!彼己之情,進退之算,武鄉既深知其不能以蹙魏矣,然而經營數十年而不能以已者,豈過計哉!秦隴非咸陽要害,固西蜀梡梴也,天水、南安、安定地則險巇也,民則彊武而可用也,武都、陰平之屏蔽也,魏攻蜀之捷徑也。是故有天水三郡則武陰在其懷中,以固蜀北則魏不能越劍閣,以固蜀西則魏不能道階文,以爲是守之計而非攻之計也。守既固矣,魏苟有瑕(暇)按時而動,公之成謀以此矣。乃志鋭謀深,而彼漠然不應,仲達之計,似怯而狡也。殆武鄉没,蔣琬、姜維變其成算,屯涪不久,而鄧艾之軍先入,意計中事矣。"(《湖南校士録》此文署名"校經書院治事十一名曾榮甲 衡陽"。後附批語:"於當日地形兵勢洞若觀火,似有不足於武侯,實則武侯知已。")

其四《所不慮而知者,其良知也》:"闡良知之學,明性統也。夫知自物終,不自物始,求吾性而知盡,奚慮云爾哉!自知失而慮出。慮者,知之蠹也。夫知生於無知,無知主於真知,失其真知,以眩物交之知,是謂不知知,守其無知,盡夫真知之實,是謂知不知。不知知病,知不知上。病者見知不得知,上者得知不見知,知此而致吾良知之説,可以得性學之宗,不學而能。能者,知之已境乎。夫能從知入,知因能見,因其能知通徹謂之知,因其知之真實謂之能,知能合一,與夫知行並進之説,即道心精一之詮諦也。剖而歧之,勢必内知而外行。夫外行即外知也,外知即外性也。今之誤求知者,已知之而意未必然也,已行之而心未審爲知也。其惟外性逐物,略知矜慮,有以致之,與棄性求知,將性中無可内之物,不得不視格爲外功。泥知求性,將知中倚爲明照之具,不得不薄致爲寂忘。良知之説,一誤於自失其知而他求,再誤於不行其知而静守,二者相乘,而性中自有之真知,亦遂若存若滅而幾不可用。嗚呼!天之寄我以知者,將以受百族之宇而府於吾性,將以啓百骸之靈而樞於吾心,其萌邪?其芽邪?其熙熙而若登春臺邪?其不知而爲之邪?立乎無垠,肇乎無聲,舒翕乎乾坤開閉之門,而誰啓其藏邪?人心者,天象之小成,覺悟者,形流之機運,若驅我而導前,乃離途而追軌。新知浮,故器遯,勞者遺,明者洨,其道之華而性之磒也。後人疑良知不可用,或終日慮而不知，或終日知而成慮，抑知知者不博，博者不知。吾性中之物，萬物之胚胎也；吾性中之知，萬知之根荄也。知吾知，復吾物，吾知致，吾物格，奚外求哉！帝廷傳止傳心，孔門多識綜一貫，其真諦矣。語云：何思何慮則知道，何處何服則安道，何從何道則得道。蓋性學之支流也。惜哉！義外之辨，性惡之譚，曼衍而棄心，屏人倫，絶物理，從心而誤學，道之敝也。好慮者速之，屏慮者絶之，亦知有不慮者得之乎？聖人在天下，歙歙爲天下渾其心，百姓皆注其耳目，聖人皆孩之。夫聖人豈能必天下之皆孩，不過致其知能，爲天下渾其心，使天下勿從學慮求知能也。仁義真孩之筌蹄哉！”（《湖南校士録》此文署名“嶽麓書院一等一名曾榮甲衡陽”。後附批語：“勃窣理窟，直可自成一子。”）

按：《湖南校士録》，爲光緒辛卯冬十月湖南學院刊，湖南督學使者張亨嘉序，云：“光緒辛卯冬十月，使者歲、科兩周，用故事裒諸生，所爲文刊而行之。”又本書扉頁題爲“湖南校士録四卷。己丑，庚寅，辛卯。”

是年，次女生。

《杏軒公德配唐太恭人八十壽序》：“辛卯熙舉鄉。是歲次女生，適夏氏。外舅暨外舅母皆來賀。”（《黄梅湯氏四修族譜》）

《龍田曾氏四修族譜敘》：“次女適湖北崇陽縣知縣、光緒己丑科進士夏時泰三子紹機。”

1892 年　清德宗光緒十八年　壬辰　三十二歲

春，入都參加會試。

《清誥封朝義大夫五品銜候補訓導躡溪先生七十壽序》：“熙自壬辰入都，及去秋歸，將十年。”

在京都游國學，觀石鼓，見其不但文字古，且石之璞厚天隨，渾然有三代之風，摩挲竟日，偃坐古柏下，不忍去。

跋徐渭仁藏《石鼓文》：“壬辰入都游國學，觀石皷，不但文字之古，即石之璞厚天隨亦渾然三代之風。摩挲竟日，偃坐古柏下，愛不欲去。歸即從廠肆遍搜舊拓，不能得。歸來海上十餘年，每詢舊家，亦竟無所遇。去冬瓶齋五弟得此本，徐紫珊舊物，張叔未署耑，真明拓也，未重裝以前，假置案頭，對臨一過未竟。此拓打工極精，紙墨古黝，不僅五字爲可珍也。除夕髯復得一本，與此無二而有偶，好古同心,天貺靡遺,當置酒爲我兩人賀也。瓶弟飲蒲酒,乘興爲我歡喜下筆,越日髯召賓客,並出此同賞,阿筠尤皷掌稱快。從此兩家《石皷》並耀天壤矣。丁卯端午後一日,農髯熙識於海上心太平庵。"(《善本碑帖過眼録》,文物出版社 2013 年 7 月版)

是年,在京師再見叔父曾仰皆於籌防局。

《湖山隨在吟詩稿序》:"湖山隨在吟詩稿四卷,仰皆叔父所自定也。叔父少負雋才,好詩酒,性情落廓。咸豐軍事興時,士人但習帖括,叔父獨喜讀左氏、孫武之書。縣試,叔父名冠,軍令某將以首選屬叔父,叔父作感時詩,書之卷上,長揖請辭。遂從軍皖北,擢保知縣,歷任江蘇寶山、桃源諸縣,升署徐州府。叔父論事,詞氣縱横,獨讞獄雍容不動聲色,卒得信獄。南洋大臣左(按:即左宗棠)、曾(按:即曾國藩)、沈(按:即沈葆楨)、劉(按:即劉坤一)皆愛其才,由知縣擢至道員,任兩江營務兼籌防局事近十年。臨卒,身無長物,篋中僅有詩稿數卷。劉忠勤因念叔父居差日久,身後蕭然,乃籌萬金,優恤其家。熙庚寅侍白香(按:即鄧輔綸)師游金陵,壬辰自京師再見叔父於籌防局。叔父曰:'白香温柔敦厚,詩教也。予所學淺,但少年任才性爲之。然其指事繫情,譎文隱諷,亦詩中之史也。'"

登臨泰山,尋古刻石,於石峪循行,摩挲詠嘆不忍去。

按:見本譜丙辰二月跋《清道人藏泰山經石峪金剛經墨拓》,有云:"此經純守隸法,故質樸而平厚,淵懿類《郙閣頌》而寬舒有度,動蕩師《夏承》而操縱獨密。壬辰上泰山尋古刻石,今展此册,猶仿佛石峪循行,摩挲詠嘆不能去云。"

是年自京都還長沙,李瑞清言有楊海琴(翰)舊藏宋拓《中興頌》,其妙處幾同《鶴銘》,以索值重未賣下,不久聽説爲常熟翁同龢所得。

題《中興頌》:"自都還長沙,道人與言楊海琴先生所藏宋拓《中興頌》,其玅處幾同《鶴銘》,以索值重棄之,嗣聞爲翁師傅所得。"

按:參見本譜 1930 年 3 月 31 日條。

是年,李瑞清開始用力於今隸,爾後始學唐以來書。

《玉梅花庵書斷》:"年廿六始用力今隸,六朝諸碑,靡不備究,爾後始稍稍學唐以來書。"(《清道人遺集》)

1893年 清德宗光緒十九年 癸巳 三十三歲

本年遷斗江宅。

《杏軒公德配唐太恭人八十壽序》:"癸巳已遷斗江宅。"(《黄梅湯氏四修族譜》)

此際回衡陽,熊希齡賦《壺中天・癸巳送曾九歸衡陽》詞以贈。

熊希齡《壺中天・癸巳送曾九歸衡陽》:"天涯孤館,盡匆匆萍絮,鷗盟三五。多病年來憔悴矣,舊約一齊孤負。倚酒添愁,登樓憶遠,惆悵湘天暮。那堪惹恨,青青楊柳南浦。　　客里正接家書,鄉愁未了,又送君歸去。曲唱陽關聲第四,多少别離心緒。雲樹茫茫,風帆渺渺,迢遞衡陽路。郵程細數,明宵泊何處?"〔周秋光編《熊希齡集(一)》,湖湘文庫甲編251,湖南人民出版社2008年9月版〕

游南岳,至迴雁峰見符鐵年八歲所書山門楹聯大字。

《符鐵年小傳》:"三十年前,髯至迴雁峰,見山門刻大字楹書,瑰奇邁逸,天機翔舞,榜署'清泉八齡童子符鑄書'。嗟乎!以子琴先生抱磊落不羈之才,僅以書畫流傳海内,宜繼世有人也。"(《鐵年書畫集》)

按:符鐵年卒於1947年4月24日,年六十六歲。兹節録其訃告中許俊作《傳略》如次:"先生,湘之衡陽人,諱鑄,字鐵年。考諱翕,字子琴,工金石書畫,以名孝廉宦粤東,有惠政。清季總督張文襄公開府廣州,遇之以禮,有唱酬之盛,即世所稱蔬筍翁也。先生少穎悟,八歲,書楹聯與衡之迴雁峰寺,蔬筍翁爲鎸印二方紀其事,邑中播爲美談。年六十六,蔬筍翁卒於任,高節雅操,没後囊橐蕭然,止書史千百卷而已。賴知舊風義,乃得舉其喪。時湘粤交通猶未舒,行旅有畏色,先生孝思純篤,竟扶櫬歷險阻,歸葬翁衡陽。旋從同邑程公商霖游,因得問書法於俊之先大父景鰲公,而先生嘗爲程公手録絶版詩文,日超二萬字,凡數年如一日,其治學篤行如此。及壯始出仕,漫游蘇皖浙三省間,雖性雍穆,未嘗與人忤,然終自笑非富貴中人,時復有去志。既歷經喪亂,兵革無虚日,而政途益淆敗,不可居,乃辭官東來海上,專意藝事,海内名宿,如清道人、曾農髯、齊白石、蕭厔泉、馮臼厂,或文酒過從,或詩札往還,强半商榷藝事,品騭古今人物得失,以不聞理亂爲至樂。未幾,遂以所學酬世,托隱於淞濱而自晦焉。竊嘗聞之諸長者前輩,海内近時畫竹,推先生第一。書則融會北海、襄陽、東坡、山谷於一冶,而行草尤得米家神髓,並世無與倫比。詩學梅宛陵,更出入李杜蘇陸間，卓然不侔凡響。尤足稱者，先生以學無止境，宜貫中西，自來海上，恒習英語文，言談寫作，莫不深造。俊因慨夫先生有異於世俗文藝之士者三：凡夫之争名也，必伺候於公卿之門，奔走於權勢之途，求有力者推挽；先生居於名利雜沓之海上而閉門却掃，罕與達官貴人接，入其室，香花圖書几硯丹黄之屬，佈置井井，粹然有古君子風，與之言，謙冲自牧，而析理入微，旁通百氏，終日相對，但覺神清，此其品不同者一也。尋常以藝鳴者頗有蕩佚法度，不求本原，務爲怪奇以震驚流俗人耳目，或者爲楚人腰、窅娘步，以投庸衆之所好。先生天資過人，學有根柢，乃能包舉衆長，出神入化，而初不失前賢矩矱，此其學問不同者二也。學術之争，不徒記問模擬，要必有所養於中，先生少壯，汩没簿書，中年以後，哀樂交索，而用志不棼，卒能向道心切，世人所稱清操猶餘事耳。晚歲憂世念亂，偏廢之疾縣攖，猶幸可揮其右臂，假書畫以治生，雖境嗇力微，不絶如縷。天君恬適，處貧自安，每幸方寸無垢，故其興至潑墨，神韵超特，往往無烟火氣。見人之善如不及，恒樂稱交游中藝事之美。生平無疾言遽色，處横逆若尋常，此其所養不同者三也。古人論高人之行者，恒謂必出於巖棲谷飲間，以先生行事證之，滋信有不必然者。嗚呼！知先生者，宜不徒以藝術盡先生也。先生好遠游，游則忘倦。嘗踰嶺嶠，下吴越，行歌燕薊，東訪扶桑，而羅浮、天台、雁宕、天目、黄山、九華、衡嶽、匡廬諸勝，靡不探幽涉險，心領神會，而其畫與詩，遂日益工。遺著有《北游吟草》《東游寄意》《豫章詩話》及《晚静廬詩存》，要皆蒼老沈鬱，襟期曠朗，有得山川之助云。（下略）"

秋，李瑞清在原籍江西參加鄉試，以第九十三名中舉。

《光緒廿一年乙未科會試硃卷·李瑞清履歷》："以國子監生中式癸巳恩科本省鄉試第九十三名舉人。"

蔣國榜《臨川李文潔公傳略》："癸巳恩科舉於鄉。"（《清道人遺集》）

胡思敬《送李梅庵南歸序》："梅庵與予癸巳同舉於鄉，後一年成進士，各以事留京師又一年，始廷對，同入翰林爲庶吉士。"（《退廬文集》1924年刊於南昌退廬）

癸巳七月二十日，鄧輔綸歿於江寧中正街文正書院講舍，享年六十六歲。

《老成凋謝》："金陵文正書院山長鄧彌之觀察，老境頹唐，兼染時氣，卧病十餘日，漸成不起之症，延至七月二十日酉時，殁於中正街講舍。一切棺衾之費，太尊爲之經理，大殮過後，各當道同來祭尊，素車白馬紛羅於庭，更有沐恩桃李，慟哭春風，大有泰山其頽，吾將安仰之意。嗚呼！如觀察者可以不死矣！"（1893年

9 月 8 日《申報》)

王代功《清王湘綺先生闓運年譜》本年八月條:"八月,鈔《禮經箋》。聞鄧丈彌之之喪,四十七年姻好,初損其一,悵然者久之。"

按:又見本年十二月條《清故通議大夫前浙江試用道内閣中書鄧君墓誌銘》:"年六十有六,光緒十九年七月庚子卒於江寧講舍。"

1893 年 12 月 18 日癸巳十一月十一日,三子憲璚生。以嗣昭衢。

《杏軒公德配唐太恭人八十壽序》:"癸巳已遷斗江宅。三男卓生生。"(《黄梅湯氏四修族譜》)

《龍田曾氏四修族譜叙》:"字叔瑶,小字大凝。號立尹。行忠九,又行三。大學生册名炳文。達材法政專門學校法律專科畢業。更名卓生。生於清光緒癸巳十九年十一月十一日酉時。"

癸巳十二月,鄧輔綸師歸葬武岡。書《清故通議大夫前浙江試用道内閣中書鄧君墓誌銘》。

書《武岡鄧先生墓誌銘》:"清故通議大夫前浙江試用道内閣中書鄧君墓誌銘。湘潭王闓運撰文,衡陽曾熙書。君諱輔綸,字彌之,武岡人,按察君厚甫公之元子也。生於綦江官舍,五歲能詩,從宦南昌,與弟繹齊名。十三入州學,十五補學廪,肄業省城城南書院,同郡鄧顯鶴、湘陰左宗棠歎爲異才。於時科舉積重英俊,抵巇文史經儒,莫能兼美。君年未弱冠,縞帶瓀玫,琴酒獻酬,傾夫宿彦。尤精甄鑒,拔彙披榛。江湘二州,友無遺士,曾侯所辟薦,皆君取也。道光己酉拔貢生,咸豐辛亥鄉舉副貢,以助饟叙内閣中書,軍興假歸。南昌危急,佐父城守,因將一軍,捍禦東南,推賢讓能,已無所與,以賦《蘋果詩》愧某翰林,蜚語爲提學劾奏,撤軍還官,用城工勞,叙浙江道員,直指危邦,投身虎穴。巡撫王公奏參軍事,請援坐甲,糧盡師熸,坐不殉城,例免,步行還里。凡兩從官,再絓吏議,知者以爲詩人之窮也。湘州自漢及明,辭章質楚。君下筆淵懿,出語高華,游魚銜鈎,蘭苕集翠,詩厘百首,卓然大家,出手成名,一人而已。尤執撝謙,欿然呐呐,後生門人,皆與抗禮。晚頗嗜酒,醉亦陶然。生長膏粱,終身貧賤,老游揚豫糊口,終年年六十有六。光緒十九年七月庚子卒於江寧講舍,其年十二月丁巳歸葬武岡大甸之原。夫人善化唐氏,先十年卒。以弟繹子國瓛爲子,有孫六人。君涇渭在心,好賢若渴。少游西掖,見禮祁倭劉尹,清流傾衿接席,識許高於未達,拔闓運於方童,而俗譽徒崇,高名不振,知希雖貴,實至無歸,望古茫然,乃爲銘曰:桓桓按察,詰戎江介。請命號咷,督師沮愧。何以傾之,假嫌芥帶。長子帥師,奪其車萃。進賢既覆,長城亦壞。龍李摭拾,餘波澎湃。我不遑寧,駕言東邁。蘇杭無軍,糜饟是賢。慕我湘勇,齎書召援。古無乞師,往何利焉。淪胥以鋪,再以予顛。命之衰矣,斯文在天。焚筆推琴,惟酒養齡。後有達者,詒之百年。"

1894 年 清德宗光緒二十年 甲午 三十四歲

甲午春,與李瑞清一起從長沙啓程,赴京趕考,因慕明嘉靖年間楊椒山先生之爲人,至京後,同借住宣武門外達智橋胡同松筠庵,寢共衾席,而出必同車馬,一起研習書法。得《黄庭經》、水前拓本《瘞鶴銘》、周器拓片十數種。

題清道人臨《毛公鼎》:"仲子年二十餘,猶癡憨若嬰兒,未嘗一人離寢門。當甲午發長沙,太夫人執仲子曰:'若與曾季爲昆季交,今令汝偕,否則吾不欲汝行也。'及至京師,寢共衾席,而出必同車馬。日起則令仲子作大卷書,然不及三行,則伸欠欲睡。强之,則跣足登床,爲小兒舞矣。"

李瑞清自題《櫻桃圖》:"於京師居吕祖閣,與曾季子共研席。曾季子嗜櫻桃,每以水精盤貯齋頭以爲玩。而季子好午睡,余每見則啖立盡,寤乃大窘,嘗詈余爲櫻虎。此景時時憶之,已十年矣。"(《清道人汪巨游先生山水花卉合册》,震亞圖書局珂羅版)

胡思敬《送李瑞庵南歸序》:"梅庵與予,癸巳同舉於鄉,後一年成進士,各以事留京師,又一年始廷對,同入翰林爲庶吉士,是時梅庵年二十六七歲。慕楊椒山先生之爲人,僑寓松筠庵,與二三朋輩唱酬游宴無虚日。予少梅庵二歲,方讀《史記》《莊》《騷》,棄帖括爲詞章家言,兩人遭際,既同志趣,相若握手,論交稱爲莫逆。"(《退廬文集》,1924 年刊於南昌退廬)

丙辰秋七月自題臨《黄庭經》:"猶憶甲午之歲,與阿梅寓京師松筠庵,得此《黄庭》並水前拓本《鶴銘》、周器拓片十數種,遂大樂不已。乘車出前門,縱觀郊外,竟日始歸。"

自題臨《瘞鶴銘》:"此鼒居京時得水前本,其文上下倒錯,然神理實勝匋齋所藏。"

鄭沅題曾熙《仿黄子久山水》:"憶三十年前,余與髯同居燕京,清道人來輒主髯家,日夕對案作書。余每過其居,流覽碑帖,肆意評騭,笑樂終日,至今思之,歷歷在目,何所復得。"(見己巳九月條)

按:楊椒山爲楊繼盛之號。楊繼盛(1516—1555),字仲芳,號椒山,河北容城人,明嘉靖進士。明嚴嵩專權,劾其五姦十罪,下獄不屈就義而死。松筠庵爲其故居,現在北京宣武區達智橋胡同12號。

甲午春,李瑞清會試中貢士。

按:見上文,並見1894年5月24日《申報》之《甲午恩科會試官板題名全録》。

參加會試落第,納資爲兵部武選司主事。

《杏軒公德配唐太恭人八十壽序》:"甲午、乙未居京。乙未春試後納粟爲主事,分兵部。其時熙居京内,而仲兄又以營務委員居山海關。"

甲午七月,中日戰爭爆發,國難當頭,與任壽國、壽文兄弟、丁立鈞、楊仁山、李瑞清、周敬夫、歐陽君重、戴邃盦諸人日夕謀議救國之事。

題《李瑞清書贈楊仁山魏碑中堂》:"回憶甲午、乙未之歲,熙與仁山八哥、君重歐九、敬夫周三、任氏昆季、戴子邃盦,暨予二弟阿楳朝夕縱横論國事於丹徒丁師之宅。今何時耶! 丁師、歐、周、大任皆先後歿,而予與八哥、阿楳飄零海上,所謂'嘿嘿復何言,相對惟有淚'而已。丙辰六月,此幅裝成,爲八哥識之。熙。"

任福黎《挽清道人聯》:"縞紵猶新念聚處,京華每思以八九。書生斡旋家國忍,見風流雲散血淚。空存歌浦起哀歌,直使煙氛迷海陸。中日之役,余與先兄壽文先生及丹徒丁叔恒先生、無錫楊仁山八兄、臨川李梅盦二兄、衡陽曾士元九兄、清泉周敬夫三兄、武陵歐陽君重九兄、戴邃盦三兄諸人,日夕謀議救國之事。先兄倡率公車上書,力阻和議;丹徒迭章彈劾權要,楊、歐二兄居北洋幕府指揮軍事,當道不能聽,拂衣出,曾、李、周、戴諸公則居京師,往來聯絡。既而余挾書走濟南,痛哭責李海城以桓文之事,海城慷慨輸心腹;歐兄則出榆關,遍謁群帥,説以將在外之義,群帥感動,士卒至淚下,然無敢有先發者,遂歸京師。款成,宫闈將有變,又與丹徒共謀留湘軍,余提督虎恩十營駐河西,務遥爲捍衛,得以無恙,此皆乙未八月前事也。未幾,丹徒出守沂州,以中風痺卒,先兄以丁嫡母憂咯血卒,歐兄以拳匪之亂憤慨卒,敬兄以國變嘔血卒於金陵,梅兄則儒冠爲道士,曾農髯鬻字海上。農髯,九兄晚號也。今道士亦已羽化,於是甲午同志僅余與八兄、農髯、邃兄四人尚存,然皆老矣。"(《清道人遺集·附録》)

1894年9月15日甲午八月十六日,朝廷誥封祖父曾紀領爲中憲大夫,祖母洪氏爲恭人。

《武城曾氏五修族譜·卷三 綸音 誥》:"奉天承運,皇帝制曰:沛酬庸之慶典,茂對皇庥,敷錫類之殊榮,曲成臣孝。爾曾紀領乃兵部武選司主事加四級曾熙之祖父,箕裘紹緒,詩禮垂聲,貽厥孫謀,樹芳規於珂里,繩其祖武,奏茂績於彤庭。兹以覃恩,貤贈爾爲中憲大夫,錫之誥命。於戲!開堂構以培基,德鍾家慶,沛綠綸而錫命,榮播天章。 制曰:德門衍慶,淵源早裕其孫謀,盛世推恩,綸綍載揚夫母範。爾洪氏乃兵部武選司主事加四級曾熙之祖母,高門毓德,華閥傳芳,有穀貽孫,賴同心於内助,自天申命,表異數於中閨。兹以覃恩,貤贈爾爲恭人。於戲!光生褕翟,帝昭彤管之輝,德媲珩璜,允著徽章之色。誥命光緒二十年八月十六日之寶。"

按:曾紀領(1788—1856),字綱臣,號袖英,一號蕉亭,曾傳本次子。洪氏(1787—1847),原任龍山縣訓導際清次女。

同日,朝廷誥封父曾廣屋爲中憲大夫,母劉氏爲恭人。

《武城曾氏五修族譜·卷三 綸音 誥》:"奉天承運,皇帝制曰:考績疏庸,特重推恩之典,服官資敬,聿推式穀之功。爾曾廣屋,兵部武選司主事加四級曾熙之父,世擅清門,代傳素業,家風淳厚,垂弓冶之良楧,庭訓方嚴,啓詩書之令緒。兹以覃恩,封爾爲中憲大夫,錫之誥命。於戲!薄嬴金而示誨,世澤常延,錫鞶帶以加榮,天休弗替。 制曰:宦學方成,讀父書而繼業,愛老交備,禀母訓以揚名。爾劉氏乃兵部武選司主事加四級曾熙之母,克樹芳型,尤多慈教,著承筐之雅範,早知率禮無愆,寓徙宅之深心,果見克家有子。兹以覃恩,封爾爲恭人。於戲!彤毫灑潤,爰推顧復之恩,彩翟流芳,彌振賢名之譽。誥命光緒二十年八月十六日之寶。"

甲午九月,長沙譚家應夫人馮氏卒,爲其撰傳。

《馮母傳》:"馮母者,長沙勝塘人,姓鄧氏,其夫曰家應。家應以農爲業。長沙之田,一夫得食力百畝,家應家田夫四十人,得食力四千畝。馮母來,未笄而將婦職,夙興議酒肉能食四十餘夫,日中或以匡匪饁田夫於中田,日入亦如之。衡農日五飯,長農四飯,馮母未嘗以爲勞也。農家重食,馮母議酒肉必豐潔,故田人爲之歌曰:馮二嫂,使我腹飽,墝田肥,分浸田,滿年匕多,穀宜乾菅。南人謂稻莖之除曰菅,家應善治浸田故云。馮母長不滿三尺,豐頯削頰,顙廣而頷平,好直言,人不順則瞿瞿然。然好信神,其姑病目喪明,姑善飲,馮母從市上貰

劉坤一像

清末山海關(1895 年　赴劉坤一軍幕　出關抵禦日寇)

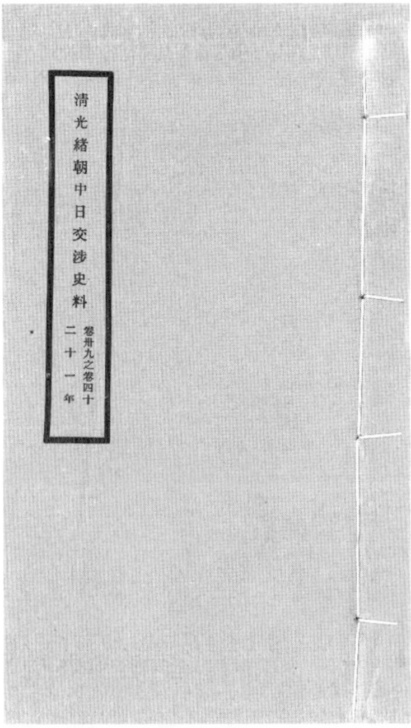

清光緒朝中日交涉史料　卷卅九之卷四十　二十一年

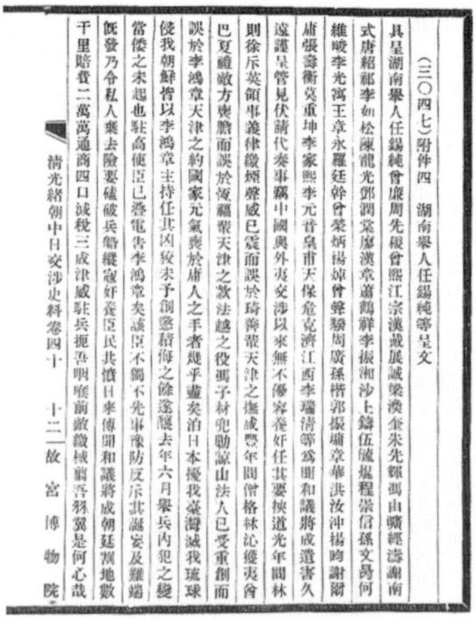

（三〇四七）附件四　湖南舉人任錫純等呈文
具呈湖南舉人任錫純曾廉周先穀曾熙江宗漢戴展誠梁煥奎朱先鏵馮由驥經濤謝南
式唐紹祁李如松陳龍光鄧潤棠廖漢章蕭鶴祥李振湘沙上錦伍毓崐程崇信孫文昺何
維畯李光寓王章永羅廷幹曾榮炳楊焯曾聲驤周廣孫楷郭振墉章華洪汝沖楊昀謝爾
庸張壽衡莫重坤李家熙李元晉梟甫天保危克濟江西李瑞清等為聞和議將成遺害久
遠謹呈管見伏請代奏事竊中國與外夷交涉以來無不優容養奸任其要挾道光年間林
則徐斥英領事義律繳煙聲威已震而誤於琦善輩天津之撫咸豐年間僧格林沁變夷酋
巴夏禮敵方喪膽而誤於恆福輩天津之款法越之役馮子材兜勦諒山法人已受重創而
誤於李鴻章天津之約國家元氣喪於庸人之手者幾乎盡矣洎日本擾我臺灣滅我琉球
侵我朝鮮皆以李鴻章主持任其囚狡未予創懲積侮之餘遂釀去年六月舉兵內犯之變
當倭之未起也駐高使臣已疊電告李鴻章矣該臣不獨不先事豫防反斥其誕妄及釁端
既發乃令私人棄去險要礮破兵船縱寇奸養臣民共憤日來傳聞和議將成朝廷割地數
千里賠費二萬萬通商四口減稅三成准威駐兵扼吾咽喉前斂鐵械翦吾羽翼是何心哉

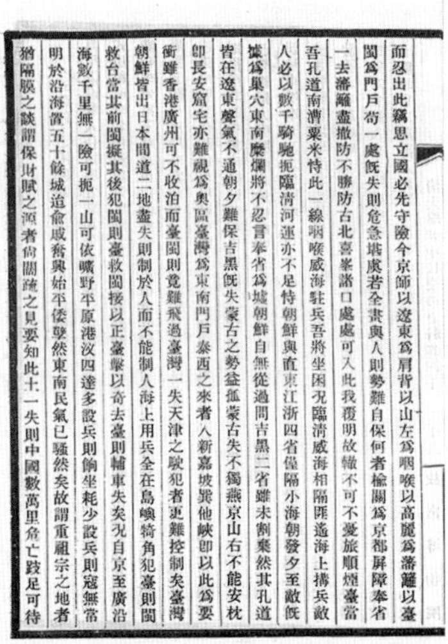

而忍出此竊思立國必先守險今京師以遼東為肩背以山左為咽喉以高麗為藩籬以臺
閩為門戶苟一處既失則危急堪虞若全畀與人則勢難自保何者榆關為京都屏障奉省
一去藩籬盡撤防不勝防古北喜峯諸口處處可入此我覆明故轍不可不憂旅順煙臺當
吾孔道南漕粟米恃此一線咽喉威海駐兵吾將坐困況臨清威海相隔匪遙海上搆兵敵
人必以數千騎馳扼臨清河運亦不足恃朝鮮與直東江浙四省僅隔小海朝發夕至敵既
據為巢穴東南糜爛將不忍言奉省為墟朝鮮自無從過問吉黑二省雖未割棄然其孔道
皆在遼東聲氣不通朝夕難保吉黑既失蒙古之勢益孤蒙古失不獨燕京山右不能安枕
即長安窟宅亦難視為奧區臺灣為東南門戶泰西之來者入新嘉坡巽他峽即以此為要
衝雖香港廣州可不收泊而臺閩則覺難飛過臺灣一失天津之駛犯者更難控制矣臺灣
朝鮮皆出日本間道二地盡失則制於人而不能制人海上用兵全在島嶼犄角犯臺則閩
救台當其前閩擬其後犯閩則臺救閩援以正臺擊以奇去臺則輔車失矣況自京至廣沿
海數千里無一險可扼一山可依曠野平原港汊四達多設兵則餉坐耗少設兵則寇無常
明於沿海嘗五十餘城迨俞戚奮興始平倭孽然東南民氣已騷然矣故謂重祖宗之地者
猶隔膜之談謂保財賦之源者尚闊疏之見要知此土一失則中國數萬里危亡跂足可待

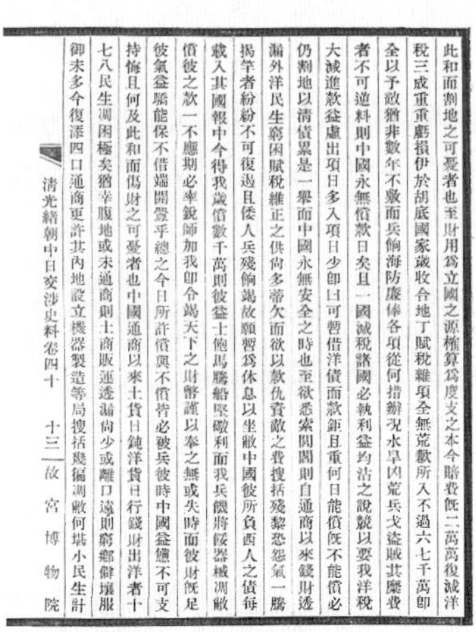

此和而割地之可憂者也至財用為立國之源権算為度支之本今賠費既二萬萬復減洋
稅三成重重虧損伊於胡底國家歲收合地丁賦稅雜項全無荒歉所入不過六七千萬即
全以予敵猶非數年不敷而兵餉海防廉俸各項從何措辦況水旱凶荒兵戈盜賊其糜費
者不可逆料則中國永無償款日矣且一國減稅諸國必執利益均沾之說競以要我洋稅
大減進款益虛出項日多入項日少即曰可暫借洋債而款鉅且重何日能償既不能償必
仍割地以清債累是一舉而中國永無安全之時也至欲悉索閭閻則自通商以來錢財透
漏外洋民生窮困賦稅維正之供尚多滯欠而欲以數仇賚敵之費搜括殘黎恐怨氣一騰
揭竿者紛紛不可復遏且倭人兵殘餉竭故願暫為休息以坐敝中國彼所負西人之債每
載入其國報中今得我歲償數千萬則彼益士飽馬騰船堅礮利而我兵饑將餒器械凋敝
償彼之款一不應期必率銳師加我即令竭天下之財幣謹以奉之無或失時而彼財既足
彼氣益驕能保不借端開釁乎總之今日所許償與不償皆必被兵彼時中國益憊不可支
持悔且何及此和而傷財之可憂者也中國通商以來土貨日鈍洋貨日行錢財出洋者十
七八民生凋困極矣猶幸腹地或未通商則土商販運透漏尚少或離口遠則窮鄉僻壤服
御末多今復添四口通商更許其內地設立機器製造等局搜括幾徧凋敝何堪小民生計

清光緒朝日中交涉史料書影(1895 年　與湖南舉人上都察院書)

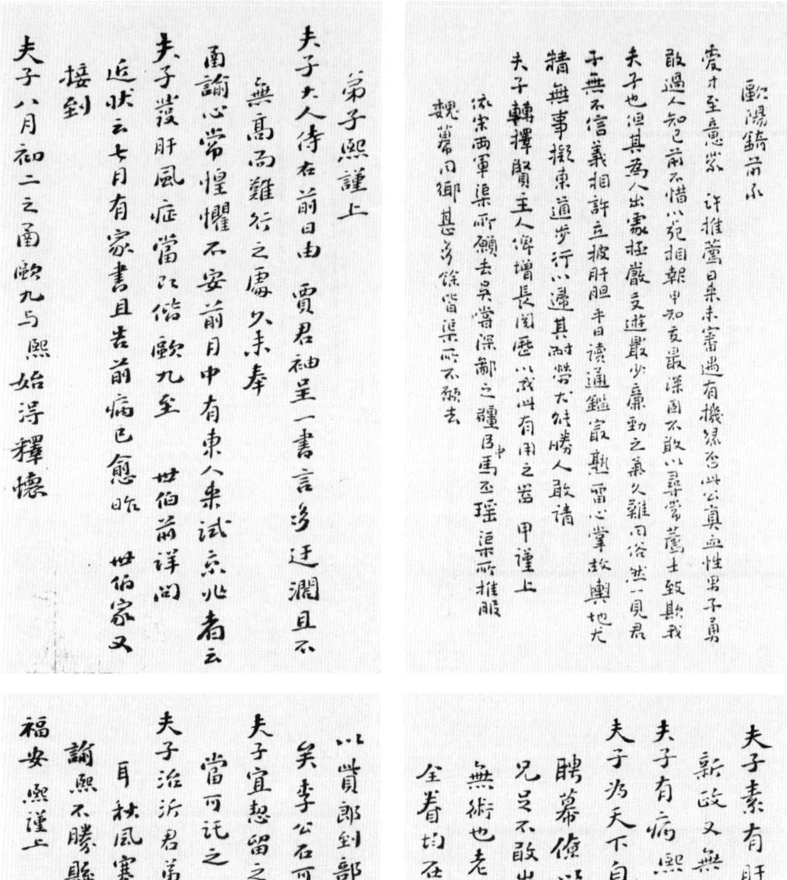
弟子熙謹上
夫子大人侍右 前日由 賈君袖呈一書言多迂濶且不
無高而難行之處 久未奉
函諭 心常惶懼不安 前月中有東人來試京兆者云
夫子發肝風症 當以偕歐九至 世伯前詳問
近狀 云七月有家書且告前病已愈 昨 世伯家又
接到
夫子八月初二之函 歐九与熙 始得釋懷
夫子素有肝風之病而
新政又無一著放鬆 所以自去歲以來時聞
夫子有病 熙敢言曰願
夫子為天下自愛 大綱則己操之 小目可使人為之 慎
聘幕僚以簡馭煩 病當漸除 熙 曰母氏渴思家
兄 兄不敢出門 此時亦無良法可以安 親心 由事兄之
無術也 老人喜聚不喜散 熙雖朝夕在旁 然家兄
全眷均在廣西 甚悔去年不應全眷盡出 且不應
以貴郎到部 當時若家居以教書養 親 計當兩得
吳李公石可為人篤實而心甚精細
夫子宜恕留之居幕 賈公以至誠而執弟子之禮 私事
當可託之
夫子治沂君弟 縷詳道之 惜熙不得遠來 增長才識
再 秋風寒濕 病後 精神若何 幸以一函
諭 熙 不勝懸懸 肅此 敬叩
福安 熙謹上 八月二十四日
歐陽鑄前示
處才至意堅 許推薦日來未審過有機緣否 此公真血性男子 勇
敢過人 知己前不惜以死相報 中知交最深 固不敢以尋常薦士致欺我
夫子也 但其為人出處極嚴 交遊最少 無動之氣 久雜同俗 然一見君
子 無不信義相許 立披肝膽 平日讀通鑑 最熟 留心掌故輿地 尤
精 無事擬東道 步行以遍 其耐勞尤能勝人 敢請
夫子轉擇賢主人 俾增長閱歷 以成此有用之器 甲謹上
依宋西軍渠所願去 吳當保鄒之疆 臣中馬丕瑤 渠所推服
觀幕同鄉甚多 餘皆渠所不願去

致丁立鈞書　1897 年

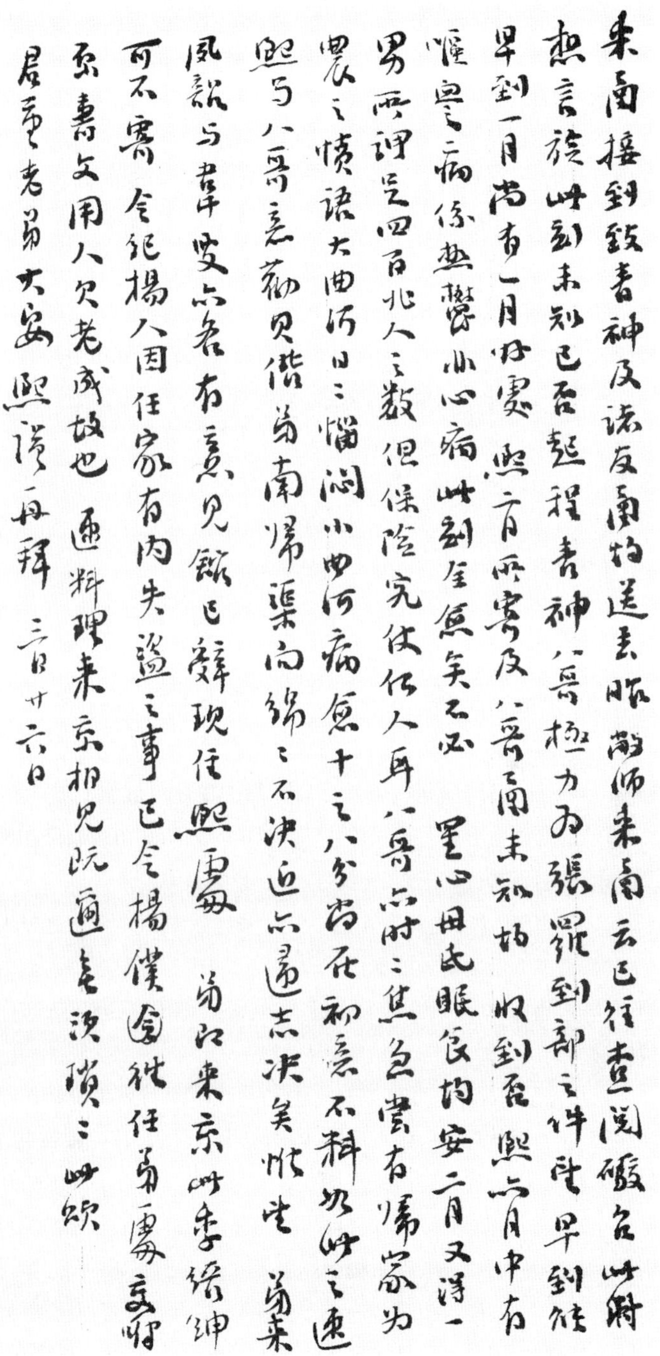

來函接到，致書神及諸友函均送去。昨敵師來函云已往查閱礦台此府想言於此刻未知已否起程。書神八哥極力爲張羅，到部之件望早到能早到一月尚有一月好處。熙有所寄及八哥函未知均收到否。熙六月中有喉嚨之病，係熱鬱小心病，此刻全愈矣，不必罣心。田氏眠食均安，二月又得一男，所謂足四百兆人之數，但保險究仗何人耳。八哥亦附之甚色，嘗有歸家爲農之憤語，大由何日之惱悶，小由何病愈十之八分，尚在初意，不料如此之速。熙寫八哥意，勸其借弟南歸，渠尚躊躇不決，近亦歸志決矣。惟弟來風說與韋雙亦各有意見，錢已辭，現住熙處。弟此來京，此李綬紳可不寄。今紀楊八因住家有內失盜之事，已令楊僕會就住弟處。交府京壽文用人欠老成故也。速料理來京相見，既通長談瑣瑣之此纔
君弟考弟大安。熙謹再拜。三月廿六日

致歐陽重君書　1897 年

酒,必過神前祈祝而後進之。姑飲必轉受馮母飲,馮母繇是亦善飲。有常姓者,馮母姑之夫也,馮母夫欲因其姑請粟二十鍾以謀新,馮母知之,曰:若富人也,吾寧節傭力而自勞爾。馮母少彊力,以農家婦不宜纏足,故挽水能勝百斤,卒與其夫苦耕,不復假常姓。粟里人從家應携去錢二十萬,十年不能得其子母,家應怒欲愬諸令取之。馮母曰:不如俟子孫富時當歸,我安能以二十萬錢速人獄乎!吾子孫寧無乞假於人者。窮富,天也,非人也。乃益厚遇里人假家應粟者。馮母生女四人,子三人:長殤;仲曰作鵬,取長沙陳姓女;季曰作樹,取武陵陳姓女。當作鵬之生,馮母方治園蔬佐農食,已而作鵬生,而田人不知也。復從容出酒食,微笑曰:今日得男。田人與其夫家應且怪且賀。馮母生道光戊子年,光緒甲午九月歿。曾熙曰:婦德不可忽諸,能自食其力者,媿於士矣。人之授於天,其材各殊,然莫不知愛其親,親婦人從義親吾親而後情至者,禮亦因是,而品節量度之,然豈所求於田婦。馮母守其姑生前之言,曰:吾死當葬我某山之陽。某山,馮姓舊墓地已。易諸人者也,後姑死,卒與其夫反其地而葬焉,不可謂非丈夫所難哉!"(原件)

1895 年 清德宗光緒二十一年 乙未 三十五歲

1895 年 2 月 8 日,劉坤一由天津督師出山海關抗禦日寇,參其軍幕北征。

《清故兵部主事曾君墓誌銘》:"先是甲午歲,劉忠誠公督師山海關禦倭寇,君一赴軍幕,退而聯公車上書,慷慨陳時政,意氣甚壯。"

《大帥督師》:"昨晚九下鐘接本館特派赴天津偵訪軍務之友人來電云:前兩江總督、欽差大臣劉峴帥於本日子時由天津督師出關,剿除倭寇。按峴帥豐功偉烈,昭著人寰,此次親統六師大張撻伐,彼倭奴雖獝,當亦望旌旗而色變,不復敢跋扈飛揚矣。"(1895 年 2 月 8 日《申報》)

程頌萬《題〈吴楚兩生圖〉三首,即送武陵歐陽君重主事錡、衡陽曾子緝主事熙北征,兼寄訊無錫楊仁山主事楷,圖中吴生者仁山,楚生者君重,兩生皆以諍倭款去王北洋幕府》:"北府談兵有兩生,一生歸棹大江行。天風吹夢因文字,海外無人識姓名。秋盡飼鴉湘女廟,春回騎虎闔廬城。登臨一例悲窮發,知有楊雲憾不平。曾生先我去京華,寄語楊生贈莫邪。髡盡武昌城外柳,埋殘極樂寺中花。早教纂述垂千載,擬合車書號一家。它日奇謀麼朋酒,好回雙舞照琵琶。　於今國土楚材多,握手相看且嘯歌。横海鯨吞無黑子,洗天龍沫隘黄河。聊將圖畫存膽肝,便不文章亦轗軻。各抱茫茫家園計,桃花不是避秦窩。"(《湖湘文庫·程

頌萬詩詞集》,湖南人民出版社2009年10月版)

出山海關見古樅盤出絶崖,印象深刻。

自題《古柏圖》:"北京法源寺有唐檜一株,柏葉松身,古勁不可端倪。予乙未出山海關,有古樅盤出絶崖,松葉柏身,高數十尋。偶憶此樹圖此並記之。"(《大風堂存稿》)

乙未春,李瑞清殿試入翰林院爲庶吉士。

跋《清道人臨毛公鼎》:"至乙未試期近,雲南父(按:即李必昌,字慕蓮,號蘭生)書至,仲子始顓取南園(按:即錢灃)書習之,然終日顔色慘淡,面無生氣。所號南園書者,飢鷹餓犬,狼藉滿紙,夏榜眼(按:即夏壽田)稱之曰螃蟹書。當是時,常熟師傅(按:即翁同龢)喜南園書,且高言漢學,仲子策中多公羊家言,文能螃蟹其書,遂置二甲前。"

胡思敬《送李瑞庵南歸序》:"梅庵與予,癸巳(1893)同舉於鄉,後一年成進士,各以事留京師,又一年始廷對,同入翰林爲庶吉士,是時梅庵年二十六七歲。"(《退廬文集》,1924年刊於南昌退廬)

中日戰爭以中國戰敗告終,和約十一款,全權大臣畫押,消息傳出,舉國嘩然。1895年4月30日乙未四月初六日,與湖南舉人任錫純、曾廉、周先稷、江宗漢、戴展誠、梁涣奎、朱先輝、馮由曠、經濤、謝南式、唐紹祁、李如松、陳龍光、鄧潤棠、廖漢章、蕭鶴祥、李振湘、沙上鑄、伍毓焜、程崇信、孫文昺、何維畯、李光寓、王章永、羅廷幹、曾榮炳、楊焯、曾聲駿、周廣、孫楷、郭振墉、章華、洪汝沖、楊昀、謝爾庸、張壽衡、莫重坤、李家熙、李元音、皇甫天保、危克濟、江西李瑞清等上書都察院。

跋《清道人臨毛公鼎》:"當是時,清泉周敬敷、長沙任壽國與歐陽君重喜言兵略,君重又與無錫楊仁山偏重左文襄(按:即左宗棠),壽國兄壽文則篤守羅山學説,而武陵戴邃盦又獨師湘鄉文正(按:即曾國藩),發言高論,皆不可一世。仲子默然,但曰:'吾願從文天祥、史可法。'髯曰:'今國家寧願見文天祥、史可法耶?'迨割臺議起,丹徒丁師(按:即丁立鈞)、嘉興沈乙盦(按:即沈曾植)皆上書抗和議,髯與仲子合東南各省公車數千人,詣都察院上書。嗚呼!庸詎知亡國之禍不在外寇,而在内難哉。"

《湖南舉人任錫純等呈文》:"具呈湖南舉人任錫純、曾廉、周先稷、曾熙、江宗漢、戴展誠、梁涣奎、朱先輝、馮由曠、經濤、謝南式、唐紹祁、李如松、陳龍光、鄧潤棠、廖漢章、蕭鶴祥、李振湘、沙上鑄、伍毓焜、程崇信、孫文昺、何維畯、李光寓、王章永、羅廷幹、曾榮炳、楊焯、曾聲騤、周廣、孫楷、郭振墉、章華、洪汝沖、楊昀、謝爾庸、張壽衡、莫重坤、李家熙、李元音、皇甫天保、危克濟、江西李瑞清等，爲聞和議將成，遺害久遠；謹呈管見，伏請代奏事。竊中國與外夷交涉以來，無不優容養奸，任其要挾。道光年間，林則徐斥英領事義律繳煙，聲威已震；而誤於琦善輩天津之撫。咸豐年間，僧格林沁獲夷酋巴夏禮，敵方喪膽，而誤於恒福輩天津之款。法越之役，馮子材兜剿諒山，法人已受重創，而誤於李鴻章天津之約。國家元氣喪於庸人之手者，幾乎盡矣！洎日本攫我臺灣，滅我琉球，侵我朝鮮，皆以李鴻章主持，任其兇狡，未予創懲；積侮之餘，遂釀去年六月舉兵内犯之變。當倭之未起也，駐高使臣已疊電告李鴻章矣。該臣不獨不先事豫防，反斥其誕妄。及難端既發，乃令私人棄去險要，磕破兵船，縱寇養奸，臣民共憤。日來傳聞和議將成，朝廷割地數千里；賠費二萬萬；通商四口，減税三成。津、威駐兵，扼吾咽喉，前敵繳械，翦吾羽翼；是何心哉，而忍出此！竊思立國，必先守險。今京師以遼東爲肩背，以山左爲咽喉，以高麗爲藩籬，以臺閩爲門户。苟一處既失，則危急堪虞；若全畫與人，則勢難自保。何者？榆關爲京都屏障，奉省一去，藩籬盡撤，防不勝防。古北、喜峰諸口，處處可入，此我覆明故轍，不可不憂！旅順、煙臺，當吾孔道，南漕粟米，恃此一線咽喉；威海駐兵，吾將坐困。况臨清、威海相隔匪遥，海上搆兵，敵人必以數千騎馳扼臨清，河運亦不足恃。朝鮮與直、東、江、浙四省，僅隔小海，朝發夕至，敵既據爲巢穴，東南糜爛，將不忍言。奉省爲墟，朝鮮自無從過問。吉、黑二省，雖未割棄，然其孔道皆在遼東，聲氣不通，朝夕難保。吉、黑既失，蒙古之勢益孤。蒙古失，不獨燕京、山右不能安枕，即長安窟宅，亦難視爲奥區。臺灣爲東南門户，泰西之來者，入新嘉坡巽他峽，即以此爲要衝。雖香港、廣州可不收泊，而臺、閩則竟難飛過。臺灣一失，天津之駛犯者更難控制矣。臺灣、朝鮮，皆出日本間道；二地盡失，則制於人而不能制人。海上用兵，全在島嶼犄角。犯臺則閩救，臺當其前，閩擬其後。犯閩則臺救，閩接以正，臺擊以奇。去臺，則輔車失矣！况自京至廣，沿海數千里無一險可扼，一山可依，曠野平原，港汊四達。多設兵，則餉坐耗；少設兵，則寇無常。明於沿海置五十餘城，追俞、戚奮興，始平倭孽，然東南民氣已騷然矣。故謂重祖宗之地者，猶隔膜之談；謂保財賦之源者，尚闊疏之見。要知此土一失，則中國數萬里危亡，跂足可待。此和而割地之可憂者也。至財用爲立國之源，榷算爲度支之本。今賠費既二萬萬，復減洋税三成，重重虧損，伊於胡底！國家歲收，合地丁賦税雜項，全無荒歉所入，不過六七千萬；即全以予敵，猶非數年不敷。而兵餉、海防、廉俸各項，從何措辦？况水旱兇荒、兵戈盜賊，其糜費者不可逆料，則中國永無償款日矣。且一國減税，諸國必執‘利益均沾’之説，競以要我。洋税大減，進款益虚，出項日多，入項日少,即曰可暫借洋債,而款鉅且重,何日能償?既不能償,必仍割地以清債累,是一舉而中國永無安全之時也。至欲悉索閭閻,則自通商以來,錢財透漏外洋,民生窮困,賦税維正之供,尚多蒂欠。而欲以款仇資敵之費,搜括殘黎,恐怨氣一騰,揭竿者紛紛,不可復遏。且倭人兵殘餉竭,故願暫爲休息以坐敝中國。彼所負西人之債,每載入其國報中。今得我歲償數千萬,則彼益士飽馬騰,船堅砲利;而我兵飢將餒,器械凋敝。償彼之款一不應期,必率鋭師加我。即令竭天下之財幣,謹以奉之,無或失時,而彼財既足,彼氣益驕,能保不借端開釁乎?總之,今日所許,償與不償,皆必被兵;彼時中國益憊,不可支持,悔且何及!此和而傷財之可憂者也。

"中國通商以來,土貨日鈍,洋貨日行。錢財出洋者十七八,民生凋困極矣。猶幸腹地,或未通商,則土商販運,透漏尚少;或離口遠,則窮鄉僻壤,服御未多。今復添四口通商,更許其内地設立機器製造等局,搜括幾遍,凋敝何堪!小民生計日窮,勢必搏刃相向,横生枝節,何省無之!况重慶駐東南上游,宜昌以下皆有夷人,則當保此奥宅,爲異日除賊根本!蘇、杭爲財賦淵藪,吴淞而外既多商埔,尤當保兹陸海,爲國家歲出餉源。苟漏脯填飢,開門揖盜,雖安旦夕,不久必斃!至於繳槍械,繳砲臺,則猶操刀授盜而求其緩頰,空山獨坐而求豺狼之無噬,能乎?不能!行見兵械甫繳,釁隙即生,彼兇狡性成,將不欲二萬萬之賠款而欲得六七千萬之歲收,不欲數千里之膏腴而欲得二十三省之城邑,率彼兵甲,擣吾空虚。吾守備既去,羽翼既翦,無可如何!此尤和之召釁速禍之大可憂者也。

"竊揣議和者之意,必曰我以倉卒無備,見侮於倭,即今息事安民,將力圖自强爲恢復計。夫恢復之事,必終出於戰。皇上試思之:未有有險可守、有塞可扼而不能戰,而割去險要而能戰者也;未有有餉可籌、有械可購而不能戰,而括盡財源而能戰者也。已練數月之兵不能戰,而異日再集之兵即能戰乎?揮之境外不能戰,而異日據吾心腹而能戰乎?既不能戰,仍出於和。今日之和局如此,異日仍堪設想耶?今日之和局不堪設想如此,異日不堪設想之和局安可得耶!夫天下者,天下之天下。昔日祖宗之制,凡有大政舉行,無不下廷臣議,下各督撫議。今如此大舉割地數千里,賠款數萬萬,自宜詢謀僉同,博求善策。乃聞近日之議隱秘深密,不獨外人不得知之,即京朝官亦不得知之。夫朝廷所慮者,軍事之不振耳。不知軍事不患不振。從前威海、旅順失守,皆我退險讓敵,不戰而奔之故。至牛莊、海城之敗,李光久、魏光燾以四千新集之師當數萬方張之寇,血戰一晝夜,堅持不退,殺戮相當,尚非不能一戰者。比竊嘗詢悉近日從軍中來者,僉謂自平壤敗挫以來,無戰無潰奔之將,無戰不因潰退之軍以累及力戰之將。所以宋慶、聶士成忠勇敢戰,而迄無成功。此次牛莊之敗,又以吴大澂所部之劉樹元赴援不至之故。夫法不立,則令不行。戰而可逃,誰不逃者!爲今之計,皇上宜首查逃走諸將,無論經議與否,概行立即正法,傳首九邊,則榆關、津口之兵,不戰自肅。榆關、津口之兵肅,而京城固若金湯矣。至唐景崧、劉永福之鎮臺灣,忠勇素孚,和衷共濟;李秉衡之撫山東,久垂清望,克篤忠貞。餘如前敵之依克唐阿、宋慶、李光久、魏光燾,榆關、天津之曹克忠、聶士成、余虎恩等,率皆忠義奮發,久在聖明洞鑒之中。皇上誠於此時嚴勵諸將,各分汛地,責以死守,不必分別湘、淮、奉、豫各軍,惟忠亮嚴明者即予之,貪鄙畏葸者即斥之,謀勇兼優者即進之,衰暮無能者即退之,殺敵致果者即褒之,臨陣退縮者即斬之,廉潔自愛者即賞之,剋扣軍饟者即鈔之,互相救援不分畛域者特記大功,各争事權致誤全局者一皆梟首,心術可嘉而未免模棱兩可者,宜急解其重權而置之轉運支用之列,才力過人而尚未竟其用者,宜急授以大任以發其縱横掃蕩之奇,所謂臨之以不測之威,待之以不次之賞。而皇上又於其時招徠賢才,不拘資格,廣開言路,破除忌諱,俾内外臣工欺僞者無所容其詐,阿附者無所貢其長。其京以内,復修城池,詰奸細,集粟米,儲子藥,彼雖欲襲我之間而無可襲。各直省悉編保甲,築臺堡,清賦税,製軍器,彼雖欲攻我之瑕而無可攻,而我奉省大軍有此和夷之款,不患無禦夷之用。火藥、器械隨時購運,兵丁口糧量予加增,密諭諸將嚴堵塞海口,毒水草,斷接濟,暫勿與戰,俟其困敝,奇兵四出,大舉深入,從而覆之。以此致敵,何敵不摧!以此圖功,何功不克!勿狃於洋人難禦之成見也。道光中三元里義民之勝,光緒十一年諒山之剿,彼皆英、法悍兵,尚且屈服,况日本地小土瘠,賦重民怨,財力兵力遠遜西人!此次以逆犯順,尤爲普天同憤,勿懾從前戰敗之難恃也。我朝征三藩,定西域,伐金川,殄教匪,除粤逆,無不先敗後勝。蓋戰敗而將之閲歷、兵之瑕疵見,人才以練而出,軍法以熟而巧。若一戰未勝,即聽人要挾,我皇上神武天生,必不如此!如魏光燾、李光久等師雖挫敗而血戰不退,經此大變,加之整頓,必能緩急可恃,立奏膚功。如其不然,則割險去衛,僨國疲民。英、法率士於西南,鄂羅拓疆於北境,中國欲求一息之安,得乎?伏願皇上持之堅,斷之明,行之決,一意除倭,永絶和議,安危之機,在此一舉。舉人等草茅下士,何敢越分陳言。然食毛踐土,具有天良,當此時艱孔急之時,不敢不披瀝上陳,無任激切悚惶之至!謹呈。"(故宫博物院《清光緒朝中日交涉史料》卷四十,光緒二十一年四月初六日附件二)

1895年5月1日、2日乙未四月初七、初八兩日,十八省赴京會試之舉人連日於松筠庵會議,傳觀康有爲所撰之上書。

存考:此際發生的著名史册的康有爲與赴京會試舉人一千二百餘人聯名上書即"公車上書"事件,曾熙亦赫然列名其中。"滬上哀時老人未還氏"在1895年5月24日《公車上書記序》云:"中日和約十一款,全權大臣既畫押,電至京師,舉國嘩然,内之郎曹,外之疆吏,咸有争論,而聲勢最盛,言論最激者,莫如公車上書一事。初者,廣東舉人梁啓超聯名百餘,湖南舉人任錫純、文俊鐸、譚紹棠各聯名數十,首詣察院,呈請代奏。既而福建、四川、江西、貴州諸省繼之,既而江蘇、湖北、陝甘、廣西諸省繼之,又既而直隸、山東、山西、河南、雲南諸省繼之。蓋自三月二十八、三十,四月初二、初四、初六等日(都察院雙日堂期)察院門外車馬闐溢,冠袵雜遝,言論滂積者,殆無虚晷焉。書上數日不報,各公車再聯十八省同上一書,廣東舉人康長素者,素有時名,嘗以著書被謗議於時,主其事,草疏萬八千餘字,集衆千三百餘人,力言目前戰守之方,他日自强之道。文既脱稿,乃在宣武城松筠庵之諫草堂傳觀會議。庵者,前明楊椒山先生故宅也。和款本定於四月十四日在煙臺换約,故公呈亦擬定於初十日在察院投遞。而七、八、九三日爲會議之期,乃一時訂和之使,主和之臣,恐人心洶湧,局將有變,遽於初八日請將和約蓋用御寶,發使齎行。”然而,此份上書,據康有爲《自編年譜》中説“至四月八日投遞,則察院以既已用寶,無法挽回,却不收”,却與史實不全相符,學界頗有争議。至於曾熙和康有爲的交誼,在上海十餘年間没有發現密切交往的記載,僅見爲了索還李瑞清爲康氏久借不還的明人書法作品有過一次拜訪。

1895年5月3日乙未四月初九日,在朝野一片反對聲中,清政府於《馬關條約》上蓋章。

1895年9月,在康有爲等奔走之下,以“定期集會,抨擊時弊,宣傳維新變法思想”爲宗旨的强學會在京成立。翰林院編修丁立鈞爲會員並捐銀二百兩。强學會又稱譯書局,或强學書局。在成立之初,其成員以維新派和帝黨官員爲主。强學會以陳熾、丁立鈞、沈曾植、張孝謙爲總董,而以張孝謙主其事。這四人中,陳熾、沈曾植爲翁同龢的得力助手,張孝謙是李鴻藻的得意門生,而丁立鈞則爲張之洞所見重。因而内部矛盾錯綜複雜,病中與丁立鈞書,打聽局中議論,並爲師出謀劃策。

與丁立鈞書:“日來衆論如何?想不至另生風波。外間亦有略知此事,爲奸人回任關頭,但衆不可恃,此刻總以輕輕了過,竢本案完後再下實力。並非挾私,明知復然(燃)之火,不能不傾江倒河以撲之也。前日聞有由司事具呈,畫蛇添足,同坐諸人均不謂然。想此議已寢,今日又聞有聯名具呈之説,想係外間議論如此,非局中真有此舉也。陸軍學堂之件,陽與謀者,陰實相攻,六國不能滅秦,心不一,力不專,未攻人而先自疑貳故也。惟夫子審之,並有以告來使,心叩。大凡風波之起,總須静一着,通籌全局,必有至當不移之策。再三思度,總不若將此局移過，總署譯政一門，所謂名去而實不亡。如高陽回京，再用局中深信之台諫，據實具呈一摺，將此局改作自强官書院，招四方之生監肄（肄）業其中，分别章程，切實條奏，内商諸漢軍高陽外，電之南皮，無論如何，總以改建書院。其議若行，較前此立局更有裨益。但恐此局人多，議論不一，倡大言則人人争先，作實事則人人退後。與其與敵人争勝敗之虚焰，不若先將此局安頓妥當外，雖敗而内實勝。然後正兵以攻之，伏兵以殺之。未審以上所言實有當否？伏望與切實同志之人密加以審量，若於局事不設法安妥即争勝怯之迹，興報怨之師，終非君子所取也。小病漸瘳，知注並及。心叩，十一日辰刻。”

1895年11月27日乙未十月十一日，赴丁叔衡（立鈞）之招，與同人宴於一品升廣東菜館。同座有鄭孝胥、楊仁山、歐陽君重等。時住繩匠胡同衡州會館，留與鄭孝胥之印象爲“寡言而謹”。

《鄭孝胥日記》同日條：“赴叔衡之招，遂至一品升廣東菜館，同坐楊仁山、歐陽君重、曾士元。楊，無錫人；歐、曾，皆湖南人。楊寓錫金會館，在前孫公園，其人頗究商務。歐陽寓椿樹三條長沙館，其人矜誇好言論。曾寓繩匠胡同衡州館，寡言而謹者。”

按：鄭孝胥（1860—1938），字蘇戡，亦作蘇蘇龕、蘇盦，號太夷，福建閩縣人。1882年中舉，1885年入直隸總督李鴻章幕，隨辦洋務。1889年考取内閣中書，翌年兼充鑲紅旗官學堂教習。1891年李經方出使日本，旋任築地副領事。1893年移充神户兼大阪領事。甲午戰起下旗回國，入張之洞幕，充督署洋務文案，旋充洋務局提調，並在商務局差委。反對對日議和。是年11月1日至北京入住虎橋坊福州新館。到即夜訪丁立鈞。楊仁山（1856—1931），字瑞書，名楷，後改名道霖。江蘇無錫人。光緒十八年進士，時爲户部主事，二十一年參加北京强學會，後任廣西柳州知府。入民國，曾任熱河省實業廳廳長。歐陽君重（？—1902），名錡，湖南武陵人。時爲刑部主事。殁時三十餘歲。

此際，楊仁山遣其甥秦亮工來學古文辭。

丁卯題秦亮工卷子：“亮工賢弟，楊同年仁翁之甥。曩居京時，仁翁遣亮工從予學古文辭。予與仁翁及歐陽刑部君重任中書，壽文昆季置酒論國事，皆各攄膽肝，人或以爲狂，不計也。未幾，亮工又長揖歸里。嗟乎！三十年間，河山滄桑，故友淪謝，如亮工壯盛，乃亦屏息不問人間事，世尚堪問乎！嗟乎！予與若舅皆老矣，老而不死，不知天究何心也。”（《大風堂存稿》）

1895年12月3日乙未十月十七日,拜訪鄭孝胥。

《鄭孝胥日記》同日條:"曾士元兵部熙來。"

按:歐陽君重性格外向,與來京之鄭孝胥交往頗多,《鄭孝胥日記》記載歐陽君重對鄭言及譜主者有:1896年12月8日條:"歐陽君重來談,日斜乃去,言鄧彌之於杜俞雲秋,初極推挹,後雲秋入蜀,遂不通問。鄧卒於江寧,杜竟無一字吊唁焉。歐嘗訪杜,值其初起盥沐,易水數盆,拭揩至十餘番,約一時許乃畢。又共坐竟日,而易衣者五六。余曰,此所謂内不足者也。又云,張燮鈞嘗謂任錫文、曾士元曰:'鄭蘇龕之論多不足信,此欺世盗名者也。'任錫文對曰:'蘇龕今猶一同知耳,何有欺盗乎?'汪穰卿則曰:'蘇龕論事甚好,然不能作事也。'"12月18日條:"歐陽君重來談,留飯,抵暮乃去。君重言,曾士元見南皮,南皮稱:'蘇龕詩雖出宋人,然竟是蘇龕之詩也,其詩勝於文。'"於此可見歐陽君重之性格。

1895年12月17日乙未十一月初二日,楊仁山宴請於同豐堂。

《鄭孝胥日記》同日條:"夜,赴楊仁山之招於同豐堂。歐陽君重飲醉,於坐斥上海李蘭洲,李乃北洋俄文翻譯也。與叔衡同歸寓,談久之。叔衡去,余以日來便血,服詹筱仙所立舊方。"

本年,岳丈病逝於里。

《杏軒公德配唐太恭人八十壽序》:"甲午、乙未居京。乙未春試後納粟爲主事,分兵部。其時熙居京内,而仲兄又以營務委員居山海關。母以書來言:'外舅養病斗江宅,旬日病益亟,歸家治病。歸未數日即歿。'"

1896年 清德宗光緒二十二年 丙申 三十六歲

丙申春,赴外地考察軍務,至武漢欲見張之洞(南皮),正值其休息,以歸期迫而未及見。在武漢與張之洞下屬黄仲弢直抒練兵己見。

與丁立鈞書:"天津、上海兩處均倉皇不及以書告,十九至漢上,會升兄家屬來接,重事始息肩。越日謁南皮尚書,將命者辭以日中偃卧不敢驚。即詢黄仲弢先生,云今日始來,往八旗會館。即往謁仲弢先生,相與論及近事。仲弢與南皮皆主學堂練兵。熙云:此不能救急。弢云:必須學堂練將才。熙云:將才斷不出自學堂,弁卒或可由學堂造就,然先已厚其薪水,廣厦高安,與富貴人無異,將來安能耐勞苦?且平日與洋教習居處飲食,皆事事師效,只知洋人無一件不可法,吾恐學堂非練兵練漢奸耳！熙前在天津製造局察考一日，有在局測繪學生，三十六歲，習測繪十四年，問能開方繪圖否？對以有西人繪成之圖，大可縮小，此不過一影描手工耳。又云西人繪圖之事，非數十年不能精此，更欺人語。又到硝廠，有西人用玻璃瓶試驗硝，西人之旁即化學生，頑鈍若一無所識，不過爲西人役使。有委員問某，亦知驗硝之術否？西人云：不能。問進局多年？已八年矣。以此輩求衣食、不知廉耻之人，安能通一藝！江南、天津兩處武備學堂，糜費不少，今日有一將一兵可用乎！李奴三十年洋操，如此吾恐南皮諸事爲西人作學生，亦天津洋操之後塵也，弢云：如君言，必須用湘中老將，前曰亦不能救急。熙云：三十年訓練之洋操，見敵便逃，一日新募之湘軍猶死傷相當。熙以爲頭等將才必平日深知君父之義，其愛士卒若子弟，士卒衛主將若父兄，所謂練兵在練兵之心，必使萬衆一心，然後練藝，使之萬鎗一響。約而言之，不過如此而已，安有大將必自習洋鎗，如吴大澂乎？學堂所練，無論皆少年子弟爲求食而來，即上等所練鎗礮既精，亦不過吴大澂耳。以吴大澂日日練鎗，尚不及吾湘中一敢死之卒，何也？見敵便逃。雖日日練鎗如吴大澂，何益哉！仲弢頗以熙言爲然，退而告諸南皮，南皮亦以救急之言爲然。但云：無練兵之費，不如學堂先練將。仲弢勸余再謁南皮一次。熙廿四日進謁，約次日八鐘，熙以船開甚急，辭以進京時再來謁見。南皮自去歲以來，鬚髮通白，心可謂苦矣，近亦力籌捄急之法，亦自苦無頭緒。熙爲仲弢言之，宜急會同長江提督整頓水師，以防沿江一帶游匪（武穴黄州洋船停泊時，劫搶已四次），添設長江兵輪，慎選沿江一帶駐守礮台。弁員必用精於測量之人，勤加操練，湖北練勇業經裁汰十之六，宜補練新軍以救急。此刻經營大江以南，宜以我省爲根本，煤鐵木茶，自然之利，宜設官商督辦，以官保護而用大紳招股共辦。取南省鐵煤以濟北省蘆漢修鐵道之用，既不漏卮，復開利源。於湖南添設製造鎗礮火藥局，宜函商川督、江督撥款成之，將來有事，兵則取之湖南，餉則取之川蜀蘇杭，此刻望南皮以桓文之霸才，行周召之實政，以固我南疆。仲弢亦多以熙言近是，凡此數端，必切實爲南皮陳之。熙實見南皮不能用人，且諸事聽命於西人，以至精神皆專注於繅絲、織布、鐵政三局，而三局中所請西人及委員，皆不能切實辦事，以至今日停工而明日又求經費，爲日不足，亦不過盡瘁鞠躬於此三局中，安有精神慮及大者遠者乎！蘇龕隨意任之江南，仲弢（史學一席）位諸兩湖書院，他可知矣。熙家母尚無病，聞不願遠出，熙此時亦不知所爲。出京後，不知夫子近狀，心中皇惑，在内雖不能見信於上，猶有一二知交能亮苦心。若出，則舉世無可宗，並無可與言者。傷哉，今之時也！青神、容丈、宣弟、任家兄弟不知如何行止，心寔感傷。夫子于熙，義則師弟，而恩若骨肉，臨别之際，腸百折而難言，伏願隱忍偷活以竟所志。夫子大人侍右，弟子熙謹上。熙自去歲冬月，未接家信，虚驚虚疑，以致内傷神明，近復外受風寒，故函中字多脱補。”

按:此信無年月,以“去歲冬月,未接家信,虛驚虛疑”當寫於接母親來京之前,故繫此。黃仲弢(1854—1908),名紹箕,號鮮庵。浙江瑞安人。光緒六年進士,授編修。歷任四川湖北考官。上海强學會發起人之一。光緒二十四年授翰林院侍讀學士,後充京師大學堂督辦,兼湖北存古學堂提調。工書法,擅篆籀。著有《廣藝舟雙楫論》、《漢書藝文志輯略》、《中國教育史》。父體芳,從弟紹第。

年初,面對强學會被封,尚寄希望於其恢復生機。

與丁立鈞書:“强學局既不能專政,然苟有恢復之機,必竭全力以爲之。愚見以司事具呈,由察院據實出奏,爲一路正兵;再由局外能言者實呈立局本末,其中利多弊少,請旨勘定章程爲永遠遵辦,以此路爲奇兵。其實局中二三台諫,亦未嘗不可言。但此事既恢復後,夫子總以託故去之爲第一義。仁山癡拙,其過處乃其仁處。前日建議以歐陽治兵於遼,而熙則走江漢之間,以夫子改官往遼,以營遼爲己任,而彼則偕素樵從蘇龕後。熙當不主其議,所謂有其志無其時,君子不爲也,有其時無其幾,君子不能爲也。熙素知南皮(按:即張之洞)無作事實力,無禮人實意。前與歐陽子言於夫子,謂在京則爲鳳,若去就彼則無異凡禽。仁山癡拙,不計利害,不度得失,其愚蓋不可及也。熙嘗謂:曲河眼淚,青神血冷,如春冰堅如鐵。曲河謂壽國無其位,雖淚亦冷,究無亮者,言之傷心。但江漢之謀,熙不與聞,營遼之舉,决見以歐陽先客於將軍,審其良心,且實知遼瀋一帶應辦之實情,如尚能有志振作,虛懷納聽,自必奏調。夫子如實無可爲,歐陽子亦不過徒勞行旅,固無損也。熙有母,此身尚不能輕出,日以十耐自勉,曰:耐窮,耐冷,耐獨,耐辱,耐煆,耐憂,耐横,耐難,耐煩,耐拙。又嘗引三戒:戒輕諾、輕斷、輕信。本質居中材之下,求守困勉之言志,大人之學,然非貞强不摧,特拔自適,終不能成也。朝夕戰惕,識陋,才陋,學陋,不克自立於亂世,幸望夫子,交友必慎,毋爲小人所牽引,困慮横心,自必有以康濟大局。至陸軍學堂一節,縱能成之,亦萬不能有實效。事師無犯無隱,敢直言之。夫子侍右,熙謹上。十五辰刻。”

存考:此信無年款,僅落“十五辰刻”。信中談及“强學局”,當指强學書局。1895 年 9 月,在康有爲等奔走推動下,强學會在北京成立,出版《中外紀聞》。1896 年 1 月 20 日慈禧太后逼光緒下令封閉了在北京設立只四個多月的强學會和《中外紀聞》。又丁立鈞於 1897 年出放山東,而本信所言,丁立鈞尚未有調往山東之説。本譜繫此信於兹。

丙申秋,返湘接母入京。二哥携嫂至廣西桂林任知縣。

《杏軒公德配唐太恭人八十壽序》:“丙申秋,熙侍母入都,仲兄携嫂氏以知縣赴桂林,戚族皆來餞送。外舅母執母手曰:‘吾女性直寡言,已善遇之,予無所介懷,依依者,惟老年遠别耳。今以仲子隨侍。”湯恭人哭不成聲,忽大聲曰:‘女幼依外王母,二十一始離寢門歸曾氏,今逾數千里,懼母女不再見。’”(《黄梅湯氏四修族譜》)

丙申秋八月初八日,往求王湘綺書與賀辭,王書聯爲贈。

《湘綺樓日記》同日條:“晴。晨起客辭去,遣船送之。曾主事熙(子緝)來求書並賀,各書一聯贈之。因作字半日,譚嫗來,磨墨拂紙,已生疏矣。”

接母赴京離鄉時,譚雪樵母親羅氏以酒餞行,應其請携雪樵之子赴京師就學。

《壽譚太恭人》:“譚之族與曾氏夾小烝水而居,世通昏姻之族。鄉人議昏多計其家貲之等,田百畝則求昏百畝之家。衡之西偏,未嘗有巨富。田千畝者,鄉稱上富,四百畝者中富,百畝以上者亦曰富人。熙少孤,無祖田數畝,龍田論士之貧者,莫不曰是無如曾季子者。是時雪樵成均擁先業,廣種蓄引烝水灌田,烝右灌將數百畝。田鷄秋肥,原稻新艾,雪樵嘗引余至其家,喟然曰:僕以七尺身,今鬱鬱居此隴上者,徒以羅太恭人故爾。羅太恭人曰:余侍汝先君子來適汝家,汝先君子既念三歲棄父而母又以殉父之苦,瞿瞿未遑一日安。嘗曰:丈夫不可苟生於時,寧奄奄徒殁世乎!先君子是以終咸同之役、東南之役而身死淮徐。汝兄伯曰玉山,仲曰杏材,皆以學成,不幸不禄。汝季付祝庵,是後汝季父者,少以勇毅稱於鄉,今又西征不返。余固老矣,先君子詒此廬墓,汝出而將誰託乎?且嘗言曰:家不三世,不得易席而食,今惸惸者,寧屬諸嫠婦人邪?譚氏託兹土且三百年矣,而繼别之祖,未嘗有廟,先君子嘗耻之,而子焉得而忘之?曾熙聞其言,辟席起曰:譚氏之有母也!天將有造於譚氏也。雪樵因指其懷中兒,謂曰:母言將以此子求昏於公,公許之乎?熙曰:是宜求富家多金者,熙則安能!雪樵曰:母意也。母事師且四十年,今將以此子異日從公學於四方。是歲余館敬慎堂,朝夕往還必過雪樵廬,遂得以時瞻拜太恭人,而太恭人時將七十矣,髮皤皤然,然嚴敬有度,冬必杍,夏必枲,客退則不輟。每見客,雖澣濯之衣必潔,闈闥所陳,肆必粟(栗)如也。七十恒不假婢侍治事。丙申秋八月,余將侍母來都,太恭人以酒餞熙。太恭人曰:壽公之母百福維康,於斯有光。熙再拜稽首,壽太恭人曰:母壽期頤,天篤龐禧,子孫其永鳌。太恭人曰:曩者懷中兒今户齊矣,且將授室,請以前言爲質,俾其就學京師。熙從太恭人之請,今隽湘學一歲,將有進,當太恭人積誠之所致。”

秋,侍母進京,道出長沙,李瑞清留住家中十日。在李齋中,邂逅寄禪。

臨別之際，李瑞清作《秋日湘上別曾熙》詩以志別。

題清道人書《寄禪禪師泠香塔銘》："丙申侍母入都，留長沙阿某齋中十日。寄禪朝夕至然，喜言時事。每言目閉頤動，口張舌蹇，然義憤鬱鬱，巍然丈夫也。熙戲之曰：它日熙假軍旅事，當以橐駝載僧後軍中。阿某與一坐客皆大笑。"（清道人書《寄禪禪師泠香塔銘》，庚申歲仲冬月新學會社影印）

《杏軒公德配唐太恭人八十壽序》："丙申秋，熙侍母入都。"（《黃梅湯氏四修族譜》）

李瑞清《秋日湘上別曾熙》："湘江壯波濤，烈風無時休。滔滔去千里，飄飄送君舟。索居矜暌携，今兹獲良游。晤言窮朝昏，鬱陶情有瘳。未盡歡娱悰，忽動南浦謳。暫聚傷遠離，新愉啓故愁。夙昔滯神京，况悌同衾裯。切磋淬瑕玉，馳騁争先輈。燕北多早寒，邊草易驚秋。萬念奔人懷，陟屺各涕流。極目眺溟渤，魂勞苦悠悠。携手强慰勉，歲月信矢遒。君歸母壽康，我母歸山邱。余悲安有涯，君志固能酬。號泣叩蒼闔，飛雪爲我留。御輿增愉心，獨處攢百憂。執信亮不渝，良訊當遠投。"（《清道人遺集》，中華書局 1939 年 9 月版）

1896 年 12 月 18 日丙申十一月十四日，歐陽君重與鄭孝胥談譜主見張之洞，張之洞贊鄭孝胥"詩勝於文"。

《鄭孝胥日記》同日條："風吹草屋皆欹側，木匠來，以長木拄之乃已。雨，不甚大。詣局。聞松藩台於昨日申刻自揚州乘輪船來寧。歐陽君重來談，留飯，抵暮乃去。君重言，曾士元見南皮，南皮稱：'蘇盦詩雖出宋人，然竟是蘇盦之詩也。其詩勝於文。"

按：時鄭孝胥在南京張之洞幕，歐陽君重丙申十一月朔來訪鄭孝胥，直至十二月初離南京赴沂州，過從頗密，見《鄭孝胥日記》。

1897 年 清德宗光緒二十三年 丁酉 三十七歲

丁酉二月，四子憲珙（北生）生。（《黃梅湯氏四修族譜》）

1897 年 4 月 26 日丁酉三月廿五日，丁立鈞外出查閲砲臺來信。

按：見下條。

1897 年 4 月 27 日丁酉三月廿六日，復歐陽君重函，言因熱鬱，亦曾嘔血，

目下已痊癒。

與歐陽君重書:“來函接到,致青神及諸友函均送去。昨敝師來函,云已往查閱砲台,此時想言旋,此刻未知已否起程?青神八哥極力爲張羅,到部之件望早到,能早到一月尚有一月好處。熙二月所寄及八哥函,未知均收到否?熙亦月中有嘔血之病,係熱鬱,非心病,此刻全愈矣,不必罣心。母氏眠食均安,二月又得一男,所謂足四百兆人之數,但保險究仗何人耳!八哥亦時時焦急,嘗有歸家爲農之憤語。大曲河日日惱悶,小曲河病愈十之八分,尚在初意,不料如此之速。熙與八哥意勸其偕弟南歸,渠向綿綿不決,近亦歸志決矣,惟望弟來。夙韶與韋叟亦各有意見,館已辭,現住熙處。弟即來京,此季縉紳可不寄令紀楊人,因任家有内失盜之事,已令楊僕往任弟處交咐原壽文,用人欠老成故也。速料理來京相見,既邇無須瑣瑣。此頌,君重老弟大安。熙謹再拜。三月廿六日。”

丁酉九月,丁立鈞以“朝考一等、京察一等”授山東沂州府知府。

1897年12月25日丁酉十二月初二日,丁立鈞來書,告以沂州官紳情形,復信對於官場上下之窳敗至表無奈。對丁立鈞罹病,建議其開缺養病一二年再説。

與丁立鈞書:“受業曾熙謹稟夫子大人座右:得諭書,敬悉沂州官紳情形。此時内外大小臣工皆然,夫子不過於沂州有事時一見之爾。事非閱歷,非親嘗其艱苦,局外動以高言大義繩人。以夫子温厚誠慤,而僚屬紳播尚有難見諒之處,其他可想。今和議已成,幸不至有倉皇意外之大變。不然,如此輩之偷安富貴,熙懼其以韓岳策之,亦未足與敵人一試耳。人無耻心,德威兩窮,今日之士氣民志,不解其何以至於此?日來都中更有入拜經之會,張康(有爲)、梁(啓超)之兇焰,而口毁孔孟者,敵不足畏,此輩誠足慮耳。都中風氣如此,安能久居。熙擬仍侍母南旋,以農養親,平日所聞諸師友之言,願以身守之畎畝之中而已。夫子病未全愈,此時宜以開缺養病一二年,退處鄉里爲上策。言至此,令人氣短,更不欲有所言。所有舊債,熙當與諸友及夫子平日之心交者,自有善策以處之。夫子之病,其若之何?今東事既起,亦萬無請假之理。雖朝廷决不用兵,然有守土之責者,明知無可守,無可戰,且無可自立,亦不能不盡吾力,勿負平生之志。此次德案一出,朝議密閉異常。其意謂前日日人之事,歸獄於小臣之清議。是以樞府大臣不到部堂辦公,私宅不見客,有平日常通函問之師弟,日來亦無收復函。此次大臣以密爲機要,小臣以隱爲風氣,講官諫臣,無一封章,退食坐談,群相恢笑。此人心之壞至此已極,尚何言哉!樞臣隱忍以求速和,不欲遽開邊釁,亦未爲盡失。但事前苟安,臨事偷忍,事後又復膽大,委死肉於群虎之前,同歸於盡,無朝暮可俟矣。德人藉端要挾,心知我經東挫之後,不敢言兵,即稍知政要之人,此時亦決不輕口議戰。然沿海各疆吏,獨不可密諭以簡兵待戰乎? 一意圖和,事發即令翁、張往德館請罪,先削東撫,以媚敵人。此次和議,無論若何,不日當即成。然綱紀何在,以後尚堪爲國乎? 在小人自以爲得計,雖萬分受辱,猶必故爲甘言,上欺君父,下掩廷臣之口耳。其所以隱密如此者,張奴之譎術,誤天下之大事者,即斯人也。現聞膠州兵退,以八百萬作撫恤兵費,另於海口擇地歸德駐兵,分別教案與要挾立約,日内所説衆皆一詞。以熙度之,當即隱密之術,所以收拾人心之一端也。如天之福,此案即了,别枝又出,所謂旦夕偷活之朝廷,尚復有生人氣。夫子一身,熙與朋輩所祈天而祝者,今不幸重有此病,天意可知。師弟離合,生死禍福,亦任天爲之。和議已成,確得明文。夫子即回省就醫,以有耳有目有心,學大臣之不見不聞不思,病當立愈矣。母年近七十,不敢遠離。愛熙如夫子,養病此時,無論公私,不容有一分塵滓在心,老氏之學,熙嘗鄙其以機待人,而自處餘地。然以之治病,則神策也,幸夫子心納之。實可不日來京,庖代何人? 念念。熙以趁此時,實可尚在左右,諸事相信以心,不如將交代要件,逐件先行理清,即稟請回省。夫子以爲何如? 歲事匆促,日内母氏有咳嗽之病,未能暢舒所言。以此時胸中爲夫子籌畫,並未有一成善策,容即聞告。此叩福安。熙謹稟。初二燈下。”

存考:此信僅書款“初二燈下”,未署年月。以信中説到“德案”與“膠州兵退”,當指發生在1897年到1898年間的德佔我國膠州灣事件。試以沈渭濱主編之《中國歷史大事年表》相關條目排列如下:

1896年12月14日:德國公使海靖向總理衙門要求租借膠州灣50年。

1897年11月27日:翁同龢、張蔭桓與海靖會談山東鉅野教案及膠澳問題。

1897年12月4日:德軍佔領膠州城。次日又佔即墨城。

1897年12月7日:翁同龢、張蔭桓再與海靖會商,要求别置一島抵换膠澳,被拒。

1897年12月15日:翁同龢、張蔭桓第五次訪德國公使海靖,建議開膠澳爲口岸,多給租界。海靖仍拒退膠澳之兵。

1898年1月1日:翁同龢、張蔭桓第八次赴德國使館晤談膠澳事,要求共同防守,訂立密約。德使海靖拒之。

1898年1月9日:山東膠州灣民衆二百餘人,焚燬德國營房兩所。

1898年3月6日:李鴻章、翁同龢與德國公使海靖簽訂《膠澳租界條約》,德國租借膠州灣99年。

以信中談及相關内容,此信當寫於1897年12月25日丁酉十二月初二日。

是年，程商霖來京，符子琴訪程商霖也由粵來京，異鄉相聚，每每置酒論書畫。

《鐵年先生書畫集》序："符子鐵年，名鑄，亦號瓢厂，子琴先生之公子也。三十年前，髯至廻雁峰，見山門刻大字楹書，瑰奇邁逸，天機翔舞，榜署'清泉八齡童子符鑄書'。嗟乎！以子琴先生抱磊落不羈之才，僅以書畫流傳海内，宜繼世有人也。及丁酉歲，程商叟來京，子琴先生訪商叟亦來京，每置酒論書畫，子琴先生曰：'年老苦氈案，粵中所求多令鑄兒爲之。'及髯回籍，見鐵年書畫，嚴守家法，間亦别闢新逕。"

本年撰《壽譚太恭人》。

按：見上年條。《壽譚太恭人》有云"今雋湘學一歲，將有進，當太恭人積誠之所致"，可推知撰於本年秋。

1898年　清德宗光緒二十四年　戊戌　三十八歲

戊戌二月，北生週歲，吴劍秋(綺)以女字之。

《杏軒公德配唐太恭人八十壽序》："居京一歲生四男北生，逾年週歲，吴劍秋外部以女字之，程商叟爲之主媒。"(《黄梅湯氏四修族譜》)

戊戌春，李瑞清自長沙至北京，同居臨川會館。

八指頭陀《送李梅癡太史入都》："碧湖楊柳色，又送故人行。不向花前醉，其如别後情！雲隨金闕迴，月傍玉堂明。他目承天問，休稱懶衲名。"

八指頭陀《梅癡子將入都，余作送别詩經半月矣，臨解纜復贈此詩，仍次前韵》："平日只言别，今朝果送行。請看春草色，不盡故人情。江上孤村晚，雲間片月明。欲持煨芋贈，耻近懶殘名。"(《八指頭陀詩文集》)

按：同居臨川會館見下文夏壽田題曾熙《山水册十二幀》："歲戊戌復相遇京師。余賃廡晉陽寺，髯與清道人同居臨川館。"

1898年3月20日戊戌二月二十八日，楊度應考至京入住湘潭會館，是日遍拜同邑京官。

《楊度日記》同日條："二十八日陰。飯後乘車至内城戟傳寓，屋宏净可居。遍拜同邑京官，惟見黄俯山舍人、謝滌泉、朱望卿、郭喬生主事，還館已昏。"

1898 年 3 月 25 日戊戌三月四日，回訪楊度。

《楊度日記》同日條："四日晴。曾士原、周正夫來。"

1898 年 3 月 26 日戊戌三月五日，楊度、程戟傳來訪不遇。

《楊度日記》同日條："五日晴。與戟傳訪午彝，迷途而返。過士原，不遇。午彝來，唐誠齋來，飯後皆去。"

1898 年 3 月 28 日戊戌三月七日，楊度、程戟傳過訪。

《楊度日記》同日條："七日晴。晨起，與戟傳過李雨農、曾士原、周晉夫三人，飯後俱出，余獨返寓。撿場具未畢，午彝邀同出城聽戲一日。暮，飯午彝所，顔伯琴子雍耆尋聲而至。鄧僕持燭來迎。出過顔寓，未及入談。"

1898 年 4 月 7 日戊戌三月十七日，楊度過訪。

《楊度日記》同日條："十七日晴。伯隅來，與俱出城，往吊楊師母喪。又過雨農，不遇。過士元、程商丈、曾慕陶。至湘潭館，王玉生留食，畢，入城已昏。"

1898 年 4 月 8 日戊戌三月十八日，至程商霖家，楊度來，同赴王澤寰約飲。

《楊度日記》同日條："十八日晴。飯後，丁、李、歐陽以行李去，王澤寰來。將晚，與戟傳出城至程家，又遇士元，三人同至廣和居赴澤寰約，伯隅、雨農在焉。酒罷，還宿程家。"

1898 年 5 月 8 日戊戌閏三月十二日，楊度落榜，過訪。

《楊度日記》同日條："十二日晴。得《題名録》，竟不中。與戟傳過陳蓀石學士。出，過李雨農，不遇。過譚詔仲，至大井胡同，過曾嗣元。還，飯於陳學士處，趕城而歸。"

1898 年 5 月 24 日戊戌四月五日，楊度過訪，胡漱唐在座。

《楊度日記》同日條："五日晴。至築紫辦館，三卿皆去西山，少飲而還。午詒移居晉陽寺，夜來，余言其樂不如己者處，又心知其非，而立脚不牢。午詒言余自異於人，易於得意。書此自箴。至嗣元處，遇胡漱唐（思敬）。"

此際，與夏午詒相遇於京師。與李瑞清朝夕齗齗論書家南北宗，又各出

唐宋人畫相誇詑，譜主得意時，輒聲震屋瓦。

夏壽田題曾熙《山水册十二幀》："歲戊戌復相遇京師。余賃廡晉陽寺，髯與清道人同居臨川館。髯與清道人至相得，約爲兄弟，朝夕齗齗論書家南北宗，又各出唐宋人畫相誇詑，髯得意時，輒聲震屋瓦。余時相過從，頗厭聞之，顧亦低徊，不忍捨之去。兩人所論，至精微且徵引繁博，今皆不復記憶，但記留食時，有茄羹甚甘，還家後遣廚人治之，遠不及也。是歲復别。"

按：見丁卯六月將望爲馬宗霍寫《山水册十二幀》題跋。

1898年5月25日戊戌四月六日，訪楊度，爲其書寫數扇。

《楊度日記》同日條："六日晴。嗣元來，書扇數柄而去。"

1898年5月30日戊戌四月十一日，李瑞清父親壽誕，往祝。宴廣和居，同座有李希聖、歐陽鈞仲(君重)、楊度、楊仁山等，席間歐陽鈞仲(君重)與楊度話不投機，拍案罵之。

《楊度日記》同日條："十一日晴。李梅癡父壽，與程、李、廖往祝。遂過呂雪堂，僅遇其子。案上詩禮皆多新説，大旨不出王説，博於許篤齋而無其精悍。《春秋箋疏》則未之見。出至廣和居，赴梅癡之約，李亦元(希聖)、曾士元(熙)、歐陽鈞仲皆在。鈞仲引見江蘇楊仁山，所謂吴楚兩生也。酒間，亦元言徐侗之可惡，口談朱程，在朝不聞一言。余曰口談程朱之人，正復應爾。鈞仲任俠之徒，自命朱程標客，聞而被酒大罵，拍案相向，特未施拳耳。余目笑存之，略弗與辨。鈞仲皮勇，怒則面赤，然態正嫵媚，余亦以此賞之，謂如張南軒少年時也。從容談笑，畢宴而出，鈞仲負氣，悻悻先去。與戟傳過午詒，適陳學士亦至，同至酒館，三易酒令，步月而還。"

是際，李瑞清之父六十歲，李氏兄弟爲撰《李觀察六十壽略》。

李瑞祖、李瑞清等《李觀察六十壽略》："家大人今年六十矣，瑞祖兄弟無以娛親，敢乞一言以侑觴。家大人幼有異才，從曾祖父幼海公學書讀，恒陪諸舅弟，諸舅弟害其能，相約夜竊誦習且日書以難之。蚤起，家大人從容讀如故，諸舅弟卒莫能先之，乃大驚服。一日天寒大雪，幼海公置酒勤力堂上，諸子弟左右侍。酒酣，幼海公顧謂家大人曰：大吾族者，其在此子乎？吾老矣，不能見此子之成立也。又曰：歲且盡，而書業不盡者數卷，能悉誦，來年授爾女他書，且予而裘。家大人方授受《春秋》《左氏傳》未卒業，家大人曰：敬諾。日出默誦，日中而盡。幼海公大説，乃取其所自衣裘以賜之。吾家法不冠者不得衣裘，而家大人衣裘獨蚤，以能誦書故也。幼海公既歿，廣西巡道某公試粤士詩賦，家大人年十二與往。時方丱，著紫衣,某公怪曰:童子亦能賦乎?對曰:能。因令坐几旁,授卷自督之。食頃賦成,奇賞之,列上等。列上等者例得萬錢,米十石,乃涕洟而祭幼海公曰:阿耶何往乎!江西謂祖父爲阿耶。家大人少喪母,祖父子白公宦游,又時時在外,於是家大人之湖南,居綏寧令舅父季修陳君幕中。當是時,洪秀全攻金州,東南騷動。駱文忠爲湖南巡撫,疑季修君不知兵,欲使人代季修君。幕中人皆引去,季修君大恐,家大人謂季修君曰:君欲保身乎?保國乎?如欲保身,吾恐代者未來而賊已至,亡亦死,不亡亦死,等死不如因其地而守之,籍弟令不守亦死國。且君之先人陳文恭公爲國碩輔,天下望風久矣,君毋喪身辱先人。季修君曰:爲之奈何?曰:君弟聽臣,臣當爲君畫計策。乃召縣諸父老豪傑曰:賊且至,縣君不忍背君等去,願與君等共守此云。今與君等約,壯者執兵爲前驅,富者輸財,老弱轉運,財物重器,識封府庫中,毋待賊至徒焚燒也。皆曰:如約。於是使人行縣鄉邑告諭之,縣人皆大喜,因與陳公出城據險爲守,益張疑兵旗幟,夜則吹角鳴刁斗以壯軍聲,賊聞繇間道引去。駱公聞之大説,不使人代季修君。季修君繇此益賢家大人,乃謂家大人曰:臣有弱妹,願奉箕帚,吾已爲書告家人。先是舅父敬齋君喜爲詩歌,輒好之,嘗遇家大人於疊采山者,粵中所呼爲風洞山者也。家大人獨立危石上,仰天高歌,怪之,問曰:君得毋臨川李五乎?與語大歡,遂爲莫逆交。及得季修君書曰,我固知之矣。兩家遂爲昏姻。家大人居季修君幕中,久之不懌,曰:天下盜賊擾攘,大丈夫當建勳名,取侯封耳,安能效兒女子鬱鬱牖下乎!是時蔣果敏奉詔征浙江,家大人乃謝季修君,欲往見蔣公,季修君固留之曰:君請留,會賊平,歸應試,不耳,我且爲君納貲爲郎。曰:我豈碌碌,因人爲郎乎?遂往謁蔣公曰:有壯士願屬麾下,領一軍以殺賊。蔣公壯其言,召入,與語大説之,於是延之幕中,以爲上客。幕中人皆少之,相與目笑,竊曰:一文弱儒生,其中未必有也,不知高下而妄尊任之。及至浙江,每建筴,輒戰勝剋敵,幕中人乃皆服。蔣公既已平浙江,奉詔爲廣東巡撫,乃隨蔣公俱至廣東。家大人居蔣公幕中凡六年,官至同知,大小數十百戰,而家大人未嘗不在其中。蔣公攻漕冲不下,用其筴乃破,然以蔣公免官遂無功。祖等幼,其計莫得聞,故不著。同治七年,家大人入官湖南,授長沙清軍府同知。同治十二年爲武陵縣令。武陵號煩劇,家大人每蚤起視事,口鞫手判,至日晏忘食,從吏皆疲不支。邑諸生時時至署,則與言詩書,諸生亦忘其爲官舍。縣臨洞庭,數患水,水驟至城上三版,登城可濯足矣。縣人大恐,家大人乃登城祝曰:令有辠乎?民何辠?民有辠乎?令之辠也。令有身,天奈何殃吾民?水忽退。久之,遷平江令。故令治尚嚴峻,邑人皆股栗。家大人一與休息,閑則至署旁小圃習射,與門客日夜飲酒賦詩以爲笑樂,數月大治。大府知其能,以爲長沙令。家大人知長沙夙稱難治,邑多大族,廣交朝貴,聲勢甚赫濯,縣令不得行己意。甫下車,即造請諸大族,大市牛酒,張具飲酒間乃曰:民間疾苦,諸公幸臨教,某也敢弗聽。若獄之曲與直,令之責也，諸公毋多言。甲與乙訟，甲直而乙曲，乙乞邑貴人爲關請，家大人佯許之曰：君毋去，我且爲讞之。乃坐堂，信甲而笞乙。退而告曰：甲果直，我爲君笞乙矣。邑貴人大窘曰：我欲信乙，君奈何笞乙。因又佯謝之。家大人爲政，因地爲化，視民爲教，寬嚴悉隨時而施。其爲衡山令時，則爲興學校維風俗而已。光緒十年，法人攻我越南，越南至告急。天子大怒，詔拜潘鼎新爲廣西巡撫，使將往擊之。時承平久，潘公舊將多喪亡，或老病不可用。家大人居蔣公幕，稱知兵，奏請自隨，乃使之監軍爲參謀。潘公爲人，與人必誠，然任氣，喜恣侮人，人多畏避之。家大人嚴重自持，非軍事不入見，潘公亦稍稍敬憚之矣。潘公奴時時責監軍供具，家大人瞋目叱之曰：我止知軍事，何知供具，而公遺矢豈復向我索紙耶？奴驚走入告白，潘公熟視久之曰：奴勿復爾。潘公至廣西，乃引兵出關，諸將至者數十輩，軍旌旗蔽天，連營數十里。潘公意氣揚揚，據鞍顧謂諸將曰：會滅此虜，再與諸君張飲。諸君將皆歡呼，家大人獨默然。潘公怪之，曰：君豈少我哉？家大人因曰：將不可驕，敵不可輕。今諸將新集，人懷疑猜忌，各欲自功，君所自將，非諸潘即妻昆弟，又皆年少不知兵，諸將多未附，不於此時拊循深結諸將，立賞罰以收士心，乃欲以敵不足憂有驕色何也？潘公不聽，乃使家大人留龍州護輜重，轉兵糧以給軍。當此時，徐延旭新敗，諸將皆無戰心，又以相國李鴻章喜言和，恐戰不利反得辠，皆擁兵觀望，莫敢言戰。賊游騎至，則爭擊之以爲功，大隊來又盡引去。潘公患之。家大人曰：諸將外驕矜，内實怯弱，法(?)數入寇，故留不進，欲俟和耳。夫不戰又焉能和？天子方坐不安席，今君久將無功，吾懼爲徐公之續也。潘公曰：頃當無恐，來年君來此，爲我治軍。我且遣君特使，使鑑堂代君。鑑堂，廣西按察使李秉衡字也。家大人曰：諾。君其備之，敵何所猶豫不擊我乎？十二月，法果悉起兵，繇間道攻諒山，潘公軍敗散，諸將大亂，龍州震動。家大人謂鑑堂君曰：今諒山已失，潘公敗走，前軍無主，且輜重皆在關中，法乘勝而來，其鋒不可當，龍州又無重軍，孰可距(拒)塞者？君彊出相潘公，關以内，臣請任之。又請遣將收亡卒，給兵與糧，令毋得入關。於是鑑堂君出關欲往見潘公。亡卒紛紛來言，潘公已戰死，或言未戰死，與亡卒走匿，或言爲法所擒，已自剄。鑑堂君乃急引兵歸，曰：龍州，粤之門户也，又無兵，前軍擾亂，不如俟其稍定而後往。家大人曰：君請留龍州，臣從潘公來。今事有急，不赴之不義，且諸將無主，乃言待其定，何時定乎？於是乃募軍中壯士願從者數十人，獨一騎，佩一刀，往尋潘公。鑑堂君復遺書，書之曰：今潘公新敗亡，不知其處，君獨往，徒與俱死無益也。家大人因謂其使曰：我固欲往，幸爲我謝若公。及出關，諸所顧從數十人莫敢前，皆亡走，獨劉華奴一騎從耳。劉華奴者，名國書，吾家舊僕，善灌花，所灌花獨茂，嘗使之灌花，故謂之華奴。家大人既出關，諸亡將皆内奔，惟家大人一騎獨全前。卒遇潘公軍，潘公挈家大人手泣曰：君誠長者，我負君，君何所來，我不圖復見君，君幸留，彊爲我部署。又曰：今諸將或勸我曰，衆勞卒罷,不如且釋兵入關自守,以養其鋒,我未知所定。家大人曰:不可! 頃上聞敗,大怒,數有嚴詔責問,諸將人人畏誅,不如因其畏也,而用之。光緒十一年正月,乃集諸將而誓曰:戰不勇敢,敗不相救者,共誅之。當是時,法人軍文淵。蘇元春、陳嘉軍幕府,蔣漢、方升軍馮祥,魏綱軍艾瓦,王德榜軍油隘,馮子材、王孝祺軍鎮南關之東西兩山間,深塹堅壁以自守。潘公軍軍海村,家大人居潘公軍中,時時往來諸軍間。二月,諸軍俱縱兵進攻,礮聲動天,槍子雨霣。是日大日微風,煙隨風揚,諸將無不奮呼當先,大破法軍。於是引兵攻文淵,法人復潰走。乃分軍爲三,進攻諒山,拔之。諸將再破法軍,繇此益輕法,皆欲進定越南矣,忽有詔止戰。初失諒山,電奏上,上大怒,及大破法軍,會電報中斷,捷報不得上,乃和。故卒使鑑堂君代潘公,潘公卒免歸。鑑堂君既代潘公,爲廣西巡撫,或與家大人有郤,又以家大人在潘軍功最多,乃讒家大人曰:李某毁君於潘公,君居關中,謂君怯耳。潘君銜君,且將劾君,君幸代潘公,不爲奏且上。鑑堂君大怒曰:我憐其獨騎往且止之,反毁我耶! 於是上疏劾家大人依阿潘公,遇事多擅專,乃奪三級爲通判。潘公因遺家大人白金一百,曰李君爲國勞苦,囊中實無一錢,何以歸乎? 家大人乃北游京師,以監電工。至雲南,雲南總督岑襄勤擊法時,即知粤軍中有李某者,又知其冤。及見,謂家大人曰;我方□鑑堂,不然,君豈肯過我乎? 居雲南八年,以征猓黑功,賜還原職。光緒廿一年,署雲南鹽道。會祖父子白公之喪,扶服還湘,不勝毁,遂病,左右手足不能自用,後雖瘉,固時時不快。光緒廿二年家大人扶柩歸廣西。吾家雖江西人,然自曾祖父以來,俱居廣西,故人父老子弟多在廣西者。家大人昔從潘公征越南,不久即去。於是家大人既葬祖父子白公,因少留止,與父老諸母游,道舊故,徵時事,負者調護之頗厚。乃誡其門者曰:凡來者,老者吾父兄也,少者吾子弟也,毋以貧故,事人不謹。雖負耒衣褐者,皆不得止不上謁。家大人爲人,與人必忠,無知與不知,有所委必諾之,事成亦不談,不成亦不謝,人以此多附之。然亦以此致忌怨。其御下嚴而有恩,不求備於人。常教祖等曰:毋苛責奴,奴不如我,故爲奴,奴如我,彼且奴人矣。又嘗爲母夫人曰:我不得爲兒子作馬牛,吾有財,與鄉黨宗族耳,子孫賢能自立,不肖,奚益之爲? 今年自蒙電工,賜二品頂戴,旋詔授雲南開廣道。子八人:曰瑞祖,曰瑞清,曰瑞奇,曰瑞蔭,曰瑞永,曰瑞珏,曰瑞甡,曰瑞振,女四人。"

戊戌秋,從叔母戴氏六十三歲,以前年未能奉斝上壽,其子以撰壽文非曾熙莫屬相屬,乃爲之撰《壽叙》。

《曾母戴太淑人六秩壽叙》:"戴太淑人,熙之從叔母也。熙少孤,年二齡,熙母嘗襁熙過太淑人家。太淑人謂熙母曰:若志可嘉也。然以若所行,蓋亦可謂難矣。雖然,天必不負若。於斯時,熙父不禄,熙兄弟俱幼弱,同祖諸父皆不欲留熙母,以母年少且貧甚也。故母出而訴諸諸父母前。於斯時,諸母中惟太淑人與伯母魏、伯母譚、叔母劉獨厚遇熙母。太淑人於熙母過時,嘗持錢與稻糕凡小食物與熙,熙母謝以反而再過將拜取之,太淑人使人追之,謂曰:寧反錢,稻糕則食褓中兒也。於斯時,太淑人居滿江堰。滿江堰者,譚姓人宅也,叔祖文峰公易以爲家宅。文峰生親五叔父,其仲曰仁崑世父,叔曰春皆叔父,季曰廬山叔父。太淑人來事春皆叔父,時已析箸而食,易廬而居。滿江堰舊廬,屬五仁世父,而叔父貧,力不能新營,亦遂居滿江堰。於斯時,室不足四間,間不容五步,然而太淑人居之廓如也。太淑人嘗以假廬而居,不得自專。每除夕新歲,必讓諸妯前,諸妯進然後進,諸妯喜然後色喜。嘗元日,諸妯行禮,獨後太淑人。太淑人從容退,叔祖母曰:何爾汝之速也?太淑人曰:固成禮矣。叔祖母素厚愛太淑人,故太淑人不以實告也。繼語諸兒曰:祖宗義主敬。室隘人衆,倉皇狼蹌,幾傾躓,無以爲禮,且曰:予一户朝暮之啓閉,未嘗自專,諸兒宜慎之。於斯時,太淑人居約而無慍色,處諸姒無猜忌。姪有少孤,或間之使不順於太淑人,諸父直之,懼而求質神,倖免。反質,太淑人見孤子,而上望仁皆世父廟中主,遂泣下,曰:勿質也,余實有罪,不降而汝罰。已而改悔,温語謂太淑人曰:嬸嬸實愛余。衡陽謂叔母曰嬸,謂其能譆諦我也。衡陽少富人,以勤儉耕織起家擁數十萬頃能至數傳不易者,西鄉曰山口蕭氏、金蘭黄氏、長樂王氏,北鄉曰戴氏。當戴氏之盛時,梅橋公有田萬頃畝,藏錢以樓,樓下度以衡柱,懼其壓重則傾也。昔聞諸北鄉人曰:予鄉有戴氏錢,色緑而班臭青駮,謂其藏錢數十年而不用。太淑人爲梅喬公女,而又當翰鄉少梅喬諸舅,太興門祚之日,出必車騎,入必僕婢,紳縉絡繹不絶於道,金玉錦繡,昭若雲日。而太淑人歸我叔父,家不能傭,朝夕治事,服澣濯之衣,親理庖爨,薪濕煙熘充廚,或終日目不能視。太淑人嘗與熙母語曰:始余來曾氏,余每爨,幾爲薪煙傷目,今慣習之矣。然今年六十有三,當其假居滿江堰時,熙少不及知也。既余館於太淑人家,則在壬午之歲。於斯時,季父已反自東南之役,有田數百畝,新營於滿江堰之陽,是曰敬慎堂。繇壬及丙,凡五歲,熙皆與太淑人居。熙拜,太淑人必答拜。熙曰:我猶子也。太淑人曰:我爲丙恪敬先生耳。熙食,太淑人必異饌。熙曰:我猶子也,非賓也。太淑人曰:我惟不足以敬先生,非賓汝也。熙寢,太淑人必請易厚衾。熙衣,太淑人入請曰:衣將毋輕乎?熙曰:温爾。太淑人曰:必若母十年衣汝之服也。熙曰:母衣將二十年未嘗易,熙敢易衣!太淑人曰:若叔有冬衣,今已十年矣,以未嘗衣之,故新,請以易之。熙固謝。太淑人曰:若叔有且留此爲寢時温爾汝足耳。翌日復請。熙避席曰:何阿母遇熙之厚乎!後七歲始反是衣於太淑人,曰:以是存舊物。其七歲爲己丑歲,余以是歲餼於縣,誠兒已三週歲矣。然授衣時,熙固未嘗娶也。太淑人每視事必鷄鳴起,盥漱櫛笄櫛總,然後覆以巾,衣必有麤服爲褻衣,麤布雖敝,必綴拾爲之。每起,家人皆未起。太淑人家數十人,而家傭嘗一人。當熙館太淑人家時,女弟唯妹、果妹侍左右。然果妹尚幼,太淑人每視事,則六妹從,太淑人前,六妹後,太淑人執帚,六妹執箕。熙每興以視太淑人,則米淅而瀝然,烘籠環列,已在竈之隅。曰某未興,以籠俟諸門,某將興,俟於床下。太淑人每爨,先夕必戒家人傭,量薪之大小短長,以中釜度。夏煤亦如之。凡薪,山查、栗柞爲上,松次之,株榆又次之。凡用薪燥中爨而宜炭,爨過時則燼,不及時則煙,惰者燼而弗繼,懆者急繼而薪煙。太淑人凡爨,不使家傭代,曰:"吾相諸釜以使薪,吾量諸釜實以爲爨。烝宜中釜腹,□宜中釜四隅,淳熬宜剛火,吾取栗薪,濡什宜柔火,吾取稻莖及松之毛。南嶽語謂松蘿曰毛。烝水縱數十里,貧人嘗雜粟康粱葉以爲爨。是故太淑人十年使薪,恒不及中人三年,夏使煤亦如之。凡薪燼曰灰,未燼有質曰炭。太淑人每一日爨,則必有三日之炭。舊灰引以然灰,則烘足純而不焦燥。然太淑人每寢,則必戒家人以磚甎壓之,烘器之用壓,蓋自太淑人始也。太淑人每食必蔬,晚年尤好生,遂不食肉,不衣裘,凡襲未有不補綴者,布商或數年不得至其門。前日嘗聞諸迪再十兄曰:予童時,母嘗戲之曰,今日爲爾汝衣縫新布數寸,汝必喜。及已縫之,果以是炫於群弟妹,弟妹亦莫不然。余所居曰龍田,與譚、姚二族夾嶽水而居,東爲曾姓族居,其西即譚、姚所居也。季父之營敬慎堂也,獨近譚、姚二族。太淑人凡自奉嗇,而予人必厚。漁者,太淑人曰:勿以漁而易之,勿與漁人校銖錙之利。牧者,犁者,路塗行者,憩則飲之,夜則然蒿稿以照之。鄰有疾,以藥歸其貧者,鄰婦來,太淑人温容而禮之,薄受而厚歸。繇是嶽水西數十家農婦村媪,皆裹鷄持卵負瓜菽,皆曰來相新宅。太淑人敬而賓之,婦媪皆歡。或私呼爲母,太淑人因而子之,遂愛如己出。太淑人性好敬賓,賓至則率子婦入庖室,肴炙羹膾維序,蔌蔬必潔,或佐之以珍,或侑之以蓄,雖子姓猶賓,雖僕婢必親視其所食幾何。以淑人以勞儉過人,年五十餘,鬢髮稀白。嘗呼則失聲,或曰不成語,十兄深憂之,而不敢數言,乃數使熙勸太淑人節勞就養,熙因言於太淑人曰:伯也恂固饒於朝矣,季也恪升於庠矣,仲子丙,其成有室家,能專書數,朝夕攝出入矣,冢婦年四十,能執匕操刀治庖以爲賓客矣,諸婦釐然能代職矣。前日假廬而居,今隆棟巍巍矣,太淑人宜歸政於諸婦。太淑人聞而泣下,泫然曰:余皇皇者,寧甘爲婢子而不自貴其身乎? 貧富,天也。勤而不破家易業,儉而不能全其身亦天也。爲我語恂,某宗之土,他人履矣,某宗之宇,他人處矣,某之玄孫,今蕭然無以備風雨,求爲傭工而不可得矣。爲我語恂,某父不得歸骨,某實爲之,若獨勿識之乎? 余今六十矣,食焉未嘗飽,寢焉未嘗安,數十年疲疲如一日者,寧爲諸兒求富乎? 誠懼一蹶將無以爲先人存廉耻耳。前歲若叔,已戒僕就道,將從官於江南。我泣請曰:夫子性剛嚴,於世不宜,且大丈夫寧復爲妻子謀升斗乎? 貧顧以身任之。蓋季父嘗從曾忠襄以勞績擢同知。忠襄督江南,故季父有出志。太淑人性和敬,於舅姑能曲承其志。叔祖父母嘗不名,但稱曰阿媳,甚愛之詞也。熙見太淑人每祭必哭,色柔意嚴,皇然恐後,若生時朝夕膳。又嘗爲其母祈無疾,每興,然香一枚跪祝,必俟香熄,然後興,雖隆冬嚴雪,未嘗一日易,如是將二十年。前歲戴外母以九十八歲,病三日即終,熙獨以爲太淑人積誠所格也。太淑人好潔,凡浴器必三易水,凡正室、寢室、燕室,日必令三掃。雖終日勤於庖爨,然出揖客必潔衣,必嚴整有度。嘗曰:持家有道,貴適清白耳。今歲迪夫十兄以痛守入蜀,將行,太淑人戒之曰:讀書宜曉君父大義,上念朝廷,下爲蜀民,分憂恤患,斯母志也。若枉公肥私,日以宫室妻妾及左右,使令喪汝志,則是吾數十年貞苦艱難一朝隳之。言之誠爲痛心,我聞小孝養口體,大孝養志,汝行宜勉之。曾熙曰:母賢則爲子矣,熙小亦嘗聞諸父昆弟之訓,長逐於科第,混於俗學,馳於世習,蒙蒙如蚊蟲之張翼舒聲於炎暑,及見冰則氣滯,當秋則形僵。曏者歐陽刑部語熙曰:汝母於學文,則固不及子,若窮而益堅,大節不奪,子終身勉行,尚懼其不如汝母。熙退而書之,終夜嘗三繞室曰:嗟乎! 父母終身之師也。《詩》云'永錫爾類',去其不類者,其庶幾乎! 余母處艱貞,常如孤臣遺老,憂深而難訴。太淑人安不忘危,以勞以勤,至白髮恒不改其度,其女中之元聖乎! 今歲太淑人六十有三,其六十一歲熙未克奉斝上壽,今侍母居京又兩歲餘矣。適迪兄來言曰:壽余母惟爾宜,且俟子久矣。熙聞而皇然,謹再拜而叙之。既叙,乃署以上壽之嘉期者,衡垂陽禮重晉一,敬其事也。"(《曾熙文鈔》)

按:《曾熙文鈔》後有抄者説明:"□案:篇内'嘗元日諸妯行禮'一段,原稿作:'嘗元日,諸妯行禮,未嘗候太淑人,故太淑人獨後。太淑人從容使人謝曰:某固有病,今來故獨後也。退而語諸兒曰:祖宗義主敬,室隘人衆,余前歲倉皇狼蹌,幾傾躓,無以爲禮,今因後諸妯。語終泣下。且曰:余日一户朝暮之啓閉,未嘗自專,諸兒宜慎之。'又案:'於斯時,太淑人居約而無慍色'一段,原稿作:'於斯時,太淑人約而無慍色,諸妯亦釋而無猜忌。仁皆世父遠役不歸,其孤子當室,或間之,使不順於太淑人,太淑人號泣,執手曰:而忘而叔之歸而父骨乎? 天乎? 余有罪,而降汝罰。'又'金玉錦繡,昭若雲日'句下,原稿有'歌舞達晝夜,不竭於耳'。又'余所居龍田'一段,原稿作:'余所居龍田,烝水貫其中,烝以東縱五里,皆余曾姓族居,其西爲譚、姚所居,叔父之訾敬慎宅也,子姓僉日與他族處,無寧侵余。'"

1898 年 9 月 7 日戊戌七月廿二日,偕歐陽君重訪鄭孝胥。時鄭受張之洞保舉至京。

《鄭孝胥日記》同日條:"歐陽君重、曾士元來。"

按:《鄭孝胥日記》"整理説明":"(鄭孝胥)二十四年(1898),受回任湖廣的張之洞保舉,至京引見,隨以道員候補,派在總理各國事務衙門章京上行走。”

翌日,歐陽君重在伏魔寺宴客,坐有鄭孝胥、嚴子青等。

《鄭孝胥日記》9月8日條:“午後,往伏魔寺應歐陽君重之招,坐中有老者嚴子青,無錫人,自陜西來,爲魏午莊明保,聞將不投文而歸。聞余談商務,慨然曰:‘君洞達無匹,宜爲國家振此事。吾儕老矣,不曉時務,終已無補於世矣。’因反袂拭涕,余爲感動。”

1898年9月19日戊戌八月初四日午後鄭孝胥過訪,不遇。

《鄭孝胥日記》同日條:“午後,步出訪曾士元、歐陽君重,皆不遇。”

1898年10月9日戊戌八月廿四日,前因聞丁立鈞發肝風病,甚焦急,旋聞病愈,馳書請其大綱自操,小事放手下屬做去。

與丁立鈞書:“弟子熙謹上夫子大人侍右:前日由賈君袖呈一書,言多迂闊,且不無高而難行之處。久未奉函諭,心常惶懼不安。前月中有東人來試京兆者,云夫子發肝風症,當即偕歐九至世伯前詳問近狀,云七月有家書,且告前病已愈。昨世伯家又接到夫子八月初二之函,歐九與熙始得釋懷。夫子素有肝風之病,而新政又無一着放鬆,所以有自去歲以來,時聞夫子有病。熙敢言曰:願夫子爲天下自愛。大綱則己操之,小目可使人爲之,慎聘幕僚以簡馭煩,病當漸除。熙因母氏渴思家兄,足不敢出門,此時亦無良法可以安親心,由事兄之無術也。老人喜聚不聚(喜)散,熙雖朝夕在旁,然家兄全眷均在廣西,甚悔去年不應全眷分出,且不應以貲郎到部。當時若家居,以教書養親,計當兩得矣。李公石可爲人篤實而心甚精細,夫子宜恝留之居幕。賈公以至戚而執弟子之禮,私事當可託之。夫子治沂,君弟能詳道之,惜熙不得遠來增長才識耳!秋風寒洌,病後精神若何?幸以一紙諭熙,不勝懸懸。肅此,敬叩福安。熙謹上。八月二十四日。”

1899年 清德宗光緒二十五年 己亥 三十九歲

己亥五月,以詩二首寄呈丹徒丁立鈞師。

爲譚震青書横幅:“人事既差池,遂覺河山異。耿耿抱一心,撫劍亦何爲。戎馬在東郊,彼昏常沈醉。鴟鴞戢鎩羽,狼虎竊神轡。丹素同一玄,吾道淪周季。舉杖笑楚狂，臨湘哀賈誼。昔年同游者，念之隕神志。　　天命信有歸，盛衰無常理。孤根同百草，常憾心不死。大江橫東來，濯足豈無水。徒歌不成謡，憂至時隱几。慨然念先民，胡爲勵弧矢。丈夫處亂世，寧自等浮螘。耕稼夫子志，龍德固如此。詩二首，己亥五月自都呈丹徒丁師之作也。不逾一歲，迺有大變。今檢舊篋，爲震青詩家録之。若令蓬叟公祖見之，又必譏熙過激。辛丑秋，熙。"（《曾熙書法集》，上海辭書出版社 2013 年 12 月版）

己亥夏，四兒北生以脾症夭折。

按：見下條。

己亥七月，譚雪樵夫人卒，爲撰《羅孺人墓誌銘》。

《羅孺人墓誌銘》："孺人諱某，衡山人也。姓羅氏。其先有國屬於楚，楚滅，羅苗裔錯居荆湘。其居衡山者支蕃族富，嘉道之朝，衡山富豪，厥稱羅氏。祖某，父某，世承華宗，宅以謹厚，守樸不曜，藴德能宣。孺人生有淑質，長益誠純，嬪於衡陽譚氏。夫曰雪樵，敬順無違，義警鷄鳴。舅鰲于役東南，曾太傅器其才，擢直隸州知州，身殉維揚。姑羅恭人，孺人之諸母姑也。孺人内守女儀，外謹婦職，齋心婉容，夙興敬事，用克穆穆於家，緝緝於紀，澗麻晨漚，覃葛夏成，人己薺己荼，瘁言罔浩，是以淑譽在躬，芳型式俗。春秋五十有二，光緒二十五年七月壬申疾終寢室。痛孟徽之風徂，憐季子之星奔。家人率禮，爰以明年春葬於衡陽四十二都孟公陀。懼淹懿脩，立石旌德。男二，長邦珪，仲邦堅。女三，長殤，仲禮坤，季福坤；禮歸洪，福歸魏。冢婦曾氏先孺人一歲亡，有子曰咸綸，再聚冢婦陳氏、仲婦曾氏。銘曰：積貞成毁，匪物之理。形遁神全，匪貞匪毁。孝儉之婦，憂勤身圮。悠悠蒼天，我聞其聲。地道利成，胡騫而崩。瘞德終曜，淵淵明明。啓祥有子，光慰幽靈。"

1899 年 9 月 20 日己亥八月十六日，湯夫人痛愛兒遽折，病益重，於是日棄世。夫人去世，遺下諸兒女五人，最大 15 歲，最幼方 7 歲，以母不堪其苦，乃既不敢離寢門跬步，復不敢寫信告訴岳母。

《龍田曾氏六修族譜》："元配湯氏，貢生姪女誥贈夫人，生於清同治甲子三年四月廿日戌時，於光緒己亥廿五年八月十六日巳時，由京都病歿。"

《杏軒公德配唐太恭人八十壽序》："及己亥夏，湯恭人小産後，倏歐（嘔）血，血止，鬱鬱熱作，然未嘗有重病。北生甫三歲，發慢脾症殤。湯恭人哭之，哀病加劇，八月十六日歿。其時母六十八，方念仲兄、嫂氏及諸孫女客桂林，今倏遭此巨痛，摯男年十三，述男年十一，卓男七歲，長女十五，次女九歲，母不堪其苦，熙遂不敢離寢門跬步，然未嘗以書告外舅母也。”(《黄梅湯氏四修族譜》)

1899年10月6日己亥九月二日程商霖母蕭太夫人七十大壽，不克登堂祝嘏，撰文以賀。

《壽程商霖先生母蕭太夫人》：“衡陽賢母，君子多稱程氏有萬太夫人者，商霖觀察之王母也。萬太夫人之賢，衡陽士大夫，下及編户窮民，皆能口述而樂道之。丕承萬太夫人之德，光於程氏，俾賢可繼，法可守，則惟蕭太夫人。蕭太夫人者，商霖觀察之母夫人也。熙少學嘗聞諸先生長者之言，衡陽程氏好客，客中有彭陳，皆識之於微時，而湘中之豪士，皆聞聲結響舒翹於程氏之門。當萬太夫人之秉内政，其時家未嘗富而又孀居，萬太夫人儉己，獨豐力厚禮爲其子春浦君擇師友。每春浦君所往來，萬太夫人則入庖治酒食，庖事畢，乃隱於屏後以聽賓客語。賓客退，然後語春浦君曰：某子賢者，汝則師之。某子多能，汝則友之。某子貧無以養，汝即以金予之。及蕭太夫人來歸，萬太夫人曰：吾每聞客至，投機而敬起者三，以入庖割肉必方，雖蔬必潔，未嘗以其事委之庖人，且吾必有三日之蒸豚以待客至。以是蕭太夫人數十年中，内承姑志，無間朝夕。後春浦君殁，萬太夫人以哭子喪明，内政遂出於蕭太夫人。蕭太夫人治事勤然，從容中度，每事先進萬太夫人前請命。當是時，家政總於商霖觀察，其弟沅樵太守輔之，内睦宗族，外和姻親，中及朋友，昏喪恤孤繼絶。重則同邑四鄰，盗賊水旱災祲，其大者官吏相告於其家，其細者商賈木石土工之倫，絡繹不絶。然每至其門，穆如肅如，進而詢之。萬太夫人年八十能記家事，蕭太夫人客至則告，食進則告，雖旨蓄之出入，必請所與。是以外而賓客，内而子婦婢從數十人，皆嘿然相敬於禮讓之中。衡陽富族多居江東，而程氏宅則坿郭。程氏宗族姻婭，或居江東，或散居城邑，蕭太夫人每遇疾病喪弔，必親往治事，於其貧者，既周之矣，然必月省於其家而問所乏。熙見商霖觀察昆季急朋友之急，重或傾家財以貸，又嘗於每歲七月設亡友位，爲之致祭。曾熙曰：母德之厚而及於人者，至是哉。聖人稱繼志述事，孚信於家，達於鄉黨，法於子孫，所謂循循禮教，上以善歸姑，而下克以其善授之其子者，蕭太夫人有焉。今萬太夫人殁數歲，數歲之中多喪亡，蕭太夫人温語語商霖觀察曰：汝事先王母故不出，余雖老，有季子諸孫得侍朝夕，汝獨不念先君子之志乎？商霖觀察遂以戊戌馳檄江蘇。他日江蘇之民聞商霖之仁風而興起者，皆蕭太夫人之所予也。歲九月蕭太夫人七十歲，熙侍母居京，不克登堂，謹述熙所聞知，再拜稽首以爲壽。”(《曾熙文鈔》抄本)

1899年11月20日己亥十月十八日,齊白石入列王闓運(湘綺)門墻。

《湘綺樓日記》:"十八日。休假一日。齊璜拜門,以文詩爲贄,文尚成章,詩則薛蟠體。"

1899年12月6日己亥十一月朔四日,將失子喪妻之痛,告於丁立鈞夫子,並乞賜以書畫。

與丁立鈞書:"弟子熙謹上夫子函丈:夏間修書,敬問起居,情鬱語塞,曳曳難言,詩詞質澀,不能往復紆曲其情。人事滄桑,非可逆睹,自夏徂秋,熙遭不辰。季子四齡,十日殤折,妻以虚勞,忽罹兇慘,相繼而亡,浹旬之間,遭此變故。入室母號,當階兒哭,熙誠有罪,天降此罰。母也何尤,迺構鞫兇。居京以來,老母嘗念伯氏生别之苦,淚未乾枕,今復如此,何以爲子!夫子愛熙,誼逾骨肉,憂患相告,無所匿諱,師困弟厄,殆亦命也,夫復何辭!間遇佩之,得睹筆墨,起居艱難,病情畢見,語詞哀痛,不能終篇,心非木石,能弗嗚咽,自傷命蹇,無以遠慰。至使夫子,以衰病之軀,猶磒窮途之泣。嗟乎嗟乎!吾黨之困,豈徒夫子,任憤而狂,李哀而癥,楊背淚枯,歐拳指裂,如熙鹿鹿,何足計議。天寒歲莫,善自頤攝,老意莊懷,託之山水,幸甚幸甚。光緒己亥十一月朔四日,熙謹上。師母歲福。尹鄭李約公函致譚、黎兩同年,譚官江西,得報書易,黎在蜀,往復當三月。又李仲子隨其父在滇署,熙當以書告。前日夫子牋札皆裝存,惟左書兩函爲同門留覽,病體稍舒,求以數行箴語,以爲終身服誦。倘畫易於書,得賜五寸楮墨足矣。熙再上。"

1900年 清德宗光緒二十六年 庚子 四十歲

得悉丁立鈞病重,於1900年1月23日己亥十二月二十三日馳書問候。

致丁立鈞師書:"受業曾熙敬上夫子大人座右:頃得詔書,艱苦萬狀,即至賈宅晤篤丞,始實知我夫子之一病至此。前日所聞異詞,秋季楊公來云已見客矣,日間總盼企東信不得,詣給事世伯,亦云病愈,但元神未復。如篤丞之言,夫子何以不早假數月以調治乎?不愛一身,又安能愛天下?夫子不負沂州,沂州將大有負夫子。今不能來視病,且在萬苦百艱之中,不能代分毫之力,夫子直視熙爲受恩之禽而已矣,尚復何言!伏望節憂養病,善自衛攝。熙南向百敂頭,熙謹稟。十二月廿三日。師母夫人均此敂安。"

1900 年 8 月 15 日,八國聯軍攻陷北京,慈禧太后挾光緒皇帝西逃。

緊急中,揹負年邁多病的母親携子女逃難,甫出都門即遭搶劫,宋拓殘本《瘗鶴銘》等被劫。危急中覓得一頂轎子,與僕人親自抬着母親,走四十多里乃得脱險,搭船南下,返回湖南衡陽老家。

張善孖《曾農髯夫子之孝思》:"又畫册寄二世兄繼尹,跋云:'此册乙丑冬所作,亦有未題之幀,今忽忽又四年矣,裱成補題,寄與述男。述今年四十矣,猶憶予四十是爲庚子歲,負母携汝輩從運河南下,始脱拳匪之亂。時汝十二齡,汝兄十四齡,汝弟八齡耳。汝母先歲歿京師,而先王母年六十九,朝夕携汝輩號泣。及亂作,予但短衣以一僕自隨,百難千辛,今猶歷歷如昨日事,而不覺予年六十八,而汝亦四十歲矣。予出,即命汝居衡,爲守先王母墓耳。處今之世,求不飢餓幸矣。以勤苦守身,以忠實守志。凡事求下人一等,則自處多餘之地矣。述男謹識之,戊辰五月二十有二日記。'"(1930 年 9 月 26 日《申報》)

《清故兵部主事曾君墓誌銘》:"及妖民亂作,倉皇奉母出都門,即被劫。君覓竹輿坐母,携一僕肩曳行四十里許,得附舟。當是時,母對君泣,君反笑示無苦以慰母。既,南反衡陽故居。"(《散原精舍詩文集》,上海古籍出版社 2003 年 6 月版)

《曾農髯先生小傳》:"遭拳匪之亂,先生負母問道,走天津三日,狂行數百里,踵趾皆穿,自是絶意進取。"(《海上名人傳》,1930 年 5 月出版,海上名人傳編輯部編輯,上海文明書局印刷並代售)

題自臨《瘗鶴銘》:"曏在京師得宋拓殘本鶴銘,韵骨與江建霞鈎本相同,毁於庚子拳匪之亂。"(1917 年 6 月條)

《鄭孝胥日記》10 月 30 日條:"雨。歐陽君重自揚州、南京來,以五月二十二日携妾逃至河南,云曾士元亦奉母逃歸湖南矣。"

自京師返鄉,侍母於洞庭之西天心湖,自稱"龍陽老農"。六妹王楊曾氏歸寧。六妹好學,嘗以諸子疑義問,多不能答,而其記誦如流,心頗驚異。

《王楊瓊林公家傳》:"庚子自都旋里,六妹歸寧,嘗舉諸子疑義數十條相質,予多不能對,六妹輒記誦如流。"

題《豳風圖》:"予性喜農桑,卜居西湖側(洞庭之西天心湖。予庚子侍母此,稱龍陽老農,其時未有髯也)。披圖三太息,今我歸不得。文仲子此卷,志在仿宋而工雅疏逸,別有天趣,以視其兄但乞靈於山樵,其風度夐乎遠矣,題句不無所慨。縉侯世友兩正之,戊辰臘月既望,農髯熙。"

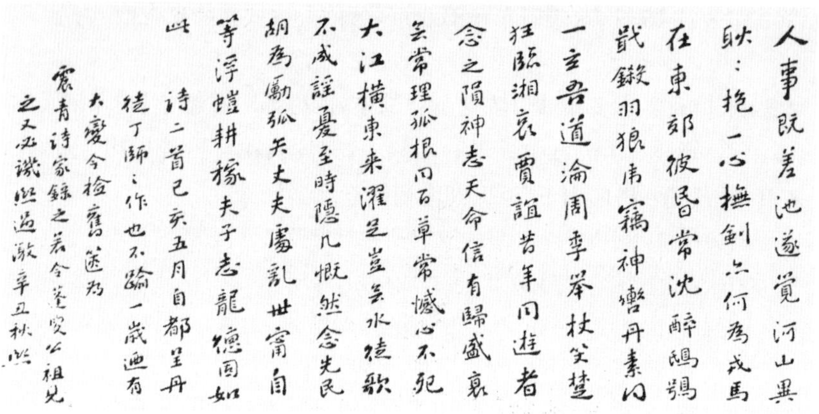

録舊詩二首贈譚震青　1901 年

清末石鼓書院　(1901 年　任書院主講)

清末河南開封貢院

夏壽田像

夏壽田故居　北京宣武門外北半截胡同

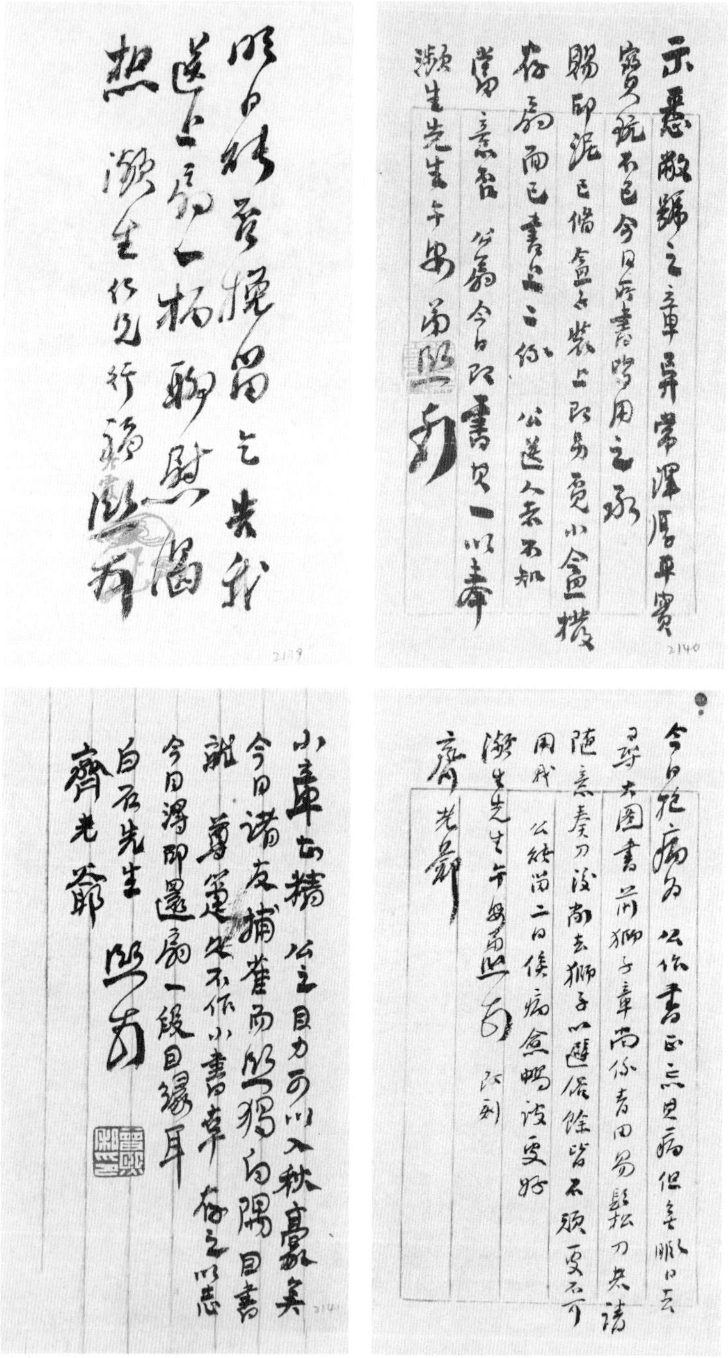

致齊白石書　1903 年　北京中国畫院藏

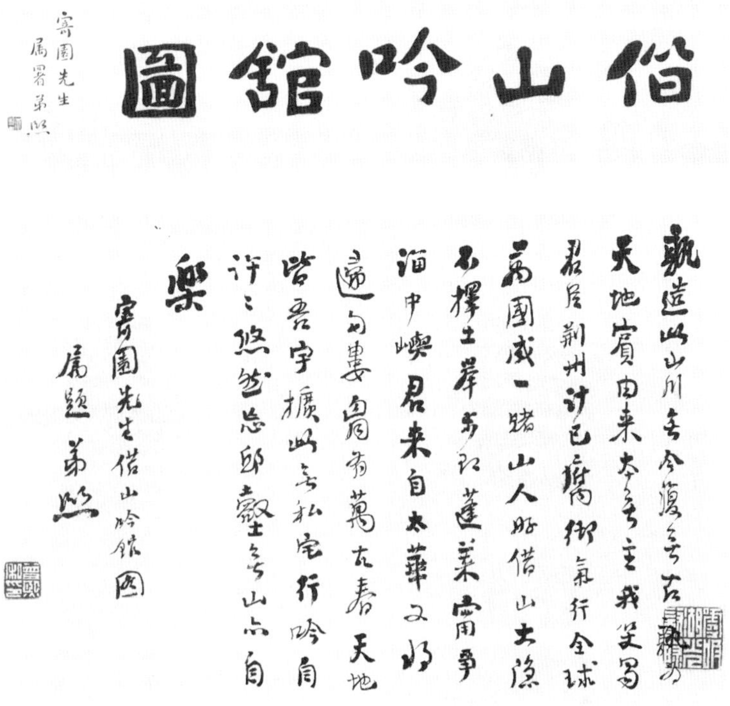

題齊白石借山吟館圖　北京中国畫院藏

清末紫禁城保和殿

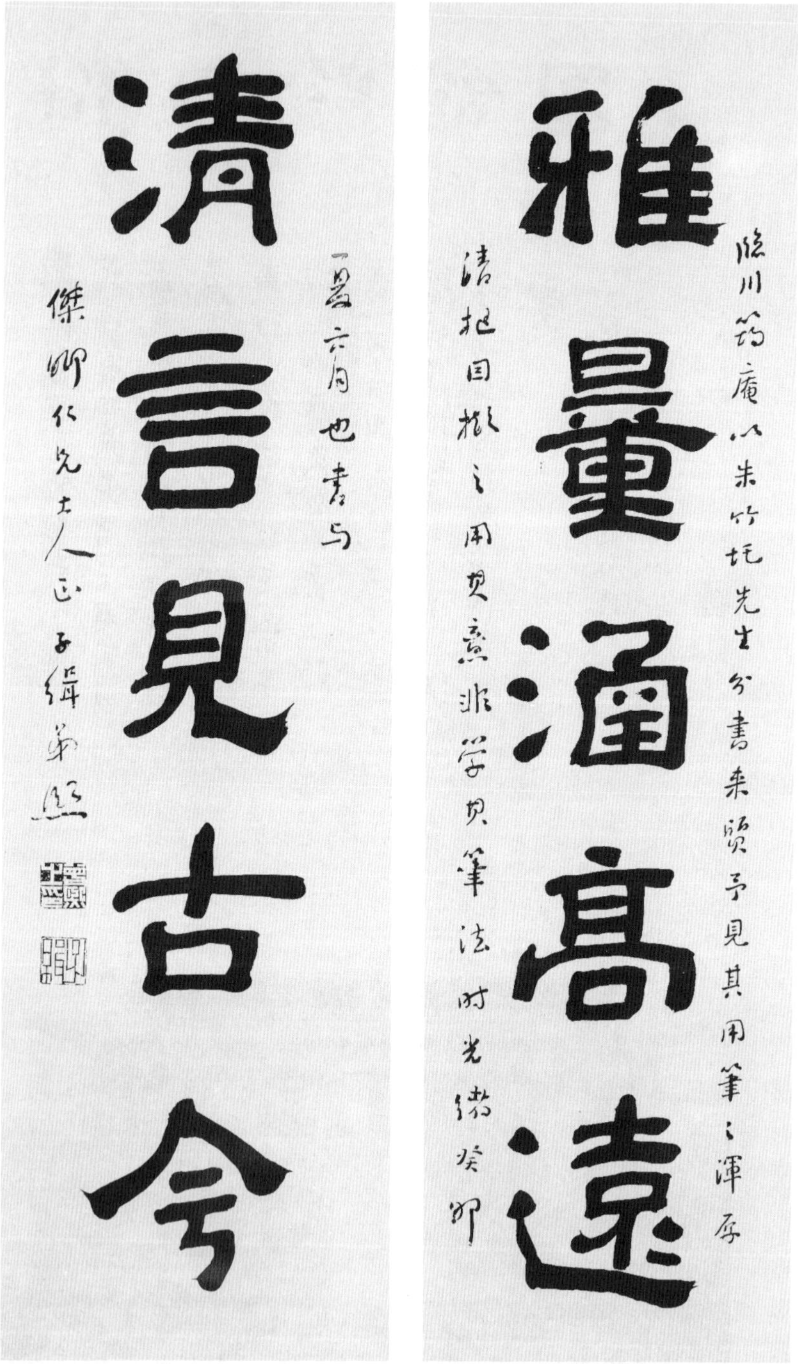

隸書五言聯　1903 年

銅官感舊圖贊

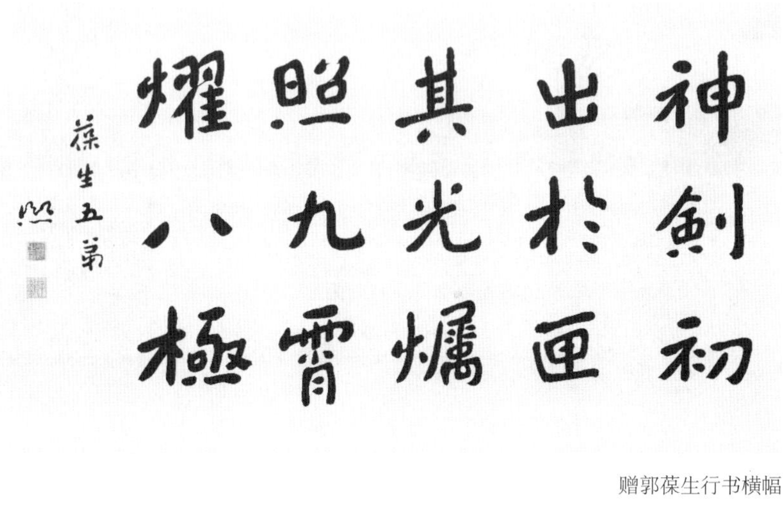

贈郭葆生行书横幅

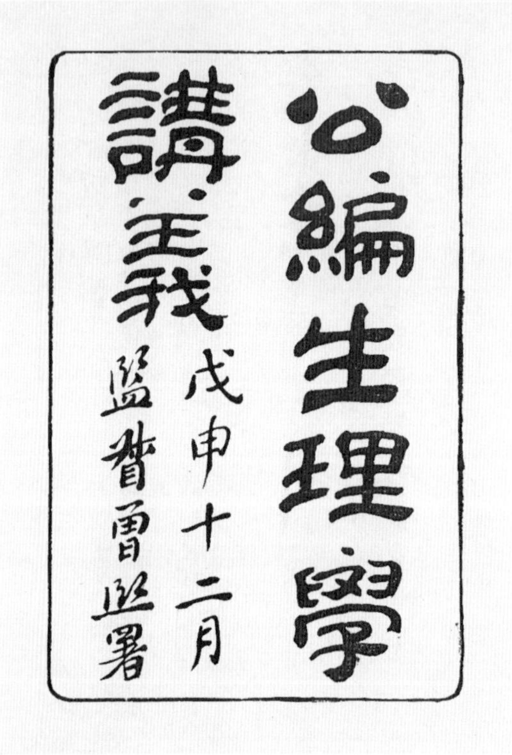

心編生理學講義
戊申十二月
監督曾熙署

題南路師範学堂教科書扉頁　1908 年

龍田雅宜堂舊居　2012 年攝

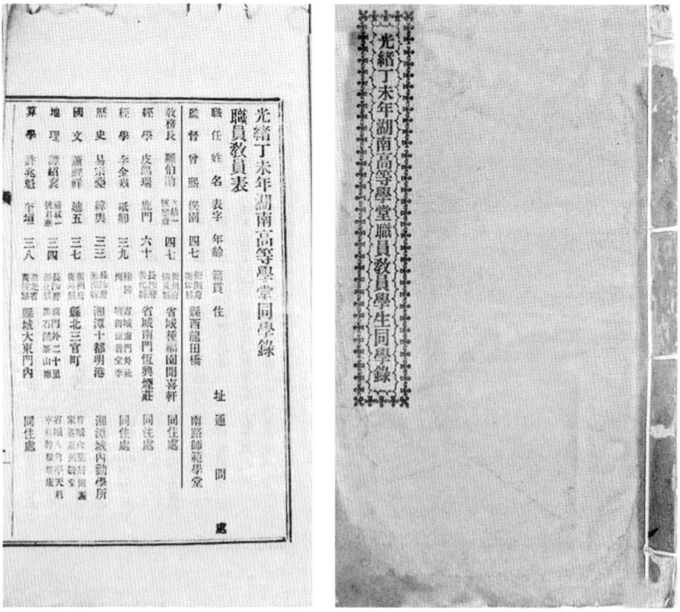

光緒丁未年湖南高等學堂同學錄

職員教員表

職任	姓名	表字	年齡	籍貫	住址	通問處
監督	曾熙	俟園	四七	衡州府衡陽縣	縣西龍田橋	南路師範學堂
教務長	羅伯[illegible]	[illegible]	四七	衡州府清泉縣	省城種福園開喜軒	同住處
經學	皮錫瑞	鹿門	六十	長沙府善化縣	省城南門恆興煙莊	同住處
經學	李金戣	祇卿	三九	桂陽州	省城南門外社壇街[illegible]	同住處
歷史	易宗夔	緯典	三三	長沙府湘潭縣	湘潭十都明港	湘潭城內勸學所
國文	蕭[illegible]	迪五	三七	衡州府衡山縣	縣北三官町	[illegible]
地理	譚紹裘	[illegible]	三四	長沙府善化縣	南門外二十里石[illegible]山鄉	省城八角亭天和[illegible]
算學	許兆魁	作垣	三八	[illegible]	縣城大東門內	同住處

光緒丁未年湖南高等學堂職員教員學生同學錄

丁未年湖南高等學堂職員教員學生同學録书影　1907年　湖南省圖書館藏

湖南高等學堂(1907年　任該學堂監督　今湖南大學)

1901年 清德宗光緒二十七年 辛丑 四十一歲

辛丑二月，爲友山書“法言宜盡和爲貴，臨事貴斷慎在先”七言聯。

自書七言聯：“法言宜盡和爲貴，臨事貴斷慎在先。友山仁兄大人雅正，光緒辛丑二月，弟熙。”（私人藏）

本年，衡州府唐蓬洲太守聘主講石鼓書院。

《杏軒公德配唐太恭人八十壽序》：“辛丑主講石鼓書院。”（《黄梅湯氏四修族譜》）

《清故兵部主事曾君墓誌銘》：“長吏聘主講石鼓書院，兼漢壽龍池書院。君本治戴氏《禮》、公羊、左氏《春秋》，溢而爲文辭詩歌，雅懿棄凡近，生徒經君指授，從風爲改觀。”（《散原精舍詩文集》，上海古籍出版社2003年6月版）

《清誥封朝義大夫五品銜候補訓導蟠溪先生七十壽序》：“庚子之歲，拳匪（舊時對義和團之誣稱，下同）肇亂，曾熙侍母歸自京師。越歲辛丑，鄉人以熙主講石鼓書院。是歲之秋，磻溪訓導姻先生七十大壽。”（《楊王氏六修家譜》）

辛丑秋，爲譚震青書自作詩二首。

按：見本譜己亥五月條。

孟秋中浣穀旦，作《清誥封朝義大夫五品銜候補訓導磻溪先生七十壽序》。

《清誥封朝義大夫五品銜候補訓導磻溪先生七十壽序》：“庚子之歲，拳匪肇亂，曾熙侍母歸自京師。越歲辛丑，鄉人以熙主講石鼓書院。是歲之秋，磻溪訓導媚先生七十大壽，郡中士大夫與其鄉人子弟皆樂先生之年高有德，其公子味秋與其諸弟又皆能繼美先業，恢宏家聲。語曰‘有盛弗傳，無以勸善’，熙雖不學，其敢閉諸。熙竊聞先生之爲人矣，然見先生獨遲，丁亥（按：1887年）見先生於其鄉，丙申（按：1896年）見先生於郡中，今歲秋見先生於講舍。先生年七十矣，然豐肉美鬚髮，神采淵厚，目睛童童，而足善疾趨没不假杖行，熙以爲異。既而請先生所從來，則自省應大史考試教職歸。熙曰：天之獨厚先生乎！殆先生獨厚於天也。熙自壬辰（按：1892年）入都，及去秋歸，將十年，郡中老成淪謝，其子弟多輕滑不率禮義，間有一二勤慎從公，又或爲市井商賈之徒挾權格扞。故人心日趨黠滑，而風俗大易古處。先生世居長樂鄉，家確於資，然布衣帛冠，身率鄉人，可謂儉矣。世禄之家，鮮克由禮。先生爲子弟擇師，必重金禮致賢者，又廣置經籍，俾子弟服習，先生以時考其成功。由是，郡中讀書之家皆稱長樂王氏，可謂善教矣。

商賈爭財,兄弟推刃,母子行券,誅求月息,皆近世所謂豪傑。先生性孝友,其事父母,雖白髮如嬰兒。兄弟異居,然家事皆先生攝持,每疾病,先生爲之親視醫藥。其於從兄弟,如同懷也。有侄曰仲九,蚤孤,又弱不能自振,先生乃延之家,授以句讀,自蒙誦以至習舉子業,皆先生所親授。及仲九卒,先生挽之曰:萬一難下處,解衣推食,於我義無可辭。可謂孝友而知義矣。儉不中禮,古人所譏。先生自居簡約,每食不重味。及遇朋友,樂爲貸粟,有塾師或終身,饋其衣食。每歲大饑,必發粟飼粥於有道;邑有警,則令子弟僮僕率鄉人執戎器,以備不虞。然不斂資於鄉,城鄉捐需累千餘緡,而先生不以爲惠,且樂令其公子味秋成之,可謂儉而能廣財者矣。熙聞有德者必有言。先生綺歲結守令,既而補弟子員,益好爲八家古文,鄉黨有乞文者無吝辭。尤樂爲歌詠,有月池,常召賓朋,以歲時游宴其間,且曰:人生須自樂耳。曾熙曰:儒者好議論,掉揚馬之舌,變易黑白,或皓首窮年,著經數千萬言,及窺其行事,或反爲匹夫所恥道。先生儉以保富,義以權財,翕然孝友以禮,爲長樂鄉人率,不可謂非賢豪哉!熙以龍陽之行,不克登堂,際斯盛會,謹述所聞知,再拜稽首,爲先生壽。誥封奉直大夫兵部武選司兼武庫司行走婣愚姪曾熙拜撰。清光緒二十有七年孟秋中浣穀旦。"(《楊王氏六修家譜》,衡陽蕭培提供簡體字印本複印件)

萬氏來歸。

《清誥封朝義大夫五品銜候補訓導蟠溪先生七十壽序》:"辛丑主講石鼓書院。萬氏來歸。"(《黄梅湯氏四修家譜》)

《龍田曾氏六修族譜》:"繼配萬氏。太學生新甫女。誥封夫人。生於清同治丁卯五月二十六日寅時,於庚寅公元一九五零年卒,葬雅宜唐後山。"

湯夫人之母來,尚未入門,乃大哭,執其手曰:真没有想到曩日臨别之言竟成讖語!

《杏軒公德配唐太恭人八十壽序》:"辛丑主講石鼓書院。萬氏來歸。外舅母未入門,乃大哭,熙執外舅母手曰:曩者若女臨别之言竟成讖語!外舅母曰:小女彌留之際,亦念及老婦否?熙曰:湯恭人病,醫者稱百日癆,但潮熱,減飲食羸瘦,至垂危神明不亂。但曰:王母與吾母及季妹幸善遇之。語終遂瞑。時吾母與外舅母語更詳,家人皆哭。"(《黄梅湯氏四修族譜》)

1901年12月27日辛丑十一月十七日,托人面交與鄭孝胥書,告以將改官知縣赴江西。

《鄭孝胥日記》同日條:"(陳)叔伊來。得曾士元書,嚴巡檢號紹韓者持書來見,云士元將改官知縣赴江西。"

1902 年　清德宗光緒二十八年　壬寅　四十二歲

遷居龍陽(今漢壽)。兼任漢壽龍池書院主講。

《杏軒公德配唐太恭人八十壽序》:"壬寅遷居龍陽。"(《黄梅湯氏四修族譜》)

《清故兵部主事曾君墓誌銘》:"長吏聘主講石鼓書院,兼漢壽龍池書院。"(《散原精舍詩文集》,上海古籍出版社 2003 年 6 月版)

1902 年 1 月 31 日辛丑十二月二十二日,大雪,訪在武漢之鄭孝胥。

《鄭孝胥日記》同日條:"大雪,隔江皆不辨。曾士元來,陳善餘來。"

按:《鄭孝胥日記》"整理説明":"變法失敗,(鄭孝胥)請假南下,抵湖北,任蘆漢鐵路南段總辦。"

1902 年 2 月 1 日辛丑十二月二十三日,赴鄭孝胥宴請,同座有劉立夫。

《鄭孝胥日記》同日條:"邀士元及龍陽劉生立夫飯。晚又雪。"

1902 年 2 月 4 日辛丑十二月二十六日,鄭孝胥來談,晚赴鄭寓談。

《鄭孝胥日記》同日條:"過曾士元、劉立夫。饒石頑(智元)來,言將應上海《時務糾報》及《時時新報》之聘。《糾報》者,榮禄遣唐廉來設以御各報館者也。饒頗佻達,自云與士元甚熟。士元夜復來談。"

1902 年 2 月 5 日辛丑十二月二十七日,將赴南京,往鄭孝胥處告别。鄭贈予五十元,並相送登江孚輪。

《鄭孝胥日記》同日條:"士元來别,往南京,贈以五十金,送登江孚。"

1902 年 8 月 28 日壬寅七月二十五日,丁立鈞卒於東台寓所,年四十八歲。

《鄭孝胥日記》10 月 3 日條:"得樫弟書,丁叔衡卒於東台,實七月廿七日,傷哉!"

按:《丁立鈞年譜》與《鄭孝胥日記》有誤差,此從年譜。

1902年10月3日壬寅九月初二日,鄭孝胥接譜主信,得悉歐陽君重暴卒消息。

《鄭孝胥日記》同日條:"得曾士元書,叙歐陽君重暴卒之狀,其僕老楊送其孤歸常德,抱來局,病瘠可憫,未定可活否。君重浮躁多慾,少時才氣甚美,晚遂流宕以至於死,哀哉!"

1902年10月31日壬寅冬十月朔,爲將有新疆之行的曾曉棠書録前人文玩雜録以壯行色。

自書:"(文玩雜録略)曉棠宗人將有新疆萬里之壯游,静研乾隆製墨,書此以貽遠人。壬寅冬十月朔,熙。"

紙本。132×44cm

鈐印:我行我法(白文)。曾熙私印(白文)

1903年 清德宗光緒二十九年 癸卯 四十三歲

1903年1月14日壬寅十二月十六日,經漢口,訪鄭孝胥,談至夜十一點。

《鄭孝胥日記》同日條:"曾士元來。夜復來,談至十一點乃去。"

此際,與夏午詒相晤。

夏壽田題譜主爲馬宗霍寫《山水册十二幀》:"西幸回鑾之歲,復一相見京師。自是余復南歸,蟄居桂陽,且深入山中絶世事,遂邈不相知。"

按:1902年1月7日,慈禧回京。

1903年1月27日壬寅除夕先一日,自都歸省龍陽。

按:見本譜1926年10月4日條爲親家向樂穀作山水册之七題:"壬寅除夕前一日自都歸省龍陽,從林子口入有此景。"

癸卯二月,臨某集册。

跋碑帖:"(前缺)其風骨之高,此集足以盡之。海内流傳多失筆法,因購臨之,復爲其子假去刻石。癸卯二月,熙。"(《曾農髯遺蹟》,收藏者蔡逸民、王一亭,編輯者李良臣,上海華商書局1931年2月版)

按:此爲殘件,不詳其所臨爲何集册。

以北京貢院遭破壞，癸卯科補行辛丑、壬寅恩正並科於癸卯三月在河南開封貢院舉行。赴考。

《會試考官年表》："光緒二十九年癸卯科—河南主考官：正考官孫家鼐（東閣）。副考官徐會澧（兵尚）、榮慶（蒙・刑尚）、張英麟（吏右）。"（《清代職官年表》，錢實甫編，中華書局 1980 年 7 月版）

《光緒辛丑壬寅恩正併科會試題名録》："大總裁：經筵日講起居註官、體仁閣大學士、翰林院掌院學士管理吏部事務孫家鼐（燮臣，己未）。經筵講官、兵部尚書兼管順天府府尹、上書房行走徐會澧（東甫，戊辰）。刑部尚書、鑲黄旗蒙古都統政務處辦事會同管理大學堂事宜大臣榮慶（實夫，丙戌）。吏部右侍郎張英麟（振卿，乙丑）。同考官：員外郎銜刑部陝西司主事陳咸慶（采卿，癸未）。翰林院檢討、國史館協修謝遠淵（敬虚，甲午）。翰林院編修、國史館總纂編書處協修吴懷清（蓮溪，庚寅）。刑部四川司郎中律例館管理提調饒昌麟（樨珊，癸未）。户部堂主事景淮（小川，乙未）。欽加三品銜兵部武選司員外郎、記名軍機章京楊芾（若采，己丑）。内閣中書委署侍讀本衙門撰文兼管、誥敕房事務、方略館校對胡逢恩（仲原，甲午）。花翎四品銜翰林院編修、國史館纂修、武英殿纂修、文淵閣校理馬吉樟（積生，癸未）。花翎三品頂戴掌河南道監察御史王振聲（劭農，甲戌）。掌浙江道監察御史欽加四品銜王金鎔（鑄言，癸未）。掌湖廣道監察御史欽加三品銜劉彭年（惺庵，己丑）。翰林院編修、國史館協修、武英殿纂修、功臣館纂修、編書處協修張鴻翊（文洲，己丑）。日講起居註官、翰林院侍讀學士、咸安宫總裁、國史館總纂、編書局總纂惲毓鼎（薇孫，己丑）。翰林院編修、國史館纂修、功臣館纂修、編書處纂修、文淵閣校理華學瀾（瑞安，丙戌）。侍講銜翰林院編修本衙門撰文、國史館協修、功臣館纂修、編書處總纂夏孫桐（閏枝，壬辰）。日講起居註官、翰林院侍講學士、國史館功臣館纂修、編書處總校纂修楊捷三（少泉，庚寅）。掌陝西道監察御史王乃徵（聘三，庚寅）。刑部四川司主事欽加四品銜張丕基（仲弼，丙戌）。"（《光緒辛丑壬寅恩正併科會試闈墨》，上海新聞報館内新昌書局印）

按：現存試卷之一《管子内政寄軍令論》："農不可以爲兵，猶士不可以爲農，商不可以爲工。管子變周之制，國中用鄉法，郊鄙用屬法。鄉法所以别工商，而兵常五倍焉；屬法所以别四民，而兵僅五十而一焉。於鄉取其多，所以選戰兵也，於屬取其少，所以備徵調也。此管子作内政寄軍令，所以較魯晉之加賦益兵而民不怨也。然則師管子之法，可以行之，井田既廢，郡縣已成之天下乎？是又不然。田無常主，賦無定民，丁既不税，户無可稽，其不能行五屬之法者，勢也。農無善教，習愚於野；工無成師，習欺於市；商無定律，習僞於國，三民無常教之可守，無常籍之可稽，其不能六鄉以區工商，十五鄉以出兵卒，又勢也。郊鄙民樸，近郊民詐,國中民滑,唐之府兵,宋之衛卒,一旦有警,行同嬉戲,其不能郊鄙取少,國中取多,又勢也。然則師管子之法,以行鄉團可乎?是又不然。無鄉官而用鄉兵,有常卒而無常賦,奸民藉以伏莽,豪民挾以抗官,無事則擾及閭里,有事則憚於調遣,雖愚者亦知其無益也。夫利與害常相因,古與今無成法,三代土地既均,民復患寡,計口授田則賦,出車但習守衛,無事攻取,此兵農所以合也。楚吴横肆,齊晋啓霸,兩廣稱雄,大蒐逞志,管子所以别戰兵於工商,儲民於農伍,兵與農固輕取其合,實重用其分也。今練兵半屬虚文,選將尚無成法,寇積於野,吏不敢聞,及此之時,莫若酌郊遂出車之法以均賦,師軌里相屬之意以衛民,縣有校序,府有簡舍,務使軍無不教之卒,將無不學之材,其庶幾乎!"(《光緒辛丑壬寅恩正併科會試闈墨》,借河南闈文明堂原刻,上海新聞報館内新昌書局印)

此際,與錢振鍠相識於河南開封貢院會試考場。

錢振鍠題黄曉汀爲曾熙弟子許冠群繪《校碑圖》:"名山未學兩京書,到老惟堪畫墨豬。自悔少年忙裏過,而今羞對校碑圖。髯翁原是蕉同年,殿角相逢亦偶然。知有蘭陵高弟了,冠群碑學冠時覽。弟錢振鍠拜題。"(私人藏)

按:錢振鍠中癸卯科補行辛丑、壬寅正並科中式第十六名貢士。

旋由河南開封赴京準備參加殿試。到京後入住保安寺街。

按:見下條。

1903年5月1日癸卯四月五日,訪沈曾植於宣武門外上斜街寓所。

《沈氏門簿》:"朱大人益藩,拜會,寓達子營。曾老爺熙,會,寓保安寺街。"(許全勝撰《沈曾植年譜長編》,中華書局2007年8月版)

1903年5月7日癸卯四月十一日赴宣武門外北半截胡同訪夏午詒,偶識齊白石。

齊白石《癸卯日記》:"(癸卯三月)一日。雨。爲子昆畫梅花箑一。枝幹如龍蛇。近來得意作。以前十餘日無刻暇時。三日爲升中丞樊簾(廉)使篆刻石共十有二。四日午貽(詒)朝以車迎,暮以馬送。爲方老伯畫梅花幅一。午貽(詒)兄弟各畫小幅一。三日又爲升中丞畫屏四。又爲樊簾(廉)使畫春雲過嶺圖。廿八日樊簾(廉)使招飲。同坐午貽(詒)、葆蓀及余三人。知余不樂官場生客。三更歸。廿九、卅二日,撿行篋爲同客諸君子畫箑有八,倦而欲死。明日五刻午貽(詒)接過藩署。"

又:“二日。與午貽(詒)之京洛。佩蒼少卿送余灞橋。葆蓀送臨潼。五十里宿。”

又:“(癸卯四月)五日。巳刻俗謂十點鐘上火車,過新安縣、新樂縣、寨西店、定州、清風店、望鄉縣,遠望北岳如咫尺,送行數百里,在目間若畫,惜火車上未先置紙筆,不能爲山嶽寫真面目。方順橋、于家莊、保定府、漕河、固城、定興縣、高碑店、琉璃河、涿州、長辛店、盧溝河橋,至京都斜日,凡行六百五十里,可足快心意。住南城騾馬市側北半截胡同,由西河過琉璃廠街口出大街。”

又:“十日。午後午貽(詒)偕游琉璃廠肆,永寶齋石印頗多,田黄價三十换,白壽山三十换,凡石温潤者,高有一寸,價或十兩或八兩,中等石或六兩。午貽(詒)爲無雙購畫具。向晚歸。”

又:“十一日。李砥卿晨興訪午貽(詒),欲識余,聞余性迂冷,恐余見拒,欲雨濤先來北萍精舫作賽修語。余惟惟。雨濤復與砥卿來坐。久又聞生人語聲,聞午貽(詒)問客曰:知齊先生否?客曰:不知。答曰:湘潭齊璜白石先生。客曰:久聞於梅庵,願一相見不可得。午貽(詒)笑聲與履聲並出,曰:且從我去。語余曰:此楚天最善書者曾嗣元先生,願一識君。與余所談篆刻相恰。又晤陳完夫先生,爲湘綺高弟子,午貽(詒)長親。完夫以二箑索畫。付。午君來。”

齊白石《李苹夫刊印記》:“宣統己酉四月,余爲天涯過客,應廉州太守苹夫先生篆刻刊‘古之二千石也’及‘管領珠官’等印,太守以團扇自書《春寒》詩報之,余喜之。復感平生自以草衣閲人多矣,能工詩工書者,遇王湘綺先生及王蜕公、樊蝶翁、夏天畸、余去非、汪无咎、李筠庵、曾子緝,獨與李梅癡咫尺神交未能相識。”(《齊白石全集》第十卷,湖南美術出版社 1996 年 10 月版)

齊白石爲楊潛厂刻“枕善而居”印邊款:“余嘗游四方,所遇能畫者陳師曾、李筠厂,能書者曾農髯、我潛盦先生而已。李梅癡能書,贈余書最多,未見其人,平生恨事也。潛厂贈余書亦多,刻石以報,未足與書法同工也。丁巳七月中,齊璜並記。時二十日,由西河沿上移榻炭兒胡同。”(《齊白石全集》第八卷,湖南美術出版社 1996 年 10 月版)

齊白石自題《菊花草蟲扇》:“余前來京師,與曾農髯、李筠庵以書畫篆刻相往還爲最樂,今再來,得潛盦弟能論畫更益我矣。贈余書亦多,刻石以報,未足與書法同工也。秋,兄璜。”(《中國近現代繪畫精品選集》,河北教育出版社 2000 年 8 月版)

1903 年 5 月 9 日,會試發榜,中癸卯科補行辛丑、壬寅正並科第十五名貢士。

《會試全榜題名録》:“周蕴良,浙江會稽。田步蟾,江蘇淮安。楊兆麟,貴州遵義。黄兆枚,湖南長沙。史寶[安],安徽廬州[河南盧氏]。褚煥祖,湖北江夏。葉景葵,浙江仁和。金兆豐,浙江金華。胡嗣瑗,貴州開州。王震昌,安徽阜陽。紹先,江寧駐防。陳曾壽,湖北蘄州。郝繼貞,直隸内邱。陳善同,河南信陽。曾熙,湖南衡陽。錢辰(振)鍠,江蘇陽湖。區大源,廣東南海。張運魁,四川華陽。吕調元,安徽太湖。祝廷華,江蘇江陰。林步隨,福建侯官。劉焜,浙江蘭谿。馬君實,安徽桐城。汪升(昇)遠,江蘇六合。胡藻,江西新建。吴建三,湖南長沙。王鼎(壖),直隸肅寧。黄純垓,湖南郴州。覃壽彭,湖北蒲圻。張恕琳,山東掖縣。劉鳳起,江西南昌。張瑞璣,山西趙城。徐謙,安徽歙縣。張坤,雲南昆明。張鵬翔,浙江海寧。郭立山,湖南湘陰。單鎮,江蘇吴縣。王壽彭,山東濰縣。胡炳益,江蘇昭文。魯藩,江西新建。田毓璠,江蘇山陽。劉昌仁,四川長寧。袁大篯,湖南長沙。鈕澤成(晟),浙江烏程。李德星,安徽太湖。薩起巖,福建閩縣。周杰,湖北天門。楊鴻發,江蘇丹徒。朱壽朋,江蘇上海。魏元戴,江西南成。王紹曾,直隸豐潤。姜曾(宗)泰,山東萊陽。胡大華(勛),湖北江夏。郭則澐,福建侯官。聶(陳)畬,浙江象山。吕興周,直隸樂山(亭)。彭兆琮,湖南湘陰。王聲溢,山東招遠。尚秉和,直隸高唐。馬進修,陝西德州。張衷(忠)沅,湖南瀏陽。侯來儀,河南温縣。丁惟彬,山東日照。杜述宗(琮),貴州清江[江西清江]。張之崑(照),直隸遵化。任承沆,江蘇宜興。陸鴻儀,江蘇元和。許中傑,直隸正定。顧準曾,河南祥符。石金聲,山東博山。周鏞,陝西涇縣(陽)。曹興(典)初,湖南長沙。吴嘉謨,四川井研。章鈺,江蘇長洲。王永和,雲南昆明。孔照(昭)晉,江蘇吴縣。何湛(諶),福建閩縣。馬廷裁(弼),山東安邱。左霈,廣州駐防。華宗智,四川長壽。朱寶璇,浙江嘉興。陳中孚,江西德化。王丕熙(煦),山東萊陽。關掄(捷)三,河南淇縣。丁玉(毓)驥,山東黄縣。郭名典(郭銘鼎),河南偃師。陳念典,廣東增城。陳鈞,雲南石屏。商衍瀛,廣東駐防。水祖培,湖北武昌。湯文錦,陝西西鄉。(伍)任墉,陝西浦城。温肅,廣東順德。熊朝賓,貴州黔西。史國琛,江蘇荆溪。吕彦枚,山東文登。武曾任,浙江錢塘。陳煜庠,廣東仁化花縣。程繼元,安徽休寧。李臣淑,江西永寧。張治人(仁),湖北江陵。曾光義(爔),四川邱(邛)州。謝慕韓,江西廬陵。張孝慈,陝西安康。張雲翼,廣東順德。劉思明,貴州平越。王允猷,浙江山陰。龔慶雲,安徽合肥。郭家聲,直隸武清。蕭湘,四川涪州。廖玉(毓)英,福建侯官。邵章,浙江仁和。顧承曾,河南祥符。李振鐸,安徽廣德。林棣(楝),福建壽寧。于君彦,福建閩縣。王宗基,浙江海鹽。朱國榕(楨),湖北大冶。李慶萊,廣東南海。汪應焜,安徽六安。恩華,京口駐防。楊繩藻,江西清化江。陳樹勳,廣西岑溪。欒駿聲,奉天海城。吴曾(增)甲,江蘇江陰。李效(傚)儒,河南睢州。曾肇加(嘉),貴州貴筑。杜光佑,湖北江夏。龐玉(毓)同,直隸棗陽(强)。李慎五,山西平定。朱篤慶,奉天錦州。闞陳謩,福建莆田。孫寶書,江蘇通州。張繼信,陜西安康。楊肇培,直隸遵化。袁嘉穀,雲南石平。張濂,直隸獻縣。蕭開瀛,貴州□□貴筑。方履中,安徽桐城。薛登道,山西同城(稷山)積山。唐瑞同(唐瑞銅),貴州貴筑。王楊濱,湖北江夏。李澤辰(宸),山東利津。陳德昌,山東濰縣。陳其相(桐),福建閩縣。張祖蔭,順天寶坻。楊恩(思),甘肅會寧。劉春堂,直隸肅寧。龔元凱,安徽合肥。楊(胡)位咸,安徽績溪。董秉清,江蘇武進。王宗(鍾)仁,直隸□縣(盧龍)。張壽楠,陜西大荔。王蔭南(楠),直隸祁州。陳(程)起鳳,江西□陽(浮梁)。何正清,廣西賀縣。徐紹熙,安徽石埭。吕祖翼,安徽旌德。單志賢,江西高安。孫鴻烈,河南温縣。張智遠,四川宜賓。趙曾檣,直隸淶水。易順豫,湖南龍陽。楊熊祥,湖北江夏。孫志(智)敏,浙江錢塘。郭崇(宗)熙,湖南善化。陳震巚(陳巚宸),浙江瑞安。班吉本,荆州駐防。劉道春,江西德化。沈澤生,江西高安。張蔭椿,浙江錢塘。袁冀保,四川成都。王大均,浙江秀水。夏起(啓)瑞,浙江鄞縣。馬天翮,福建侯官。于文□(鑚),山東新城。胡獻林(琳),江西南昌。彭士襄,江蘇吴縣。劉敏(敬),福建閩縣。唐樹彤,廣西臨桂。李海光,河南商城。林乾,福建南安(安南)。陳旭仁,廣東新會。朱茂(楙)春,湖北武昌。路士桓,直隸南宫。黎湛枝,廣東南海。高加(嘉)仁,廣西蒼梧。張文源,甘肅清海(静寧)。朱豐(變)元,山東諸城。夏(陳)敬第,浙江仁和。胡駿,四川廣安。袁祖光,安徽太湖。張新曾,陜西盧山(山東博山)。張鳳喈,安徽廬江。施汝欽,雲南昆明。聶夢林(麟),直隸大名。徐士瀛,江西玉山。佘(俞)樹棠,浙江黄巖。郭玉(毓)章,陜西華州。王益霖,江西南昌。楊渭,山東濰縣。王景峨,湖南益陽。有瑞,荆州駐防。何吕(品)藜(黎),河南固始。荆育瓚,山西猗氏。劉彝銘,四川成都。哲克登[額],四川(成都)駐防。陳天培(雲誥),直隸易州。李盛樂(鑾),江西德化。徐彭齡,江蘇青浦。高遵章,直隸青縣。甘鵬雲,湖北潛江。翁長芬(芳),江蘇江寧。解榮輅,山東(西)方泉(方萬泉)。范振緒,甘肅靖遠。侯延爽,山東東平。甘辰緒,甘肅靖元。黄西(錫)朋,江西南昌。常麟(林)書,山西榆次。孟廣範,山東曲阜。王紀(鴻)翔,江蘇丹徒。卓寶謀,福建閩縣。樊海瀾,河南禹州。蕭丙炎,江西廬陵。劉貞安,四川奉節。趙國光,河南汜水。馬璆(育)麟,陜西綏德。關文彬,廣東南海。何啓楝(椿),福建侯官。閻廷獻,直隸昌黎。楊光祖(允升),江蘇銅山。王世徵(澂),福建侯官。李皥(坤),雲南昆明。范之暇(杰),山東歷城。萬篪,江西豐城。周汝敦,雲南太和。李增榮,四川綿竹。梁鴻藻,廣東新會。王葆清,湖北江夏。尚(何)壽章,浙江山陰。培成,陜西駐防。王汝榆,直隸(顺天)涿州。高廷枚(梅),浙江平湖。李澤蘭,江西寧都。牛蘭,直隸獻縣(城)。王廷槐,奉天五常。鄭廷琮,福建侯官。吴鼎金,福建侯官。李漢光,河南光山。鄭家漑,湖南益陽。賴際昭(熙),廣東增城。吕濬堃,廣西陸川。孟宗與(輿),陝西長安。鄭祥興(煇典),雲南太和。鄧榮甫(輔),廣西臨桂。金文田,浙江天台。彭立栻,甘肅皋蘭。朱德恒(垣),廣西臨桂。李肇律,四川雲陽。區大典,廣東南海。楊□(廷)倫(綸),福建侯官。廷(延)昌,京口駐防。李玉振,雲南太和。陳耀墀,廣東番禺。程宗伊,河南祥符(浙江海鹽)。胡商彝,雲南石屏。陳國祥,貴州修文。丁樹齋(齊),貴州貴陽。楊鳴翔(鳳翔),山東金鄉。廖振翱(榘),廣西平樂。馬晉山,陝西恒(懷)仁[馬晉,山西懷仁]。夏之林(霖),浙江嘉善(興)。殷(段)維,陝西岐山。高毓浵,直隸静海。宋加(嘉)林,河南安陽。賴瑾,廣西桂平。顧視高,雲南昆明。賓光椿,廣西博白。魏垂象,甘肅泰(秦)安。曾蘭春,福建莆田。李文召(詔),廣西岑溪。忠興,涼州駐防。周廷干(幹),廣東順德。朱崇年,廣東新會。吴庚,山西香寧。黄居中,甘肅階州。任祖蘭(瀾),山東高密。錢昌頤,江蘇如皋。申樹(富)梫,甘肅皋蘭。張家駿,河南林縣。李化丙(華炳),山西香山(武鄉)。殷(段)士俊,甘肅皋蘭。高浚昌[馬駿昌],廣西臨桂。景俊肖[景凌霄],陝西云陽(鄠縣)。孫回(迴)瀾,貴州青(清)平。和中(紳布),青州駐防。談泉,廣東新會。狄樓海,山西猗氏。程昌鼒,江蘇通州。張鋭(銑),甘肅武盛(威)。夏瑞庚,雲南昆明。柏太淡,陝西大荔。徐冕,四川綏寧。黄光原(厚),福建侯官。李維玉(鈺),貴州安化。張書劇(雲),廣西臨桂。”(1903年5月13日《申報》)

按:以上海古籍出版社1979年10月版朱保炯、謝沛霖編《明清進士題名碑録索引》第2862—2865頁《光緒二十九年癸卯科(1903)》校改括注與新聞報館内新昌書局印之《光緒辛丑壬寅恩正並科中式貢士三百六名題名録》對校,兩者互有出入。

1903年5月14日癸卯四月十八日,夜訪齊白石,索畫册頁與治印。

齊白石《癸卯日記》:“十二日。辰刻。午貽(詒)忽然客氣,奉束脩來北萍精舫。巳刻初,令無雙畫蠶桑。午刻,曾炳煌上名問訊,余未識曾爲何字。來京已九日,一無知者,庶不勞形。前六日清晨,午貽(詒)欲鰈翁爲書壁單示人,余固白不必,既去歲已經西行之難,今年又相北上,君知我者,與君乘興而往,非剛徒名利,爲他人作嫁衣而來也。午貽(詒)果不以姓字與人,知心過於葆孫。”

又:“十五日。清晨爲樊雲門刊大印一,‘詩疋’二字仿龍宏篆法。巳刻廠肆主者引某大宦家之僕,携八大山人真本畫册六頁與賣。欲賣千金,余還其半不可得,意欲去,余鈎其大意爲稿。惜哉,未印賞鑒印。末頁鑒賞印皆國初名人,余所藏丁黄照本印譜中之飛鴻堂及小松司馬印,又有小松賞鑒等印,共四十八印,無不精良。午後又携大滌子真本中幅來，亦賣千金，不可分少。余欲留之，明日來接，不可；代午貽（詒）出金六百數，不可；共前册頁合出千四百金，不賣。余印‘眼福’印付之，即去。“

又：“十六日。清晨爲雲門篆刻勇毅公六世孫印，印大二寸。石太堅，刻成，大指痛不能忍，視之紫血如豆起。巳刻課無雙畫蘆花鴻雁。未刻午貽（詒）來北萍精舫，言李筠盦來，欲一與談。又言筠盦曾與馮嵩雲及郭五皆先有言在，願一識面。余將舊爲梅盦所篆之印五以稿存呈之，筠盦將稿索去，欲寄其兄先睹爲快。筠盦丰神渾璞，所談書畫皆遠時俗氣，約余明日往過，有冬心先生及青藤老人畫册可與借觀。”

又：“十七日。自去大街購物，歸已巳刻。日之熱過於故鄉伏日，幸北萍舫暫不亞借山居之清凉可人，未知六月間何似。夕陽訪筠厂，去裘家街臨川館，不遇而返。”

又：“十八日。午貽（詒）子刻去太和殿，復留，散。今日廢畫課，與雨濤買車去正陽門大街。謝車，漫游至大清門，車馬如蟻，擁不可進，車塵萬丈，目不能稍開。余立片時，紛紛無可名狀，但見洋人來去，各持以鞭坐車上。清國人車馬及買賣小商讓他車路稍慢，洋人以鞭亂施之。官員車馬見洋人來，早則快讓，庶不受打。大清門側立清國人幾數人，手持馬棒。余問之，雨濤知爲保護洋人者，馬棒亦打清國人也。余倦欲返，復買車轉游大觀樓及賓宴樓，未刻始歸，尚疑是夢。問之雨濤，答白日與之同去，非夢也，君太勞耳。燈下嗣元來談，並索畫册及篆刊。”

1903年5月16日癸卯四月二十日，齊白石來訪未遇。

齊白石《癸卯日記》：“十九日。清晨爲午貽（詒）畫《白雲紅樹圖》。巳刻課畫。午刻又畫《青藤老屋圖》。”

又：“廿日。辰刻爲午貽（詒）畫《梅花書屋圖》。巳刻課無雙作寫意小雁。午刻過筠厂處借觀畫册，仍不遇。訪之曾嗣元，亦不遇，興盡而返。今日食新茄，比故鄉早。”

1903年5月17日癸卯四月二十一日，齊白石爲夏午詒畫《借山吟館圖》，爲題引首並題跋。

齊白石《癸卯日記》：“廿一日。晨興畫《借山吟館圖》與午貽（詒），既數百年前有李營邱先生《梅花書屋圖》，又有高房山先生《白雲紅樹圖》、徐文長先生《青藤老屋圖》，不可不存數百年後有齊瀕生先生《借山吟館圖》之心。此四册午貽

(詒)已先製香木架,置之架中,爲隨身補壁畫。午刻再過嗣元,竟又相左,幸一昨留有紙上姓名,知余必再去,已屬兒輩有去處。少頃相晤,曾□□(原空)亦在談坐。　　出王麓臺先生中幅見示,余以僞觀。又出李梅厂所作山水册子一部,妙在梅厂不長於畫,故不失天然,落筆成趣。况梅厂閱名人畫多,自款摹□□(原空)本,余信然。梅厂雖當時之書家,未必胸中有此畫稿也。余歸,嗣元相與沿街購古帖或石印。余購得銅器二,石印一,可佳,方三分,高五分,去價一萬二千。訪嗣元去時,於騾馬市忽連呼瀕翁者,余回顧,其聲則在車中。車暫近,晏澍璜也。"

按:《借山吟館圖》,譜主爲書引首:"借山吟館圖。寄園先生屬署,弟熙。"並題跋:"孰造此山川,無今復無古。孰爲天地賓,由來本無主。我笑蜀君臣,荆州計已腐。御氣行全球,萬國成一睹。山人好借山,大隱不擇土。舉步即蓬萊,寧争海中嶼。君來自太華,又將歸勾婁。胸有萬古春,天地皆吾宇。擴此無私宅,行吟自許許。悠然忘邱壑,無山亦自樂。寄園先生借山吟館圖屬題。弟熙。"此卷題跋甚夥,不悉録。

1903年5月19日癸卯四月二十三日,晚與李筠厂至北萍居,與齊白石暢談,看古玩肆送來之石濤畫。

齊白石《癸卯日記》:"廿二日。爲完夫畫箑,一面山水,一面達摩,午貽(詒)題以詩。已刻課無雙畫。巳末得李筠厂書並索石印四。午刻爲李伯尊畫箑。廠肆某以可直(值)八百金之畫册四部,每部或四通或八通,皆醜極。黄昏造《天門中斷詩意》畫稿一。"

又:"廿三日。昨夜夢中痛泣。自出借山吟館不曾看書,余長嘗謂人曰:余可識三百字,以二百字作詩,有一百字可識而不可解。今夜算來大約只可識一百五十字矣,倘明年不欲歸去,比一字都不識者不如。不識字者言語有味,天性自然,而余三日不讀書,語言無味。不識字做官可矣,純是空腔。或欲自娱,或欲醫俗,非識字所不能也。日出爲鴉驚醒,泣尚未收。"

又:"課無雙畫畢,偕午貽(詒)游琉璃廠肆購石印及書畫,書畫無一可觀者。復過楊梅竹斜街成興齋購紙。晚間嗣元與筠厂來北萍居,相與盡談。不辭午貽(詒)去。燈下看平明廠肆送來大滌子畫。"

按:李筠厂此際在京師爲端方搜購書畫,見齊白石題。其一自題《秋蟲圖》:"余嘗游京華,相遇李筠盦,伊爲匋齋聘之專購字畫而來者。京華欲售字畫者多舊家,筠盦每得真蹟,必自先煮磨姑麵,邀余同爲拜賞也。惜余是時爲人畫師,無暇臨爲册本以供閑之摹畫,省却多少追思耳。萍翁。"其二自題《花卉草蟲册》之一:"余癸卯來京華,同客李筠厂先生,嘗約觀書畫,且自煮蔴菇麵食,余觀舊畫最多第一回。今年來京又遇漕厂弟,聞余語往事。一日約余觀李梅癡先生書屏,亦仿照筠厂以待余,安得筠安忽然而來,豈不令人樂死。如此佳話,因記之。兄璜。”

1903年5月20日癸卯四月二十四日,晚齊白石來,李筠厂亦來,傾談欲倦,勸齊飲酒,齊以素不善飲辭。借李瑞清臨清初期名家畫册去。

齊白石《癸卯日記》:“廿四日。初日讀平明廠肆送來戴務旃(本孝)山水册,造局頗不平正,暇時當再三讀之。册後記云:務旃畫與程穆倩相似。余藏有《吟蓮館印存》中,印側拓款有‘穆倩’二字古篆,精細入微,今日始知穆倩工畫。辰刻爲午貽(詒)畫山水中幅,非他人故意造奇之作,别有天然之趣,造化之秘曳(洩)之盡矣。午貽(詒)極稱之,余恨八大山人及徐青藤、苦瓜僧不能見我,自當留稿,還湘再畫遺我故人。日中得筠厂書。午刻過李筠厂,看畫册及中幅共數十紙,皆贋本。晚餐後去嗣元,筠厂亦先至,傾談欲倦。嗣元勸酒,余不能多飲,幸筠厂爲之辭曰:白石先生在筠厂處亦未多飲,故生平自醒,非他人至死沉醉者。與嗣元借梅厂所臨國初名人畫册歸。“

1903年5月23日癸卯四月二十七日,李筠厂與齊白石飲於便宜坊,招與共飲,歸已夜深。

齊白石《癸卯日記》:“廿五日。爲午貽(詒)刊名印一,復爲無雙畫便面一。巳刻課畫。午刻復去琉璃廠肆,於清秘閣購詩箋二十篋。詩箋每篋四十頁,貴四錢;又詩筒十五篋,詩筒每篋十只,貴二錢,皆貴極。歸過永寶齋,得觀大滌子中幅一。大滌子畫機曳(洩)盡,有天然趣,後之來者,吾未知也。又金冬心先生畫佛一。冬心先生筆情得古法,神品,吾亦許之。購白壽山石三方,留贈三菊。十二换换來,可謂廉矣。”

又:“廿六日。辰刻。永□(寶)齋、延清閣共有五處,皆送畫與余觀。大滌子畫册及昨日所看之中幅八大山人之畫佛、少伯先生石花中幅,一並留之。有八大山人僞本畫册,其稿無當時海上名家氣,臨八大山人本無疑,亦留之,餘即退去。爲無雙更作便面。砥卿來北萍居,片時去。未刻課無雙畫。申刻去晏澍舫,不遇。日中得筠厂書。申刻天小雨數滴。”

又:“廿七日。爲午貽(詒)刊字印。巳刻澍舫來。巳末課無雙畫。未刻筠厂來,偕游廠肆。得觀大滌子真蹟畫,超凡絶倫。又金冬心畫佛,即是贋本稿亦佳。筠厂有冬心先生墨竹僞本,格局用筆無妙不臻,殊令人見之,便發奇想。黄昏返筠厂處,又見青藤老人中幅,又見沈石田山水册十有二紙,皆僞本。筠厂留飲於便宜坊,又招嗣元及曾曉棠等來,歸已亥刻矣,俗云十一點鐘。"

1903年5月25日癸卯四月二十九日,齊白石欲另借居所,來託未遇。

齊白石《癸卯日記》:"廿九日。巳刻。貢吾、翰屏、澍舫來,一時去。忽鍾雨濤來,書案旁坐,言笑間欲余會客宜客堂。余知必午貽(詒)有所嫌,與內室太近,不合生客入。余即去子方處,貢吾等俱在。余倩諸代佃屋一二間,午後得晏澍舫書,無房屋可覓。晚間又過筠厂處覓屋,筠厂未歸。余又轉過曾嗣元處倩代覓屋,曾出矣。歸與積善商之,又明日買馬車返陝。燈下又擬之西安電數字。"

1903年5月28日癸卯五月二日,晚七八點鐘齊白石過訪。

齊白石《癸卯日記》:"卅日。平明午貽(詒)扣余卧房門,余短衣起見。午貽(詒)衣冠入,余作午貽(詒)癲狂目之,片時去。移時臨川館門房人來,欲余遷去。又移時筠厂以書招去看書畫。早餐終,忽積善來,呈澍舫書,言貢吾亦來,欲余即去。余去始知偕余觀劇,劇之傳神,想天下不可再有。演《狐狸園》,作狐狸之四姑者,字曰靈芝草,殊令人消魂欲泣。黄昏歸。午貽(詒)來談,余稱北地人最勝天下人者戲子也,午貽(詒)甚以此語爲然。得羅布紋田凍一,值六金。"

又:"五月一日。與雨濤兄買車之琉璃廠,各購有物,巳刻歸。陳完夫送題借山吟館詩來。復爲午貽(詒)以雙心印再刊,始好課畫。後又買車去正陽門購物,向晚歸。"

又:"二日。明日雨濤兄歸陝,余與相處久,若有所失,孤坐欲蠢。爲李梅厂篆刻'黄龍硯齋'四字;又爲午貽(詒)刊無雙印,皆漢人佳者筆法。巳末與雨濤去天樂園觀劇,班名玉成。完夫、祇卿及譚嗣黄後來,午貽(詒)更後來,黄昏歸。晏七招飲,余已出去。初更過嗣元,晤曉棠、筠厂,一時歸。與雨濤叙别,黯然消魂。"

1903年5月30日癸卯五月四日以紙名向齊白石拜端午節,翌日齊白石爲刻名字印小章。

齊白石《癸卯日記》:"三日。平明雨濤來,揖别即出。余披吾衫欲送,追出胡衕,雨濤去矣。"

又:"爲午貽(詒)刻天奇丈人印,又爲晏樹(澍)舫畫箑一。《洞庭帆影圖》畫於扇上,局實真絶,然他人想不能到。他人畫洞庭圖,萬不可少岳陽樓。課畫黄昏罷。初更去筠安談,筠庵意欲與來北萍舫,日相聚談。余以辭諸友情告,方免。三更歸。"

又:“四日。清晨嗣元等以紙名拜節,余始起床。爲午貽(詒)刊名印一。課畫後爲筠庵刊名印一。某大宦欲求余畫,預問其價,辭之,不可高其價應之。”

又:“五日。爲午貽(詒)印‘絶世獨立’小印。又爲嗣元刊名字二。中餐食冬瓜,十日前已食南瓜。晚間得嗣元書,與余書便面送來。完夫、砥卿共席晚食。燈下重看《儒林外史》。爲樗園作書。”

1903年6月1日癸卯五月六日,齊白石來信,旋復書。

齊白石《癸卯日記》:“六日。早之陶然亭。畫其圖。爲完夫作《餞春圖》一。與嗣元書,伊復書。爲筠厂刊石印一。課畫。燈下爲子芳書箑。”

與齊白石書:“小章甚精,公之目力可以入秋毫矣。今日諸友捕雀,而熙獨向隅,因書就尊箑,久不作小書,幸存之,以志今日得印還扇一段因緣耳。白石先生齊老爺,熙頓首。”(北京畫院編《齊白石畫集》)

1903年6月6日癸卯五月十一日,在曾曉棠處遇齊白石過訪,以曉棠之子喜篆刻,拜齊爲師。

齊白石《癸卯日記》:“七日。辰刻與曾曉棠刊名字印二。得曉棠書並題借山吟館詩稿,余即送印去,相談過時歸。午貽(詒)請課畫。又爲午貽(詒)畫梅花於長丈二尺白綾横幅,當代畫家所不能爲。午貽(詒)稱好,未必知其所然。夕陽去琉璃廠。過筠厂,得觀筠所藏孟麗堂畫册,筆墨怪誕却不外理,可謂畫中高品。當時海上諸名家之作與此翁之作並看,任阜長、張子祥等皆愧死,皆賣笑倚門兒不若矣。黄昏歸。”

又:“八日。平明與筠厂書。課無雙畫。得王子芳索畫書。又遇漢屏索畫。”

又:“九日。爲少卿及某午貽(詒)之友各畫團扇一,午貽(詒)稱絶。課無雙畫後得筠厂書。又爲筠厂刊珍藏印,自送去。又聞筠厂言某人及某人聞余名,欲索畫。筠厂述余過於高上,非有舊交情,萬金不可易一畫,某聞之作罷論。即午貽(詒)之友向午貽(詒)索余畫,午貽(詒)必宛轉而求之。余性本迂懶,不知者背以傲論,實非也。髯髭將雪,雕蟲小技有何傲!嬌宦庸儒何足傲!故記之於筆,以向知我者談爲客京都事。今朝以晏七索書之便面璧去。”

又:“十日。爲午貽(詒)刊‘雙星不語’印。課無雙畫。得晏七索書箑之書,又得筠厂欲余走晤之書,云今日有奇畫,已留君讀。余去太遲,伊出門去。午後去正陽門大街購物,黄昏歸。接到子芳、晏七索書之紙。”

又:“十一日。爲曉棠刊印二,皆佳。筠厂來書相請一談,即去,得觀畫册數本,皆僞。歸課無雙畫。忽過曉棠晤嗣元,嗣元及曉棠談及曉棠之少君均生能學篆刻,欲事齊老伯爲師,命均生拜之,余即以要法授之。復過晏七,晏七就此留飲。黄昏歸,得貢吾索畫之書及紙。余小病已六日矣,口内去皮,多因火氣,今夜以藥醫之。燈下與曉棠書。日午有呈繡谷畫册與觀,繡谷名與少伯齊,畫不及。”

1903年6月19日癸卯五月二十四日,赴保和殿,參加會試。正考官爲孫家鼐。

齊白石《癸卯日記》:“十二。爲午貽(詒)刊石印二。理蘅山館篆刊,欲輸漢人。課無雙畫。晏七來,出璧去之扇面索書,義不容辭,應之。燈下得筠安書。今日與筠厂書二。”

又:“十三日。爲午貽(詒)刊印。課無雙畫。午後去琉璃廠購物,黄昏歸。經過筠厂不遇。索畫之紙日久益多,奈何!”

又:“十四日。自作客以來,睡起太遲以今日爲最。昨夜達旦不能成寐,心中若有所失。不知一家老少何似,自接到去年十二月廿五日之家書以後,不得消息,意馬心猿,無時不在杏塢白石間也,遠離日,欲哭淚已盡之久矣。”

“筠厂以書招去看畫册,片時歸。爲午貽(詒)畫文姬像。午後余與筠厂書。午貽(詒)呈無雙今日所作之畫。夕陽子芳、貢吾來。過曉棠,曉棠已三過,余未遇。復過晏七處,遇貢吾、漢屏,漢屏索篆刻。初更筠厂來書,言有怪事,索即去。到時曉棠諸人集,作暢談,皆欲余出璧單示人,余惟惟。三更歸。”

又:“十五日。午貽(詒)考差,余爲畫招君像。午後課無雙畫。去貢吾不遇。燈下書日記,忽憶從事於畫者,以紉蘭爲最,畫蘭筆情超絶,惜哉荒矣。余欲將第三幅,眼淚爲紉蘭一哭。初更與筠厂書。”

又:“十六日。晏七來。余與貢吾子芳去喜樂園觀劇。向晚歸。得筠安上午書。”

又:“十七日。爲午貽(詒)畫美人。課無雙畫。爲完夫篆‘自傷情多’印。”

又:“十八日。病。”

又:“十九日。與沁園夫子書,又與石安書。寄物與石廣共六件。又家書。服氣作怪,未課無雙畫。未刻,以家書及寄石厂沁公之書及物送交張貢吾兄收,談一時歸。不多時,貢吾兄先聞余病,使人送午時茶。余客中病,有故鄉舊友憐之,病亦有幸矣。晚間與貢吾書。筠厂使人來招余,余扶病去。筠厂使以丸藥,三更歸,病欲去。”

又:“廿日。小病將起,爲午貽(詒)畫《管夫人出獵圖》,美絶。課無雙畫。與貢吾畫横幅及書。又與筠厂書,再與筠厂書,得筠厂復書二。向晚貢吾、子芳來。”

又:“廿一日。篆刊石印贈貢吾,印側款云:光緒壬寅冬,夏午貽(詒)以游長安相招,與子言别不遇,耿耿。癸卯夏復客燕京,一日欲游陶然亭,馬後有呼余字者,駐之,則晏樹(澍)舫也。得知子寓,今經月餘,無日或不相聚。身行萬里,不期偶逢,三生幸矣。子將返湘,紀之於石爲别,並爲我故園傳語平安。"

"爲午貽(詒)作畫。課畫。完夫來片時去,見余自題借山吟館詩,稱許。再觀讀曰:原唱佳,諸君題者皆相上下也。午貽(詒)請假回湖南。"

又:"廿二日。爲漢屏篆印二。課無雙畫。之燕喜堂觀劇,歸至半,遇完夫、砥卿、少青,車中語余:何之?可能相伴夜游否?余相去,凡五人,各有所相親處。完夫請以酒,女子短衣窄袖,間有不醜者,下裳從足束將至膝,不足觀。三更盡,始歸寓。得貢吾書。"

又:"廿三日。課畫。未刻偕筠安去琉璃廠定筆贈沁公,自又定筆十有六枝。返筠厂處晚餐,筠厂出秘戲圖與觀,用情用筆皆細精入妙。此種生平所見,此爲最者。之晏七處送别,貢吾亦在此,知貢吾來寄萍居與别,余未歸。三更初歸寄萍居。"

又:"廿四日。平明使人與筠厂假大滌子畫。課畫。砥卿、少青來,前廿二日所看之花,欲余品之,余答須再看時可能評定,今日群妓皆不在心中矣。午後得曉棠書並贈眼鏡來,晚間之曉棠處索書箑並問治病藥。嗣元今日出場,竟未歸來。"

《會試考官年表》(光緒二十九年癸卯科):"殿試:五・廿四・戊寅,6・19;正考官:孫家鼐(東閣)。副考官:徐會灃(兵尚)、榮慶(蒙、刑尚)、張英麟(吏右)。讀卷官:張百熙(吏尚)、裕德(滿、兵尚)、溥良(宗室、左都)、陸潤庠(左都)、陳邦瑞(户左)、戴鴻慈(户右)、張仁黼(左副)、劉永亨(閣學)。"(《清代職官年表》)

《歷代金殿試鼎甲硃卷》:"會試試題:(一)敬事而信,節用而愛人義。(二)管子内政寄軍令論。(三)漢文帝賜南奧王趙佗書論。(四)威之以法,法行則知恩。限之以爵,爵加則知榮論。(五)泰西最重游學,斯密氏爲英大儒,所論游學之損,亦最摯切,應如何固其質性,限以年例,以期有益無損策。"

1903 年 6 月 22 日癸卯五月二十七日,齊白石過訪。

齊白石《癸卯日記》:"廿五日。臨大滌子畫。爲午貽(詒)'無愁'二字印。午貽(詒)屬凡印款刊篆,書'白石先生'四字,余曰:以先生自稱,施之於君則可,施之於人覺自愧。午貽(詒)吁曰:以先生才藝骨節,倘束髮讀書,與淵明何異?後千萬年不愧稱五柳先生,公五百年後方不愧自稱白石先生也。余聞汗面,故紀之於日記,老當自加琢磨,方不負良友之譽有益我也。"

"課畫。自來西北不見大雨,今日之雨比故鄉有一潑零。故鄉土人每下雨大小,知有一潑兩潑之多。"

又:"廿六日。雨更大,比故鄉春雨一般。爲午貽(詒)畫冷金紙册頁二。今日害病更重,午後火氣從鼻孔出,一身俱痛,用荆芥煎水煮葱面,含而卧之。"

又:"廿七日。身頗輕快。爲午貽(詒)畫册頁一。之琉璃廠買物,轉過筠厂不遇。又爲午貽(詒)刊名印。片時得筠厂書,欲余往談。余去,出孟麗堂别號雲溪及高南阜名鳳翰畫册各一,皆佳絶,天趣勝人以麗堂善。與筠厂復之曉棠處,訪嗣元,皆晤。曉棠贈以乾隆金龍朱砂宫絹一方,頁葉十葉。歸來三更盡矣。"

1903年6月26日癸卯閏五月二日,齊白石爲刻印。

齊白石《癸卯日記》:"廿八日。爲午貽(詒)畫册頁一,又刊印一。課畫。代人作寄人詩四絶句。"

又:"廿九日。爲午貽(詒)刊印。筠厂來,早餐去。課畫後筠厂來書招飲於某酒館,晤王吉來。復過筠厂處,假來汪秀峰先生所集秦漢人印譜八本及江浙七家印存册頁,均拓邊款。余以八本中其字篆法佳者,畫其大意,得二百餘字。"

又:"又月一日。臨畫稿七紙。課畫。又爲筠厂素所識之佳人畫團扇一。看宋拓蔡中郎書《夏承碑》照印本,後識云:《夏承碑》,八分之奇品也。午貽(詒)學之,未能仿佛一二也。其中失去三十字,翁正三方綱於他本臨補之,頗似之。得筠厂書索畫,晚間附書送畫去。晚間看江浙七家印譜,以丁、黄爲最;李梅厂藏本。"

又:"二日。與筠厂書。與午貽(詒)刊'哀窈窕思賢才'印。子芳來索刊印及書畫。爲嗣元刊印三。得筠厂書,黄昏與筠厂書,即得覆。"

1903年6月28日癸卯閏五月四日,齊白石再爲刻印。

齊白石《癸卯日記》:"三日。爲午貽(詒)刊'蕭條高寄'印。又爲筠厂刊筠厂手拓印。午貽(詒)又促作畫就京都工裱,呼余應酬。午貽(詒)一人心力尚不能及,外有索畫及篆刊者,宜乎怪我矣。忽得筠厂書,云今日欲去琉璃廠肆,有吴楚生退還名人字畫多多,皆二家兄所賞選者。自來京三月來不多見真蹟,今日可一飽眼饞矣。移時未去,筠厂竟來偕午貽(詒)俱去。所看之畫一半不僞,即名家所爲,令人心折者少也。余前見名人畫,見其筆墨不高平庸無味者作僞觀。李筠厂向余曰:君畫品太高,前人尋常之作看輕,宜矣。君所見,以自不能到,爲名人真蹟無疑,要知名人亦只如此之好。余信然。今日以黄鶴山樵爲最好,大滌子、王石谷次之,八大山人之僞可醜。所觀太多,不能盡記。"

"廠肆晤梁璧元,其人静,與黎九交者,揔不惡濁也。歸來日未落。課畫。"

又:“四日。辰晨爲筠安刊印一。得筠厂書,余即復。又爲嗣元刊印三,皆神品。又爲子芳刊小印二。連日於汪啓淑所賞鑒漢銅印叢中,擇其篆法可師者,鈎存二百餘字,從此胸中更有成竹矣。未刻過嗣元。有宋某者以十金索余工筆中幅,余辭之;又以四金索一美人條幅,亦辭去。余爲夏大知我偕來,重金輕情,非君子也。夕陽歸。”

1903 年 7 月 1 日癸卯閏五月七日,齊白石病,晨寫信來,九時多得信即與李筠厂往視。

齊白石《癸卯日記》:“初五日。巳刻接到前五月十九日之家書,幸老少無恙。外舅逝去於三月,哀哉! 魂夢何其不靈,不一歸見公也。憶去年秋日來余處,余奉留數日,朝夕不止咳唾,余與内人商之醫,答云:阿爺舊病無可治,能治則久治矣,恐將留世間不久。余益堅留久與居數日,前四月到京即寄家書,尚與内人云:你家阿爺宜接來梅公祠住住,好好侍奉,將無作有,不可輕待。余將南歸,尚買驢膠奉贈。嗚呼! 生不能見公,預先無兆,是魂夢無靈矣。書此日記時,三更人静,泣不能已,不能終其恨也。四妹生女無恙,此放心矣。”

“補課無雙畫,帶病爲。申刻病愈重,咳無稍歇,騎馬去筠厂,轉請唐夙韶爲余使藥,初更歸。”

又:“六日。爲夏大刊印一。今日病稍重,藥無功,聞洋人看病太嚴,余決計不南返矣。請完夫來,欲並請完夫舉藥。伊與夏大言余獨西去,晚間夏大歸,許之,苦留過六月始行,不共南返可矣。”

又:“七日。余病略退。與嗣元、筠厂、完夫書。有送求古精舍金石圖之書,售者中有漢人印,余鈎存數十字。完夫爲更藥,得完夫復書。巳刻,嗣元、曉棠來問余病,過時去。完夫來,余請達午貽(詒),令即日許放爲感。晚間筠厂來問病。午貽(詒)歸,聞余即行,固留之,義不容辭,奈何?”

1903 年 7 月 2 日癸卯閏五月八日,齊白石來信。

齊白石《癸卯日記》:“八日。病輕。與嗣元、完夫、筠厂書。筠厂復並呈美人畫册稿,大半佳者鈎存之。課無雙畫。以書與曉棠催取贈沁公便面,復云冷金便面前夜親交,並書沁園先生之款,君置長衫小囊内帶歸,余再覓不見。惜哉失矣! 晚間與完夫書,請更藥。”

1903 年 7 月 3 日癸卯閏五月九日,齊白石思鄉將欲行,午後來訪。

齊白石《癸卯日記》:“九日。與筠厂及完夫書,各得復書。爲永寶齋主人畫團扇,佳。午貽(詒)云完夫等返南皆汗行,怯天津查病。余汗行暫不返南,决西去;或有回鄉,可偕由火車輪船到家。回南之計定矣,即檢行篋。未刻過嗣元,復過筠安,偕相去電報分局與郭五電。黄昏歸,午貽(詒)勸余秋行。"

此際,以齊白石去京日迫,抱病爲齊白石作書。

與齊白石書:"今日抱病爲公作書,正忘其病,但無暇日去尋大圖書,前獅子章尚係青田易鬆刀者,請隨意奏刀後,削去獅子以避俗,餘皆不頑,更不可用。我公能留二日,俟病愈暢談更好。瀕生先生齊老爺午安。弟熙頓首,即刻。"

又:"示悉。敝號之章,異常渾厚平實,寶翫不已,今日所書皆用之。承賜印泥,已備盒子裝上,即另覓小盒撥存。扇面已書上,二份公送人者,不知當意否?公扇今日即書其一以奉。瀕生先生午安,弟熙頓首。"

1903年7月4日癸卯閏五月十日,齊白石定十二日西行,來辭行。建議他家無要事不必歸,不如西去。齊白石以爲然。

齊白石《癸卯日記》:"十日。平明檢衣笈。爲午貽(詒)刊印二。課畫後爲嗣元刊印一,佳。未刻又課畫。之嗣元處辭行,嗣元語余:無家要事不必歸,不如西去。余信然,定十二日西行。復過筠與别。"

是日殿試發榜,以二甲一百二十一名爲進士。仍留兵部,補武選司主事,尋得記名提學使、弼德院顧問。

《癸卯科殿試題名録》:"第一甲:王壽彭山東濰縣,左霈廣東正黄漢,楊兆麟貴州遵義。第二甲:黎湛枝廣東南海,朱德垣廣西,朱國楨湖北,郭則澐福建,楊渭山東,顧準曾河南,郭宗熙(湖南),李澤蘭江西,孫智敏浙江,顧承曾河南,錢振鍠江蘇,王汝榆奉天(順天),李維玉(鈺)貴州,陳煜墀(庠)廣東,龔元凱安徽,區大源廣東,陳樹勳廣西,劉敬浙江(福建),李慶萊廣東,任祖瀾山東,王鴻翔江蘇,徐彭齡江蘇,楊恩(思)甘肅,劉鳳起江西,王世澂福建,袁冀保四川,徐冕四川,徐士瀛江西,顧視高雲南,楊熊祥山東(湖北),朱篤慶奉天,史履中(方履中)安徽,温肅廣東,彭兆琮湖南,吴璆江蘇(江西),楊允升江蘇,李漢光河南,胡藻新福建(江西新建),范之杰山東,商衍瀛滿洲,區大典廣東,張濂直隸,程繼元安徽,張新曾山東,田步蟾江蘇,任承沆江蘇,杜述宗(琮)江西,徐謙安徽,孔昭晉江蘇,魏元戴江西,徐德星陝西,朱楙春廣西(湖北),甘鵬雲湖北,楊廷綸福建,華宗智四川,楊繩藻江西,彭世(士)襄江蘇,唐銅(唐瑞銅)貴州,王大均浙江,章鈺江蘇,邵章浙江,祝廷華江蘇,王紹曾直隸,張蔭椿浙江,魯藩福建(江西),張書雲廣西,蕭開瀛貴州，闞捷三河南，石金聲山東，俞樹棠浙江，曾光爔(曦)四川，張家駿河南，于君彦福建，馬君實安徽，陳中孚江西，郭銘鼎河南，荆育瓚山西，高毓彤(浵)直隸，郭家聲直隸，聶夢麟直隸，劉奚名四川，李坤雲南，史寶安安徽〔河南盧氏〕，陳雲誥貴州(直隸)，范振緒甘肅，葉景葵浙江，楊鴻發江蘇，胡嗣瑗貴州，徐紹熙安徽，吴建三湖南，張之熙(照)直隸，王震昌安徽，胡大華(勛)江西(湖北)，陳國祥貴州，劉琨安徽(劉焜浙江)，李效(傚)儒河南，陳畬浙江，劉思明貴州，萬篪江西，孟宗輿陜西，陳⿱(闞陳⿱)福建，李盛鑾江西，胡駿廣西(四川)，陳𦽱宸江西(浙江)，李澤宸山東，龔慶雲安徽，廖振渠(榘)廣西，馬育麟陜西，單鎮江蘇，楊肇培直隸，景凌霄陜西，牛蘭獻城，郝繼貞直隸，熊朝賓貴州，鄧榮輔廣西，水祖培湖北，吕彦梅(枚)山東，張治仁湖北。”(1903 年 7 月 3 日《申報》)

《續録癸卯科殿試題名録》:“第三甲:丁玉(毓)驥山東，張坤雲南，何壽章浙江，陳同善(陳善同)河南，段士俊甘肅，胡炳益江蘇，謝丙□(炎)江西，趙國光河南，侯延來(爽)山東，黄兆枚湖南，周杰湖北，周廷幹廣東，吴增甲江蘇，袁祖光安徽，路士桓直隸，吕濬堃廣西，杜光佑湖北，張孝慈陜西，王丕煦山東，施汝欽雲南，閻廷獻直隸，陳德昌山東，朱燮元山東，朱寶璇浙江，許中傑直隸，鄭輝(煇)典雲南，欒俊(駿)聲奉天，談泉廣東，吴鼎金福建，李肇律四川，林步隨福建，高嘉仁廣西，覃壽彭湖北，翁辰芬(翁長芳)江蘇，張連(運)魁四川，王楊濬湖北，陳煜祥(庠)廣東，常麟書山西，藍文錦陜西，賴瑾廣西，夏之霖浙江，解榮輅山西，郭毓章陜西，李華炳山西，夏啓瑞浙江，樊海蘭江西(樊海瀾河南)，王允猷浙江，史國琛江蘇，王葆清湖北，梁鴻藻廣東，金兆豐浙江，朱壽彭(朋)江蘇，丁惟彬山東，李海光河南，黄傳鼎湖南，張智遠四川，狄樓海山西，易順豫湖南，趙增瑾(趙曾檣)直隸，謝慕韓江西，班吉本滿洲，陸鴻儀江蘇，延昌滿洲(蒙古)，陳曾壽湖北，孫寶書江西(江蘇)，周鏞陜西，馬駿昌廣西，武曾任浙江，周汝敦雲南，傅良弼安徽，張鳳階(喈)安徽，薛登道山西，吕興周直隸，袁嘉穀雲南，曹履(典)初湖南，黄敏孚廣東，王鼎(墉)直隸，朱崇年廣東，董炳(秉)清江蘇，哲克登[哲克登额]駐防，關文彬廣東，江應焜安徽，李振鐸安徽，張袁元(忠沅)湖南，陳旭人(仁)廣東，田毓璠江蘇，陳敬第浙江，賴際西(熙)廣東，傅家瑞(順天府)直隸，高廷梅浙江，忠興滿洲，何諶福建，張祖蔭順天，張文源山西(甘肅)，楊鳳翔山東，鄭家溉湖南，恩華滿洲，李增榮四川，嚴閻希仁(直隸)，王盎(益)霖江西，郭立山湖南，黄純垓湖南，黄居中甘肅，劉春堂直隸，廖毓英福建，紹先滿洲，龐毓同直隸，于文璜(鐄)山東，尚秉和直隸，胡商奚(彝)雲南，和紳布滿洲，褚焕祖湖北，馬進修陜西，劉道椿(春)江西，侯來義河南，吕調元安徽，沈澤生江西，孫迴蘭(孫迴瀾)貴州，程昌鼒江蘇，程超(起)鳳江西，李泰安徽(陜西)，孫鴻烈河南，黄堃河南(雲南)，張自省直隸，陳鈞雲南，馬晉山陜西(山西)，高遵章直隸，彭立棫(栻)甘肅，胡獻林(琳)江西，吴巀藻江西(浙江),曾肇嘉貴州,汪春源福建,林棟福建,宋嘉林河南,王廷槐奉天,丁樹奇(齊)貴州,鈕澤成(晟)浙江,王蔭南(楠)直隸,曾蘭春福建,王聲溢山東,何啓椿河南(福建),張鵬翔(浙江),劉貞安江西(四川),楊克烈江蘇(山西),何品黎河南,張繼信陝西,曾熙湖南,唐樹彤貴州(廣西),黄錫朋江西,王鍾(王鍾仁)直隸,有瑞滿洲,伍任墉陝西,培成滿洲,陳其用(桐)福建,馬天嗣(翮)福建,黄光厚福建,張(姜)宗泰山東,馬廷弼山東,張(金)文田浙江,魏卓(垂)象甘肅,劉昌仁四川,李振鈺安徽,薩起嚴(巖)福建,鄭廷琮福建,吴庚山西,張壽楠江西(陜西),孟光範陝西(孟廣範山東),由樹梫甘肅,李永(文)詔江西(廣西),王永和雲南,夏瑞庚雲南,鍾麟滿洲,曹佐武雲南(山西),余登雲湖南(安徽繁昌),王景峨湖南,袁大棧(棧)湖南,王延(廷)綸江蘇(直隸定州),李慎五山西,張瑞機(璣)山西。"(1903年7月4日《申報》)

陳散原《清故兵部主事曾君墓誌銘》:"癸卯成進士,仍留兵部,補武選司主事,尋得記名提學使、弼德院顧問。"

《龍田曾氏六修族譜》:"癸卯科補行辛丑、壬寅正並科,中式十五名貢士。殿試二甲(121名)進士。"

1903年7月5日癸卯閏五月十一日,送贈書法各件與齊白石。晚與李筠厂等爲齊白石餞行。

齊白石《癸卯日記》:"十一日。嗣元送所書各紙來,見贈書册便面等,余去爲别。課畫,無雙意欲久留之。余與子芳去觀劇,以戲場看《富貴身世》,慨然不去西安矣,一味南歸。夕陽歸,得西安復電。少卿代言。筠厂、嗣元、曉棠邀余餞别。"

1903年7月11日癸卯閏五月十七日齊白石行,往送别,並贈書以壯其行。

齊白石《癸卯日記》:"十二日。辰晨興過筠厂早餐。巳刻與夏大書,伊即復。余見復書之言語,義不容辭,即歸課畫。"

又:"十三日。買車之於子芳處晨餐。今日買物贈余太夫人,明日返西,不再爲人勸回南駐北也。再與筠厂、曉棠作别。晚間書别子芳。午貽(詒)欲余再遲二三日行。晚間午貽(詒)向余曰:知君欲行,固留不可,請遲明日一日。吾之行止君知之,去可放下心矣。夏方伯得上諭,升江西巡撫,午貽(詒)欲電問行止。余聞之將欲泣,諾遲一日。"

又:"十四日。爲午貽(詒)刊印一。李筠厂送行來,入門揖之曰:聞夏方伯江西去，郭葆蓀想必同行，君去西安是不宜也。余聞之信然。午貽(詒)來，聞余不西去，共可南歸，復高興，索篆刊。筠厂索，暫不能爲也。”

又：“十五日。爲午貽(詒)刊印二。與葆弟書。午後與少卿書，回憶少卿與佩蒼送余灞橋之情景，復憶去年初到長安時，葆弟督河工未歸，少卿與余初識，泥爐讓火，衣店催縫，從此南歸，相逢未有期矣，淚珠自傾，不能長言紙上也。又佩蒼弟送余西去，余無奈南歸，伊獨自一人行止，將何如也。自古傷心惟有離别，年來始信矣。”

又：“十六。爲午貽(詒)刊印三。未刻午貽(詒)餞行於花前，三更盡，歸。”

又：“十七。辰刻過子芳，欲伊爲我包船到天津。復過謝滌泉處。爲午貽(詒)刊石四，皆極小者。篆刊印四，皆極精細，可謂勞矣，以爲午貽(詒)苦我。三思之，午貽(詒)真愛我者，真知我者，風塵所遇，不憐惜我之勞苦者，獨有午貽(詒)。所欲刊，以苦余爲樂，呼明日將出牢囚矣。子芳送行及禮物，與談。與午貽(詒)作别。嗣元、筠厂來送别。嗣元紀别贈以書，三更去。午貽(詒)亦贈書爲别。四更初，書成送來。”

按：在齊白石《白石老人自述》裏，齊白石回憶了這段交往，與日記頗有出入，録附於次供參閲。

《白石老人自述・五出五歸(一九〇二——一九一六)》：“三月初，我隨同(夏)午詒一家，動身進京。路過華陰縣，登上了萬歲樓，面對華山，看個盡興。一路桃花，長達數十里，風景之美，真是生平所僅見。到晚晌，我點上了燈，在燈下畫了一幅《華山圖》。華山山勢陡立，看去真像刀削一樣。渡了黄河，在弘農澗地方，遠看嵩山，另是一種奇景。我向旅店中借了一張小桌子，在澗邊畫了一幅《嵩山圖》。這圖同《華山圖》，我都收在借山圖卷内了。在漳河岸邊，看見水裏有一塊長方形的石頭，好像是很光滑的，我想取了來，磨磨刻字刀，倒是十分相宜。拾起來仔細一看，却是塊漢磚，銅雀臺的遺物，無意間得到了稀見的珍品，真是喜出望外。可惜十多年後，在家鄉的兵亂中，給土匪搶去了。”

又：“我進了京城，住在宣武門外北半截胡同夏午詒家。每天教無雙學畫以外，應了朋友的介紹，賣畫刻印章。閑暇時候，常去逛琉璃廠，看看古董字畫。也到大栅欄一帶去聽聽戲。認識了湘潭同鄉張翊六，號貢吾；衡陽人曾熙，號農髯；江西人李瑞荃，號筠庵。其餘還有不少的新知舊友，常在一起游宴。但是一般勢利的官場中人，我是不願和他們接近的。記得我初認識曾農髯時，誤會他是個勢利人，囑咐午詒家的門房，待他來時，説我有病，不能會客。他來過幾次，都没見着。一次他又來了，不待通報，直闖進來，連聲説：‘我已經進來，你還能不見我嗎？’我無法再躲，只得延見。農髯是個風雅的飽學之士，後來跟我交得很好，當初是我錯看了他，實在抱歉之極。三月三十日那天，午詒同楊度等發起，在陶然亭餞春，到了不少的詩人，我畫了一幅《陶然亭餞春圖》。楊度，號皙子，湘潭同鄉,也是湘綺師的門生。我做過一首詩,寄給樊樊山,中有四句説:‘陶然亭上餞春早,晚鐘初動夕陽收。揮毫無計留春住,落霞横抹胭脂愁。’就是説的那年我畫《餞春圖》這回事。”

又:“到了五月,聽説樊山已從西安啓程,我怕他來京以後,推薦我去當内廷供奉,少不得要添出許多麻煩。我向午詒説:‘離家半年多,想念得很,打算出京回家去了。’午詒留着我,我堅決要走。他説:‘既然留你不得,我也只好隨你的便! 我想給你捐個縣丞,指省江西,你到南昌去候補,好不好呢? 縣丞雖是微秩,究屬是朝廷的命官,慢慢地磨上了資格,將來署個縣缺,是並不難的。況且我是要到江西去的,替你打點打點,多少總有點照應。’我説:‘我哪裏會做官,你的盛意,我只好心領而已。我如果真的到官場裏去混,那我簡直是受罪了!’午詒看我意志並無猶豫,知道我是決不會干的,也就不再勉强,把捐縣丞的錢送了給我。我拿了這些錢,連同在西安、北京賣畫刻印章的潤資,一共有了二千多兩銀子,可算是不虚此行了。我在北京臨行之時,買了點京裏的土産,預備回家後送送親友,又在李玉田筆鋪,定製了畫筆六十枝,每枝上面挨次刻着號碼,自在第一號起,至第六十號止,刻的字是‘白石先生畫筆第幾號’。當時有人説不該自稱先生,這樣的刻,未免狂妄。實則從前金冬心就自己稱過先生,我摹仿着他,有何不可呢? 樊樊山在我出京後不久,也到了京城,聽説我已走了,對夏午詒説:‘齊山人志行很高,性情却有點孤僻啊!’”(齊璜口述、張次溪筆錄《白石老人自述》,山東畫報出版社2007年7月版)

癸卯夏六月,爲傑卿書“雅量涵高遠,清言見古今”五言聯。

自書五言聯:“雅量涵高遠,清言見古今。臨川筠庵以朱竹垞先生分書來質予,見其用筆之渾厚清挺,因擬之,用其意,非學其筆法。時光緒癸卯夏六月也。書與傑卿仁兄大人正。子緝弟熙。”(《曾熙書法集》,上海辭書出版社2013年12月版)

紙本。155×39cm。

鈐印:曾熙之印(白文)。子緝(朱文)。

是年冬,湖南巡撫趙爾巽籌款創建嶽麓高等學堂。並奏准清廷,撥款萬金,擬在衡陽設立南路師範學堂。後衡州府唐蓬洲太守以房舍須寬廣,與紳董會商,借用建衡陽中學堂經費一萬兩,得以建成。

《衡陽師範學院大事記—清末時期》:“1903年(光緒二十九年):在‘振興教育,首重師範’的口號聲中,湖南巡撫趙爾巽奏准清廷把長沙城南書院改爲全省師範學堂(後稱中路師範學堂),並決定在衡州(今衡陽市)設立南路師範學堂,在常德設立西路師範學堂。1904年冬,湖南官立南路師範學堂便在衡州古城誕生了。"

按:前者參見1905年條,後者參見1907年條。

1904年 清德宗光緒三十年 甲辰 四十四歲

居長沙。

《杏軒公德配唐太恭人八十壽序》:"甲辰居長沙。"(《黄梅湯氏四修族譜》)

甲辰正月,嶽麓高等學堂甲班生入堂學習。

按:參見1907年條《學憲吴照會嶽麓高等學堂監督曾文》。

1904年5月6日立夏日,爲玉如書"竹樹雨餘添翠靄,芰荷風起動清秋"行書七言聯。

自書七言聯:"竹樹雨餘添翠靄,芰荷風起動清秋。玉如仁兄大人雅正,甲辰立夏日,弟曾熙。"(私人藏)

與衡州府唐蓬洲太守在府城起建中學堂。

《學務彙志(湖南)》:"南路分設學務處,前由趙升院飭衡州府唐太守會同紳士曾主政熙開辦,現聞在府城起造中學堂,規模宏敞,房屋約百餘間,俟竣工即招考開學。"(1904年9月18日《時報》)

1904年11月26日,南京三江師範學堂開學,徐乃昌任監督。

按:見11月27日《時報》。

甲辰冬,巡撫陸元鼎奏准正式留湘辦理學務,委任南路師範學堂監督。

《學務彙志(湖南)》:"京師現委三人回籍主持學務,一爲湘陰某庶常充高等學堂監督,一爲善化主事立三(按:應爲郭立山)充師範監督,一爲衡陽曾主事熙充南路中學堂總理。三人雖係宿儒,惟於新學教育及管理諸法未甚講求,兹因監督、總理爲全省學務所繫,恐辦法未諳,負此重任,遂擬游歷東瀛,藉資考究,以便回籍後遵照仿行。"(1904年12月5日《時報》)

《學界紀聞△奏留在籍京員充各學堂監督(湖南)》:"署理湘撫陸春江中丞近

有片奏,略云:湘省整飭學務,襄辦需才。兹查有在籍癸卯科進士、翰林院庶吉士郭立山,兵部主事曾熙,户部主事彭紹宗,品學兼優,實心教育,擬奏留在湘,以郭立山充中路師範學堂監督,曾熙充南路師範學堂監督,彭紹宗充省城高等學堂監督。覈於奏定章程相符,惟該員均係京員,除郭立山係庶吉士,照例不較資俸外,其曾熙一員係請歸原班候補人員,彭紹宗係學習行走人員,合無?仰懇天恩俯准將該員留湘辦理學務,免扣資俸,云云。奉旨,該衙門知道。"(1905年1月5日《時報》)

存考:第一篇媒體探訪有"擬游歷東瀛,藉資考究,以便回籍後遵照仿行"之說,然未見續報;且綜觀曾熙本人各類自述,譜主並無東渡之說,報導顯爲採之街談巷之說。

1905年 清德宗光緒三十一年 乙巳 四十五歲

返衡陽,創辦南路師範學堂,任監督。

《杏軒公德配唐太恭人八十壽序》:"乙巳反衡,創建南路師範。"

乙巳三月,爲視事南路師範學堂,自龍陽接母親與子女歸衡陽老家,兄亦從廣西歸老家鄉居。

《轅抄照録(長沙)》:"三月十五日(中略)主事曾熙、前湖北通判余逢辰回。"(1905年4月20日《長沙日報》)

按:乙丑夏爲祝濂山叔父七十一壽辰作《衡雲虬松圖》有云:"乙巳,熙視南學事,自龍陽迎母氏返衡家,兄亦自粤西歸來,旋即鄉居,叔父課述、卓兩兒及諸女。熙歸則徹夜長談,熙出則與吾兄吾母話家常瑣瑣,前日之境,日在胸頭,亦不敢爲叔父告。"

《杏軒公德配唐太恭人八十壽序》:"乙巳反衡,創建南路師範。是歲珂男生。"(《黄梅湯氏四修族譜》)

1905年5月,南路師範學堂聘用日本教習至校。

《新聘日本教習抵湘(湖南)》:"探聞有日本教習七人坐沅江輪船,於前日抵湘,係高等學堂聘請一人,中路師範學堂聘請二人,南路師範學堂聘請二人,預備科聘請二人。抵埠時,由學務處張廉訪派員至碼頭迎迓入城。"(1905年5月11日《時報》)

《新聘教習(衡州)》:“南路師範學堂聘到日本中村(邨)次郎爲東文教習,又聘日本大窪樣爲物理、化學教習。”(1905年6月6日《長沙日報》)

此際,南京尊經、鳳池兩校士館改制爲師範傳習所,李瑞清被委任該所監督。

按:見《時報·師範傳習所鬧考詳志》(1905年3月16日)、《記師範傳習所》(1905年6月13日)。

1905年6月,丁憂家居之譚延闓被巡撫命接辦中路師範學堂。

《師範監督易人(長沙)》:“中路師範學堂前監督郭太史立山奉調入都,並擬赴日考察學務,所有監督一席,已經撫帥照請丁憂仔籍譚太史延闓接辦。”(1905年6月3日《長沙日報》)

1905年6月,衡山小學堂託付在日留學之向燊等購辦教學儀器。

按:《長沙日報》6月6日《捐助學堂儀器(衡山)》有云:“衡山縣小學堂託留日學生向燊等在日購辦。”

衡州中學堂因經費爲建築南路師範學堂校舍借用,暫借蓮湖書院開辦,此際因各紳董欲將蓮湖書院改爲小學堂,唐蓬洲太守召與會商,設法將原屋改爲衡州府中學堂,蓮湖書院退歸衡陽縣小學。允爲集資以補虧欠。

《學堂改建(衡州)》:“南路師範學堂前年稟請學務處籌撥官款萬金以資開辦,府尊唐蓬洲太守以爲建築房舍必須寬廣,而籌撥萬金勢必不敷應用,因與各紳董酌商,暫就衡州府留建中學堂經費項下借用一萬餘兩,得以告厥成功。故現在中學堂暫借衡陽之蓮湖書院開辦,而衡陽各紳董欲將蓮湖書院改爲縣小學堂。太守又與曾紳士元等會議,設法將原屋改爲衡州府中學堂,而蓮湖書院亦退歸衡陽爲縣小學堂。所需款項經太守飭令所轄七屬趕緊籌備,並將所領學務處萬金剋日歸還。傳聞學務處總辦張廉訪允提六千兩,以資津貼,曾紳士元亦承認集資以補虧欠云。”(1905年6月7日《長沙日報》)

1905年7月,李瑞清接替徐積餘代理三江師範學堂監督。

《委代三江師範學堂監督(南京)》:“三江師範學堂監督徐積餘觀察因欲入都赴引,玉帥(按:即兩江總督周馥)以李梅庵觀察辦理師範傳習所頗著成效,因特委代

理師範學堂監督之任,並兼管傳習所,日昨已下札矣。"(1905年7月6日《時報》)

《三江師範學堂總辦易委(南京)》:"三江師範學堂總辦徐積餘觀察入都赴引,稟請交卸遺差。現玉帥委師範傳習所總辦李梅庵觀察接充,更以上海灘地局總辦梅斐漪觀察委辦師範傳習所,均於日前下札矣。"(1905年7月10日《時報》)

按:李瑞清爲改良三江師範學堂事上兩江總督周馥稟,自稱到省不十日奉師範傳習所差,不三月又奉接辦三江師範學堂差。

1905年9月2日,清廷詔准袁世凱奏,自明年丙午起,廢除科舉,推廣學堂。

1905年9月,海上名家巢勳應湖南巡撫端方之邀,赴長沙師範學堂教授畫學。

《撫憲轅門抄(長沙)》:"六月初五日,委充師範學堂教席、浙江貢生巢勳稟謝。"(1905年9月8日《長沙日報》)

《巢子餘潤格》:"秀水巢君子餘,素工繪事,山水、人物、花卉,無所不能爲,海上名士。今應午帥(按:即端方)之召來湘,派爲師範學堂畫學教習。適當暑假餘暇,聊以酬應筆墨,而求畫者紛至沓來,爰登潤格,以告同好諸君。堂幅:四尺四元,五尺六元,六尺八元,八尺十二元。屏條減半。屏:每條一元半。帳顏全畫:六元,中方減半。紈摺扇册頁:一元。寓西門外高陞棧内。本館代白。"(1905年7月18日《長沙日報》)

此際,見端方(匋齋)藏《石門銘》。

自書:"近得見匋齋所藏《石門銘》,蓋滕縣顏氏舊物,真明搨也。匋齋撫湘時,常見之,今已三易主。晉卿仁兄法家正之,曾熙。"

按:此《石門銘》搨本2001年6月由上海書畫出版社出版。

1905年10月,嶽麓高等學堂工程告竣。

按:見1905年10月4日《長沙日報·高等學堂落成(長沙)》報導。

1905年11月,以南路民智日開,組織開設衡清中學堂,並兼任監督。

《擬辦中學堂(衡州)》:"南路師範學堂監督曾紳嗣元,以南路民智日開,士人向學甚夥,從前所設學堂不足以資普及,擬提三學公、成名公諸款,擇近城舊址,添設衡清中學堂,聞現在組織將成矣。"(1905年11月30日《長沙日報》)

《試館改建學堂(長沙)》:“省城衡清試館擬改爲衡清中學堂已志本報。昨有南路出洋學生十餘名回湘,擬改爲南路中學堂,所有房舍照舊派出租費,一俟公同議妥,即將見諸實行。”(1905 年 12 月 18 日《長沙日報》)

蔣繼成《從衡清師範到衡南一中》:“該校創辦於清光緒三十一年,初名衡清師範學堂,由衡陽縣知縣張超南、清泉縣知縣朱其元聯合創建,校址設西湖書院。聘進士出身的曾熙爲監督(校長),唐錫壽爲教務長,常國鋼爲齋務長(唐、常均爲留日回國者)。招學生一班,多屬秀才、貢生。學習期限爲一年,次年冬畢業。”(《歲月流金》,衡南一中校史匯編)

《衡陽市第二中學百年大事記》:“1905,停止科舉考試,衡陽(今衡陽縣)、清泉(今衡南縣)兩縣利用西湖書院,創辦衡清師範學堂(今衡陽市第二中學)。曾熙爲校長,唐錫壽爲教務長,常國鋼爲齋務長(唐、常二人皆爲留日回國成員),劉鴻鈺、鄒薰陶等爲教員。”(《植荷映日》,衡陽市第二中學百年校慶紀念集)

1905 年 11 月 13 日乙巳十月十七日,五子憲珂生。

《龍田曾氏六修族譜》:“原名憲璞,字叔主,號檢生,一號季鳴,行博一,又行五。上海大夏大學政治系畢業。生於清光緒乙巳三十一年十月十七日子時。配向氏(按:即向俊彦,1903—1960),衡山廩貢生、甘肅副都督、本省湘道(向)燊女。生於清光緒癸卯二十九年二月初三日巳時。”

1905 年 11 月 26 日拜見父母官唐蓬洲太守,交談甚洽,翌日復上書論政。

與唐蓬洲書:“蓬洲公祖閣下:素無舊好,循例晉謁,俄傾(頃)片言,懽若平生。公祖既忘年略分,披瀝腹心,熙雖不肖,其敢負長者乎! 是以數月以來,有懷即陳,其有疏闊,或觸忌諱,所不計也。覽湘叔忠實有餘,而公事不熟,意在得祝爲助理,前日已面陳之。西鄉洪落廟,地接湘、寶,匪徒絡繹,似宜加意耳。肅此,敬叩勛安,希維鈞鑒。治晚曾熙頓首。十一月朔。”(《湖南省博物館館藏百位湘籍名人手蹟》,陳建明主編,嶽麓書社 2006 年 12 月版)

按:《余肇康日記》丁巳十一月初七日有云:“唐蓬洲觀察步瀛以知縣在湖南官至衡永道,有循吏之目,語言爽直,余曾於廿年前在沈孟南師座中一晤。去年有嗾言官彈之者,南皮相國派劉渠川查辦,曾與渠川力辨其誣,渠川據以稟復。不知蓬洲何以聞之,至是來謝,年已七十一矣,精神談論矍鑠。”

1905 年 12 月 10 日,譚延闓正式接手中路師範學堂,宴請各教習及辦事人員。

《監督宴客(長沙)》:“中路師範學堂代監督陳君樹藩業已告退,前日譚監督接手,特設盛筵請堂中各教習及辦事人赴宴。”(1905年12月12日《長沙日報》)

約是際,爲《銅官感舊圖》題贊。

《銅官感舊圖贊》:“煒矣太守,質毅而彊。孕義育仁,發性之光。剛能屈物,韞采善藏。匪曰善藏,不求用臧。在昔中葉,逆洪獗猖。天子命師,寔維湘鄉,乃造舟於衡陽。惟爾從臣,是翕是張。我師不振,潰於靖江。從臣奔亡,允惟太守,寔拯湘鄉。湘鄉曰嗟!匪天命我,寔女相之。太守曰嗟!天將厭虣,匪予能相。於虖太守!己德能退,己善能忘,罔譽於時,不求其章。古有許友朋以死,惟太守無相讓。衡陽曾熙。”(《銅官感舊圖題詠册校訂》)

按:《銅官感舊圖》是清章价人追念曾國藩所作,是册集輯者之一章華《又跋》的記述甚簡明:“咸豐四年,湘鄉曾文正公師敗於靖港,憤而自沉,先大夫既援手而脱諸淵。越二十有三年,重過戰地,望銅官山色,有懷文正,始爲圖而記之。”圖成,一時俊傑多有題詠。章氏殁後,其子章同、章華昆仲携此册廣徵海内文人題詠,凡二十年成一巨帙,於1910年夏付石印。是贊未署年月,以此贊排於王景沂《銅官感舊圖叙贊》之後,兹從其“光緒乙未秋日”署年繫之。

1906年 清德宗光緒三十二年 丙午 四十六歲

1906年初,子任尹自日本早稻田大學退學歸國。

《鄭孝胥日記》1906年1月29日丙午正月初五日條:“曾炳煒字任尹來見,詢之,乃曾士元之子也,亦從早稻田退學歸滬者。”

1906年3月17日丙午三月廿三日王湘綺來館,未值,18日宴之。

《湘綺樓日記》丙午三月廿三日條:“欲晴。當答曾熙,船往東林寺,隔一港,菓林頗茂,監督不在館,即還。上水鈎船極難,到院已過午。”

又丙午三月廿五日條:“陰雨甚寒。當至東林赴曾監督之招,迫夜難還,令就船眠食,移具以往。兼訪楊八駢。不到門,便泊羅漢寺對岸,至晡,見道台來,乃舁而往。曾泗源爲主人,向、譚執事,又有兩生出見,自稱弟子,吾未習其名,未敢當也。唐牧六自家來見。周生從來觀學,及酒罷還船,夜暗無風,遂泊申家門前。周從余眠,俱不解衣。”

丙午夏,湖南長沙大水災,震驚中外。居衡陽縣石市鄉龍田橋雅宜堂。

《杏軒公德配唐太恭人八十壽序》:"丙午大水,鄉居雅宜堂。"(《楊王氏六修家譜》)

丙午夏,李瑞清東渡聘請日本教習。

《兩江師範學堂續聘東教習(南京)》:"東洋教習曩由署督南皮張宫保聘定總教習菊池謙二郎及分教習十人,今屆期滿,各教習自行告退。現由該堂總辦李梅庵觀察到東另聘教習,以圖學科進步。今已在東由私人交涉,聘定文學士松本孝次郎。松本向在日本充東京早稻田大學及高等師範教授員,素爲我國留學早稻田大學及高等師範諸生所推服,此番膺選任兩江教育教授兼理教務。其次博物、理化兩教授則聘定日本理學士、現任東京帝國大學教授。尚有農學士、法學士及音樂教員,亦皆日本專科大學家。聞不日將由李觀察偕同各教員内渡。"(1906 年 5 月 16 日《時報》)

丙午夏,奉湖南巡撫命兼管調查嶽麓高等學堂學務。

按:參見 1907 年《學憲吴照會嶽麓高等學堂監督曾文》條。

1906 年 9 月 1 日,清廷宣佈預備立憲。

1907 年 清德宗光緒三十三年 丁未 四十七歲

1907 年 2 月,被湖南提學使吴慶坻聘爲學務議員。

《學務議員聘定(湖南)》:"提學使吴公慶坻近日聘定王益吾祭酒先謙充當議長,譚紳延闓、郭紳崇熙、馮紳錫仁、曾紳熙四人爲議紳云。"(1907 年 2 月 17 日《時報》)

丙午冬丁未春,籌備成立省教育會,開第一次第二次會議。

按:見下本年丁未十一月廿五日條。

1907 年 3 月 28 日丁未二月十五日,嶽麓高等學堂開學。

按:見皮錫瑞《師伏堂日記》。

春,接任嶽麓高等學堂監督。到校後,對學生嚴加稽覈,並且與各科教員

於暑假前進行補習。

《湖南大學校史》:“曾熙,1907年任高等學堂(今湖南大學校)監督。對學生宣講《春秋》和王夫之《黄書》、《噩夢》,藉以培養愛國情操。”(《湖南大學校史》上册,1996年9月版)

《光緒丁未年湖南高等學堂同學録職員教職員表》:“監督:曾熙(四十七歲)。教務長:羅伯勛(四十七歲)。經學:皮錫瑞(六十歲)。李金戣(三十九歲)。歷史:易宗夔(三十三歲)。國文:蕭鯉祥(三十七歲)。地理:譚紹衮(三十四歲)。算學:許兆魁(三十八歲)。唐顯度(四十歲)。英文:胡有敦(二十四歲)。陸守公(二十三歲)。沈有林(二十四歲)。博物:闢田愛之助(三十歲)。博物助教:陳琢章(三十四歲)。理化:闢口壯吉(三十一歲)。理化助教:辛揚藻(二十四歲)。法政:王濤(三十四歲)。圖畫:譚鴻猷(三十歲)。體操:徐凱(二十二歲)。朱道宏(二十六歲)。李本調(二十六歲)。管書:湯德光(三十歲)。管儀器:唐德宣(三十四歲)。齋務長:鄭藻(四十九歲)。新齋齋務兼監學:狄潤鴻(五十歲)。監學:劉鴻鈺(三十六歲)。周正琴(三十六歲)。譚炳榮(三十歲)。楊紀鈺(辭職)。檢察:劉佐敬(五十歲)。羅洪楫(二十一歲)。新齋檢察:黄聲模(二十九歲)。新齋檢察:王又曾(三十歲)。校醫:鄒大綱(四十六歲)。庶務長:劉荃伯(四十八歲)。文案:馬話山(三十九歲)。會計:羅湘琳(五十八歲)。雜務:黄衍詔(三十一歲)。雜務兼採買:徐仁溥(二十七歲)。同學録:(略)”(湖南省圖書館藏)

按:並見下文。

此際,欲往學務署住數日,以與吴慶坻提學使談一切計劃。

皮錫瑞《師伏堂日記》4月6日丁未二月廿四日條:“到嶽麓一轉,並無甚事,教務羅伯勛未至,有龍陽劉次翁、寧遠楊某任事。庶務姓劉,而狄轉往新班,彭、顏皆不到。李某、蕭某充教員。易睿如來談。曾士元欲往學務住數日,與提學談一切,看彼説話行否。組安因香帥訾及之,與提學亦不合,故辭。廖名縉組織學會,提學不批准,足見予不到爲高矣。(下略)”

1907年4月22日丁未三月初十日,與皮錫瑞談在書院辦優級師範學堂的打算,並告之已與提學使商談溝通。

皮錫瑞《師伏堂日記》同日條:“初十日,早到高等,大水無渡船,划子卡索百廿文,一徑直達,見士元,云與學政談勸辦優級師範於書院,經費無多,開教育研究所使教習居之,有事可分派。並模範小學,提學以甲班須補習兩期,此問題尚未妥。……講二小時歸。士元云鐘點隨便不强也。(下略)”

存考：此即爲創辦南路師範學堂之先聲。《衡陽師範學院大事記——清末時期》記載有云："1907 年(光緒三十三年)3 月，新校舍(在今合江套對河東岸的曬金坪)落成，4 月遷入。新校舍共計房屋 170 多間，建築面積 657.49 平方丈。同年，曾熙將'南學津梁'四字手書於一塊横匾懸掛在學堂門前通道的橋頭上，並多次精修通道，定名爲'南學津梁通衢'。於是，'南學津梁'便成爲南路師範學堂的辦學思想。抗戰時期，因日機轟炸，該匾隨同校舍被毁。"這裏與日記所載略異，其曰"4 月遷入"亦當爲丁未四月爲宜。

南路師範學堂有學生康鳳岑，執禮甚敬，出眎其父經畬詩集，云其自幼直至爲秀才，皆其父教之。

《康經畬先生暨德配文太孺人七十壽序》稿："衡山康生鳳岑從余游，南校校生數百人，予視康生無以異也。既而請業則起，請益則起，侍吾坐，終日無倦容，言循循若不勝衣。出必及階，然後趨。予心異康生之執禮敬，既而觀其文章，其辨儒墨與漢宋學者致用之方，體博而義精。詢其所學，則曰自幼至爲秀才皆家君之教。熙聞而嘆曰：人孰不愛其子，今乃知經畬先生愛子之有道也。越歲，康生持先生詩集語予曰：家君少喜任俠，當爲諸生時，與邑中陳太史楳生、文孝廉二山以詩文馳騁長沙嶽麓。既厭科舉，深居山中讀書數十年，意有所感則以詩繫之，一山一石，皆歌歗之所寄。予讀其詩詞，質而旨深，其聲正而可勸，以視世之優孟古人而自喪其我者，則大有徑庭。康生曰：夫子序之，家君之志也。予居南山之右，其山後平疇壙野，一望百數十里，居民萬户，其俗多富人。山前奇巘峻峙，湘水縈紆，故文人多産其間。予與衡山諸子交，皆當世知名之士，獨於先生則讀其詩然後知其人，蓋隱君子也。先生既不出，乃益脩於家。康氏世居江右安福縣之濛潭，至明分吴楚兩派。先生曰：濛潭道遠貲重，子孫不得與之祭，是余之罪也。遂捐田立濛潭祠，祭會間歲一往祭，衡山之俗始遷。祖既立祠矣，昭穆以降，皆各立祠，或高曾祖又别立祠，貧者就所居室祠之。康氏以敬愛，公爲始遷祖，先生既釐定祭禮，正其秩序，乃會稽保泰鄉賓恭諭各祠祠産，集貲建豫順公祠及常公祠，並置祭田，輯八修族譜，朗山族訟經年，則曲解之，族婦有貧將嫁，則出貲保全之。支祠在他縣者，歲嘗觀祭存問。烏乎！此孝之大者，古之詩人，可與事父，可與事君，先生其庶幾矣。今歲康生出治廣西隆山縣將逾年，先生乘輴踰嶺至隆山察其治行。至則隆之父老皆舉酒爲壽。康生治隆山以孝弟力田爲本，損奉捐穀百碩置社倉，且勸其父老曰：予里中社穀初不踰百碩，自家君嚴定條教，今十年至千餘碩，計農夫歲耕一畝可貸穀二碩。比歲大荒，而予里免飢餓，且得損其餘息創建鄉學，兼設育嬰。蓋先生之學，尤將擴而充之以南矣。夫以先生所遭之時，不能行其志,今康生可謂行其志矣,而又生非其時,是可爲太息者矣。先生配文孺人,恭儉而治家有遠略。生子三,康生其季子也。孺人命日耕,季宜讀,且自督耕,日循隴陌,察原隰,備旱澇,秋稼當場躬治圃事,先生優游山林,與康生朝夕言仁義而具禮讓。於族里之間,暇則詩酒自頤,而家復殷厚,未始非文孺人之力也。今先生與文孺人年皆進七十,先生自隆山循海至滬濱,且約熙曰:來歲將西入秦,由太原縱觀燕趙之地,東上泰山,謁孔子廟於曲阜。(按:原稿以下未録)"(《大風堂存稿》)

夏,嶽麓高等學堂甲班補習期滿,舉行考覈,親自校閱經史國文。

按:見下文。

嶽麓高等學堂甲班學生三年學習及補習一期已滿,例應畢業,然其學業與學部新奏定章程規定有差距,屬通融變通之例,在認真考覈之後,請示提學使署司,奏請予以畢業。

《學憲吴照會嶽麓高等學堂監督曾文》:"爲照會事案,准貴監督咨開:查高等學堂經前撫部院升任督部堂趙於光緒二十九年冬籌款創建,照諸前翰林院編修俞慶鴻總理就求實書院舊有學生數十人續招新班百二十人,當科舉未停以前,舊班學生先後通籍,其所存僅二十人,經前撫部院升任兩江督部堂端咨遣出洋學習專門,其所招新班係二十九年考送,三十年正月入堂,計授課至三十二年終已滿足三學年,即今堂中甲班學生。嗣後陸續考取乙班(五班)共計四百三十人。敝監督去夏六月奉前撫部院龐照請兼管調查,前監督及各科教員歷期歷年所授課目循序漸進,尚合教授新法。查奏定章程,高等學堂考録入學第二節高等學堂學生,雖例由中學堂畢業生及有同等之學力考選入堂,但此時學堂初開,可酌量變通,選品行端謹、中國經史文學確有根柢者,先補習各種普通學一年,然後升入正科。該甲班學生經前監督及各教員分科教授,通習普通。敝監督到校以來,嚴加稽核,復督同各科教員於本年暑假前補習一期,已滿後嚴加試驗,經史國文經監督親加校閱,尚屬根柢深厚,算學、地理、理化、博物、英語等科,律以高等正科程度,尚形不足,然比較普通中學固屬優餘。當此學制新行,規畫深遠,倘非綜覈名實,不足以齊學級而別真才,倘非恪遵定章給獎,尤不足以昭法守而勸將來。屢詣貴司商討,函牘往還,審慎再三,與其襲取虚名,轉礙進修,不如核以相當之學業給獎,庶致鼓勵。已承函復,照章辦理,業於本年暑假内將該甲班學生三學年及本年補習一期功課分數册與歷期各科教授細目各項表册,隨同乙班學期表册彙解貴司備案。查敝省興學以來,三年畢業考試,此次創辦高等爲全省學校之冠，即爲府州縣屬各項學堂所則傚，所有考試規條給憑禮儀，必案定章，方昭劃一。查貴司前照送學部修改各學堂考試章程，内載高等學堂在各省者呈請提學使司轉詳督撫同議長、議紳暨教育總會長、副會長考試，又載凡畢業考試即就該學堂講堂按照所有學科分日考試，由本學堂發給文憑；又凡學堂所發文憑，中學以上各種學堂，由本學堂監督、教員暨會同考試之學務官簽押，並呈由該管官衙門蓋用印信，其本學堂具有成案，准用關防或鈐記者自行鈐用，無庸該管官衙門鈐印；又載凡各省中學堂、高等學堂畢業現行章程定有獎勵者，既業經畢業之後，除由本學堂發給分數、等第文憑外，呈由提學使司按照畢業分數、等第，詳請督撫咨明學部，奏請獎勵，再畢業禮儀。查奏定章程與開堂儀注相同，惟事屬創始，法必求備，貴司總攬學綱，應如何周詳審慎斟酌盡善，克副朝廷興學育才之盛意，尚盼切實照復，以便督同校員準備一切。爲此，咨商貴司，請煩查照施行等因。准此。具見貴監督提倡教育，慎重典禮之心，莫名欽佩。查湘省高等學堂創建於光緒二十九年，甲班生以次年正月入堂，截至三十三年暑假爲止，前後在校授課共七學期，論學生頻年執業之勤與教員昕夕從公之瘁，將欲從權畢業，藉勵士心而志盛舉，本署司雅表同情。惟此項畢業，衹能援引成案，比附定章，以化裁通變之謀，爲誘掖獎勸之用，與恪遵定章舉行正式畢業者不同。詳閱來咨，實已洞見要領。兹將委曲斡旋之法及通融辦理之方，爲貴監督約略陳之。查奏定學堂章程，高等學堂以教大學預備科爲宗旨，以各學皆有專長爲成效。其學科分爲三類，畢業限以三年，但有正科並無預科，但有正科畢業並無預科畢業，惟考録入學章程另附專條，聲明各省學堂初開，恐無合格高等學生，可酌量變通，選品行端謹、中國經史文學確有根柢者，先補習歷史、地理、算學、格致、圖畫、東語、英語、體操各種普通一年，然後升入高等正科。貴校甲班生所習科目，學生稱爲預科，實即定章之補習科，按其程度仍屬普通中學，若就奏定章程論之，補習既竣，亟應升入正科實受高等教育。是甲班生之在貴校正當授業之時，而並非畢業之時。惟值此學務方興，科舉已罷，諸生窮年負笈，苦無上進之門，甲班生身入學堂習業已逾數載，考選時於普通學科尚有根柢，入校後補習期限又視定章展長，普通程度自應較中學學生爲勝，尤宜表揚成績，俾上邀國家名器，以勵其成材嚮學之心，本署司斟酌籌維，甲班此次畢業應比照中學畢業章程，分別最優等、優等、中等，填給文憑，照章獎勵。此於定章，既可比附而成案尤可據依。查福建高等學堂第一班學生在校授課四年畢業，時經前閩浙總督部堂崇照中學畢業章程，咨明學部立案，奏請給獎，原摺片載第八期及二十二期學部官報。湘生習業年限與閩省不甚差池，自可援照成案比例辦理，俟畢業考試事竣，由貴學堂按照中學畢業定章，核計各生平均分數，分别高第給發文憑，一面造册咨司轉詳撫部院咨部立案，奏請獎勵，庶於鼓舞才俊之中，仍寓綜覈名實之意。至考試畢業，已由貴監督擇期本月十五舉行,應援學部改定考試新章,仿高等學堂正科畢業專條,由本署司詳報撫部院暨督部堂,並由貴監督移會議長、議紳,敦請臨堂,以光盛典。其畢業禮儀,奏定章程已載大綱,即可恪遵辦理。若夫畢業支用各費,湘省學款奇絀,各校學生畢業接踵而來,即如省垣實業學堂,其校名亦冠以高等字樣,年限階級,殆與貴學堂相埒。該校甲班學生亦係講習普通,將於本年年假畢業,衡諸定章,皆屬從權辦理,與正式畢業不同。本署司對於實業一校方勗以戒奢去靡,貴學堂有開必先,其中豐儉隆殺之宜,即爲歷來所取法,雖各校常款贏絀攸殊,而揆之教育行政待遇,既取均平,豐嗇尤宜齊一。貴校此次舉行畢業,各種費用務希力從撙節,風示各堂,藉昭黜華崇樸之規,並塞執此例彼之口,輪扶大雅,無任欽遲,須至照會者。"(1907年11月13日《長沙日報》)

光緒丁未(1907)湖南高等學堂預科甲班畢業學生、等第繕具清單,恭呈御覽。

計開:

李景僑(詞循)。彭重威(翰丞)。張萃(凱元)。唐吉俊(蘊輝)。賀三壽(珍生)。陳家駿(壽康)。陳志(菊秋)。彭斟雉(鼎芬)。楊卓茂(自棨)。吴思聖(睿五)。任凱南(拱辰)。陳勵(鶚秋)。徐明諤(騫儒)。陳律齊(子藻)。李正傳(三省)。張鉞(喆卿)。鄧傳緒(振欽)。丁大晟(松棨)。劉焌(觴詠)。游和燮(理侯)。羅正光(詠亥)。黄本溥(幼山)。文翰(心暉)。任壯猷(耀奎)。龔爾位(介眉)。劉漢弼(沃根)。左凌霄(藝甫)。唐紹曾(若鵬)。鄒雲鶚(鑑秋)。朱炳(蔚蒸)。

以上最优等三十名。

張卓(右民)。詹潤霖(競皆)。楊開誠(鑑汀)。羅俊(味新)。劉其章(守圭)。張楚朋(任南)。周則顧(茆生)。鄒學程(洛川)。段典欽(邁勳)。易經海(策生)。朱焌(弼亮)。黄傳麒(燕甫)。卿璞(蘊輝)。周完(止善)。徐璜(兆熙)。張孝良(少彦)。曹鑄清(鍾祺)。謝壽籛(希鏗)。彭人俊(禹琳)。陳建忠(寶生)。周晝一(萸生)。成振玉(惜陰)。劉剛守(劼光)。劉鴻生(伯笙)。周斌(伯祁)。

以上优等二十五名。

曾賡華(焱南)。易孔祥(訓穀)。魏先朴(壽璋)。魏漢(豫侯)。張啓漢(平生)。

以上中等五名。

選印嶽麓高等學堂甲乙班學生加課最佳兩人之國文卷,並呈送巡撫岑春蓂審閱。

《撫憲岑函送高等學堂甲乙班加課國文批語》:"前據高等學堂監督曾紳賫送選印該堂甲班游和燮、乙班陳先瀚等加課國文卷兩册,並據稱該生等在堂遵守規則,常於自修室參看宋元名儒諸儒等語,兹將該卷詳加披閲,類皆宗旨純正,議論平實,無復餘子向者浮囂之習,可見先儒性理諸書其餉遺來學,誠非淺鮮,略涉具藩已自不同,矧其深思熟講,身體力行,如夫子所謂探其本踐其實者,其成就烏可量? 且即成就之數人,以餉遺同人,相與講明正學,體驗實理,矯正舊日文人之結習,挽回近世學界之澆風。士趨既端,世風隨之而轉移,世風丕變,國勢因之而盛昌,其功用又豈有窮! 在昔中興名臣如羅忠節、曾文正諸公,類皆得力於濂洛關閩之學,以成不世之勳,而一時湘中人士出而拯大難、樹偉業者,相望於數千百里之間。風會所趨,何莫非數君子倡導之力? 諸生生長忠義之邦,遭遇艱難之會,正宜及時勵志,勉爲國家有用之材,以期無墜鄉先正之風。平局講學,務在辨别,義利關頭,明晰體用功夫,不以學爲一身博取榮利之具,時流角逐榮利之場,乃能反之身心,體諸倫物,權諸日用,究心一切經世之術。試思我古聖賢及今泰東西各國,有外身心倫物日用之事,以言學者乎? 方今列强競勝,即競以優勝劣敗,關係至重,我同學各宜奮勉,化袪私利之具,講求公益之理,以共濟時艱,庶無負朝廷興學育材之至意。兹於諸生見道之作,喜士風之將轉,卜進化之必速,特書此以當語言之奬勵,即以寓道義之箴規,相期在遠大,豈以文人爲諸生許,尚各勉旃。"(1907 年 12 月 8 日《長沙日報》)

秋,乘舟行至昭山,捨舟攀巖,坐古寺中,看巖下紅葉,遠峰如在肘下,流連不欲去。

按:見癸亥中秋前自題《秋林古剎圖》,有云:"丁未予主嶽麓,仲宏甥侍予舟中。行至昭山,捨舟攀巖,坐古寺中。廟無古代碑石,但看巖下霜葉已丹,而遠峰突兀,若在肘下。流連至日晡歸舟。"

1907 年 11 月 2 日丁未九月廿七日,訪余肇康。

《余肇康日記》同日條:"廿七日,陰,夜雨。止盦和余薆圃詩有云:'百年老幹知逾健,千頃澄波未易撓。'乃自寫照也。潔齋、履初來。長談。翁述堂、曾嗣園、歐陽□東先後來,幾又盡一日也。(下略)"

按:余肇康(1854—1930),字堯衢,晚號倦癡老人,長沙縣人。1886 年進士,官工部主事。1907 年至清亡,被聘爲湖南粵漢鐵路總公司坐辦、總理,主持修築長株段鐵路。後遷居上海,終其一生。

定1907年11月20日丁未十月十五日考試,與皮錫瑞論及優級師範,後者以爲"有見"。

皮錫瑞《師伏堂日記》11月9日丁未十月初四日條:"到高等,水退數尺,尚茫無畔岸。見曾士元云十五始试驗,准照中學獎□。其論優級師範亦有見。甲班有出身,則乙班亦可望,小學堂生亦有望矣。"

1907年11月20日丁未十月十五日,參加嶽麓高等學堂出題監考。

皮錫瑞《師伏堂日記》同日條:"十五日,風雨止,飯後過河,學台已先行矣。與余子昭同舟,坐舢板,行甚遲。……到學堂,與學台、監督同上講堂,出題監場。(下略)"

按:並見上文。

1907年11月30日丁未十月廿五日,皮錫瑞贊譜主"學《夏承碑》甚佳,壽張太人詩亦古雅"。

皮錫瑞《師伏堂日記》同日條:"過河到學堂,講二小時。士元學《夏承碑》甚佳,壽張太夫人詩亦古雅。(下略)"

1907年12月14日丁未十一月初十日,爲皮錫瑞書聯。

皮錫瑞《師伏堂日記》同日條:"初十日,到高等見士元,爲殷函條,並請書聯。講二小時。(下略)"

1907年12月22日丁未十一月十八日,在席少保祠,省教育會公舉正副會長,當選副會長。

《議設教育會(長沙)》:"省城學界諸紳以近來各省多立有教育會管理學務,並調查各學堂辦法,庶免靡費曠功,且不致學生誤入歧途,省中自應仿行,曾稟撫憲、學憲批准,故去冬今春已開第一次、第二次議會,事頗就緒。嗣又奉到學部所定章程,並學憲亦諭有章程發下;又各紳擬定本會章程即發傳單,於前十八日在席少保祠開第三次議會,選舉會長。是日入場者二百五十餘人,初發票舉正會長,廣西候補道劉紳人熙舉者二百二十餘票。次舉副會長,陸軍部主事曾紳熙舉者一百三十餘票,乃定劉紳爲正會長,曾紳爲副會長。旋於昨廿五日開第四次議會,由會長傳知各紳屆期仍齊集席祠,公舉辦事人員,其會中職司名目、各紳姓名並一切章程,均俟查知續志。"(1907年12月31日《長沙日報》)

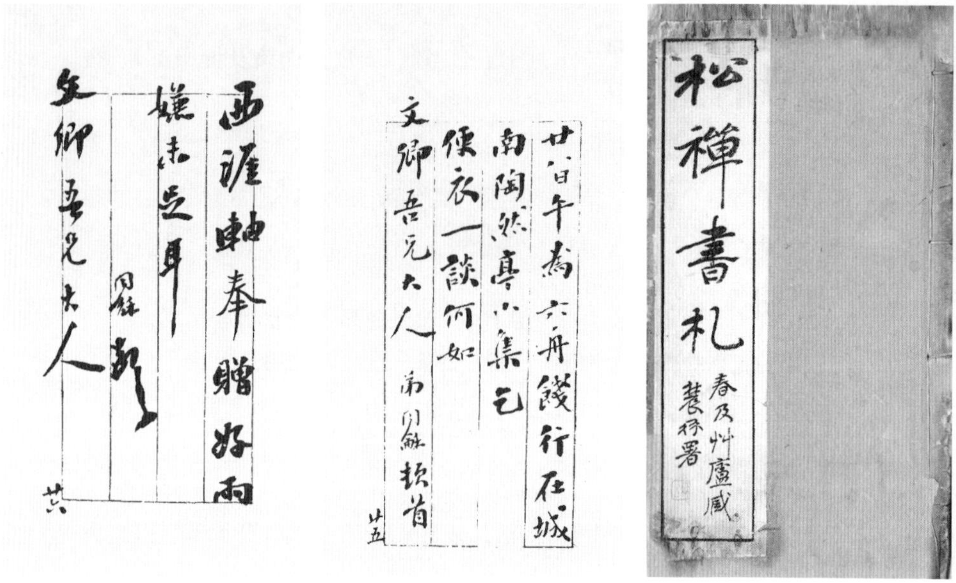

松禪書札書影

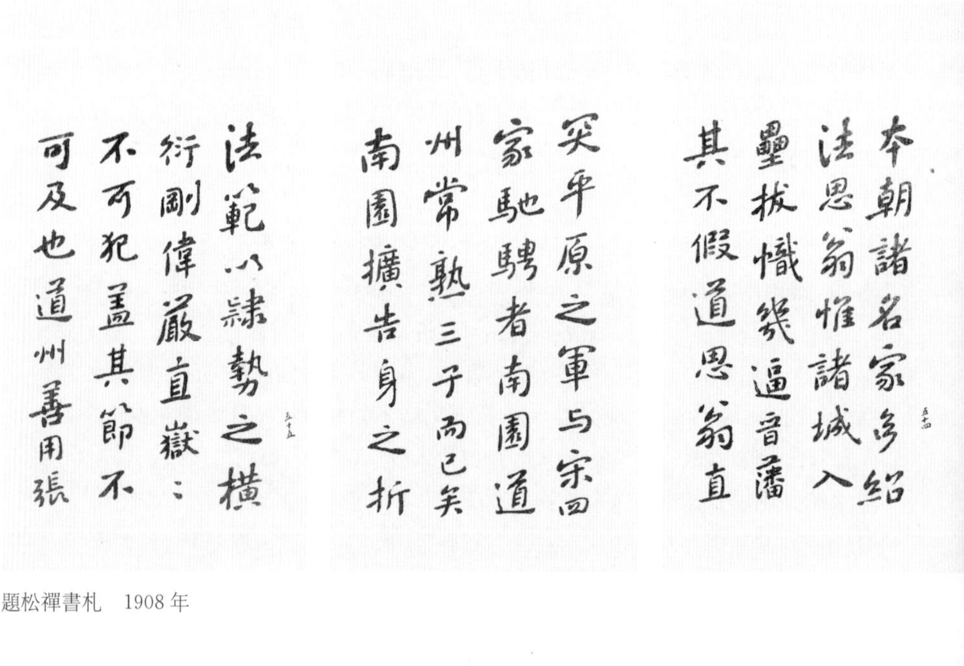

題松禪書札　1908 年

黑女之掠空小歐陽之擘窠實隸法艸情出入生位睥睨百家舒嘯倘佯蓋其才不可及也常熟處諸城諸子之後獨張錢軍旗幟一新縱橫豪宕幾過蘇黃諸葛擒縱之略操之廟堂常熟書法似之今從組盦同年家得見與文勤往還手札百數十通愛不釋手蓋兩家風誼之篤先正友朋繾綣之情今不可復見矣固謀組盦郎呈上石俾永流傳雖無老成人尚有典型因志數語附戊申端午前三日也

譚文勤晚年自署其齋曰春及艸廬凡友朋往還書札遂年籤記翁帖計百二十六通紙色明潔三十二帖假觀彌月遂影諸石顏以艸廬志文勤舊題也 照并識

題松禪書札　1908年

清末民初湖南省諮議局

譚氏三兄弟合影 譚澤闓(左一)　譚延闓(左三)　譚恩闓(右一)

龍田慈德堂舊居

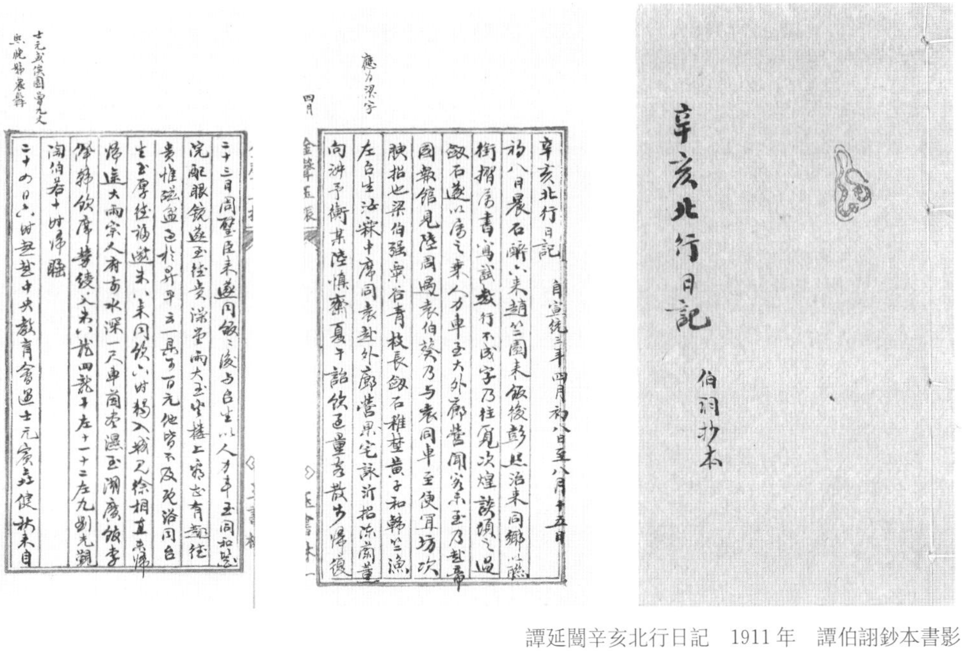

譚延闓辛亥北行日記　1911 年　譚伯詡鈔本書影

余肇康母九十歲大壽，在家宴客演戲四日，1907年12月30日丁未十一月廿六日爲宴司道府縣及士紳之日，赴宴賀之。

《余肇康日記》同日條："廿六日，晴，夜雨。早判閱公司各件，佈置壽堂，是日觴司道府縣及各紳。到者惟吳方伯、吳學使、莊廉訪、朱鹽道、汪首府、沈長令、孫英令、朱益濬、唐步瀛、賴承裕、沈祖□、袁學昌、李起榮諸觀察，曾慶溥、彭家驥諸太守，姚良楷、王遐齡諸大令。紳士到者聶仲芳、黄觀虞、汪鏡青、孔静皆、葉焕彬、曾嗣園、羅□□、蔣哲生、朱景僑、席沅生、利佛翼、楊紹曾、徐次鶴諸君，觥籌交錯，伶人貪賞，分外傳神，頗極一時之盛，三鼓乃散。"

是年，獲何紹基臨《張遷碑》。

跋《蝯叟臨張遷碑》："此道州臨《張遷》，恰到妙境，純以筆趣博興之册也。予丁未得之嶽麓，辛亥携以入都，出入兵燹，寶愛未嘗釋手。"（瓶齋藏《蝯翁臨張遷碑》，何道州臨漢碑十册之一，商務印書館　1933年8月版）

1908年　清德宗光緒三十四年　戊申　四十八歲

戊申正月，與譚延闓等具呈岑春蓂，請求將衡岸學費一款提撥六成歸教育總會，四成歸公立女學，各作開辦及常年經費。岑回復以該款項業經學司分配妥帖難以改撥。

《湘紳請籌教育會暨女學經費公呈》："具呈職紳譚延闓、劉人熙、馮錫仁、曾熙、龍璋、龍紱瑞、俞蕃同、胡元倓、曹典球、陳潤霖、王達、瞿方梅、貝允昕、許翔、胡子清、瞿宗鐸、陶思曾、黄忠績、謝重光、廖名縉等爲會資無着，女學待興，呈請指撥衡岸加收學費鹽款以資補助事。竊闓等於十月廿八日准湖南督銷總局咨開，案奉督鹽憲端札開，批敝局稟遵飭查覆湘紳譚延闓等稟請指撥鹽款，專作民立學堂經費一案，奉批據稟已悉。查衡州一岸，既經體察情形，每百觔加收學費洋銀一角，於民食銷市尚無窒礙，應准查照抽收，以資挹注。惟湘學司既有請收衡岸學費之案，寶岸前籌之款，邵陽、新化兩縣又請留作兩縣抵充學費，雖未定案，能否改歸湘省民立各校補助之用，應候咨會湘撫部院飭司妥籌辦理，仰即遵照辦理，並移會譚紳等知照等因，准此。伏念今日教育物質之文明與精神之致用日益演進，專賴經濟活動以收成效。湖南地瘠民貧，籌措學款良非易易。去歲銅元停鑄，一時民立學校補助之費均無着。闓等迫於桑梓義務，曾於夏間具稟督鹽憲端請指撥鹽款作民立學堂補助之費，負山填海，本願極癡，嗣奉大公祖苦心籌畫,規復明德、經正、修業等校津貼,保護維持,學界靡不感激。兹奉前因,知加收衡岸學費已經覈准,而能否移歸民立學校之用,則由公祖妥籌辦理。闓等伏查此項學費與三路師範原定加抽通省鹽觔,作爲學費統計攤分,係屬一案。本皆全省公款,非爲地方專籌,若各府得以自私傚尤者,必將紛至。惟有歸諸全省公益,乃可弭意見,息争端,令湖南民立各校,既承公家補助,亦形勉强支持,自不必再加附益。現在湖南教育總會業已選舉正副會長,擇地開辦,造端宏大,需款維殷。如派人調查暨宣講勸俗,設圖書博物館,開辦教育學報等事,皆須有常款挹注,方能舉行。若專恃會員入會資金,爲數寥寥,殊非長計。查直隸、江蘇各省教育總會所以能補助教育行政者,皆以地方籌有公費,故能展佈如意。今湖南教育總會賃屋之金,皆由借貸,茶水之費,概出私家。前開會時,有議抽教員薪水以供會用者,有議停年假酒席費以供會用者,其籌畫之艱難,已可想見。合無公懇大公祖將闓等前請補助民校一款,提撥六成,以作教育總會開辦及常年之用,實爲至禱。再,闓等春間曾具稟督鹽憲端,請撥提江防經費餘款,開辦公立女學一所,旋奉批以無款可籌爲復,而湖南女子教育實落江浙後塵,闓等嘗爲慚愧,亟思所以振興之道,且恭案奏定女學堂章程,每省必由官籌設女子師範學堂一所,以爲模範,此舉尤不可緩。衡岸學費若撥歸教育會六成,其餘四成爲數無多。合併公懇俯准撥歸公立女學作開辦暨常年經費,一舉兩得,於教育普及爲益匪淺。區區之見,是否有當,合呈懇大公祖查覈批准,詳請立案施行須至呈者。"

"撫部院岑批:來牘擬以衡岸學費一款提撥六成歸教育總會,四成歸公立女學,各作開辦及常年經費,自是爲普及教育起見。惟查衡州配銷學款,前准兩江鹽督部堂咨,據督銷局詳復加收聲明,湘學司早有加收衡岸學費之案,咨請飭司籌撥到院,當以此項鹽款應如何分配,行司妥議去後旋議,擬以五成撥給南路實業、師範兩校,以二成五准銷鹽各縣留充本地學費,以二成五撥歸省城,備撥全省師範用款。詳經本部院覈與三路師範鹽款暨寶岸學費兩案,均各相符,批准照辦在案,此時礙難改撥,應即無庸置議。仰提學司移知至教育總會。現在組織情形如何,應否另籌補助,有無别款可籌,併即有司查酌辦理可也。此繳原呈抄發。"(1908年2月28日《時報》)

戊申正月,與譚延闓、劉人熙、馮錫仁、龍璋、龍紱瑞等聯名具呈巡撫岑春蓂,請按奏定女學堂章程規定開辦女子師範學堂。

《呈請開辦女子師範學呈(長沙)》:"湘紳譚延闓、劉人熙、馮錫仁、曾熙、龍璋、龍紱瑞等,以奏定女學堂章程,每省必由官籌設女子師範學堂一所以爲模範。現在各省均經設立,湖南自應遵照倡辦,以普教育。特於日前,聯名具呈撫帥,請於衡州配銷學款案内酌提四成,撥歸公立女學,作開辦暨常年經費。聞堯帥意以衡岸學款業經學司分配妥帖,礙難改撥,而女學一項,尤應及時興辦,當即面飭學司,令會同藩司另籌的款,以資成立云。"(1908 年 2 月 24 日《時報》)

遭嶽麓高等學堂學生赴督轅無故控告,遂萌退志,電達學司,請辭嶽麓高等學堂監督以及教育會副會長職,從長沙回龍田。

按:見下文,文中"去歲"指丁未年,即陰曆元月前。

1908 年 3 月 25 日戊申二月二十四日嶽麓高等學堂開學,學司電催涖學,復電請辭,薦劉人熙接任,學司極力挽留。

《長沙通信》:"省城嶽麓山高等學堂業於去月二十四日開學,該堂監督曾俟園主政,熙於去歲前回衡州珂里,現在尚未來長,學司以管理需人,因電請從速涖堂,不意該監督以該堂學生去歲無故匿名電達次帥呈控,頗存去志,特復電力請辭差,並舉中路師範監督劉艮生觀察人熙接充。聞學司以該監督辦理認真,尚須極力慰留,俾克勉盡義務。"(1908 年 4 月 10 日《時報》)

此際,省教育會正會長、中路師範學堂監督、廣西候補道劉人熙接廣西當局召赴桂林,無人主持會務,學界電催赴長沙主政省教育會,復電學界另選正副會長。

《長沙通信》:"省城教育會,正會長劉人熙已赴桂林,副會長曾熙現在衡州故里,尚未來省。學界諸君以正副會長均不在省,諸事無所稟承,特於日前,迭次電催副會長曾俟園主政,從速到湘主持一切。惟曾主政以去歲被高等學堂學生無故赴督轅控告,頗存退志,並有電達學司,請飭學界另舉正副會長之説。"(1908 年 4 月 22 日《時報》)

按:1908 年 4 月 18 日《時報》長沙消息稱:"省城中路師範學堂監督兼教育會會長、再籍紳士廣西候補道劉艮生觀察人熙現經桂撫張堅帥疊次電調,飭令迅速赴桂商辦要政,觀察遵於日前啓程前往。……教務長貝元貞暫行代辦。"

戊申四月廿二日,與譚延闓入見聶中丞遞公呈。

《余肇康日記》四月廿一日條:"(前略)申刻散,遍訪黃敬老,約明日同曾俟園、譚組盦入見聶中丞。(下略)"

《余肇康日記》四月廿二日條:"(前略)回家,組安、俟園、沅生來,商株昭事。聶中丞、吴學使、賴觀察、黃敬老、任筱崇、徐次□、張穉□兩首縣均來賀,黃、曾、譚則詣中丞遞公呈。來客甚多,不備志。(下略)"

1908年5月31日戊申端午前三日,訪譚延闓於寓,得觀翁同龢與譚鍾麟往還手札百餘通,愛不釋手,借觀彌月。

題《松禪書札》:"本朝諸名家多紹法思翁(按:即董其昌)。惟諸城(按:即劉墉)入壘拔幟,幾逼晉藩。其不假道思翁直突平原(按:即顔真卿)之軍,與宋四家(蘇軾、黄庭堅、米芾、蔡襄)馳騁者,南園(按:即錢灃)、道州(按:即何紹基)、常熟(按:即翁同龢)三子而已矣。南園擴《告身》之折法,範以隸勢之横衍,剛偉嚴直,嶽嶽不可犯,蓋其節不可及也。道州善用《張黑女》之掠空,小歐陽(按:即歐陽通)之擊實,隸法草情,出入《坐位》,睥睨(睨)百家,舒嘯倘徉,蓋其才不可及也。常熟處諸城諸子之後,獨張錢軍旗幟,一新縱横豪宕,幾過蘇黄,諸葛擒縱之略,操之廟堂,常熟書法似之。今從組盦(按:即譚延闓)同年家得見與文勤(按:即譚鍾麟)往還手札百數十通,愛不釋手。蓋兩家風誼之篤,先正友朋繾綣之情,今不可復見矣。因謀組盦取景上石,俾永流傳,雖無老成人,尚有典型。因志數語,時戊申端午前三日也。"

又:"譚文勤晚年自署其齋,曰春及草廬,凡友朋往還書札,逐年籤記。翁帖計百二十六通,紙色明潔,三十二帖,假觀彌月,遂影諸石,顔以'草廬志',文勤舊題也。熙並識。"(《松禪書札》,春及草廬藏,農髯署,震亞圖書局出版)

1908年6月24日戊申五月初六日,余肇康來訪譚延闓,示以東瀛來信。譜主在坐。

《余肇康日記》同日條:"(前略)至組安處,以東瀛緘與閱,鞠尊使氣不出,共謀所以出之之法,曾俟園在坐。返家日晡矣。(下略)"

1908年6月26日戊申五月八日與席沅生、王莘田、譚延闓聯名宴請王闓運,是日譜主未至,代以胡子清。

《湘綺樓日記》同日條:"八日。在船早飯,將午入城,鄧婿同來,求乾館,許其從我讀書,滿廿日,與以十二元,叩謝而去。摸牌未一圈,李將軍、張先生俱來。楊親家母送熯餃。席沅生、莘田、曾熙、譚會元請飯,催客,過拜唐老守,至小瀛洲,廖蓀畡、余堯衢、劉國泰先在,曾熙不見,代以胡子清,水榭甚涼,客云日烈可畏,早晚不同也。縱談不及新亭,彼此心照。"

《余肇康日記》同日條:"(前略)申刻至小瀛洲赴組安、沅生、子静、莘田、嗣園之約,陪王檢討,廖星陔、劉稺泉亦在坐爲客,嗣園不到,談諧終席,傍晚散。(下略)”

庚申秋月,書《清故萬州牧向君之碑》。

《清故萬州牧向君之碑》:“清故萬州牧向君之碑。湘潭王闓運撰文。衡陽曾熙書丹。臨川李瑞清篆額。君諱熙,字晴峰,衡州衡山人也。其先受姓子商,仍世達人。及南渡,遷茶陵,與衡州族再徙衡山,條苗富盛。道光初,向王氏以節孝旌表,即君祖母也。父諱奎照,佐勞文毅,復潯州,叙廣西同知,養親不仕。君幼敏異,兼通五經,遭世匡襄,不樂章句,以府通判分廣東候補,母喪歸。友人蕭李手書招請,以廉能薦司搉税,爲總督所知任,瓊州請員,檄君往助。至則與兵備異議,莫能用也。俄而總督巡邊,廣坐公謁,首問君所主辦,對以差遣,峻詰兵備請員何意,有向倅而不能用。兵備謝焉。又以攻黎論兵,與統將不合,及中黎反間,始服君明。繇是撫黎機宜,悉資籌筭。留瓊十三年,署澄邁,會同陵水令萬州牧,藝於從政。敷教在寬,蠻民樂安。黎洞興學,治澄邁械鬥獨嚴,兇手殺人者死,賕贖不行。萬州捕治營兵反譁,州堂民圍,游擊因誣君主使。事既得直,仁威大彰。以邊障告還,檄主佛山釐局兼汾水蛹税,除煩去苛,商民懽説。巡撫許公稱其仁厚,將專疏特薦,會裁缺去官,君亦憂歸負土,居廬於林之下,非公不徑,引義自繩。學舍觀成,桑田有沃,得從所好,胡不期頤。年六十有七,光緒三十二年閏月十五日日中卒於里第。有《官粤書牘》、《蠶桑易知》、《牧令書》並刊行於時。長子棪,光禄寺署正。次燊,候補道員。瑩,江蘇令。滎,江西令。森,廣東令,署高要,封川知縣次(中缺)澄清。及孫男士三,曾孫四人,並號咷靡依,思追先德,族衆嗟痛,相向失聲。乃伐玄石,式述典型,其辭曰:(略)光緒三十四年,歲在戊申季秋月造石。”(《清故萬州牧向君之碑》,民國石印本)

按:向熙爲向燊(樂穀)之父,丙午 1906 年卒。

冬月,爲貫徹朝廷選派公正明達官紳創辦諮議局籌辦處,湖南巡撫岑春蓂推舉譜主與王先謙、馮錫仁、趙啓霖、譚延闓、黄忠浩、湯魯璠、陳兆葵爲會辦,上奏朝廷批示。

戊申十一月二十五日《巡撫岑春蓂奏湖南設諮議局籌備處情形折》:“湖南巡撫臣岑春蓂跪奏,爲遵設諮議局籌辦處選派官紳設處開辦,恭折仰祈聖鑒事。竊臣恭閱光緒三十四年電傳閣抄奉上諭,仰見朝廷推行憲政之至意,欽服莫名。旋准憲政編查館咨開:現在諮議局尚未成立,各省應就省會地方先行設立該局籌辦處,由督撫欽遵諭旨,選派公正明達官紳創辦其事,詳細章程由各省自行酌定,咨送備查等因,恭録諭旨刷印原奏清單,並擬定選舉票、投票匭及當選議員各執照格式咨行到湘。臣維諮議局爲議院之基礎,籌辦處又爲諮議局之階梯,事理重大,條理繁密,當此創辦伊始,凡調查選舉之方法,建築設立之規,以及遴派經辦員紳,明定辦事權限,酌分選舉時期,籌備經常費用等事,均須悉心考究,切實區畫。且被選議員即爲參議政事之人,尤非全省地方官會同正紳通力合作,秉公經辦,不足以期完善而昭慎重。現經臣遵章釐定,就省城設立諮議局籌辦處,派藩、學、臬三司爲總辦,檄委鹽法、巡警、勸業三道及照會在籍紳士内閣學士銜前國子監祭酒王先謙、前工科給事中馮錫仁、前掌江南道監察御史趙啓霖、翰林院編修譚延闓、陸軍部主事曾熙、前廣西右江鎮總兵黄忠浩、廣西候補道湯魯璠、湖北候補道陳兆葵爲會辦,湖南候補道張鴻年爲駐處會辦。由臣督同該總會辦擇定設處宇舍,訂立章程,分科治事,選任長沙府及長沙、善化兩縣並通達治理熟悉法政之員紳,分别派充提調、科長、科員,籌備設立諮議局一切事宜,業經設處開辦。俟諮議局籌辦就緒,即將該處裁撤,用符定章。(下略)"(轉引自《湖南諮議局文獻匯編》)

戊申十二月,爲南路師範學堂《生理學講義》題耑。

《生理學講義》題耑:"公編生理學講義。戊申十二月,監督曾熙署。"(私人藏)

戊申年末,奉上諭,任諮議局籌辦處會辦。

《湖南巡撫岑春蓂奏遵設諮議局籌辦處,選派官紳開辦摺》:"奏爲遵設諮議局籌辦處,選派官紳設處開辦恭摺,仰祈聖鑒事。竊臣恭閱光緒三十四年六月二十四日電傳閣鈔,奉上諭,朕欽奉慈禧、端佑、康頤、昭豫、莊誠、壽恭、欽獻、崇熙、皇太后懿旨,憲政編查館資政院王大臣等會奏,擬呈各省諮議局及議員選舉章程一摺。諮議局爲採取輿論之所,並爲資政院豫儲議員之階,議院基礎即肇於此,事體重大,亟宜詳慎釐定。兹據該王大臣擬呈各項章程,詳加披閲,尚屬周妥,均照所議辦理。即著各督撫迅速舉辦,實力奉行。自奉到章程之日起,限一年内,一律辦齊等因,欽此。仰見朝廷推行憲政,切實豫備之至意,欽服莫名。旋准憲政編查館咨開,現在諮議局尚未成立,各省應就各省會地方先行設立該局籌辦處,由督撫欽遵諭旨,選派公正明達官紳創辦其事,詳細章程由各省自行酌定,咨送備查等因,恭録諭旨,刷印原奏清單,並擬定選舉票、投票匭及當選議員,各執照格式咨行到湘。臣維諮議局爲議員之基礎,籌辦處又爲諮議局之階梯,事體重大,條理繁密,當此創造伊始,凡調查選舉之方法、建築設立之規矩,以及遴派經辦員紳,明定辦事權限,酌分選舉時期,籌備經常費用等事,均須悉心考究,切實區畫。且被選議員即爲參議政事之人，尤非全省地方官會通正紳，通力合作，秉公經辦，不足以期完善而昭慎重。現經臣遵章釐定，就省城設立諮議局籌辦處，派藩、學、臬三司爲總辦，檄委鹽法、巡警、勸業三道，及照會在籍紳士、内閣學士銜前國子監祭酒王先謙，前工科給事中馮錫仁，前掌江南道監察御史趙啓霖，翰林院編修譚延闓，陸軍部主事曾熙，前廣西右江鎮總兵黄忠浩，廣西候補道湯魯璠，湖北候補道陳兆葵爲會辦，湖南候補道張鴻年爲駐處會辦，由臣督同該總會辦，擇定設處宇舍，訂立章程，分科治事，選任長沙府及長沙、善化兩縣，並通達治理、熟悉法政之員紳，分别派充提調科長、科員，籌備設立諮議局一切事宜。業經設處開辦，俟諮議局籌辦就緒，即將該處裁撤，用符定章。至選舉議員，事屬創辦，端緒繁多，湘省風氣開通未久，各府廳州縣見聞或有囿隘，辦理恐致紛歧，特將憲政編查館原奏章程及票匭執照各格式仿印多本札發，飭令先行，切實研究。並飭籌辦處代擬各區域初選、復選辦事細則，分發各府廳州縣遵照辦，以期畫一而免周折。該處所需一切經費，已飭善後局隨時籌撥。其各屬選舉需用款項，恐各該地方自備維艱，致誤期限，一併由省酌發，仍飭撙節動用，覈實造報，均請作正開銷。除咨憲政編查館、資政院、吏部、度支部查照外，所有遵設諮議局籌辦處，選派官紳設處開辦緣由，謹會同湖廣總督、臣陳夔龍恭摺具陳，伏乞皇上聖鑒，謹奏。（光緒三十四年十二月十四日奉旨：該衙門知道，欽此。）”（光緒三十四年十二月《奏設政治官報》，文海出版社印行）

《湖南諮議局籌辦處開辦告示》：“爲出示曉諭事。照得前憲政編查館咨開：奉上諭諮議局爲採取輿論之所，着各督撫迅速舉辦，限一年内一律辦齊等因。欽此。並頒到會奏各省諮議局章程及按語，並議員選舉章程、折單暨選票、投票匭、當選執照格式到湘。原咨内開‘現在諮議局尚未成立，各省應就省會地方先行設立諮議局籌辦處，由督撫欽遵諭旨，選派公正明達官紳創辦其事。其籌備處詳細章程由各省自行酌定，仍咨送本館備查’等因。承准此。查原頒章程湖南額定議員八十二名，以廳州縣爲初選區，以該管府州爲復選區。先由初選監督按照選舉資格詳細調查，將合格之人造册申報，分配當選人額數，由各初選、復選區層遞投票選舉，克期辦齊，限明年九月一日開辦。諮議局事體重大，期限緊迫，自應遴選官紳設處籌辦，以期屆時成立。當經札委藩、學、臬三司爲總辦，監法、巡警、勸業三道爲會辦，候補道張道爲駐處會辦。另照請内閣學士銜、前國子監祭酒王紳（先謙）、前工科給事中馮紳（錫仁）、前掌江南道監察御史趙紳（啓霖）、翰林院編修譚紳（延闓）、陸軍部主事曾紳（熙）、前廣西右江鎮總兵黄紳（忠浩）、廣西候補道湯紳（魯璠）、湖北候補道陳紳（兆葵）爲會辦紳士，並遴委提調、科長各員。飭即揀設處所，將一應開辦事宜次第酌議，妥速興辦，通飭各屬一體遵照各在案。查諮議局爲議院基礎，籌辦處乃諮議局權輿。現在雖已開辦，但事屬創舉，圖始爲難。選舉調查條緒尤爲繁賾,誠恐各屬紳民於章程未盡通曉,不免誤解名義,甚至傳聞悠謬,觀望不前,致要政不克按期舉行,關係良非鮮淺。除飭該處將原頒章程詳細解釋,通飭各屬明白宣示外,合行通曉,爲此示。仰合省紳民人等一體知悉。須知本部院遵旨設立處所籌辦諮議局事宜,係爲裒集全省輿論起見,將來成立,凡地方利弊,民生疾苦,皆可由議員代爲敷陳,其裨益難以殫述。湘省文明早著,不乏通達士民,務各將現在辦法剴切開導,輾轉告語,俾鄉曲小民皆曉然於籌辦宗旨之所在,庶幾上下一心,官民一體,同攄忠愛,共濟時艱,以上副朝廷通達民隱之至意,是所深望,其各懍遵毋違。切切特示。"(轉引自《湖南諮議局文獻匯編》)

《湖南諮議局籌辦處近事》:"岑堯帥日前照會王益吾閣學先謙、趙芝生侍御啓霖、譚組庵庶常延闓、湯穉盦觀察魯璠四紳,充當諮議局籌辦處會辦。現因全省紳界竊竊私議,謂堯帥所派四紳均係中路之人,西南兩路未免缺望等語,堯帥聞之,遂於日昨加派西路紳士二人:一馮莘垞給諫錫仁,一黄澤生軍門忠浩。南路紳士二人:一曾俟園主政熙,一陳復心觀察兆葵。四人一律充當會辦,以昭公允,已經次第照會,日内即可到處視事矣。"(1909年1月11日《時報》)

1909年 清宣統元年 己酉 四十九歲

1909年初,湖南省諮議局籌辦處開始擬定各種選舉章程及辦法。

《湖南諮議局籌辦處近事》:"省城籌辦處各總會辦日前詳明督撫兩院,略謂籌辦次第必先從選舉調查着手,而選舉一事,尤非慎擇其人不可;考查各省辦法,多委派司選員分赴所屬府廳州縣,幫同地方官籌辦初選、復選一切事宜。查湘省官紳曾經肄業法政畢業者,固不乏人,惟統計闔屬,不下八九十處,若按處派員司選,仍屬不敷分佈。且此項人員,關係緊要,倘不得人,竊恐轉行窒礙。本司職道等公同商酌,一再躊躇,擬暫不派員分往各屬幫同司選。該府廳州縣本有分往初選、復選監督專職,即由處妥擬詳細規則,並將原頒選舉章程逐條解釋,通飭各屬一律遵辦,另詳定功過章程,以嚴考成而免延諉。其他籌辦宗旨,分設科目,以及辦事權限、支用款項一應事宜,謹就湘省情形,參酌直隸、湖北等省辦法,酌擬開辦章程六章計十四條,商諸會辦各紳士意見,均屬相同,當奉堯帥批示:如詳辦理,所有未盡事宜,仍隨時往復酌商,以期妥善云云。△又籌辦處近日通飭各屬,並摘録諮議局選舉各章程爲之表解。又恐各屬之開辦調查道謀無成也,代擬各屬選舉調查事務所通章,並附調查員注意,並訂各種應用簿册各式。又恐各屬之陵躐次序或曠廢時日也，預定本處及各屬辦事日期表。撫憲又恐各屬之調查需費重累吾民也，飭本處按幅員之廣狹，酌給費之多寡。每一廳州縣，或五六百千，或三四百千，將來分設投票、開票所遴選員紳，均宜慎之又慎，勿偏執己見，亦勿過徇人情，庶選舉有效而經費不至虚糜。辦理調查，又以嚴禁騷擾爲第一義。限文到三日内，先將開辦日期及辦事職員姓名具報查考毋違，而發去各項規章、各屬官紳應詳細研究，如有異義，或有引伸之處，並刷印各件或有訛誤，均准直接函達本處詢商，藉收集思廣益之效。切切，此札。"（1909 年 1 月 12 日《時報》）

1909 年 1 月 25 日己酉正月初四日，湖南省諮議局籌辦處開局，蒞會辦事。

《湖南諮議局籌辦處近事》："省城諮議局籌辦處已於本月初四開局，所有處中辦事各員業經照常到局，因奉堯帥面諭，以現在距初選期迫，一切尚須預備，故不能不較各局早也。各司道等日前會議，以該處各事來緒紛繁，議論不一，應如何着手之處必須會商紳士，斟酌妥善，方能行之無礙，擬即日招致全體士紳公同决議，以便次第實行。"（1909 年 2 月 6 日《時報》）

1909 年 10 月 8 日己酉八月廿五日，在長沙召開省諮議局預備會議，譚延闓被選爲議長，與馮錫仁被選爲副議長。

《湖南諮議局議事録（一）》："二、選舉議長：八月二十五日預行選舉正副議長。譚延闓得五十七票爲正議長。馮錫仁得三十七票、曾熙得三十八票爲副議長。"（轉引自《湖南諮議局文獻匯編》）

《湖南諮議局議事録（二）》："選舉議長：全省議員既赴召集，僉以會期在邇，主持準備責任宜專，正副議長須先期確定，遂於八月二十五日預行選舉正副議長。行政官自布政使以下咸蒞局。議員至者六十九人，互選投票自午前十時起至午後四時止。互選議長譚延闓君得五十七票。互選副議長第一次馮錫仁君得二十七票，羅傑君得二十二票，均不及過半。遂以馮君、羅君重投，馮君得三十七票。互選副議長第二次曾熙君得三十八票。於是决選以譚延闓君爲議長，馮錫仁君、曾熙君爲副議長。"（轉引自《湖南諮議局文獻匯編》）

1909 年 10 月 14 日己酉九月一日晚六時，出席在府學宫明倫堂舉行之湖南諮議局召開第一屆會議開幕式。

《湖南諮議局開幕紀事（長沙）》："九月初一日六時，湖南諮議局假府學宫明倫堂行開幕式。撫憲及以下各官與議長譚君延闓、副議長曾君熙、代理副議長羅君傑(因馮君錫仁未至)及諸議員蒞局行禮畢,共上籌備憲政曠典祝詞。是日會場佈置,岑中丞居左,試用知縣車伯葵大令賡讀頌詞,議長譚組安太史延闓居右,各議員居中致答詞,司道居後(學司吴子修文宗以考優拔迴避未到)。禮畢,至九鐘時閉幕,官長與議長、議員、書記長、書記茶會而散,備極歡悦。"(1909 年 10 月 22 日《申報》)

《大事記》同日條:"召開湖南諮議局第一屆會議,會議議期五十天。巡撫岑春蓂到會致賀。同日,譚延闓致電郵傳部尚書徐世昌,請罷湘路借款。"(《湖南省志大事記》,湖南人民出版社 1999 年版)

《湖南諮議局議事録(二)》:"開會:宣統元年九月初一日,湖南諮議局成立,議長、副議長、議員到會。行政官自撫部院以下咸蒞局。午前九時行開會式,行政官由東階,議員由西階蒞會場,恭上籌備憲政曠典祝詞畢,撫部院命委員讀開幕演説詞,議長命書記誦答詞。禮畢,退入茶會廳。是日,官吏赴會者四十五人,旁聽者三百餘人。自開會至散會秩序整齊,罔不欣慶,誠我國數千年來未有之盛事也。"(轉引自《湖南諮議局文獻匯編》)

又:"開會禮式:一、撫台及各行政官冠服蒞局,就行政官憩息室。一、議員冠服就議員憩息室。一、書記長介紹行相見禮。一、撫台及各行政官、議長、議員均至議廳前行禮處,撫台及各行政官西向,議長、議員東向對行三揖禮。一、摇鈴開會。一、書記長引撫台及各行政官自東廊入議場立。一、議長、議員、書記自西廊入議場立。一、書記長請撫台、議長各就席,各行政官、議員、書記長、書記同時各就席。一、守衛長引旁聽人各就席。一、撫台及行政官、議長、議員同時起立,恭上籌備憲政曠典祝辭,旁聽人均立聽,讀罷就座。一、撫台就演臺宣誦開會詞,誦畢就座。一、議長就演臺宣誦答詞,誦畢就座。一、摇鈴散會,旁聽人均退出。一、撫台及各行政官、議長、議員、書記長、書記同退至茶會廳茶會。一、茶會畢,議長、副議長送撫台及各行政官至大門外。行政官及旁聽官銜名(略)分部:午後二時議長掣籤分部定席次,共分九部,每部九人,另有表。"(轉引自《湖南諮議局文獻匯編》)

1909 年 10 月 15 日己酉九月初二日開會討論規則及建築問題。

《湖南諮議局議事録(二)》:"討論規則及建築問題:九月初二日午前九時,議員到會者六十六人。議長宣佈討論四事:一、議事細則;二、懲罰規則;三、諮議局建築問題;四、辦事細則。紀要:(略)"(轉引自《湖南諮議局文獻匯編》)

1909 年 10 月 16 日己酉九月初三日,開會互選常駐議員。

《湖南諮議局議事録(二)》:“互選常駐議員:九月初三日午前九時,互選常駐議員,到會者七十五人,至午後六時舉畢散會。(下略)”(轉引自《湖南諮議局文獻匯編》)

1909年10月18日己酉九月初五日,諮議局開第一次正式會議。

《湖南諮議局議事録(二)》:“第一次正式會:九月初五日開第一次正式會,自午後一時至五時止。行政委員蒞局。議員到會者七十五人。議長宣佈動議,撫部院交議三案:一、湘路亟應限年改修案。二、改良宣講所案。三、改良擴充慈善事業案。紀要:(略)”(轉引自《湖南諮議局文獻匯編》)

1909年10月19日己酉九月初六日上午開會,補選候補常駐議員及審議長。

《湖南諮議局議事録(二)》:“補選候補常駐議員及審議長:九月初六日,補選候補常駐議員。議員到會者六十九人。(下略)”(轉引自《湖南諮議局文獻匯編》)

按:選舉結果:審議長羅傑,候補常駐議員易宗夔、唐右楨、羅亮傑、李有珪。

同日午後開第二次正式會議。

《湖南諮議局議事録(二)》:“第二次正式會:九月六日開第二次正式會,自午後一時至五時止。行政委員蒞局,議員到會者七十人。議長報告本日日表所載之組織商務分會案已由撫部院撤回,遂宣佈動議撫部院交議二案、續議一案:一、續議湘路亟應限年趕修案;二、組織禁煙會社案;三、組織農會案。紀要:(略)”(轉引自《湖南諮議局文獻匯編》)

1909年10月20日己酉九月初七日開第三次正式會議。

《湖南諮議局議事録(二)》:“第三次正式會:九月初七日開第三次正式會。自午後一時至五時止。行政委員蒞局,議員到者六十九人。議長宣佈動議撫部院交議二案:培植森林案;禁止迎神賽會案。紀要:(略)”(轉引自《湖南諮議局文獻匯編》)

1909年10月21日己酉九月初八日開第四次正式會議。

《湖南諮議局議事録(二)》:“第四次正式會:九月初十日開第四次正式會。自一時至五時止。行政委員蒞局。議員到會者六十九人。議長宣佈動議撫部院

交議二案:一、簡易小學普及辦法並籌經費案;二、振興工業大宗案。紀要:(略)”(轉引自《湖南諮議局文獻匯編》)

1909年10月22日己酉九月九日重九,譜主與彭肅齋、譚延闓在書院監督室,恰王闓運欲循廚徑登山過路。

《湘綺樓日記》同日條:“九日,陰。蓬洲、蓀畡來,問何處登高,俱云高人宅即登高矣。午出城渡湘,砲船相候,嫌三版不穩,派六勇丁爲駕渡船。從大西門渡水麓洲,再渡湘水,俱汹湧。循山徑至茶店小歇,雲開見日,買橘。又數里過屈祠,今改景賢堂矣。書院亦離奇光怪,但工作頗壯,云油餅者冤也。入東齋至監督室,連房五六,於中坐客。曾四元、彭肅齋、譚組安先在,何璞元後至。循廚徑上山,何不能步,乃呼舁還,惟至愛晚亭一坐。周兒來見。令留勇飯。二馬招明午便飯,則不能留。(一馬云在胡文忠家曾相見,未之省也。)將夕,何先告去,余與曾、譚皆留宿,張生亦至。”

1909年10月23日己酉九月十日開第五次正式會議。

《湖南諮議局議事録(二)》:“第五次正式會:九月十二日開第五次正式會。自一時至五時止。行政委員蒞局。議員到會六十九人。議長宣佈動議撫部院交議二案、續議一案:一、續議簡易小學普及辦法並籌經費案;二、積穀清查及增加案;三、礦務改良案。紀要:(略)”(轉引自《湖南諮議局文獻匯編》)

1909年10月26日己酉九月十三日開第六次正式會議。

《湖南諮議局議事録(二)》:“第六次正式會:九月十三日開第六次正式會。自一時至五時止。行政委員蒞局。議員到會者五十八人。議長宣佈動議撫部院交議三案:一、組織混同消防案;展拓街道案;建設食品市場案。紀要:(略)”(轉引自《湖南諮議局文獻匯編》)

1909年10月27日己酉九月十四日上午開會,選舉三部審查員。

《湖南諮議局議事録(二)》:“選舉三部審查員:九月十四日午前九時,選舉預算、請願、懲罰三部審查員。除常駐議員公推外,再由普通議員中舉二十一人,每部七人,用七人連記票,以多數爲定。(下略)”(轉引自《湖南諮議局文獻匯編》)

同日開第七次正式會議。

《湖南諮議局議事録(二)》:“第七次正式會:九月十四日開第七次正式會。

自一時至五時止。行政委員蒞局。議員到會者六十七人。議長宣佈動議撫部院交議二案:一、抽收房鋪捐充作警費案;二、整頓田房契税案。紀要:(略)"(轉引自《湖南諮議局文獻匯編》)

1909年10月28日己酉九月十五日開第八次正式會議。

《湖南諮議局議事録(二)》:"第八次正式會:九月十五日開第八次正式會。自一時至五時止。行政委員蒞局。議員到會者七十一人。議長宣佈動議撫部院交議二案:一、疏浚洞庭湖水道案;二、訂立地方禁約崇尚節儉案。紀要:(略)"(轉引自《湖南諮議局文獻匯編》)

1909年11月1日己酉九月十九日開第九次正式會議。

《湖南諮議局議事録(二)》:"第九次正式會:九月十九日開第九次正式會。自一時至五時止。行政委員蒞局。議員到會者七十三人。議長宣佈動議撫部院交議一案、議員提議二案:一、撫部院交議各屬組織商務分會案;一、議員陳炳煥提議經營森林案;一、議員易宗羲提議改良徵收機關案。紀要:(略)"(轉引自《湖南諮議局文獻匯編》)

1909年11月3日己酉九月二十一日開第十次正式會議,因議長請假,主持會議。

《湖南諮議局議事録(二)》:"第十次正式會:九月二十一日開第十次正式會。自一時至五時止。行政委員蒞局。議員到會者五十七人。議長請假,副議長曾熙君主席,宣佈議員提議二案:一、議員黎尚雯提議整頓湖南全省教育案;一、議員鍾才宏推廣郵局以廳、州、縣爲單位案。紀要:(略)"(轉引自《湖南諮議局文獻匯編》)

1909年11月5日己酉九月二十三日開第十一次正式會議。

《湖南諮議局議事録(二)》:"第十一次正式會:九月二十三日開第十一次正式會。自一時至五時止。行政委員蒞局。議員到會者七十人。議長宣佈讀會一案、提議一案、續議一案:一、撫部院交議湘路亟應限年趕修案第二讀會;一、議員易宗羲、羅蔚廷提議整頓州縣衙門詞訟積弊案;一、續議整頓湖南全省教育案。紀要:(略)"(轉引自《湖南諮議局文獻匯編》)

1909年11月6日己酉九月二十四日開第十二次正式會議。因議長請

假,主持會議。

《湖南諮議局議事録(二)》:"第十二次正式會:九月二十四日開第十二次正式會。自一時至五時止。行政委員蒞局。議員到會者六十七人。議長請假,副議長曾熙君主席,宣佈讀會一案、提議一案:撫部院交議組織禁煙會社案第二讀會;一、議員丁沅提議岳常禮善後案。紀要:(略)"(轉引自《湖南諮議局文獻匯編》)

1909年11月7日**己酉九月二十五日上午三次訪余肇康。**

《余肇康日記》同日條:"廿五日,陰。曾俟園(熙)三次來訪,乃得出,到公司作事。"

1909年11月8日**己酉九月二十六日開第十三次正式會議。**

《湖南諮議局議事録(二)》:"第十三次正式會:九月二十六日開第十三次正式會。自一時至五時止。行政委員蒞局。議員到會者六十九人。議長宣佈讀會一案、提議一案:一、撫院部交議改良宣教所案第二讀會;二、議員鄒士楨提議改良監獄案。紀要:(略)"(轉引自《湖南諮議局文獻匯編》)

1909年11月9日**己酉九月二十七日訪江榮寶,抵暮始歸。**

《江榮寶日記》同日條:"……早起,趙竹垣侍御、議長譚組菴太史(延闓)、張燕昌太史(啓後)、陳子丹(毓棻)先後來談。飯後閱《廣雅堂詩集》,楊皙子、曾俟園(熙)來談,抵暮而散。"(《江榮寶日記》,中華書局2013年8月版)

按:江榮寶(1878—1933),字兗甫,號太玄,江蘇吴縣人。以拔貢生參加朝考,任兵部七品京官。1901年赴日留學,歸國任京師譯學館教員。1908年任民政部右參議,後遷左參議、左丞,兼職於修訂法律館與憲政編查館。1922年至1931年任中國駐日公使。

1909年11月10日**己酉九月二十八日開第十四次正式會議。**

《湖南諮議局議事録(二)》:"第十四次正式會:九月二十八日開第十四次正式會。自一時至五時止。憲政編查館參議汪榮寶君來局參觀,後以爲常。議員到會者六十九人。議長宣佈提議二案:一、議員朱廷利提議維持醫學堂並組織醫學研究會案;二、議員蕭湘柱、曾繼輝提議不纏足會案。紀要:(略)"(轉引自《湖南諮議局文獻匯編》)

1909年11月11日**己酉九月二十九日開第十五次正式會議。**

《湖南諮議局議事録(二)》:"第十五次正式會:九月二十九日開第十五次正式會。自一時至五時止。行政委員蒞局。議員到會六十三人。議長宣佈讀會一案、提議一案:一、撫部院交議積穀清查及增加案第二讀會;二、議員陳炳煥提議籌辦湘漢航業案。紀要:(略)"(轉引自《湖南諮議局文獻匯編》)

1909 年 11 月 12 日己酉九月三十日開第十六次正式會議。因議長請假,主持會議。

《湖南諮議局議事録(二)》:"第十六次正式會:九月三十一(?)日開第十六次正式會。自一時至五時止。行政委員蒞局。議員到會六十一人。議長請假,副議長曾熙君主席,宣佈讀會一案、提議一案:一、撫部院交議振興工業大宗案第二讀會;二、議員陳炳煥提議商埠劃定地址案。紀要:(略)"(轉引自《湖南諮議局文獻匯編》)

按:本年九月無三十一日,從下列材料觀之,當爲三十日之誤。

《汪榮寶日記》同日條:"……飯後到諮議局參觀一次,議長譚組菴以感冒未到,由曾副議長(熙)代居議長席。議題爲巡撫交議振興工業大宗案,及議員某提議商埠劃定地址案。振興工業案,業經委員會審查,内以加重釐金为籌款之法,有議員數人起而反對,並有一人起詢釐金究係國家税抑係地方税,當請撫院電詢館、部。討論之結果,將全案可決,惟將加重釐金成數略加減少而已。至二時半休息,余旋即出局,拜客八九處而回。(下略)"(《江榮寶日記》,中華書局 2013 年 8 月版)

1909 年 11 月 15 日己酉十月初三日開第十七次正式會議。

《湖南諮議局議事録(二)》:"第十七次正式會:十月初三日開第十七次正式會。自一時至五時止。行政委員蒞局。議員到會六十五人。議長宣佈讀會三案、提議一案:一、撫部院交議改良宣講所案第三讀會;二、撫部院交議組織禁煙會所第三讀會;撫部院交議整頓田房税契案第二讀會;四、議員姚炳麟提議組織土地保存會案。紀要:(略)"(轉引自《湖南諮議局文獻匯編》)

1909 年 11 月 16 日己酉十月初四日二鼓,與譚延闓等至湖南粤漢鐵路總公司見余肇康商談至四鼓。

《余肇康日記》同日條:"(前略)到公司一日(公司常會改至今日)……辛垞、佽園、組安二鼓來商一切,四鼓乃去。余歸將五鼓矣。(下略)"

1909年11月17日己酉十月初五日開第十八次正式會議。

《湖南諮議局議事録(二)》:"第十八次正式會:十月初五日開第十八次正式會。自一時至五時止。行政委員蒞局。議員到會六十三人。議長宣佈讀會一案、提議一案:一、撫部院交議簡易小學普及辦法並籌經費案第二讀會;二、議員易宗夔提議設運米局寓限制於流通案。紀要:(略)"(轉引自《湖南諮議局文獻匯編》)

1909年11月18日己酉十月初六日開第十九次正式會議。

《湖南諮議局議事録(二)》:"第十九次正式會:十月初六日開第十九次正式會。自一時至五時止。行政委員蒞局。議員到會六十九人。議長宣佈讀會一案、提議一案:一、撫部院交議禁止迎神賽會案第二讀會;二、議員鄒士楨、諶伯瑞提議剔除採買兵米案。紀要:(略)"(轉引自《湖南諮議局文獻匯編》)

1909年11月19日己酉十月初七日開第二十次正式會議。

《湖南諮議局議事録(二)》:"第二十次正式會:十月初七日開第二十次正式會。自一時至五時止。行政委員蒞局。議員到會六十七人。議長宣佈讀會二案、提議一案:一、撫部院交議組織農會、培禁森林案二讀會;二、議員周翼崧提議籌辦貧民習藝所案。紀要:(略)"(轉引自《湖南諮議局文獻匯編》)

1909年11月20日己酉十月初八日開第二十一次正式會議。

《湖南諮議局議事録(二)》:"第二十一次正式會:十月初八日開第二十一次正式會。自一時至五時止。行政委員蒞局。議員到會六十一人。議長宣佈讀會一案、提議一案:一、撫部院交議改良礦務案第二讀會;二、議員劉善渥提議推廣法政學堂以培植審判人才案。紀要:(略)"(轉引自《湖南諮議局文獻匯編》)

1909年11月22日己酉十月初十日開會審議預算表。

《湖南諮議局議事録(二)》:"十月初十日開全局審議會,自午前九時起至十一時止。議長宣佈審議本局第一年經費預算表,請審議長羅傑君就席。書記宣誦預算表畢,審議長請逐條公决,由衆議决定者數端:一、守衛原表閉會時十一人,衆議減四人,用八人;二、郵電費原表每月二百元,衆議加一百元,每月三百元;三、調查費原表每月三百元,衆議加一百元,每月四百元;四、紙筆墨費原表每月六十元,衆議減二十元,每月四十元,併入雜用費内,不特立名目。其餘均依原表通過,呈請撫部院覈定。"(轉引自《湖南諮議局文獻匯編》)

同日晚，與譚延闓、馮星槎在天心閣宴請汪榮寶，曾重伯在座。

《汪榮寶日記》同日條："……胡少潛同年(子靖)以申刻招飲法政學堂，同時譚組菴、馮星槎、曾俟園三君招飲天星(心)閣。余先赴少潛約，主人以事他出，候至四時半乃歸，未及入席即辭去。拜客數家。赴天心閣，閣在城南，爲全城最高處，惜到時已昏暮，未能眺望。坐中有曾重伯，舊雨重逢，狂談縱發，莊諧迭出，妙緒環生，滿坐哄笑，至九時頃而散。"(《汪榮寶日記》，中華書局 2013 年 8 月版)

1909 年 11 月 23 日己酉十月十一日開會互選資政院議員。

《湖南諮議局議事録(二)》："互選資政院議員：十月十一日互選資政院議員，自午前九時至午後三時止，布政使蒞局，代理互選監督。議員到會七十七人。資政院議員湖南額定五名，照章倍選，由互選監督覈定其選舉情形如下：第一次投票七十七人，當選者一人；第二次投票者七十五人，以次多數十八人決選，當選者六人；第三次投票者七十四人，以次多數六人決選，當選者三人，列表於左：(略)"(轉引自《湖南諮議局文獻匯編》)

按：當選者羅傑、湯魯瑶、馮錫仁、唐右楨、易宗夔、黎尚雯、姚炳麟、向燊、劉潤珩、王章永。

是日晚，赴楊度(晳子)宴請汪榮寶之約，暢談至十一時，至吉安船爲汪榮寶送行。

《汪榮寶日記》同日條："晴，有風。早起，冷水浴。料理行篋。各省諮議局照章於本日閉會，故資政院選舉章程定以本日爲該局互選資政院議員之期，湘省諮議局以議案尚多未決，照章展會十日，而互選仍以本日舉行。余於午前十一時頃前往參觀，時投票尚未完竣，閱兩時許檢票事畢，得票合格者(湘省諮議局議員定額八十二人，是日投票者共七十六人，照章以得票滿三十九票爲當選)僅有一人(羅傑，四十四票)，照章須按缺額，就得票次多數者加倍開列，再行選舉。余即行回署。飯後五時頃，大人自局歸，知二次檢票之結果，又得合格者六人，尚缺三人(湘省互選當選人定額十名)，須行第三次互選云。余以楊晳子招飲華昌公司，擬席散即行登舟，因即叩別大人，赴晳子約。坐有重伯、子靖、少潛及組菴、星槎、俟園三議長，重伯即席贈詩三章，組安諸公後到，知第三次選舉已如額選定，星槎在前五名之列。暢談至十一時頃登吉安船，陳子丹已在船候送，坐定，星槎、俟園、少潛、子靖、組菴、晳子踵至，談半時許各散，晳子獨留，又談二十分左右而去。"(《汪榮寶日記》，中華書局 2013 年 8 月版)

1909年11月24日己酉十月十二日開第二十二次正式會議。

《湖南諮議局議事録(二)》:“第二十二次正式會:十月十二日開第二十二次正式會。自一時至五時止。行政委員蒞局。議員到會六十六人。議長宣佈讀會三案:一、撫部院交議訂立地方禁約崇尚節儉案第二讀會;二、撫部院交議清查積穀及增加案第二讀會;三、議員提議籌辦湘漢航業案第二讀會。紀要:(略)”(轉引自《湖南諮議局文獻匯編》)

1909年11月25日己酉十月十三日開第二十三次正式會議。

《湖南諮議局議事録(二)》:“第二十三次正式會:十月十三日開第二十三次正式會。自一時至五時止。行政委員蒞局。議員到會六十人。議長宣佈讀會二案、動議一案:一、撫部院交議疏浚洞庭湖案第二讀會;二、撫部院交議各屬應組織商務分會案第二讀會;三、撫部院交議籌辦地方自治經費案。紀要:(略)”(轉引自《湖南諮議局文獻匯編》)

1909年11月26日己酉十月十四日開第二十四次正式會議。

《湖南諮議局議事録(二)》:“第二十四次正式會:十月十四日開第二十四次正式會。自一時至五時止。行政委員蒞局。議員到會五十四人。議長宣佈續議一案、讀會三案:一、續議籌辦地方自治經費案;二、撫部院交議組織混同消防案第二讀會;三、撫部院交議展拓街道案第二讀會;四、議員提議籌辦湘漢航業案。紀要:(略)”(轉引自《湖南諮議局文獻匯編》)

1909年11月27日己酉十月十五日開第二十五次正式會議。因議長請假,主持會議。

《湖南諮議局議事録(二)》:“第二十五次正式會:十月十五日開第二十五次正式會。自一時至五時止。行政委員蒞局。議員到會六十人。議長請假,副議長曾熙君主席,宣佈讀會一案、提議一案:一、撫部院交議建設食品市場案第二讀會;二、議員向燊提議改釐税爲統捐案。紀要:(略)”(轉引自《湖南諮議局文獻匯編》)

1909年11月29日己酉十月十七日開第二十六次正式會議。

《湖南諮議局議事録(二)》:“第二十六次正式會:十月十七日開第二十六次正式會。自一時至五時止。行政委員蒞局。議員到會五十九人。議長宣佈讀會二案:一、議員提議整頓詞訟積弊案第二讀會;二、議員提議剔除採買兵米案第二

讀會。(下略)”(轉引自《湖南諮議局文獻匯編》)

是日傍晚，與譚延闓、余肇康等赴梁松甫宴，贊同廢除借外債築路，改商辦。

《余肇康日記》同日條:“(前略)傍晚過研仙商榷一一,乃往電局答拜林、梁兩君,尚有小京官張右賢(國鈞)在坐。梁松甫留余作陪客。余奉諱以來,初未赴人燕飲之約,事關公司大局,勉留入坐,仍未嘗食海物也。兩人出張文襄與英、德、法、美借款草合同,並美人要挾利益均沾,及攝政王回美總統之書,詳閱一周,大錯已成,恐合九州之鐵石不能鑄也。美總統以書畫抵攝政王,王復書有以副盛意之語。噫!此意豈易副哉!真成不了之局矣。同座組安、晳子、研仙、佩衡、俟園莫不請兩人達於其堂官取消草約,完全商辦。兩人尚能和平商榷,不稍抗執,然亦難矣。(下略)”

存考:楊度(1875—1932),原名承瓚,字晳子,湖南湘潭人。爲籌安會主幹。工書,善詩文,精法學。其字多種辭書作“皙子”如《辭海》、《中國近現代人物名號大辭典》等,皆作“皙子”。查1925年12月17日《申報》刊《楊度晳子先生(虎禪師)鬻字助賑湘災潤價減半》廣告作“晳子”。該廣告潤例無代訂者署名,可視爲楊度自訂。本譜從之,他書疑誤。

1909年11月30日己酉十月十八日開第二十七次正式會議。

《湖南諮議局議事録(二)》:“第二十七次正式會:十月十八日開第二十七次正式會。自一時至五時止。行政委員蒞局。議員到會四十九人。議長(宣佈)讀會二案:一、議員提議岳常澧水災善後案第二讀會;二、議員提議改良徵收機關案第二讀會。紀要:(略)”(轉引自《湖南諮議局文獻匯編》)

1909年12月1日己酉十月十九日上午開第二十八次正式會議。

《湖南諮議局議事録(二)》:“第二十八次正式會:十月十九日開第二十八次正式會。自午前九時至十一時止。行政委員蒞局。議員到會四十八人。議長宣佈讀會三案:一、撫部院交議改良慈善事業案第二讀會;二、議員提議推廣法政學堂案第二讀會;三、撫部院交議簡易小學辦法並籌經費第二讀會。紀要:(略)”(轉引自《湖南諮議局文獻匯編》)

同日十月十九日午後開第二十九次正式會議。以母老函請辭副議長職，議長向會議報告後，衆人挽留。

《湖南諮議局議事録(二)》:"第二十九次正式會:十月十九日開第二十九次正式會。自午後一時至五時止。行政委員蒞局。議員到會五十七人。議長宣佈讀會四案:一、議員提議不纏足案第二讀會;二、議員提議改釐税爲統捐案第二讀會;三、撫部院交議籌辦地方自治經費案第二讀會;四、議員提議改良監獄案第二讀會。紀要:議長報告:副議長曾熙君以母老請辭副議長職,衆挽留,托議長轉述衆意。(下略)"(轉引自《湖南諮議局文獻匯編》)

1909年12月2日己酉十月二十日上午開第三十次正式會議。

《湖南諮議局議事録(二)》:"第三十次正式會:十月二十日開第三十次正式會。自午前九時至十二時止。議員到會五十九人。議長宣佈讀會三案、提議二案:一、議員提議整頓湖南全省教育案第二讀會;二、議員提議剔除採買兵米案第三讀會;三、議員提議設立運米稽查局案第二讀會;四、議員羅傑提議擬請開設銀行研究科案;五、議員周煦埏提議禁革衙署差價陋規以蘇民困案。(下略)"(轉引自《湖南諮議局文獻匯編》)

同日下午舉行閉會禮。

《湖南諮議局議事録(二)》:"閉會:十月二十日午後一時,行閉會式。議長、副議長、議員冠服到會,撫部院方請病假,行政官自布政使以下咸蒞局。布政使蒞演臺宣告閉會畢,議長演説,羅傑君演説,書記長報告本會期決議各案名目畢,散會,齊至茶會廳茶會。官及議員攝影以作第一次閉會紀念。閉會禮式:一、十月二十日午後一時行閉會式;一、撫台及行政官冠服蒞局,就行政官憩息室;一、摇鈴入會場;一、書記長引撫台及各行政官自東廊入議場各就席;一、議長、議員、書記自西廊入議場各就席;一、守衛長引旁聽人各就席;一、撫台就演臺演説;一、議長及各議員就演臺演説;一、書記長報告各議案;一、摇鈴散會,旁聽人皆退出;一、撫台及各行政官、議長、議員、書記長、書記同退至茶會廳茶會。互選副議長:副議長馮錫仁君既被選爲資政院議員,例應補選。午後四時,布政使代理互選監督,互選副議長。第一次投票者六十五人,胡璧、侯昌銘二君各得十八票,均不及過半數。於是以胡君、侯君重投,胡君得四十五票,遂決選以胡璧君爲副議長。"(轉引自《湖南諮議局文獻匯編》)

1909年11月湘省諮議局籌辦處裁,改爲地方自治籌辦處,充該籌辦處會辦。

《湘省地方自治籌辦處近事》:"湘省諮議局籌辦處現已裁撤,改爲地方自治籌辦處，所有以前會辦如譚組安太史、湯穉安觀察現均被選充當議長、議員，當即呈請銷去會辦差使。又王益吾閣學迭經呈請銷差，未蒙允准，王紳因將每月薪水一百兩捐助本省辦理簡易小學。其餘如馮莘垞給諫、曾俟園主事、周應昆舍人均經岑中丞照請接充自治籌辦處會辦，以期贊助。”（1909 年 12 月 1 日《時報》）

是年，宣統皇帝即位，詔旌天下節孝，前湖南學政曹鴻勛以曾母劉太夫人“仁孝亮節”“撫育幼孤”，具載本末，上奏朝廷，請賜建節孝牌坊。李瑞清爲撰書《曾母劉太夫人建坊頌》。

李瑞清《曾母劉太夫人建坊頌》：“宣統元年，皇帝詔旌天下節孝。廣西候補知縣衡陽曾銑之母劉太夫人，仁孝亮節，炳爲世軌，夙罹孔艱，撫育幼孤，訖用有成。季子熙，陸軍部主事，授學衡湘，有聞於時。前湖南學政曹鴻勛乃具載本末，以其狀上聞朝廷。今年夏，其族人前於闐州知州曾廣鈞；邑名記人丞參江蘇候補道程龢復（祥）等，祥（復）請建坊，署江寧提學使司李瑞清作此頌，且書之石。其辭曰：天啓貞胙，式是龍田，翼教扶倫，德光益堅。笄齡歸曾，敬順無愆。姑殂翁耄，祭養無田，蘩藻手采，匜盥躬先。翁病嘗藥，閶無間言。君子英英，天棄華年。誰無伯叔，不諒母賢。囓指血見，截髮告天。義無再紬，訓守三遷。至哉母德，淳白獨全。宏哉母德，貞吉福延。朱衮斯皇，萊舞翩躚。貴壽無極，歷億萬年。李瑞清書。”（《曾母劉太夫人建坊頌》，拓本）

按：搨本爲“祥請建坊”，《清道人遺集》爲“復請建坊”。

是年，趙恒惕（炎午）赴日學軍事畢業歸國，回里省親，復相會晤，切磋書藝。

《趙資政書傳・第三書史》：“宣統元年（公元 1909 年），公學成返國，中舉人，授少校，歸里省親，復晤曾熙，切磋書藝。”（聞起編《趙氏名家書法選萃》，臺灣中華書局 1977 年 10 月版）

1910 年　清宣統二年　庚戌　五十歲

1910 年 1 月 8 日己酉十一月廿七日，與譚延闓等以議長身份赴報子家賀王湘綺壽宴，到有王莘田等。

《湘綺樓日記》同日條：“廿七日，晴。移住内房，飯後出答吴文甫，賀心安得曾孫，均未入。至北宅看鋪陳。周生來見，小坐。舁至報子家，潭人釀賀生日，莘田、蓀畡均與。龍、郭列名,星垞亦附,更有劉國泰,則坐客也。曾泗源率李馥先生亦來。同縣三楊、二梁、一張、二周(大烈、大椿)、一黎,到者五人。外縣:廖、劉、譚、龍、郭、王(佩初)、曾,到者四人。譚、曾、馮三議長,馮疾未至,增入一李外省。莘田辦酒,報子爲地主,設三筵,召十妓,子初始散。"

母病,六妹王楊曾氏來視母病,始知其通曉醫學典籍。

《王楊瓊林公家傳》:"庚戌母病,六妹來視病,指陳《内經》、《辨論》、《脈證》,因知六妹之博學多能。"

諮議局電催到局,覆電以母年八十,近尤多病,難以赴長沙。

諮議局電:"致副議長曾熙君:前辭職,群議挽留,仍請速臨。"

回電:"母年八旬,近更多疾,萬難遠離,懇公推呈報。"(楊鵬程主編《湖南諮議局文獻彙編》)

庚戌四月,李瑞清爲通如書"奇石華相暎,幽人室不扃"五言聯。

李瑞清書五言聯:"奇石華相暎,幽人室不扃。集《張黑女志》,遒厚精古,實勝《敬使君》,何道州得其化實爲虛之妙。通如仁兄法家正之,宣統二年四月,李瑞清。"(西泠印社 2010 年春拍圖録)

紙本。132×31.5cm

鈐印:阿某(朱文)。李瑞清印(白文)。黄龍硯齋(白文)。衆妙之門(朱文)。

藏印:楊潛蓊藏(朱文)。環碧草堂(朱文)。

按:此聯爲楊昭儁(潛庵)癸亥年所得,稱爲"清道人平生第一聯亦語"。依此聯可見李瑞清書風對譜主之影響。

1910 年 10 月 3 日庚戌九月初一日,以副議長身份參加省諮議會第二屆常年會開會禮。

《湘省政界片片録》:"省城諮議局於本月初一日舉行第二屆常年會禮式,因該局尚未建築,暫仍就長沙府學宫明倫堂内作爲議事廳。是日,楊中丞暨司道各員以次均到。午前十時舉行開會禮式,楊撫及各行政官西向,議長、議員東向,對行三揖,各入議場就席。楊撫登臺演説開會祝詞,議長宣頌答詞,各行政衙門局所,每處各派行政委員共計十餘人。此外紳商學各界參觀者約計四十餘人,至午後三時閉會。"(1910 年 10 月 13 日《時報》)

按:10 月 15 日《時報》刊有《各省諮議局正副議長一覽表》,録如下:

省名	正議長	副議長	
直隸	閻鳳閣	谷芝瑞	王振堯
奉天	吴景濂	孫百斛	袁金鎧
吉林	慶　康	趙子臣	慶　國
黑龍江	王鶴鳴	李品堂	戴殿臣
江蘇	張　謇	蔣炳章	仇繼恒
安徽	方履中	李國筠	竇以珏
江西	謝遠涵	黄大壎	郭賡平
浙江	陳黻宸	陳時復	沈鈞儒
湖北	吴慶喜	湯化龍	夏壽康
湖南	譚延闓	曾　熙	馮錫仁
山東	楊毓泗	王景喜	于普源
山西	梁善濟	杜上化	劉篤敬
河南	杜　嚴	楊凌閣	方　貞
陝西	王恒普	郭忠清	李良材
甘肅	張林焱	郭瑞嘉	年黻堂
廣東	易學清	邱逢甲	盧乃潼
廣西	陳樹勛	唐尚光	甘德蕃
福建	高登鯉	劉崇佑	陳之麟
四川	蒲殿俊	蕭　湘	羅　綸
雲南	張維聰	張世勳	段宇清
貴州	梁嘉藻	譚西庚	牟　琳

此屆諮議局年會諮議局議長、議員與湖南巡撫楊文鼎矛盾重重，尤以在發行公債票上對立嚴重，議長譚延闓與巡撫楊文鼎各以去職相威脅。

《湘省要聞種種△諮議局與行政官》:“湘省本屆諮議局開會，各議員以楊中丞所發各種議案，類皆非重要問題，或係行政官權限内應行舉辦之事，而非關於全省地方興革之事，或係如考官之出題目，設問以待答復，而非目前緊急問題，以是開局以來，對於各行政官之議案議决者絶少，而議决不可行者亦有數起。當諮議局未開會之時，各議員即要求覈發全省地方行政預算全册，以待公决，至今未蒙發下，及見各行政官議案，又以爲凡關於重大交涉者，概未發局。如此次各國民亂賠款如何指撥；公債票未經局議，業已奏准施行；會議廳議案多未發局公决，全省出入總數亦未確定宣佈。此外如覈定公費、裁減員缺，皆關於地方行政之事,亦未先期知會到局。各議員以諮議局之設,凡關於地方行政一切興革事宜,概有參預公决之權,若一概置之不問,則權限既因之日替,而諮議局亦將等於虚設,以致紛紛詰問,全體要求。至公债票一項,群以爲國會未開,人民尚無參與地方行政之實權,即不認真負擔此項責任,以是全體反對,概不公認,紛紛提議,主張詳請取消奏案,作爲無效。未諗將來如何結局也。△關於鐵路之問題:湘路借款一事,雖經郵部批准,准其自行籌款修築,不再借用洋款,然尚在未定之天。現在各報紛傳,謡言蠭起,各議員以爲路事關係全湘命脈,若不註意力争,將借款一事確定方針明白宣佈,實無以定全省之人心。且事在兩可之間,更無以鼓紳商之鋭氣,促路事之進行。以是未開會以前,即公請前江督魏午莊制軍到省會議一切,現復呈請撫院專摺具奏,以便赴京充任代表,魏亦慷慨負擔,頗欲藉此以博將來之名譽,副桑梓之希望。至湘路總理一席,全省人士多有主張以魏代余者,惟諮議局則以此行之效力如何,定將來之選舉。如果目的既達,則坐辦總理一席必去余肇康而舉魏接辦無疑矣。"(1910年11月12日《時報》)

《湘省近事要聞片録△諮議局與行政官》:"本屆諮議局開會各部員與行政官竟大起意見,非明示反對即暗中阻撓情形,幾同兩黨各立門户,行政官之視諮議局有如寇仇,一切新創政見,深恐諮議局先期聞知出爲破壞,必極力秘密,防維備至。此次公债票一事,竟大生齟齬。議長譚延闓則請去職,楊撫亦亟思去湘。現在雖交資政院議奏,將來之結果,未知如何。然至今相争不下,譚、楊均各誓以此爲去就,恐將來此事必有一番風潮也。"(1910年11月27日《時報》)

此際,任《龍田曾氏四修族譜》總修。

《四修族譜任事人名目》:"總修:榮炳,熙。主修:廣程,廣育,廣均,廣誘。纂修:昭陽,炳燊,昭家。協修:廣凝,廣念。校正:昭端,輪。繕修:憲渥,憲琮。"(《龍田曾氏五修族譜》)

1910年12月2日庚戌冬十一月初一日,《龍田曾氏四修族譜》告成,作《四修族譜叙》。

《四修族譜叙》:"宣統二年,我龍田曾氏族譜四紀告成,熙拜手授於廟,而讀之曰:至矣哉!聖人之定宗法也,倫而有理,親而有别,疏而有統,遠而有歸。自黄帝以迄今日,祖禰可考也,散居九州,燕越秦楚之異俗,昆山南北之殊政,不難負家乘以從也。故曰:孝莫大於敬宗,政莫先乎化家。熙三十通籍,居京十年,歸而興學又六年,海内承學之士,亦嘗朝夕接席,討論列邦政教之宜。其法繁而宜民,其學實而致用,未嘗無善之可從。獨至綱紀生人之大道,人類别於庶物之大閑,則惟我國聖人人倫之教,繇宗法以定服制,繇服制以定祭禮,生而父子,殁而昭穆,秩然繹然,範圍於天序之中,而不相陵奪,於戲至矣!我曾氏,漢以前東宗獨盛,至宋南宗大顯,至明先人文物盡在寧鄉。國朝定鼎,二百餘年,聖裔蕃衍,一州一邑,別支或數十,族丁或數百萬,中興之功,曾氏大著,南宗又獨盛湘鄉。雖然,勛業時也,道德文章,人固可以自立者也。我景祖肇基龍田,在明之中葉,上稽世系,爲宗聖六十一傳玉五公。冢子亂離之後,南裔奔伏,各斬蒿萊,以長子孫,其抱宗器,數典不忘者,蓋亦幾矣。繇景公而上考,列世次,釐爲宗譜,厥惟寧鄉雩臺宗人之功。繇景公而下,紀載詳慎,手成支譜,厥惟六世叔祖繼聖公之功。宗法既明,立廟祀功,蒸嘗以永,禮樂咸備,厥惟我曾祖培之公,暨我從曾祖省吾公之功。夫作者族聖,述者族賢,景祖闢基,歷十三世至熙,今三百有餘歲矣。户六七百,丁男千數百人,熙兄弟同時居京,宦寧、宦蘇、宦皖、宦贛、宦鄂、宦蜀、宦遼、宦桂,蓋數十人。甲乙科第,高、曾迄今,子姓尚克賡續踵繼。南宗籍衡十數支族,又惟龍田族獨盛。熙少孤,竊嘗聞諸伯叔父曰:龍田世有遺業,家務詩書,人敦孝友,立族之本在是,熙也志之。夫人之欲尊其宗者,在尊其身;欲尊其身者,在正其學。南豐之後再啓,湘鄉我族人,其亦奮然起乎!敢敬告族人曰:紹我先烈,維日兢兢。曰敬曰强,以篤我宗我祖,其相之哉!宣統二年冬十有一月朔,七十三派嗣孫熙謹叙。”(《龍田曾氏五修族譜》)

因省中預算案關乎全省命脈,而諮議局未曾審議,以會期已結束,全體議員具呈撫督,請乘議員俱在省中,續開臨時會議,乃於 1910 年 11 月 24 日庚戌十月二十三日召開。是日,楊文鼎懼與諮議局矛盾激化,不易收拾,借故未參與會議。

《湘省諮議局續開臨時會紀事》:“湘省諮議局以預算一案關係重大,今屆試辦之年,前則靡所規仿,後則視爲法式,千鈞一髮,全係此舉。特於前日公同决議具呈撫院,請乘此全體議員齊集之時,續開臨時會議,以期討論盡善。當經撫院劄復照准,定期本月二十三日午前九時舉行開會禮式。是日楊撫並未蒞會,由布政使趙濱彦代表監督。先是未開臨時會之前,適公債票案經資政院議復具奏奉硃批着仍遵籤旨辦理電傳到湘。楊撫逆知諮議局必仍復起反對,是以先電達軍機請假,一面即劄復准其開會,以免大傷感情。△公債票案:雖經奉到硃批,並未行知到局,是以無人提議,非續開臨時會議則無取决之時期。此次開會,原呈雖僅稱因預算一案,其實實包括公債票在内。蓋公債爲撫院主持,未便形之正式公文公然反對也。現在全體提議,無論公債票之行否,必須要求更改條件,以期保全湘省權利。倘不獲已,仍當以全體名義,公舉代表赴京,呈請要求,達此目的。

刻下楊撫亦以勢成騎虎,亟願變通辦理。故此次請假不出,將來即可請人圓轉,以爲調和意見之地步。△部頒預算册式,又未將國家、地方兩税分釐歲入册内統一切收款,悉數納入其中,歲出册内又將地方經費全數入款。現在國會期限已經縮短,籌備要政提前進行,就諮議局責任而言,義當擴充地方行政各費。而總覈全省各册,仍屬入不敷出,各省事同一律,屢向資政院電請要求歲入,湘省亦因此事籌畫甚爲棘手,幸度支部擬加擬減一册尚可研求,而清理財政局追加預算摺册欠缺之款,仍不減於前交預算之數,是以着手進行尤爲繁難。交議册案,到局已遲,追加款目,爲日更淺,調查既屬無期,抉擇自宜審慎,欲使國民共信,必先於預算一事,求其出入咸宜,方可以增行政之便利,爲官府之贊助,故不得不請開臨時會議,以待詳細討論。而藩司之代表監督,亦即撫院委任之意,蓋諮議局以此呈請,而撫院即以此對付也。△是早午前舉行開會禮式,藩台及各行政官、議長、議員均齊至議廳前行禮處,行政官西向,議長、議員東向,行三揖禮,各入議場就席,書記長宣讀撫院允准開臨時會劄,又藩台演説楊撫開會祝詞,並述代表之意見,議長譚延闓互致答詞,直至午後六時始行摇鈴閉會。"(1910年12月4日《時報》)

是年,慈德堂建成,由雅宜堂移新居。親手種植松萬株於新宅後。

《杏軒公德配唐太恭人八十壽序》:"庚戌由雅宜移慈德新宅。"(《黄梅湯氏四修族譜》)

自題《山水册頁十幀》:"十年樹木百年心,早知宅後已成林。庚戌新宅後,手種松萬株,今十六年矣。乙丑十一月八日,農髯。"(香港蘇富比1988年11月拍賣圖録)

唐勝一《曾熙故居慈德堂》:"坐落在衡陽縣石市鄉石獅村石獅口,建於光緒十二年,係土木青磚結構,五進兩横,共計49間房子。每進大門兩側各有一個長方體組合石柱。正廳前御賜建築牌坊,長1.5米,高1.2米,牌坊正中有欽賜'聖旨'入匾牌,左右分别有'孝慈'、'貞惠'牌匾,牌坊左右下方分别有石碑家書。慈德堂歷近百年風刀霜劍,尚餘兩進,餘皆坍塌。堂前原有長方形草坪、圍墻,圍墻外有一口約6畝水面的荷塘,塘外側有一條小河。堂後一排青山,古木參天,分外秀麗。"(2007年2月15日《衡陽晚報》)

1911年 清宣統三年 辛亥 五十一歲

辛亥夏,赴京師。

跋《蝯叟臨張遷碑》:“此道州臨《張遷》,恰到妙境,純以筆趣博興之册也。予丁未得之嶽麓,辛亥攜以入都,出入兵燹,寶愛未嘗釋手。”(譚瓶齋藏《蝯翁臨張遷碑》,何道州臨漢碑十册之一,商務印書館版)

存考:本年清政府學部奏請籌開中央教育會,該會於辛亥六月二十日至同年閏六月二十日(7 月 15 日至 8 月 14 日)在北京召開,會長張謇、張元濟等。李瑞清、譚延闓、鄭孝胥、羅振玉、陳三立、傅增湘、黄炎培等一百餘人與會。按學部會奏設立中央教育會章程第四條“會員資格及人數”之第七項“各省學務公所議長或議紳,及教育總會會長副會長,由提學使推舉一人或二人”。譚延闓爲學部延訂之 36 名會員之一,於辛亥四月赴京,先參加全國諮議局召開之“憲友會”。曾熙與子憲璵與會,各以何種身份與會,待考。憲璵,字伯藩,號芹生,又號信尹、任尹。

1911 年 7 月 15 日辛亥六月二十日中央教育會舉行第一次開會式。

《中央教育會開會續誌》:“中央教育會於二十日上午八鐘假學部編訂名詞館行第一次開會式,詳情已志昨報。到會者約一百五十餘人,首由學務大臣述開會詞(開會詞已録昨報)畢,並登臺演説,謂此次開會的宗旨大要都在此一篇説辭中,其中只是調查學齡兒童劃分學區、籌畫學務經費,都是目前萬難辦的,有何方法可想?此次諸君會集於此,亦甚難得,其中尚有數千里遠來者,總須將教育之事,就向來曾經驗過的,大家討論一番,能有好方法,實在於教育有補益,方算此會不爲虚設。又日前内閣總理大臣宣布行政方針,説要註重實業,論及教育的事。又説實業教育與普及教育並重。本部從前曾通行各省,叫一律開辦實業教員講習所,原本是爲實業教育起見。此次諸君亦應將實業教育細細討論一番,如有意見,亦不妨擬作議案,由諸君大家商酌。次由會長張季直君致開會詞畢,復致演説辭,大致謂吾國教育宜趨重軍國民教育主義,次則勸勉各議員,謂討論議案,當平心商榷,不可争持意氣。又謂此次開會爲中國學界第一盛舉,中國教育之發達,得賴有此機關提綱挈領,策勵進行。但此次開會與前資政院開院及其他各項政治結社不同,會員諸君須人人心目中具有‘國家教育’四字,依一定宗旨發爲議論,議决之後切實推行,方於學務有益,萬不可存政黨意見。次全體會員致答詞,云今日爲中央教育會第一次開會之期,學部大臣蒞會演説,其宗旨在集思廣益,開誠佈公,所以屬望於全國教育及本會全體會員者,用意至深至切。全體會員等學識經驗雖極短淺,敢不各竭平素一得之愚,以副學部大臣殷殷之望。會員等竊念學術爲世界公物,歐美各國凡一學術,皆有萬國研究會以徵集意見,開廣智識,況一國之中,命脈所寄之教育。學部大臣又爲主持全國教育之一人,全體會員又各爲與教育利害相關之一分子,其彼此竭忠畢慮推誠相與之意,當不待言。惟是言必期其可行,此全體會員所當共勉,以答學部大臣之殷望者也。言之可行者,必求其見諸施行,此又全體會員所希望於學部大臣者也。頃者新内閣成立,各部行政統一,凡一部行政與他部關連者,自今以往,必有切實相維提挈進行之效。學部大臣爲内閣國務大臣之一,將來議决之案,一一見諸施行,以造教育無窮之福,而爲他日進言之勸,此尤全體會員所切望於此第一次之中央教育會者也。張謇等謹代全體會員抒忱奉答,伏惟學部大臣有以教之。(下略)"(1911年7月22日《申報》)

1911年7月19日辛亥六月二十四日在中央教育會遇見譚延闓。散會,譚於聚美樓宴請,同座有李瑞清(梅庵)、賓垚。

譚延闓《辛亥北上日記》同日條:"六時起。赴中央教育會,遇士元、賓垚、健秋,來自長沙。又見張菊生、林奎騰。開會畢,與梅莽、俟園、賓堯步至聚美樓喫館子,去七千餘。曾、戴去,同李歸會審查補助小學案,范静生、黄炎培、江謙、孟昭常、周心華同審查。五時畢,詣徐相,遇大雨,遂不上謁。出至朱八寓。將赴袁伯葵招,雨大至,乃止。飯後談至十二時歸。"

《中央教育會第二次大會紀》:"二十四日上午八鐘中央教育會開第二次會議,到者百餘人。(一)續議試辦義務教育案:張副會長演説,略謂此事應討論者有二:一曰人,二曰錢。人又有兩種,一是間接者,一是直接者。間接者爲地方自治及學務專員,直接者是教員。前次袁會員説,即就直隸一省比例論之全國應需七十餘萬教員始足勉强分佈,以此而論,則每教員每年二百元計之,即需一萬四千萬元。更如附屬種種,即文書簿籍一項計之,亦需二百二十萬元,則能否將款項籌到,實不可知。至論籌款,亦可分兩層説。從根本上計畫别之,則一爲財權統一,應請學部大臣向内閣提議,移緩就急,而後國庫補助法、義務教育等乃有下手方法。其二爲先定税法,但加税即是加人民負擔。吾國此時既欲與各國争衡,自不能不與各國人民同一負擔。但吾國人負擔向來極輕,一旦驟欲加重,試問能辦到否?尚有一層,乃是學部範圍之事。現在小學堂,其經費多半用在建築,且校職極冗,均屬糜費,若能嚴加限制,則於此省節一分,即可於彼推廣一分。如上所説,事前之預備尚多,是義務教育實難急於實行。即以外國情事論之,英國自一千八百十七年方辦。去年余在美國,聞人言紐約市内實行此制亦不過三年,比利時至今尚未辦到。可知此事非倉猝所能成者。前日諸君不贊成'試辦'二字,余意以爲不妨暫存。現在欲人知何謂義務教育,必先使人民知不使其子弟受教育,即不可以爲人,爲官者不使其民受教育,即不可以爲上。如此庶乎近之。竊謂學部不妨先指定一區域試辦,辦之有效再推行於他處。至於義務年限尚覺太長,人民生計上恐不易辦到,即如意大利,其義務期不過三年,日本始不過十六個月,後增爲三年、四年,以次推行。我國應當如何,極應研究,還請諸君注意。於是張君秉樞謂當宣佈施行辦法及辦事次序。劉君鳳章謂宗旨須定,方法須多,研究須備。陸君光熙登臺發言,大致言國家思想之亟宜養成,及我國教育向無宗旨之弊害,因推及於改良教育統系及教育行政官制。楊君源楙謂應討論内容:一、預計普及年限;二、責成地方;三、强迫自治局籌款;四、先行勸導,繼以懲罰。張君書雲謂贊成試辦,主張取消簡易識字學塾。戴君裕忱謂但當决定全國實行,或係就一地方試行。顧君棟臣遂請付審查。徐君炯又謂贊成試辦,但於章程各條稍有疑義。陳君嘉會謂義務教育乃目前必須辦之事,諸君不必過於求全責備,以致延緩。語甚激烈,遂由會長宣告討論終局,付審查。當指定審查員十五人,休息三十分鐘。審查員名單如下:(本譜從略)(二)議教育經費諮詢案:先由恩君華説明大旨,隨由姚君漢章謂應先改城鎮鄉地方自治章程,因自治章程中以設立中學爲自治之義務,則應辦之小學堂勢必無力再及。曾君有翼謂即就奉天而論,警學兩項費用比較,學務經費不及警務經費之半,此因民政司與提學司視爲權力消長問題,故畸輕畸重如此。應請學務大臣商明内閣總理大臣與民政大臣定一兩平之標準。徐君炯述歷年四川辦學之經驗,謂宜嚴定考成,節約糜費。林君炳章謂宜□中飽,袪宿弊。谷君鍾秀謂當除自治公所應用之款外,然後以十分之八計算。陸君瑞清謂章程中第三、第四兩條可改爲城至少十分之二,鎮鄉十分之六。林君傳甲謂籌款仍須視地方官督率何如。袁君希洛謂應請學務大臣先商度支部,將地方税釐定。彭君清鵬謂應請商明度支部以直接税撥充。黄君炎培謂比分多少不能預定,本案中第五條中有推求地方學務章程及施行細則以補未備等語甚要,吾輩可即與此求之。胡君璧城因請發佈此項施行細則。會長問是否討論終局,即付審查。陳君寶泉謂尚須討論。會長謂時間已屆,遂宣告散會。”(1911年7月26日《申報》)

1911年7月20日辛亥六月二十五日,送尹貂袿至譚延闓處。

譚延闓《辛亥北上日記》同日條:“俟園送尹貂袿來。爲諸人作屏對。孫藥池來。飯後吴健秋來。朱八遣人來言,補直院學士不知何官,請即往談。遂同台生詣之,候至四時乃歸,談,同飯,左蘭生、張仲卣亦來,歸已十時。”

1911年7月21日辛亥六月二十六日,中央教育會後,與譚延闓、李瑞清至聚美樓招邃庵飲,後與譚同至李瑞清寓談文字書畫,李健在座,談至下

半夜三時始坐譚車歸下榻之湖南館。

譚延闓《辛亥北上日記》同日條："早過東寅，乃赴教育會。會後，同俟園、梅盦步至聚美樓，招邃庵飲，將罷始至。遂與俟園同車赴梅盦寓臨川館。館額春湖書也。談文字書畫甚洽。同飯。其姪仲乾與焉。至夜三時乃出，送俟園至湖南館，歸已鷄鳴矣。"

《中央教育會第三次大會紀》："上月二十六日上午中央教育會開第三次會議，正會長未出席，由張副會長主席，會員到者百餘人。(一)續議教育經費諮詢案：首由陳君寶泉逐條説明，繼由王君炳燽、胡君璧成、于君邦華、張君秉樞就十分之八之問題更迭辯論。張君書雲謂當就原案第三、第四兩條，定爲至多不得過十分之八，至少亦不得過十分之五；據前次某會員説江蘇學務經費不得佔十分之二，則教育安能發達。顧君棟臣、于君邦華皆起辯。黄君炎培則謂江蘇之十分之二係據城鎮鄉自治最劣之區而言，不能援爲通例。楊君保恒、袁君勵準亦均相繼討論。遂由主席諮問討論已未終止，如已終止，可付審查。衆無言，而文君斌起謂尚有五十三號及某號欲發言，會長無不任會員説話理。於是陸君光熙起述數語，而所謂某號者則竟未發言。主席遂指定審查員十五人，當時有以爲審查員宜每省各派一人者，贊成者僅五十六人，少數無效。(二)任免教員議案：首由陳君寶泉説明主旨，旋由胡君家祺謂對於本案大致贊成。胡君璧成謂以任免教員之權委之提學司，恐於地方學務不能接洽。陸君瑞清起言亦大旨相同。沈君亮棨、胡君璧成又謂任免教員之權應委之本堂堂長。於是陳君寶泉略有辯難。楊君保恒謂小學以城鎮鄉爲本位，萬不能以學司專其任免。其時已鐘鳴十下，遂由會長宣告休息三十分鐘後入場續議。張君秉樞、賈君豐臻小有辯論。旋有胡君汝霖登臺演説，涉及暑假等事。顧君棟臣謂此等議論可向審查會表示。袁君希洛謂當就本案範圍發言。陸君爾奎、趙君正印略致數語，胡君家祺遂請會長付審查，大多數贊成付審查，崇君岱又欲發言，衆止之，崇君謂只有一句話，衆謂一句可，即十句八句亦可。反覆數次，竟未能發言。遂由主席指定審查十五人。(三)軍國民教育議案：首由張副會長宣言此項議案陸軍部及唐會員文治，各具有提議案，合學部諮詢案而三。當即並議。繼由王君季烈説明主旨，大致謂中國向有重文輕武之習，實與外邦武士道之意相反。今欲中國强盛，非取軍國民教育主義不可，惟軍國民教育實與軍事教育不同。軍事教育以戰争爲目的，故其事偏於軍隊；軍國民教育則將以施之人人，長其敵愾保種之氣，故軍國民教育决非海、陸兩部之責任，而以學部之責任爲多。此次提案一二兩條爲精神上之作用，三四五三條爲身體上之作用。後又述軍事教育之大旨。有請其簡單發言者，王置不顧，並謂唐會員文治所提議案專重學堂打靶，故學部諮詢案中亦有此一條。然此事實有三種困難：一、由於吾國子彈之少，二、由於學堂經費之不足，三、由於場所之制限。旋由張君書雲謂此案大旨可贊成。主席宣告時將十二鐘，展會一小時。於是范君源濂復就原案第三、第五兩條申明大意。其時曹君汝英、楊君保恒同時起立發言，主席進曹君。曹軍戎服登臺，略謂對於軍國民教育絶對贊成，原案第一條甚贊同，第二條則必能求其實行，方能養成軍國民資格，第三條必以活潑精神，强固身體爲本，第四條則當由學部規定聯合運動會之規則及禮式，一律進行。至游泳一節，非特濱海之學堂有之，則内地近水之處亦當有之，第五條亦贊同。時十二鐘已過，遂有人提起散會之動議，主席謂已宣告展會一小時。又有人謂一鐘散會，三鐘又即須開審查會，無乃太煩。遂有以審查會延緩一鐘開議之説請於主席，主席許之，遂接議。於是楊君保恒登臺發言，詞頗抗激，大旨謂打靶一事不必人人有槍，數人一槍，輪流演習，於事已足，並痛詆原案中'稍一不慎，流弊滋多'八字。黄君炎培登臺謂大抵籌議一事必須利害兼顧。教育通籌之法約有三端：一曰意志，二曰體格，三曰技能。恩君華登臺謂唐會員文治之提議專門注重打靶，學部議案亦非反對打靶，不過加上'稍一不慎，流弊滋多'八字，至流弊之確證，則本員任高等巡警學堂教員時，親見學生中有藉打靶之名而挾怨縱槍擊人者。至於軍國民資格之有無，全視其同胞敵愾之心以爲斷，若專論打靶，則可謂之國民軍，不得謂爲軍國民教育。高君步瀛亦言打靶是軍事教育，非軍國民教育。主席謂時已一鐘，討論是否已經終止，衆猶有欲發言者，會長謂下次會期續議，遂散會。"(1911 年 7 月 28 日《申報》)

1911 年 7 月 22 日辛亥六月二十七日，在湖南館，譚延闓來。

譚延闓《辛亥北上日記》同日條："經正學生來。振吾來。飯時黄澤生、廖笏堂來，遂同黄、廖至湖南館見曾、吴、汪。晚同黄、廖、王、汪步至廣和居飲，遇邃庵、梅盦。既散，過菊蓴，遇仲卣，談至十二時歸。"

1911 年 7 月 24 日辛亥六月二十九日，中央教育會開第四次大會。

《中央教育會第四次大會紀略》："上月二十九日中央教育會開會續議二十六日未議決之案，實到會員一百八十五人。首由審查員范君報告審查國庫補助初等案，大意謂國家税、地方税未分之前，由學部預定額數交資政院核議，亦屬目前適當辦法，預算時必可贊成，將來國庫款專補助新設小學及已設各校添設學級之教員薪俸。會員辯論甚多，但以款額未定，先議使用方法，徒多空言，仍無實際。討論二時許，決議再付審查員修正。續議軍國民教育諮詢案，爲打靶一節頗有争論。會員邵君恒濬謂軍國民主義不能作根本教育。會員中有責問所謂根本者安在，邵君謂根本在家庭教育。會中多嗤之以鼻。王君祖訓、徐君炯均謂軍國民教育不必定要打靶。牟君琳亦不以打靶爲然,並反對前日會員陸光熙提議師範畢業生入軍隊充兵三月之議。沈君恩孚解釋諮詢之義,又謂軍國民主義根柢於憲法大綱。臨時派員中某君陳述打靶之法可以速成,不必多耗時日財力。討論甚久,將屆散會,會長問可否表决,一時贊成者、反對者同時喧嘩,毫無發言秩序,後卒表决先付審查,俟再讀續議,乃摇鈴散會。"(1911年7月29日《申報》)

1911年7月25日辛亥六月三十日,中央教育會開第五次大會。

《中央教育會第五次大會紀》:"上月三十日上午中央教育會開第五次會議,會員到者一百三十餘人。是日議國庫補助小學經費案,此案業經審查會修正,是日爲再讀,逐條討論前日審查員報告時,議論棼如,而卒莫得其要領,故至逐條討論時,紛議滋起。開議前先有王君季烈謂會場表决約分三種:一爲起立表决,稍重則爲無記名投票,更重則爲記名投票。昨日之表决軍國民案殊靠不住,因會場到者一百四十八人,而起立者七十六人,實係多數,然安保點數時不無錯誤,且後列之人亦恐有未曾聽明而盲從者,此應請會長加以慎重。又派審查員固必視其平日之所長,要亦不無偏重之弊。似昨日之指派審查員尚欠適當。戴君展誠亦以爲言。於是陸君光熙謂昨日表决人數爲確定之多數,學部之開中央教育會原欲聚多數人士相與琢磨,學部會員不應列會員之席。戴君展誠、恩君華同起辯詰時,會場遂有大呼請會長維持秩序者。陳君寶泉、恩君華仍對前説辯難不已。其時戴君展誠亦起言,昨日表决時後列人員實未聽明。會長謂昨日之事可置不論,且先議國庫補助案。於是讀第一條,衆無異議,至第二條云補助以教員薪俸爲限一語,遂群言龐雜矣。先是吴君震春對於第二條曾提出修正案,主補助學校不補助教員。經辦事官朗讀後,遂由吴君登臺説明主旨,范君源濂、王君季烈、恩君華、江君謙相繼辯明所以限於教員薪俸之意。吴君鼎昌亦主是説,大致謂既以推廣爲目的,則似以補助教員爲是。吴君震春猶有所辯論,始終以學部既有小學校經費標準,則可以對於學校施補助,蓋不及此標準則補助之可也。時會場秩序稍稍棼亂。楊君度起言,學部此案既言補助,則不能不指定事項而施補助。既欲指定事項而施補助,則終不如指定教員薪俸爲最妥。其時在場各會員之意終不能盡同。許君鼎霖謂照此辦法,竊恐於'發達'二字全無希望,'普及'二字相差尤遠。并力説官吏奉行不善,弊病百出。於是有請付表决者,而會場欲發言者仍紛紛未有已也。時已過十鐘,會長宣告表决,照章先决吴君修正案,得少數,作爲審查會修正案通過。休息三十分鐘,至十時五十五分續議。朗讀第三條,姚君漢章頗有所詰難,於是答者辯者遂紛起。而廖君名縉亦以標準不明爲言。姚君漢章復問現時究竟有幾多初等小學,顧君棟臣答現已飭各省調查,姚君復問大約須款幾何,如何提出,資政院范君源濂答約略估計多則二百萬少則一百萬。姚君謂簡易識字,學塾稍加改良即可成初等小學,萬一所需補助竟以此而增至六百萬或八百萬則如何?袁君希濤亦謂增設與添辦,非實際上之限制,以二百萬爲限恐不敷。於是張副會長起言,補助小學應補助新辦之學堂,不補助添設之學級,則學堂始有日多之望,似於普及推廣之意較爲切近,其意甚周至。顧君棟臣答辯仍主原案,並答姚君謂簡易學塾决不能當初等小學。於是王君炳爔謂條文中之'三十人'可否改爲四十人或五十人,而註明僻處不在此限。胡君璧成謂現在且以主三十人爲是。會長以時已十二鐘,宣告展會三十分,以張副會長提議付表决,起立者四十五人,少數。表决時經時頗多,會員中尚有欲討論者,而三十分鐘已屆,遂散會。是日會場秩序益不如前,當表决張副會長提議時,後列諸會員互相談笑,甚爲嘈雜,文君斌兩次大呼請會長維持秩序,終弗能止。"(1911 年 7 月 31 日《申報》)

1911 年 7 月 26 日辛亥閏六月初一日,訪李瑞清,旋譚延闓至,同觀李所藏沈周山水册頁。午後五時,與譚延闓逛琉璃廠。同訪徐劍石,談至子夜歸。

譚延闓《辛亥北上日記》同日條:"十時始起。飯後看台生所儲邦渒古城明信片。遂詣梅盦,曾九先在。見所藏南田山水册葉,精妙入神,千金所購也,論書畫甚多。五時乃同士元逛廠,至賀蓮青看筆,有純鬃純狼大筆。又至清秘閣看紙,英古齋看古玩。有一鏡尚佳,翁扇面太嫩,索五金,士元以爲真也。徑寸鷄血三方,索五十金,血尚寥寥。有知田黄者,青田石中之黄者也。見一《聖教》、一《家廟》,尚佳。出至劍石家看《禮器碑》,曾九取石印對照,云其於逆筆多誤,殆爲翻刻,所論甚精,然氈墨極古,不知何時翻也。因憶在英古時見《友林乙稿》,北宋本,精極,其紙皆錦,與此同,或者北宋繙乎?劍石置酒飯相待,談至十二時,送士元歸館乃歸。"

按:徐劍石,何許人不詳。

1911 年 7 月 27 日辛亥閏六月初二日,中央教育會會後,譚延闓等來湖南館同飲,旋同至農工商部商則陳列所參觀。出浴,偕同訪夏午詒,談至夜半歸。

譚延闓《辛亥北上日記》同日條:"早起。赴中央教育會,張菊生主席,手腕明快過於季直。一時議畢,遂至湖南館,與黄、曾、廖三人同飲,菜則市肴,芡粉成團。味腴來,遂同步入農工商部商則陳列所,甚宏廠(敞),物品亦多。有大珊瑚樹,及八寶瓶花、天津泥人,甚好。火焰貂皮,濟生云出四川,形如蝙蝠,《爾雅》謂之夷猶,俗則云飛虎也。又有土蕃用軍器,亦古拙。玻璃絲織屏風,則信精美矣。出,憩茶室甚久。出詣昇平園浴。味恒别去。浴罷,呼人力車往廣和居,已封火矣。廖先歸,乃偕黄、曾詣夏午詒,出飯,喫水泡飯也。談至十二時,仍以人力車歸。”

《中央教育會第六次大會紀》:“初二日午前八時四十分中央教育會開第六次會,會員到一百四十人。張會長因事請假,由副會長張元濟代理。首由會長宣告昨已集議,會場宜有秩序,望各會員遵守會章。次言教育經費諮詢案再讀,囑辦事官逐條宣讀頭二條,通過。第三條第一項吴震春之修正案得七十五人之贊成表决。第二項某會員謂檢定教員之人,須有受過檢定之資格。會長謂此範圍以外之事。第三項吴震春之修正案贊成者少數,取消。第四項吴汝霖之修正案,贊成者六十九人,少數,取消,即照原文通過。第四條某會員詢正教員副教員責任之區别,范源濂説明之。劉鳳章謂聞學部擬以現在表册爲定,請度支部籌二百萬恐不足支配。會長謂此事學部並未定。權量請再減少城内教員之補助而加重鄉間。得三人贊成,成修正案,付表决,少數,取消,仍照原文通過。第五條無發言人,通過。第六條權量謂原文下開各事之一者,宜加入‘雖有第三條所定之資格’一句。會長謂此文字之修改,可俟諸三讀。某會員又謂‘官府’上宜加‘辦學’字樣,會長謂此亦文字之關係,此時不必討論,仍照原文通過。第七條徐焕謂補助費發交學堂,宜改爲‘學堂教員’,無贊成者,仍照原文通過。第八條某會員謂宜將八條歸入於第二條,贊成者七十九人,多數,遂將此條取消。第九條陳寶泉謂預算須俟資政院通過,通過後學部行文各省,是明年正月恐難實行,可否改爲以文到之日實行?谷鍾秀謂不定月份不成法令。楊度亦謂宜仍以正月實行。吴鼎昌謂正月不能實行,不如改七月。有三人贊成修正案,付表决少數,取消,仍照原文通過。第十條無發言人,通過。時已十時十三分,會長宣告休息三十分鐘。十一時續議,會長請任免小學教員案,審查員報告審查情形。江謙登臺報告謂任免教員乃依教育官制爲根據,現教育官制未頒佈,‘任免’二字從何而起。且任免教員當屬之堂長,由提學使派任甚有流弊,休假一案亦不應列入。審查員開會時全體一致以爲學務當初萌芽時,學部宜取積極主義,不宜取消極主義。現若實行此項章程,反多窒礙,不如暫緩至教育官制頒佈後再議。陳寶泉謂此案提出時,報告主旨,今日仍由本員重行説明,遂登臺,謂‘任免’二字不過一名詞耳,即改爲‘進退’亦無不可。學部交議之本旨即在鞏固小學教員之地位,使學生受統一之教育。各審查員在各省辦學,極有經驗,實行之遲速,可不必争,惟任免教員之權,仍在地方自治員,並非增長官長之權。惟至提學使札派,仍係由自治會呈地方官詳提學使加札,並非令提學使直接委派,諸君萬勿誤會。遲行速行,原無不可,但學部籌備清單,今年籌辦列有此條,大概至遲年内須入奏。王祖訓謂多數贊成之議案，審查員可以取消乎？江謙謂不過展緩，非取消也。黄炎培謂學部籌備清單，雖列入此條，不妨即據中央教育會審查之意見奏請展緩。范源濂謂衆既贊成展緩，可以再議他案。會長謂今日開會遲一點鐘，即展之一句鐘散會，衆贊成。會長謂學部總務司來文，請將女子職業學校、師範體操專科二案緩議，即討論唐會員停止獎勵實官出身案。王鴻文、汪龍光亦有此案，一並討論。沈恩孚登臺演説應一律停止，以改正社會之心理。陳敬第登臺演説文官考試一行實官獎勵當然取消，至出身一層，理論上亦無可討論，主張事實上之關係不能停止者有數端：一、出身停而求學之人少，此爲世家大族，或僅重虚榮而不求生活，試問一般人當重虚榮乎？抑重生活乎？二、出身停而捐納一切尚未停，譬如人有二子，一子食阿片，亦必另第二子食阿片乎？一面由學部商内閣停止，内閣亦斷無不允。三、出身停而教育不發達，試問現在出身未停，而教育又何嘗發達乎？此三説皆不足信，故仍以一律停止爲是。某會員謂實官可停，出身斷不可停，社會上不知此是虚榮，俟文官考試實行再停。汪榮寶登臺演説，此案大略有二派，一、主張緩停出身。二、主張速行一律停止，本員以爲出身與學位不同，學位是名譽獎勵，出身是利禄獎勵，暫留出身是仍留學生利禄之心也。且學問本有高等、普通之不同，普通學生給以出身是使人人有爲官之意也。二者流弊極大。學堂志在爲官，道德於以壞。既欲爲官，即不願謀他項職業，生計於以窮，此事關乎教育方針，望衆會員贊成一律停止，爲教育上放一光彩。陳清震登臺謂學生爲官之心始於家庭，要在任教育者感化之。至生計問題，現在有出身而謀他項職業者，亦比比皆是。此案重大，宜從長討論。喻長霖謂實官既停，出身即無用，雖予以出身亦無關係，可因社會之心理，暫時緩停。孫雄大聲謂停止獎勵出身，並請學部大臣將從前學生之得獎勵者，一律裁銷。衆謂此言出於範圍之外。楊度謂宜一律停止出身，用畢業生，並言將來選舉章程及文官考試章程當規定某某畢業生也。谷鍾秀謂宜將題目改正付表決。此時仍有欲發言者，會長謂此案已討論透徹，即作爲新論終止。會長詢唐案，付審查否？衆贊成不付審查。姚漢章請改唐題目。喻長霖請將唐案分别表決，會長謂贊成唐案，停止實官獎勵者請起立，起立大多數。表決。會長謂贊成唐案停止舉、貢等出身另立學位章程者請起立，起立者八十人，多數表決。會長又謂王鴻文之停止獎勵案，可併在唐案内，汪龍光之提出案係緩停出身，是否付表決，衆謂唐案停止出身已表決，汪案與之反對，無庸付表決。時已一句鐘矣，遂告散會。（下略）”（1911 年 7 月 3 日《申報》）

1911 年 6 月 28 日，中央教育會開第七次大會。

《中央教育會第七次大會紀》：“初三日上午八時四十五分，中央教育會開第七次會議,會長及張副會長均請假,由傅副會長代理,到會者一百二十五人。當未開會時,汪君龍光謂本員昨日未到,而昨日通過之案,乃不少本員所提議之緩停出身獎勵,實有道理,且以活動之眼光觀之,請議長另行提議。時會員中有請議長按議事日表開議者,會長遂宣告開議。即由辦事官報告提議案二十一件繼續審查試辦義務教育案報告書。顧君棟臣登臺説明審查主旨,會長宣告以義務教育章程付再讀。王君祖訓以本日議事日表無再讀字樣起請,而會員多數贊成再讀,遂由辦事官朗讀施行前籌備大綱及義務教育章程第一條,均無異議。第二條,汪君龍光謂以滿六週歲之次日起至滿十四週歲止一語,義務教育僅有四年,則何以必曰十四週歲而不曰十週歲,須修正。陳君敬第謂學齡與學年有别,汪會員之言誤混爲一。林君棨亦起而解釋,本條條文是學齡非學年。會長問有三人以上贊成否?亦無應者。遂接讀第三條第一第二項,無異議。及第三項有謂恐生雇主之嫌惡而害學齡兒童之生計者,並及買僕問題,請修正。會長問有三人以上贊成否?亦無應者。遂接讀第四條,無異議。第五條,王君祖訓問教育會,學堂亦爲學齡兒童,所應入之學堂否?陳君寶泉答以經官廳立案者爲限。第六條,王君景禧謂本員對於學齡兒童在家塾或私塾就學者,不得視爲已受義務教育數語無異議,其下'但書'云云應改作小注,或删除,或改正,得多數贊成,修正。高君步瀛、王君用舟、王君祖訓、羅君振玉皆謂'或私塾'三字不能成立,宜删去,而陳君寶泉則謂初辦義務教育,不能不兼籌並顧。王君祖訓又謂陳會員所言不甚明瞭。辯論間,黄君炎培起言,本條條文,本員主張全行删去。於是恩君華、沈君亮棨、吴君鼎昌、陳君寶泉紛起陳述意見,而沈君争論尤力。沈君恩孚謂本員主張删去,但時已十時三十分矣,會長宣告休息。十一點五分鐘續行開議。胡君家祺登臺主張删去'亦得視爲與在初等小學堂無異'。姚君漢章起言,請會長即付表決,無徒費時間。於是,會長以主張將條文全行删去者付表決,得少數。胡君汝霖登臺述放寬私立小學之意義。王君季烈則謂國庫補助已規定以私立小學爲限,倘私立之範圍一廣,恐經費不能支持。張君書雲謂方才會員中有主張删去條文中'亦得視爲與在初等小學堂無異'一句者,本員甚表同情。陸君瑞清則又主張删去但書,顧君棟臣謂删去但書,實係消極主張,且與條文用意不甚完全。會長以删去'或私塾'三字付表决,亦得少數。再以'亦得視爲與在初等小學堂無異'一句付表决,起立者八十三人,多數通過。第七、第八、第九、第十、第十一條皆無異議。第十二條,恩君華、汪君龍光皆謂勸導及督促宜有一定辦法。徐君焕謂僅言勸導兩次,則三年兩年中亦可僅僅勸導兩次,將如之何?陳君寶泉謂義務教育,其負義務者有三:一爲監護人,一爲學齡兒童,一爲城鎮鄉,自治職至督促而猶不聽之辦法,可規定於民法中。汪君龍光則謂義務教育即是强迫教育,故督促必有辦法。於是袁君希濤、恩君華、沈君恩孚、張君秉樞、王君季烈紛起答辯。

其時姚君漢章謂罰金、禁錮、名譽罰金，本員細思皆不能爲督促之辦法，不如僅云督促爲是。恩君華謂此次審查結果，删去'試辦'二字，則此案即須實行無疑。實行當有實行之手續，欲於民法中規定之，則本員殊不爲然。會長問對於本條贊成審查案者起立，起立者大多數。第十三、第十四條無異議。第十五條，某君對於第二、第三兩項有所詰問。王君用舟亦問近視亦在五官機能不完具者之列否？王君季烈辯明之，遂通過。第十六條，徐君煥問第二項'極貧'二字以何爲標準，王君季烈稍解釋之。第十七條，杜君明燀請審查員詳細説明。顧君棟臣即座説明大意。沈君亮棨則謂本條根據城鎮鄉自治章程而定。陳君敬第復將本條重言以申明之，遂通過。第十八條，陸君光熙有所陳述，欲反對前既通過之第六條。張君書雲詰問施行期何以無定，袁君希濤遂詳言施行期之所以不能定，並言督促施行之辦法爲另一問題。姚君漢章謂分期辦理之法，本員對於審查報告甚贊成，遂通過。第十九條，林君棨詰問'不屬'二字作何解釋，陳君寶泉答如京師督學局之類，林君請改'均'爲'亦'字，通過。第二十條無異議，於是全案通過，而時已十二時三十分矣，遂散會。”(1911 年 7 月 4 日、5 日《申報》)

1911 年 7 月 29 日辛亥閏六月初四日傍晚，譚延闓過湖南館相晤。

譚延闓《辛亥北上日記》同日條："九時起，即以騾車赴萬生園于、寶兩侍郎之招。至門遇寶瑞臣，遂同入薈芳軒，張菊生、傅增湘、方玉山、李梅庵、達受甫、李柳溪、劉仲魯、宋芸子、于晦若均先坐，待張季直至十二時乃來，遂入席。仲魯自爲主人於别室，因不入席。菜則《政治官報》館庖人，甚好。席終，張季直、方玉山、李柳溪先去，寶、于邀餘人乘船行荷花中，甚有意。登岸憩觀稼軒。達、劉辭去。雨至，避之暢觀樓。出咖啡館日已西，乃辭出。歸至湖南館，遇黄、曾諸人。出，知范静生、晏雲卿之局已散，適范、晏亦出，遂同至晏家小坐。出，訪胡海帆，談甚久，已八年不見矣。遂歸，甫九時。近來歸寓最早也。晚作屏對，十一時睡。"

1911 年 7 月 30 日辛亥閏六月初五日早，譚延闓來，邀往萬生園游覽。

譚延闓《辛亥北上日記》同日條："早，步詣湖南館，邀濟生、笏堂、俟園、甸侯同以人力車至萬生園，見虎怒，咆哮甚烈。出，坐船至豳風堂，行萬荷中，風摇葦浪，甚有野興。憩良久出，歷覽各處，乃飯燕春園。又至間壁博物館看動物標本，有銅獸三大鐘，一疑爲明製也。飯後遂出門。今日菜至不佳，去七兩餘，較番菜爲尤貴也。仍乘人力車至劍石家，方病足，留寫大字。晚，步至次如家，與同請何又伊師，以陳仲騫、陳□(原缺)亭、余亭伯、凌鑑清作陪。是日本約胡謌臣而竟不至，亦一奇也。遂至朱八處談，台生亦至，談至十二時歸。"

1911年7月31日辛亥閏六月初六日，中央教育會散會，譚延闓邀飲，飯後至李瑞清寓，觀其作畫。晚與譚延闓至廣和居小酌。譚同至湖南館，談至夜半。

譚延闓《辛亥北上日記》同日條："早起。赴中央教育會，始識羅叔韞，談龜文甚多，云考爲殷人太卜所用，有《殷商貞卜文字》考甚詳。散後王翰屏邀同澤生、芴堂、士元、垚堯、梅庵、甸侯同至聚美樓，飯後與士元、翰屏至梅庵。頃之，梅庵始歸。看作畫，甚有道理。魏選亭、吴翰濤亦來。至晚，王先去，余同曾至廣和居小酌。又同車至湖南館，道腴來談，作字甚多。黄、廖歸，又談甚久，歸已十二時後，遂寢。"

《中央教育會第八次大會紀》："初六日上午八鐘中央教育會開第八次會議，會員到者一百五十三人。是日議事日表係教育經費諮詢案審查報告。先由蔣會員炳章請變更議事日表作爲再讀，衆贊成，遂由辦事官先將報告書朗讀一過，正欲接讀下開條文，有陸君光熙起言此案既名教育經費，則國家宜確定一教育基本金，各國皆有之，日本亦然。於是陳君敬第謂此宜在國庫補助案内討論，今似不必闌入。時張君書雲謂'章程'二字應改'辦法'二字，緣本會所議决不得爲章程，止可作爲一種辦法也。王君季烈、顧君棟臣皆以爲可，遂接讀章程，凡四條，讀第一條時討論之要點在自治成立地方税劃定以後，恐生種種影響，蓋審查會所擬謂學堂成立在自治之前者，其所有款項不得移作他用，而討論者爲陸君爾奎，謂將來國家税分清之後，而今日辦學經費，實有取諸國家税者，若驟然提出，則學堂必至危險，此層决不可不慮。王君亦以爲言當，由王君提出修正案，係救濟方法。陸君亦與之同意，遂同付表决，得少數。是時提出修正案者甚多，而皆得少數。蓋會員在會場臨時提出修正案，難得正當，或正當亦難得贊成也。讀第二條，則争論之點全在十分之八、十分之五，蓋審查會擬城鎮則教育費佔自治費十分之五，鄉則佔十分之八。論者以爲八與五之數，終未宜確定，故論者遂紛紛也。此論以黄君炎培語最詳明，會員屢加修改，其說不一，及付表决得少數。時已十時三十分，會長宣告休息。十一時續議。沈君恩孚登臺說明第二條之意旨，於是議論紛起，互争發言，並有謂此條經多數表决，不得再事討論者。沈君恩孚又主張於十分之八字樣下加入'其在繁盛之城鎮鄉則不適用之'，於是有議改爲商埠者，討論許久，付表决，得少數，遂通過。接讀第三條，大致均無異詞，惟對於擴充學額，有主張改爲學級者，稍有議論，仍用原文通過。接讀第四條。楊君葆恒議'一半以上'四字删去，付表决，得大多數。時會員中有以限制城鎮鄉設立高等小學爲過嚴，主張兩等小學均可設立。經他會員解釋，此指經費言，非指境域言，如經費有餘，未嘗不可設立，城鎮鄉總以多設初等小學爲是。陳會員敬第主張删去

‘初等實業學堂’字樣,以爲初等實業學堂應否專設,於經費上、統系上尚屬應研究之問題,況‘初等’兩字是否妥協,亦待研究。經議長付表决,贊成者少數。時已十二鐘三十分,議長宣告散會。”(1911 年 8 月 7 日《申報》)

1911 年 8 月 1 日辛亥閏六月初七日赴中央教育會,既散,李瑞清邀同譚延闓、吴劍秋等聚飲。客去,與李、譚談久之。

譚延闓《辛亥北上日記》同日條:“大雨。八時赴中央教育會,會已開矣。以‘軍國民教育’五字争辯甚烈,多無味之辭。既散,李梅庵邀同士元、芴堂、垚堯、劍秋、訇侯、翰屏及馬迪吾同飲聚美樓。客去,與曾、李談久之。乃登車過朱八,坐頃左十一來,旋出詣次煌,渠近以憲政館被裁,境况益窘,然京興如故,可佩也。歸寓甫七時,近來所無。晚同台生飯,爲人作摺扇册頁書。十一時寢。”

《中央教育會第九次大會紀——軍國民案之大激戰》:“初七日午前八時三十分開會。會長謂今日軍國民教育案再讀審查報告,請審查長曹汝英報告。曹即登臺演説,謂第一條改良小學教科書,並於兩級師範及中等各級學堂加軍事大意一科。第二嚴定規則,與原文無殊。第三將體操列爲主課,野外練習,擇時而行。第四運動會當開,由學部編訂禮節。第五體育會所有打靶及拳棍刀法,由學部會同海陸軍部編定法制規則,與軍中無異,練拳改爲練身所有拳法及日本柔術,俱可包括在內。第六原文所無,新加師範生入聯隊見習三月,以便實行軍國民教育。陸爾奎登臺問曰:此‘軍國民教育’五字係普通教育乎?抑爲特殊教育乎?曹汝英答是普通教育。陸爾奎復曰:不講國民教育而如此辦法,恐一百年後世界仍目我國爲無教育之國,此案祇能作爲特殊教育,若作爲普通教育,斷乎不可。陸瑞清謂今日再讀不可再反對大體。羅振玉謂前日付表决,一方面意見尚未表出,宜再討論。會長謂前日係多數表决,不能取消,今日當逐條討論。孫雄大呼:會長前日派審查員不公。胡家祺云,派審查乃會長之權,軍國民教育案,會長派知軍事者數人,何得謂之不公?現在有贊成此審查者,亦有不贊成者,請會長付表决。會長謂孫會員謂派審查之不公,其不公者何在?此案成立非我之私利,不成立亦非我一人之大害,‘不公’二字從何而起?王季烈謂總須請會長由各方面派此案派知軍事者審查,誠是。如本員學專理工,軍事上即無心得。羅振玉謂此案當派知生理學人審查,本員以爲前日表决時言論不一,可再付表决。江謙謂此案是否係學部大臣所交?羅振玉謂不能以學部大臣即不論是非利害。袁希洛謂軍國民教育爲中國現在不得不行之教育,反對此案者即非中國人。詹名揩大聲請會長宣告逐條討論。復由高毓浵、顧楝臣、王季烈、沈恩孚、陸瑞清、胡家祺等略加辯論,會長曰不宜緩議,即先付表决。范源濂登臺演説,謂中央教育會爲國勢危急而設，學部大臣亦因危急提出此案，各會員當平心静氣討論此案，不可徒持偏見。陸瑞清謂憲法大綱有國民有當兵之義務，且去冬陸軍部奏准軍國民教育主旨，羅會員振玉、王會員季烈必欲取消軍國民教育主義，是反對上諭。否則既命人民以當兵，而不教以兵事之技能，即孔子所謂以不教民戰是謂棄之也，有是理乎？況教育宗旨，隨世界大勢而定，現今各國對於我國，其情形如何，我人固當自知。我會員中反對軍國民教育者，必愚昧不知世界大勢者也，否則必受外人之運動者也。不然，何喪心病狂乃爾，請會長宣告討論。詹名揩謂即宣告討論，若再付表决，是將會長之權取消。谷鍾秀謂可再付表决。胡汝霖謂宜照再讀辦法，逐條討論。會長謂贊成再讀者起立。當時羅振玉語左右勿起立，陸光熙大叱之。起立者大多數，表决。羅振玉謂今日當從題目討論起施，愚謂國民教育完備，則軍國民教育即在其中。此案謂爲軍國民主義則可，謂爲軍國民教育條件則不可。沈恩孚謂第一次討論大體，第二次討論條文，不能違背議事規則時，谷鍾秀、恩華、楊保恒、陸光熙、江謙等討論題目之通不通，語多激烈。陸瑞清謂當從條文逐條討論，若反對此五字，宜先取消憲法大綱及陸軍部奏明之案。汪康年登臺演説，當重實際而勿尚虚名，其聲微細不可辨。會長謂汪會員已有修正案，主張不打靶，不習拳法，可附於第六條體育會討論，此時請簡單發言。汪又謂徵兵，英國且不可行，中國何能即行？其聲又微不可聞。時已十一句鐘，會長宣告休息。十一句三十分復開會。王季烈提出修正案，將題目改名國民教育，注重尚武辦法。復言明‘尚武’二字曾見先朝上諭。用‘尚武’二字是軍國民教育已包括在内，請衆研究。時有周鍾嶽等互相討論，主張不一。會長遂囑辦事官宣讀王季烈提出修正案，贊成者少數，取消。會長又囑辦事官宣讀第一條，並王祖訓修正案將師範及中學加軍事大意一課删去，請衆討論。（王祖訓説明不講戰術不如將此門删去，且中學功課已多，不能再加。）范源濂反對之。王季烈謂本員與王祖訓意見相同，中學鐘點已多，不可再加。江謙等亦不贊成。范説陸光熙謂師範不知軍事大意，不足以養小學軍國民之精神，中學以上亦當知軍事大概，故應加此一科。高步瀛大聲反對而未説出理由。戴展誠謂現在教科書大半取材於海陸軍，不必另立一科。陳寶泉謂此科由尋常人教授終屬無用。戴展誠謂德國、日本之中學師範俱無此科，中國可不立此科。陸光熙謂因時因地設教，徒傚法他人，有實效否？孫雄謂中學鐘點已多，若再加此科，即應改定鐘點。黄炎培謂教育要看得活動，不可徒抄他人文章。德日雖無此科，而彼兩國提倡軍國民教育已數十年或數百年。我國當視時勢之如何定教育之方針。會長謂贊成王會員删去者請起立，起立者少數，取消。會長謂彭會員述文修正案原文，其教科由學部會同海陸二部編定改爲由學部暫定。施會員亦有修正案，與彭會員同一删去‘中學及何項學堂’字樣，先將改由學部編定一條付表决，贊成者請起立，起立者少數，取消。會長又謂贊成施會員删去'中學何項學堂字樣'者請起立,起立者少數,取消。時已十二句三十分,遂散會。"(1911年8月8日《申報》)

1911年8月3日辛亥閏六月初九日,赴中國教育會,會後廖笏堂邀飯於聚美樓。

譚延闓《辛亥北上日記》同日條:"始醒,劉鐸來,及去,乃赴教育會。今日來者甚多,爲軍國民案也。至散會時,秩序大亂,至喧呶拍案,可嘆也。笏堂邀同士元、澤生、迪吾、甸侯、翰屏、垚堯、劍秋飯聚美樓,去京錢八十餘千,可謂貴矣。既罷,遂歸寓,受暑倦極,偃卧一小時。味恒來談,及去,出赴蕭少玉之招於家顯堂。陳善同先在,胡海帆、孫絜珊後來。入席過二簋辭出,至帝國報社,席已散矣,乃開便飯相待,黄、廖、仇、黎、楊、張、方、薛咸在,談甚久。諸人去,又留與晳子、赤章、徐佛蘇、薛子奇、陸詠沂談至一時乃歸。"

《中央教育會第十次大會紀——江謙謂教育會不應如是我亦云然》:"初九日上午八時,中央教育會開第十次會議,會長請假,由張副會長代理,會員到者一百三十二人。辦事官報告提議案兩件。主席宣言學部大臣意,各會員提議案件甚多,而會期有限,擬將本部交議案撤回數件,並謂自今日始,除星期外,逐日開會。遂續再讀軍國民教育案。先有人問第一條中中等各項學堂作何解釋,曹汝英謂即中學堂及與中學堂同等之學堂。陳寶泉主張删去'中等'二字。付表決,得少數。顧棟臣起言,條中經學一項不甚妥當。例如衛靈公問陳一章'我能爲君約與國'云云,及'善戰者服上刑''春秋無義戰'等語,皆與軍國民教育相反,若以軍國民主義爲重,則必先廢去此等經文。孫雄大呼:如此看來,非但反對經文,直是反對尊孔。范源濂起,就春秋戰國時勢立論,謂不能與今日同年而語,言頗有理。會長遂詢問顧君發言之主旨。顧謂本員意思欲去'經學'二字。付表決,得少數。而戴展誠仍以爲言,會長謂貴會員與顧會員同意已表決得少數,可再議,遂通過。讀第二條,無甚争議,接讀第三條,先讀羅會員修正案,主張於'各學堂學生'句下添'除行禮外'四字。付表決得大多數。讀高毓浵修正案,主張於'兩級師範及中等以上學堂之學生'句下添'兼習練身各法'六字,將第五條'惟是'云云以下各語併入本條,而以本條中'庶將來畢業入伍'云云兩語删去。接讀胡均修正案,主張於'列入主科'句下添'行二分間體操'六字。會長問有三人以上贊成否,僅得二人。會長請胡君登臺説明理由,及胡君登臺解釋,王季烈忽謂貴會員不過欲求三人以上之贊成,可將本員列入贊成中。楊保恒亦提議操服'操'字應改'制'字,'各學堂'上加'中等以上'四字。商衍瀛亦提議以體操一科不列於主科。孫雄主張删去'以體操一科'至'隨時練習'數語。會長請付表決,而安維峻大呼:我贊成孫會員。然竟得少數。

孫雄謂表决時後列多未聽明，表决無效。於是再付表决，仍得少數。遂讀商君修正案，大意謂優級師範等類學堂，不宜以體操爲主科，表决得少數。復以高毓浵修正案付表决，高君請説明大意，羅振玉請會長付表决時須先説明表决之大意，因高君之修正案以練拳併入本條故也。文斌斥之，謂不能説就是練拳。會長遂重申高君修正案之意。羅振玉起言，拳棍刀法，教習向何處去請，除非尋大刀會乃可。文斌大怒，謂這就胡説，並以手拊几，於是全場秩序又一亂。高君再起説明修正之旨。顧楝臣謂請速付表决。羅振玉謂恐無表决價值。付表决，得少數。遂表决胡均修正案，亦得少數。更由張會員提出一修正案，謂地方官應許學堂具結領槍。羅振玉、顧楝臣謂學部已定有章程，可勿議。林棨謂條中常穿操服之‘常穿’二字有範圍否？孫雄謂‘常穿’二字不通之至，須將以前所定服制一律廢去方可，而隨時練習之‘隨時’二字尤甚。倘如其説，則學堂將變成運動會。陸瑞清遂起而説明本條主旨。黄炎培相繼説明審查大意。孫雄謂如是亦須註明，不然，學生没有貴會員的程度。會長婉言止之，顧楝臣亦謂會場議論勿以言語抵觸個人。於是會場秩序又一亂。遂以孫雄之主張規定穿操服之時間付表决，得少數。時已十時五分，宣告休息。十時三十五分續議。汪龍光、孫雄皆謂起立表决甚靠不住。辦事官續點到會人數，得一百五十五人。汪康年對於本案提出一意見書，會長命辦事官宣讀，大意謂學生須先將氣質調好再事習武，靖内急於禦外，故軍國民教育，不能不出之鄭重。且軍國民教育爲教育中之一端，决不可以一端而廢全體。陸光熙謂汪會員不過陳述意見，無須討論，而孫雄争起發言，會長止之，謂先有數言須宣告，遂宣告會員中提出修正案數件皆與前已表决之修正案内同，可毋再議。讀第四條，林傳甲請將運動會改爲游藝會，恩華、王季烈、林棨謂此議可不必付表决，會長頷之。權量謂條中‘競漕’二字是否中國通用名詞，請審查員答復。楊保恒請删去‘或陸上或水上’六字。王祖訓謂應時舉行之‘應時’二字作何解？顧楝臣謂此不必問，即承上文春秋兩季言之。孫雄又謂‘彼倡此應無日無之’之八字大可删去，蓋審查員文義太差之故。曹汝英謂此諮詢案中原文又謂‘競漕’二字，如不可用，則修文襲用日本名詞甚多，又將如何？權量謂不如改爲‘競渡’。胡家祺反對之。王君季烈提一修正案謂須添一條文，開運動會後只准休息一日，其餘不得因此停課，付表决，得少數。讀第五條，高君步瀛登臺演説體育會不在學堂範圍之内，主全删。汪康年提一修正案，大意謂鄉鎮學堂習練拳棍刀法容易釀成械鬭等事，請將原案之拳棍刀法及日本柔術删去。王季烈登臺發言，凡論事一須平心，二須放寬限界，三須討求真理。軍國民教育與軍事教育不同，此案須俟陸軍部實行徵兵制度，然後學部提倡軍國民教育方有濟。即如日本之戰勝亦皆由徵兵制度而來。廖名縉謂陸軍部如何設體育會，既不以日本之戰勝歸功教育，何以日俄戰事以後，彼國皆推謂小學校教員之功。是時會場中鼓掌如雷。會長及數會員起止之,謂本會無鼓掌例。於是會場秩序又一亂,孫雄登臺亦主張以全文删去,謂條中不僅如'堂員之約束學生,必當如將官之指揮士卒'二語,本員讀之深爲痛心。諺云'養兵如驕子',日後中國之亡必亡於中國教育家之手。姚永樸亦登臺演説,半晌不得要領,會長止之,而姚説如故,更絮語良久始下臺。沈恩孚、陸光熙、王祖訓争起發言,會長謂可以討論終局,而沈恩孚争持不已,卒登臺引日本福澤諭吉之言,謂打靶即古代射箭之意,王季烈反對之。楊度謂人人相繼發言,何時討論終局? 會長遂欲付表决,而孫雄猶大呼本員一定要發言,會長阻之。因先有人謂,起立表决,不足憑也,遂用記名投票法表决。高步瀛提議删去全條,贊成者用白票,反對者用藍票,白票得七十六,藍票得七十九,高案遂不成立。繼表决汪康年提議不打靶不習拳棍刀法及日本柔術,用起立表决法,不贊成者起立亦得七十九人,汪案亦不成立。林炳章提議删去'打靶'會長謂前已表决,林謂單删'打靶'一層,是另一問題。會長遂以删去'教之打靶'一句付表决,不贊成者起立得七十一人少數。廖名縉謂此時已過一鐘,會員多有去者,不能仍以百五十五人計算,請會長反證表决。王季烈、顧棟臣謂既已表决,何用反證,即欲出會,後列會員止之,陸光熙謂學部司員把持會議,王、顧諸君亦反唇相譏,於是會場秩序又一亂。會長命辦事官再點人數,據汪辦事員報告會員仍有一百五十五人,廖名縉仍請反證表决,王季烈大怒,謂反證表决開會以來未經用過,若必如此,則從前表决之案皆可取消。前二排會員群起和之,有拍桌者,有頓足者,勢頗激昂。江謙謂教育會性質怕不應如是,至是會場秩序大亂,會長乃宣告散會。是日旁聽者甚多,約有一百餘人。"(1911 年 8 月 9 日《申報》)

1911 年 8 月 4 日辛亥閏六月初十日,午後譚延闓來湖南館,談甚久。

譚延闓《辛亥北上日記》同日條:"九時起,十時乃赴會,會中正休息也。入場紛擾,頃之乃散。戴垚堯約同梅庵、笏堂、翰屏、劍秋、道腴至聚美樓。既散,與澤生同車至湖南館,見曾、吴、廖、王,談甚久。買草帽一頂。五時與笏堂同年至昇平園浴後,偕游勸業場買風鏡,飲茗况亭,出,過大舞臺,適有戲,乃入觀。座已滿,坐最後。《搜孤》《救孤》後,郎德山之《草橋關》、怡雲之《御碑亭》、九陣風之《取泗州城》、小朵之《紅鸞喜》、賈璧雲之《梵王宫》、張毓亭朱幼芬之《浣紗計》,戲尚有精神,小朵仍有風致,賈藝亦精。翠鳳樓出乃歸,以車送笏堂去。台生來,商明日游居庸事。三時睡。"

《中央教育會第十一次大會紀》:"初十日八時開會。會長請假,由張副會長代理。首由會長宣言,昨日會場討論過多,虚費時期,未免可惜,諸君對於議案有意見,儘可發言但望言勿及於題外,並望勿徒於文字上吹求。嗣由辦事官接讀軍國民教育案第六條,有李會員修正案於‘實地練習’之下删去‘即酌與奬勵’五字,由會長付表决,得少數。牟琳登臺演説,提出此案者使師範生略習軍事,俾將軍國民主義輸入兒童腦筋,但中國徵兵一時未能實行,此事恐做不到,本員以爲此案可以取消。陸光熙登臺答辯,大致謂於使兒童有軍國民真精神,非由師範習軍事不可,斷不能取消。牟會員欲删去此案,有討論者請發言。羅振玉謂教育當養成與世界共同之人格,不能以現時之情勢危急而施此特别之教育。陸光熙復答辯,會長以牟案付表决,得少數。李會員謂奬勵既停,則‘酌與奬勵’可以删去。曹汝英謂奬勵非實官,並非出身,不過照軍士上給以名譽上之奬勵耳。戴丹誠謂酌與奬勵可規定縮短師範義務一年。陸光熙謂戴會員之説可包括於奬勵之中,不必規定。會長謂陸會員之言衆有異議否?衆無疑,遂不付表决。陳用咸謂可删去‘仿照日本’數字,衆贊成。戴丹誠謂本員之修正案何以不付表决,會長謂已詢衆人,俱承認不付表决。此時戴丹誠大呼:不合章程。會員有附和之者,亦有反對之者,秩序大亂。卒由會長以戴案付表决,得少數,戴又争執良久。吴鼎昌謂會長嗣後不可用反表决之法。會長囑辦事官宣讀王季烈修正案,加徵兵未行之前,凡中學以上各學堂學生有志願當兵者,准其入伍一年,由陸部於軍隊内定優待之法,以資鼓勵。王謂本員提出此案者,欲使人有當兵之風。林傳甲謂王會員之修正案再添一條,不可加入此條内。謀(牟)琳謂外國當兵乃法律之規定,非真盡人皆願當兵也。規定此條,恐無人去。會長以王案付表决,得少數。王景禧提出修正案,登臺演説,大略關乎辦法手續。谷鍾秀謂係施行辦法,可不討論。沈恩孚謂王會員意思甚好,可另提出修正案,衆贊成。會長謂此案即照此通過,陳寶泉謂可不用三讀,衆無異議。曹汝英謂不用三讀,是否仍須修改字句,會長謂字句當由原審查員修改。曹汝英謂此案條文有不通者,本員爲審查長,文理不通即應辭再行修正之職。會長謂曹君已辭職,即由他審查員修改。是時原審查各員俱先後聲明文理不通辭職。顧棟臣登臺勸衆人不可存意見,其時秩序又大亂。會長謂曹君之言,鄙人未能聽清,其因事多而辭職也,故允其辭職,今方知自謂因文理不通而辭職,乃自己謙讓之言,斷無承認其不通之理。是時胡家祺數言甚得體,遂由會長宣告接議國庫補助案三讀,囑辦事官逐條宣讀第一、二、三條,衆無異議,時已十時三十分矣,宣告休息。十一時復開會,接讀四、五、六條,衆無異議,後照原文通過。第七條,某會員謂‘經官廳考查’數字可以删去。顧棟臣謂此是辦法,不當在三讀時討論。廖名縉謂不可删去,但當規定辦學官廳。陳寶泉謂可以不加。會長謂贊成修改條文者請起立,得少數,仍照原文通過。第八條吴鼎昌謂有遺漏之句。黄炎培謂誠是遺漏即行添入,並改正‘初等小學之應給費者’一句,衆無異議。第九、十條衆無異議,照原文通過。會長謂接議義務章程案三讀,囑辦事官宣讀第一以至第十一條,均未修改。第十二條,袁希濤謂‘請’字可改爲'報由'二字,衆贊成。又讀第十三以至第二十條,均照原文通過。林傳甲謂照全案通過將來各會員應各負責任。會長謂國語音韵釋例案,學部大臣言此事體大,非一時所可討論通過,可由各會員帶回研究,各具意見書,能於會期内交到更好,否則,後交亦可。楊保恒謂交意見書以何日爲限?會長謂學部大臣言以七月爲限。黄炎培謂各人意見書早日交下開會研究。吴鼎昌謂各人意見書交到後即日印分各會員,以便研究,並請將此案大略宣佈。高毓浵登臺演説,用此標準徵集意見,言次聲音微細,歷有四十分鐘之久,經衆請簡單始下臺。恩華謂今年交意見書,明年開會再議,會員早日交齊,會場尚可討論。吴鼎昌登臺演説,極有理致,而會場秩序又亂,有謂宜交意見書者,有謂宜交審查者,會長面詢學部大臣,囑由各會員將現在意見交到,即日印成分送各人,以便研究。時已十二句四十分,遂宣告散會。"(1911 年 8 月 10 日《申報》)

1911 年 8 月 5 日辛亥閏六月十一日,大雨,譚延闓游居庸關未果,留談至中午。

譚延闓《辛亥北上日記》同日條:"五時出,大雨。台生不欲去,乃獨以行李赴湖南館呼黄、廖起,知朱八有書,乞緩一日,已决計待之。遂遣趙雲將行李歸,留與黄、廖食粥。諸人赴會去,復與黄、曾、吴談至十二時,乃詣朱八,邀同至六國飯店,胡海帆、朩進、定臣同坐。飯畢,趣陶然亭姚一鄂之招,席將散矣。客八人,惟識蹇季常、蕭秋恕、陳叔通、黎伯淵。飲十餘杯。秋恕邀同至憲友會,見伯南、偉齋。出至湖南館,見黄、廖、道腴在座,有所乘馬,試之門外,駑才也。道腴旋去,復偕陸三之子來,而邃庵、棫林、味如、味恒先後至,談至十一時歸。"

《中央教育會第十二次大會紀》:"十一日八時五十分開會,會長已出京,由張副會長代理,到會者八十四人。會長謂今日應議之國語音韵釋例與統一國語可併爲一案提議。當經陸光熙登臺發言,謂議事日表所定之議案,請會長查明關於緊要者儘先提議,以免荒廢時間。會長正欲答復適吴鼎昌發言,請登臺説明該案音韵標準宜定官音,其傳習範圍宜加廣寬,傳習之法,應在北京設立傳習所,由各省選派學生來京肄習,然後各就本省之人在本省學堂及社會上,分行教授。高步瀛謂先設調查會調查,並主張用京音,其字母不必專定種類,應試驗何種相宜。賈豐臻向會長詢問,未畢而袁希洛又報告意見,畢,陳寶泉謂當調查後修正編纂,會場上不易討論。沈恩孚謂無論如何,將來不過官話結果。斯時紛紛報號,皆欲發言。於是會長以張秉樞早經報號故,請其發言,大略謂先調查後定標準。會長謂討論終局,此案可否付審查先行表决。胡汝霖問會長如不贊成付審查者,該案應如何位置。胡家祺亦請示明。會長云,如得少數贊成,即另有辦法。吴鼎昌請將付表決事分清，會長答云並非兩案。王孝緝請付審查，如有特別意見者，可向審查處説明。是時主張審查與反對者仍相争論。會長付表決，佔多數，付審查。會長謂陸會員光熙適云會員中有研究此門學問者，當可派充審查員。無人答復。會長遂點派沈恩孚、高步瀛、李坤等二十餘人爲審查員。高步瀛又推舉高毓浵擅長此學，由會長加派，高力辭不勝任，會長極稱疏忽。熊育錫發言，因無價值，會長阻止謂現已十點三十分鐘，休息三十分鐘。至十一點續行開會。會長謂陸會員請提議緊要案適與傅副會長商議擬一辦法，亦並非違背章程，蓋欲請衆會員代會長分勞耳。所定辦法有四類：一、編訂可否分別速議案；二、額定議案之次序；三、同等議案之分別；四、指定致時編訂辦法及取决重要者。有次四類即可分別儘要提議，俾免辜負會員遠來之苦衷云云。沈恩孚謂如此辦法，必啓會員之争論，王劭廉亦不贊成，其他會員所發意見，皆不爲然，請會長將前言取消，於是會長又提議變通考試章程案。陸瑞清代提議該案會員唐文治、黄炎培登臺説明：一、停止獎勵；一、主張裁去分科考試。惟吴傳綺反對，餘皆贊成裁去考試，當請付表决。尚有發言者，會長謂討論終局先表决停止覆試，得大多數。於是又討論提議之分門畢業辦法，黄炎培説明提議之理由，當時問難者、反對者、贊成者互有發言，會長宣告表决中學以上分門畢業案，沈恩孚將議題請爲修改。正付表决時，某會員謂會長表决法不明，當經會長大聲謂元濟若將議題宣告錯誤，即請學務大臣將會長任撤去。某會員始默然。於是查點贊成者四十八人，佔少數，不成立。後經陳寶泉請臨時修正以裁去末期考試、留畢業考試再付表决，得大多數，遂通過。是日展會至一點鐘尚差五分鐘，衆請會長謂五分鐘討論無多，會長遂宣告散會。”(1911年8月13日《申報》)

1911年8月7日，中央教育會開第十三次大會。

《中央教育會第十三次大會紀》：“十三日午前八時開會，張副會長請假，由傅副會長代理。先由會長宣告先議教育經費案三讀，囑辦事官逐條宣讀，除城鎮鄉已設之高等小學仍舊外，餘仍照原文通過。次討論江蘇第二師範顧君實及直隸吴君均、奉天某君之振興實業教育案，各會員皆贊成此案，惟有主張由初中辦起及高等辦起之别。最後王君季烈登臺演説中國實科教育之不興有三：一、實業之統系不明；二、以文科人辦實科不能獲效；三、未能審時勢由農而工而商順序辦起。結論：此事當由初中辦起。贊成者甚多。牟君琳請付審查。會長謂三案並付審查，衆贊成。遂指定審查員十五人。時已十句三十分鍾，宣告休息。十一點鐘復入場，孫君雄大呼：開會以來所議之案多不能實行，不過博報紙上之好看。陶君葆霖謂普及教育案看似平淡，可以施行，請提前討論。會長答照議事表開議，並謂討論各省開學務討論會案。王君劭廉登臺演説直隸倡辦此會之始末及此會之利益,請各會員討論。王君季烈謂衆皆贊成,此案可付審查。王君鳳昌謂加入各省教育分會會長及會員。王君劭廉謂此規定召集直接辦學之人,以期有效。若範圍太廣,於事實上反恐無益。牟君琳謂初讀係討論大體,可付審查。查陸君爾奎謂江蘇、直隸尚可辦到,若他省交通不便,能做到否? 且此事由提學使辦起,或尚有用,若由學部强迫施行,又是一紙空文。吴君鼎昌謂一年一次,雖交通不便,亦可做到。會長謂全省學務討論會一案贊成者請起立,起立大多數。由會長指定審查員十五人。會長謂討論初級師範改歸省轄案,胡君家祺登臺演説,改歸省轄之主旨,一、謀設備完全;二、圖教育統一,並説明其辦法。沈君恩孚謂辦法極妥,甚贊成。戴君展誠謂案内缺少優級師範。王君劭廉謂本有優級師範一案,因案太多,未能提出。會長謂贊成此案者請起立,得大多數。王君季烈謂可付審查。陳君寶泉謂可不付審查。吴君鼎昌謂省款若干,當由學部規定。王君季烈謂本員主張審查即爲此。袁君希洛謂税法未定,不必預先定議。吴君鼎昌謂税法雖未定,不可不先討論。陳君寶泉説明諮議局會議施行,不致無着。牟君琳請付審查。會長謂贊成不付審查者請起立,起立多數。會長謂請討論各府州中學改歸省轄案,王君劭廉登臺説明改歸省轄之主旨,並現在中學爲難情形:一、經費少;二、教員難;三、設備不完;四、學生難招,非歸省轄不可。王君季烈謂此係維持現狀之方法。會長謂想各會員皆贊成此案。陳君寶泉登臺謂中學萬不可改歸省轄,一歸省轄,是將各州縣之學款搜括至省,與初級師範純然不同。本員以爲中學可用聯合法。恩君華、王君季烈皆反對之。秩序稍亂。牟君琳登臺演説,大致亦不贊成改歸省轄。袁君希洛、王君祖訓等相繼發言,皆贊成議題。會長謂贊成此條議題者請起立,起立多數。谷君鍾秀、袁君希洛等請付審查,衆贊成。會長指定審查員十五人。時已十二鐘二十分,遂宣告散會。"(1911 年 8 月 14 日《申報》)

1911 年 8 月 8 日,中央教育會開第十三次會議。

《中央教育會第十四次大會紀》:"十四日八時四十分開會,會員到者九十三人。由張副會長報告,謂本日議事日表有江會員謙提出議案,即補助各府廳州縣小學教員養成所經費案,江會員今日請假,何人代爲説明? 沈亮棨起立謂本會員可代江會員説明,遂登臺謂此案乃根本學務大臣提議之國庫補助小學經費案,欲普及教育,須先養成師範,養成師範非由國庫補助不可。袁希濤謂此案本會員非常贊成,此係根本問題也。陳佩實謂此案立意甚佳,但有可疑之二點,一用人問題,二財源問題。用人問題尚易,財源問題甚難,恐徒托空言,而事實上萬做不到。楊保恒謂此議案可以補學部補助案之不足,此種實行行爲萬不可少。王祖訓云本員贊成此案,然此案條文關係重要,須詳加審查修正。陳清震謂本員有所質問,所謂補助者每府廳州縣均予以一千兩乎? 抑須分別乎? 若本無經費之州縣而給與之,是直學部代其設立,非補助矣。袁希濤謂此實行方法,須由行省長官臨時調查而後補助之,非皆予以一千兩也。後周壽恭又與袁希濤反覆辯論。會長謂此案討論已久,須付表决,乃對衆會員云贊成此案者請起立,一時起立者佔大多數,此案完全成立。王祖訓又謂此種養成所若有四五班人,或可以補助,若只有一班亦補助之乎? 顧棟臣謂此案條文太草率,宜詳加改正。王祖訓謂審查時再詳細討論未晚。議長又謂贊成付審查者請起立,一時起立者佔大多數,議長乃指定審查員十人,次即提議改訂師範課程案,係彭清鵬提出,會長請彭會員登臺演説此案大旨。彭會員登臺説明師範功課每星期宜加國文爲六點(原三鐘),體操、音樂之隨意科改爲主科,加課法制、經濟、財政各門,歷史功課亦宜加多,第五年級則重實地試驗一年。又外國語言亦擬改爲正課,李瑞清有一意見書甚長,謂師範功課之宜改正者,即修身一門,法國及日本皆有此門而他國無之,以即以宗教爲修身,且他國修身一門所包甚廣,不似中國之狹義也。至中國理科一門,皆先物理而後化學殊屬非是,本會員擬將此科改爲先化學而後物理。且中國之所謂國文即外國之所謂國語科,則中國國文似宜改爲國語科。又陳會員所謂師範學堂添外國語一科,此事萬不能精熟。鐘點少,固無益也。袁希洛謂此案不必討論,可由議長先付表决,時會場甚形紛亂,主張各不相同。陳佩章亦請會長將此案付表决。祝震謂初等小學既無學外國語之功課,師範生何必習之? 議長乃付表决,謂贊成此案者起立,一時起立者佔大多數。陸光熙謂請將此案付諸師範聯合會審查,會長謂師範聯合會不能審查此案,本會長已先選定辦理師範之人,將來審查可無顧慮。陳敬第謂此審查,凡與師範學堂有關係者均審查乎? 抑否乎? 王季烈謂'關係'二字甚難解釋,審查不過就本案討論而已。乃由會長指定審查員十五人審查此案。次即報告林傳甲所提議案,會長命林會員登臺演説反對學部所訂之單級教授法。顧棟臣謂本會員所提出之單級教授法與尋常單級教授法不同。林傳甲又謂請展長師範畢業年限。吴懷清謂此案可以不成立,無研究價值。劉洪烈亦不贊成延長年限之説。林傳甲仍反覆辯論。谷鍾秀亦不贊成。於是議長乃付表决,謂贊成林會員之議案者起立,不贊成者不起立,當時起立者除林會員本人而外,只一人而已。會長亦抿口而笑不止。林會員傳甲赧赧然無言而坐。次即報告彭清鵬所提之議案,即以中等學堂畢業生補習教育等一年亦可充當教員,此一年中專習教授等法。傅增湘謂此議案恐事實上做不到,因中學畢業者人數甚少,恐不足供師範之用。李澤民謂中學畢業既可應文官試驗,又可昇入高等學堂,命之補習一年,斷乎不能。王孝緝謂此案或可用之於一二省中學畢業最多之處,而不能用之於全國各行省。陸瑞清謂彭會員之議案可稍加改正。楊保恒謂對於此案小部分贊成,大部分不贊成。谷鍾秀謂此案若通過,師範學堂可不設,他一方面中學亦可不設。袁希洛謂本會員頗贊成此案,足補師範之不及。王季烈謂據本會員看此案無不可實行,不可待至四五年,諸君萬不可將此案看做强行法,乃任意法也,即現在行之,亦無滯礙。恩華謂本會員對於王會員之言,稍有異議。如果實行,一中學中畢業者三十人,願補習師範者僅二人,將爲此二人又特設一班乎? 非四五年後實行不可。胡家祺謂日本有此方法者,乃生活上問題。如王會員之言,有願爲教員者亦可,施之中國則不可。此案若可實行,即時實行,無須準備,似不如待時再議。吴鼎昌謂此案若欲實行,須將'畢業'字樣删去,不限定畢業,但入中等六學期以後,因中學之某門功課煩難,而中途廢學者,皆可入師範補習,且補習不必限定區域,但足一班,即可擇適中之地使之補習,固無害也。議長乃付表决,謂贊成陳會員之修正案者起立,一時起立者少數,此案遂取消。吴會員謂此案不可全然取消,會長謂吴會員若别有意見,可另行提案,不必附入此中。此時會長方欲另議他案,孫雄突然起立,謂此案當初提起時,本有三十人以上之贊成,今何以僅十一人起立,請會長調查何以會員反覆如是。胡家祺謂今日之良知即本於今日之良知而行,於昨日無關係。且昨日贊成今日再研究即無妨不贊成,會場所以勝於私室討論也。孫雄語塞。會員又謂今日議事日表議案已完,可否倣照資政院章程第二十條再追加議他案。衆會員謂資政院與中央教育會機關不同,資政院章萬不適用於中央教育會。王季烈謂今日審查之案尚多,時已十一鐘,無妨散會,不必補行加入。衆贊成,遂散會。"(1911 年 8 月 15 日《申報》)

按:《申報》原題爲"十三次大會",前已有"十三次"字樣與此不合,本譜仍之,以下類推。

1911 年 8 月 9 日辛亥閏六月十五日,譚延闓過湖南館,與晤。

譚延闓《辛亥北上日記》同日條:"八時赴教育會,辯論皆無謂之言,可笑之至。休息時,遂出詣枚初,留飲且飯。出至湖南(館),見黄、曾之倫。今日爲水災事開會,到者廿餘人,議論半天,以起草收功。戴邃安邀往廣和居,適薛子奇在,被陸三拉入座,飲十餘杯。戴亦招入座,凡兩席。與王少泉、方朩章飲二十餘杯。既散,同廖笏堂至三慶園聽戲,小荷花《富春樓》《黄金臺》《打扛子》《蓮花湖》,賈璧雲之《絨花計》,崔靈芝之《三笑姻緣》。戲散與廖同車,余先歸,以車送廖去。台生來談,聞見慶邸問何不當議長,可笑。"

《中央教育會第十四次大會紀》:"十五日午前八句三十分鐘開會,會員到者三十五人。首討論變通小學教育案,其中以手工科爲必修科,經多數贊成。侯鴻鑑請以圖畫音樂亦列爲專修科,再三討論,以音樂圖畫非小學必學之科,可不列。嗣議小學不設讀經講經課一案,胡家祺登臺説明小學不能不廢止此課之理由。吴季昌登臺演説,大約反對停止小學讀經講經。程澍海登臺演説讀經講經宜用節本,由學部編定,俾聰穎者可以參考全書,魯鈍者領略節本。林傳甲登臺演説,此項功課萬不可廢,歷叙日本、俄國、西洋均研究中國經書,中國竟廢去,是廢經叛孔,是喪失國粹。語涉題外,經各會員請簡單發言,林猶大聲疾呼,痛哭流涕,擊案頓足,經一句鐘之久,衆叱責之,林猶不止。會場秩序大亂。某會員謂時已十句三十分,請宣告休息。會長宣告休息,衆退出會場,林始下臺。十一句鐘復入會場,會長謂適間秩序大亂,未免可惜,會場言論,本屬自由,但望諸君於範圍内討論真理。囑辦事官宣讀會議規則第十二、三、四條,請衆遵守。黄炎培登臺演説小學之讀經解經不能不廢,從教育上研究及保存國粹上研究,有此功課,均屬無益。賈豐臻登臺演説,外國無經學,不能以外國章程論,但就大學朱子序文論之,由小學以至大學,皆有層次,亦未言小學即須讀經講經。有明以來,注重科舉,始以讀經講經爲主要,請衆研究。馬晉義登臺演説,侯會員此案並非廢經,不過因兒童之心理,讀講無用,故議停止。但就社會上心理言之,遽然廢止,恐於學務上有礙。現學部已改章,初等小學自第三年起始讀經,似於實際上頗有斟酌,衆可研究。陳寶泉登臺演説與馬晉義所言略同,改在第三年讀經尚可實行。姚漢章登臺演説,各會員有看此案太重者,有看此案太輕者,本員以爲此案當從教科支配上研究。時會場中欲發言者甚多,會長謂已有贊成反對,即作爲討論終局,囑辦事官宣讀胡家祺等提議初等小學不設讀經講經課,節録經訓定爲修身科之格言案,並宣告此案重大,用無記名投票法表决,可者用白票,否則用藍票,先由辦事官分票,後由辦事官收票,共會員百三十五人,得白票八十一,藍票五十四,遂表决。時已十二句三十分,宣告散會。”(1911年8月16日《申報》)

1911年8月10日,中央教育會開第十五次會議。

《中央教育會第十五、六次大會紀》:“十六日上午八時二十五分開第十五次大會,到者九十二人,副會長張元濟代理主席,報告舉定審查長畢,遂議各省學務公所應開全省學務討論會之審查報告書。王劭廉登臺説明審查之結果,王季烈請省略討論,辦事官逐條朗讀,各會員對於第三條修正案主張不一,非提出删改二三字之修正案,即提出增加四五字之修正案,並有自己提出自己取消者。胡家祺謂速付表決即有結果,不必多討論。黄炎培忠告會長,謂議題無論大小,不宜輕略。易宗夔謂提學使日後將廢,此案不必多討論。於是將修正案讀畢,卒照原審查案通過。遂議統一國語之審查報告。吴鼎昌登臺説明審查之結果,陳清農、王季烈、唐文治、高步瀛等略有辯論，吴傳綺謂此案俟開調查會時再行討論。吴鼎昌請逐條朗讀以合議案之手續。廖名縉問調查從何處着手。陳敬第謂非調查不可。陸光熙謂贊成廖會員之提議。會長請廖會員將修正案寫出再討論。休息三十分鐘復開會。陸光熙謂到調查會再討論，黄炎培不以爲然。遂朗讀廖會員修正案，表决，少數。黄炎培請删去'音韵'二字，以爲無從包括。吴鼎昌謂原審查案係假定音標，似無妨礙，黄會員云如此則本員無異議。陸光熙議將'方言對照表'以下之條文删去。吴鼎昌辨之。唐文治謂由繁至簡則可，由簡御繁則不可。王季烈謂有形對照表即爲擴充無形對照表之用，遂照原審查案通過。續議變通中小學堂讀講經科目等案，孫雄意氣揚揚登臺，從袖中取出舊年上諭兩條，命衆會員曰：我今日取出上諭宣讀，你們須起立敬聽。於是會長、學部、會員争先起立，並附耳語曰：誰敢不聽上諭，違者定非忠臣。讀畢起立，會員按位坐下，敬聽孫雄讀上諭後之發落。廖名縉、易宗夔均云孫會員何以便服宣讀上諭，豈非大不敬。李素謂姚會員在會場讀經，孫會員在會場讀上諭，是真以會場爲兒戲，成何事體？袁希濤、謝遠涵之主張大致相同。會長宣告討論終局，表决，少數。時已十二點三十分鍾，遂散會。是日旁聽席有旁聽員陸君者起視壁間所貼之會場坐位圖，巡警遽入干涉之。會長謂旁聽席不得説話，辦事官數人誤會其意，奔至指揮陸君就座。陸君謂旁聽規則四條，無禁人起立及觀壁上坐位圖之條文，且座位圖既貼於旁聽席，非便旁聽員之觀覽而又何用。巡警無如之何，只言大人們不准起立，悵悵而去。此事自開會以來，屢見不一見，想四條旁聽規則，巡警未曾一讀也。"（1911 年 8 月 17 日《申報》）

1911 年 8 月 11 日辛亥閏六月十七日，譚延闓、李瑞清等來，偕至中國教育會，無趣相與溜出，赴王棫林家宴，過羅掞東寓，入談。王家出，與李瑞清等至惠豐堂聽戲，歸已午夜。

譚延闓《辛亥北上日記》同日條："早，孫藥墀來談書法，以字求正。去後同台生飯，出至湖南館，曾、吴、黄、廖先後歸，午貽（詒）、梅盦亦來談。與芴堂同車偕曾、李、吴至八角琉璃井中國教育會，擾攘數百人，了無意趣，因相繼溜出，同赴王棫林招。過羅掞東門，同曾、李入談，兼見楊昀谷。羅藏佛像甚多。步至王家，廖、吴、戴昆垚、蕭斛泉，菜皆家製，有風味。上燈，同曾、吴、李至廣和居，未進作主人。菊蓴、丙青、册安先在。入席及半，辭出赴藥墀招於惠豐堂，已散矣，顧枚良、張仲昭、吴□□（原文空置）尚未去，略談出。入廣德樓，曾、李、吴先在，肩背相摩，無容足地。玉玲瓏《非坡島》、《法門寺》、《翠屏山》，楊猴《趙家樓》，叫天《失街亭》至《斬馬謖》，一字一珠，如游絲裊空，危石墜地，嘆觀止矣。散後出覓車，歸已二時矣,乃睡。"

《中央教育會第十五、六次大會紀》:"十七日上午八時開第十六次大會,到會者九十六人。王季烈報告振興實業理由,謂除農工外,兼重醫科。高等實業生尤宜出洋實地練習,注重理科,提倡國民之真精神。確定實業學堂學生畢業後之用途,若工場中盡用洋人,於中國毫無裨益。然非養成實業人材不可。徐熌提修正案謂宜先設機械科以爲基礎。吴鼎昌贊成之。陳敬第謂振興實業題目,不可將醫科列入,以清界限,審查員不必堅持,衆會員不必調停,請會長逕行表决,經會員贊同修改條文。吴鼎昌提議實業畢業回國者,應派實業教員,以收所學所用之效。經衆贊成,移在第四條修正。王季烈將第八條實業學堂人員資格改正,經大衆表决,休息三十分鐘再議。王季烈報告中學改由省轄案,陳清震反對歸併一堂事,謂中學前途不能進行,適足減少。于邦華登臺演説,謂中學可歸省轄,若因人數少而歸併,大爲不可,並將直隸情形陳述。姚漢章以辦學堂原爲由下而上之性質,然學部之眼光則以爲由上而下,恐難收效。孫雄贊成原文,不贊成審查案,並聲明前此贊成現今反對之理由。遂散會。"(1911年8月17日《申報》)

1911年8月12日辛亥閏六月十八日,譚延闓來談,偕赴法源寺楊度招飲,散已夜十一時。

譚延闓《辛亥北上日記》同日條:"九時五十分乃醒,下床即與台生飯,飯後蕭秋恕來談。爲人作書。蔚太厚康某來,以戊申舊摺付與之。出至湖南館見曾、吴諸人,道腴、昆垚後至,談久之。同俟園、道腴步至法源寺晢子招飲,詠儀、仙霞、子奇、叔章先在,笏堂後來。菜乃齋素,無可口者,遜長沙馬王廟多矣。寺舊名憫忠,有史思明所立功德塔記,沈不矜撰,崔靈芝書,書皆直下,右行尚完好。又有覃溪摹五段《雲麾碑》及道人修寺碑。寺中院落深邃,高樹蒼然,有白皮松甚佳。既散,往憲報館赴孟庸生約,熊育錫、杜某、邵仲威、黄遠庸先在,晢子、季裳、佛蘇後來,飲談至十時,諸人散,余與楊、蹇、徐、孟談至十一時歸。"

《中央教育會第末次大會紀》:"十八日午前八時三十分開第十七次大會,張副會長主席,會員到者九十七人。由審查員顧君棟臣登臺報告國庫補助養成小學教員案審查大意,且謂此案最要之旨,在地方自治成立及已定義務教育施行期限,方能實行。遂由辦事官讀第一條,無異議。讀第二條,恩君華、于君邦華、權君量質問府廳州縣及一千兩以若何規定。谷君鍾秀、顧君棟臣同答覆之。讀第三條之第二項,王君祖訓首問常年經費不足在一千兩之内者何解。顧君棟臣復詳申其意。時沈君恩孚、陳君寶泉、吴君鼎昌、楊君保恒争起騁辯,會長遂謂討論已久,可提出修正案。陳君寶泉於文字少有修正。胡君汝霖請將第三條第一項删去,表决,得少數。吴君鼎昌復提出修正案,會長謂條文甚多,請將其語寫出,表决,亦得少數。王君季烈謂改入'已定五年之内施行義務教育者'十三字表决,復得少數。更有請删去第三條第三項者,亦未成立。讀第四條,于君邦華提出修正案,而未得三人以上之贊成。陳君寶泉亦提出修正案,未幾又自請取消。讀第五條,無異議。全案通過,並免三讀。接議修改初級師範課程案,由審查員李君瑞清登臺報告審查大意。高君步瀛謂此案可以不必討論,送交學部大臣,作爲改訂章程之參考。賈君豐臻謂刊發之報告,舛誤孔多,與審查原案不符,自請取消審查員。於是王君祖訓、顧君棟臣、權君量、于君邦華、陳君敬第、姚君漢章、沈君恩孚、孫君雄、王君季烈、戴君展誠紛紛發言,争述己意,秩序大亂。會長遂宣告休息。十一時七分續議。陳君敬第提議再付審查。付表决,大多數贊成。仍派原審查員十七人續議中學改歸省轄審查案,亦照前法再付審查續議。胡君家祺等提議初等小學男女同校案。是日胡君家祺欠席,由沈君恩孚登臺代申主旨,並規定多級同校異室、單級同室異坐。會長謂吴會員季昌等提議案與此案同意,應併議,而吴君亦欠席,亦由代理説明主旨。喬君樹枏謂有修正案提出。吴君鼎昌謂案未成立,無容修正。是案反對者爲二十七號某君、三十號某君及恩君華、顧君棟臣,而二十七號及三十號反對尤烈,相繼登臺演説,其詞甚辯,至宣言贊成者吴君鼎昌、于君邦華、李君澤民、黄君炎培、孫君雄,兩可者爲張君秉樞。是時互争發言相持不下,大有風起水湧之致。汪君榮寶謂不如討論終局,並請會長維持秩序。會長遂力止衆議付表决,贊成起立者七十四人。續點到會人數計一百十人,得多數通過。王君式通起言,一號有修正案不能不發表。喬君樹枏謂案雖通過,然本員所提出者,祇求會長命辦事官宣讀一通,略白吾之意見,請至再三不已,遂朗讀其言,不過引據《禮記》數語反對男女同校而已。時已午後二時,議長宣告尚續議他事否,衆議截止不議,遂散會。明日星期,後日即閉會。”(1911 年 8 月 19 日《申報》)

1911 年 8 月 13 日辛亥閏六月十九日上午譚延闓來,爲憲友會支部發起人接洽事,午後同至憲友會,至者十餘人,草草了事。

譚延闓《辛亥北上日記》同日條:“絶早,湘孫來,就榻前絮語而去。起,作家書。遂至湖南館,知濟生尚不行。同廖、曾飯,遇陳復心、曾摶九。午後與士元同車偕廖、王、汪至憲友會。到者十餘人,爲支部發起人接洽也。草草了事,與廖同車至(什)刹海會賢堂陸亮丞請客。吴雷川、梅斐漪、周道腴、范静生、陳叔通、蹇芰裳先在,楊皙子、沈信卿、陸詠沂、寧仙霞後來。高樓風多,荷静氣凉,飲遂至醉。既罷,同廖、陸、周、寧至德貴澡堂浴,復偕至帝國報館喫晚飯,有紫菜湯甚佳。談至十一時歸,以車送廖去。”

1911年8月14日辛亥閏六月二十日,中央教育會行閉幕式。

譚延闓《辛亥北上日記》同日條:"早起。淮孫來,周南來。衣冠至中央教育會行閉會禮。凳已撤,會員皆立聽演説,出照像,茶會有酒點。(下略)"

《中央教育會閉會》:"學部奏定中國教育會章程會期以一月爲度,兹會中以所提重要議案大致均已議結,而自開會至今亦已足一月之數,因即於二十日閉會。其禮節如下:是日上午八鐘,會員齊集中央教育會,照常先赴畫到室畫到,入西休息室休息。九鐘振鈴,會員長袍緯帽,入會場依次就座。正會長、副會長入會場詣特設座立。學部大臣入會場登議臺,辦事官就座立。學部大臣就議臺演説畢,詣座位。會長登議臺代全體會員答詞並演説畢,乃詣特設座立。學部大臣至臺東南向立,會長、副會長西上登臺亦南向立。學部大臣、會長、副會長、會員行三揖禮,辦事官亦同時行禮。禮畢振鈴,學部大臣、會長、副會長退,會員退,辦事官退。中央教育會以前六月二十日開會,閏六月二十日閉會,計歷三十日,議決案十有二。今將各案目録表列於下:一、停止學生畢業獎勵案;一、軍國民教育諮詢案;一、國庫補助小學經費案;一、義務教育章程案;一、變通考試章程案;一、教育經費諮詢案;一、初級師範改歸省轄案;一、各省學務公所開討論會案;一、統一國語辦法案;一、振興實業教育案;一、國庫補助養成小學教員經費案;一、變更初等教育方法案:(一)小學手工列爲必修科,(二)初等小學不設讀經講經科,(三)初等小學男女得同校。"(1911年8月19日《申報》)

1911年8月19日辛亥閏六月廿五日,與李瑞清飲於廣和居,適譚延闓游山歸,亦與友人飲於此。譚延闓相偕至李瑞清寓觀其作書,談至下半夜三點鐘始歸。

譚延闓《辛亥北上日記》同日條:"六時起,飯後雇輿舁,以四人倒坐而下,仰視諸峰,有漸看漸遠之妙。憩王家店,即北安河也。十一時至三家店車站,站長謝小坡甚殷勤,出果餉客,然視山上就樹摘食者天淵矣。看棋不覺已四時,車至遂登,過房村望八大處之碧雲、卧佛諸寺僅二三里,惜不能往。五時至西直門,雇人力車歸。今日從輿中望見山凹一塔,輿人云魏忠賢墓,土人呼爲大宫,謂其下爲地宫絶閎深。記道光前有御史奏毁魏閹墓,或但毁其碑樹耶?閹人暮年皆託於佛,日來所見塔皆是。然左台生則云魏墓在碧雲寺,非此也。當考之。晚至廣和居,約濟生、笏堂飲,士元、梅安亦來,遂同士元至梅安寓看作書。談至三時歸。"

1911年8月22日辛亥閏六月二十八日,赴戴軒翹、邃庵兄弟家,譚延闓旋至,商討澬湖事。上燈時,與譚延闓同至徐劍石家宴,李瑞清等亦至。

席散，與譚延闓同至李瑞清寓，觀其所藏沈石田、石濤畫，談至下半夜三時半乃歸。

譚延闓《辛亥北上日記》同日條："早起，赴車站送笏堂，遇孟笏臣、方玉山、夏午詒、朱菊蓴、蕭秋恕之流。九時二十分車開，乃别笏堂去，至蔚泰厚見范永年，一色鬼也。言取用湘款事立摺而歸。台生方飯，遂同飯。飯後至濟生寓，見振綺堂叢書尚佳。出訪梅安，不遇，遇次煌於道，同至其家，爲作扇，兼食薏米粥。雨大至，談甚久。乃赴戴軒翹、邃庵兄弟招，曾士元、夏午貽(詒)、王棫林同坐，商濬湖事。菜乃家庖，異館派多矣。冒雨來，衣濕，飲甚多。與午詒談馬，多内行語。上燈同士元至劍石家，菊蓴、次如、枚長先在，梅安、台生後來。酒半金台館人來，促劍石云葉默安病危，劍石俟席終即去。吾輩少坐，散同士元至梅庵寓看沈石田、大滌子畫，三時半乃歸。"

1911年8月23日辛亥閏六月二十九日，譚延闓來談，看寫字。將暮邀至廣和居小酌，子任尹與族人一哉同往。將散，李瑞清來，待其飲罷，同至其寓談藝，直至下半夜三時始歸。

譚延闓《辛亥北上日記》同日條："十二時始起。學生王汝愚來。同台生飯後過陳復心(完夫)談，遂至濟生處，坐甚久。乃至士元室談，看寫字。將暮，邀士元及其子任尹、其族人一哉步至廣和小酌。將散而梅安來，復呼肴獨酌。既罷，與士元同車至梅安寓談藝，甚樂。見一肥本《蘭亭》與定武不合，然宋拓，不知何本也。後有宋克跋，書法極精，類鮮于樞，不審何時人，當一考之。至十二時，梅安出酒共飲，宣化製蒲(葡)萄酒也。三時乃同士元坐車歸。車廠在爛麵胡同，故皆先送余至寓乃與士元返。連日甚凉，今早大雨後，秋益深矣。"

1911年8月25日辛亥七月初二日江西高石如兄弟來，旋譚延闓來。同曾一哉、譚延闓至宴香居飯。

譚延闓《辛亥北上日記》同日條："黄濟生來，及去遂詣劍石，遇劉古董，葉四之跟屁蟲也，妾葉居劍石家，貌似武小生。劍石留喫麵後，以車送劍石至車站，俟車開乃還至湖南館，與濟生談。又過士元，見江西高石如兄弟，孿生也，聲音笑貌，乃如一人，可怪之至。同士元、一哉步行至宴香居，廣西菜麵皆甚佳。出乃暝行至臨川見梅庵，看唐人寫經卷，筆意類六朝人，梅庵斷爲北魏人寫經，謂與《中岳靈廟碑》相似也。又見沈石田、李復堂畫，皆佳品。談至十二時，出粥共食，有醬炙茄子甚美。又看作畫，三時乃歸。"

1911年8月26日辛亥七月初三日，十一時起，譚延闓已來，同車至李瑞清處，飯後觀其所藏字帖，旋同游琉璃廠，乃同赴左台生家宴，席散衆人聽戲餘興，與李瑞清先行辭歸。

譚延闓《辛亥北上日記》同日條："黄濟生絶早來，夏午貽(詒)隨至，頃之去。今日爲左廉使夫人生日，台生設座行禮，孫藥癡適來促之去，乃入拜壽。脱衣步行至湖南館見濟生，留同飯。十一時，俟園乃起，同車至梅庵處，魏遜先在座，復同飯，有冬瓜蒸魚甚好。看字帖甚多，以石室寫經爲最好。三時同曾、李逛廠，至文明書局看帖，至賀蓮青看湖筆，乃返左家。客來甚多，有牌兩桌待王玉峰至。上燈乃至，入席聽絃，無不稱妙。凡兩席，同席已十三人，主人尚傍坐。及席散，又聽風流焰口梆子數齣，黄、曾、李乃去。余至十二時寢，牌聲絃聲尚上下於耳際也。"

1911年8月27日辛亥七月初四日，上午譚延闓來約看電影，晚與李瑞清往看，散後譚延闓以車送歸。

譚延闓《辛亥北上日記》同日條："雲南李嘉瑗來。詠儀、道腴至，邀同往報館見黄英伯者。一時至姚一鄂家，集同門議閣世兄學費事，趙孝陸、關穎人、王炳宸、曲立齋四人到，議定後看一鄂所藏假字畫，散後至湖南館與士元立語，約看電影。乃赴朱八家，濟生已至，遂同飯。張仲卣來。飯後與朱八同車，偕濟生詣盛大烏龜，夏午貽(詒)先在，晳子後來，言川漢改綫事甚久，後乃到題設席共飲，大約以望全入股爲言，於米捐允作公積股，配銷則堅執不肯，辯論良久，不得要領。席終略坐而散，遂同朱、黄至平安電影公司，趙廚誤買頭等票，較二等只多靠背而已；梅安、士元、任尹隨至同坐。有《溜冰》一劇極佳。散後晤志謹，仍同士元一車到寓，後送之歸。"

1911年8月28日辛亥七月初五日上午譚延闓來，商定發湘電文稿。

譚延闓《辛亥北上日記》同日條："同台生飯，飯後孫藥墀來。有送亨斯美車來看者，登車御行一週而下。遂赴湖南館見濟生擬電電湘。周道腴來，爲之書扇，默寫《秋柳》詩，苦思力索，無異應試。聞朱八在南半截胡同，乃步往，由張姓宅入，朱八正收拾布置其宅，房間尚多不甚新也。遂同朱八步行之湖南館見黄、曾定電稿，余携歸寓□發之。乃赴醉瓊林席資生招，濟生、定丞、菊尊、子雲、湘孫、味腴同席。及散，獨訪梅庵，遇魏遜先。魏去，與李談，自家國盛衰之故，身世欣衰之情，人事變幻之迹，至書畫文字源流之變，言切於心，惟恐語盡，不覺天明，乃趣歸寓。"

1911年8月30日辛亥七月初七日大雨。晚赴易味腴招宴，同座有譚延闓、席資生。散後與譚延闓訪李瑞清。觀李所藏北魏六朝與唐人寫經，談至天明。

譚延闓《辛亥北上日記》同日條："大雨徹夜，窗紙盡破，風雨聲如萬馬，起視院中，水積數寸，乃着油靴踏水至台生書室，君年亦同飯，飯後遂留談，阻雨不能歸室。五時稍止，水亦消，乃歸所居室。入京來第一次大雨也。既不能出，乃爲人作屏聯書。晚赴易味腴之招，濟生、士元、席資生、軒翿、徐某同坐，菜皆湘味，惜湘潭醬油多耳。散後與士元同車至臨川館，候梅安至十二時乃歸。同看唐人寫經，其硬黄紙者唐人書，白麻箋者類北魏、六朝人書。有無量壽經二卷，一後有'張興國'三字，一有'丙寅年三月日'字。又四分戒律二卷，文各不同，一有'百七十八波逸提'，一僅'九十'，一稱'諸大姊'者，一作'大德'。其稱名亦不同，一作'四分尼戒'，未知孰前後。談至鷄鳴始歸，到家天明矣。"

1911年8月31日辛亥七月初八日午，赴周容皆學士招飲，同座有譚延闓、李瑞清等。

譚延闓《辛亥北上日記》同日條："十一時始起。澤生來。及去同候耶飯，飯後至朱八寓，遭於道，同歸，略談。衣冠，取祭幛至金魚胡同弔銘文肅之喪。入門無知客者，入行禮，每叩首一奠酒。至孝幃見那晉，唁之不一答，蓋北人禮如此。出，易衣至周容皆學士招，濟生、士元、梅庵，及廷立齋、高輝亭者同座。菜皆鄉製，鴨及豆腐尚佳。廷號能飲，與角三十杯，廷取胡琴唱戲，大爲主人歡迎，然吾以爲平平也。散後至湖南館，丙青、東寅、邃庵、次如、晳子、朱八先後至，議路款奏。既畢，赴廣和居，午貽(詒)亦來，余已醉飽，坐談而已。十時散歸。左台生、君年來談，至十二時乃去。本欲早眠，乃至夜分，人事之不可預測也。"

1911年9月1日辛亥七月初九日，李瑞清生日，於法源寺爲之祝，午前食麵，傍晚素宴，同座有譚延闓、魏選亭等。散後，同譚延闓赴廣和居左台生宴。

譚延闓《辛亥北上日記》同日條："昨夜爲蚊及臭蟲所擾，不得酣睡，早起，即赴滇學堂晤段宇清。出，至湖南館以電示濟生，因同飯。至午乃赴法源寺，曾任尹先到，士元、梅庵、子健後至，魏選亭亦來。今日梅安生日，不茹葷，故士元於此壽之也。寺僧道觀唐槐，已枯死，枝榦爲風所吹折，僅高五六尺，更數年者，剥蝕盡矣。復導觀佛牙及所謂七井八洞金臺基。佛牙在藏經閣上，大如人手，形橢圓，云此劫前之迦葉(讀如舌)佛所遺，全身十六丈，故有此大牙，亦荒唐之言也。

然其質絶類牙骨,又可異也。七井則寺中有七井,八洞則閣上以木裝壁爲之,云狐所居。金臺基者,石中含有礦物質耳。寺舊名憫忠,唐太宗征高麗瘞戰死將士於此,今寺中有大阜是也。壁上有畫二,梅庵云殆宋元人作,頗似今之油畫。寺僧云,寺藏有《明藏》、《清藏》各一部,爲他寺所無。取視果然。因舉四分戒律之波逸提多少不同爲問,竟不能答,亦可見僧之荒經亦如儒也。梅庵作畫一幅甚苦。午前食麵,傍晚入席,菜無可食,略勝皙子前次耳。既散,同士元至廣和居,台生請客,濟生、朱八、君年皆已至。聞湘中有争路代表三人來,連日計劃皆空矣。天熱極,汗下不止,不能多飲食。九時散,略憩息遂歸。録公司有致慶邸二部電繙,至十二時乃睡。"

1911年9月3日辛亥七月十一日,譚延闓過湖南館,以出未晤。

譚延闓《辛亥北上日記》同日條:"早風雨凄然,獨坐此窗,有蕭疏之感。王棫林來談,旋去。同侯爺早飯。周鳳山來自長沙,蓋與川人聯合争路也。醉六、濟生先後來,皆冒雨去。午後雨稍止,同台生至南半胡同朱八新居,直其出,乃遍歷内外室而出。至湖南館,黄、曾皆出,遂至德貴就浴。余到京後,非浴不剃頭,今髮鬖鬖,梳已落無數,意頗惜之。罷浴至致美齋小酌,出致朱八寓,王丙青、楊皙子、澤生皆在談路事,仍主上摺。久之,先後去。台生稍後亦去。留談至二時乃歸。"

1911年9月4日辛亥七月十二日晚,譚延闓來,相與訪李瑞清,談之夜半。

譚延闓《辛亥北上日記》同日條:"早起赴吉陞見湘代表周采之、鳳三、左益齋,了無宗旨,隨人俯仰,貿貿然來,可笑嘆也。遂留同飯,談至三時乃至朱八宅,濟生先在,談頃之,喫麵三碗。出詣徐相,又值其出。歸寓少坐,晚至湖南館見士元、濟生,遇采之、鳳山、王棫林。及諸人去,乃同士元訪梅庵。魏肇文者先在,又一不相識人而極力周旋於我,迄不敢問也。談至十二時,同士元至寓,士元略坐去。今日頗凉,仍著袷襖。秋氣已深,彌有歸思。晚寢已二時矣。"

1911年9月7日辛亥七月十五日,與李瑞清至朱八處赴宴,同座有譚延闓、黄濟生、方朩章等。席散與譚延闓至李瑞清寓看李作畫,談今論古,直至天明。

譚延闓《辛亥北上日記》同日條:"早,黄濟生來,遂談至十時去。飯後至朱八處,遇徐乃光,三時入城詣徐相,談甚久。五時出城歸寓,少坐,仍至朱宅,濟生、士元、梅庵、尗章、湝生、子奇已至，定臣、伯約後來，七時入席，菜甚豐腆。及散，同士元至梅安寓，魏選亭及前日不識之人先在，詢之爲李石農（荇仙）丈之子也。看梅安作書畫，暢論古今，至四時李去，吾輩仍談至天明。大冷，取梅安呢衣披之，蓋竟夜未嘗一稍倦也。士元言見有介庵富（?）書條幅，不知何人。記往時黎九亦有此字，不知所出，當更詢之。又有羅叔韞藏有動物牙骨，與法源寺佛牙同。又有大魚骨雕刻，及半始知西人所謂僵石，實古代美術品，非真動物骨殖也。"

1911年9月8日辛亥七月十六日早晨七時與譚延闓至車站送黄濟生歸。

譚延闓《辛亥北上日記》同日條："七時同士元自臨川館至車站送黄濟生，遇朱八、黎湝孫、曾搏九。歸寓正八時，倦而不思睡，乃大作書。決計以午車赴保定，呼趙筠翁檢拾行李，不告同人而去。王子和之弟送小字宋本《石磵文鈔》來，十四行，行廿四字。石磵名居簡，張氏蓋釋子也。書缺九十多卷，索百七十金，云嘉定間刻本，目録後有'刻於崔尚書家'一行，以太貴却之。十一時同台生飯，亟驅車至車站登赴保定車，與筠翁皆坐三等，擁擠不堪，多下等社會人。台生來送，意頗非之。十二時廿五分開，四時四十分乃到保定。車中兀坐不能假寐，始覺倦矣。雇車至方宅，見兩外姑諸親眷。方八未歸，繼益出招待。晚設食上房，爲餛飩所飽，不能飯也。聞外姑談孫喆生丈死時事。夜宿北廳。"

1911年9月13日辛亥七月二十一日，李瑞清將歸金陵，戀戀不忍别離。晚同李瑞清歸臨川館，適赴保定探親之譚延闓歸來逕至李寓，相見大喜，具食暢飲，直至下半夜三時方與譚同車歸。

譚延闓《辛亥北上日記》同日條："大雨。本欲入京，竟不克行。外姑治食餞，午更大喫螃蟹。三時雨少止，乃挈趙雲行，繼益送至車站，四時十五分開，時有小雨，深慮無雨具，及七時五十分到京，則滿天星斗矣。逕呼人力車至梅安寓，待頃之，梅安同士元、魏肇文歸，相見大喜。梅安爲具食，暢飲至三時乃偕士元同車歸。梅安本云明日行，以吾故，又留一日也。"

1911年9月14日辛亥七月二十二日上午譚延闓來邀往訪李瑞清。晚朱恩紱邀飲，席散仍同譚延闓至李瑞清寓，談至鷄鳴乃歸。

譚延闓《辛亥北上日記》同日條："九時始起，冒雨至朱八寓，爲吾設食。偕至湖南館邀士元同訪梅安，魏選亭、李仲乾皆在。復爲吾輩具食，有香糟肉尚佳。晚朱八邀飲廣和居。既散，仍同曾詣李談至鷄鳴乃歸。"

1911年9月15日辛亥七月二十三日八時許,方起床,譚延闓來,略坐而去。

譚延闓《辛亥北上日記》同日條:"八時周采之、黄運機來。飯後周鳳山來,云今日赴津。益齋已歸矣,何見而來,何所見而去,可爲太息。出至湖南館,士元才下床,略坐。衣冠,入城見陸申翁,不直。見亮丞,方打牌,略坐,出。過鄭蘇堪,遂歸飯。自廿一後,以五弟已來京,日記遂不南寄,但發信與兒輩。每念四弟之逝,輒摧肝脾,此亦一端也。上燈出詣朱八,遇韓笠漁,談甚久。十時與笠漁同車歸,送笠漁至其家,不入門而返,歸寢已十一時,近日爲早睡矣。"

1911年9月18日辛亥七月二十六日,昨夜在李瑞清寓所暢談甚晚,乃同榻而眠,及晨譚延闓陪其新來京之五弟來,尚未醒。呼起相見,飯後看詩説畫評帖甚久。

譚延闓《辛亥北上日記》同日條:"早起,同五弟至臨川館,梅安、士元方同睡未醒,呼起相見。頃之,饒石頑來,因同飯。飯後看詩説畫評帖甚久。魏選亭來,來時同大武出,過次煌,見林二、胡翰元及各小孩,留喫包子,談頃之出。過劍石,見其尊人,方坐談,汪旋父來,遂要汪徐步至琉璃廠清閟閣,久坐喫蒲桃。又至火神廟一游。出遇趙雲,知朱八來邀,因同車返寓,與朱八擬電畢,同車至廣和居,汪四作主人,朱八、(朱)九、保之、吉甫、徐大、胡二、左台生均到,菜亦平平,朱八取前日餘存酒來餉,罄其瓶。晚歸同林、汪、胡步還。汪以車送胡去而與林留宿。余十二鐘往東河沿魏選亭家待梅安、士元、黄鴻圖、李健至,三時乃至,與選亭、石農談甚窘。魏齋甚精,有石山小池,週以迴廊,蓋書辦某之别墅,後臨溝沿則不佳也。"

1911年9月19日辛亥七月二十七日李瑞清歸金陵,八時與譚延闓送其至火車站,九時許開車,摇巾而别。

譚延闓《辛亥北上日記》同日條:"昨竟不睡,七時即飯,菜尚佳。八時同士元坐車送梅庵至火車站,朱八亦來。九時二十分開,摇巾而别。例二等客,但携一僕,今得二定臣力也。仍與士元同車至朱宅,遂呼朱僕來薙髮。薙尚佳,余到京來未曾於宅中剃頭,今其始也。士元去,大武同汪、林、朱九出游。吾衣冠出見夏用師及學部大臣,均未晤。乃還左宅爲求書者作字。以電話約大武來同寫。左台生來,遂同飯,飯後與大武同車訪枚初,遇陳尊衷同年宗蕃,福建人,初不之識。陳去,與枚初暢談至九時歸。昨不得睡,今頗覺倦,遂就寢。又入京來最早之睡也。"

在車站臨畢《華山碑》贈與李瑞清。

自書:"(臨《華山碑》略)宣統三年七月二十七日衡陽農髯公熙臨與臨川李仲子。仲子書猶海也,髯公不過黄河一榦流耳。十年離群,歡叙兩月,世亂國危,殷憂孔多,撫今追昔,老淚潸然。前册已入行篋,補書册後,繫以日,記别也。是日送仲子正陽門外,茶陵譚延闓、善化朱恩紱、長沙饒智元、臨川黄鴻圖、邵陽魏肇文、阿姪李健、璵兒同侍車旁。"(《曾熙書法集》)

紙本。28×17×19cm

鈐印:曾熙之印(白文)。永建齋(白文)。

此際,爲李瑞清跋其癸卯年臨《黑女志》。

跋李瑞清臨《黑女志》:"梅弟臨《黑女》,不讓信本(按:即歐陽詢)臨《蘭亭》,道州(按:即何紹基)臨《衡方》,跋云'與《黑女》同得於濼城,前跋失之不考耳'。辛亥七月,熙。"

鈐印:永建齋(白文)。

李瑞清自書:"(《黑女志》略)《黑女志》遒厚精古,北碑中之全以神味勝者,是繇《曹全碑》一派出也。《敬使君》與此同宗,但綿邈不逮耳。何蝯叟頗能得其化實爲虛處,故能納篆分入真行也。武伯學此碑,大有悟入處。冬窗蚤暄,研冰欲解,臨此予之。碑中以三河與巛堳並舉,三即乾卦也,此石外無同之者,因附志於此。光緒二十九年十二月,李瑞清。"

魏繇題:"《黑女志》因何蝯叟提倡,遂爲天下名蹟。蝯老書名蓋世,聞初時不善書,自睹《黑女志》,遂得古人用筆神髓。楳庵先生雅善書法,爲武伯賢姪臨此,沈妙精古,幾欲奪真。當今風塵擾攘,異端蜂起,偶一展翫,幾如登東嶽,眺滄海,令人有神仙之思。光緒甲辰四月朔日,文斤山民魏繇題。"(《清道人書黑女志》,上海震亞圖書局出版)

按:參見本譜壬戌十月條。

此際,從書估手購得宋克藏《定武蘭亭肥本》,時譚延闓、李瑞清皆在座。逾日復見宋克書《孫過庭書譜》,議價未决而書估出京。

按:見乙卯冬至前八日曾熙題宋仲温藏《定武蘭亭肥本》:"案:仲温(按:即宋克)先生得此《蘭亭》,在元至正甲辰之歲,爲饒介之所奪。饒倩周太史所跋,越二年丙午。再入宋篋,爲明洪武之二年己酉。陶與申屠兩跋作於四年辛亥八月,九月予得此帖於都中,實維宣統辛亥八月,譚三(按:即譚延闓)、李二(李瑞清)皆在坐,計已九歷辛亥,共五百四十一歲矣。乙卯冬至前八日,曾熙識於滬上瓶齋寓廬。"

題李瑞奇藏《宋克書孫過庭書譜》:“辛亥七月,予得宋仲温先生《蘭亭》於京師。逾日復見此册,未與决值,而書賈已匆促出京,方深爲憾。”(《宋克書孫過庭書譜》,上海書畫出版社 2002 年 6 月版)

1911 年 9 月 24 日辛亥八月初三日夜赴譚延闓寓,朱八(恩紱)在,與談。夜將半譚歸,辭歸。

譚延闓《辛亥北上日記》同日條:“朱八未起,仍同朱九飯。飯後作書。左十一來,旋去。一時同朱九、大武至左宅,汪四已至,遂同至陶然亭,宴客者多,竟無坐處。登樓一望而下,出,過香冢擬望跑馬,車夫難之乃止。至琉璃廠觀黄思永工藝廠,貨物寥寥,窳敗不堪,非復十年前景象。端方博物館方在興築,左、朱不入,吾輩乃往游。出至賀蓮青試筆,左、朱追至,旋出。余輩至英古齋看印章,左、朱乃來,坐久之。有‘三希堂’索七百五十金;珊瑚樹索三千元。又過德寶看常熟書門對墨蹟。乃登車至厚德福,食甚飽,諸人互謙,三兄會帳。朱九先去,餘人同至次煌家,林二已出,同次煌久談。左十一先行,吾輩坐至十一時乃别汪四,歸則士元方與朱八談,有頃,朱八去,余送士元出,林二已來,蓋今日凡三至也。遂宿,三人同榻,皆不解衣,時已十二時三十分。既定明日游計,吾獨坐書日記,五弟、林二鼾聲作矣。”

1911 年 9 月 26 日辛亥八月初五日,聞兄昭衡死訊,亟思歸。

譚延闓《辛亥北上日記》同日條:“黎明起,坐車入城見陸申甫中丞,遇亮丞、慎齋兄弟、左十一在坐,談頃之歸。湘生來。與大武、二朱同飯,飯後同湘孫、大武步至湖南館見俟園,以其聞兄訃思歸也。一哉、任尹、黄鴻圖在坐,蕭紹玉亦來。黎去,余輩亦步歸。大作書。傍晚徐厚餘、龍毅父、林二來,同飯。飯後同至大舞臺聽戲,朱八爲主人包二桌。頂燈臺《一捧雪》、《捉放曹》,岳家莊《鐵龍山》,百歲之《沙鍋》,賈璧雲之《雙鎖山》,龔雲甫之《探寒窑》,李鑫甫、九陣風之《刺巴傑》。今日劇惟後三齣佳,及散歸已十二時矣。”

按:兄昭衡卒於去年九月二十日,因從軍甘肅,消息傳來已逾半年。

1911 年 10 月 1 日辛亥八月初十日,晚譚延闓來談,魏選亭等在座,談至十二時始去。

譚延闓《辛亥北上日記》同日條:“六時至車站,大武、林二偕楊連勝携馬登車矣。坐三等車中,七時半至長辛店下,展外祖墓而不知處,循街南行,仍出村口,遇老農,送至李德旺家,舅氏族姪也。同行而北,出村口轉東至高原,有塚五,惟外祖塚有碑。行禮畢，德旺絮語來湘事。其人年五十一，子二，一十九，一十四五，皆爲傭，乃予以錢，而爲謏辭以謝。至車站待車，過一岡，有華表極精，有二碑，其未仆者字皆磨去，别大書‘康熙三十七年三月初二日’數字，惟‘蔣氏墓表’四字碑額尚存。問之土人，但知康熙時貴官而已。十時復登車，到寓已十二時。左十一遣人來促，乃與朱八、(朱)九、保之、大武同赴之。菜尚可，視其所居室已束裝矣。左十一辭赴津，吾輩亦出至健實家拜壽。朱八旋去，尗進、鑄侯、南孫亦行。晚設飲，吾與枚長、子和、次如、次煌、林二、大武同座，散同大武、林二車至大舞臺，乃並無戲，乃别林二，送大武至寓而自詣曾九，遇選亭與采之。久談至十二時歸。今日服朱八、黄達尊藥，尚相安。”

1911 年 10 月 3 日辛亥八月十二日，譚延闓歸長沙，以子任尹同行。九時二十分開車，至車站相送。

譚延闓《辛亥北上日記》同日條：“六時起，同朱八、保之、大武飯。八時與朱九同車至車站，趙廚已將行李至。盛郵傳使杜林來送，免票，二等、三等各一，五十元人情耳。來送者朱八、(朱)九、大武、林四、徐大、龔五、陸三、林二、羅伢子、安四、汪四、龍十、曾九、一哉、仲友、淮孫、次如、伯遠、廖垚坡、孫伯南、藥墀、朱保之、周采之。余與曾任尹同室。九時二十分開，諸君皆舉手别，頃刻出國門矣，悵然久之。十二時同任尹大餐，殊不可口。一時至保定，外姑遣繼益來送食物、寄件，頃之别去。午後偃卧甚久。九時以鰒魚湯下炒飯，勝西餐多矣。十時即睡。一時過黄河，與任尹起看，電燈百餘，望之如練，與月争輝。”

按：譚延闓一行於十五日下午三時至家，任尹居其西廳。

在京期間，得《石門頌》“此”字未損本。

按：見 1916 年 2 月 2 日跋《清道人藏宋拓石門頌》：“予求《石門頌》此字不損本，及此石高字未對口，幾二十年不能得，辛亥予從京師得《石門頌》此字不損本。”

1911 年 10 月 10 日，武昌起義舉事。

1911 年 10 月 16 日辛亥八月廿五日，訪鄭孝胥於北京前門西石碑胡同。

《鄭孝胥日記》同日條：“阮子彬志觀、何仲純、孟庸生、景樸孫、曾士元、柯貞賢、金伯平來，伯平飯畢乃去。”

按：鄭孝胥住址，據其日記同年 1 月 30 日條云“寓北京前門西石碑胡同”。

1911年10月18日辛亥八月廿七日午後,鄭孝胥來訪,恰劉幼雲、羅掞東在座。

《鄭孝胥日記》同日條:"午後,至西昇平浴。遂訪曾士元,遇劉幼雲、羅掞東於座。"

1911年10月20日鄭孝胥爲題《柏石圖》。

《鄭孝胥日記》同日條:"作曾士元求題《柏石圖》五古一首。"

鄭孝胥《曾士元求題其母節孝劉太夫人柏石畫册》:"處世有百艱,勝天惟一德。移冬以作春,視此石上柏。節母行至高,健順實殊特。孤嫠振門户,貽訓資簡策。諸孤得其孝,母氣禀自昔。交游盡英彦,聲譽競推激。韓蘇賦此畫,取義名有適。子瞻稱天命,終始介如石。退之羨平地,枝榦遂萬尺。堅貞母以之,蘇論誠不易。吾當誦韓詩,餘慶徵所積。"(《海藏樓詩集》,上海古籍出版社2003年8月版)

1911年10月22日辛亥九月初一日,鄭孝胥來,歸還屬題之《柏石圖》。

《鄭孝胥日記》同日:"過曾士元,還《柏石圖》;又過憲報館、英古齋而返。"

同日,長沙光復。

按:報載八月三十日長沙失守,九月初一日革命軍佔據全城。

1911年10月24日辛亥九月初三日,鄭孝胥翌日將回滬,來告别。

《鄭孝胥日記》同日條:"午後,至英古齋,付銀令代還義興德,又購白玉如意一柄。過黄秀伯、戴邃庵、曾士元、王棫林、陳叔伊。夜,詣盛宫保。"

1911年10月31日,長沙兵變,都督焦達峰被殺,諮議局議長譚延闓繼任都督。

按:見《中國歷史大事年表》,沈渭濱主編,上海辭書出版社1999年2月版。

1911年11月7日辛亥九月十七日,南京聞警,省城官吏聞風逃逸,李瑞清臨危受命,承乏藩司。12月2日辛亥十月十二日城破,兩江總督張人駿、江寧將軍鐵良、江南提督張勛遁走,惟李瑞清坐以待斃。投向革命軍之程德全(雪樓)勸以輔助新局,不從。

李瑞清《與程都督辭顧問官書》:"(前略)前月十七,寧垣之警,省城官吏,聞風先遁,總督張公謬以瑞清承乏藩司。是時危城孤懸,四無援師,外顧隍陴,可戰之兵,不滿五千,内稽府庫,可支之饟,不足三月。明知危巢之下,决無完卵,故受

陳三立(左一)　李瑞清(右一) 等合影　1912 年攝於上海

民國初年湖南省議會大樓

湖南省議會正式成立時議員合影　1913 年 3 月 19 日

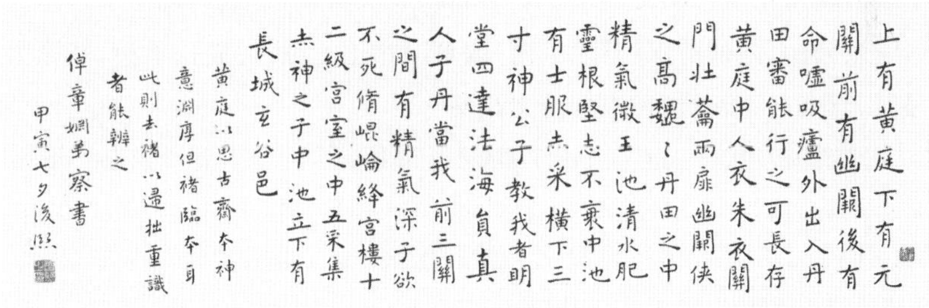

節臨黃庭經　1914 年

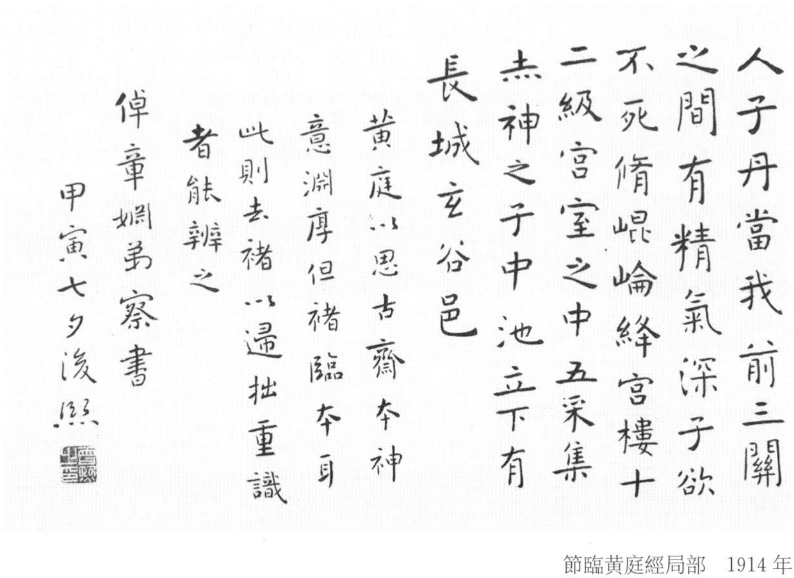

節臨黃庭經局部　1914 年

事之日，已無倖生之心。乃以力小任重，卒遭傾覆。本月十二，江寧城陷，自謂當即時伏顯誅，引領端坐，待膏斧鉞。不意執事念疇昔之舊恩，垂異常之眷顧，待同國士，屢辱慰留。既加寬赦，更被采録，是以悾悾，面自陳訴，未蒙省許。清本亡國賤俘，難與圖存，學術虚淺，不閑職政，贊揚盛化，宣佈和風，非清才力所能供給。又以危城之中，兼旬不寐，氣力日微，近復咯血，常中夜驚悸，呻唫達旦，左體手足，痺麻酸楚，一身之中，寒暖異度，久病淹滯，遇冷增劇。儻緣寬假，使清黄冠歸，歸卧故里，俾孱弱之軀，得遂首邱之志，誠冥目至願，土灰極榮，如必相迫脅，義不苟活，雖沸鼎在前，曲戟加頸，所不懼也。執事其圖之。"

按：參見本譜辛酉三月曾熙題哈少甫所藏李瑞清辛亥城中答程德全都督等書稿遺墨條。

李瑞清遂將任兩江師範學堂一切財務帳册及資金，悉數交代監學李鴻才與財政公所，兩袖清風，避地至滬，改黄冠爲道士，將從赤松子游，然家人强留，無奈之下，以鬻書畫賣詩文爲業。

《李瑞清啓事》："瑞清曾任兩江師範歷有年所，今春委屬監學李君鴻才兼辦，關於財務文牘賬册，克盡其職。至於銀錢帳據仍由陳、蕭二君任之。瑞清黄冠以來，久將本堂存款三萬餘金摺據，交代財政公所在案，凡本校銀錢帳據，李君毫無責任。特此聲明。"（1912 年 2 月 21 日《時報》）

《玉梅花盦道士鬻書後引》："辛亥秋，瑞清既北鬻書京師時皖湘皆大饑，所得資盡散以拯饑者。其冬十一月避亂滬上，改黄冠爲道士矣。願棄人間事，從赤松子游，家中人彊留之，莫得去。瑞清三世皆爲官，今閑居，貧至不能給朝暮，家中老弱幾五十人，莫肯學辟穀者，盡仰清而食。故人或哀衿而存恤之者，然亦何可長？又安可累友朋。欲爲賈，苦無資，欲爲農，家中無半畝地，力又不任也。不得已，仍鬻書作業。"（1912 年 4 月 22 日《神州日報》）

此際，離京返回衡陽。

1912 年　民國元年　壬子　五十二歲

居衡陽慈德堂，以著書自娱，兼以奉侍年邁母親。

《書家移居》："辛亥以後，絶意仕進，著書萬山中以自娱。"（1918 年 9 月 13 日《申報》）

1912年4月21、22日清道人在《神州日報》刊出廣告，以鬻書自給。

《李梅庵先生鬻書啓》："瑞清幼習訓詁，鑽研六書，考覽彝鼎，喜其瑰瑋，遂習大篆，隨筆詰屈，未能婉通。長學兩漢碑碣，差解平直。年廿六始習今隸，博綜六朝，既乏師承，但憑意擬，筆性沉膇，心與手午(忤)，每臨一碑，步趨恐失，桎梏於規矩，縛絏於氈墨，指爪摧折，志其罷勞。歲在甲辰，看雲黄山，觀瀾滄海，忽有所悟，未能覃思鋭精，以竟所學，每自嘆矣。而學士大夫，四方人士，昧其醜拙，競相請乞。學慚逸少，而有老嫗竹扇之術，名異子雲，而有百濟維舟之丐，工愧官奴，而有少年紗械之奪，巧孫(遜)智永，而有户限裹鐵之勞。縑緗充几，帛素衍篋。余性復疏，孏筋駑肉，綏官書填委，終日視事堆案，稽滯動延歲月，偶然作書，每失先後，率爾落筆，時有巧拙，而人往往以先後爲厚薄，以巧拙量愛憎，因藝術之細事，啓邱山之疵釁，果何爲耶！且書畫舒也，安事迫促，而索書者急於索責(債)，每春秋佳日，野老牧童猶得眺望逍遥，移情賞心，而余獨拘縶一室之中，並足鰭植狀如斷菑，衿褒皆皂，唇齒濡墨，腕脱研穿，不得棲豪，猶不得償。人生如白駒過隙耳，何自苦如此？與其興怨，不如息身，豈若博稽乎六藝，尋究百氏乎？余友歐陽君，慷慨丈夫也。嘗云：爲人莫學書，學書誠無益；拙無損於己，善徒爲人役。余曾嘆服，以爲至言。自歐美互市，航軌東合，頃歲以來，商戰益烈，運籌用策，不出市廛；滅國争城，無煩弓矢。是以大賈貴於王侯，卿相賤同厠役，尊富卑貧，五洲通例。若夫貧困不厭糟糠，而高語仁義，誠足羞也。昔范蠡智士，治生於陶子贛大賢，鬻財齊魯，心竊慕之。語云：長袖善舞，多財善賈。余拙於爲宦，歲奉所入，僅足自活，鬥智争時，誠非所能。賣書力作，儻亦末業，比之灑削馬醫，或毋慚焉，猶賢乎握簺博戲云爾。"(1912年4月21日《神州日報》)

《玉梅花盦道士鬻書後引》："辛亥秋，瑞清既北鬻書京師時皖湘皆大饑，所得資盡散以拯饑者。其冬十一月避亂滬上，改黄冠爲道士矣。願棄人間事，從赤松子游，家中人彊留之，莫得去。瑞清三世皆爲官，今閑居，貧至不能給朝暮，家中老弱幾五十人，莫肯學辟穀者，盡仰清而食。故人或哀衿而存恤之者，然亦何可長？又安可累友朋。欲爲賈，苦無資，欲爲農，家中無半畝地，力又不任也。不得已，仍鬻書作業。清學書三十年，上自三代以來，鐘鼎彝器，秦漢六朝碑碣，下逮唐宋諸家筆法，頗究其趨然，不追時好以取資，又不欲賤賣以取便，世有謬愛瑞清書者，將不愛其金，請如其直，以償瑞清，故自旌頑鈍，冒利求活，而無所愧矣。(日報編者)案：李君潤格已分存各紙莊，乞書者逕向紙莊直接可也。"(1912年4月22日《神州日報》)

按：李瑞清將財務帳册移交，登報聲明，兩袖清風赴上海。其清貧，見1914年1月6日《時報》"雜記"："李梅庵君自光復後，以黄冠隱居滬瀆，賣書畫以自給。陳君仁先戲贈以詩云:道道非常道,天天小有天(小有天,酒館名)。書如少師怪,畫比石濤顛。白喫一元會(樊山諸人有一元會,每星期一宴飲,群以梅庵貧,免其出費),墨摩兩鼻煙。有時訪朋友,門者説無緣(潘芸孫曾訪梅庵,因往答訪,門者不肯通報,揮出門外,云:此地僧道無緣。梅庵悵悵而返)。”

壬子五月吉日,撰《飲和亭銘並序》,並書於石,以表彰衡陽洪玉成之妻曾氏,曾氏捐金於交通要道置亭以飲行路人。文署“大漢民國”。

《飲和亭銘並序》:“衡陽福政鎮,左接岣嶁,右憑蒸野,湘邵入岳之徑途,商賈四達之區會。鎮故人洪玉成,其妻曾氏,憫夫不存,齋居樂義,乃捐機紓餘金,於鎮北二里,龍田、滿町之交,臨津置亭,以飲行道,鄉人稱德,請銘於熙。熙曰:民政權輿,匪和罔濟。群飲群游,毋或愆義。旌事立石,銘以告後。其辭曰:

峨峨飲亭,居蒸之陽。小德川流,永而孔長。

民生已以,天命靡常。爾飲爾和,大道允臧。

大漢民國元年五月吉日,里人曾熙撰文並書石。長青刻石。”(原石碑)

是年,譚延闓仍任湖南省都督,兼任國民黨湘支部部長。

按:見《長沙日報》報導。

1913年　民國二年　癸丑　五十三歲

1913年2月9日,譚延闓看《國光集》及繆氏《寓意録》,發現有宋克藏《定武蘭亭跋》十餘過,該《定武蘭亭》爲辛亥年在京購得者,譚氏曾經寓目,譚氏見此跋甚迷惑,不知其何時割裂出來。

《譚延闓日記》同日條:“九日。早飯後,向乃祺來,貝元徵來,楊禧來,黄仁荄來。至軍事廳判牘。閻鴻飛來,因與偕出。遇趙鎮南,立談而别。聞閻至富順學堂,直入邃室,則粟墨生在焉,與談甚析。閻去,文胡子來,陳鶴健來,栗某來。同墨生、晉蕃及李庶務飯,劣極村極,然進二盌。候雨止,乃輿至家。吕滿來,同晚飯,有餃子。看《國光集》及繆氏《寓意録》,有宋克藏《定武蘭亭跋》十餘過,憶曾俟園前年在京師買得宋仲温《蘭亭跋》墨蹟,即此册,不知何時割裂,《蘭亭》亦不知何在矣。(俟元藏即有《蘭亭》,但肥於定武,昨攷日記乃知之。)十時寢。”

按:自此以下凡出自《譚延闓日記》者,皆屬臺北“中央研究院”近代歷史研究所釋文。

1913年3月9日,訪譚延闓。

《譚延闓日記》同日條:“早起。飯後,閲檢查院辛亥九月至元年二月决算報告,凡用款五百餘萬,軍事費居十之七,出入相抵,不敷二十餘萬云。曾士元來,汪九來,方表、周印昆、龍八、王三、劉雨人相繼來。二時,乃入席,並余兄弟三子姪,凡十二人。酒酸菜冗,不能甚暢。將上燈,客先後去,余亦入府。子武來談紗廠事。頌雲來,同至軍事廳。與潤龍談辦交代表事,十二時乃去。還,閲公事,寫日記,一時乃寢。兩日來冷極,過於去冬,簷溜缸水皆凍,盆樹葉冰厚分許,屋瓦遍白,皆凍凌飛雪也。今日稍有霽意。”

1913年3月15日及16日,出席湖南省議會會議,互選議長,至16日始選出黄右昌爲正議長。

《舉定省會正議長》:“昨十五日省議會互選議長,因均未滿額定票數,遂於十六日再行互選,已見本報。是日午前十一時在諮議局舉選,設立檢票處、投票處、登票處、寫票處、唱票處、開票處、記事處、待票記事處。當經投票互選,前兩次開票均未滿額,至第三次開票,黄君右昌得五十一票,當選爲正議長,其副議長因時間已至午後三時,當俟再行互選,遂散會。”(1913年3月17日《長沙日報》)

1913年3月17日,省議會再行互選副議長,與彭兆璜被選爲副議長。

《省會選定副議長》:“湖南省議會昨十六號選定正議長黄君右昌,以志本報。是日因時間迫促,未及選副議長,乃於十七日再行互選,彭君兆璜、曾君熙票佔多數,得當選爲副議長。”(1913年3月18日《長沙日報》)

1913年3月18日午後,長沙各界各黨在教育總會舉行歡迎會,歡迎湖南省議會議員。

《歡迎省會議員》:“各界各黨以省會議員均已到省,擬於十六號開歡迎大會,旋因省會互選議長,乃改於十八號午後二時在教育總會開會歡迎。是日到者二百餘人,首由某君演説,略謂今日工商各界及各黨會來歡迎議員諸公,所希望者有二:一、前清時代政府做事,人民不能過問,今既造成共和,將數千年的專制推翻,使人人都可以揚眉吐氣。此今日之歡迎者一也。昔人有言,保天下者,匹夫之賤亦與有責。從今以後,務望諸公視天下爲一家,合衆心爲一心,將中華民國造成一個最富强的國家,稱雄於全球上。此今日之歡迎者二也。且省會之立始,自今日原以代表民權,一省所瞻仰者也。既爲一國民之表率,或政府有不韙者,我當排之,各機關有挾勢專横者,我當斥之,平直正大,以副民望。此歡迎中又有懇切之詞,以奉告諸公,諸公其必以爲然也。次某某君等演説,後由議員致答詞,乃散會。”(1913 年 3 月 19 日《長沙日報》)

1913 年 3 月 19 日,省議會開幕,譚延闓等致祝詞,議長致答詞。

《兩日間之省議會》:“十九日省議會正式開幕,首由書記長引都督、行政、司法、議長、議員入席,次由接引員引來賓入席,均向國旗行三鞠躬禮,始就席。都督及行政官致祝詞,議長致答詞,乃散會。昨廿日選舉參議員,延至午後三時,議員到者僅四十餘人,不能選舉,因改於次日再選云。”(1913 年 3 月 21 日《長沙日報》)

《譚延闓日記》同日條:“早起,著大禮服。飯後,易幼恂來,趙夢炎、吴定國來。騎至省會,諸司咸在,今日省會開會也。待至十時,乃行開會式,與議長並坐,出席讀祝詞如舊例。出議場,至茶會室,見三議長,士元今仍爲第二副議長,如己酉故事,可笑。撮影畢,騎往龍萸溪家,萸溪女與陳文祥行結婚式也。熟人甚多,如俞九、李六,皆數年不見者。以劉艮翁證婚,久待不至,臨時以余代理。儀式簡單,僅宣讀證詞(即婚帖)而已。禮畢入内式則純用舊禮,余遂起,歸府。彭與吾來,文胡子來,羅介夫來,吴劭仙來。今日熱極,至六十七度,皮衣不能穿矣。骸垢想浴,飯後遂就浴,今年第一次也。浴罷,宋菊仙來。余至軍事廳一坐,衣綿袍。楊性恂來,夏用師來,何弼虞來,文牧希來。”

1913 年 3 月 20 日,省議會繼續會議,因到會議員不足法定人數,改次日開會選舉參議員。

按:見上日條。

1913 年 3 月 21 日省議會繼續會議選舉參議員,自八時至午後三時僅選出一人。選畢,譚延闓與黄右昌來,同飲於譜主辦公室。

《省會選舉參議員》:“昨二十一日,省議會選舉參議員,以三十六票爲當選。自午前八時起至午後三時止,僅選定彭邦棟一名,得三十七票,其餘唐支厦得三十四票,李晦得一十一票,均作無效。”(1913 年 3 月 22 日《長沙日報》)

《譚延闓日記》同日條:“八時起。胡子靖來,同飯,食饅頭二枚。赴議會,管理員尚未至,坐士元室甚久。待至十二時,議員乃續續來投票,開票,至三時畢,當選只彭邦棟一人。諸人已散,遂同黄右昌飲士元室中。已五時,遂歸府。至軍事廳,李剛培、陳偉成、余夔生、湯思民先後來。聞益三至,遂同余、陳、程至辦公室。鍾伯毅來,石醉六來,見於别室。晚,設飲席,待偉成,余、仇、鍾、程同坐，談甚歡，至十二時乃去。判牘畢，已一時，乃寢。今日只五十度，仍衣裘。”

1913年3月22日省議會繼續選舉參議員。

《選舉參議員再志》:“二十一號省議會選舉參議員，當選者惟彭邦棟一人，已志本報。二十二日再行投票選舉，第一次以三十一票爲當選，田永鎮得六十五票。第二次無效。第三次以廿八票爲當選，吴景鴻得四十二票，周震麟得三十六票。第四次以廿六票爲當選，李漢丞得卅九票，陳焕南得卅四票。以上五人均當選爲參議員，餘俟再行選舉。”(1913年3月23日《長沙日報》)

《譚延闓日記》同日條:“九時起。飯後，作屏聯書甚多。楊性恂來，劉庚先來，彭與吾來，鄭人康來。十一時至議會，仍無一人，至一時，乃稍稍有人來。昨夜國民黨因本黨人投他黨票大閧，遂主加監察員，撤桌上罘罳，以爲監視計。於是共和黨之程希洛力爭不得，遂哭鬧不止，扶之出，而共和黨人相率去。及開票，而田守正當選。更投，則吴景鴻、周震麟當選。再投，李漢丞、陳焕南當選。已暮，乃散。至上元室少坐，歸府。今日得電，宋遯初被刺，尚不知生死如何。仇益三來，彭與吾、鄭人康、柳聘農、王荷亭來，何陶來，楊性恂來，吴劭先來，陳偉丞來，寧調元來，劉大禧來，陳佩弼來。决遣偉成往滬，作函問遯初、克强。晚，同仇、寧、陳飯，有餃子。十一時各去。閲牘畢，乃就寢。今日之事以黨議不能不執行，實則愀然於心，頗愧程君也。”

同日，宋教仁在滬遭袁世凱遣人刺殺。

1913年3月23日省議會繼續選舉參議員。

《選舉參議員三志》:“二十一日省議會選舉參議員彭邦棟一人，二十二日選舉李漢丞、吴景鴻、周震麟、田永鎮、陳焕南五人，已志本報。二十三日復行選舉，第一次以二十九票爲當選，黎尚雯得三十七票當選爲參議員，宋教仁得二十七票無效。第二次以二十七票爲當選，宋教仁得八十票當選。旋復由總監督開會，議員不足二十人，乃散會。餘額二名，仍須明日再選。”(1913年3月24日《長沙日報》)

1913年3月24日省議會繼續選舉參議員。

按:《長沙日報》殘缺，據本日條。

1913年3月26日，省議會投票補選因宋教仁被暗殺而出缺之參議員名

額，鬧了一天未能選出。

《選舉參議員五志》:“省議會前已選舉參議員十人，旋因宋君教仁既經舉定，痛被狙擊絶命，須再行補選，乃於二十六日投票選舉，鬧了一天未經選出，遂改至二十七日繼續投票，至二十七日繼續投票，至二十七日又因議員時來時去，不足法定人數，終不能選，須候今日再舉云云。”(1913 年 3 月 28 日《長沙日報》)

按:《長沙日報》殘缺，其第二日 27 日議會因不足法定人數，改 28 日，其後情况見《譚延闓日記》。

《譚延闓日記》同日條:“二十六日。九時起。子靖來，介夫來。飯後，見歐本麟、尹祚乾、王守愚、岳森、張漢英、唐群英、鄧璵、王治煇於參事室，遂輿往議會，與曾九談甚久。入選舉場，人數已七十六，乃唱名，發票書，及十餘人，而西路議員忽呼嘯而出，蓋謂所投非西路人也。投畢，僅得四十七人，不能開票。邀諸出者，堅不入，而喧哄不已，意欲廢所投票。格於章程，不能許。自十二時待至四時，無挽回望，乃扃匭加封，寘轎後。歸，益三來，仙霞來，俊民來，蔣緯成、余夔生來，劉清安來。晚，同余、蔣飯。鄭人康來辭行，作書託携致克强。陳惕尗來，何弼虞來。看公事畢，作書與梅道人，睡時已十一鐘。今日五十八度。”

1913 年 3 月 28 日，赴議會，仍無一議員至，乃邀人投票，到者僅十餘人，加已投票者不足三十人，乃爲懇切之演説，勸令明日投票而散。譚延闓至會見此極爲憤懣。

《譚延闓日記》同日條:“大武來，江雋、繆潤泉來。飯後，姜潤鴻來，吴炳琳來，周斗山來，鄒永成來，吴少仙來，成桂南來。携匭至議會，議員仍無一至者，不覺憤懣。極其所至，非弄到選舉無効不止。曾士元主邀人繼續投票，到者只十餘人，合已投者，不及三十人，乃爲懇切之演説，勸令明日投票而散。歸而趙炎午來，楊性恂、劉劭襄、陳爾錫來，周道腴來，柳聘農來，易幼恂來，何弼虞來，仇益三來。晚，設西餐景桓樓，請部派之王炎煇、鄧璵，司派之顔明慶、馮雄宇及王遐齡、彭國鈞、仇益三，談禁煙及英使派人查煙苗事。十時散，何弼虞來，劉邦驥來，言及鄂事甚詳。與仇、何談，仇去，何至十二時乃去。閲牘畢，已一時，乃寢。今日六十四度，晚雨猶熱，衣綿袍。今日在議會時，錢芍人、龍仁成來，龍携示南門外掘得之白璧二，形製甚古，又破鏡一角，銅劍一柄，長二尺餘，鋒鋩雖闕，而色黝然如漆，可寶也。云尚有一劍，惜已斷柄，作螺旋形，與此有殊，意者雌雄異制乎。”

1913 年 4 月 3 日，譚延闓來議會，因議員不到法定人數無法開會，來辦公

室坐,以酒點待客。

《譚延闓日記》同日條:“早飯後,張漢英來,楊宣誠來。遂輿至議會,今日將宣佈前匭作廢,而議員迄不足法定人數,因坐俟園室,見黄、彭議長,羅、吴、戴諸議員。俟園具酒點享客。至五時,仍不足數,到者又散去,乃同監察管理員開匭檢票,出封存之,遂還府。至軍事廳一坐。還,見楊性恂。頌雲來談。劭襄來,益三、嵩生來,盛廉生來,與吾來。諸人去,林特生來。益三談辭職事。林去,盛、彭、仇談至十二時乃行。今日乃無牘可判,亦一奇也。擬歸省而未能,殊忐忑。就寢已一時。今日午前雨,午後晴,潮熱至六十七度,晚間僅著短襖。”

1913年4月5日,赴議會,無人至會,譚延闓來,至譜主辦公室爲人作書,遂同午飯。

《譚延闓日記》同日條:“八時起,即歸家,太夫人尚未甚愈。飯後,朱彦材來診。健石偕威寶同早飯,飲萸溪昨酒,甚樂。余俟朱行後,遂輿至議會,乃無一至者。坐士元室,爲人作書。復與彭公望、吴伯仁談。同士元、陳仲詢、江伯夔飯。飯後,仍歸家。老人午後服補丸,得大解,然燒仍不退。晚,萸溪携酒來,遂召吕滿、雨人至,同飲盡醉,歎爲難得。今日清明節也,有麥食。既散,龍、劉、吕先後去。大雨如注,而燥熱如故,今已易夾衫裌襖矣。寢已十時。”

1913年4月6日,赴議會,遇譚延闓。

《譚延闓日記》同日條:“老人昨睡不安,殆猶伏熱。飯後,彦材來診,云脈稍愈。余乃入府。劭襄來談。午,茶務總會代表十餘人來,言領茶票事,亦有理致。既散,乃至朩惠室,性恂亦來。復同楊、陶至辦公室,默生先在,因同諸人飯。胡少潛來,有余岸稜所送香賓酒,同盡一瓶。林特生來。議會有電來詢,因起赴之。至則無人,乃坐黄右昌室,略談,戴昆堯亦來。遇士元,立談頃之,乃輿歸。老人稍愈,惟耳聾,汗出而熱不退,惟睡尚甜美。今日至七十六度,僅著單衣。晚飯飲香賓,小孩皆醉,衡生至大嘔吐。鄧先生、喻先生、平寄生、尹大、良叔均來談。九時,余仍還府。元徵來談。大雨。睡已十一時。”

1913年4月7日至議會。自午至酉仍不足數,譚延闓來譜主辦公室爲人作書,並同飯。

《譚延闓日記》同日條:“七時起,輿歸家,太夫人尚未興,然覺少瘉,昨睡亦安。退與弟姪輩飯,吕滿來,同飲數杯。大面來。遂詣議會。(成障湘來)議員到者六十餘人,自午至酉,仍不足數,乃於士元室中爲人作書。同士元、謙谷、仲詢、百夔飯。晚,歸府,岸稜來,薛祁齡來,炎午來。同至軍事廳,遂同頌雲、嵩生、宇平、經國、樸卿、任重三、炎午、何團長、趙夢炎、田松溪、吴家銓、劉邦驥至景桓樓，頌雲請客也。聶七中席至。番菜未半，大風震屋，電燈忽滅，然燭代之。既罷，至寢室。盛廉生、彭與吾、許孝綬、黄桐增、仇益三、劉劭襄、唐蘭九、楊性恂皆至，遂設席，餞彭、盛也。十時散，劉、楊皆呼冷不已，衣余衣而去。今日午前尚七十二度，今已六十二度矣。大風迅烈，窗櫺都震。客散。判牘後已十一時半，乃睡。”

1913 年 4 月 11 日，訪譚延闓於寓。

《譚延闓日記》同日條：“七時起，輿還家，遇群兒入校於門外。老人尚未起，熱退而大汗，耳仍未聰，覺畏寒，服六泉附子方，尚相安。與大武同飯。見邵希花廳，彦才來，惠青、雲仙來。遂偕至九福堂，至賬房見壽曾、平寄生、范九風、畢子英。借電話與吕滿談。還飯，菜甚佳，蓋雷廚之爲也。國銘、雲亭叔同恒甫來見，言修譜事。先公原議卅年一修，今屆期也。曾士元來。易六泉來，爲老人診，云左脈沉伏，蓋下焦寒，故進附桂參芍之類。雲亭叔又偕尹彭壽來見，云紉秋招致州兵掠其家，未知信否。余遂入府，至軍事廳與頌雲談，晚，同飯。程嵩生來，談至十一時，飲啤酒，乃去。余還室，判牘，至十二時寢。雨聲淅淅矣。”

1913 年 4 月 27 日午後，訪譚延闓於寓。

《譚延闓日記》同日條：“早起。頗覺冷，昨被薄受寒也。歸家，老人已大愈，起飯矣。健石昨宿吾家，因同早飯，盡二瓻紹而不陳，久儲味亦減。平寄生、壽曾來，皆言新劇團事。汪頌年來，龍萸溪來，亦傾到不已，信聲音之感人也。午飯，設紅香賓，佐以勃蘭地。諸兒有同學友至，賜以啤酒，令别飲。飯罷，士元來。大武同徐大出，汪、林亦步往劇園。曾去，余頓覺不適，易厚綿襖(去冬未著者)、套褲。晚飯，有餃子，同兒女輩食之。唐三麻來言鄉里事，使人不快。代大武作扇對字。九時遂寢。”

1913 年 6 月 1 日，訪譚延闓，在安正飯店同進午餐。

《譚延闓日記》同日條：“六月一日。七時起。與吕滿略談，遂輿歸家。大武及兼民、至安正飯，入座，同餐畢，汪九、王三來，曾九來，朱九來，林二來。午，有田雞、水魚，佐以香賓、啤酒，與汪、王、曾、朱、林、徐、弟姪兒輩十二人同食家製湯麵餃，尚佳，微醺而散。曾、林先去，朱、汪、王談至晚乃去。承之來。晚，與徐大、大武飲紹酒十杯，新釀殊不快，佐以蜀製糟蛋，亦不如揚州也。熱極，乃肉袒納凉中庭。少泉、壽曾來。十時，余乃輿入署，無一客至。寒暑度八十四度矣。閱牘至十一時後睡。"

1913年6月9日癸丑五月五日議會閉會典禮,譚延闓演説。循舊儀,中午行拜節禮。同人爲王三作五十歲生日,凡兩席,同座有譚延闓、王三、汪九等。

《譚延闓日記》同日條:"四時三十分,聞八師團部起火,披衣起視,至五時火滅,乃睡。焚去雜屋三間,大致油布雨衣藴熱發火也。八時起,遂飯。鄒永成來,黄孟祥來。著禮服至議會,諸司皆集,十一時,行閉會禮,同行政官、議員向國旗三鞠躬,復相向一鞠躬。議員報告畢,余乃起演説。禮畢,與黄、曾、彭諸人談,頃之,徑歸家。見石雨人,黎九先在。午正,行拜節禮,仍循舊儀。至大兄靈前,不勝感愴。曾侯園來,林二來,鄧十一、汪九、王三、龍十、龍八、劉小宋、梁四和尚、楊三皮、陸三咭吧、郭仲治、吕滿、張風子先後來,今日同人爲王三作五十生日也。凡兩席,余與王、汪、吕、張、陸、楊、梁、郭、龍、曾同席,大武與餘人及萱伢三小孩同席。菜佳而無酒,以汽水和勃蘭地飲之。及散,鄧、龍各歌所肄,歡笑至晚。諸人陸續去,惟汪、王、吕、劉、鄧、二龍留同晚飯,飲汾酒一杯。十時散。余輿入府,何弼虞、劉劭襄、鄒器之在座,談至一時去。今日以舊午節放假,遂無案牘,睡時已一時二十分矣。"

1913年7月8日省議會開臨時會議。

《省議會第一次臨時會議事録》:"昨八號省會開會,議員出席者五十五人。首由議長報告昨夜車庫之事,經同人議決辦法二條:一、禁止各報任意登載,以免動摇人心。二、通電各屬,如遇有放火劫搶等事,准其格殺勿論,都督頃以覆函照辦,惟昨夜之事,各報均已上版不能撤消云云。嗣即報告教育股理事易君應崑請病假三日,已函請力疾視事矣。今日續讀地方經常歲出教育費,仍令書記宣讀,或由佑昌及教育股員略爲説明。彭君熙治發言云,以後議事不可枝枝節節,議及不關必要之事,如昨議教育費預算,其教科之編置鐘點之分配,亦有干涉之者。議會議事祗求大綱,如節目可以通得過去,不必數量米計鹽,延擱時日。衆贊成。書記首讀教育費第二十八款,公立貧民藝徒學校,核定銀一萬零四百七十四元四角,第二十九款高等師範附屬兩等小學校,核定銀四千七百八十四元。徐君明諤謂該校前次似已議決歸國家經費開支,請再查明。如歸國家費,則此處不應列數。議長即批明候查。第三十款第一師範附屬小學校核定銀五千八百七十四元,第三十一款第二師範附設專修科,原列銀一萬元,查該校均係普通學科,徒糜巨款,公議裁撤,其已領之四千元提歸附設小學,抵作二年度經費。第三十二款第二師範附屬小學校核定銀四千四百八十八元,第三十三款第三師範附屬小學校核定銀三千四百元,第三十四款之第五師範附屬小學校,第三十五款之第六師範附屬小學校,及漏列之第四師範附屬小學校,衆以爲此師範成立未久,不能即設小學,主張緩辦。議長即批明緩辦。第三十六款第一女子師範附屬小學及蒙養園,核定銀一萬元,第卅七款第二女子師範附屬小學及蒙養園,核定銀三千二百四十六元,第三十八款第三女子師範附屬小學校,核定銀三千五百六十元,虞重熙謂第一、第二女子師範均應照第三女子師範開支,事同一律,何以相差如此之多。齊璜謂經費之多寡,宜以班數爲標準,請查明班數。議長謂第一女子師範有八班,第二女子師範二班,第三女子師範三班。瞿崇文謂各女子師範之附屬小學及蒙養園,原爲師範生練習之用,如果爲普及教育之用,則雖一二十班不爲多,如果爲練習之用,則班數不宜太多。齊璜謂第一女子師範已有八班,若裁去幾班,則學生不能遣散,當設法安置,且該校開辦最早,學生八班,並非純爲練習之用。衆議每班經費應定爲四百元。議長謂討論終,續議員六十六人即付表决,贊成第一、第二、第三女子師範附屬小學及蒙養園每班定爲四百元者請起立。起立者大多數。又謂班次多寡應照部章辦理。議長謂都督特派員饒君須出席説明。饒君出席,大致謂第二中等工業學校經費,核減過多,應請增加。又云專修科業已招班,一年畢業。各議員謂既已招班,萬難停辦。議長即批明每人定爲六十元,交審查會修改第三十九款。醴陵磁業學校原案九千七百二十二元,以開支不詳,俟調查後再行酌定。第四十款第四女子師範核定一萬四千五百二十元零四角,第四十一款第五女子師範學校核定經費與第四女子師範同。第四十二款中等第二農業學校核定六萬三千二百六十二元四角,第四十三款中等第二工業學校核定六萬二千六百七十元,第四十五款中等第三工業學校核定三千七百三十四元,第四十六款第四女子師範附屬小學校核定三千七百三十四元,第四十七款第五女子師範附設小學校經費與第四女子師範附屬小學校同。各議員主張第二、第三中等工業學校均照第一中等工業開支,教員費照班次計算。又主張第四、第五女子師範附屬小學校暫從緩辦,因第四、五、六男師範附屬小學校已議决緩辦之故。議長即批明核辦。旋即報告時間已到請散會。”(1913 年 7 月 9 日《長沙日報》)

1913 年 7 月 9 日省議會續開臨時會議。

《省議會第一次臨時會議事録》:“昨九號省會開會,議員出席者五十五人。午前九時摇鈴入場。後,楊道馨動議云清查湖南銀行之事,前由本會派員前往調查,該行不受調查。又經都督行文催促彙送簿册來會,今竟不然,請議長諮詢大衆研究辦法。又風聞淮商將淮鹽賣去三十票與日本人,此事如果屬實,恐成外交,請切實調查。袁君守仁云:本席前至湖南銀行,其言語非常委婉,敬候本會前往調查。現在或派人前往調查,或函催彙送册簿來會,當不至再有不服調審事。又教育股理事易君應崑因公立八校小學事,日前與瞿議員等言語衝突,昨有書來,本股自請懲戒,現無舞弊證據,不便懲戒,仍請函催來會。瞿君崇文謂教育股股員十人現餘九人,昨因易君之事,有書致議長,請將此書發交懲戒股,蓋變更標準之事,教育股股員均不得用,即前日所説易君舞弊之事,亦非盡是本股股員。議長謂此事當日已解釋清白,不可再事齟齬,兩面之書均存此處,可不再説,仍請易君來會就是。周毓豐謂易議員之動議淮商賣票一案,甚爲重要,請示辦法。議長謂即函致淮商公所及都督處,切實調查。彭熙治動議云呈請□已經報告之案不下百餘件,在大會中□無時間討論,本日午後可否在協議廳討論,早將各案發落,以免人民懸望。議長謂呈請各案中,有請津貼者,有訴訟事件關於司法範圍者,均已批駁,其成立之案,亦不甚多,即在協議廳討論亦甚好。楊君道馨謂易君應崑既已請假,教育股事又不可擱置,可否另推理事或請特務審查會會長逐條説明。周君毓豐謂易君尚在請假之中,三日不來,未便另推理事。瞿君崇文謂教育股股員現有九人,今有六人不承認其報告,請衆注意。衆乃推伍□坤暫爲代理,出席逐條説明。文牘首讀湖南公立第一中學校(原名長郡中學校)經費及辦法案,徐君明謌謂教育司送來中校歸省有一案,原爲統籌全局、普及教育起見,固已人人贊成,惟長沙府共十二屬土地遼闊,人口衆多,學額亦超過他府縣,前十二屬中駐省中學至十所,反正後,思以經費充給軍餉,始議取消,設立聯合中學校,化散爲整。然現在學生有增有減,若照部章限定班次,則當令學生退學,故僅辦一中學校,非爲争權利起見,實難容納學生也。虞君重熙云:前審查會議長沙府多設一校,應俟大會解决。譚君炳鑑主張劃分學區,此事萬難辦到,試問司法行政區域已劃分否?游君如龍謂贊成,省立十四中學校原爲普及教育起見,非爲争權利也。今主張照舊辦理者,以校址及一切器具均用續用,無另行建築之必要。若劃分學區則手續太難。若以人口爲標準,則無確實之調查。若以負擔爲標準,則必有一更變改。祇有打消府界,開誠佈公,和平討論爲是。彭君熙治謂今中學概歸省有,大衆均贊成,但長沙府聯合中學學生至八百人以外,倘多一校,萬難容納。法制、庶政兩股之不能解决者以此。本席主張一縣一班,□争意見,諸君可以不必如是。王君英□謂以人口負擔爲標準,手續太繁,長沙府中學每縣一班,以縣之大小定學生人數之多寡辦理甚合。秘書報告,議長腹痛,請副議長主席。何君盛林謂請主席付表决。彭君熙治謂教育司交來中學歸省有之案,我們均表贊同,但法制、庶政兩股長未報告,今日何能表决?主席報告休息時間已到,又不足法定人數,請休息。衆不贊成。吴君静謂請主席付表决。主席謂法制、庶政兩股長未報告,即手續不清,表决我不負責。齊君璜謂手續未清,即付表决後有人不承認,亦可出而翻案。何君盛林謂請主席報告,以該兩股長請假。請理事報告。主席請理事報告,大衆以爲何如?齊璜謂非有正式手續不可,今晚即開審查會,俟明日報告如何?若手續未清,理事報告無效,主席照審查會已報告者,請理事報告未報告者,股員今晚開會討論。周君毓豐謂今日之争,非争手續未清,是争標準之不能定,現在宜從争點上解决,祇好以縣爲單位而定標準。如教育司交來十四中學校並此爲十五(?)以第十五中學爲分校,不以府界限制學生,即外府中學如有五六班者,亦可並設分校,此亦調停之一法也。彭君熙治謂若照吴議員所説,變改議事細則而付表决,則其餘各案甚危險,不如今晚開會研究,明日必有結果。主席報告鐘點已到,明日或請股長報告,或請理事報告,一面即催股長一會。"(1913 年 7 月 10 日《長沙日報》)

1913 年 7 月 10 日省議會續開臨時會議。

《省議會第一次臨時會議事録》:"昨十號省會開會,議員出席者五十五人,議長因病請假,副議長彭君兆璜主席。午前九時摇鈴入場後,各議員以公立中學校事昨日尚未議决,仍請法制、庶政兩股股長或理事報告審查結果。主席謂兩股長現未來會,理事亦未遞來報告書。尋法制股理事即將報告書當場呈遞,庶政股股長旋亦到會。主席即令書記將報告書宣讀一遍。其中辦法分五條:(一)按照原案各校區所以縣之多少定爲該校班次(例如省立第一中校區域係長沙府屬,得設十二班)。(二)每班名額須六十人,未滿五十人者不得開班。(三)每開班時,應按縣之大中小酌定名額,如學生程度不及時,可通融辦理,不得拘該縣額數争執。(四)每校學生滿六百人者,均設分校。(五)經費按學生實數,每名每年以五十元計算。讀畢,吴宗寬起立云:此次報告書與本席意見不合之處甚多,故本席並未署名蓋印。因前幾次審查此案時到會人數甚少,如第一次審查,擬照原案立分校,第二次審查擬以縣定班數,均無結果。依本席之意,本擬分爲三層:一整理教育,二籌畫經費,三推廣學額。今日之報告書係王君風雄所作,其中條件,本席觀之,多不安之處,故未署名。羅良幹主張將長郡聯合中學校改爲私立,公家另辦一中學校。游如龍謂另辦一校必須建築費及預備費等項,此一層亦不可不研究。彭君熙治謂以中學校收歸省有,並非將各府財產收歸省有,在公家與以相當之津貼,不問其班次及人數,法亦甚好。長郡聯合中學改爲私立,另設一公校,實爲安置學生起見,各屬財力充足時,若欲照辦,能擴張教育範圍,亦甚美事。要之,長屬學生大多無處安置,稍爲特别,亦無不合之處,如家人分産,子孫多者本應予以特别權利。瞿君宗文謂學校班次有多寡,而一切辦事人同之,今學生每年定爲五十元,則班次少者恐難辦理。齊君璜謂學校班次多少不同,經費亦應分别。學生每年五十元,則爲共同費,餘則度其情形,規定爲特别費。徐君明謣謂學生每人每年五十元□爲劃一整齊起見，今又發見一種特別費，則前次所議決之教育費均須翻爲好。主席謂時間不久，請即將審查股所定中學辦法案五條逐條表决，衆贊成。主席宣讀第一條按照原案各校區所屬縣之多寡，定爲該校班數（例如省立第一中學校區域係長沙府屬，得設十二班），贊成此條者請起立。起立者大多數。衆僉謂括弧内之註明，事實不錯，文字宜加修改，以祇定班數照縣數設立，而就原有之校，或另開辦，並未規定如長沙府十二屬得設十二班，或就聯合中學或另創一校，均聽長沙府之便。主席宣讀第二條，每班名額須六十人，未滿五十人者不得開班，贊成此條者請起立，起立者大多數。復宣讀第三條，每開班時應按縣之大中小，酌定名額。如學生程度不及，可通融辦理，不得拘該縣額數争執。衆咸謂此條宜加研究，或謂當取消者。周君毓豐謂如此規定必有窒礙難行之處，如寶慶府聯合中學城□祇六人，新寧祇三人，相差□多，何以開班？此條宜有例外。吴君静謂如該縣學額不足，應註明得收他縣學生。主席謂如該縣尚有餘額而無相當之學生可以入學時，得由該校校長商同全校職員，變通辦理。即以此説付表决，贊成此説者請起立。起立者大多數。嗣宣讀第四條，每校學生過六百人得設分校，既有部令，則宜删去，主張删去者請起立。起立者多數。嗣宣讀第五條，經費按學生實數每名每年五十元計算，主張此條者請起立。起立者大多數。瞿君崇文謂學生班次有多寡而辦事人無甚變更，如長沙府十二屬十二班，岳州四屬四班，而十二班與四班同一校長、一教務、一庶務、一會計，以學生每年五十元計算，班次多者則佔便宜，班次少者恐難辦到。彭君熙治謂若以錙銖計較，則長沙府十二班辦事人應以三倍之。姚君聯奎謂瞿君所言亦有理言，據本席之意，校長原薪定八十元，可減作六十元，教務長可以裁去。彭君熙治謂既無主任教員，教務長斷不能裁。如欲裁去，必設主任教員。主席謂應作兩層表决，主張校長月薪八十元者請起立，起立者少數。主張校長月俸六十元者請起立，起立者多數。又謂裁去教務長亦應付表决，主張教務長者請起立，起立者過半數，衆請取决於主席，主席聲明不裁教務長，祇核減其薪水。衆請主席以教務長月薪五十元或四十元付表决。主席謂教務長月薪四十元請起立，起立者多數。此案遂决。主席復報告臨時會僅數日而待議之案甚多，明日下午仍繼續開議，衆贊成。現在時間已到，請散會。”（1913年7月11日《長沙日報》）按：以下缺報，從略。

袁世凱殺害革命黨人，密謀復辟帝制，導致“二次革命”爆發。7月25日，都督府懸掛討袁軍大旗，譚延闓正式宣告獨立。

“二次革命”失敗。8月12日，譚延闓宣佈取消獨立，並請辭職。

1914年　民國三年　甲寅　五十四歲

1914年1月31日甲寅正月初六日酉時母親劉氏病逝，享年八十三歲。哀毁逾恒。

《龍田曾氏六修族譜》："壽八十三，於民國甲寅三年正月初六日酉時殁，葬四十二都十一區高沖洪家沖小南岳山下譚人墳山乙山辛。"

《清故兵部主事曾君墓誌銘》："國變後，母以天年終，君哀毁幾以身殉。"(《散原精舍詩文集》，上海古籍出版社2003年6月版)

題李瑞清畫佛："大顯光明。(《心經》略)庚申二月，敬乞阿某爲太夫人造釋迦像一軀，度一切苦厄，超然光明界中。辛酉正月六日，太夫人諱日已八周，子熙焚香薰沐敬書《心經》並記此。"(衡陽博物館藏)

1914年4月2日，譚延闓風雨舟中，撰聯"碩德更耆年，節母得天爲獨厚。承家有孝子，至行於人無間言"挽譜主母親。

《譚延闓日記》同日條："(大餐間半票十六元六角。食橘無核，憶小説有其事，謂花時鉗去其蕊，恐不碻也。)昨夜船頗蕩漾，大生即嘔，今早簸蕩更甚，益嘔不能食。余起便旋，因出視，風雨交作，使人悶損，因復歸臥，西婦嘔吐聲相聞也。臥看小説，惟林琴南之《情鐵》較有意思。午，食麵包，晚亦如之。船身動摇不已，終日偃臥。撰一聯，挽曾士元母劉太夫人，云：'碩德更耆年，節母得天爲獨厚；承家有孝子，至行於人無間言。'又一聯挽徐健石尊人桂叢先生，云：'戎馬一書生，萬里歸來人世换；湖湘三月奠，孤兒望斷故園春。'本欲作'絶域歸來仍作客'，嫌有譏刺，遂易之。夜中，風仍不止，雖動盪之劇不如前次，而摇晃之烈則過之。以三十六時計，明早三時半應至青島。然吾前次已行四十餘小時，此番打頭風必更遲行，恐須明早八九時乃能到矣。夜睡不著，欲爲小詩，竟不能就，枯窘可想。"

1914年4月12日，譚延闓發信來。此日譚澤闓爲寫挽母親劉太夫人挽聯。

《譚延闓日記》同日條："四月十二日大風雨，寒暖五十一度。(陰曆十七)發信：黎九、次煌、黎六、徐大、曾九，均交解福。受信：坤成。八時起。風雨如晦，窗櫺有聲。食粥後，侍老人談甚久。家人皆以露行爲苦，甚矣，西屋不易居也。解福、楊連皆有歸志，擬後日遣之去。午飯後，看大武寫挽聯與曾、徐兩家。吕滿來，老人午前稍愈，食面一盌。晡，復作燒呻吟，仍服金雞納霜及神麯，豈麥食真不宜耶。晚飯,開張習之贈酒,乃丙午製,尚可飲,微醺而罷。”

甲寅四月,下葬湯夫人。

碑文:“母湯恭人墓。”

按:1899年湯夫人在京師逝世後,與1913年厝隆陽,1914年甲寅四月下葬。見1923年癸亥夏四月所立碑文。

甲寅閏六月,李瑞清一度自上海還臨川修縣志。

李瑞清《甲寅閏六月自滬上還臨川,至潯陽張峴堂丈,止宿湖海樓,明日燕集作贈兼呈同座諸子,時吴劍秋新游廬山歸》:“久居憚長征,信宿若已歸。昔游尚如新,舉目河山非。嘉會集勝流,持觴忽忘疲。良友不期來,清言切余懷。高館静宜秋,重湖隔炎威。群蕉翳天光,寒緑生四圍。姸凉玉階深,夕陰菭徑微。何必遠人世,寡慾心自怡。五洲正沸騰,偃卧觀興衰。各勉日新德,爰保歲寒姿。”(《清道人遺集》卷一)

按:本年9月5日《時事新報》載有《歡迎李梅盦君誌聞(江西)》,録供參閲:“前兩江師範學校監督李梅盦君回贛,前日由該省在兩江師範畢業諸生特開歡迎會,到者八十多人。首由簡君宗實致歡迎辭,次由蔡君震離報告同學在省近況,謂吾省在兩江前後畢業者近二百人,在省任教育者只四十餘人,大半充小學教員,少數就中學教職,而中學以上校長則無一人焉。此次中學、師範收歸省辦,據報章消息,亦無一人。良由同學不願鑽營,而當世又無公道,只好盡國民教育義務,或自行捐資辦學,以求稍有貢獻於社會而已。次李梅庵先生演説,略謂此次回贛,固爲敝縣修志事,亦實欲與同學諸君把晤,今日蒙開會,實非常愉快。予在滬聞友云,黄炎培君對人談伊所查各省學校辦有成效者,大半係兩江師範畢業生所辦。黄君係張四先生一派人,伊等昔日常非難吾校,今日所言如此,則諸君辦事認真,實在可信。予辦學七年,能得結果如此,予心甚慰。予尤望於諸君者,現在世風日下,競争權利,弁髦道德,諸君此後辦學,當注重訓練,養成完全人格,勿以小學爲不足展其才,昔大教育家皆從小學做出,師範中學雖效力稍大,現在既無公道之可言,不如力辦小學或私立學校,做出事業,造就國民,但求無負於社會,有補於國民,諸君可以自豪而余心亦大快也。(後叙革命後之境遇,語長不録)。次雷見吾先生演説,略謂今日歡迎李先生,余亦有榮光。予知在省同學甚悉,可告李先生者,總括之有二:一、同學除二三人外,無做官學□想,不競權利,安心辦學。二、從前吾省學務無甚可觀,自同學執事小學以來,有口皆碑。此固諸君之熱心毅力,要亦李先生教育之功也。演畢攝影開宴,至四時始散云。”

甲寅七夕後，爲倬章節臨《黄庭經》横幅。

自書："（節臨《黄庭經》略）《黄庭》以思古齋本神意淵厚，但褚臨本耳。此則去褚，以歸拙重，識者能辨之。倬章媚弟察書，甲寅七夕後，熙。"（肖賢訥、楊寶琳《衡陽書法篆刻選》，衡陽書法工作者協會編，1983年版，内部發行）

紙本。118×38cm

鈐印：曾熙之印（白文）。永建齋（白文）

秋，六妹王楊曾氏寄以所撰夫家家傳請教，適丁新憂，未能與其論文，其妹乃請王闓運（湘綺）評點。

按：見乙卯六月十九日條。

1914年10月27日，李筠厂訪譚延闓，出觀舊藏劉文清與瑛夢禪書兩通。中有譜主舊時觀覽後之題字。

《譚延闓日記》同日條："八時起。食粥後，臨《麻姑》兩紙。老人率婦及諸孫往樓外樓登高。李筠厂偕一安徽宋姓來，出觀舊藏劉文清與瑛夢禪書二通，蓋中年作，紙小如掌，字如蠅頭，甚精，有曾俟園題字。又萬年少畫卷，中有自畫溪覃堂草圖，清澈者近雲林，蒼莽者如房山，各極其妙。後有沈欽、韓文起跋，又何道州跋，有'黑女庵主'印，向所未見也。又出石谿卷子一，耽翫久之。因約李、宋、吕、劉，同大武出，邀俞壽丞以電車至别有天小酌，今日新開張。習之代購酒，乃庚子釀，尚可飲，不覺醺然。酒半，聞雷雨大至。及散，乃與大武呼馬車歸。老人已歸家，飯後矣。晚，與大武共酌數杯即飯。讀《晉書》'輿服志'、'食貨志'、'五行志'，向頗輕視《晉書》，然其存漢、魏之典章，繼班、馬、司馬彪之著作，實有功於掌故，不可沒也。九時，爲諸女説清初歷史，十一時乃寢。今日頗熱。"

1914年12月5日甲寅十月十九日，李瑞清致書清史館館長趙爾巽却聘。

《李梅庵與趙次珊却聘書》："外間近聞李梅庵君已膺清史館之聘，實則先生决無出山思想。兹録其與趙次珊却聘書，以覘事之真相焉：十月十九日，清道人頓首頓首。次帥執事：瑞清，清之罪臣也，偶漏天網，偷活海隅，鬻書作業，苟全首領，尚何面目珥筆奉簡諸君子後乎？久已黄冠爲道士，不復願聞人間事矣。幸鑒丹忱，特回寵命，敬返聘書，臨箋慙惶。"（1915年5月21日《神州日報》）

按：清史館1914年由北洋政府組織，負責編修《清史稿》，館長爲趙爾巽（次珊）。

甲寅冬暮,與高輔誠步出城外,作竟夕談。

按:見1918年2月15日條。

1914年12月6日,譚延闓自上海寫信來。

《譚延闓日記》同日條:"發信:伯夔、炎午、俟園。八時起,甚冷。今日德伢子百日,乃煮麵食大衆,遂有滷子切麵,盡三盌。臨《麻姑》二紙十七通畢。始試茆和所寄賀蓮青筆,尚飽滿,然鋒仍單,道士所言應靈也。翦髮。午飯,略飲,遂不飯。大生、衡生晡時入校去。晚飯,不能多飲。飯後,大武以疝氣發先睡。老人至書房久談。余登樓爲諸女説家中故事,十時寢。"

1915年 民國四年 乙卯 五十五歲

1月6日甲寅小寒,爲叔父曾廣照(仰皆)《湖山隨在吟詩稿》作序。

《湖山隨在吟詩稿序》:"湖山隨在吟詩稿四卷,仰皆叔父所自定也。叔父少負雋才,好詩酒,性情落廓。咸豐軍事興時,士人但習帖括,叔父獨喜讀左氏、孫武之書。縣試,叔父名冠,軍令某將以首選屬叔父,叔父作感時詩,書之卷上,長揖請辭。遂從軍皖北,擢保知縣,歷任江蘇寶山、桃源諸縣,升署徐州府。叔父論事,詞氣縱横,獨讞獄雍容不動聲色,卒得信獄。南洋大臣左(按:即左宗棠)、曾(按:即曾國藩)、沈(按:即沈葆楨)、劉(按:即劉坤一)皆愛其才,由知縣擢至道員,任兩江營務兼籌防局事近十年。臨卒,身無長物,篋中僅有詩稿數卷。劉忠勤因念叔父居差日久,身後蕭然,乃籌萬金,優恤其家。熙庚寅(按:1890年)侍白香(按:即鄧輔綸)師游金陵,壬辰(按:1892年)自京師再見叔父於籌防局。叔父曰:'白香温柔敦厚,詩教也。予所學淺,但少年任才性爲之。然其指事系情,譎文隱諷,亦詩中之史也。'今冬,静濤弟撿叔父手編,用聚金法印之,工竣以告熙。熙曰:嗚呼!叔父没,今且十餘歲矣。白下置酒,縱論世事,今何時耶!讀叔父詩者,其在《民勞》、《板蕩》之間乎!民國三年甲寅小寒,姪熙謹序。"(《湖山隨在吟詩稿》,衡陽蕭培藏)

在舉國抵制日貨浪潮中,中國公學迎來十週年紀念,1915年3月28日在吴淞開會,遍邀各界參加,李瑞清赴會演講。

《中國公學十年紀念會演説詞》:"李梅庵:公學初倡時,余固力贊之,然私衷竊以爲難,孰意我公學竟能十週年紀念也,僕曷勝慶慰,惟有數語相警告於同學者。國必自侮,然後人侮之。然則國於宇宙,苟有侮我者,直吾自侮之殊稱耳。國之亡也,决乎我國民具有亡國國民之資格否。夫欲滌除亡國民之資格,厥有惟一武器,曰求自立是也。自立之基百端,其要素則曰求學而已。故學者自立,所本自立者,國命人心所恵託者也。夫國人而能嗜學,不堅築自亡之器,世界孰能侮我者乎!”(1915 年 3 月 31 日《時報》)

按:1905 年 11 月,爲反對日本文部省頒佈的《取締清國留日學生規則》,東京中國留日學生罷課抗議,三千餘名留日學生退學回國。學生返抵上海後,經學生呼籲,各方奔走,募集經費,在上海北四川路横浜橋租民房爲校舍,籌辦中國公學,1906 年 4 月 10 日正式開學,後遷至吴淞(今吴淞中學)。

1915 年 5 月 15 日出版之《民權素》刊登李瑞清鬻書直例。

1915 年 7 月 9 日,譚延闓收到寄去所借漢陶原器。

《譚延闓日記》同日條:“七月九日晴,寒暖八十九度。(漢匋器式　丙辰七月三日,曾九借原器來,復就較正如此。)受信:第十一書。八時起。即覺熱甚。食粥。臨《麻姑》兩紙。電燈公司送賬來,自三月廿五至六月廿八,凡二百三十八度,共二十三兩八錢,月不及八兩也。偕吕滿附電車至李道士家,陳某先在。道士出示張丹斧在陜西所得漢匋器三,其二爲瓶,以朱漆書,字在分隸間,其一文曰:‘熹平元年十二月四日甲申,爲陳□□等立冢墓之粗(爲生人除殃,爲死人解適,)告西冢公伯、地下二千石、倉林君、武夷王,生人上就陽,死人人下歸陰。生人上就高臺,死人深自藏。生人南,死人北,生死各自異路,急急如。’”

按:1914 年 12 月 6 日譚日記有信寄曾熙,内容不詳,也許就是借漢陶器原物,待考。

去歲秋六妹王楊曾氏寄以所撰夫家家傳請教,適居母親新喪,未能與其論文,其妹乃請王闓運(湘綺)評點。8 月 10 日乙卯六月十九日大熱,六妹治别館,請爲書之,乃揮汗書之,並跋其後。

書《王楊瓊林公家傳》並跋:“玄孫婦王楊曾氏敬述,衡陽曾熙書。先高祖舅瓊林公,衡陽長樂鄉人也,姓王楊氏,秉性純孝,敏慧有辨才。兒時從塾師,誦輒不忘,數年遂能文。家貧不能購書,一日,見架上蠹蝕藥書數種,偶檢得之,如有神悟。繇是研索《内經》、《傷寒論》、《脈訣》諸書,歲活人無筭。遠人有深夜求醫,高祖姑袁氏疾起入廚飯使者,即促公行。使者或告勞,請待明而往,公趣之曰:‘汝不知病者望醫,如農夫大旱望雨,過時苗槁,雖得雨無救。吾至,病未過證,猶易爲力爾！'以是，遠近疾急，咸乞公醫。公貧者不受金，富人酬金即以儲藥物。嘗曰：'爲醫者須知艱苦，貧者病虛弱，不得補劑，病必不起；富家或藥市過遠，逾時捄亦無及，世徒知庸醫殺人，而不知爲藥所誤者，正復不少。吾肘後囊，蓋爲此爾。'年四十四生先曾祖舅養静公，産時同室皆聞絲竹之聲。自幼聰明如其父，及冠，博學多才，慷慨好施予，鄰里有争不决者，公往一言即解。時長樂周環二百餘里，比户鱗次，鷄犬之聲相聞，歲無争訟及敢肆志者。所居茆廬被焚，父老聚而謀曰：'王公父子長者，今舉室露立，獨何忍！盍各舉所有，以助成其室。'繇是，山居資以木，貧者資以力，旬月間焕然一新，今所呼王家大屋是也。當營造時，公治酒食，大食鄰人，及工作乃負累，僅有田悉以償屠沽債，餘少許，爲耕佃貲。間亦居賤售貴，浸起家，至巨萬。乃以重金，聘衡郡間名宿課子孫，自是列黌序爲博士者凡十數輩，稱長樂王氏。蓋公承父志，有以締造之也。初瓊林公貧時，至某富家糴歸，腹飢目眩幾絶，常識之，及易簀，乃屬子孫曰：'有糴穀者必食之。"壽七十四而終，養静公八十五而終。瓊林公配同邑袁孺人，孝恭有德操。家貧，往往斷炊，然賓客至，必多方設備，不形拮据。恒自力於衣食，日則樵蘇執爨，夜則紡車之聲終宵不絶。嘗隨月紡織不少休，人有憐之者，喟然曰：'貧賤富貴，雖曰命也，然須勤儉自勖。'爾時，瓊林公以醫名震於時，求醫者相屬道路，或夜深叩户，孺人起任庖爨，爲公和藥，必精必絜，代理藥囊，不使毒濕蟲鼠相侵。每食必捨其半，以待乞者，人多迂之。輒告之曰：'夫飢不得食，腹殷殷作雷鳴，痛欲絶，我過來人，常憾任恤不能周，忍獨飽耶！'年四十四，所生子皆不育。一日，公遠出行醫，信宿未返，天積雪，孺人病已僵，鄰近無知者。有從妯於陰霾中，窺其門數日未啓，異之。少霽，相率排闥入，撫其屍，手足皆冰，唯胸前尚熱，以薑汁灌之，俄而蘇，問其病，已死三日矣。公適自外歸，相顧泣下。忽轉悲爲喜，曰：'再世人不獨終也！'禱於耶薑山，遂有娠。未幾，生養静公。（養静公事載前傳）"

又："曾氏曰：曩侍我先君春皆公側，聞稱詩書，陳古訓，勖我迪夫兄及諸弟，憤不爲男兒志四方。及長，歸王楊氏，事阮琴君子將二十年。今爲未亡人，又將十年，未嘗一日無病，然未嘗一日廢書。因得博覽周秦以來諸子百家之説，旁及佛老家言，因慨然曰：先德之不可忘也。如是乎，王楊氏家至巨萬，詩書世業，皆吾瓊林公父子繼善，而袁孺人隱德尤多。夫爲善不報，非天之道。善人而無述，又將何以信後而勸德。烏乎！是氏之志也夫！是氏之志也夫！"

又："此予六妹述其夫家先世家傳。六妹，春皆叔父女，同出高祖之姊妹也。曩教其弟讀，每講經，六妹嘗從户外側聽，然不知其好學之苦。庚子自都旋里，六妹歸寧，嘗舉諸子疑義數十條相質，予多不能對，六妹輒記誦如流。庚戌母病，六妹來視病，指陳《内經》、《辨論》、《脈證》，因知六妹之博學多能。去年秋，寄所撰家傳、墓誌、論説百數十篇。予居新喪，苫塊餘生，不得與阿妹論文，阿妹乃以稿

民國初年杭州西湖

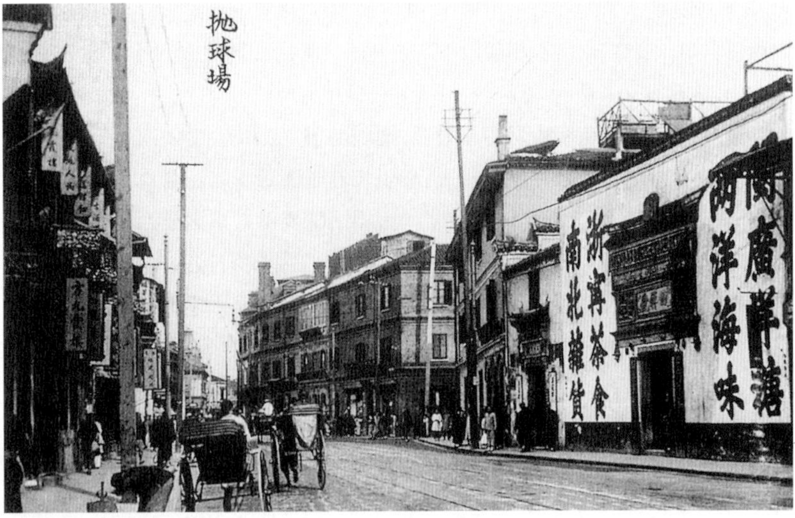

民國初年上海河南路

贈震亞圖書局主人朱挹芬五言聯　1915 年

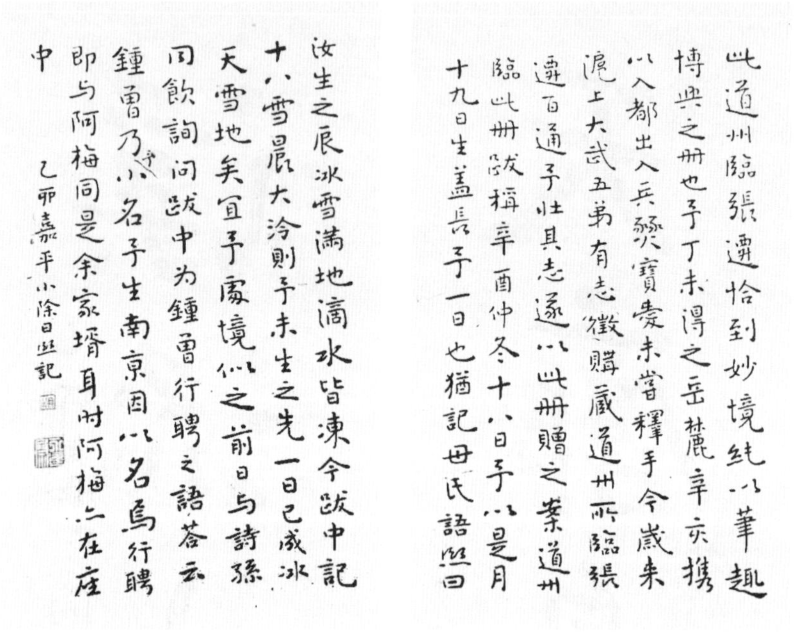

題何紹基臨張遷碑　1916 年

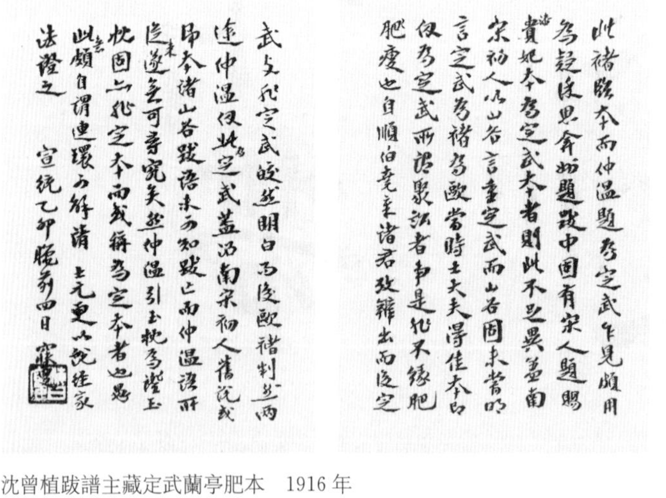

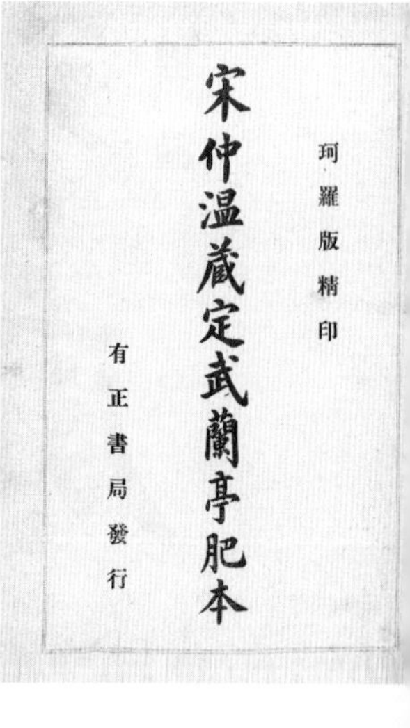

沈曾植跋譜主藏定武蘭亭肥本　1916 年

曾子緝書例

鬻書直例

冊子 每頁二金

楹聯 丈二尺十二金 六尺六金

堂幅 丈二尺每幅十四金 五尺五金

屏風 丈二尺每幅八金

橫幅 半幅同屏

琴條 同屏

卷子 每尺二金 八尺八金 五尺五金 八尺十二金 四尺四金 八尺六金 六尺五金

整幅同堂幅

名刺 二金

牓書 每方尺三金 七尺七金 四尺四金 六尺八金 五尺四金 四尺三金

（一）凡曰一金作銀一圓

（二）篆書倍直隸書加於定直之半行草唐宋減半

（三）冊頁以一尺爲度過則倍直每開六行一行六字爲例屏聯來文加倍金箋加倍烏絲欄者別識

（四）滬上喜用銅牌有相素者每字一金書眉冊首比照名刺題跋每百字五金名蹟古碑或不泥直焉

（五）多病之身不耐細書凡團扇信面均大字騎行

（六）余亦有時作畫山水花草或一爲之有相宗者其直倍畫花草橫石其直比於篆書山水畫佛其倍篆

（七）松碑誌垂諸久遠非可成於率爾其直別識

（八）磨墨費比直原十之一如楹聯生宣紙字過尺者則十之二

經理收件處上海四川路全福里清道人寓

四馬路望平街震亞圖書局 本外埠各大紙店及各大書坊均代收件

1916年1月23日《民國日報》刊登之書例

海上又來一書家

衡陽曾季子先生名熙湘學士所稱子緝先生是也晚自號農髯昔年官京師與清道人同學齊名湘都下客秋游西湖道出滬上清道人因留在滬同鬻書先生書與清道人相頡頏清道人夙自負於時賢書無所可否獨好先生書以爲有晉人風其書名貴可想爲誌數語以告當世之嗜書者

1916年6月11日《申報》《民國日報》之報導

湘名士留滬鬻書

衡陽曾農髯名熙本湘中名士工書法高品並與清道人齊名客秋到滬鬻書得其書者莫不珍同拱璧近日湘省組織參議會有電來滬敦促曾君回湘任事聞曾君依舊在滬鬻書昨已復電堅辭不就亦可見其高尚矣

1916年6月19日《申報》之報導

黃庭經一卷
老髯書与道士作五十生日也
壽尊萬歲將有餘相期在此
令歲其門人景石以分貽同學
囑識其耑 丁巳六月曾熙

黃庭經
上有黃庭下有關元前有幽闕後有命噓吸
廬外出入丹田審能行之可長存黃庭中人衣朱
衣關門壯籥蓋兩扉幽闕俠之高巍巍丹田之中
精氣微玉池清水上生肥靈根堅志不衰中池有
士服赤朱橫下三寸神所居中外相距重閉之神
廬之中務脩治玄廱氣管受精符急固子精
以自持宅中有士常衣絳子能見之可不病橫
理長尺約其上子能守之可無恙呼噏廬間以
自償保守兒堅身受慶方寸之中謹蓋藏精神
還歸老復壯俠以幽闕流下竟養子玉樹不可杖
至道不煩不旁迕靈臺通天臨中野方寸之中至
關下玉房之中神門戶既是公子教我者明堂四達
法海員真人子丹當我前三關之間精深子欲
不死脩崐崘絳宮重樓十二級宮室之中五采集赤
神之子中池立下有長城玄谷邑長生要眇房中
急棄捐搖俗專子精寸田尺宅可治生繫子長
流心安寧觀志流神三奇靈閑暇無事脩太平常
存玉房視明達時念大倉不飢渴役使六丁神女
謁閉子精路可長活正室之中神所居洗心自治
無敢汙歷觀五藏視節度六府脩治潔如素虛
無自然道之故物有自然事不煩垂拱無為心
自安體虛無之居在廉間寂莫曠然口不言恬惔無
為遊德園積精香潔玉女存作道憂柔身獨居
扶養性命守虛無恬惔無為何思慮羽翼以正扶
疏長生久視乃飛去五行參差同根節三五合氣
要本一誰與共之升日月抱珠懷玉和子室子自
有之持無失即欲不死藏金室出日入月是吾道天
七地三回相守升降五行一合九玉石落落是吾寶子
自有之何不守心曉根蒂養華采服天順地合
藏精七日之奇吾連相舍崐崘之性不迷誤九源
之山何亭亭中有真人可使令蔽以紫宮丹城樓
俠以日月如明珠萬歲照照非有期外本三陽物自
來內養三神可長生魂欲上天魄入淵還魂反魄
道自然旋璣懸珠環無端玉石戶金籥身兒
堅載地玄天迫乾坤象以四時赤如丹前仰後卑
各異門送以還丹與玄泉象龜引氣致靈根
中有真人巾金巾負甲持符開七門此非枝葉
實是根晝夜思之可長存仙人道士非可神積
精所致和專仁人皆食穀與五味獨食大和陰陽
氣故能不死天相既心為國主五藏王受意動靜
氣得行道自守我精神光晝日照照夜自守渴
自得飲飢自飽經歷六府藏卯酉轉陽之陰藏
於九常能行之不知老肝之為氣調且長羅列五藏
生三光上合三焦道飲醬漿我神魂魄在中央隨上
鼻上下知肥香立於懸廱通神明伏於老門候天
道近在於身還自守精神上下開分理通利天地
長生草七孔已通不知老還坐陰陽門候陰陽下於
嚨喉通神明過華蓋下清且涼立於明堂臨丹田將
使諸神開命門通利天道至靈根陰陽列布流
星肺之為氣三焦起上服天門候故道關離天地存
童子調利精華調髮齒顏色潤澤不復白下於
嚨喉何落落諸神皆會相求索下有絳宮紫華
色隱在華蓋通六合專守諸神相呼觀我諸神
辟除耶其成還歸與大家至於胃管通虛無閉
塞命門如玉都壽專萬歲將有餘脾中之神舍
中宮上伏命門合明堂通利六府調五行金木火
水土為王日月列宿張陰陽二神相得下玉英五藏
為主腎最尊伏於大陰藏其形出入二竅舍黃
庭噓吸廬間見吾形強我筋骨血脈盛恍惚不見過
清靈恬惔無欲遂得生還於七門飲大淵道我玄
廱過清靈問我仙道與奇方頭載白素距丹田沐
浴華池生靈根被髮行之可長存二府相得開命門
五味皆至開善氣還常能行之可長生
永和十二年五月廿四日五山陰縣寫

書《黃庭經》賀李瑞清五十寿辰　1916 年　上海圖書館藏

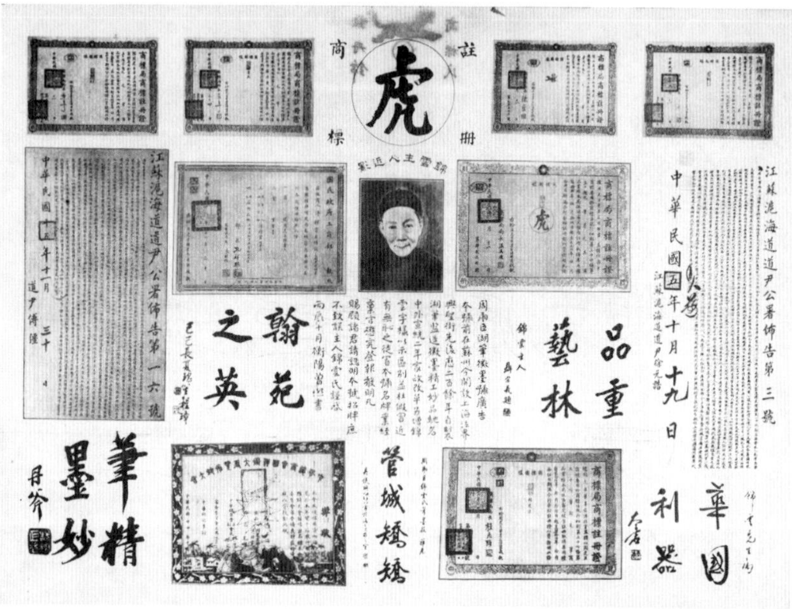

周虎臣湖筆徽墨號廣告　1916 年　上海筆墨博物館藏

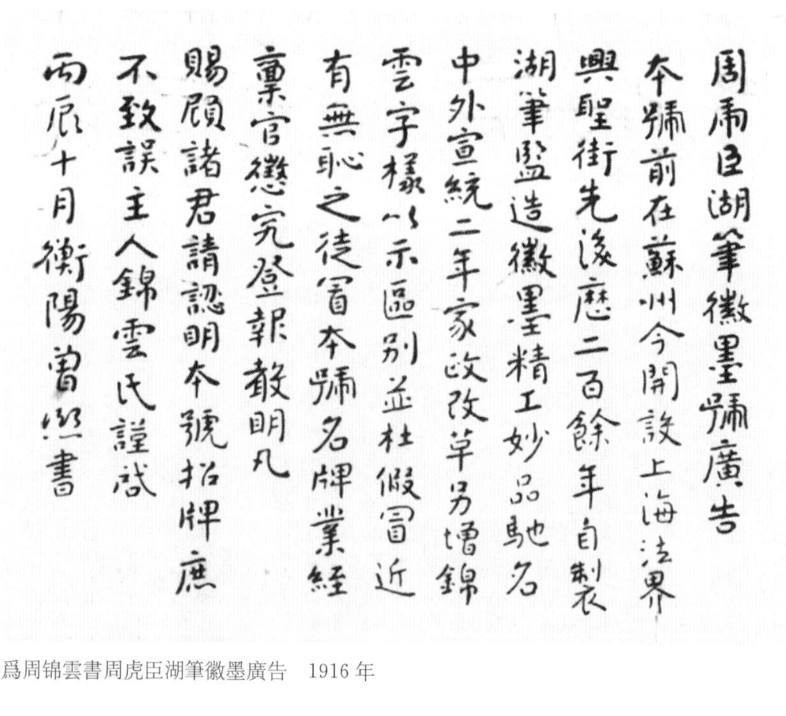

周虎臣湖筆徽墨號廣告
本號前在蘇州今開設上海法界
興聖街先後歷二百餘年自製
湖筆監造徽墨精工妙品馳名
中外宣統二年家政改革易增錦
雲字樣以示區別並杜假冒近
有無恥之徒冒本號名牌業經
稟官懲究登報敎明凡
賜顧諸君請認明本號招牌庶
不致誤主人錦雲氏謹啟
丙辰十月衡陽曾熙書

爲周锦雲書周虎臣湖筆徽墨廣告　1916 年

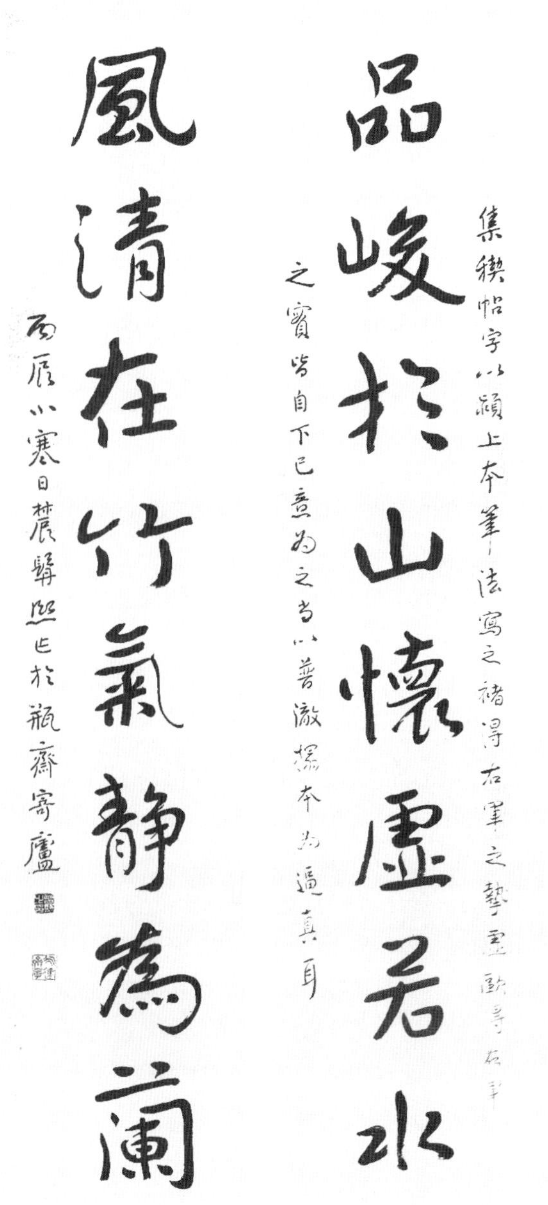

行書八言聯　1917 年

呈湘綺老人。夏間過郡，見湘綺老人手加評點，稱其文曰‘雅潔’，實未賞（嘗）竄損一字也。隆暑熇赫，六妹爲予治别館，督守謄書。予哀其用心苦，且以彰先德也，遂冒暑書之，並識傳後。乙卯六月十九日，熙。”

清道人跋：“王楊曾氏，余友迪夫妹也。迪夫與農髯爲從兄弟，辛卯之歲，余與迪夫兄弟朝夕過從無虚日。後余改官江南，迪夫官蜀中有聲，蜀民稱之至今。後以父喪歸，貧至不能葬其父，未幾遂殁，殁之日神智湛然。時漢陽事起，朝廷有詔起袁氏，迪夫憤曰：袁氏，操、莽也，安可引虎狼自衛！今其言果信矣。此其妹撰其夫家先世傳，文章行誼，皆可傳後，今之大家也。且聞其註《莊子》、《内經》各書，尤明訓詁，迪夫有妹矣。清道人識。”（《衡陽王楊氏家傳》，震亞圖書局 1917 年元月初版）

1915 年 8 月 23 日，由楊度、孫毓筠、嚴復、劉師培、李燮和、胡瑛六人發起，以“廢民主專制而行君主立憲”爲主旨的籌安會成立。

1915 年 9 月 7 日，譚延闓在上海發信給譜主。是日李瑞清及楊潛庵來，在小有天酒店宴請譚延闓。

《譚延闓日記》同日條：“發信：冬生、王少泉、海閏、蘭汀、匯清、曾俟園、趙炎午、曾鳳岡。受信：趙筠庭、王三。八時起。臨《元靖碑》二紙。食粥。作書與少泉、匯清、蘭汀諸人，言海閏入茶陵學校事。此子能否收心視此番矣，否則無可如何，終於游盪而已。九峰來。午飯。閲《齊書》一卷。子武來。范静生以梁卓如所撰《國體論》印本見寄，讀之一過，人人意中所有，人人筆下所無，信乎其感人易入也。任公於此，所謂蓄道德，能文章者，庶無愧焉。道士有請客之説，而嗣音闃然，乃晚飯。方舉杯，而俞三至，道士及楊潛庵者踵來，堅邀出飲小有天，大武以喉痛不去，余及吕滿偕之往。至則俞大、陳人仙、姚某（留美生）、俞三亦先至矣。待鄧芷溪來，乃入席大啖，以清蒸海參爲最佳。道士每誇烏開之妙，余皆不契（喫），今始知之，信乎非實驗不能言品隲也。散歸已十時，車中頗覺風凉，入房又熱矣，睡著已近十一時矣。”

按：俞三即俞明頤。俞明頤（1873—？），字壽臣，湖南長沙人。其兄明震，即日記中譚延闓稱“俞大”者。其姐明詩。清季曾任湖南學政。民國後息影政壇。任商務印書館董事。

秋八月，出游西湖，留戀彌月，九月中旬至上海，下榻湘益公（棧房），看望老友清道人。清道人留住上海同鬻書。

清道人《衡陽曾子緝鬻書直例引》:"今年八月,曾季子出游西湖,遠來視余,余因止之留滬上以鬻書。"(《清道人遺集》,1939 年 9 月中華書局版)

《海上又來一書家》:"衡陽曾季子先生名熙,湘學士所稱子緝先生是也。晚自號農髯。昔年官京師,與清道人同學書,書名滿都下。客秋游西湖,道出滬上,清道人因留在滬同鬻書。先生書與清道人相頡頏,清道人夙自負,於時嫻書無所可否,獨好先生書,以爲有晉人風,其書名可想,爲志數語,以告當世嗜書者。"(1916 年 6 月 11 日《申報》)

按:下榻湘益公見下條鄭孝胥《日記》"與梅庵同至湘益公訪曾士元"。"湘益公"客棧在法租界帶鈎橋壽康里,稱"長沙湘益公",見 1928 年 8 月譜主爲觀雲山人訂潤條。

存考:如果説李瑞清人生的轉折緣於清朝覆亡,不得已流亡上海易黄冠鬻書爲生,造就了他書壇的成就,則曾熙人生的轉折緣由却不同於李瑞清。按照流行的成説,曾、李都是辛亥革命使他們失去了仕途的希望,出於不得已選擇以書畫謀生的道路,而"意外"獲得了書畫盛名。也許適合於李瑞清的解釋,却並不符合譜主。從譜主上述的經歷顯示,他選擇書畫道路要複雜得多。他没有像李瑞清那樣死忠於前朝,在 1912 年夏作並書刻於石的《飲和亭銘並序》時,落下"大漢民國元年五月吉日,里人曾熙撰文並書石"的款。如果没有袁世凱復辟活動,没有"二次革命"及其失敗,譜主可能還在湖南做他的省參議會副會長,充其量是個地方性業餘書家。隨着袁世凱復辟步伐的加緊,事態日益惡化,湖南愈來愈不適合他生存了。譚延闓宣佈取消湖南獨立後,忙於周旋於袁世凱而離開湖南。譜主十年來政治、藝術上最密切的摯友的離開,使他倍感孤獨與惘然。他最親近的朋友李瑞清早就到了上海,而且在上海書畫界站定了脚跟;離開湖南的譚延闓也輾轉到了上海,顯然,上海成了他選擇的首選之地。現在,李瑞清有没有寫信呼唤他,以及譚延闓給他信上有没有談及叫他來上海,缺乏信物,已經難以考證了。今天能看到的是,譜主以後隨着鬻書的成功,使他從一個地方性書法家脱穎而出,與李瑞清成爲民國初二十年間最負盛名的書家。也許,爲鬻書的方便,他抹去了民國初期從政的經歷,僅言辛亥後,侍母讀書,不問外事。這一表述,在人們的印象裹造成他"勝朝遺老"的形象。

這是個錯覺。

1915 年 10 月 24 日午後,與李瑞清訪譚延闓。譚於他鄉逢至交,大喜過望,彼此大談往事,遍看書畫,佳肴美酒,樂不可支,盡興而歸。

《譚延闓日記》同日條:"七時起。臨《麻姑》二紙。食粥。李積芳、小溪介、浴岷請撰其父墓銘,以一小時之力草就之,亦可謂速而不工者矣。午飯,有曹廚肴,爲之加餐。浴岷他出,未與也。李道士忽偕曾士元來,相見大喜,譚毅者亦同來,大談往事,遍看書畫,因留晚飯。佳肴美酒,良朋乍合,樂不可支,至九時呼馬車送之去。十時後乃睡。"

1915 年 10 月 27 日乙卯九月十九日,鄭孝胥、清道人相偕至湘益公客棧來訪,談往事,談時局,均鄙夷力推袁世凱登基之籌安會干將楊度。出何子貞臨《張遷碑》長卷同賞。日晡,赴譚宅爲譚母祝壽之家宴。

《鄭孝胥日記》同日條:"與梅庵同至湘益公訪曾士元,談久之,觀何子貞臨《張遷碑》長卷。士元談光緒間梅庵堂慶,宴客於廣和居,歐陽君重使酒駡楊皙子(按:即楊度)爲小人,今日驗矣。"

《譚延闓日記》同日條:"十月二十七日(九月十九日)晴風,寒暖六十七度。發信:澍蕃、國銘。受信:張樹勛、黎九、夷午、坤成。六時起。臨《麻姑》二紙,第四十四通畢。食粥。譚伯壽來,黎六同吕滿、小宋出。錢冲甫來,沖祝而去,携有子密年丈《極樂寺觀海棠圖》,燼餘物也。松禪題二律書,極恣肆。午飯,小飲,日來菜蔬精美,爲數年未有,亦云侈矣。(曾任尹來。)余岸棱來。日晡,舉家集壽堂爲老母稱祝,家客有黎六、吕滿、劉小宋,外客有岸稜、曹槐生、宋樆生、曾九、譚毅、張習之、張子武,而李道士最後至。設兩席,余與曾、李、子武、菊生、譚毅、大生、衡生一席,大武與曹、劉、習之、吕滿、小宋、黎六、繩生、康伢子一席,道士獨茹素。九時散,談久之乃去。吕滿買留音片來唱久之,就寢已十一時矣。(下略)"

1915 年 10 月 28 日譚延闓母親六十壽辰,與李瑞清、向樂穀登府祝壽。

《譚延闓日記》同日條:"六時起。今日慈親六十壽辰,輟字課一日。七時後舉家至壽堂,先行敬祖禮後,行拜壽禮。余岸稜來,同吃麵席,趙、曹兩廚合撰也。俞三來,子武來,任尹來,槐生、(蕭先生、劉少白)、橘生來,瞿止翁來,張習之來,范静生來,鳳光來,士元、樂谷、譚毅來,李二、李三來,歐陽俊民、谷九峰、彭静仁來。午飯,麵席三桌。余與歐陽、彭、谷、鳳光、子武飲黎六室中,諸客先後出。聶二、聶四來,余介卿、秦子和來。晚飲客,復設二席於書房,余與李道士、士元、樂谷、譚毅、子武、李三、大衡康三兒同席,大武及俞三、黎六、宋、曹、任尹、小宋、吕滿、繩生同席。酒半,九風自京師來。飲罷,久談。客散,復與黎六、九風談至十時乃寢。"

按:向燊字樂穀,《譚延闓日記》均作樂谷。

1915年10月29日乙卯九月廿一日,與李筠厂至長春棧訪向樂穀,譚延闓在座,旋同赴古渝軒李筠厂之宴集。座有清道人、鄭孝胥、姚賦秋、震亞圖書局主人朱挹芬等。

《鄭孝胥日記》同日條:"作字。赴朱挹芬之約於古渝軒,座有李梅庵昆仲、曾士元、姚賦秋。"

《譚延闓日記》同日條:"十月二十九日晴,寒暖六十九度。受信:王隆中等電。七時起。大生兄弟入校去,臨《麻姑》二紙。食粥。范九風來。呼馬車與大武同出謝壽,見張子武、李筠安、歐陽俊民、彭靜仁、李道士、張習之、瞿止翁、余岸稜,餘皆未見。偕岸稜至小有天,黎六、吕滿、小宋、九風先在,曾槐生、宋菊生後來,入席飲啖,費九元而無下箸處,可惜也。出至長春棧見向樂谷,任尹在座,曾九、李三旋來。看所藏僞唐、宋畫及經卷十餘卷,有一捲紙背印佛像,梵字,且有永興郡印云,永興名郡只南齊時有之也。又《妙法蓮華經》一捲,特爲精妙,欲過《靈飛》,又一捲作章草,皆目所未覩,云蘭州所得也。出過秦子和、余介卿,看所藏劉卷,甚佳。歸家已上燈,略坐。復以車至古渝軒,李三請客,有朱海知事、段季偉及曾九、樂谷、俞三、旭君,有翅及燒鴨,甚豐腆,亦只十三元,則昨日之舉豪矣。散歸已十時,大瀉一次,其小有天之効耶,稍消息,腹始愈。寢已十時後。"

1915年11月15日至譚延闓寓,適譚氏歸,乃下榻其寓。自此移居虹口華德路65號譚宅。

《譚延闓日記》同日條:"七時起。作詩柬皃衣仙夆,仍用前韻。臨《玄靖》二紙。寫詩與仙夆。晴暖覺熱。昨李三云畫估以吾家翁書直幅來售,視之果然,吕滿往取歸。不知何由外出,豈有翼耶? 則前之兩經卷,後之兩印合皆此類矣。午,偕大武、吕滿至洗清池,翦髮沐浴,歸飯。飯後,與黎六同作贈答詩一首,仍用前韵,無異風簷過考矣。詩成,寫爲一卷與仙夆。俞三來,邀同吕滿往古渝軒,道遇成習之,至則道士、俞大、子岱皆在,公局爲李三餞行,俟其至即入席。吾所携酒乃作燒糊氣,可怪。歸至門而俟園來,遂下榻吾家,出所携何卷見示,談至十一時乃寢。"

《鄭孝胥日記》11月24日條:"晤勞玉初、李梅庵。梅庵云:士元已來,居華德路譚(按:即譚延闓)宅。"

按:許順富著《譚延闓——政壇不倒翁》作居赫德路,誤。65號,從許説。

1915年11月16日,與吴劍秋風雨中訪張子武,於門口適逢譚延闓坐車歸去,遥語而别。

《譚延闓日記》同日條:“十一月十六日陰雨,寒暖六十五度。發信:朱八、李著青。受信:仇亦山、龍十。八時起。臨《玄靖碑》二紙。食粥後,聶潞生、張子武來。余獨附電車至樓外樓,以人力車至一品香,谷九峰、歐俊民同徐傳霖、殷汝驪公請也。同座有張菊生、孫伯蘭、陳叔通、温宗堯、張東蓀、(楊永泰、)黄瓊、彭鏡仁、章行嚴。食罷,坐談頃之。與行嚴同車至張子武家,談甚歡。俞三來,行嚴乃去,子武邀吾輩至茆亭一坐,風劇雨甚,殊敗清興。余乃坐俞三車歸,遇曾九與吴劍秋於門,車中遙語而别。今日姨老太、舅老太歸長沙,王三、賀慶發護送前去。子武以馬車來迎,余與黎六先往,俞大、俞三咸在,大武、吕滿、九風後來。北風甚寒,室中生火。入席,皆蔬菜,尚精潔,惜携酒不佳,不多飲。既散,仍以馬車歸,則行人已上船矣。俟送者歸,乃與大武乘其車,往怡和碼頭隆和船送行,小坐,辭歸。十時後寢。”

1915年11月17日,與譚延闓夜談。

《譚延闓日記》同日條:“八時起。臨《李玄靖》二紙,第四通畢。食粥。霜寒甚。張秉文來談。午飯後,偕黎、吕、范、大武至趙表(裱)畫家。又至榮華祥、九華堂歸。新由章東明取酒來,甚可飲,晚飯,不覺醺然。曾士元曰道士家歸去兩日矣,談至九時後睡。今日讀《陳書》一卷。”

1915年11月18日,與譚延闓、澤闓等去李瑞清寓,已經歸去,乃逕赴小有天午餐。既散,復與譚延闓至張子武家,徘徊其亭園間,歸已上燈。飯後與友黎瀹茗談碑。

《譚延闓日記》同日條:“十一月十八日,寒暖六十二度。發信:次煌。七時起。臨《麻姑》三紙,用吴敬貽所留紙,凡一百五十字,紙澀且不受墨,頗難著力也。食粥後,同曾、黎、吕、范、大武附車至道士家,至則行矣,乃徑赴小有天,車中遇仁先,同行。胡思義者先在,俞大、俞三後來。菜甚精,異於平日,道士之効也。既散,吾輩往寶記取像片,坐候久之,乃取得歸家。復偕曾九、范九至子武家,徘徊園亭間,辭出。九風去,吾輩至俞三家,見俞大,遇宗子岱,子武亦來,上燈後始歸。晚飯,小飲,有趙廚製餃,甚可食。曾、黎瀹茗談碑,至九時後乃就寢。”

1915年11月19日,譚宅爲俞明震餞行,同座有譚延闓兄弟、李瑞清、譚毅、吕滿、黎六、陳仁先等。席散,李瑞清留談。

《譚延闓日記》同日條:“十一月十九日晴陰,寒暖五十八度。受信:祖澤。七時起。臨《麻姑》三紙。食粥。今日寒甚,嚏不止,衣綿袍尚覺冷,何也,服金鷄納霜四粒。讀《陳書》一卷。讀《揚州夢》一過,其書言鄭板橋事略陋不哂,而書賈乃云板橋作,可笑。午飯後,譚毅來,偕黎六訪陳仙夆,談頃之,遇張秉文而歸。晚,子武、俞大、俞三、道士、陳仁先來,今日爲俞大作餞,同座曾九、黎六、譚毅、吕滿、九峰及吾家兄弟、細毛,凡十二人,可謂濟濟。菜甚精美,素菜尤佳,客醉飽而去,道人留談。忽大生自校歸,云同學五人晚飯,飯後皆腹痛,懼中毒,乃歸來,痛至不可忍,呼號宛轉,乃爲延二中醫來視,云寒痧,非毒也。聶三亦屬克利來,嘰哩咕嚕,開方而去。後服如意丹、如意油,得瀉乃解。吾遂宿老人房大生牀上,蓋被過厚,汗出如沐,夜時時醒,自一時寢至八時乃起。"

1915年11月20日,早餐後,與譚延闓談書看帖。午後,約譚延闓同出配眼鏡,赴新世界看電影。晚飯後,李筠厂等人來。

《譚延闓日記》同日條:"八時起。臨《麻姑》三紙。大生亦愈矣,昨夜慌亂可笑,此又不更事之過也。吕滿以詩贈黎六,擬和之而未成。食粥後,與俟園談書看帖。午飯後,彭鏡人來。曾九約同出,范、吕、大五偕黎六撿拾行李不克出。遇仙夆於門,頷而别。同至精益配眼鏡,新世界看影戲,歸已將八時。晚飯後,李二諸子來,昨與大生同腹痛者也,衡生以不同桌食,遂不與,似又飲食所致,不盡中寒矣。昨睡太遲,九時後即寢。内人中寒忽病,蒙被不得汗,終夜展轉,不得安眠。"

1915年11月21日,譚延闓來看作書課,晚飯後與譚延闓閑談至子夜。

《譚延闓日記》同日條:"十一月二十一日晴,寒暖六十度。發信:炎午、朱骨仙。八時起。内人喉痛甚,從雲台得藥嗽之。臨《麻姑》三紙。和吕滿詩送黎六,終嫌不矜練也。食粥後,子武同行嚴來談,先後去。午,吕滿設具爲黎六餞行,鳳光來,入座未半已飽,遂撤席,鳳光旋去。看曾九作書,黎六檢行李。范静生來談,約後日往辛園飯。何醫來,爲内人立方。晚飯,不能多飲。飯罷,與黎六、曾九談各種藕粉,食之不能如西湖也。談至十二時乃寢。内人未愈,終夜呻吟,殊不安帖。"

1915年11月22日,譚延闓來看寫字,自云"略得其解"。晚爲黎六、九風餞行,李瑞清在座。席散與譚延闓送至輪船。黎六歸去,即移居其居室。

《譚延闓日記》同日條:"十一月二十二日晴陰雨,寒暖六十度。發信:汪九、蘭亭。八時起。喉醫王鑑蓀來爲内人主治,云爛喉痧頗重,留藥而去。大生、衡生今日皆請假未入校。張秉文來談。今日輟課一日,爲黎六寫長春書、近作諸詩，看曾九寫字，頗得其解。午飯後，與黎六、吕滿、九風、大武同出，至寶記，大武他去，吾輩出，步至樓外樓，由電梯上彌望荒凉，不惟游人稀少，即几案亦敝舊矣。入過廣廳，忽聞胡樂琵琶聲，淒清動人，因駐足聽之，則説書人旁坐二女，衣錦面貌如一，一擊洋琴，一以洋琹和之，而説書者節以三弦。二女腼腆殊甚，低鬟弄指，絶無洋場習氣，旁大書曰：'今日將請王芝卿改良《水滸》，雙胞女辛巧打洋琹'云。坐頃之，王説書亦有神致，且能口技也。出遇小雨，歸家則仙夆已來，道士繼至。晚，設席爲黎六、九風作餞，翅翁尚佳。既散，陳、李先去，曾九與吾輩送黎、范至吉和輪船，憑欄看江水，有别離之感。五姨太、六姨今亦同輪歸去，並至艙中送之。歸時以馬車，曾九移黎六居室中，十一時始寢。"

1915年11月23日，早餐後與譚延闓談碑帖。江師母來書云已來滬，飯後譚氏送至白大橋孟淵旅社拜訪之，往返二次均云並無此人，乃冒雨歸。

《譚延闓日記》同日條："十一月二十三日陰雨，寒暖五十九度。發信：黎六、浴岷。八時起。臨《麻姑》三紙。喉間梗梗，若將發疾，適喉醫來爲内人診，因請治之。食粥後，同曾九談碑帖。得江師母書，云已來滬。飯後，送曾九至白大橋，遂往孟淵旅社見之，往返者二，均以無此人對，乃冒雨返。張子武來談，久之去。陳仙夆來，遂同乘馬車往辛家花園，范静生招飲於康南海家也。冒雨行，久之始到，其池有池臺、竹樹，所居在山石間，頗幽静，純然中式園亭也。南海外有徐子静先生、致靖及其孫吴貫因、柳餘、趙某、伯勁及李道士，席設池廳中，小有天例菜也。吾自聞譚□飛稱述南海，今始見之，口如懸河，高睨大談其所謂□，殆孔子曰之所謂狂乎。談字畫多奇語，而矛盾處亦多。自言戊戌之事，先公嘗遣人至其家，縱之去，而後遣人往，故得逸。初但知督署遣人來，後在德國聞于晦若言始知，言次感激不已，吾初不知有是事也。又出所藏李唐《秋江山寺圖》、趙管合卷、錢選《桃源圖》，《時苗（唐人事）留犢圖》、董質《七猛醒賢圖》事出佛經，及石濤、石溪畫軸、明人扇册，皆真贋參半。十時辭出，與静生、仙夆同車，送之至家乃歸，十一時寢。"

乙卯十月小雪（11月23日）後，爲朱挹芬臨《蘭亭序》。

自書並跋："（臨《蘭亭序》略）乙卯十月小雪後，臨與挹芬先生，曾熙時客滬上瓶齋。此據柯丹丘藏本臨之。柯本今藏臨川李筠庵家，以校趙子固本、汪客甫藏本，同出一石，而精神獨好，直率更臨本耳。容甫稱曰繭紙真蹟上石，則予所藏宋仲温先生本，庶幾得之，以不雜歐、褚一筆，又非永興所能到，故仲温先生定爲普瀓據真上石。此卷予以率更法寫之，蓋欲使廬山真面復見人間耳。熙再跋。"

(《蘭亭序六種合刻》,上海震亞圖書局 1917 年 4 月版)

按:該書亦收李瑞清、鄭孝胥臨本並跋,兹將李瑞清一則附録如下:"(臨《蘭亭序》略)自來言帖者,莫不稱《蘭亭》,有唐大家莫不有臨本,以歐、褚最著。余生平不解《蘭亭》,頗爲沈乙盦先生所訶,然不能違心,隨聲雷同以阿世。順德李仲約侍郎有三可疑之説,如道人胸中所欲語。今世所傳《蘭亭》,與《世説新語》所載多異,'莫春'作'暮','禊'作'稧','暢'作'暢',唐以來俗書也,晉代安得有此。此余所大惑也。頃見曾季子、鄭蘇戡所臨《蘭亭》,鄭則自運盡變,曾則以率更法爲之,定武適派也,余則參以篆隸筆作此。清道人。"此外並有李瑞清"乙卯七月"跋《蘭亭》一則,並録之:"《蘭亭》爲書道一大關捩。繭紙既入昭陵,《定武》歐撫耳,只能以之求《化度》,右軍真面不可復見,仍當於唐賢中求之。唐人撫《蘭亭》者,以歐、褚最稱於世。余曾見虞撫於徐叔鴻丈齋中,薛撫素未之見,薛本自褚出。而此本獨凝静,絶無褚法,於此或反可以想像右軍,玉枕本實從《定武》已損本出。穎上本世傳爲褚書,與神龍本殊,然有煙霏霧結之妙,可寶也。乙卯七月,清道人。"

1915 年 11 月 24 日,晚拉譚延闓、澤闓(大武)各取《匡喆刻經頌》集爲聯語。

《譚延闓日記》同日條:"八時起。臨《麻姑》畢,是爲四十六通,以與吴敬貽。喉醫來診,爲吾吹藥,内人亦近愈矣。食粥。爲吴敬貽作屏聯書。俟園歸,同飯。子武同秋桐來,遂邀至聶三家談,與聶三談甚洽,因留晚飯。章、張後先去,余留看聶十病,又與聶三談頃之乃歸。俟園取《匡喆刻經頌》集爲聯,拉吾與大武同集,各得十餘聯,至十一時乃寢。"

1915 年 11 月 25 日,仍與譚延闓、澤闓集《刻經頌》字爲聯遣日。

《譚延闓日記》同日條:"八時起。喉痛猶未愈,内人則已愈矣。臨《麻姑》二紙。食粥。與俟園、大武同集《刻經頌》字,各得數十聯,亦有佳者,殊足遣日也。黎六自鎮江寄詩來,頗俊逸。午飯。吕滿出,至晚飯乃歸。吾以喉痛不敢飲,食炒麵而止。今日甚冷,衣厚綿衣繫帶。與曾九、大武盡集《刻經頌》字作五言聯,至十時乃畢,亦多佳句。就寢近十一時矣。"

1915 年 11 月 26 日乙卯十月二十日,午飯後正擬同譚延闓、澤闓、吕滿往訪李瑞清,至門恰遇李瑞清及陳仁先先至,乃同返相與談至五時,旋與李瑞清出赴鄭孝胥廣福樓之宴,同座有章一山等。

《鄭孝胥日記》同日條:"晚,宴玉初、士元、衡甫、一山、元素、堯臣、梅庵、鑑泉於廣福樓。"

《譚延闓日記》同日條:"十一月二十六日晴,寒暖五十六度。發信:江師母。受信:黎九、德固。八時起。覺喉痛甚劇,以嗽藥治之,似少可。臨《麻姑》二紙。食粥。取所集《刻經頌》聯寫一通,凡百六十餘聯。周砥清、許少白來,旋去。午飯後,方擬偕曾九、大武、吕滿往道士家,至門而道士及陳仁先至,同返坐談。仁先先去,道士談至五時,同曾九出。晚飯,不飲酒,喉亦稍愈。飯後,取《刻經頌》與釋文較一過,知誤字缺文甚多,楊惺翁刻書不校,大率如此。又知所集聯中有頌中所無之字,因知校書之難。曾九歸,相與大笑,十一時乃寢。"

1915 年 11 月 27 日,與李瑞清相偕訪鄭孝胥,得贈白紙《海藏樓詩》,晚歸與譚延闓同看。

《譚延闓日記》同日條:"十一月二十七日晴,寒暖五十六度。受信:次煌。九時乃起,似中寒也,喉則愈矣。食粥。臨《麻姑》二紙。同曾九、吕滿、大武附電車,至精益取鏡。既出,曾九往道士家去。與大武至三進買便帽,吕滿忽不見,乃附車至四川路,步入博物院路英美煙公司,以券易得畫馬一張。汽爐已熱,不覺汗瀋。既下,至白大橋趁電車歸,甫下車,則吕滿正在前,蓋趁先一車也。吴仲雲、張子武來飯,後鳳光來,吴去。同張、陳往張家看畫,喫餃子,遂至俞三家小坐而歸。諸兒亦歸自校。飯後,子武同其十七弟及嗣子石三來,邀鳳光、吕滿、余及大武、大、衡、繩、康四兒,以電車至四川路青年會,看韓敬文戲法。俞三先在座,客已滿。韓,北人而游歐洲,所演亦尋常,兼有中西解數,至頂磁罎,弄銅叉,置小兒,皆劇場所有,西人或以爲新穎耳。十一時散歸,曾士元已回,携《海藏樓詩》同看,至十二時乃寢。喉愈,咳未愈也。"

《鄭孝胥日記》同日條:"陳仁先、李梅庵、曾士元、愛蒼、怡書來。曾、李、陳皆索白紙《海藏樓詩》,以一部託仁先與子培。"

1915 年 11 月 28 日與譚延闓、澤闓、吕滿至張子武家,設宴室内,看字畫,談舊事,三時後同歸。李瑞清來,留晚飯,李瑞清談書法,作褚法書而去。

《譚延闓日記》同日條:"十一月二十八日晴。發信:朱骨仙。受信:李冬生。八時起。臨《麻姑》二紙。食粥。(張習之來,宋小坡來,前失經卷已得主名。嘻,異矣。)以嗽藥嗽喉,大生亦以喉痛入校就醫。鳳光來,遂偕曾九、吕滿、大武入子武家,俞三先在,游眺園中,設席室内,魚鍋、蒸餃尚可食,余仍不多飲。看字畫,談舊事,至三時後乃歸。鳳光旋去,李道士來,因留晚飯,菜不甚佳,略飲,喫炒麵。道士談書,作褚法而去。九時後即睡,連日所無也。"

1915年11月29日,午飯後與譚延闓看定武《蘭亭》諸印本。晚飯後,與譚延闓看劉石庵書册,談至九時。

《譚延闓日記》同日條"十一月二十九日(十月二十五日)晴陰,寒暖五十五度。發信:黎六、黎九。受信:子靖、老姨太。八時起。喉似愈矣,此嗽藥之効也。臨《麻姑》二紙。食粥。俞三來,歐陽俊明來談松坡事,出如脱兔,真將材也。午飯。與曾九看定武《蘭亭》諸印本。道士嘗疑《蘭亭》,以爲晉人書不如此,且以《臨河叙》爲證其説,蓋同於李若農之跋汪容父本《蘭亭》,不知闇合耶,抑本之也?周蓤生來診瑞姑,遂共談笑。鳳光偕徐少秋來,又數年不見之人也。蓤生診畢,復來談久之,乃去。晚飯,小飲。與曾九看石庵册子,談至九時,大武及吕滿觀劇去矣。登樓,與諸女講篆法,將十時遂寢。"

1915年11月30日早餐後與譚延闓、澤闓、吕滿、宋小坡同至李瑞清家,看其書壽屏。復出至陳人仙家,看其所藏古書畫。於李瑞清家午飯,章一山、陳人仙忽偕勞玉初來,遂辭出,至古墨齋看碑帖。

《譚延闓日記》同日條:"十一月三十日晴,寒暖五十四度。發信:蘭汀、鑾甫。受信:棣松。八時起。臨《麻姑》二紙。食粥。宋小坡來,遂同曾九、大武、吕滿至道士家,看寫壽。復出,附車至吟桂路吟桂里陳人仙家,看所藏宋道君畫《晴麓横雲》,畫之奇妙不必言,即其紙亦良材也。考《清河書畫舫》所引元人《廣畫□□》(編者按:原空二格),知此乃十四幅之一幅,長五尺,畫僅佔尺許,幀上餘紙二尺餘,右角以瘦金書'晴麓横雲'四字,蓋以御畫之寶,凡徑五寸許,真奇觀矣。至吴仲圭之《蒼虬圖》則似有疑義云。看錢□翁聯而出,遂飯於道士家,非常肴也。胡先生、四老爺諸人同席。章一山、陳人仙忽偕勞玉初來,吾輩遂行。至古墨齋看帖、蟫隱樓看書,又遇勞、張。出至真賞齋,見秦褧孫,看所藏《魯峻》、《張遷》、《張猛龍》,皆舊拓,歸已四時矣。子武來,同晚飯,小飲,喫麵片,看劉書卷册,談至九時乃去。老人小不適,蓋受寒也,服金鷄納霜二丸。連日寒重,外間有衣皮者。十時始寢。"

乙卯十月,於清道人寓邂逅蔣國榜(蘇盦),越日,蔣國榜持何紹基舊藏《宋拓史晨碑》請題跋。

按:見本譜丙寅六月初一日條題所書《厚民遺命記及感舊詩》:"乙卯十月,予來滬上,從阿梅座中見蘇盦,蔣君循循類儒者。阿梅曰:'此予弟子,尚好學知禮。'越日，蘇龕持所藏道州宋拓《史晨(碑)》請跋。趨而進，若不勝衣，與語必起而對。送之出，則車早説於巷外。因嘆曰：'蔣氏有子矣。'"

1915年12月4日午飯後與譚延闓、吕滿、澤闓至余价卿家看其收藏。至小有天菜館赴朱抱芬約宴，李瑞清在座。

《譚延闓日記》同日條："十二月四日陰，寒暖五十六度。發信：松坡。受信：王三、魏振雄。六時起。候俊明不至，遂往静生家。方坐談間，俊民來，同至滙山碼頭，則船正開行矣。還至静生家喫麵。偕俊民至鳳光處談，至十二時乃歸飯。飯後，同曾九、吕滿、大武附車至余价卿家，看所藏《道因》、錢書《道德經》，其《圉令碑》及二錢馬(?)皆贋鼎也。出南豐橋，餉客。乃出至小有天，應朱抱芬之約，其兄及三親戚先後來，問姓而已。道士携旭君至，乃入席，菜尚佳，席散各歸。知俊民相候甚久，留鳳光在坐，談久之乃去，已十時後，遂睡。"

乙卯冬，爲震亞圖書局主人朱抱芬書"溪流山作帶，天廓鳥來庭"五言聯。

贈朱抱芬五言聯："溪流山作帶，天廓鳥來庭。乙卯之冬閒游滬濱，集句書此。農髯曾熙。"(香港蘇富比2010年春季拍賣圖録)

紙本。78.3×18cm

鈐印：永建齋(白文)。衡陽(朱文)。曾熙之印(白文)。髯公作(朱文)。

藏印：大風堂(朱文)。君受藏(朱文)。

又："此聯爲震亞主人書，君綬弟愛之，震亞主人贈之，屬熙補署之。庚申十一月廿五日也。"

按：君綬，張大千弟，擅畫，師從曾熙，1922年船過煙臺時蹈海死。

1915年12月6日，五時聞砲聲。李瑞清來，寫《張遷碑》。留李瑞清午飯。晚以《論語》字集聯屬譚延闓對。

《譚延闓日記》同日條："十二月六日陰，寒暖五十八度。五時，聞巨砲聲九，未知其由，蓋還擊不應停匀，而空砲又無其猛烈也。起視已天明，復睡至八時起。陳鳳光來述所聞，亦不敢遂信爲實。食粥後，子武來，報紙所言與陳大同小異，時時聞砲聲，不甚巨耳。客去，補寫《麻姑》兩紙，李道士來寫《張遷》。余岸稜來，聶十同湯壽軍來，言周金箴有電話與朱志堯，云事已平定，周八自城中歸，亦言秩序如常。午，留道士、岸稜同飯，有加肴，小飲而罷。子武來，鳳光亦來，云肇和兵船攻製造局，今早爲兩砲臺擊沈，所聞巨聲是也。客先後去。大生得李三兒書，云校中廚房爲流彈所碎，停課一日。晚飯，飲一巡。曾九以《論語》字集聯屬對，凡得十餘首,不覺爲《論語》字也。十時乃就睡。"

1915年12月7日午飯後與譚延闓、吕滿、澤闓至李瑞清家看其寫字。晚與譚延闓集字爲聯。

《譚延闓日記》同日條:"十二月七日晴風,寒暖五十四度。受信:子靖、邵希、黎六。八時起。臨《麻姑》二紙。食粥。老人命鈎稽十月分(份)賬目,極爲棼糾,久久乃得明析(晰),已午飯矣。得黎六長沙舟中寄詩。飯後,同曾九、吕滿、大武往李道士家看寫字,有鄭尗問所贈薛仁貴咸亨中造像,稱皇帝皇姤,尗問引《集古録》苗神客天寶二年所撰碑云,'薛禮,字仁貴,山西汾州人。'正如世俗所傳也。歸,誤坐外□路車,急下,改附七路車,到家已瞑。衡生自校來,云謡未息,故獨歸。晚飯,小飲,喫餛飩,閲《揅經室》三集一過,楊碑、柳帖遂及二王,甚至謂子敬不能作榜書,故託詞以拒謝安石,可謂奇矣。曾九邀集字爲聯,相與構思,得十餘聯,不覺十一時後,乃歸寢。"

1915年12月8日,多日來教吕滿學書,譚延闓以爲吕氏書法大進。

《譚延闓日記》同日條:"十二月八日晴,寒暖五十四度。九時起。始著夾袴,蓋二十年不著此矣。臨《麻姑》二紙。食粥。讀《陳書》一卷,輟業過久矣。衡生今日仍未入校,外間謡言亦漸息。午飯,古墨齋人來,携有翁松禪題記《史晨後碑》及松禪畫册,畫多已印入《國粹學報》,後題五言一篇,則甲辰四月廿日書,去捐館只一月耳。書勢爛縵,在石庵、蝯叟之間,至可愛翫,價至二百四十元,則太妄矣。閲一過還之。陳仙夆來看碑帖字畫。傍晚,余价卿來,子武來,余去,子武留同飯,小飲數巡。子武先去,仙夆後行。曾任尹同湘鄉陳詩庚知事來自杭州,任尹至書房久談,乃偕陳去。陳自云在湘充法官,了不記之矣。曾九教吕滿作書,日内大進,知凡事不可無師,又知勤學必有異,不可不勉也。今日晴陰不定,冷於昨日,復有微咳。十時後寢。"

是日,爲《清道人節臨六朝碑》題跋,對阮元南北書派説提出質疑。

跋《清道人節臨六朝碑》:"自儀徵阮氏(按:阮元)創分南北書派,海内學者多沿其説,熙竊以爲惑矣。阮云北朝魏齊碑板尚守隸分遺法,其言當矣。至稱傳索靖之法,南北劃若鴻溝;何以大小爨碑出於晉宋之南徼?可知化隸爲真,南北同一轍也。阮云《瘞鶴銘》與鄭道昭山門字相近,但妍態少古法;今焦山石尚在,憬然篆法,以視鄭但解分勢横衍,則超越遠矣。此阮氏之大惑也。阮稱北朝瓦當碑額可以類推,北人長於碑榜,至東晉墓專(按:即磚字),乃云字迹近篆隸,然出陶匠之手,其無款識。北瓦南專所同,阮何以知晉必出於陶匠,此惑之甚者也。《晉書》、《南北史》皆唐人所修,阮於《北史》所稱崔悦、盧諶等善隸工草,則信爲有家法,右軍(按:即王羲之)傳中善隸書爲古今之冠則疑,援史品題,謂世不傳右軍隸法則可,至疑右軍不能爲隸,大令不解書榜,所謂非惑也,乃謬也。阮既知南朝勅禁立碑,其時學守老莊,高尚清談,方且以立石飾美爲陋,此南朝無碑,羲、獻(按:即王獻之)不傳今隸。然茅山天監井欄字,梁蕭侍中神道碑額,近出土梁《程虔碑》,皆化隸爲真,即羲、獻巨(矩)矱所留遺也。阮氏執南宋以來展轉勾撫,真僞雜混之閣帖,幾疑江左風流,盡出渡江衣帶一帖,何異見今日僧子誦經,即奉爲如來法耶?蓋南北碑誌二爨與《中岳靈廟》同體,以剛勝;《李洪演造像》與《曹娥》同韵,以柔勝;梁《程虔神道》與《崔敬邕志》同取掠空之勢,南帖中《黄庭内景經》與《石門銘》同擅縱擊之長,安見南北書派判若江河?近敦煌石室經卷,見有北朝書章草,以證沙簡中晉人手札,並可悟南北行草同源之妙,惜阮氏不及見也。梅道人以周金作篆,從兩漢窺六朝,所謂繇昆崙觀四瀆之到海,每臨一碑,驚絶海内。共几研廿有四年,前道人尚有南北之見,今則服膺予論,因書其後。乙卯十一月三日,曾熙。"

鈐印:曾熙之印(白文)。

梁啓超跋:"嘉道後,士夫論書,分南北宗,其流至於尊碑而賤帖,祖代齊而祧魏晋。夫從展轉鈎勒之帖以求魏晉面目,信哉其難。孟子稱以意逆志,是爲得之。欲張帖學,舍此未由。道人兹卷,求筆法於魏晉人所自出,詩家所謂脱胎换骨也。乙卯端午,啓超跋。"

康有爲跋:"此同年生李梅庵臨六朝人書,迫古人矣,高古矣。然學古者,能入又貴能出,已古又貴近今,不即不離而神得之,不今不古,自適其中。以梅庵之深造自得,他日又豈有古人耶!康有爲,乙卯十月。"

鈐印:康有爲(兼文)。

鄭孝胥跋:"蔡君謨謂《瘞鶴銘》乃隋人楷隸相參之作。觀六朝人書,無不楷隸相参者,此蓋唐以前法,似奇而實正也。梅庵先生所臨諸碑,純用隸法,不啻禹鑿龍門手段。孝胥。"

鈐印:鄭(朱文)。

按:載《清道人節臨六朝碑四種第一集》,震亞圖書局發行。《清道人節臨六朝碑》共有四集,無出版日期,以其中譜主第四集題跋署年己巳,出版當在1929年之際。然以第一集跋語觀之,第一集單行本到1915年已經三版。

1915年12月12日譚延闓邀往钱沖父家飲惠山泉茗,觀其所藏書畫,皆

劇品。同去者吕滿、譚澤闓。辭出至李瑞清家，已飯畢，乃另具食。飯後觀李瑞清所作畫佛，歸已五時。晚飯後，以張子武藏《泰山經石峪》殘字册檢校，去其重文，約九百字僅剩二百餘字。

《譚延闓日記》同日條："十二月十二日陰晴，寒暖五十二度。受信：植根。八時起。臨《麻姑》二紙。食粥。仙峰來，遂邀同士元、大武、吕滿至钱沖父家，飲惠山泉茶，看所藏南園、石庵、何道州。又出藏畫，沈石田大幅、趙原直幅、龔半千《溪山無盡圖卷》、文休承《豳風圖卷》、趙令穰《水邨蘆雁圖卷》、王石谷《蘇齋圖卷》（繡谷先生即西莊父也）、戴文節山水卷，皆劇佳品。及出，遂至道士家，已飯後，乃特爲具食。看道士所作畫佛。陳仁先來，少坐，遂歸。仙峰别去，到家已五時矣。大生、衡生入校去。晚飯，以過飽，但小飲，食麵。曾九以子武藏《泰山經石峪》殘字册檢校，約九百餘字，去其重文，僅二百餘字耳。因集爲聯，得十餘首。已十時，乃入寢。"

沈曾植勸清道人"納碑入帖"，秦幼蘅勸其"捐碑取帖"，譜主在跋清道人臨《唐宋元明漢魏六朝帖》中，提出"碑不可通之帖"説，對清道人"以兩漢隸分生六代之枯骨"的臨帖法則予以肯定。

跋文："碑不可通之帖，亦猶撰文不得以碑銘之筆作箋札耳。唐之響搨，宋之撫石，波磔既損，真氣蕩然，勢不能不以兩漢隸分生六代之枯骨。道人此册所以高越前人，爲帖學者得此法也。至每臨一帖，神意逼真，如影隨人，求之古人，老米（按：米芾）猶當讓步。此册海内外書家争購，於三次付印識此。乙卯十一月，農髯熙。"

鈐印：永建齋（白文）。

清道人自題一："隆熱熇赫，移研竹間，操觚弄翰，聊以送日，何減高卧北窗下耶！清道人時鬻書滬上。"

鈐印：阿某（朱文）。清道人（朱文）。

清道人自題二："余幼習鼎彝，長學兩漢六朝碑碣，至法帖了不留意，每作箋啓，則見困躓。昔曾季子嘗謂余以碑筆爲箋啓，如戴礮而舞，蓋笑之也。年來辟（避）亂滬上，鬻書作業，沈子培先生勖余納碑入帖，秦幼蘅丈則勸余捐碑取帖，因以暇日稍稍研求法帖。酷暑謝客，乃選臨《淳化》、《秘閣》、《大觀》、《绛州》諸帖，其不能得其筆法者，則以碑筆書之，不知它日沈、秦兩先生見此如何論之，必有以啓予。甲寅夏日，清道人。"

沈曾植題："李道士有祝希哲之書史、豐存禮之書學，肥炙豐膳，飲啖如吸川，不屑爲山澤癯儒而論議，顧自飄飄，自有凌雲之氣。其與書道，殆坡、谷所謂墨戲爾,發於醉飽之餘,引豪濡紙,惟意所適,從而命之,曰某家某家,而某家某家之肥瘦平險,一一貢其真形而靡所逃遁。神仙家言,張惡子蓋七十三化而老子化胡經有十六變詞意,道士有得於斯而示現諸墨戲耶!自記納碑於帖,遜翁論旨劇不爾,曰化碑爲帖可爾。吾尤喜其題評小字,居然漢代木簡風味,惟其似且不似,不似而似,闚掜幾何,請道士作十日思。其中有信,以閱衆甫,猶龍氏言之矣。甲寅季夏,遜齋居士植題。"

吴昌碩題:"甲寅夏,避暑申江海界橋北,一客携某盦李先生書册示予,予大驚,曰先生人品忠直吾知之,先生樸學嗜古吾知之,先生精篆隸彝器磚瓦文字,旁通六法,舉世共知,不特吾知也。至先生談閣帖之源流,辨狂草之正變,此吾不知而世亦罕知。是册取勢離奇,結體樸茂,其用筆甚生而得神甚活,此豈皮毛從事於斯者所能髣髴耶!予與先生朝夕奉手,而不能盡知先生者如此,不亦怪哉!安吉吴昌碩,時年七十一。"

鈐印:吴俊卿印(白文)。昌碩(白文)。

胡思敬題:"余初見梅菴在京師松筠庵,聞其不讀秦漢以後書,甚奇之。後同時廷對,見所書試卷瑰瑋不可名狀,劉潛樓謂字字如螃蟹,蓋笑之也。今見此帖,秀者如妖韶美女,壯者如勇士横槊,鋭不可當,乃知其於各書正變源流無所不備。伏處海濱鬻書爲活,距乙未殿試之時,已忽忽二十餘載矣,相對不勝鬱悒。乙卯四月思敬時客滬上。"

陸廉夫題:"鐘鼎彝器石鼓琅琊泰山及兩漢金石刻篆隸之原,三國六朝至隋唐化分爲真,體變而筆法在,猶是書之正脈,例以書品,上者爲神,次不失爲能,故精書家皆從此入。然格律勝則或流於滯,謹嚴甚則難求其趣,書道有未盡焉。士君子補偏救弊,不得不兼求古人箋奏文稿尺牘一切行草之書,以博其蹤蕩流麗之觀,此書之逸品也。逸、神、能三品備而書無缺陷矣。梅庵李先生人品學問,高出一代。曾見其却聘書,欽其節概,即無書畫亦自傳人,況復其書無體不備,浩博無涯涘耶!總之,筆能扛鼎,復濟以學,斯無所不可,而前所謂三品者,盡歸先生掌握中也。子芳老兄與先王交甚篤,故以所臨秘閣帖貽之,而子芳不以自秘,付攝印公諸同好,其有益後學及衿懷之曠骨於是見,因樂爲題之。乙卯三月,吴江陸恢書於滬上。"[《清道人臨唐宋元明漢魏六朝帖》(上下册),上海震亞圖書局1918年版]

鈐印:吴江陸恢章(白文)。廉夫(朱文)。

冬,臨《瘞鶴銘》條幅,贈楊潛盦。

題識:"潛盦先生法正,乙卯冬,熙。"(私人藏)

紙本。129×50cm

鈐印:曾熙之印(白文)。

藏印:濳盦珍藏(朱文)。齊白石觀(朱文)。

簽條:曾農髯仿鶴銘立幅。阿濳。

按:楊昭儁(1881—1943後),字濳盦,室名净樂宧,湖南湘潭人。其父楊芷生爲何紹基高足弟子,幼承庭訓,學書從鐘鼎篆隸入門,而尤得力於鄭道昭。精篆刻,好收藏。有自刻印集《净樂宧印存》一册。另輯有陳師曾、姚華刻印《陳姚印存》一册。與曾熙、李瑞清、齊白石、陳師曾交往頗深。

1915年12月13日,仍與譚延闓集聯。

《譚延闓日記》同日條:"十二月十三日晴,寒暖五十二度。受信:江師母。八時起。食粥。臨《麻姑》二紙。爲邱端甫書所撰聯。陸珠浦世兄來,以温管丈《鎮亭詩文集》見詒,中有先公詩五首,皆隴上唱酬作也。談舊事甚多,留同午飯,小飲而别。張子武來。讀《鎮亭山房集》一過。曾九邀集石經字爲聯,得數十首。晚飯,飲一巡。復與曾九集聯,頗有佳句。十時後乃寢。"

1915年12月14日,與譚延闓、吕滿往洗清池就浴。午飯後譚延闓檢《陳書》、《宋書》、《齊書》中言善隸書者及二王書法所津逮者數事疏以奉,晚仍相與集聯爲樂。

《譚延闓日記》同日條:"十二月十四日晴,寒暖五十一度。發信:許孝綬。受信:許蔭青。八時起。食粥。臨《麻姑》二紙。同曾九、吕滿往洗清池。大武先在,翦髮就浴,垢滿水中,可謂腌臢矣。歸一時正,午飯。讀《陳書》一卷。又檢宋、齊書諸言善隸書者,及二王書法所津逮者數事疏與曾九,以驗儀徵。南人不習二王書,及二王不能作隸及牓書,過江無他古迹,僅一衣帶中宣示帖諸語之誤。秋兒連日病,醫來治之。晚飯,飲新得酒,亦丁未釀,尚可口。食吕滿姬人製麵片,頗有北法。鳳光來談,兼看碑帖,九時去。與曾九集聯爲樂,至十一時乃寢。"

1915年12月15日午飯後與譚延闓集聯,張子武來,遂同晚飯。談碑帖甚久。子武去,仍與譚氏集聯爲樂。

《譚延闓日記》同日條:"十二月十五日晴,寒暖五十度。發信:棣嵩。受信:棣嵩、吴建三。八時起。食粥。臨《麻姑》二紙。爲陸珠浦作楹聯。爲諸女解書。午飯,同曾九集字,得數十聯。張子武來,遂同晚飯,小飲,喫羊肉湯,煮麵食。談碑帖甚久。子武去，仍與曾九集聯。今早霜重，遂覺寒增，及就寢已十一時矣。”

是日，展玩1911年所得宋克（仲温）舊藏《定武蘭亭肥本》，據《寓意録》補書周太史、陶凱、申屠衡原跋並加以考識，越八日冬至，晴窗可人，重展再題。

書周太史原跋：“右《蘭亭帖》，王逸少法書真行第一。始唐太宗得此帖真蹟，即命能書者雙勾撫臨以賜近臣。是時去晉未遠，不以石刻爲貴也。真蹟既入昭陵，世不得見。其後好事者以唐人雙勾善本刻之定武置官庫中，故世稱定武本爲絶品。及薛紹彭守定武，重刻它石，私易官本，又慮事泄，乃鑱損五字以自别，而世間真贋遂莫能辯（辨）。宣和中，詔取官石於薛氏，遂歸内府，置保和殿中，而定武之名益彰。予侍書宣文，閲善本多矣，故得其説。此卷石刻乃中貴人李相叔固所收，而柯博士敬仲得之，既又歸之雲西曹氏。李，錢唐人也，故宋宦者，顯於我朝，在諸黄門中，號爲好古。其所收，多趙公子昂鑒定，而柯與曹皆精于考核者也。締觀此卷，筆勢中勁外圜，八法具備，非若俗書圜則弱媚、勁則生硬者。大氐五字未鑱損者，蓋未歸薛氏之前本也。此刻紙墨俱精，尤爲難得。執政臨川饒公介之究心古學，臨池之玅，不減古人，適獲此卷於曹氏，所謂珠玉無脛，常聚于所好，詎不信然！間以相示，爲之擊節，因述所知，以徵定本之無疑。至正柔兆敦牂之歲，正陽之月乙亥，鄱陽周伯琦温父書於藏密精舍，是日積雨澄霽，展卷灑然，用銅爵研廷珪墨書。”

又：“案：此跋即仲温先生所謂饒删去山谷等跋，復求周太史題于後者也。山谷書，名高海内，饒既稱好古，不應瑶太史而敝屣山谷至此之陋。蓋吴城變故，得此帖者，但知愛山谷書，直割去；至仲温先生重得此帖時，但見周跋，故疑饒割去耳。此帖歷元明，至雍正間，繆太史曰藻著《寓意録》，稱此帖爲秦山史秦中王山史所藏，不知何緣流入都下，今於虚舟齋中見之。從周温父太史跋及仲温先生手跋、明洪武四年天台陶凱、吴下申屠衡兩跋皆逐條刊録，今此册周與陶並申屠三跋，不知何年割去，幸仲温先生逐月所書識完好無缺，殆天留此以永其傳耶？陶凱、申屠衡跋均案《寓意録》附於後。”

書原陶凱跋：“夫古者以書契易結繩，而後以簡册記言載事。故字書居六藝之一，始學者莫不習之。今考之科斗篆隸草行而各以其法名家，殆未枚舉也。惟晉王右軍《蘭亭》得唐君臣而益顯著，後世好事者取定武石刻，雖累百金購求之亦所不吝，士大夫争相撫效。用是爲文雅因求之者，遂至真贋莫辯（辨）。余親友韓氏，魏公之裔孫，家藏《蘭亭》百本，有佳客至，則焚香煮茗，出使觀之，余見者屢矣。繇生平不解字書，亦莫能定其善否，今居京師，適宋仲温過余，出定武善本見示,知其所從來實有端緒,謂既失而復得之,又事之難得者也。仲温既善字書,能精數家之法,每得玅筆佳墨善紙,則對客揮灑,令人啃啃嘆賞不已。嗟乎!以仲温之才之學,豈獨善字書而已哉!或者不知其然,獨以是求之,則失之遠矣。仲温以儒充貢有司,而策名於天官宰相,輒更以美名,而以其名聞於上,行將拔擢,使任要職,則仲温之政事文章,固宜顯於當今而揚於後也,豈徒曰游戲翰墨,與古之善字書者争衡而已哉!主上以武功定天下,以文德致太平,深懲前代文華之習,俾脩政立治者,一切還淳復古,若唐君臣一時之好尚,蓋所不取也。雖然,字書固小學之藝,而心畫則君子所與,凡書之詔誥,用之表章,播之文移,亦將以黼黻皇度,又豈可少耶!獨吾党(黨)之士所望仲温者,蓋不在此,而在於彼也。仲温其勉乎哉!洪武四年秋八月,天台陶凱書。"

書申屠衡跋:"蘇子瞻詩云:予雖不善書,曉書莫如我。又云:苟能通其意,常謂不學可。予讀之而疑之,以爲曉書即善書,亦未有不學而能通其意也。予少習舉子業,不暇學書。然每見古人筆法之玅,愛翫不能去手,似頗通其意者,然後知子瞻之言不我欺也。庚寅歲予游淞,客於雲西家徵君所。徵君年八十餘,好古不倦,鑒識精拔,人莫能欺以僞。嘗謂人曰:吾古齋所藏法書名畫,品類非一,其可寶者,則惟《讀碑圖》、定武帖二者而已。一日酒闌,設茗器遂生亭上,出帖誇示於客。時江東黄一峰、泗水楊伯震暨琴士劉希孟在焉。予締觀不已,伯震靳予曰:子不善書而好之若是,得無矮人看戲之謂乎?予應之曰:不然!譬猶梓人,雖不能執刀斧角技于衆工,然棟宇之制,固已了之於心矣。因舉子瞻詩,相顧一笑。俯仰二十年,中更世變,徵君既殁,而古齋所藏,喪失殆盡,而片楮獨存,若有神物護持者。而吾友宋君仲温得之,愛之不啻拱璧,每當風日清美,窗几明靚,則出之一臨,自以爲天下至樂。今仲温受命於朝,出官鳳翔,來别予樹屋下,且曰:予將有遠行,必携帖自隨,子其爲我識之,庶一披覽,如見故人于翰墨間也。於虖!仲温臨池之功幾三十年,卒以善書見稱,必其深喻默契,期到古人,宜其耽嗜兹帖而不能自已也。雖然仲温以政事之才,顯用於時,字畫之精,乃其餘事,固非翫物喪志不足與議於道者。昔李公驎(麟)善畫,黄庭堅言其風流不減古人,以畫爲累,世因以藝名之。於虖!使仲温而以善書爲累,則所謂不學而能通其意者,不猶愈歟!洪武四年歲次辛亥九月既望,吴下申屠衡題。"

題:"案:仲温先生得此《蘭亭》,在元至正甲辰之歲,爲饒介之所奪。饒倩周太史所跋,越二年丙午,再入宋篋,爲明洪武之二年己酉。陶與申屠兩跋作於四年辛亥八月、九月。予得此帖於都中,寔維宣統辛亥八月,譚三(按:即譚延闓)、李二(按:即李瑞清)皆在坐,計已九歷辛亥,共五百四十一歲矣。乙卯冬至前八日,曾熙識於滬上瓶齋寓廬。"

越八日冬至又題:"《蘭亭》考辯(辨)等於議禮。以予所見,趙子固、柯丹邱、汪容甫三本所稱定武石者，皆率更(按：即歐陽詢)書也，與《化度》同意。潁上本黄龍本，河南(按：即褚遂良)書也，與《聖教》同意。董思翁稱：黄龍勝定武，容甫詆之是矣。至云率更取繭紙上石，未免臆斷。仲温先生此本，予得之，以其筆腴勁圜滿，直似廟堂，庶與歐、褚所臨鼎足而三。及觀仲温先生跋語則云：貞觀中，詔令湯普澈搨賜貴近。普澈識右軍筆意，故其摹搨自到極處，非如歐、褚臨橅自出家法，不復隨其點畫位置，故世以善本歸之。蘭亭真迹，世不復知至普澈典型猶有存者。定武本之刻，蓋其一耳。又云：人間作僞固多，僕輒能辯(辨)其真贋。仲温先生處元之末，去宋未遠，數十年臨池之功，腕有魏晉，目無初唐，以視覃溪(按：即翁方綱)老人，但守一石，勾稽點畫，不亦遠乎。況此本流傳有緒，周太史跋中所稱宋黄門、李相叔固所收，而柯博士敬仲得之，既又歸雲西曹氏，申屠衡跋云：予游淞，客雲西徵君。雲西嘗曰：'吾古齋所藏非一，其可寶者，惟《讀碑(圖)》、定武帖二者而已，今古齋喪失殆盡，獨此本宋君仲温得之。又仲温先生跋中有饒删去山谷等跋一語，則當時宋人題跋尚多，原不止山谷一跋也。仲温先生書法，明一代所祖。覃溪老人於《七姬志》夢想不得見者三十年，而予得先生手跋宋拓《蘭亭》藏本真書，行草數千字，何異昭陵繭紙復見人間耶！讀碑下脱圖字。乙卯冬至，户外風號，而窗晴可愛，因檢此册跋之。時客滬上瓶齋寓廬，烝陽曾熙。"

沈曾植題："此褚臨本，而仲温題爲定武。乍見頗用爲疑。徐思莽州題跋中固有宋人題賜潘貴妃本爲定武本者，則此不足異。蓋南宋初人以山谷言重定武，而山谷固未嘗明言定武爲褚爲歐。當時士大夫得佳本即仞爲定武，所謂聚訟者，争是非，不緣肥瘦也。自順伯、堯章諸君考辨出，而後定武與非定武皎然明白，而後歐、褚判然兩途。仲温仞此爲定武，蓋沿南宋初人舊説，或即本諸山谷跋語未可知。跋亡而仲温語所從來，遂無可尋究矣。然仲温引玉枕爲證，玉枕固亦非定本而或稱爲定本者也。愚此意頗自謂連環可解，請士元更以説經家法證之。宣統乙卯臘前四日，寐叟。"(《宋仲温藏定武蘭亭肥本》，有正書局發行珂羅版精印，1917年10月初版)

1915年12月16日，李瑞清來，同飲。李去後，忽遣人來告李筠厂已歸，乃與吕滿同往。

《譚延闓日記》同日條："八時起。臨《麻姑》二紙。食粥。俞壽丞來，讀《陳書》一卷。午飯。讀《陳書》。作書復陸珠浦，彼有所稱貸也，老大無成，出而求食，殆非先公奬借之初意矣。借張子武藏《懷素帖》、《座位稿》(?)來，皆宋拓。道士忽至，同看帖。呼子武來，同飲，菜仍嫌少，食量可知。道士、子武先後去。爲道士代作袁姓祠堂，久不得就。道士忽遣人來，云李三已歸，邀士元去，吕滿同往。吾獨坐,撰聯二,尚未盡妥,已十時後,遂寢。”

1915年12月18日,晚與譚延闓集《散氏盤》字爲聯。是日爲季維書“流清愛於累葉,應天挺之良期”六言聯。

《譚延闓日記》同日條:“十二月十八日晴,寒暖四十四度。發信:秉三、王三、黎六、蘭汀。受信:砥清、王三、黎六、子谷、蘭汀。八時起。臨《麻姑》二紙。食粥。閲《陳書》一卷。早起噴嚏不已,今日甚寒,坐覺膚起粟矣。午飯後,同曾九計所集聯,已逾百矣。晚,大生、衡生自校歸。讀汪容甫《述學》一過。朱蓉生云容甫志銘、傳狀仍不出八家範圍,良然。晚飯,小飲,以袪寒氣,食菌油煮麵一盌。與曾九集《散氏盤》字爲聯,字多拙樸,殊不易就,十時寢。”

自書六言聯:“流清愛於累葉,應天挺之良期。季維先生正之,乙卯冬至前四日,弟熙。”(浙江經典2010年秋季拍賣圖録)

紙本。195×41cm

鈐印:曾熙之印(白文)。

1915年12月19日,早餐後與譚延闓集《散氏盤》字爲聯。與譚延闓、吕滿、澤闓往古渝軒赴李瑞清宴,張子武先在,久之李瑞清偕陳仁先等數人至。李瑞清本來宴其親家,不至而改宴同人。席散,與李筠庵同去,借其所藏宋仲温《書譜》真蹟歸。

《譚延闓日記》同日條:“十二月十九日晴,寒暖四十二度。發信:汪九。受信:汪九、劉雨人、俠黄。八時起。臨《麻姑》二紙。食粥。同曾九集《散氏盤》字爲聯。雨人來信,言褒碧觴客伎家,停觴待夏彝恂之更衣事,極可笑。俞三家(?),遂同曾九、吕滿、大武往古渝軒,道遇彭敬仁偕張容溪來,立談而别。至古渝軒,子武先在,久之,道士偕陳仁先、農先、李三、旭君來。道士本觴其親家而不至,遂大宴同人也,飲啖殊暢適。旭君號駢脅,共按視之,蓋左脅下復有駢骨,短於肋也。俞三胸間有小軟骨,旭君亦有之,則不知何因。既散,曾九同李三去,余輩至三進買鞋,古墨齋看帖,乃附車歸。晚,曾九始還,携李三藏宋仲温《書譜》真蹟來,後有孫雪居跋。飯時,飲一巡,食麵片而罷。與曾九集《散氏盤》字,至十時乃睡。”

1915年12月20日,仍與譚延闓集《散氏盤》字爲聯。是日譚延闓襲用李瑞清法,發新筆僅發其半毫。

《譚延闓日記》同日條:“十二月二十日晴,寒暖四十二度。(發新筆一支,用道士得何蝯叟法，僅發其半。）八時起。臨《麻姑》二紙。食粥。閲《陳書》一卷。陸珠浦來談詞章，乃詆王湘綺，其所得可知矣。午飯，吴仲雲來，同坐，言李安甫不知所往，亦可怪者。與曾九集《散盤》。陳仙峰來，張子武來。仙峰去，子武同晚飯，小飲，喫麵而去。今日青島寄物來，去税十元餘，强浮於所值矣。同曾九集聯，盡用《散盤》字，惟無確釋者去之，得聯近百。早間服兜安氏補腎丸一粒，胸中覺熱，殆不受也。十一時乃寢。”

存考：譚延闓本日日記有值得注意者：發新筆一支，用道士得何蝯叟法，僅發其半。李瑞清用毛筆僅開其半，坊間早有傳説，譚氏此語坐實此説。譜主如何發筆，未見譜主説法，亦未見譜主弟子説法。然與譜主與李瑞清交誼不淺之楊度之弟楊鈞却有專文論及。楊鈞在其《怪筆》一文中説：“李梅庵爲余至交，見其作書至久，大抵以濃墨膠筆，務使堅結。臨用之時，咬開分許，即以作字。曾俟園亦復如此。前日俟園之子來談，余詢其父近來運筆有無變更，則曰：‘如臨篆隸，則發筆毫五分之二；作六朝書，則發五分之一。’又有客云，其友劉某得曾俟園運筆之秘，其法以綫纏筆毫五分之四，再塗以漆。余見俟園弟子所用之筆，乃未析猪鬃，更於新瓦上畫圈以去其末。”（《草堂之靈》，岳麓書社 1985 年 3 月版）譚延闓此處言李瑞清此法得自何蝯叟（紹基），未悉李瑞清所自。本譜後文記有何詩孫談其祖用筆之法，亦未見有此説，僅言何蝯叟“不擇筆”。或許李瑞清此法源自民間傳言？與李瑞清頗有淵源之黄賓虹，在其致友人書中言及李瑞清開筆僅半，云“不足爲法”，書此存考。

1915 年 12 月 21 日，晚與譚延闓集《石鼓》字爲聯語。

《譚延闓日記》同日條：“十二月二十一日晴陰，寒暖四十二度。受信：陽燮。八時起。連夜皆中宵而醒，睡殊不安，未知何因。臨《麻姑》二紙。食粥。讀《陳書》一卷，手録所集《散氏盤》聯，凡七十八聯。仙峰來。錢沖甫携黄石齋手札册來，後有汪堯峰、宋牧仲二跋，及何道州道光乙巳、咸豐戊午兩跋，皆精楷，末則王壯愍（有齡）跋。何跋亦云王雪軒將刻之，何不見印本也。錢又携何聯及陳曼生、張船山、顧耕石、張詩舲詩册，曼生書佳耳。陳、錢均留小飲乃去。鍾大藩來，携行嚴信見示，並出種種消息而去。余步訪子武不值，遂詣雲台，亦出。見聶十及湯壽軍，談頃之。歸，知子武剛去，可惜。晚飯，不更飲。同曾九集《石鼓》字，得數十聯。十一時乃寢。”

1915 年 12 月 22 日，李瑞清來，留午飯。李去遂同譚延闓集《石鼓》聯語。

《譚延闓日記》同日條：“十二月二十二日晴，寒暖四十三度。發信：子靖、黎

九、伯弢。八時起。臨《麻姑》二紙。食粥。讀《陳書》一卷。集《石鼓》聯,因取石鼓拓本,詳爲校對,知平時草草看過,實負此書多矣。章一山爲人招飲,乃以書辭之。李道士來,遂留午飯,飲數巡。飯後,子武來,言見任公事,與道士先後去。同曾九集《石鼓》聯。晚飯,食蕩麵餃,久不彈此調矣。十一時乃睡。"

1915年12月23日晚仍與譚延闓集《石鼓》字爲聯語。

《譚延闓日記》同日條:"十二月二十三日晴,寒暖四十二度。受信:松坡。八時起。臨《麻姑》二紙。閱《陳書》一卷。食粥。子武來,同車至行嚴家,遇黄孟溪,聶十亦來,旋去。彭鏡人來。頃之,徐佛蘇、藍公武、張東蓀、劉霖生來,余與子武乃出,至養勿家,遇二湘人,皆忘其姓名者。鶴笙來,遂同飯,飯後談,乃同子武歸,已三時矣。大生、衡生以放假歸。歐陽俊明來,陳仙峰來,同晚飯,飲數杯,食麵乾韃。同曾九集《石鼓》字,至十一時乃寢。"

1915年12月24日,訪李筠庵,晚歸。

《譚延闓日記》同日條:"十二月二十四日陰晴,寒暖四十三度。發信:蘭汀、吉丞。八時起。臨《麻姑》二紙,第五十一通畢。食粥。讀《陳書》一卷。鈔文星門屋點單一紙。(李三來。)寄蘭汀集《石鼓》聯數聯。午飯,飲一杯,試新酒也。曾九往李三家,章一山同劉淵士來,淵士頗熟掌故,談甚洽。范静生、劉霖生來,作蒙頭蓋面語,久之而去。諸女自所從學之西婦家得遇年花砲數事,吾在京師十三歲時,曾見先公自使館携歸,忽忽如昨日事也。晚飯,飲一杯,遂飯。取《湘綺集》外文鈔本,校數篇,訛奪太多,幾不可讀矣。取所集《石鼓》排次,得六十聯,尚有未集字六,遂閣筆。曾任尹自杭州來,談頃之。内子以不適就寢。余十時亦卧。"

1915年12月25日爲生日,在小有天宴客,李瑞清、李筠庵、陳仁先、譚延闓、譚澤闓、吕滿等在座。

《譚延闓日記》同日條:"十二月二十五日晴,寒暖五十二度。發信:余堯衢。受信:堯衢、坤成、曹惠。八時起。臨《麻姑》一紙。俞三來。祁紱卿(玉麐)携江師母函來,祁,江壻也。遂與同車至孟淵旅社,登樓,見其妻,爲江元和師次女,詞令甚嫻,述母意在通假。坐頃之出,以人力車歸,俞三仍在座,煮粉食之。任尹來,言道士招飲,遂與大武、俞三、吕滿同赴之。至小有天,任尹復去,道士、曾九、李三、陳人先同來,乃知今日曾九生日也,任尹旋同旭君至。入席,飲啖甚歡。俞三邀同任尹、大武、吕滿、旭君至新世界,看影戲及韓敬文技藝,至五時乃歸。晚飯後,仙峰來談,久之去。任尹來。曾九尚未歸也,已十時,遂就寢。今日甚熱,恐將變矣,午飯後,僅能著綿也。”

1915年12月26日,與譚澤闓同赴王子展約。

《譚延闓日記》同日條:“十二月二十六日陰晴,寒暖五十二度。發信:江師母百元。受信:王三、規良。八時起。臨《麻姑》二紙。食粥。以百元交祁祓卿,屬携交江師母。仙夆來,同至静生家,要之附電車至萬歲館,訪湯濟武,不遇。静生先去,吾輩坐候久之,乃步歸。到門,遇李聯舫,則濟武坐候亦久,相見忻然,因留同飯。飯後,聯舫去,曾九、大武、仙夆諸人赴王子展約,余乃同濟武往蒲伯英家。值其出,坐久之,見其弟赤保乃出,無所之,遂歸。諸兒入校去。晚,静生來,留同濟武小酌,談極深,至静生去,大武諸人亦歸,設榻書房,留濟武宿,至十二時乃寢。”

按:王子展(1849—?),諱存善,浙江仁和人,藏書及碑帖甚夥,清末民初參與組織書畫賽會甚力。

1915年12月27日,晚張子武來,譚延闓留其飲,談至九時張氏去,與譚氏一談。

《譚延闓日記》同日條:“十二月二十七日晴,寒暖五十三度。受信:蘭汀、亦山。八時起。同濟武食粥。李蓮舫及濟武同行二人來,云已佃屋,遂同車而去。吴仲雲、李安甫來,旋去。蒲伯英來,章行嚴來,静生亦至,遂留小飲,静生先去,行嚴繼行。余以車同伯英至協平里五號訪濟武,不值,遂至孫伯南家,遇谷九峰、李位齋、彭某、蕭某,坐頃之歸。伯英中道下,余到家已五時矣。子武來,遂留同飲,談至九時去。與曾九一談,遂就睡,已十時矣。”

1915年12月28日午,李瑞清與其門生蔣國榜來,携有何蝯叟舊藏宋拓《史晨後碑》。李屬譚延闓爲題某人畫像。晚與譚延闓集聯至十一點鐘。

《譚延闓日記》同日條:“十二月二十八日晴,寒暖五十六度,發信:電朱九、蘭汀。受信:蘭亭。八時起。臨《麻姑》二紙。静生來,食粥後,呼車訪行嚴,遂過濟武,遇李伯齋。歸途逢静生於道,下車立語而别。到家正飯時,飯未畢,道士同其徒蔣國榜至,携何蝯叟藏《史晨後碑》,蓋宋拓也。蔣去,道士留談。(仙峰來,即去。)子武來,湯松壽軍來,旋去。徐佛蘇來,稍坐去。道士、子武亦先後行。將飯,静生使人來邀,因赴之。則留與徐佛蘇同飲,談甚久,乃步歸。曾九屬集蘇詩,爲道士題一人畫像。劉劭湘來談,以所作隸及真見示,不如吕滿遠矣。劉去,與曾九集蘇至十一時,乃就寢。”

1915年12月30日午後,李瑞清、張子武、谷九峰、章一山、蒲伯英至,譚延闓乃設席爲譜主補祝生日,飲啖甚樂。

《譚延闓日記》同日條:“十二月三十日晴,寒暖五十七度。發信:電朱九。九時起。食粥。臨《麻姑》二紙。浚明來談,遂同出訪濟武,遇彭介石、陸乃翔,濟武留飯。飯後,至張蓉溪家,遂遇鈕鐵生,谷九峰,程頌雲亦至,談甚久。别諸人歸,附電(車)至十二鋪,復步行至大馬路口,乃附電車到家。李道士、子武、仙夆、章一山、蒲伯英皆至。設席,爲曾九補祝,飲啖甚樂,有兔肉,十餘年不嘗此味矣。客去,道士談至十時後乃行,及睡十一時後矣。”

1915年12月31日譚延闓晚歸,與其略談。

《譚延闓日記》同日條:“十二月三十一日陰晴,寒暖五十八度。(十二月二十五日)受信:王三、劭希、黎九。九時起。臨《麻姑》二紙。食粥。錢沖甫來,旋去。今日爲新曆歲除,不勝感慨。滬人仍用舊曆,尚無年事景象也。記録《陳書》中疑義、奇字、雋語。與曾九集聯,談字。午飯後,仙夆來,岸稜來,俞三來,濟武及劉某、李某來。遂邀子武至,同出附電車,至翠樂居喫魚翅,凡去九元許。隔座伎樂喧闐,並語言不得共悉,可惡之至。及散,濟武諸人别去,吾與子武偕歸,到家已十時。與曾九略談,及就寢已十一時,而中華民國四年云畢矣。”

1916年 民國五年 丙辰 五十六歲

1916年1月3日,晚與李瑞清、吕滿、譚澤闓至張子武家,譚延闓、章士釗(行嚴)等先在,入席飲啖甚歡,而言談不暢。歸已十時,子曾任尹來。

《譚延闓日記》同日條:“一月三日晴,寒暖五十三度。發信:伯函、邵希、子靖。受信:伯弢、方家。八時起。以紙罄輟課。吴仲雲來,同食粥,余以馬車至王子展家,談甚久,歷舉碑帖,如數家珍,言祁文端所藏之《大觀帖》一本爲海内第一,文端自號‘觀齋’以此,今在楊蔭伯家,千金不易。又言蘇書《寒食詩》由盛伯希家出,今在京師市估手,索五千金,蠟箋明皙,墨痕如新,其奇寶也。然欲得道士之《龍藏寺》,則未免貪多務得矣。歸家午飯,李安甫來,旋去,飯後寄湘中書,聞秉三到長沙即北行,未知家書到否也。晚步往子武家,行嚴、佛蘇先在,有頃,俞三、聶十來。久之,李道士、曾九、吕滿、大武偕至,入席飲啖極歡,惟談不暢,既散之，聶十、道士同步至門前散去，曾任尹來，已十時，遂寢。”

1916 年 1 月 4 日，晚起。晚與譚延闓、子任尹談。

《譚延闓日記》同日條：“一月四日晴雨，寒暖五十三度。發信：愛農、方家、劉勁。受信：劉勁三、黎九、李林程。八時起。臨《竹山連句詩》二紙，此非佳刻，然有規模，以己意書之，稍暢筆勢。任尹昨宿此，同食粥，曾九未起也，王子展送所題先公手稿來，作書謝之。李洽來，同午飯，兼爲介紹於松俠諸人。爲張習之作屏聯書數種，吾書仍不脱穉氣，可憎。任尹復來，同晚飯，小飲數巡。久不雨，今始得微雨，寒氣頓增，與曾九、任尹談頃之，十時眠。”

1916 年 1 月 5 日，在李瑞清家暢叙，宿李家。

《譚延闓日記》1 月 6 日條：“一月六日陰雨，寒暖五十三度。發信：李林程、桂良、棣嵩。受信：魏振雄十二月廿八信。八時起。階除盡溼，始知雨過。曾九往道士家，昨夜未歸。食粥，臨《麻姑》二紙，以大字書之，似畧穩。步出附車訪正明，談甚久，歸，則吕滿已出，〔李洽來，〕同大武飯，讀《魏書》一卷，作書復諸人。步出，訪仙峰，看其所作詩及釋課，談至上燈歸。晚飯小飲，與諸女談書至十時，遂寢。”

存考：下文有曾熙與譚延闓商議鬻字潤例，其居李家或爲商定潤例事。

1916 年 1 月 8 日，李瑞清設宴小有天來邀，譚延闓外出，與譚澤闓、吕滿赴宴，十時方歸。

《譚延闓日記》同日條：“一月八日雨，寒暖五十三度。受信：劉勁。九時起。〔子武來〕臨《麻姑》二紙。食粥。曾九昨夜歸，錢芍人來談，李洽來，旋去，包心林來作辭，芍人同午飯，飯後同芍人出訪俞三，微雨著面如沐，談頃之，同俞、錢附電車至新世界看電影，登樓啜茗，復下看電影，有煤北被水北工夫婦待救，情狀淒切入情，無異悲劇，座人皆爲感動。七時登樓，喫番菜，尚能果腹，及散，有設燈謎者，觀頃之，出，芍人辭去，偕俞三到家，小坐而别，大武、吕滿、曾九，同道士出飲，尚未歸也。老人小不適，蓋受寒也。大生以考未歸，衡生獨歸，曾九、大武、吕滿十時乃歸，聞道士請客小有天，覓吾不得，然聞座多生人，亦幸不赴，十一時寢。”

1916 年 1 月 9 日，晚李瑞清、張子武來，遂同飯，飯後談舊事甚久。客去，與譚延闓商定鬻書潤例。

《譚延闓日記》同日條：“一月九日陰風，寒暖五十一度。發信：養勿。受信：

子靖電。九時起。老人略愈,已起坐矣,聶雲台來,食粥,臨《麻姑》二紙,呼車至行嚴家,遇佛蘇、俊民、俞慎修,談頃之,行嚴、俊民邀同至恰爾登飯店,温欽甫請客。座有《泰唔士報》主筆西人某、湯濟武、谷九峰、張容溪、周孝懷、徐傳霖等十一人,談論甚歡,既散,遂歸。到家則張習之、李安甫在坐,習之云承之已來,並送南豐橘,甚可喫;烏取梨亦所留。馬寶去,安甫亦取函去。老人服藥,得汗遂愈。晚李道士來,携劉書聯,尚佳。另子武亦來,因同晚飯,後談舊事甚久,九時客去,與曾九定鬻書例,十一時乃寢。"

乙卯冬十二月,清道人爲作《衡陽曾子緝鬻書直例引》。

《衡陽曾子緝鬻書直例引》:"衡陽曾季子,名熙,湘學士所稱子緝先生者也。美鬚髯,晚自號農髯,長於余六歲,昔年同官京師,同學書。余喜學鼎彝、漢中石門諸刻,《劉平國》、《裴岑》、《張遷》、《禮器》、《鄭道昭》、《爨龍顔》之屬,自號北宗;季子則學《石鼓文》、《夏承》、《華山》、《史晨》、太傅、右軍、大令,尤好《鶴銘》、《般若》,自號南宗以相敵。余時頗自負,於時賢書,無所可否,獨好季子書,以爲有晉人風。季子亦獨喜余書,每作書,必各出相示議論,以爲笑樂。後余出官江南,曾季子以太夫人老病,歸故山以侍母,不相見者七八年。辛亥國變,余黄冠爲道士,鬻書作業,偷活海上。今年八月,曾季子出遊西湖,遠來視余,余因止之留滬上以鬻書,曰:髯昔不能以術取卿相没人財帛以自富,今又不能操白刃以劫人爲盗賊稱豪傑,直庸人耳。今老且貧,猶欲執册奉簡口吟雅步稱儒生,高言孔孟之道,此餓死相也。餓死,常也。人方救國,髯不能自保其妻孥,不亦羞乎?且富者人之性情,所不學而俱欲者也。語云:求食者牛不如鼠,鼠不如虎。何也?牛服田力耕,以勞易食;鼠則竊處倉廩,無人犬之憂,長養其子孫;虎居深山據大谷,上捕飛鳥,下瞰野獸,何求不得焉?髯力不如虎,巧不如鼠,吾與子其爲牛乎?鬻書雖末業,内無飢寒之患,外無劫奪之憂,無捐金之事,操三尺之觚,有十倍之息,所謂不齎貸之子錢,以勞易食也。太史公曰:富無常業,貸無常主,賣漿小業,張氏千萬;灑削薄技,郅氏鼎食。他日吾與子起家巨萬,與英美托辣司主者埒富,亦其常也。曾季子捧腹大笑曰:'敢不如子言!'因爲定其直,以告世之乞先生書者。乙卯冬十二月,清道人。"

按:載《大同月報》第二卷第一號。《清道人遺集》,中華書局1939年9月出版。復據《曾農髯先生書畫直例》丙寅年重訂潤例校訂。

1916年1月10日晚,譚延闓來看寫字。

《譚延闓日記》同日條:"一月十日晴大風,寒暖四十九度。發信:訶白。八時起。臨《麻姑》二紙。食粥。讀《無量壽佛經》一過，似有悟入處。爲諸女講書久之，李洽來辭行，遂同午飯，飯後去。唐宣凱來，爲作一函與詞白。余步往聶三家，談頃之，出。至仙峰處。談甚久，歸。乃知范静生見過。晚俞三、成習之來同飲，喫餛飩，九時客去。看曾九作書，與諸女講故事。十時睡。”

1916 年 1 月 11 日上午朱挹芬來。中午與譚延闓、吕滿赴小有天成習之約宴，李瑞清一時方到。席散與譚氏昆仲及吕滿至李瑞清家，觀其作書。晚飯後與譚延闓談。

《譚延闓日記》同日條：“一月十一日陰，寒暖四十六度。九時起。甚寒，出訪静生不遇，歸。食粥，臨《麻姑》二紙，讀《魏書》一卷。天陰有雪意，朱挹芬來，大武先出。午偕曾九、吕滿至小有天，成習之請客，俞三、大武、梁胡子先在，待道士，至一時乃來，小有天新移，新居宏敞過前，清静不及。飲食既畢，與曾九、大武、吕滿，同道士至其家，看所作字，談未幾，聞室中有詬誶聲，道士入排解，吾輩乃行。到家已上燈。晚飯後與曾九談頃之，登樓與諸女解書，十時寢。”

1916 年 1 月 13 日晚，譚延闓來看寫字。

《譚延闓日記》同日條：“一月十三日晴，寒暖四十四度。受信：方家、棣松。八時起。臨《麻姑》二紙。食粥。人頗不適，服金鷄納霜。午飯吕滿出，李洽來，並寄所携行李，乃趁船不及也。聶三來，以二千元相託。俞三來，子武來，知伯嚴之二萬元已由湘政府滙到，足報義寧開創湘北之功。李洽晚來談譚二式、謝介僧事，此輩桀驁世故，真不可理喻情遣者，乃謂辛亥以來不用彼，豈不謬哉。子武來同晚飯，小飲，食炒麵，看曾九作書，子武去。登樓與諸女解書，十時後寢。”

1916 年 1 月 14 日，上午與譚延闓兄弟、吕滿至洗清池理髮就浴，歸過九華堂箋扇莊一覽。午飯後，李瑞清、鄭孝胥來，出所藏宋仲温《書譜》墨蹟及清道人藏《龍藏寺》精拓本同觀。晚留李瑞清晚飯小酌，談碑帖甚樂。

《譚延闓日記》同日條：“一月十四日晴，寒暖四十二度。受信：桂良。九時起。臨《麻姑》二紙，食粥。微有咳，殆受寒也。偕曾九、吕滿、大武至洗清池翦髮、就浴，殊爲暢適，歸過九華堂一覽。至家，遇俞三於門，偕入午飯。仙峰來，道士來，聶三來，邀同坐汽車至行嚴家，坐談頃之，留飯，仍辭謝不食，同車至青年會，聶三下，余獨歸，自往及返不及一小時，甚矣其便利也。道士、仙峰均留，晚飯小飲，談碑帖甚樂，九時乃散。登樓爲諸女解書。今日得桂良書，云研仙出京又被嫌疑，仍須逃滬。人亦何必爲此僕僕乎，又見動不如静也。十時後就寢。”

《鄭孝胥日記》同日條:"公宴洪鷺汀於古渝軒,以《詩序》遺昌碩。席罷,與李梅庵同過曾士元,觀宋仲温《書譜》墨蹟及梅庵所藏《龍藏寺》精拓本。"

1916年1月15日午後,李瑞清來,晚飯痛飲暢談。客去與譚延闓續談至十一時。

《譚延闓日記》同日條:"一月十五日晴,寒暖四十七度。發信:坤成。受信:夷午。九時起。臨《麻姑》二紙,食粥。李洽來,今日始行也。唐介祺來,同午飯,小飲,吕滿已出矣。子武來談,旋去。李道士來,以璧元信託撥款。俞(余)岸稜來,錢芍人來,張承之來,唐、余先去,道士、芍人、承之留晚飯,痛飲暢談,道士作字甚多,談至九時後乃去,復與曾九暢談,至十一時乃睡。"

1916年1月19日晚,與譚延闓談甚久。

《譚延闓日記》同日條:"一月十九日晴,寒暖四十九度。受信:王三、蘭汀款、朱九款。九時起。胸次有發炎之象,食粥,臨《麻姑》二紙,步出,至子武家略坐,至俞三家,見俞大,遇陳子言,出附電車,至雙龍對表,乃改車至李道士家,值將飯,因留共食,四老、神旭少爺同坐,談久之,出,銅元已磬,乃歸。到家中方午飯也。午後甚熱,大有春意,俞大來談,至晚乃去。閲《魏書》盡一本。晚飯止酒,蓋胃中覺燥烈也,服萬應錠,少愈。與曾九談至九時。登樓與諸女講解,忽呃逆不止,觸鼻作嚏乃已,服補丸而寢,正十時也。"

1916年1月20日午後與譚延闓、澤闓、吕滿至九華堂箋扇莊、有正書局、震亞圖書局、古墨齋,復至新世界看電影。晚飯後復與譚延闓談。

《譚延闓日記》同日條:"一月二十日晴,寒暖五十度。發信:子靖又電。受信:江師母、楊仲衡。九時起,大瀉,甚通快。臨《麻姑》二紙,食粥。歐陽正明來談,至一時乃去。午飯後,同曾九、大武、吕滿至九華堂,遇緑頭貂裘獺冠細馬輕車,而不能知字之顛倒,肆人爲之處分焉。復至有正書局、震亞圖書局、古墨齋,乃至新世界看影戲,一女偵探案甚離奇,然情節自佳,歸已暝矣。晚飯仍不多飲酒,胸次覺有痰飲,可怪,同曾九談頃之。登樓與諸女解書,十時寢。"

1916年1月23日,夜雪,積有三寸深。譚延闓邀同吕滿、譚澤闓往李瑞清家喫火鍋,味頗美。

《譚延闓日記》同日條:"一月二十三日陰晴,寒暖四十二度。受信:陽醉吟。九時起。彌望皆白雪,已三寸深矣,微陽出林際,色皜皜然。食粥。臨《麻姑》二紙。外間寒暑計二十九度，室中則四十三度。俞大、俞三來，遂邀同曾九、吕滿、大武以馬車往李道士家，中途雪積地凍，馬蹄滑不能行，車夫乃卸馬，而以身代，路人皆指目焉，久之乃得達，則大武、俞三已至，蓋中途以人力車前也。俞大久之乃來，亦改乘人力車，以馬衣蒙首，相見大笑。道士留食午飯，子武亦來，至四時乃具火鍋，食雉、兔、鷄、魚，燙片甚美，然時有腥氣，最後煮菜及飯食之，二俞先去，大武以目疾不能多食，歡暢不及去年矣，及散遂歸。始知寒重雪融凍解，車行亦速，到家六時矣。遂不晚飯，今日見道士所藏項刻《水經註》及初印本，古今均略，皆致佳，晚欲以劉幼丹所釋《散氏盤》集聯，竟不成。爲諸女解書，十時即寢。”

是日，《民國日報》開始刊登《曾子緝書例》。

《曾子緝書例》：“册子：每頁二金。卷子：每尺二金。榜書：每方尺三金。

楹聯：丈二尺十二金，八尺八金，七尺七金，六尺六金，五尺五金，四尺四金。

堂幅：丈二尺每幅十四金，八尺十二金，六尺八金，五尺五金，四尺四金。

屏風：丈二尺每幅八金，八尺六金，六尺五金，五尺四金，四尺三金。

横幅半幅同屏，整幅同堂幅。

琴條：同屏。名刺：二金。

（一）凡曰一金作銀一圓。

（二）篆書倍直。隸書加於定直之半。行草唐宋減半。

（三）册頁以一尺爲度，過則倍直，每開六行，一行六字爲例。屏聯來文加倍。加烏絲欄者别議。

（四）滬上喜用銅牌，有相索者每字一金。書眉册首比於名刺。題跋每百字五金。名畫古碑，或不泥直焉。

（五）多病之身，不耐細書，凡團扇信面均大字騎行。

（六）余亦有時作畫，山水花卉，或一爲之，有相索者其直倍。畫花草横石，其直比於篆書，山水畫佛其倍篆。

（七）碑誌垂諸久遠，非可成於率爾，其直别議。

（八）磨墨費比直原十之一，如楹聯生宣紙字過尺者則十之二。

經理收件處：上海四川路全福里清道人寓、四馬路望平街震亞圖書局、本外埠各大紙店及各大書坊均代收件。”

1916 年 1 月 24 日，李瑞清四弟來見。將暝，偕譚延闓、吕滿往周雲隱家，至其門口遇李瑞清適至，及入，何詩孫、李栗如先在。菜肴有牛肉、扣肉，譚延闓所携之酒幾罄。席散，與李瑞清同去，第二日歸。

《譚延闓日記》同日條:“一月二十四日晴,寒暖三十八度。加皮馬褂。發信:黎六、蘭汀、祖澤、老姨太廿六千。受信:鄭人康。九時起。甚寒,大有北方景象,水著地即凍。臨《麻姑》三紙,五十三通畢。仙峰來,以静生所携松坡書見示,旋去。食粥,大武以目病不與,今日大冷,爲入冬所無,乃加皮馬褂。午飯小飲,新開酒尚可飲,讀《魏書》一卷,大武以病不出飯。道士之四弟者來見曾九。將暝,偕曾九、吕滿往周雲隱家,到門則道士適至,及入,何詩孫、李栗如先在,余以咳未愈,請雲隱診。及入坐,有牛肉及扣肉甚佳,余所携酒幾罄。及歸,曾九同道士去,余輩到家已十時矣。稍坐即寢。”

《譚延闓日記》1月25日條:“一月二十五日晴陰,寒暖四十度。發信:王少泉輓聯、鄧芷谿字。九時起。臨《麻姑》二紙,凡二百字,覺稍穩。書聯,挽王蔭林。食粥,大武同大生出就雲隱診,曾九歸來。又患胸滿之痛,殆瘧根也。午飯飲一杯以袪寒,飯後陳仙峰來談,章行嚴來,旋去。晚留仙峰飯,飲數巡,子武來談,九時去。爲諸女講教科書,十時後睡。”

1916年1月30日,請譚延闓集《夏承碑》字爲聯語。

《譚延闓日記》同日條:“一月三十日陰,寒暖四十八度。發信:鄭人康、恒源。八時起。臨《麻姑》二紙未畢,俞大、俞三來。食粥後,遂同俞氏兄弟往道士家,遇之於道,遂同返,道士之出,將就丁鳳山扳摹,云丁之術甚奇,其按摹也,隔衣爲之,中風、白喉皆應手愈,自言習《易筋經》。所謂内功,以拇指抵人膚,甚輕而有奇効云。旭君取鬥鷄出,因倚窗觀鷄鬥,始知韓孟聯句之妙。吕滿來,旋去,仲乾出見,云《金剛經》已校過,缺字甚多,次序倒亂,不易清釐矣。小有天忽送蒸盆來,道士因留客,飯二三盌,多於家也。俞大他往,偕俞三歸。補字課訖,作書,且爲徐天驥跋其戒煙新藥印本。曾九請集《夏承碑》字爲聯。雲台來,旋去。晚飯大武不與,小飲,食麵片,爲曾九集《夏承》,得數十聯,已十時三十分矣。連日皆睡時服紅色補丸一粒,似甚相安,晨起服杏仁茶却無効也,及寢已十一時矣。”

1916年2月1日乙卯小除日,譚澤闓有志購藏何紹基臨《張遷牌》百通,爲壯其志,將所藏多年的何紹基臨《張遷碑》贈之並跋。

跋蝯叟臨《張遷碑》:“此道州(按:即何紹基)臨《張遷》,恰到妙境,純以筆趣博興之册也。予丁未(1907)得之岳麓,辛亥(1911)携以入都,出入兵燹,寶愛未嘗釋手。今歲來滬上,大武五弟(按:即譚澤闓)有志購藏道州所臨《張遷》百通。予壯其志,遂以此册贈之。案道州臨此册,跋稱辛酉(1861)仲冬十八日,予以是月十九日生,蓋長予一日也。猶記母氏語熙曰:‘汝生之辰,冰雪滿地,滴水皆凍。’今跋中記十八雪晨大冷，則予未生之先一日，已成冰天雪地矣，宜予處境似之。前日與詩孫(按：即何維樸)同飲，詢問跋中爲鍾曾、行聘之語。答云：‘鍾曾乃予小名，予生南京，因以名焉。’行聘，即與阿梅同是余家婿耳。時阿梅亦在座中。乙卯嘉平小除日，熙記。”(瓶齋藏《蝯翁臨張遷碑》，《何道州臨漢碑十册》之一，商務印書館出版)

1916年2月2日乙卯除夕，同譚延闓、澤闓、吕滿至洗清池剪髮洗浴。飯後李瑞清來辭年。晚譚家行禮先人位前，詣老人前辭歲，亦隨進見。禮畢，與之舉家喫年夜飯，吕滿、譚氏兄弟等凡八人。

《譚延闓日記》同日條：“二月二日晴，寒暖五十度。發信：劉勁。受信：江師母。九時起。臨《麻姑》兩紙，第五十五通畢。食粥後，同曾九、吕滿、大武以馬車至洗清池翦髮浴身。歸途賣花者甚多，殊有年景，老人以告誡語見畀命書之紳。午飯，吕滿以疾不與，飯後道士來辭年，略坐去。上燈後，佈置年事，换燈供像，與大武率諸兒女行禮先公位前，詣老人辭年。曾九亦進見，舉家行禮畢，喫團年飯，曾九、吕滿、大武、大生、衡生、繩生、康伢子及余，凡八人，甚爲歡暢，曾九乃齋，亦一奇也。爲曾九集《夏承碑》聯，凡得百幅，未盡之字僅五字耳。至二時乃就寢，遠處爆竹聲甚多，大似長沙也。”

1916年2月2日乙卯除日，跋清道人藏《宋拓石門頌》。

跋《清道人藏宋拓石門頌》：“予求《石門銘》此字不損本，及此石‘高’字未封口，幾二十年不能得，辛亥予從京師得《石門銘》此字不損本。阿梅未幾亦得此本。今歲出以相校，則予本精神相勝遠甚。惟此本則予生平所未見。初疑摩厓拓手不能有如是之精，既假至予齋月餘，以校予所藏國初拓本。其石泐所損殘之點畫，既得此本，可以參證數字。復取此本與瓶齋(譚澤闓)所藏明拓本參校，則此本精神完好，筆畫明豁，其爲宋拓無疑。且宋人最好濃墨肥拓。此必好古之士督良工不憚兼日之力，方能從絶厓得之，宜阿梅寶愛之，不肯讓予也。阿梅前書刻削，得此拓後，遂如神龍飛躍九天矣。乙卯除日，農髯熙爲阿梅跋此，已四鼓矣。”(清道人藏《宋拓石門頌》，有正書局版)

鈐印：髯公(朱文)。

同日，題須彌室藏《梁山舟論書札墨蹟》。

題須彌室藏《梁山舟論書札墨蹟》：“宋以前無羊毫，至東坡時始有之，然東坡、山谷皆不用也。元如松雪，明如仲温，國朝如劉、錢，皆用硬筆。論書所云‘硬筆則枯',未免失考。乾嘉之時,海内風尚思白家法,論中可云得其三昧。此册婉和静穆,當定爲生平精品。芑堂張燕昌字,爲阮氏勾天一閣石鼓入石,著有《石鼓文釋存》。此册當記其問,答書與之。乙卯除日,熙。"(1926年12月12日《上海畫報》)

按:須彌室爲錢芥塵齋名。錢芥塵(1886—1969),原名家福,改署芥塵,號須彌、炯炯。嘉興人。早年中秀才,在家鄉興辦小火輪公司。蔡元培在上海辦《警鐘日報》,宣傳民族革命,以投稿得蔡氏賞識,被邀赴該報工作,全力以赴,直至該報爲清廷查封。辛亥革命後,參加章太炎的統一黨,繼馬叙倫任上海《大共和日報》總經理;以後又辦《神州日報》、《晶報》、《新申報》;還在天津辦《華北新聞》,在瀋陽辦《新民晚報》。此外還在上海辦過《新中國雜誌》,接辦畢倚虹主編的《上海畫報》。在《大共和日報》上發表李涵秋的小説《廣陵潮》,又介紹張恨水在《新聞報》上發表小説《啼笑因緣》。與袁寒雲結交,又深得張學良賞識,被聘爲高等顧問,二三十年代代表張學良聯絡報界。40年代,在上海主編《大衆》雜誌。解放初期以舊燕筆名在《亦報》上發表回憶張學良的文章。1953年被聘爲上海市文史館館員。

1916年2月3日春節,與譚延闓、吕滿、俞明頤等至聶家,遇聶管臣(聶四),略坐出。歸,陳仁先、李瑞清先後至,遂同晚飯。

《譚延闓日記》同日條:"〔丙辰元日〕二月三日晴雨,寒暖五十度。受信:黎六、黎九、王猷。七時起。設供具,向東行禮,復入行禮先公位前。爲老人祝年喜,舉家依次行禮畢。試筆寫春帖,喫蓮子茶,仍湘俗也。食粥後,李四來,道士弟也;張石三來,子武子也。教育部定今日元旦,而外間諸本皆作三十,亦一奇也。有登報者曰:'欲知元旦干支,須看九年前二月望,歷推不爽。'去今九年二月望爲辛未,則似外間本未誤也。曆學精微,非吾所知,今記所聞耳。俞三來午飯,俞三第四子亦與焉。飯後仙峰來,子武來,張習之、張承之來,聶慎餘來。客去,同俞三、曾九、吕滿至聶家,遇聶四,略坐出。同俞三訪佶子不遇,歸。俞三別去,到家小坐,陳仁先來,道士旋至,俞三亦到,遂同晚飯,小飲,而菜不佳,將罷,子武至,更飲數杯而散,客去。統計乙卯年用度,凡八千元,大武經手尚不在内也,亦云侈矣,諸兒擲漢官儀,至十時乃寢。"

1916年2月4日,午後偕譚延闓、澤闓、吕滿至俞明頤家,不遇,遂至張子武家,茶點外喫餃麵。晚與譚延闓閑聊舊時科舉事與八股文。

《譚延闓日記》同日條:"二月四日陰,寒暖五十度。發信:朱八、朱九、汪九、王三。受信:曾傑、劉勁。九時起。臨《麻姑》五紙,昨日始以烏絲格作大字,每紙二十四字耳。食粥。結算昨日賬,頗有誤處。附電車出至瞿家,不見一人,乃過蒲伯英,談頃之,後偕出至章一山家,小坐而出,仍以電車歸,微雨地溼、行人甚稀,乞人以布作獅向門而拜耳。午飯後,偕曾九、吕滿、大武至俞三家不遇,遂至子武家,俞三先在,茶點之外,繼以餃麵,食甚飽,後同至俞三家一坐,諸兒出揖,略坐遂歸。晚飯小飲,喫掛麵,與曾九談舊時科舉事及八股文,甚有趣,至十時後乃睡。"

1916年2月6日,朱挹芬來。午後張承之偕妻來。晚與譚延闓略談。

《譚延闓日記》同日條:"二月六日陰雨,寒暖五十度。發信:黎九。受信:黎九。九時起。臨《麻姑》六紙。食粥。任尹去,朱挹芬來,鄒雲峰來,爲曾九集《夏承碑》作七言聯。午飯後,張承之偕妻來,且至曾九室中。張、俞家小兒來,晚放花門前,兒童笑語,時有小年景况。晚飯小飲,有燙麵飯,食甚飽,亦近時所無,與曾九略談,老人以不適先睡,吾輩至十時乃寢。"

數日來,譚延闓爲集聯語甚夥。

《譚延闓日記》二月七日條:"二月七日晴,寒暖四十七度。發信:劉勁、曾傑。受信:周昆。九時起。臨《麻姑》四紙。俞三偕羅佶子來。食粥後,與俞、羅、吕滿、大武出,至升順里訪張習之兄弟,不遇。遂至青年會大餐,人費五角,俞三作主人。出至雙龍對表,遂附卡德路車,步往張園,游人寥落,而茶貲劇貴,徘徊草間,看走馬者終不多也,出至新世界,則游者如蟻聚,影戲室乃無餘坐,立看一小時始得座,大生、衡生、繩生、康伢亦來,自家更看一小時,乃登樓遊覽,買牙膠,抽彩得一茶杯,佶子先去,吾輩到家已上燈,留俞三共飯,有蒸鴨薄餅,食甚飽,惟不飲酒,以胃中時有酒熱,故止酒也。爲曾九集數聯,至十時後寢。"

《譚延闓日記》二月八日條:"二月八日陰,寒暖四十五度。九時起。臨《麻姑》六紙。食粥。讀《時報》記蘭州名勝,言小西湖有先公書聯,亦前所未知也。爲諸本書人作屏聯書。張承之來,同午飯,聶雋威來,陸詠儀、張潤農來,今日頗覺寒重。將暝,同大武、吕滿,往仙峰處一坐,看所買《六家詩》及《美術叢書》,仙峰問西崑題何以名? 竟不能答。歸乃撿得楊大年《西崑酬唱集序》云:'取玉山策府之義,命之曰西崑酬唱集'云云,知一小事皆須學問也。晚飯仍不飲,飯後爲曾九集録鍾太傅《戎路表》字作聯,頗有佳者,凡得二十餘聯,已十時,乃就寢。"

《譚延闓日記》二月九日條:"二月九日陰,寒暖四十五度。八時起。臨《麻姑》五紙。食粥。湯壽軍來,旋去,諸女眷往子武家。余偕大武、吕滿、大生、衡生、繩生往周雲隱家,談久之,喫麵而去。歸途吕滿他去,吾輩至商務書館、掃葉山房、科學儀器館一行,乃歸。遇李洽於途,同歸喫飯,及去已三時矣。爲曾九集《戎路表》字。張子武來,遂同小飲、喫炒麵,張去。集得三十三聯字畫集乃止,九時後睡。"

1916年2月9日人日,跋《南園先生大楷册》第一集。

跋《南園先生大楷册》:"魯公(按:即顔真卿)初從長史(按:即張旭),雅慕郎官,既取漢隸轉折之法,盡掃羲、獻軍壘,壇宇既成,風度嚴肅,有宋諸家得其一體,遂以名世。南園(按:即錢灃)先生崛起邊疆,獨入堂奥,猶孔得孟,斯道以昌。先生正直不阿,海内欽仰,學其書,倘並學其人,則書雖藝事,可進於道矣。丙辰人日,曾熙識。"(《南園楷書集册》第一集,上海震亞書局1932年11月七版)

李瑞清跋:"自來學顔書者,君謨從《中興頌》以窺筆法,欲以和婉變其面貌耳。坡公則全師《東方先生畫像贊》,米老則學《放生池碑》,故魯公書,當宋之時,幾欲祧右軍矣。趙吴興目無宋人,意在上追晉賢。余曾見其所書《太湖石贊》,意在仿魯公《蔡明遠帖》。董華亭爲有明以來一大宗,執牛耳將三百年,雖高言二王,實繇《多寶塔》得筆,從楊少師以窺《蘭亭》。然以陰柔學魯公,其與君謨同也。南園侍御,當乾隆時,朝廷重董書,士大夫莫不人人淡墨渴筆稱華亭矣。侍御獨能於舉世所不好之時,上學魯公,即此可想見其獨立不阿之概。至其書初學《告身》以得筆法後,於魯公諸碑,靡不備究,晚更參以褚法。此册乃其至經意之作,非宋以來之學魯公者所可及。能以陽剛學魯公,千古一人而已,豈以其氣同耶!清道人。"

鄭孝胥跋:"南園先生之書,自蔡君謨以後一人而已。結體雖出魯公,而計白當黑,特多新意。觀君謨《金箋帖》、《萬安橋碑》,可見其詣力,相近處惟南園,筆性峻拔,發揚蹈厲之概,微不同耳。何子貞、翁叔平皆嘗求其墨蹟張於四壁翫之,蓋欲滌趙董之側媚必有取乎此也。南園肄業五華書院,時菏澤劉中丞藻稱其獨往獨來,必爲將來大開風氣。今於其書如見其人,亦傑矣哉!丙辰正月,孝胥。"

按:是帖爲震亞圖書局1912年1月初版,出版兼發行者朱挹芬。

1916年2月10日,復以《瘞鶴》水前拓本請譚延闓集字。

《譚延闓日記》同日條:"二月十日陰,寒暖四十二度。發信:龍八、黎九。受信:龍八。九時起。食粥,早起遲矣。臨《麻姑》六紙,第五十六通畢。集《戎路表》得十聯。午飯後甚寒。范静生來談,曾九以《瘞鶴》水前拓本屬集字。晚飯後爲集數十聯字,已盡矣。十一時乃寢。"

1916年2月11日,午飯後與譚延闓論書甚久。

《譚延闓日記》同日條:"二月十一日晴,寒暖四十五度。八時起。臨《李元靖碑》五紙。食粥。爲曾九集《鶴銘》,得貳十餘聯。吴仲雲來,同午飯,飯後去。與曾九談書甚久。晚飯仍不多飲,飯後爲淑姑作小楷數行,久不作此,臂强硬不中繩墨矣。歐陽俊民來,久談,至十一時乃去,及寢已十一時後矣。"

1916年2月12日,午飯時與譚延闓談鄧輔綸(彌之)詩,陳仙峰來,談曩事至暢。

《譚延闓日記》同日條:"二月十二日晴,寒暖四十五度。受信:李儻電。八時起。臨《李元靖》五紙。食粥。往聶家見湯松,談美國教育甚詳,因取各科學標準圖相示,皆由至劣以及至優,各標分數,剖晰甚細,劣負可據以定分者。又言各學校辦法甚有條理,其子來入學校,亦出見焉。訪仙峰,談頃之。歸午飯,飲一巡以祛寒,與曾九談彌之先生詩,仙峰來,談曩事至暢。李洽來,未之見也。章一山以近詩見示,用王義四友事,至精切,李栗如之子恩慶來見諸小孩,遇於書房,頷之而已。晚留仙峰同飯,小飲,並有炸醬麵。復談畫至九時乃去。連日咳嗽,晨醒喉間有痰甚濃,未審何因,又自覺瘦損,得無有痼疾耶?吾往時服紅色補丸輙頭暈,近月來因勸老人日服,因亦取服,日一粒,於就寢前服之,十餘日來了無異,豈體衰耶?十時始睡。"

1916年2月13日,早餐後與譚延闓、澤闓、陈仙峰、吕滿往李瑞清家,朱挹芬等先在。邀李瑞清訪何詩孫,談畫甚久。出,李瑞清宴請於悦賓樓。

《譚延闓日記》同日條:"二月十三日晴,寒暖四十三度。發信:子靖、禮衡、蘭汀、劉勤。受信:禮衡、江師母、劉勤。八時起。閱《魏書》一卷。仙峰來,臨《李元靖》五紙。食粥後,同曾九、仙峰、吕滿、大武往李道士家,至則朱挹芬諸人在,略談,邀道士同至侯在里訪何詩孫,壁間有阮文達書贈蝯叟聯,甚古拙。又除兵去殃。去兵百利錢拓本,大如瓦當,有十駕、十蘭、覃溪、曼生諸人跋;陳東之(贈員)老應甲午鄉誠篆幅及何子毅先生書,皆精。員老之篆全出東之,其行楷書,又與弟同,若老毅不死,未知所造如何也。談畫久之,出。道士招飲悦賓樓,殊有北風,水餃尚佳,食三十枚,出至中法藥房買補丸,乃別道士歸,則張習之在座,談將辭阜豐公司事,驚容並淒慘久之,乃去。晚飯有星見於西方,其形長方,光芒有角,一小星隨之,其太白乎?何醫來,爲老人立方。子武來,劉劭襄來,九時去。十時乃寢。"

1916年2月14日,明日譚澤闓生日,晚劇飲,座有張子武、張承之、俞明頤、李瑞清等。

《譚延闓日記》同日條:"二月十四日晴,寒暖四十二度。發信:陽燮。受信:坤成、陽燮。八時起。臨《李元靖》五紙。食粥後,呼車至雲台及濟武家略坐,偕濟武至伯英家久談,乃同赴寶康大餐,濟武爲主人,既散,伯英邀至其友家,坐甚久,有姚某至,已六時,余遂歸,則承之、子武已在,明日大武生日也。習之、俞三、曾九、道士先後來入座,劇飲,食麵,久之乃散,道士談至十時乃去,及寢已十一時矣。"

1916年2月15日晚,譚澤闓生日宴,座有李瑞清、譚延闓、俞明頤、張習之、成之等,因不茹葷已半月,設具別食。

《譚延闓日記》同日條:"二月十五日陰雨,寒暖四十五度。發信:坤成、子靖。受信:恒源參。八時起。臨《李元靖碑》五紙,今日大武生日,諸小孩行禮如儀,張承之來,同喫麵,飲數杯。李道士來,張子武來,何詩孫來。以麵享李道士。瞿九翁來,同承之、吕滿、大武往中華照像館撮景,遂至青蓮閣試力、試體重,皆不碻,余始至一百四十磅且又百五十、百一十磅,而力不能十磅,亦見器械之不良矣。至新世界啜茗、看影戲,遇余道南,還至范静生家,遇仙峰、李蓮舫,談久之歸,則道士、俞三、習之、成之、成習之皆在,入座則曾九設具別食,不茹葷已半月也。今日菜至佳,而酒亦醇,甚不可解。將散,湯濟武携李仲弓來,談甚深,問湘中軍人,舉鳳岡、天三、石侯、護芳告之。十一時乃去,睡已十一時矣。"

1916年2月16日,仍食素。

《譚延闓日記》同日條:"二月十六日晴,寒暖四十五度。受信:方家、江師母。八時起。臨《李元靖》五紙。喫燙飯,歐陽俊民來,鳳光亦至,俊民邀同訪聶三,值其出,乃至子武家談頃之,復至聶三家,因留飯,飯後歸,則鳳光已去,乃與俊民詣赫德路一百九十二號訪飲冰,談甚歡,黄孟溪、湯覺頓、藍公武、徐佛蘇來,黄叔楚亦至,乃歸。至樓外樓下車步行,往雙龍兑表,附車至白大橋,大步行至家,通體暢適,然汗浹衣矣。章一山、湯濟武、蒲伯英已來,子武後至,劉淵若者亦至,入席飲啖,談笑甚歡,九時後乃散。是日曾九以茹素,不與吕滿、大武同座,小孩皆別食也,内人得家書甚不樂,坐談頃之,十時後寢。"

1916年2月17日丙辰一月十五日,鄭孝胥偕朱古微來訪。請譚延闓集《黄庭》數聯。

《鄭孝胥日記》同日條:"過朱古微,同過曾士元。"

《譚延闓日記》同日條:"二月十七日陰,寒暖四十七度。發信:江師母。受信:黎六、朱九。八時起。連日酒飲,便血而胃次反舒,豈熱甚耶? 臨《李玄靖》五紙。食粥。龍研仙送唐人寫《妙法蓮花經卷》,又《無量壽字要經卷》,則唐以前寫也,與吾家前先去之《無量壽佛經》不知異同,惜不能並几校也。張承之來乞作屏聯,陳鳳光、張潤農來,飯後歐陽俊明、彭敬人來,言濟武近狀及所託事。晚飯有新開酒,恨微酸,食麵片。今日上元節,以所買花砲放之後院。讀六祖所傳《壇經》三章,又看《龍井志》一卷,爲曾九集《黄庭》作數聯。細毛明日送吕滿讀書,看定功課,十時後寢。"

是日,爲吕蘧生(滿)臨《華山碑》。

自臨《華山碑》:"(《華山碑》略)丙辰上元臨與無悶。"又:"華山碑逆入翻出,喜用折法。後來《王基》、《曹真》與《上尊號》皆從此出。髴以篆法授以此碑,轉使與吕蘧生數月,觀其所書已過乾嘉作者。吕生曰:高乎古人易,當乎古人難。因臨此通,示以謹嚴之道。丙辰三月既望,衡陽曾熙臨於滬上瓶廬。"

鈐印:曾熙之印(白文)、武城第七十三派(朱文)。

清道人題:"此亦蔡體也,與《夏承》同法。農髯先生既臨《夏承》,復臨此以示學者。大抵有漢諸碑多雜隸體,中郎獨筆勢洞達,詰屈俯仰,動盪開闔,是爲奇耳。包慎翁以梁鵠《孔羨》、鍾繇《乙瑛》上繼中郎,不知梁鵠實師《師宜官》、《乙瑛》、《韓勑》之流也,與世所傳《尊號奏》絶異,以其時考之,繇才八歲耳。又以鄧完白始合二家以追中郎,完白下筆馳騁,殊乏藴藉,但瞻魏采,有乖漢製(制),與《正直殘石》差足相比。若髯者,真足以繼中郎矣! 戊午九月,梅翁。"

胡小石題:"《華山》亦蔡書一大宗派也,急於《夏承》而險於《郭有道》。從來學蔡書能洞達者無含蓄,解動盪者寡雍和,農髯先生此書可謂兼之矣。其氣象儒雅,殆過曹魏諸碑,何論後來石臺《孝經》、御史臺《精舍碑》、山河堰摩崖也。戊(午)六月廿六日大熱,胡光煒記此。"(《曾農髯臨華山碑》,震亞圖書局 1918 年 9 月初版)

按:吕苾籌(? —1939),字蘧孫、蘧生,《譚延闓日記》作"吕滿",湖南益陽人。1915 年冬,在上海譚澤闓寓齋拜入曾熙門下。1923 年 3 月任廣州大元帥府秘書處秘書,1927 年 10 月 20 日任國民政府委員會秘書,1928 年 3 月 8 日代理國民政府委員會秘書長。同年 10 月 31 日任行政院秘書長。1931 年 9 月 9 日代理國民政府文官處文官長,12 月 15 日任浙江省政府委員兼民政廳廳長。1935 年 2 月 15 日任鐵道部常務次長。1938 年 3 月 1 日被指定爲内政部禁煙委員會常務委員。1939 年 3 月逝世。

丙辰元月,集陶淵明句,爲季儒書"談諧無俗調,中觴縱遥情"隸書五

言聯。

自書五言聯:"談諧無俗調,中觴縱遥情。季儒先生法家正之,集淵明句。丙辰元月,弟熙。"(2006年秋季無錫古玩書畫拍賣圖録)

紙本。130×33cm

鈐印:曾熙之印(白文)。龍田老農(朱文)。

1916年2月18日,齋期滿,晚餐加肴。

《譚延闓日記》同日條:"二月十八日晴,寒暖四十八度。發信:方家。受信:黎九、棣松。八時起。今日繩生同康伢子上學,吕滿爲師。食粥。臨《李玄靖》六紙。讀《魏書》一卷,輟業久矣。午飯後岸稜來,正明亦至,偕正明步訪雲台,談甚久,上燈乃别正明歸。晚有加肴,以曾九解齋、吕滿上學也,飲數巡,以酸而止。晚爲諸兒女看所作書,十時睡。"

1916年2月21日,早餐後,與譚延闓看王湘綺詩,談論甚久。

《譚延闓日記》同日條:"二月二十一日陰,寒暖四十六度。受信:公函、蘭亭、黄鉞。八時起。臨《李元靖》五紙。食粥。與曾九看湘綺詩,談甚久。袁伯夔忽來自京師,談近事,看吾書,因述其治家教弟之方,甚有條理,及午乃去。余亦出赴小有天,九峰、正明招飲,解幼山、張木欣、徐君勉、湯覺頓、李鬱之、徐傳霖同座,席散,復談頃之乃歸。則承之已在,渠今日生日也,因留同飲,談往事至九時乃去。連日咳嗽,乃取阿摩尼亞呼吸器試之,頗有効,十時乃寢。"

1916年2月23日,中午偕譚延闓、澤闓、吕滿至小有天李瑞清招飲,在座有袁伯揆、周扶九等。

《譚延闓日記》同日條:"二月二十三日陰晴,寒暖四十九度。發信:棣嵩、公函。(午後三時過大馬路,看壁間寒暑度實四十六度,知室中高三度也。)八時起,老人昨夜忽不適,蓋傷風也。臨《李元靖碑》五紙,第五通畢。此碑意味不同,殊不能得其仿佛。食粥後,何醫來爲老人立方,進表散之劑。錢沖甫來,聶雲台來,午偕曾九、吕滿、大武,至小有天道士招飲,袁伯揆及其第四弟先在,周扶九、廖某後來,周年八十三,廖亦八十,翛然健步,飲啖兼人,知財神之不虚矣。既散,曾、吕先歸,余及大武至中華照像館取像,又至雙龍對表,步至白大橋,乃附車歸。老人服藥後稍愈。中華之像殊不真,乃自題爲知默先生,荀子曰:'知言知也,知默亦知也,知同而所以知不同。'吾將以是自識也。因撿舊像片粘之三年來日記封面,因閲舊日記,不惟事多不記憶,而人名亦若未識,甚矣,其荒也。晚飯不復飲。

看曾九作書，爲諸女改所作文，十時寢。"

1916 年 2 月 25 日，與李瑞清至小有天，譚延闓、張子武、俞明頤先在，談讌至九時半始散。

《譚延闓日記》同日條："二月二十五日陰晴，寒暖四十七度。受信：植根。八時起。老人仍未全愈，内子亦感寒而病，殊悶人也。臨《麻姑壇記》六紙。食粥。讀《魏書》一卷畢。午飯後，何醫來爲老人立方，兼診内子及諸小兒，近日傷風幾成流行病矣。張承之來，邀同大武至天外天，人多如蟻，了無可觀。乃至新世界，遇鄧振璣看電影戲，登樓聽灘簧，復下看電影，乃至小有天，則俞三、子武、吕滿先在，道士、曾九繼來，習之後至。菜貴而不高，酒亦甚劣，爲之不歡，談讌至九時半乃散，到家十時矣。老人已睡，服藥似尚相安也。聞盛風子今日來，大可懼，亦見近人之無業者多也。及寢已十時後。"

1916 年 2 月 27 日，偕吕滿剪髮洗浴，譚延闓、澤闓亦來。浴罷同至春華樓，蔣國榜請客。李瑞清先在。菜肴甚豐，主人恭謹終席無惰容。席散，與李瑞清訪王聘三。復至張子武家，則譚延闓、澤闓、吕滿先在。李瑞清爲作畫。七時始入席。

《譚延闓日記》同日條："二月二十七日晴陰雨，寒暖四十八度。〔正月二十五日〕受信：子靖、植根。八時起。讀《魏書》一卷。老人今日益見大安。湯松來。臨《麻姑》五紙，用日本大筆，使轉如意。食粥後，李洽來，同大武至洗清池翦髮、就浴。曾九、吕滿亦來，浴罷至春華樓，蔣國榜（蘇龕）請客，道士先在，入座則肴設甚豐，主人恭謹，終席無惰容，可敬也。館雖不高，終是教門館中之佳者，恍置身徐長興也。既散，道士、曾九往訪潛道人。余輩先歸，子武遣人來促，遂與大武、吕滿往赴之，至則道人、曾九、俞大、俞三亦來，至園中看梅，道士爲張十三作畫，七時乃入席，惟利浦芋頭佳耳。及散，道士以其從弟事相商，發言盈廷，束手無策，仍歸結於和平善遣，可見家家有爲難之事，處處有不法之人。真未如之何也矣。忽雨至，乃呼車分次送歸，老人已睡，午後尚未能盡痊可也，十一時乃寢。"

1916 年 2 月 28 日風雨交加。晚與譚延闓談論八股文，並取舊藏八股同觀，感舊日眼力功夫之不逮今日。

《譚延闓日記》同日條："二月二十八日風雨，寒暖四十五度。發信：袁伯揆字。受信：唐介祺。八時起。老人已醒，視昨爲更愈矣。臨《麻姑》五紙，歐陽俊民來談。食粥。閱《散原精舍詩》一過，頗有會心。午飯風寒，小飲以解之。何醫來爲老人立方,云脈氣大和,病勢已轉,爲之大慰,仍進耆朮參附之劑。俞大、俞三、成習之來,欲邀同出,以雨謝之,遂去。晚飯小飲,有燙麵餃,食之甚飽,與曾九談八股文,遂取舊藏諸八股同觀,談論極樂,乃知昔時眼力正在門外,今庶可與論文矣,小時見才情橫溢之作,喜而摹之,先公輒以爲不檢,爾時猶不自悟,乃今知之,深歎老輩功力爲不可及。將十時乃就寢,風戾如吼,海中殆颶起矣。"

1916年2月29日,早上往李瑞清家,午歸。

《譚延闓日記》同日條:"二月二十九日晴陰,寒暖四十六度。發信:詷白、伯弢、子靖電。受信:伯弢、夷午、棣松、子靖電。八時起。老人已起盥沐,所苦大愈,但夜仍汗耳。臨《麻姑》五紙。食粥。曾九往道士家,因以劉劭襄筆託代日本代買。讀《魏書》一卷。午飯,曾九歸,盛旭巖來,不見之,與諸僕談門外,其聲哀厲,乃以十元託道士贈之,世人之窮者誠多,毋亦不善身處也。湯壽君同川人楊儁者來談,頃之去。張子武來,伯弢寄示元日詩,且詳述常德近事,爲之太息。晚飯小飲,以羊肉煮麵,食二盌,老人連日食餛飩而甘之,知麥食之宜人矣。與諸女改所作文,十時寢。"

1916年3月1日,晚與譚延闓、吕滿談八股文。自刊登鬻書潤例以來,賣字生涯頗不賴,一月可得八百多元矣。

《譚延闓日記》同日條:"三月一日晴,寒暖四十六度。發信:炎午。八時起。老人已大安矣,臨《麻姑》六紙,第五十七通畢。食粥。閱《魏書》一卷。步至俞大、俞三處談,遇陳子言,昨日頸後忽微痛,視之乃小腫,蓋癤也,乃以兜安氏藥膏敷之。午飯食甚飽。曾九月來字運甚佳,已可獲八百餘元矣,誰謂今日民窮財盡耶? 讀《任城王澄傳》,澄子順數歲能讀王羲之《小學》(?)數萬言,阮文達論書,謂南朝書家之名不至北方,殆未詳此文矣。何醫來爲老人立方,仍用參耆朮附之類。晚飯小飲,食麵二碗。與曾九、吕滿談八股文,取管韞山稿讀之,風流蘊藉自能絶代,誰謂八股無關學問乎? 十時後乃就寢。"

1916年3月3日,李瑞清來,晚譚延闓歸,遂同飲,誦八股久之。李瑞清去,客亦歸,與譚延闓談話甚久。

《譚延闓日記》同日條:"三月三日陰,寒暖四十七度。發信:枚長。受信:枚長。八時起。老人已大安。臨《麻姑》五紙。食粥。閱陸士衡《豪士賦》'伊生抱明允以嬰戮',蓋用《汲冢竹書》太甲殺伊尹事,爾時竹書初出,爲時所尚,引古事者往往取資焉。午飯後往仙峰處,談至晚同歸,則道士先在,因留晚飯,小飲、食炒麵，誦八股久之。子武來，道士先去，張、陳後行，復與曾九談甚久，老人已睡矣，已十一時，遂睡。”

1916年3月5日，與成習之、俞明震至小有天，旋譚延闓、吕滿、羅偕子亦來，候李瑞清至上燈時分始來。俞明震爲主人，歸已九時。

《譚延闓日記》同日條：“三月五日晴，寒暖四十八度。發信：胡妻。八時起。臨《麻姑》六紙。食粥。湯壽軍來借後《忠義帖》去。俞大、俞三來，因留午飯，飯後俞大先去。仙峰來，立談而去，遂偕俞三、吕滿、大武，以電車往精益公司，俞三配眼鏡，又有新出克羅司發眼鏡，能去七色光中之紫、紅二色，不至損目，更新於托立克矣。出至新世界看影戲，遇偕子及經輿、仲雲，看久之，同俞、羅、吕至小有天，則曾九、成習之、俞大先在，候道士至上燈乃來，旭君亦至，入座則俞大爲主人，費至十元，可謂貴矣。歸至家已九時，看《廣陵潮》盡一卷，不如初集也。十時後乃寢。”

1916年3月6日，在李瑞清家。

《譚延闓日記》同日條：“三月六日陰，寒暖四十八度。八時起。臨《麻姑》五紙。食粥。偕曾九、吕滿、大武至俞大家小坐，羅偕子、陳子言亦來，曾、陳、吕先去，余與大武後過偕子，談學英文法甚久，乃歸。曾九已往道士家，李經輿來，張承之來，同午飯，李去，張邀大武，出至雙龍對表，諸藥房買藥，商務印書館看書，遂至新世界看影戲，六時後乃歸。今日途中遇劉柏生、李伯齋，皆立談而别。晚飯後，看蔡元培之《紅樓夢索隱》，穿鑿附會，無謂極矣。夜雨甚大，與諸女説故事，十時寢。”

1916年3月8日，晚李瑞清來，遂同飲。旋俞明震與李瑞清四弟來，談少頃，與譚延闓送俞明震、李氏兄弟歸，至俞明震處略坐，看李瑞清上車，乃步歸，已過十時。

《譚延闓日記》同日條：“三月八日陰，寒暖四十九度。八時起。臨《麻姑》六紙，第五十八通畢。食粥後，以車出訪正明，遂同至唐少川處談甚久，遇王寵惠。出至中華新報館，看谷九峰病，留食麵，遂至協禾里訪惕生，見張木欣、彭敬仁、柏烈武，雖通訊，今始見之也。出訪濟武，不值。歸家，子武來，旋去。晚飯正明來，因留同飲，道士亦至，飲罷，歐陽去，俞大及道士之弟來，談頃之，與曾九送俞大、道士兄弟，遂至俞大略坐，看道士上車，乃步還，已十時後矣，及就寢正十一時。”

1916年3月9日，早餐後，與譚延闓、澤闓、吕滿至劉劭襄家，李瑞清已先在。家中設宴，小有天提供菜肴。席散已五時，送李瑞清還。晚與譚延闓談。

《譚延闓日記》同日條："三月九日陰，寒暖四十九度。八時起。臨《麻姑》五紙。食粥。范静生來，童琢章同劉彝、孫錫祺來，言入京事，既去，吾與曾九、吕滿，遇童、劉於車中，大武至劉劭襄家，道士先在，室中亦頗井井，菜則小有天，頗甘美。食畢，稍坐乃别，道士附車還，已五時矣。晚飯不能更進飲，頭岑岑然也，與曾九談頃之，乃登樓與諸女改文，忽覺頭痛，十時寢。"

1916年3月13日，早飯後與譚延闓訪俞明震、羅偕子，不遇，遂過陳仙峰略談，旋去李瑞清家，李有約將出飲，遂歸。

《譚延闓日記》同日條："三月十三日晴陰大風，寒暖五十度。受信：汪九。八時起。臨《麻姑》五紙。食麵，四太生日也。同曾九訪俞大、羅偕子不遇，遂過仙峰略談，偕出，仙峰他去，余與曾九至道士家，遇人仙及其弟，道士將出飲，遂同車至白大橋而歸。午飯後以馬車至雙龍整表，遂至濟武家，值其出，與劉放園談頃之，遂同放園至愛文義路九十九號黄保倉家見濟武及保蒼，劉某亦在座，談甚久，遂往别克登飯店同飯，黄之兄亦與焉，餐罷遂歸家，正值飯時，子武在座，稍喫春卷，不更進矣。爲道士集數聯，十時寢。得汪九書，壽曾已全家下鄉矣。"

1916年3月14日，爲朱介(价)人母寫墓碑，凡百餘字。

《譚延闓日記》同日條："三月十四日晴陰，寒暖五十度。發信：植根、秉三、蘭汀。受信：蘭汀、黎九、植根寄藥。八時起。臨《麻姑》五紙。食粥。附電車至俊民家，以楊儁千元面交之，遂偕至唐少川處，談甚久，及出已一時，與俊民至貴陽館而别，到家俞大來邀，同以馬車至道士家、仁先家，皆不遇，乃至俞三家，梁胡子在座，談頃之，以菌油煮蛋食客，油尚佳，蛋常也。將暝乃歸，今日大風寒，然薄裘亦不覺冷。曾九爲朱介人母寫墓碑，凡百餘字。晚飯小飲，食飯二盌、麵一盌，十時睡。"

1916年3月16日，晚與譚延闓談書畫，看碑帖。

《譚延闓日記》同日條："三月十六日晴，寒暖四十六度。八時起。臨《麻姑》五紙，平日作字太快，今力求慢，然不佳如故。食粥。步至聶家見雲台，談頃之。出至俞大家，則皆在鄰屋看拍賣品，乃往視，俞大、俞三、偕子、習之皆在。看西洋人家具甚多，還至俞三家，汪五來，俞大令其廚子出所製餃子，頗精緻，又留飯，有蒸豚肉甚好，飯後俞大、汪五往杭州去，余歸家，正飯時，復飲數杯，今日甚寒也。

湯銘三者持康南海書來見,略談去,陽粹冷來談别後事,垂涕洟。彭與吾來,則未之見也,爲張智吾作書,任尹來看,李安甫來,聞外間事甚詳。所謂彼亦一是非者。任尹、安甫皆留晚飯,小飲而去。與曾九談書畫,看碑帖數種,十時乃寢。内人亦嚮愈矣。"

1916 年 3 月 17 日,外出。

《譚延闓日記》同日條:"三月十七日。受信:承之、子靖、吉愷電。七時起。食粥。閲《魏書》一卷。臨《麻姑》六紙。曾九他出。余與大武出附電車,中路乃覺忘携資斧,下車易錢,步至白大橋,乃附車至洗清池就浴、翦髮。及歸已一時。午飯後李洽來,言商授學校事,旋去。爲曾九集聯贈朱价人,了無佳語。出詣仙峰,談甚久,歸已暝矣。晚飯小飲,前酒已罄,今取舊有酸酒,飲之忽不酸,但未佳耳。飯後,看《雪橋詩話》一卷,頗能多記故事,不止談詩也。十時乃寢。"

1916 年 3 月 18 日,午後與譚延闓、俞明頤、吕滿往李瑞清家,及門恰李瑞清歸,偕入。頃成習之、譚澤闓至,觀李瑞清作書。

《譚延闓日記》同日條:"三月十八日晴,寒暖五十度。受信:蘭亭。七時後起。食粥。臨《麻姑》五紙。看《雪橋詩話》一卷。午飯後子武來,俞三來,詠儀來,談頃之去,大武已出。余偕俞三、曾九、吕滿以馬車詣道士,及門,道士歸,遂偕入,成習之亦來,大武旋至,看道士作字,爲之集聯,以湯圓款客,有肉餡者甚佳。已六時,余乃出赴康聖人之約,至則子武及鄭毅、齊浩在座。桂良後來,又有湯銘三、王秀峰及其婿羅昌,看字畫久之,五千元所得之范華原亦與焉,吾但知山谷之書僞耳,錢舜舉《時苗留犢圖》,未可厚非。既入席,菜殊不佳,首以燕菜,此張承之主義也,以十出杯賭酒,復行令二次,皆已醺然。及散,復出所西洋磨色畫之值萬金,佐以周璧、周圭、玉玦,魏陶器左有'永平'二字,右爲大魏元年所製,疑其僞也。子武請觀瓷器,復出所藏,則目迷五色矣,已十時後,乃辭歸。今日到遲,無一語及政事也,到家十一時,遂寢。"

1916 年 3 月 23 日,早上陪吴劍秋觀譚延闓藏字畫。李瑞清、張承之來,至十時譚延闓歸尚未去。

《譚延闓日記》同日條:"三月二十三日晴,寒暖四十九度。發信:經輿。受信:冬生、彦清、炎午。七時起。臨《東方像贊》五紙,筆沈墜,殊不似也。食粥,吴仲雲來,遂同飯,范静生來,曾九同吴劍秋、方先生者來看字畫。余以馬車出,至極司非而路,周孝懷來,陳叔通、蒲伯英先在,范静生、徐佛蘇後來。徐去,餘人同至温欽甫家，唐少川先在，王亮疇後來，商致馮華甫書，孝懷主稿，至六時乃散。余至吴弱男家，潤農請客，青木、西村兩日人，九峰、烈武、惕生、鑄夫同席，用每人每(按：即每人一份菜)，甚豐腆。散後弱男出見，談頃之，送潤農至其家乃歸，已十時矣。道士、承之未去，略談乃行，十時後寢。"

1916年3月25日，與吕滿、譚澤闓等至古渝軒，譚延闓、張子武先在，待李瑞清來乃入座。席散，與衆人乘電車歸。

《譚延闓日記》同日條："三月二十五日晴，寒暖五十二度。發信：蘭亭。七時後起，微有便血之象。食粥。臨《畫贊》五紙。呼人力車同静姑至譚以禮處診，譚忽謂我將有病，爲開一方，適磅秤在旁，因往稱之，重一百八十五磅，較去年七月十日張子武家所權重兩磅餘矣，静姑亦權，僅重八十三磅也。張承之來午飯，余岸稜來，陳鳳光來。余出至濟武處談甚久，至古渝軒，子武先在，俞三、偕子後來，大武、習之、吕滿、曾九、汪四、汪五繼至，待道士來，乃入座。菜甚豐，惟覺酒劣。既散，與余、汪、吕、曾、羅、成、子武八人同電車，可謂盛矣，到家已九時後，大生、衡生歸自校，十時寢。服譚以禮藥，殊難下咽。"

丙辰二月，跋清道人藏《泰山經石峪金剛經墨拓》。

跋《清道人藏泰山經石峪金剛經墨拓》："此經乃北朝守中郎(按：即蔡邕)之法也。内史(按：即王羲之)出中郎，獨能以篆爲真，故《焦山殘石》(按：即《瘞鶴銘》)韵流而體峻逸。此經純守隸法，故質樸而平厚，淵懿類《郙閣頌》而寬舒有度，動蕩師《夏承》而操縱獨密。壬辰上泰山尋古刻石，今展此册，猶髣髴石峪循行，摩挲詠嘆不能去云。丙辰二月，農髯熙。"

鈐印：曾熙之印(白文)。

李瑞清題："此齊經生書也。其源出於《虢季子白槃(盤)》，轉使頓挫，則《夏承》之遺，與《匡喆刻經頌》、《般若文殊》、《無量義經》、《唐邕寫經》爲一體，特其大小殊耳。余每作大書則用此石之意，酷其過大，不便展撫，今如登岱頂，縮經石峪於几席間也。丙辰二月，清道人。"

鈐印：楳庵主人(朱文)。

鄭孝胥題："相傳書法大字蹙令小，小字拓令大。包慎伯非之，以爲大字小字，法各不同。吾意二説皆拘於墟而未通其旨者也。字之疏密肥瘦，隨其意態以成其妙，執死法者必損其天機，大小雖殊，理固無異矣。經石峪大字乃隸楷相參之法，此縮印本若登泰山而小天下，山河萬里，皆在掌中。其取勢新奇，天開地闢，發人神智，真奇觀也。學者於此，可以悟大小一致之理，脱俗見於塵土，挾飛

仙以遨遊,不亦快哉! 丙辰三月,孝胥。"(《泰山經石峪金剛經墨拓》,震亞圖書局1916年3月版)

鈐印:太夷(朱文)。

按:再版時,增入李瑞清跋《經石峪全圖》:"此經石峪全圖也。余從徐積餘同年鈔得之。積餘得之吴子苾尚書者,今坿景於此。世有好古之士,依其式而翦比之,猶可見行間左右相得之妙,豈非大快事耶! 從來讀此者所未有也。丙辰四月,清道人。"

鈐印:阿梅(朱文)。清道人(白文)。

1916年3月26日,白天與呂滿外出,晚與譚延闓談。

《譚延闓日記》同日條:"三月二十六日晴,寒暖六十三度。發信:李乾丞。受信:冬生、周扱寰。八時起。臨《畫贊》五紙。食粥。步訪静生不遇,過承之新房,正值移家,入看頃之乃歸。今日甚熱,桃花已含苞矣。午飯,曾、呂皆出,范静生來談,遂偕出至仙峰處,少坐遂還。汪四、汪五來,雲台來,大生、衡生入校去。晚留二汪飯,有加肴炒麵,小飲即止。今日服譚以禮藥四次,頗覺氣滿,紅色補丸止不服矣,晚與曾九談頃之,十時後寢。"

1916年3月29日,晚與譚延闓談。

《譚延闓日記》同日條:"三月二十九日陰晴,寒暖六十五度。發信:海帆、伯頤。受信:伯弢、伯頤、周繼皇。七時起。臨錢書五紙。食粥。今日似略瘥,不知藥力抑自然也。出至蒲伯英家談久之,見李眉生藏《宋文貞碑》及碑側題字,惜已漫漶不足觀矣。歸於車中遇陽燮,遂同歸,余岸稜來,飯後先後去。今日復吸阿摩尼亞治嗽器,頗有效。陳鳳光來,久談,頗知近人黑幕,民德墮落,正義不昌,爲之太息。晚飯不多飲。飯後與曾九略談,爲諸女改詩文,九時寢,近日就寢之至早者已。"

1916年3月30日,晚飯出好菜,呼張承之來同飲。

《譚延闓日記》同日條:"三月三十日陰,寒暖晴五十七度。發信:寄炎午款。受信:左一哉。七時起。臨《麻姑》五紙。食粥。呼車至協平里,則劉蘊生、劉柏森、蒲伯英、李仲公皆在,留喫麵,談甚久,又一川人鄭姓來,遂同飯,復至長濱路同吴公所、濟武之太夫人靈柩前行禮,有鄧振璣、黄某諸人在,徘徊久之,俟柩出送至江□(按:原空一格)輪船,看安帖後乃歸,雨蒙矇矣,濟武以有所避未就送,以義言之固非,以禮言之,則大悖矣。晚飯曾九出有好菜,呼承之來同飲,談至九時去,及寢已十時。爲凌敏剛之父作家傳,余道南所求也。"

1916年4月2日午，赴禪悦齋俞明震宴，座有譚延闓、陳仁先、夏用師、俞明頤、羅偕子。席散偕譚延闓歸，俞明頤、何詩孫、張子武、汪旋父、李瑞清、陳伯嚴(散原)先後至，主賓盡歡，夜十時而散。

《譚延闓日記》同日條:“四月二日晴，寒暖五十七度。發信:林四、蘭汀、策師。受信:林四、王三、蘭汀、子靖電。七時後起。食粥。臨《麻姑》六紙。往一品香訪夏用師不遇，遂至洗清池，鬋髮就浴，大武、呂滿、承之復來，余遂至禪悦齋，俞大請客，用師、曾九、仁先、俞三、偕子同座，菜亦可食，微有酒氣。夏師、仁先皆茹素者，亦不甚贊歎也。既散，偕曾九歸，大武、承之、呂滿亦歸，大生、衡生入校去，周生來，俞大來，何詩翁來，張子武來，汪旋父來，道士來，陳伯嚴最後至，今日以翊翁宴客，肴豐酒香，主賓盡歡，道士携一竹長二尺雕刻甚精，不知何物也。十時諸人先後散。今日胃熱作酸辣，遂未多飲，仍服用生藥。十一時寢。”

1916年4月4日，晚偕譚延闓、澤闓、呂滿往周雲隱家赴約，座有何詩孫、陳伯嚴(散原)、俞恪生(明震)、汪旋甫、李瑞清，席間何詩孫談何紹基掌故。散席同李瑞清乘車至白大橋乃歸。

《譚延闓日記》同日條:“四月四日晴，寒暖五十六度。發信:植根、少潛、子靖、益齋。受信:芍人。八時起。食粥。臨《麻姑》六紙。胃仍不舒適，酒病爲之也。劉雨人寄何蝯叟書手卷來，甚佳。李洽來同午飯，步繞舟山、昆明、保定、塘山路一周而歸，訪子武、俞三、承之，皆未見也。讀《魏書》一卷，廢業久矣，如隔世也。晚偕大武、呂滿、曾九往周雲隱家赴約，何詩孫、陳伯嚴、俞恪生、汪旋甫先後來，道士至，上席乃至，菜以牛肉爲豐實，則扣肉尚可。既罷，談頃之各散。同道士附車至白大橋乃歸，到家十時矣。稍坐即寢。詩孫云在江南時見蝯叟書二丈長聯，一氣貫注二十七字，寫於紡綢，索百元未能致。其文乃集坐位者爲辭，曰:‘行路又何難，我曾從天柱、九嶷、終南、紫閣、太寶、三塗，直到上京三北地，讀書誠不易，所願與高堂、二戴、安國、子長、相如、正則，同依東魯聖人家。’又曰平時所用姓名，朱文印乃子毅先生刻;白文‘子貞’則蝯翁自刻，石極劣，用久模糊，則取剜之，詩孫即盡奏刀者，然則以圖章新故，辨真僞者不亦慎哉。”

1916年4月5日上午，盛風子逕直闖入房中，索四元而去，譚宅大懼，議設防。午飯後，與譚延闓、澤闓、呂滿、余岸稜步至張承之家，坐久之，同往張園、新世界。歸後承之携蒸鷄、水餃至，遂留飲。晚與譚延闓看碑帖。

《譚延闓日記》同日條:“四月五日晴，寒暖五十三度。八時起。食粥。臨《麻姑》六紙，第六十一通畢。盛風子直入曾九房，索四元而去，家人大懼，議辯防堵矣。將出訪唐少川，至門前遇章一山、王君九，遂偕歸，談甚久。吴仲雲來，旋去。章、王留飯，飲數巡，談至二時去。岸稜來，遂偕曾九、大武、吕滿、岸稜步至承之家，新居井然，頗可坐憩，聽留音機、喫茶，久之，乃同出，附電車至樓外樓，步至新世界，忽議往張園踏青，乃附車往，至則游人寥落，登高樓遠眺，有今昔之感。仍步至新世界，有女子新劇，淺率可憎，欲看影戲，人多無坐處，且鬱鬱氣，蒸不可耐，遂坐平臺，眺覽久之，已日斜乃下，岸稜辭去，余輩徑歸，車中見静生，談甚多，到家六時矣。承之旋來，携有蒸鷄、水餃，因留飲，水餃甚佳，惜太少耳。承之去。與曾九看碑帖數種。今日行路甚多，足不覺倦，十時乃寢。"

1916 年 4 月 7 日，外出，歸已飯後。是日，節書章草《急就章》。

《譚延闓日記》同日條："四月七日晴，寒暖六十六度。發信：伯弢。七時後起。食粥。臨《麻姑》五紙。春晴花放，日暖風和，爲之一爽。吴仲雲來談湘中近事，乃至偵探充統領，龜子當營官，涉倒行逆施之至是耶。午飯後忽覺甚煖，易綿袍，尚不勝也。携步至華德路，往昆明路歸，坐久之，復出至聶家見雲台，雲台新買一馬，諸小兒乘之練習，出視良久。雋威、慎餘亦來，留喫麵而出，閱《雪橋詩話》一卷。汪四來，聞伯夔到滬，仙峰來，言廣東、湖南獨立，爲大局喜，又爲長沙憂也。晚有淮鴨甚肥，留汪、陳同飲，曾九歸已飯後，陳、汪先後去。十時寢。"

自書："(節録《急就章》略)章乃隸分之變，宋仲温先生寫章終多楷筆，然又非國朝人所能到。丙辰上巳後二日，農髯熙。"(私人藏)

紙本。137×56cm

鈐印：曾熙之印(白文)。

1916 年 4 月 8 日，晚與譚延闓談。

《譚延闓日記》同日條："四月八日晴，寒暖七十度。〔换夾馬褂、夾鞋〕受信：蘭汀、毅父、朱九電。七時起。閱《雪橋詩話》一卷。食粥。《麻姑》六紙。出至少川家談，知湘省獨立事不碻。又談及種樹事，渠在香山有荒山，縱二十里、横七八里。甲午種松，每畝二百株(費三千元)，前十年年需巡守費千元，後十年則松枝、松毛歲入可千餘元，更四年即廿五年矣，得松數千萬株，每松徑七寸餘，可賣一元有奇。每年伐五萬株而得五萬元，後此歲歲補種，永無既極，是以萬餘元之貲本，更二十五年，年有五倍之息，若設造紙廠以松造紙，利更倍之，蓋西洋常用紙，如印刷物、日報皆松爲原料也，言之津津，聽之忘倦。又言粤中蠔塘，亦三年後年有倍稱之息,惜人不之知耳。出至濟武家,談頃之,崧生來言致書招商局,濟武起草,頃刻即就。彭敬仁來談,旋去。學生張某來,濟武邀同嵩生游愚園。車中遇欽甫。亭榭依然,使人慨想盛時,啜茗而出,仍至濟武家同飯,飯後附電車到家,聞今日租界戒嚴,兵士林立,電車中一無所見,何也。與曾九諸人談頃之乃寢,十一時矣。”

1916年4月9日午,與譚延闓、澤闓、吕滿、張習之至張承之家飲。晚大風雨,聶三(雲台)邀飲,與譚延闓等坐人力車往,李瑞清、范静生、張子武同座,風聲如吼,燈忽明暗,談狐鬼事爲樂。

《譚延闓日記》同日條:“四月九日,雨晴大風雨。寒暖七十二度。發信:汪九。受信:植根。七時起。臨《麻姑》五紙。食粥。俞三來,張子武來,吴仲雲來,張習之、承之來。午同曾九、吕滿、大武、習之至承之家飲,有炸醬麵尚佳,乍晴復雨,夏(下)海廟迎會頗熱鬧。正過其門,習之去,吾輩歸家,諸兒入校去。晚大風雨,聶三邀飲,吾輩乃呼人力車作兩番去,道士、静生、子武同座,風聲如吼,燈忽明滅,談狐鬼事甚多,及散,仍更番以車歸,風稍止,雨勢未已也,到家正十時,及寢十時後矣。”

1916年4月10日,午後邀同張承之、譚延闓、澤闓往俞明震家,相遇於門,立談而别。旋同至仙峰家,邀同乘電車至楊樹浦,至終點站而返。

《譚延闓日記》同日條:“四月十日晴,寒暖六十度。發信:夷午。受信:夷午、植根、棣松。七時後起。臨《麻姑》五紙。食粥。吴仲雲來,今晚赴湘也,以百十五元貸之去,陽燮來,亦云赴湘。彭静仁、袁雪庵來,談甚久,及去乃飯,承之來同飲一杯,曾九邀同承之、大武往俞大家,遇於門,乃偕俞三、梁胡子同出者,立談而别,余輩至仙峰家,邀同乘電車至楊樹浦站,路皆工廠,工人熙攘,居室鱗次,至電車止處下,徘徊頃之,未敢遠去,仍附車歸,至韜朋路下,步繞華德路至家,承之别去,仙峰入同飲。飯後承之來,俞大、俞三亦至,子武後來,談甚多,九時乃各去。今日雨後頗凉,仍衣重綿也,十時寢。”

1916年4月12日盛風子來室中高談闊論。李瑞清、張子武、汪四相繼來,晚上設具飲客,盡歡而散。

《譚延闓日記》同日條:“四月十二日晴陰,寒暖六十八度。發信:錢胡子書。八時起。食粥。臨《麻姑》五紙。俞大、俞三、佶子來談,感慨近事,與昨夜所聞略同,中國事惟有委以任運而已。鳳光來,旋去。聞浙江獨立消息。飯後至俞大家談,遇陳仁先之弟二人,云仁先擬入浙,□未行也。梁大胡子、成習之亦來,略談而出。至聶雲台家稍坐而歸。雨勢將至,盛風子又來,高談曾九室中,可笑人也。道士來,子武來,汪四來,晚設具留客,有汪四所贈魚肚,殊不如先公常御品,豈此物亦有優劣耶? 盡醉飽餐,談至九時乃散,及寢十時矣。"

丙辰三月,爲錢沖甫題《南園先生真行書册子》。

題《南園先生真行書册子》:"南園先生真行書册子。丙辰三月農髯爲沖甫兄額此。"(《譚伯羽、譚季甫先生昆仲捐贈文物目録》,臺北故宫博物院 2000 年 8 月版)

鈐印:髯公。

譚澤闓題:"丙辰四月初三約同人作南園生日,沖甫携至,瓶齋敬觀。澤闓記。"

鈐印:天隨欣尚。譚澤闓印。

又:"乙丑十月重借至瓶齋留看旬日,因記。長至日,澤闓。"

鈐印:鉼齋。

又:"戊辰清明錢沖甫售所藏書畫,余以重值收得此本,距乙卯李筠安持來時十四年矣,欣憙記之。"(《譚伯羽、譚季甫先生昆仲捐贈文物目録》,臺北故宫博物院 2000 年 8 月版)

按:錢沖甫(1875—1966),名熊祥,浙江嘉興人。上海市文史館館員,收藏歷代名人書畫、碑帖甚富。

1916 年 4 月 17 日,外出。

《譚延闓日記》同日條:"四月十七日晴。寒暖六十八度。受信:劉勁。八時起。食粥。臨南園書三紙。賀壽彭來談久之。老人至書房論近事。張承之來。午子武以柬來邀,曾九適出,遂與大武、承之、吕滿携繩生往,至則子武已出上課,廢然歸飯。飯後看《小説月報》,有數段尚佳。三時同承之、吕滿、大武、繩生至子武家,園花盛開,海棠尤繁艷,賞翫久之,俞大、俞三先後來,子武設盤餐及水角相款,食甚飽,俞大言數字謎,皆有意;又言岳容齋詩'長短夢都隨蝶意,雨晴天亦任鳩呼',頗有怨望意,使乾隆時,族矣;又言袁子才《送尹文端入覲》詩'貢篋草草無方物,表薦拳拳有善人'爲佳,則未契矣。出至俞三家一坐,花事甚稀。歸即晚飯,略飲而止,不復飯矣。看小説頃之,登樓爲諸女改文,看下棋,十時寢。"

1916 年 4 月 19 日,赴宋小坡宴,在座有李瑞清、譚延闓、吕滿等。

《譚延闓日記》同日條:"(易夾袍薄套袴)七時起。臨南園五紙,墨凝殊不能有興致。食粥後,往唁鳳光,坐談頃之,遂歸。余同大武至洗清池,鬍髮就浴,遂至多一處四川小館,宋小坡請客,道士、士元、吕滿、旭少爺先在,菜尚可口,初喫鰣魚一片,如掌大已須一元二角,可謂以稀爲貴矣,有肉夾火腿尚佳。既散,余附車至蒲伯英家,談頃之,遂同至濟武處,劉崧生(放園)來,至夜,遂同步至都益處小飲,亦有鰣魚,勝於午間,談至十時乃歸,及寢十一時矣。今日熱極,單衣亦不能著,知將變矣。大生、衡生放假歸。"

按:據譚《日記》記蒲伯英地址爲上海新閘路池濱橋高照里五百廿五號,與章一山廿一號近。

1916年4月20日穀雨後二日,書"其人爲當世知名士,所藏皆古聖有用書"八言聯。

自書八言聯:"其人爲當世知名士,所藏皆古聖有用書。丙辰穀雨後二日,農髯曾熙。"(私人藏)

鈐印:曾熙之印(白文)。農髯(朱文)。

1916年4月22日,譚延闓至陳鳳光寓所,是日陳鳳光行成服禮。禮成,與譚澤闓、吕滿旋至,復散去。晚譚延闓爲集《枯樹賦》字聯。

《譚延闓日記》同日條:"四月二十二日陰,寒暖六十五度。七時起。臨《元次山碑》五紙。食粥。書挽聯送陳家。步至俞大處,遇俞三、宗子岱,談頃之。遂至鳳光寓所,少秋、子武、詠儀先在,静江、静生後來,静生旋去,鳳光行成服禮,陸、彭當贊禮人,余與子武襄事,既成禮,餕餘留客,李蓮舫來,静生亦至,曾九、吕滿、大武同來,皆先後散,余與彭、徐、陸享此六元之祭席,殊不易盡,三時乃歸。錢沖甫送所藏南園楷書《秋懷詩》,及行書杜詩册來,細看頗多疑竇,但行書真耳。晚飯小飲,乃聶家舊送酒,頗有糟香,勝市沽遠矣,復喫煮鍋塊而罷。看諸兒打網球,爲曾九集《枯樹賦》字,作十聯。十時乃睡。"

1916年4月23、24日,譚延闓繼續爲集《枯樹賦》作聯語。

《譚延闓日記》4月23日條:"四月二十三日陰雨,寒暖六十五度。受信:堂伯、仲雲。七時後起。臨《次山碑》四紙。食粥。借伯英《雙梅影闇叢書》來閱一過。盛幼文自長沙來,談近事甚多。午飯小飲,李洽來談,今人意氣畛域之見,無處無之,可爲一歎。步訪仙峰,談甚久,又過静生不遇,還家則俞大在座,頃之去,承之來同晚飯,有新買酒,喫炒麵,爲曾九集《枯樹賦》作聯,得廿餘聯,十一時寢。”

《譚延闓日記》4 月 24 日條:“四月二十四日雨陰,寒暖六十五度。發信:汪九、王三、壽曾。受信:偉成。七時起。臨《元次山碑》五紙。食粥。承之來,爲曾九集《枯樹賦》字,前後得七十餘聯。午飯後,濟武偕高魚門來,因邀同出,至伯英家,值其出,乃步行至張園,雨後岑寂,闃無游人,登高樓遠眺,彌望皆新緑,使人欣然。有牧馬者,携數犬令泅水銜取投物,甚靈捷。既下步還,過萬國花房,遂入游覽,日本人製作小松假山頗有别致,出至寶康喫西餐,窗對新世界,如在夏日,正見演影戲也,菜頗精美,且重食一鷄,蓋侍者誤送,遂已飽腹。同魚門步至濟武家,遇劉月波者,軍官學生,言江南事。劉去,李仲恭、劉放園來,已十一時,遂歸,正及電車。到家,入寢將十二時矣。”

1916 年 4 月 25 日,張承之來,適他出。晚歸小飲,余岸稜同席。

《譚延闓日記》同日條:“四月二十五日陰,寒暖六十四度。發信:棣嵩、夷午。受信:棣嵩、黎九、經輿。八時起。臨《元次山碑》五紙。食粥。有吕家製餃子甚佳。蕭禮衡來談甚久,不見三年矣,患難死生,相對於邑,言及癸丑有政界聯名信一封,此信乃入湯鑄新手,殊不可解意者,早爲人竊出者耶? 偕禮衡至鳳光處小坐,出歸飯。承之來,曾九已他出矣,趙遵威者來問炎午消息,不知何至今未到也? 余岸稜來談,知近事頗多,曾蓤生、左繩生同一不識之人來,稍坐出,生已髮白矣,留余岸稜同晚飯,曾九亦歸,小飲、喫炒麵,得黎九書,知黎六又納一姬,亦可謂老而不倦者矣。今日頗冷,不似春深,十時睡。”

1916 年 4 月 27 日下午,赴張承之約,與吕滿、譚澤闓、繩生、張習之先至,譚延闓後至,入座小飲。聞趙炎午來,譚延闓一行歸家,則趙炎午、曾鳳岡等同至,相見大談,樂不可支。

《譚延闓日記》同日條:“四月二十七日陰晴,寒暖六十六度。七時後起。食粥。臨《次山碑》四紙。李安甫、梁贊生來,余附車至少川家略坐,適日本人至,遂與其丈人談久之。歸,正飯時,承之來同小飲,仇亦山來,因共談近事,至四時乃去,亦山究明達不可藐也。出過仙峰,遇徐少秋,談至暝,遂赴張承之約,曾九、吕滿、大武、繩生及張習之先在,入坐小飲,喫滷子麵,殊不佳,聞炎午來,遂歸。則炎午、鳳岡、坤載、經國、子仙同至,相見大談,樂不可支,經國携所藏翁覃溪摹定武《蘭亭》來,甚精美,十時客去乃寢。”

1916 年 4 月 29 日,偕譚延闓、澤闓、吕滿至法界聖仙寺,爲陳鳳光開堂之

期。日暮譚延闓、李瑞清先後至，遂同晚飯飲數巡。李瑞清談至十一時乃去。

《譚延闓日記》同日條："四月二十九日晴陰，寒暖六十八度。受信：仲雲、植根。七時起。臨《次山碑》七紙。(任尹來自杭州。)食粥。道士介紹一賣鼻煙者來，蓋欲吾爲之議價，乃以六十元得一小金花。偕大武、呂滿、曾九，以車至法界聖仙寺，鳳光開堂也，余留爲治賓客，甚多皆熟人，在此者惟覃鯉門、李懋吾、何雪竹多年不見，乃周宗澤爲初遇耳。與陸三談最多。至飯時，同陸三、純生、少秋諸人飯，飯後略坐，遂至袁伯夔家見江四，伯夔出所藏錢何翁真蹟，看一過。俞三來，遂同車至俞大家小坐，余車而往，至俞三家，抵暮乃歸。道士來，同晚飯飲數巡，大生、衡生咸歸，殊嫌菜少，道士談至十一時乃去，人頗覺倦，遂就寢。"

1916年5月4日丙辰四月三日，譚延闓作錢南園生日雅集，出《錢南園杜詩蘇詩合册》觀賞。

按：見本譜1918年5月17日條李瑞清題《錢南園杜詩蘇詩合册》。

丙辰四月，假蔣國榜所得梁同書書經册賞玩浹旬，跋以歸之。

跋梁同書書經册："諸城相國晚年嘗曰：予書非假道誠懸(按：即柳公權)不能直窺東晉。觀其書劉敬齋墓表，知於誠懸功力最深。山舟(按：即梁同書)學士此册，純守誠(懸)法度，其味淡逸，其骨疏秀，一洗誠懸拘僵之習，而自藥其靡困之疾。二公皆善學董者，能知董捄敗之術，斯謂善矣。但諸城學柳，早以剛御柔，駈騁魏晉，遂成家法。山舟學士髦年悟此，所以不能出誠懸範圍。然予生平所見先生書，無有踰此册者。賞玩浹旬，書而還之。蘇盦主人，丙辰四月曾熙。"(上海天衡2009年秋拍圖録，下同)

清道人跋："國朝書家無不學董，猶唐書家之無不學王，宋書家之無不學顔，其風尚然也。學董者，世稱張得天、陳玉方。張則以楊少師《韭花帖》而參以米，得其勢而失其和；陳則以顔清臣救其弱而失其淡。山舟先生與王夢樓太守學董而能變其面貌者，世稱王梁。董繇清臣《多寶塔》入，故善用偃筆。梁繇誠懸入，故善用豎鋒。董晚年學柳，以救其熟；梁以董法，以救柳之獷。此不可不知也。此册先生七十以後所書，全用柳法，最爲合作。册本靈鶼館所藏，江建霞前輩視學湖南時，携以自隨。一日燕於芋園，與王實丈各詡所藏梁書之精。次日作梁書會於定王臺，與會者十一人。建霞前輩以此册出示，見者莫不嘆服，遂群推爲梁書第一，忽忽二十餘年矣。去歲無意遇之，以貧不能得，遂爲蘇庵賢弟購之，因記此册流傳之，繫於卷末焉。清道人。"

鈐印:清道人(朱文)。黄龍硯齋(白文)。

1916年5月6日,趙炎午、唐經百來,譚延闓邀同至李瑞清家,李設宴相款,李仲乾在座。席散與譚歸,與趙、唐别於白大橋。歸則張承之已在座。晚飯小飲。

《譚延闓日記》同日條:"五月六日陰雨,寒暖六十九度。發信:覺鏞、經輿書二本、胡九、龍八、黎九、枚長、植根、朱九。受信:朱九、經輿。八時起,牙不痛,惟齶微脹耳。食粥。臨《麻姑》六紙。今日立夏,家人懸秤權人重輕,余重一百四十一斤,較去年立夏重二斤,較前在譚以禮家所秤一百八十二磅則重五斤,可怪也。頃之,復借磅秤來,余乃重一百七十九磅,較去年子武家所秤,輕四磅半矣。趙炎午、唐經百來,遂邀同曾九至道士家,道士設具相款,仲乾同座,取所藏《心經》出,精采自在,非吾家摹本所能及,惜揣摩處有墨痕耳。偕曾九歸,與趙、唐别於白大橋,到家正飯後,承之在座也。看《海上繁華夢》一過,作寄友人書數通。今日仍不甚適,適何醫來,乃就診焉。大生、衡生歸自校。晚飯小飲,食麵條二盌。九時後即寢,尚不健適也。"

1916年5月8日午後,與李瑞清同赴張子武家宴,至則譚延闓、澤闓、吕滿、俞明頤、陳伯嚴先在。客散,與李瑞清等步至門而别。歸已九時,天小雨。

《譚延闓日記》同日條:"五月八日晴陰,寒暖六十四度。九時始起,坐房中食粥一盂,畏寒稍止,但不甚爽適。看《智囊補》一卷,亦有可採者。午飯禁油葷,食一小碗。陸潤儀來,張子武來,言買佳翅請客,甚爲精辦,堅邀赴約,坐頃之去,俞大來邀,同大武、吕滿步往子武家,出門則籬門已移入丈許,頹籬皆新編,頗有景象,過俞三家,看其諸兒跳高,遂同俞三至子武處,伯嚴旋至,道士、曾九後來入席,惟魚翅差可,腥仍未盡也。客散,同道士諸人步至門而别,道士言陳伯先自青島泛海來滬,途遇大風,一日風定,舟人奔告有異,出視,則海底透明如有極劇烈之光綫返照者,波浪皆成玻璃,竟不知何因也。入門始知小雨,已九時後矣。今日何醫來相診,服其藥一劑,十一時寢。"

1916年5月9日,傍晚偕譚延闓、澤闓、吕滿率諸小兒步至韜朋路口,坐道傍石上,看湖絲廠女工散工景象。天暝始歸,往返步行約四里。

《譚延闓日記》同日條:"五月九日晴,寒暖六十九度。受信:曾介祺。八時起,今齶愈矣。臨《麻姑》三紙。食粥。閲《智囊》一卷,多已知事,丙亥韓世忠大儀破金人事,以背嵬軍斫陣,世但知岳家背嵬軍耳。午飯,胃略進,聶慎餘來辭行,今日赴美留學也。萬里壯游,殊爲健羡,送至門乃知其夫人在車中坐候。子武來。何醫來爲吾開一方,此次得力金鷄納霜,於何醫殊無與也。大武已出,乃獨至聶家,見聶三,頃之,聶十歸,握手而別,子武亦至,將送之登舟,余遂辭歸,連日衣甚多,今始覺熱,天氣固暖,亦疾命之徵。傍晚偕曾九、吕滿、大武率諸小兒步至韜朋路口,坐道傍石上看湖絲阿姐散工,此真國之右民也,粉白黛緑者,視之有慙色矣。已暝乃歸,往返約行四里餘,尚不倦,晚飯小飲,喫趙廚袠暖湯麵乾鞋,有頓還舊觀之歎。俞大來,談至十時乃去,遂入寢。"

1916年5月13日午,偕譚延闓、澤闓、吕滿至成習之家,邀成習之、俞明震乘電車至小有天,李瑞清、陳伯嚴俱在。席中聞龍章(龍大)諸人至譚宅,譚延闓匆匆去。

《譚延闓日記》同日條:"五月十三日晴,寒暖七十六度。發信:棣嵩。七時起。食粥。臨《麻姑》三紙。李純生來,俞三來。及午邀同曾九、大武、吕滿至成習之家,復邀習之、俞大同電車至小有天,道士、伯嚴咸至。入座,有鮞魚,他肴皆平平,然鮞魚亦不甚鮮,徒長大耳。聞龍大諸人至吾家,乃亟歸,客皆已去,惟曾鳳岡、唐經國在,談頃之,蓋陳完白又有異議,鳳岡遂不偕往,看來又成虚話矣。今忽甚熱,綿衣幾不能著。晚飯飲數巡,新買甆壺以盛酒,大佳。今日大生、衡生以赴運動會,遂未歸家,夜待至十時乃睡。"

1916年5月17日上午,偕譚延闓、澤闓、吕滿出,譚延闓獨去理髮洗浴,衆人去古渝軒,赴李瑞清宴客。座有俞明震、俞明頤、張承之、成習之、劉艾唐、汪旋甫。散席,衆人至譚家,李瑞清七時始至,旋入席,李瑞清談至十時乃歸。子夜時分,趙炎午、歐陽俊明來,與譚延闓長談湘事。

《譚延闓日記》同日條:"五月十七日陰晴,寒暖七十四度。發信:秉三。受信:湘電。八時起。臨《麻姑》五紙。食粥。范九峰來,爲人作屏聯書,偕吕滿、曾九、大武出,余獨至洗清池,翦髮、就浴已,乃至古渝軒,大武及俞大、俞三、承之、習之先在,道士、曾九、吕滿後至,劉艾唐、汪旋甫旋來,道士請客也,食甚飽。既散,與二俞、吕滿、大武同歸,則曾九、艾唐先至矣。頃之,承之至,汪四亦來,二俞並集,仁先亦至,道士至七時後乃到。入席,具素菜以享仁先,有素餃尚佳,餘菜亦可喫,諸客先後散,承之送艾唐乘車赴金陵,仁先、道士談至十時乃行,及寢已十一時矣。將登牀,聞歐陽俊明、趙炎午至,乃下見之,談至十二時後始去,蓋言湘事也。及寢已一時,展轉久不得寐。"

1916年5月19日午後，趙炎午來，稍坐遂同趙炎午、譚延闓、澤闓出，道遇張承之、俞壽丞。諸人他去，遂與譚延闓、澤闓至禪悦齋，赴狄楚青招飲，座有俞恪士、王病山、陳仁先、李瑞清、陳孝通、陳子言等。

《譚延闓日記》同日條："五月十九日陰，寒暖七十度。受信：黎九、文啓、汪九電。七時後起。臨《麻姑》五紙。食粥。黄培燮來，李經輿來，(成九□、首鳳標、楊孟鈞來。)李純生、曠若谷來。讀報，知郭人漳圍於湘，失敗遁鄂。又聞陳其美被刺。午留經輿同飯，小飲而罷。范静生來，陸詠儀來，忽得汪九漢口電，乃云附鄱陽來，可怪之至。(張子武來，)趙炎午來，稍坐遂同吾與曾九、大武出，道遇承之、壽丞，諸人他去，余與大武、曾九至禪悦齋狄楚青招飲，俞恪士、王病山、陳仁先、李道士、陳孝通、陳子言同坐，楚青今日始晤也，飲白乾、喫素菜，殊無興致。散歸，已十時，即寢。章一山送《德華字典》三十册來。"

1916年5月20日，以汪九將來滬入住譚宅書房，譚延闓將大廳隔爲兩室以備談讌。午飯後，與譚延闓談湘事。李瑞清來，遂同晚飲。

《譚延闓日記》同日條："五月二十日晴，寒暖七十二度。發信：劉勁、子谷、文啓、詷白、仲雲。受信：劉勁、仲雲。八時起，猶懵騰也。臨《麻姑》六紙。食粥。以汪九將來，遂以竹籬隔大廳爲兩室，以備談讌，草創從事，殊爲簡陋。午飯，食東瓜甚美。承之來，曾魯、盧恍毅來電，舊學生，忘其何校矣。書光禄祠門聯，兩易乃强，可擲寄湘中也。與曾九談湘事，笑歎久之。道士來，遂同晚飲，有炸醬麵尚佳，道士言曾於輪船遇一西人，言近時研究鬼神學之書多於廿四史，以男女各數人坐一暗室，讀有音韻之文，使聲調淒切，不久即鬼至，始則附人，繼乃見形，終且對語，此爲談鬼不二法云；又云小時見庖人能致蛇，視之則包於紙内，如鐵釘者，及啓視，頃刻盤如巨甕，及覆以紙小如故，其人云蛇能變化大小，不特龍也。道士且言李三亦同時見之，非虚言也。談至十時乃去。今日隔廳事已成，以報紙糊之，大生、衡生歸自校，秋生仍燒，以醫治之，十時後睡。"

1916年5月21日午後，邀譚延闓、吕滿至李瑞清家，遇周多齡，遂與譚延闓至陳仁先家，不遇，還李瑞清家觀其寫字，至六時乃歸。

《譚延闓日記》同日條："五月二十一日晴，寒暖七十六度。發信：光禄祠聯、方家。受信：嵩生、養勿。七時起。臨《麻姑》五紙。食粥。移食堂於廳中大陳設。仇亦山來，李純生、劉伯倫來，范靖生來，鍾憲民來，言養勿消息甚詳，爲之欣慰。湯濟武來，遂留諸人同午飯，飲數巡而罷，諸人先後去，濟武出示湘電，乃欲吾歸，可嘆人也。客去，看諸人布署新廳，將以書房居汪九，閉左門，開後門，以便出入。曾九邀同吕滿至道士家,遇周多齡,余與曾九至仁先家,不遇,仍還,看道士寫字,至六時乃歸,大武亦歸矣。晚飯仍在書房小飲,食餛飩,歐陽俊明、鍾憲民來談,鍾先去,俊明談至一時乃行,及寢已一時後矣。”

1916年5月23日,吕滿生日,設麵款客。偕汪九、譚延闓、澤闓、吕滿至洗清池就浴。晚爲歡迎汪九、祝吕滿誕辰宴客,客有陳伯嚴、張承之、李瑞清、張子武、俞明頤、俞明震等。

《譚延闓日記》同日條:“五月二十三日晴,寒暖七十六度。發信:克强、仙峰、龍大。受信:吕戴之、彭凌霄。七時後起。作書與諸舉人,輟課一日。今爲吕滿生日,設麵款客。仇亦山來談,偕汪九、曾九、吕滿、大武至洗清池就浴,復至何瑞生,汪九鑲牙,歸則彭静仁、黄英白、殷鑄夫在座,遂不午飯。黄、殷去,俊民、崑濤來,彭去,同歐陽、劉趁電車至趙炎午家,鳳岡亦至,商入湘事,議既决,柳聘農、曠若谷來,余遂起出,附電車歸。則伯嚴、汪四、承之、道士、子武、俞三皆在座,俟俞大來,乃入席歡迎汪九,且祝吕滿也,翅翁尚佳,客皆中席而起,歡暢之至。諸客去,與江九談久之,卜一時乃寢。(三人同日去看花,百友原來是一家。禾火二人相對坐,夕陽橋下一雙瓜。伯嚴云,生平最服‘禾火二人’句,以爲巧謎不能及,與道士之小馬謎並傳。道士因述:孔明無事坐囚籠,曹操也在囚籠中。忽然中了龐統計,抬起頭來望主公。衆大笑,以爲繪影繪聲也。)”

1916年5月25日晚,偕譚延闓、澤闓、吕滿步往張子武家宴,同座有俞明頤、盛幼文。客散至俞明頤家談頃之,乃步歸,時已十點鐘。

《譚延闓日記》同日條:“五月二十五日晴陰,寒暖七十八度。發信:魏選亭。七時起。昨誤謂表失去,今乃在屜中,真大醉也。李純生、吴仲雲、曠若谷來,仇亦山、林德軒來,曾鳳岡、趙夷午、陳坤載來,赴湘之行忽欲中止,乃力勸之,並爲發電。客去,遂午飯,與汪九久談,曾松鴐來,汪四來,同大武出,廖□根來,余介卿來。晚同汪九、曾九、大武、吕滿步往子武家,俞三、盛幼文先在,入席有鮒魚、炸醬麵,散後至俞三家談,頃之乃步歸,已十時遂寢。”

1916年5月27日將晚,與譚延闓、澤闓、汪九、陸詠儀、吕滿、張承之赴古渝軒俞明頤約宴,同席尚有俞明震、張子武、李瑞清等,歸已十點鐘。

《譚延闓日記》同日條:“五月二十七日晴陰,寒暖七十六度。受信:植根。七時起。爲汪九繙電,乃用吾闓密本者,臨顔魯公《華山題名》三紙,輟字課四日矣。食粥後,俞三、汪五來,偕汪九、俞三、大武、步至偕子小坐,又至俞大家,值其出,看報而出。遂至承之家，憩久之乃同歸，承之隨來，俞三别去。午飯後陸潤儀來，承之來，俞三來，袁伯夔、汪五來，俞、汪旋去。將晚，與曾九、汪九、詠儀、吕滿、大武、承之赴何瑞生，乃過古渝軒，俞大、俞三、袁大先在，子武、道士後來，俞三請客也。喫鰣魚甚佳。及散，於車中遇偕子，到家已十時，大生、衡生歸自校，十時後睡。"

1916 年 5 月 29 日晚，吕滿宴請汪九，同座有李瑞清、俞明震、俞明頤、汪五、張子武、張承之。

《譚延闓日記》同日條："五月二十九日晴，寒暖八十六度。發信：坤丞、嵩生。受信：坤丞。七時起。老人昨夜大汗，今頗不適，内人亦病。臨《麻姑》五紙。食粥。與汪九談湘事甚詳盡。今日甚熱，頗覺煩悶。午飯後，周印昆來，胡宇平、李嚴華、趙惺如來，湯濟武來。閲《金屋夢》數卷，初謂不佳，細看實有至理，非近時小説比也。今晚吕滿請汪九，道士、俞大、俞三、汪九、汪五、曾九、子武、承之咸至，推陳出新，菜至精美，翅翁尤爲近來之冠，余忽苦煩悶，極不舒適，乃停箸不飲食，得噫乃稍愈，汪九同大武、吕滿、汪四、汪九出，已十時，余遂就寢。"

1916 年 5 月 30 日午後，李瑞清來談，言家庭困難，言之欲泣下。

《譚延闓日記》同日條："五月三十日晴，寒暖八十度。發信：潛廬、浴民。受信：潛廬、祖澤、黎六。八時起，尚恍惚不健適也。臨《麻姑》五紙。食粥。看《金屋夢》畢。午飯後，汪九他出，梁鼎甫來談，不見數年矣，其人不能説實話，亦非識時務者。趙惺如、胡宇平來。尹至安忽由長沙來，問家事久之。周雲隱來，至安乃爲宏文出頂商務印書館來乞作書，與張菊生匆匆而去。爲求書者作書，墨陳手倦，殊不愜意。道士來，俞大來，汪九歸。晚飯小飲，既罷，汪九與大武、吕滿出，余與道士、曾九談，道士言家庭困難，狀至欲泣下，可哀也。道士去，已十時遂寢。今日聞湖南於昨日宣佈獨立，又得研仙廿七書，云所要求無効，將決裂，可慮。及得曾、趙諸人電，卅入湘，又見湘事有辦法，復小慰也。"

1916 年 6 月 6 日，袁世凱卒。

1916 年 6 月 8 日晚譚延闓歸，拉其作屏幅。

《譚延闓日記》同日條："六月八日陰，寒暖七十二度。發信：松坡。受信：文斐。八時起，臨《忠義堂帖》，作直幅以補字課。食粥。田興基、蔣隆權來，詠儀同汪□、詹振黄、賀耀組、徐道亨四士官生來，俞三來，子靖來，留胡、陸同午飯。飯後將偕出而鳳光、小園來，俟其去，乃同汪九、大武、胡、陸分乘兩車至大馬路買物,遂過伯夔,坐久之,同游愚園啜茗,乃至恰爾登飯店晚餐,較滄洲旅館佳也。歸,曾九拉作屏幅。鳳光、小園來談,外侮内訌,不久將至,可嘆也。今日頗冷,遂咳不止,夜卧不得安,十二時後乃寐。”

1916年6月9日午飯後偕譚延闓、澤闓、汪九、吕滿同至俞明震家,今日爲其生日。

《譚延闓日記》同日條:“六月九日晴,寒暖七十六度。受信:植根。八時起。食粥。仇益山來,蕭禮衡、胡子靖來。余岸稜來,賀耀組、詹振黄及兩貴州生來,俞三來,與子靖留同午飯。飯後俞三去,道士來,偕汪九、曾九、吕滿、大武同至俞大家,今日生日也。遇謝石卿、陳人先,出至電車與大武、俞三分道,余偕汪九訪湯化龍,談頃之出。至新世界則大武、俞三先在,汪五亦來,將暝乃出,余獨至一品香赴殷鑄夫、黄膺白之招,日人至青木以下,同人自濟武以下咸在,凡一席菜皆穿鑿雕鐫,以奇爲勝,實無味也。席將終,余起去,以鼻塞咳嗽頭昏,甚不適也。到家,十時後遂寢,殊不安帖。”

1916年6月10日晚,與李瑞清同赴别有天,余介卿宴客,同座有譚延闓、澤闓、汪九、吕滿、胡子靖、周雲隱等。

《譚延闓日記》同日條:“六月十日晴,寒暖七十六度。發信:朱九、子谷、電黎。受信:枚長、芍人。八時起,甚不適,傷風甚重。食粥後,蔣隆權來,(俞大、蕭俊賢來。)出至少川家,同人畢至,議派員入京事,殊無結果。近時公議事類如此也。客散,與少川、俊明談久之,乃歸。正午飯,炒飯食之。尹大來,汪四來,蔣隆權使其弟隆駿來,以二百五十元交之去。子靖來,今晚將行也。周雲隱來爲老人立方,云吾傷風,宜搜解服荆、防、二陳、羌活、葉枝、酒芍諸藥。曾霖生來,今日書屏聯數幀。晚同汪九、吕滿、子靖、大武以電車至别有天,余介卿請客,道士、曾九先在,雲隱、子和後來。介卿自携魚翅,殊平平,餘菜亦不佳。既散,同道士、汪九、吕滿、大武、子靖同車至白大橋,道士徑去,吾輩送子靖登南陽丸,遇彭子良談頃之,流連江景,遂起别歸,仍以電車,至家已十時後,服藥乃就寢,已十一時矣。大生兄弟歸自校。”

1916年6月11日上海諸報刊登《海上又來一書家》,介紹譜主於世人。

《海上又來一書家》:“衡陽曾季子先生名熙,湘學士所稱子緝先生是也,自號農髯,昔年官京師,與清道人同學書,書名滿都下。客秋游西湖,道出滬上,清道人因留在滬同鬻書。先生書與清道人相頡頏,清道人夙自負,於時賢書無所可否，獨好先生書，以爲有晉人風，其書名貴可想。爲誌數語，以告當世之嗜書者。”(1916 年 6 月 11 日《申報》、《民國日報》)

袁世凱卒，湖南省參議會來電催請回省共事，復電堅辭不就。

按：見下條。

1916 年 6 月 19 日《申報》刊登《湘名士留滬鬻書》，再次介紹譜主於世人。

《湘名士留滬鬻書》：“衡陽曾農髯名熙，本湘中名士，工書法，高品節，與清道人齊名。客秋到滬鬻書，得其書者，莫不珍同拱璧。近日湘省組織參議會，有電來滬，敦促曾君回湘任事。聞曾君依舊在滬鬻書，昨已復電，堅辭不就，亦可見其高尚矣。”(1916 年 6 月 19 日《申報》)

此際，鄭文焯來滬懸壺，每相過從，置酒論文，輒相與嘆息境遇之厄。

按：見曾熙 1918 年戊午十一月條。曾熙題《鄭叔問先生尺牘》有云：“大鶴山人名滿海内，縣侍湘綺(按：即王闓運)几杖，湘綺曰：‘當世詞家惟鄭文焯耳。’乙卯予來滬上粥書，適山人亦以賣文粥書畫居滬。每過從，置酒論文，未嘗不欷歔太息，曰：‘天乎！乃厄吾輩至此。’既而曰：‘非天也，乃吾求此，將至死不恤也。所謂厄之，固有道也。’山人聞予言，亦據几嘿然。”鄭文焯來滬懸壺，見本年 6 月 24 日《時報》載康有爲啓事：“神醫鄭大鶴先生再到滬，現寓英租界天津路福利公棧，康更生啓。”介紹見 1916 年 12 月 16 日《申報・名士多才》：“高密鄭叔問孝廉文焯，晚號大鶴山人，碩學高蹈，薄海同欽。其醫道精深，有慧眼洞見垣一方，嘗以奇方起危疾。著《醫詁》内外篇行世。康南海目爲神醫，允無愧色。所作書畫，以能事而兼逸品，犖犖可傳。晚年彌自矜重，豪貴厚幣，大索終不可得。以是片素零紈，世爭購賞。昔王半塘老人負人倫藻鑒，嘗謂山人詩名因詞而掩，書名因畫而掩。湘綺翁則稱其一落筆便有六朝風致，識者服爲知言。海上名家如清道人、曾農髯、高聾公輩，則自嘆弗及。及近今求山人書畫者，必以長題加跋爲重，亦可想見其聲價之高矣。”

1916 年 6 月 21 日，晚同李瑞清同至陵馬路太古輝應秦子和招飲，主人秦子穆，同座譚延闓、澤闓、汪九、吕滿、余介卿等。既散，與譚延闓先歸。

《譚延闓日記》同日條：“六月二十一日雨陰，寒暖七十九度。發信：湯電。八時起。食粥。臨《麻姑》三紙。以車出至湖南銀行晤夏某取款，至仇亦山家見其兄，交款而出。又過趙惺如略坐，遂至俊明家，登樓問其病狀，談甚久。出至泰安里見劉崧生，遇陳元白、李仲英、劉放園諸人。因同飯，飯後談頃之，乃至《中華新報》館見九峰、夢巖，談近事甚悉，雖非無因，終覺神經過敏，不敢附會也。歸至家已三時矣。汪四來。何醫來爲老人立方，以前證仍未盡愈，乃服六君子湯加棗仁、砂仁之屬。晚以車同汪九、大武、吕滿至陵馬路太古輝應秦子和之招，其主人爲秦子穆，號能自入廚者。道士、曾九、余介卿同坐，菜皆鄉味，亦頗豐盛，主人自贊不絕口，賓未盡然也。既散，余與曾九先歸，到家已十時，寢。”

1916年6月22日晚，與譚延闓、澤闓、李瑞清、汪九、吕滿至悦賓樓赴何詩孫邀宴，在座尚有周雲隱等。

《譚延闓日記》同日條："六月二十二日晴陰，寒暖八十五度。發信：經百。受信：炎午、放園。七時後起。臨《麻姑》五紙，六十六通畢。湯松來，食粥。劉温、黄度來借十六元去，仇亦山來，張自雄來，唐芬若來，承之來同午飯。天熱殊甚，汗不止也，偕大武、吕滿、唐伢子、繩生、承之步至子武家，復以車迎汪九，玉池荷已生，群花毓馥、庭院清凉，惜其易主耳。子武設四肴相款，有華安公司機器製玉帶麵，以炸醬拌之頗佳，盡二碗。徘徊園中，有西洋人兒女十人來，殊活潑可愛，摘花而去。日陰風凉，余輩復步歸，道士來，晚同汪九、道士、曾九、吕滿、大武至悦賓樓，何詩翁請客也。雲隱先在，汪九所謂千人愛者在焉，今老醜如村翁，尚識汪九爺也，菜殊惡劣，惟冰碗大夾肉尚有北派耳。既散，同汪九、吕滿至天蟾舞臺，蓋叫天之《水擒史文恭》方畢，趙君至之《妻黨同惡》殊平平，李吉瑞《獨木關》尚有先正典型。出呼馬車歸，到家十二時半矣。”

1916年6月23日，上燈後，曹四、周繼黄、張承之、張子武、李瑞清、汪四相繼來，遂入席暢飲。散席與譚延闓、李瑞清談至十一時。

《譚延闓日記》同日條："六月二十三日晴雨，寒暖八十八度。〔始穿葛衣〕發信：黎電。受信：黎電、艮老、澍老、鳳岡。八時起，唐芬若已來，出見之。湯松、羅上霓繼至，李純生、李小溪自湖南來，言近事甚多。陳鳳光來、蕭立誠、袁雪安來，惟陳及二李留同飯，飯於劉室，周孝懷來，言赴湘事。客去，周繼皇來，爲之作書，晚約繼皇、承之、濟輝喫飯，繼皇旋去。今日甚熱，汗下如瀋，乃就浴於家。復呼翦髮人來翦髮，易葛衣，稍凉適，忽聞雷雨，頃之即霽，暑氣略退矣。上燈後，曹四、繼黄、承之、子武、道士、汪四均來，遂入座，菜尚佳，飲亦暢，汪九、汪四、大武、吕滿他去，余與道士、曾九談至十一時乃睡。”

1916年6月29日午，衆人出，與譚延闓、吕滿飯。晚客去，與譚延闓

小飲。

《譚延闓日記》同日條:“六月二十九日雨,寒暖七十八度。受信:文斐。八時起,雨甚兼晦,臨《麻姑》五紙,食油餅,看《聊齋》,俞三、佶子來,同汪九、大武出按摩,余篤輝來,岸稜所介紹也,余與曾九、吕滿,飯後汪九歸,云在青年會大餐,惡劣不中食也。易象來,彭静仁、彭子良來,皆乃湘事者,客去,則汪九、大武、吕滿咸出,余與曾九小飲,俞大來談,頃之去,閱《聊齋志異》一卷,十時寢,爲蚊所擾,起撲殺五枚。”

1916年6月30日六月朔,晚偕譚延闓、吕滿、李瑞清同至一品香赴曾四宴請,同座有汪九、譚澤闓、羅佶子、張承之、余岸稜、李安甫等,痛飲大啖,十時歸。

《譚延闓日記》同日條:“六月三十日晴,寒暖八十六度(六月朔日)。發信:耔谷。受信:鳳光、偉臣、容溪。八時起,李洽來,蕭禮衡來,王猷來,食粥,出至丁福保處就診,肺甚健無病,病乃氣管加搭兒也,處方買藥以無錢暫置之而歸,則承之、濟輝皆在座,遂同飯,田興金字星六,自湖南來,携信甚多,使人悶損。天熱汗濡乃就浴。道士來。晚偕吕滿、曾九、道士同至一品香,曾四請客,汪九、大武、佶子、承之、余岸稜先在,入座李安甫來,痛飲大啖,蓋費三十元,可謂侈矣。見李力畲之棄妾,不勝老大飄零之歎。及歸已十時,就寢則十一時矣,夜夢殊詭異,豈勞形之故耶?大生、衡生今日歸,暑假放學也。”

是日,爲蔣國榜書其父親遺命“學喫虧,安本分”。

自題:“學喫虧,安本分。此蘇盦先君子遺命也。其師鄭鼎臣作記,以授諸蘇盦,蘇盦復請熙書之册耑,蔣氏子孫,其世世永寶之哉!”(《鄭鼎臣師叙述先令並感舊詩卷》)

鈐印:曾熙之印(白文)。永建齋(白文)。

按:此卷由蔣國榜題籤:“鄭鼎臣師叙述先令並感舊詩卷,丙辰秋裝。”鈐印:榜印(白文)。馮煦題卷首:“清芬世誦。丙辰九日,煦。”鈐印:臣馮煦印(白文)。丙戌廷試第三(朱文)。

同日,蔣國榜屬書其師鄭鼎臣《厚民遺命記及感舊詩》並題。

自題所書《厚民遺命記及感舊詩》:“乙卯十月,予來滬上,從阿梅坐中見蘇盦,蔣君循循類儒者。阿梅曰:‘此予弟子,尚好學知禮。’越日,蘇盦持所藏道州宋拓《史晨(碑)》請跋。趨而進,若不勝衣,與語必起而對。送之出,則車早説於巷外。因嘆曰:'蔣氏有子矣。'今春出其鄭師手録其先君子遺令並感舊詩請書,以垂之久遠。仁孝敬師,不圖今日尚見蘇盦其人,書成喜記於此。丙辰六月朔,衡陽曾熙。"(《張大千的老師曾熙李瑞清書畫特展》)

鈐印:永建齋(白文)。

1916年7月4日將晚,偕譚延闓、袁伯夔、汪四至張承之家小飲。至夜,袁、汪去,與譚延闓、張承之至白大橋,步入黄浦灘游,受租界巡捕干涉,遂出,歸至蓬路日本飯店飲啤酒。

《譚延闓日記》同日條:"七月四日晴雨風,寒暖八十四度。受信:譚季鵬、李幼三、鑄新。八時起,臨《麻姑》五紙。食粥。乘車將出,遇楊丙,偕四川張□□(原空)、貴州□□(原空)來,遂同歸談,羅儀陸、李先敬來,陳九韶、陳焕南來,客去,余乃出至丁福保處診,天大雷雨,以風冒雨至寶隆醫院看章杏年病,談久之歸,已飯後矣。大武同汪九、吕滿出,承之來,余爲人作屏聯書,伯夔、汪四至,將晚偕袁、汪、曾九至承之家,小飲喫水角,至夜袁、汪去,余與曾、張至白大橋,步入黄浦灘,受干涉而出,歸至蓬路飲啤酒於日本人家,甚荒陋,到家,雷聲殷殷矣,汪九、大武旋歸,十時寢。"

1916年7月4日六月朔又三日,復書蔣國榜手撰《先考厚民府君靈表》。

自書:"先考厚民府君靈表(略)。此蘇盦弟手撰其先君子靈表。熙既書成,嘆曰:天道無親,常與善人,不亦信乎!觀厚民先生居富而能自約,守儉而能豐,予宜其世德優厚萃於蘇盦矣。雖然一念之疏,鬼神來鑒,勉兹昭質,馨爾世德,不勝頌禱云爾。丙辰六月朔又三日,大雨復晴,農髯復識於滬上瓶齋寓廬。"(《鄭鼎臣師叙述先令並感舊詩卷》)

鈐印:髯公(朱文)。

鄭孝胥題:"蔣生素好禮,諸老所激賞。金陵吾舊居,交游殊不廣。聞君守遺訓,德業久培養。曾侯擅八分,精楷時無兩。爛然書盈卷,相重非標榜。審言致儷語,醇雅冠吾黨。二公吾所信,片語豈虚獎。篤行且尊師,世風空擾攘。丁巳夏五,孝胥。"

鈐印:太夷(朱文)。

沈曾植題:"孫真人言:終身讓路,不枉百步,終身讓畔,不失一段。養德養生,一循乎是,是喫虧之説,《易·謙》卦義也。士之子恒爲士,君子思不出其位。黄魯直云:人家但不絶讀書種子,後世必有達者,是安本分義,《易·恒》卦義也。天地變化,草木蕃,天地閉,孔子曰吾得坤乾焉。守約而施博,奉兹六言,以往制節謹度,資愛敬以守祭祀,言行無怨惡,小宛之君子意若斯乎! 蔣君有静氣,其將有會於愚言。戊午秋仲,東軒病翁書。"

鈐印:海日樓(白文)。

按:另有馮煦、李詳、魏家驊、程紹伊、馮圻、仇繼恒等題跋從略。

1916 年 7 月 7 日,至張習之家爲其祝壽,座有李瑞清、汪九、吕滿、汪四、譚延闓、澤闓、盛雨霆。

《譚延闓日記》同日條:"七月七日陰大雨,寒暖八十度。受信:鳳岡。八時起,大瀉,昨食物腐敗致之也,周道腴、唐羲支來,羅介夫來,聞湯鑄新已逝,爲之不懌。羅儀陸、李先敬來,俞三、宗子岱來,出至克强處,勸其還湘,久談未决,馮自由來,遂出至俊民家,遇羅介夫、王猷,談甚久,大雨止乃行至升順里張習之家,爲習之祝壽,登樓,則道士、曾九、汪九、吕滿、汪四、大武、承之皆在,盛雨霆亦與焉,主人設席甚豐,廚人手段不稱耳。以昨日過醉,胃不甚適,不敢多飲食也,歸已九時,得湘電促同克强歸,此在吾意計中矣,十時後寢。"

1916 年 7 月 9 日,湖南省議員羅永紹等在一品香歡宴海外歸國之黄興(克强),與譚延闓等作陪。席間商議湘中政事,發電黎元洪總統、段祺瑞及軍務院,表明歡迎陸榮廷反對陳宧督湘之意。

《湘省議員歡迎黄克强》:"昨九號湘省議員羅永紹、彭允彝、歐陽振□、周震麟、易宗夔、李漢丞、周澤苞、陳炳南、文篤周、李式璠、胡壽昺等假座跑馬廳一品香歡迎黄克强君,並延譚組安、汪頌年、曾俟園、胡子靖、陸詠儀、陸吉愷、張詠隆諸君作陪。由羅永紹主席,易宗夔致歡迎詞,大致謂今日三次革命告成,適逢革命偉人黄先生新從海外歸來,同人等在此開會歡迎,實是一件甚有光榮的事體。此次推倒袁世凱,在黄先生表示謙衷,謂身在海外,不能躬預其事爲歉。其實黄先生洞燭機先,在民國二年,即知袁氏有帝制自爲之意,故發難於贛寧,向使彼時人心一致,推翻袁氏,何致發生帝制,地方既免受糜爛,人民亦少罹痛苦。鄙人故以此次偉人以焦頭爛額之成功,黄先生實爲曲突徙薪之成功。袁氏黨羽實繁有徒,尚希望黄先生以敏妙手段,掃除餘孽,以竟廓清政府之功。且黄先生此三年内,游歷美洲,對於共和制度考察周詳,此後國會内閣、從事建設,尚望黄先生指導一切,俾我國造成一完全共和之國家,無任欣幸,而湘省同人對於黄先生尤有特别之希望,因湘省自二次革命失敗以後,袁氏派一湯薌銘來湘,一切實施,毫無善政,惟殺戮人民至一萬七千餘人之多,湘民痛苦,無從呼籲。今幸民黨勢力膨脹,驅逐湯氏,同人方希冀推舉黄先生及譚先生回湘整理一切,中央忽任命陳宧爲湘督。陳乃陰險姦惡之人,我湘人誓不承認,尚望黄先生從各方面設法阻止,徐圖善後。鄙人代表同人之意如此。黄君起立答詞,大致謂今日承議員諸君歡迎鄙人,實爲欣幸。剛才易先生代表諸君之意,鄙人實不敢當。鄙人自二次革命失敗後漂流海外,於國内情形甚爲隔膜。微聞袁氏帝制告成,蔡松坡從滇黔方面起義師,以反對之,今竟全功告成。鄙人雖未躬於其事,好在蔡亦湘人,實可掩湘中籌安三君子之羞。現在黎大總統就職,次第恢復約法,集合國會,一切建設問題,鄙人當盡力貢獻其所知者,以爲諸君之助。至於湘中事體,反對陳宧,實爲正當之舉,當然贊成,以後辦法,當分爲現在及將來二層,現在中央命令以陸榮廷署理湘督,陸公刻已率師抵衡,我湘人當極表歡迎之意,請陸坐鎮湘中,至陸師移督廣東時,仍以請譚三先生回湘整理一切爲好。語畢,全座鼓掌。譚組安君對湘中善後計劃,亦演説半小時,全座鼓掌。陳焕南從陸督幕府中來,演説陸督對於湘省意見。席散後,由彭允彝、羅永紹撰擬電稿,分致黎總統、段内閣及軍務院,表明迎陸拒陳之意。”(1916年7月10日《申報》)

《譚延闓日記》同日條:“七月九日晴陰,寒暖八十三度。發信:鳳岡、艮老、秉三。八時起,胡子靖來,食粥,羅介夫、雷惠南、崔肇琳來。土猷來,偕子靖同車至聶三家,以三千五百元還賬。出至一品香,湘議員歡迎克强也。中席演説,數年不爲此矣。及散,往濟武家,俊民在坐,談甚久,藍子先來,稍坐遂歸,袁伯夔來,道士來,陸三、陸四來,曾四來,今晚二(?)請二陸及曹也,汪四亦來,作主人,菜尚可口,十時始散,遂睡。”

按:《譚延闓日記》未記譜主,可知兩人非一同赴宴。

1916年7月10日,衡州兩學生來訪。

《譚延闓日記》同日條:“七月十日晴,寒暖八十七度。發信:秉三、鳳岡、炎午、雪安、頌雲。受信:鳳岡。六時起,瀉不甚憊,作致湖南書,粥後,子靖來,爲人作屏聯,擬今晚赴鎮江游焦山,布署行事。飯後,趙惺如、胡宇平來,又於曾九室見兩衡州學生,任震來,盛時、魏選庭來,同任震訪濟武不遇,見劉放園,遂訪克强談湘事,遇潤農、李國欽、曹亞伯、何雪舟、陳愷良諸人,出以電車歸,曹四來,子靖來,飯後就浴,十時同汪九、吕滿、曹四至火車站,赴鎮江。伯夔、汪四來會,子靖、大武送行,至車站遇胡宇平、李蔚霞、劉放園、李仲公皆附車入京者也,曹四、袁大、汪四亦來,十一時車行,大武、子靖乃去,汪九、汪四、吕滿皆不欲睡,余獨與袁大共卧車,曹四亦臨時買卧車票,實則卧室無風,熱悶殊甚,蚊擾不已,仍與二汪、吕滿坐談,飲啖,睡不及三小時也,夜半大雨旋止。”

1916 年 7 月 20 日晚，譚延闓自鎮江歸，來與其談湘事者甚夥，胡子靖同宿一房。

《譚延闓日記》同日條："七月二十日晴，寒暖九十一度。受信：林四、胡海帆、植根、子谷、黎九、艮老、鳳岡、諸人公電。八時起，食餃子，同汪九、吕滿乘竹兜子至慎修家，小坐，出至葛雲孫司令部，舊都統署也，載穆殉難之室，今尚封閉，又章丹徒道觀署中諸室，登後山望江，歸已十二時，諸袁、唐、汪畢至，將飯，觀寅來，雲孫亦至，曾心谷來送，至車上，三時車行，坐頭等室，甚軒爽，大雨忽至，閉窗甚熱，過蘇州始霽，到滬七時四十分矣，以馬車到家，則龍八、左霖蒼、周佛凡、陳寶星在座，皆言湘事者，聞之使人不怡，匆匆飯畢，與諸人立談，余介仰來，連日來信電甚多，讀久之乃畢，回首焦巖如天上矣。子靖宿曾九房，龍八設新榻與頌年同室，談至十一時乃就睡，熱極汗如雨，不僅沾衣，展轉不寐者久之。(天旌厥事事延集，江裏此山山不浮。瓶廬贈金山僧聯。)"

1916 年 7 月 25 日丙辰六月廿六日，與清道人同訪鄭孝胥。晚與譚延闓、汪九、龍紱瑞(龍八)、胡子靖談至午夜。

《鄭孝胥日記》同日條："梅庵、曾士元同來，談久之。"

《譚延闓日記》同日條："七月二十五日晴，寒暖八十五度。(易新鞋)〔由滬至津頭等通票四十六元四角，加滬寧卧車四十一元四角，津浦小車五元。〕受信：譚禮秩、陶書洵。七時起，内人將携大生歸寧，保定遣李姥、趙筠同去，爲之部署行事，食粥，李經輿來，蕭禮衡來，張子武來，左目上泡生挑針殊不適，袁士權來談川事，飯後復與久談乃去，三時以車至徐園，應克强之約，凡十二席，席六人，日人自青木、有吉諸人以下，中人則中山、少川以下，自三時至日昃乃入座，復疊起演説，食不下咽，余爲託辭出。今日新識伍秩庸、章太炎、李平書，及歸，大武等已出，乃與子靖及諸兒飯，九時後送内子往車站，大、衡生同去，至則已買通票，内人與大生同一室，尚清凈，少坐，醉六、承之來，皆送静生者，又遇李執中、陳九韶，久之，静生、濤泉來，送者有少川、小園、伯夔之流，及車行，乃同大毛歸，老人已睡矣，余送内子遠行，自結褵至今爲第一次也。與汪九、龍八、子靖、曾九談至十二時乃寢。龍八今日移居吾家，盛風子衣新衣，高睨大談於二等車，不知誰所貲也。"

丙辰六月，題《李瑞清書贈楊仁山魏碑中堂》。此書去秋自篋中檢出，裝池以歸楊仁山。

題《李瑞清書贈楊仁山魏碑中堂》："此阿楳辛亥七月書與仁山八哥，時仁山繇都南下，阿楳亦返江寧。未幾國變，阿楳當江藩棄官之時，受命危急，扼守孤城。卒至城破身陷，求死不得，然其愚固不及矣。去冬檢篋中，此幅尚存，劫後餘生，相對太息。因赴滬携而還之仁山。回憶甲午、乙未之歲，熙與仁山八哥、君重歐九、敬夫周三、任氏昆季、戴子邃盦，暨予、二弟阿棋，朝夕縱横論國事於丹徒丁師(按:即丁立鈞)之宅。今何時耶！丁師、歐、周、大任皆先後歿，而予與八哥、阿棋飄零海上，所謂'嘿嘿復何言，相對惟有淚'而已。丙辰六月，此幅裝成，爲八哥識之。熙。"

又:"仁山八哥官户部十餘年，出知柳州又數歲，然四壁蕭然，以視予與阿棋尚能以粥書供薪糧，其處境更苦，因並記此。熙。"(上海朵雲軒藏)

丙辰六月，爲《胡氏支譜》題"存稿"扉頁。

題《胡氏支譜》:"存稿。丙辰六月，熙署。"

鈐印:永建齋(白文)。

李瑞清書秦錫圭聯:"發氏族愛情，特結此浦左數十家小團體;原祖宗公德，待推諸亞東四百兆大同胞。雲翹研兄家祠落成，同田秦錫圭撰聯，清道人書。"

鈐印:阿某(白文)。清道人(朱文)。

胡祖德《胡氏支譜序》:"我族自徽州績溪遷上海之陳行市，向無譜牒，族祖青坳公嘗草創於前清道光時，族伯屺雲公復增修於同治年。然僅書某公配某氏、傳某支而已，其他記載都付闕如。光緒初，德與族祖錫山、族伯魯巖時相討論，嘉慶以後，近而易考，乾隆以前，遠而難詳。蓋自始遷以來三百餘年，雖代有文人墨士，筆不及此，難資考鏡也。設再因循不增修鎸板，將四十餘年之聞見湮没弗彰，則後之視今，猶今之視昔，悔可追歟? 爰取舊稿，重加編輯，區爲十類。一曰世系圖，單純掛綫，使各支朗若列眉。二曰家傳，就本生一支曾祖以下，旁及各房，凡嘉言懿行，積學敦品，足爲後人取法者，悉採録之，以闡其幽。三曰世紀，凡諱某字某生卒年月及其職業，詳載無遺，次世代爲先後，以備撿查，上自明季，下迄民國，有聞必録，其不足徵者闕焉。四曰墓誌，靈幽之文，以補傳記所不及，足資參考。五曰墓圖，其地址圖號，山向水口。德於少時，嘗親歷其地而繪成者，近復增補完全，至昭穆次序，更不容紊，蓋幾費博訪周諮矣。六曰遺像，所存行樂圖，搜付銅版精印，以供後人瞻仰。七曰行輩，擬定十六字，曰儒雅淵源學宗安定經師家世澤潤詩書，懸之祠壁，爲合族命名之序，庶自今以後，若尊若卑，一覽瞭然。八曰存稿，凡詩文書畫及親友題贈之作悉録焉。九曰前徽雜咏遺聞佚事，著之篇什，以揚先芬。十曰修譜餘談，一事一物，皆得附載。全册内容寧詳覈而不簡略，寧質實而不浮華，勿捨近圖遠，勿依勢攀附，以期可對前人而取信來者。顧一人之心思，垂老之精力，既不及細考，譜例又未能就正通儒，率爾集成，難免疏漏，但使留此印本以廣流傳,俾後之續修者,有所依據云爾。民國三年甲寅夏五月,裔孫祖德謹序。武進吕景端書。"(《胡氏支譜》,民國石印本)

丙辰六月,書"幽巖對磐石,澹漾引清溪"隸書五言聯。

自書隸書五言聯:"幽巖對磐石,澹漾引清溪。繇馬跡橋入南岳,石巖古苔上有此句,亦無時代姓名,偶憶書此。丙辰六月大雨,農髯熙。"(浙江南北2008年秋季拍賣圖録)

紙本。174×47cm

鈐印:曾熙之印(白文)。此其人與千户侯等(朱文)。

1916年7月29日,晚歸與譚延闓、胡九、汪九、吕滿談至午夜。

《譚延闓日記》同日條:"七月二十九日晴,寒暖八十八度。發信:炎午、秉三。受信:炎午。八時起,歐陽堃(少筠)來,劉艮老所派副官也,詢以湘事,頗深憂疑。食粥後,龍、胡皆出,大武亦行,余與汪九附電車至商務印書館訪張菊生,不遇,遂至洗清池就浴,大武先在,浴罷歸飯,子靖亦還,嵩生來,歐陽堃來,張翼鵬來,以舊拓《天發神讖》見示,及去,與汪、龍諸人納凉,簷下風來殊爽有秋意。晚飯,稍飲,吃炸醬麵,汪九、吕滿出,余與龍八談舊事甚久,曾九、胡九歸,汪、吕亦還,談至十二時寢。"

1916年7月30日,連日勞累,譚延闓午飯後來談,坐床上不覺睡去,旋覺醒。

《譚延闓日記》同日條:"七月三十日晴,寒暖八十六度。受信:蘭亭。七時起,覺已受寒,胃痛腹瀉,食粥後,爲人作書甚多,今日甚凉,可著洋布衣,汪九、龍八出,午飯不復飲,以胃炎也,坐曾九床不覺睡去,急起自振勵以袪睡魔。袁伯夔、汪四來,周劍帆、左霖蒼來,言歸湘事,與談久之,言之非難,行之艱難,語罷又自悔也。周、左去,石醉六來,與談舊事,甚悉。因留同袁、汪晚飯,仍止不飲。袁、汪去,石留,談至十時乃行,醉六言,平日於松坡、克强,皆時進箴規,然於余則殊無機會,問之則云,君已知故不待言,聞之㦬然,知平日飾非拒諫者多矣。老人受凉,早卧,余亦就寢,聞汪九、龍八歸,復下與談,至十一時乃寢。"

1916年8月1日,晚赴小有天俞明頤邀宴,到袁大、譚延闓、李筠庵、吕滿等,散席與譚延闓、吕滿同車歸,談至十二時乃寢。

《譚延闓日記》同日條:"八月一日晴雨,寒暖八十四度。發信:秉三電。受信:鳳光電、頌雲電。八時起,食粥,以車往克强家,遇小園、醉六,克强留飯,菜皆粤派,甚精緻。出至伯英家談久之,歸,小坐,復與汪九出,大武、龍八、吕滿他往,余二人至伯夔家見袁三、汪四,遂邀汪四同至白克路稍坐,出門遇大武等同入新世界,聽大鼓雙黄,久之,雨至乃往小有天,俞三請客,袁大、曾九、李三來入座,菜頗精,飲微醺即止,胃不舒也,既散。與曾九、吕滿同車歸,談至十二時乃寢。"

1916年8月2日,余岸稜在張子武家請客,偕李瑞清往,譚延闓、龍紱瑞、汪九、吕滿先在。

《譚延闓日記》同日條:"八月二日大雨,寒暖八十二度。發信:秉三電二、海帆、薌詒。受信:秉三電、振吾。八時起,食粥,大雨如注,爲人作屏書,午飯石醉六來,言今日歸湘事,張承之來,汪四來,余岸稜來,譚石屏來言山東事,暢論久之乃去,大武以牙痛不出。余與汪、龍、汪、吕步至俞三家,坐茆亭頃之。遂至子武家,余岸稜請客也,曾九送道士後至。曹廚治庖,魚翅外,惟燒豬最新色,然非其至者。及散,諸人各去,余到家,得秉三電云,松坡不能離蜀,將以湘事加吾身,甚爲皇急,此非才所能任,亦非力所能及,誤人誤己,將何以堪,甚望其不成事實也。與汪、龍諸人談,至二時乃寢,老人亦未睡,屢呼問近訊也。"

1916年8月10日晚,譚延闓歸,同飯,至八時汪九、吕滿、龍紱瑞、譚澤闓歸,同坐談至午夜乃寢。

《譚延闓日記》同日條:"八月十日晴,寒暖雨八十六度。發信:秉三電、詷白、伯毅電、黎段、秉三、曾程、艮老。受信:朱九、頌雲。八時起,楊岳、歐陽堃來,曾任尹來,楊丙、楊壽昌、彭耕來,譚石屏來,以車出訪道士,遇徐積餘、陳仲詢,談久之,過少川,遇欽甫、亮疇、張木欣,談雲南土案,諸人去,復與少川談一晌,乃至俊明家,鎔西在座,言土案始末,真大笑話,使外人視國如無人矣。同俊民至克强家談,遇曹亞伯,復至俊民家,鎔西尚在,談治湘法頗久,又見吕志伊(天民),遂歸,同曾九、大毛、細毛飯,看來電及函,作書致秉三諸人,至八時,汪九、吕滿、龍八、大武歸,同坐談至十二時乃寢。"

1916年8月11日丙辰七月十三日爲明辛克羽文集《寒香館遺稿》題籤。

按:是書爲辛克羽後裔柏森所輯,李瑞清爲題扉頁。

1916年8月12日,王祺來,李瑞清來,因病不出室。

《譚延闓日記》同日條:"八月十二日晴,寒暖八十四度。發信:海帆、電鳳岡、

□應岡等。受信:鳳岡、雪安、澍蕃、劉毅。七時起,艾鍾琦、湯□□(原空)來,彭□□(原空)來,王祺來,張毓昆來,江浴民來,岸稜來,朱某來,楊丙來,王祺談頌雲事最久,俊明來,遂留同江浴民飯,李道士、姚子楷亦同座,汪、龍、大武已出也,汪四來,承之來。(周雲隱來,爲老人立方。)余出,至止庵來,談久之,又過章一山、蒲伯英、周孝懷,至八時乃歸,道士請客,汪、龍、吕、大武、汪四、承之、俞三,姚芷垓、李三同□(席),曾九以病不病(與)。子武復至,談甚暢適,楊丙中席來談,見之别室,唐義彬來自湘,談事最久,客去,與汪、龍略談,一時乃寢。老人今日少愈。"

1916 年 8 月 14 日晚,譚延闓來辭赴湘,李瑞清兄弟與衆人送之火車站,以病在身未出送。

《譚延闓日記》同日條:"八月十四日晴,寒暖雨八十七度。〔發上海〕發信:黎段、蓂賡電、劉胡葛。六時起,老人已大愈矣,以車出,過聶潞生、羅偕子,遇文湘芷、胡漢民、孫中山,遇馬君武、丁人傑,乃至克强家,神田正助來,同談借款事,嵩生、仲詢來,出過柏烈武不遇,乃至伯夔家,遇唐子中、汪四,遂偕至古渝軒,龍八、汪九、大武、衡生、繩生亦來,飲啤酒,食數肴,皆精絶。歸家諸務坌集,就浴後,張元濟來,余道南、江雋來滬,談飲,俞三、子武來同飯,不復多飲,聶六來,袁大、汪四來,汪四旋去,克强、嵩生、詠儀來,侍老人坐頃之,淳淳以保□精神爲命,謹志不忘,擬戒煙酒以答慈訓。十時三十分即辭老人出,别曾九諸人,與汪九、大武、袁大乘汽車至火車站,來送者皆熟人,神田、立中二人亦與焉,道士兄弟亦來,慘然有離别之色,曾九以病不至也,同行諸人皆乘江華去,十一時車開,陳叔通同車,談甚久,一時睡。"

李瑞清將屆五十壽辰,登報佯稱將東游天台、雁蕩、黄山,以避祝壽者。

《清道人啓事》:"貧道不幸不死,五十之年,忽焉已至,伏處海濱,苟延喘息,不與世通慶弔久矣。頃聞至友門人有不遠千里來滬爲貧道壽者,不自知汗流之被踵也。憂患餘生,更何事足吉慶者,今且東游天台,登雁蕩,觀雲黄山,已椒裝發矣。恐諸君子有枉道相過者,僅奉報以聞,幸垂察焉。"(1916 年 8 月 2 日《申報》、《時報》)

《壽李梅庵五十(審言)》:"吾宗臨川一道士,魋結翩翩走街市。争看變服清道人,不數濁世佳公子。道士昔官圍城中,槍雷砲石雲霄紅。天幸不死林述慶(林述慶以手槍擬之),毀車鬻馬來匆匆。翰林藩使求衣食,告身不敵三錢值。羲之鬼在腕中存,賣字懸標道傍識。利市朝朝門有人,豪端墨潤釜無塵。小有天中填巨壑,大賈壁上尊遺臣。年今五十諱不吐,我辰安在嗟無補。昔是亭林客薊門(亭林先生有在薊門謝人作生日書),今見梅庵遯淞滬。蘇庵告我可爲詩(蔣生蘇庵告君生日可爲詩壽之,蔣亦君門生也),倉卒壽君以此辭。君如避壽金焦去,請問焦先誰繼之(君將先期避往金焦,亦蘇庵所云也)。"(1915年8月15日《神州日報》)

按:清道人避壽,實際上未有金焦、天台、雁蕩、黄山之游。

1916年8月26日丙辰七月秋七月,爲清道人五十壽辰,臨《黄庭經》以賀之。

自題臨《黄庭經》:"趙松雪所藏《黄庭經》,思翁以爲七字成句,且有太傅(按:即僧繇)法,及自臨古帖十册,則稱《黄庭》無過思古齋。覃溪(按:即翁方綱)老人題水前本《鶴銘》,詩云:曾見黄庭肥拓本,憬然大字勒崖初。道州(按:即何紹基)以爲真知《黄庭》與《鶴銘》。此册守思古齋所刻,間下以《鶴銘》筆法,蓋予二十年前所見如此也。猶憶甲午之歲,與阿梅寓京師松筠庵,得此《黄庭》並水前拓本《鶴銘》、周器拓片十數種,遂大樂不已。乘車出前門,縱觀郊外,竟日始歸。今何時耶!阿梅年五十矣,以黄冠鬻書海上,且招熙同偷活。此間昔年几席,今復同之,然豈予與阿梅初志所及哉!臨此爲阿梅五十壽,時丙辰秋七月也。熙。"

鈐印:髯公(朱文)。

又:"經云'壽專萬歲將有餘',老髯更舉酒爲賀。書訖復記此。"(《曾農髯先生臨黄庭經》,上海震亞圖書局出版)

李健題籤:"曾農髯先生臨《黄庭經》,壬戌八月,李健題。"

鈐印:健(朱文)。

按:1917年付刊前,曾熙題耑:"《黄庭經》一卷。老髯書與道士作五十生日也。壽專萬歲將有餘,相期在此。今歲其門人景(影)石以分貽同學,囑識其耑。丁巳六月,曾熙。"

1916年8月28日,譚延闓寫信來。

《譚延闓日記》同日條:"八月二十八日晴大雷雨,寒暖九十二度。發信:第十四書、汪九、曾九、道士、秉三、静生、克强、儀陸。受信:第七八書、秉三三電、儀陸、行嚴。七時起,飯後子谷來,黄紀清來,石一參來,羅本義來,程嵩生、程頌雲來,遂招夷午、坤載、護芳、張槐、崑濤來同飯,加肴設飲,此其朔也。鳳岡來談甚久,見翁守謙、熊謙吉、孫森、向桑(燊)於廳中,張其鍠、易孔昭、姜濟寰、楊朝恒、張茯年來,夏政、羅伯勛、鄒永成來,大雷雨,熱極之應也。聞觸電死三人,署中折梧桐樹一。晚飯後,覃里鳴來,張聲焕來,閱到文百餘件,盡行數十件,果於民有益否耶？而吾已目疲手倦矣，與偉成商裁兵事，就浴後，寢已十二時。”

丙辰七月，題瓶齋主人譚澤闓所得《石庵八十精品卷子》。

題《石庵八十精品卷子》：“石庵八十精品卷子，丙辰七月瓶齋主人得於滬上，農髯愛其《黄庭》疏澹，因記此箋。”（《譚伯羽、譚季甫先生昆仲捐贈文物目録》，臺北故宫博物院 2000 年 8 月版）

鈐印：髯公。

丙辰秋仲，乞沈曾植題《柏石圖》。

沈曾植《題曾節母柏石圖》（原序：圖爲清道人李瑞清所作，以壽曾母劉太夫人也。瑞清《曾母劉太夫人建坊頌》云：“宣統元年，皇帝詔旌天下節孝。廣西候補知縣衡陽曾銑之母劉太夫人，仁孝亮節，炳爲世軌，夙罹孔艱，撫育幼孤，訖用有成。季子熙，陸軍部主事，授學衡湘，有聞於時。前湖南學正曹鴻勛乃具載本末，以其狀上聞朝廷。”）：“石骨不可磷，松心有來直。蒼然黯然姿，萬象闃幽默。正命在荒阿，生涯樂冰雪。後有文字祥，無忘歲寒色。”（《沈曾植集校注》，中華書局版）

約本年中秋，據玉煙堂本爲李瑞清臨《瘞鶴銘》全本。

自書：“《瘞鶴銘》略。據玉煙堂本臨此，疑出山谷本也。中秋，農髯。”

鈐印：曾熙之印（白文）。

李瑞清題：“曾臨《鶴銘》。《鶴銘》無全本，惟玉煙堂本爲全文。農髯先生爲臨之，盡以自運之筆而兼用《夏承》法，其古厚幾欲過原本，道人不及也。清道人。”（《農髯臨瘞鶴銘》，上海震亞圖書局出版）

鈐印：阿某（朱文）。清道人（朱文）。

按：據李瑞清題語推之，當爲其臨以贈。曾識未署年款，僅書“中秋”兩字，姑繫於茲。

丙辰八月，爲方逋書“雍容考彝器，澹泊揚素風”五言聯。

自書五言聯：“雍容考彝器，澹泊揚素風。逋庵仁兄書家正之，丙辰八月，熙。”（上海青蓮閣 2007 年秋季拍賣圖録）

紙本。133×32cm

鈐印：曾熙之印（白文）。字□子緝（白文）。足吾所好翫而老焉（朱文）。

按：逋庵即方逋，生卒年不詳。初名錫琛，字韓玉，號憬來，又號逋盦，別署寒玉樓主,室名雙潞琴室、寒玉樓。浙江嘉興人。清末民初書畫家,篆隸行草,盡能窺古人門徑,山水學吴秋農。精鑒别,善琴,喜參佛乘。與蒲華、吴昌碩、徐星洲等過從甚密。

重陽後,爲孫卿書"高步韓魏國,奇文蔡中郎"章草五言聯。

自書章草五言聯:"高步韓魏國,奇文蔡中郎。古隸變,乃有章草。索靖不傳已久,今取隸法,下以己意,未審孫卿仁兄以爲何如? 丙辰重陽後,農髯熙。"(私人藏)

紙本。138×40cm

鈐印:曾熙之印(白文)。惟辛酉余以生(白文)。足吾所好翫而老焉(朱文)。

此際,愛儷園主人哈同與迦陵夫人創立以"崇奉倉學,研究文字,保有國粹"爲宗旨之廣倉學會,加入該學會。

《愛儷園特開廣倉學會》:"本會爲純粹國學,於一切世事概不相涉,宗旨:崇奉倉學,研究文字,保有國粹。資格:凡經史子集,學有根柢,金石書畫,識有經驗,及一材一藝之長者爲合格,得有發起或先入會員介紹入會。經費:由主會人哈同君、迦陵夫人擔任,惟入會時納分金一元。會所:静安寺路愛儷園。會期:春秋開常年會兩次,收藏家月會一次。規則:文苑騷壇,不談他事,討論文字,鑒别古物。定於陽曆十月廿二日陰曆九月十五日開會。本會書記員啓。"(1916年10月6日《申報》)

按:《迦陵女士發起廣倉學會啓》見本年11月11日條。

廣倉學會以外,哈同夫婦又發起倉聖萬年耆老會,列名發起人。

《倉聖萬年耆老會緣起》:"粤自元氣盱睢,人皇緐九頭之紀,靈光盤礴,漢家鐫四目之碑,冠項軒巢燧以覺民,彙南朔東西而被化,毓爲國華,溯中原風氣之開通,賴倉聖規橅之垂剏。是以蹏迒辨别,進鳥獸而效靈,河洛鈎稽,洩馬龜以輯瑞。仰天文而俯地理,已孕交泰之期,長曰梵而次佉盧,祇備附庸之列。從此取睽取豫取涣隨取乾坤及大壯、小過,得庖犧以制作開先,即至而堯而舜而夏禹而湯商與文武、周公。惟孔子以詩書著述,衆樞所握,則斗運中央,百川既歸,則宗朝大海。汝南洨長之編紀,菲薄斯、高,金壇大令之制裁,表章鍇、鉉,雖或爰歷博學,偕訓纂而俱亡,切韵玉篇,藉繫傳而有準,凡吾邱、宦光之論,終以肊見相參。洎朱桂、王苗之儔,臚舉微言爲證,許書不墜,倉學乃明。詎意斯文未喪之天,竟有後世將亡之典。譬諸舍梧養棘,殊愧場師,豈果貴玉賤珉,有疑子貢。況復契丹女真之别體，同此借反切以定聲，推諸天方基督之教宗，或亦闡語言而成字，孳乳固廣，不判胚胎，跗萼相銜，早儲根柢，不有倉聖，奚以暨歷萬千載，横被五大洲哉！往者馮翊高墳不少投名之祀，宇文新祚，亦修釋奠之儀，懸魁斗而訪唐禋，獻祭著以稽宋志。清德廟中葉，詔天下各建專祠，俞賓萌遺書，議學校宜隆特祀，奈何爲官爲帝，聚訟滋緐，猶幸寖微寖昌，不絶如帶。愚夫婦知作者謂聖，本無澳非歐美之分，都人士皆儒家一流，應綿道德文章之胤用是璘彬黌舍，廣羅弟子以横經，璀璨叢編，博采通人而考古，裙屐簪裾之集合，不徒提倡宗風，金石書畫之搘撑，要亦維持大雅。然而借他山之石，助者殊多，聆象箾之音，美猶有憾。哈同僑居中土，愧從貨殖以起家，迦陵僅附女流，敢繼宣文而講學，祇以大同之治，必溯源流。既有百世之師，合尊泰斗，萋萋俎豆，緘冠裳，式干羽於兩階，協金玉爲六律。第恐造車門内，殊嫌合轍難因之綿蕞殿前，亟賴定儀之選，爰於夏正三月下澣八日祀侯岡之聖誕，集愛儷舊園，絳縣老人之甲子能周，即延上客，司馬君實之賓朋咸集都是耆英，聚五百里德星，未許侈談盛事，繼一千叟嘉宴，無非自耀國光，某等援鄉黨尚齒之規，作陬澨同文之劵，龐眉皓首，祭酒推國學先生，玉面方瞳，問事記山中宰相，或泛崑崙之巨舶，附日遄行，或走奇肱之飛車，御風倏至，或詩聯酒飲，偕永州刺史而來，或索帶衺披，與楚邱丈人爲伍，或婆娑舞醉，樂天身倩孫扶，或佶屈傳經，伏生口憑女授，春盈杖履，勝擅名流，人在圖畫，相呈壽者，爲舊學商量之淵藪，導諸生講解之切磋，固不僅飛觴開筵，樂園林而賞煙景，鳴琵擊板，演粉墨而問宫商也，倉聖萬年，耆老亦萬年矣。於戲！發潛德，闡幽光，四方於是乎觀禮，崇儒門，尚師位，三代所以藉斯民。謹掬微忱，惇告舊獻。"

又："倉祀釋典，期以萬禩，老成典型，藉資矜式，故於廣倉學會外，别創倉聖萬年耆老會。述名稱第一。"

又："文字先後，禮儀異同，考訂研究，折衷至當，皆有待於諸耆老也。述宗旨第二。"

又："圓顱方趾，均師陳倉，國籍教宗，不復區别。凡品端學粹，有廣倉學會會員一人介紹者，皆可入會，即填送會證一張。述資格第三。"

又："年老德劭，肇自杖鄉，飲酒之禮，穆然古處，惟年逾六十者，始得與會。述年齡第四。"

又："流連觴詠，相與爲歡，明月清風，一錢不用。其籌備各貲，均由哈同暨迦陵任之，與會者不必納值。若入廣倉學會者，仍須照章輸費。述經費第五。"

又："春秋展祀，例有常典，扶杖來觀，贊助不少。因定每年三月二十五日至二十八日爲大會會期，每月陰曆十五日下午二時開常會一次，商酌各事。述期間第六。"

又："拓園百畝，聊供遊息，書庫字囷，約略佈置，以上海静安寺路愛儷園爲會所,另附通訊及報名處於內。述住址第七。"

又:"彬雅群彦,各共爾事,弁冕耆儒,英如長長。本會除推舉會長外,餘悉以廣倉學會舊有者,臨時派充之。述職員第八。"

又:"秘藏神品,希世之寶,飽我眼福,鱗萃龐集。諸耆老有金石書畫,携列本會者,固所歡迎,若有肯借攝鏡印,以備流通,謹當酌酬書籍。述徵求第九。"

又:"草創伊始,諸待斟尌,匡我不逮,是惟大雅。章程中如有未盡事宜,應行隨時修改。述附記第十。"

又:"主會人歐司愛哈同、羅迦陵同啓。代表人姬覺陀謹述。發起人:盛慶蕃,徐士琛,朱福詵,馮煦,許淮祥,吴俊卿,繆荃孫,哈麐,强紹嵩,戴啓文,高邕,姚文棟,吴慶坻,湯壽潛,曾熙,左孝同,王岑芝,陳仲威,何維樸,朱祖謀,吴慶祥,邵松年,施則敬,胡子英,吴蔭培,張美翊,張如礪,吴葆濂,王潭,伊立勳,錢南嶼,陶步蟾。贊成人:崔永安,高英,周晉鑣,許桂雲,汪蓮石,陳秋田,費以安,顧雲章,倪思九,汪煦,耿道冲,金學海,惲炳孫,任步雲,黄旭初,王家治,陳銓衡,郁屏翰,查紹豐,舒體元,李杏孫,汪觀瀾,葉炳榮,金麗生,謝月如,李燦亭,金翰臣,王柳生,程新甫,張炳華,湯緝臣,左龍標,孫瑞,宋文蔚,楊譽龍,鍾熊祥,潘紹德,曹曾涵附志。"(《藝術叢編》,倉聖明智大學刊行,1916年7月出版)

丙辰秋,爲仲英書扇。

自書:"霍邱裴氏寄來魯公三表墨迹,筆力之沈厚,每從澹易中得之,米老所不能到,其他無論,真神物也。讀魯公三表。仲英仁兄法家雅正,熙。"(傳是拍賣公司2010年秋季拍賣圖録)

鈐印:曾熙之印(白文)。

按:此書未落年款,以另面鄭文焯畫款爲"丙辰秋"繫於兹。

丙辰九月,爲趙雲壑藏吴大澂仿王石谷十二開山水册頁題籤。

題籤:"吴愙齋山水册,戴張而後有作者。丙辰九月,爲雲壑道兄署此,熙。"(上海崇源2007年夏拍賣圖録)

鈐印:髯公(朱文)。

按:此册尚有清道人題引首,吴昌碩題跋。

1916年10月20日,王湘綺逝世。是日譚延闓有信來。

《譚延闓日記》同日條:"十月二十日晴。發信:四十六、曉峰、曾九。受信:曉峰。七時起,飯後晏孝廉來,張潤農來,至政務廳辦公後,至軍署會食,遂歸又一邨。陳坤載、卿漢藩、李啓幹來見，言編制事，乃欲任置張松本一事，亦可笑者。岳森來，譚蒙、鄒永成來，至軍署辦公，爲人作挽聯，乃洋布者，又可笑也。歸寓陶思曾、彭泉舫來，譚价人來，晚飯趙炎午、張潤農、劉崑濤同食，陳璩章來，林特生來，范秉均來，胡學伸來，談至十時去，閱函札復電，至十二時乃寢。（得湘潭電知湘綺丈於今日子時逝世，爲之感傷，此老乃不前數年死，可太息，□碧云前數日尚見之，問腹脹否，曰腹若脹不將病耶，談湘猶如昔也。”

丙辰十月，應周虎臣筆莊主人傅錦雲囑，爲書《周虎臣湖筆徽墨號廣告》，並贈“馳名五洲地，創業二百年”五言聯。

《周虎臣湖筆徽墨號廣告》：“本號前在蘇州，今開設上海法界興聖街，先後歷二百餘年。自製湖筆，監造徽墨，精工妙品，馳名中外。宣統二年，家政改革，另增錦雲字樣，以示區别，並杜假冒。近有無恥之徒冒本號名牌，業經稟官懲究，登報聲明。凡賜顧諸君，請認明本號招牌，庶不致誤。主人錦雲氏謹啓。丙辰十月，衡陽曾熙書。”

自書五言聯：“馳名五洲地，刱業二百年。老周虎臣前以湖筆刱業蘇州，嗣移滬上，蓋二百年於兹。選豪之精，剛柔以濟，北京賀蓮青所不及，況其它乎！宜南洋群島亦輸運日緐也。書與錦雲兄正之。丙辰十月，農髯曾熙。”（上海筆墨博物館藏品）

按：1911 年 3 月 28 日《時報》刊有周虎臣筆莊廣告一則，録如次：“康熙甲戌開設，道光年先父由蘇省分設支店在上洋法界東興聖街，至同治八年間先父與先叔商議分開管理，當經親友在場立分合同二紙，各執一紙，據中載明自分之後，各守本店。自先父先叔故後，胞兄少卿專管舊店，鄙人因先叔無後，承嗣主管申店。不料光緒十四年間胞兄將蘇店閉歇，鄙人因念手足之情，邀至店中，按月開伊辛（薪）水，至光緒三十四年與兄取室成家，十餘年來，素稱和好。不料向用之經理吕□甫、司帳蔡森□二人陡起不良，串所胞兄出面將蘇省周虎臣之牌號在本埠竟開筆店，膽敢破壞人家祖業遺規，離間兄弟不睦，希圖漁利，而胞兄初經親友理喻，漸見回心，旋被吕、蔡二人再四强迫，以爲合同已立，股本籌齊，不能作廢，以致胞兄被伊二人欺惑，竟然朋比從事，故小店刻下另請經理，格外加工，精選上等毫料，監製各種湖穎水筆，請認明地址招牌，店主傅錦雲啓。”

又：清道人亦有爲該筆墨號題辭，附於兹：“海上造筆者，無踰周虎臣，圓勁不失古法。近世書家，手不能伏豪，故喜硬而惡剛健，筆不能攝墨，故喜薄而惡豐。筆工阿其好，世遂無佳筆。昔宣城諸葛氏，其先爲右軍製筆，柳公權求之，莫能用，予以常筆則大喜。此知者之難也，書此以告世之求筆者。”（上海筆墨博物館藏品）

1916年11月11日丙辰十月十六日，愛儷園廣倉學會開古物研究月會。

《古物研究月會誌盛》："滬西愛儷園昨日開廣倉學會古物研究月會，到者何詩孫、李梅菴、程定夷、劉聚卿、沈期仲、廉惠卿、奚萼銘、哈少甫諸收藏家八十餘人，各携精品，互相研究，陳列廳事者商子父癸觶、漢元康銅銷、陶陵銅器、魏大安造象齊天統造象、明拓瑯琊刻石、薛素素聯、高攀龍聯、馬湘蘭畫、薛素素小景、黄忠端《待漏圖》、項子京山水直幅、文待詔《前後赤壁賦書畫合璧》、張伯美《松隱圖》、文後山《仙影圖》、梅瞿山《觀瀑圖》、奚鐵生《五硯樓圖》、吴白庵《蘭竹》、方環山《山水》、金冬心《自畫象》、王石谷《倒掛松》、改七薌、杭世駿《梅花》、朱竹垞分書聯、洪亮吉篆聯、陳曼生分書聯、鄧石如三十七言長聯、張船山《雅集圖》、吴穀人聯，洵爲中華國粹，而尤以廉惠卿所藏董香光手寫史記庚辰日鈔爲最寶貴，其餘吉金樂石篆刻雕琢諸神品，尚美不勝記也。○附録迦陵女士發起廣倉學會啓：嘗聞絳紗幔中，拜宣文之席，青綾障外，解小郎之圍。臨川家聲，世通書學，扶風弟子，亦負才名。證以前聞，式是古訓，得毋憬然有悟，勃然以興歟！迦陵蒲柳庸姿，闈門弱質，幼耽六學，涉獵中西。長慕三乘，喜聞佛老，云云籍籍，敢謂泛濫夫百家，本本源源夫固造，端於一畫，乃知倉學之灌注，實孔教之元胎也。若夫典謨訓誥，彪炳六經，彝鼎圖書，芬菲七略，入岣嶁之麓，都是鳥篆蟲書，登崆峒之巔，得見堯碑禹碣，文青赤而焕采，光日月以交輝。凡此盛治之休明，莫非聖化之翔洽爾，然而化以教成，孳乳不息，文因世嬗，隆替靡常。暴秦焚書，茂草旋鞠，安國破壁，金石成聲。羌有伏生，補燼餘之帙，豈無劉向校中秘之書，運會所趨，文物斯盛。苟使地成小西，人盡何休，又何至符諷詅癡，碑讖無字哉！迦陵眷戀宗邦，惄焉如擣，外子久僑中域，習矣如歸，同此素心，抱强識博聞之願，愧無詣力訂拾遺守闕之經，爰集名流，締兹嘉會，午莊觴詠，當爲東道，供張洛社。耆英自是南州冠冕，或縣車遺老，或棲谷高人，或淹雅鴻儒，或淵通博士，或平章玉笥，或搜採謨觴，或片石摩挲，或零紈什襲，庶幾牙籤玉軸，不讓鄴侯，抑亦蕊簡貝文，並儲石室，迦門倒履，祝邦人士，聯袂而來，問字停車，卜海内外同文之慶，恭疏短引，速我嘉賓。迦陵謹啓。"(1916年11月12日《申報》)

1916年11月28日丙辰十一月四日晚，赴張元濟招，宴於一家春，同席有胡子靖、陶惺存、黄溯初等。

《張元濟日記》同日條："應酬：邀胡子靖、曾農髯(名熙)、陶惺存、黄溯初等晚酌，在一家春。"(《張元濟日記》，河北教育出版社2001年1月版)

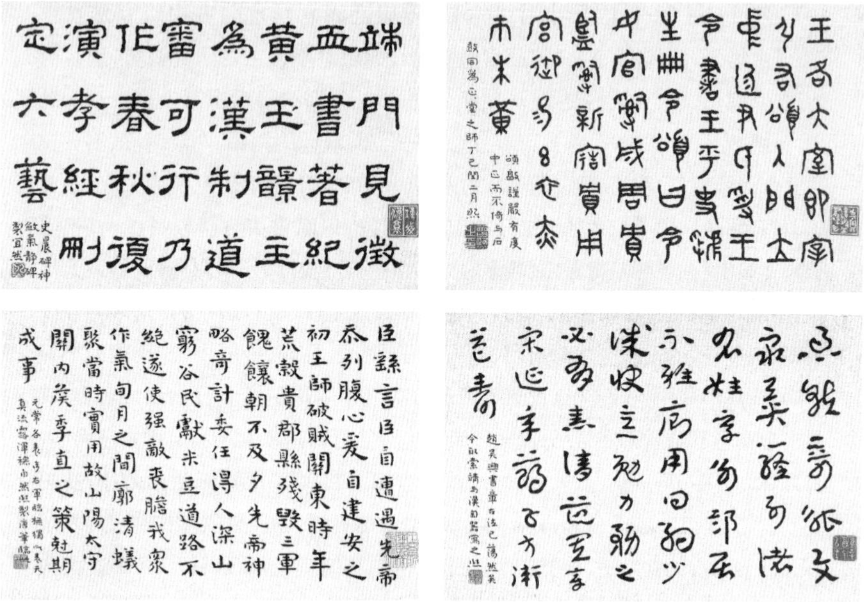

自書四體書　1917 年

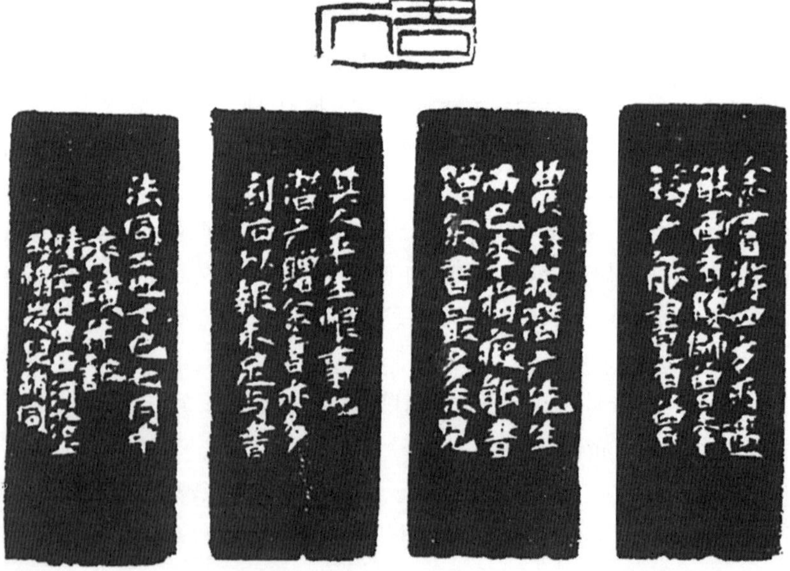

枕善而居　齊白石刻　1917 年

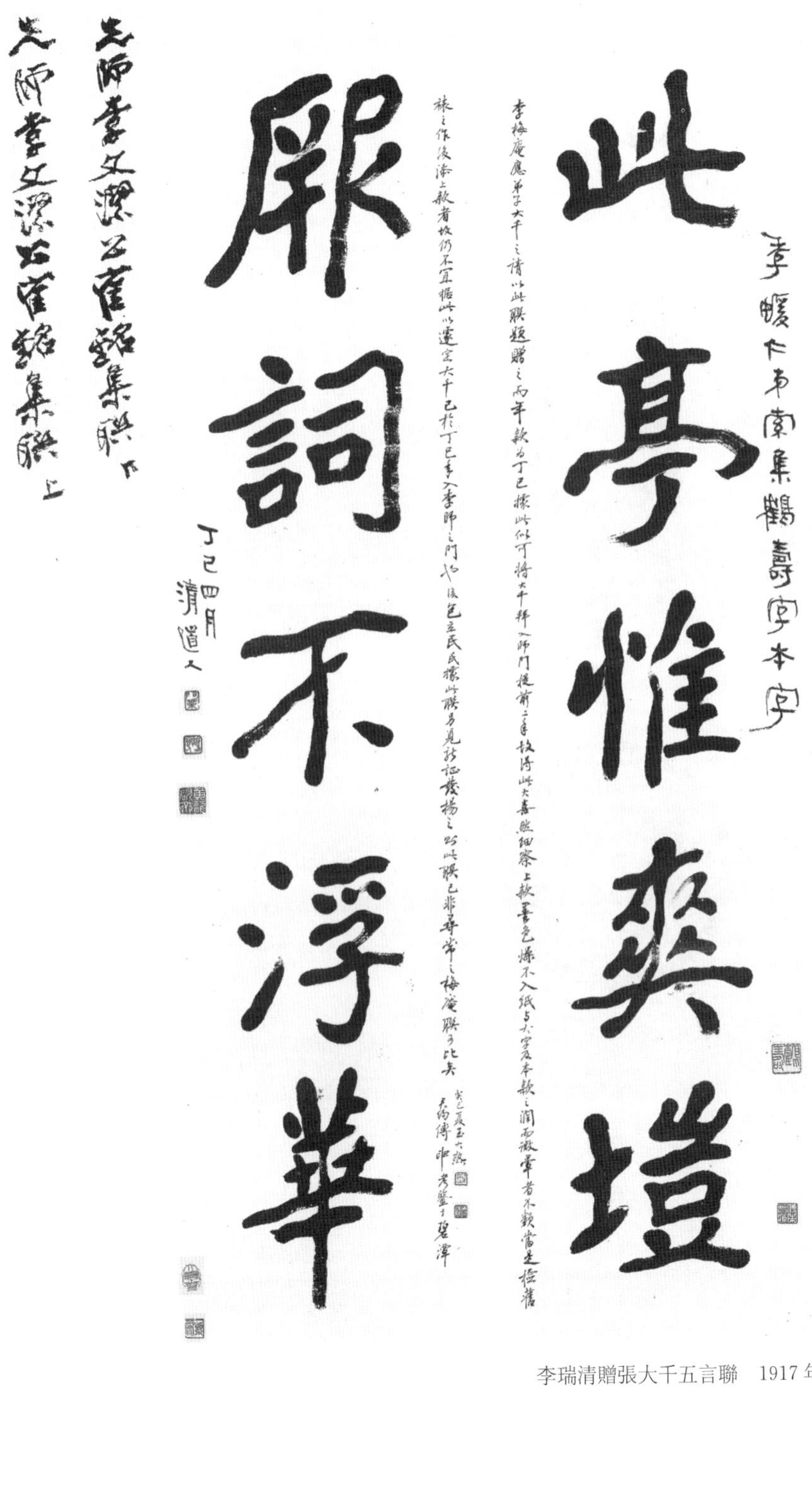

李瑞清贈張大千五言聯　1917 年

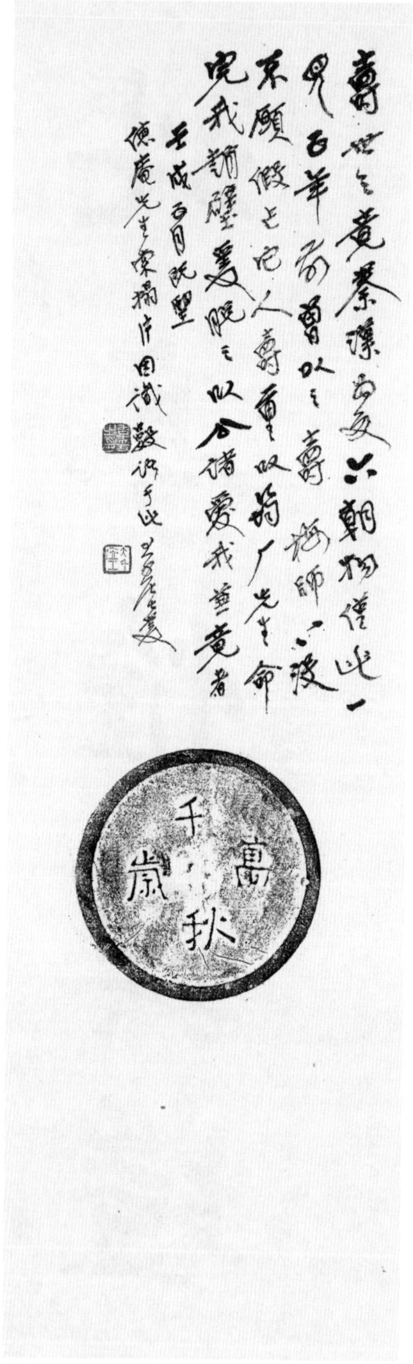

張大千賀李瑞清五十壽辰之六朝銅鏡搨片

李瑞清書篆書屏贈譜主

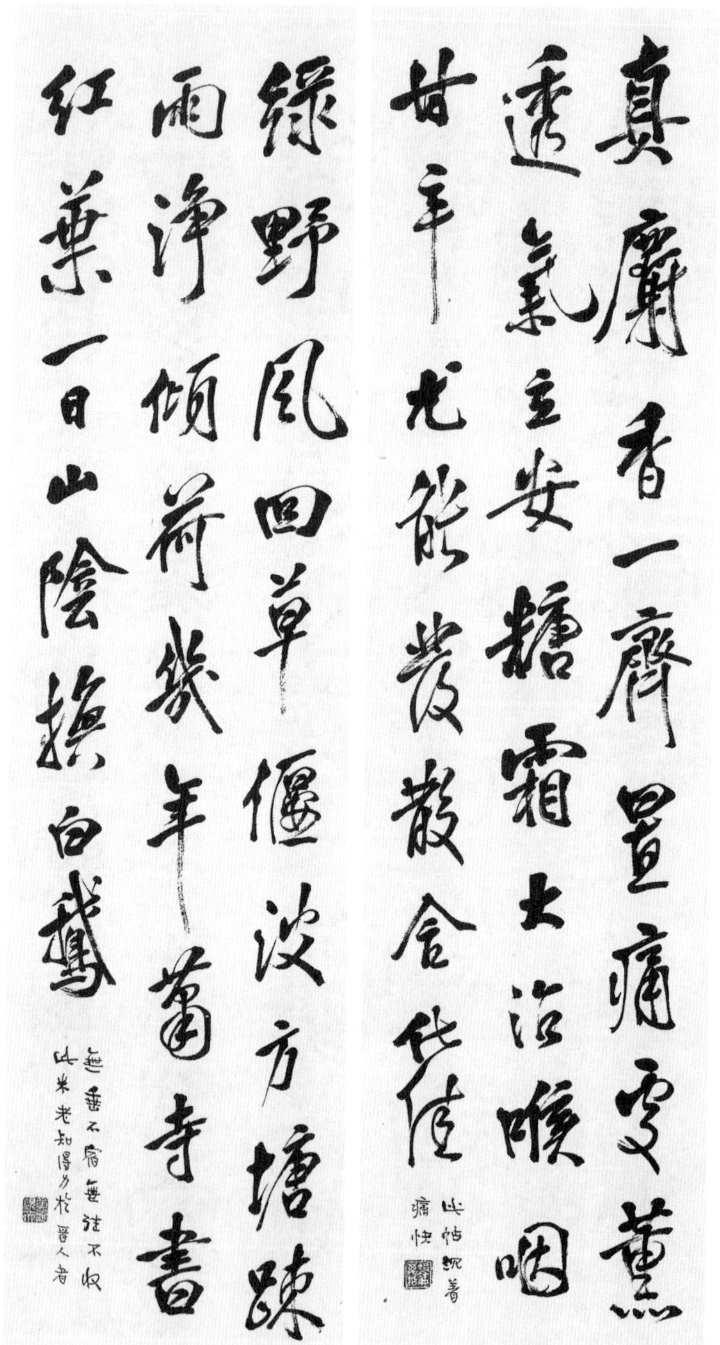

行書四屏　李瑞清　1918 年

芾頓首再拜昨日煩臨屯
急始一飽也經宿起居冲勝
白熟米四枚羞小者

米書信帖故簡札尤爲妙入神品戊午五月廿九驟熱病暖晚得風大涼與蒼林門人胡岩習古帖桐陰下書此 清道人

芾頓首再拜前留簡而去
不得一見乎今快快之辱教知行
李臣友偶以林惡迴歷

米老由得勢一語悟此帖全是天真

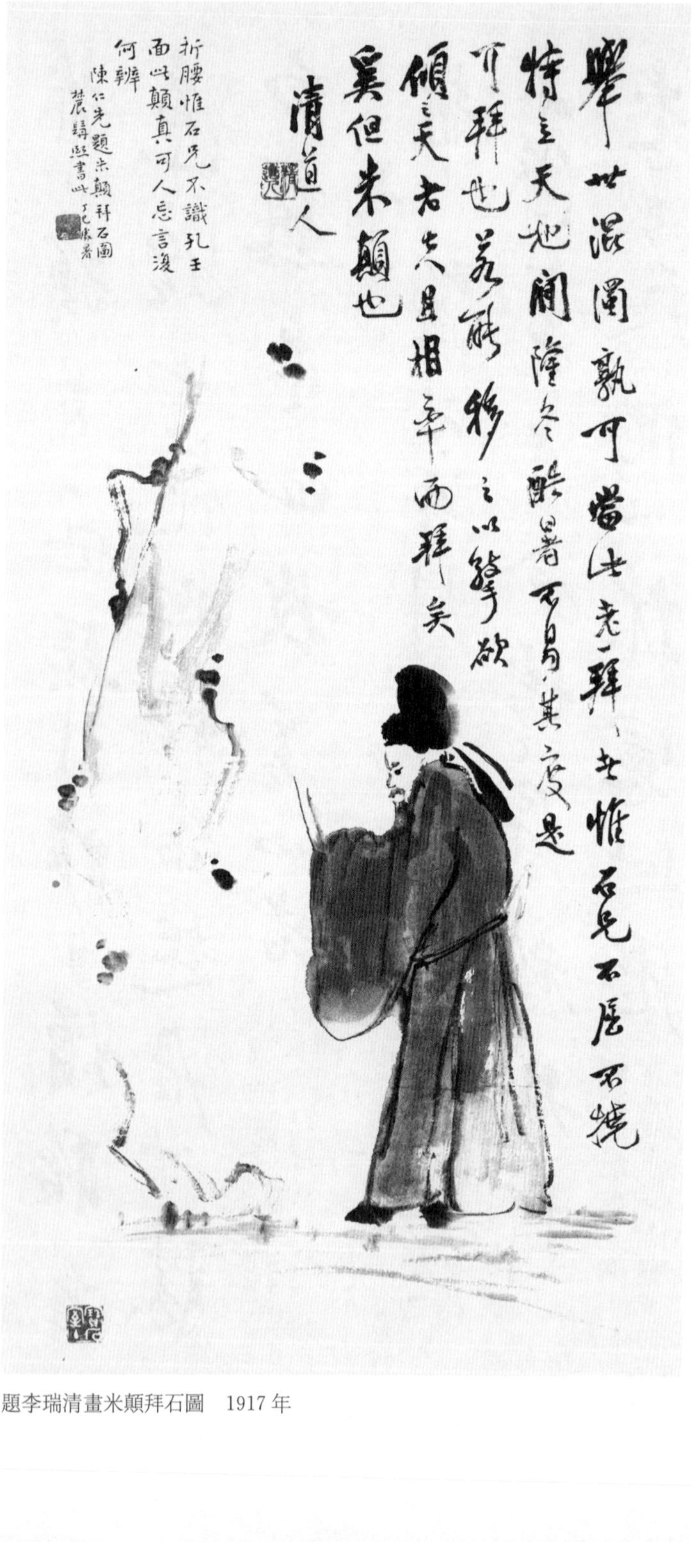

題李瑞清畫米顛拜石圖　1917 年

題張善孖十二金釵册封面　1918 年

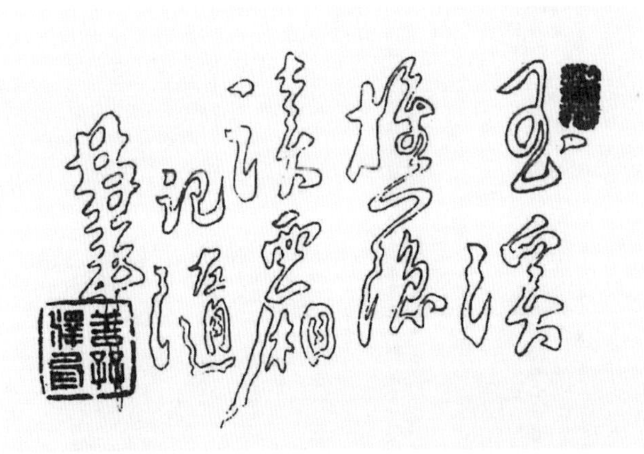

張善孖題扉頁

張大千題張善孖十二金釵册　1918 年

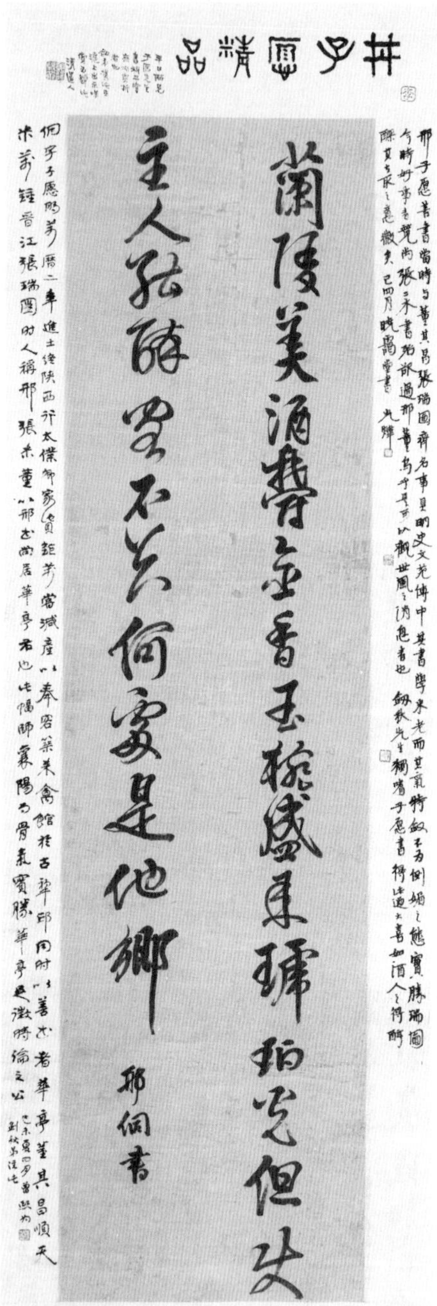

題吴劍秋藏邢侗行書立軸　1919 年

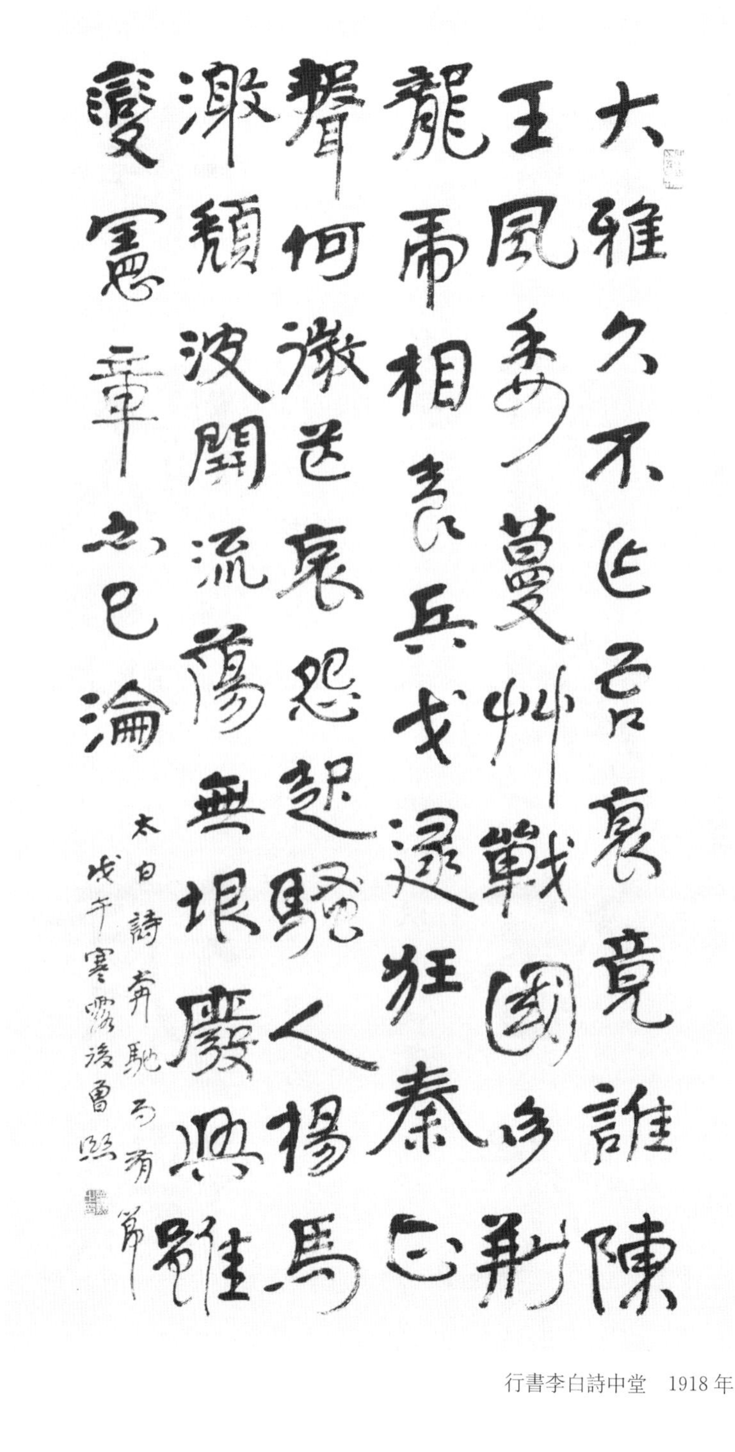

行書李白詩中堂　1918 年

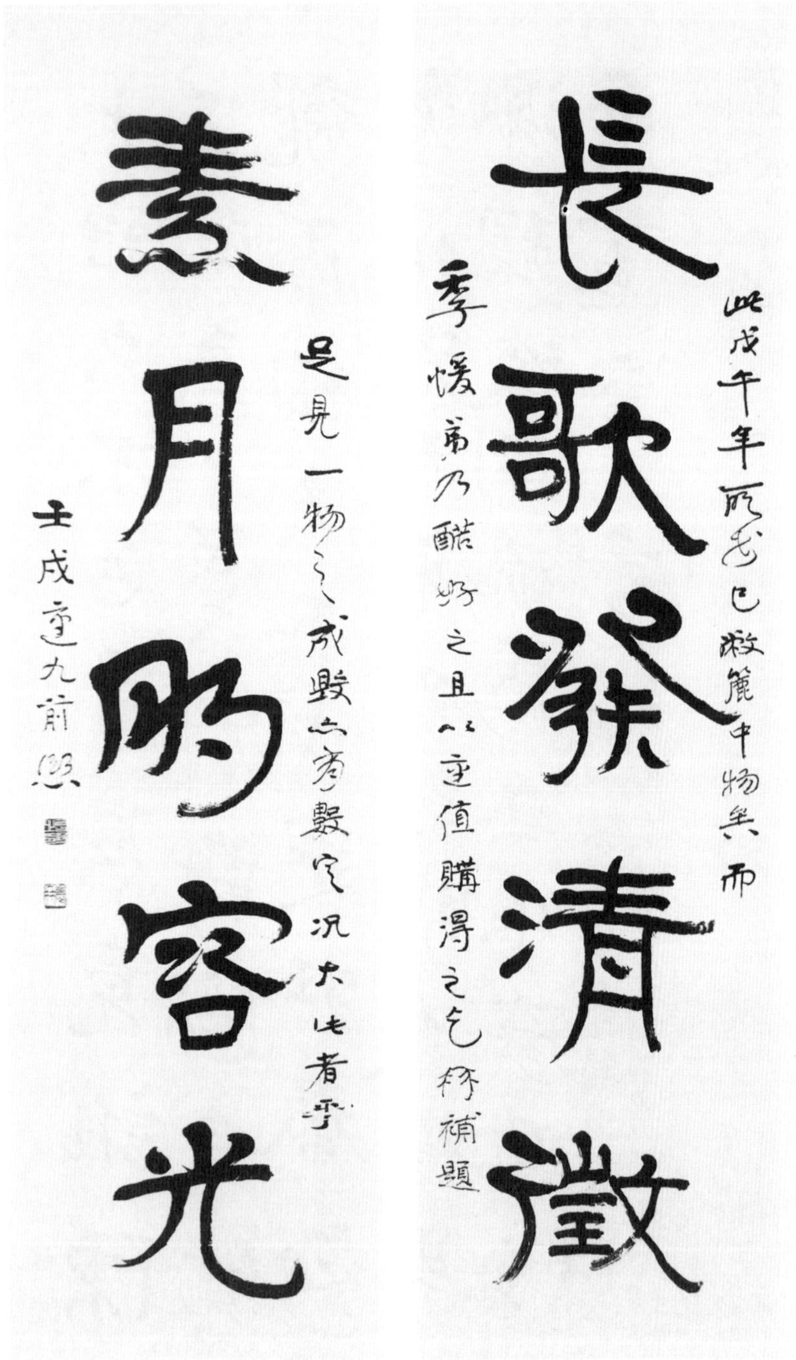

章草五言聯　1918 年

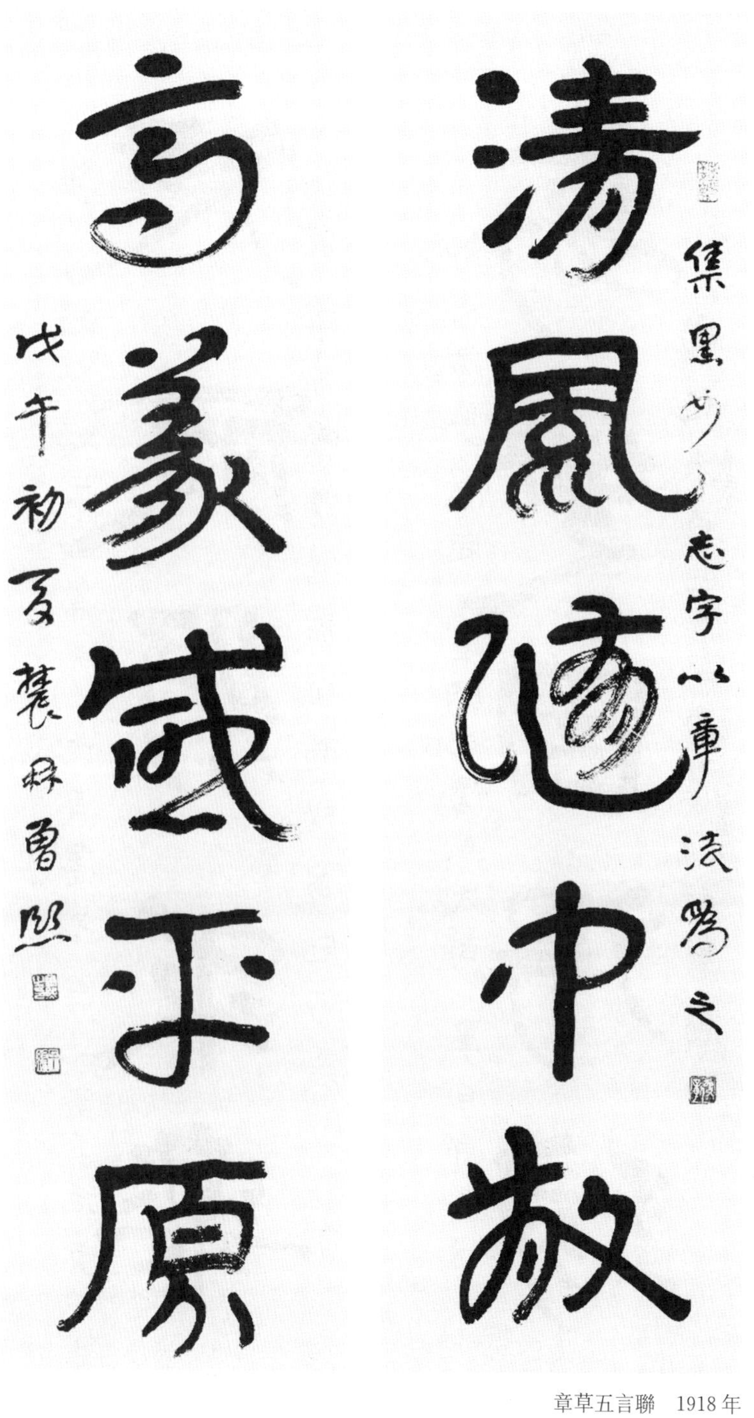

章草五言聯　1918 年

贈張大千章草五言聯　1919 年

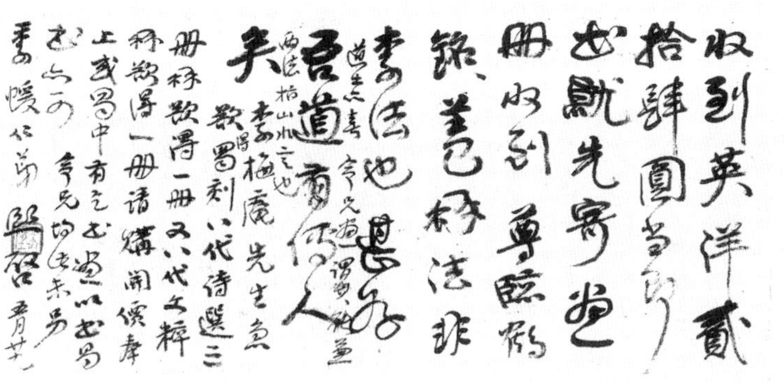

致張大千書　1919 年

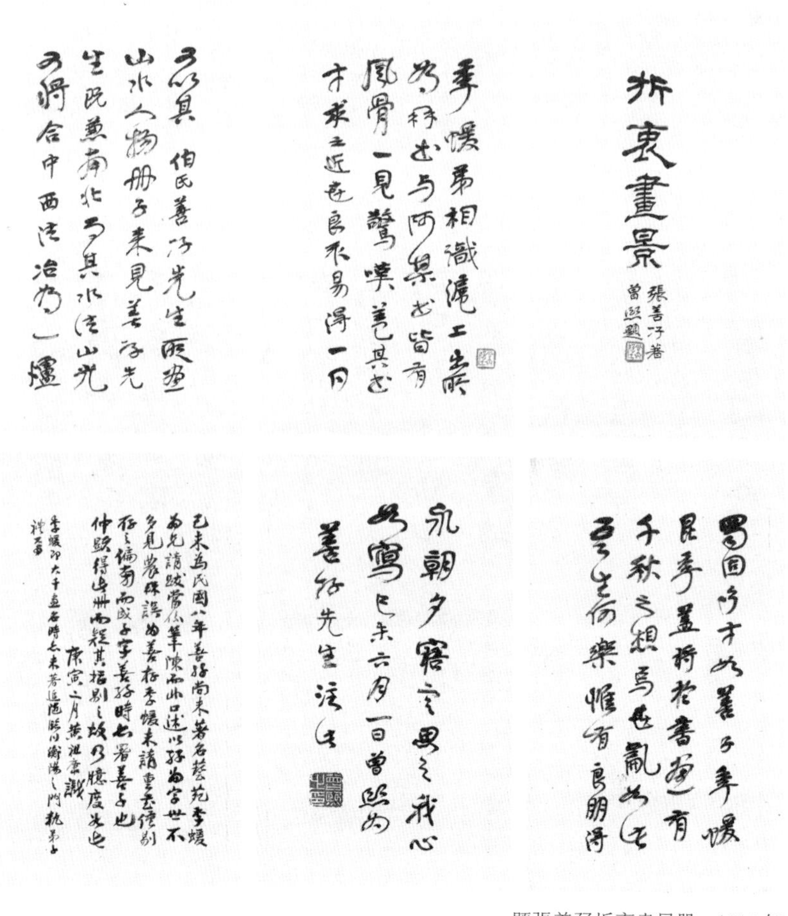

題張善孖折衷畫景冊　1919 年

復張大千書　1919 年

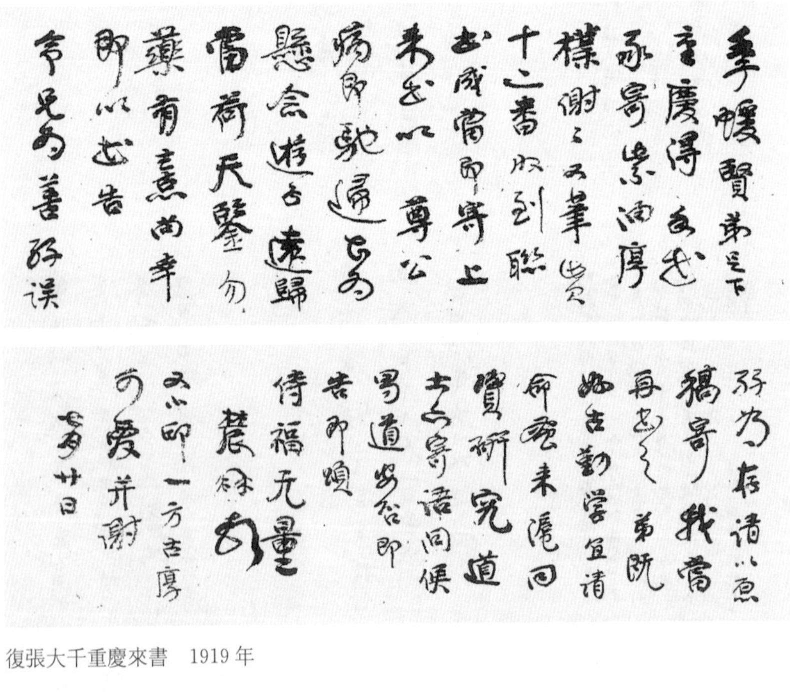

復張大千重慶來書　1919 年

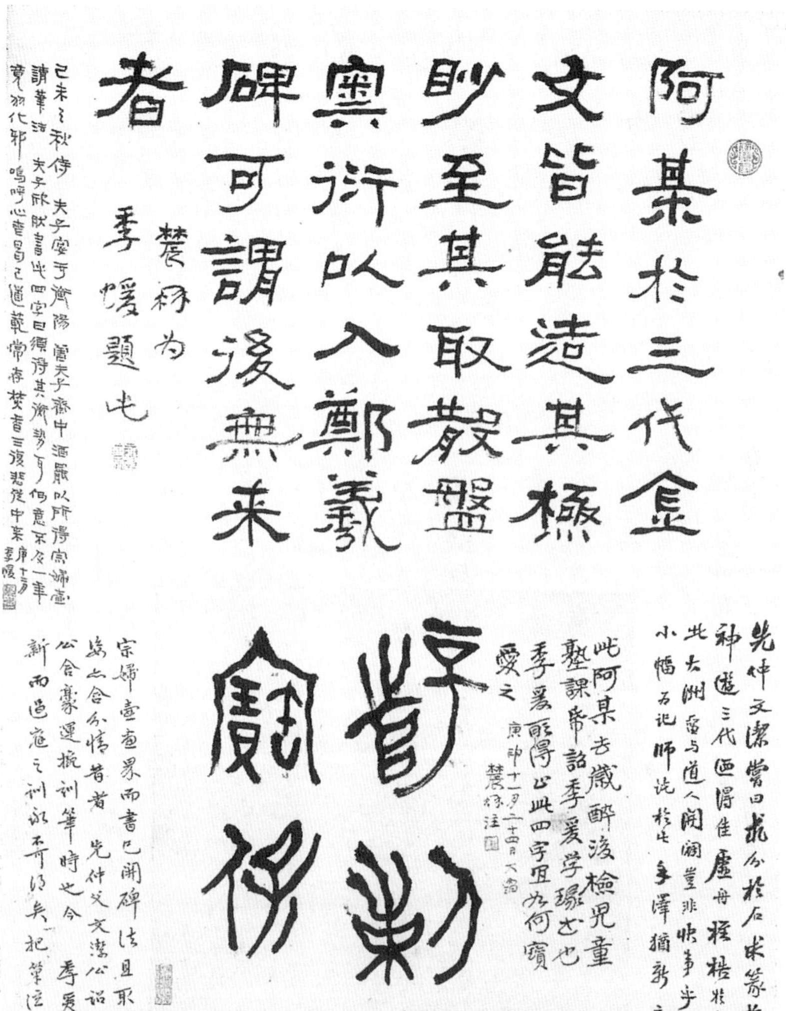

题李瑞清篆書課徒稿　1920 年

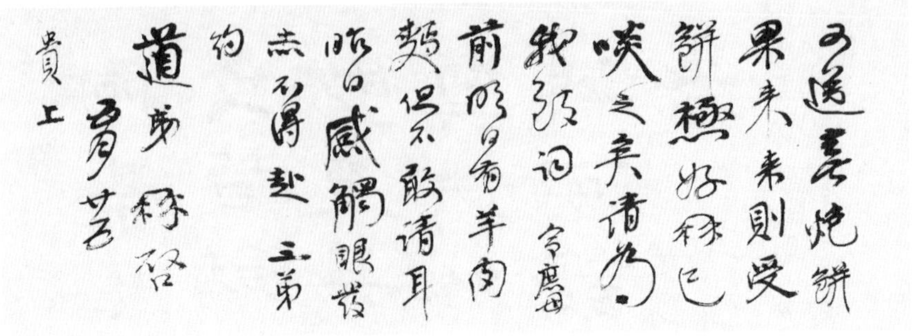

致李瑞清書

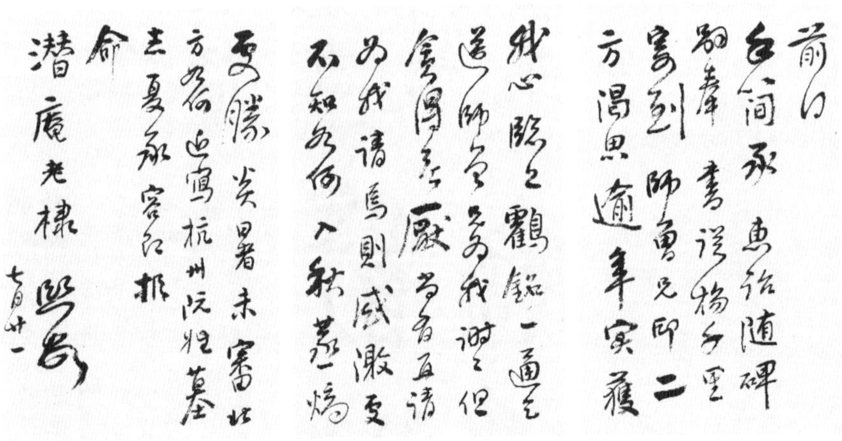

致楊潛庵書　1917 年

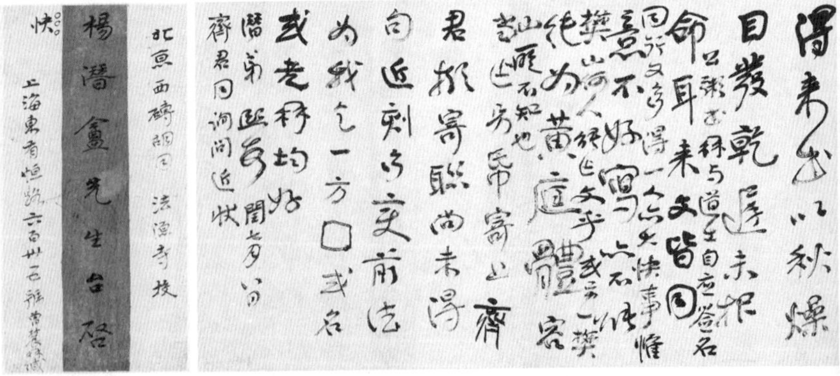

致楊潛庵書　1919 年

與王聘三(中)　李瑞清(右)合影

1917 年 民國六年 丁巳 五十七歲

1917 年 1 月 3 日,譚延闓收到覆信。

《譚延闓日記》同日條:"一月三日陰,温度三十五度。寄大生十六書,傅良佐、曾九、貝胡子、子直書來。八時起,作書與傅良佐,交漆右、文英帶並久密電本。翔生來言大搜,留匯清諸人再住一日,爲批明契簿也。汪九來,小宋、徐大、黎九、黎滿來,皆飯吕滿家。吕滿所藏書皆已蠹蝕,有石印硃批諭旨,匣完好而書悉損,莫詳所致之由也。取閲數卷,當時察吏可謂嚴明矣,然鄂、李、田三人所行所爲亦不盡滿人意,則所謂政績者,豈其僞耶?亦傳聞皆不可恃耶?知人論世,信非易矣。晚大嫂□邀至舊堂屋,言五、六姨太索契事,已如所請,别立簿爲據,不須畀以契,乃請筠仙、匯清、少泉、翔生、至安及吾與大武爲證,面交五、六姨太,各簽字而散。宋菊生自板石塘歸,云種種不合不可用,須小江後日往决之。"

1917 年 1 月 6 日丙辰小寒,書"品峻於山,懷虚若水;風清在竹,氣静爲蘭"八言行書聯。

行書聯語:"品峻於山,懷虚若水;風清在竹,氣静爲蘭。集稧帖字,以潁上本筆法寫之。褚得右軍之虚,歐得右軍之實,皆自下己意爲之,當以普澈拓本爲逼真耳。丙辰小寒日,農髯熙作於瓶齋寄廬。"(《曾熙書法集》)

金箋。170×37cm

鈐印:曾熙之印(白文)。永建齋章(朱文)。足吾所好翫而老焉(朱文)。

1917 年 1 月 7 日,譚延闓收到第二通信。

《譚延闓日記》同日條:"一月七日晴,温度三十一度。寄朱八言地事,文育十七書,蘭汀、曾九、李健來信。八時後起,今日余三十八歲生日也,感念慈恩,摧愴久之。胡子靖來,雨人來,尹大來,徐大來,黎九來,黎滿來,曾鳳岡來,趙夷午來,張毓昆來談偉成辭職事甚久,以炸彈而遂言去,未免有損軍人標格,然堅留不令去,又慮於彼有損,轉非所以愛友朋,躊躇至久,無可爲計,因歎今日治事之難,使人有灰心之慨。諸人談至五時乃去,黎、徐諸人復來同話,上燈後,□飯,王三來同食。今日本令小宋往南門外,看蔣幼懷地,歸云尚勉强,明日同小江往看,宋橘生自河西石塘子歸,云無足取。此大兄莊屋,蘭亭未往看過者,因屬其明日往白泉看陸老四所言地。"

同日,在譚澤闓瓶齋書"引契昔賢,今古一致;自喻清況,懷抱不群"行書八言聯。

自書行書八言聯:"引契昔賢,今古一致;自喻清況,懷抱不群。丙辰小寒日集禊帖字,農髯熙書於瓶齋。"(私人藏)

金箋。166×36cm

鈐印:曾熙之印(白文)。永建齋章(朱文)。足吾所好翫而老焉(朱文)。

1917年1月9日,廣倉學會開古物研究會。

《愛儷園之古物研究會》:"昨日下午,哈同花園開古物研究會,到者數十人,携金石書畫來者均陳列於戩壽堂。旋由姬覺彌君設筵款待,討論小學佛學。七時許盡歡而散。聞下次大會在上元節云。陳列品詳志於後。烏金黝磁花瓶(查恂如君),黄忠端《潑墨山水》、張夢晉《織女》(金雨韭君),黄小松奚鐵生等合畫《枯木竹石幅》(丁輔之君),周□伯□父敦附考、楊沂孫臨皇甫碑、古磁瓶(胡右蓀君),明魯監國時總督關防(朱夬膏君),初拓渤海藏真《靈飛經》、《雲麾碑》(强夢漁君),古磁印色缸(任步雲),姚公綬《竹石》軸、丁敬身隸對(陳印若君),謝時臣山水軸、包倦翁對(蔣剔庵君),漢瓦鼎、周瓦登(鄒適廬君),宋鈞窑製椀模範、瓦竈、匋鼎、天紀二年磚、宋人寫《釋迦孤獨園授經圖》軸、明丁雲鵬繪《無量壽佛》軸、曾波臣畫《蘇文正公像》、清吴泉寫李杜兩公像(以上哈少甫君),張若澄畫山水《寒山落木輞川勝境》小手卷、鄭穆倩山水小手卷、馬元馭《墨梅》小手卷、慶歷摹淳化閣影片四張、文文山字軸(以上李平書君),陳老蓮人物(黄旭初君),夏仲昭《墨竹》、王廉州《溪山深秀》(朱德篁君),梁山舟字横幅、王原祁山水、張照字聯、陳鴻壽字聯、方大猷鄒逸麟孔毓圻王象咸字屏四幅、錢坫篆書七言聯、吴鼒八言聯、董東山山水真蹟、倪雲林青緑山水、名人書畫萃珍(以上廉南湖君)。"(1917年1月10日《申報》)

1917年1月12日,發電報致譚延闓,得報譚延闓回電。

《譚延闓日記》同日條:"一月十二日晴,温度三十六度。曾九電、電曾九、秉三電。大生初一書致李洽。五更即醒,痔瘡大痛,生平所無,輾轉不得寐。天明,昨稍睡,起已九時矣。遺矢後,痔忽稍愈,可平坐矣。左目挑針大腫,此前數月割處,今乃復發,可怪。張毓昆來,朱九來,留朱九同飯。雨人來,兼民言崔氏瓣香廬治痔藥膏極效,乃買試用,亦平平不如痔瘡錠也。終日偃卧,殊無好懷,匡策師自湘潭來吊。宋菊生來,胡子靖來,吕滿從俞九處來,言張小平者已下鄉去,地有成局價三千兩,尚須捐五千兩云。蘭亭、瑞庭自雨花亭來,亦云地佳可喜。汪九夜來談,云彭旭初者亦言雨花亭本吉壤,知之甚詳云。楓林陳氏有信來,云其地乃私產,非官地,且有墳四不能遷,意在反對卜葬。幸哉,不用之也。”

1917 年 1 月 14 日,譚延闓有信來。

《譚延闓日記》同日條:“一月十四日晴,溫度四十二度。子武來賬。十二月十三信棣嵩。去子武、曾九廿一書方家。九時起,痔痛略減,便後苦累殊甚,左目腫未全消,可怪。晴暖凍解,是處屋漏如聞簷滴聲。朱彦才來,言雨花亭田皆彼所買,今以八千金賣與陳宜臣。昔時同張雨珊、黄敬輿往看,皆歎絶,恨不可得。彼後買田亦爲此云。黎滿來,龍大來,張莊來,粟墨生來,宋菊生來,龍八來,雨人來,懷之來,鄧俊民來,談至上鐙去。午後,痔少愈,左目仍不適者,豈血熱未净耶? 得子武書,云吾八月去滬時,借聶管臣二千元,已由韉廠折回本錢内撥還,將手據取回寄來。吴小江擇葬期正月初八日辰時或用申時亦可,有謂申時爲五不遇者,則又須初七出殯,以就辰時矣。”

1917 年 1 月 29 日丁巳人日,爲有正書局珂羅版精印發行趙松雪臨《黄庭經真蹟》題籤。

題《黄庭經真蹟》:“趙松雪臨黄庭經真蹟,丁巳人日,農髯。”(《趙松雪臨黄庭經真蹟》,有正書局發行,1922 年 9 月版)

譚延闓之母卒於丙辰十月十一日,丁巳正月初一葬於長沙,爲撰墓誌銘。

《譚母李太夫人墓碑》:“茶陵譚延闓之生母李太夫人,其先宛平人也。世居長辛,夙稱著姓。考諱祥明,妣薛氏,有德不顯,食貧蚤世,與弟雲章,相依世父,孤苦髫齡,神明寔鑒,頭有祥光,月映如蓋,見者驚奇,卜其必貴。同治辛未,文勤入覲京師,出官陝藩,夫人陳氏病,莫與從,關雎進賢,母遂來歸。溫溫之儀,翼翼之心,鷄鳴珮玉,夙夜在公。陳夫人既殂,總攝内政,處己接物,止於禮儀。文勤外領畺圻,内居台衡,明威霜肅,寮吏嚴憚。母惟敷之以小心,蒞之以莊恪,故能從官三十餘年而相敬如一日焉。母性清穆,喜習勤苦,珩璜匪貴,力尺是度。綴鍼終日,如完裘治,雖在富貴,不忘艱窶,每感風木,傷者貧也,弟昏姪孤,殫力經營,始有田廬。宗祐庶永,仁孝之風,母其允矣。尤曉大義,丈夫所難。文勤四子,母出三人,析産授田,但取其半,戚族嗟嘆,傳爲盛德。於戲! 天道常與善人,麐鳳在庭,惟母受福,生及九鼎之榮,歿有萬民之哀,享年六十有一,以丙辰歲十月十一日卒於上海僑寓。季子呼號,延闓在塗,禮成歸喪,軍民駢哭。粤以明年丁巳正月甲子朔一日甲子葬於長沙雨花亭故寧福寺之原。幽宫既宅,封墓宜碑,禮也。所生子三人,延闓居長,淹博多才,兩定湘亂,從父老之請,領桑梓之軍。

仲恩闓,著有詩詞,不幸短命。季子澤闓,好古能文,風高不仕。有孫七人。惟母令德,居貴不務,匪爲不衿(矜),自忘其榮,惡衣菲食,樂善喜施,晚斷肉食,皈依净土。天闢佛場,靈來胥宇,信坤福之永寧,銘貞石以詔後。其墓門有桂,合抱參天,醫母信善,鬱兹百年,人競朱翟,清風載玄。傷矣蓼莪,莫慰母哀。生女雖貴,中夜徘徊。富貴思親,豈命之哀。位豐履嗇,孝思維則。君子正直,母儀四國。岳降惟申,天嘉厥誠。繼父有功,壽母以名。誰謂有德,不大其聲。顯顯明明,視此峥嶸。”(《大風堂存稿》)

1917年2月1日,發致譚延闓電。

《譚延闓日記》同日條:“二月一日晴陰。陸慎齋書曾九電。七時起,同吴小江至後山空地扦定申山寅向墓廬處所。劉雨人來,蘭亭來,陸吉凱偕韋志道來上祭文,又以陸慎齋書來,小江於墓向斟酌久之,仍從舊定。黎九來,吕滿同小江入城去。黎淮孫來,立談而退,設食留之,請雨人作陪。余岸稜來午飯。壙築只餘寸許,乃開圖形徑丈六尺,備石工作羅圍也。地下忽得柱礎知塋地,正當日殿基,柩正當佛座矣。劉、黎、余先後入城去。今日舌忽痛,未知其因,殆上火耶。唐三來言二事,因聞其家况甚悉。所謂秋妹子者,吾在陝西見其扶牀者,今已生子且死矣。晏廉臣來談出身本末且及近事,有表功怨望之意,慰遣之。濯足後乃睡。”

1917年2月2日,譚延闓來電。

《譚延闓日記》同日條:“二月二日陰,微雨,風。電曾九、函伯弢。七時起,城中已以馬來,所借鳳岡二馬,一非是,一平平也。工築僅能平井口,去結頂尚遥。大武入城去。吴小江偕彭旭莊來,既登穴,贊歎不已。龍研仙來,久坐乃去。吴、彭留飯之後乃行。與晏、楊諸人看馬,遂令各騎一蹚,殊無捷足,可笑也。欲爲先母作行略,搦管久之不就,平日胸次湧濡過少,故機鈍如此也。壙上平盤築砂二次,厚二寸許,此次所用砂皆以石灰七成黄泥三成乾和至融洽,以木杵築至堅緻光滑乃止。以後結頂則用涇三、砂石、灰泥及細砂,以水和之,其分量爲灰六、泥三、沙一也。晏晉長來談往謁先公墓事。唐瑞廷述在甘肅事甚悉。將暝,大武自城中來,飯後,吕滿自城來談近事甚久。”

1917年2月6日譚延闓收到所寄信,爲家中兒女從學事。

《譚延闓日記》同日條:“二月六日陰雨,温度四十四度。大生等六日書仙峰卅一書,秉三、黎六、曾九。七時復起,天陰昏黑,食油具。爲陳璩章撰其祖母歐陽夫人墓誌,亦欲力摹古人,其如不似何也,擲筆三歎。祖澤今日歸茶陵。木村恒夫少佐來辭歸漢口,談頃之,云母老亦歸國爲亟,聞之悽然,以景泰瓷瓶贈之。午飯後,林特生來談,頗思辦事,而須不趁手,亦今日普通困難問題也。曾九書來,言家中兒女從學事。金永炎書來言望雲亭事,喜聽謡言,易受播弄。吾未如何也已。姜潤鴻來談,且言喪事與乞人,以錢最爲惡習,請自吾家始,捐錢二百千交團保,量極貧者振卹之,較有實際,可一洗强討之風,所言極有理,當試行之。吕滿商出洋事。”

1917 年 2 月 25 日,與俞壽丞、張子武、李梅庵請熊秉三(希齡)於小有天菜館晚餐,並約張元濟做陪。

《張元濟日記》同日條:“應酬:昨晚俞壽丞、曾農髯、張子武、李梅庵公宴熊秉三於小有天晚餐,約予往陪。”(《張元濟日記》,河北教育出版社 2001 年 1 月版)

1917 年 2 月 27 日丁巳二月六日晚,赴張元濟之約,與熊希齡、李瑞清等在小有天菜館宴集。

《張元濟日記》同日條:“應酬:約熊秉三、曾農髯、張子武、李梅庵、俞壽丞、夏地山、高子益在小有天晚飯。”

丁巳二月,鑒於蔣國榜(蘇盦)近習《夏承碑》,臨以示之。

自題臨《夏承碑》:“《夏承碑》以籀篆爲分,其陽舒陰翕,别寓禽縱之略。自太傅、右軍、北朝東魏以訖齊周之間,皆師法之。平原取其明轉明换以變山陰,不知江河實同出一源也。蘇盦賢弟近習此碑,臨此質之。丁巳二月,熙。”

按:此後,見蘇盦臨摹神意索然,因請補臨此册之後,題云:“此三十字蘇盦所撫,神意索然,因蘇盦之請,補臨於後。熙。”同年端午,檢閲此册,發現漏臨,乃補之,題曰:“此臨碑時脱落,檢閲補之。此碑真賞齋後,歸臨川李氏將二百年。今歲謙六先生携至阿楳家中,心賞對臨,幾窮浹日之力。細審原碑,泐損甚少,間有損處,多係紙破。又累葉與矣字,另一淡墨本補成,然亦宋補也。阿楳曰:海内留此孤本,殆爲髯耳。嗟乎! 中郎一脈,傳者無人,此碑中興,不敢讓也。丁巳端午,熙補記。”(《張大千的老師曾熙李瑞清特展》,台灣歷史博物館編輯,2010 年 4 月版)

此際,張祖翼逝世,譜主被傳媒推爲滬上工篆隸首屈一指者。

《書家寥若晨星》:“桐城張逖先君祖翼,年逾古稀,夙工隸書。前月偶攖微疾,遽歸道山,藝苑惜之。按書家篆隸最不易爲,自來名家能書真草者,大都兼工篆隸。是以賞鑒家視篆隸較真草益形珍貴，惟近來研究字學者，日見其少，大有鳳毛麟角之慨。今張君作古，就記者所知，目前滬上工篆隸者，當推湘名士曾農髯爲首屈一指矣。”(1917 年 4 月 6 日《申報》)

丁巳二月，題秦絅孫《古鑑閣校碑圖》。

題《古鑑閣校碑圖》："炯孫先生博學嗜古，收藏金石甚富。《夏承碑》集聯拓成，命長君清曾世兄繪圖，因署其耑。丁巳二月，衡陽曾熙。”(《碑聯集拓》，上海・藝苑真賞社印行)

按：即秦文錦(1870—1940)，秦祖永之孫，字絅孫、褧孫，號雲居士，齋名古鑑閣，江蘇無錫人。民國時著名藏書家，精刻印。晚年寓居上海，1915 年創辦藝苑真賞社。其子秦清曾(1894—1984)，名淦，年五十後號息園，晚號明尚，别署明尚老人，齋名望翠樓，在滬經營藝苑真賞社，出版古代書畫碑帖，爲人稱道。

1917 年 3 月 2 日，譚延闓回信。

《譚延闓日記》同日條："三月二日早雨、雪，夜晴。温度四十八度。寄子武、承之、曾九、道士、止安。來汪九。七時起，同蕭松堅飯。羅介夫來，鄧芷溪來，至政務辦公室辦事畢，會食歸見客卿漢藩、李隆幹、田志、龍子壯之流。至督軍辦公室，辦公畢，還居室。朱常來，見一輕浮少年，植根所賞也。劉崑濤來，偉成來，譚心休來，輿至正誼社本部，研仙請客也，凡六桌。余與炎午、崑載、潤龍、樂谷、俞伯棐、韓開鈞同席，將終起去。酒菜無可食，人多又嘈雜也。至家，大武尚未歸，看内人撿行事，及大武歸，同議家事。宫崎武藏即白浪滔天者來，黄一歐爲之通譯，以爲有奇謀秘計，乃仍以南砂借款爲言，何秘之有。客去，已十一時，乃歸署。汪九以代郭保生領款事甚憂焦，來書殊急切。”

丁巳閏二月，題《石庵先生書〈莊子・繕性篇〉》。

題《石庵先生書〈莊子・繕性篇〉》："石庵先生書莊子繕性篇。晚年精品也。丁巳閏二月爲大武五弟署耑。農髯熙。”(《譚伯羽、譚季甫先生昆仲捐贈文物目録》，臺北故宫博物院 2000 年 8 月版)

鈐印：髯公(朱文)。

1917 年 4 月 4 日，譚延闓再寫信來。

《譚延闓日記》同日條："四月四日晴，温度七十一度。廿八書電大武、大生、曾九。十七書。七時後起，臨《麻姑壇記》五紙。飯後頗熱，電滬促春衣，前寄滬令改也。至政廳辦公後至軍署會食,與諸課長久談。歸,見客,戴丹誠來,姜閏洪同楊雁峰議匪案事,爲决之。毓昆來甚遲,同至辦公廳。還,看新修浴室,則日本風也。厩馬十九皆病,西醫不可恃如此,此求學不効,非醫術之罪也。晚飯後,爲雅禮學堂、湘雅醫院作書。岸稜來,子靖來,特生來,談甚久,岸稜最後去,左足背猶覺痛,右足今亦劇,殆真溼氣歟? 十一時後寢。得京電,欲薦王祺爲監理官,可笑。以二十元交宋仲圭,屬交吕家作家用。"

丁巳閏二月,爲采丞作"觸處皆有至道,及時得脩令名"魏體六字聯。

自書六字聯:"觸處皆有至道,及時得脩令名。采丞仁兄法家正之,丁巳閏二月,農髯曾熙。"(西泠印社 2010 年秋季拍賣圖録)

灑金紙。206×45cm

鈐印:曾熙之印(白文)。余字子緝(朱文)。天青閣經籍永建齋金石書畫侯園松橘(白文)。

按:王人文(1854—1939),字采臣,一字采丞,又字豹君,號遯廬,雲南大理人。光緒十二年(1886)進士,宣統三年任川滇邊務大臣。民國時任參議院議員、四川宣撫使。抗戰時期,拒任僞職,隱居天津。

此際,馬企周、張大千到達上海。春,張大千執贄拜於門下,復携張大千拜李瑞清爲師。然而張家不同意其留滬學書,不得已,張大千隨二哥張善孖東渡,赴日本學習染織。

張大千題"千秋萬歲"六朝銅鏡拓片:"壽世之竟,秦漢爲多,六朝物僅此一見。五年前,曾以之壽梅師,梅師没,不願假作它人壽,重以筠厂先生命,完我趙璧,爰脱之以公諸愛我兼竟者。壬戌五月既望,德庵先生索搨片,因識數語於此,大千居士爰。"(原件)

李瑞清爲張大千作集《瘞鶴銘》"此亭惟爽塏,厥詞不浮華"五言聯:"此亭惟爽塏,厥詞不浮華。季蝯仁弟索集鶴壽字本字,丁巳四月,清道人。"(《張大千的老師——曾熙、李瑞清書畫特展》)

存考:籠罩於張大千頭上的有許多難以勘破的迷霧,其拜師的年月就是一例。張大千題"千秋萬歲"六朝銅鏡拓片的發現,爲澄清張大千拜師的時間和細節提供了鐵证,它顛覆了延續了數十年的成説。

此件爲紙本,縱 60cm,横 20cm,鈐"季爰之印"白文、"大千居士"朱文印,真蹟無疑。以"壬戌五月"朝前推"五年"爲丁巳 1917 年春夏之間。按"曾以之壽梅師",則最遲不過該年陰曆七月初九——李瑞清的生日。

此前公認的說法,拜師的時間是1919年。也有不同的版本,如錢君匋題馬企周絶筆畫將拜師的時間指向丁巳1917年(見下文),但是缺乏坐實拜師在1917年足以令人信服的實據,不爲學界認可。近年出現了質疑1919年拜師的聲音,其中最典型的是新出現的李瑞清書於"丁巳四月"題贈張大千的五言聯透露出來的信息。那是2013年年初在臺北歷史博物館舉行的"張大千的老師——曾熙、李瑞清書畫特展"的一件展品,是張大千親筆題籤的,具有無可懷疑的真實性。這副五言聯曾迷惑了研究張大千多年的傅申先生,在《曾熙、李瑞清與門生張大千》一文中他專列一節"大千拜曾、李二師的時間",進行多方辨證,但最終囿於孤證,只能遺憾地放棄"提早大千拜李師的年代到一九一七年"的推斷。

北京包立民先生也研究張大千多年,撰有專著,他曾告訴筆者,他依據曾熙《張善孖畫例》有云"髯居上海之三歲,季爰居門下",而推斷爲拜師時間爲1917年。然而,《張大千四十年回顧展自序》裏,張大千自己説"二十歲歸國,居上海,受業於衡陽曾夫子農髯、臨川李夫子梅盦,學三代兩漢金石文字、六朝三唐碑刻";張大千《記曾李二師》又說"在我拜曾、李二師門下之先,曾經留學日本",等等,苦無推翻當事人自述的有力證據,推斷只能淪爲假說。

上文提到的錢君匋的張大千拜師1917年一說,是他1973年題馬企周畫時提出的,爲最早的一例。據田桓(寄葦)題該畫,這是馬氏的絶筆之作,他題道:"馬企周先生絶筆。癸丑九月,寄葦敬題,時年八十有一。"癸丑是1973年。同年錢君匋的題跋,題跋頗長,照録如下:"馬駘字企周,四川建昌人,生於清光緒十二年丙戌。幼喜畫,及長,擅寫馬及山水人物。以其姓馬畫馬復師馬遠,川人皆以'建昌馬'稱之。清初山水,自董香光崇南宗而貶北派,四王之風遂綿延清末民初,獨企周力矯此風。自馬遠、夏珪入手,别樹一幟。辛亥後,企周以株守蜀西見聞不廣,急於遍歷天下名山,廣訪高人名士,以開其塞,乃於丁巳携張爰大千出川,經巫峽夔門,順流復至匡廬、黄山,江浙各大名勝無不涉足。其時海上書家甚衆,顯赫者有吴昌碩、高邕、沈增(曾)植、沈衛、朱彊邨、鄭孝胥、李清瑞(瑞清)、曾熙等,獨曾、李共倡寫三代漢魏,以一波三折爲宗,薈爲風氣,桃李盈門。企周抵滬問道於曾,張則從李游。田寄葦早入李之室,後組曾李同門會。丁丑日寇侵華,馬憂憤成疾,明年戊寅一月初三病逝,存年五十有三。由田出資,瘞之上海大場。田並題其碑曰:書畫人馬企周先生之墓。此秋景山水乃其絶筆,超逸高古,不可多覯。原爲趙俊民所藏,今歸梁谿華清卿先生。癸丑冬至,海寧豫堂錢君匋記於抱華精舍。"

正像上文說的,此説缺乏坐實其說的證據,而且僅限於題畫,没有露佈於傳媒或學界,幾乎没有引起任何人的注意。

上述諸説,都曾無限接近真相,然而都失之交臂,張大千拜師的時間始終在雲裏霧裏,莫衷一是。

自張大千題“千秋萬歲”六朝銅鏡拓片題跋出,方才撥去雲霧見青天。然而拜師又有兩説,一是張大千先拜曾熙爲師,再由曾熙携其登李瑞清門拜其門下;一是錢君匋題跋裏所説,馬企周拜曾熙門下,張大千拜李瑞清門下。前者自有曾熙自述,無須多辯,後者不見經傳,但頗與現在留存的材料“吻合”:1917 年没有張大千拜曾熙爲師的蛛絲馬跡。

儘管如此,還是可以斷定張大千拜曾熙在先拜李瑞清在後的。曾熙在《季蝯書畫例言》中説:“一日,(張大千)紈贄就髯席,請曰:願學書。髯曰:海上以道人爲三代、兩漢、六朝書,皆各守家法。髯好下己意,不足學。因携季見道人。”顯然張大千是先謁曾府,再由曾熙帶他到李府的。這是一。其二,曾熙又説李瑞清見到張大千“好奇,見季年二十餘,其長髯且過髯,與語更異之,繇是季爲髯書,復爲道人書”,倘拜師李瑞清在先,他就不會見而“異之”了。

或曰:張大千於 1917 年拜李瑞清門下後即東渡日本,其時大千並未蓄鬚,及 1919 年歸,復拜入曾熙門下,曾氏携其造李府,李瑞清已不復記憶,所以對蓄鬚的張大千翳鬚比老友曾熙更長而詫異了。我們知道,張大千名“蝯”,是以“生之夕,其母(按:曾友貞)夢黑蝯,坐膝下,覺而生季。因名蝯,字曰季蝯”而命名的,命名之者,曾熙也。回頭看上述李瑞清五言聯的上款已呼張大千爲“季蝯仁弟”,可見曾熙命名在前。

毋庸諱言,曾熙於張大千的自述,的確有許多不確定表述。

如《季蝯書畫例言》:“張蝯,字季蝯。内江人。生之夕,其母(按:曾友貞)夢黑蝯,坐膝下,覺而生季。因名蝯,字曰季蝯。季性喜佛,故曰大千居士。季之仲兄曰善孖,畫人物山水,尤好畫虎。蜀中與京師士大夫多争取之。然與季少時皆受筆於母。季昆季十二人,每歲學金皆出自母氏筆墨。季入學校數歲,謂科學少生人之趣,不足學。遂東渡,與日本名宿參論中日畫理。又以日人新舊煩離不足學,歸游名山,日與僧人言禪學。一日,紈贄就髯席,請曰:願學書。髯曰:海上以道人爲三代、兩漢、六朝書,皆各守家法。髯好下己意,不足學。因携季見道人。道人好奇,見季年二十餘,其長髯且過髯,與語更異之,繇是季爲髯書,復爲道人書。”

如張大千《記曾李二師》:“在我拜曾、李二師門下之先,曾經留學日本(?)。我十七歲即離開四川老家赴上海,當時我二家兄善子在上海,我去上海見見世面,私心也就想留在上海學書畫,可是家裏不同意,第二年就遵父兄的意思,到日本京都去學染織。”

那麽,爲什麽會出現這麽多的不確定表述呢?就曾熙方面而言,他有過“髯居上海之三歲,季爰居門下”的正確表述,而另外地方則出於行文簡潔。至於張大千方面,我們知道當他晚年口述歷史時候,有"天馬行空"之概,往往會出現秦瓊戰吕布的戲劇性場面,他那擺起龍門陣來,不管三七二十一的,令人有"這才是游戲人間"之嘆,而形諸文字則謹慎得多了。這裏的回憶都寫於晚年,寫的都是年少時的往事,時隔半個世紀,我們怎麽能苛求老人的記憶力呢?

丁巳三月,爲傅巖書"及時須爲樂,請自今日始;於世何所争,長如太古初"十字聯。

自書十字聯:"及時須爲樂,請自今日始;於世何所争,長如太古初。傅巖仁兄法家正之。丁巳三月雨後清明,農髯曾熙。"

紙本。164×35cm

鈐印:曾熙之印(白文)。

1917年5月10日,爲書譚延闓母親碑文寄到長沙譚府。

《譚延闓日記》同日條:"五月十日晴陰,夜西北風甚凉,温度七十四度。歸家宿六十書、電子武、五十書、曾九、吕滿。七時起,譚禮秩來説小話。臨《麻姑》五紙。禮服至樹蕃家準備做生日,鋪陳一新矣。談頃之,同見季原師,兩家子弟皆出見,留喫麵。至十時乃歸署,遂至政廳辦公畢,尚早,至軍廳與默村電話久之,乃會食。還,見客,甚熱,三時至軍廳辦公畢,至政務廳會議,同人畢集,爲中日銀行事研究甚久,六時始散。聞眷屬已到,乃輿還家,則内子率淑、静、祥、潤四女、秋兒同乘,昨早到漢,適遇武陵,遂對船過,故早一日也。問滬上事甚悉,因舊居不敷,乃居瓶齋,倉卒作飯殊□□,兒女繞膝,彌憶先母不能同歸,感傷久之。得大武書及曾九所爲先母碑文,嘆息不已,今世能此者,希也。十一時寢。"

1917年5月11日發譚延闓電。

《譚延闓日記》同日條:"五月十一日晴,温度六十四度。六十一書、曾九、道士、滙孫、大武電。七時起,同家人飯,飯後,同秋兒輿入署,小孩欲來看也。張容川來,今日秉均以母壽請假,遂不至辦公廳,會食軍署後,還,見數客,客亦甚稀也。爲人書數扇,至軍署辦公。還,易便衣,今日頗凉,輿還家,看諸女檢點什物,安排書硯,與内子商定家用,此後一切家政由内子處分之,吾不問矣。將暝,至王三家,汪九、龍八皆在,劇談久之,入座同飲,伯臧、仲谷侍座,酒則裕源長大清銀行存釀,亦尚可口,不覺醺然。談至十時後乃歸署,輿中已將睡著,到署即就枕。昨大熱,今忽冷,又衣綿矣。"

1917年5月29日,致譚延闓書寄達。

《譚延闓日記》同日條:"五月二十九日晴,温度七十八度。毓昆電,曾九書,黎六、八十。七時起,臨《麻姑壇》五紙,林雯來,毓昆之書記也。言北事不甚詳。大武來,陳則徐、林浴凡來,同松堅飯。云毓昆爲吾買一馬,甚走,價只八十元,恐非良也。至政廳辦公,軍署會食。歸,見客,閻鴻飛自德返,視昔長進多矣。唐日新、吴超徵、陳毓華、雷光曙皆在座,李定焕招邀懷特及其礦師來,云即赴諸礦山也。田秋溪來,至軍署辦公,殺一拒捕之竊賊,可謂用重典矣。大武來,趙夷午、陳護芳來,晚與大武飲秘書室,黎、徐、魏同坐,雨人他去矣。薄醺而散,同大武共榻。壽陳偉成母杜夫人七十:壽身自現慈悲相,教子門多文武材。"

1917年6月4日丁巳四月十五日,愛儷園開古物研究會。

《愛儷園之古物研究會》:"陰曆本月十五日,愛儷園例開古物研究會,是日因别有報告事件,柬邀各耆老蒞會。下午陸續至園陳列各物。以吕散木君所藏銅雀臺遺物古缸一只最爲大觀。此古缸色現純緑,配以檀座,古香古色,望而知寶。吴玉雨君之明末完人尺牘,觀之足增忠義之氣。哈少甫君、李平書君、鄒適廬君均先後輦古物至,耆老暨會員到者凡三百人。三時開會,由姬覺彌君報告三事:一、耆老應入廣倉學會理由大旨,謂耆老會爲廣倉學會之一部分,耆老會員係從六十以上舉出者,故耆老均須入廣倉學會,即以廣倉學會會證爲憑,耆老不另給證。二、刊印雜誌宗旨,廣倉學會開會已久,成績猶未表著,現擬刊印雜誌,每月一册,分:論文,談詩,讀畫,選詞,遊藝,紀事,摭談十種,凡關於字學、韵學,暨金石書畫各種著作,或筆記,或隨録,均所歡迎,其有與倉聖聖跡相佐證者,尤當優加酬報。惟各稿以選登爲準。各耆老玉照及事略亦附雜誌中,以便流通,準五月内出版。三、籌設分會暨支部大略,廣倉學會僅限上海一隅,而外埠通函報名者,一苦於介紹之無人,一限於郵遞之不便,擬於各省會設分會,各縣鎮設支部,由本會推舉熟悉情况會員爲幹事,次第籌設,並有簡章備閱。報告畢時已薄暮,由姬君備宴相饗,主賓盡歡而散。"(1917年6月6日《申報》)

丁巳四月芒種(6月6日)後,李謙六携《夏承碑》來李瑞清家,因對臨二通。

自臨《夏承碑》:"(《夏承碑》略)。此碑陽舒陰斂,别寓禽縱之法,蓋中郎(按:即蔡邕)之神品也,海内孤本。從真賞齋(華夏,明常州府無錫人,字中父)後歸臨川李氏(按:即李宗瀚)又近二百年,今歲四月,謙六先生携此碑來阿楳家,對臨二通。阿楳曰:'此碑後不可知,魏晋以來,能傳中郎之絶學,惟熙一人,碑宜歸之熙。'熙曰:'此李家舊物,儻予能以萬金得之,即當贈汝。'謙六先生亦相視而笑。予此臨本,因静綺吴四侄求筆法,故動合槼矩,不出入他碑也。丁巳四月芒種後,農髯熙。"

鈐印:曾熙之印(白文)。

李瑞清題:"曾農髯先生,今之蔡中郎也。蕭籀陳櫝,歷歲綿迥,蓋無傳焉。光武以來,碑碣林立,皆不署書者主名,學者莫得而稽。當時蔡中郎最有名,宜多中郎書,然以《石經》筆蹟考之,蓋可得而縣測焉。至於曹魏諸碑,皆師蔡中郎。鍾繇《尊號奏》、衛覬《受禪表》是也。《范式》、《王基》雖晚出,實亦蔡法。有晋王逸少,世所號書聖者也,王師鍾繇,鍾實出中郎,是中郎爲書學祖。髯既通蔡學,復下極鍾王,以盡其變。此臨《夏承》,左右倚伏,陰闔陽開,奇姿譎誕,穹窿恢廓,即使中郎操觚,未必勝之,書以示世之學八分者。戊午九月,清道人題。"

鈐印:阿某(白文)。清道人(朱文)。

胡光煒(小石)題:"秦邈造隸,化篆之曲以爲直,漢人因之而飾以波發,向背分明,顧盼生姿,所謂八分者也。當時隸號左書,八分爲士大夫書,故隸爲質家,八分爲文家。世之言八分者,莫不稱中郎,中郎書彧彧,文家之極規也。文敝則僿,故後之師蔡者,至魏而狠,至唐而俗,至宋而鄙,故蔡書者,道之華而亂之首也。右軍學鍾書,勢巧形密,但援分法以入今隸。曾先生乃直追中郎,以柔和化魏之狠,以動蕩起唐之俗,以安雅箴宋之鄙,左規右矩,神明焕然,崔子玉所謂龍驤豹變,青出於藍者非耶!昔人學書,皆重真蹟。故鍾繇嘔血而發冢,梁鵠載酒以易柎,爲其得筆法易也。今觀此《夏承》臨本,波駭濤翻,盤薄宇宙,宋拓明樵,皆成糟粕。學者當世有一生中郎而不知效,猶斤斤焉欲輦萬金買《華山》,毋乃爲輪扁所笑也。戊(午)九月胡光煒識。"(《曾農髯臨夏承碑全文》,震亞圖書局1918年9月初版)

丁巳五月初一日,書《餘姚謝氏希範義莊碑記》。

《餘姚謝氏希範義莊碑記》:"(碑記略)彊圉大荒落之歲皋月吉日,前史官諸暨陳遹聲撰,衡陽曾熙書並篆額。"

1917年6月23日丁巳端午,題玉畊所藏宋拓《黄庭經》。

題《宋拓黄庭經》:"予生平所見宋脱本《黄庭》不下數十種,其勁厚若古隸獨思古齋本。後人以《蘭亭》爲褚(按:即褚遂良)臨,遂亦定爲褚書,恐褚尚無此力量。予每以《瘞鶴銘》筆入之,神意洞達,奥趣叢生,所謂一家骨肉也。覃溪老人(按:即翁方綱)跋《廟堂碑》於似欹反正,不無門外語,何獨於《鶴銘》《黄庭》能窺其微耶!此本爲初出井所脱,玉畊先生宜重寶之。丁巳端午,曾熙。"(私人藏)

鈐印:曾熙之印(白文)。

同日丁巳端午,題清道人爲李容恢臨《周散氏盤銘真蹟》。

題《李某庵臨周散氏盤銘真蹟》:"自宋以來,士大夫始言鐘鼎之學。我朝諸儒,搜訪既勤,考據尤碻,三代文字,郁郁乎聚於我朝,然未嘗求其筆法,以究大篆之學。道州蝯叟(按:即何紹基)固嘗爲之,迫以髦年,未竟其志。吴尚書(按:即吴大澂)可謂壹志專力,兀兀數十年矣,但習其體,未窺其奧,以晚近之筆,高語三代,宜其卑弱不能入古也! 阿某生有古癖,於三代兩漢六朝,自幼習之,勤苦過人,所造多成絶學,於大篆索奇探幽,殆斯文之中興乎! 此册爲容恢五弟所臨,盤曲深厚,蜿蜒滿紙,始末無一懈筆,五弟宜重寶之。丁巳端午,熙。"(《李某庵臨周散氏盤銘真蹟》,中華書局1921年12月初版)

鈐印:曾熙之印(白文)。

清道人自跋:"容恢五弟年始三十,飽更憂患,自南洋歸,氣益静,行益謹,多購書籍,將力學海外,近復學書問筆法於余。書法雖小道,必從植其本始,學書之從篆入,繇爲學之必自經始。余近寫《鄭文公》,好習《散氏盤》,因爲臨之。它日作書有悟,當知古人無不從鼎彝中出也。清道人。"

鈐印:阿某(朱文)。清道人(朱文)。玉梅花盦主摹拓三代兩漢六朝金石文字(朱文)。

按:容恢五弟,即李容恢,江西臨川人,李瑞清堂弟。其女李承仙,爲常書鴻妻。

約此際,題清道人爲李容恢書"及時象學,隨事煉心"四言篆書聯。

題李瑞清四言聯:"及時象學,隨事煉心。事至煉心,試吾心也。隨事隨煉,治心之學,蓋言本也。必有事而後吾心之矩立焉,此吾輩煉心異於佛老也。容恢五弟屬,老髯填空。"(中貿聖佳2004年春季拍賣圖録)

紙本。179×46cm

鈐印:曾熙之印(白文)。

清道人書四言聯:"及時象學,隨時煉心。五弟容恢當細翫此語,兄清。"

鈐印:阿梅(朱文)。清道人(朱文)。黄龍硯齋(白文)。

1917年6月28日,譚延闓得澤闓電,知悉譜主思返湘,頗不以爲然。

《譚延闓日記》同日條:"六月二十八日晴,温度九十四度。(遣王愷心往滬)大武電,二十書,大生八十三書電大武。七時起,臨《麻姑壇》五紙。飯後,至軍署辦公、政署辦公。還,見張石侯,得大武電,知大生同曾九行,乃坐華泰,頗不然之,决遣王三往迎,作書與大武,且以軍需科清册及元年二軍軍需收支清册並雨人新印書寄去。至軍署會食,毓昆、松堅後至,食殊草草,可笑。午還,易衣,已覺酷熱,見客數班,無甚異處。四時,英領事、美領事同美孚亞細亞大班來言借款還期事。墨生來,荆嗣佑來,晚飯後就浴,林特生來,龍啓縉來,頗以購械自任,亦一奇也。得電甚多,舉棋不定,不知今日究當如何也? 十一時即睡。"

1917年6月29日丁巳五月十一日,爲返衡陽,將借至齋中經年的《宋克書孫過庭書譜》還與李瑞奇,並題跋以誌始末。

跋《宋克書孫過庭書譜》:"辛亥七月,予得宋仲温先生《蘭亭》於京師,逾日復見此册,未與决值,而書賈已匆促出京。方深爲憾,既得阿某來書,知此册爲筠弟漢上得之。海内得先生墨蹟如吾二家之精且多,實未嘗見。覃溪老人(按:即翁方綱)於《七姬墓誌》有'夢想三十年不得一見'之語,蓋墨拓本也。儻得見吾《蘭亭》手跋與筠弟此册,其與秋盦諸人題詠,不知如何快愉也。此册借予齋中將一歲,丁巳五月十一日將歸衡州記此,還之阿筠三弟。熙。"

鈐印:髯公(朱文)。

譚延闓題:"懷想十年,今乃得見真蹟,記此志幸。庚午五月,延闓觀於金陵。"

譚澤闓題:"仲温書以《黄庭》、《樂毅》之神,兼《急就》、《出師》之筆,令人觀之如見敦皇窟中晉人簡札也。此册舊稱名蹟,今筠兄復以屬題,敬書紙尾,以志眼福。己巳十二月朔晨,弟譚澤闓。"

葉恭綽題:"元末明初,書家能不爲松雪籠罩者幾希,仲温蓋所謂豪傑之士。在滬得見《七姬誌》佳拓,今復覩此,可稱墨緣。葉恭綽。"(《宋克書孫過庭書譜》,上海書畫出版社2002年6月版)

按:譜主此際打算回里,譚延闓不以爲然,派員來滬,此後又請求譚"撥款"(詳後),其間情况待考。

丁巳五月,吴鏡淵、鏡彝、鏡予昆季之母程太夫人七十大壽,發起徵詩,作頌以祝。

《頌吴母程太夫人七秩大壽》:"神珠韞重淵,靈燿騰九霄。緊母抱淑脩,蒙難在垂髫。黄塵昏東南,志地傷飄摇。負母犯霜露,褰裳涉江潮。至孝格明神,嘉德薦芳椒。琴瑟既百年,荼薺匪一朝。昔年機下淚,今聽輿人謡。寒衣母手縫,釜粥母親調。五鼎不自甘,白髮慮常焦。養生貴黜明,形蔽全其昭。况持普照心,能使百眚消。作歌頌懿德,清風播管簫。伯母吴母程太夫人七衮大壽,愚姪

曾熙頓首拜頌。"(《吴母程太夫人希齡嘏辭》)

按:尚有程德全、馮煦、熊希齡、錢振鍠、鄭孝胥、莊紉秋、譚延闓、譚澤闓等數十人贈頌贈聯。吴鏡淵,江蘇武進人,實業家,中華書局創辦人之一。

1917 年 7 月 26 日,子曾繼尹以譚澤闓手條面交譚延闓,言譜主撥款事。

《譚延闓日記》同日條:"七月二十六日雨,温度八十二度。大武手條。七時起,便血如故,似多於平日,待石垓未至。飯後,遂入署,至軍政兩署辦公畢,大生來,飯後,見客木村恒夫最久,最可厭。仇亦山來,與毓昆、坤載計事,談至五時始去。又見荆嗣佑、龍毓彪,談頃之。入室則潤農、崑濤諸人咸在,與范秉鈞計事久之,至六時乃輿歸家。雨後甚凉,飯後納凉簷下,六泉來診,云已愈矣,十時寢。曾繼尹以大武撥款手條來面交,言曾九撥款事。"

1917 年 7 月 27 日丁巳六月初九趙恒惕父殁,爲撰墓誌銘並書。

《衡山趙先生墓碑》:"先生諱壬匯,字甓庸,衡山人,宋趙清獻公之苗裔也。清獻晚游南嶽,退棲城前。三傳至忠靖公,葵枝蕃盛,遂成巨族。岳後沃野千里,户竈相接,祠廟鱗萃,趙氏蓋居十之七。曾祖廷秀,妣魏氏。祖廣運,妣伍趙氏。父裕章,妣雷氏、崔氏,儒脩世嬗,並垂清範。先生崔氏所出,在幼歧嶷,神穎邁群,長懋厥德,卓然儒宗。當同光之朝,兵戎少息,相尚文學,湘士承流,高言楊馬,聲華少振,遂薄行踐。先生師事從兄仲弢先生,嘿然静處,簡重持躬,守程朱之正學,發羅曾之遺編。雖舉秀才,不言科第。偶然歌詠,蕭逸絶塵。少時有'一郵黄葉一詩人'之句,蓋可想見其風度已。先生秉性孝恭,承顔温煦,小杖不逃,父或感泣。其教弟以義而分財則讓,其克己極嚴而與人多恕。手建山後育嬰堂、白山小學、辨志族學、岳北實業女學,百里之内,野無遺嬰,三尺之童,皆知讓道。繇是境無宿獄,盗賊遠徙。孔子曰:是亦爲政,奚其爲爲政。先生有之。予出山後必經里閭,歲或信宿,傾心相示。及居諮議,陳言孔多。繇今思昔,所憂益徵。天方降亂,喆人不穀,以丁巳歲六月壬戌朔九日庚午日入卒於里第,享年六十有三,以是歲七月葬於湘潭華市羅漢山之陽,首辰趾戌。李夫人先先生二十八年卒,生子二,長恒愚,後大宗壽昌。次恒惕,今任湖南總司令兼省長。再娶楊夫人生子二,長恒慜,次恒忞,女一恒悳,適常德李祚輝。孫男五人,聚霖、聚虔、聚震、聚勳、聚烋。恒惕爲人忠勇,初簡桂旅,既領湘軍,靖亂安民,厥功獨多。當袁氏肆兇,幾陷不測,將逮京師,先生詔之曰:吾聞首禍者不祥,私竊神器,專威以逞,將自斃也,姑待獄中讀《易》自蓄。及袁氏敗,人皆服先生先識。臨卒,神智清明,且曰:民苦兵患,飢饉洊臻,發喪宜簡,葬我宜薄。其詔恒惕曰:世亂以兵安桑梓,爲父老分憂,儻剥民自肥,辱吾志矣。故恒惕領兵十餘歲,家無私儲。既識生平,不可無銘。銘曰:祝融之下,涓水之東,草廬桑青,我懷高風。大亂曷極,殷憂孔多,藏之千年,或歌或哦。無位而榮,觀其所履,誰繼誰嗣,振振公子。衡陽曾熙撰書並篆額。”

篆額:“衡山趙先生之碑”。

存考:墓誌銘撰成,曾熙有信致譚延闓,信云:“延壽丸試飲之,再告我。趙碑乞弟與五弟削正(非尋常套話),當於月内書之。極愛松菌,尊家有幾何,能分予否? 畏弟,髯頓首。十八。”墓誌銘何時撰成,銘文言而未詳。銘文有“次恒惕,今任湖南總司令兼省長”,按趙恒惕任總司令兼省長在 1921 年 4 月,時譚延闓閑居上海。綜覽上述材料,墓誌銘與致譚信當在 1921 年 4 月稍後。

丁巳六月,爲楊潛庵書家臨《敬史君碑》、《爨寶子碑》、《瘞鶴銘》、《文殊經》中堂四屏。

之一:“《敬顯儁碑》骨韵逸秀,予以《王基碑》參寫之,風骨當求之東魏以上。丁巳六月,陰雨如坐秋。”

鈐印:鴻我漢亭(白文)。

楊潛庵題籤:“曾農髯先生書屏第一,臨《敬史君碑》。”

鈐印:潛盦(白文)。楊昭儁印(白文)。

之二:“不作《寶子碑》將十餘年矣,偶爲之,究不如道士之峻險中别有逸趣也。”

鈐印:熙(白文)。惟辛酉余以生(白文)。

楊潛庵題籤:“曾農髯先生書屏第二,臨《爨寶子碑》。”

鈐印:潛盦(白文)。楊昭儁印(白文)。

之三:“鼐在京師得宋拓殘本《鶴銘》,韵骨與江建霞鈎本相同。毁於庚子拳匪之亂。阿某(李瑞清)每追憶及此,未嘗不閣筆長太息也。”

鈐印:曾熙之印(白文)。

楊潛庵題籤:“曾農髯先生書屏第三,臨《瘞鶴銘》。”

鈐印:潛庵(白文)。楊昭儁印(白文)。

之四:“此北齊人能傳中郎之學,慎翁推爲過羲獻,蓋失之。潛盦書家正之,熙。”(中國嘉德 2006 年迎春拍賣圖録)

鈐印:曾熙之印(白文)。

藏印:張光宇家珍藏(朱文)。

楊潛庵題籤:“曾農髯先生書屏第四,臨《文殊經》。辛酉冬裝成題。”

鈐印:楊印昭儁(白文)。

紙本。136×68.5cm

按:楊昭儁(1881—1943後),字潛庵,室名净樂室,湖南湘潭人。其父楊芷生爲何紹基高足。潛庵幼承庭訓,學書從鐘鼎篆隸入門,尤得力於《鄭道昭》。精篆刻,好收藏。1917年與齊白石同居法源寺,歷時二年多。另與曾熙、李瑞清、陳師曾交往頗深。有自刻印集《净樂室印存》,輯有陳師曾、姚華刻印《陳姚印存》。

丁巳六月,李瑞清門人將影印爲慶其五十歲生日所臨《黄庭經》分貽同學,來請題識。

自題:"《黄庭經》一卷,老髯書,與道人作五十生日也。壽專萬歲將有餘,相期在此。今歲其門人,景石以分貽同學,囑識其耑。丁巳六月,曾熙。"

按:曾農髯臨《黄庭經》,上海震亞圖書局出版。李健題籤:"曾農髯先生臨《黄庭經》,壬戌八月,李健題。"

1917年8月1、2日,譚延闓連日收到致其書。

《譚延闓日記》8月1日條:"八月一日陰雨,大雨,温度八十六度。三十七書子武,第十三書曾九。七時起,便已無血,痔仍作痛。飯後,同大生騎入署,馳甚速。至軍、政兩辦公廳。還,擬會食,特生來,遂止。飯後,朱巍來見,余道南來,又見柳若喬、李家澧、吴肇嘉、黄駕白、楊玉生、張松本於外廳至秘書室,見伯弢則方□飲,遂返,與李乃文久談。崑濤來,伯弢來談,以羅静貯先生墨頌册相贈,蓋椿塢先師所寶藏,用作紀念者也。羅,乾隆時進士,於常德頗有書名,實亦平平也。向樂谷來,談久之。晚歸家,有婦人攀輿呼冤,即早間攔馬不及之人也。受其呈詞,乃湘鄉人,夫爲人殺者,情詞可疑,當更詳也。晚飯後,與范、龍諸人電話甚久,十時後始寢。"

《譚延闓日記》8月2日條:"八月二日陰雨,温度八十四度。三十八書曾九、祖澤。六時後即起,便血已止,或可愈矣。飯後,入署至兩辦公室辦公,還室檢查,公事甚多,與毓昆久談。大雨,往軍署會食,已二十一日不會食矣。秉均來,劉式南、唐毅、黄紀清來,周哲生來,英署領事來,唐支厦、陳翼棟來,左桐軒來,彭、李兩議長來,談甚久,至五時去,乃就浴。爲人書榜字數方,梅勛彝來,商北行事。飯後,元徵來,秉均來,欲即入京,亦有見地,談頃之乃去。劉艾堂來,與毓昆、澍肅久談,至十一時乃寢。夜中甚凉,引棉被自覆。雨大水長,潰已多,爲之焦悶。"

1917年8月2日丁巳六月十五日愛儷園舉辦古物研究展覽會。

《愛儷園古物研究展覽會誌盛》:"前日(十五日)静安寺路愛儷園開古物研究

大展覽會,先期由粤東李文樞君輦到南越文王胡冢殉葬古器多件者,若玉則有瑑圭、蒲璧、佩璲等,銅則有秦鏡、漢壺等,陶則有周尊、漢鬼竈等,石則有漢輔耳鼎、素鼎等,木則有甫木、塚木等,劃出天演界一部分供其佈置,古色古香,望而知寶。值月徐積餘君亦交來宋元版書十種,暨孫叔達山水、錢稼軒《寒齋對話圖》。餘皆宋元清精品,而陳渭泉君之藍次公《秋壑横雲》、馬麟之《雪景三義》、趙子昂、文徵明、唐伯虎之《墨竹》等圖及郎世寧《駝鳥圖》更爲超雋,觀者咸嘆爲難得。胡子英君之漢承安宫鼎、嶺南金石拓本、王勤中、王武花卉各册,沈期仲君之項聖謨《蘭卷》、張叔未解元日記,田有韋君之龔半千山水、米襄陽《雨景》等,楊實甫君之蔣南沙《佛手柑圖》、黄山人《人物》,鄒適廬君之拱鐘、吕鐘、鄭邢叔鐘、□侯鎛等,高敦之君之八大山人《墨荷》等,哈少甫君之藍田叔《仿大癡富春山圖卷》等,唐吉生君之石濤山水等,潘蘭史君之仇十洲《竹林七賢圖》等,若下之沐、江紫塵、錢拜言、王德恒、趙雲舫、毛階平、王瓶如、甘鴻逵、石維高、趙月川諸君與本園所藏各品,戬壽堂陳列已滿。到會者四五百人,五時由姬君覺彌登臺演説,擬將李君及諸君各器拓印成帙,作爲《藝術叢編》臨時增刊以爲紀念,並聲明本會雜誌於月内出版。舉定胡君子英爲七月值月領袖。時已薄暮,即設筵聚餐。幸好雨知時,新凉一味,迨至席散,已雲開天霽矣,誠難得之盛舉也。"(1917年8月4日《申報》)

1917年9月7日丁巳七月二十一日寫信告訴楊潛庵,陳師曾託楊千里寄到所刻印二方。

與楊潛庵書:"前得手簡,承惠詒隨(隋)碑。嗣奉書,從楊千里寄到師曾兄印二方,渴思逾年,實獲我心。臨上《鶴銘》一通,乞送師曾,兄爲我謝謝。但貪得無厭,尚有再請焉,則感激更不知如何。入秋蒸熇更勝炎暑,未審北方如何?近寫杭州阮姓墓誌,《夏承》容即報命。潛庵老棣,熙頓首。七月廿一。"

存考:此信無年款。本年冬十月有應阮荀伯(性存)之請,爲其書"適廬"居額事。以當年阮氏健在,而特意請遠在上海鬻書的曾熙爲其題居額以便不日建屋之需,顯然有些奇怪不太合情理。如果設想此前請曾熙爲書家族墓誌,而生請書居額之意,就順理成章了。據劉振宇、姚寶澤《上海、成都民間收藏——曾熙信札選註》有陳師曾爲楊氏刻印"近陶居"邊款:"潛庵居長沙妙高峰下,近陶桓公祠,因爲製印。丙辰元日師曾記。"陳師曾爲楊氏刻印在前,彼此時隔僅一年有餘,如果説,本信寫於1917年的"七月廿一",顯然合乎情理。

約是際,以渴筆爲楊潛庵書節臨《黑女志》扇。

自書:"(節臨《黑女志》略)以渴筆寫《黑女志》,於阿某(梅)外另樹一幟,未識

潛庵法家以爲何如耳。熙。”(《中國近現代繪畫精選集》,河北教育出版社 2000 年 8 月版)

按:此扇未署年月,另面爲齊白石爲潛庵所作菊花草蟲,署丁巳秋,故繫於兹。齊白石題録於下:“余前來京師,與曾農髯、李筠厂以書畫篆刻相往還爲最樂,今再來得潛庵弟能論畫,更益我矣。丁巳秋,兄璜。”

此際,揮汗爲杭州阮氏書寫墓誌銘。

自書:“清故江蘇候補通判署理阜寧縣知縣阮君墓誌銘。興化李詳撰文,衡陽曾熙書並篆蓋。國家自東南亂起,倪蕩不羈之士,投袂而出,以名節徇高者,取富貴光曜史乘,天地之精英,至是一泄。及中興之後,朝野思致太平,則又規方幅,制律令,自内外大僚,至於一命之吏,皆約束之,使不得逞,謂有成憲可迹,稍自立異則斥去。於是倪蕩不羈之士,無以自見,則往往屈於下僚或應州縣之辟,如重陽之錮於冱陰,不能爲巨霆飛雹之震。其滋液澡漉溢而爲霖雨,所濟僅如湯田之一溉,或且干天之怒,黴爲乖龍之罰焉。倪蕩不羈之士,不幸遂窮於此,如吾友阮君即其人也。君諱本炎,字晉朋,浙江餘姚人。父諱桂馨,官江蘇,生君於南清河。年四歲試以書,略能倍諷。十歲爲文詞,率可觀。咸豐辛酉,捻匪寇清淮,紹興故里亦爲賊藪,乃避兵趨泰州,父母相繼卒。君奉生母許以居,時年十七。讀書知大略,好爲俶倪奇偉之事。師吴君客塵習金穀,盡傳其學。年二十二即就清河縣幕,專席論事,所奉主人皆降禮致敬。桂林張君振鑛官江蘇州縣二十餘年,晚知君,引爲左右手。張攝州縣以十數於興化、鹽城、豐縣,名迹尤顯,君資之也。張去官,君始以通判牒分淮北。差委初至,受知於漕督湘陰楊公昌濬,適阜寧縣缺出,楊公命淮揚道某委君代理。未幾大學士左文襄公來勘雲梯關入海之路,舟師舳艫相接,旌旗蔽空,望之若神,君櫂小舟往迓,自陳阜寧縣阮某願見侯相白事。鈴卒叱使退,君攀舷獨上,大呼知縣見侯相白事者再。文襄亟命召入,因陳濬雲梯下游之策,束淮使東下,以復神禹古迹。文襄壯其膽識,詢民疾苦,君言易爲耳,人云此縣慓悍者妄也。文襄曰:毋爲大言,汝好做去。文襄即令隨行文案具稿,飭司留東,有潔己奉公深悉民隱之褒,而忌者側目矣。君以幕吏就官,如蕭山汪焕曾,深悉官民壅塞,至是盡革其蔽,具君《求牧芻言》中。阜寧有老災圖地極膏腴,冒災名,抗不啓徵六十餘年。黠董姦吏,相爲首尾,每知縣到任,群斂鉅金,以陋規進其贏倍徵,知縣皆樂不問。君謂國家與民皆無利,徒爲姦蠹囊橐,非徵不可。請之大吏,帶兵往勘。黠董嗾奸民數千人迎拒,矛及肩輿之屏星,槍子着君衣成數孔,某弁請暫退,君大呼前隊開槍擊賊,衆懼散,擒十數人重笞之,而貸其一死,卒開徵如君旨。此役屬有天幸,人皆爲咋舌。君曰:民何敢戕官,嚇我耳,一示弱,永不能徵矣。君在任,修縣誌,阜寧立縣以來所未有也。後以鹽城知縣某揭君庇捕役,君抗辯,忤署臬司某,劾罷官。因僑於興化,可以不出。顧俊胸中奇畫所欲行者,仍思借一二賢主人洩之,以罄其蘊,遂又出佐劉君楚薌於鹽城,就蒯君禮卿於正陽,率以數月罷去。君之奇氣磅礴鬱結見於談論,其指揮叱咤,聞者悚息。壬寅冬,有薦於江督張文襄者,君謁文襄畢,云姑歸舍且俟後命。會有尼之者,議遂寢。君再經此,索然意盡,惘惘若有所失,懵不知良否。未數歲,君遂以此死矣。古今多懷才不遇,論者或云,不知忍以有待,又云用之不盡才,抑有謂生不當其時者。人才有此三阨,其與幾何,然終以不當其時爲正脱。君弱冠時,值咸豐初元,必有以致通顯。即不幸,亦必著名字於節義間,而今已矣。君居興化,好引後門寒素之士,往往覘其遇合榮悴以爲憂喜。老成隱德如謝君庭蘭、鄭君國瑗,君樂致之,文字之飲,幾無虚月。一言之賞,撫掌相慶,余亦忝附其後,爲君所禮。謝、鄭兩君子久棄人間,余之不振,無以慰君泉下。追思曩昔游從之樂,雖忽忽若前日,事則已不堪回首。至於今使徵中散之狀,非余莫屬,此可爲流涕也。君生於道光戊申,卒於光緒丙午,享年五十有九。君工爲格詩,刻有《誰園詩鈔》。其《求牧芻言》,則公牘文移居夥,具有驅邁之氣,皆君意概所涉,君之可傳,固不以此。君娶孫宜人,有賢行,昔助君以有家者。子五人,性存、性傳、性言皆附學生。性存任浙江官立法政學堂教員、浙江諮議局議員。性傳充宣統己酉科優貢生,朝考一等,以知縣用分發江西。性言任江寧商業學堂教員。性咸任浙江工業學堂教員。性宜任浙江高等巡警學堂教員。翩翩争自樹立,舉足慰君。性存兄弟痛君賫志以歿,未申於後。余謂性存若兄弟光顯乃考,申即在此矣,何多求爲?性存默然。君女四人,適何、余、江、錢,皆士族。孫男四人,孫女七人。君遺命葬興化百花湖南,與宗子相墓相值。子相名臣,明按察副使,官閩,積奇功,歿於官,亦才之夭閼者。嗚乎!君之志可知矣。銘曰:(略)”(《阮君墓誌銘》,震亞圖書局版)

1917年9月16日丁巳八月朔,爲《謳歌集》作序。

《謳歌集・序》:“嘗游南岳,遇九疑老人,年且百歲,而容貌豐美若壯歲,鬚長至膝。自言能燭見人心肝,且能辨五臟之血,决人生死,其言皆驗。有老儒請曰:吾嘗寐而驚,寤而歌,長者盍相吾臟心?老人曰:夫子多憂,然好善,本心之血尚瑩然,不足憂也。俄一少年高冠巍然,指老人曰:吾未嘗病,但吾胸間有黑氣,形同斑癬,請相之。老人驚曰:吾子殆矣!吾察汝心臟之血深黝,而肝膽殆不可見。黝血内充,黑斑外見,蓋不可一稔。少年懼,長跽,請方於老人。老人曰:吾見少年之病多矣,不能醫也。雖然,海上有黄君曰楚九者,造有‘真正血’,或可起汝之病。少年遂至海上，得‘真正血’，飲之三閱月，病果除。復見老人，老人曰：君本無心肝，今有心肝，黄君生之也。熙聞其事，乃嘆曰：人孰無病，能自得藥，斯善矣。黄君可謂能以心肝之血，生天下人之心肝矣。因記於此。丁巳八月朔，農髯曾熙。”

李瑞清題：“今世所謂豪傑偉人，莫不曰流血，又曰鐵血。權利所在，則揚袂奮褎，蠭起蠅集，曰救國。事敗則如鳥獸散，相與聯袂遯矣。或更賣其故友，同類相殘如仇讎，曾不少怪，面無愧色，顙無慙泚。此其人直無血耳，無學故無耻。黄君楚九哀之，製真正血以救世，其藥之良乃可醫國，豈但可以起療肥瘠也。丁巳八月，清道人題。”（《謳歌集》）

按：黄楚九(1971—1931)，名承乾，號磋玖，以字行。少時隨父行醫，父殁，遷居上海。1890年開設中法藥房，以艾羅補腦汁名世。1907年與人合辦五洲藥房，1917年集資創辦大世界游藝場，1923年創設九福製藥公司等。

1917年9月27日，譚延闓中午抵滬寓。歸時恰逢譚延闓同澤闓飲，同談樂甚。午後，李瑞清來，與譚相見皆有人事之嗟。談久之，與李瑞清同去。

《譚延闓日記》同日條：“九月二十七日晴，温度七十八度。（抵滬）道士來，俊明來，毓昆來。二時醒，正泊通州，云須天明乃開。至八時起，則已過江陰久矣。早獨餐，竹下船長亦未至，宋滿來談，十時到吴淞，十一時十五分泊虹口，大武已立棧橋矣。相見大喜，即下船，同宋滿、大武乘馬車至家，諸小兒畢集，惟入校者未歸。行禮先母靈前，舊書房改客廳，吕滿住房改書房，佈置井井，青島木器盡至矣。感念今昔，不勝慨然。看所買《米卷》甚佳。同大武飯，飲二巡。曾九適歸，同談甚樂。午後，道士來，相見皆有人事之嗟。久之，曾、李同出。歐陽俊明、張毓昆來談，留同夜飲，有古渝軒送菜，談讌之頃，電燈忽滅，久乃得明。兩人至九時後乃去。復與大武、宋滿談，至十時後乃就睡。滬上較上游爲暖。”

1917年9月28日，早餐後與譚延闓論書甚久。

《譚延闓日記》同日條：“九月二十八日晴，温度七十八度。俞三、澍蕃、鳳光、毓昆來，寄聶六。六時半即起，俞三來，談甚久。食粥後，與曾九論書久之。澍蕃、鳳光、毓昆來談，因留午飯，與澍蕃各飲斤許，酒美，惜無佳餚耳！客去，大武同宋滿亦出，余獨坐書室，閱種種字帖，静極反不安，亦見近時忙亂成習慣也。晚飯，覺受寒，乃服阿士匹林一丸。飯後，與宋滿、大武談甚久，至十時始寢。”

1917 年 9 月 29 日姚子楷來談，譚延闓聞之，來室與之略談。晚子任尹來宿。

《譚延闓日記》同日條："九月二十九日晴，温度七十三度。浚民來，吕滿來自湘。七時起，飯後，以馬車出至新聞路三十一號，見岑雲階、歐陽俊民先在座，談甚久出，遂同浚民歸家。吕滿忽攜康伢子至，蓋廿四由長沙來也，談飲甚歡。浚民去，陸三來坐久之，云同姚子楷在曾九室，往就見之，略談去。大生、衡生歸自校，衡生亦稍長高矣。家人團聚之，樂中復有大陸風雲之思，世事不安常如此。晚復與吕、宋小飲，頗醺然，談諧間，遂欲睡去，亦可見其倦矣。九時後，遂就寢。以所借朱八眼鏡交華泰寄還之。曾任尹來宿，未見之。"

1917 年 9 月 30 日，是日譚家向先人叩行節禮，禮後加肴，譚延闓與兒姪同飲。共樂者尚有譜主父子、吕滿父子與宋滿。散席與譚延闓、子任尹、李瑞清四弟同至李瑞清家，但見門宇清邃，燈火燦然，非昔可比。看李瑞清寫字。譚延闓等先歸。

《譚延闓日記》同日條："九月三十日晴，温度六十九度。楊福勝來。七時起，曾任尹來，同飲粥。俞三來談甚久，近日之號稱偉人者固靠不住，即號稱遺老者，其不可問如故也。楊福勝自長沙來，應帶之物多未帶，西服大半遺於家矣。午，率家人向先公先母像前行叩節禮。略有加肴，與曾九父子、吕滿父子、宋滿及兄弟兒姪同飲甚歡樂。俞三來，邀同吕、宋、大武、兒姪輩往哈同花園，余與曾九父子及李梅厂之四弟同出，電車中遇毓昆，約同至道士家，門宇清邃，燈火光甚，都非昔比矣。李三來，李謙六歸，宋小坡亦至，談頃，毓昆去，看道士作書。有小蟲，俗呼金鈴子，大如蠅，聲唧唧，道人以爲即促織，恐不然也。將晚，獨乘人力車歸。大生等已入校，與大武、吕、宋小飲，談至十時乃寢。"

1917 年 10 月 2 日午，與譚延闓、宋滿、袁伯夔、子任尹小飲。

《譚延闓日記》同日條："十月二日晴，温度六十九度。（始識趙正平、王有瀾）龍八、十、卜冬生。七時起，食粥後，袁伯夔來，談近事及其家事甚多，事有萬端，皆由命定，無如何也。大武偕吕滿出。午留袁同曾九父子、宋滿小飲，行嚴同俊明來，袁、歐陽先後去，行嚴留談甚久，又謂事當緩受，不當急去者，此又一説也。行嚴去，與大武、吕滿談行事。將晡，以馬車赴岑西林之招，至則章行嚴、陸詠儀、程嵩生、彭凌霄、王有蘭、迪魯、耿鶴生、歐陽俊明、鈕鐵生先後至，聞粵中近狀甚多。入席飲十餘杯，菜亦市庖，惟以晚香玉炒雞絲則前此所未嘗耳。既散，趙鶴生（正平）來言，新自粵來，甚欲吾急去云，談久之乃辭出。送行嚴至一品香始還，與大武、吕滿又談，至十一時乃寢。”

1917年10月3日，譚家淑姑生日，起身後同食麵。飯後與譚延闓密談，譚延闓稱其“舊人而具新思想”。午後李瑞清來，與李、譚三人談，李持論與己同，晚譚延闓來室談至十時。

《譚延闓日記》同日條：“十月三日雨，温度六十八度。幹卿。七時起，今日淑姑生日，家人爲之治麵，曾九亦起同食。遂邀余作密談，舊人而具新思想，蓋有不忍人之一心所迫而然，然吾殊無成見，更不拘守舊盟，無俟乎勸，所躊躇者，本身耳！上樓與内人談久之，意亦正同。鳳光、毓昆來，曾傑忽闖至，避之書室。浚明來云今日赴粤，爲作書致陸幹卿而去。陳、張同飯，小飲，褚慧僧、丁人傑來，頃之去。陳、張亦行，道士來，大武、吕、宋出，獨與余及曾九談，其持論亦甚相似。討論久之，乃别去。晚，與曾九、繩、康同飯，飲湖南携來酒，味如米汁，非惟不紹而已。食燙麵餃三十餘枚。聞康伢子言日本殊有趣。大武、吕、宋自古渝軒歸，至曾九室談，至十時睡。”

1917年10月5日李瑞清來，與譚延闓、吕滿、澤闓等宴於古渝軒，未與。晚飯後與譚延闓談話看字畫。

《譚延闓日記》同日條：“十月五日雨，温度六十六度。（至大世界、古渝軒）七時後起，與吕滿計事，頗游移矣，今日實不得不如此也。食粥後欲出浴，而劉艾唐、伯庚來，談久之去。道士、姚子階（楷）來，遂發起往古渝軒，余與吕、宋、大武趁電車往，道士、姚老往邀李三同來，菜頗佳美、酒不多，以瓶罄也。既散，道人、李、姚他去，吾輩以人力車至大世界，遇雨，啜茗共和堂，其地部署頗見心思，甚合白相人心理也。周游一巡，看松旭齋天左魔術，惟縛兩指而能環立，木（?）及人臂，大奇。又以一箱盛女子，重重纏縛，及開則易他人，亦奇幻。又看二無身人，則以折光鏡作几祕之若空，又一人身長鱗，如骨如菌，謂之角人，則一種異病也。吕、宋他去，吾二人以人力車歸。晚飯不飲，與曾九談，及看字畫。至十一時後乃寢。雨濕鞋襪，乃濯足易之。”

1917年10月6日，早餐後，譚延闓來談。晚與李瑞清、筠庵、姚子楷等赴古渝軒應劉艾棠、伯庚昆仲之招飲，至則譚延闓、澤闓、吕滿等先在。

《譚延闓日記》同日條：“十月六日晴，温度六十八度。（至新世界、古渝軒、小有天）袁雪安來電。七時起，食粥後，至曾九處談。大武、吕滿先出，余與仲圭十一時至洗清池剪髮、就浴，甚爲愉快。頃之，大武同吕滿、毓昆來。浴罷，步至古渝軒小酌,家釀已罄,惟飲啤酒。既罷,别毓昆至新世界,有埃及木乃伊二具,一三千年,一則千餘年,長九尺許,審視正以足長耳。又人頭魚三手乃如蹼也。登樓聽打鼓,復下聽新劇、看電影,尚有趣劇。六時後出,仲圭歸家,吾輩至古渝軒應艾棠、伯庚之招,袁大、袁三兄弟先在,道士、曾九、李三、姚子階(楷)後來,入座飲白乾,菜殊平平,不如古渝(軒)也。同大武、吕滿歸以電車,得袁雪安電,知日本交卸院電,乃云省長即交督軍管領,可怪也。十時後睡。”

1917年10月7日,至李瑞清家。午宴於李宅,座有譚澤闓、吕滿、宋滿、李筠庵、譚延闓、姚子楷等。

《譚延闓日記》同日條:“十月七日晴,温度六十七度。(至威海衛路、道士家)秉三、雪安、韵農,得黎九、滿,子武。七時起,作書致秉三、雪安、韵農交艾唐、百庚分帶去。李容恢來,盛幼文來。食粥後,以馬車赴一品香,見劉艾堂、伯庚兄弟,以託件交之。又遇一王鶴皋,劉之友也,談久之,出至威海衛路十四號,見松井、石根、磯谷、廉介,遇貴州人符某,談頃之,出至袁伯夔家,坐談至一時,乃驅車至道士家。大武、吕滿、宋滿、曾九皆在,李三、姚老亦來,待劉氏兄弟不至,乃先入座,飲勃蘭地,菜出内製,皆精絶。將半,艾唐、百庚來,魏選亭亦至,以乳油炖魚翅則未佳,鰻魚尚可耳。既散,同姚、宋、吕、大武附無軌電車至大世界啜茗,徜徉至暮,則繩生、康伢亦在,同游戲久之,乃别姚歸。飯後,略憩息,已九時後,遂就寢。”

1917年10月13日午飯後與譚延闓談久之。

《譚延闓日記》同日條:“十月十三日晴,温度六十八度。得汪九、静仁書,寄汪九箺。八時起,飲粥後,以馬車出。覓華龍路不得,久之乃至漁陽里八號見烈武,談甚久,乃知環龍路即在其後。入見丁人傑、張溥泉,坐頃之歸,已一時矣。大武諸人方食蟹,今年初上市也。飯時飲數巡,食凉麵一盌。與曾九談頗久,諸人皆出,余率繩、康、秋三兒附電車至莊園,大、衡入影戲園,則云日間無有,須待七時,遂仍附電車還。步至匯山碼頭望江景,看機器起重,乃步歸家。晚飯有姚子皆自製薰雞,自云原料不佳,故不如其所云云也。飲數巡,食燙麵餃,談至九時後即睡。(下略)”

1917年10月14日,病。

《譚延闓日記》同日條:“十月十四日晴,温度六十九度。得蘭汀、黎九書。八時起,食粥後,俞三來,談甚久,遂不他出。曾九忽病,午,毓昆來同飯,飲無何,遂與張、吕、宋、大武、繩、康、年三兒同以電車出。毓昆别去,余輩至中華皮鞋店定鞋不成,出至兆芳爲年伢子照活動像,乃入新世界聽大鼓。入影戲場則人多如蟻,竟不能入。啜茗樓上聽口技,尚有佳者。下至魔術場坐最後,前人皆立几上如矗筍,一無所見。宋滿乃亦登几,實亦無足觀。及影劇出,乃悉坐,其無秩序至此,可嘆怪也。影劇亦無佳妙者,殊不值。步至樓外樓登電車,直至提籃橋乃停,繞舟山路歸。晚飯,小飲,食涼麵二盌,吕滿所辦也。問曾九病,與諸人略談,遂登樓就寢,已九時後矣。聞匡策師逝。"

1917年10月15日晚,與譚延闓談。後李瑞清來室談,譚聞聲加入談話。久之,譚延闓上樓睡,李瑞清始離去。

《譚延闓日記》同日條:"十月十五日晴,温度七十度。寄信鳳岡、醉六。八時起,食粥,吕滿爲毓昆看屋去,彼眷將來也。趙拐子出取月費,及至家,則半爲鉛餅,大皇急而去。吾謂恒豐必不爲此,意其歸途不慎爲人掉包也。午飯,吕滿未歸,吾輩遂不飲,胃覺□□有物,乃食平胃散少許,静以片刻,衛生家每云食後稍睡,令胃特專事消化,亦一養胃方云。吕滿歸,遂同宋滿、大武步至俞三家小坐,一年不來,樹竹皆長大矣,彌感奔年也。繞保定路歸,晚飯,飲一巡,有麵片,冬生所作也。與曾九談頃之,蕭先生來,云鉛餅非恒豐物,其詞婉而諷,然趙拐爲之不食,則不知究何人作也,吾家認晦氣而已。登樓後聞曾九室中人語,下視則道士也。談久之,乃上樓睡。未熟,聞開門送道士也。"

1917年10月16日,早餐後,同譚延闓稍談,午飯小飲。

《譚延闓日記》同日條:"十月十六日晴,温度六十八度。黎九、魏壽貞。八時起,昨閲《東洲草堂詩集》一過。憶黎九言遏必隆刀篋鐫有某年月,殺訥親開,用一次,字一行,見《東洲草堂集》,今乃未見,何耶?以書問之。食粥後,同曾九談頃之,欲出不果。午飯,小飲,連日胃頗不適,乃服平胃散一匙,稍坐。同吕、宋、大武携康伢子出買帽,入福利惠羅一覽,步至新世界,入影戲場,人尚不多,坐看天一魔術,仍以自由車及仰卧豎足累盆、承壇,出小女兒其中爲奇,蓋真實功夫也,餘皆手法及助手作用,使人不覺耳。又看新戲,至七時乃歸。晚有蟹、鴨,飲數杯,食薄餅,盡一盤,甚飽。晚略坐,即就寢。夜半忽起旋。淑女手忽腫,不知何毒也。"

1917年10月17日午,在小有天宴請,到有譚延闓、李筠庵、钱沖父、吕滿、宋滿、康伢子、李瑞清、李謙六、姚茫階,盡歡而散。

《譚延闓日記》同日條:"十月十七日晴,温度六十八度。貝胡子電。八時起,以馬車出,至一品香見毓昆,遇劉國棟出訪伍秩庸、岑雲階,談頃之,乃至小有天,曾九約也。久候無客,至一時許,李三、钱沖父來,大武、吕、宋、康伢子來,曾九、李二、謙六、芷階乃到,入席有大鯿,年餘未食矣,餘菜亦佳,飲吾儁酒,酬暢之至。散後,遣馬車去,與姚、宋、吕父子、大武步入大世界,登高樓眺望,見跑馬廳中試馬者殊駿軼,下看天左魔術中有透進一層者,似假幻真,頗可尋味。及散,入日本式衛生飲食店,各飲雞汁一杯,下以雞子殊佳妙,有滿州(洲)女出演唱,頗有京師之聲。附電車歸已七時,晚飯止飲,與吕、宋談至九時登樓,諸女來問近事,與説至十時後乃寢。"

1917年10月18日,譚延闓至李瑞清家,留晚飯,觀其藏碑帖及孟麗堂畫卷。及歸,來談。

《譚延闓日記》同日條:"十月十八日晴,温度六十八度。八時起,以馬車出至積善里,見郭泰祺,素不相談,今始見之,甚温文也。談久之,出至克明路福壽里見蔣雨巖,談甚久,言京師圓光事甚詳,與報載大略同,信事之有前定。出至道士家,大武等已去,見道士兄弟、姚老、謙六,謙六以《夏承碑》、《淳化》三本、《孔穎達碑》出示,古色照几,使人神悚。孔碑少遜,然買者已出二千四百元矣。道士留飯,菜亦可口,食畢,觀孟麗堂畫卷乃歸家。與曾九談,俞三來邀,同大武、吕、宋、康伢出,徘徊書錦里福建路,遂至繡雲天,了無意趣,惟書場尚有舊時風,一美人首則取小兒矯揉造作,不足言矣。歸,過先施公司,門如市也。到家晚飯後,以新買機器雞蛋麵同食,了不佳。以馬車至《中華新報》館,見彭静仁,遇陸詠儀、徐萼巖、陳文深,談至十時歸,及就寢十一時矣。"

1917年10月20日早餐後與譚延闓談家事,云閲兒子來書,頗憂慮,譚氏寬慰之。

《譚延闓日記》同日條:"十月二十日晴,温度六十九度。八時起,俞三來。食粥後,與曾九談渠得兒書,頗憂家事,因寬譬之。午飯,飲數鍾,食炸饅頭,下以甜醬,不飯也。數日不粒食,群言米惡,亦不之知。同吕、宋、大武附電車至榮昌祥做衣,遂入新世界看魔術,立人叢中二小時,所演多真實功夫,如承罏走繩,作馬鳴是,殿以華人之擲壇舞叉。及散,乃就坐看影戲,至七時始歸。過先施公司,人如蟻聚。到家,則大毛已歸,正飯,飯將畢矣,乃别開飯,與吕、宋、大武四人同飲,食炸饅頭,以新買糖油下之,味殊鮮美。至九時登樓,共諸女談,十時乃寢。"

1917年10月25日,午飯後與譚延闓談心。

《譚延闓日記》同日條:"十月二十五日晴,温度六十七度。得黎六、蘭亭、棣松書。八時起,就浴,用所買洗身手套甚佳。食粥後,看報、談近事,不覺至午。飯時不飲,進一盂飯,復食凉麵兩盌,冷熱雜進,或較清道丸爲効也。與曾九談頃之,同吕、宋、大武至新世界,遇俞三,看影戲,頃之聽劉玉長、李品一、張筱軒大鼓,劉俗惡,李有節奏,張有聲勢,皆尚可聽。歸家晚飯,胃覺熱,不多飲,食麵片湯二碗。同吕、宋、大武率繩、康二兒、淑、静、祥、瑞四女同至萬國影戲園聽影戲凡三小時,至十時半,仍以電車歸。將就榻,張毓昆敲門入,下樓見之,談甚久乃去,及睡已十一時。西服、禮服均自長沙華盛帶來。"

1917年10月27日早餐後,與譚延闓談心甚久。

《譚延闓日記》同日條:"十月二十七日晴,陰,温度六十六度。繼益、袁雪安來書。八時起,食粥後,與曾九久談,午飯小飲。毓昆來言松本事,躊躇甚久。大生、衡生歸家,與諸兒女談甚久。阿三以人力車送余至俞家,訪俞大、俞三不遇,仍歸。大武、吕、宋皆他出矣。至夜,諸人歸,乃買得蟹十三,蒸食甚美,余啖二枚,食炸醬麵三盌。周劍帆、孔明綬來,言教育事,今世而高言此,亦可謂不切事情矣,九時乃去。與吕、宋略談乃就寢,已十時矣。"

1917年10月28、29日晚,連日與譚延闓談心。

《譚延闓日記》10月28日條:"十月二十八日陰,温度六十度。壽丞。八時起,江穎年來,俛仰今昔,不勝感喟。張自雄來,食粥後,同吕、宋、大武、衡、繩、康至先施公司。與吕滿、大武至洗清池翦髮、就浴。餘人先歸,吾輩歸飯已一時矣。俞三來,邀同吕、宋、大武至大世界,坐廣場中久之,乃至日本飲食店喫雞肉鍋燒,亦有別味。出,復至先施公司,乃歸家。大、衡已入校去矣。晚飯略飲,炸饅頭食之,甚飽。日來,胃時作炎,恐有他病,乃服萬應錠四粒,或較良於胃活也。與曾九談頃之,張毓昆來,略坐去,及寢已十時後,睡不安帖。今日甚凉,衣呢袍。"

《譚延闓日記》10月29日條:"十月二十九日陰,温度五十八度。林隱青、袁雪安。八時起,看小兒打秋千。食粥後,爲人作屏聯書數付。鳳光來,俞大來,彭静仁來,言南京事,留陳、彭同飯後各去。俞三來邀同出,遂至先施公司,入大世界,坐看游人,聽口技,出至古渝軒招俞大、俞三、李道士、姚子陔,惟李三中席至,飲樓下殊不佳。潤儀、毓昆、鳳光亦飲此,相見同坐,久之乃散。夜行殊有寒意,車中尤瑟縮也。到家與曾九略談,服胃活一匙。近來胃殊不適,可怪也。十時即寢。"

丁巳九月,爲茝溪節臨《華山碑》。

自書:"(節臨《華山碑》略。)《華山碑》善用折法,鍾、衛所從出。茝溪仁兄大法家正。丁巳九月,農髯熙。"(柳曾符《中國現代書法概論》)

丁巳九月,爲春沂作"臨風慕列子,縱轡有王良"五言聯。

自書五言聯:"臨風慕列子,縱轡有王良。春沂仁兄法家正之。集《夏承碑》字。丁巳九月,農髯曾熙。"(私人藏)

紙本。170×45.5cm

鈐印:曾熙之印(白文)。農髯(朱文)。

1917年10月30日廣倉學會週年紀念,於園中陳列古物,羅集會員,開紀念會。

《廣倉學會周年紀念、倉聖萬年耆老會啓事》:"廣倉學會成立已屆一周,本年春季續辦倉聖萬年耆老會,辱荷通儒碩彦聯袂偕來,頗極一時之盛。現爲秋祀倉聖,定於陰曆九月十五日陳列古物,羅集名流,特開周年紀念會,十六日延接耆老補舉會長,十八日請觀禮耆老,並備筵致贈,借表敬意。除另柬奉約外,特此通告。會址上海静安寺路愛儷園,主會人歐司愛·哈同、羅迦陵,代表姬覺陀啓。廣倉學會雜誌第一期出版,取材豐富,十大特色,另刊《申》、《新》兩報第四張小説欄下,附告。"(1917年10月27日《時報》)

《愛儷園廣倉學會周年紀念》:"陰曆九月十五日爲愛儷園廣倉學會周年紀念,先期於門首黏成松柏彩棚,園内編陳景物。倉聖明智大學及女學均聯合滬上各校預備展覽成績。戩壽堂及廣倉學會經古物陳列部值月人高敦之君徵集各種磁銅玉石書畫等件,分别羅列。二時各會員紛紛蒞止,至四時略到三百人,遂振鈴開會,款以茶點。主會人哈同氏、迦陵夫人、會長馮夢華君登臺列席。主會人代表姬佛陀君宣讀主會人祝詞畢,一、提議祀倉兩廡配享問題;二、提議徵集各省倉祀碑碣聯額問題;三、提議倉學研究會問題;四、提議各省縣鎮鄉分會支部問題。各會員以兹事體大,容再函陳意見。次馮會長演説,次熊季直君演説,均極慷慨激昂。六時散會,攝影紀念。晚間經主會人延賓宴飲,酒闌已十時矣。"(1917年11月1日《申報》)

1917年11月1日,早餐後與譚延闓談心,頗欲"遵海",未决。

《譚延闓日記》同日條:"十一月一日雨,温度五十八度。得經修本書、汪九、黎六,復汪九、黎六。八時起,雨甚,不能出。食粥後,看《史記》一卷,與曾九談,渠頗欲遵海，今尚未决也。午飯，食煮饅頭，不甚佳，胃亦不欲多食，遂已。爲張毓昆作横幅數紙。晚，毓昆來談，言假款事，久之去。晚飯有蟹羹尚佳，鄧芷溪送蟹五十隻，盡矣。飲數巡，食韭菜合子，則不甚佳。晚與諸人談，至十時始就寢。"

按："遵海"，按字面即沿着海岸(船)行，然不詳譜主所指。

1917 年 11 月 2 日，是日移居李瑞清寓。

《譚延闓日記》同日條："十一月二日雨，温度五十八度。八時起，食粥後，俞三來，午以馬車與吕滿、大武至東亞旅館見鄧子谿，居五層樓，室中甚精潔，又至六層樓餐堂一覽，遂下，同至古渝軒。張菊生、陳叔通、夏劍丞同請客。俞大、俞三、楊公亮同坐飲啤酒，菜除翅、鴨外皆甚佳，談至三時乃散。至先施公司，購熱水袋一枚及游戲具歸。看小兒游戲，晚飯，飲先施公司買來瓶酒極不佳，乃如王寶和也。與吕滿對飲，盡之，食炸麵包而罷。夜略談，即就寢。以熱水袋置被中，温暖如擁罏火，大汗出。至夜半乃冷却。曾九今日移居道士家。"

11 月 5 日，譚延闓來視病，同赴李謙六邀宴翠樂居，席散與譚延闓久談。

《譚延闓日記》同日條："十一月五日晴，温度五十四度。久亦字。八時起，携王三趁電車至哈同路見澍蕃、鳳光，示以昨日松本所言，皆謂無妨。至□昌里蕭禮衡寓談甚久，頗有計畫。乃過章一山，談復辟事甚悉，士各有志，不能相强也。附電車至古渝軒，俞三請客，吕、宋、大武外，陳彦通、夏劍丞、袁伯夔、汪旋父，菜甚佳。既散，余獨歸家，松本君平、張毓昆、黄石堦先後至，出所計議，同商榷久之，乃簽字而散。松本去，同張、黄至北大橋别，步入李二家，看曾九病，則吕滿、李三均在，李謙六邀飲翠樂居，李二、李三、姚鬍子、胡先生、旭少爺、吕滿、又李道令、五阿公及族弟，食燒豬尚可，鰻魚亦佳，魚翅則糟矣，費十六元云。散歸，與曾、李談久之，同吕滿以人力車歸，則大武、宋滿歸久矣。内子同家人往哈同花園，至十一時乃歸，及寢十二時矣。"

1917 年 11 月 6 日晨，譚延闓復來視病，澤闓等亦來，留同午飯。

《譚延闓日記》同日條："十一月六日陰晴，温度五十四度。(九月二十二日)寄郭仲和，龍八來。五時起，大瀉，補丸之効也，復睡，至九時乃興。食粥後，大武先出，余同吕、宋步至朱家木橋訪筠安不遇，遂步往道士家見曾九，姚老、子□，大武亦來，留同飯，肥它魚尚佳，飲自攜酒，昨自杭州寄到者也。既罷，同大武、宋、姚至大世界瀏覽頃之，飲日本茶而歸。過先施公司一看，到家飯，吕滿亦歸矣。晚彭静仁來談，毓昆來談，至十一時乃去，静仁明早行也。大生函問：今有二人共買油十斤分之，凡有三瓶，甲瓶可盛十斤、乙七斤、丙三斤，油在乙、丙中又無秤，問此兩人分法。與内子思索得之，答曰：以丙瓶傾入甲瓶，更以乙瓶分二次傾入丙瓶，轉至甲瓶，再以所餘傾入丙瓶，是時甲瓶油九斤，丙一斤，更以甲瓶傾入乙，則甲瓶餘二斤，再以乙瓶傾滿丙瓶，則乙瓶餘五斤，甲、丙亦共五斤，兩人分携歸矣。”

1917年11月9日，午後譚延闓來，恰與李瑞清、李謙六樓上書壽文，未之見。

《譚延闓日記》同日條：“十一月九日陰晴，温度五十六度。八時起，食粥後，趁電車往見岑西林，遇趙正平偕一華僑在座，談頃之去，余獨留，談甚久，至十一時乃去。步至車站趁車至戒煙社徐季蓀處，劉倫伯先在坐，大武、吕滿繼來，章一山復同喻子韶至，入席，號稱有佳釀，實則陳而不佳，食蟹外，他肴無可下箸，勉强一飯。而出至道士家，見曾九、謙六，道士作壽文，不下樓也。同大武步行訪李三不遇，至家，則宋仲圭亦出，及其歸，問之乃已自行十餘里，亦可笑也。夜飯二盌，至九時吕滿歸，云飲‘别有天’，與徐肴不相上下，遂别置酒，下以花生、瓜子，談至十時乃罷。既上樓，復下與吕滿語，即寢已十時後。”

丁巳冬十月，應阮荀伯（性存）之請，爲其書“適廬”居額。

自書並跋：“適廬。人生貴適志耳，能自適，則無往而不適。莊生《逍遥游》，其適之真筌也與（歟）！丁巳冬十月爲主人額此，曾熙。”

鈐印：曾熙之印（白文）。閑居玩古不交當世（朱文）。

戊辰重題：“右額姚江阮荀伯先生丐予書此，將以顔其所居。今十有二年，主人大隱。其家人爲營兆於西湖山之麓。復築屋數楹，仍以此額額之，從先生之志也。予維天地蘧廬，適也。生寄死歸，大適也。宇宙間形形色色，各適其所適，至不知其所以適止矣。靈而能達，應奠一觴。戊辰春，熙再題。”

李鐵匠《曾熙題“適廬”居額變墓額》：“我曾收藏過一幅曾熙畫的紫藤，凝煉沉穩，很有水平，可惜已在‘文革’中失去。幸虧還藏有一幅曾熙的字，是他爲阮性存寫的隸書大字‘適廬’二字，後面以行書寫着：‘人生貴適志耳，能自適，則無往而不適。莊生《逍遥游》，其適之真筌也與（歟）！丁巳冬十月爲主人額此，曾熙。’阮性存（1874—1928），餘姚人，字荀伯。留學日本，回國後於杭州辦法政學堂，任校長。辛亥革命時，策應革命軍光復杭州。後任律師，爲杭縣律師公會會長，1927年任司法廳長。1917年，阮性存準備造一座房子，取名爲‘適廬’，請曾熙寫書，以備刻在石門額上。曾熙認爲：‘人生貴適志耳。’適志是舒適、自得的意思。《晉書·張翰傳》:‘人生貴得適志,何能覊宦數千里,以要名爵乎?’曾熙又認爲:‘能自適,則無往而不適。’自適,自得其樂。《莊子·駢拇》:‘夫適人之適而不自適,其適雖盗跖與伯夷是同爲淫僻也。’到了1928年,房子没有造成,阮性存却已逝世。他的家屬(其子阮毅成,曾任民政廳長),根據阮性存遺志,要把‘適廬’二字刻到墳院門額上。又請曾熙寫上一段文字:‘右額姚江阮荀伯先生丐予書此,將以顔其所居。今十有二年,主人大隱,其家人爲營兆於西湖山之麓,復築屋數楹,仍以此額額之,從先生之志也。予維天地蘧廬,適也。生寄死歸,大適也。宇宙間形形色色,各適其所適,至不知其所以適止矣。靈而能達,應奠一觴。戊辰春,熙再題。’”(2001年3月24日《美術報》)

1917年11月14、15日,以移居李瑞清寓,譚延闓將譜主舊居室闢爲書房供兩兒授讀。

《譚延闓日記》同日條:“十一月十四日晴,温度五十度。松本來電。復松本。致朱八。八時起,食粥後,以馬車與大武同出。大武中途下,余至伍秩庸家,見其父子,談甚久。乃過西林,遇耿鶴生、王有蘭、蕊秋、龔漁亭,坐久之出。訪禮衡、伯蒼、亨五,坐談間,周達夫來,有忸怩色,談至二時乃歸。煮麵食之,明日擬令秋、年兩兒就宋仲圭授讀,以曾九室爲書房,於曾九略歉然耳。同大武、吕、宋至舟山路十二號,看拍賣什物,頗有精品。還,晚飯小飲,食炸饅頭,夜以打字機印電稿,久不爲此,已生疏矣,覺不慎適。九時即寢。”

《譚延闓日記》15日條:“十一月十五日晴陰,温度五十三度。李秀山、汪九、静仁、子靖。八時起,人頗惘惘,何也?便血頗多,數月不發之症也。食粥後,劉之潔來,號奉新,携李秀山書談甚久,其人甚明白,北軍之能者也。今日,請宋仲圭上學授秋、年兩兒讀,設席曾九房中,行禮、喫點心如舊儀,頗令人悵觸兒時事。午有加肴,秋、年亦入座。食罷,張習之來,羅伯蒼、王亨五來,談頃去。余忽喉痛,視之有白點,乃選喉症忌表抉微中去毒方服一劑。爲張毓昆寫《歸去來辭》一通,凡三百三十九字,紙劣、楷不能工也。晚以喉藥漱口久之,閲《求幸福齋筆記》久之,十時乃就寢。劉之潔號聿新。”

此際赴南京金陵醫院就醫。

《譚延闓日記》同日條:“十一月十七日晴,温度五十六度。芷溪來。八時起,閲報知段閣將倒,傅、周均走,意者吾民其有□乎?食粥,附電車至麥家圈惠中旅館訪劉聿新,乃云不在,彼可怪。步至無軌電車處,附至道士家,則曾九已往南京就醫去矣。見姚、李之屬,俞三、吕滿、大武亦來。道士約喫魚,去至酒樓則無有,乃散歸。澍蕃、鳳光來,劉聿新留同飯,看人痛飲,不敢飲,以便血及喉痛未全愈也。蕭禮衡、羅伯蒼、王亨五來,坐久之去。汪四、俞三來,邀同吕、宋、大武出至先施,遂飲古渝軒,遇陸三、羅介夫,遂同坐,飲談甚歡。散歸已八時,大生、衡生已自校歸矣。晚濯足,十時後寢。"

1917年11月25日,譚延闓昨日視病得知赴南京就醫,來信問候。是日譚延闓母親忌日,李瑞清來行禮。

《譚延闓日記》同日條:"十一月二十五日陰,温度五十六度。小祥、式南、介夫、湖南公電,寄秉三、曾九。七時後起,今日先母忌日,請僧九衆唪經,舉家行禮,俞三、承之來行禮。食粥後,静坐甚久,迴想生來有出世之思。午,設供上祭,瞿止翁來行禮,坐久之去。老輩風流令人起敬。張毓昆來,承之來,遂同吕滿出,耿鶴笙、陳偉丞來,述西林意,對於湖南軍事有所計畫,商榷久之,擬電交去。李道士來行禮,晚飯有素餃,盡三盤,供餘也。和尚未暮即散矣。夜得湘電,已舉譚月波爲督軍,頌雲爲省長,此題中應有之義也。晚十時寢。今日舉家不茹葷,素食終日,依慈意也。後此當永以爲例也。"

李瑞清從上海來南京探視。

陳三立《李道士視曾農髯疾於金陵醫院過宿夜談戲成二絶》:"褢飯居然問子輿,拘拘造物那關渠。下車偷指黄冠笑,曾戀圍城寫篆書。狐鼠奔逃野兕狂,當年死拒亦堂堂。憶擎木印刀光下(布政使銀印失去,以木印代之),猶映寒燈涕數行。"(《散原精舍詩文集》,上海古籍出版社2003年6月版)

按:參見下年夏李瑞清與左益齋書:"九兄近來多病,去年因聞南北之争,通夜不能成寐,遂患黄病。據日醫云老年人得此證,極爲危險,今幸痛矣。"

丁巳冬至前二日,爲柳翼謀書"名列高人傳,德歆太上年"五言聯。

自書五言聯:"名列高人傳,德歆太上年。此北齊人師太傅,蓋勒法也。翼謀仁兄法家正之。丁巳冬至前二日,農髯熙。"(柳曾符《中國現代書法概論》)

按:柳翼謀(1879—1956),名詒徵,號劬堂,史學家、圖書館學家。1913年出任北京明德大學齋務主任兼歷史教員。1916年南返任教南京高等師範、東南大學,主講國文、歷史,成立史地研究會,發行《史地雜誌》。後歷任北京女子大學兼北京高等師範教授、第四中山大學圖書館館長、中央大學文學院研究生導師、國史館纂修、中央研究院院士,解放後任上海市文保會委員。著作宏富。

病中鄉思殷切，慮李瑞清不放，於冬至日書致譚延闓、澤闓昆仲，請其幫助説服李氏。

與譚延闓、澤闓書："三、五弟如見：三歲主我，愛同兄弟，因此忘歸。今頑軀復健，每日能食爛飯二椀，取鷄鴨之汁佐以霜菘飽啖，不減古渝軒也。二便皆復元，額上寸尺脈關皆散，黄爲本色。每日早七鐘起，晚十鐘睡，前習頓改。酣睡不起，似較未病時精神，尚快慰，請釋遠注。（湘綺先生大字本文集二本，五弟仍假我一讀何如？乞查交應祥。）應祥昨日往滬收檢行篋，阿某癡愛，或有阻尼，兩弟爲我解之。早歸早來，聚日更長也。俞三先生、陳氏叔侄、張公均乞代致拳拳，未及走辭爲歉。此頌近佳。熙頓首。冬至日。"

1917 年 12 月 23 日，遣子任尹面見譚延闓商量歸湘事，譚當即爲表明己見，以不回爲上策。

《譚延闓日記》同日條："十二月二十三日晴，温度四十二度。（十一月十日）（今日始著外套）來秉鈞，去月波、頌雲、曾九。九時起，食粥，曾任尹來，商曾九歸湘事，爲指示一切而去。午飯，得松本君平書罪狀黄石垓不止，可笑。承之來，俞三來，子靖他出，吾輩同行，俞三别去，張承之亦中途下，遂與宋滿、大武買鞋。至朱九家，則已出看屋，明日又將移居也，吾故知其必三徙矣。入新世界看跑冰，遇俞三，啜茗久之乃出。歸途遇吕滿，偕至家。晚，不敢飲，懲於喉症之多也。晚，子靖赴南京去，屬其往見曾九。與諸兒女談至十時乃寢。"

1917 年 12 月 25 日丁巳冬至後三日，以意節書《書譜》。

自書並跋："或重若崩雲，或輕如蟬翼。導之則泉注，頓之則山安。纖乎猶衆星之列河漢。丁巳冬至後三日，嚴寒破凍爲之。熙。"（安思遠藏《中國近代書畫》）

紙本。148×38cm

鈐印：曾熙之印（白文）。閑居翫古不交當世（朱文）。

藏印：松瀑廬藏（朱文）。

汴晋魯湘水災爲患，題襟館書畫會同人何詩孫、李瑞清、吴昌碩、王一亭仿照 1907 年徐園書畫賑災會舊例，發起書畫助賑。

《徵求書畫助賑》："敬啓者：邇來天災流行，汴晋魯湘各處洪水汪洋，幾成澤國，哀鴻遍野，慘不忍覩。上海書畫會同人昔年於淮徐湘鄂水災，曾經兩次以書畫售票得數千元助賑，此次仍擬踵而行之，雖杯水車薪，未必足以繼事，而勺漿粒米，或有裨於來蘇，務祈海内諸大善人暨諸善女士、書畫名家，於揮毫之下，同深饑溺之懷,庶幾硯田分潤,即爲饋貧之糧,墨寶同傳,更成種福之券。此啓。收件處在四馬路三山會館間壁樓上題襟館書畫會,交徐星洲、哈少甫可也。如有舊藏書畫及印刷書籍,慨予捐助,尤爲紉感。發起人:何詩孫、清道人、吴昌碩、王一亭同啓。"(1917年12月8日《時報》、《申報》)

1918年 民國七年 戊午 五十八歲

從南京歸李瑞清家做生日。李瑞清遣人往請譚延闓,譚與澤闓、吕滿、宋滿,談久之。譚見病愈而面黄如故,告以全退尚待以時日。三時始入席,純湖南風氣。

《譚延闓日記》同日條:"一月一日晴,寒暖三十六度。月波。偉成電。九時起,聶雲台來。同顧爾德來談,顧將歸美從軍也,其人曾送我漢皐者。約之飯,堅不肯,遂去。戴賓堯同周肇昌來所議。又成畫餅,可嘆。然吾故知日人多如是也。食粥後,作書與譚月波。李道士遣人來邀。適俞三至,遂與大武、吕、宋、胡同之往。至則曾九自南京歸,做生日。從尹亦在,曾九病愈而黄如故。云非旦夕可退者也。談久之,大武、宋滿歸飯,俞三亦去。待至三時,大武、宋滿後來。乃入席,喫麵,純湖南風氣也。既散,同胡、宋附無軌電車至大世界。俞三先至,頃之大武來,繩生、康伢亦至。余與子靖、宋滿同坐。升高輪二周,上時殊不覺,下乃忐忑耳。吕滿旋至,同聽雙黄大鼓,乃步入古渝軒小酌。遇鳳光、范秉均談甚久。飲啤酒一杯,菜不如平日,王老闆去之故耶?至日昇樓待車甚久,到家已十時,遂寢。"

丁巳十二月,爲王一亭題所藏《祝允明草書桃源圖詩册》。

題《祝允明草書桃源圖詩册》:"右軍草法,簡勁而静,故傳之者少其人,大令以篆法縱之,至長史、素師大振其傳,滿紙龍蛇,驚駭百狀,宋徽以來,大盛於明,皆大令不祧之祖也。京兆此册,以米法作草,雖遜王尚書,然真蹟實不易得也。一亭先生法家察之,農髯熙。"(上海朵雲軒2005年秋季拍賣圖録)

鈐印:熙(朱文)。

吴昌碩題籤:"祝枝山草書神品。春仲假讀數過,老眼爲之一明。老缶記。"

鈐印:吴俊卿印(白文)。

李瑞清題耑:"祝枝山先生草書桃源圖。清道人。"

鈐印:清道人(朱文)。

吴昌碩題："希哲草書，龍跳虎卧，兔起鶻落，洵爲有明巨擘。是册信手揮翰，寓肆意於謹嚴之中，其神色飛動處，比之公孫劍器有過之無不及也。丁巳十二月，爲一亭先生題，希正，吴昌碩老缶。"

鈐印：吴俊之印(白文)。吴昌石(朱文)。

按：此題未落年款，以吴昌碩題於"丁巳十二月"，從之。

約此際，與清道人合寫《松鞠圖》，王一亭補一鶴並題。

王一亭《梅庵農髯畫松鞠屬補一鶴》："秋鞠長松露氣凝，嘹天鶴影舞鬅鬙。延年美意人争羡，三壽詩應泳作朋。"(《白龍山人題畫詩》，上海中華書局印刷)

1918年1月22日午後，譚延闓來視，坐談久之。

《譚延闓日記》同日條："一月二十二日晴，寒暖三十八度。周、范卿衡電。趙雲亭函、毓昆函，電子武。九時起，鄭人康來。羅介夫來。岑心叔之介紹人借款事。客去，余獨詣丁福保請診咳嗽及商榷内人病狀，亦不得要領也。出過新世界，一人自電車下墜，頭破血流，衣如沐，又有白色質，疑腦髓也。至錦江春坐頃之。蕭禮衡、羅伯蒼來，鍾伯毅、吕滿、大武、凌雅林、陳偉成、周砥青、羅介夫、歐陽俊民同坐。菜平平。及散，同伯毅、大武至新世界，吕滿後來，遊覽一周，坐飛船、登樓、啜茗、聽雙黄大鼓而散。諸人别去，余以時早至道士家見道士、曾九、姚老，坐久之，出至禮查飯店應兩人之招。問主人不得，吴某亦來，至徘徊頃之遂歸。與吕滿小孩同飯，飲三杯而止。晚大武諸人歸，談至十一時乃寢。"

1918年2月4日午後譚延闓來，自炖梅子肉待客，譚以爲味美。談飲甚暢，至九時方歸去。

《譚延闓日記》同日條："此葉誤當做二月二日也。二月四日陰，寒暖五十四度。(豎雞蛋於案上能不倒，殊不効，豈非時耶?)電莫、譚、程、毓昆、向乃祺。醉六、詠儀。八時起，爲人作屏聯書。羅介夫來。至十一時禮衡、伯蒼同神崎日高來談賣砂事。十二時乃去，留蕭、羅同飯，飲一杯而止。客去，余亦出至湖南銀行，諸人畢在，稍坐，出以人力車至江師母處談頃之。至西林家，諸客並散，乃過朱九，略坐至大世界，則大武未來，惘惘出，以無軌電車至道士家，見曾九、姚老、謙六。容恢自長沙來，又可怪者。宋小坡、趙養矯亦在彼也。曾九自炖梅子肉，即豬腰間瘦肉，北人所謂裏肌肉也。甚美。留同飲雙溝酒一杯。談至九時乃呼人力車歸，到家復與大武、吕、宋談至十時。吕滿爲計畫行事至十一時乃寢。今日甚暖，如春深也。夜雨，已月餘不雨矣。"

1918年2月14日午後,譚延闓來,相與談戲甚久。

《譚延闓日記》同日條:"二月十四日陰晴,寒暖四十三度。陳督電。鳳岡電。八時起,俞三來。食粥後,夏偕復來,欲請電湘放焦煤下行。午飯,王猷來言打拉司事,與談頃之。乃偕大武、宋、余至道士家見道士、曾九、姚老之倫,宋小坡亦在,談戲甚久。與道士談至四時,吕滿來,遂與同人偕姚老至大世界,人多,幾無坐處。聽雙黄大鼓、看跪冰。久之,大生兄弟亦至,余等别姚老,出赴鍾伯毅之約,俊民、偉成、静仁先後至。菜則一品香,看似精潔,了無味,可怪之至。及散,偉成先去,今日赴粤也,静仁亦行,與蕊秋赴鄂也。余輩亦歸,到家小坐即寢,正十時也。"

1918年2月26日戊午正月十六日,鄭孝胥過訪。

《鄭孝胥日記》同日條:"過李梅庵、曾士元。"

年初,胡光煒應李瑞清之召來滬,任其家塾塾師。

謝建華《胡小石先生年表》:"一月,應李梅庵先生之召,到上海李先生家任家塾塾師,一方面教李先生弟侄經學、小學及詩文,一方面又受李先生的指點教導。"(《胡小石文史論叢》,南京大學出版社2008年4月版)

按:胡光煒(1888—1962),字小石,號倩尹、南江先生,又號夏廬,晚號子夏、沙公,浙江嘉興人。畢業於兩江師範學校。歷任北京女子高等師範學校、西北大學、東南大學、金陵大學、雲南大學、白沙女子師範學院、中央大學教職。南京解放後,任南京大學文學院院長兼教授等。

因兒子憲璵改名事,須教育部備案方能加委,自戊午正月二十二日(1918年3月4日)起連續與楊潛庵通信,托其在京辦理。

與楊潛庵書:"潛庵仁兄如見:去冬承寄郵片,知李世兄所帶臨本《夏承》已荷收到。開歲當有著作,能惠寄一二乎?大小兒摯前係兩江法政學校卒業,校長爲吴康伯。原名炳煒,嗣因'煒'字有遠祖應避之諱,改名摯,未經呈明教育部。懇請閣下查明今日新章,何如?如到原籍地方呈文,則周轉過多。從前舊例,但得同鄉官結,便可改名。摯兒現任浙江鄞縣地方看守所長,應否由小兒具呈向浙江教育廳長呈部?其辦法如何,懇我兄托部友查明,並乞速覆(教育部中有郴州陳鶴年,名延齡。又江西陳仲謙,皆至好,不識兄相識否?)我兄素於朋友辦事切實,故專托兄也。李世兄近日養病如何?念念。此頌著安。熙頓首。正月廿二日。

又:"潛庵仁兄撰席:旬日兩奉手書,以小兒懇請改名,殷殷相求,並托部友及同鄉能出結者，感何可言！茲由小兒擬上呈文，是否合例，或應改作，尚懇我兄商酌行之（應須名章，亦懇代刻）。小兒原名炳煒，前在南京官立法政學堂（别科）卒業，後改名摯。去年正月充寧波鄞縣地方看守所所長。去冬陶廳長將其文憑送法部呈請加委，法部批云，是否改名，在教育部呈請備案。因詳告原由，只須文到教育部批予立案，即可録批，由陶廳長呈明法部，無論舊例新法，總煩我兄，先托部友商定，則辦事容易。瑣瑣有瀆清神，因承知愛，故詳呈之，乞恕乞恕。此頌撰安。熙頓首。二月八日。"

又："前函並小兒呈文想收到。茲由小兒再繕履歷。其呈較詳明，乞酌改，費心。至辦法仍懇公一手行之，至感至感。潛庵先生，熙頓首。二月十三日。"

1918年3月12日，與何詩孫在古渝軒遇譚延闓，略談。

《譚延闓日記》同日條："三月十二日晴，寒暖五十度。月波電。亦山、鳳光電。秉三電，曾鳳岡、李秀山電。八時後起。澍蕃來作長談至午。承之來，邀同出至古渝軒，吕滿請客。梅植根、徐佛蘇、大武、俞三、張毓昆同坐。飲數巡酒，殊不佳，菜則甚美。遇何詩翁、曾九略談。偕俞、吕、大武至精益校眼鏡。遂至大世界聽大鼓《費宫人刺虎》，聲情激越，信爲佳妙。歸尚未暝。今日宋滿出疹子甚劇也。晚同吕滿、大武至承之家邀吃鍋貼，俞三同坐。菜亦頗佳，恨鍋貼少耳。散歸已十時矣。腹痛瀉一次而愈。及寢已十時後。"

1918年3月13日戊午二月朔日，集《争座位》帖書"梵理右丞畫，清標大令書"五言聯。

自書五言聯："梵理右丞畫，清標大令書。集《争坐（座）位帖》字，以刻經誦筆法爲之。戊午二月朔，曾熙。"（上海道明2012年春拍圖録）

紙本。133×33cm

鈐印：曾熙之印（白文）。子緝（朱文）。

1918年3月17日戊午二月初五日，題王一亭藏文徵明自書詩册。

題文徵明自書詩册："右軍純以篆法爲今隸，大字《鶴銘》小字《黄庭經》而已，至草書方轉方折，全用分法。自來書家皆知永興出右軍，殊不知北海從右軍草法來也。吴興（按：即趙孟頫）從北海窺二王，文待詔又從吴興學右軍也。此册化繁爲簡，右軍所以别於大令在此，至折處圜滿，行處翔回，如此册之精，良不多覯，宜一亭寶愛之也。戊午二月五日，農髯曾熙。"

鈐印：熙（朱文）。

清道人題:"徵仲詩翰。一亭先生藏文徵仲手書舊作,余爲題此。翰,舊釋爲飛,余以爲翰字。清道人。"

吴昌碩題:"待詔書法直追王氏父子,端重瀏亮,天籟横溢,人謂其老年好學趙吴興,未必然也。一亭先生以爲何如? 丁巳歲暮,吴昌碩。"(中國嘉德2011年秋拍圖録)

1918年3月27日戊午二月十五日覆書高輔誠,云其所求清道人書聯已屬清道人書之,並寄上自書四幅。

與高輔誠書:"輔誠賢弟閣下:前月得弟來簡,欣快無既。記甲辰冬暮,與弟步行城外,看山談話竟日夜,今忽忽四歲矣。世亂如此,有家不得歸,未識天亦憐此民生否? 謝君鼎勛治政如此嚴明,近日不多覯也。已請清道人書聯,並詳跋文,則手所撰也。承弟屬書篆屏四幅,未識四歲來書道亦長進否? 年來以此爲生涯,筆貲請從郵局寄匯也。春寒,幸珍攝自衛。謝君前問候。鞠烈姪倩前函並收到,容後再另覆信。熙頓首。二月十五日。"(肖賢訥、楊寶琳《衡陽書法篆刻選》,1983年衡陽書法工作者協會内部發行)

存考:此信未紀年,以信裏有"記甲辰冬暮,與弟步行城外,看山談話竟日夜,今忽忽四歲"之語推之,此信應寫於甲辰(1904)年四年之後的1908年。然而,如此紀年與信中内容却不相符合。信中提及請清道人書聯,並言自己"年來以此爲生涯",則顯然已到上海鬻書了。以此觀之,"甲辰"顯爲"甲寅"筆誤。

戊午二月,題陳雯裳所藏《錢南園書論坐(座)帖》。

題《錢南園書論坐(座)帖》:"去平原(按:即顔真卿)之嚴彊,内矜而外和,骨峭而韻秀,楊少師(按:即楊凝式)是已。師之者思白(按:即董其昌),歷乾、道尚多師紹,蓋顔書之一變也。取其轉使,縱衡篆分,運以《黑女》之掠空,《道因》之擊實,蟬蜕古人,振腕自得,顔書至道州(按:即何紹基)又一變也。南園(按:即錢灃)先生獨守平原之正轍,引伸自標新奇,變化不務出入。此册臨《争坐(座)位》,瑋奇譎駭,不知實用送蔡明遠法也。唐人不習八分,平原則篆情分勢,汗漫真行。南園不傳隸法,而此册轉使波磔,皆從篆分來,所謂神而明之,存乎其人也。戊午二月,雯裳先生出示此册,因識數語,熙。"

鈐印:農髯(白文)。

清道人題:"余嘗云晋之《蘭亭》、唐之《座位帖》,皆煊赫宇軸(宙)之名迹,然皆不可學,學則躓矣。雯裳先生來海上,出示其先世家藏南園侍御手臨《座位帖》。山谷所云'《送明遠序》非草非隸,屈曲瑰奇'者也,而其頓挫雄偉,尤示後學以廣遠，不似從來學《座位》者於雲霧中尋蹊逕也。因急勸雯裳先生印之以惠世人。戊午一月，清道人。”（《錢南園書論坐（座）帖》，震亞書局 1930 年 10 月 11 日版）

按：陳雯裳（1875—1968），名九韶，字先瀛，郴州市中山西街陳家大屋人。清光緒二十四年歲試一等補廪。後肄業於北京國立財政學堂，又轉國立法政大學政治經濟科畢業。於光緒三十二年在郴州城陳家大屋創立州内第一所女子小學——郴州女子初等小學堂。辛亥武昌起義後加入同盟會，首任國民黨郴縣分部長，後改任中國國民黨總部文書科幹事。民國二年，當選爲國會衆議員。民國六年，孫中山發動護法運動，陳九韶同湘籍議員赴粤，參加孫中山召開的國會非常會議。會後，被孫中山委任爲總統府參議、中華總工會會長。不久，回郴寓居，辦私塾。1949 年郴縣解放前夕，致書縣長周庚星，敦促投誠。新中國成立後，任湖南省文史館館長。1968 年病逝。

戊午二月，題震亞圖書局出版《毛公鼎》放大本。

題放大《毛公鼎》：“震亞主人以所擴《毛公鼎》眎予，予曰：至矣哉！何雍雍穆穆璁珩之中度耶！其王朝文字體固重於列國耶！其謹嚴類《石鼓》，而寬龢或過之，其西周開國氣象固勝車攻馬同之日耶！夫飾情者，樂詩以傳之，藻性者，文而書亦達之。吾觀《楚公鐘》，知其俗悍；觀《齊侯罍》，知其民便；觀晚周文字，而譎詐之風熾矣。秦刻險偪而祚短，漢篆寬平而運長。今則王莽善書，少正卯且多文，吾不知世運之終極也。戊午二月，熙識。”

鈐印：熙（朱文）。游天戲海之樓（白文）。

李瑞清題：“余既爲門人臨《毛公鼎》以示其筆法，今震亞主人又以景方《毛公鼎》爲大字，意欲比於《石鼓》直勝《石鼓》耳。《石鼓》何能及《毛公鼎》也。余嘗曰求分於石，求篆於金，自來學篆書者皆縛於石耳。鄧完白作篆最有名，嘗采擷漢人碑額以爲篆，一時學者皆驚嘆，以爲斯、夊復生。後進循之，彌以馳騁，苟以嘩衆取寵，而篆學寖以日微。楊沂孫最晚出，學鄧而去其鼓努，號爲雅馴，學者弗尚也。吳中丞頗曉古文奇字，多能正其讀，史籀之學復明。嘗作大篆古籀，其文雖異體而排比整飭，與小篆無以異。操觚之子莫不人人言金文，然實莫解筆法也。今震亞主人既景《毛公鼎》爲大字，《齊罍》、《散盤》先後悉出於是，人皆可以珥筆，與史籀進退於一堂，炳焉與三代同風矣。道人得此，日可與二三子同游成周之世，不知有漢，何論魏晉。陶隱居云，不爲無益之事，曷以悦有涯之生，無用之人相與爲無用而已，安問人間何世也。戊午三月十一日，清道人。”（《放大毛公鼎全》，震亞圖書局 1918 年 4 月版）

鈐印:阿某(朱文)。清道人(朱文)。

戊午春,倦游又擬回故里,仍以時局不靖作罷。

按:見本年秋《書家移居》條。

此際,與清道人同時重訂潤例。

《曾農髯先生鬻書直例》:"楹聯:丈二尺廿四元,一丈二十元,八尺十元,七尺七元,六尺六元,五尺五元,四尺四元。

堂幅:丈二尺十四元,八尺十二元,六尺八元,五尺五元,四尺四元。

屏幅:丈二尺每幅十二元,八尺八元,六尺六元,五尺五元,四尺四元。

横幅:整幅同堂幅,半幅同屏。

榜書:每方尺三元。

屏條:同屏,小真書加倍。團摺扇:每柄四元,小真書加倍。

册子:每尺四元,小真書加倍。

題跋:每百字五元,名畫古碑則不泥直。

名刺:每字一元,銅牌及書眉册首亦同。

(一) 篆同真書,行草比於真書減一元。

(二) 碑誌壽文直别議。

(三) 册頁以尺爲度,過則倍之。每開五行行五字爲例。

(四) 屏聯來文加倍。金箋加倍。加烏絲欄者别議。

(五) 磨墨費加十之一。生宣字過尺者倍之。

(六) 壽屏每幅十元。

收件經理處:上海北四川路青雲里清道人寓、四馬路震亞圖書局、本外埠各大紙店、各大書局及江西張天寶樓筆鋪均代收件。"(《毛公鼎》,震亞圖書局版)

《玉梅花盦清道人鬻書直例》:"册子:每頁四金。榜書:每方尺三金。

楹聯:丈二尺廿四金,一丈廿金,八尺十金,七尺七金,六尺六金,五尺五金,四尺四金。

堂幅:丈二尺每幅廿金,八尺十二金,六尺八金,五尺五金,四尺四金。

屏風:丈二尺每幅十二金,八尺八金,六尺六金,五尺五金,四尺四金。

横幅:半幅同屏,整幅同堂幅。

琴條:同屏。團扇:每柄四金。名刺:每字一金。

(一) 凡曰一金作銀一元。

(二) 篆書倍直。隸與真同。行草比於定真減一金。

（三）册頁以一尺爲度，過則倍直。每開五行行五字爲例。屏聯來文加倍。金箋加倍。烏絲欄者别議。

（四）滬上喜用銅牌，有相索者，每字一金。書眉册首比於名刺。

（五）多病之身，不耐細書，凡團扇便面，均大字騎行。

（六）壽幅每幅十金。

（七）碑誌垂諸久遠，非可成於率爾，其直别議。

（八）花卉松石，其直倍於篆書，山水畫佛，倍於花卉松石。

（九）磨墨費比直原十之一。如楹聯生宣紙、字過尺者則十之二。

寓北四川路崇明路青雲里五衖内安定里二十五號玉梅花庵道士李。通信收件處：上海四馬路麥家圈東口五二七號震亞圖書局、各大紙店，江西張天寶樓筆鋪，撫州杜兩宜堂。"

戊午春二月，湖南時局不靖，向樂穀避兵棄官自來滬，良友聚首，極人間之至樂。

向燊題《敦煌石室唐人畫佛變相圖》："圖出甘肅燉煌縣莫高窟，蓋唐人所繪也。於民國二年得於隴南道署，六年撰贊於湘江道署，七年二月南北戰争激烈，避兵携至上海。清道人一見欣賞，以其用筆皆古篆籀法，欲假臨副本，遂置伊處。九年八月伊歸道山，適余送廷兒赴日至申，仍歸吾篋，因書前贊，並記其事，以志人琴之感。衡山樂父向燊。"（《名畫集成》第一集，峰青館輯，1925年版）

按：參見本年冬至前一日條。又譚延闓《衡山向樂穀墓誌銘》"五年（按：1916），爲湖南湘江道尹。六年，兼任財政廳長，棄官居海上。"（《辛亥人物碑傳集》，團結出版社1991年10月版）

戊午二月，書扇面四頁印行。

自書一："祖毅章漢中，太守嚴而不厲，父尚治孟氏易，通陰陽之奥義，釋坤乾之象辭，闡究靡遺，玄旨畢暢。新晴研潤試明墨。熙。"

鈐印：髯公所作（白文）。

自書二："（節臨《化度寺碑》略）不爲率更書已十年，因臨川宋拓《化度》二本在几案，遂臨之。熙。"

鈐印：髯公（朱文）。

自書三："（節臨《戎路表》略）此表用折法，逆入平出，從《華山碑》來也。曾熙。"

鈐印：熙（朱文）。

自書四："（節臨《洛神賦》略）右軍化横爲縱，用曲筆，大令不曲也。戊午二月,熙。”

鈐印:髯公(朱文)。

戊午仲春,爲翼侯書“良佩雙温穆,新蘭獨芬芳”五字聯。

自書:“良佩雙温穆,新蘭獨芬芳。翼侯仁兄法家正之,戊午仲春,農髯曾熙。”(私人藏)

紙本。145×38cm

鈐印:曾熙之印(白文)。農髯(朱文)。閑居翫古不交當世(朱文)、足吾所好翫而老焉(朱文)。

1918年4月1日至古渝軒,李瑞清宴客,到吕滿、譚延闓、張子武、姚老、李謙六、吴劍秋、朱九等。

《譚延闓日記》同日條:“四月一日晴,寒暖五十九度。夷午、黎六、黎九、汪九。八時起。凌雅林、鍾伯毅來。陳澍蕃來。仇亦山自長沙來,言近事甚悉,使人無歡。午同陳、仇、宋滿至古渝軒,大武、吕滿、禮衡、百毅先在。承之亦來。朱九、希馬飯於别室,一談而去。今日菜殊平平,吾亦但飲啤酒。既散,與大武、承之、宋滿至愛而近路看李家大屋,房屋多而且精,惜太貴且近市過囂耳。别承之至大世界,俞三亦在。同聽大鼓。宋滿歸,余等至古渝軒,道士招飲。吕滿、子武、姚老、李謙六、曾九、吴劍秋、朱九同坐。菜甚新穎,至爲精美。既散,同大武歸,十時後寢。子武又言,王喬鋒言今年二月不利南方,五月後乃大利。岑西林尚有五年運,今年不甚好,六十一歲亦然。余自四十一歲始有二十五年好運。李秀山有十年運。子武有十五年運。”

1918年4月6日戊午清明後一日,爲趙伯臧題楊龍友圖卷。

題《楊龍友圖卷》:“高尚書不得行其志,於内史忠正不得盡力,淮揚皆馬、阮所爲也。龍友實馬上客,觀忠正報宿遷、邳州之警,馬指龍友大笑曰:將士欲叙防河功耳,寧有是事! 龍友並無一言。甲申之變,天下臣民所痛哭。今讀送高尚書詩,又何其雍容太平耶。龍友蓋風雅士,後督戰鎮江,竭力援衢州,殉身浦城,其晚節蓋可取也。戊午清明後一日,衡陽曾熙。”(原件。《大風堂存稿》)

清道人題:“楊龍友畫,余昔年曾見王實卿丈所藏直幅,筆致沖和,至爲妙品。後數數見先生畫,皆非真蹟。頃伯臧道兄出示此卷,隱秀明净,乃似漸江上人淡遠一派,況後有南皐題志,尤爲可寶。畫爲贈硜齋尚書致仕歸田之作。是年崇禎殉國,弘光初立,天下多故,正臣子效命之時。乃宰相掛冠遠引,豈世亂出高人耶！呵呵！戊午一月，清道人醉書。”

鈐印：阿某（朱文）。清道人（朱文）。

又：“磴齋尚書與龍友侍郎，後皆死國，余一時有感而言，其持論亦稍苛矣。余獨怪當時馬士英、阮大鋮等，同處危巢，排斥異己，以争一時之權，卒致身敗名裂，爲天下笑，國亦隨之覆滅，豈不哀哉！小人之爲禍烈矣！越日又題。”

鈐印：梅庵主人（朱文）。

杭世駿題：“報國無成但乞身，青蠅寧復計勞臣。君王省識臨行語，幸念投艱史道鄰。砂磧江邨筆下生，南朝舊事古今情。元臣去國孱王虜，破碎山河畫不成。車騎雍容餞二疏，詩歌圖畫盛西都。豈知鼠思周遺淚，怨及離居正大夫。晚蓋何能及失身，秦淮煙月悵前塵。猶勝白發虞山叟，失意歸來對美人。伯臧表叔大人命題。戊午九月姪世駿。”

按：趙于密（1845—？），字疏盦，一字伯臧。精於鑒定，兼通六法。曾爲端方鑒定金石書畫。辛亥後流寓上海，鬻書畫爲生。

1918年4月10日戊午二月二十九日，與清道人、吴伯琴、吴劍秋、胡小石同往神州國光社觀古字畫，見趙孟頫枯澹之筆所作枯木石山之圖，愛不釋手。

《自神州社歸記》：“吴興（按：即趙孟頫）工細山水易得，昨從神州國光社見其以枯澹之筆，作枯樹石山，韵味之蕭淡逸遠，爲之流連不能釋手。後柯九思詩跋，亦堅實秀逸，可稱雙絶。同觀爲阿某、宜黄大小吴與胡君小石也。戊午二月二十九日。農髯自神州社歸記此。”（《曾熙書法集》）

紙本。20×65cm

鈐印：熙（朱文）。

1918年4月13日戊午三月初三日上巳節，姚志梁在徐園開修禊會，李瑞清、繆荃蓀等二百餘人與會。

《徐園修禊志盛》：“古學保存會姚志梁君發起，於三月三日（即昨上巳節）在康腦脱路徐園開修禊會，已誌前報。兹悉屆時與會者約二百餘人，皆一時知名之士，如清道人、繆荃蓀諸先生，皆興會飈舉，蒞會極早，並有日本來賓河井仙郎、池田立堂等，主人爲姚君，招待爲潘老蘭、周夢坡、沈醉愚三君，席中多題詠，而何蠖叟則出所著之《陳言》，鄒翰飛則出所著《三借廬賸稿》，各贈一册。蘭史並購南翔所釀之名酒以餉客，佐以鷄面角黍，亦甚雅致。是日誠如王右軍所謂‘天朗氣清，惠風和暢’，滬市擾攘中有此一會，不惟繼續數千年之遺風，亦爲開埠以來所未有

之韵事,誠盛舉也。”(1918年4月14日《時報》)

1918年4月19日戊午三月初九午刻,爲代訂鄉人鄧莅溪畫書潤例,偕清道人宴集小有天菜館,在座除鄭孝胥外,多爲湖南人。

《鄭孝胥日記》4月17日條:“李梅庵函約初九日小有天午飯,乃爲湘人鄧莅溪代訂,鄧自携書來訪。”

《鄭孝胥日記》4月19日條:“至小有天,應鄧莅溪之約,梅庵、士元皆在,餘多湘人。”

1918年4月20日戊午三月十日,清道人爲左益齋寫《延年益壽》扇。

自題:“延年益壽。戊午三月十日,清道人畫奉益齋鄉仁兄法家正之。”(朵雲軒2004年春季拍賣圖録)

鈐印:李(朱文)。衆妙之門(朱文)。

藏印:武原朱氏藏畫。

1918年4月25日,與吴昌碩、黄山壽將海上題襟館金石書畫會徵集所得書畫陳列於愛儷園戩壽堂,下午舉行書畫助振券開彩。

《愛儷園書畫振券之開標》:“前日愛儷園古物陳列會值日人吴昌碩、王一亭、黄山壽諸君將書畫陳列戩壽堂,琳琅滿目,美不勝收。下午一時,廣倉學宭書畫助振券開標,由童子軍司招待稽查,來賓親自摸彩,到者七百餘人。第二標同春芳慶記行吴昌碩《竹石》一幀,第五標謝蘅牕君得清道人絹本《佛像》一幅,第八標蘇燦卿君得清道人山水横幅,其餘不勝記載。四時,姬佛陀君在天演界演説辦事細則,共分八大部,並商榷一切進行。至晚設宴款待來賓而散。”(1918年4月27日《時報》)

《書畫籌捐會訂期開彩》:“去歲九月間,上海愛儷園開倉聖救世籌振汴晉湘魯秦鄂水災會時,適承京直奉開會之後,售券非不踴躍,而開銷一切,賸款無多。經哈同、姬覺彌二君竭力籌捐,先後由濟生會分解各省,數已逾萬,但各省函電紛至,窮於應付。海上題襟館書畫社哈少甫君約同吴昌碩、何詩孫、王一亭諸君,籌議發售書畫券二千張,由同人擔任彩件,務使券券有彩,彩彩從豐,券價僅兩元,而贈品每超兩元以上。其中如康南海、吴昌碩、何詩孫、鄭蘇戡、李梅庵、曾農髯、王一亭、喻志韶、沈濤園、左子異、高邕之、伊峻齋、潘蘭史、李平書、哈少甫、楊小川、羅叔言、鄒景叔、張碩孫、倪墨耕、葉指發、耿道沖、陸叔問、楊竹簃、張聿光、俞達夫、程瑶笙諸君,悉皆當代名人書畫大家,傾其珍藏,揮其墨寶,在平日有出重金求之不得者，此次則可以極微之代價得之。兹已定於夏曆三月十五日(按:4 月 25 日)下午，在愛儷園開彩，想癖嗜書畫者，必當争先恐後也。”(1918 年 4 月 23 日《時報》、《時事新報》)

1918 年 4 月 25 日戊午三月十五日，與李梅庵、姚芷皆(梅庵之姑丈)同訪鄭孝胥。

《鄭孝胥日記》同日條:“李梅庵、曾士元、姚芷皆來訪，談久之乃去。姚乃梅庵之姑丈也。”

約是際，潛園師過滬。

與潛園書:“潛園夫子鈞座:昨日午後偕姚芷丈、清道人敬問起居，適駕外出。客中抱此巨痛，尚望夫子以莊生達觀自解。兩世兄尚在沖幼，正須教誨之，夫子年七十，精力過人，前愛割去，後慶方長，幸自攝衛，勿爲憂損，幸甚幸甚。反湘適桂，乞示行旌。明日何時令熙求見，敬候來命。圖題上，乞誨正。敬叩旅安。弟子熙敬上，十九午前。孫先生奉上中幅，梅庵下筆不苟，或俟七月回湘時爲之。或示紙式，題成郵寄，惟命。熙再注。”(《湖南圖書館藏近現代名人手札》)

按:潛園爲曾熙之師，然不詳其爲何許人，《湖南圖書館藏近現代名人手札》作陸心源，非。

1918 年 4 月 29 日戊午三月十九日，請鄭孝胥以近來詩作書扇面。

《鄭孝胥日記》同日條:“曾士元以扇索書近詩。”

戊午三月，題震亞圖書局影印《秦權量詔版景大本》。

題《秦權量詔版景大本》:“李斯能削晚周文字。繁曲爲爰，譎奇爲正，畫平而直，氣勁而疎，不可謂匪作者。惜其背郇卿之學，峻法滅祀，專威自用，遂使古籍塵爐。而周京文字，雍和之氣，亦遂蕩然矣。然世言小篆莫不祖斯，學者既憾《郎邪》石蝕，《嶧山》失真。今得此擴大權量詔版諸刻，不異秦石漢拓，羅列几筵。學者學其書，毋師其爲人，不亦可乎！烏乎！郇卿大儒，斯且滅古，覆人家國，況素無學問，好爲大言，其徒烏得不造此滔天之禍哉！烏乎！可哀也已。戊午三月，熙。”

鈐印:便章(白文)。農髯(朱文)。游天戲海之樓(白文)。

李瑞清題:“《嶧山》徐撫耳，《泰山》、《郎邪》又不脱楚氣，言小篆者，口稱二李，實陽仌裔也，安所得秦斯書乎？今震亞主人景放權量詔版爲大字，使上蔡杇骨,伸紙操觚,《嶧山》諸石更刊,學者得此數紙,可得而推,鄧楊之徒當斂手輟筆,踴躍嘆慕,用告同好。清道人。”

鈐印:清道人(朱文)。

戊午首夏,爲震亞圖書局題秦量刻辭放大圖片。

自書:“宋脱泰山廿九字有此完好精神耶? 大小徐既未見《嶧山》真本,李陽仌其果見之耶? 此本蓋不啻秦石新出土矣,小篆中興,於此徵之。戊午首夏,見震亞主人擴大秦量景本因識此,衡陽曾熙。”

鈐印:龍田鄉人(朱文)。

李瑞清題:“秦量刻辭。戊午四月,清道人題。”

鈐印:阿楳(朱文)。

胡光煒題:“觀古鼎彝銘文,參差錯落,上下左右,皆有俯仰揖讓之眇,學人當以一字爲一畫,全章爲一字。自漢以來,解此者鮮矣。後人目拘,執沈滯之《城隍廟碑》、《三墳記》爲篆書,此世所以無篆書也。秦斯去古未遠,故其所作尚有典型。若此量‘灋’‘歉’二字,左右密聯,揖讓之規,眇合自然。本欲剪裁成帙,以便取携,恐部居既易,形勢遂失,故特景印全文,示布白之秘。戊(午)四月三日,胡光煒記。“(《秦權量詔版景大本》,震亞圖書局版)

鈐印:胡(朱文)。

按:參見本年上條。

戊午初夏,集《黑女志》以章草法書“清風隨中散,高義感平原”五言聯。

自書章草五言聯:“清風隨中散,高義感平原。集《黑女志》以章法爲之,戊午初夏,農髯曾熙。”(上海道明2008年秋季拍賣圖録)

紙本。147×38cm

鈐印:曾熙之印(白文)。子緝(朱文)。閑居翫古不交當世(朱文)。便章(白文)。

1918年5月5日戊午三月二十五日起,愛儷園廣倉學會、倉聖萬年耆老會舉行祭祀倉聖活動,並開古物陳列大會。

《廣倉學會、倉聖萬年耆老會啓事》:“本會於陰曆三月二十八日恭祀倉聖,先於念五至念七日開古物陳列大會三天,二十五日下午一時開耆老談話會,二十六日下午一時開廣倉學大會,二十七日午前舉行鄉飲酒禮,二十八日祭畢,恭宴耆老並致贈品。此會於復古之中寓敬老之意,諸會員均憑證書入會(證書未到者可用收條)。二十六日大會,準備茶點,二十七、二十八日觀禮,已派小有天閩菜館備有午餐，自數角、一元至數元不等，惟需各納各費，其茶水由本會供給。凡耆老願入會者，請於二十五日前至上海静安寺路哈同花園本會幹事部報名，幸勿遲誤。除由本會分柬致請外，合再聲明。此啓。"(1918 年 5 月 3 日《申報》)

《廣倉學會古物陳列大會啓事》："三月二十八日爲本會舉行大會，特推舉張雲門先生、宣古愚先生、趙叔孺先生、褚禮堂先生、程雲岑先生、黄樸人先生、丁輔之先生、鄒景叔先生陳列金石書畫，於二十五日起至(下月)十七日止，各耆老、各會員請持證券、證書來會參觀可也。"(1918 年 5 月 4 日《申報》)

1918 年 5 月 12 日戊午四月三日初夏，以書數幅答贈楊潛庵。

與楊潛庵書："前書想已達。寄上數紙與弟商之，阿某最喜予作章草，今更閣筆矣。未審弟好如何？學部原有舊識，不如仍請弟爲之。來牘並呈。潛弟，熙頓首。四月三日。"

1918 年 5 月 17 日戊午浴佛日，題《錢南園杜詩蘇詩合册》。

題《錢南園杜詩蘇詩合册》："自來師平原，君謨得其皮相而乏骨力，東坡雖學《畫像》，實用鍾法，少師《韭花帖》，化剛爲柔，思白沿之至今，然江別爲沱，已失正流。道州(按:即何紹基)從顔入而摻縱，多繇《黑女》變化，實出篆分，境式過之，究非適宗。南園(按:即錢灃)先生嚴守壇宇，無法外之騎騁，有筆外之鈎玄。今觀此帖，蓋從《送劉太沖叙》以闚河南(按:即褚遂良)也，廉悍險勁而轉使仍復雍容温雅，可爲學顔書失之擁(臃)腫圓滑者痛下一神鍼也。戊午浴佛日，衡陽曾熙識。"

鈐印:農髯(朱文)。游天戲海之樓(白文)。永建齋(朱文)。

李瑞清題："南園先生學魯公而能自運，又無一筆無來歷，能令君謨却步，東坡失色，魯公後一人而已。丙辰四月三日，瓶齋作南園生日出此，因題。清道人。"

胡光煒題："平原書出(褚)河南，《送劉太沖叙》中，盡宣其秘。自唐以來，學顔者衆矣，其能沿波討原，獨張師法者，南園一人而已。吾嘗見先生所書《鵩鳥賦》、《杜詩》，翩其反，而皆晚年悟道之作。此手書蘇詩數首，以直筆爲骨，以折筆取韵，由《太沖叙》以駕《坐(座)位帖》，轉使不出本家，而波瀾獨邁千古，學顔至此，嘆觀止矣，又非特以人重也。戊(午)四月胡光煒。"

李健題："南園先生專師平原，深入堂奥而能神明變化，獨成一家。自來學人書者，非拘縶於柱下，則須節取一體以自適，未有步趨準繩，恪守不失而能自立如先生者也。此先生行書出入於《太沖叙》、《三表》之間，而縱横跌宕，方折圓轉，一洗學顔書者繚繞拘苦之習，豈獨爲魯公之功臣，亦後學之津梁也。魯公行書，世尠精脱，與其爲木石所昧，不若於此帖求之，庶幾墜石、發弩之觀，再見人間耳。因勸挹芬先生亟景印之，饗世之學顔書者。仲乾居士。"

譚澤闓題："南園先生督學湖南最久，故墨蹟流傳，湘中爲多。此册書東坡詩二十餘紙，又少陵五言數開，皆按試時行部中自課之作，沈浸魯公行草結體，用筆無一無來歷，幾令人疑爲集字書，真奇觀矣。長沙舊有木刻南園帖，亦書東坡《和孔毅父》三詩，蓋别是一本雕版，雖精究失神味，而原迹久不可尋。因亟出此付之影印，並借友人所藏杜詩，合爲一册，以公諸世，它日更有所遇，當謀續印，彙成巨帙也。戊午小滿日，園中花事正盛，晴窗檢帖記此。澤闓。"（《錢南園杜詩蘇詩合册》，震亞圖書局1918年6月版）鈐印："阿瓶不聿"（朱）。

戊午初夏，胡光煒因病回南京休養旬日，病愈回滬，相與過從，摩挲金石，探究書畫。

謝建華《胡小石先生年表》："初夏，先生曾患病回寧十多日，病愈，往滬前上李瑞清書一封云：'季恍、仲尚、旭君諸弟無恙。相别匆匆，不覺旬日，言念爲勞。賤軀頃已平復，準以十七日午車來滬，它俟面談不多道。漸熱自愛。光煒頓首。老太太、夫子、九先生尊前問安示别啓。'後又回滬寓李氏家中。此間，與小石父同年中舉的嘉興前輩沈曾植常過從梅庵，先生遂執同鄉禮拜師於沈，學帖學及金石文字學。其時晚清老宿像鄭大鶴、徐積餘、王静安、曾農髯等都流寓滬上，各出其平日所藏的金石書畫、甲骨，相與觀摩討論。先生交游其間，得聞緒論，遂由碑版、法帖上溯金石、甲骨刻辭。"（《胡小石文史論叢》，南京大學出版社2008年4月版）

存考：年表此處有誤，蓋對胡光煒信斷句釋讀不確。此信應作如下釋文："季恍、仲尚、旭君諸弟無恙：相别匆匆，不覺旬日，言念爲勞。賤軀頃已平復，準以十七日午車來滬，它俟面談不多道。漸熱自愛。光煒頓首。老太太、夫子、九先生尊前問安示别啓。"既然"夫子"、"九先生"（譜主爲曾九）前代問候，則此信斷非寫給李瑞清"夫子"本人的。

端陽後，題震亞書局影印翁方綱臨《化度寺碑》。

題震亞書局影印翁方綱臨《化度寺碑》："覃溪（按：即翁方綱）老人響搨本《化度寺邕師塔銘》，有正主人已景石行世。此臨本耳。響搨本點畫部位不差毫髮，可取以論證原石。此則興到筆隨，自下己意，可玩此老生平得力之妙。率更（按：即歐陽詢）以隨（隋）人嶮刻，直入内史（按：即王羲之）之室，骨勁而韵豐，體方而氣静，宜壇宇少傳人也。覃溪老人繇永興（按：即虞世南）《廟堂》入《化度》，瘁一生之力，專精此石，不得謂非率更之功臣也。戊午端陽後，久雨大晴，檢震亞主人景本識此。衡陽曾熙。”(《翁方綱臨化度寺碑》，震亞書局)

鈐印：曾熙之印(白文)。農髯(朱文)。

胡光煒題：“覃溪一生服膺《化度》，以爲在《醴泉銘》之上，故生平于《化度》致力最深，論者莫不以爲率更之功臣矣。歐書自唐以來無傳者。唐石傳世無慮千種，其佳者多出入虞、褚，武周之世，則率由隨(隋)法開天以後，又時時闌入平原。宋世顔書遍天下，更不聞有專備永興、河南，何論率更。元明崇帖學，正統實屬吴興。至國初，朝廷重董書，何義門、王虚舟由董入歐。義門小真書至佳，才作寸楷，便見困躓，不及虚舟也。獨宗率更者，覃溪一人而已。近世何道州攻漢分，欲摩《張遷》之壘，而其中年獨專小歐。衡陽曾農髯先生事《大王》，以《鶴銘》合《黄庭》，以《王基》入《戎路》，上通《夏承》、《華山》，蔡學復明于世。偶以餘力橅《醴泉》、《化度》，觀者驚嘆，以爲信本復生。二人者，皆下學歐而輒得歐之真，得其原也。歐本湖南人，而何、曾亦並出湖南，蓋以其地耶？戊(午)五月廿八日爲震亞主人跋覃溪臨《化度》景本，故記之。胡光煒識。”

題籤：“化度寺碑，覃溪先生臨本。農髯題。”

1918年6月21日戊午五月十三日，與李謙六、姚芷皆、李瑞清(梅盦)同訪鄭孝胥。

《鄭孝胥日記》同日條：“李謙六、姚芷皆、李梅盦、曾士元同來。”

1918年6月30日戊午五月二十二日爲姚文棟母親九十壽辰，撰書五言隸書聯“以令名壽母，惟大德享年”以祝。

自書隸書壽聯：“以令名壽母，惟大德享年。子梁先生太夫人伯母姚濮太夫人九十大壽，愚姪曾熙頓首拜祝。”(《吴興墨寶・上》)

姚文棟啓：“家慈今年九十，因丁國難，未可稱觴。溯昔先君子於同治辛未大挑，分浙攝富陽篆，家慈隨任至署，推窗望富春山水，未嘗不念皇恩之優渥也。穆宗升遐，署中除夕接哀詔，元旦舉哀，先君以從公積勞之軀，驟遭攀髯墮弓之變，病根本已早伏，悲慟由是大傷，飲食鋭減，醫藥罔效，浙中人皆以爲遥扈先帝而去也。不佞服闋後，迭應徵辟，三次出洋，勘界至滇，復渡臺籌防。比還京師，特旨發北洋，兩次交軍機處存記，中外大僚薦舉經濟特科者二十餘起。德宗親政，仁和王相國告余：‘帝意開懋勤殿，選十友居之，諮詢中外要政，其姓名出御筆朱書，已交軍機處，君亦與列。’叩之，則李公瑞棻舉首，黄君紹箕列第三，賤名列第五也。明發有期，衆尼後緩。慈禧回鑾訓政，遂停前議。每念帝心簡在，無介而通，類於蘿卜旁求,非所謂將達之知者歟?素守難進之誼,未嘗圖報之忱。綜不佞生平,東西奔馳,海程往復十八萬里;南北奔馳,陸程、山程攀折二萬餘里。在洋之日,早知全歐戰禍已伏,思預弭之。還華以後,見國有亡之徵,專意補救國亡。急公忘私,道長半生,固未嘗一念涉於榮利,至三代應領封誥,亦竟未暇謀之,至今對於庭闈轉增一重缺憾矣。倘蒙當代鴻儒宿學賚以詩文,奚殊華衮之榮,堪作百齡之券,有光家乘多矣,謹當永爲寶也。謹啓。姚文棟再拜。"(《姚文棟年譜》,《近代史資料》中國社會科學院近代史研究所近代史資料編輯部編,中國社會科學出版社2012年7月版)

按:姚文棟(1853—1929),字子梁,號東木。生於上海,寓南翔。15歲中秀才,以後應鄉試未成,乃納資捐官,官至二品銜直隸候補道。曾隨使日、俄、德。著有《雲南勘界籌邊記》、《琉球地理志》、《集思廣益編》等。是聯無年款,本條按《吴興墨寶·上》(張元濟題籤)其他祝壽者所署年款係此。祝壽者尚有李瑞清、柳詒徵、朱祖謀、康有爲、章一山、胡小石、喻長霖、徐世昌、邵松年、張鈞衡等數十人。

戊午五月二十九日,李瑞清與胡小石看古帖,書四屏幅志感。

其一:"(臨米芾帖略)米老由得勢一語悟,此帖全是天真。"

其二:"(臨米芾帖略)此帖沉着痛快。"

其三:"(臨米芾帖略)無垂不宿(縮),無往不收,此米老知得力於晉人者。"

其四:"(臨米芾帖略)米書從帖,故簡札尤佳,妙入神品。戊午五月廿九驟熱,病腹,曉得風大涼,與農髯門人胡小石看古帖,桐陰下書此。清道人。"(上海天衡2012年秋拍圖録)

紙本。142×38cm

鈐印:阿某(朱文)。清道人(朱文)。黄龍硯齋(白文)。

戊午夏,得信知鄉下家裏遭搶劫,且憂且急,往往連夜達旦不能成寐。清道人勸慰無效,以欲歸不能,無如遷家上海,同時致書衡陽老友往勸萬夫人來滬並予以贊助。

李瑞清與左益齋書:"益齋老哥閣下:世事無可談,既爲道士,則亦不問世事,以鬻書作業,南北戰争不能不受影響,生意落寞,今年五月節帳收入,僅及平日之半,下半年如此,不能自支,則只好仍住茅屋食青菜矣。貧道非肉食不飽,更非醇酒美肉不樂,其如命何!閑話休提,九哥接眷來滬,望吾兄極力贊助之。九兄近來多病,去年因聞南北之争,通夜不能成寐,遂患黄病。據日醫云老年人得此證,極爲危險，今幸痛矣。至得家中被搶之信，異常作(着)急，又連夜往往達旦，無法勸止之。今既欲歸不能，其懸揣之驚恐，較身受者爲倍酷。且近年多病，加之思慮本多，無(論)家中之危險與否，總以勸九嫂來，以慰遠人。即家中平静，來只多跋涉之勞，遠人爲安，免舊疾復發也。商霖老伯近狀何似？心極念之。夏熱珍衛。清道人頓首。"(《湖南圖書館藏近現代名人手札》)

按：益齋爲左學謙(1876—1951)，字益齋，善化人。1902 年入湖南公立法政學堂。1909 年充湖南諮議局議員。1911 年參與發起"湘路協贊會"，任幹事。辛亥俱樂部湖南支部成立任候補常委，組織長沙自治公所及圖强社等團體。加入同盟會後參與焦、陳等光復長沙，任湖南參議院議員及湖南民政司次長，1913 年"二次革命"失敗後爲謀自保，列名葉德輝爲首之籌安分會。1916 年復加入湖南護國軍。1918 年參與驅張運動。後任湖南商會會長歷 30 年。1949 年後任湖南歷屆人大代表、長沙市工商聯籌委主任、人民政府財經委員會委員等職。《湖南圖書館藏近現代名人手札》定受信人爲蕭俊賢，非。

戊午六月十日(7 月 17 日)，爲歸牧軒主人朱五樓書"但道桑麻長，而無車馬喧"五言聯。

自書五言聯："但道桑麻長，而無車馬喧。集淵明句，爲歸牧軒主人書此，戊午六月十日，農髯曾熙。"(私人藏)

鈐印：曾熙之印(白文)。農髯(朱文)。虎賁中郎(白文)。

按：朱五樓，見下條。

此際，歸牧軒主人朱五樓屬題《朱墓十二景》。

題《朱墓十二景》："朱墓十二景。歸牧軒主人屬題。農髯熙。"

朱祖謀題："歸牧軒主人於翠微山麓，卜地營生壙。地據全山之勝，耳目所接，得十二景，周子少萊爲賦詩張之，釋文景境也，本或作影，境真而影幻也。天地者，萬物之逆旅，兩閑之所造設，形形色色，達觀者直夢幻喻之，而惟達觀之至，爲能獨有真契而無庸作幻觀。主人因寄所託，會心不遠，千百年後，其英靈精爽，永永固結，相與爲無窮，後之人覽景興懷，庶幾想望其風采而如聞謦欬焉。境者，由心生者也。地靈人傑，相得益彰，精騖神游，無遠弗屆，彼江山今古，氣象萬千，何一非吾有者，十二云乎哉！昔唐姚勗自作壽藏於萬安山，署兆曰寂居穴，墳曰復真堂，剟土爲床，曰化臺，刻石告後世。論者稱其曠達，以視主人或猶自笑拘於墟已。戊午冬十有一月，朱祖謀。"(《朱墓十二景》，民國石印本)

按：朱墓十二景爲朱五樓自營生壙，其地在翠微山麓，闢十二景，倩人題咏。

1918年7月22日戊午初伏日,跋向燊所藏敦煌石室藏唐人書《妙法蓮華經玄贊》第十卷。

跋《妙法蓮華經玄贊》:"敦煌石室草書《法華經玄贊》卷第十,沙門基撰,不著寫經人名。草有古法,且近章也。樂穀親家官隴同時所得也。戊午初伏日,衡陽曾熙。"

向燊跋:"尚藏一卷,紙墨與此如一,張勳帛所藏二卷尚存,余在甘時曾見之。是存國内者尚有四卷,保存國粹,具有同心,誠爲快幸,故記之。丙寅七月,燊記於申江。"

按:此卷現藏北京國家圖書館,名録00151號。長1755.8釐米,唐代寫本。通卷章草。另有向燊等多人題跋。

戊午立秋後十日,王曉籟求書箴言,爲書"忠孝以立節,道義爲之本"五言隸書聯。

自書五言隸書聯:"忠孝以立節,道義爲之本。曉籟仁兄有道求書箴言,敬以十字奉詒。戊午立秋後十日,曾熙。"(《聚雅齋珍藏書畫精品選》,山東文化音像出版社年版)

紙本。238.5×53cm

鈐印:曾熙之印(白文)。農髯(朱文)。虎賁中郎(白文)。閑居翫古不交當世(朱文)。

按:王曉籟(1886—1967),名孝賚,號得天,浙江嵊縣人。1907年參加光復會,秋瑾案發,遷居上海,在岳父開設絲廠任駐滬帳房經理。參加辛亥革命光復上海行動。1926年代表上海商會赴廣州,參加北伐軍誓師大會。1930年任上海理事長、全國上海聯合會理事長等,爲"海上聞人"之一。

戊午新秋,酷熱得雨,爲王一亭自畫像題詩,同題者尚有于右任、吴昌碩、清道人等。

題跋:"苦瓜和尚不出家,流傳書畫遍天涯。君畫原師七道士,不掛寶劍被袈裟。喜君俠行即是佛,孤兒院中生蓮花。一亭先生慷慨好義,有古任俠風,上海創建孤兒院所謂具有佛性者。戊午新秋酷熱得雨,衡陽曾熙題此。"

王一亭自題:"未了前身煩惱債,勞勞南北又東西。酸辛世味都嘗遍,與我周旋道不迷。慨世道之衰微,現本身之色相,未敢云大澈大悟,且作如是觀何如?甲寅仲夏,苦行頭陀自問。"

吴昌碩題:"勞勞亭子倚斜曛,取柱由彊早識君。佛即是心心即佛,東坡無礙伴朝雲。苦行頭陀爲善不倦,交友彌篤,予嘗與之談畫,未敢與之談禪也。偶題二十八字,鈍根人語言無味,頭陀微笑,我亦拈華。甲寅閏五月既望,同客海上,安吉吳昌碩時年七十有一。"

鄭孝胥題:"看君書畫饒禪意,慧業分明有宿因。何必頭陀稱苦行,翻疑金粟是前身。甲寅六月,孝胥。"

于右任題:"泥塗慰我意何誠,苦行何緣感慨並。悟後逃禪時入畫,愁來憫亂不譚兵。天涯戰伐今猶昔,海内仇讎弟與兄。賣字錢來勤禮佛,爲祈浩劫度群生。苦行頭陀一笑,于右任。"

清道人題:"六師相讎四魔忿,火宅昏衢夜未闌。天海木金不可戾(謂天王星、海王星、金星、木星),更於何處着蒲團。一亭先生自寫頭陀一影命題。戊午七月,清道人。"(原件。王中秀編著《王一亭年譜長編》,上海書畫出版社2010年版)

此際,老友清道人爲其庶母陳氏四十歲作壽宴客,乃用《大招》體爲其母作《四十歲壽頌》,並延請鄭孝胥作詩文。

《鄭孝胥日記》9月15日條:"李梅庵爲其庶母陳氏作壽宴客,曾士元爲作《四十歲壽頌》,其頌詞用《大招》體,用'只'字爲語助,求作詩文。"

秋月,題《錢南園先生大招鵬賦楷書》。

題《錢南園先生大招鵬賦楷書》:"吾觀侍御官(按:即錢南園)翰林時所臨《枯樹賦》,固以入登善(按:即褚遂良)之室,而究魯公(按:即顔真卿)書學之原,其後行書師蔡明遠,□真書師《告身》。八關齋侍御所得于魯公,即魯公所得登善,誠守廟之□子也。今觀臨川李(按:即李瑞清)弟子所藏《大招鵬賦》,公歿之先歲所書也。兑勁而出之以雍和,殆將合登善(按:即褚遂良)、信本(按:即歐陽詢),而齋鑾以天叚(假)以年。然唐入隨(隋)寧能測其禱異哉！歲在著雍敦牂秋月。老髯識。"(《錢南園先生大招鵬賦楷書》,民國石印本)

戊午秋,萬夫人携家口來滬,移居天后宫北首河南路景興里99號,有久居之志。

《書家移居之消息》:"衡陽曾農髯先生熙爲湘南碩師,弟子數千人,今之王船山也。夙工書法,與清道人齊名,海内所稱'曾李'兩大書家者。辛亥以後,絶意仕進,著書萬山中以自娱。乙卯薄游西湖,瞻眺彌月,視清道人於海上,遂留主其家,與清道人同鬻書。日月如邁,倏忽四年,今春倦游思歸。會湘南大戰,道途梗阻不果行。近其家口避亂,間道來滬,先生因移居天后宫北道景興里,有久居之志。從此曾李兩家並集淞濱,亦藝林盛事也。"(1918年9月13日《申報》、《時

報》、《時事新報》)

戊午八月,鍾才宏繼室李氏卒,陳三立爲撰墓誌銘,譚延闓爲篆額,譜主書丹。

按:見1921年10月震亞圖書局出版之《鍾君繼室李夫人墓誌銘》。原件後跋語甚夥,計有林長民、程崇信、李執中、艾室、曾廣鈞、陳嘉言、樊增祥、梁啓超、章炳麟、李根源、沈鈞儒、谷鍾秀、程頌萬、盧鑄、陳含光等,玆録數則。

林長民題:"百毅,君子也。與余共任議員十餘年,累經世變,未嘗少抑其操。去年以來,益交親。議政論學時,亦兼及家人燕處之常,乃知百毅篤於情者。其繼室李夫人殁已五年,安仁哀亡,猶未釋痛。李夫人婉孌而任有於百毅,亦足以繫其思於無窮也。散原,有道之士,斯文尤足徵信焉。甲子初秋,閩縣林長民題於京寓雙栝廬。"

梁啓超題:"寄愁天上,埋憂地下。伯毅仁兄以李夫人墓誌見眎,余方新寡,知傷心人同此懷抱。乙丑三月,梁啓超。"

章炳麟題:"余與伯毅游五六年,未知其家世。十四年秋,以典試至長沙,伯毅出其繼妃李夫人墓誌出示,蓋義寧陳伯嚴筆、衡陽曾農髯書文,文樸書麗,足以傳後,吾知伯毅於是少慰,因識數語於末。章炳麟。"

程頌萬題:"望極蒼梧郡,神傷黄絹辭。春風吹客恨,應許墓門知。伯毅仁兄屬題,戊辰閏二月,程頌萬。"

1918年9月19日戊午中秋,送高遐叟還江西,步月而歸,題李瑞清書《清故揚州府學訓導如臯祝君墓誌銘》。

題《清故揚州府學訓導如臯祝君墓誌銘》:"魏齊碑誌類,繇八分變楷,獨《程喆》一石,顓守隸矩,不雜一筆分書,而樸勁疏越,謹嚴有法,端然碑誌正軌,阿某分不如老髯,而隸當過之。宜此誌之軼出《程喆》也。戊午中秋送高遐叟還江西,步月而歸,識此。農髯曾熙。"

鈐印:熙(白文)。衡陽(朱文)。

胡小石題:"李侍郎此誌全師《程哲碑》。《程哲》運筆直而銜氣密,實出晉專(磚),故志蓋特作專文,以明其原。戊午七月,光煒謹記。"(《清道人書祝君墓誌名》(按:原題"名"),上海震亞圖書局版)

鈐印:胡(朱文)。光煒璽(白文)。

前1916年丙辰清道人李瑞清五十華誕,舊日學生桂紹烈等籌以祝嘏,擬

請以印行法書爲紀念，清道人允之，但以“興到筆到，方寸中無纖毫渣滓不能書”，歷三年，於本年夏臨《毛公鼎》始成，秋九月由震亞圖書局印行，付梓前爲之跋並署簽。

署簽：“清道人臨《毛公鼎》，老髯。”

鈐印：阿九（朱文）。

跋《清道人臨毛公鼎》：“臨川李仲子書《毛公鼎》文以答其門人，髯見之，乃仰天嘆曰：嗟乎！吾子志不在三代下，今乃以文見，何所遭之蹇耶？當髯居長沙天心閣，歐陽君重語髯曰：‘有李癡者，殆古之人也。’及見方作書，墨濡口頰。與語，其聲泠然，其言寥廓。几上稿書，則大篆樵尚書文。他日，仲子過予齋，相與語竟日。時髯方從（縱）衡百家，俯仰古今，視當世人無可當意，獨愛仲子，仲子亦愛髯，遂爲莫逆交。辛卯（按：1891 年）場中，仲子以其文眎髯。髯大驚曰：異哉！子殆矣！場中安用此典謨之文，是必舜主考而四岳薦卷也。然是歲卒中副榜。仲子爲文，喜用奇字奧誼，操是術以往，遂投無不利，然不能爲朝殿書。將請學習，其僕曰：‘小馮儋抱其文，長跽請曰：主人盍爲百衲體以大篆書？臣聞臣對而以漢魏六朝唐宋各家書書之，當得狀元。一坐（座）無不大笑。’仲子年二十餘，猶癡憨若嬰兒，未嘗一人離寢門。當甲午發長沙，太夫人執仲子曰：‘若與曾季爲昆季交，今令汝偕，否則吾不欲汝行也。’及至京師，寢共衾席，而出必同車馬。日起則令仲子作大卷書，然不及三行，則伸欠欲睡。彊之，則跣足登床，爲小兒舞矣。其書朝顔（按：即顔真卿）而暮褚（按：即褚遂良），或左歐（按：即歐陽詢）而右虞（按：即虞世南），一卷未終，或爲武梁祠畫，或濃墨書大篆數字。至乙未（按：1895 年）試期近，雲南父（按：即李必昌，字慕蓮，號蘭生）書至，仲子始顓取南園（按：即錢灃）書習之，然終日顔色慘澹，面無生氣。所號南園書者，饑鷹餓犬，狼藉滿紙，夏榜眼（按：即夏壽田）稱之曰螃蟹書。當是時，常熟師傅（按：即翁同龢）喜南園書，且高言漢學，仲子策中多公羊家言，文能螃蟹其書，遂置二甲前。當是時，清泉周敬敷、長沙任壽國與歐陽君重喜言兵略，君重又與無錫楊仁山偏重左文襄（按：即左宗棠），壽國兄壽文則篤守羅山學説，而武陵戴邃盦又獨師湘鄉文正（按：即曾國藩），發言高論，皆不可一世。仲子默然，但曰：‘吾願從文天祥、史可法。’髯曰：‘今日國家寧願見文天祥、史可法耶？’迨割臺議起，丹徒丁師（按：即丁立鈞）、嘉興沈乙盦（按：即沈曾植）皆上書抗和議，髯與仲子合東南各省公車數千人，詣都察院上書。烏虖！庸詎知亡國之禍不在外寇，而在内難哉。當辛亥仲子守孤城，蹈白刃，乃百死求爲文天祥、史可法而不可得。烏虖！豈天留以有待耶？仲子於古今書無不學，學無不肖，且無不工。其所以過人者，能以隸法窮古人荒寒之境，古之所謂拙也，乃吾仲子之工也。此其所以過人也。若夫俯仰伸屈，神明内運，手無工拙,目無古今,此固髯所不多讓者也。獨仲子爲篆,則以神遇,而不以形遇。其伸也若蹲,其仰也若垂,其拖也若背而馳,其激發也。若執圭升堂,雍和而有節,其譎而變也,海怒岳嚴,而莫測其藴也。静而觀之,宗廟之上,俎豆之旁,欽欽乎其容也,是殆陶鑄文武而糟糠秦漢也。烏虖!無仲子之器而欲效仲子之書,則髯所大笑也。戊午九月,農髯熙識於滬上景興里。"

鈐印:曾熙之印(白文)。衡陽(朱文)。心太平盦鉢(白文)。

清道人自跋:"伏處滬濱,五年於兹矣。今年余年五十,遠道門人集資欲爲余輯刻著述詩文以傳。余知術短淺,學殖荒落,生平偶有述作,固無可觀者,國變以來,散佚亦略盡矣。近亦間有所作,多詼詭荒唐,諧謔卮言而已,詎可以示通人碩士。近鬻書,因臨《毛公鼎》一通景印之,以塞諸門人之望,使知學書必從學篆始。丙辰七月。清道人。"

鈐印:籥萬枯(白文)。阿某(白文)。清道人(朱文)。黄龍硯齋(白文)。

胡小石跋:"篆書漢以前,其變三,漢以後,其變三。殷人尚質,其書直,變一矣。周人尚文,其書曲,變二矣。秦改周之文從殷之質,其書反曲以爲直,所謂小篆者也,變三矣。漢魏繼嗣,娖娖無所能發明。李陽冰出,化方以爲圓,齊散以爲整,而小篆之敝極焉,變一矣。鄧石如攻八分,由漢碑額以探秦篆,其書深刻,往往得李斯遺意,變二矣。何紹基晚而好篆,取筆於周金,因勢於漢石,勢則小篆,筆則大篆,遂易沈滯之習,變三矣。臨川夫子起而振之,求隸於石,求篆於金,大篆由此復明。遒麗則散氏盤,矯變則齊侯罍、邛君婦壺,雄直則楚公鐘,方廉則盂鼎,寬厚則克鼎、虢季子白盤,駘蕩則鬲攸比鼎、兮田盤,纖勁則拍盤、陳曼簠之屬。夫子於是分之以究其極,合之以觀其通,神而明之以會其變,而大篆之秘眇盡矣。會遭世喪亂,學書者衆,俗儒圖夫競尚北碑,雖五尺之童,初事操觚,未解平直,皆已稱《鄭文公》、《張猛龍》矣。覲其所習,迷誤不諭,以顫掣爲頓挫,目臃腫爲古厚,此所謂羊質豹鞟,蒙黔驢以虎皮者也。若夫文學小吏,牽拘繩墨,排比行列,較若算籌,亦復含舊騖新,與世馳逐,虚造僞體,苟以嘩衆,點畫未成,反失舊章,此與壽陵餘子之學行於邯鄲何以異?及其匍匐中道而後言悔,不亦晚乎?此其在五行,則書之訞也,甚非謂不足道。夫子於是喟然曰:嗟乎!學不通經,謂之俗學;書不習篆,謂之俗書。且夫篆者,書之原也。吾其有以詔之矣。遂臨《毛公鼎》,示學者以槼巨(規矩),《易》所謂知天下之至嘖而不可亂,意在斯乎,意在斯乎!其書則雝雝焉,穆穆焉,高矣美矣,小子何敢贊一辭焉。戊(午)九月,弟子胡光煒謹記。"

桂紹烈、趙憲、朱亮跋:"臨川李師,國變後黄冠行遯,蝨處海瀕,賣書爲活,世所稱清道人者也。丙辰歲爲師五十攬揆之辰,紹烈等思有以壽師而未得其當,相與謀曰:世之所以壽人,將以爲名也。師既託於方外,安用名?念吾同學散處四方蓋千百人,苟獲吾師手蹟,以廣其傳,則所以壽師者在是矣。於是請於師,師欣然曰:諸子慕余書,當爲摹彝鼎以示大法。會衡陽曾先生農髯寫《黄庭經》爲壽,烈等擬俟師書之成爲合影焉。歲月遷延,屢書不就,乃於丁巳冬,先攝《黄庭》以行,而復請於師,師曰:此事必可成,然非興到筆到,方寸中無纖毫渣滓不能書,非一氣呵成不足爲書也。今年夏忽告成,溯求書之年,及書成之日,歷三寒暑,如是其難也。天下事不可輕心掉之,書維小道,吾師猶審慎如此,豈非碩德之符而曼壽之徵耶!若其筆墨之間,淵然有思,醰然有味,軒轅彌明,不解世俗書,游神於三代,冥心於造化,然後乃合耳。鏤石既蒇,志其本末,門下士桂紹烈、趙憲、朱亮謹跋。"(《清道人臨毛公鼎全文》,上海震亞圖書局1918年戊午九月初版)

按:景興里在河南路。書末署名同印者有二百數十人,不備録。

戊午秋九月,衡山周運金先生病逝,爲撰《衡山處士周先生墓誌銘》,書並篆蓋。

《衡山處士周先生墓誌銘》:"先生諱運金,字勉之,亦字礪齊,衡山人也。其先繇贛遷楚,蕃衍衡、潭之間。明季有曰明甫者,避難隱居祝融峰麓之虎巖,是爲虎巖周氏。曾祖諱章孫,祖諱開洄,父諱景科,並以孝友式德鄉閭。先生當舞勺之年,抱無父之痛,昆季雖多,誰恤季子!貧無分財,責重當室,先生不以處境艱而廢學,不以母倚閭而不出,挾篋擇師,務求通儒。學成歸來,蕭然四壁,遂乃設帷授徒,英彦偕來。先生性與天游,衿懷落廓,講授餘暇,閑步川原,覽雲霞之變幻,巖壑之深幽,淵流之瀠曲,飛鳥之翔迴。乃曰:此文境,詩人所酣心,畫家以神蜕。手指口説,相悦以機,童冠欣然。或歌或嬉,其蕩蕩乎與天爲徒者乎!祝融東趨,蜿蜒鬱律,游息其麓,所得宜異。先生晚喜爲詩,復擅六法,詩旨澹逸,自毁其稿,水墨竹鳥,人多珍秘。年六十有四,以戊午歲九月卒於里第。其明年,葬衡山宗字十五區胡家沖學山之陽,首辰趾戌。子二人:長方球,次子賢。子賢卓邁,九歲屬文,十五游庠,十六食餼,自識字至成學,皆承庭訓,未嘗外傅。先生教人務寬,侍側之餘,引陳古義,聞者涕下,故游其門者多通才。卒靳一衿,終老園圃,意翛然也。光緒季葉,學制初更,新舊水火。先生遣子賢入南路師範,卒業後,復遣入日本早稻田大學專究政治經濟。歸國,權本省財政司,先後長本省銀行及金庫事。周族敦樸,素重力田,爰集族人,創誠明小學。岳後學風之盛,蓋先生與趙君甓傭之力居多,宜兩族之赫奕也。配譚孺人,維新君仲女。茹苦同心,孝養惟謹。女二:適陳,適李。孫男五人:濟正、适正、選正、逢正、通,皆卒業中學,昇高等商業。女孫五人。生既識君,殁宜有銘,銘曰:懿懿先生,其德孔玄。嘯詠麓泉,亦管亦弦。仰鑒鳶飛,俯取鱗潛。爰寫予志,託之素縑。和不詭隨,義正則趨。錚錚里中,乃俠乃儒。人稱君孝,我謂母慈。白髮膝下,人倫之歸。有婦偕臧,有子述事。九幽發光,傳之千億。衡陽曾熙撰文書丹並篆蓋。"(《衡山處士周先生墓誌銘》,民國石印本)

鈐印:農髯(朱文)。

余肇康題:"余曩邂逅周君倫生,覺其淵雅温默,未嘗不心焉識之。頃曾俟園翁以爲其尊人礪齋學博所作墓誌銘屬題,瀏覽數過,蓋亦踐履篤實,躬躬古之儒也。而後知倫生胚胎前光,爲名諸生,出其所持,稍稍問世,便顯才猷,胥於是乎在矣。俟園翁文字不苟,固知言者,雖無老成人,尚有典刑(型),書此爲低徊者久之。乙丑長至後九日,申江倦知寓廬,長沙余肇康時年七十有二。"

鈐印:長沙余氏(白文)。倦知老人(朱文)。

曾廣鈞題:"礪齋先生爲吾湘耆宿,孝友深醇,沉酣經術,樂天甘退,不肯以它途進。於方廣蓮花峰北結廬講授,及門多英雋之士,發名成業,蔚然一時。公子倫生子賢,自始誦經迄通籍,一秉庭訓,未嘗就外傳也。先生捐館舍於戊午之秋,墓有宿草且七年矣。回憶趙氏山莊奉先生教言,煮酒呼燈,説經評藝,相與數十晨夕。時倫生總角荷衣才九齡耳。今則洞明政略,屢司邦賦,佐炎午省長服勤鄉國,參預機要,得以發皇先生之志事,天道非無知也。岳北舊侶,人往風微,援筆累欷,讀孳元語,鳶飛鱗潛,足以永先生之風度如在眼前,又爽然自失矣。共和十三年十月朔,伋安曾廣鈞識。"

鈐印:廣鈞印信(白文)。重伯(朱文)。

朱孝臧題:"近百年來,名公巨卿,道德勛業炤燿人耳目者,斷推衡湘。閑而潛采,弗耀矩矱,鄉里後進,克底於成,衡士尤多。俟園曾君以所爲衡山處士周礪齋先生墓誌銘見示。先生孝謹劬學,才器絶人,隱居教授,成就甚衆。令子倫生,秉承庭誥,爲蔚時器,既司邦賦,造福桑梓,然後知先生之詒謀者,匪偶然矣。丙寅孟春,朱孝臧。"

鈐印:彊邨(朱文)。朱印孝臧(白文)。

吴昌碩題:"衡湘之間,巨人長德,世多崛興。或謂山川之雄,豈其然乎?蓋天賦異材,非有教育以爲矩矱,無以期成。而家學擅承,尤有鍥焉。礪齋先生,以所學教授鄉里弟子,著籍者固多賢彦,而哲嗣子賢,尤能承志而勵學,以大其門,是吾前所論次可以證矣。論者或謂先生早孤,學何以成?此則天將以昌周氏而先生任之。即其貧不廢學,善能擇師,此亦晚近之世所希覯焉。曾君農髯既爲先生志銘,其墓復以書之,蓋重先生之爲人,而有以著其鄉之政俗也。詞旨質慎,無所諛溢,又以見志墓之文,能合於古,爰綴數言,以志慕仰。丙寅正月,安吉吴昌碩年八十三。"

鈐印:吴昌碩(朱文)。

戊午重九後，以詩賀汪作黼八十壽辰，復於其後爲《毘陵汪作黼先生八十壽言彙録》作象贊與序。

壽汪作黼八十詩："松柏挺雲岫，彌歲散芬馥。奇才不偶(遇)達，君子重晚福。五十登皇路，雍容郎署禄。白首始爲宰，儒冠親案牘。淒淒庭蘐謝，息息休林麓。朝挹商山芝，莫采淵明鞠。髦歲方優游，儵驚天綱覆。釜魚且揚波，林焚獸相逐。痌此中原民，有烏將無屋。反憂爲君歌，知我心撼撼。戊午重九後酬作黼老同年八十壽詩，熙。"

鈐印：曾熙之印(白文)。衡陽(朱文)。

序："汪作黼先生，予辛卯同年也。當公車會京師公燕之日，獨先生年長，詢之則云五十三矣。乙未成進士，以主事分工部歷有年。既出爲涇縣知縣，又歷有年。致仕家居，又十有餘年。今歲八十，過滬上，出不命輿，行不假杖，神明周暢，而容顔不改予京師相見。吁！何天之與先生獨厚與！及觀先生之爲人，則固歷貧賤患難死生，而履之以貞，安之以順，養之以其義，守之以其道，蓋盛德之君子也。當未通籍，惟授徒以養親，未嘗紛心於禄。及爲縣令，但取禄之應得，未嘗熏心於官位。母歿服除時，已擢知州敘道員，當道馳書，卒不出矣，豈非古人所謂母在禄爲重，母歿身爲重乎！此蓋孝之大者也。今八十生日，同人争以詩文壽先生，其公子將桀之，予因揭其孝之合於道者著之耑。戊午十月衡陽曾熙拜撰。"

鈐印：曾熙之印(白文)。

汪作黼像贊之一："天之所厚，常壯艱貞。匪試之艱，其施何宏。父則殉兮，子何以生。曰有母在，而敢自輕。彼松之青，歲晚則榮。欽欽君子，五十成名。既耻爲郎，作宰發聲。爲禄而屈，母歿辭卿。盤澗壽考，高風景行。戊午十二月作黼同年以畫像屬題，喜而贊之。衡陽曾熙。"

鈐印：曾熙之印(白文)。

汪作黼像贊之二："惟孝格天，惟德享年。我公從政，其仁如淵。景行東里，和而能嚴。我車既休，言逑我疇。盤桓三徑，以永以游。樂兹百歲，其又何求。作黼同年八十像贊，戊午十二月衡陽曾熙。"

鈐印：曾熙之印(白文)。

壽屏："福壽。作黼先生同年八十祝嘏，年愚弟曾熙頓首。"

鈐印：曾熙之印(白文)。閑居翫古不交當世(朱文)。

按：以上均録自《毘陵汪作黼先生八十壽言彙録》。是書並有清道人所題像贊及壽聯壽屏，録如下。清道人題汪作黼像贊之一："英英夫子，德音孔厖。孝惟義養，忠必褱邦。忠孝既著，清風載行。吁嗟美與，俾爾壽康。汪作黼先生小像，年愚弟李瑞清題並贊。"鈐印：李瑞清印(白文)。清道人題像贊之二："汪作黼先生八十小像。猗與先生,克修馴德。孔制元孝,是效是則。病致其憂,事竭其力。至誠格天,親壽而康。移孝爲忠,身立名揚。君悲蓼義,民誦甘棠。廉吏菽水,榮虧鼎彝。古曰養志,君其無虧。作爲此頌,永式來兹。戊午七月,清道人奉贊。"鈐印:阿某(朱文)。清道人(朱文)。壽聯:"凝露飛霞迎杖履,明河皎月照華筵。作黼先生同年榮壽,年愚弟李瑞清頓首拜祝。"鈐印不清。壽屏:"福壽。作黼先生同年八十榮慶,年愚弟李瑞清頓首拜祝。"鈐印:阿梅(朱文)。清道人(白文)。

按:汪作黼(1839—1921),名贊綸,字作黼,號銅沙餘叟,常州人。辛卯舉人,乙未(1895)進士,分派工部任主事,後辭官經商從事典業,1914 年 5 月,被推爲江蘇省典業公會會長。

1918 年 10 月 19、20 日,愛儷園廣倉學會開會,並開古物陳列會。

《愛儷園開會之第一日》:"昨日愛儷園廣倉學會開耆老談話會,到會者凡二百餘人。廣倉學宭暨戩壽堂陳列古物書畫金石之屬甚夥,而銅器以虢季子大盤、蘧伯還彝、郘王義楚耑等,碑帖以漢廣都四乘伯喬題名、貞女羅鳳闕、李昭碑、李拓棠梨本蘭亭等,畫以元倪雲林《枯木竹石》、明丁南羽《玄都出雲圖》、卞隱白山水軸、文唐山水卷等爲特優,其餘續到者尚須次第陳列。午後一時,耆老涖止,贈一銀質紀念章及書券。三時在天演界就席茶點,公推李平書君爲臨時主席,演説會中大旨,六時散會。是日備有包車迎送耆老,秋高日爽,頗稱盛舉。廉南湖君亦在海棠艇抽籤贈品,故文人學士到者尤絡繹不絶云。"(1918 年 10 月 20 日《時報》)

《愛儷園開會第二日記》:"昨日愛儷園續開廣倉大會,會員到者計八百餘人。陳列各品之續到者,銅器有商大爵、周方卣,碑帖有明初拓石鼓文、唐拓順陵碑全文,書畫有元人揭傒斯牛幅、吴漁山《上洋留别圖卷》,高其佩、石濤畫屏多幅,王煙客、包安吴楹聯等,均稱精品。三時開會,姬覺彌君演説倉學宗旨。全國聯合教育會代表均列席。嗣由黄紉之先生演説。復報告一年經過情形,饗以茶點,六時而散。"(1918 年 10 月 21 日《時報》)

戊午秋分後三日,爲寶崘書"受書拜天禄,錫衣御皇休"五言篆書聯。

自書五言聯:"受書拜天禄,錫衣御皇休。集頌敦文,此器謹嚴,蓋周王朝文字,不似晚周列國競尚譎奇也。寶崘仁兄法家正篆,戊午秋分後三日,農髯曾熙。"

紙本。148×35cm

鈐印:曾熙之印(白文)。農髯(朱文)。閑居翫古不交當世(朱文)。禹鼎湯盤有述作(白文)。

戊午十月，節臨《敬顯雋碑》。

自書："（節臨《敬顯雋碑》略）《敬顯雋碑》與劉碑造像同意。戊午十月，農髯曾熙。"（香港淳浩 2007 年春季拍賣圖録）

紙本。150×40cm

鈐印：閑居翫古不交當世（朱文）。曾熙之印（白文）。農髯（朱文）。

戊午十月，書謝靈運詩。

自書："洞庭張樂地，瀟湘帝子遊。雲去蒼梧野，水還江漢流。停驂我悵望，輟棹子夷猶。謝靈運詩。戊午十月，曾熙。"（私人藏）

紙本。104×51.5cm

鈐印：曾熙之印（白文）。

戊午冬，上海健社同人出版畫譜，張大千屬其兄張善孖以《十二金釵》應之，爲其題籤。

題《十二金釵》："十二金釵。戊午冬，曾熙。"

鈐印：曾熙之印（白文）。

張善孖自署："玉溪樵隱讀《西廂記》隨筆。"

鈐印：善孖澤印（朱文）。

張大千跋："家兄善孖，怡情於書畫者二十年矣，顧湖海浪遊，所作絕未存稿。今秋健社同人以製畫譜事諷家兄，越數日而成十弍金釵圖，肇救世之苦衷，喻美人於猛虎，固不敢自謂傳世，亦聊以應健社同人之雅命云耳。戊午冬十月，啼鵑識於海上健社。"

鈐印：啼鵑（白文）。大夢金石長壽（朱文）。

天台山農《十二金釵圖序》："醜莫若鳩盤荼，悍莫如河東獅。惟醜且悍，人故知而避之，罔害也，而惑陽城、下蔡者，則在世俗所謂一般之美人兒。夫美人兒果人乎？抑也虎耳。昔陸慎言妻沈悽狡妬，吏稱曰臙脂虎，此其類也。張子善孖蠹焉傷之，用繪十二金釵圖，舉虎以告世之與牛思黯有同好者。戊午冬，天台山農。"（四川汪毅提供復印件）

鈐印：天台山農（朱文）。

存考：戊午冬十月，陽曆爲 11 月，此條顯示張大千在上海不在日本，與張大千諸譜稱張大千留學日本至 1919 年春始歸國抵上海舊説不合。1918 年張大千究竟在日本還是在國内，抑或往來於日本、上海，依然是待解之謎。1930 年 9 月 22 日《申報》刊登鄭逸梅《曾農髯之惜名》，有云："海上畫家張善孖君，作《十二金釵圖》,求之題詠,農髯固却,乃披讀其圖,則所謂十二金釵者;非傳情閨闥,乃斑斕虎畫十二頭也,遂頻呼狡獪,一笑題之。”事當非虛,蓋發生即在此時。健社,史料無存,亦不見當時傳媒。刊印《十二金釵圖》之“畫譜”亦僅見於汪毅先生所示(經包立民先生轉),既無傳媒廣告,亦無印本留存上海。天台山農爲之作序,抑或健社與之有關聯歟?待考。

1918年11月,臨《夏承》、《華山》兩碑由震亞圖書局出版發行。

《美術界之佳作》:“曾君農髯夙精蔡中郎書,所臨《夏承》、《華山》兩碑,較中郎真蹟過無不及,清道人謂魏晉以來,能傳中郎之絶學者,惟農髯一人,胡小石稱爲當世之生中郎,二人跋語均非虛譽。現由震亞圖書局影印行世,並有清道人臨《毛公鼎》等亦於同時出版,此三種固爲美術界之佳作,亦實爲二君不可多得之筆也。”(1918年11月19日《時報》、《時事新報》)

戊午十一月,以《郭有道碑》筆意書韋孟詩。

自書:“(韋孟詩略)韋孟此詩,抗手雅頌,以中郎《郭有道碑》筆書此。戊午十有一月,農髯曾熙。”(《曾熙書法集》,上海辭書出版社2013年12月版)

紙本。183×75

鈐印:曾熙之印(白文)。農髯(朱文)。閑居翫古不交當世(朱文)。

戊午十一月,爲老友趙養矯題《鄭叔問先生尺牘》。

題《鄭叔問先生尺牘》:“大鶴山人名滿海内,繇侍湘綺(按:即王闓運)几杖,湘綺曰:‘當世詞家惟鄭文焯耳。’乙卯予來滬上粥書,適山人亦以賣文粥書畫居滬。每過從,置酒論文,未嘗不欷歔太息,曰:‘天乎!乃阨吾輩至此。’既而曰:‘非天也,乃吾求此,將至死不恤也。所謂阨之,固有道也。’山人聞予言,亦據几嘿然。然數十年篋中所置舊物,手痕猶濕,亦易米將盡矣,今歲死且無以爲葬。嗟乎!有道固如是耶?養矯,予友中之俠者也,觀其書問往還,可以知矣。戊午十一月,農髯熙。”

鈐印:曾熙之印(白文)。

陳三立題:“負忍古之才,終於窮餓,彭澤之所詠。貧士如大鶴山人者,亦其儔也。晚歲漂淪江海,益用鬻藝鬻器翫自活。養矯居士所藏手札數十通,瑣瑣具其事,宛轉孤鳴,翻成奇趣,後有傷心人,謂當與乞米之帖、賣驢之券同觀而並論也。己未初春,三立。”

鈐印:散原(朱文)。

沈曾植題:“大鶴山人鶴不還,數行遺墨世猶傳。谷中時拾次仲翮,海上或説安期僊。江山寂寞黯終古，故國蒼凉無返年。漆葉青黏方在否，要憑吴普訪遺編。（鄭君深醫學，手批醫書甚多，余聞其遺書散出，亟屬人訪之，皆不知何往矣。養矯先生屬題此册，感悵及之。）寐叟。"

鈐印：清境（朱文）。

李瑞清題："王半唐侍御没後，世稱海内大詞家二人，朱古微侍郎、鄭大鶴山人而已。山人本貴公子，游吴城，喜其山水清曠，遂留寓焉。蘇州巡撫某公慕其高節，延之幕府，前後巡撫數人莫不推襟。辛亥國變，康長素招之來鬻醫於滬上，余是時亦鬻書畫滬上，縑素充几，稱大賈矣。遂勸山人兼鬻書畫以自給。余則着短褏衣，朝夕操觚，掔脱硯穿，其自待比於苦工，山人則非時和氣潤，神怡務閑，未嘗輒書，書又不即予，又老且孏病，或經年不報。有持重幣乞畫者，山人久乃忘之。有時作畫，會困乏，又往往爲市賈以薄餼購去。故時人相語曰，鄭先生畫不賣，窮乃賣也。山人之困，實以此。山人於學，無所不通，訓詁考據，詞章以及音律，金石、形家占驗諸書，靡不備究。生平無撰著，皆散在諸簡册端，又無人爲輯之。余初見山人於吴城孝義里，有梅塢山人構廬其中，堦砌竹籬，皆蒔花木。會已暮，一瓦鐙熒熒，花枝入牖四壁，蟲聲唧唧，如入古冢云。及居滬上旅舍，余每過山人，未嘗不移日也。山人過余，恒以夜，往往更漏且盡始言歸。山人居京師時，與湖北張次山侍御號目能視鬼。余戲山人曰：余居有鬼否？山人笑曰：君居陋巷中，故安所得鬼乎！鬼附勢慕利，實甚於人，喜依阿富貴大官，争爲之奉足舐痔，伺其喜怒而左右之，故富人博常勝也。即其人一旦失勢喪貲，則群起揶揄之，相引去。若暴富家及新得官者，則群鬼集矣。其言鬼敬忠孝，憚節義者，妄也。苟遇其人，則紛紛鳥獸散，以爲不祥人也。鬼尚白，然喜衣黑衣，好時粧，袁世凱時争爲袁世凱粧，黎元洪時争爲黎元洪粧，隨時勢轉移，莫能定也。楊子雲云：高明之家，鬼瞰其室。高明言富貴也，瞰蓋言其慕仰云。山人雖鬻醫滬上，然花時輒歸，或數月不來，滬上租屋仍月納租金，其不善治生如此。以此愈益困。山人生時，康長素先生時時調護之，小空乏則養矯之力爲多。養矯爲人任俠，趨人之急如赴私親。觀山人所往來尺牘可知矣。天下以此莫不多，養矯貧而能好賢也。己未四月下恂，清道人題。"

鈐印：阿某（朱文）。清道人（朱文）。

陳三立致李瑞清書："清道人左右：掃墓歸來，日在痛苦中。今頭項筋絡牽掣猶未全愈也。病乘衰老，如何如何！大文極詼詭之觀，乃鄙人偏擬於説鬼得意語，删去得無掉頭怨恨耶？移居僻遠，不便講飲食之學，當亦爲鬼所揶揄也。匆頌財安，不一一。三立頓首。五月九日。"

惲毓嘉題："予讀鄭山人所撰詩餘，心欽其人，而未一識面。比於養矯道兄處獲覩山人尺牘數十通，行間有古茂氣，心益欽之，惜其遽作古人而終不得謀一面也。今養𥘅裝池成帙，屬予綴言，且語予曰：辛亥以還，逸民畸士，大都集海上鬻書畫以自給，山人亦其一也。山人交游遍天下，晚年與予善。予性放宕，雖非忘世者流，然於當世所謂偉人者，輒淡漠視之，而獨與山人契合。山人工倚聲，散原老人稱爲一代有數人物。尤擅長尺牘，人得其片紙隻字，無不寶貴藏弆。矧予與山人感情尤篤，能勿什襲藏之，球璧珍之耶？養𥘅之言如此，其惓惓死友，鄭重遺墨，豪俠之氣，流露於言論間，亦足見山人之取友端矣。抑予爲養𥘅進一解焉。夷之清，尹之任，惠之和，孔之時，亦各因時會盛衰，而成其獨往獨來之概。山人以垂老值國變，憂傷憔悴，寄慨風騷，學夷之清，學惠之和，學孔之時，無乎不可，時會使然也。時無剥而不復，道以窮而後通，况養𥘅以强仕之年，負通才之望，有聖王作扶翼，元運取法乎阿衡之任，正與山人之爲逸民畸士殊途而同歸。予老矣，不知能於予身親見之否？己未夏五，榿翁毓嘉。"

鈐印：毓嘉私印（白文）。惲氏孟樂（朱文）。

朱孝臧題："未絶朱弦已罷彈，十年投稿几叢殘。多君收拾珍珠字，抱向空齋掩淚看。養𥘅先生屬題，孝臧。"

鈐印：朱祖謀印（白文）。

吕景端題："老士心情百不堪，行吟憔悴憶江潭。廣文三絶猶餘事，合署遺民鄭所南。　　蘭錡家聲鳳池客（山人爲蘭坡中丞瑛棨季子，以孝廉官中書，余亦儤直薇省，於山人爲後輩），暮年蕭瑟動江關。黄壚無限人琴感，一一寥空鶴不還（昔在吴門，孫少山、劉語石招飲觀前酒樓，始與山人一面，談藝甚愜，山人贈予所著《瘦碧詞》，今忽忽三十餘年，少山、語石皆先後下世矣）。　　生死交情趙元叔，當年推解意猶温。懸知風義兼師友，珍重遺箋有淚痕。養𥘅先生屬題，己未秋日，蟄盦吕景端。"

鈐印：景端□□（白文）。

譚澤闓題："家世稱三絶，江湖老一身。詞名繼周、柳，古癖似金（冬心）、陳（曼生）。壯歲能高蹈，長愁不厭貧。旁通多藝事，末技已傳人。奕奕名門貴，英英清廟材。緇塵厭京國，煙景戀蘇臺。畸絜宜無命，飄零亦仗才。不堪垂老日，重有黍離哀。晚歲春申浦，棲遲賣藥翁。孤吟空自賞，尊酒記曾同。一展陳遵帖，凄然乞米風。多君故人誼，珍重惜殘叢。庚申五月，爲養𥘅先生題大鶴手札册子。澤闓。"

鈐印：譚姓翰墨（朱文）。天隨詩課（白文）。

譚延闓題："余於梅庵座上一見大鶴山人，承以畫佛爲贈，今七年矣。梅庵之逝亦已五年，追憶生平，有足悲者。養𥘅先生出示此册，展讀感嘆，不能自已。壬戌七月既望，延闓。"

鈐印：茶陵譚延闓字祖安印（白文）。

馮煦題:"綺歲聲華冠鳳池,晚棲淞曲隱於醫。鬢絲禪榻揮毫處,如呼淵明乞食詩。旊蒙曾繕壽樓春,猶是羲皇以下人。三十六年漂零疾,重搜遺墨劇酸辛。(乙酉予賦壽樓春一闋,題實甫《山塘聽雨圖》並訊叔問,叔問激賞之,此與叔問論詞之始)嗟君風義薄吴嵐,日與東□廚□參。凄絶三高今又弱,嘉平重赴玉梅龕(册中題者,有謂叔問與南海、清道人爲三高。叔問墓草既宿,清道人又於八月朔物化矣,復送其喪歸白下)。庚申霜降後一日,養矯先生屬題,七十八叟馮煦。"

鈐印:蒿叟(白文)。壬子後作(朱文)。

趙愷題:"大鶴山人鄭叔問先生,爲先業師孫蓮舫夫子同年,丙申橐筆金閶,因孫師得識先生。旋奔走四方,不相見者十餘稔。辛亥後,先生移硯游滬,客裏重逢,倍增契合。至前臘返蘇度歲,乃以傷時憂亂,衰病侵尋,屢約重來,因循未果。去秋往蘇,尚頻訪問,迨冬末,先生以鼓盆之戚,倉卒來滬料量瑣事,復得數面,瀕别尚有今歲移寓淞南之約。曾幾何時,遽於二月捐館,吴下黄壚之痛,烏能已耶!先生碩高蹈,薄海知名,南海先生謂爲遺老逸才,允無愧色。詩詞書畫,古雅軼倫,不染人間烟火氣,故斷楮零縑,人争藏弆。右皆見遺手札,類以傷心人作傷心語,殆與宋明遺老所南、青主,同一身世。彙裝成册,聊志其暮年遭際,不徒留供嘆賞已也。噫!遺墨猶新,九原不作,風瀟雨晦,兀坐散帙,如與先生晤對於窮愁憔悴之鄉而已,悲夫!戊午夏五月,武進後學趙愷謹識於滬濱寓齋。"(《鄭叔問先生尺牘》,震亞圖書局出版)

鈐印:趙愷(白文)。

按:鄭文焯(1856—1918),字俊臣,號小坡,又號叔問,别署冷紅詞客,嘗夢游石芝崦,見素鶴翔於雲間,因自號石芝崦主及大鶴山人,奉天鐵嶺(今屬遼寧)人。光緒舉人,曾任内閣中書,後旅居蘇州,善醫道,著有《醫詁内外篇》行世。1916年應康有爲請來滬鬻醫。並工詩詞,通音律,擅書畫,長於金石古器之鑒,以詞人名於世。

1918年12月21日冬至前一日,親家向樂穀(燊)來滬近年,即將返湘,臨别惓惓,書篆聯"百年事業文章,從精神而出;五州書史圖畫,羅几筵之間"以贈。

自書五言聯:"百年事業文章,從精神而出;五州書史圖畫,羅几筵之間。樂穀親家自湘携其所藏六朝經卷與北宋范華原諸名畫來滬,晨夕賞玩,歷春涉冬。滄桑之後,良友聚首,極人間之至樂,亦即吾輩無方之桃源也。今將返湘,臨别惓惓,書此志愛,並識其事。歲著雍敦牂冬至前一日。農髯熙書於滬上。"(上海朵雲軒藏)

紙本。250×30cm

鈐印:曾熙之印(白文)。農髯(朱文)。閑居翫古不交當世(朱文)。

戊午冬至,跋胡小石編《金石蕃錦集第一》。

序《金石蕃錦集第一》:"經傳正以文,或取虖莊周;雅頌貞以辭,則慕虖楚騷。三代彝器,其大者弘博而正,雍和以嚴,皇皇虖備。以若其從衡非揚,幽奇卓瑋,勾玄造新,常在小器。胡子耆古,每得善本,臧之夾(篋)中,至不可德(得)。叚(假)而景之,啓乙盦之寶緘,發道人之□伋(秘笈?),雖造象(像)専石,考識必詳,索微啓幽,方緣阮吴,信游藝之樂逕,而博古所必擇也。爰識其顛,以詔來哲。戊午冬至,髯識。"

鈐印:曾熙(白文)。農髯(朱文)。

清道人跋:"學魏碑者,必旁及造像。學漢分隸者,必旁及鏡銘磚瓦。學鼎鍾盤敦者,以大器立其體,以小器博其趣。此《蕃錦集》者,余門人胡光煒平日所得拓片輯成者,其考證碻實,有勝前賢者。震亞主人假景印之,以示學者。戊午冬月,清道人。"(《金石蕃錦集第一》,上海震亞書局1921年10月版)

鈐印:阿某(朱文)。清道人(朱文)。黄龍硯齋(白文)。

按:同年出版之第二集爲曾熙題籤。

是年,同鄉符鐵年來海上,清道人勸其以鬻書畫自給。

曾農髯《符鐵年小傳》:"戊午,鐵年來海上,道人勸其以書畫自給。"(《鐵年先生書畫集》)

1919年 民國八年 己未 五十九歲

1919年1月31日戊午十二月除夕,爲劉湖涵書"仁義自脩,君子安雅;詩禮之教,家人利貞"八言聯。

自書:"仁義自脩,君子安雅;詩禮之教,家人利貞。湖涵四兄法家正之。集校官碑字,以中郎筆法書之。歲著邕(雍)敦牂涂月除夕,農髯曾熙作於滬上。"(私人藏)

紙本。183×35cm

鈐印:曾熙之印(白文)。農髯(朱文)。

1919年2月1日至15日己未一月初一日至十五日，爲先母造德，書《金剛般若波羅密經》送天下諸佛場持誦此經者。

自書："(《金剛般若波羅密經》略)歲己未一月一日起至十五日，衡陽曾熙敬爲先母劉太恭人書此經，敬送天下佛場持誦此經者。"

李瑞清題籤："金剛般若波羅密經。曾熙爲其母劉太夫人書此經，李瑞清敬題。"

李瑞清題引首："金剛般若波羅密經，李瑞清薰沐敬題。"(《金剛般若波羅密經》，上海道德書局版)

是際，市面上出現清道人僞書。

《清道人僞書法出現——筆筆死》："近來海上書家營業日臻發達，而仿冒字蹟者，亦日見其多。前日有聞某持清道人篆書四尺屏四條，囑寶華堂扇店送清道人處，請其補題上款。詎道人閱竟，謂是假冒，即援筆批屏尾曰：'筆筆死，筆筆不入紙，非貧道所書也。'並將下款'清道人'三字暨新蓋圖章三顆一並圈去擲還。寶華堂轉給聞某，致聞某大起交涉，謂我費十六元向掮客購進，並不知道是贋鼎；既是贋鼎，盡可還我原物，今未將上款補題，反圈去下款及圖章，使該屏條已成廢紙，理應責令償還代價。清道人則稱，既冒寫字蹟，復冒刻圖章，與假冒商標僞造私文書無異，正追究不暇，何賠償之有！譬諸僞鈔票飭人赴銀行取款，銀行必立予塗銷，正與此意相同。所持理由亦極充足，而聞某不服，情詞各執，相持不解，亦翰墨林中新年之趣語也。"(1919年2月4日《時報》)

1919年2月15日己未元宵節，書"亭前華有侶，天外鶴留聲"五言聯。

自書五言聯："亭前華有侶，天外鶴留聲。集玉煙堂本《鶴銘》字，温雅韞藉，勝今所傳水前拓本。己未元宵節，曾熙。"

紙本。142×40cm

鈐印：曾熙之印(白文)。農髯(朱文)。閑居翫古不交當世(朱文)。

己未正月，爲胡小石作《胡小石先生鬻書直例》序，並代訂潤格。

《胡小石先生鬻書直例·序》："阿梅有弟子胡小石，名光煒，嘉興人也。隨父官江寧，因家江寧。其爲人孤峻絶物，苟非所與必面唾之，雖白刃在前不顧也。及覲其事師敬友，則循循然有古人風。初居兩江師範校中，專壹科學，及學既成，據几嘆曰：此不過傳聲器耳，於我何與哉！乃遂日求兩漢經師家言，以古學爲己任，於三代金文疑字，多所發明。其爲文，則陶鑄諸子百家，自立新説，不敢苟同也。初爲書,師阿梅,於大小篆、隸、分、六朝今隸、草隸無不學。既而曰:山陰父子且各立門户。遂取《流沙墜簡》及漢以來斷碣荒碑,舉世所棄者,窮竟其未發之藴,而皆以孤峻横逸之氣行之。髯嘗語阿梅曰:小石書有萬馬突陣之勢,猶能據轡從容,蓋六朝之宋、董也。或者曰:小石隘,其書矯。髯曰:其隘也,不可及也;其矯也,此其所以卓然能自立也,願以告世之乞小石書者。己未一月,衡陽曾農髯熙。堂幅:四尺每幅二元,五尺三元,六尺四元,七尺五元,八尺八元,丈十二元,丈二尺十四元。楹聯:同堂幅。屏風:四尺至五尺每幅二元,六尺三元,七尺四元,八尺五元,丈八元,丈二尺十二元。琴條、横披:同屏風。團扇:每柄一元,摺扇倍之。名刺:每字一元。書眉、册首、銅牌:半於名刺。榜書:每方尺二元,至三尺者每尺三元。齋額:同榜書。册子:每頁一元。卷子:每尺一元。壽屏:每堂百元。金石題跋:每通三十元。索爲碑誌壽文及諸雜文者,其直别議。書碑誌别議。爲索篆隸者,視原直加倍。泥金箋加倍。堂幅屏聯,書來文者加倍。磨墨費視原直十之一。收件處:四馬路麥家圈震亞書局,北四川路青雲里五弄底安定里二十五號清道人寓,上海各大紙號,南昌張天寶樓。”(《學苑奇峰・文史學家胡小石》,南京大學出版社 2004 年 4 月第 1 版)

按:胡小石(1888—1962),名光煒,浙江嘉興人。兩江師範學堂畢業,爲李瑞清高足。畢生從事教育與學術研究。1949 年後,任南京大學教授、文學院院長、圖書館館長,兼任江蘇省文管會主任、書法研究會主席、南京博物院顧問等。早年學書於李瑞清、沈曾植。著有《胡小石論文集》等。

己未正月,用張黑女碑體書《史君生壙志》並篆額。

自書《史君生壙志》:“史君晉生生壙志。吾縣濱海東一隅,叢山亙其陽,地少不足於耕,民業多賈。輓近舟車由便,其蹤迹尤踔遠,並至而會操土音,風氣獨殊。顧其間又必有鄉先生,其德與知可以群服者自衆。譬如魚之在藻,百鳥之依鸞皇也。史君晉生名致,容縣人也。客漢上二十年,漢上通衢,吾縣旅人尤多,每過君門,賓客闐闐。某曰興學,某曰告糴,或解紛糾,歡暢舒寫,莫不得意,明日復然。方有清張文襄督兩湖,以中外互市設商務局,起君才爲之長局。後改商務會,君乃特引鄉老當之。先是甲午日兵入遼東,丁酉德據膠州,同年俄索旅大,君時皆客煙台。煙台北洋要衝,大臣李文忠、王文勤先後出籌防,以君知計有餘,且甬東賈舶往復勃(渤)海口,君獲號召,用特檄君轉運或偵查。蓋君爲當代大人所器,非始於文襄也。比及軍興,武漢踞上游,患氣深矣,君始喟然,欲以老自謝。公私期會,或舉君,每假東歸而免。顧平居乂謂,吾去恐吾道路旅人一失勢,何故今猶遲遲江漢而不能决也。君爲宋史忠定王四子彌堅後,高祖國香繇甬江遷鎮海。祖曰正發，考曰元利，祖妣鄭氏，妣沙氏，本生父潔源，母朱氏，配林氏。生子三，悠庠，悠庚，悠廙。女五，適張，適虞，適朱，餘未字。君生於同治二年八月己亥，年五十有七。悠庠兄弟卜君生壙於縣之崇邱鄉高家橋，匄爲君志。虞輝祖曰：觀鄉知王道之易。蓋鄉必有人焉，以道得民，合小群而大群，而放乎四海，民用戢戢就治，國本以寧，自皇古以還然已，雖百世可知。維君客游與鄉人相屬，猶君子居鄉之義用，特明此意，亦欲今之道國者有省焉。己未歲春正月，鎮海虞輝祖撰，衡陽曾熙書丹並篆額。"（《史君生壙志》，震亞圖書局出版）

按：李瑞清題籤："史君生壙志。曾農髯書，清道人。"

此際，爲李燮勳撰並書墓誌銘。

《清故廪生李君之墓誌銘》："清故廪生李君墓誌銘。衡陽曾熙撰並書，臨川李瑞清篆蓋。君諱燮勳，字鑑吾，桂陽州人也。明有指揮使曰李源善舊武綏邊，遂家桂陽，世居南城。十世遷附郭東鄉之夏山阿。父繁有思纘，武功以閎先業。有子四人，令習騎射。君方髫童，志弗樂也。入塾數歲，復令服田。逡巡畎澮，終日一經，遂乃釋耒講學，教誨蒙童，殫心竭慮，博覽百家，四方之士，達材麕集。年四十，入縣學爲附生，既窺漢宋，尤通九章，勾玄索奇，兼采新法。會朝議變法，學臣欲得數學通才。君年六十二，以諸生列異等，食禄於庠，在髦益勤，講授不輟。當學制初更，異說沸揚，新舊水火，各峻門户。君雍容陳言，父老咸來，遂建東鎮小學堂肆，成人有德，小子有造，亶其然已。初取（娶）楊氏女，無子，蚤逝。繼室周孺人生子曰裕、曰旭，顓精成學，粹然時秀。夫其振英華年，來嬪有德，飲泌樂飢，燕譽衡門。御冬有蓄，當暑治絺，士貧得婦，弦誦安說。迨至羔雁充庭，疏水無改既異，婁空之回，且稱多財之賜，昔約今豐，孺人之力也。偕老永禄，方樂期頤。生不齊年，卒乃同歲。君年八十卒於丁巳歲十有一月十有八日，周孺人年六十三，以是歲正月三十日先君卒。季子含玉伯也，奔喪相幽諏吉，爰以己未歲二月十九日葬君於縣東石阿之陽，孺人附焉，禮也。追惟遺德，哀感不諼，紀事書石，光兹泉壤。其辭曰：巖巖雷塞，疇實城之。彼寢之來，疇實平之。既揆以文，復衛以旅。白髮云邁，疇咨疇輔。淑淑孺人，孔惠且仁。饋粟捐金，以洽其鄰。巷無吠犬，途無遺嬰。一鄉之士，百世之名。好善同歸，玄夜長明。"（《清故廪生李君之墓誌》，震亞圖書局 1921 年 10 月版）

1919 年 3 月 6 日劉人熙卒於上海寓所，4 月 27 日出殯，以聯挽之。

《劉公治喪事務所通電》："天津黎宋卿先生、北京馮華甫先生、各省督軍、省長、省議會、教育會、商會、各機關、各團體、各報館公鑒：前湖南督軍兼省長劉瀏陽先生，諱人熙，字艮生，痛於三月六號即夏正二月初五日酉刻壽終滬上法界貝勒路義和里十四號寓館，享壽七十有六歲，老成凋謝，舉國震撼。先生幼而孤苦，篤學砥行，長掇科名，文實並楙，歷官京外，風節卓著，上下愛重，謳思在民。官中州數十年，琴鶴蕭然，載道口碑，久而彌篤，其精勤吏治，體察輿情，抑暴禁姦，務民之義，所謂性之者也。學本紫陽，一以躬行爲主，中更世變，深撢國故，默契天心，豁然於民物之責，非從事於根本改革不可。乃專治衡山船山王子之學，本以造士，教澤所被，自湖湘子弟外，江右粵西，蔚然成風，乃至齊年僚友，執贄問經，豫章千尋之材，桂林一枝之秀，春風桃李，有過於澧蘭沅芷者。戊戌清廷政變，先生弟子譚嗣同實主其事。庚子之唐才常、辛亥之焦達峰、陳作新，皆瀏人也，而先生實爲之先河。國之人曰衡陽之學，實在瀏陽，有自來已。當辛亥鼎革之交，武漢建義，湘省應之，不旬日，而焦、陳兩督同日被狙。方是時，清廷有詔，割湘南六府隸桂撫節制，武漢危甚，蓋是時無桂則無湘，無湘是無鄂也。先生起手電桂撫以下諭同友正，王芝祥實篆桂藩兼統新舊水陸各軍防營，芝祥者，先生弟子也。陸武鳴時在南寧，夙敬先生，得電亦欣然起應，而民國之基以定。湘人推先生掌民政，未幾辭去。勳在國家，功成身退，有足矜式者。洪憲帝制之機動，全國風靡，先生於甲寅之春，創設船山學社，躬主講席，懇懇於民主共和之義而歸本於六經。丙辰軍興，先生諷湘督起應滇桂，而手書疊布，密約湘桂聯軍合力北伐。項城旋殂，湘督湯未久去職，先生遂爲湘人推戴，中央有令，權湖南督軍兼省長。大兵之後，經營百度，民懷吏畏，湖湘晏然。自以年高，志在教化，辭職書十上而後得請，乃超然漩渦之外，觀政燕都，著《民國五六之交兩大妖言之不祥》一書。南旋不數月督軍團起，國會解散，竟有復辟之師展轉迴旋，國局似棋，戰争起伏，瀕今三年，鋒鏑瘡痍，未知所屆，而先生亦以鄉關燹燬，避地僑申。和議開幕，殷殷以策進永久和平爲蘄望屬，以陝局糾紛，和議停頓，悲憤異常。易簀之際，語不及私。國是茫茫，而先生遽以此永歸道山，嗚呼哀已。平生清風亮節，家無餘財，不矜功，不近名，不慕權勢，不立崖岸，不樹朋黨，不輕然諾，不苟取與，是又足以靖近習之浮氛而師表人倫者也。旅滬湘人全體公設劉公治喪事務所，擇期追悼，以崇賢哲，當代大君子表揚耆獻，諒有同情，紹儀等值國步之艱難，悼耆碩之凋落，感傷逝者，用愓來兹，全國人士有同感焉，謹揮淚合辭以告。唐紹儀、徐紹楨、朱啓鈐、褚輔成、張紹曾、孫洪伊、張繼、莊藴寬、胡漢民、馮自由、王芝祥、凌鉞、焦易堂、楊銘源、丁象謙、張秋白、熊希齡、譚人鳳、周震麟、郭人漳、陳炳焕、劉永滇、曾繼吾、馬鄰冀、彭兆璜、胡元倓、石廣權、蕭度、陳家鼎、雷鑄寰、陳九韶、袁家普、陳家鼒、羅上霓、張聲焕、羅良幹、吴燦煌、蕭驤等叩。漾。”（1919 年 3 月 25 日《申報》）

《劉艮生君舉殯記》：“昨日（二十七）爲寓居法租界貝勒路中華國民策進永久

和平會會長劉人熙氏出殯之期。是日下午一時,由愷自邇路劉宅治喪事務所排齊儀仗出發,朝北過華格臬路往東,嵩山路朝南,麥賽而蒂羅路往西轉北,經過貝勒路義和里該寓朝東,過八仙橋,轉敏體尼蔭路至英界西藏路,進福州路一直朝東,河南路往南,進棋盤街直至法界到老北門轉西,進華界民國路到小北門,往西皮少耐路南敏體尼蔭路朝南,進肇周路至斜橋,一直朝南到湖南會館安厝。其所經各地觀者擁擠異常。道中所列者,首由法捕房西捕馬隊開道,次護軍使軍樂陸軍隊,及淞滬警察廳軍樂隊全班暨游巡隊,騎馬中有旗鑼執傘鮮花時辰命令亭、棲流所音樂隊清音班、緑呢主轎、飾金銀山及童男女等,賓客隨送頗衆,有乘車,有步行,胸佩圓形磁質劉公半身小影。此外有奠幛祭軸挽聯甚夥。柩前又有音樂隊,學校學生如勸業女子師範、中華英文學校、坤範女子中學、民國女子工藝學校,並有三和平會之會員護送,後即孝子、布欄,柩上飾以花柏,四馬御之。迨至會館,時已四句鐘矣。"(1919 年 4 月 28 日《申報》)

挽劉人熙:"未靖中原,遽傷耆碩;既逢多難,矜此餘生。"

己未春,爲天受作章草扇面。

自書:"(章草又略)趙吴興法簡而筆弱,宋仲温韻逸而不檢,因取流沙墜簡與漢人匋器書此。天受仁兄法家正之,農髯熙。"(私人藏)

鈐印:熙(白文)。

按:書未署年,背面吴昌碩畫梅署年"己未春",從之。

1919 年 3 月 17 日己未春分(二月廿一日)前五日,書四屏條。

自書一:"(節臨《瘞鶴銘》略)寫《鶴銘》如畫家寫松,各有玅逸之趣。"

自書二:"(節臨齊周經生書略)此齊周經生師太傅,可與《薦季直表》參觀。"

自書三:"(節臨《張黑女》略)游腕空際,有指揮自得之概。"

自書四:"(臨磚銘略)劉宋韋意而專直而不屈,蓋出於秦篆。己未春分前五日,農髯曾熙。"

紙本。132×30cm

鈐印:曾熙之印(白文)。農髯(朱文)。心太平庵鉢(白文)。游天戲海之廔(白文)。

己未三月,爲良裕書"華氣鬱爲雨,桐陰時有風"五言聯。

自書五言聯:"華氣鬱爲雨,桐陰時有風。良裕仁兄法家正之。己未三月,曾熙。"(私人藏)

紙本。164×35cm

鈐印:閑居翫古不交當世(朱文)。游天戲海之廔(白文)。曾熙之印(白文)。農髯(朱文)。

己未三月,默仿漢刻摩崖郙閣頌筆法爲滌塵作隸書册。

自書:"質既樸厚,以學造之,斯臻高明,所謂忠信之人可於學禮也。浮華傷德,輕薄損才,年少最犯此。修德在先,游藝輔之。藝之既熟,德與涵之。一室静處,坐對古人,書史百家,此樂何如!此從郙閣頌下探文殊前,爲令師作跋後偶爲之爾,既承雅賞,默仿筆法爲之。興味因時,亦不知其自肖否?足下志識高越,上追古人,予書不足學也。滌塵賢棣法家簪正。己未三月,農髯熙。"(西泠印社2010年秋季拍賣圖録)

己未三月,爲朱家駒撰、李瑞清書之《朱先生家傳》題跋,評清道人此書"雖細如髮"而具"八面圓"之致。

題《朱先生家傳》:"自吴興趙氏刱書傳之例,世遂沿之,然帖法耳,碑尚謹嚴,傳宜紆雅。今世學人多不辨,碑傳文體,更何論書家體要。道士此書,從《龍藏》入褚,以清婉出之,米老所謂雖細如髮亦必八面圓滿也。己未三月,熙。"(民國石印本)

鈐印:夏廬(朱文)。

己未三月,爲文元書"神功齊造化,嘉惠普群生"五言聯。

自書五言聯:"神功齊造化,嘉惠普群生。文元仁兄法家正之,己未三月,農髯曾熙。"(中貿聖佳2011年秋拍圖録)

灑金箋。164×34cm

鈐印:曾熙之印(白文)。農髯(朱文)。

此際,移居朱家木橋小菜場對面後,距李瑞清寓所較遠,李亦移居東西華德路謙吉東里,以便常相晤談。

《清道人之移居》:"書家清道人,本住崇明路青雲里底。兹因曾農髯書家移寓朱家木橋小菜場對面,相距較遠,往來不便,清道人爰於前日亦遷居東西華德路謙吉東里,與曾農髯所居近在咫尺,可以朝夕過從,流連話舊,益見兩人交誼之篤,至老不衰云。"(1919年5月19日《時報》)

廣告:"清道人移居東西華德路謙吉東里四百八十三號。"(1919年5月29日《時報》)

按:朱家木橋小菜場對面即東有恒路(今東餘杭路)635號。本年5月29至30日《時報》刊出《清道人移居》通告:"東西華德路(今東長治路)謙吉東里四百八十三號。"

1919年4月23日穀雨後二日,跋《宋拓漢圉令趙君碑》。

跋《宋拓漢圉令趙君碑》:"曏見長沙黄氏所藏本,蓋上海徐氏舊物也。覃溪(按:即翁方綱)考據既精,道州(按:即何紹基)以長詩繫之,余每讀則流連不盡。今觀此拓,但見其黑之古黝,已足驚人,惜翁、何二家不曾見也。藐翁(按:即楊見山)考據尤精碻。己未穀雨後二日,衡陽曾熙識。"(《精印宋拓漢圉令趙君碑》,上海有正書局發行)

鈐印:曾熙之印(白文)。

1919年4月25日,愛儷園舉辦古物陳列大會。

《愛儷園開會之情形》:"昨日(念五號)下午一時爲滬西愛儷園古物陳列大會之第一日,該園門首有招待員驗明證券,分别簽名。是日簽到者有耆老會會員一百五十餘人,有廣倉學會會員一百念餘人先後蒞會,均由招待員導入海棠艇,新會員即在斯處繳納會金畢,並備包車引入戩壽堂。凡舊會員即在該堂左側納費换領臨時入席證及贈品,佩戴徽章,隨意游覽。該堂右設古物收件處,部中爲各品陳列處,其中有周夢坡之伯□父霝、師田敦蓋等,李平書君之乾嘉名人題汪近人《乞水圖》、翁覃溪題《石帆詩意圖》、伊墨卿題《阮文達念八歲小像》等,謝次洲君明人畫像大軸等,徐積餘君洪亮吉鎮圭等,丁輔之君天平佛塔拓本卷、五百家名人尺牘等,汪頌閣君張叔未字聯等,唐吉生君八大山人《蕉石》軸等,姚虞琴君《雲中小像》等,鄒適廬君商祖《辛壺》蓋等,黄伯雨君黄忠端、錢南園畫幅等,楊見山君羅兩峰《梅花》幅等,高魚占君宋拓多寶塔帖,金叔田君周虢季子盤等,葉宗閣君唐寅花卉幅等,江紫塵君丁南羽佛像等,敉之君方環山山水,陳吾昇君之金冬心軸黄小松軸等。至三時,各會員在天演界開談話會,商榷會務進行事宜,由該園主人哈同君致歡迎詞,廣倉學會會長姬佛陀君演説人生延年静養身心諸法之初步,語言懇切,掌聲雷動。迨茶點閉會時已六點矣。(下略)"(1919年4月26日《時報》)

1919年5月6日己未立夏,題臨川静娱室藏《劉相國墨寶》。

題識:"自思翁(按:即董其昌)斂墨以取勢,枯淡以逸神,海内承其流風,矜爲董派,而古人蒼厚邁往之氣,反爲書家所詬病。文清(按:即劉墉)出思翁,而能上躋魏晉,力厚骨勁,氣蒼韵遒,雖道州(按:即何紹基)天才,亦不無所取法,蓋帖學之大成也。近人師文清醜態百出,而坊刻景本,真贋不分。此册爲臨川静娱室(按:即李宗瀚)所藏,生平精絶之迹也,因商主人景之,以存真蹟。己未立夏,曾熙。"(《石庵相國墨寶》,震亞書局總發行所。清道人題籤)

鈐印:曾熙之印(白文)。

1919年5月9日己未四月十日,張大千造門問學章草,書"從所好求樂,每無因得緣"五言章草聯付之。

自書五言章草聯:"從所好求樂,每無因得緣。季蝯仁棣癖嗜予書,且嗜予作章法。予於章頗謂能發幽造秘,當世阿梅外,鮮有知之者,季蝯迺造門而請,亦大奇事,因並識此。歲己未夏四月十日,農髯熙。"(《清代民國書法選》,上海遠東出版社2009年7月版)

紙本。132×31cm

鈐印:曾熙之印(白文)。農髯(朱文)。

自此,張大千一意學三代兩漢金石文字、六朝三唐碑刻,並聞"畫法通於書法"之道,乃效八大爲墨荷,效石濤爲山水,寫當前景,進步神速。見此,與李瑞清相與嗟嘆。

張大千《四十年回顧展自序》:"予畫幼承母訓,稍長從仲兄善孖學人馬故實,先姊瓊枝爲寫生花鳥。年十七,出峽渡海,學染織於日本西京,繪事遂輟。二十歲歸國,居上海,受業於衡陽曾夫子農髯、臨川李夫子梅盦,學三代兩漢金石文字、六朝三唐碑刻。兩師作書之餘,間喜作畫。梅師酷好八大山人,喜爲花竹松石,以篆法爲佛像。髯師則好石濤,爲山水松石,每以畫法通之書法,詔門弟子。予乃效八大爲墨荷,效石濤爲山水,寫當前景,兩師嗟許,謂可亂真。"

己未夏四月,爲吴劍秋題所藏邢侗書李白詩軸。

題邢侗書李白詩軸:"侗字子愿,明萬曆二年進士,終陝西行太僕卿。家貲鉅萬,嘗減産以奉客,築來禽館於古犁邱。同時以善書者華亭董其昌、順天米萬鍾、晉江張瑞圖,時人稱邢張米董,以邢書尚居華亭右也。此幅師襄陽,而骨氣實勝華亭,足徵時論之公。己未夏四月,曾熙爲劍秋弟注此。"

鈐印:曾熙之印(白文)。

清道人題詩堂:"邢子愿精品。平日所見子愿先生書稍平實,無此奥折者也。劍弟携此來滬上,出示嘆賞,爲題此。清道人。"

鈐印:黄龍硯齋(白文)。李(朱文)。

胡光煒題:“邢子愿善書,當時與董其昌、張瑞圖齊名,事具《明史·文苑傳》中。書學米老,而其氣特斂,不爲側媚之態,實勝瑞圖。今時好事者競尚張二水書,殆欲過邢董。烏乎! 是可以觀世風之消息者也。劍秋先生獨嗜子愿書,得此迺大喜,如酒人之得醇醪,其去取之意微矣。己(未)四月曉霱堂書,光煒。”(2009年秋匡時拍賣圖録)

鈐印:胡氏小石(白文)。光煒(朱文)。

己未夏,曩昔所辦四城小學高材生、族妹婿馬宗霍來謁,見其言條貫百家,不忘祖母教育之恩,不禁肅然起敬。

按:見1922年壬戌春正月條。

約此際,爲馬宗霍臨古作隸書章草以作示範。

自書臨古:“(臨漢元康元年磚銘略)漢專有篆有隸,此隸法也。(臨天璽元年磚銘略)《天璽碑》隸中兼有篆分之勢。此專純是吴隸也。(臨城旦墓磚文略)此城旦墓專,亦隸法也。專數十枚,爲匋齋所藏。(節臨三老諱忌墓碣文略)三老諱忌墓碣,隸書最疏逸者。(節臨漢永平開通褒斜道石刻略)此隸書中以博大勝者。(節臨碑文略)六朝碑誌多化分書爲今隸,此《程哲碑》獨從隸出,不雜一筆分勢,北石所獨也。(節臨章草略)章草從隸變。(節臨章草略)以分書轉换作章。宗霍妹倩欲究隸與章草,因率爲此。髯。”

鈐印:曾熙之印(白文)。農髯(朱文)。

己未四月,賦《偶感》。

《偶感(己未四月作)》:“初歡已成夢,既覺復生悲。在己本無居,聲景苦相隨。居非平生親,邂逅託相知。相知不相疑,胡爲中路歧。君子重貞信,詩人誡菲萋。俯仰長自適,所貴我知希。”(《大風堂存稿》)

1919年6月2日己未端午節,爲蔣道南書“此生有最樂處,相見爲忘年交”六言聯。

自書六言聯:“此生有最樂處,相見爲忘年交。書爲式言仁兄法家正之。己未端午節,曾熙。”(《首都圖書館藏名家墨寶集萃》,學苑出版社2006年11月版)

按:蔣道南(1875—1947),字式言,號季澄,清末入京師大學堂習文學,戊戌政變後留學日本明治大學學習商科。宣統三年授“洋舉人”稱號。民國時曾出任多國外交官。

同日，酒後爲彦升題《金冬心册頁》。

題《金冬心册頁》："予篋舊有冬心梅花册子十二幅，題云：'予畫楳或得之月下，或拾之風前，或掠影雪際，或遇之水光，隨觸寄筆，皆以予作草隸之法行之。'此册尤逸淡，惟無畫家畫，所以處處皆有禪機。己未端午酒後，爲彦升兄題此。農髯曾熙。"（私人藏）

鈐印：農髯（朱文）。武城第七十三派（朱文）。

同日，爲傅筱庵書《生壙志》。

《傅君生壙志》："傅君筱庵生壙志。還大瀛海爲互市之區，輪泊日月一至，關梁弗禁，廛閈無垠，萬貨若流，隆隆殷殷，輓近滬市，誠東方一大都市也。其間羅中外五民，機利萬方，乃商略有爲之地，而智謀異能之士興焉。君鎮海人，由蛟門北渡滬，只水道數百餘里，縣人多起家於斯，世稱嚴葉千萬。君來滬猶年少耳，即流譽於諸鄉老門。蓋君擅智計又易直，勇於爲人，大衆會所，有不可意，輒面赤應響無窮。即或理當爲勢屈撓，嘗於我有憾亦且强爲剖判直之。武進盛宫保晚居滬識君，謂君不類恒情可念，若漢治萍□，若招商局，若通商銀行，壹委重於君。當今表海，洋洋之盛業也。盛旋以國變，避地遠游，君獨心憐公老年不快意云。君名宗耀，字筱庵，姓傅氏。祖以祥，父昌順，母李氏、陳氏。先世居困，君舊迹乃身，賓朋日進，門多異邦人。比國勢日下，西師屯黄浦，縣官不敢出聲，有事但治文書讓商會持會務者，吾甬老人乃曰筱庵辨治之易耳。蓋吾鄉先後輩相與若一家，領滬市且數十年已，誠以甬東開市獨早，與滬同人孰（熟）外國事，故每每持權海上，然亦有氣敢任，如君是也。君生於同治壬申歲某月某日，行年未五十。其家人乃爲君營生壙於邑江南。青峙匄爲君墓文，虞輝祖曰：方今萬國交易大通，商旅日盛，國勢愈張，相應之自然也。漢世抑末輕商人，今其道適相反，然要亦以人重爾。用於君，發之君。取（娶）朱氏，側室張氏、吕氏。生二子：瑞鑫，瑞森。瑞森早亡，從君葬。孫二。己未夏五。鎮海虞輝祖撰文，衡陽曾熙書丹並額。"

按：《傅君生壙志》，清道人書籤，民國石印本。傅筱庵（1872—1940），名宗耀，以字行，浙江鎮海人。早年到滬打工，後結識嚴信厚、盛宣懷等，任華興保險公司總經理，上海光復，委以滬軍都督府財政部總參議。歷任上海總商會議董、上海總商會會長、中國通商銀行總經理等。1939年出任汪僞上海特別市市長，不得善終。

己未五月，爲縵琴書"稟河岳之奇氣，臨霄漢而高翔"六言聯。

自書六言聯："稟河岳之奇氣，臨霄漢而高翔。縵琴仁兄法家正之，己未五月，農髯曾熙。"（朵雲軒2008年第36屆拍賣圖録）

紙本。133×27cm

鈐印：閑居翫古不交當世(朱文)。曾熙之印(白文)。農髯(朱文)。

約此際，爲張石銘所建上鎸柳公權書《金剛經》之長生塔題跋。

題張石銘所建上鎸柳公權書《金剛經》："物則之原，肇錫自天。緊母淑慈，稟德純全。世皆佞佛，母心孔玄。博施濟衆，樂善忘年。巍巍浮圖，旌母之賢。刊經信後，書寶公權。母賢子孝，傳之億千。張石銘孝廉爲其母夫人建長生塔，上鎸柳公權《金剛經》，因製此頌。衡陽曾熙。"

張石銘(鈞衡)跋："造像建塔，由六朝以迄唐宋，大率爲親祈福居多。鈞衡邱園息影，竊幸太夫人年逾七秩，而康健如恒，罔極之思，亦願借庇於佛力。太夫人性勤謹，言動必於禮法，黜奢崇儉，數十年如一日。鈞衡早失怙，太夫人教以修身力學，言諄諄然。尤好施與，常賙宗黨之貧者而推之疏遠，無幾微吝色。歲乙卯，七旬誕辰，預戒勿稱觴，而以其資助育嬰。中歲即長齋，喜誦《金剛經》，寒暑無間。考《金剛經》爲大般若經中之第五百七十七卷，是佛在給孤獨園所説者。其輸入吾國共有六譯本。晁氏《郡齋讀書志》、陳氏《直齋書録》、馬氏《文獻通考》具載之，而世多行姚秦鳩摩羅什本。《金剛經》命名，原取堅固不壞之義，陳了翁曰：此經要處，只'阿耨多羅三藐三菩提'九字，梵語九字，華言一'覺'字，《中庸》'誠'字即此意也。王安石曰：理窮於不可得，性盡於無所住。金剛般若爲最上乘，如斯而已。惲敬書《金剛經》後，歷引《中庸》《大學》《論語》之言以相發明，可見佛性了然明净，行於布施，與吾儒明體達用，原無異旨。唐柳公權書西明寺《金剛經》碑，備鍾、王、歐、虞、褚、陸之體，極爲得意。第拓本散佚殆盡，宋賈秋壑得其一，已視爲奇珍。宣統元年敦煌石室藏本發現，尤堪寶貴，然未幾即流入歐西。鈞衡仰承慈意，於家之適園建長生寶塔一座，而摹唐拓柳書《金剛經》以勒之石。塔高三丈八尺，周三丈六尺，經始於宣統庚戌，至己未十月竣工，因事遷延，竟越十年之久，乃志其崖略而謹書之。"

李瑞清題："張石銘孝廉，會其母桂太夫人七十之壽，敬造經塔一座，而以唐柳誠懸所書《金剛經》勒諸石。誠懸書於唐最有名，當時貴族巨室碑誌，非得誠懸書，子孫比於不孝。然誠懸至今歷世綿迴，而所書《金剛經》傳世絶少。米南宫自謂，於柳學《金剛經》，翁學士已嘆爲未見。頃者敦煌忽啓石室，乃唐本復見於世，豈天感太夫人持誦之誠，而旌石銘之孝與(歟)？歡喜贊嘆，乃申頌曰：道無生滅，孝格天人。建兹靈塔，百神咸臻。六師相讎，四魔搖憤。苦海波盪，靡邦不泯。乃眷寶筏，拯此衆生。離相行慈，大地回春。適園落翠，祇樹飛瑛。甍共霞標，鈴因風振。元關畢啓，幽楗遂闡。火宅朝凉，重昏夜晨。用蘄母壽，億千萬齡。清道人作此頌並書。”

康有爲題:“張鈞衡爲母造長生磚塔,刻柳公權書《金剛經》資福。塔在所居吴興之適園,既以適母,又藏書以適其志。有花木魚鳥亭榭以適其情,視世之桎梏其心,屈身降志,以爲權利義兒而無少適者,何如也。己未六月,南海康有爲書。”

潘飛聲題:“太君供佛静一室,慈雲頂禮心香出。平時濟人兼利物,貧心拯救孤則卹。曾機倪杼盡教術,子爲孝廉精著述。孝廉事母如事佛,養志即以盡子職。蘭膳潔馨伺顔色,板輿奉迓及京國。太君歡喜未爲得,要造橋梁作寶筏。普渡大千遍施食,宏願仁心闡佛力。孝廉念念不敢息,里人日頌太君德。金粟飄香稱壽日,十華寶塔屹然立。湧地玲瓏曲更屈,金經大字字深刻。天龍擁護誠懸筆,珠鐸玉虹灑唐墨。不煩譯本鳩羅什,觀者讚嘆掌合十。千佛齊降千祥集,塔與太君年萬億。石銘孝廉先生爲太夫人建塔適園,時太夫人年逾古稀,慈祥康健,益倍疇昔,庭幃集慶,里閈稱賢。戊午八月,番禺潘飛聲拜觀其下,謹賦長句作讚。塔旁摹刻柳書《金剛經》爲唐拓本,希世之珍也。”

羅振玉題:“西池王母桃,東海安期棗。持此祝長生,何如金石好。矧復出名賢,正筆摛芳藻。鳴沙石室藏,塵劫歷浩浩。賴彼象教力,至今傳瓌寶。重與付雕鋟,藝苑得蒐討。慈雲與佛日,千載聞壽考。石銘仁兄因太夫人七十誕辰,重刻敦煌石室唐拓柳誠懸書西明寺《金剛經》,以申岡陵之祝,敬賦短章,以當躋堂稱賀。己未八月,上虞羅振玉拜稿。”

吴昌碩題:“堦翻紅藥池漣漪,竹摇鳳尾松之而。石銘奉母母奉佛,濟人一心佛髣髴。適園之樂樂融融,香焚寶鼎槃獻菘。葱蒜魚肉吾腹充,思一涉趣禪難通。望之有若高崆峒,母云此翁心尚可。離奇骨相青蓮朵,請持半偈來點經。誠懸筆意渠眼明,清秘傳聞甲天下。此寶千萬論光賈,爲母建塔嵌塔腹。佛光明處抱經讀,石銘有清人,隨(隋)唐並不朽。造塔勝鮎像,拜佛即拜母。是母是佛一而二,此園此塔此天地。嗟予哭母心惻惻,母在未嘗小人食,深愧石銘盡子職。吁嗟乎!石銘教孝僅一端,儲古本書能校刊,《孝經》讀罷如坐百宋之一廛。石銘孝廉爲其太夫人建塔適園,賦此奉正。戊午夏,吴昌碩。”(《柳公權金剛經》,民國間刊本,上海碧梧山莊影印,求古齋書帖局發行)

按:題者尚有周慶雲、鄭孝胥、吴士鑑、陳夔龍、惲毓嘉、錢文惠、何維樸、程德全、朱祖謀等。

張大千酷嗜李瑞清畫,每每將李瑞清廢棄之畫檢出加以裝裱。

李瑞清自題《無量壽佛造像》:“季蝯酷嗜余畫,每敝簏棄紙,搜之即付裝池。

此畫祝張子武君。不如意者,亦堂堂成幅,可想見其好畫之癡癖。以無款識,爲臨造象一通並記此。己未六月,清道人。”(臺北張大千故居藏)

己未仲夏,弟子張大千將入蜀省親,以何紹基聯相贈,翌日來辭,恰逢小病未起,匆匆而别。

按:見以下數條。

張大千於重慶寄來所臨《鶴銘》及其兄善孖所繪畫册,與清道人均贊許有加,並於 1919 年 6 月 26 日己未五月廿九日復書,請其代購王湘綺手校之詩文選。

與張大千書:“收到英洋貳拾肆圓,當即書就先寄。畫册收到。尊臨《鶴銘》蓋髯法,非李法也,甚好,吾道有傳人矣。(道士亦喜令兄畫,謂其能兼西法,指山水言也。)李梅庵先生急欲得蜀刻《八代詩選》三册,髯欲得一册。又《八代文粹》,髯欲得一册,請購,開價奉上或蜀中有乞書畫,以書易書亦可。令兄均此,未另。季蝯仁弟,熙啓。五月廿九。”

鈐印:衡陽(朱文)。

1919 年 6 月 28 日己未六月初一日,爲張善孖山水人物畫册題跋。譽其畫兼南北宗而水泫山光又有鎔合中西畫法爲一爐。

題籤:“折衷畫景。張善存(孖)著,曾熙題。”

跋張善孖山水人物册:“季蝯弟相識滬上,出所爲髯書與阿某書,皆有風骨,一見驚嘆,蓋其書才,求之近世,良不易得。一日又以其伯氏善存(孖)先生所畫山水人物册子來見。善存(孖)先生既兼南北,而其水泫山光又將合中西法冶爲一爐。蜀固多才,如善存(孖)、季蝯昆季,蓋將於書畫有千秋之想焉。世界亂如此,吾生何樂,惟有良朋,得永朝夕,寤言思之,我心如寫。己未六月一日,曾熙爲善存(孖)先生注此。”

黄祖康跋:“己未爲民國八年,善孖尚未著名藝術壇,季蝯爲兄請跋,當係筆陳,而非口述。以孖爲字,世不多見,農髯誤爲善存,季蝯未請重書,僅剔存之偏旁,而成‘子’字,善孖時亦書‘善子’也。仲顯得此册而疑其括剔之故,乃臆度如此。庚寅二月,黄祖康識。”

又:“季蝯即大千畫名,時亦未著,追隨臨川、衡陽之門,執弟子禮焉。”(西泠印社 2010 年秋季拍賣圖録)

按:此件與上文己未三月爲“滌塵”默仿漢刻摩崖郙閣頌筆法作隸書册合爲

一册，由向燊題籤云："曾農髯先生墨寶，君綬珍藏，向燊署首。"可見不久此件歸張大千弟君綬之篋。

同日，復弟子張大千書，盛贊其書才，有云"得弟，吾門當大"之語。

與張大千書："季蝯賢弟足下：前承贈何（按：指何紹基）聯，翌晨以小病未起，匆匆即别，殊爲歉然。嗣得兩書，知蜀道艱難，尚未入峽。寄來令伯子善翁（按：即張善孖）山水人物花卉，法兼中西，不特髯心賞，即道人素以畫自許，亦稱頌不已，允爲題識再寄。髯草草數語，聊表己意，未識有當否？賢弟書才近所少見，髯書無可學，然得弟，吾門當大，亦自喜也。道士託購蜀刻《八代詩選》三册，髯欲得二册，又《八代文粹》一册，未審行篋能携帶否？或託商務運送局辦理亦善。何時來滬？尚望時以書寄我，以釋懸懸。暴雨連日，征人更苦，幸爲攝衛自愛。（託書聯及中堂二，寄上。髯好飲普洱茶，茯苓請選上品畧帶之。又川椒、厚樸。熙頓首，六月一日。伯子善存（孖）先生承贈畫，謝謝，未另啓，乞恕。"

紙本。18.4×132.4cm

鈐印：衡陽（朱文）。農髯（朱文）。

張大千自重慶寄來紫油、厚樸與書潤，並告以聞父病將即馳歸，8月15日己未七月廿日，復書問候。

與張大千書："季蝯賢弟足下：重慶得手書，承寄紫油、厚樸，謝謝。又筆貲十二番收到。聯書成，當即寄上。來書以尊公病即馳歸，甚爲懸念。游子遠歸，當荷天鑒，勿藥有憙尚幸。即以書告令兄爲善孖，誤'孖'爲'存'，請以原稿寄我，當再書之。弟既好古勤學，宜請命早來滬，同資研究。道士亦寄語問候。蜀道安否？即告。即頌侍福無量。農髯頓首。七月廿日。又，小印一方，古厚可愛，並謝。"（私人藏）

己未六月，題李瑞清"聲名滿世，著作等身"四字聯。

題李瑞清"聲名滿世，著作等身"四字聯："阿某書經石峪，以篆法爲之，亦自闢蹊徑，轉勝原石。此聯尤勝平日所作，因記此。己未六月，農髯熙識。"（私人藏）

紙本。145×41cm

鈐印：閑居翫古不交當世（朱文）。曾熙之印（白文）。農髯（朱文）。

己未夏六月，書《秋夫先生六旬晉一序》。

自書《秋夫先生六旬晉一序》："余歷世業商，棲湘南之市凡百年。光緒初元，髮氛久靖，捻回告蒇，衡府躋上列，擁良田瓌産者相望，甲第擬王侯，高軒紛錯，弦誦之士，間列西席，引爲榮幸。或旅進，候顔色，投刺不獲，則伺其慶弔之盛，濫竽諸賓，以得一當吉素之服，昕夕互易，皇皇而不止，雖休慼克同，筋力疲焉。吾友秋夫先生時方二十許，爲農家子。文辭灝瀚，工柳書，黌序有聲。冬無裘，敝緼行市自若。炊斷不乞貸，上列之家闃無足迹，竟詆爲不知變。余與周君敬旉亟稱先生鐵石人，可共患難。其學非剽竊名高，可師也。敬旉肄業船山，繹江、鄧之傳，先生稍後。其時膺講席者稱當代碩宿，先生於兩漢家法，王段秦惠經説，駢散源流，能洞其奥竅，余意必有合也，乃中道負笈去詢之，竟不言。張文襄督兩湖，盛倡新學，懼違慈禧得罪。未一年復請存古，科舉迭廢興。先生曰：漢筞唐賦明帖括，近之經學，皆利禄途，皆不足存古。而令其子仲亮學警察於東洋及國學師範，再學政法。三子季度復於省會學師範。其姪學工。曾子緝既長師範，三請先生襄校務，敬旉亦然。嘗曰：吾馭數千軍不如校長轄，先生不吾佐，吾不敢任此。光宣之際，東西洋游氏綦衆，政法之學十人而(按：闕文)六。其書重人權，先經後緯，一掃專横錮蔽之習，環球五十國民主約半，又足擴其聞見。辛亥武昌事起(按：闕文)研小弟黄翼曾敬譔，小弟曾熙頓首拜書，歲次己未夏六月穀旦。”

按：黄秋夫，見本譜庚申年黄野夫爲作《曾農髯先生六十序(集〈漢書〉)》條。

己未六月，自書“相親維白日，所誦皆金經”五言聯。

自書五言聯：“相親維白日，所誦皆金經。此阿某隸法也，無一筆分書混其法度，此其所以過人也，得此可以辨漢人隸分。己未六月，農髯曾熙。”(朵雲軒2003年秋季拍賣圖録)

紙本。131×34cm

鈐印：閑居翫古不當世(朱文)。曾熙之印(白文)。農髯(朱文)。

己未夏六月，爲震亞圖書局出版《明李文正公墨蹟》題額並識。

自題：“明李文正公墨蹟。己未夏六月。曾熙。”

鈐印：曾熙之印(白文)。

自識：“此李文正題《明皇按樂圖》，從周夢公假得，屬震亞景之。公書直追平原，不雜宋四家一筆，墨卿先生竊取一二，已赫然成家。海内欲爲顔書，得此真蹟，知南園外尚有真正法門留在人間也。己未夏六月，曾熙既題額復識此。”

鈐印：永建齋(白文)。衡陽(朱文)。

按：李文正即李東陽。此帖由清道人題籤。

己未夏,爲震亞書局出版之《清道人臨禮器碑》題籤。

題籤:"道人禮器臨本。己未夏,農髯題檢。"(《清道人臨禮器碑》,上海震亞圖書局印行)

鈐印:髯公(朱文)。

己未夏,爲縵琴節臨《張黑女》。

自書:"(節臨《張黑女》略)縵琴仁兄法家正之。己未夏,農髯曾熙。"(朵雲軒2008年第36屆拍賣圖録)

紙本。72×39cm

鈐印:衡陽(朱文)。

按:是幅爲四屏之一,另三屏爲清道人(魏體)、符鐵年(臨瘞鶴銘)、華綰言(隸書)。

1919年7月,王闓運"丁巳秋九月湘綺樓藏版"之《湘綺樓詞鈔》由震亞圖書局印行,爲題籤。

按:見《湘綺樓詞鈔》民國石印本。

己未處暑後,題《魏南厓先生墨蹟》,越日補記。

題《魏南厓先生墨蹟》:"此魏南厓先生雜鈔手蹟也。熙方受書,静初叔父嘗詔熙曰:魏氏詩書,世業科甲相繼,今則富貴,焜耀衡湘矣。物盛則持之不易,德久則繼之尤難,且魏氏起家,其本在孝友,故能歷久而其祚益長。熙年稍長,交游多魏氏子弟,又彌邇昏媾,未嘗不太息世家負荷之難。今吾紹殷齊年,以秀才爲吏,不憚艱辛,獨爲其難。又嘗以作人之本,訓誡其家人子弟,可謂知所本矣。熙聞善繼者,在繼先人之志,其本既厚,未有枝葉不茂者。今世易教,雜將禽獸其居矣,尤願荔洲諸侄,以乃父之志爲志,庶幾益宏先德於不墜。己未處暑後,曾熙識。"

鈐印:阿九(朱文)。

補記:"先生書法清勁,所謂生長太平之世,涵濡德澤,宜有此雍和氣象耶!其養既厚,協之以矩,應之以規,蓋可以觀風教矣。大卷白榴,予友戴軒翹以爲可補正心誠意之功,斯言雖過,然科舉停而盗賊起,不亦信乎! 越日熙記此。"(上海圖書館藏)

鈐印:髯公(朱文)。

己未秋七月，借唐吉生（唐熊）藏石溪《牛首祖堂圖》浹旬後，題跋歸之。

題石溪《牛首祖堂圖》："秋岑散新煙，曾磴路如織。村落數十家，傍水自漁弋。崇巘千仞立，龍蛇相驚偪。自云結幽寮，求之終不得。但解無中有，即知空是色。鈎取天地心，萬象生頃刻。翻笑謝公愚，攀蘿勞登陟。偃息展此圖，幽賞心嘿嘿。己未秋七月，吉生兄出石禿此幅，蓋師梅道人，而別有澹逸幽遠之趣，假賞浹旬，賦此還之。農髯曾熙。"（《泰山殘石樓藏畫集錦》，民國珂羅版）

鈐印：阿九（朱文）。熙（白文）。老髯（朱文）。

按：此圖以後尚有日人内藤虎題："清初之畫，婁東一派，尸祝癡翁，虞山諸人，出入六如，爾後二百餘年，雖有能者，不出其範圍矣。但有二石，另建一幟。石濤之浩蕩鬆俊，石溪之蒼莽荒寒，往往突過元季王、吴二家，自然逸格，前無古人，後無來者。然二人之畫所以可貴，正在其創闢特絶，不容人攀援處。觀此石溪畫者，須領其妙也。壬戌六月，内藤虎。"此題另見嘉德四季拍賣圖録。

己未秋七月，書"鶴去有亭留此，江流以石扃之"六言聯。

自書六言聯："鶴去有亭留此，江流以石扃之。《鶴銘》如畫家畫松，各有奇骨耳。己未秋七月，曾熙。"

紙本。177×46cm

鈐印：曾熙之印（白文）。農髯（朱文）。

己未七夕，以《鶴銘》法作書。

自書："（志文略）。純以《鶴銘》法書此志耳。己未七夕，農髯曾熙。"

紙本。208×88cm

鈐印：曾熙之印（白文）。農髯（朱文）。

1919年9月1日己未閏七月八日，致楊潛盦書，請其代乞齊白石刻印一方。

與楊潛盦書："得來書，以秋燥目髮乾，遲未報命耳。來文皆同意，不好寫，亦不能純爲黄庭體，容當作另紙寄（公鬻書，髯與道人自應簽名。同行又多得一人，亦大快事。惟樊山何人？能作文乎？或另一樊山？所不知也）。齊君擬寄聯，尚未得句。近刻多變前法，爲我乞□一方，或名、或老髯均好。潛弟。熙頓首。閏七月八日。齊君同詢問近狀。"（原件）

按：齊君即齊白石。此信未署年，以1919年有閏七月，繫於茲。

1919年9月4日己未閏七月十一日,覆辛柏森書,請其將鎸成之祠扁榜書寄一紙與李瑞清。

與柏森書:"柏森賢弟閣下:得寄書,知祠扁鎸刻,能寄一紙與道士,以其常稱此榜書也。閣下相契既深,來書不宜過爲褒揚。君文極深厚而雅潔可愛。嗣來書隨意爲之。昨寄上五件,幸隨惠一二語。此頌秋祺,熙頓首。閏月十一日。"

按:柏森,不詳。原信無紀年,以閏月僅1917年與1919年有之,姑繫於是年。

己未秋中月,爲名醫丁甘仁書"神功參造化,嘉惠遍齊民"五言聯。

自書五言聯:"神功參造化,嘉惠遍齊民。甘仁大醫士雅鑒。己未秋中月,曾熙。"

紙本。150×40.5cm

鈐印:曾熙之印(白文)。農髯(朱文)。閑居蜇古不交當世(朱文)。

按:丁甘仁(1866—1927),江蘇武進(今常州)人,名澤周,著名中醫。早歲從名醫馬文植游,得其真傳。初在蘇州懸壺,後設診所於上海白克路(今鳳陽路)。熱心社會公益。曾創辦上海中醫專門學校、女子中醫學校、廣益中醫院,造就人材甚夥。著有《喉痧證治概要》、《丁甘仁醫案》等。

己未八月,爲李瑞清書《耒陽伍母雷太夫人之墓誌銘》題籤。

題《耒陽伍母雷太夫人之墓誌銘》:"耒陽伍太宜人墓誌名。己未八月,曾熙題。"(《耒陽伍母雷太夫人之墓誌名》,衡陽江顥撰文,臨川李瑞清書。民國石印本)

鈐印:曾熙之印(白文)。農髯(朱文)。

己未八月,自書論文。

自書:"文以氣骨爲主,然審理不精,苞義不宏,雖相如入室而楊(揚)雄升堂亦安取!己未八月,農髯熙。"(私人藏)

紙本。106×50cm

鈐印:曾熙之印(白文)。閑居蜇古不交當世(朱文)。

己未九月,李瑞奇(筠庵)四十九歲生日,以詩賀之。

《己未九月李筠仲四十九歲詩一首》:"論交將卅載,式好同昆季。每笑仲子癡,常矜阿筠慧。瑩然玉蘊淵,斐然鳳比翼。以性相泳游,文史展嬉戲。仲子規唐虞,筠實管樂器。維時予性狂,抵掌天下事。任載高儒行,歐周負俠義。意氣挾風雷，馳驅越燕冀。迫以甲午役，上書警有位。筠有書畫癖，終日搜殘笥。一卷偶得之，神賞契寤寐。風雅宜石渠，泥塗困良驥。吁嗟命運篇，行邁徒勞勩。良友各差池，坐視日月異。仲子守危城，不得信夙志。黄冠僑海濱，相見但有淚。孤劍不得鳴，怵心恣一醉。世亂喜會合，携手歷五載。發篋滋新賞，餘市攫異味。自傷余兄逝，樂此勝同氣。予更愛阿筠，獨厚天所賜。阿兄既稱難，諸子皆拔萃。愉愉晨夕間，融融几席侍。解衣輕拂暑，炎夏忘其穨。夫人寔清才，詩畫差解意。下筆神骨逸，仲子驚弗逮。有時展清謔，廓然類高士。五十潤朱顏，儀容温且粹。偕老君子福，宜年方未艾。執爵歡今夕，金英燦滿地。”(《大風堂存稿》)

己未九月，題清道人撰書之《清故吏部主事謝君墓碑》。

題《清故吏部主事謝君墓碑》：“予觀謝君所爲詩文，其於武侯(按：即諸葛亮)出處，嘗掩卷嗟咄，想見其爲人。三十辭郎官，退耕許灣，蓋可以知君志矣。行義繇己。孔子曰：‘是亦爲政，奚其爲爲政？’君子觀於鄉，則謝君其人也。國變種松結廬，歌哭其間，遂以歿世。烏虖！其不降其志，不辱其身者矣。君卒之歲，公子佩紳匍匐海上，乞道人表其墓。佩紳讀父書，進退有禮，巍幘古服，貌癯癯，蓋大類儒者。己未九月，衡陽曾熙。”

《清故吏部主事謝君墓碑》：“君諱甘盤，字幼盟，姓謝氏，江西南城人，漢陳留太守夷吾之後也。祖曰家松，覃精醫術，洞曉數理。嘗愍家乘散佚，遠歷丘隴，摩挲碑碣，獨步裹糧，彌月積歲。父諱星熺，幼孤習醫，師事伯兄。既以賣藥，授廛許灣，因遂家焉。然天性好善，貧能捄人。當越寇犯州，故舊子弟陷在俘囚，乞貸鄰里，生贖五人，市人稱德，嗟嘆至今。母袁氏，贈恭人，温惠有度，禮儀式偕。子二，君其中(仲)子也。載生岐嶷，秉哲自夙，垂髫受經，神悟超然，歲試，一人騰聲黌序，中光緒壬午科舉人、壬辰進士，授吏部主事。君樂文藝，博覽百家，既悟真知，顓事陽明。時閩浙總督、茶陵譚公器君學識，脩禮厚聘，君不樂也。郎官敝裘綬旆，文社載酒賦詩，豪俊接轂，宛洛遺風，猶見太平。未幾，恭人艾氏卒，年未强仕，遂反初服。每論出處，高慕武侯，冲懷雅量，過人遠矣。然父先戴義，閭里歸仁，道無暴骨，衖無遺嬰，學稚安弦，民不病涉。或捐金以踵先志，或激義以帥州人，貲逾巨萬，功不崇朝，觀德於鄉，是亦爲政。遭皇綱圮裂，群盜掠境，君率鎮人，親犯矢石。寇平山居，結茆澗阿，變易姓名，稱曰亦叟，種松植竹，歌哭其間。地非商山，人實綺里，衣冠葛洪，門無丹竈，十裹風清，傷心麥秀，天喪遺直，享年六十，以戊午八月二十有一日終於里舍。繼室蔡恭人先君一歲卒，爰以己未歲□月□□(均原空)葬君於周岡之山，恭人之艾氏之墓在焉。謝氏自明來籍黄堂，歷年三百，至君昆季，並顯科第，子姓繼武，齊年鄉舉，旋入翰林，烜然望族。君性介約，食無重味。嘗曰醫者先業，不可無傳，上究《靈素》，祖述家學，著有《醫學提綱》。凡爲詩文，皆君手編，不朽之業，發篋得人。公子佩紳，善讀父書，不求榮禄，年甫三十，逍遥山澤，追慕遺德，哀號請銘。感仰風烈，昭示此石。其辭曰：惟君貞白，天不吾與。滔滔之子，疇奮其旅。謂君清直，未識君處。仁至勇成，胡不玉汝。亦園之下，行歌許許。伉手夷齊，人倫之巨。君既没，明年歲在己未，臨川李瑞清造此銘並書諸石，表碩德於當世，馳令問於無窮。君杜門述作，所著《晞鑄堂文集》、《青芙山館詩》、《亦園課女詩》、《課兒草》、《舊學山房》諸賦咏，莫不彪炳精微，皆行於世也。又撰《憶夢瑣言》、《陽明語録類鈔》及《文筆》等甚多，尚藏篋衍。長子佩章，縣學附生，好學短命。次弟佩紳，嗣孫壽蕃等登山菜（采）石樹碑勒銘，故記之。”（《謝公墓誌銘》，胡光煒題籤，民國間印本）

時近重陽，沈子培（寐叟）購得羊腸湖大閘蟹數筐宴請同人，清道人素嗜此，食有六十隻之多未爲過癮。

《清道人之蟹量△能盡百隻》：“時近重陽，河蟹漸肥，把酒持螯，正得其時，名書家清道人酒量固宏，蟹量尤巨，能盡百隻，因自名李百蟹。昨日有前清遺老沈某（子培）購獲羊腸湖産數筐，在威海衛路寓所宴請朋友，道人獨食花甲之數，座爲之驚異，而道人尚稱不得飽啖，一時傳爲奇談。”（1919年10月25日《時報》）

己未秋九月，從江浦賞菊歸，書“其人藏眇（妙）術，此華有靈胎”五言聯。

自書五言聯：“其人藏眇（妙）術，此華有靈胎。己未秋九月，從江浦看菊歸書此。農髯曾熙。”

秋九月，臨蔡中郎書贈季悦五弟。

自跋：“篆隸貴委迤養氣，分書在飛躍取神。中郎此書，窮八分之眇（妙）。予此臨縱意爲之，頗能盡中郎之眇（妙）。季悦五弟，己未秋九，熙。”（《當代名人真蹟第一集第一册》，庚申年九月藝海學社出版）

鈐印：曾熙之印（白文）。

己未九月，爲鄧芬（誦先）書“守經以衛道，蓄德不隨時”五言聯。

自書五言聯：“守經以衛道，蓄德不隨時。誦先仁兄法家雅正，己未九月，曾熙。”（上海朵雲軒2008年秋季拍賣圖録）

紙本。152×40cm

鈐印：閑居翫古不交當世（朱文）。游天戲海之廔（白文）。曾熙之印（白文）。

農髯(朱文)。

己未秋,李瑞清、張大千等宴於心太平庵中。酒罷,張大千以所得宗婦壺銘文請李瑞清示以筆法。李瑞清欣然書“歸剌寶保”四大篆字示之,曰須得其衡勢。

張大千題:“己未之秋,侍夫子宴於衡陽曾夫子齋中,酒罷以所得宗婦壺請筆法。夫子欣然書此四字,曰:須得其衡勢耳。何意不及一年竟羽化邪!嗚呼!心喪曷已!道範常存,焚香三復,悲從中來。庚(申)十月季蝯。”

題李瑞清課徒稿:“此阿某去歲醉後,檢兒童塾課紙詔季蝯學篆書也。季蝯所得止此四字,宜如何寶愛之!庚申十一月二十四日大雪,農髯注。”

又:“阿楳於三代金文皆能造其極眇(妙),至其取散盤奧衍以入鄭羲碑,可謂後無來者。農髯爲季蝯題此。”

李瑞奇題:“先仲文潔嘗曰:求分於石,求篆於金。又曰:作篆須目無二李,神游三代,迺得佳。虚舟桎梏於仌、斯,完白釣弋於兩漢,餘者大洲,留與道人開闢,豈非快事乎!今季蝯兄珍此紙,裝成小幅,爲記師説於此。手澤猶新,音容已邈,傷哉!筠盦弟瑞奇。”

李健題:“宗婦壺畫界而書,已開碑法,且取衡勢,既具隸性使轉多姿,亦合分情。昔者先仲父文潔公詔健語此,小子猶記公含豪運腕訓筆時也。今季蝯同門出此文見示,手澤猶新,而過庭之訓,永不可得矣,把筆泫然。仲乾居士健謹識。”

胡光煒題:“零落東周散國辭,還從殘紙想英姿。揚塵化碧皆秋夢,淚斷斜街落月時。辛酉孟夏,爲季蝯學長兄題。光煒。”(傅申《曾熙、李瑞清與門生張大千》,載《張大千的老師——曾熙、李瑞清書畫特展》)

己未秋,與清道人、張大千至狄平子寓所平等閣,觀其藏宋、元、明、清書畫百數十幅。

張大千自題《擬南唐顧閎中之鬥鷄圖》:“己未之秋,侍先師農髯、梅庵兩先生觀狄平子丈所藏書畫於平等閣,宋、元、明、清都百數十幅,皆一時妙絶之尤物,王叔明《青卞隱居》尤爲驚心動目,最後南唐顧閎中《鬥鷄圖》。主人頗自矜詡,嘆賞咨嗟,譽爲人間瑰寶。予方年少,未諳鑒賞,但覺其氣宇凡近,運筆平滯,證以《宣和畫譜》所載,殊爲不類,當非真蹟。因暗掣梅師襟角以叩。師曰:‘代遠年湮,末由證之,道君皇帝御題其上,宜無疑耳。’蓋師礙於主人,心固未許。前年西出嘉峪,展佛漠(莫)高,歷時三載,得觀三唐五代壁畫,多至二百餘窟,倘以幅計,何止千百。追憶狄公此圖,决其爲僞。每與門生子姪言之,二三子數請圖寫,冀還舊觀。朅來成都,寇患方亟,空襲頻仍,坐不暖席。頃者寇虜摧伏,棲止略安,八年鬱鬱,一朝開顔,乃損益其稿,命筆爲此,未識與顧原蹟作有少分相吻合處否?因縷記之,以寓一時興會,惜不能起兩師而請益,至深悵悵耳。乙酉八月,蜀郡張爰大千父大風堂下。”(《張大千先生詩文集》,《張大千的老師——曾熙、李瑞清書畫特展》)

按:狄平子(1872—1941),名葆賢,字楚青,號平子,築廬海上,小有亭林之勝,曰平等閣。1904年在上海創辦《時報》與有正書局,倡辦書畫研究會(與後來題襟館書畫會前身之中國書畫研究會非同一組織),刊行《上海名畫(集)》前後達二十年,蜚聲滬上書畫界和收藏家。幼承家學,繼承其父收藏古代書畫極夥。與李瑞清交誼甚厚,李官金陵時,輒以書畫過從。如1909年1月1日《時報》“平等閣筆記”有記載:“去秋李梅庵觀察來滬時過余齋,觀余所藏書畫。”1910年佛學研究會成立,兩人都在發起人之列。

己未秋,爲劉湖涵節臨《夏承碑》。

自書:“(節臨《夏承碑》略)臨《夏承碑》。己未秋,湖涵仁兄法家雅正。曾熙。”(《曾熙書法集》)

紙本。94×177cm

鈐印:曾熙之印(白文)。

己未十月,爲譚澤闓題《石庵晚年行書自作詩卷子》。

題《石庵晚年行書自作詩卷子》:“石庵晚年行書自作詩卷子。八十三歲筆,神品。詒晉齋跋尾。瓶齋五弟屬題。己未十月,熙。”(《譚伯羽、譚季甫先生昆仲捐贈文物目録》,臺北故宫博物院2000年8月版)

鈐印:髯公。

1919年11月,《時報》介紹震亞圖書局出版之所臨《夏承》《華山》兩碑。

《美術界之傑作》:“曾君農髯夙精蔡中郎書,所臨《夏承》《華山》兩碑,較中郎真蹟過無不及,清道人謂魏晉以來,能傳中郎之絶學者,惟農髯一人。胡小石稱爲當世之生中郎。二人跋語均非虚譽。現由震亞圖書局影印行世,並有清道人臨《毛公鼎》等亦同時出版,此三種固爲美術界之傑作,亦實爲二君不可多得之筆也。”(1918年11月19日《時報》)

1919年12月23日冬至,撰並書《衡陽丁烈婦傳》。

《衡陽丁烈婦傳》:"丁烈婦者,衡陽曾氏。父廣心,咸同中,從李忠武轉戰江淮間,官至同知,留江蘇候補。兄朝祐,廩貢生,四川邛州知州,以平叙州功,稍遷至知府除道員。廣心有女六人,烈婦其中也。烈婦爲人,廣額明眸,婉婉孝謹。然進退必以禮,持論侃侃,不可少詘。年八歲,與其母詣乳母家,媪本農家婦,日中與其兒公會食。烈婦不顧,拂衣逕歸,母怪詢之。對曰:'兒聞男女不襍坐,不同椸枷,乳媪家兒不欲往矣。'其父大異之。字同縣丁定江,父中和,以湖北道員曾忠襄奏請督辦兩江營務處者也。中和與廣心,幼同里,相友善,及仕,又同官,聞烈婦賢,遂請聘焉。及請期,而定江體素弱,欬逆唾血,其父難之,欲少淹留,以俟其愈,而後許之,乃定江疾益沉滯。烈婦泣請曰:'丁郎寢疾,日久倍之不祥;況存亡大分也,且業已内采問名,義無離貳,不幸短命,將安歸兒乎?'乃嫁之。明年而定江卒。其父母聞之曰:'嗟乎!吾女其死矣。'遂馳往撫慰之,勅衛甚嚴。烈婦乃謂父母曰:'兒歸丁氏,一年於兹矣。入門以來,親調藥膳,目未嘗交睫,身未尚親枕席。今丁郎雖已殁,然無子,兒未可死也。必爲立後以報丁郎,則吾魂魄不愧矣。'又陽從容請於姑曰:'夫子不幸蚤殁,然姑之長男也,不可無後。叔又幼,兒當俟其有子而立之,乃瞑目焉。'家人以烈婦無死志,防稍解(懈)。一日,沐浴服齊衰,焚香登樓,姑問之曰:'將祭夫也。'遂自縊於樓上。留書曰:'兒不孝,不能復侍翁姑及吾父母,罪也。兒年十九,便活三十,又十一年始就木焉,自念茹痛無窮時,毋久爲堂上憂也。兒死,殮我以齊衰,祔我於夫子墓下,死且不憾矣。'時酷暑,越日乃斂,顔色如生時,遠近觀者莫不流涕。其舅中和上其事,大吏以聞於朝,縉紳先生類多爲詩歌以哀之。其母戴夫人嘗訓誨諸子女以桂林陳相國五種遺規,曰:'願女曹各持誦之,庶有補益,裨助汝身。'故諸女皆有志行可傳。其適王楊氏者曰六姑,蚤寡,有節行,博學高才,喜詩書,綜覽百家,欲脩《女史》以見其志云。其後十餘年,其叔有子曰吉規,遂出爲定江後,幼慧敏,今能讀父書矣。

"曾熙曰:二十年之閒居,不踰三十里,有烈婦三人焉:曰丁曾氏、魏湯氏、曾魏氏,非吾同姓之親即異姓之戚。豈正氣獨鍾於婦人女子乎?蓋鄉先正流風未泯也。魏湯氏,予妻妹也,其殉夫與丁曾氏同。從兄寅秋妻魏氏,當寅秋殁,即引刃自裁。其姑止之曰:'既哭子,又哭婦,老何以堪!'遂擲刃,誓與姑存。後十年,姑殁,將發喪先夕,自經死。何其從容不改其初志哉!因並著於篇。歲己未冬至日,衡陽曾熙撰並書。"

清道人贊:"臨川李瑞清讀丁烈婦傳,乃爲之贊曰:瑛瑛烈婦,髫年識禮。夫病請期,夫亡誓死。義非不生,無天已矣。岣嶁之山,來自白石。青冢千年,照耀今昔。"(《衡陽丁烈婦傳》,曾熙撰書,清道人撰贊,譚澤闓署檢。震亞圖書局1919年5月初版)

南山誠可移　先生志難奪持此堅定力操刀期必割好善決江河沛然莫敢遏儻躡中興　朝勛業小管萬濶世思一試
五十初解褐直道豈易合退居心沖漠膽拜舊宮牆禮樂有述作峋嶁實南鎮天風下鸞鶴勝地引名賢丹碧生巖
壑流泉遠清漪柏軒秀紅藥杜曹不足富萬軸矗高閣偶然獨嘿坐新篁初改穉令我憶山居幽想勞思索平
生淬肝膽患難常有託矧在苦塊中為母安宅兆誼重情難酬知深感在昔西林雲氣深安得王喬舄
庚申初夏愚姪曾熙拜題於歇浦諸家橋寓廬

題歐陽紫真繪衡陽程商霖先生獨坐幽篁圖　1920 年

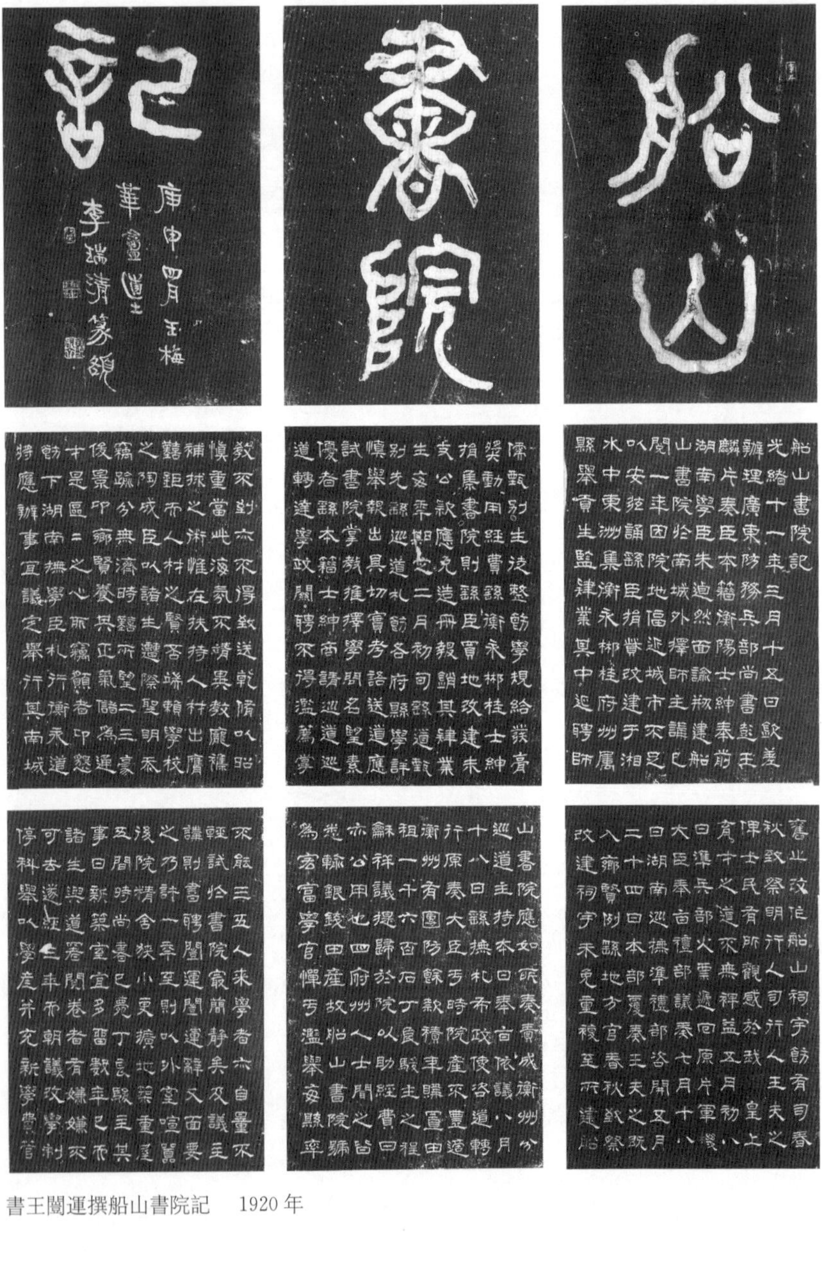

書王闓運撰船山書院記　1920 年

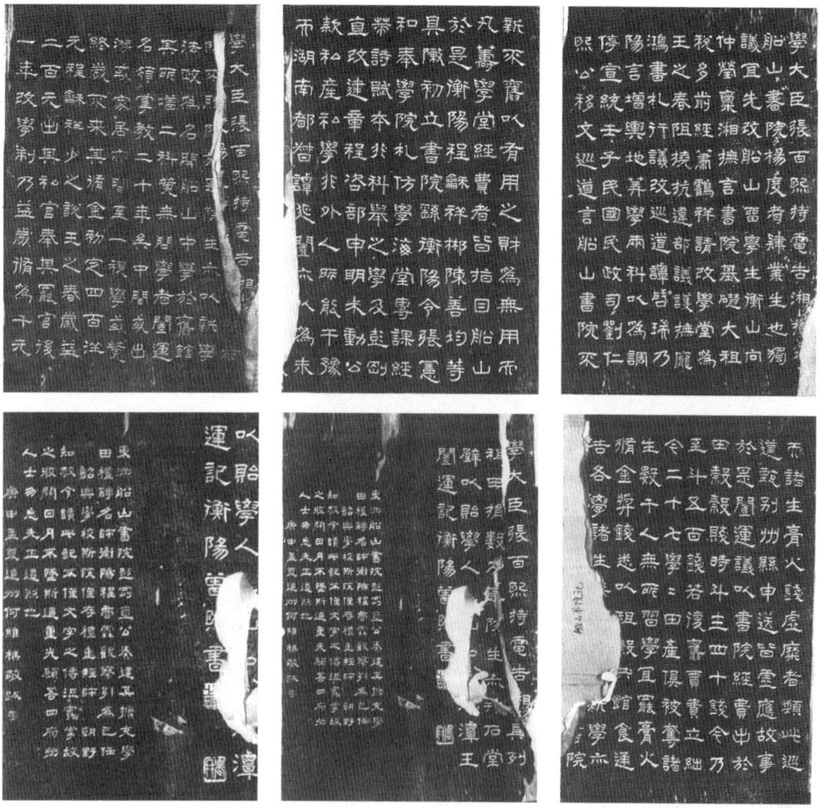

書王闓運撰船山書院記　1920 年

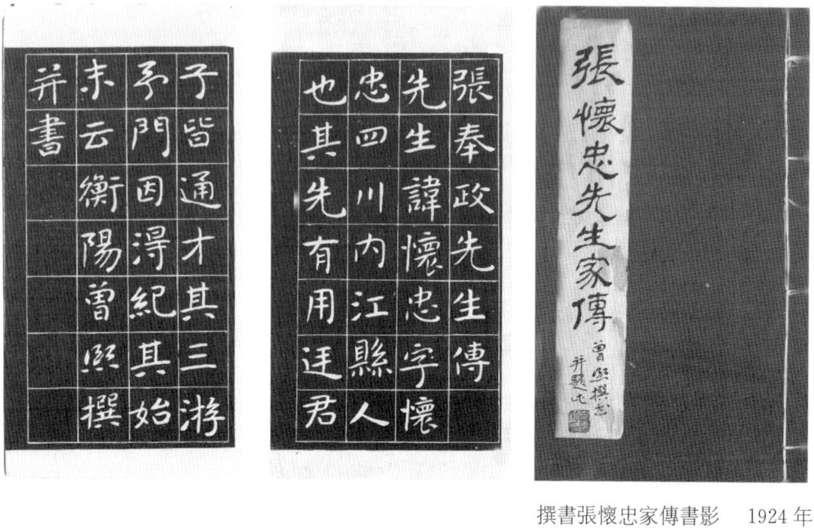

撰書張懷忠家傳書影　1924 年

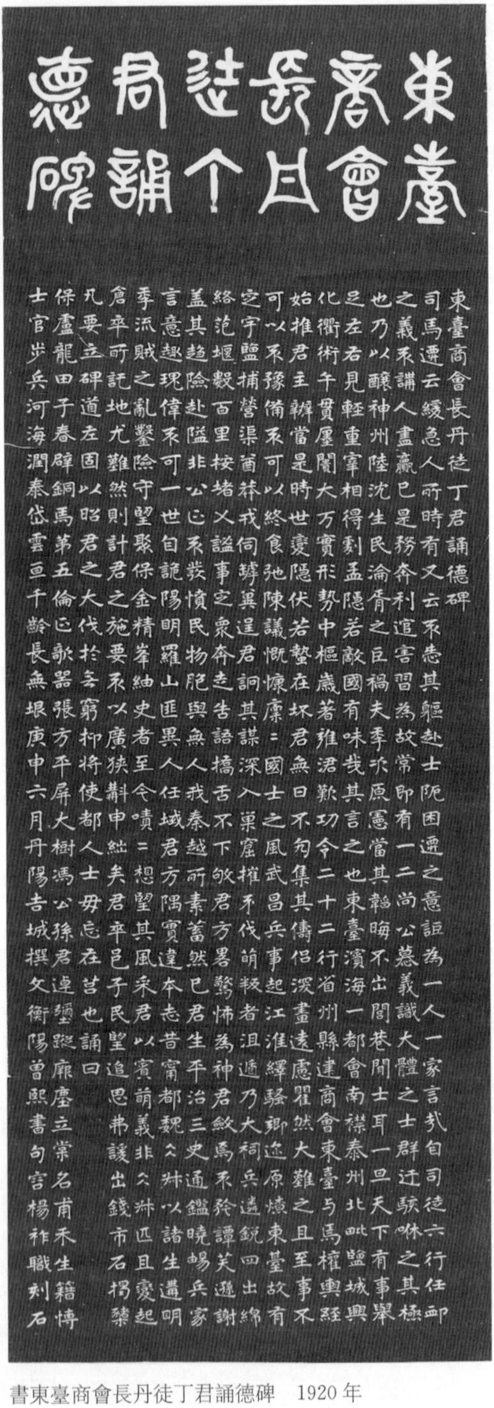

書東臺商會長丹徒丁君誦德碑　1920 年

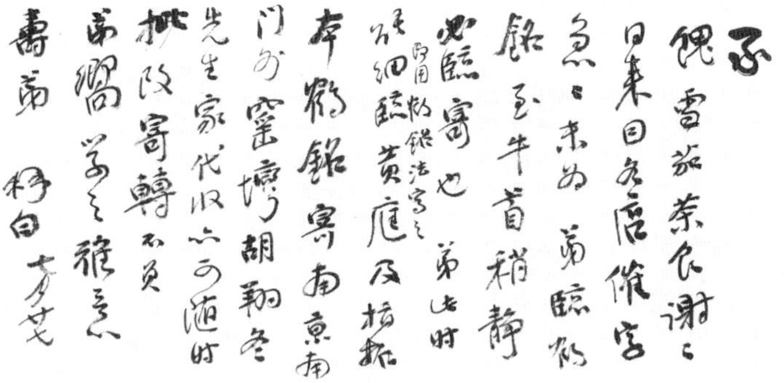

致倪壽川書　1921 年

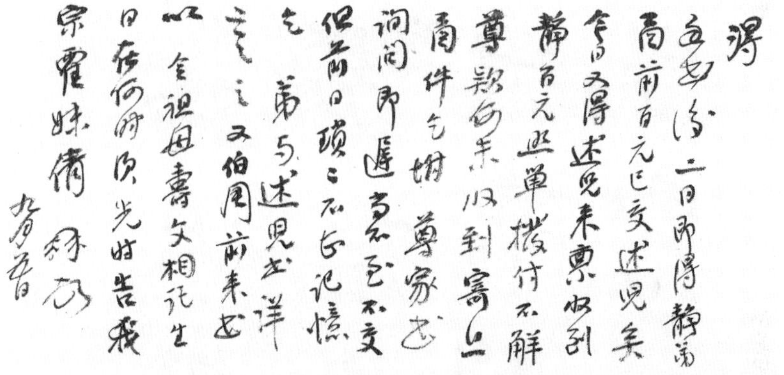

致馬宗霍書

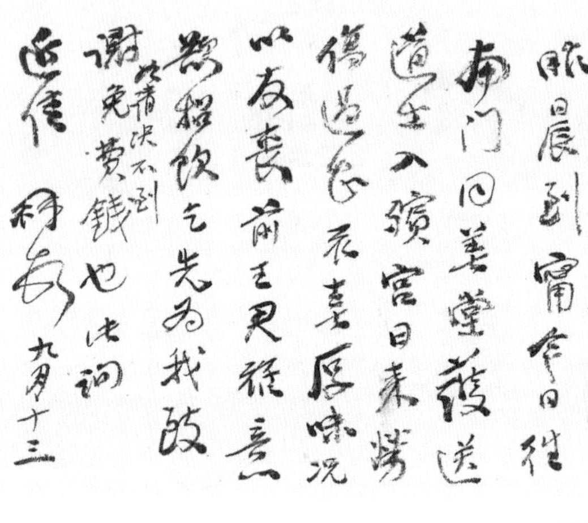

致馬宗霍書　1920 年

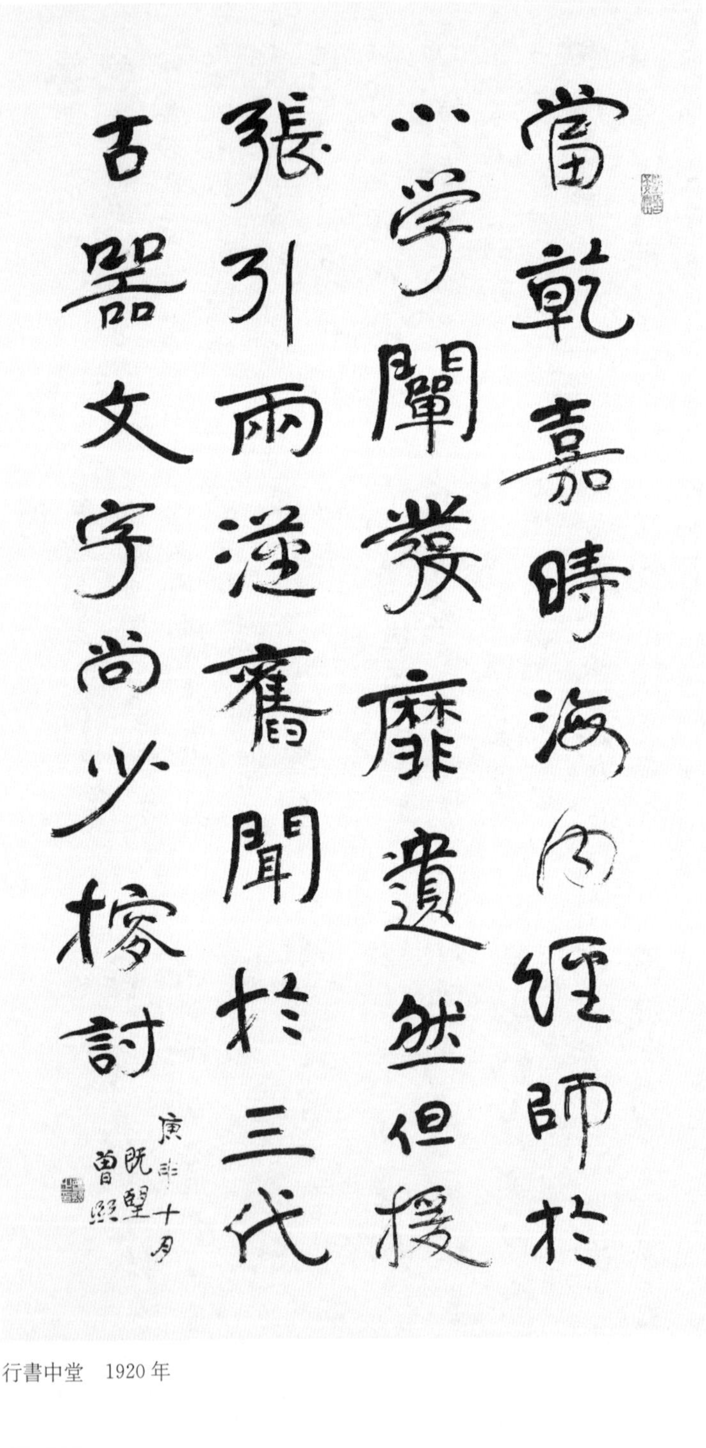

行書中堂 1920年

題金冬心畫册　1919 年

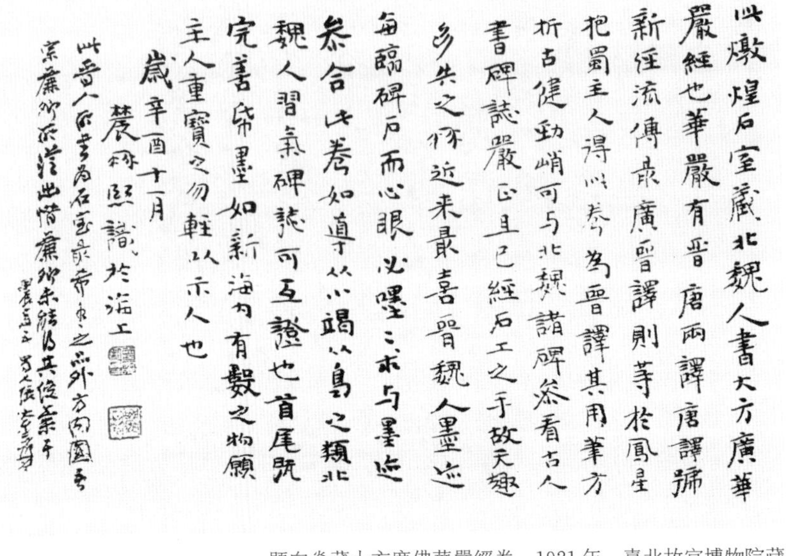

題向燊藏大方廣佛華嚴經卷　1921 年　臺北故宮博物院藏

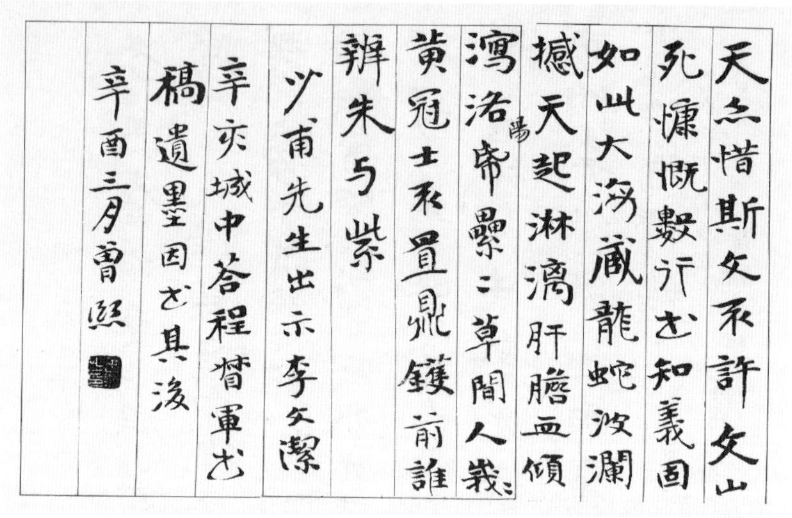
天之惜斯文不許文山
死慷慨數行書知義固
如此大海藏龍蛇波瀾
撼天起淋漓肝膽血傾
瀉洛陽帝纍纍草間人戰戰
黃冠士衣置鼎鑊前誰
辨朱與紫
少甫先生出示李文潔
辛亥城中答程督軍書
稿遺墨因書其後
辛酉三月曾熙

題哈少甫藏李瑞清辛亥城中答程督軍書　1921 年

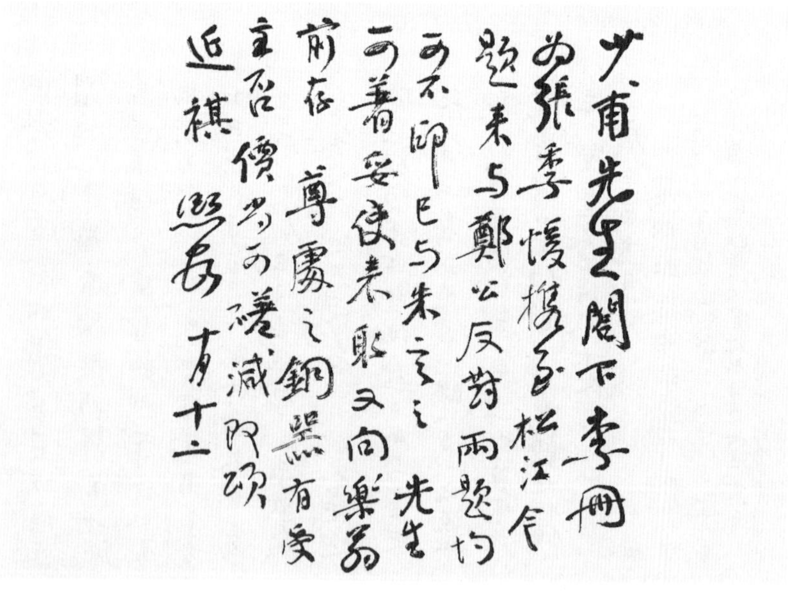
少甫先生閣下　李冊
爲張季[illegible]樓[illegible]松江令
題來與鄭公反對兩題均
不即已與朱之之　先生
之善要使來取文向樂爲
前在　尊處之銅器有受
主否價若干請減收頭
近祺　熙頓首　十二

致哈少甫書　1923 年

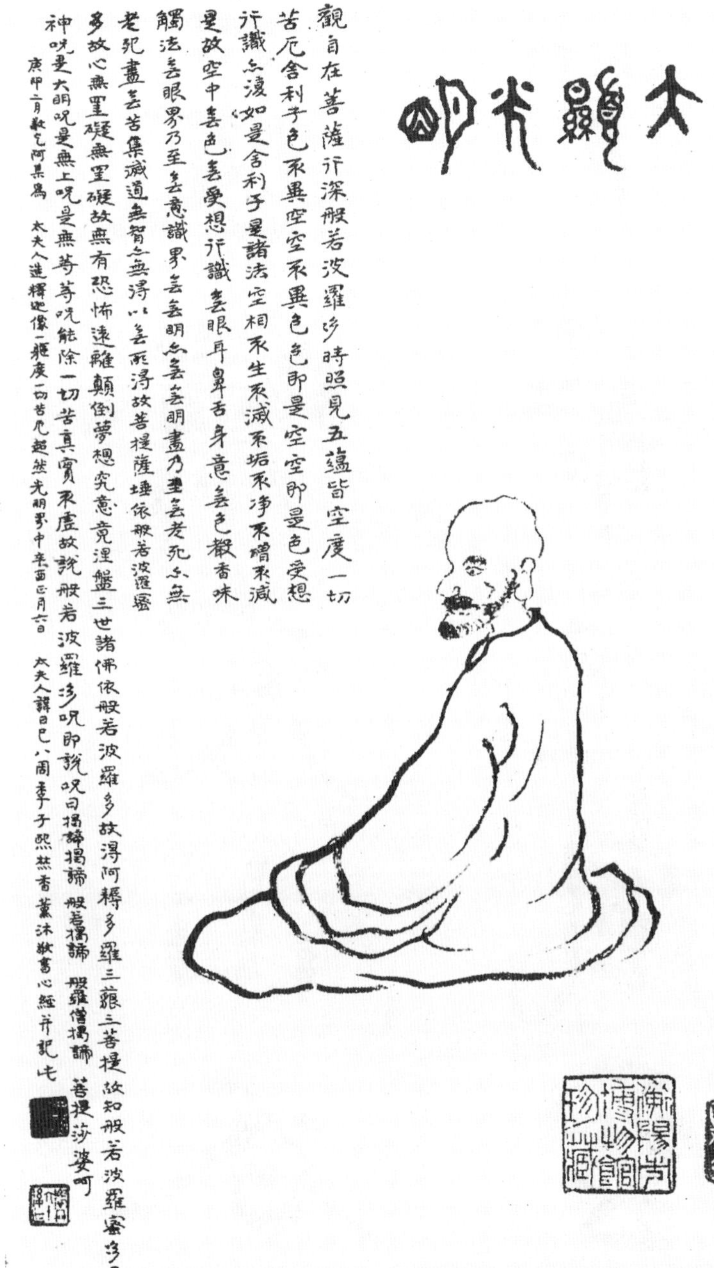

題李瑞清釋迦造像　1921年　衡陽市博物館藏

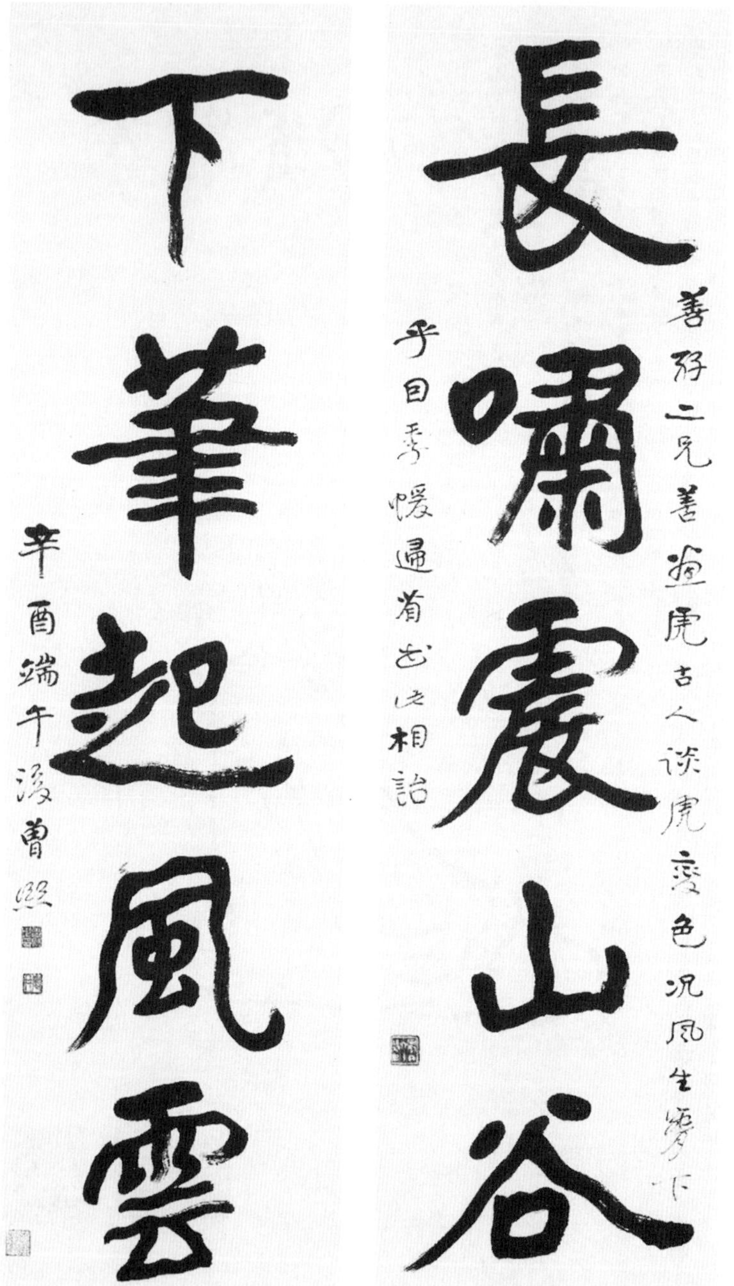

贈張大千五言聯　1921 年

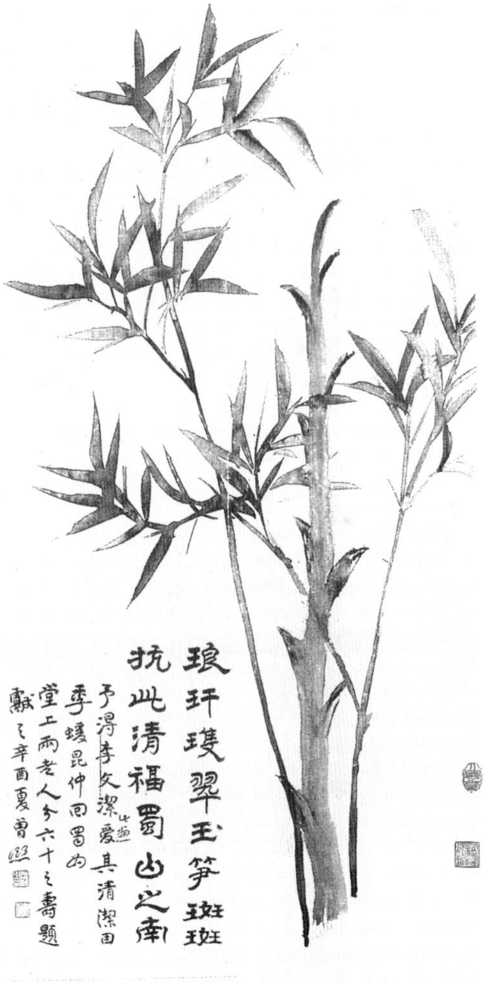

题李瑞清琅玕雙翠圖　1921 年

题梅兰芳行书轴局部

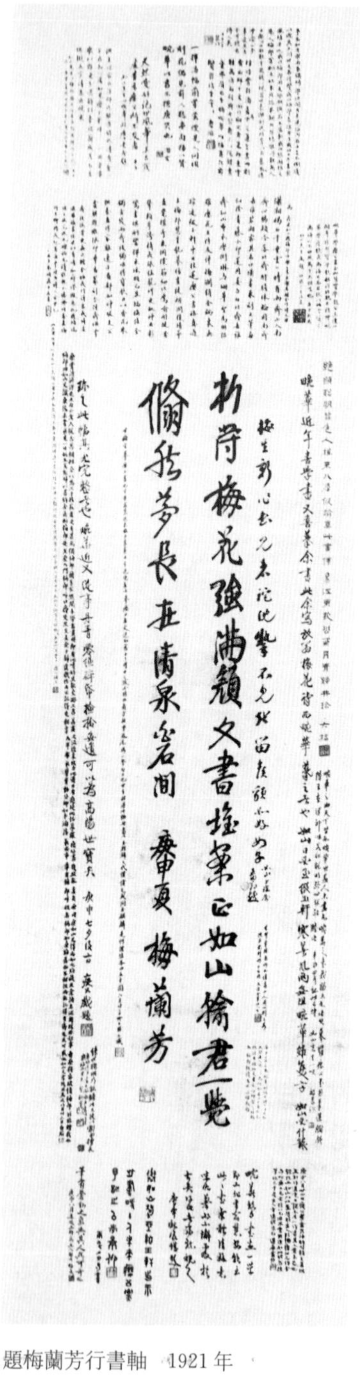

题梅兰芳行书轴　1921年

1920年 民國九年 庚申 六十歲

1920年1月11日與吴昌碩、李瑞清、哈少甫登報介紹周鎮岳。

按:見同日《申報》。

己未臘月,書"丹禽翔乎天表,朱華紀兹歲辰"六言聯。

自書六言聯:"丹禽翔乎天表,朱華紀兹歲辰。己未臘月,集《鶴銘》字,衡陽曾熙。"(《曾熙書法集》)

紙本。173×38

鈐印:曾熙之印(白文)。農髯(朱文)。

己未臘月,書"永平三年通道,定遠萬里建功"六言聯。

自書:"永平三 年通道,定遠萬里建功。集《張遷碑》字,以《曹全》法書之。惠卿仁兄法家雅正。己未臘月曾熙。"(私人藏)

紙本。

鈐印:曾熙之印(白文)。農髯(朱文)。閑居翫古不交當世(朱文)。

1920年2月12日己未祀竈日,書"攬齊魯一帶勝,訪漢魏六朝碑"六言聯。

自書六言聯:"攬齊魯一帶勝,訪漢魏六朝碑。己未祀竈日曾熙。"(私人藏)

紙本。141×41cm

鈐印:曾熙之印(白文)。農髯(朱文)。

1920年2月18日己未小除日,爲趙雲舫撰書"丹鳳翔乎天闕,椒花樂兹歲辰"六言隸書聯。

自書六言隸書聯:"丹鳳翔乎天闕,椒花樂兹歲辰。雲舫仁兄法家正,己未小除日,曾熙。"(匡時2006年春季拍賣圖録)

箋本。170×36cm

鈐印:閑居翫古不交當世(朱文)。虎賁中郎(白文)。曾熙之印(白文)。農髯(朱文)。

按:趙雲舫(1872—1950),號瀛廬,江蘇蘇州人。依據史料,1910年參與組織海上題襟館書畫會前身中國書畫研究會,任庶務。1915年後組織中華書畫會,設中華書畫社於交通路(今昭通路)130號,内設供書畫家揮毫之所,登報介紹書畫家,舉辦書畫展覽,直至抗戰前仍然有活動。1936年参與組設題襟書畫社。1938年至1945年任朵雲軒(静記)襄理。

同日,書"澗石清能漱,松藤老更虬"五言隸書聯。

自書五言聯:"澗石清能漱,松藤老更虬。己未小除日,曾熙。"

紙本。132×33cm

鈐印:曾熙之印(白文)。農髯(朱文)。

1920年3月2日庚申正月十二日大雪,節書《莊子》隸書卷,時子季鳴(憲珂)在側予之。

自題:"(節書《莊子》略)庚申正月十二日大雪,書此禦寒。時珂兒侍側,尚解分法,遂付之。"(香港佳士得1996年秋拍賣圖録)

紙本。26.7×635.5cm

鈐印:曾熙之印(白文)。

收藏印:大風堂。張爰私印。世濤珍藏。謫仙館。謫仙館藏聽燕樓書畫記。

按:此卷清道人題引首:"龍田老農無上眇品。此農髯九哥入眇之書也,君綬賢弟何幸得之。"

庚申正月,書章炳麟撰《阿育王寺重修舍利殿記》。

書《阿育王寺重修舍利殿記》:"(文略)釋迦文佛應世二千九百四十九年,歲次上章涒灘孟陬之月辰在青龍,餘杭章炳麟撰文,衡陽曾熙敬書並篆額。"

庚申正月,爲佑霖書"文章莊馬之骨,風雅屈宋爲師"六言聯。

自書六言聯:"文章莊馬之骨,風雅屈宋爲師。佑霖仁兄法家正之。庚申正月,曾熙。"

灑金箋。164×35cm

鈐印:曾熙之印(白文)。農髯(朱文)。

庚申二月,乞李瑞清爲母親造釋迦像,祈超度光明界中。

題李瑞清畫佛:"大顯光明。(《心經》略)庚申二月,敬乞阿某爲太夫人造釋迦像一軀,度一切苦厄,超然光明界中。辛酉正月六日,太夫人諱日已八周,子熙

焚香薰沐敬書《心經》並記此。"(衡陽市博物館藏)

鈐印:曾熙之印(白文)。農髯六十後作(朱文)。心太平庵鉢(白文)。

庚申二月,唐吉生携自作《雪景圖》造訪,留圖齋中賞玩旬日,題詩歸之。

題唐吉生《雪景圖》:"我聞窮髮北,四時皆冰雪。萬壑生瓊瑶,玉榦紛皎潔。爰有至人居,餐雪神充悦。嚴沍招舟子,玄河歲不竭。天遺乾净土,長謝炎炎客。吉生老弟從其太夫人(按:即吴杏芬)得筆法。於山水花草蟲魚無不擅場。此幅體大藻密,而氣骨疏越,留玩旬日,題此歸之。庚申二月,曾熙。"(《唐吉生畫稿》,無版權頁,橋本關雪題籤)

1920年4月21日庚申上巳日,爲樂平書真草隸篆四屏。

自書一:"近傳《月儀》已失索靖筆法,爰取漢世殘簡存章法者作此。"

鈐印:便章(白文)。

自書二:"曹全碑外直而内和。"

鈐印:虎賁中郎(白文)。

自書三:"函皇父敦與史頌敦同意。"

鈐印:禹鼎陽盤有述作(白文)。

自書四:"魏敬顯儁碑與劉碑造像當出一手耳。樂平仁兄法家正之。庚申上巳日,曾熙。"(中貿聖佳2004年迎春拍圖録)

紙本。156×39.5cm

鈐印:曾熙之印(白文)。農髯(朱文)。

1920年4月23日譚延闓來信。

《譚延闓日記》同日條:"四月二十三日陰雨,温度七十二度。(浴温泉。趙、唐、宋、鄒來。)發王文華、林、蕭、謝、張。得唐、林進才、王華裔。發吕滿、曾九、唐少川。六時醒,坐二十分起。讀英文。食粥,與張、岳、陳、李、曹、康騎赴温泉。毓昆爲道,用短速步,凡二十五分至橋上,更七分至温泉,可謂速矣,蓋馬路已緊接橋下也。仇亦山輿來,奇峰亦在。池水碧於鏡,而新池亦成,甚和暖。歸,遇雨。到家飯。廖挹群、姜玉笙來,復以行軍桌椅見贈,頗見匠心。爲人作書。鄧國勛來。晚,炎午、經百、阜南、天三來,留同飲紹酒及食麵。昨睡甚遲,今尚懵騰,九時半即睡。"

1920年5月4日庚申三月既望,爲劉湖涵書"貞師以彊邊邑,易馬則我矢

廷"六言篆書聯。

自書六言聯:"貞師以彊邊邑,易馬則我矢廷。湖涵仁兄法家正篆。庚申三月既望,曾熙。"(西泠印社 2006 年春季拍賣圖録)

紙本。235.5×49cm

鈐印:曾熙之印(白文)。武城第七十三派(朱文)。閑居翫古不交當世(朱文)。

庚申三月,陳伯衡携《舊脱(拓)張猛龍碑》來訪,爲其題簽條。

題《舊脱(拓)張猛龍碑》簽條:"舊脱(拓)張猛龍碑。庚申三月,伯衡兄携此碑來,雖殘損,然紙墨之舊,良可寶玩,因注此牋片下。曾熙。"(私人藏)

鈐印:熙(白文)。老髯(朱文)。

按:拓本尚有余紹宋題籤:"舊拓張猛龍碑。(冬温夏清四字不損本)伯衡吾兄屬題。辛巳夏,余紹宋時居沐塵山中。"

陳伯衡(1880—1961),名錫鈞,號倬雲,以字行。室名石墨樓。祖籍江蘇淮陰。民國後卜居杭州。工書法,精碑版之學,富收藏。曾任浙江省文管會常務委員。著有《碑版金石録》、《歷代篆書石刻目録》、《金石述聞》、《石墨樓金石見聞録》等。

庚申三月,爲楳閣書箑。

自書:"六朝至唐,所使皆兔豪,至宋始有羊豪,然山谷嘗置之案前不用,米老喜折腰好寫之。楳閣仁兄法家清屬,熙。"

按:書箑無年款,以另面黄賓虹山水題款爲庚申三月,故繫於是月。黄賓虹題云:"庚申三月,楳閣仁兄先生雅正,賓虹黄樸存。"

庚申三月,自書論書。

自書:"齊周經生書多取法太傅,蓋穆子容所開,至隨(隋)《曹子建碑》則一發露無有餘地矣。庚申三月曾熙。"(私人藏)

紙本。34×47cm

鈐印:曾熙之印(白文)。農髯(白文)。閑居翫古不交當世(朱文)。

庚申四月,書"留洪聲於天表,得仙侶集亭前"六言聯。

自書六言聯:"留洪聲於天表,得仙侶集亭前。集玉煙堂本《鶴銘》字。庚申四月,曾熙。"(翰海 2004 年迎春拍賣圖録)

灑金箋。172×36.5cm

鈐印:曾熙之印(白文)。農髯(朱文)。閑居翫古不交當世(朱文)。

庚申四月,自書書論。

自書:“元人多喜太傅書,而仲温(按:即宋克)超唐入晉,然名滿天下耳。庚申四月,曾熙。”(中國嘉德 2008 年 12 月四季拍賣圖録)

紙本。88×37.5cm

鈐印:曾熙之印(白文)、農髯(朱文)。

庚申立夏日,跋《舊管壇碑》。

跋《舊管壇碑》:“曏從都中張吏部家,得見所藏《舊管壇碑》,神采幾如新脱於石,惜可見三百餘字,原石豈尚在人間耶?前歲同鄉張孝廉從粵中新得此碑,則字多於吏部所藏,但蟲損已甚,無異蠶食之拓,殊可惜耳!此本爲臨川李春湖先生家藏,謙六公祖將售與某巨賈,又恐其輸之外人,因令震亞景之石。此蓋予所見三本第一本也。首一行尚可想見隱居蕭條之魂,至其弟子所書謹嚴渾厚,梁碑第一石也。後來魏凝禪寺碑,有此謹嚴,無此渾厚;隨(隋)寧贙碑有此渾厚,無此雍和。其率更(按:即歐陽詢)化度寺之遠祖與?庚申立夏日,衡陽曾熙。”(《舊管壇碑》,震亞圖書局石印本)

1920 年 5 月 6 日庚申立夏,題李瑞奇藏《劉文清真蹟精品》。

題《劉文清真蹟精品》:“此吾阿筠篋中物也。册中所臨《黄庭》,疏逸神秀,蓋從險處發生姿態,極晚歲得意書也。張子武藏有臨《力命表》,侯官張師藏有《謝恩榴(摺)》,皆石庵(按:即劉墉)小真書,一生絶詣。庚申立夏,農髯識。”(《劉文清真蹟精品》,震亞圖書局發行)

鈐印:曾熙之印(白文)。

庚申初夏,題歐陽紫真《衡陽程商霖先生獨坐幽篁圖》。

題《衡陽程商霖先生獨坐幽篁圖》:“南山誠可移,先生志難奪。持此堅定力,操刀期必割。好善决江河,沛然莫敢遏。儻躋中興朝,勛業小管葛。濁世思一試,五十初解褐。直道豈易合,退居心沖漠。瞻拜舊宫墻,禮樂有述作。岣嶁實南鎮,天風下鸞鶴。勝地引名賢,丹碧生巖壑。流泉繞清漪,柏軒秀紅藥。杜曹不足富,萬軸矗高閣。偶然獨嘿坐,新篁初改籜。令我憶山居,幽想勞思索。平生淬肝膽,患難常有託。矧在苦塊中,爲母安窀穸。誼重情難酬,知深感在昔。西林雲氣深,安得工喬舄。庚申初夏,愚姪曾熙拜題於歇浦諸家橋寓廬。”(《衡陽程商霖先生獨坐幽篁圖》,民國珂羅版)

鈐印：曾熙之印(白文)。衡陽(朱文)。

何維樸署額："衡陽程商霖先生獨坐幽篁圖。庚申孟夏何維樸題。"

李瑞清題："穆穆和風，亭亭修竹。正衿獨坐，悲嘯幽谷。岣嶁峰青，瀟湘水淥。夙夜同心，祈天永禄。商霖老伯命題，姪瑞清庚申四月。"

程商霖自題："歸老鄉園已七年，風塵如夢遂華顛。移床近接清光好，何必馳情向遠天。　群居既憚紛紛擾，静坐尤能默默長。美蔭南山修竹在，好將晚翠助年芳。丁巳二月十日，余年七十，縣人歐陽紫真特爲寫像。越三年寄滬，請道州何詩孫遺老置額，臨川李五翰林、同縣曾九進士均有題詠，余亦補録舊句以紀興。龢祥。"

按：此圖作者衡陽歐陽紫真。程商霖(1847—1925)，字龢祥，歷任清東路轉運使、淮南北皖鹽道、湖南榷運使、湖北江漢海關監督、光禄大夫。

庚申初夏，書王湘綺撰《船山書院記》。

書《船山書院記》："光緒十一年三月十五日，欽差辦理廣東防務、兵部尚書彭玉麐片奏：臣本籍衡陽士紳，奉前湖南學臣朱逌然面諭，剏建船山書院於南城外，擇師主講。閱一年，因院地偪近城市，不足以安弦誦，繇臣捐貲改建於湘水中東洲，集衡、永、郴、桂府州屬縣舉貢生監肄業其中，延聘師儒，甄別生徒，整飭學規，給發膏獎，動用經費，繇衡、永、郴、桂士紳捐集書院，則繇臣買地改建，未支公款，應免造册報銷。其肄業生每年期定二月初旬，繇道甄別。先繇巡道札飭各府縣學，詳慎舉報，出具切實考語，送道應試。書院掌教推擇學問名望素優者，繇本籍士紳商請巡道，巡道轉達學政關聘，不得濫薦，掌教不到，亦不得致送乾脩，以昭慎重。當此海氛不靖，異教龐雜，補救之術，惟在扶持人材出膺艱巨，而人材之賢否，端賴學校之陶成。臣以諸生遭際聖明，忝竊踰分無濟時艱，所望二三豪俊，景仰鄉賢，養其正氣，儲爲通才，是區區之心所竊願者。仰懇飭下湖南撫學臣，札行衡永道，將應辦事宜議定舉行，其南城舊址改作船山祠宇，飭有司春秋致祭明行人司行人王夫之，俾士民有所觀感於我皇上育才之道，不無裨益。五月初八日准兵部火票遞回原片。軍機大臣奉旨禮部議奏，七月十八日湖南巡撫准禮部咨開五月二十四日本部覆奏：王夫子既入鄉賢，例繇地方官春秋致祭，改建祠宇，未免重復，至所建船山書院，應如所奏，責成衡州分巡道主持。本日奉旨依議八月十八日繇撫札布政使咨道轉行原奏大臣。其時院產不豐，適衡州有團防餘款，積年購置田租一千六百石，丁良駿主之，程龢祥議提歸於院，以助經費，曰亦公用也。四府州人士聞之，皆悉輸銀錢田產，故船山書院號爲宏富。學官憚其濫舉，每縣率不能三五人，來學者亦自量不輕試，於書院最簡静矣。及議主講，則書聘闓運，闓運辭，又面要之，乃許一年。至則以外室喧囂，後院精舍狹小，更擴地作重屋五間。時尚書已薨，丁良駿主其事，曰新築室宜多留數年。已而諸生與道署閱卷者有嫌，嫌不可去，遂經三年，而朝議改學制，停科舉，以學産並充新學費。管學大臣張百熙持電告湘撫留船山書院。楊度者，肄業生也，獨議宜先改船山。留學生衡山向仲瑩禀湘撫，言書院基礎大，租税多，前經蕭鶴祥請改學堂，爲王子春阻撓，抗違部議。護撫龐鴻書札行議改。巡道譚啓瑞乃陽言增輿地、算學兩科，以爲調停。宣統壬子，民國民政司劉仁熙公移文巡道，言船山書院不新不舊，以有用之財爲無用，而凡籌學堂經費者，皆指目船山。於是衡陽程龢祥、郴陳善均等，具陳初立書院，繇衡陽令張憲和奉學院札，仿學海堂專課經，帶詩賦，本非科舉之學。及彭直改建章程，咨部申明未動公款，私産私學，非外人所能干豫。而湖南都督譚延闓亦以爲未可議改。然新學家或至聚衆，破門佔齋房，其欲占居舊書院者，防不勝防，於是院生亦以新學法政爲名，開船山中學於舊館，其所增二科竟無問學者。闓運名領掌教二十年矣，中間或出游，或家居，亦間至一視學，或竟終歲不來，其脩金初定四百洋元，程龢祥少之，説王之春，歲益二百元，出其私官奉。其罷官後一年，改學制，乃歲益脩爲千元，而諸生膏火錢虚縻者類此，巡道甄别，州縣申送，皆虚應故事。於是闓運議以書院經費出於田穀，穀賤時斗三四十錢，今乃至斗五百錢，若復舊賈費立絀，今二十七學，學田産俱被奪，諸生數千人無所習學，宜罷膏火脩金奬錢，悉以租穀供館食，通告各學諸生無至者。而新學亦無成，乃悉復舊制。然天下書院盡廢，獨船山學産得全，故具列租田捐數及建築之費，刊石堂壁，以貽學人。乙卯小雪，湘潭王闓運記，衡陽曾熙書。”

李瑞清篆額：“船山書院記。庚申四月，玉梅花盦道士李瑞清篆額。”

何維樸跋：“東洲船山書院，彭剛直公奏建，其擴充學田，禮聘名師，衡陽程商霖觀察引爲已任。詔興學校，斯院僅存，禮重經師，朝野知敬。今讀此記，不僅文字之傳流，實掌故之攸關。日月不墜，斯道重光，願吾四府州人士，勿忘先正遺烈也。庚申孟夏，道州何維樸敬跋。”(《湖湘碑刻》，劉剛主編，湖南美術出版社 2009年 9 月版)

按：原碑未紀年月，以李瑞清篆額署庚申四月，何維樸跋署庚申孟夏，當爲同時書。碑殘，以王闓運《湘綺樓詩文集》補。

庚申五月，清道人爲張大千弟君綬書“大事用金鼎，天壽上玉皇”五言聯。

李瑞清書五言聯：“大事用金鼎，天壽上玉皇。君綬十弟學篆當學《齊侯罍》，然後能超凡入聖也。庚申五月，清道人。”

鈐印：阿某(朱文)。清道人(朱文)。

存考:此或爲張君綬拜師學書之始。

1920年6月12日庚申五月十二日夕,赴何維樸七十九歲壽宴,大醉。歸齋後乘興展石濤《蘭竹圖卷》題之。

題石濤《蘭竹圖卷》:“石濤負奇才,其胸中孤憤,鬱鬱不能自已,皆寄之於畫,竹耶?蘭耶?石耶?其淚之滴滴紙上耶?予但見其淋漓淚痕,不知其爲畫也。庚申五月十二夕,爲何詩老作七十九歲生日,大醉歸齋題此。熙。”(《石濤書畫集》第179頁,中華書畫出版社1993年9月版)

按:此卷有李瑞清題引首並跋。引首:“石濤墨寶。庚申五月,清道人。”鈐印:清道人(朱文)。跋:“石濤與八大山人同爲明季遺老,八大山人清超奇逸,而石濤則全以古厚勝,用墨大似元人。此卷隨意揮灑,每一展視,如坐瀟湘雲水間也。余久有題瀟湘圖卷子詩,並書其上:飛雁宵深不忍聽,瀟湘斑竹爲誰青?白蘋零落秋江晚,木葉蕭蕭下洞庭。楓落空江驚早秋,宦情羈思共悠悠。澧沅蘭芷荒蕪甚,獨立汀洲渺渺愁。伯宣親家屬題,清道人。”鈐印:阿某(朱文)。清道人(朱文)。黄龍硯齋(白文)。

庚申端午前二日,書“攬勝躋嵩華,搜古得鼎彝”五言聯。

自書五言聯:“攬勝躋嵩華,搜古得鼎彝。庚申端午前二日,曾熙。”(匡時2010年秋季拍賣圖録)

紙本。135×33.5cm

鈐印:曾熙之印(白文)。農髯(朱文)。

1920年6月20日庚申端午,爲張善孖、大千、君綬之父懷忠節書左思《蜀都賦》隸書四屏。

爲張懷忠作隸書《蜀都賦》四屏:“三蜀之豪,時來時往。養交都邑,結儔附黨。劇談戲論,扼腕抵掌。出則連騎,歸從百兩。若其舊俗,終冬始春。吉日良辰,置酒高堂,以御嘉賓。金罍中坐,肴槅四陳。觴以清醥,鮮以紫鱗。羽爵執竞,絲竹乃發。巴姬彈弦,漢(女)擊節。起西音於促柱,謌江上之飉厲。紆長袖而屢舞,翩躚躚以裔裔。合樽促席,引滿相罰。樂飲今夕,一醉累月。若夫王孫之屬,郤公之倫,並乘驥子,俱服魚文。懷忠先生正隸,庚申端午曾熙。”(臺北張大千故居藏)

庚申五月,與清道人同爲劉未林訂鬻書直例。

《劉未林太史鬻書直例》:"劉未林太史,夙負才名,詩文而外,又善書畫。其書學《瘞鶴銘》、《石門》、《龍顏》諸碑,馳騁轉使,跌蕩頓挫,深得古人神髓,故各體無不佳妙。畫則專事山水,酷肖南田老人。此次來滬,因勸其鬻書以自給,並代定直例,世有講求此道者,幸勿交臂失之。(潤例略)庚申五月,清道人、曾農髯同訂。"(《中國現代金石書畫家小傳》,1926年書畫保存會出版)

按:劉未林(1876—1933),諱鳳起,江西南豐人。光緒二十九年進士。工書,亦善山水。此際來滬定居鬻書。

1920年7月20日庚申大暑前三日,書"攬齊魯一帶勝蹟,校漢魏六朝殘碑"七言聯。

自書:"攬齊魯一帶勝蹟,校漢魏六朝殘碑。庚申大暑前三日,農髯曾熙。"(上海國際2004年春季拍賣圖録)

紙本。143×48cm

鈐印:曾熙之印(白文)。農髯(朱文)。便章(白文)。

庚申六月,書《東台商會長丹徒丁君誦德碑》,並篆額。

《東台商會長丹徒丁君誦德碑》:"(碑文略)庚申六月。丹陽吉城撰文,衡陽曾熙書,句容楊祚職刻石。"(拓片)

庚申六月,爲王澤寰、王篤餘題宋文天祥畫像及手札墨蹟。

題宋文天祥畫像及手札墨蹟卷:"百折身不死,誠懼一死非。顛沛度海日,豈不哀式微。國破尚有君,臣存志敢摧。吁嗟天命傾,義勝卒莫回。衣冠就檻平,顔色何崔魏。求仁在夙昔,三歲無徘徊。懔懔衣帶辭,庶幾聖賢歸。庚申六月。曾熙敬題。"

鈐印:曾熙之印(白文)。

沈曾植題:"計光紀精奇渥温,猕獵萬國燎乾坤。大厲不號民不呻,丞相生獨聲緡緡。浩歌正氣驚帝閽,厥聲洸洸殷地軸。亡者使存絶者續,宋學沛然暨南朔。世不百年反乎覆,扶輪(倫)振綱在人鵠。劄子墨渝復紙敝,筆有干將莫邪氣。目精日輪威怒視,見者英靈肅加被。枯木寒巖發生意,王史氏以有緣見。親到靈山識佛面,奉以涉江沓潮洊。乾坤之毀今再變,安得公應王心現。嗚呼心所同然公得先,末兹賢劫豈曰無有思齊賢。宣統庚申端午日,後學沈曾植敬題。"

陳三立題:"興亡細事耳,人氣延天命。吾鄉有文謝,萬靡挽使正。謝像藏退廬(謂胡侍御思敬),竦瞻綴微詠。二妙開圖幅,奇表嵩華映。附上府理札,出處痛執政。作事隨天去，一語公自評。錯落數百字，膽肝寫豪横。我欲飲其氣，吐以斫梟獍。壓寐魔重重，造劫萌非聖。狼藉蹄迹間，孤攀血淚迸。庚申五月，王君澤寰、王君篤餘自廬陵游江南，携示文信國公畫像及手札墨蹟，謹題其後。鄉後學義寧陳三立。"

李瑞清題："語云：主憂臣辱，主辱臣死。夫人臣輔翼其主上，必有奮死不顧世之心，蹈白刃以赴其困阨。若夫與世浮沉，依阿當世，朋鄰比周，内恃豪暴以凌轢其氓庶，外倚彊鄰以爲援，以詐力弋取尊位，多金恣欲以自快(快)。其高言救國者，僞也，其實爲財貨耳。卒至身名俱敗，國亦隨亡，豈不哀哉！至如偷生苟活，不能比死一灑君父之耻，潔身抱咫尺之節義，雖不苟合，然其無益於世，與全軀保妻子之臣何以異，誠足羞也。文信國公，當宋之亡，歷艱處困，貞固不回，囚紲三年，至無可爲，卒以身殉，以報其君，豈非夫子所謂殺身成仁者耶！余獨悲今世俗之士，以忠君愛國異其説，希世用事之徒，陽託愛國之名以自解，而亂臣賊子號爲烈士，反令志士仁人，與自經於溝瀆之匹夫同類而共笑之，而患得患失者稱俊傑矣。歲在庚申，書文信國公卷子後。臨川李瑞清敬題。"(《宋文山相國真蹟》，庚申六月胡光煒題)

按：此卷尚有明清多人題跋。

1920年8月8日，書《雷母唐夫人墓誌銘》。

《雷母唐夫人墓誌銘》："雷母唐夫人墓誌銘。長沙吴嘉瑞撰文。衡陽曾熙書丹。臨川李瑞清篆額。"

1920年8月14日庚申七月朔日，書"引翼翔霄漢，攬勝躡華嵩"行書五言聯。

自書五言聯："引翼翔霄漢，攬勝躡華嵩。庚申秋七月朔日，農髯曾熙。"(《名人楹聯真蹟大全》，世界書局1925年6月版)

紙本。141×38cm

鈐印：農髯(朱文)。曾熙之印(白文)。

1920年8月22日庚申七月初九，清道人54歲生日，與李筠厂等同游蘇州。清道人自言自己將不久人世，以是衆人意興索然。

《庚申七月九日道人生日，阿筠令二子買舟，自吴城劉家濱至虎丘作一首》："輕櫂出吴城，沿流躡虎阜。荒麓偃驢豖，破刹生荆莠。曾閣廓舊基，遐賞坐良友。矜此千山色，憐爾萬劫後。劍池夾飛淙，頑石盤磴道。仰視浮圖景，凄凄向

秋草。良辰展清游,攀巖予未老。歸取憨憨泉,爲君靳壽考。"(《大風堂存稿》)

《鄭孝胥日記》:八月初三(9月14日)條。"士元云:當時謂梅庵及歐陽君重皆不過三十歲。君重嘔血,歿時才三十餘;今梅庵五十四歲,七月生日與余同至蘇州,自言必不能久,意興索然。其疾乃中風不語也。"

按:譜主爲葉石蓀書詩扇,即爲此詩,見2011年5月22日《姑蘇晚報》。

1920年8月29日庚申七月既望,題吴歷《平疇遠風圖》。

題吴歷《平疇遠風圖》:"山稻異平疇,習習松下風。值兹炎威沸,喜余幽逕通。曾岡宿烟霧,異境造洪濛。方誚王喬拙,不睹元化功。蕭然一拄杖,安計歲歉豐。墨井道人此幅,蓋出山樵别派,筆斂氣静,幾過石谷。至引陶'平疇遠風'之句,尚不及予詩之要眇也。庚申七月既望。曾熙。"(《教育部第二次全國美術展覽會專集第一種·晉唐五代宋元明清名家書畫集》,教育部第二次全國美術展覽會管理委員會編,商務印書館印行。嘉德2010年秋拍圖録)

鈐印:曾熙之印(白文)。

清道人題:"此幅舊爲常熟翁相國所藏,王廉生前輩所稱爲小漁山者。此幅題款之妙,亦從來所未有,直到東坡神境,奇哉奇哉!清道人。"

鈐印:清道人(朱文)。

又:"今之言書畫者,莫不曰四王、吴、惲,獨漁山最少。以余所見,除卷子外,共八幅而已。惟張燮師一幅用濃墨者,仿唐六如。陶齋尚書一幅青緑設色者,筆法絶似王石谷。其它六幅皆仿黄鶴山樵,與此同一妙境。余嘗論國朝畫家善學山樵者,惟石谷子與墨井道人二人,其畫松葉皆用筆鋒直下,排比直點,自然颯颯作濤聲,石谷子外,無有能與其奇者。以此辨漁山,百不失一。"

鈐印:某庵(白文)。

同日,書"章草王子敬,宫辭白樂天"五言篆書聯。

自書篆書五言聯:"章草王子敬,宫辭白樂天。集石鼓文字,此石謹嚴,學者易病局促,師鄧篆法以追石鼓,則筆扁鋒削,已失古人渾灝之氣。因以周金器參寫之,庶失之扁削與笨滯者,得資補捄焉。庚申七月既望,曾熙。"(私人藏)

紙本。137×31cm

鈐印:曾熙之印(白文)。農髯(朱文)。閑居翫古不交當世(朱文)。

1920年9月4日庚申七月廿二日晚,李瑞清忽患中風,不省人事。

按:見下條。

1920年9月12日庚申八月初一日晚九點，李瑞清因病不治，逝於東西華德路（今東長治路）鄧脱路（今丹徒路）謙吉東里483號家中，年五十四歲，身後蕭條。初四日傍晚酉刻大殮，與李筠庵料理後事。

《李梅庵先生逝世》："李梅庵先生於本月一日八時四十五分中風逝世。按李先生爲前清翰林、江蘇候補道、兩江師範監督、江蘇提學使，將光復時，代理藩司。入民國，以黄冠避世，終年賣字爲活。有某巨公以重金請其作壽文，却之不受，豈不願書民國年號耶？方其少時，其岳父决其必貴，故以三女次第嫁之，其最幼者名梅，死後不再娶，因自號梅癡云。清道人，即李梅庵瑞清，爲當今書畫名家，薄海咸知，不料舊曆七月廿二夜一鐘起，忽患中風，不省人事，迭經中西醫師診治，迄無效果，延之舊曆八月初一夜九時，溘然長逝，享壽五十有四，從此海濱遺老，又弱一個，聞者惜之。又函，寓居虹口東西華德路謙吉東里四八三號清道人李梅庵氏，因患中風重症，於十二日夜十時病故。按李氏雖未服官民國，然對民國政體絶未有頑固之非議。自元年由寧到滬，迄今鬻書爲活，以名重一時，潤筆之資，所入甚富，但李氏素尚道義，凡親族中之無依者，均一體酌予供給，故本人雖無妻室，而賴其贍養者多至五十餘口。此次陡患重症，稍有積蓄，適敷醫療之資，聞身後仍極爲蕭條云。"（1920年9月14日《時報》）

《清道人已逝世矣》："清道人（李梅庵名瑞清）爲當今書畫名家，不料舊曆七月二十二日夜一鐘起，忽患中風，不省人事，屢經中西醫士診治無效，延至舊曆八月初一夜九時逝世，享年五十有四。從此小有天少一主顧，而秋高蟹肥，此後正在當令，李爲蟹竟不能持蟹大嚼，靈鬼有知，當遺憾無窮。並聞李身後頗爲蕭條云。"（1920年9月14日《民國日報》）

《鄭孝胥日記》9月14日條："閲報云李梅庵初一日卒；有頃，告喪者亦至。飯後，至謙吉里，惟見曾士元及客四五人，多不相識。其弟亦在，初云午刻入斂，以覓大棺未得，改酉刻。藉屍以板，陳於室内，簾隙隱約見之。"

老友彌留之際，譜主心裏默默承諾將代其往桂林省其太夫人墓。

按：見本譜戊辰四月條。

爲清道人姪李健所撰清道人行狀斟酌補正。

張大千《記曾李二師》："李老師由於本身在前清爲官時廉潔剛正，在學術界的地位又很崇高，病故後身後蕭條，曾師出面料理後事，學生們自應效力。曾師曾以李老師所藏墨寶多件交我，囑折價千元銀元以理後事，當時我年幼不能當家，我二家兄（按：即張善孖）認爲出錢收買老師的藏品，易於引起傍（旁）人的誤會,所以我兄弟二人净送三百銀元作爲奠儀,其時我家經濟情形,已非我父親在日可比(?),所以只送了三百元奠儀,其故在此。"

與李仲乾書:"論教習事過詳,於令叔(按:即李瑞清)以忠義正人心施教宗旨太略,非發詞頑固,不足傳令叔之爲人,姪以爲如何?大略閲之,略爲補正一二條,以日迫可急卷真寄去,惟付印時,當再爲姪斟酌,以詞當有應删簡處,事當有可加入。我近亦傷心過,不能細看相度也。仲姪。髯啓。"(李健之女李家松藏)

按:此處張大千回憶錯亂不堪,李瑞清去世時,張父尚健在,何言"其時我家經濟情形,已非我父親在日可比"?所以所謂"奠儀",當非指此際實情。爲葬清道人及建玉梅花庵只見曾熙奔走於滬寧路上,數次均未見張大千身影。

1920年9月14日譚延闓得李筠庵電,悉李瑞清逝世,傷感無已,寫信致譜主,並送賻儀一千元。

《譚延闓日記》同日條:"九月十四日晴,温度八十二度。(聞道士喪)得李三電、葛、周。發李三、大武。發第七、李三、曾九、子玉。六時醒,坐三十分起。及出已七時十五分。定安來談頃,乃與石、岳、衡、康、頤、嗣騎出興漢門,至馬路,馳至新河。渡河,步行里許乃歸,已九時矣。浴罷,食粥。至政廳辦公。歸飯。(龍八來,)李燮和來。請江西議員喫飯,文□未到,葛、匡、易、□四人來。以朱念祖、張魯璠、林特生、仇亦山作陪。既散,顔醫生、趙潤文來,石醉六來。晚飯後,李明揚來,周道腴來。十一時睡。得李三電,知道士於初一亥時逝世,傷感不已。求友九州,知心無十,從此人間少一枝筆矣。揮涕久之。鄒□淹來。"

《譚督軍篤念故人》:"李梅庵先生身後蕭條,兹悉湖南譚督軍特送賻儀一千元,以爲喪事之用云。"(1920年9月19日《時報》)

1920年9月15日,諸遺老聯名電請清室予李瑞清謚號。

《清遺老爲李梅庵請恤典》:"清道人李梅庵逝世後,一般前清遺老擬聯名電請清室給予恤典。日昨在謙吉里喪次集議,由某遺老主稿,電中歷述李官江南時歷年政績,及鼎革後不忘故主種種事實。脱稿後,由沈子培修改拍發。聞照例可望由清室予謚立傳,及給治喪費云。"(1920年9月16日《時報》、《民國日報》)

《李梅庵予謚文潔》:"清道人即李瑞清在日,書畫題識向不書民國字樣,僅以支干紀年。所畫佛像,辛亥年前畫佛開眼,辛亥後畫佛閉眼,有詢其意何在,則云佛居清静地,厭看混濁世,待河之清,再畫開眼等語。舊曆八月逝世後,即由前安徽巡撫馮煦等代奏清室,略稱已故前江寧布政使李瑞清忠貞懋著,功德昭垂,懇賜加恩予謚等情,兹悉已奉允准,著加恩予謚文潔。一時在滬遺老聞之,莫不爲

之心慰云。"(1920年11月7日《時報》)

1920年10月6日庚申八月廿五日,鄭孝胥來訪,外出未值。

《鄭孝胥日記》同日條:"至合安里訪王聘三,不遇。又訪宋澄之、曾士元,皆不遇。"

此際,觀弟子張大千於重慶以三千金購得之倪瓚《岸南雙樹圖》,激賞之餘,對張大千的鑒賞眼力極爲贊譽,嘆曰:"子年才弱冠,精鑒若此,吾門當大。"

張大千跋倪瓚《岸南雙樹圖》:"此倪高士真蹟。庚申歲,予還蜀中省親,購於渝州盧雪堂先生家。時予初收書畫,以三千金得此,携至海上,先農髯師激賞之,且譽之曰:'子年才弱冠,精鑒若此,吾門當大。'遂以歸先師心太平庵秘篋。"(《張大千先生詩文集》,臺灣故宫博物館出版)

按:據傅申《張大千的世界》云,此幅倪瓚《岸南雙樹圖》,現藏美國普林斯頓大學美術館。

1920年10月18日清道人開弔,與沈曾植、康有爲、陳曾壽、陳三立、劉廷琛等,至靈堂前致哀。

《清道人之弔期△哀音四起》:"今日清道人開弔,到者皆一時名士。輓聯佳者甚多,兹録一二如下:'灑池墨,遍人間,忠義堂鎸,誰傳筆髓?嗟景鍾,沈德水,風雲聲動,悲溢瀛波。'(沈曾植)'生有何樂,死有何哀,辛盤十年心,應難瞑目。病不及知,歿不及視,蒼凉終古訣,誰實爲之。'(陳曾壽)'白下一棺還,入夢溪堂,猶泣圍城依木印。黄冠九廟鑒,鬻書海市,難忘殘夜共爐灰。'(陳三立)'記同松筠庵,公車上書,朝市忽移,高節著江南,既遯世,自無悶。那堪春申浦,歲時把酒,蕨薇采盡,書名滿天下,已不朽,復何求!'(康有爲)'書法世謂集衆長,吾獨喜其近吴興、華亭而益妙。天意豈終無悔禍,奈何不能忍晦冥、風雨以須臾。'(劉廷琛)'道德我師,文學吾友。永訣今日,相期他生。'(曾熙)"(1920年10月18日《時報》)

吴昌碩、王一亭合撰挽聯:"對酒邈音塵,結習陽冰,三宿共誰捫碧落;臨風揮涕淚,哀時杜老,一清何日見黄沙。"(《清道人遺集》)

1920年10月21日庚申九月初十,清道人靈柩由滬厝寧。

《李梅庵靈柩運寧(醉花軒主)》:"李梅庵之靈柩,定九月初十日由滬運寧。

現在寧垣同學共同籌商,擇期九月二十日假復成倉地方公會開追悼大會,凡高等學堂、寧屬師範、兩江師範各同學都可蒞臨哀悼。現設籌備處於馬府街二號,以便接收同人預備之輓聯、祭文云。"(1920年10月20日《時報》)

《清道人家謝啓》:"先祖梅盦府君在滬設奠扶櫬厝寧,辱承諸長者吊寵賜輓幛隆儀,並蒙執紼前導,且設路祭,光被泉壤,無任銘感。惟人衆時促,掛號遺漏必多,踵謝不周,罪戾滋大,用特登報伸謝,伏維亮察。承重孫李家超、孤哀子承傳稽顙。"(1920年11月11日《申報》)

1920年10月23日庚申九月十二日晨到南京,翌日到南門同善堂護送李瑞清靈柩入殯宫。

與馬宗霍書:"宗霍妹倩鑒:昨晨到寧,今日往南門同善堂護送道士入殯宫,日來勞傷過甚,不喜厚味,況以友喪,前王君雅意欲招飲,乞先爲我致謝,(此請決不到)免費錢也。此詢近佳,髯頓首。九月十三日。"(私人藏)

1920年10月31日庚申九月廿日,在南京復成倉地方公會舉行李梅庵追悼大會。

按:見上條。

庚申九月,爲李健作《清道人書法之嫡傳》,並代爲重訂潤格。

《清道人書法之嫡傳》:"清道人兄之猶子李健,字仲乾,自號隺然居士,名所居曰時惕廬。其書能得道人正傳,時人多稱之曰大小李。道人每以乞書供不敵求爲苦,譚組庵(按:即譚延闓)嘗曰:'盍不令仲乾爲之,我固不能辨,恐世亦無有能辨之者。'道人曰:'我興闌筆倦時,健姪或過我,然我以心血易人金錢,不可欺也。'仲乾任教習於南京,子弟從其學書者,往往數日而改觀,進步之神速,人人莫不驚異,謂仲乾是操何神術也。其於道人書,可謂具體而微。道人博綜百家,皆能窺其奧妙,今道人既歿,仲乾責任益重。余因勸其繼道人之業,以鬻書自給,且曰:'君家累代以書畫名當世,繼志述事,責在子矣。'仲乾畫本承家學,於西法亦頗能匯通。尤工篆刻,於秦璽、漢印、泥封、磚陶之屬,靡不備究。亦嘗刻竹,擅雕刻之能。其直例向存青島路西福海里震亞圖書局,余今爲更定,俾世人知,道人尚有能世其家之猶子也。庚申九月,農髯曾熙。"(李健之女李家松提供)

是日,海上書畫八怪之一陸廉夫在蘇州突患中風逝世。

《陸廉夫逝世△名畫家又弱一個(方詩)》:"名畫家陸恢,號廉夫,吴江人。家居蘇州河沿街,年近古稀而精神矍鑠,勤畫不倦,得其一幅者,莫不視之爲寶,珍如拱璧。每日清晨，必携小茶壺在附近某茶肆啜茗，前日興盡歸家，突患中風，不數時遂長辭人世，醫治不及。陸與清道人均爲海上書畫八怪中人物，兹忽又弱一個，殊堪悼惜云。”（1920年11月2日《時報》）

按：海上書畫八怪説見黄炎培《缶廬老人小傳》：“今老人（按：即吴昌碩）與蒲華、高邕、曾熙、王震、俞語霜、清道人、譚德鍾稱海上八怪，藝林人傑，盛極一時。”（名古書畫會編《吴昌碩、譚小雲書畫合集》，1932年11月上海華商書局版）

是際，向燊送其子大廷赴日留學至滬。

按：見本譜1918年春二月條。向大廷號墨盦，旅居日本期間，日人求書及求刻印者甚夥，乃請名人代訂潤例。現存譜主致吴昌碩、王一亭書即爲訂潤事，録於下：“缶翁、一翁如見：大雪，想起居佳勝。敝戚向樂穀兄之世子號墨盦，現僑居日本（現留學日本，其詩文亦過人，蓋美才也），日人求書及刻印頗多，因爲之代訂潤格，借重大名以招生易，想兩先生嘉許後進，必樂爲之簽名也。倘能從册上題四字行書尤感謝，但天寒不敢强耳。即頌著安，熙頓首。十月十七夕。（外册子及潤例啓並呈上）”

庚申初冬，題襟館發起書畫賑災，以法書送題襟館書畫會發行義振券對獎之用。

《題襟館發起書畫助振會》：“拯救直魯豫晉湘陝閩浙各省水旱兵災，現承海内書畫名家慨助墨寶，及鑒藏傢什襲珍品，共計二千餘件，已發售振券，每張售銀五元，約期摇獎，券各有贈。兹將台篆列後：吴昌碩篆書屏、行書屏、畫條，何詩孫行書對、行書屏、書屏，康南海書堂幅、聯，伊峻齋對聯、册頁，周雨卿舊書，顧鶴逸畫，徐竹賢畫中堂，石熾君畫中堂，吴鐵珊對、中堂，李平書舊書畫，程瑶笙畫中堂，翁印若畫中堂、對，何熙伯扇面書畫，曹恂卿書畫，管西園書畫，郭和庭畫中堂、對，趙叔孺對，鄒適廬寫拓，黄克明書畫，沙輔卿畫，唐吉生畫、對，吴子茹畫、對，吴石潛書畫，馬腫背畫，吴東邁篆屏，王一亭書畫，葉指發書畫，丁輔之印泥（會中印刷品），潘老蘭單條，毛子堅書畫，徐軒對，高得齋對，黄友石畫，王季眉對，凌卓英對，李竹叟畫屏直幅，秦清曾書畫，錢次言畫，方逋庵對、畫，張寶書扇、對、屏，卞公弢草書，哈少甫新舊書畫，鄭蘇戡直幅、對，孫友三畫，朱少嶽扇，汪仲山畫，汪鷗客扇、屏，趙雪侯扇、屏、對，俞語霜立軸，任堇叔對，楊耕雲對、屏，吕選青畫，賀天健畫，蘇髯孫畫、對，劉玉庵對，錢瘦鐵畫，趙子雲畫，金夢石畫，金壽石畫，徐在廬對，譚瓶齋對，曾農髯書，唐曲人對，吴待秋畫，黄賓虹畫、對，許青之、金頌清舊對、碑帖，嚴誦三畫，中華書局印刷品，王冠山對，潘敬齋畫，陶松溪屏，沈田葦書，王念慈畫、扇，夢松山人書，張聿光、謝之光、姚叔平畫，莊乘黄對，高欣木對、屏，朱古微對，張繼薌屏，魏拜雲屏，蕭蜕庵書，蔣夢蘋對，羅叔言篆條、横額、隸扇，丁夢松對，吴樹人對、條，沈墨仙書，高雲麓對、屏，洪麗生直幅，朱良材中堂、對，吴三癡對、畫，童心安中堂，童旭滄、楊少川對，顧軼庭對，楊東山中堂、對，蕭鶴儕對，左子異書件，馮夢華書件，俞粟庵書件，姚伯鴻立軸，陸伯龍畫，徐竹賢畫，江子誠書畫，朱遯炎扇，張蔭椿對，張肇頌畫立軸，翁紹文書，張念遺對，丁雲軒扇，戈蕴文女士中堂、立軸，陳容盦中堂，朱小汀書，楊實甫扇，姚虞琴新舊書畫，張偉卿畫，衛漱峰書，費龍丁書，緒禮堂書，陳戒安書，成多禄書，隱名氏舊書畫。”(1920年11月3日《時報》)

按：此際題襟館書畫會由四馬路遷至静安寺路泥城橋西首松茂閣樓上。有二則信息可证：一、《海上題襟館啓事》：“敬啓者：前承海内書畫名家慨助敝館書畫各件，務祈速藻，於陰曆九月終以前，送交静安寺路泥城橋西首松茂閣樓上題襟館爲盼。題襟館同人謹啓。”(1920年11月4日《時報》)二、《題襟館書畫助賑券》：“諸君樂善好古，欲得名人書畫者可向静安寺路泥城橋西首松茂閣樓上題襟館購取，每券一張計洋五元，開奬定期再登報聲明。”(1920年11月4日《時報》)

經前清遺老鼓吹，清室給予李瑞清謚號“文潔”。

《李梅庵予謚文潔》：“清道人即李瑞清在日，書畫題識向不書‘民國’字樣，僅以支干紀年。所畫佛像開眼，辛亥後畫佛閉眼，有詢其意何在，則云佛居清静地，厭看混濁世，待河之清，再畫開眼等語。舊曆八月逝世後，即由前安徽巡撫馮煦等代奏清室，略稱已故前江寧布政使李瑞清忠貞懋著，功德昭垂，懇賜加恩予謚等情。兹悉已奉允准，著加恩予謚文潔，一時在滬遺老聞之，莫不爲之心慰云。”(1920年11月7日《時報》)

庚申立冬(11月8日)後爲穀人書“照水石蒲秀，臨風嶽草芳”五言聯。

自書五言聯：“照水石蒲秀，臨風嶽草芳。穀人仁兄法家正之，庚申立冬後，曾熙。”

鈐印：曾熙之印(白文)。農髯(朱文)。

1920年11月10日庚申十月朔，題趙左樵郭河陽《山水圖卷》。

題趙左樵郭河陽《山水圖卷》：“余見華亭趙文度先生山水卷子，其風骨與玄宰相伯仲。此卷沈厚工刻，直追河陽，恐玄宰爲之尚不能到此，當定文度生平第一精品也。庚申十月朔日，農髯熙題於游天戲海之樓。”

鈐印:曾熙之印(白文)。游天戲海之樓(白文)。

李瑞奇題:"余嘗喜文度畫,得元人之超逸。此卷精心結撰,力追河陽,古厚蒼樸,沉著刻骨,可知橅古之作,不可與隨意弄墨者比,洵可寶也。庚申金陵旅次得見,因識此以紀墨緣。筠庵李瑞奇。"

鈐印:臨川李氏(白文)。筠庵書畫鑒藏印(白文)。

簽條:"趙文度撫郭河陽山水長卷真蹟。筠庵李瑞奇。"(香港佳士得 2008 秋拍圖録)

1920 年 11 月 10 日庚申十月朔,爲玉堂書"其人出於皇遂,此石浮乎洪冥"六言聯。

自書六言聯:"其人出於皇遂,此石浮乎洪冥。玉堂仁兄法家雅正。庚申十月朔,農髯曾熙。"(《書法叢刊》,2009 年第 1 期)

紙本。132×30.5cm

鈐印:閑居翫古不交當世(朱文)。曾熙之印(白文)。農髯(朱文)。

1920 年 11 月 25 日庚申冬十月既望,節臨《張黑女志》。

自書:"(節臨《張黑女志》略)庚申冬十月既望,臨張黑女志。曾熙。"(私人藏)

紙本。126×48cm

鈐印:閑居翫古不交當世(朱文)。曾熙之印(白文)。農髯(朱文)。

庚申冬十月,爲靖瀾書"清奇倪高士,風度董華亭"五言隸書聯。

自書五言聯:"清奇倪高士,風度董華亭。靖瀾老先生法家正之,庚申冬十月,農髯熙。"(私人藏)

紙本。131×33cm

鈐印:曾熙之印(白文)。農髯(朱文)。虎賁中郎(白文)。

1920 年 12 月 3 日譚延闓回上海,晚九時與李筠庵往訪。

《譚延闓日記》同日條:"十二月三日晴陰,温度六十一度。〔抵滬居〕得宋滿、陳鳳光、衡電。七時醒,坐一時起。舟已近吴淞,昨曾椗泊三小時也。食粥後,與張、岳立舷次,待至十二時十分乃抵碼頭。大武、吕滿、袁大、袁六來迎。與張、岳、大武同乘汽車至威海衛居室。二袁、吕滿後來。見家人及簡叔乾先生。午,大武設飲,酒爲李道士遺物,菜則陶樂春,飲啖甚歡,微醺而止。龍十來,談至上燈。余堯老來,關切可感。袁、余去,龍留晚餐。九時後,曾九、李三來,旋去。十時登樓,兒女環列,獨不復見亡妻,感念生平,淒然欲絶,至十時三十分乃睡。聞陳澍(蕃)翁二日逝世,不勝感傷。"

1920年12月5日庚申十月二十六日題襟館書畫助賑券在久大碼頭利濟舊址開獎,對號取件。

《海上題襟館書畫助賑券開獎通告》:"本館自發起書畫義振券以來,購者接踵,現已存券無多,如樂善君子欲購此券,務請從速,既得名人書畫,兼可澤及災黎,誠一舉兩得也。又荷諸大善士承銷之券款及未交之書畫件務請於本月十五日以前交到本館。定於本月二十六日假南市久大碼頭利濟舊址開獎,購券諸君請於是日上午携券到場,當時對號取件以昭大信。此啓。"(1920年11月24日《時報》)

《海上題襟館助賑消息》:"海上題襟館書畫會爲北省旱災、浙江水災,發起募捐書畫售券助賑,每張售洋五元,蒙海内諸名家及收藏家捐助新舊書畫三千五百餘件,又有龍華孤兒院助來二百餘件,計售券一千六百餘號,共得洋八千餘元,撥助華洋義賑會二千元,尚有續收,撥助浙江水災。於昨日上午九時在南市利濟舊址開獎,淞滬警察廳徐廳長翟玉亭爲代表到場監視,至午後二時許竣事。雖逢天雨,而來賓尚復不少。至諸君所領之獎,有當場開視者,獎物豐富,書畫精美,爲從來所未有。"(1920年12月6日《新申報》)

同日午,譚延闓、澤闓、袁伯夔來,筵席菜由李筠庵庖,到有俞明頤等。

《譚延闓日記》同日條:"十二月五日雨,温度五十八度。(訪袁。觀劇天蟾舞臺)得李官理、文堯、大毛、特生、衡生。發詠安、秉三、大生、石侯。六時醒,坐一小時許,未能入定。七時起,浴於浴室,頗覺冷。與王媪談。馬已上岸,繫之廊下。李純生來,言伯蘭將見過。粥後,與岳、張、吕、大武以車至伯夔家,見老六及所藏劉卷,尚精。龍十來,同飯,菜亦潔淨。諸人看戲去,余獨歸,候伯蘭不至。與諸兒女久談。作書寄湘。袁伯夔來,偕大武同之以汽車至曾九家。李三、俞三、張、岳、吕先在,其先生亦出座。菜乃李三庖,雞最佳,略坐。同袁、岳、張、吕、俞、大武至天蟾舞臺,龍十後來。小翠花《寶蟾送酒》、蓋叫天《蜈蚣嶺》、郭仲衡《華容道》、尚小雲《女起解》皆平平。龔雲甫《行路訓子》嗓音雖差,尚能運用。終劇即出,遇胡兆鵬,可歎也。到家十二時,與諸人略談乃睡。"

1920年12月9日庚申大雪後三日,冒寒臨《師酉敦》。

自書:"(臨《師酉敦》略)師酉敦計白當黑,後世摩崖之祖。庚申大雪後三日

嚴寒臨此。曾熙。"(私人藏)

紙本。38×123cm

鈐印:曾熙之印(白文)。閑居翫古不交當世(朱文)。

1920 年 12 月 9 日上午訪譚延闓。

《譚延闓日記》同日條:"十二月九日陰,温度五十度。(飲陶樂春)發夷午、阜南。得淑、衡。六時三十分醒,坐一小時起。作書與趙、宋。廖模來,遂付之去。李純生來,同粥。章太炎來,曾九來。午,赴陶樂春蕭禮衡之招,大武、岳、吕、伯蒼、介夫、心滌、純生咸在。既散,余先歸。與兒女小坐。石醉六、粟松邨由長沙來,談近事甚多。留同晚飯。客去,將以藥條薰手,周砥青、梁碩父來,下見之。復上樓,以藥條薰手足。十時後睡。連日便血,至夜則手足均疲乏,未知何因。電問淑不得,復得淑、衡信,尚無來期,頗耽心。聞鄂、湘大半不通,長沙有變,甚憂懸。"

1920 年 12 月 11 日午,至俞明頤家赴宴,到余大、龍紱年(龍十)、曾廣鈞、譚延闓、吕滿等。

《譚延闓日記》同日條:"十二月十一日晴陰,温度四十九度。(飲俞三家)得衡電。發子靖、徐、黎、宋。七時醒,坐三十分起。睡遲醒晏,耽閣工夫矣。醉六來談,爲我籌畫至周悉,不勝感動,與要約而去。粥後,王勇公、李華蔭來,蓂賡代表,談久之去。袁大來,同大武附其汽車至雲台家,並見慎餘。至俞三家。曾九、余大、龍十、曾大先後來。吕滿、岳爺食時至,毓昆則食罷來。菜以牛肉汁爲最佳,羊湯、蒸魚片亦美。飽過量,談久之,仍附袁車歸。到家,細毛歸,與談,亦有志氣。晚,袁大、曾大來,與同人談笑話甚多,至十一時客去乃睡。"

1920 年 12 月 19 日庚申冬十一月朔,節書《金剛經》。

自書:"(節書《金剛經》略)庚申冬十一月朔,曾熙。"

紙本。124.5×51cm

鈐印:曾熙之印(白文)。農髯(朱文)。閑居玩古不交當世(朱文)。

庚申冬至,臨《剌鼎銘》。

自書:"(《剌鼎銘》略)《剌鼎》尚存殷書筆法。庚申冬至,曾熙。"(私人藏)

紙本。120×53cm

鈐印:曾熙長壽(白文)。閑居玩古不交當世(朱文)。

1920年12月22日庚申冬至，爲錢沖甫所藏《唐褚遂良雁塔聖教序》題籤。

題《唐褚遂良雁塔聖教序》："明脱褚聖教序。庚申冬至農髯爲沖甫兄題此。"(《唐褚遂良雁塔聖教序》，上海書畫出版社1980年9月版)

鈐印：熙(白文)。

庚申冬至後一日，題《終南歸妹圖》引首。

按：見嘉德四季第25期拍賣圖録。

此際，黄野夫爲作《曾農髯先生六十序(集〈漢書〉)》。

黄野夫《曾農髯先生六十序(集〈漢書〉)》："聞之《孝經》(陳忠)，孔子爲曾子陳孝道也(藝文)，至德所感，通於神明(章紀)。仲尼之門(鄭元)，惟此一人能當之，宰我、子貢、子夏不與焉(董仲舒)。烝陽(地志)農(食貨志)髯(高紀)先生(方朔)，内行修飭(朱博)，身爲儒宗(蕭望之)，若及門於孔氏，其庶幾乎(黄憲)？歲在庚申中冬十一月(律歷)，至耳順之年(望之)，諸弟子儒生(叔孫通)，相與嗟嘆元德(班固)，翼宣盛美(徐瑜)，詠之歌之弦之舞之(荀悦)。今先生上壽時乎(方朔)？鯫生(項羽)竊得薄陋(鄒陽)，諰然斂袂而興曰(蔡邕)：先生(龐公)天授逸才，聰明賢智(邊讓)。少孤貧(侯瑾)，性至孝(酈炎)，太夫人(烈女傳)秉文母之德(何敞)，親執家苦(胡廣)，教而誨之(王符)。及就雪廬(邊讓)，攻苦食啖(叔孫通)，博通經傳及百家之言(延篤)，周覽古今(謝該)，網羅衆家(鄭元)，通游夏之藝，履顔閔之仁(郎顗)，諸儒稱之(翟方進)，彬彬然宏雅君子也(王貢)。於是太上運天德以君世(崔駰)，設甲乙之科(徐防)，選求明經(桓榮)，各令隨家法(質紀)，解釋多者爲上第，引文明者爲高説(徐防)。先生(方朔)經術通明(朱雲)，能文章(桓譚)，試博士弟子及甲乙策試(徐防)，成名高第(儒林)。已而仕京師顯名，爲朝廷在位賢者(王貢論)深相敬待(孔奮)。庚子(五行)因遭大亂(趙孝)，負母逃難，備經險阻，與母歸鄉里(江革)，隱居教授，無人事於外(賈逵)。居無何(李廣)，改革時弊(仲長統)，刬戾舊章(胡廣)，舟無推陸之分，琴非常調之音(仲長統)，甚者變而更化之(禮樂志)，謂不相復也(叔孫通)。比至(高紀)湘南(地志)，乃更大作講舍，聚生徒數百人(劉梁)，選高才生(應奉)，學成師範(趙壹)，終畢三年(王紀)，弟子皆曰知當世務(叔孫通)。昔文翁在蜀，道著巴漢，庚桑瑣隸，風移磈磥(劉梁)。以往况今(功臣表)，未能遠過也(賈誼)。模我彝倫(陳寔)，可爲百世之師矣(法真)。以其母故，終身不仕(張釋之)，干禄以求養，是以耻禄親也(劉趙叙)。居貧養母(周磐)，致晨昏之定省(杜欽)，雖極隱(儉)約，奉養極求珍膳(孔奮)，身執饋饍(清河王)，給事左右(張酺)，日者(高紀)依宗人居(瑾)，慨然而嘆(周磐)。俯思凱風,慰母之念(謝弼),上奏高行,顯其門閭(劉長卿)。盛飾祠室(翟光),每疾病(桓榮),朝夕瞻省(胡廣),或不寐達旦(劉向)。屬遭大憂(清河王),居喪盡哀,率禮無愆(胡廣)。《書》不云乎,用德彰厥善。《詩》云:孝子不匱,永錫爾類(濟北王)。猶斯志也(劉趙叙)。伏見初年以來(馬融),道亡時晦(杜喬),衆人惑惑(賈誼),反天性,棄冠帶(陸賈),天網縱人紘弛(蔡邕),諸子之言,紛然殽亂(藝文),稱其書曰新語(陸賈),讀之未嘗不流涕也(揚雄),乃喟然嘆曰(郭丹):三綱絶矣(逢萌)!龔勝、鮑宣,獨何人哉(徐璆)!母亡(李固),故携其妻子(龐公),隱居海上(荀叔)。性善書(陳遵),妙絶時人(張超),賣書於市以自資(劉梁),求之往古(杜欽),趙岐賣餅北海市中(趙岐),君平卜筮成都市(王貢叙),方之蔑矣(楊震)。屬離顧復,常有《蓼莪》、《凱風》之哀(清河王)。上其狀(虞詡),史官紀德(何敞),昭我管彤(烈女傳),徒以亡親(鄭元),自手書(東平王)佛經(西域),傳與其人(鄭元),猶戀戀不能已(李固)。《語》曰造次必於是,顛沛必於是(盧植),《夏書》曰念兹在兹(劉梁),此之謂也(相如)。吾老且賤(張穆),文質無所底(楊惲),區區管窺(章紀),尚未足概其萬一(張霸)。雖然朋友以言贈行(張宗實),盡其所知(李固),非徒爲其華藻而不以事實語也(萬章)。爰登其質(崔駰),以爲德行一篇(李固),無以加焉(班固)。是以竭其拳拳(崔駰),覽其行事(魏相),舉其大者曰《孝經》(藝文),不可虚冒也(楊震),以述《漢書》(叙傳),故謂之實録(馬遷)。"(《黄野人集》)

按:黄野人名嘉樂,字秋夫,晚號野人。清光緒廪貢生。曾熙主湖南優級師範時,聘爲庶務長。(蕭遷提供)

庚申冬十一月,應鄉里縉紳之請,撰叙並書《衡陽令趙君奉頌》。

《衡陽令趙君奉頌》:"縣長衡山馬跡橋趙氏曰聚垣,父曰傳璧,孝龔有聞,樹德在鄉。母,熙族妹也,舉人銓之長姊,博覽典籍,齊家有禮。聚垣卒業師範南校,喜學予書。辛亥變起,頗負奇才,奔走南北,熙未之許也。今歲治衡,下車三月,誘擒巨匪王梓江,殲除匪從徒黨百數十人,冒暑犯刃,頻蹈危地。吾衡自南北構難以來,民陷兵匪,歲無寧處,彊者遠遷,弱者鼎俎,縉紳憚禍,上官忍默,溝壑餘生。今慶來蘇,嗟歎曷極。縣紳程龢祥、楊棨、周名建、廖廷銓、黄嘉樂、蕭鯉祥,合商耆學董,呈請長官,且乞熙書之石,以勸來喆。縣士有鄒淑,作平匪頌,辭規風雅,取而勒之。辭曰:惟我衡陽,風醇俗樸。疇弛其綱,俾民蹙蹙。鄉邵多山,逶迤陵谷。匪酋梓江,聚嘯成族。有黨千人,其焰熇熇。掘我冢墓,焚我廬屋。官或賞盗,萬夫以目。君子戾止,綏我多福。赫然震怒,爰舊其旅。不亟不徐,周行郵鄙。戒我士民,聯我堡伍。迺犁其穴,迺殲其渠。剔其枝葉,鉏其根株。惡木既拔,嘉植扶疏。我父我子,我婦我夫。其行翼翼,其處于于。農喜於野,士誦於庠。惟召惟杜,惟君之行。君曰不不,世其未康。後事之師,前事不忘。不衣則寒,不食則飢。嗟此窮氓,孰振澹之。匪禮曷守?匪教曷師?孰司爾職,不與爾持。莽莽平林,畇畇原濕。惟彼嘉種,爾播爾殖。古聖有言,喪祭維秩。爾婚爾嫁,勿即淫佚。嗟嗟君子,我民之母。作歌誦功,以方矇瞍。歲庚申十有一月縣人鄒淑作頌,曾熙序其事書于石,程龢祥等立。"

1920年12月24日晚請客,同席俞明頤、錢沖父、張子武、顧仰山、唐宥及家庭教師。與譚、俞談至十一時。

《譚延闓日記》同日條:"十二月二十四日晴,温度五十度。(飲曾九家。至先施、新世界)得夷午電、陶鼎勛、范。發夷午電。六時醒,坐一小時起。至書房看報。粥後,與諸女清物。袁大來,言婚事甚久,彼爲其弟則得矣。午飯後,同淑、静以馬車出,至俞鳳賓處。静注射後,復以自□電治之,電光作紫色,云電壓力二十倍電燈也。又爲吾治手,亦覺鬆快。出至先施公司,爲諸女買物。既出,送女以車歸。余入新世界,獨吕滿在,聽何直臣説書、萬人迷笑話、邱聘卿三絃、黑姑娘大鼓。出,已六時。獨附電車至華記路,以包車至曾九家。俞三、沖父、子武、顧仰山、唐宥在,及其西席同座。見沖父所藏宋明拓褚《聖教》及戴鹿牀册頁。飲罷,與子武、俞、曾談至十一時,諸人皆愛我者也。以人力車歸,行一小時乃到家。大武、大毛、淑、祥均未睡,又談頃之,乃就枕。"

1921年 民國十年 辛酉 六十一歲

庚申臘月,冒雪至金陵牛首山,視李瑞清墓工程。1月16日蠟八日墓成,在江寧天闕山佛窟寺題李瑞清書《寄禪禪師冷香塔銘》寄託哀思。

題《寄禪禪師冷香塔銘》:"寄禪,詩僧耳。當主予郡羅漢寺,嘗過從,極欲樵斆六朝人文字。熙曰:僧詩已足傳,博涉恩荒禪理,遂心領之。丙申侍母入都,留長沙阿某(按:即李瑞清)齋中十日,寄禪朝夕至,然喜言時事。每言目閉頤動,口張舌蹇,然義憤鬱鬱,巍然丈夫也。熙戲之曰:它日假熙軍旅事,當以橐駝載僧後軍中。阿某與一坐客皆大笑。及予歸衡州,寄禪已東下主天童。乙卯予來海上,寄禪遂死已。乃與阿某誦所爲梅花詩,且誦且泣。因嘆曰:從來詠梅無此静逸之作,其大覺以後乎?雖然,寄禪可傳,微張子之文,其傳不遠。今阿某又封墓矣,張子其何以慰此縷縷孤忠之癡魂耶!庚申蠟八日,阿某墓成,識於江寧天闕山佛窟寺,是日冰雪大解。衡陽曾熙。"

鈐印:曾熙之印(白文)。衡陽(朱文)。

李瑞清書《寄禪禪師冷香塔銘》:"寄禪禪師冷香塔銘。甬上蹇道人撰文,臨川清道人書丹。師諱敬安,字寄禪,湘潭黄氏子。父宣杏,母胡氏,夢蘭而生。自幼歧嶷,不喜茹葷。甫髫齔,失怙恃,家貧,爲人牧牛。一日見籬落白桃花爲風雨所敗,戚然動出世之意,投湘陰法華寺東林和尚出家,從南嶽賢楷律師受具,參岐山恒志禪師教外之旨,既而遍游江浙諸刹,駐四明最久。在阿育王寺司灑掃,充知客,就舍利殿禮懺,苦行精修,然(燃)左手兩指供佛舍利,因號八指頭陀。光緒初,天童叢林漸以不振,退院廣煜監院幻人邀師與議,陳之當道,爲立規勒石,遂充天童副寺,旋謝去。開法於衡州羅漢寺,歷主南嶽上封、大善、寧鄉潙山、長沙神鼎、上林諸寺,所至莫不以宏法利生爲主。光緒壬寅,天童首座幻人率僧衆公請師,由上林重蒞兹寺。至則大鬯宗風,百廢具舉。夏講冬禪,靡有虚歲,宗徒翕然,來歸者衆。其後僧教育會、佛教總會之設,皆以師主其事,護法衛道,一身任之。師貌奇偉而口吃,性伉爽,無城府,能忍辱負重無少畏。其初不解世諦文字,作書非篆非隸,後忽有悟,好爲詩,殫精苦思,推敲至廢寢食,久而益進,當代耆宿通人,如湘中郭伯琛侍郎、王益吾學士皆激賞之,爲叙刻其詩,而江右陳散原、閩中鄭海藏兩徵君樂與唱和,爲方外交。至其秉性之摯,遇事之勇,慈悲救世,普度衆生,則合於六度萬行利生之旨,誠佛門之龍象也。改革而後,東南名山古刹岌岌不保,師過余言之出涕,謂將入都請命。既北行,士大夫見者歡喜贊嘆,傾動遐邇。未及十日,示寂於京師法源寺,寔壬子十月二日,世壽六十有二,僧臘四十有五。法源寺嗣法弟子道階等爲治喪事,奉龕南歸,先是師就天童青龍崗自營塔院,環種梅花,顏曰冷香,復自爲銘,嗣席凈心,爰於是年十一月九日啓塔藏真,永資供養,禮也。著有《語録》二卷、《八指頭陀詩集》十卷、《續集》二卷、《白梅華詩》一卷、《文集》二卷。論者謂天童自明季密雲禪師以臨濟第三十世開法,兹山六坐道場,號稱中興,後二百八十餘年惟師能繼其盛。烏呼!如師者於法宜銘,銘曰:蔚彼南嶽,鍾毓靈秀。振禪宗兮,惟師篤生,能仁所授,稱大雄兮。耿耿太白,卓錫東來。主天童兮,以詩悟禪。妙想天開,極靈通兮。滄海横流,佛門擁護。罔恕恫兮,大慈大悲。捨身救世,以此終兮。冷香如雪,萬樹梅華。塔當中兮,製詞刻石。昭示幽遐,傳無窮兮。歲在戊午仲秋之月。住持凈心立石。"

朱義方書張美翊記:"寄禪和尚,佛門龍象,駐天童最久,與余爲文字交。改革而後,入都爲佛寺請命,遽爾圓寂。凈心來請塔銘,清道人爲仿大代華嶽廟碑書之。今道人又於八月化去,人生真如夢幻。余文不足觀,道人書則絶品也。因將手蹟付之石印,使海内外名山大刹多見道人書即如見和尚云。庚申孟冬月,甬

上張美翊記，朱義方書。"(庚申歲仲冬月新學會社影印)

庚申臘八日，爲李仲尚節録《漢書·倪寬贊》。

自書："(節録《漢書·倪寬贊》略)庚申臘八日葬阿某天闕之東麓。廿九臨穴，今日墓成。仲尚弟治葬事甚勤，每談阿某，色爲之變。"(《曾熙書法集》，上海辭書出版社 2013 年 10 月版)

南京葬清道人歸，1921 年 1 月 18 日庚申臘八後二日爲劉湖涵書"朝徹書屋"齋額。

自書："朝徹書屋。庚申蠟八後二日，從天闕歸，爲湖涵仁兄法家題此，曾熙。"(同上)

紙本。65×258cm

鈐印：曾熙之印(白文)。閑居翫古不交當世(朱文)。

庚申臘月，書"洪詞留石逸，華勢上流黄"五言聯。

自書五言聯："洪詞留石逸，華勢上流黄。庚申臘月，曾熙。"

鈐印：曾熙之印(白文)。農髯(朱文)。

1921 年 1 月 19 日訪譚延闓，述南京葬清道人事。

《譚延闓日記》同日條："一月十九日晴，寒暖五十度。(騎至袁家)發信：大生第三書、仲圭、寅邨。受信：寅邨、石醉六三。宋滿電。八時醒，坐三十分起。正食粥，徐鶴仙來。唐心滌、吕滿、朱九繼至，朱九忽覺病，午飯後遂去，諸人並出。彭静仁來。余爲人作屏聯書久之。呼被馬，與大毛同至袁家，見伯夔，復登樓，與淑談久之，乃袁六歸。上燈後，復與大毛騎還。大武偕唐、吕、李六來。晚，有子武送野鷄，以電爐燙食之。毓昆亦至，飲數杯。看叔乾與毓昆下棋，至十一時乃上樓睡。以同人見贈之照相機拍照，電鍋煮食。高明志送酒四罈來，殊平平。曾九來，稍坐即去，云自南京葬道士歸。夢與趙、林同渡，趙被刺，林爲李某推墮水中，復與人哭趙甚久，不知何祥也。"

1921 年 1 月 24 日庚申臘月既望，題《擴大〈散氏盤〉》。

題《擴大〈散氏盤〉》："《散氏盤》横行，盤奥勢似欹而反正，金器中獨樹一幟。阿某見各家所擴，大小或失宜，爰令其弟旭君再擴此本，幾經改定，用心良苦。阿某於此器用功既深，已成絶詣，今不可得矣。庚申臘月既望，農髯熙識。"

鈐印：曾熙之印(白文)。

題籤："道人擴大《散盤》。農髯。"

鈐印：曾熙之印(白文)。

胡光煒題："篆體至周而大備。其大器若盂鼎、毛公鼎、曶鼎、齊侯罍、王孫鍾之屬，結字並取縱勢，其尚横者，惟散氏盤而已。先師李文潔於此得力最深，遂一易漢以來篆書舊習，更以其筆勢入雲峰諸刻，其遒厚乃欲過鄭道昭。公生平以碑學聞海内，其導源實在此也。公又云此書極似欹實正之妙，學者須求得重心，有一筆平置便非。震亞主人印此本成，漫記平日所聞於此。庚申十二月，胡光煒。"(《道人擴大散盤》，震亞書局發行出版)

鈐印：胡(朱文)。

同日，爲蔡逸民臨《馭方鼎銘》。

臨《馭方鼎銘》："(《馭方鼎銘》略)庚申臘月既望，臨馭方鼎。逸民仁兄法家正之，曾熙。"(《曾農髯遺蹟》，收藏者蔡逸民、王一亭，編輯者李良臣，上海華商書局1931年2月版)

鈐印：曾熙之印(白文)。農髯(朱文)。閑居翫古不交當世(朱文)。

按：蔡逸民(1889—?)，諱清，廣東潮陽人，停雲書畫社、爛漫畫社社員。工畫竹。年五十餘。

同日，臨《盂鼎銘》。

自書："(臨《盂鼎銘》略)《盂鼎》直而方蓋，從殷制脱化，漢之《景君碑》、吴《天璽碑》一脈相貫耳。庚申臘月既望，農髯曾熙。"(上海嘉泰2007年秋季拍賣圖録)

紙本。141×71cm

鈐印：曾熙之印(白文)。農髯(朱文)。農髯年六十以後作(朱文)。

在滬爲李仲尚節臨諸碑，臘月既望臨畢題跋。

自書："(節臨諸碑略)庚申臘月既望，仲尚弟自江寧來上海，隨意書此數段，留伴行篋。熙。"(上海榮寶齋2014春拍圖録)

紙本。32×410cm

鈐印：曾熙之印(白文)。農髯(朱文)。

庚申臘月，題《錢南園書魯公自告、杜工部詩合册》。

題《錢南園書魯公自告、杜工部詩合册》："滇中有某孝廉，嘗爲南園老人書，南園老人見之,亦幾不能辨,殆永州楊太守之於蝯叟也。此兩册皆使車驛舍所書日課,臨池自賞,無人之見混濁其高懷,所以過人也歟? 庚申臘月,農髯識。”(《錢南園書魯公自告、杜工部詩合册》,震亞書局民國石印本)

1921年1月30日庚申臘月廿二日,致箋扇店鏡澄書,請將名下五十元交高遐叟度歲。

與鏡澄書:“自南京歸,各店紙卷概擱置,因先收尊店各件書上,約四十元,請再提前年十元,共五十元交(高)遐叟爲除日爆竹之費。此非遐叟意,熙念老友耳。務乞除日前先請送上,至懇至懇。鏡澄仁兄閣下,熙書。尊公前叩安。臘月廿二。”(私人藏)

同日,復李肖白書,約談從學事。

與李肖白書:“自江寧初歸,忙迫異常。足下前書云求學,髯實無學,不足言教。明晨少候,乞移駕一談。肖白仁兄閣下,髯頓首。廿二。”

按:李肖白(1895—1940),筆名病杏。江蘇崑山徵儀人。早歲畢業於上海龍門師範學校。嗣後,先在無錫、吴縣惟亭等處任教。1936年,應聘任上海三友實業社秘書,兼理職工教育。淞滬淪陷後,一度避難於徵儀、張浦、甪直,1940年10月病歿於上海。肖白學識淵博,志行高潔,拒入仕途。汪僞統治時,與任僞職的友人皆斷交,爲時人所稱道。擅書法,從曾農髯爲師,初習顔體。後出入秦漢,師古而能跳出前人窠臼,既逶婉秀逸,又淳厚見骨力;於碑刻無不精研,尤長《瘞鶴銘》,屬北派碑學。曾於1935年創辦上海第一所經市教育局立案的肖白書法函授學校,造就甚衆,厲國香、單曉天(孝天)以及蔣逢年、馮驥等皆出其門。著有《書法入門》、《書法指導》、《書法菁華》等。

1921年1月31日庚申祀竈日,書“閑誦南華秋水,雅慕北海高風”六言聯。

自書六言聯:“閑誦南華秋水,雅慕北海高風。庚申祀竈日,農髯曾熙。”(私人藏)

紙本。150×40cm

鈐印:曾熙之印(白文)。農髯(朱文)。農髯年六十以後作(朱文)。

庚申臘月,自書論書不得以時代論。

自書:“書有時代,惟得天軼群之才,氣骨偉邁,胸次高絶,故書不得以時代

論。庚申臘月,曾熙。”(私人藏)

紙本。100×48cm

鈐印:曾熙之印(白文)。

庚申臘月,爲寶慶書行書條幅。

自書:“《鄭羲下碑》,北書中之能手,然局蹙中規少天趣。阿某困此幾二十年,卒以《散盤》變之,乃起生。此紙頗舊,能生妙趣,寶慶仁兄法家正之。庚申臘月,曾熙。”(《曾熙書法集》)

紙本。175×46cm

鈐印:曾熙之印(白文)。

約是年,爲寧波阿育王寺書“千山風月朗,萬壑雨花肥”章草五言聯。

自書:“千山風月朗,萬壑雨花肥。”

紙本。91×22cm

鈐印:曾熙之印(白文)。閑居翫古不交當世(朱文)。

張大千題:“此書先師爲寧波阿育王寺書聯也,以肥花字顛倒遂棄置之,爲十弟君綬拾得,今吾師與吾弟皆先後下世矣,記此腹痛。癸酉夏,爰。”(《曾熙書法集》)

鈐印:張季(白文)。

張大千題籤:“曾夫子章草聯,弟子張爰。”

收藏印:大風堂長物(朱文)。

1921年2月1日晚,宴客陶樂春,到何詩孫、余堯衢、俞明頤、譚延闓、澤闓、吕滿。

《譚延闓日記》同日條:“二月一日陰雨,寒暖五十度。(飲陶樂春。看共舞臺。聽新世界)發信:夷午、宋滿、袁雪安、耀亭。電宋滿。受信:楊達生、雪安。阜南、宋滿、愷心。八時醒,坐三十分起。王東六自長沙來,携種種物事。石醉六來談,欲今日行也。粥後,李華英來,云今日赴湘。張自立來,新由美畢業歸。詢其所學爲土木工程,談久之。朱九來,偕出至吕滿家,見大武。余出訪醉六於惠中,不遇。歸飯,爲聶三寫大中華紗廠楄額。偕安甫至新世界,大武、吕滿、繩生、(老岳)先在,聽何質臣《悲秋》,有凄冷之感,黑姑娘《刺湯》多激越之聲,歎爲佳絶。出至陶樂春,曾九請客。何詩翁、余堯老、俞三、吕滿及余兄弟,客少菜多,不能净盤。散後,同吕滿、大武至共舞臺看蓮英被難事,爲六月間實事,演來亦殊奇詭,凡演九小時,中間一《陰陽河》耳。上海戲胡調,要以演此種爲宜。岳、李、細毛亦在坐，一時乃散歸。外姑尚相候未寢，爲悚然久之。祥今日至袁家，見翠仙，云瘦損甚也。二時後睡。"

1921年2月6日庚申小除日，背臨《張黑女志》。

自書："(背臨黑女志略)庚申小除日，背臨黑女志，農髯曾熙。"(私人藏)

紙本。131×65cm

鈐印：曾熙之印(白文)。農髯(朱文)。農髯年六十以後作(朱文)。

題籤："曾熙背臨黑女志中堂。壬申夏月，甄雅堂。"

鈐印：甄雅堂藏(朱文印)。

庚申小除日，臨大統寺造像銘。

自書："正光三年七月大統寺造像，一國祚永寧。大統寺造像雄厚逸雅，庚申小除日，曾熙。"(私人藏)

鈐印：曾熙之印(白文)。

1921年2月10日午後譚延闓來，談至五時。

《譚延闓日記》同日條："二月十日陰，寒暖四十八度。(至俞家、谷家)發信：趙、胡八、蒓生、和亭。李芾棠電。受信：彦材、子靖、趙林、彭等。和亭、蒓孫、詠安、梅齋、霖倉、恭吉。八時醒，坐三十分鐘起。松村、霍晉來談，禮衡亦至。張馨吾、彭巨川來，辜蘭生來談，介夫來，李希易來。偕安甫、大武以人力車至俞三家，吕滿、雲台、管城、慎餘、袁大、朱九、堯衢、宏群、毓昆、子武。一時入席，凡二桌。衡生、曾兆鹿及胡先生又一馬姓加入，未半，左良孫、南孫來。頃之，繩孫亦來。飲數巡，菜以牛汁爲絶美，食麵而散。余獨出拜客，聶家不得□，□曾九夫人，坐頃，曾九歸，談至五時歸。韵方自袁家歸，歡喜相告。作書頃之，周砥青來，與簡先生、秋、年、細毛、康伢擲升官圖，衡生亦歸，加入。飯後，復擲至十二時，祥姑由劇團歸，淑邀往也。一時乃睡。"

1921年2月13日辛酉正月六日，爲紀念母親逝世八週年，書《心經》於清道人爲母親所造釋迦像。

按：見1920年2月條題李瑞清畫佛："大顯光明。(《心經》略)庚申二月，敬乞阿某爲太夫人造釋迦像一軀，度一切苦厄，超然光明界中。辛酉正月六日，太夫人諱日已八周，季子熙焚香薰沐敬書《心經》並記此。"

1921年2月15日，晚飯後送劉石庵小軸至譚延闓寓。

《譚延闓日記》同日條："二月十五日晴陰，寒暖五十二度。（飲陶樂春。至章太炎許）發信：電夷午、宋滿。受信：子靖。夷午電、宋滿電。八時醒，坐三十分起。下樓讀報，胃不適，遂不早餐。康伢子來，手持小照像器，云岳爺所賜也。余爲諸女拍照門外。余堯衢來，久談去。午以車至陶樂春，李安甫請客，俞三、袁大、吕、岳、蕭、張、二羅、唐、大武，飲啖不多，皆疲於酒，正月之効也。既散，余獨詣太炎，談其子，出見，方五歲也。遇田桓，自號葦道人，田桐之弟，云從道士學者，以畫出視，云學八大山人也。歸家，率秋、年至新世界，年年騎驢，秋乃不敢，又可怪者。遇唐芝軒，云聽黑姑娘，實則人擁擠不能入。與兩小孩遍歷各處，食蝦仁春卷於中菜室，盡九枚。年年七枚，秋僅五枚也。歸家已七時，諸兒並至，康伢亦來。晚飯後，曾九送劉石庵小軸，其所珍惜，謂與道士競得之者也。十時登樓，祥尚未歸，以燕醫生藥塗脚。十一時睡，甫睡，祥歸。"

1921年2月20日譚澤闓生日，與李筠庵往賀。

《譚延闓日記》同日條："二月二十日晴，寒暖四十六度。（游新世界。大武生日）發信：蔣介石、黎九、胡宇平、趙林、石侯。電趙。受信：得趙電。黎九、醉六。七時三十分醒，坐二十分起。今日大武生日也，松村、禮衡來最早，及後，吕、岳、張、二羅、唐、梁、王希易、俞三、朱九、袁大陸續至，堯老、曾九、李三、周多齡則別食麵而去外之也。謝重光來，言香溪悼亡，意在得賻，許以數百元資之，吾送之出。諸客已餓，乃入席，凡兩桌，桌各十人。袁六、汪四、唐芝仙來加入。及散，看細毛、康伢騎車門外。細毛近來氣質甚好，且知向學，故買此車以奬之，直八十元也。小兒索騎，乃令牽兩馬來，與俞三、朱九看之門外。及去，與俞、吕、大武率大、細毛、康、秋、年至新世界，徘徊甚久，安甫亦來會，及歸已上燈。晚飯後，作書久之。十時上樓，以燕醫生藥敷脚，十一時乃睡。以三百元賻朱湘溪之妻喪。"

1921年2月24日辛酉正月十七日，鄭孝胥來訪。

《鄭孝胥日記》同日條："過立村、魯青、李賡餘、鄒紫東、朱筱嵐、曾士元、宋澄之、王聘三皆晤談；莊得之、沈次裳、朱古微不遇。"

1921年3月3日與李筠庵訪譚延闓，爲求信事。

《譚延闓日記》同日條："三月三日晴，寒暖四十八度。（鍼灸今日畢事。受符）發信：第七書並像寄大生。受信：晉棠。六時五十分醒，坐一小時僅十分鐘許，覺有定耳。起作書與大生。下樓，看報。粥後，王鴻逵來，馬慎堂所使也，談久之去。劉問之來,言往粤使命。及去,遂午飯。後看《晶報》久之,乃云我已黄冠爲道士以懺,湘子且作詩見嘲,亦可笑也。徐佛蘇來談。曾九、李三至,言求信事。黄先生、謝君來爲吾鍼灸。吕滿、心滌來,旋去。黄先生云今日便可收工,不更針矣。又以一符見傳,珍重而去,明日行也。晚飯後,爲唐晉棠題湘綺書圓明園詞册子,初但數語,後乃述吾游圓明園事,數百言,墨淡字孱,殊不契也。登樓已十時三十分,遂睡。"

1921年3月6日午,錢沖父以名廚張十二做菜請客,午與李筠庵往,座有譚延闓兄弟、朱伯煌父子、張子武兄弟。

《譚延闓日記》同日條:"三月六日晴,寒暖五十四度。(喫張十二菜。聽《斬紅袍》。去綿套袴)發信:浴岷、大生第八書、汪九。受信:熊陽藴、于科生。六時四十五分醒,坐一小時十五分起。下樓,讀報。連日試食稻則便結,食麵則否,擬今日完全食麥以驗之。早食饅頭二枚。易次乾來談。爲人作屏聯書。午偕大武至子武家,錢沖父□張十二作菜請客。曾九、李三、朱伯煌及其子石曾、子武兄弟同坐。魚肚去九元,然未及我家舊製也。酥粉鴨鬆則至美,山查核桃杏酪次之,鴿子牛脺肉方又次之。豆腐香蕈薰魚、炒菜心、蒸筍湯則平平,炒雞則不佳矣。然高出廚子手段多矣。(劉問之來,旋去。)既散,與大武歸,祥姑來書房,云即入校。大毛、細毛、康伢亦先後入校去。朱九送湯圓來,盡五枚。吕滿來,旋同大武出。余與諸小兒説先君故事,遂不晚飯。至十時,出至大舞臺,子武先在,正看《白水灘》、《陰陽河》,大武、吕、岳、俞三、心滌、毓昆陸續至。鴻聲之《斬紅袍》,新編劇也,以唱辭列戲單後,實則唱多而無喫緊處,劇情則滑稽,袁大以爲有諷刺也。十二時三十分到家睡,秋已睡,外姑方鬥牌罷也。"

1921年3月8日晚,何詩孫在陶樂春宴客,座有譚延闓兄弟、吕滿、李筠庵、袁伯夔、袁思彦、俞明頤、朱九、汪四。何詩孫言其祖紹基作書不擇筆,强半用浙毫,用迴腕高懸法,坊間流傳用長鋒之説不確。

《譚延闓日記》同日條:"三月八日晴,寒暖五十二度。(飲陶樂春。至新世界。聽消遥津)發信:電夷午。子靖。受信:天三、子靖、夷午、阜南。六時五十五分醒,坐一小時十分起。下樓看報,胃不適,呃逆甚,遂不早餐。介夫來,王儒堂來。客去,岳、吕先後以時若携夷午、宋阜南書見示,並致千元,云夷午屬寄者也,吾亦擬電復之。午後同大武、安甫出至新世界,吕滿亦來,聽黑姑娘、恨又是《華容道》。老岳偕時若、立誠來,禮衡、伯蒼亦至。既坐久之,偕大武、吕滿至陶樂春,赴何詩翁招。俞三、曾九、李三、袁大、袁六、朱九、汪四同座,菜多而貴,老輩風氣如此也。既散,久談,詩老言貞翁作書不擇筆,半浙毫,彼時無湘毫也。長鋒之説亦不確。又云迴腕高懸法,陶文毅亦如此,與前言南園法者異矣。嘗在内閣寫榜,常熟簽名亦如此,運筆如飛,極快也。散後,至大舞臺,《春香鬧學》、《鐵公雞》、《大英節烈》,於是鴻聲之《逍遥津》出,詞句較尋常本竄易甚多,唱工亦不同,别是一味。歸已一時矣,遂睡。"

1921年3月8日辛酉正月廿九日,復信李瑞清四弟瑞蔭,調解其兄弟姊妹間爲錢財而導致之齟齬。

與李瑞蔭書:"培弟便覽:去歲得弟三書,嗣又得令妹及令妹倩各書。骨肉至戚,無須多辭,弟細細想想,同胞尚有何人?又細爲令母想想,九泉之下,亦但願弟姊二人和好。將來生孫,光大令母氏一脈,亦在今日成親始。惟弟向來説話直率,因之不無小嫌。然總須婉和,平情盡理。既已成親,一切均以節儉。至寄存之款,令妹倩寄來數單,亦極明白。此後請彭楚翹先生爲第三人,無論典借及生息之多寡,必經楚翹(先)生畫押,從此弟可安心矣。餘詳楚翹先生函中。即詢近佳。熙頓首。正月廿九日。"(原件)

鈐印:曾熙之印(白文)。

收藏印:姚雲江印(白文)。二仲居士(朱文)。二仲居士姚雲江藏(白文)。

按:李瑞蔭:生卒不詳,號培庵,江西臨川人,李瑞清四弟。

1921年3月9日辛酉正月晦日,爲調解李瑞蔭與其妹之矛盾,再寫信與李紹庵。

與李紹庵書:"紹庵仁兄閣下:去年得大簡數函,皆詳言令舅培弟之事。並承示數單,具見公道。去歲寄此款,在道人墓且未修,先提六百。熙亦負債極多,先補送四百,意在託閣下經理三年之後方開支。三年後方成親,以三年中之息穀所入,爲成親諸費。今既提前辦理,不無所損矣。培弟之性,閣下夫婦亦早知之。但細細思之,除尊夫婦外,更有何人可託,一切乞閣下以同胞遇之,雖涕泣而道可也。惟銀錢細事,雖析爨之兄弟,亦須載明紙筆,以免嫌隙。今與筠庵(按:李瑞奇)三弟同商辦法,請楚翹兄爲第三人擔任之,務求賢夫婦勿以口角小嫌置之不理。培弟另有函詳告之。春寒,幸珍攝。熙頓首,正月晦日。令夫人前均此。"

鈐印:農髯(朱文)。

藏印:二仲草堂(白文)。二仲居士姚雲江藏(白文)。

1921年辛酉正月題《湘綺手鈔圓明園詞》。

題《湘綺手鈔圓明園詞》:"小雅刺君,不傷忠厚,任意出入,子長已然。游觀之樂,太平盛業,無傷治體。上林有賦,相如不死。願晉棠先生重寶之。辛酉孟陬,熙。"

鈐印:曾熙之印(白文)。農髯(朱文)。

章炳麟題耑:"湘綺遺墨。章炳麟署。"

章炳麟題:"壬翁《圓明園詞》,多存故實,而宫寢燕昵之事,錯見其中,然未嘗過爲輕薄也。余每見清季人士喜述宫庭狎嫯之情,其言絶穢,心甚惡之。夫衽席幽昧,誰所明覩,况乎夷惠腥穢,是其故常,雖世載雄狐,何足深咎,言之累幅,徒汙豪楮而已。壬翁所賦,猶存小雅遺意,故可存也。若必窮究事狀,則失之賦矣。庚申秋,章炳麟識。"

曹惠題:"壬翁所書《圓明園詞》,余所見凡三本,其一爲攸龍璋研僊書,其一爲外王舅張力臣布政使(甲寅之歲,六月二十,外姑郭宜人曾以所書給我,是夕壬兒生,命之曰壬,所以記物也,旋爲敗子盗去,今不知歸於何處),一即此册,价蕃者族曾王父知府君字也,子孫世寶,傳爲秘本,誠以自注故實,外間而不聞,視張龍所藏尤難得矣。知府君家世清貧,今子孫益不能耐,乃以銀一百元,因惠轉鬻於石門唐榮陽晉棠,晉棠與惠同學相好,知其能爲典史故也。昔郭丈家鏞告余《湘軍志》一朝典册,何能如《圓明園詞》任意出入,壬秋侻略不顧,亦殊可惜。郭丈所謂任意出入,不知所指。若《湘軍志》云云,猶《湘軍志平議》,又一家言矣。昨月門人龔心桂徠言,有人糾正《圓明園詞》,載之某雜誌,心桂不能竟舉其辭,不知眂徐朩鴻叙如何?要之,一朝典册,傳聞異辭,意中事耳。湘綺樓刻本如'圓明始賜在潛龍',此册作'圓明拜賜本潛龍','上東門開'此册作'東門旦開丞相迎兵','生取節'此册作'袛取節'(生取節,死當門,偶語合也,當以改本爲是)。雖字句之迹,不干大旨。然校讎之學不絶,必有以此爲枕中書者,豈獨白頭宫女,仞爲故錦奇觚之邪!晉棠保之,身死之後,仍當歸諸識者。庚申秋,長沙曹惠。"

譚延闓題:"余年十七得讀湘綺翁此詞,聞有自注,求之不得。後乃得徐叔鴻序,意未盡也。及見湘綺翁長沙,亦云徐序乃就自注演成,因欲求觀,則久删棄,不可得矣。去歲歸滬上,見家弟有鈔本,即此册,積想廿餘年,始獲見之。未二月,曹君孟其寄此册來,爲晉棠索題,乃知已爲晉棠所藏弆,留案頭匝月,謹題記還之。辛酉驚蟄前三日,延闓。"

又:"湘綺翁語余,圓明園毁後,周垣半圮,鄉人竊入盗磚石,伐薪木,無過問者。然品官無敢往游,云禁地也。爾時士夫迂謹可笑,類如此。延闓甲辰至京師,欲尹佩之偕往,咋舌不敢去,縱馬獨尋,不識路而返。辛亥夏,訪陳鳳光於清華園,始約同游。仍入自福園門,麥隴彌望,如行野田中。訪所謂雙鶴齋者,不可得,蓋湖西軒亭亦不在矣。惟極西有樓閣,以白石爲之,略如今泰西製雕鏤精美,壁立如故,玲峰一石,挺然孤秀,猶矗榛莽中,按之徐序,知湘綺翁當時未至此境也。黄澤生聞余言,欣然復偕往。是日更游頤和園。澤生問余兩游孰佳,應之曰:頤和之游,人人所同,至圓明園,於瓦礫想見亭館,於蘆葦想見湖沼,於荆榛想見花樹,非曾見《圓明園詞》者不知也。澤生笑謂吾意云:然君亦爾耶? 後數日,見于晦若,言李合肥乙未後罷鎮居京師,與人言及園居時事,凄然傷心,遂往游焉。明日爲言者所劾以擅游禁園,下吏議鐫級。其時雙鶴齋采芝徑長廊猶存。蓋同治末曾小修葺,旋罷。庚子復被焚燬,遂蕩然矣。于又言頤和之營,即爲規復圓明計,使無甲午一役,久已大興工作矣。嘗戲語合肥,與其沈之威海衛,無寧置此地佳也。合肥爲默然云。偶憶舊聞,因並記之。延闓。”(《湘綺手鈔圓明園詞》,民國石印本)

1921年3月11日辛酉二月二日,書“神禽翔八表,靈蘭香四時”五言聯。

自書五言聯:“神禽翔八表,靈蘭香四時。辛酉二月二日,大雨如注。農髯曾熙。”

紙本。170×44.5cm

鈐印:曾熙之印(白文)。農髯(朱文)。閑居翫古不交當世(朱文)。

1921年3月25日《時報》刊出《曾農髯先生鬻書直例》。

《曾農髯先生鬻書直例》:“楹聯:丈二尺二十四元,一丈二十元,八尺十二元,七尺十元,六尺八元,五尺五元,四尺四元,三尺三元。

堂幅:丈二尺三十四元,一丈二十四元,六尺十六元,七尺六尺八元,五尺六元,四尺五元,三尺四元。

屏幅:丈二尺每幅二十二元,一丈十六元,七尺八尺十元,六尺六元,五尺五元,四尺三尺四元。

横幅:整幅同堂幅,半幅同屏。

琴條:同屏。

卷子:每尺四元。册子:每尺四元。

榜書:每方尺三元,四尺三尺每尺五元。

黄白紙同直。行草不减。摺團扇:每柄四元,行草不减。

小真書:十二元。名刺:每字二元。銅牌及書眉册首同。

(一) 篆書同真書,行草比於真書减一元。

(二) 碑誌及名人書畫題跋别議。

(三) 册頁以一尺爲度,過則倍之,每開五行行五字爲例。

(四) 屏聯來文加倍。金箋宫絹綾子加倍。加烏絲欄者别議。楹聯過八言别議。

(五) 壽屏十六幅十二幅二百元,八幅六幅百元,每幅六七尺六行,五尺五行,整幅倍之。整幅書全文别議。

(六) 屏幅五尺以上三行,四尺二行,加行别議。凡書六五四尺二行,通錦屏比於原直減一元。

(七) 凡屏聯九尺五與一丈同直,餘例求之。

(八) 磨墨費加十之一,生宣紙過尺倍之。

上海有正書局啓。"

1921年3月27日辛酉二月十八日,晤譚延闓,談論碑帖。

按:見下條。

1921年3月28日辛酉二月十九日,致向燊書,促向燊携眷來滬。

與向燊書:"前書想入覽。昨晤譚畏公(按:即譚延闓),云《麻姑壇》知者甚少,餘件尚易得主。北京人曹,未來。何時携令眷來滬? 乞先發書,當爲料理一切。前所租屋,主人已租出。吴劍秋云三月當遣眷赴京就食,但吴祇屋二間,未必合用。畢傭已覆一書去矣。湘荒亂如此,奈何奈何! 樂兄親翁。熙頓首,二月十九。令女安適、檢生頗解文,其爲書又有進前處,並告。"

鈐印:曾熙之印(白文)。

藏印:雲江心賞(朱文)。

按:安適名俊彦(1902—1960),向燊之女。檢生名季鳴(1905—1960),曾熙五子。

辛酉二月,節臨《毛公鼎》。

自書:"(節臨《毛公鼎》略)《毛公鼎》雍容純穆,玉珮鸞鏘,蓋西京之文字至晚周,勢趨奇譎,争尚繁重,故李斯以殷法反之簡直,文質遞嬗,殆亦勢耳。辛酉二月,曾熙。"(浙江瑞豐2008春拍圖録)

紙本。128×61cm

鈐印:曾熙之印(白文)。農髯(朱文)。農髯年六十以後作(朱文)。

辛酉二月,爲德炎書"文氣得左遷諸作者,懷抱是管樂一流人"七字聯。

自書:"文氣得左遷諸作者,懷抱是管樂一流人。德炎仁兄法家正之。辛酉二月，曾熙。”

172×35cm

鈐印：曾熙之印(白文)。農髯(朱文)。閑居翫古不交當世(朱文)。

辛酉二月，節臨《石門銘》。

自書：“(節臨《石門銘》略)予得此字未損本，其褾本紙，蓋雍正曆書也。辛酉二月，曾熙。”(中貿盛佳 2011 年秋拍圖録)

紙本。132×64cm

鈐印：曾熙之印(白文)。農髯(朱文)。閑居翫古不交當世(朱文)。

1921 年 4 月 2 日至譚延闓寓，俞明頤、汪九均在，談話至天暝，相率至余堯衢家，同席有陳伯嚴、袁伯夔、袁思彦、何詩孫、吕滿、曾七，席罷談笑至十時歸。

《譚延闓日記》同日條：“四月二日雨，寒暖五十九度。(飲余堯老家。大熱。至朱家)發信：第十三書。七時十五分醒，坐三十分起。近日睡遲神疲，於坐功大退，後當戒之。略清理桌上物。大武送舊照像鏡來，有青島照片，使人慨想前游不置。偕汪九、大武、吕滿至朱九家，今日兩丈百歲冥壽也。行禮後，留喫炸醬麵，盡四碗半。余堯翁父子亦在，不食而去。余歸，爲人書扇。簡先生得家信，其太夫人以避生日入城，至石灰嘴，舟覆，溺兩孫，皆簡先生從子也。事極慘酷，苦無以慰之。俞三來，同汪九、大武出。余登樓，清抽屜，所謂戊午日記竟不可得，爲之不怡。下樓，曾九、俞三、汪九皆在，談至暝，相率至余堯翁家。伯嚴、袁大、袁六、何詩翁、吕滿、曾七皆在。酒尚可，菜亦有佳者，醉飽而罷。與諸人笑談至十時乃歸，煮豆咖啡食之，談至十二時乃睡。三十六號屋後餘地，以五百元購得之。”

1921 年 4 月 3 日午往張子武家赴宴，座有譚延闓、澤闓兄弟，汪九、李安甫、吕滿、俞明頤，陳伯嚴、袁伯夔。張十二辦菜，菜絶佳，主客稱美。

《譚延闓日記》同日條：“四月三日晴，寒暖六十二度。(飲子武家。看戲共舞臺)發信：電宋滿。受信：藺生。七時五十分醒，坐三十分起。寫簿籍，清物件，未早飯也。下樓看報，爲人作屏聯書。至午，同汪九、大武、安甫、吕滿往子武家。曾九、俞三先在，待伯嚴、伯葵至二時，乃來入席。飲吾携佳釀，張十二辦菜，魚翅五斤，極清腴之美，與吾家異曲同工，非鄭、蕭、曹廚所能望也。笋尖、鴨鬆、雞片、萵苣蒸鯽、蠔油豆腐、蓮子泥皆致佳，玻璃菜下飯尤鬆脆。主客歎美，各各滿意，至爲歡暢。飲加非而散。與汪、吕、大武至新世界,無意思。歸家飯。淑歸,與清書籍。八時同汪九、吕滿、(大武)至共舞臺看十五本《宏碧緣》,情節奇詭,張文艷之《苗娘子》亦形容盡致,皆歎美,以爲難能。歸已一時,與汪略談即睡。"

1921年辛酉清明後,爲嚴載如書"嘉命惟書之鑾旂上,新辭以勒入寶册中"八字聯。

自書八字聯:"嘉命惟書之鑾旂上,新辭以勒入寶册中。載如仁兄法家正篆,以齊罍筆法寫此。齊變魯法以紆曲爲妍,已失周京正矩矣。辛酉清明後,曾熙。"(西泠印社2010年春拍圖録)

紙本。165×37cm

鈐印:曾熙之印(白文)。農髯(朱文)。農髯六十後作(白文)。

1921年4月12日,假張子武家請客,仍由張十二辦菜,到有譚延闓、澤闓、汪九、李安甫、俞明頤、吕滿等。

《譚延闓日記》同日條:"四月十二日晴,寒暖六十度。(易薄綿襖袴。至先施、長濱路。飲子武家。飯大武處。翦髮、浴、修脚)發信:醉六、宏群、第十五。受信:王明燮、王愷心。宋滿電。五時四十分醒,坐一小時起。爲年年照牽狗像。粥後,清理部署各事,陳設兩客房。胡海帆來自南京,與外姑同見之,談甚久。既去,與秋坐汽車,送年至大武宅,遂偕大武至先施買物,大武以舊藏電鐘送我。同至塘山,邀同汪九、安甫至子武家。曾九請客,張十二治庖。俞三、吕滿同坐。有翅翁,不如爾日之佳,然已醉且飽矣。飲加非,看子武所照雁宕諸勝,如看宋、元山水,始知四王所自出,令人不敢更鄙寫意畫矣。汽車换照去,余與大武、安甫以電車至洗清池翦髮,就浴,修脚。脚爲修者所傷,出血多,行遂跛。復至先施,乃到大武家飯。年年、德伢又從四太往塘山路居矣。九時,同安甫至小有天定鳊魚,又至東亞訪鳳岡,不遇乃歸。以車送四太、衡生、年、德去。汪九歸,談至十一時乃睡。"

1921年4月13日午後訪譚延闓。李道士之媳婦胡氏來譚宅訴苦。

《譚延闓日記》同日條:"四月十三日晴,寒暖六十二度。(易薄綿袍。至袁家。飲小有天)發信:電宋滿。受信:宋岳子電。宋滿、棣松。五時四十分醒,坐一小時起。寫賬,部署,至八時半食粥。俞三來,大武來。清理箱篋。午飯,試吕滿贈酒,殊不佳。毓昆來,曾九來,李道士之媳婦胡氏來訴苦,袁六同淑歸。汪九、李安甫、俞三、大武先去,曾、張後行,余與淑談甚久。楊福勝至自長沙,詢近事甚悉。偕袁六夫婦以汽車至斜橋,見袁大,詢其母病狀。吟秋同食麵,又至淑房坐頃之,乃以汽車至小有天。與大武請客汪九、俞三、鳳岡、吕滿、心滌、安甫。召伎侑酒,有林黛玉年六十矣,長汪九一歲,鬌髮如雲,膚理細膩,其妖物矣。歸已十時,略坐即睡,甫十時半也。足痛仍跛。汽車换新篷來。"

是日,晤朱古微,約同人初八日午刻到舍下小酌,旋改定初十日。

與李敬堂書:"今日晤朱古微侍郎,云:蔣(按:即蔣孟蘋)君以公意欲看高(按:指高克恭)畫,已約初八午刻准一鐘舍間小酌。並約雪老(按:即王雪澄)。乞公過舍間一談,但有衡州蠟(臘)肉下酒,勿却也。敬堂先生閣下。熙頓首。三月六日燈下。"

鈐印:農髯(白文)。

與李敬堂書:"早欲招閣下過舍一談,因昨古微先生來言:閣下與蔣孟蘋約看高畫,遂定初八上午。今得古微來書改初十午刻。古微、雪老、孟蘋皆閣下舊好,請以初十爲期,勿罪予率率也。即頌敬堂先生旅安,熙頓首。初七日。"

鈐印:曾熙之印(白文)。

按:蔣孟蘋(1877—1954),亦作孟頻,名汝藻,浙江烏程人。光緒二十九年舉人,曾參加辛亥革命。著名實業家、收藏家。其經營之來遠公司爲著名古玩公司,曾參與炸死徐寶山案。

1921年4月,與左孝同、何維樸等介紹粟谷青書畫。

《介紹歌鳳樓書畫》:"星沙粟谷青先生,前清名孝廉也。主政吏部有年,操守清潔,學問文章超越有清一代。兼精書畫,字學寢饋六朝,尤逼真北海;畫學出入古名大家,於墨竹山水花卉,無不各擅勝場。鼎革後,杜門謝客,以此自娱。兹循同人等之請求,願出所學,以饗世人。另備有潤格,可向收件處、各大扇莊索閱。左孝同、曾熙、哈麐、馬桐、宋錫珪、蔣煇同啓。寓白克路九如里七百零三號。"(1921年4月1日《時報》)

1921年4月17日辛酉三月初十日午,宴鄭孝胥、吴昌碩、王雪澄、朱古微、蔣孟蘋、李蔭堂、姚虞琴於寓所,席間觀清道人生前所藏高克恭《山水圖》及所藏古書畫。

《鄭孝胥日記》同日條:"遂赴曾士元之約,觀高房山山水大幅、褚臨《蘭亭》、宋仲温題跋、黄石齋小行書册、李賓之題《明皇按樂圖》詩卷。同席者有昌碩、雪澄、古微、孟蘋、江西李君蔭堂、上海姚君虞欽(琴)。"

與無名氏書:“道人之房山(按:即高克恭)畫,寄存敝篋。古微、蔣孟蘋索觀。欲約定初十午間,舍下略有衡州蠟肉,借可下酒。”(私人藏)

鈐印:戲海樓(白文)。

按:李翊任,字蔭堂,廣西即補府,經歷賞戴藍翎,署隆安縣右堂。李健族祖祖父。(《李健履歷》)上文有譜主致李敬堂書,或亦稱“敬堂”,待考。

是日,高邕之逝世。

《高邕之逸事△名書家千古矣(丞)》:“高邕之之書法爲海上名家,蜚聲社會久矣。自兩年失聰之後,杜門謝客,不問世事,蒔花種菊,以自遣歲月。客歲忽感寒邪,兩腿無力,遂卧床不能轉側,延至前日(十七號),遽然長逝,海上書家,從此又弱一個。高暮年蓄一禿頭婢,名癩團,得效陶鎔之之無略辨,高於無事時,輒令癩團合掌誦金剛經,此次長離,遺囑以癩團偶其族姪。高生平嗜鼻煙,而從不嗅入鼻孔,無論何種佳品,以食中兩指撳少許,然於移至鼻邊,閉目辨之,有頃,即抹於所着之套褲上,故高所着之套褲,如煙作切煙工匠所服。高與已故之蒲作英(華)爲至交,引爲生平第一知己,往年蒲客死海上,高哭之慟。高兩耳未失聰時,好聽説書,海上城厢内外之書場中,莫不有此老足迹,自病重聽後,天演淘汰,不見此老也。”(1921 年 4 月 20 日《時報》)

1921 年 4 月 18 日午在家宴客,客有譚延闓、俞明頤、汪九等,菜肴之精,使譚延闓頗喫驚。

與譚延闓書:“明日十二鐘有大吃否?如無他局,請過我吃衡州臘肉。並代約俞公,電知瓶弟、吕子何如?無畏道友,髯頓首。初十燈下。汪九爺、安公未另。”

《譚延闓日記》同日條:“四月十八日晴,寒暖五十四度。(飲農髯家。聽亦舞臺)發信:電夷午。受信:特生、崑岡、師吉。夷午電。六時醒,坐三十分起。祥入校去。狗忽生蝨致足跛,可怪也。余堯翁來,同食粥,談至午,俞三來。遂邀余、俞、汪、李同車至曾九家。遇魏選亭携鈔本《爾雅音圖》,圖非甚工,而金碧至今如新鈔,亦與宋槧本合,疑其明影鈔宋本也。曾九設饌極精,出人意外,牛鬆仿張十二,鴨鬆亦新穎。飯畢,偕諸人歸。大武、(龍十)、吕滿先後至,議所詣未定,劉問之來,談今日赴湘,與以百元而去。諸人同步入俞三家小坐,還至家,喫炸醬。汪、吕先以人力車行,俞、李亦洗澡去。余與大武携秋兒送龍十歸,乃至亦舞臺。汪、吕已在。聽《魚藏劍》、《三叉口》、《華容道》、《潞安州》,而後白牡丹之《西湖主》出,做工粗,唱亦平平。吾以狐修人形喻男學女,近日看坤伶,始信其確。王又宸之《空城計》、《斬謖》摹倣叫天,極臨摹之能事,然翻刻,非石印也,已不可多得矣。散已十二時半，歸寢一時矣。"

1921年4月22日辛酉三月穀雨後二日，爲蔣孟蘋書"古今大年，與老彭合契；宇宙崇抱，以管樂相期"九言聯。

自書九言聯："古今大年，與老彭合契；宇宙崇抱，以管樂相期。孟蘋尊兄大法家雅正，集右軍蘭亭集叙字，以焦山殘石水前本筆勢書之。辛酉三月穀雨後二日，衡陽曾熙。"(嘉德2006年第4期四季拍賣圖録)

箋本。215×51cm

鈐印：曾熙之印(白文)。農髯(朱文)。虎賁中郎(白文)。

辛酉三月，題哈少甫所藏李瑞清辛亥城中答程德全都督等書稿遺墨。

題《辛亥城中答程督軍書稿遺墨》："天亦惜斯文，不許文山死。慷慨數行書，知義固如此。大海藏龍蛇，波瀾撼天起。淋漓肝膽血，傾瀉洛陽紙。纍纍草間人，峨峨黄冠士。不置鼎鑊前，誰辨朱與紫。少甫先生出示李文潔辛亥城中答程督軍書稿遺墨，因書其後。辛酉三月，曾熙。"

鈐印：曾熙之印(白文)。

李瑞清《與程都督辭顧問官書》："李瑞清頓首頓首，死罪死罪。雪帥都督執事：頃承照會，命清備員顧問，奉書祗悚，憂心煊灼，怔營累息，不知所措。瑞清頓首頓首，死罪死罪。猥以頑闇，行能無算，少竊科舉，本圖宦達。但秉性迂拙，動與時忤，湛身學校，六年於兹。樂其簡易，差勝乞食，幸免凍餒，無意榮進。前月十七，寧垣之警，省城官吏，聞風先遁，總督張公謬以瑞清承乏藩司。是時危城孤懸，四無援師，外顧隍陴，可戰之兵，不滿五千，内稽府庫，可支之饟，不足三月。明知危巢之下，决無完卵，故受事之日，已無幸生之心。乃以力小任重，卒遭廎覆。本月十二，江寧城陷，自謂當即時伏顯誅，引領端坐，待膏斧鉞。不意執事念疇昔之舊恩，垂異常之眷顧，待同國士，屢辱慰留。既加寬赦，更被采録，是以悾悾，面自陳訴，未蒙省許。清本亡國賤俘，難與圖存，學術虚淺，不閑職政，贊揚盛化，宣佈和風，非清才力所能供給。又以危城之中，兼旬不寐，氣力日微，近復咯血，常中夜驚悸，呻唫達旦，左體手足，痺麻酸楚，一身之中，寒暖異度，久病淹滯，遇冷增劇。儻緣寬假，使清黄冠歸，歸卧故里，俾孱弱之軀，得遂首邱之志，誠瞑目至願，土灰極榮，如必相迫脅，義不苟活，雖沸鼎在前，曲戟加頸，所不懼也。執事其圖之。"

又《與蔣奂斑書》："伏承令問，從來有年，與公相見裁數面耳，然開胸見心，有逾舊交。屢辱勸慰，人非木石，詎能無感。但瑞清禀性迂拙，不達時變，有樂死之心,無苟活之念。程都督縱恕前者愚贛之詞,不以爲侮,何苦迫脅。此亡國罪俘,出而任事,殊無謂也。夫人情所樂者利禄,所畏者死,皆不足動我,我之計決,程都督之計亦窮。且城破以來,卧病兼旬,甲旦不寐,愧無松柏歲寒後凋之姿,有同蒲柳未秋先實之態,已别上書程都督,幸左右之。雪寒珍衛。"

又《上張制軍辭署寧藩司書》:"瑞清之不避艱阻相從者,徒以報知己耳。故凡百委任,敬承令不敢辭。頃辱寵命,慙悚失度,誠非庸駑所克任此。瑞清與藩司夙相知好,此次蒼黄出走,竊以非其本心。今滯居滬上,或因愧懼不敢回寧,但得大人一紙書,瑞清更遣人勸其就道,則駕輕就熟,於江寧財政不無裨益。或帥罪其不辭出亡,劉道麟瑞忠亮不阿,才能任巨,勝清十倍。李道國蕃精敏强幹,亦實勝清。瑞清之志,不辭艱危之任,不欲居藩司之名,庶下不負友,上不負公,願憐而察之。臨箋無任皇恐。"

吴昌碩題:"殺可士難辱,忠全天所哀。尺書吾把讀,翱似哭西臺。波磔虬飛出,烟雲鶴駕來。故人珍重意,泉下想低迴。梅庵先生手稿讀竟題四十字。庚申秋季,吴昌碩年七十七。"(《清道人手札》,震亞圖書局出版)

按:題跋者尚有趙士鴻、陸恢、(日人)長尾甲、高英、馮煦等。哈少甫(1856—1934),名麐,字少甫(亦作少夫),以字行,别署觀津。回族。江蘇南京人。幼習儒籍,因承家學,熟習金石書畫磁銅。青年時期棄儒經商,歷燕、粤、湘、鄂,經豫、魯、皖、浙,東渡日本。宣統年間,發起組織豫園書畫善會與中國書畫研究會(海上題襟館金石書畫會前身)。著有《寶鐵硯齋書畫》五卷、《丙寅東山游記録》一卷等。

辛酉三月,爲贊之書"每年一集,自爲目録;長日萬觴,以娱清懷"八言聯。

自書八言聯:"每年一集,自爲目録;長日萬觴,以娱清懷。贊之仁兄法家正之。辛酉三月,曾熙。"(上海天衡2005年春拍圖録)

臘箋。210×44cm

鈐印:曾熙之印(白文)。農髯(朱文)。農髯年六十以後作(朱文)。

辛酉三月,爲少卿書"坐有清言猶聽古樂,人盡和氣可得長年"八言聯。

自書八言聯:"坐有清言猶聽古樂,人盡和氣可得長年。少卿仁兄法家正之,辛酉三月曾熙。"(北京永樂2007年秋拍圖録)

灑金臘箋。191×45cm

鈐印:曾熙之印(白文)。農髯(朱文)。農髯六十後作(白文)。

辛酉三月,爲宸蔭書"一亭臨流水,萬竹映清風"五言聯。

自書五言聯:“一亭臨流水,萬竹映清風。宸蔭仁兄法家正之。辛酉三月,曾熙。”(寧波富邦 2010 年迎春拍賣圖録)

灑金箋。128×32.5cm

鈐印:曾熙之印(白文)。農髯(朱文)。

辛酉三月,書“運以精一志,永之廣莫鄉”隸書五言聯。

自書五言聯:“運以精一志,永之廣莫鄉。辛酉三月,曾熙。”(朵雲軒 1998 年 9 月中國書畫競賣會圖録)

鈐印:曾熙之印(白文)。農髯(朱文)。農髯六十後作(白文)。

辛酉三月,爲省堂書“風度蘭石永,操持冰淵清”五言聯。

自書五言聯:“風度蘭石永,操持冰淵清。省堂仁兄法家正之,辛酉三月,曾熙。”(上海崇源 2004 秋拍圖録)

紙本。145×30cm

鈐印:曾熙之印(白文)。農髯(朱文)。農髯六十後作(白文)。

辛酉春日,爲峻夫書扇。

自書:“(節臨《王偃墓誌》略)北魏《王匽(偃)志》純從《王基殘碑》蜕化,亦蔡之枝流也。峻夫仁兄法家正之,曾熙。”(傳是 2010 年春季拍賣圖録)

鈐印:曾熙之印(白文)。

按:此書未落年款,以另面陳康侯爲峻夫畫扇落款爲“辛酉春日”從之。又有一幅節臨金文上款亦爲峻夫作,題云:“作篆以鬱紆而雍和爲上。峻夫仁兄法家正之,農髯曾熙。”

辛酉春,爲燮章作論草書屏條。

自書:“右軍草書尚守章法,大令則恣意奔馳,至長史變易部位,素師擴而張之,至明更盛。燮章仁兄法家正之,農髯曾熙。”(私人藏)

紙本。148×39cm

鈐印:曾熙之印(白文)。農髯(朱文)。

按:此爲四屏之一,其餘爲吴昌碩、左孝同、何維樸書,上款均爲“燮章”。此屏亦未署年款,兹從吴昌碩署年款。

1921 年 4 月 29 日,譚延闓偕唐經百、歐陽惠虚來。李筠庵同座談書畫,

留同飯,菜甚精。

《譚延闓日記》同日條:"四月二十九日陰,寒暖六十度。(飯曾家。飲陶樂春)發信:薗亭、晉棠、孟潚、十八書。電宏群。受信:宋滿電、阜南電。薗汀、宏群。六時十五分醒,坐三十五分起。粥後,與汪九散步園中,看工人築水門汀地,今日可完工也。唐經百、歐陽惠虚來談,遂偕二人步行訪曾九,李三在彼,佐談書畫久之,留同飯,菜乃甚精。唐、歐去,余小坐,以人力車歸。俞三至,偕同汪九、秋兒步經大連灣路看聶七新屋,遂至女青年會。盛小姐者道觀,旁一室如扇形,室皆有日光,云新法也。草坪甚大,因地勢爲高低,極有致。還,余明秋來,粟力□來,談頃之去。祥自校歸。余與汪九同車至陶樂春,一元會也。俞三、子武、吕滿、安甫、大武先在,菜尚佳,談讌甚歡。歸時,汽車往接外姑去,汪九以人力車歸,余與安甫附電車至兆豐下,仍以人力車到家,汪九正入室也。談頃,煮豆加非食之。至十一時後乃寢。"

1921年4月30日,魏選亭、李仲乾來。譚延闓來邀與李筠庵同往唐經百家觀字畫,琳琅滿目,無一不假。

《譚延闓日記》同日條:"四月三十日陰,寒暖六十二度。(看字畫經百處。飯大武家。看共舞臺。大發寒熱)發信:十九書匯票。受信:姜怡節略。曉峰。五時十分醒,坐四十五分,復偃卧久之乃起。趙筠亭來,談家事甚久。粥後,與汪、李散步門外,地已平治矣。與安甫以車至曾九家,遇魏選亭、李仲乾等。邀曾九、李三同至唐經百寓看字畫,琳瑯滿目,無一不僞。李三云,晉明帝畫確是宋人僞作,尚爲可寶也。出至大武,正飯,汪九、吕滿在坐,遂飲數杯,復飯。至共舞臺看《三娘教子》、《游西湖》、《七擒孟獲》,拉扯無理。余忽覺畏寒,遂未畢觀而出。馳過亞細亞索像,乃不得。畏寒愈甚,遂亟歸。取大被自覆,服阿司匹林,得大汗,枕被皆溼,乃起易衣,復卧,頭涔涔然。余十年來未嘗有此疾,大約今日出時減衣太多所致,往時不至如此。甚矣,吾衰矣。睡夢聞琴聲,蓋俞三兩女及瑞、端姑皆在此也。"

1921年5月1日,譚延闓病,午往視,同晚飯,談至十時歸。

《譚延闓日記》同日條:"五月一日陰,寒暖六十六度。(病起,終日不出)發信:夷午、阜南、閎群、田仁府、袁雪安。電葆球、宏群。受信:孟應奚。葆球電。懵騰終夜,醒已七時,坐三十分乃起,人恍惚如坐海船。與汪九略談。袁大來,粟松郵來,談久之,乃去。張毓昆携妻來,留同飯,余食麵一碗,口無味也。爲人作書頃之,殊不契,乃止。簡先生來,談其太夫人墜水事,意有神助。又云幼姪六歲被救後,自云頸殊痛,若有人搦之使不溺者,信乎有鬼神矣。子武來。大武、吕滿來,旋去。曾九來,大毛來,同晚飯,余僅啜粥一盌,口無味也。曾談至十時去,與汪、李徘徊門首久之。登樓與祥算前月賬,實只二十日也,開辦費前後二千餘矣,特别費亦不少,薪工火(伙)食不過二百元耳。至十二時乃睡。今日爲子武生日也。"

1921年5月5日晚,至陶樂春,與汪九、吕滿、譚延闓、俞明頤、李安甫公宴祝張子武生日。

《譚延闓日記》同日條:"五月五日雨,寒暖六十七度。(至大武家、先施、永安、朱九。飲陶樂春)發信:電宏群。南洋華僑報。子玉、耀亭。受信:大生明片三月十七。宏群信。劉思九。六時醒,坐四十分起。與汪九步至俞三家答拜,曾履初留同食粥,遂坐談至午飯而歸。雨甚,坐俞包車也。作書久之,清理什物。汪九以包車赴席去。余以汽車行至先施,入買杯子之屬。出至大武家小坐,偕出,欲至永安稍覽觀。先至朱九家,問其病。余堯翁在坐。病容甚重,少坐而出,乃至永安刻□。出至陶樂春,與汪九、吕滿、俞三、安甫、曾九公請子武,爲其生日也。履初爲其新到也,張十二、曾九爲其兄弟也。菜尚可,醉飽同汪九歸。檢點易置各物。與祥談久之,十一時乃寢。"

1921年5月10日辛酉四月三日,集數月之功,時作時輟,從漢人銅器銘文而漢代石刻,節臨之以闡明隸書流變之迹。

自書一:"(節臨《光和鼎》略)光和鼎繇篆變隸,其天趣雅逸,惜文汗漫,多爲墨汙。節臨爲學隸之一隅。"

鈐印:曾熙(白文)。

自書二:"(臨《盩厔鼎》略)盩厔鼎。隸書渾鬱,無一筆平筆,聖手也。"

自書三:"(臨金文略)雖不及盩厔鼎之沈鬱,究勝刻石之平滯。"

鈐印:曾熙之印(白文)。

自書四:"(臨《開通褒斜道刻石》略)漢開通褒余大刻石博閎疏勁,隸法正軌,其結字布白,上下相銜,學隸宜究心也。辛酉孟陬之月,農髯。"

鈐印:曾熙之印(白文)。

自書五:"(節臨《好大王碑》略)高麗《好大王碑》晚出晉世,尚守西漢隸法。熙。"

鈐印:曾熙之印(白文)。

自書六:"(臨《陶陵鼎》略)陶陵鼎,漢隸也,實師秦刻。"

鈐印：農髯(朱文)。

自書七："(節臨《封龍山碑》略)封龍山碑，其用在《禮器》《韓仁銘》之間。"

鈐印：阿九(朱文)。

自書八："(節臨《曹全碑》略)《曹全碑》外直内斂，姚元之但一味粗獷耳。熙。"

鈐印：農髯(朱文)。

自書九："(節臨《華山碑》略)《華山碑》善用折筆，逆入逆出，《夏承》筆柔，此剛勁，一入魏則平滯無生人趣矣。"

鈐印：農髯(朱文)。

自書十："(節臨《石門頌》略)此用篆法爲八分，宜先學《齊罍》，後爲《石門頌》，乃得之。"

鈐印：永建齋(白文)。

自書十一："(節臨《禮器碑》略)得殷書秦篆三昧，始可與之《禮器》。"

鈐印：農髯六十後作(白文)。

自書："(節臨《張遷碑》略)《張遷碑》方勁，何蝯叟以篆變化之，但取其意耳。辛酉二月二日，春雨沈沈，臨此解悶。熙。"

鈐印：曾熙長壽(白文)。

自書十二："(節臨《夏承碑》略)《夏承碑》陰斂陽舒，雲譎波駭，蓋中郎取古籀之精以入八分神品也。髯。"

鈐印：曾熙之印(白文)。

自書十三："前卷繇殷龜版書至秦，可悟篆法之遞變，此卷由漢人銅器臨至《好大王碑》，皆隸書也，此後即八分。至篆隸分用筆，去年雜臨及函中已再三言之。此卷裝成，因友人借勾甚多，遂稽遲未寄。滌塵弟得此，可窺一隅。辛酉四月三日，髯記。"

鈐印：農髯(朱文)、曾熙長壽(白文)。

按：滌塵，不詳其生平。曾熙爲其作書蹟甚多，此卷中提及前曾爲其臨龜版書至秦金文，以明篆書流變之迹，然此卷未見及。

1921年5月13日午至俞明頤家，座有曾履初、季融、譚延闓兄弟等。

《譚延闓日記》同日條："五月十三日陰，寒暖六十七度。(運馬赴漢口。安甫行。飲俞三家。至先施、永安)發信：曹惠、阜南、仲圭、宏群。電阜南。受信：仲圭電、鑄人電。仲圭。五時醒，坐一小時，復睡，七時乃起。散步門外，爲兩馬撮景。汪九來，同散步久之，看木匠修整柵欄。粥後，憩園中甚久，大武、呂滿來，遂同商李安甫行止，决於今晚歸長沙。午，同汪、李、吕、大武步至俞三家，子武先在，雲台亦來。雲台去後，曾九來。入席，有履初、季融，凡十人，談讌甚樂。菜極嘉美，飲微醺。既散，劉儒深來，談久之，不勝懷舊之感。周賢德以車來，大武、吕、李乘之去，余與汪九步歸，遇一馬車，不知其爲秦子質也，避諸大連灣路，俟去乃還家。憩園椅久之，率秋、韵同出至永安、先施。遇安甫、無悶、大武，皆略談而别。余買膠片送宏群，並爲小孩買鞋。復過大武家一坐，仍至先施爲祥整表乃歸。安甫已行色匆匆也。俞三來，十時同食粥，乃送安甫登車去。與汪九久談，十二時乃寢。”

1921 年 5 月 15 日浴佛日，題弟子張大千所藏清道人《無量壽佛圖》。

題李瑞清《無量壽佛圖》：“六塵非塵，萬空非空。佛無眼耳鼻舌身意，安用其明。洞中香滿，别造鴻濛。阿某年來畫佛純以篆籀之筆行之，亦不自知其爲書耶畫耶！此幅爲日本書畫會友所作，筆尤古勁。佛未點睛，遂謝塵緣。季蝯，阿某得意弟子也，家人因以此付之。辛酉浴佛日，心佛生曾熙敬題。”（李健之女李家松藏）

鈐印：衡陽（朱文）。曾熙之印（白文）。髯公（朱文）。

辛酉初夏，爲泰來書扇。

自書：“翠松千尋，高插霄漢。有澗迴流，縈繞如帶。紫鱗戲水，青魚揚波，旭暉相映。辛酉初夏，乍晴又陰，泰來仁兄法家正之。曾熙。”（上海道明 2008 年秋季拍賣圖録）

鈐印：曾熙之印（白文）。

辛酉餘月穀旦，書李詳爲蔣國榜母撰《旌表節孝蔣母馬太夫人六十壽序》。

書李詳爲蔣國榜母撰《旌表節孝蔣母馬太夫人六十壽序》：“江寧蔣子蘇龕從予習爲文字，素聞其母馬太夫人之賢。予既於旌閭之頌及跋，尊甫遺令約略言之。顧以儷偶譬況，未能盡伸其指，兹值太夫人六十生日，因屬蘇龕條舉懿行，資予大書特書，不以蹇淺自限，庶其可慰蘇龕，亟亟表彰其母，以效斑斕之祝，則吾輩立言責也。太夫人之歸厚民先生，年才二十，故宦女也。被服儉素，一屏華靡之習。以之周旋娣姒之間，逡循損舉，若無所動其歆羡。家世膏腴，凡有所需，咄嗟立辦。太夫人與厚民先生深自約敕，願修古賢夫婦太原王霸、扶風梁鴻故事，人咸迂其所爲，不知其所持義如此，雖其尊親莫能奪也。厚民先生讀書城南，刻苦鑽厲,期於業成志樹,有以間執妒娼之口,惟太夫人潛悲其志,而未敢白於翁姑,慮偶一不踐,重爲親故所笑。厚民先生讀書,具有師法而絀於甲科,流俗方以儒爲詬病。所重乃在高資華選,超爲貴人,非是則持物論如昔。以故厚民先生賫憾以歿,莫有能言其隱者。太夫人恒飭蘇盦捐貲以振,既以節孝,請旌於朝,桓亭表石,楬箸都會,爲道路所嘆慕。蘇盦又購杭之西湖别業一所,時奉太夫人養疴其間,所以助頤養賡潔白者,綿齡錫筭,方未有艾。《毛詩》有云:'釐爾女士,從以孫子。'鄭氏言:天既予女以女而有士行者,又使生賢知子孫以隨之。厚民先生可謂受天之予。太夫人時當盛年,教其二孤逾於成童,私冀能爲功令文字以應有司之求,否則累其父行揭於當世。不謂國命遽移,榮幸路絶,蘇盦卒以能文致於通人名德,卓然有見。咸云宜有賢母,乃生此子,此太夫人聞之應色喜者。太夫人天性慈仁,孝於翁姑,和於妯娌,下至臧獲廝養,皆頌其德。宣統之季,菑祲迭見(中缺)太夫人可謂有士行。蘇盦業有子女五人,長者能通《孝經》《爾雅》,可謂賢知矣,世有具此者鮮,而蔣氏獨膺之。詩人斷章取義,敢以爲太夫人壽,且憙蘇盦身際厄會,知以雅言娱親,謹摭其旨要書之,抑能坿於古訓否耶?侍生興化李詳頓首拜撰,侍生曾熙頓首拜書。歲在重光作噩餘月穀旦。"(上海朵雲軒 2003 年春季拍賣圖録)

金箋。201×42cm

辛酉四月題李瑞清《琅玕雙翠圖》,爲張大千賀其父母六十雙壽。

題李瑞清《琅玕雙翠圖》:"琅玕雙翠,玉笋斑斑,抗此清福,蜀山之南。予得李文潔此畫,愛其清潔,因季爰昆仲回蜀爲堂上兩老人介六十之壽題獻之。辛酉夏,曾熙。"

鈐印:曾熙之印(白文)。農髯(朱文)。

辛酉四月,蔣蘇庵爲其母馬太夫人營造别墅於西湖畔落成,書七言聯"北闕早旌賢母節,西湖應獻孝子魚"以祝之。

自書七言聯:"北闕早旌賢母節,西湖應獻孝子魚。蘇庵賢弟既爲其太夫人蔣母馬太夫人建坊於金陵,復於西湖營蘭陔别墅。母賢子孝,戲綵在庭,書此觴此。辛酉四月,侍生曾熙頓首拜祝。"(《曾熙書法集》)

泥金箋。200×43cm

鈐印:閑居翫古不交當世(朱文)。虎賁中郎(白文)。曾熙之印(白文)。農髯(朱文)。

按:蔣蘇庵 1917 年春購得西湖畔一塊地,爲建蘭陔别墅(即蔣莊),見其《悼

亡百憶》:"丁巳春得地西湖,夫婦引爲畢生快事,偕老不能,終歸恨恨。"(《飲恨集》)

辛酉四月,自書論善學尤須變化。

自書:"太傅書各表異常渾静,而其分書則師中郎《華山》,樵其方折勁鋭,所謂善學尤須變化也。辛酉四月,曾熙。"(私人藏)

紙本。112×52cm

鈐印:閑居翫古不交當世(朱文)。曾熙之印(白文)。

1921年5月29日至吕滿家,祝其四十歲生日,至則客已大集。

《譚延闓日記》同日條:"五月二十九日晴,寒暖七十四度。(著夾袴。至吕家、共舞臺、大武家、陶樂春)發信:鳳岡、宏群、阜南、醉吟、子希、夷午二、冠軍、仲圭、安甫。受信:醉六、劉太夫人、安甫、子靖、張練之。六時醒,坐三十分起。俞七來,同食粥。被馬使騎,尚不至墮,以氣槍贈之。羅介夫、易吟邨來,俞三來。俟汽車歸,與汪、俞、曙邨同至吕滿家,客已大集,吕滿今日四十生辰也。凡設兩席,飲啖甚多,曾九最後至。既散,同汪、俞、吕、黎滿、心滌至共舞臺,子武亦同去,《走麥城》、《探親相罵》、《蔣老五殉情記》。散後,至大武家,假寐久之。與汪九、大武同至陶樂春,吕滿請客。心滌、子武、俞三、袁大、汪四、小宋皆至,飲不多,菜亦平平。近時飲食多,仍覺俞三廚子佳也。歸,與汪、俞同車。到家,知外姑及祥尚未歸,復遣車往迎之,及歸,吾已睡矣。"

1921年5月30日午,在家宴客。客有汪九、譚延闓、余堯衢、張十二、張子武、俞琢吾、俞明頤、小宋,席罷暢談至三時。

《譚延闓日記》同日條:"五月三十日雨風,寒暖六十七度。(飯曾九家。復衣綿。看共舞臺)發信:電秉三。夷午、松邨、仲圭、宏群、伯毅、子靖。受信:松邨、仲圭、宏群。六時醒,坐四十分起。雨陰,殊有凉意。俞七來,與汪九偕之步至三十五號園中一看。其家爲粵婦,頗能操作,有子六人,皆能華語,然廳室殊不精潔,有華風矣。歸,食粥。黄均恩自粵來,郭同來,言莫賡意志。唐先徵來自廣州,爲民選知事,周夢賢來言汽車,所排除也。蔣雨巖來。張毓昆來,談貿易,大稱交易所之發財,久之乃行。吕滿、大武來。午,同汪九赴曾九家,堯衢、張十二、子武、俞琢吾、俞三、小宋咸集。酒乃吾携,菜亦結實。食後,暢談至三時乃歸。結賬,知存款已罄,殊著急矣。大毛來,俞七來。今日治酒麵爲外姑魏太夫人慶壽,俞三、俞七、汪九、大毛同食。飲啤酒甚適。八時,與汪、俞至共舞臺,大毛中道下去。大武、細毛、吕滿、康伢、心滌、小宋先在。看《閻瑞生》,今日爲蓮英被難,舊日劇中添《追悼》一幕,殊鶻突無情理也。歸已十二時半,遂寢。"

何詩孫八十壽辰,與海上同人符鐵年、李仲乾、俞達夫等爲之祝壽。6月4日,何詩孫假麥家圈惠中旅館設筵答謝。

《鄭孝胥日記》同日條:"陰雨。至惠中旅館,何詩孫八十壽,賀客甚衆。"

《書畫家公祝何詩孫壽》:"日前爲海上寓公何詩孫老人八十壽辰,海上同人以何君爲書畫家祭酒,咸欲稱觴上壽。何君以時艱歲歉,不願舉行。嗣同人符鐵年、李仲乾、俞達夫、曾農髯諸名家,各以書畫詩文晉祝,何君義不容辭,昨假麥家圈惠中旅館設筵答謝,並繪圖紀事云。"(1921年6月7日《時報》)

1921年6月3日辛酉芒種前三日,爲吴隱《印泥闡秘圖卷》題詞。

題吴隱《印泥闡秘圖卷》:"珊瑚火齊,照暎芝英字。妙蹟三台增鉅麗,看取紅鈐紙尾。　　本來句漏丹砂,艷如天半朱霞。不數臙脂顔色,染成秋葉春花。清平樂。辛酉芒種前三日,潛泉先生雅屬,即政之。衡陽曾熙。"

鈐印:曾熙之印(白文)。農髯(朱文)。

按:吴隱(1867—1922),原名金培,字石潛,號潛泉,别署遯庵,居所名竹松堂,浙江紹興人。少時家貧,到碑版鋪學鐫刻,成爲刻碑名手。1904年與丁仁、王福庵、葉銘創設西泠印社於西湖孤山。同時自設印社於上海,從事印刷發售,創製仿宋聚珍排印書籍,尤以精製"潛泉印泥"著名。《印泥闡秘圖卷》爲吴待秋所作,藏吴隱文孫吴東棣處,現藏上海西泠印社有限公司某氏處。此圖卷尚有吴昌碩、葉德輝、左孝同、朱祖謀、王一亭、童大年、吴臧堪、葉銘、王福庵、沈曾植、徐乃昌、水野疏梅、吴淑娟、王國維等人題跋。

辛酉五月,爲姚虞琴節臨《郭有道殘碑》。

自書:"(節臨《郭有道殘碑》略)虞琴仁兄法家正,歲在辛酉五月録《郭有道殘碑》。農髯熙於滬上寓齋之南軒下。"(上海崇源2010年春季拍賣圖録)

鈐印:曾熙之印(白文)。農髯(朱文)。

按:此爲四屏之一,其餘爲沈尹默、沈曾植、羅振玉書。

辛酉五月,大熱得雨,命駕游平疇,看農家風光,歸作隸書中堂。

自書:"當夏酷熱,得大雨,乘車遵平疇,良苗懷新,忺忺臨風,農人得歲,樂何如! 辛酉五月,曾熙。"(私人藏。《中國書法》1999年第4期)

紙本。134×67cm

鈐印:曾熙之印(白文)。農髯(朱文)。

1921年6月7日至張子武家,同席有譚延闓兄弟、吕滿、俞明頤、耀亭,飯後譚延闓以車送歸。

《譚延闓日記》同日條:"六月七日晴陰,寒暖七十三度。(至朱家、新世界。飲子武家)發信:電夷午、宋滿、寶球。寄夷午。受信:宋滿電。七時醒,坐三十分起。下見王士奇由湘來,言漢冶萍股票事,此即吾未了之一樁也。客去,食粥。(俞三來。)勾稽節事,《閻瑞生》唱云,看看端午節將到,無有銀錢怎開銷,知人有同想矣。佛老來,俞七、大毛同作譯事。周賢德來,言汽車價。明知賺人,然樂受之,巽言易入有如此者。午飯後,劉運鴻來,此一荒字號人,然才甚好。聞汪九出至朱九家,未入見,見朱六子,病勢可危,有斯人斯疾之歎。出至新世界,聽小黑姑娘、何質臣唱戲,極惡劣。女雙黄醜而不可憎。大武、吕滿亦來,同至子武家,俞三、曾九先在,子武、耀亭後來。品鍋甚佳,所謂化朽腐爲神奇矣。以湯沃麵,其美無倫。聞太保鼻煙,喫加非而散。送曾九至家乃歸。與汪九小坐即就浴,頗爽適,十一時寢。"

1921年6月10日辛酉端午,題張善孖《嘯滿天地圖》。

題張善孖《嘯滿天地圖》:"嘯滿天地。善孖二兄最善畫虎,《十二釵圖》可謂善諷善喻。此幅神姿英發,能使百獸慄慄,真奇觀也。辛酉端午,曾熙注。"

鈐印:曾熙之印(白文)。農髯(朱文)。

張善孖自題:"辛酉春,善孖張澤。"(香港佳士得1995年春季拍賣圖録)

鈐印:張澤印信(白文)。善孖(朱文)。三島歸來(白文)。一錢不值萬錢不賣(白文)。風濤戎馬過來人(白文)。

張大千將歸蜀省親,辛酉端午後爲其書"長嘯震山谷,下筆起風雲"魏體五言聯贈之。

自書五言聯:"長嘯震山谷,下筆起風雲。善孖二兄善畫虎,古人談虎變色,況風生腕下乎!因季蝯歸省,書此相貽。辛酉端午後,曾熙。"(《曾熙與上海美專書畫作品集》,劉海粟美術館編,上海辭書出版社2010年版)

紙本。168.5×45.5cm

鈐印:曾熙之印(白文)。農髯(朱文)。農髯六十後作(白文)。

張大千題簽:髯師真書聯上,贈先仲兄。髯師真書聯下,弟子爰謹題。

1921年6月11日辛酉五月初六日,應狄楚青、陳子言之招,宴於都益處,同座有鄭孝胥、王聘三。

《鄭孝胥日記》同日條:"陰雨。至都益處,狄楚青、陳子言之約,僅王聘三、曾士元及余三人。曾云:'今年賣字,至端午節已得四千五百餘元。'"

1921年6月13日訪譚延闓於寓,以三千元託其買大中華股票。

《譚延闓日記》同日條:"六月十三日雨,寒暖六十八度。(送朱九殯。飯吕家。盧信公、易次乾來,以昆濤存證交付)六時醒,坐三十分起。雨甚,不能出。祥入校去。粥後,汪九以所題劉小宋《觀霞山莊圖》見示,因亦題一律,久不作詩,機杼生矣。看汪九寫字,遂發憤爲小宋作楷屏,忽悟南園用筆之法,似較勝平日也。曾九來,以三千元見託,爲買大中華股票,遂留飯,飲金波酒。既散,同車與汪九、(大毛)至朱九家,棺已在廳事,大武、堯衢、姬瑞、左七、哮皆來。聞朱八亦病重,來電酸惻,可傷也。同汪九、大武、大毛出至雙龍對表,又至篷路問刻印,還入新世界。雨大至,坐憩廣庭,不入藝場也。俞三來,遂同至吕滿家,送小宋行,實今日不行也。心滌先在,留飲,食麵。九時乃同諸人至朱九家,看入殮,正十一時,面白如石膏塑人,不似平生,殮以道服。其夫人、兒女哭甚哀,爲之傷痛。余大先去,余輩待禮成下拜,乃歸。到家二時矣,即寢。"

1921年6月19日辛酉五月十四日,致書譚延闓。

與譚延闓書:"兄事即弟事,任弟爲之耳。欲走談,爲雨阻。汪九爺戲興如何?聞曹廚戀舊,容當大嚼。畏弟,髯白。五月十四日。"

存考:此信無紀年,以本年6月13日託譚延闓賣股票,與本信"兄事即弟事,任弟爲之"略合,姑繫此。

辛酉五月既望,致書楊潛庵,告以李瑞清善後事宜。

與楊潛庵書:"潛庵仁兄閣下:去年得手書,遲至一歲未報。自文潔棄世,初以喪葬之憂勞,既傷老年之孤寂,每日作書一二起即槁坐,無生人趣,不解天何苦髯至是耶?志伊姪入京,已託其代告鄙狀,賢者當不我責也。文潔寡息弱孫,昨已商同筠庵三弟,籌現金千,又檢遺篋所存書、畫、碑約二千元,合前存江西及髯所送,已足四千元,已令其父胡瀨堂先生携回江西(書至此即不成字,閣下當知之),計明日首塗,並乞告志伊姪。惟墓尚未修,墓田未置,神道碑未立,三項尚非四千元不辦,未安死者,先恤生者,亦實不得已也,尚乞與志伊姪就商之(筠弟當有詳函)。閣下鬻書生易(意)大暢,而信義之高行,久播人口,可見亂世亦尚有公道也。(去年承寄書氈二條,原係託買,去價若干? 幸告。)吾湘大荒,奈何奈何! 沈雨悶極。即詢起居百吉。熙頓首,五月既望。"(私人藏)

辛酉五月既望,節臨《曹恪碑》。

自書:"(節臨《曹恪碑》略)《曹恪碑》短兵匹馬,辟易萬人。辛酉五月既望,農髯。"

紙本。153×82.5cm

鈐印:曾熙之印(白文)。農髯(朱文)。閑居翫古不文當世(朱文)。

辛酉五月,爲燮卿作"臨風慕列子,縱轡有王良"隸書五言聯。

自書隸書五言聯:"臨風慕列子,縱轡有王良。化《夏承》爲今隸,即入《王偃誌》矣。燮卿仁兄法家正之,辛酉五月曾熙。"(《張大千的老師曾熙李瑞清特展》圖録)

紙本。145×40cm

鈐印:曾熙之印(白文)。農髯(朱文)。農髯六十後作(白文)。

辛酉五月,書"桐陰新月上,蘭澤曉風清"五言聯。

自書五言聯:"桐陰新月上,蘭澤曉風清。辛酉五月集《張黑女志》字。辛酉五月,曾熙。"(私人藏)

蠟箋。167×37cm

鈐印:曾熙之印(白文)。農髯(朱文)。知白守黑(白文)。

辛酉五月,書"清空月在水,高明日麗天"五言聯。

自書五言聯:"清空月在水,高明日麗天。辛酉五月,曾熙。"(私人藏)

蠟箋。129×31cm

鈐印:曾熙之印(白文)。農髯(朱文)。

辛酉夏,臨《禮器碑陰》。

自書:"(臨《禮器碑陰》略)臨《禮器碑陰》。辛酉夏,曾熙。"(上海朵雲軒 2008 年第 36 屆拍賣圖録)

紙本。74×35cm

鈐印:曾熙之印(白文)。

1921年6月28日小暑前十日爲馬宗霍書"退之工文,學者從而師事;司馬爲相,外人服其威名"十字聯。

自書:"退之工文,學者從而師事;司馬爲相,外人服其威名。宗霍賢妹倩正之。集《曹景完碑》字。辛本小暑前十日,兄熙書於戲海廔。"(保利第28期中國書畫精品拍賣圖録)

紙本。222×40cm

鈐印:曾熙之印(白文)。農髯(朱文)。

1921年6月30日訪熊秉三,先致書譚延闓欲附車同往。是日先至譚宅,留同飯。旋同至滄江飯店訪熊,不遇,過譚澤闓家談,余堯衢亦來。將暝,譚延闓送歸。

與譚延闓書:"滄州旅館在静安寺,路過遠,擬附弟車同往。明日何時有暇,乞告,當先詣弟處。畏公,熙頓首。五月廿四燈下。"

《譚延闓日記》同日條:"六月三十日晴,寒暖七十九度。(至虹橋、大武家)發信:護芳。受信:子靖、莘田。五時三十分起,坐三十分。六時三十分,乘車邀俞三同至虹橋路萬國公墓。俞大綸墓碣已立,頗精堅也。十咪路,凡行四十五分鐘。歸,過大武,同食粥、大餅、饅頭。同出至先施、永安、雙龍,余二人别歸家。周鰲山來,談甚久,曾九來,皆留同飯。周去,劉如周來,談甚久,有故土之思,頗勸其鎮静也。劉去,同曾九、汪九同至滄江訪熊,不遇。過大武談,堯衢亦來。將暝,與曾、汪歸,送曾至家。晚,與汪九同飲,呼曹廚來辦席。假寐頃之,覺甚倦,十時即睡。"

1921年7月10日劉運鴻訪譚延闓,請譚介爲之作墓誌銘,譚與之論價久。

《譚延闓日記》同日條:"七月十日晴,寒暖九十一度。(至大武家。飲堯衢家)發信:阜南、仲圭、安甫、宏群、龍八、徐大、黎九、寅邨。受信:宋滿電。阜南、壽承、辜何生、林四、寅邨。五時三十分醒,坐五十分起。徘徊門外。連日便血多,可怪。粥後,劉運鴻來,求曾九作墓誌,論價久之去。大武、吕滿、林二來,聞爾師事甚多。午,設飲食待林二,俞三、汪九、汪四、黎滿、吕滿、大武、大毛、曙邨同座,唐心滌亦携酒來。余與汪九飲俞三之雙溝,凡盡五杯餘,醺然矣。菜實精絶,非常庖所有。汪容甫云,平生於碑版之福所享已多,今不當如此耶?與諸人高睨大談,久之乃散。假寐甚久,至五時乃醒。偕汪九送瑞、年、秋、韵至大武家,稍坐。同大武至吕滿家,邀同至余堯翁家,明日生日也。袁大、王三、仲友皆至。

食麵，以大盆盛之，别下以滷，頗是辦法。飲高粱，微醺。歸，仍至大武家載秋、韵同歸。大瀉，就浴乃寢。”

此際，湖南災荒，與湘中名宿何詩孫等發起以書畫潤筆助賑。

《名人書畫助賑》：“湖南荒災，望振甚急，全賴各界捐助。兹有湘中名流何詩孫先生、譚組安先生、曾農髯先生、譚瓶齋先生、粟谷青先生、魏肇文先生，暨名媛黎左琳女士，均關懷桑梓，願出其專長，以書畫潤羊助振，因託四川路仁記路口恒豐紗廠批發所代爲接洽海内外仁人君子，凡贊成義舉者，既得拱璧，又拯哀鴻，一舉兩得，幸垂意焉。湖南急賑會公啓。”（1921年7月12日《申報》、7月16日《時報》）

1921年7月15日在小有天宴客，有熊秉三夫婦、劉艾唐、王心田、仲西、俞明頤、譚延闓兄弟、汪九等。

《譚延闓日記》同日條：“七月十五日晴雨，寒暖八十二度。（至美生、袁家。看共舞臺）受信：岳那、劭華。六時醒，坐二十分起。散步門外。吕滿來，同食粥。介夫同德尊來，談甚久。細毛來。吕滿同曙村赴紗綫交易所，亦一誆局也。午飯，汪四來，同飲啤酒。爲人作書甚多，皆非佳作。四時，偕汪九、汪四出至美生，喫冰基林。乃至袁家，見唐滿父子、袁大兄弟，看魔術頃之，既而大雨，頓凉適。雨止，同汪九至大武家，同車赴小有天，曾九之約。秉三夫婦、艾唐、心田、仲西、俞三先在。飲啤酒，菜亦平平。散後，同汪九、大武至新世界，遺矢而出。至共舞臺，袁大請唐滿及其子叔和，《走麥城》後，大武即去。《戲迷傳》、《紅梅閣》後，張文艷之《棒打薄情郎》出，新來小生李桂芳做派極好。此舊劇也，演來有迴腸蕩氣之感，與汪九歎息不已。一時散，到家就浴，睡已二時。”

1921年7月24日，交五百元託譚延闓代爲理財。

《譚延闓日記》同日條：“七月二十四日晴，寒暖八十六度。（至大武家、先施、一品香。看共舞臺）發信：夷午、宋、魯、周七、秀峰、蓂賡。受信：仲圭、安父。夷午電。六時醒，坐三十分起，同秋伢步至俞家，汪九先在。與俞三談久之歸。食粥。心滌來，介夫、吕滿、德尊來。德尊明日行也，以書件畀之，久談去。細毛、年年來。今日鍾太夫人生日，設祭四太家，舉家行禮如儀。午設飲，汪、吕、吕、黎、大毛、細毛、秋、年、康伢、曙邨同坐，極熱鬧，大武以痁發未至也。散後，爲人書屏聯。三時（五十分），與汪、吕、黎同車至共舞臺，《蔣老五殉情記》聽之字字真切。及散，至大武家以筆記之，乃相與至先施聽張菊芬唱片，略有同異，買之而歸。過一品香,黎滿去。邀王三同至大武家,食豆粥。九時,與汪、王、簡、吕至共舞臺,正及《紅梅閣》。頃之,《閻瑞生》今本出,亦有精采,王三似不契也,得無不通蘇白耶? 一時乃散,送王至一品香,歸遂睡。(曾九交五百來託經理)"

1921年7月27日熱,晚訪譚延闓,同飯。俞明頤來,遂偕同往訪王心田,遇鄭少石。復至譚澤闓家,談至十一時,譚延闓送歸。

《譚延闓日記》同日條:"七月二十七日晴,寒暖九十二度。發信:蘭汀、夷午、孟其、筠翹。受信:孟其、筠翹。六時十五分醒,坐三十分起。爲盧鴻滄題僧服小象,詩不切,字不工,老大無成,可嘆也。李純生來,談頃之。粥後,樓廊熱極不能坐,今日更過昨日矣。坐讀《西游》言消長書。讀報,湘事尚未發動,殊模糊影響,可憂也。午飯後,憩息廊下,今日極熱,更甚昨日。晚,曾九來同夜飯,飲啤酒一瓶。俞三來,遂同曾、汪、俞至聯珠里訪王心田,遇鄭少石。又至大武,談至十一時。乃送曾、俞至家而歸。浴後就寢,已十二時矣。彭拐子今日回家去。"

辛酉六月,題《高麗新羅真興王定界碑》。

題《高麗新羅真興王定界碑》:"高麗新羅真王定界碑,予見凡三本。一本最舊拓,慎字不損;一慎字已刓作植字。此本雖少有損,然拓手極精良,不易得。辛酉六月,曾熙識。"

鈐印:曾熙之印(白文)。農髯(朱文)。

又:"此碑前不見紀録,趙《補寰宇訪碑訪録》始記之。陳人書勢,多師陶宏(弘)景。此碑風骨遒麗,不減《管壇碑》首一行也。陳碑少見,因令震亞主人景之,以惠同志。農髯再識。"(上海崇源拍賣行2004年秋拍圖録,北京翰海2006年秋拍圖録)

紙本。110×39cm

鈐印:永建齋(白文)。

辛酉六月,爲貝潤生書"建德立言,自表高節;敦純守素,獨遺世榮"八言聯。

自書八言聯:"建德立言,自表高節;敦純守素,獨遺世榮。潤生仁兄法家正之。辛酉六月,曾熙。"(私人藏)

紙本。170×38cm

鈐印:曾熙之印(白文)。農髯(朱文)。

按:貝潤生(1870—1947),名仁元,江蘇元和(今蘇州)人。16歲至上海習商,

28歲升任瑞康顔料行經理。後納粟爲清政府道員。1909年當選上海商總會議董,1911年任上海商總會協理,1915年任全國商聯會副會長。

辛酉六月,題梅蘭芳行書軸。

題梅蘭芳行書軸:"予不知音樂,因不識梅郎,但聞其來滬,海内名士無不倒屣以迎。其亦聞世之名伶耶?或曰梅郎貞信男子,或曰工書善畫,風雅才也;或曰梅郎因交張殿撰,名亦益彰;或曰張殿撰之爲人,梅郎嘗耻之,姑不具論。第觀其登場,能得數萬人之歡心,日取數千萬錢,以視當世豪傑剥民脂膏以自豪,不亦遠乎!癭公,予素愛其書,今可謂有傳人矣。辛酉六月,農髯。"

鈐印:農髯(朱文)。

1921年夏,淞滬警察廳長徐國樑(輔洲)發起爲其母郝太夫人舉行褒揚徵文,代爲余祖烈書聯。

代書聯語:"菱幃垂遠蔭,珠樹永春暉。徐母郝太夫人懸匾追慶,東升余祖烈貢祝,曾熙書。"(《徐母郝太夫人褒揚徵文録》,民國石印本五册)

1921年7月31日熱勢不減。與李筠庵、俞明頤訪譚延闓談事,午留飲。

《譚延闓日記》同日條:"七月三十一日晴雨,寒暖九十四度。(此三十一日記)(至大武家、彭家。翦髮。共舞臺。精記川館)發信:夷午電、伯毅。受信:趙宋電、岳電。霽塢、伯仁。五時四十五分醒,坐一小時。以昨夢不寧,特久坐以定之也。粥後,覺佳。撰静女墓碣,未成。介夫同張馨吾來,談贛事,久之乃去。曾九、李三、俞三來談,忽大風驟雨,恨頃刻即了。午,設飲款客。至二時,送曾、李去。四時,吾與汪、俞同車至共舞臺,正唱《蔣老五殉情記》'哭靈'一段。音容並茂,自嘆小曲字字有稜,迥非張菊芬唱片所能望矣。至大武家,知已赴袁宅開會,華昌公司爲楊皙子與洋人訂約事也。吕滿來,於是同出,送汪九至袁家。吾與吕、俞至一樂也翦髮。出至永安,乃步入精記川飯館,喫酸辣麵、辣餃子,皆平平。出至袁家,會已散。王三、唐滿在焉,談頃之。汪、俞、吕、大武先在,余至淑房一坐,乃與王三往大武家。飯後,談至十時歸,大毛亦從。浴後,十一時乃睡。祥仍未愈。"

新秋,臨永和城旦墓磚。

自題:"和二年二月廿五日左馮建宗。此永和城旦墓專,共二十餘枚,藏端忠敏公家,蓋純是隸法,不雜一筆分書。辛酉新秋,曾熙。"(《曾熙書法集》)

紙本。33×40cm

鈐印:曾熙之印(白文)。農髯(朱文)。

秋,張君綬來從學書。

題張君綬《柏石圖》:"君綬弟從予學書一年,盡得筆法,又戲爲畫,畫亦澹逸,卓然名家。又嘗手自烹飪以進髯,今正不得見矣。題此愴然。"

存考:張君綬爲張善孖、大千之弟,《金剛鑽》報刊有"衡陽書畫社"合影一幀,張君綬立於後排。是照未紀年,以穿冬衣推之,當在本年年底或1922年年初。

1921年8月15日譚延闓來訪,值敬祖宗,留喫换茶。

《譚延闓日記》同日條:"六時三十分醒,坐二十分起。粥後,盧鴻滄來。秋伢頷下生瘡,今往林洞省治之。章太炎來,談甚久,至午飯時乃去。飯後,雷時若、蕭立誠、羅介夫、唐心滌來。羅、唐留後,復坐久之乃去。偕汪九出訪曾士元、向樂谷,值其敬祖宗,留喫换茶。出至四岸公所,鄭少石請客也。余堯翁、王心田、大武、吕滿、唐子中、袁伯夔、汪德父、蕭學銓。心田引一看相者來(陳姓,湖北人),子武所崇拜,由湘聘滬者也。與談頃之,爲吾輩看相,老者率以百廿歲爲諛,官則督軍、省長,亦一可笑人也。惟説唐子中尚略似耳。入席,飲紹酒數盅,今日曹廚乃不高妙,至可惜。歸已十一時,與汪九坐樹下,談至一時乃入寢。"

1921年8月20日辛酉七月十七日,倪壽川贈《六朝墓誌菁華》等,復書並臨《鄐君開通褒斜道刻石》等贈之,供其觀隸書筆法。

與倪壽川書:"承饋《六朝墓誌菁華》及《人名辭典》、《晉唐楷帖》,謝謝。喜聯與楊君聯交上。大雨甚涼,臨上《大開通》及各隸書,計四紙,可略觀隸書筆法。容日當來舍爲一日之長談也。壽弟。髯啓,七月十七日。"(《曾熙書札選注》,《新美域》雜志2008年4月刊)

按:倪壽川(1898—1975),江蘇鎮江人,喜書畫,從曾熙、黄賓虹、吴湖帆等遊,爲"曾李同門會"成員。因慕倪雲林之高潔,顔其齋曰"江上雲林閣",《梅景畫笈》收有《江上雲林閣圖》,拖尾有1950年冒廣生《江上雲林閣記》,述其緣由甚詳,特録於後:"道光間,阮文達於焦山海西庵設書庫,洪楊之亂,其書有存者梁文忠讀書庵中,稍稍以新刻者補之,其後余刻至順鎮江志成,亦以板歸庵。頃年復遭亂,板毁,向所藏書殆亦化爲飄風,蕩爲飛塵,踪迹無可問矣。倪氏世居丹徒之船村,村在焦山東,其地爲宋時讀判尚書都官省陳述古之故址,述古與司馬君實、蘇子瞻爲友,世所稱古靈先生也。以其地則宜有人傑出焉,而遠甫、粹甫兩先生者,兄弟皆好收藏書,粹甫先生殁而其子壽川乃賡續而廣大之,顔其藏書閣曰:江上雲林閣，而屬余爲記。余維京口藏書家較鮮，以余聞見所及則有戴氏聽鸝山房、陳氏横山草堂。倪氏之書多出於戴氏，而余友陳善餘復爲鑒别。善餘即横山草堂之主人也。此外則嘉興沈氏、貴池劉氏兩家，身後所藏多散出。壽川産不過中人，節其衣焉，縮其食焉，遇所嗜者購藏於閣中，故其書雖無宋元舊槧，而明弘治以來精本及乾嘉人所著關於考訂之學之書，亦略備焉。夫藏書之難，莫難於力不能有，有之而子孫又不能保，輾轉鬻賣及於它姓，而或劫之以火，劫之以水，劫之以刀兵，此古書所以有日少無日多，而國學之淪亡，有識者所爲悁悁憂之，而才然若不可終日者也。壽川能繼其先人之志，君子嘉之。荀子曰：'不積跬步，無以至千里；不積小流，無以成江海。'又曰：'鍥而舍之，朽木不折；鍥而不舍，金石可鏤。'壽川勉乎哉！銖銖而墨之，寸寸而長之，日計之若不足，歲計之則有餘，異時倘繼聊城之楊、常熟之瞿而崛起焉，則在鍥之舍與不舍矣。庚寅秋七月，七十八翁如皋冒廣生識並書。"

1921 年 8 月 24 日辛酉七月廿一日，致書倪壽川。

與倪壽川書："手書悉。無須十二元，當命廚人以八元足矣，不必魚肚也，外四元仍交上，乞收。又午間令小价送上五十元，乞匯南京，足下可少候。壽弟。髯頓首，七月廿一。"

1921 年 8 月 28 日辛酉七月廿五日晨，致函倪壽川，約晚六點鐘聚會，並代招朱大可、姚雲江等。

與倪壽川書："尊約已定，廿五（日）六時，並代招趙、朱、姚三君。能早會談，亦極快。壽弟。髯白，廿五晨。"

按：朱爲朱大可，姚爲姚雲江，皆曾熙弟子。

1921 年 8 月 29 日辛酉七月廿六日，將赴南京牛首山祭清道人，題《清道人書座右銘》。

題籤："座右銘臨川李先生遺墨，癸亥三月，髯題。"

題《清道人書座右銘》："文潔（按：即李瑞清）於宋四家最酷好山谷（按：即黄庭堅）。後得倪鴻寶（按：即倪元璐）先生書，更勁瘦澹永。此册自謂肖沈，實踰倪矣。辛酉七月廿六日，將赴牛首祭文潔，倚裝題此。熙。"（上海震亞書局 1921 年 10 月版）

辛酉初秋，自書"於人觀所與，惟義協乎中"五言聯。

自書五言聯:"於人觀所與,惟義協乎中。《鄭文公碑》如牟尼趺坐,肩平手掬,瞻視不出十指。道人困此幾十年,後以鼎彝之筆入之,風骨逌麗,遂高出原石,海内學者無不案置一册,然碻守矩範能傳衣鉢,惟其姪仲乾一人而已。辛酉初秋,曾熙。"(匡時2006年春季拍賣圖録)

紙本。145×39cm

鈐印:曾熙之印(白文)。農髯(朱文)。

辛酉秋,節臨《大寶積經》。

自書:"(節臨《大寶積經》略)包慎翁定爲西晉人書,蓋失之遠矣。辛酉秋,曾熙。"

紙本。102.5×51cm

鈐印:曾熙之印(白文)。農髯(朱文)。

1921年8月30日辛酉七月廿七日,致弟子倪壽川書,告以所屬臨《鶴銘》,待到南京再書以寄。

與倪壽川書:"承饋雪茄、茶食,謝謝。日來因各店催字急急,未爲弟臨《鶴銘》,至牛首稍静,必臨寄也。弟此時能細臨《黄庭》(即用《鶴銘》法寫之)及指拓本《鶴銘》,寄南京南門外窰壪胡翔冬先生家代收,亦可隨時批改寄轉,不負弟嚮學之雅意。壽弟,髯啓。七月廿七。"

按:胡翔冬(1883—1940),名俊,字翻京,號翔冬。祖籍安徽和縣,先祖世居南京,畢業於日本早稻田大學。歸國後先後在兩江師範、金陵大學任教,講授中國文學及古典詩詞,著名詩人程千帆即出其門下。《金陵野史》、《故土旅情》均記有胡翔冬軼事。1921年胡作《辛酉六月十三日牛首山同杜岷原謁李文潔公墓》詩,曰:"宇宙如烘窑,冷馨吾師墓。叱避鳶與蟻,寧飲三斗醋。去年游海上,夜半執杖屣。人群側黄帽,開口便成趣。吾之於人也,誰毁而誰譽。一個曾九哥,寫字蒙主顧。寇仇鄭羲碑,拈筆錢鬼輸(原注:農髯鬻書不善書鄭文公)。筠庵富貴人,天罰貧無袴。小石師晞髮,譬彼朱鳥咮。獨謂俊也怪,牛頭合住處。餓煮無本文,佛喜鼠以懼。鷄鳴雪滿天,一醉無禮數。超超兒驚起,阿爹捉柳絮(原注:謂公稚孫臨川人呼祖曰爹)。何天不憚煩,宿草養煙露。班坐食祭餘,嗚咽泉如訴。回眼一抔土,山重飛不去。"

辛酉八月,以何紹基筆法爲劉湖涵書篆書横幅。

自書:"(臨篆書略)辛酉八月,以蝯叟法爲湖涵仁兄法家臨此,曾熙。"(香港

淳浩 2006 年夏拍圖録)

紙本。64.5×131cm

鈐印:烝陽(朱文)。曾熙之印(白文)。農髯(朱文)。

藏印:朝徹書屋(朱文)。

此際,爲劉湖涵書"西亭二司馬,大漠五單于"五言篆書聯。

自書五言聯:"西亭二司馬,大漠五單于。湖涵四兄法家正篆。農髯曾熙。"(上海道明 2008 年秋拍圖録)

紙本。137×33cm

鈐印:曾熙之印(白文)。農髯(朱文)。農髯六十後作(白文)。

按:是年爲劉湖涵作書甚多,此聯無年款,從書法的風格和印記來看,姑繫於兹。

1921 年 9 月 11 日辛酉八月十日在南京牛首山,風雨中以《瘞鶴銘》法爲倪壽川書《黄庭經》。

與倪壽川書:"臨《黄庭》大有佳處,惟起筆方處側鋒。足下函中亦自言之,但極須注意耳。《鶴銘》篋中未携來,爰以《鶴銘》書《黄庭》。此予生平最適意者,爲足下書二十紙,大則臨此,小則取石印本爲之,積久自佳,無須皇皇也。日來風雨苦人,未審海上如何? 壽川弟足下,熙頓首。八月十日。"

又:"黄忠端兩册子能不如議,即告知敝足(即作罷論,好在日本係押非賣也。分書亦有是處,以學腴厚爲近)。爲弟臨《鶴銘》已書成,當面受之。壽弟,髯白,十二日午。"

辛酉八月,在金陵爲李鴻章公祠撰書"月朔存秦正,山石逸禹餘"五言聯。

自書五言聯:"月朔存秦正,山石逸禹餘。辛酉八月,金陵李公祠,曾熙。"(《曾熙書法集》)

紙本。143×37cm

鈐印:曾熙之印(白文)。農髯(朱文)。農髯六十後作(白文)。

1921 年 9 月 19 日訪譚延闓,留同飲,談至三時出。

《譚延闓日記》同日條:"九月十九日晴,寒暖七十四度。(至袁家、大武家。忽患咳)發信:競存電。湘丞、承之。六時三十分醒,坐三十分起。粥後,爲人作榜書、屏聯甚多。康泉生者來見,徐輔丞舊曾介紹者,亦辛亥南京出力者也。陳述希望及動作甚詳,敷衍之去。曾九來,留同飲。菜乃小曹所爲,到眼便知,不待舉箸矣。談至三時去,余與汪、李同出。李中途下,余等至袁大家,諸人會議華昌事。余至淑房與談家事,頗有經緯,亦知世故,究心人情似有長進,爲之一慰。吾不與細談,已六月於茲矣。會散,與汪九、大武至大武家飯,送之赴唐心滌飲席,余獨歸。昨所照像乃不能盡佳,可惜。九時後即睡。覺頭疼喉癢。秋、韵今日至大武家,從桂小姐讀英文。"

1921年9月20日上午譚延闓携壽禮來,邀同往李仲乾家,爲其母祝壽。在李家遇朱挹芬、游信芳,同喫麵席。旋偕譚延闓至何詩孫家,談甚久。過譚澤闓小坐,同訪吕滿,譚延闓送歸。

《譚延闓日記》同日條:"九月二十日晴,寒暖七十度。(至曾、李家,大武、吕家。請客。送王三至船。受信:炎武電。吉光、曉峰。六時起,坐五十分,頗有受寒意思,覺不適也。粥後,爲人書屏聯。作楷四百餘,總不老辣,可愧也。待車歸,携壽禮赴曾九家,邀同至横浜橋李仲乾家,爲其母稱祝。遇朱挹芬、游信芳之流,同吃麵席。出偕曾九詣何詩翁,談久之,乃過大武小坐。同大武訪吕滿,邀吕、岳同載,送曾至其家乃歸。晚,與汪九請客,兼餞王三。俞三來坐,旋去。上燈後,陳炳鏞、戚蕤芳、吕岳泉、張毓昆至,同入席,飲啖極歡。余以疾辭,不劇飲也。客散,偕汪九、王三、大武至俞三家。見伯嚴,談甚久。送王三登鳳陽丸,遇瞿芑生。大武先去,余與汪九待車來乃歸。風露淒冷,膚爲起粟,嚏乃大作,到家即寢。"

1921年9月22日至譚延闓寓,譚澤闓、吕滿、袁伯夔、俞明頤、陳伯嚴、龍十均來,衆人與袁伯夔宴請陳伯嚴,待余堯衢來乃入席,飲各斤許。

《譚延闓日記》同日條:"九月二十二日晴,寒暖七十度。(公宴散原)發信:胡海帆、曉峰、楊達生、黎六、伯毅。受信:張其煦、達生、余稚雲。六時醒,坐三十分起。胸次不適,恐受寒使然。粥後,爲外姑作書寄海帆。方府分家事已妥,寄分關四份來,吾以證人簽字,其下並寄海帆簽之也。此次方八太太能退讓,自是可敬。大武、吕滿來,袁大、俞三、伯嚴、龍十來,曾九來。今日吾輩與袁大請伯嚴也,待余堯翁來乃入席。飲各斤許,菜乃至佳。客散後,汪九睡去。余至黎滿室坐談,復同呼汪起,步至鄉間,繞荆州路入大連路終。晚飯,覺甚倦,豈其衰耶。得聶三書,乃欲吾爲之募款,怪極,作書復之。九時後即就睡。以二百元寄達生,五十元寄黎六,由伯毅撥。"

1921年9月23日晚赴宴余堯衢家，座有汪九、俞明頤、何詩孫、陳伯嚴、袁伯夔、譚延闓、澤闓兄弟、梁五等。

《譚延闓日記》同日條："九月二十三日晴，寒暖六十七度。（飲余堯翁家）發信：蔡鑄人。受信：道腴。六時五十分醒，坐三十分起，卧早起轉遲，可怪也。作書與蔡鑄人。早飯後，爲人作楷書屏，手硬臂痠，殊不如意。周四維來，劉公篤來，蔡鑄人使者也，與談久之，以書付之而去。鄧伯偉、彭德尊來，留彭同飯。宏群、吕滿來，飲數杯散。與諸人略談，復寫屏一幅。今日凡寫楷屏三堂，皆五行，行廿一字，共一千二百四十五字，亦近來所未有也。吾作書總不殺紙，肉没骨而筋不露，無如何者。晚，乘車訪張仲仁，談久之。出至堯翁家，汪九、俞三、曾九先在，何詩翁、伯嚴、伯葵、大武後來。入座後，梁五亦至。菜豐而腆，恨湯多耳。既罷飲，與汪九歸，談頃之，安甫來。十二時乃睡。廣州寄款來。"

1921年10月3日晚何詩孫假陶樂春宴客，到有余大、俞明頤、汪九、吕滿、龍十、袁伯夔、袁思彦、譚延闓兄弟等，散席，譚延闓送歸。

《譚延闓日記》同日條："十月三日晴，寒暖六十八度。（飲俞三家。飲陶樂春。安父行）發信：黎六、黎九、徐大、仲圭、夷午。受信：石侯、岸稜、松邨、茀燾。六時醒，坐二十分起。清算賬目久之。粥後，趙思敬來，冷公劍來，言宋園事。歐陽俊民來。午，大武、滿、宏群來，偕赴俞三家，俞三治饌宴集也。龍十、袁大、汪九、安父、黎滿、大毛及吕、岳、大武，肴饌甚精，牛湯尤美，咸大飽飫。既散，諸人各去，余與汪、岳、吕步過葉園，徘徊頃之乃歸。爲人作書至晚。看安父清行李，今日赴湘也。晚，同車至陶樂春，何詩翁請，客曾九、余大、俞三、汪九、吕滿、龍十、袁大、袁六、大武及余。有燒豬，不如爾日也，飲白乾數杯。散後，送曾九至其家，與汪九歸。本云送安甫，今遂止矣。寫《思庵筆記》，以小册備遺忘，亦識小之義。十一時睡，未蓋厚被，夜忽大冷，以毯自覆，入夢頗惡。"

此際，爲李瑞奇題所藏李芸甫畫蘭竹扇面。

題李芸甫畫蘭竹扇面："板橋以蘭竹擅名，然江湖上品，髯所愛則大滌堂所寫，與板橋同時，則李晴江晚年所作，尚有一種生拙逸趣。若大雅風流，葉潤花郁，則李芸甫先生。其畫蘭之正宗，與筠庵弟藏芸甫先生畫蘭竹扇面十八開，每一讀之，令人生雅意，若板橋老人則正不能讀。或云其書有江湖惡習，公得毋因惡其書並其蘭竹耶？髯曰：書畫一原耳。書如此，畫亦如此，大約其人亦如此耳！"（私人藏）

鈐印：曾熙之印（白文）。

藏印:二仲居士姚雲江藏(白文)。

1921年10月5日辛酉九月五日,南京牛首山玉梅花庵工程資金問題,致書馬宗霍詢問其款項爲何未收到,並詢問其祖母生日,以備撰寫壽文。

與馬宗霍書:"得手書後二日,即得静弟函,前百元已交述兒矣。今日又得述兒來禀,收到静百元,照單撥付,不解尊款何未收到。寄上函件,乞尉尊家書詢問,即遲尚不至不交。但前日瑣瑣不甚記憶。乞弟與述兒書詳言之。又伯周前來書,以令祖母壽文相託,生日在何時,須先時告我。宗霍妹倩。髯頓首。九月五日。"

同日,蔣蘇庵夫人仉順去世,書挽聯悼之。

挽蔣蘇庵夫人仉順:"與孟母同宗,是宜嗣徽音,耦賢喆;先重陽逝世,殆能避災害,證真靈。"(《飲恨集》,1922年壬戌四月出版)

1921年10月9日辛酉九日,爲弟子倪壽川臨《瘞鶴銘》册。

自書:"(《瘞鶴銘》文略)辛酉九日,臨與壽川弟,曾熙。"(2013年秋季上海弘盛拍賣圖録)

紙本。28×33cm

鈐印:曾熙之印(白文)。

藏印:望雲寄廬(白文)。應臯(白文)。倪文濤印(白文)。

題簽:"曾農髯臨《瘞鶴銘》墨蹟。"

高絡園題扉頁:"曾農髯先生臨《瘞鶴銘》,絡園藏玩。"

辛酉九月,志剛新居落成,爲書"日新其德,作世之則;天綏爾祥,高門有光"八言聯賀之。

自書八言聯:"日新其德,作世之則;天綏爾祥,高門有光。志剛仁兄作室新成,書此慶之。辛酉九月,農髯曾熙。"(中國嘉德2006年第2期四季拍賣圖録)

灑金箋。264×56cm

鈐印:曾熙之印(白文)。農髯(朱文)。游天戲海之樓(白文)。

辛酉九日,甘園看菊歸齋,爲翼卿書"真侶爰集,仙華未胎"四言聯。

自書四言聯:"真侶爰集,仙華未胎。翼卿仁兄法家正之,集《鶴銘》字,辛酉九日,曾熙自甘園看菊歸作。"(2007年嘉德四季第12期拍賣圖録)

紙本。170×46cm

鈐印：曾熙之印(白文)。農髯(朱文)。

按：甘園又稱非園，主人爲甘翰臣，曾氏常遊之地。陳三立有《非園記》，録如下："滬市場之東曰虹口，折而抵舟山路，有隙地，可四五畝許，粵東甘翁取置爲别業，名非園。始葺治所遺敗屋若干楹，復削竹木架棚二，覆以茅，樸野去雕飾，一棚據曠空。對疊醜石，肖巖壑，列佛像倚立，亦石製；一棚後壓籬壁，修篁環之，濃翠蔽烈旭，不復穿漏，冥冥寒吹漱肺腑。餘土盡區爲畦圃，遍植鮮葩珍樹瓜瓠野莧之屬，延青披紫，蒙絡葳蕤，四序互爲榮悴，芳馨不歇，好鳥時飛鳴上下，悠然滿聽。或日斜客至，甘翁則圍席露坐，雜進酒茗肴果，語笑指畫，嘗仰瞥天墟，流雲映餘日，狀如綺錦，如龍麟鳳羽，下燭欄楯，衣裾鬚髪皆絳駁色，往往相與低徊不忍去。客之以時至者，有鄰居王息存、朱彊邨、王病山、曾農髯諸叟及余，余與彊邨、病山至尤數，皆僑處海隅之流人也。自積禍亂十餘歲，萬方沸擾，喋血遍禹甸，即夷市哄鬭，劫殺無寧日。吾曹繭足無所之，幸遭賢主人據爲寫憂行吟之地，遺萬變，娱餘齒，自詭幼安之遼東，淵明之桃源，表聖之王屋，庶幾輕世肆志，同所託焉。然則甘翁之有是園也，爲適人之適者歟？爲自適其適者歟？甘翁，粵之香山人，翰臣其字也。貌魁梧，龐厚坦易，與人無町畦。賈滬上垂六十年，歲所贏輒斥以結客，爲任俠，或頗收秘籍書畫器玩以遣興。每單車造園，必群隨窶兒丐媪，罄探錢囊而後入云。戊辰八月。"(《散原精舍詩文集》，上海古籍出版社 2003 年 6 月版)

辛酉九月，書《吴公興學碑記》並篆額。

書方還撰《吴公興學碑記》並篆額："吴先生興學碑記。師儒之尊，盛於漢代，碑碣麟麟，肇自門徒，姓氏聯蟬，風尚古已。更數千祀，流風寖沫，師不古若，世無隆禮，閑生名世，往史希蹤，慨焉興嘆，風教衰矣。吾國女學，姬周始昌，嬴秦而降，嬪教不行。中梱之子，罔有師承。内茂不昭，曷以端化。先生渺焉，匹夫憂教，達於陬澨。先生勞善不私，功成不居，斥金十萬，更爲縣學，出膺里社，劬思損年。其弟子莘莘，懷德勿諼，教誨式穀，齊於生我，將以伐石樹學，昭示方來。記云：織祀先蠶，農祀先嗇。曠之百代，興感敬禮。况於身親受業，薰德善良者乎！卓彼群彦，其猶行古之道與！先生名馨，字懷疚，上海人。銘曰：(略)上海務本女校校友會建立。崑山方還撰文，衡陽曾熙書並篆額。歲辛酉九月刻石。"(《吴先生興學記》，上海務本女校校友會印發)

辛酉九月，節臨鐘鼎文四屏。

之一："(節臨《盂鼎》略)盂鼎，周守殷法也，楚人所師之《皇象》，頗得力此書。

曾熙。”

鈐印:曾熙之印(白文)。農髯(朱文)。

之二:“(節臨《毛公鼎》略)毛公鼎謹嚴醇厚,蓋西京文學異於列國。曾熙。”

鈐印:曾熙之印(白文)。農髯(朱文)。

之三:“(節臨《齊侯罍》略)臨齊侯罍,曾熙。”

鈐印:曾熙之印(白文)。農髯(朱文)。

之四:“(節臨《散氏盤》略)散盤雄鬱奇肆,道人用其渾圓,髯適得傲岸耳。辛酉九月,農髯曾熙。”

鈐印:曾熙之印(白文)。永建齋(朱文)。

紙本。130×50cm

1921年10月30日訪譚延闓,旋去。

《譚延闓日記》同日條:“十月三十日晴,寒暖六十度。(至大武家。看共舞臺)發信:國銘、海閏、汪九。電中山。受信:王祖基。六時三十分(醒),坐二十分起。粥後,心滌來,醉六來,曾九來,石、曾旋去。胡壽昺來,並偕其子晃,略坐而去。楊仲衡來,任壽國來,周用吾、張麇丞、吕滿、岳騶子來。留喫午飯,小飲,有加肴。客散,同吕、岳、宋滿,遇俞三,至大武家,同赴共舞臺,看《殺子報》、《殉情記》。聲情之妙,愈看愈新,知不厭百回之有故也。俞三別去,余等至大武家晚飯。食蟹三及炸醬麵,麵頗有吾家舊風,醬不似耳。送吕、岳、大武至共舞臺,乃與宋滿同至威海衛路胡宅迎外姑歸。知胡海帆第十弟以看飛機爲汽車所壓,傷重遂死,尚不令其母知也。記報載吴姓看飛機被汽車壓死,似跑馬會中人,或即胡十耶。九時後睡。猴子今日死去。”

1921年10月31日晚,譚延闓偕張承之步至,吴伯琴、吴劍秋、李筠庵、余堯衢、譚澤闓、吕蘧生、俞明頤先在。衆人去,李筠庵出何紹基、劉石庵字與譚延闓欣賞,談至十一時乃歸。

《譚延闓日記》同日條:“十月三十一日晴,寒暖六十度。(承之來。至大武家。赴克强忌日會。飲陶樂春。晚飯曾九家)發信:夷午。受信:七八、七九。鄔朝憲。夷午電。五時三十分醒,坐三十分起。同秋、均出,至大(武)家小坐,遂訪醉六。偕至貝勤路黄家,今日克强先生五周忌日也。見徐宗漢,談頃之。遇山東林景澍。出,送醉六至其家,仍過大武,率秋、均歸。途遇張承之,呼上車。同至大東取行李,遇童琢章,小坐,見黄鉞專,下樓逕歸。道遇俞三,同看拍賣久之,乃還家。復偕承之出,余至陶樂春請客,鄧伯偉、盧信公、易次乾、楊仲衡、童琢章、岳、吕、唐心滌、石醉六。既散，過袁家，見淑姑，坐頃之乃歸。過雙龍對表。到家小坐，承之亦來。晚，偕承之步行至曾九家，吴伯琴、劍秋、李三、堯衢、大武、蘧生、俞三皆在。曾九治饌，菜亦有佳者，鴨湯至佳，余乃飯二盌。諸人去，李三出何、劉字看，談至十一時乃歸。濯足而卧。”

1921年11月2日午，譚延闓設具宴客，到吴伯琴、吴劍秋、李筠庵、俞明頤、袁伯夔、袁思彦、譚澤闓、張承之、汪四，主客盡歡而散。李筠庵携有字畫，以劉石庵手卷最精。

《譚延闓日記》同日條：“十一月二日晴，寒暖五十八度。(騎馬韜朋路。至俞三家。宴客。至袁大家。飲消閑别墅)發信：毓昆、汪九。三十四書。蘭亭、祖澤、黎六。受信：八十書。祖澤、妙高峰。五時五十分醒，坐四十分起。與周湝生騎馬至裴楷爾路，凡行五里許乃歸。看湝生試馬一蹚。久不騎，身手皆非，不能縱轡矣。粥後，至俞三家一坐歸。周用吾來。午，設具宴客，吴伯琴、劍秋、李三、(俞三)、曾九、袁大、袁六、汪四、大武、吕、岳、承之。菜頗佳，酒亦美，盡歡而散。李三携字畫，以劉卷爲最精，意欲袁六買之，尚未能定也。與諸人久談。客去，偕承之步門外。及暮，王隆中、陳養初來。王云吾須過十二月相乃有轉機，明年五月後乃大佳運。又云夷午今年平安，明年十一月下台云。瞽説姑存之，冀將來持之也。偕承之過袁大，遂同載至消閑别墅，吕、岳、俞三、宋滿、袁六、大武、曙邨先在，汪四後來，菜亦别致。既散，同宋滿、曙邨歸。作書復諸來信者，十時後寢。”

1921年11月4日赴陶樂春，趙養矯、陸盈廷宴客，到李筠庵、吴伯琴、吴劍秋、陳介甫。

《譚延闓日記》同日條：“十一月四日晴，寒暖五十八度。(至大武家、精益、朱家。飲陶樂春。看共舞臺。祥歸)發信：彦材、寅邨、夷午。受信：寅邨、藹紫。六時醒，坐四十分起。同秋、韵至大武家商榷事件。粥後，同大武至吕碧城舊宅看拍賣，了無佳物。又訪伯夔，不遇。至精益整眼鏡。又至朱九家，見九嫂，問移家事。出過吕家略談，乃至陶樂春。趙養矯、陸盈廷請客，曾九、李三、吴伯琴、劍秋、陳介甫。菜有翅及燒豬，皆平平。既散，同大武歸其家，令車往接女學生歸，送之往吕家去。唐經百由長沙來，談久之去。晚飯，食鍋塊。宋滿、黎萊歡來，遂同往共舞臺看戲，《翠屏山》、《三進士》、《陰陽河》，於是《趙子龍招親》出，未半而宋滿去，可怪也。趙範營中自嘆一段唱已删去，亦覺乏味，餘則如前，十二時十五分散。歸即睡。”

辛酉立冬后,書論碑條幅,有云劉玉墓誌骨韵隽逸,其振腕高懸,下筆風馳,可謂六朝之褚遂良。

自書:"劉玉墓誌骨韵儁逸,而振腕高懸,下筆風馳,蓋六朝之河南褚登善。辛酉立冬後,曾熙。"(《曾熙書法集》)

紙本。86×38cm

鈐印:曾熙之印(白文)。

按:曾熙論書論畫堂幅未署年款者不少,如:"北朝人書,以鄭文公碑以功力勝,天機純然消滅矣,不善學之,流弊極多。偶與門人論鄭碑書此。曾熙。"又:"石田臨子久長卷,其俊逸雄秀之氣,即令子久見之,當亦引爲畏友。因索值過昂棄之。上騶仁兄法家正之,農髯熙。"這些論學的作品,閃耀着真知灼見,是其日積月累而成的心得結晶,以無年款,難以闌入譜中,兹以附録形式繫於相應條目之下。

1921年11月12日晚,宴客,到譚延闓、唐心滌、吴劍秋、馬話山、李筠安、朱士可、姚某。

《譚延闓日記》同日條:"十一月十二日晴,寒暖六十度。(頗暖。飯曾九家)發信:夷午、護芳。汪九、赤惠。七時醒,坐三十分起。承之昨夜未歸,恐赴杭州去矣。作書與夷午,詳言所見。凡千八百言,盡信紙一合,他日傳之,亦一歷史材料也。粥後,羅正偉、向乃祺來,談甚久。爲李氏改寫屏一條,殆不令色矣。鄺鐵岡來同飯,遂與周行馬路,兼呼雷公看地皮。遇沈地保,談甚久。鄺意尚欲買塘山路東頭無馬路處也。鄺去,又與周桂生看新租築馬圈地久之。傍晚,以汽車至曾九家,與唐心滌、吴劍秋、馬話山、李筠安、朱士可、姚某同座喫飯畢。賀少亮來自陜西,携一甆枕,云宋製也,式如扇。文曰:'垂香餌金絲細細,錦鱗悠悠□直釣。'字有蘇意。馬話山云,當讀如'香餌直釣,金絲細細,錦鱗悠悠',或是也。曾、唐共談湘事,欲吾歸,乃以所知聞告之。唐去,談至十一時歸,遂寢。經百之印心石屋甆器店得千元,聞經手者尚没其四百元,且没器七十餘件,可謂貴矣。"

辛酉孟冬,爲聖約翰大學《約翰聲》題字。

自題:"約翰聲。歲辛酉孟冬,曾熙題。"

辛酉十月,書《雪竇寺澹禪禪師塔銘》並篆額。

自書:"雪竇澹禪禪師塔銘。師諱弘緒,字澹禪,晚號詠道人。定海金塘薛氏子也。毁齒棄家，歸依釋氏，師事里中普濟松公，蜜行利根，儼然老宿。及松公圓寂，遂付衣鉢，主持其寺，益務恢張。既而雪竇慈公卓錫甬上，傳鐙七塔，丕振宗風，師躡屩擔簦，趠趭百里，請益前席，得其箴契，授以心法，録副寺事。尋遷雪竇，方丈新故，完毁緇素，悦喜期滿，退歸普濟，結庵寺側，自署怡心，用習定慧。會旁鄉化成道場，騫崩暴露，善信耻惜，要師起廢，當仁莫讓，輒出任何，百度俱舉。生平善爲行草，並精點染，寸縑尺素，遐邇争致。而是役之訖，用緍萬計，悉資翰藻，無藉檀施云。亡何，慈公涅槃。以及門諸子，惟師最有聲聞，頃命繼爲法嗣，總持雪竇。師親承屬授，力擴前規。兩朝京師，請頒榆欓，詔賜紫衣，還山傳戒。其後又如五臺，登峨眉，流覽名勝，遍參知識，儻古所謂游方無住，周行不殆者與？己未仲夏，驟示微疾，滿月新翳，高謝塵世，伏蠟五十夏，生年五十八秋，以是年某月葬於寺東北東谷舊址。明年弟子常定居士應熚謀誄清猷，以刊玄石。於是慈谿朱威明銓次所聞系之。以銘曰：(略)歲次辛酉十月衡陽曾熙書丹並篆額。"(《雪竇寺澹禪禪師塔銘》，湖南省中山圖書館藏書)

船山書院將改制，深憂其存古禮樂祀聖已清查帳目處理不當，與譚延闓聯名發寒電致湘軍總司令趙恒惕與湖南省省長林支宇，請飭衡陽縣知事妥籌善後。

與慎五書："慎五老弟閣下：八月旅舍承枉顧，坐客紛煩，尚未深談，嗣即反滬。不識台從尚在苻宅，豈偶爾會乃亦關數耶？兩奉手書，稽遲未報，苦思實不能得要領。前已與鐵弟詳言之，鄙見不如函商令兄，另謀一紙書寄南京，第一峰頭或可望優等地位，尊旨以爲何如？鐵弟以書畫見忌，正憑空造謡，世道人心乃至此耶？可爲寒心。尊公函電交馳，仍如船山事，此院一改，勢無可救，屬會譚(按：即譚延闓)合電致趙(按：即趙恒惕)，當即發去。立冬後，乾燥異常，幸攝衛不宣。熙頓首，十月既望。"(《湖南省博物館館藏百位湘籍名人手蹟》，陳建明主編，嶽麓書社 2006 年 12 月版)

與趙恒惕、林支宇電："長沙總司令趙、省長林同鑒：船山存古禮樂祀聖，業經委員清查帳目，懇電衡陽知事，會同蔡委員和平清結，妥籌善後，庶款無攘奪，事免枝蔓。譚延闓、曾熙叩。寒。"(原件)

按：慎五，其人不詳何許人，從信件看，他似與船山書院關係較深。待考。

辛酉十月，爲佐禹書"荒碑自紀熹平歲，殘石尚存元狩年"七言聯。

自書七言聯："荒碑自紀熹平歲，殘石尚存元狩年。佐禹仁兄法家正之。辛

酉十月,曾熙。”(上海朵雲軒2007年春季拍賣圖録)

紙本。149×36cm

鈐印:曾熙之印(白文)。農髯(朱文)。便章(白文)。

辛酉十月,震亞圖書局出版所撰書之《衡陽王楊貢生墓誌銘》。

《衡陽王楊貢生墓誌銘》:“君諱家焱,字阮燊,姓王楊氏。世籍衡陽長樂鄉。高祖王父曰瓊林,洞明内經,好行隱德,事載家傳。曾祖王父曰養静,丕焕先業,肇造有家。王父曰鞠泉,修治儒術,禮敬賓師,王楊氏始以文學顯。父曰敬夫,履純寧簡,篤恭孝友,君其季子也。生而英敏,浚思好學。時從兄家梁,擢優貢,昆季驅騁,君益奮迅。遂以廩貢生,治經癘(厲)行,名聞於時。母李太孺人,未笄作婦,逾年喪姑,撫育弱叔,宗族稱義。及病亟,君侍湯藥,衣不解帶者浹旬。居喪致哀,身癯骨立。廬墓於虎神山,或告之曰:山多虎,虎穴在焉,吾懼傷若君。卒不顧。未幾,父殁,兄又繼殁。終歲悲號,積憂賈身,以光緒三十有一年五月癸酉朔越二十四丙申卒於里第,春秋四十。逾月,權厝於太原郡之海潭冲,於戲傷已!君紹遺業,履境常豐,約己明儉,卹物誼周,長樂俗習溺女,割田集貲創局育嬰。伯氏既亡,鞠養遺孤,愛同所生,復以公田數十畝厚歸其妹。臨卒之日,聞者感痛。君配龍氏,生子一,曰鶴生。氏卒,復配曾氏,生女二,長適張永生,次適江東楊良孫。曾氏,予從妹,少嘗聞經於熙,披覽百家,記誦靡遺,兼采漢宋,著書盈筐。狀君遺行,踵門泣請,既矜其表夫之苦志,復嘉其貞慧之淑修,伐石書銘,垂之來葉。其辭曰:長樂之鄉,富稱王楊。皎皎公子,植性允藏。孝乎惟孝,百行之綱。有妻抱經,管彤芬芳。銘以永之,光慰泉壤。”(《衡陽王楊貢生墓誌銘》,上海震亞圖書局1921年10月初版)

辛酉十一月朔,節臨《劉成主之墓誌》。

節臨《劉成主之墓誌》:“(劉成主之墓志略)辛酉十一月朔,曾熙。”(《曾農髯遺蹟》,收藏者蔡逸民、王一亭,編輯者李良臣,上海華商書局1931年2月版)

1921年11月29日介紹丁傳縉見譚延闓,此人滿口胡柴,令譚氏厭惡。

《譚延闓日記》同日條:“十一月二十九日晴,寒暖五十八度。(飲陶樂春。飯大武家。臨一百廿二通與簡先生)發信:夷午、子武、鑄人、賀、唐、田、劉、芾棠、宋、魯、石侯。受信:閑止、宋滿。六時五十分醒,坐三十分起。食粥。臨《麻姑》

十餘紙,第百廿二通畢。此以永州自八十通始爲推,然永州當時乃假定數丁巳,實止七十七通,永宜以七十八起計,則此通乃百廿通也。曾九介紹一丁傳縉來,滿口胡柴,久坐不去,可厭之至,似爲張敬輿奔走者也。作致湘中書甚多。既畢事,大武來電,促赴陶樂春。至則吕滿請客,經百、鐵岡、介夫、禮衡、宏群、大武、(曙邨)。菜頗佳,向未有也。散後,至大武家。偶繙《七俠五義》,與往時吾輩看本删易已多,一部野小説亦有版本之不同,賈人射利,可歎也。晚飯,喫炸醬麵。數日欬欶未甚愈,與宏群飲白松糖漿過多,胸次板結,不復能欶,難過之至。九時,送吕、岳去,與曙邨歸。到家,黎滿來談。閲《越縵日記》盡一函,寢已十二時矣。淑今日歸去,以元年錢範與之。"

同日,書"於此得真爽塏,其人不重浮華"六言聯。

自書六言聯:"於此得真爽塏,其人不重浮華。辛酉十一月朔,農髯曾熙。"(匡時 2006 年秋拍圖録)

紙本。200×40cm

鈐印:曾熙之印(白文)。農髯(朱文)。

1921 年 12 月 4 日與向樂穀至譚延闓家,是日宴客。到譚澤闓、聶雲台、聶潞生、聶慎餘、范静生、俞明頤等。散席,譚延闓與略談。

《譚延闓日記》同日條:"十二月四日晴,寒暖四十八度。(宴客。至滬江)發信:閑止、承之。夷午。受信:夷午電。仲圭、李崇純、閑止。六時醒,復睡去,七時半乃醒,可謂酣矣。坐二十分鐘起。盤馬亦未往。臨《麻姑》十三紙。粥後,盛幼文來,談頃之去。大武、吕、岳、寶球來,聶三、聶六、聶十三兄弟來,范静來,曾九、向樂谷來。今日觴諸人也。俞三來,始試煤氣爐,以聶六、十西裝畏寒,然諸同座呼熱矣。菜尚佳,特翅不似耳。價廉不得工巧,信也。客散,與曾、向略談。康伢子來,留坐頃之。携秋、韵以汽車送之滬江大學,乃在江畔,風景甚佳。遇竹珪姊妹與數女同車於門,亦一巧遇。歸,居覺生在門,邀入談,言馬林赴桂事,託致書夷午。晚飯,閲李蒓客日記,以壬翁《鄒叔續傳》爲叙次不清,可怪也。十一時乃睡。華洋義振會來電,以振事見託,可歎。"

此際,譚延闓聞譜主與馬話山不合傳言。

《譚延闓日記》同日條:"十二月五日晴,寒暖四十六度。(晚飯俞家。一百廿三通竟)發信:鄧風子、夷午、伯毅、汪孟來、鳳岡、毓昆、閑止。受信:閑止湘電。六時五十分醒,坐三十分起。秋獨往讀書,韵左目忽紅,恐生翳,故未往也。臨

《麻姑》七紙，第一百廿三通畢。以與黎滿與書湘中諸人。閱李蒓客日記，以先公之督陝，爲張文襄劾曾忠襄而舉先公，殆妄言也。是時蒓客正與文襄不洽，或有意爲是言。午飯後，爲人書屏聯久之，頗有倦意，筆墨皆不合也。步至俞三家久談，遂留晚飯。有南京鹽水鴨甚佳，爲盡三盌。蓋飯乃煮成者，與吾家之生蒸，異味較深也。阿榮來迎，乃乘之歸。閱李日記久之，十時三十分睡。聞胡先生言曾九與馬話山不合事。譚勛丞所授治痔藥自前年永州合成用，至今日已罄，止不復用。年來未劇發，或其効耶。"

存考：馬話山，譜主出任嶽麓高等學堂監督時任文案。上文譜主在蘇州有"話翁"陪游，抑即其人。

1921年12月5日辛酉十一月七日，致倪壽川書。

與倪壽川書："前日所看之《三公山碑》請帶來，此碑或人買去，請另從他處覓一本送下，碑帖店新拓亦可。因喜事，箱筐零亂不能尋也。壽弟。髯白，十一月七日。"

鈐印：曾熙私印(朱文)。

存考：信中云"喜事"，蓋指五兒曾季鳴與向樂穀之女向俊彦女士舉行婚禮(見下文)。

辛酉十一月，李健作《松柏圖》並頌以賀六十晉一壽辰。

李健自題《松柏圖》："衡岳巍巍孕祝融，既宜柏兮又宜松。柏本棟梁(樑)材，松不受秦封。寧向山中閱興廢，森森謖謖多生意。宇宙從來有冬春，貞枝鬱屈無榮萎。悠悠雲物何人識，虬榦銅柯插南極。南極老人壽無疆，黄石赤松相徜徉。偶過仙家殖瑶草，七十二峰皆蒼蒼。我聞松根千年變化成琥珀，柏葉千年醖釀爲瓊碧，瓊碧之漿芬霞觴，服之能令顔赤齒白雙瞳方。再拜持之獻玉堂，我公飲此壽而康，祝公期頤樂未央。辛酉十一月令辰，爲農髯九伯大人六十有一榮壽，姪李健敬繪並頌。"(湖南省博物館藏)

1921年12月13日午後，譚延闓來。時方布置壽堂，懸掛屏聯。留晚飯。吴劍秋、趙養矯來，同談至九時半。

《譚延闓日記》同日條："十二月十三日晴雨，寒暖四十四度。(飲曾九家)發信：寄書與大生。七時十五分醒，坐三十分起。臨《麻姑》十紙。粥後，李純孫來，言湘事甚多，皆捕風語。胡子靖來，俞三來，留同午飲，大毛、黎滿同座。子靖談至三時去。雨後,頗有寒意。以人力車至曾九家,方部署壽堂,懸掛屏聯。譚毅及其二兒皆來。大武所書屏極駿偉,惟中有誤字,須告之。曾九留飯。吴劍秋、趙養矯來,同談至九時半乃歸。閱蕁客日記,盡二卷,燈下觀書頗静。街衢沈黑,除吾室外,無鐙光矣。脚蚌甚,然不及洗,十一時半乃睡。岳爺借牀去,乃布置屋中一過。詩如孟六文歐九,友是墻東屋瀼西。"

1921年12月17日辛酉十一月十九日爲六十晉一壽辰之期,海上名流如沈曾植(寐叟)、朱彊邨、何詩孫、鄭孝胥(蘇戡)、譚延闓兄弟、向樂穀、吴劍秋、天台山農等均以書畫爲祝,設宴答謝。同日,五兒曾季鳴與向樂穀之女俊彦女士舉行婚禮。

《書家壽辰之盛況》:"前日爲曾農髯書家六十晉一壽辰,海上名流如沈寐叟、朱彊邨、贛道人、王雪澄、何詩孫、鄭蘇戡、左子異、吴倉碩、李仲乾、符鐵年、汪洛年、趙叔孺、姚伯鴻、王一亭、譚組安、譚瓶齋、唐吉生、劉介玉輩,各自詩文書畫爲壽,尤以贛道老吴劍秋書屏八幅、清道人之三弟女弟婦黄湘荃女士畫宋元派山水花果五幅爲最動目,觀者莫不稱羨。是日曾君設筵答謝,有東洋書畫家三人亦皆在座,四壁琳琅,一堂蹌蹐,不愧藝林盛舉云。"(1922年1月19日《申報》)

《譚延闓日記》同日條:"十二月十七日晴雨,寒暖四十六度。(翦髮。曾九家賀壽及娶婦)發信:競存、汪九。受信:秉三、曉峰、汪九。夷午電。七時三十六醒,坐三十分起。臨《麻姑》十紙。粥後,携秋兒至東亞翦髮,遂至大武家。同大武、吕滿至滙中買煙,乃往曾九家,今日生日,又爲其五子娶婦也。拜壽,登樓見新人,而下至前廳,遇吴劍秋、向樂谷、劉某,即天台山農者,又周畝莊之子,老矣。曾九邀坐其室中。袁大、袁六來,特設麵席一,以享吾輩。堯老來。散後,同大武、吕滿歸,小坐去。堯老來談。秦子直送所題先公手蹟卷册來,精書詳題,不可多得。晚飯後,取手蹟册,比次排類,並爲題識,至二時乃寢。爲袁六書扇面一,寫東坡石皷詩恰完,亦偶有好字。今日起服□。"

《鄭孝胥日記》同日條:"過曾士元,賀其娶婦。"

辛酉十一月,跋向燊藏《敦煌石室藏北魏人書大方廣華嚴經》。

跋《敦煌石室藏北魏人書大方廣華嚴經》:"此敦煌石室藏北魏人書大方廣華嚴經也。華嚴有晉唐兩譯:唐譯號新經,流傳最廣;晉譯則等於鳳星。抱蜀主人(向燊之號)得此卷爲晉譯。其用筆方折,古健勁峭,可與北魏諸碑參看。古人書碑誌嚴正,且已經石工之手,故天趣多失之。髯近來最喜晉魏人墨迹,每臨碑石,而心眼必嘿嘿求與墨迹參合。此卷如導从小、竭从鳥之類,北魏人習氣,碑誌可互證也。首尾既完善,紙墨如新,海内有數之物,願主人重寶之,勿輕以示人也。歲辛酉十一月,農髯熙識於海上。"(《向樂穀先生遺著暨文獻彙編》,1999年3月向大延〔旡畏〕印行)

按:題後有張大千跋:"此晉人所書,爲石室最希有之品,外方内圓,吾宗廉卿所從出,惜廉卿未能得其俊氣耳。甲辰夏五,蜀人張大千爰。"

辛酉冬,題向燊先君向熙遺像。

題向熙遺像:"萬州牧向先生遺像。辛酉冬,曾熙敬題。"

鈐印:曾熙之印(白文)、髯公(朱文)。

又:"穆穆先生,含醇履質。受知文達,以風司直。巖巖萬州,獷悍成習。靖盗興學,頑民説(悦)懌。君子之澤,流光百奕。景兹威儀,昭示來喆。曾熙敬題。"(《清故萬州牧向君之碑》,民國石印本)

鈐印:永建齋(白文)。

按:參見1908年條。

《清故萬州牧向君之墓碑》將由震亞圖書局鐫版發行,函請譚延闓題籤。

與譚延闓書:"向樂翁之尊人墓誌,乞弟書箋子一條:清故萬州牧向君之墓誌(尚可長也)。請署尊名。髯頓首。廿二。書成請以郵花寄震亞書局,更快以本月出板(版)也。"清故萬州牧向君墓碑(曾熙書題)。

又:"童刻印章送上。(又余堯翁之夫人向樂翁詢有屏分可入否,乞告。)前爲向碑書箋條,誤告爲墓誌(髯腦版向糊塗),仍乞弟再書之。畏公。髯頓首。廿五。"

辛酉冬,爲蔡逸民書"大德光高人傳,清風襲居士廬"六言聯。

自書六言聯:"大德光高人傳,清風襲居士廬。逸民仁兄法家正之。辛酉冬,曾熙。"(《曾農髯遺蹟》,收藏者蔡逸民、王一亭,編輯者李良臣,上海華商書局1931年2月版)

鈐印:曾熙之印(白文)。農髯(朱文)。農髯六十後作(朱文)。

辛酉冬,與竇瑞臣、葉恭綽等介紹宗履谷山水畫例。

《鍾山履谷宗生山水畫例》:"履谷宗生,爲人極誠篤,從余游處,原欲以畫爲消遣,惟其性之所喜,學之不遺餘力,凡有明、國初諸家,無不精心摹擬,不數年來,已爲知己賞識,從此不能離酬應,而臨古之功將荒矣。用擬潤章,以緩來勢,既可以應親交,復不致昧古昔,豈不兩得也哉！丁巳暮春吴江陸恢所擬並識。江寧宗子履谷,風雅性成,擅精六法,所作山水,筆致高古,不落恒蹊,早爲藝林稱賞。嘗僑居吴下,從吴江陸廉夫先生游,得其指授,藝日益進,臨摹古蹟,尤能神似。兹來滬瀆,同人勸其問世,想海内外同好,當咸以先睹爲快。廉老曾爲代訂潤例,兹乃依之。(潤例略)乙丑春重定。辛酉冬,寶瑞臣、葉恭綽、蔡元培、吴昌碩、李鍾珏、曾熙同啓。"(《有美堂金石書畫家潤例》,1925 年 5 月)

1921 年 12 月 22 日,譚延闓歸還李筠庵之何紹基立幅、手卷、斗方、軸四種來。

《譚延闓日記》同日條:"十二月二十二日晴雨,寒暖四十度。(步訪俞、聶宅。繞梵王渡、虹橋路一周至薙露園)發信:閑止、孟來、毓昆、承之、秉三、静生,中央觀象臺。受信:閑止、承之、伯毅、孟來。七時十五分醒,坐五十分起。臨《麻姑》十紙。粥後,步至保定路口看新起洋房,又至馬厩看馬。過聶家,遇胡九,同步行,又遇劉武、陳鵬,立談久之,繞荊州路歸。俞三來,留胡、俞同午飯,飲白乾一杯。解福自京師歸,從承之去一月矣,所獲仍四元也。承之寄玉田紅稻來,煮粥食之。周賢德以車來,與俞三、黎滿、秋伢同乘。由南京路至梵王渡,繞蘇州河岸,過白利南路虹橋至萬國公墓。敞車疾馳,風勁削面,凡行四十餘米(里?)。園中方有人營葬,車馬甚多。出行至同文書院,車忽停,油盡也。借電話呼另一車携油來,乃得行出霞飛路歸。小雨沾衣,停車豎蓬。到家小坐,周遂生此行冒風衝寒,殊有意思。晚飯後,作書久之,濯足就睡。以李三何立幅、手卷、斗方、軸四種送曾九還之。"

是年,余祖烈爲徐國梁之母郝太夫人懸匾追慶,乞書五言隸書聯"菱幃垂遠蔭,珠樹永春暉"。

自書五言聯:"菱幃垂遠蔭,珠樹永春暉。徐母郝太夫人懸匾追慶,東升余祖烈恭祝,曾熙書。"(《徐母郝太夫人褒揚徵文録》第一册,民國十二年徐國梁自印本。)

按:《徐母郝太夫人褒揚徵文録》共六册一函。1923 年徐國梁自印本。徐國梁是當時淞滬警察廳長,爲感懷其母而編。收録達官顯要、文人騷客褒揚其母所作詩文書畫,共百餘通,均據手蹟影印。有:曹錕、蔣介石、韓國鈞、許世英、康有爲、吴昌碩、沈曾植、鄭孝胥、王一亭、沈衛、劉海粟等人。

本年,朱大可以詩文執贄門下,自此每遇休息日輒來問學,每問學,輒有所記,整理成文,刊於《金鋼鑽》報。

《游天戲海室雅言》:"游天戲海室者,我師曾農髯先生之寓齋也。不敏自辛酉歲,以詩文執贄門下。休沐之日,輒復過從,載酒問字,竊比侯生之於玄亭焉。凡師有所提命,或論理,或論文,或論書畫,歸輒筆於簡端,以爲鑽仰之助。乃者天不憖遺,哲人其萎,開篋檢視,曷勝泫然。用特將其論書者各條,隨筆録出,付之《鑽》報。若夫詮次,請俟異日。

●可問:學書之次第如何?

○師曰:學書當先篆,次分,次真,又次行。蓋以篆筆作分,則分古;以分筆作真,則真雅;以真筆作行,則行勁。物有本末,此之謂也。

○師曰:求篆必於金,求分必於石。

(可注:金者,鍾鼎彝斝之類;石者,碑版磚瓦之類。)

○師曰:兩周文字,各國不同。結體運筆,亦復大異。大抵雍容肅穆者,魯也;俊傑廉悍者,齊也;凝重篤實者,晉也;雄横恣肆者,楚也。察其文體,兼可覘其國俗,多看多寫,望而知之。

●可曰:隸分之别,説者紛如,敢請一言,以袪所惑。

○師曰:改易篆體,歸於整齊者,隸也。依據隸書,加以波磔者,分也。隸書多存於碑額,分書多存於碑文。以此求之,自能了然。

(可注:隸書者,秦程邈簡約小篆,取便徒篆,故名。分書者,一曰八分,八之爲言背也,波磔之勢,分背顯然也。自蔡文姬誤以八分爲割篆字之八分,歐陽公復誤以隸書爲即古之真書,自是聚訟紛紜,至清翁覃溪而猶未已。得師一言,昭若發蒙矣。)

○師曰:分書以蔡中郎爲集大成,《夏承碑》雖無中郎姓名,後人或懷疑之。實則筆勢洞達,非中郎不能爲也。

●可問:中郎所書,有三體石經,筆勢與《夏承》不類,何也?

○師曰:石經爲應制之作,《夏承》爲得意之書。杜甫、韓愈,亦有早期詩,何以與《北征》《南山》絶不相儗耶!

○師曰:今人惑於包安吴之説,初學作書,即臨魏碑,不知魏碑筆力沉著,多從古篆、分隸得來,不於此中下一番功夫,無怪其字字卧於紙上也。

(可注:師授及門諸子學書,先習毛公鼎或散氏盤,次習石門頌,務使筆意堅蒼,力透紙背,然後縱之臨摹魏碑。即不敏亦嘗臨毛公鼎、石門頌各數十通,從師教也。)

○師曰:真書始見鍾太傅,然《宣示》、《丙舍》等帖,翻刻失真,惟《戎輅表》尚存遺意，習鍾書者，宜與澄清堂帖求之。

○師曰：今人每以真書之草率者，謂之行書，恐屬非是。試繙閣帖中鍾、王書法，每作一字，非真即草。何曾有不真不草，點畫狼藉之字。故余謂行書，當指真草相雜之一行而言，非指半真半草之一字而言。半真半草之字，作俑於唐人，晉人無是也。

（可注：此説甚創，然亦甚確。右軍蘭亭序，行書之權輿也．然尋其點畫，秩然分明，此豈後世之落紙雲烟者所能藉爲口實者哉！）

●可問：魏碑新舊出土者，無慮數千百種，其大别如何？

○師曰：文章可分陰柔陽剛二大類，碑版亦然。魏碑之中，《刁遵》、《崔敬邕》、《張黑女》、《高貞敬》、《顯儁》等，得陰柔之美者也；《鄭文公》、《張猛龍》、《馬鳴寺》、《高靈廟》等，得陽剛之美者也。《龍門二十品》，陽剛居十之七八，陰柔居十之二三。學者各擇其天資學力之所近，習之可也。

（可注：近代作魏碑體者，以師及清道人爲二大派，道人折旋中矩，所謂剛克；師周旋中矩，所謂柔克。包安吴、康南海輩，紛紛品評，不如師以二言盡之也。）

●可問：魏碑神品，當推何種？

○師曰：魏碑佳者，不過熟在人口之十餘種，近日新出土者，多屬碑估僞造，以其語氣筆勢，不越舊者外也。吾輩果能就其一二種，臨摹自得，已足名家，非如賣菜傭多多求益也。

●可問：《瘞鶴銘》果出何人手筆？

○師曰：逸少也。此余寫黄庭經得之。蓋取《瘞鶴銘》與《黄庭經》合觀，體制雖殊，神理不爽。從來諸家好以考據論碑版，而不知以書法論碑版，此其所以惝恍迷離，不可究詰也。

○師曰：何蝯叟雖以顔書得名，然其結體，實出《張黑女》。試觀何書，往往上半大於下半，與顔書適得其反，此實得諸《張黑女》者。特常人見其點畫，一本顔書，遂謂蝯叟專學魯公耳。

（可注：有正書局影印之《黑女志》，即蝯叟舊藏，跋中自稱舟車往來，無一日不在行篋，可以知其觀摩之勤。此蝯叟之善學《黑女》，亦蝯叟之善學魯公也。）

○師曰：真行以太傅、右軍爲兩大派，然太傅一派，惟王僧虔能得真髓；右軍則法乳綿延，極乎唐代之歐、虞、褚、薛，而猶未已。直至顔魯公出，始以隸分之用筆，參以篆籀之結體，雄張茂密，卓然特立，後來蘇、黄、米、蔡，殆無一人不祧右軍而祖魯公，斯亦書家一人傑矣。

（可注：可嘗以詩文喻書，謂歐、虞、褚、薛，晉臨唐帖，此書家之王、楊、盧、駱、沈、宋、燕、許也。魯公獨往獨來，真力彌漫，可以開今，可以復古，此書家之少陵、昌黎也。師聞而亟許之，殆書有‘吾道一以貫之’之語，實則亦剽自《師説》也。師雖力尊晉魏,然亦不薄唐宋。嘗曰:虞永興、歐陽率更,並出右軍,虞得其和,歐得其清。又曰:虞書爲右軍以後一人。又曰:歐陽方楷多從隋筆得來,《化度寺》尤爲平矜釋躁之作。又曰:顔魯公筆筆中鋒,直接漢分,其下筆時,何嘗有太傅、右軍在其目中! 其推尊唐人亦不下於北魏諸家,異乎包安吴、康南海之一味尊魏卑唐矣。)

●可問:習草書者,其道如何?

○師曰:草書有章草、狂草之分。狂草自右軍大令以來,習者頗多,然非軟媚如鄉愿,即險怪如符籙,不如章草源出分書,多存古意。且習此者,尚不多見也。

○又曰:習章草者,宜自明人宋仲温入手。仲温遺蹟,往往見於碑帖跋尾,可檢臨也。

○師嘗品清代書家劉石庵曰:陶鑄蘇、董,雍容華貴,惜於碑學未有所窺。翁覃溪曰:率更不背不叛之臣,小真書頗有可觀,方寸以外,即竭蹶矣。鄧完白曰:筆力豪横,古今無兩,然有子路行行之氣。包安吴尊之太過,無怪後人反唇相稽(譏)也。錢南園曰:堅剛之氣,突過魯公,其效歐效褚諸帖,破觚爲圓,不失清勁,非翁覃溪所能及也。何蝯叟曰:存閑雅於恣肆之中,發生新於甜熟之外,清代書家,自推巨擘。又曰:蝯叟各體,分第一,篆次之,真行又次之。今人寶其真行,所謂識碔砆也。翁瓶庵云:謹嚴不如錢南園,精深不如何蝯叟,而寬博過之。又曰:清代數家,南園龍頭,蝯叟豹肚,瓶庵鳳尾。金冬心、鄭板橋曰:不可無一,不可有二。

○師又品評近代書家曰:沈寐叟讀碑多,寫字少。讀碑多,故能古,寫字少,故能生。古與生合,妙絶時流矣。又曰:近人真能寫字者,惟鄭蘇戡,筆筆皆如龍跳虎卧,他人不免描頭畫角。又曰:吴缶廬實從鄧完白得筆,然牝牡相生,顧盼多姿,蒼勁中姿媚躍出,此老得之。又曰:李梅庵學書最勤,書中甘苦,知之最深。其一波三折,皆從頓挫提轉中來,所謂行乎不得不行,止乎不得不止,海上後生,學之不得,徒得其犬牙相錯之狀,不知者或咎梅庵作俑,此真梅庵之罪人也。又曰:近代古篆,自推梅庵首屈一指。若夫分隸,則老夫亦有一日之長。

●可問:可習《樂毅論》期年,習《曹娥碑》八月,而卒不進,敢問何也?

○師曰:臨小真書,不易精進,以其運指不運腕也。必取各碑方寸之字,拓之至數倍之大,筆酣墨飽,揮灑淋漓,然後腕不懸而自空,力不使而自出矣。

(可用其言,對臨《張黑女》匝月,携以呈師,師大許之。)

●可問:可舊臨龍門諸品,點畫使轉,纖毫不爽,然而神理,終覺不類,願聞其故?

○師曰:此謂優孟衣冠,得其貌而未得其神也。大凡臨書者,始則得其貌,次則得其神,終則遺其貌而取其神。得其貌者,敏者十日,鈍者期月,便可收效。得其神者,頗難言之,蓋有畢世學之而弗得者矣。若夫遺貌取神,此非卓然自成一家者，不足語此。自唐宋以來，不數數覯也。又曰：臨書貴得神。神如何得？出力而已。力如何出？多習而已。又曰：習書如習拳，初習拳者，不足碎瓦礫，習之既久，可以搥磐石。書道亦然。王右軍入木三分，此真書家之鐵腕也。

●可問：學書者宜篤守一家，抑宜博取諸碑？

○師曰：篤守一家，以深其力，博取諸碑，以廣其趣，二者皆不可偏廢。知篤守而不知博取，必失之滯；知博取而不知篤守，必失之浮。如子之論詩，雖主昌黎，然唐之李、杜，宋之蘇、黄，亦何嘗不常諷誦及之。記曰：'博我以文，約我以禮。'書雖小道，事則同也。

○師曰：凡作書者，宜先讀書。如能讀破萬卷書，雖不孳孳臨池學書，而書自能清雅絶俗。古今書家，自中郎、太傅、右軍父子以來，何一不是績學之人。清代袁子才，自謙不工書法，然其行書，包安吴列入逸品。其他顧亭林、王漁洋輩，或以學術稱，或以詩文著，而其書法，無不可觀，所謂'腹有詩書氣自華'也。若胸無點墨，强顔作書，如夫己氏者，識者終羞稱之。

（可注：甲子歲得師貽書，有曰：吾弟經史夙有根柢，詩文尤所精能，作書作畫，不過寫其胸臆間所藴蓄者而已。此中消息，願與弟共參之云云。惜可頻年奔走衣食，畫固未嘗問津，書亦一曝十寒，殊負吾師期望之殷。涉筆至此，悲慚曷已！）

師嘗垂詢學詩次第。可謹對曰：溯之《風》《騷》，以探其源，本之漢、魏，以樹其骨，揚之六朝，以增其華，極之三唐，以立其法，肆之二宋，以窮其變，旁及元明清諸家，以究其委，如是而已。

○師曰：善哉夫！推言之，學書之道，亦猶是爾。三代鼎彝，古樸奇奥，此《三百篇》《離騷》也。兩漢碑誌，雄强茂密，此十九首古樂府也。六朝誌銘，遒麗精能，此三張、二陸、陶、謝、顔、鮑也。唐碑謹嚴，宋帖豪放，近人恢奇恣肆，變態百出，此李、杜、韓、白、蘇、黄、范、陸，以及湘綺、白香、散原、海藏也。學詩者，必先知其源流，推其條理，然後可以集大成。學書者何獨不然。

（可注：師受業鄧彌之先生，而又嘗及湘綺之門，故論詩文，輒舉二家。）

○師曰：太傅勢衡，右軍筆縱，此右軍之善學太傅也。右軍内含，大令外拓，此大令之善學右軍也。歐，虞以來，遂無能知此意者已。

（可注：勢衡者，其字多橢；筆縱者，其字多長；内含者，其字多斂；外拓者，其字多放。歐，虞而下，多師右軍，所謂'世人皆學蘭亭面，欲换凡骨無金丹'也。

○師曰：詩文書畫，皆有風會。南朝俊朗，北魏雄强，唐人謹飭，宋人疎放，元明流利，清人拘檢，能卓然自拔於衆流者，我見亦罕矣。

○師曰：書家往往有得力之處，而未嘗舉以告人者。如沈寐叟得力於黄石齋，吴缶廬行書得力於王覺斯，康南海得力於陳希夷，鄭蘇戡得力於蔡元長。雖

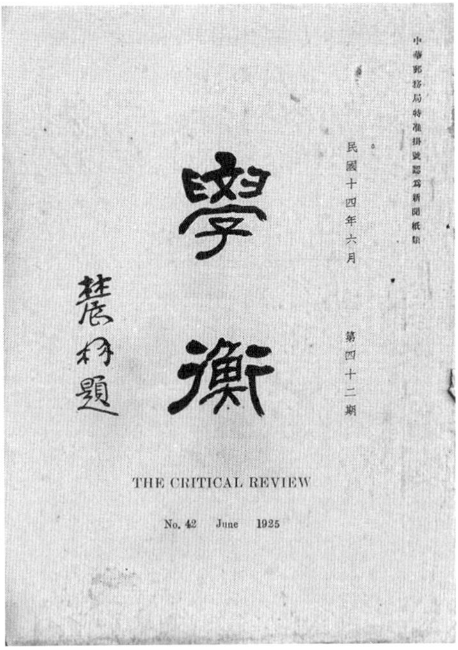

題學衡雜誌封面 1922 年　　題聖約翰大學校刊約翰聲扉頁 1921 年

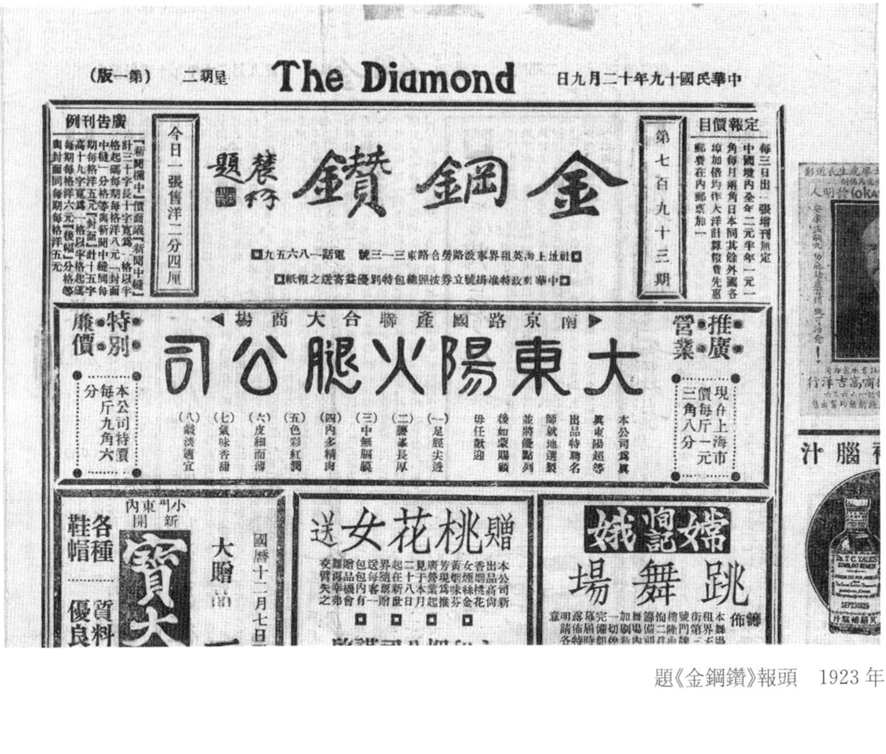

題《金鋼鑽》報頭 1923 年

譜主六十三歲瓷板像　1923 年

夫人萬氏五十八歲瓷板像　1924 年

衡陽書畫社合影 中坐者譜主　自右至左　倪壽川　朱大可　糜潔民　江一平　江萬平　張君綬　雷聽秋　姚雲江　1922 年前後攝

紅衣羅漢圖　張君綬

張大千致永晴書

長子曾憲璵　1956 年

四媳向俊彥像　1931 年

左起前排曾孫女曾警瑕　四媳向俊彥　曾孫曾曉川　後排孫媳殷蜀玉　孫曾慶壬　1957 年

爲季子曾珂　向俊彦夫婦作百歲同心圖　1922 年

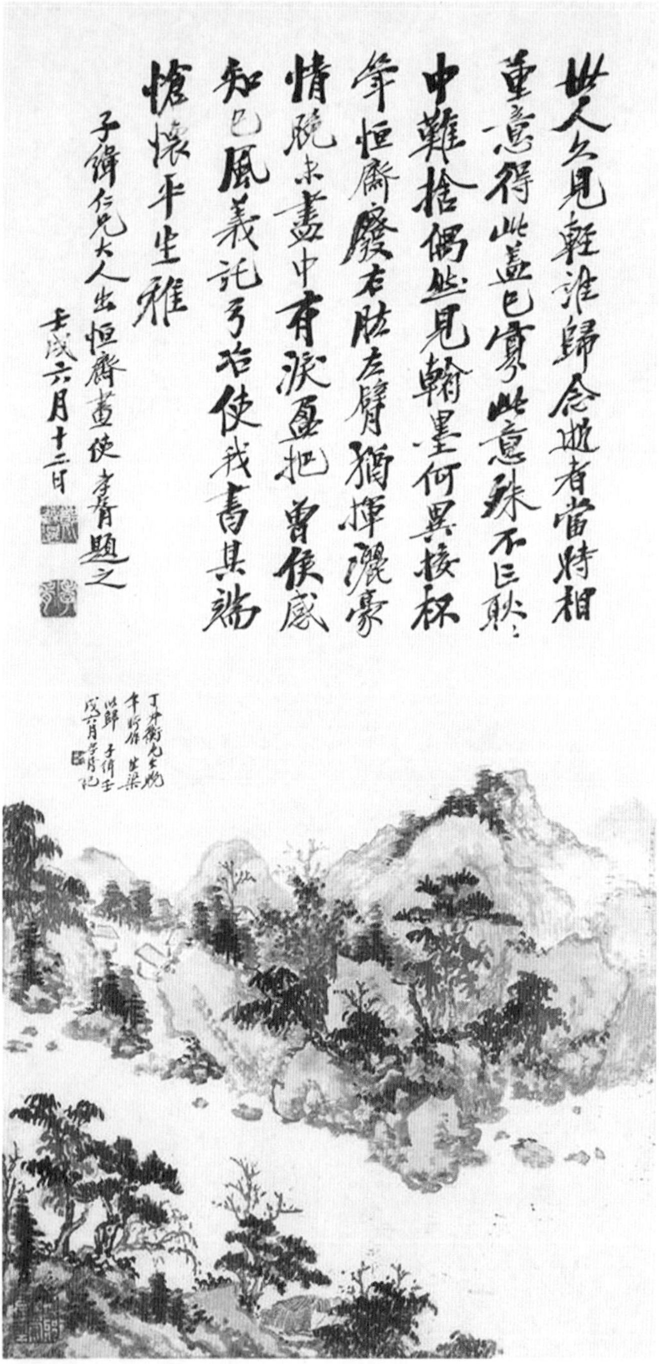

鄭孝胥題譜主藏丁立鈞山水圖　1922 年

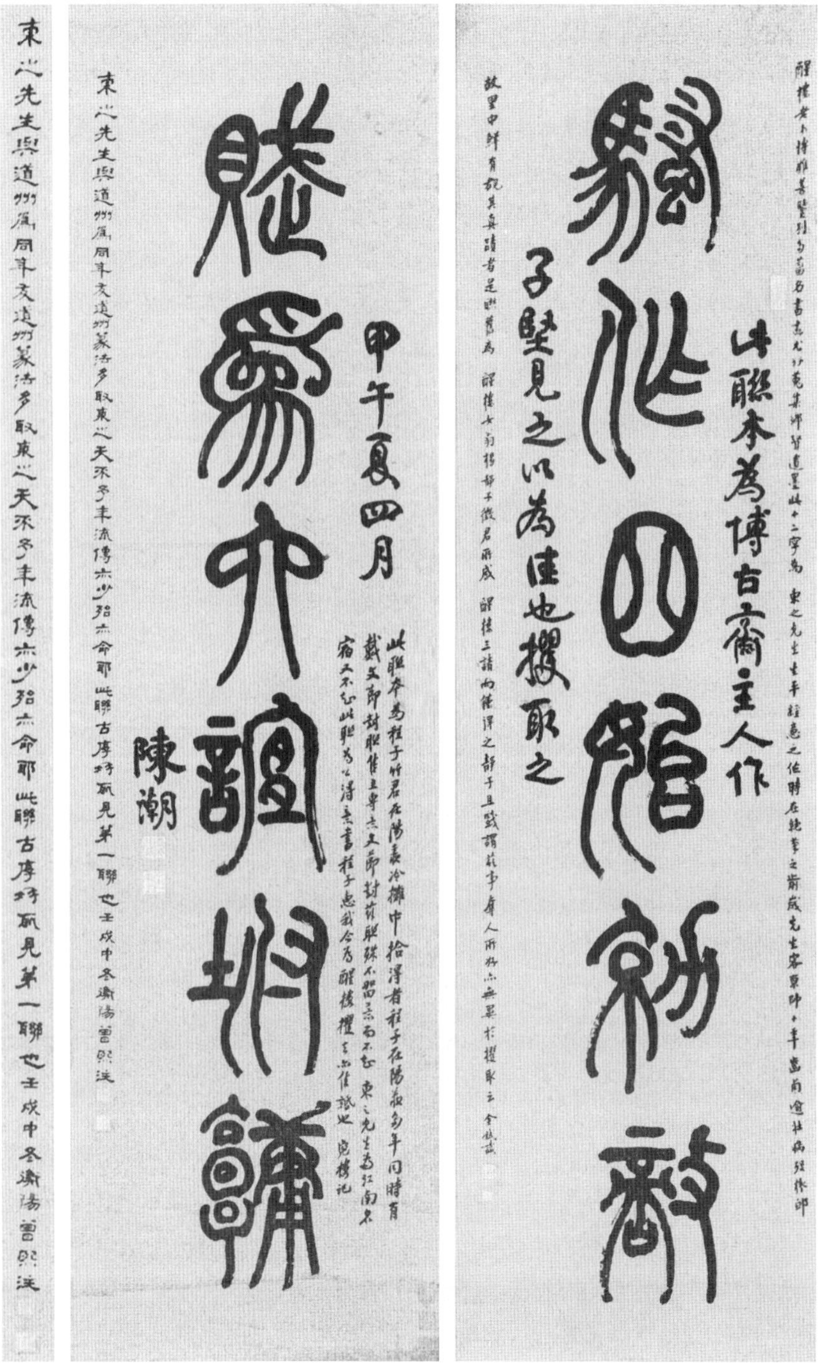

題陳潮篆書六言聯　1922 年

題張君綬遺作山水圖　1925 年

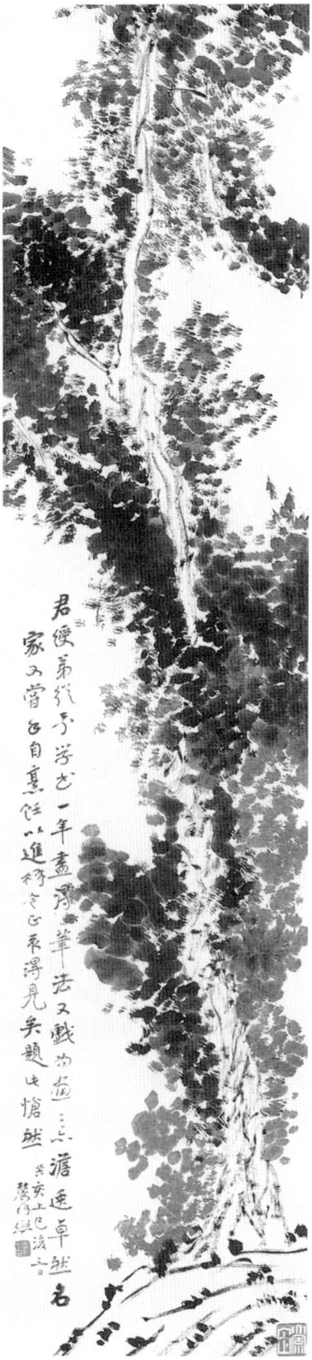

題張君綬遺作柏樹圖　1923 年

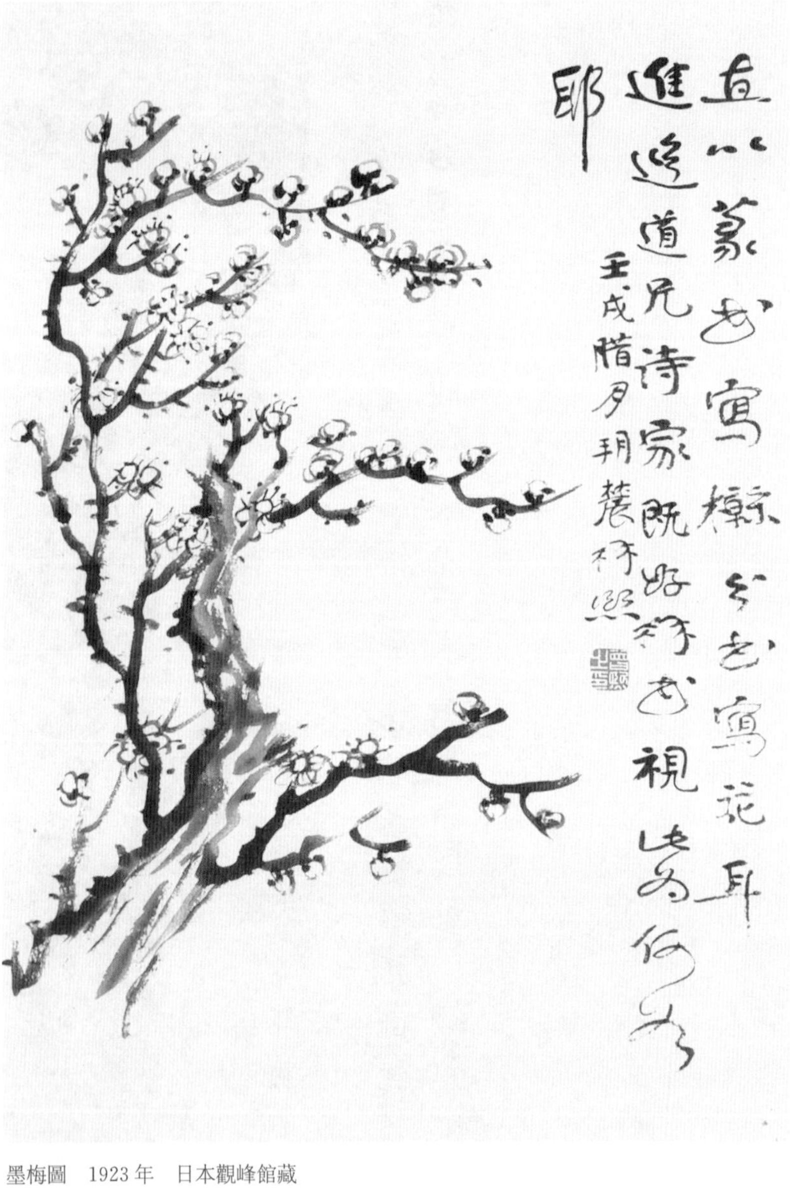

墨梅圖　1923 年　日本觀峰館藏

朱君佩僧其王父石琴先生於述齋東隅
手植紅梅一株當同治庚午歲一歲三花其時
名流爭賦詩紀其事先生因名其齋曰三度梅花館其詩集曰三度梅花館吟
稿佩僧追揚先芬乞穉寫紅梅并記其事癸亥立秋日農髯曾熙

梅石圖　1923 年

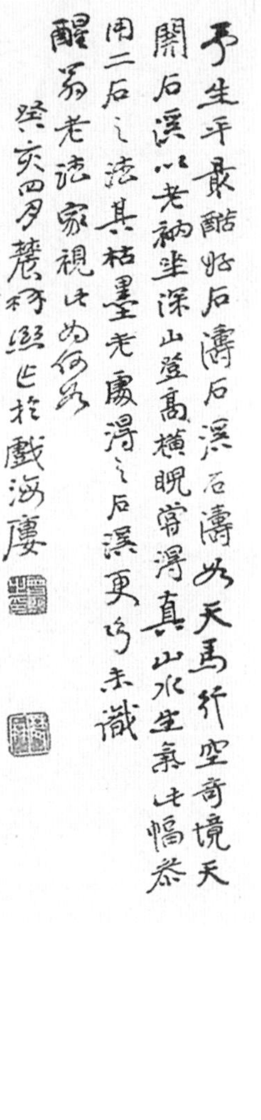

予生平最酷好石濤石溪石濤如天馬行空奇境天
開石溪以老衲坐深山證高橫睨嘗得真山水生氣此幅參
用二石之法其枯墨老處得之石溪更巧未識
醒翁老法家視此如何也

山水圖　1923年

南岳結廬圖　1923 年

题趙叔孺藏梁虞思美造碧玉像題名記　1923 年

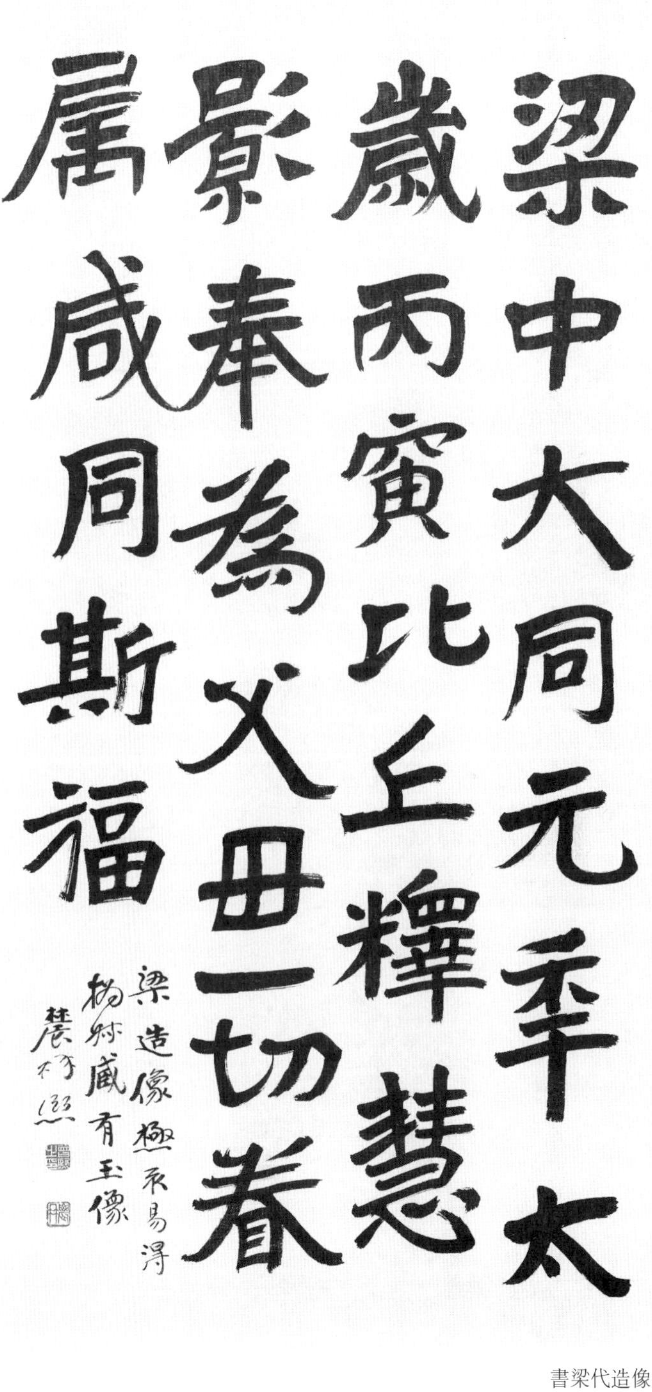

書梁代造像銘文

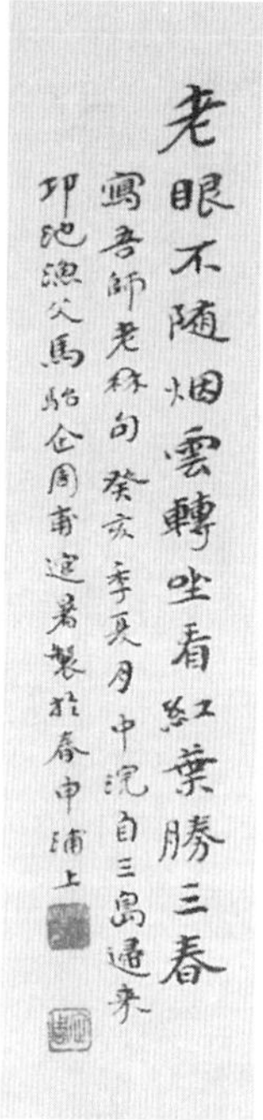

秋山如醉圖　馬駘　1923 年

松石圖　張大千　1923 年

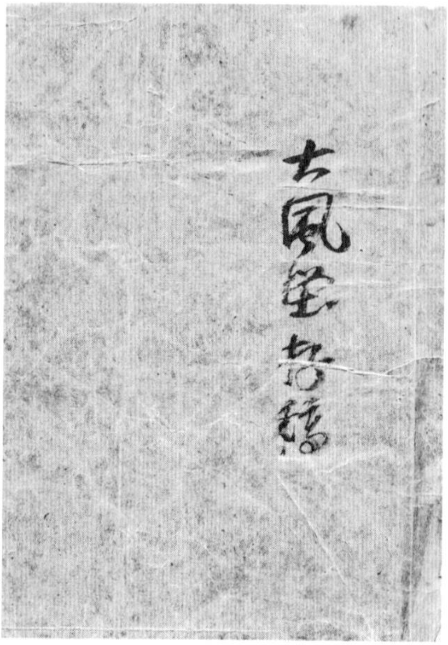

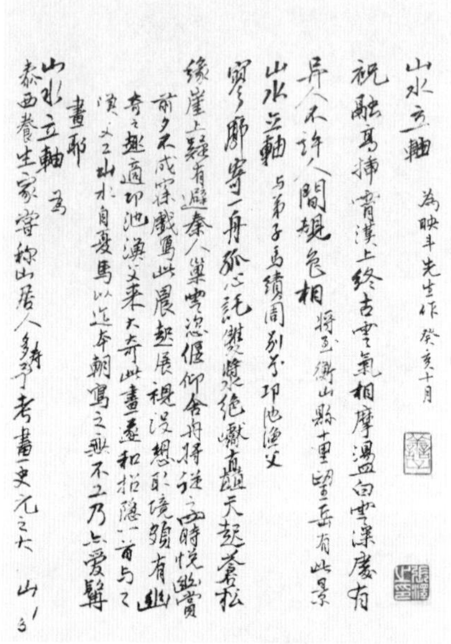

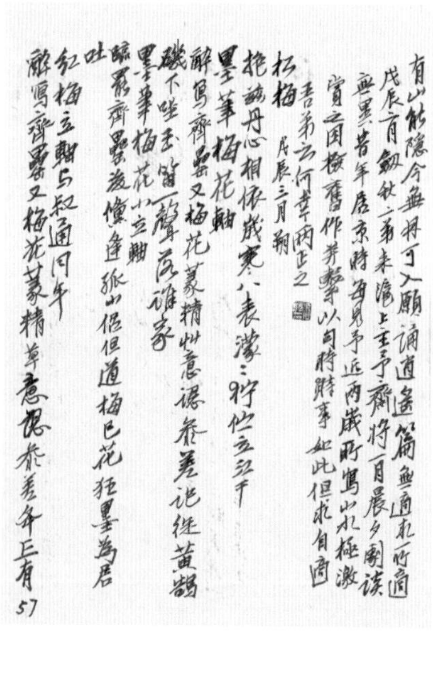

大風堂存稿書影

錯綜變化,不主故常,然明眼人自能辨之。

●可曰:我師得力處,其在宋仲温、倪元璐乎?師笑而不答。

○師曰:李梅庵各體,山谷第一,惜乎海内無人知之。又曰:梅庵歐書工力甚深,魏碑結體,往往參之。

●可問:執筆之法如何?

○師曰:執筆如執弓,古人之教射,身必正,臂必平,稍有攲側,夏楚隨之。然而胡人之習射,反正偃仰,無不命中。執弓者求其中,執筆者求其工,包安吴、康南海之議論,可弗問也。

○師曰:古無羊毫,蒙恬製兔穎,右軍用鼠鬚,皆紫毫也。至宋人始用羊毫,又二爨碑,遠在西南,觀其用筆,當是鷄毫。

又曰:硬紙用軟筆,軟紙用硬筆,庶得剛柔相濟之妙。

○師曰:筆與紙墨,近日所製者,均不能如往昔之佳。而日本國所出之筆,堅直耐用,其紙尤緻密可喜,此亦吾國考工之一憾也。

(可注:師嘗以日本筆兩支相餉,云囑日本筆工特製者。試之果能萬毫著力,什襲藏之,忽忽十載。今師亡矣,睹物懷人,不敢遽興中書君今不中書之嘆也。)

髯師遺著,除詩文外,以碑誌題跋爲多,大抵隨筆漫書,不甚留稿。不佞現擬廣爲搜輯,庶與翁覃溪、何蝯叟諸家,並垂不朽。諸大鑑藏家,如有髯師碑誌考訂、書件跋語,不論長短,如荷鈔録寄示(本報社收轉),俾得彙集成書,則拜嘉高誼,有涯涘哉!大可附啓。"(1930年9月6日起《金剛鑽》報連載)

本年,由譚延闓代撰、譜主書朵雲軒箋扇莊門聯:"朵頤致福,朵顔傳舊史;雲物書春,雲氣兆豐年。""朵殿春回憶天上,雲牋新製重人間。"

譚延闓《代曾九擬朵雲軒門聯》:"朵頤致福,朵顔傳舊史;雲物書春,雲氣兆豐年。"

又:"朵殿春回憶天上,雲牋新製重人間。"(《譚延闓日記》1921年附録雜記)

1922年 民國十一年 壬戌 六十二歲

1922年1月3日訪譚延闓。

《譚延闓日記》同日條:"一月三日晴陰小雨,寒暖四十二度。(至三興公司。至大武家、飛隆汽車行)發信:伯毅、閑止。黎儿、壽曾。棣嵩、蘭汀。受信:孟來、任子厚、常治。七時三十分醒,坐三十分起。祥入校去,秋亦往讀書。昨買小鐘與秋伢,韵韵亦欲之,不敢言,而時露其意,小兒女情懷可憐也。乃取秋鐘與之,别以前買鬧鐘與秋,此又父也而有母道焉之一也。爲譚仲宏寫屏三幀,屢作輟乃竟。欬乃甚,不食粥,擬服帕勒脱以治之。路丹父來,久談。曹錫三、汪洋以湘政府寄款二百八十元付之,款未到,仍吾墊與也。楊志鴻者,三興汽車行人,忽開一車邀坐。裝飾淡雅,云盛五太太物,盛五既出妻,乃惡車而賣之。兜圈至三興,入觀汽車。坐所謂司他茨車歸,車雖舊無聲息,頭等貨云。周夢賢來,楊忽忽去。周又致忱久之,頗有昔年買馬時風味。曾九來,即去。飯後,爲人作書。俞三來,適周又以車至,乃與俞三同乘出。微雨撲面,蓋霰也。至飛隆看德國車,乃至大武家。吕、岳來,曙村亦至。喫西湖鴨、炸醬麵。九時歸。爲仲頤題《宣城見梅圖》。十一時後睡。"

辛酉十二月,集《石門銘》字書"漢正褫秦朔,衡石銘禹功"五字聯。

自書五字聯:"漢正褫秦朔,衡石銘禹功。集《石門銘》字,辛酉十二月曾熙。"(台灣故宫博物院)

紙本。169.2×36.8cm

鈐印:曾熙之印(白文)。農髯(朱文)。虎賁中郎(白文)。

辛酉臘月,爲朱銘新書"從兩漢窺六代,以詩書起精神"隸書五言聯。

自書隸書五言聯:"從兩漢窺六代,以詩書起精神。銘新世兄年十二,其作書能解古人意,書此進之。辛酉臘月,曾熙。"(《蓉莊先生一家書畫集》第一集,1931年版)

鈐印:曾熙之印(白文)。農髯(朱文)。

辛酉臘月,爲祝幼珊書"泉石從所好,文章如有神"五言隸書聯。

自書五言隸書聯:"泉石從所好,文章如有神。幼珊仁兄法家正之,辛酉臘月,曾熙。"(《百年心畫——晚清民國名人書蹟》,2008年7月澳門藝術博物館出版)

紙本。141.5×37.1cm

鈐印:曾熙之印(白文)。農髯(朱文)。農髯六十後作(白文)。

1922年1月11日辛酉十二月十四日譚延闓四十三歲生日,與李筠庵、向樂穀往賀。晚,招鄭孝胥等於都益處同觀蔡金臺舊藏古書畫。

《譚延闓日記》同日條:"一月十一日晴陰,寒暖五十二度。(四十三歲生日。看共舞臺。至大武家)發信:静生。受信:子靖、丹孫、劉某、孟來。七時三十分醒,坐三十分起。今日爲余四十三歲生日也,駸駸老去,來日可知無復歡情,惟多歎息。兒姪輩來行禮,淑遂不能早起,習俗移人甚哉。何詩翁來,李純生來,吕滿、宏群來,大武、細毛、德、淞來。十時始開麵席。醉六來。周用吾、李純生、張廩丞來。曾九、李三、向樂谷來。王可魯來,譚毅、二曾伢來。袁六、汪四、唐吟秋來。心滌來。禮衡、伯蒼、介夫、高朋九、王亨五來。一時,客半去,乃設兩席,一在吾家,高、張、蕭、唐、二羅、李、周、石、王、易茀焘、吕滿,余陪。一設大毛家,堯衢、龍十、俞三、宏群、大毛、細毛、黎滿、大武、曙邨。皆曹廚例菜,不見手段也。林二來自杭州。客散,余與黎滿、曙邨出,二人中途下,余至共舞臺,汪、俞、吕、岳、林二、大武先在。所謂《活捉阿寶姐》者,荒謬可笑。散後,至大武家飯,復小飲。九時,偕汪、林、曙村、大毛歸。林二宿大毛家。晚,就浴。十一時後睡。"

《鄭孝胥日記》同日條:"夜,赴曾士元之約於都益處,有携蔡金台所藏舊畫來觀者,中有冒巢民之妻蔡氏畫松長卷、明初人(?)張渥畫《中山出獵圖》,尚可觀。"

是日,自書《石鼓文》。

自書:"(節臨《石鼓文》略)李斯削繁曲歸簡易稱小篆,其實從《石鼓》出也。辛酉祀竈後一日,曾熙。"(蘇富比紐約1992年春拍圖録)

紙本。103.5×50.8cm

鈐印:曾熙之印(白文)。農髯(朱文)。

1922年1月12日,晨譚延闓來,尚未起床,去。晚遣人持書往譚宅求譚代撰題畫詩。

《譚延闓日記》同日條:"一月十二日晴陰雨,寒暖五十度。(出謝客。飲俞三家)發信:伯毅、子靖。電龍八。受信:黎六、仲圭、方未雅。六時五十分醒,坐四十分起。秋伢發熱,不入學。余乘車出謝何詩翁、余堯翁,與余久談。過吕滿、宏群,遇茀焘。訪瞿壽褆,不值。至雙龍買表,以舊僅一表尚準,不足取證也。又買寒暑計,則侈矣。歸過曾九,未起。詣樂谷,略坐歸。袁大來。同大武、吕滿、汪九往俞三家,林二、宏群亦至。俞三設火鍋鷄、魚、雉肉片,此道士遺製,汕(?)而食之,終以煮飯,然遜道士之醲鬱矣。飲共八斤許,微醺矣。袁、林、吴、岳、大武咸去,余與汪九以車還。醉六來談,雨至乃去。晚,與汪九食麵,頗清佳。曾九以書來,求作題畫坐使者,草兩絶與之。林二歸,云擬看戲,以無車止,乃冒雨獨歸,頗狼狽也。十一時乃睡。今日甚熱,雖風雨而和煦一如春深,可怪。與汪九服銀翹散,頗有効。"

譚延闓《代曾九作題畫詩》:"唐杏芬夫人七十,有畫蘭菊爲壽者,曾題之。紱佩雍容五十年,老來妙墨更如仙。放燈時節團圓月,盡照春花入綺筵。舊游長憶六朝山,秋菊春蘭取次看。何以畫師新粉本,門闌喜氣一時還。唐君曾官金陵,

其人能畫，正月十六生日也。”(《譚延闓日記》1922 年卷末附録)

1922 年 1 月 15 日作主人在陶樂春宴客。午前譚延闓偕汪九、俞明頤來寓，同往陶樂春，李筠庵、譚澤闓、吕滿已在，袁思彦後來。菜肴甚佳。

《譚延闓日記》同日條：“一月十五日晴陰雨，寒暖四十二度。(飲陶樂春、余堯翁家。兩看共舞臺)受信：公望、龍八。四時醒，復睡。夢魂顛倒，若有所感，急起坐攝之。七時三十分即起。余伯傑來，自云畢業日本高等工業，今爲慎泰木廠技師，不知與吾何淵源，未之問也。粥後，爲人作書甚多。羅介夫來。周用吾來。午，偕汪九邀俞三至曾九家，遂偕曾九至陶樂春，李三、大武、吕滿已在，袁六後來。曾九作主人，有燒豬及鴨，皆劇佳。散後同汪、俞、吕、大武至共舞臺。看《鐵公鷄》、《新殺子報》、《蔣老五殉情記》，舊觀彌妙，耳目焕然。散後，詣堯老，則詩翁、龍十、陳子言已在。待袁大、袁六來，入席。吃炖魚翅，加以鼈裙，衆皆已飽不能踴躍。詩翁先去，吾輩俟散後，復至共舞臺。乃得見《小牧牛》、《文昭關》、《四傑邨》，亦近所無。筱香紅之《貴妃醉酒》尚有典型，李桂芳與張文艷之《獨佔花魁》則美妙極矣。大武、吕、岳起去，余與汪、俞俟《活捉老阿寶》之草檯戲《打草鞋》後，乃出歸。與汪九略坐，十二時乃寢。”

辛酉臘月，爲朱鏡波作“厲(勵)志在霄漢，比翼隨鸞皇”章草五言聯。

自書章草五言聯：“厲(勵)志在霄漢，比翼隨鸞皇。鏡波仁兄法家正之，辛酉臘月曾熙。”(紐約蘇富比 1992 年拍賣圖録、匡時 2013 年拍賣圖録。)

紙本。131.5×33.5cm

鈐印：曾熙之印(白文)。農髯(朱文)。農髯六十後作(白文)。

藏印：大風堂(朱文)。

按：朱鏡波(1889—1968)，蘇州人，齋號月波樓、平齋，號月波樓主人，畫家、金石家、收藏家。馮超然入室弟子，精於山水花鳥。民國時期寓居上海，與江浙一帶的名流學士交往頻繁，1946 年 7 月曾與錢鏡塘合開書畫扇面展。

1922 年 1 月 26 日辛酉小除日，爲遠聲書“蘭薰麝越，自成馨逸；神清氣茂，允迪中和”八言聯。

自書八言聯：“蘭薰麝越，自成馨逸；神清氣茂，允迪中和。集《水經注》、《梁書・王暕傳》語。遠聲仁兄法家正之，辛酉小除日，農髯曾熙。”(上海嘉泰拍賣公司 2007 年春拍圖録)

紙本。151×30cm

鈐印：曾熙之印(白文)。農髯(朱文)。農髯六十後作(白文)。

1922年1月27日除夕，節臨《散氏盤》四屏。

自書："(臨散氏盤略)散盤，道人以渾勁之筆爲之，已成神絶；髯乃毁圓爲方，頗肖馬遠，寫亦略有逸趣。辛酉除夕，曾熙。"(嘉德2009年四季第17期拍賣圖録)

紙本。89×46cm

鈐印：曾熙之印(白文)。農髯(朱文)。衡陽(朱文)。

1922年1月29日壬戌正月初二，譚延闓來拜年，外出未遇。

《譚延闓日記》同日條："一月二十九日晴，寒暖三十六度。(至大武家。拜客余、吕、龍、岳、王、羅二、粟、威、袁、曾家。飲俞三家)發信：夷午。六時醒，起溲。咳似少愈，復睡。醒已七時半，乃坐三十分起。粥後，向樂谷來訪，稍坐去。余出至大武家，偕大武、叔乾訪余堯翁，久坐。復過龍十、岳宏群、吕滿。同吕、岳訪粟界珍、王亨五，遇唐心滌。又過介夫、伯蒼。乃歸大武家，小飲。飯後，吕、岳去，余與大武後出。過戚蒓孫，謝其去年送酒也，神色倉遽，門鐙亦撤，似有所避，乃辭出。至袁家，見袁大兄弟。何詩翁來，龍十亦至，坐久之，食點心而出。至曾九家，不遇乃歸。數年不講拜年之學，今乃實行也。偕大武、曙村步至俞三家，賀其明日生日。大毛亦至。俞三具麵餉客，吾呼酒來飲，秋、年、韵及毛姑因欲得小狗亦數往還，然狗竟未携去也。飲罷，俞二、俞七同大毛他去，吾輩以車歸。至晚，大武同五太、滿太去，瑞、年、珏竹、毛妹皆宿此也。吾偶翻《閱微草堂日(筆)記》，閱至十一時半乃睡。"

壬戌一月，弟子馬宗霍和吴宓等人創辦《學衡》雜誌在上海發行，應馬宗霍之請，爲《學衡》雜誌書耑。

爲《學衡》雜誌書耑："學衡。農髯題。"

王治來《回憶録》："馬先生在上世紀二十年代曾和吴宓先生合作辦《學衡》雜誌，故吴對馬曾有過評價。吴説：'馬承堃，字宗霍，湖南人，王湘綺先生(闓運)晚年之門生，年近三十，未婚，現任暨南大學(後改國立)教授。其人言大而誇(作文只能述舊聞)，譏詆一切人。《學衡》雜誌封面上之'學衡'二字，是由馬宗霍求其師曾農髯寫成(曾先生名熙，衡陽人，爲宗霍之同鄉先輩，時居上海賣字)。(見吴宓《自編年譜》)但我認爲，説馬先生'言大而誇(作文只能述舊聞)，譏詆一切人'，這是否有點過頭。比如，馬先生對楊樹達先生就是頗爲尊敬的。我在1975年

(即馬先生逝世前一年)因幫馬先生處理圖書的事曾去北京光彩胡衕先生家,先生留我在他家吃飯。飯前他拉我到其内室叙談。他拿出一册自己的手稿,上面有楊樹達先生的批語。批語中表示'欽佩'馬先生的見解。馬先生對我説:'我在文字學研究方面與楊先生不同派,今得到楊先生的欽佩,深以爲榮。'也許當時馬先生處在遲暮之年,心境有所不同,但也並非藐視一切人。"

《百年南大・歲月留痕・校史鈎沉・吴宓》:"在二三十年代影響頗大之《學衡》是由東南大學一批學者創辦的。最初由梅光迪發起並主持籌辦。參與創辦者還有吴宓、劉伯明(東南大學文理科主任)、胡先驌(東南大學生物系主任)、蕭純錦(東南大學經濟系主任)、徐則陵(東南大學歷史系主任)、柳詒徵(東南大學歷史系教授)、馬承堃(暨南大學教授,當時暨大設在南京鼓樓南薛家巷)、邵祖平(東南大學附中國文教員)。除邵以外,《學衡》成員多爲大學教授,又都爲留美回國學人。1921 年 1 月初,梅光迪决定以南京鼓樓北二條巷 24 號吴宓寓宅作爲《學衡》辦公及同人會集之所。吴宓自製了白底黑字的'學衡雜誌社'油漆木牌,釘於寓宅門外,以便郵差及客人尋訪。《學衡》封面上兩個大字,是請與'清道人'李瑞清齊名的著名書家曾農髯寫的。第一次會議公推吴宓爲'集稿員',《發刊辭》由柳詒徵撰稿,各欄目編輯分别爲:'通論'梅光迪,'述學'馬承堃,'文苑'胡先驌,'雜俎'邵祖平。早年負笈海外時,吴宓就曾與陳寅恪、梅光迪等論及:'中國學術必將受西方沾溉,非蜕故變新,不足以應無窮之世變。'他們認爲陳獨秀、胡適倡導的新文化運動'甚爲偏激',因此'更痛感欲融會西方文化,以浚發國人的情思,必須高瞻遠矚,斟酌損益'。《學衡》雜誌遂抱定維護傳統、昌明國粹、慎擇西學、融化新知的主旨。吴宓更是傾注了極大熱情,在 11 月底即編好第一期《學衡》稿件,掛號郵寄上海中華書局左舜生。"(南京大學百年校慶特别網站)

壬戌春正月,族妹婿暨門人馬宗霍自南京歸里,將爲祖母劉太夫人慶祝八十大壽,爲撰並書壽頌。

《馬母劉太夫人八十壽頌並叙》:"壬戌春正月,族妹婿馬生宗霍歸自江寧,將上其王母馬母劉太夫人八十之壽。孝孫有道,王母受福。衡之縉紳先生執酒躋堂,相與稱揚盛德,播之歌詠,禮也。當予經始南學,深閔(憫)兒童失業,爰建四城小學,眇(妙)齡負笈,斐然有章,僉稱城西文昌宫一塾。其時馬生爲出類,既繇西湖中學升師範南校,入省專門,所至聲藉,師友加敬。越歲,濂山叔父爲子相攸,群賀得人。己未之夏,馬生來海上,其言條貫百家,其鄭樵之流耶! 屈居吾門,幾窮辨答。然馬生性誠慤,每言教育之恩,皆出自王母劉太夫人,其言嗚咽。熙起席敬之,嘆曰:舉世混混,人禽雜處,尚有馬生其人,不徒吾門之幸也。馬氏以文學起家,代有聞人。馬生之王父曰方齋,父曰俊卿,世父曰徽卿。家其學,世其業,皆樂清貧。王父閔(憫)伯叔無後,凡三娶妻,以所出祧之,俊卿先生則劉太夫人所出也,以祧大宗。然俊卿先生恢奇不羈,性喜游,嘗遠躡滇越,人不能識其姓名。當出,馬生四齡,其兄六齡,今馬生年二十五矣,尚不識父。王母劉太夫人嘗詔馬生曰:予有子若無子,而有父若無父,當王父殁,薄田數畝,不足贍朝夕,與汝母劉氏,女紅自食。初或勸馬生力耕,王母泣曰:家世本儒,不忍廢業,然無貲,夸何! 及學制改,王母大喜,遂排衆議,卒成馬生之學。若其處己恭儉,與人寬慈,八十之齡,行不假杖,四世一堂,雍嬉承歡,此蓋天之所以厚馬生昆季,其福王母與夫人者未可量也。爰作頌曰:洪江之媛,言歸於馬。燦燦三星,暉光融冶。獨憐倚閭,征夫在野。惟德舒祥,大年天假。英英文孫,翱翔風雅。發聲齠童,抗手作者。疏經釋文,亦陸亦賈。青青之蘐,崇堂之下。馨爾春酒,式分懿嘏。姻再姪曾熙頓首,拜撰並書。歲在壬戌春正月穀旦。”(中國嘉德2010年秋拍古籍善本圖録)

1922年2月4日,送向樂穀藏《麻姑壇》小字本及何紹基、劉石庵墨蹟到譚延闓家,托其代售。

《譚延闓日記》同日條:“二月四日晴,寒暖四十八度。(飲陶樂春。訪孫、袁)發信:閑止。電夷午、汪精衛。受信:黎滿、伯毅。夷午電。扱寰。七時醒,坐一小時起。唐心滌來談。牙痛劇,遂不食粥,仍含洋參治之。高鵬九來。劉武來,尚未北行,可怪也。十二時,至陶樂春,禮衡請客。吕、岳、張矮、唐心滌、周用吾、張廩丞、羅介夫、大武、易茀焘先在,伯蒼後來。菜尚可,燒雙鴨乃至十九元,可謂貴矣。散後,余至伯南家。見一孫姓報館訪事,又見張馨吾、謝鏡虚、彭從川、董□□(原文空格),董亦江西來人也。談甚久,伯蘭議論畢竟平允。出至袁家,見袁大兄弟,淑新病起,故往視之。談至上燈乃歸。吕家竹珏二人在,因同諸兒女擲升官圖至一時。雖可令其熟習掌故,然啓發其貪癡心,亦不宜者也,後當戒之。及睡已二時矣。曾九送向樂谷所藏《麻姑壇》小字本及何、劉蹟來託售。”

1922年2月4日立春日,爲鴻源書“香分椒酌後,春到草廬先”五言聯。

自書五言聯:“香分椒酌後,春到草廬先。鴻源仁兄雅正。壬戌立春日,曾熙。”(私人藏)

灑金箋。134×32cm

鈐印:曾熙之印(白文)。農髯(朱文)。

1922年2月9日譚澤闓生日，與李筠庵至時，譚延闓已醉，旋去。

《譚延闓日記》同日條："二月九日晴，寒暖五十度。（大武生日。游半淞園。看影戲）受信：汪九。無名之審公。七時醒，坐三十分起。偕曙邨、大毛送秋入校後，遂至大武家，吕、岳已先在。今日大武生日也。余堯翁來，稍坐去。餘人來者皆留飲，凡三席。不覺大醉，然酒不過三十餘杯耳，可見吾之衰矣。曾九、李三來，吾與作醉語，後不知爲何去。吕滿邀往半淞園，俞三、岸稜、宏群偕去。吾下樓幾失足，入車則不知東西，至園中乃泛舟，亦如在雲霧中。還時汽車未來，乃附電車至十六鋪。俞、吕、岳他去，吾與大武歸。食夜飯後，同大武、細毛、曙邨、秋、年至卞德路影戲園，吾乃疲困作磕睡。十時，還大武家，小坐，携祥、秋、韵與曙邨歸，外姑及四太母女皆打牌，故未還也。看信，寫日記。十一時後睡。汽車夫至公堂，罰五十五元。"

1922年2月11日燈節，題姚叔平、趙雪侯、沈孟騫、洪麗生合作《秋圃晚香圖》，壽吴杏芬七十歲生日，詩爲譚延闓所撰。

題《秋圃晚香圖》："紱珮雍容五十年，老來妙墨更如仙。放燈時節團圓月，盡照春光入壽筵。舊游長憶六朝山，秋菊春蘭次第看。何似畫師新點染，門闌喜氣一時還。唐母吴太夫人，以壬戌燈節作七十生日。吴太夫人婦居官江寧，鶏鳴佐政，善畫山水花鳥，泰東西名畫家皆争購之。賢郎吉生能世其學，海上名流數十人各寫所長爲壽，題此以紀勝事。衡陽曾熙。"（《杏芬老人古稀録》第一集）

按：吴淑娟（1853—1931），自署杏芬女士，安徽歙縣人。父鴻勛，曾佐幕曾國藩，以蘭竹名世。夫唐昆華，子吉生。工山水花鳥人物蟲魚。曾刊印《百花圖》長卷，一時名公巨卿題詠殆遍。參展1910年意大利博覽會，作品爲意大利皇后購藏。1915年集生平作品百幅，印珂羅版一巨册。1917年捐作品十幅與協約國紅十字會，競買得款一千七百餘元，悉數充賑。以書畫祝壽者近百人。

同日，爲吴杏芬七十壽作壽頌。

自書壽吴杏芬七十大壽頌："穆穆賢母，惟孝惟恭。卿佐君子，鳴佩江寧。君子正直，頌德至今。道圮則隱，留心書畫。范宋巨唐，不皇夙夜。惟母善飲，以畫佐酒。且飲且畫，康兹壽母。海天日華，公子承將。拜手作頌，萬年無疆。壬戌元宵，吉生仁兄上其太夫人唐母吴太夫人七十壽，衡陽曾熙敬作此頌。"（《杏芬老人古稀録》第一集）

1922年2月14日，與李筠庵、俞明頤至譚宅，同飲。席間與譚延闓言延

壽丹有返老延壽之效，譚於翌日試之。

《譚延闓日記》同日條："二月十四日陰雨，寒暖四十八度。（至禮和、精益。飯大武家。汽車易人。）發信：第五書。宋滿、龍八。受信：鳳光電、秋孫、仲圭、蒲毓彭。七時三十分起，睡未醒也，坐三十分下牀。粥後，易茀甍、李特生來，坐久之去。大武來，翻照像片。曾九、李三、俞三來，同飲。散後，余與大武、曙邨至禮和洋行，子武先在。羅森柏及朱買辦道觀各光學器具，有放大鏡可照像者甚精，乃與定十六倍鏡一打，將以贈人也。大武買一小鏡，亦至精。吾至精益驗目，欲以合禮和看書鏡也。遂至儲蓄會納本月會金。至大武家、吕滿、岸稜來同飲，八時歸。淑今日歸，與祥同侍，談至十二時乃睡。汽車夫德元被巡捕罰停六月，以其弟德順來代。岸稜言一算學游戲法，令人書一數約四、五位，預書一數，我即可得其和數。其法令人書一數如97835，我減尾數爲三，而以二加於九數之前，爲二九七八三三，此後則凡彼書一數，我即書一數，便與彼成九數。如是者二，令彼減之得數正如我所預書矣。"

《譚延闓日記》2月15日條："二月十五日陰，寒暖五十二度。（韵上學、祥入校。始服延壽丹。公讌）發信：汪九、建實、吉光、雪安、凡生、黎六、九、大生臘味、任修本。受信：振吾、大生94。七時四十分醒，坐二十分起。食粥。臨《告身》十紙。爲人作書甚多。午飯後，爲淑、祥諸姊妹照像，光不甚佳，仍犧牲耳。昨曾九言延壽丹之神効，王雪澄服之二十年有返老之力，譚仲弘服七日而諸病頓減，力勸試之，並以見贈，因於每晨試服三錢，看有効否。爲人作屏聯甚多。祥、端同入校，韵自麥倫歸。淑亦歸去。大武、吕、岳、余來，俞三亦至，蕭六、二羅、心滌、茀甍來，毓昆最後至，今日醵貲設飲也。各飲二十餘杯，皆醺然。客去，以汽車送之。晚，就浴乃寢，已十一時後矣。連日右頰齒摇動，不便咀嚼，左隅齒亦摇摇欲墜，頗有衰老之嗟。以臘肉交禮和寄大生。"

1922年2月17日晚，赴余堯衢家宴請，到有熊秉三（鳳皇）、夏劍丞、龍十、龍滿、梁四、梁五、汪四、袁思彦、余八、唐子中、張子武等。

《譚延闓日記》同日條："二月十七日晴陰，寒暖五十六度。（第十一通。滙學費與大生。至大武家、吕家。飲余堯翁家。看共舞臺。第七書。匯款）發信：第七書、匯款。受信：汪九。七時三十分醒，坐三十分起。臨《告身》十一通。照馬像於門外。岸稜、吕滿來。與岸稜深談，頗有見地，天下事故是决心之不易也。朱衍、紀仲星來，禮和買辦，言匯款事與大生事，足恭而去。午，大武來，留余、吕同小飲。楊仲衡、周詠清來。周名澂，民國元年曾見之者，今已老矣。熊秉三先生來，談久之，固自高人一著。與大武同出至其家。（老岳來。）復偕至吕家，曙邨先在。與岸稜看戲去。余輩至堯老翁赴席，凡二桌，鳳皇、劍丞，龍十、龍滿、梁四、梁五、蕭、唐、二羅、汪四、袁六、曾九、余八、唐子中、張子武、大毛。既散，吾輩至共舞臺，余岸稜、曙邨、李特生皆在。《天女散花》後，《貂蟬》出。意態極妍，節目亦緊，一時乃散歸。睡已二時。以一百五十鎊交禮和寄大生，合美洋八元五角五分。"

1922年2月19日午至譚延闓家赴宴，到有楊度（皙子）、唐子中、汪四、袁思彦等，席半，熊秉三至，飲啖甚歡。

《譚延闓日記》同日條："二月十九日陰，寒暖四十六度。（請熊。飲陶樂春）發信：天三、閑止。受信：閑止。五時起，大瀉而不痛快，復睡至七時二十分起，坐三十分，瀉如故。胃病大發，呃逆酸辣，吐出色紅似血，意胃壁傷矣，遂不早食以消息之。臨朱巨川《告身》一通，疑非顔書，不能明也。偕秋兒步行至葉氏園一覽歸，頗覺不適。吕滿、大武來。至一時，楊皙子、和甫、碩甫、祇青、唐子中、汪四、袁六至，待曾九來，入席。將半，秉三乃來，飲啖甚歡。既散，熊、楊談華昌事甚久。客去已五時，大武、吕滿早去矣。六時，車來，偕大毛出至陶樂春。唐吟秋、汪四、袁六作主人，秉三、張矮、宏群、吕滿、大武皆在。有炖麪、燒鴨，價多而菜平平。散後，與大毛歸。欲治英文，開卷茫然，蓋荒廢久矣。十時後睡。右頰齒覺稍固，左唇下齒乃大痛。"

1922年3月1日壬戌二月初三日，題王文治《夢樓遺墨册》。

題籤："夢樓先生册子。壬戌二月三日，農髯熙。"

鈐印：曾熙之印（白文）。

題册首："夢樓遺墨。壬戌二月朔又三日，雪後寒氣更深，展攬夢樓先生册子，因題其端。曾熙。"（原件）

鈐印：曾熙之印（白）。髯公（朱文）。

壬戌二月，爲頌周書"永和有殘石，建安多名篇"隸書五言聯。

自書隸書五字聯："永和有殘石，建安多名篇。頌周仁兄法家正之，既乞書隸，例不入分，知者當辨之。壬戌二月，曾熙。"（安思遠藏《中國近代書畫》）

紙本。169×23cm

鈐印：曾熙之印（白文）。農髯（朱文）。

藏印：安思遠藏（朱文）。松瀑廬藏（朱文）。

壬戌二月，書《節淳化閣帖考正》。

自題："節淳化閣帖考正一則。壬戌二月，農髯曾熙。"（《張大千的老師曾熙李瑞清特展》圖册）

1922 年 3 月 5 日，譚延闓以借去之《佩文齋書畫譜》校核周用吾送來之《淳化》殘帖。

《譚延闓日記》同日條："三月五日雨，寒暖五十度。（看共舞臺。飯大武家）發信：第十書、電汪精（衛）、姨母五十元、冬生、棣松、閑止。受信：譚蒙電、棣松、冬生。八時醒，坐二十分起。以曾九所假《佩文齋書畫譜》校周用吾送來之《淳化》殘帖第六、第七兩卷，雖有'臣王著摹'四字，而紙墨不似宋搨，恐明翻矣。大武、吕滿來，俞三旋至，同小飲。周夢賢偕一喬姓來談汽車事，久之去。余與吕、俞、大武同車至共舞臺。《殺子報》已將畢，遂演《蔣老五殉情記》，字字入耳俱分明，可謂佳絶。散後，至大武家晚飯。偕俞三、秋伢歸。印像數紙，犧牲已多，今日乃得訣，恐夏間天氣又須棄更耳。晚，與祥、秋談久之。十一時，濯足乃睡。朱彦才信云余爲明德挪彼七千四百二十金，將合萬餘元矣。近爲人逼賬甚亟，意在請吾履行債務，甚無以答之也。"

1922 年 3 月 15 日午後，譚延闓過訪，恰有一倪姓（壽川）學生在，將暝乃歸。

《譚延闓日記》同日條："三月十五日晴雨，寒暖五十八度。（雙龍、先施。大武家。曾九）發信：閑止、夙荒。受信：閑止、宋滿。七時三十分醒，坐三十分起。食果汁，爲人作書及大中華廠楄，力不能舉之，可歎也。李純生來談，極繩馬連良之戲，以爲追蹤賈狗，他日當一看之。勞工會代表三人來，爲龐、黄訴冤，皆所謂持之有故，言之成理者。午飯後，出至雙龍較表，先施買物，遂至大武家。吕滿來。稍坐，同大武、吕滿過宏群，妻來病作，亦可笑者。略坐，出。至先施，大武、吕滿去。余過曾九談，遇一倪姓少年，曾之門人也，尚醖藉。將暝遂歸。晚飯後，清舊繡貨並先妻約指寄大生，托禮和帶去。與曙邨洗像片久之，十二時乃睡。何貞翁丁酉庶常館，課卷上有阮文達批改，凡四，開索百元，此一古董也。錢沖父收一穆彰阿批本，則不足道矣。此卷伯葵以八十元得之。"

1922 年 3 月 20 日壬戌二月二十二日，爲亮功居士書"少求儉用，免逼迫於心田；知足除貪，播馨香於異地"十字聯。

自書十字聯："少求儉用，免逼迫於心田；知足除貪，播馨香於異地。亮功居士性喜書，去歲以所爲書來質予，但與之並几而談。然每言世事，憤激良多，今以溈山禪師語録乞書,蓋其覺悟深矣,喜書志之。歲壬戌二月二十二日,曾熙。"(《虚懷齋藏中國書畫精品集》,保利藝術博物館編印)

紙本。130×32cm

鈐印:曾熙之印(白文)。農髯(朱文)。

壬戌二月下旬,爲泉孫書"秋陽光曜近於有若,清風微起古之伯夷"八言聯。

自書八言聯:"秋陽光曜近於有若,清風微起古之伯夷。泉孫仁兄法家正之,集《樊敏碑》以《程哲》筆勢爲此。壬戌二月下恂(旬),農髯曾熙。"(上海崇源 2010 年春拍圖録)

紙本。173×37

鈐印:曾熙之印(白文)。農髯(朱文)。

壬戌二月下旬,春寒稍解,游甘園歸,書"名隨衆人隱,心與古佛閑"五言聯。

自書五言聯:"名隨衆人隱,心與古佛閑。壬戌二月下旬,春寒少解,從甘園步歸書此。農髯曾熙書於戲海樓。"(中貿聖佳 2011 年春秋季拍賣圖録)

紙本。230.5×58.5cm

鈐印:曾熙之印(白文)。農髯(朱文)。髯翁六十後書(朱文)。

半年來與劉海粟協助日人石野哲弘籌備在上海、日本舉行之中日聯合美術展覽會,出品陳列。

《中日美術展覽會將開幕》:"中日聯合美術展覽會係日人石野哲弘氏發起捐資創辦,籌備半年有餘,設事務所於本埠吴淞路丸一洋行,我國畫家劉海粟、王一亭多贊助之。兹聞該會出品分中國畫、日本畫、西洋畫三部,皆係中日現代名畫家傑作。日本全國第一流畫家如小室翠雲、竹内棲鳳、長尾甲、池田秀畝等均有出品,中國方面搜集現代南北畫家,如劉海粟、陳師曾、吴昌碩、王一亭、汪亞塵、曾農髯、何詩孫、王濟遠、吴杏芬、楊東山、金拱北、張辰伯、吴仲熊、楊清磬諸名流,均有最近傑作分别陳列,準於四月一日開幕,會場在虹口文路日本人俱樂部,全部出品計三百餘點。"(1922 年 3 月 26 日《時報》)

1922 年 3 月 30 日壬戌三月初三,狄楚青夫人逝世,挽聯悼之。

挽狄楚青夫人:"早悟三空,超然妙界;應持千偈,了兹宿因。狄母汪夫人靈右,侍生曾熙拜挽。"(1922 年 5 月 29 日《時報》)

按:狄楚青夫人卒於"夏曆三月初三",見本年 5 月 9 日《時報》《汪觀定室人行略》。

得張叔未舊藏造像拓片十多件，黝黑可愛，壬戌三月臨大魏神龜三年題記一則。

臨大魏造像題記："大魏神龜三年三月廿日比丘尼香慧政造窟一區(軀)記。近得張叔未先生所藏造像十數紙，異常黝黑可愛。壬戌三月，曾熙。"(《湖湘近現代名人書畫》)

紙本。123×40cm

鈐印：永建齋(白文)。農髯(白文)。曾熙之印(朱文)。

此際，李瑞清弟子募捐，擬於李氏原籍構建祠宇供奉先師。

《清道人可以血食》："已故寓滬遺老清道人門下弟子痛師道之云亡，度子貢之廬墓，遂發起募捐，擬於臨川原籍構建祠宇一所，以垂久遠，並由弟子等分向滬漢等處籌募捐款。凡與道人相識者，均助巨資，俾資玉成。刻已募得大洋五千八百餘元，勉可構建祠宇，由王理卿、曹杞堂等察購地方，預備興工。其偶像群擬磁製，現因款項不足，擬鐫製栗主，暫時供奉，與蘇圃徐亭並垂不朽云。"(1922年4月11日《新申報》)

1922年4月5日壬戌三月九日清明，赴南京牛首山祭清道人，兼爲之購墓田。行前爲雨其庶母陳太夫人書《瘞鶴銘》團扇。

自書："(《瘞鶴銘》略)壬戌清明將往牛首山爲文潔買墓田，爲雨其庶母陳太夫人出此扇面書之。筠、旭兩弟，視予目力減否？熙。"(《曾熙》，林樂倫著，文物出版社2005年1月版)

壬戌清明後，於牛首山爲霽虞書四屏條。

自書一："(節臨《王盤虎墓誌》略)《王盤虎志》純從《王基》、《曹真》兩碑脱化。"

自書二："(節臨《惠公墓誌》略)《惠公志》當與魏齊經卷參看。"

自書三："(節臨《敬顯儁碑》略)《敬顯儁碑》以《程哲》筆勢書之。"

自書四："(節臨《黑女志》略)壬戌清明後，臨《黑女志》牛首山，霽虞仁兄法家正之。曾熙。"(私人藏)

1922年4月10日壬戌三月十四日在南京覆書倪壽川，云尚須浹日方可

返滬。

與倪壽川書:“前得手書兩函,以筆墨過勞未答。前爲賢弟補《黄庭》,遍索陳紙不得,因檢原裱第一層胎紙試筆,其妙與乾隆紙無差異,遂高興書。書成復長跋,小字亦頗自得。及細視原紙,又係夾宣,所謂風馨也。弟凡遇裱畫店,留心册子、手卷,但須原質宣紙乃佳耳。弟得玉煙堂《鶴銘》,極好,但原帖既殘,其中有山谷所書七佛偈,亦不過數元,請爲我購之。須無闕或闕一二葉亦可。因上海人常乞予爲山谷書,惟此偈山谷學王,尚可借取以答求者。弟能脱銀行,專從古學用功,今年又有話翁可就進,豈非天假之緣耶。何以久不寄所臨日課?甚念甚念甚念。令伯歸乎?金陵尚須浹旬,然後返滬。壽弟,熙頓首。三月十四日。”

此際,李健辭南京教職,來滬鬻藝。

《清道人書畫之嫡傳》:“清道人殁後,賞鑒家每以不能再得其書畫爲憾,不知清道人有胞姪李健,字仲乾,時惕庵,前清拔萃□官閣中書,夙精書畫篆刻,克傳清道人衣鉢,其書自鐘鼎隸分草章,六朝今隸,晉唐小楷,下逮唐宋以來各家,均擅其美。畫則秉承家學,山水松石花卉,直堪上追宋元,篆刻於秦鉩漢印、封泥磚陶之屬,靡不備究,時人多稱清道人曰大李,稱李健曰小李,可想見其造詣名貴。向在南京任教習,今年徇同人之請,辭聘來滬,繼清道人業,專以鬻藝自給,從此海上翰墨林中,又添一書畫篆刻名家矣。”(1922 年 4 月 12 日《時報》)

1922 年 4 月 17 日致譚延闓信寄達。

《譚延闓日記》同日條:“四月十七日晴,寒暖七十六度。(易單衣、袴、夾鞋,脱絨韈。至先施、明星社、東亞、仁濟、袁家。翦髮。袁六被傷)發信:鎮支。受信:鎮支、安經、鼇山、振吾、曾九、大生 3.4。六時三十分醒,起大瀉,補丸之効也,久之乃止。盥洗後,乃補坐十五分鐘。食粥後,與汪九、曙邨、大毛、秋、年步至馬場看盤馬,遂繞畦畔歸。骸垢就浴,殊暢適。大武、吕滿來,楊宣誠、周啓亮來。袁大、唐滿、袁八、汪四、袁巽初來,今日袁八、袁大、唐滿請汪九也。大毛、曙邨皆同座。菜甚精且豐美,價亦不貲矣。客散,同汪九、吕滿、大武、大毛至明星見張楫如,請刻印。又至先施。吾與大毛至東亞翦髮,大武諸人歸去。余復至先施購物,偕大毛歸。晚飯後,正洗像片,得袁大電話,云袁六受槍傷在仁濟醫院,急往視之,已入手術室矣。云渠由東亞旅館巽初處出,以人力車往一品香,至轉角處受傷。一在左手,一由臀部入腹。西醫破腹出彈,腸穿十三孔,皆補之,惟糞汁侵腹膜,如三日内不發炎,或可救也。余候至三時手術畢,乃登樓視之,麻醉未醒,鼻息甚粗,面無人色。袁大同醫言笑不止,乃與袁八勸醫共歸。見淑女,撫慰良久,乃還家,已四時矣。與外姑説近情,頃之,乃睡。”

1922年4月19日譚延闓回信。

《譚延闓日記》同日條:“四月十九日晴風,寒暖七十九度。(易夾小襖。飲秦路家。至仁濟、袁家。大武)發信:電陳護芳、曾九。受信:護芳等電。周扱寰。黎六電。七時十分醒,坐三十分起。趙恒慜來,夷午之弟也,將赴美留學,與談久之去。張廩丞來。李抱冰、瞿壽禔來。王亨五來。唐心滌來。與唐同至仁濟醫院,見伯夔,知老六今日情勢更穩,已得大便,能下氣。醫云如更一二日者,可保無虞矣。送唐歸,乃至大武處。遂偕汪九、大武至秦子剛家。子質請客,龍十、龍滿、郭養源、子剛同座,飲燒酒,喫整桌,四時始散。復同大武、汪九至吕滿家談,龍十亦來。上燈,送汪九至周郢生家,乃赴路丹父之招。新遷居,屋甚精。客十四人,番菜生人,殊無意味。就中可記者爲鈕鐵生、江超六、吕漢群、吴厚齊、周子清、瞿湘蘅、張楞生,餘皆忘之矣。已散,滄白來,略談而出。至斜橋看淑女,憂懷略釋,知爲人婦之難矣。同袁大至仁濟,則老六已睡熟,醫言尚平穩,至十二時乃歸。勾稽賬目。一時乃睡。”

1922年4月20日遣趙大至滬譚宅,譚延闓乃以趙夷午賻李瑞清一千元付之。

《譚延闓日記》同日條:“四月二十日雨,寒暖六十八度。(岳請客。至仁濟醫院。看共舞臺)發信:曾九千元、夷午二、鰲山。石侯、華生、宋魯。第十六書。卜冬生、黎六、九。兼民。受信:鎮支、彦材、兼民、明德收條、黎九、曹四、陳六。大生5、芾棠二、濟五。七時三十分起,坐二十分起。(祥入校去,秋、韵均上學。)曾九遣趙大來,以夷午寄賻李道士千元付之。岳宏群來。爲人作屏聯書頃之。劉南蓀、余璞、潘正華來,皆欲往廣州投効者也。龍十、吕滿、王三、汪九、大武同來,今日宏群請客也。有曾立尹所送蓴菜尚佳,異乎他製矣。飲數杯,乃散。王、龍、俞、吕、岳均先去。許鎮支來談浙中事,計畫已定,不復捕風捉影矣,作書畀之去。醺然有醉意,乃作書寄遠以醒之。汪四來晚飯。同汪九、汪四至仁濟看老六病,似較昨日爲佳,醫亦云得大便,可望痊矣。與汪九至共舞臺,看十五、十六本《宏碧緣》,大武、俞三、吕滿、岳耶均在。頗惜其精華太少,十二時即歸,戲未畢也。車有壞意,勉强至家。睡已一時矣。黎六借屋,許以瓶齋借之。”

1922年4月24日，譚延闓寫信來。

《譚延闓日記》同日條："四月二十四日陰，寒暖五十四度。（汪九行。至車站、仁濟、俞醫。飯大武家）發信：中山、漢民、李、許、雨巖、覃、彭、李。夷午、曹四、恭吉。受信：護芳電。王穀生、曾九。六時醒，坐三十分起。俞三來。與汪九、俞三、曙邨食麵後，同乘車至火車站，送汪九登車。用羽、吕滿亦至。八時車行。乃與俞、吕、曙邨歸。爲人作壽屏，其父則子武也。方寫二幅，子武至。復盡一幅，而客來。張廩丞、陳肇英、伍奇勛同來，劉南蓀、余璞、洪正華繼至，李蒓生、唐心滌後來。乃留子武、李、唐、吕同飲，食炸醬麵。客去，乃作書致粤中，交心滌帶去。頭爲之眩，近日不耐多思，殆腦力衰矣，胡爲役役以自苦哉。偕吕滿、大毛、曙邨出，余至俞鳳賓處診，頰創已合，但腫未消。出至仁濟看袁六，見袁大、淑女。云熱度未增，下糞頗多，或無慮矣。至大武家，曙邨先在。晚飯，小飲。假寐片時，乃偕曙歸。人頗倦，閱報後，勾當諸事，已十一時，乃睡。"

赴牛首山，買妥清道人墓田及建玉梅花庵基地，日日與鄉人及工匠交涉，腦中皆瑣瑣煩苦事。4月25日致書蘇州倪壽川，告以回滬期。

與譚延闓書："昨日快郵一書想入覽，廿六成正契，請以存款千元交趙大手，餘俟回滬詳告一切。三弟。髯頓首，三月廿三。"

又："趙大昨夕到山，奉手書並匯洋千元，今日即發交賣户矣。（今日與和尚成撥换約，明日大請客，宣告本地鄉耆。）三兒又承兩電，至感。袁坦近養傷，想安穩，極念極念。畏弟。髯頓首，三月廿七。"

與倪壽川書："李先生墓田已買，租五十碩（頃）。建玉梅花庵基地，從牛首山羅漢泉側，已與僧人訂約，墓石定妥。日來與此間鄉人及工匠，腦中皆瑣瑣煩苦之事，即欲歸家安養，端節後當從尊齋覓消夏地。託弟所購之七佛偈，仍請寄滬。明日回滬。即頌壽川弟近佳，髯啓。三月廿九。"

1922年4月26日啓程返滬，道經蘇州，適遇橋折阻滯，27日弟子倪壽川與蘇州馬話山及諸賓偕游天平山，連日游覽河山之勝甚快。

按：見以下數條。

1922年4月30日壬戌四月四日回滬，倚裝書《隸書册》，贈倪壽川以答其意。

自書《隸書册》："八分至東漢，已極其眇，至中郎更變化無窮，一碑有一碑之筆法。如《華山》以折法取其姿，後來如《曹真》、《王基》皆其法。嗣《夏承》一脈，以古籀化爲分書。而俯印張翕轉明，使明白爲奇神之運用，魏晉以後無傳其學者。明季好古之士，亦嘗欲步趨，然風韵温秀或有之，不解陰陽向背，則槁匽無生氣矣。蘇齋尚坐此弊，其佗何譏焉。郭有道碑純和温雅，惜世無善本也。壬戌四月朔，繇江寧過吴，壽川弟招游天平山，連日將盡攬吴中山水之勝。今日歸滬，倚裝書此，答壽川好學之殷勤也。四月四日，熙。"（私人藏）

1922年5月9日立夏後三日，書"槃中仙果有味，坐上修蘭自香"五言聯。

自書五言聯："槃中仙果有味，坐上修蘭自香。集經石峪字以晉永和專筆勢爲之。壬戌立夏後三日，農髯曾熙。"（中國嘉德2009年秋季拍賣圖録）

紙本。176×44cm

鈐印：曾熙私印（朱文）。農髯（白文）。

以累日辛勞，游山偶感風寒，由蘇返寓之夕寒熱大作，經醫治，數天後又可應乞書者。

與倪壽川書："壽川老弟足下：盤桓牛首，頗愜幽興，擬長趨反滬，適吴車橋折，遂得與賢弟、話翁暨諸賓乘興游天平，盡攬吴門山水之勝，頗自樂也。賢弟天性純慤，而好學不倦，且拳拳於髯，三日作客所費寔多，既申雅契，其又何辭！惟看山之日，初晴忽風，偶傷營衛，歸家之夕，大發壯熱，又極畏寒，即請薛公治一方，即愈。昨日又張腕高懸，入苦工場矣，昨正有人乞書。《荔子丹》中堂，請弟定價，即歸髯買亦可，假觀亦可，乞付郵囊。令伯父前尚未走訪申謝。即詢起居，話翁暨諸賓師問候。髯頓首。四月十二日。"

按：《荔子丹碑》，亦稱《羅池廟碑》。宋刻正書碑刻。

此際，致書倪壽川，催話翁撰清道人誄詞，以便書寄南京。

與倪壽川書："今日得手函，碑款即付與李君，勿念。病尚未全愈。話老前允爲撰十數語誄，乞催寄，以便書寄。餘面談。壽川弟足下，髯手啓。話老即詢起居。"

壬戌夏，以重金購得吴仲圭（鎮）畫松圖卷。

按：見癸亥上巳後作花卉四屏題識，有"去夏以重金得吴仲圭松卷"語。

壬戌夏，節臨《孔龢碑》。

自書："（節臨《孔龢碑》略）壬戌夏，臨《孔龢碑》。農髯曾熙。"（上海道明2008年春拍圖録）

紙本。129×55cm

鈐印:曾熙之印(白文)。

1922年5月12日壬戌四月既望,用《張黑女》體爲亦廬書《大學》中堂。

自書:"(《大學》略)《大學》,蓋大人之學也。朱子以爲初學入門,未免失之。自格致、誠正,至平天下,古今中外,千聖百賢,卒不能逾此百數十字也。《中庸》,贊道之書,語多虚儗,不若此經之切近有下手處也。亦廬先生屬書。壬戌四月既望,曾熙。"(《曾熙書法集》)

箋本。104×55cm

鈐印:曾熙私印(朱文)。農髯(白文)。

同日,自書臨《師酉敦》。

自書:"(《師酉敦》略)壬戌四月既望,臨《師酉敦》,曾熙。"(上海鴻海2009年秋季拍賣圖録)

紙本。89×47cm

鈐印:曾熙私印(朱文)。農髯(白文)。

1922年5月18日至譚延闓寓,爲吕滿慶生。

《譚延闓日記》同日條:"五月十八日晴陰,寒暖八十二度。(吕滿生日宴。商務、仁濟、先施、大武家。共舞臺)發信:夷午。受信:黎六、彦才。(王昌學,字海涵。)七時醒,坐三十分起。處分事未畢,曾九來,俞三繼至,大武、吕滿、岳宏群、細毛咸至,簡先生亦來。王昌學來辭行,今日歸去也。與岳、吕、曙邨、大武、大毛、細毛步至馬場,撮走馬影。歸而子靖來,林二亦自杭州至,龍十來,(周繼皇來),皆爲吕滿作生日也。開小罎酒一,菜甚豐。將半而余堯翁、(李特生來,)王莘田來,於是座上凡十七人矣。既散,同大武至俞三家,余、王同去,啜茗而散。同大武、俞三、大、細毛至商務印書館及仁濟醫院、先施公司。乃至大武家,小坐,食麪,遺矢。乃偕大武、俞三、(簡先生)至共舞臺,吕、岳、林、李、曙邨皆至。看《閻瑞生》頭二本,無甚意味,十時半起出,送大武至家而歸。與曙邨洗像至十二時後乃睡。曾、胡、余、王、俞、李、吕、周、岳、林、龍、大武、曙、衡、繩、簡、我十七人。"

1922年5月20日壬戌四月廿四日,爲素侯書"永路當自勖,清光應更多"隸書五言聯。

自書隸書五言聯:"永路當自勖,清光應更多。自宋以來,凡爲行書,非假道太傅,即奪胎二王,予此書蓋化隸爲行,未審素侯視此爲何如耳。壬戌四月二十

四日,農髯熙。”(洪丕謨、蔣頻著《古今百家名聯墨蹟欣賞》,學林出版社1990年11月版)

鈐印:曾熙私印(朱文)。農髯(白文)。

1922年5月22日至陶樂春赴朱挹芬宴請,座有張子武、張十二、趙養矯、陳介卿、彭次英、譚澤闓等。是日陶樂春有岳、李諸人爲吕滿補作生日之席,譚延闓待其散席加入同樂。

《譚延闓日記》同日條:“五月二十二日陰,寒暖七十度。(飲陶樂春。復新、大武家、商務)發信:任牧師、盧督、許鎮支。受信:閑止、壽曾。九時十五分醒,坐十五分起,年來無是晏起矣。方欲爲人作書而唐桂良、張廩丞來,談甚久,已十二時矣,流光易逝如此。出,至陶樂春,今日岳、李諸人爲吕滿補祝,而朱挹芬亦請客也。余先赴朱席,客未來,乃在岳、李席小飲。用吾、廩丞、蒓生、大武、吕滿同座,菜尚可,鰣魚特佳。散後,乃赴朱座,曾九、子武、張十二、趙養矯、陳介卿、彭次英、大武、項某凡八人,喫整桌。既散,與大武同車至商務印書書局、復新皮鞋店。乃至大武家,小坐歸。晚飯後,與曙邨洗像片,至十二時乃已,視前較進矣。睡已一時。劉昌言字紹禹忽來約午飯,不記識此人否,乃謝之。此亦無因至前之一端也。”

1922年6月22日,爲楊浣石書“從金石立命,以書畫頤和”五言聯。

自書五言聯:“從金石立命,以書畫頤和。浣石道兄癖嗜金石之學,自秦漢以來皆能模範在胸,應之手腕,復能圖寫山水,善狀草木之性情,今又將以其書畫、刻石與老髯同行矣。書此紀事,時壬戌夏至,熙。”(《中國書法》,1999年第4期)

紙本。127×31cm

鈐印:曾熙之印(白文)。農髯(朱文)。

按:楊浣石(1890—1957),原名祚職,一字述卿,號簪園逸史。工篆刻,能於牙板上刻人物肖像,極爲神似。兼擅山水翎毛。

此際,爲楊浣石代訂潤例。

《楊浣石潤例》:“楊祚職字浣石,號簪園逸史,江蘇句容人。其先人蘅臯公膺明經,治經史詞章,著述等身,刻有《止厂詞鈔》一卷、《句容金石記》十卷,尤爲詞林所珍重。浣石幼承家學,深得六書孳乳,故工於鐵筆,而摹仿秦漢,邃於畫理,而規仿宋元,雖伏處海濆,而京滬間來書畫篆刻者,踵相錯而不暇給。比年海內名公邀其停轍滬上,俾易於晉接,蓋其性天恬淡,肝膽照人,無習俗脂韋態。刻有

《冰暉閣印掇》四卷、《蘭雪居詞稿》二卷，名流題詠者無慮數十家云。衡陽曾熙。(潤例略)”

壬戌五月，爲譚組雲(海觀)書全椒橋殘字。

自書:“問餘育樹歸河陶裳伐服爲。全椒橋殘字，梁人書也。海觀仁兄法家雅正。壬戌五月，曾熙。”(私人藏)

紙本。140×37cm

鈐印:曾熙之印(朱文)。農髯(白文)。

鑒藏印:組雲過目(白文)。驚聲張鳴珍藏(白文)。

1922年6月23日壬戌五月廿八日何詩孫逝世，請譚延闓代擬挽聯悼之。

《書畫大家何詩孫逝世》:“道州何詩孫先生，名維樸，何子貞先生之孫也。畫法深得山樵骨髓，爲近今巨擘，書亦深得家法。六月廿三號，即(農曆)五月廿八日在上海白克路侯在里逝世，享年八十二歲。”(1922年6月24日《時報》)

譚延闓《代曾九挽何詩翁》:“餘事託丹青，老輩風流如可接;知心歎零落，故家文獻更誰徵。”(《譚延闓日記》1922年卷末附録)

壬戌五月，集《瘞鶴銘》字書“集詞流，撰華事;留丹侶，紀仙家”六言聯。

自書六言聯:“集詞流，撰華事;留丹侶，紀仙家。壬戌五月集《鶴銘》字，農髯曾熙。”(《清代民國書法選》，静妙軒主人編著，上海遠東出版社2009年7月版)

紙本。130×25cm

鈐印:曾熙之印(白文)。髯翁六十後書(朱文)。

壬戌仲夏，集《張黑女誌》字，書“漢德光乎陽里，魏銘高於石門”六言聯。

自書六言聯:“漢德光乎陽里，魏銘高於石門。壬戌仲夏，集《張黑女誌》字。農髯曾熙。”(《曾熙書法集》)

紙本。176×44cm

鈐印:曾熙之印(白文)。農髯(朱文)。

1922年7月8日壬戌閏五月將望，書“逸書發禹穴，高節表綿山”五言行書聯。

自書:“逸書發禹穴，高節表綿山。壬戌閏五月將望，農髯曾熙。”(《名人楹聯真蹟大全》，世界書局1925年6月版)

鈐印:曾熙之印(白文)。農髯(朱文)。

壬戌閏五月,爲倩宜書"季蘭初學禮,若昭幼能文"五言聯。

自書五言聯:"季蘭初字禮,若昭幼能文。倩宜吾女秀慧好學,今將入都省親,書以嘉之。壬戌閏五月,熙。"(上海天衡2012年秋拍圖録)

紙本。131×32cm

鈐印:曾熙之印(白文)。農髯(朱文)。烝陽(朱文)。

1922年7月9日壬戌閏五月望日,自書隸書中堂。

自書:"(節臨文略)壬戌閏五月望日,曾熙。"(私人藏)

紙本。132×64cm

按:印件鈐印不清。

壬戌閏五月,爲錦榮書"異石歸海岳,高士景雲林"五言聯。

自書五言聯:"異石歸海岳,高士景雲林。錦榮仁兄法家正之。壬戌閏月,曾熙。"(私人藏)

灑金箋。205×41.5cm

鈐印:曾熙之印(白文)。農髯(朱文)。

壬戌閏五月,爲謹夫書"裳衣思在笥,河漢豈無梁"五言聯。

自書五言聯:"裳衣思在笥,河漢豈無梁。因憶全椒橋殘字,書與謹夫仁兄法家正之。壬戌閏五月,曾熙。"

鈐印:曾熙之印(白文)。農髯(朱文)。

壬戌閏月,厲樹雄以其祖父駭谷詩書畫真蹟索題。

題厲駭谷書畫:"淛東多名山,淫豫更幽奇。矯矯駭谷子,風雅出天倪。浩瀚白也才,披離米顛癡。鬱此入畫本,烟霧紛霏霏。吁嗟真鳳隱,燕雀戲墨池。留此式後賢,免爲達士嗤。厲樹雄君出其先大父駭谷先生詩書畫真蹟,嘆仰既久,爰題此詩。壬戌閏月,曾熙。"

鈐印:曾熙之印(白文)。

何紹基叙:"浙中詩派,世以爲病。論者所稱浙西諸家,自竹垞、籜石而外,或苦纖佻。而浙東諸老,旋尚氣力,又時失於繩墨之外,求其於醇肆之間,無稍憾者,或難其人。善乎學者之論,謂考訂之學,似難而實易,詞章之學,似易而實難也。夷考浙東學者,西河、湛園、謝山、次風四先生,其文可謂博矣,而或未嫻於韵語。乾嘉以後,始有端木先生致力爲詩,歿後其稿始出,蓋務以才力勝者,一變孱弱之習,而氣或未和,能博而不能約。文雖小道,而有成者,蓋其難哉! 翁州白華山人,蚤年積學,以短視不能作小楷。卒因棘闈,迺肆力於詩書畫,橐筆游山間,怡然自樂。同治九年,予游三吴,其嗣學潮爲元和令,奉遺集丐爲甲乙,卒業三歎,始知其學於太白而又加温柔之旨。蓋其所學不盡於此,而有所託以發其一二。以擬於鄉之先進,誠無愧焉。道光庚子,版毁於兵。學潮懼先澤之就湮,重加鋟木,仁人孝子之心,肫然無窮。余研老筆荒,何能復增一詞,學潮方以卓薦累擢,則所以表揚其親者,詎在於區區文字之間與? 顧以青蓮之天才,草堂一集,藉其女夫而始傳,以視山人之有賢子,一刻再刻其遺墨,此又文字之幸,又非山人一家之榮焉。時同治十一年秋七月,道州何紹基叙。"

康有爲題:"畫似空山共衲僧,書如古木瘦枯籐。超絶清詩謝埃壒,鄭虔三絶最崚嶒。厲樹雄君出其曾祖駭谷先生詩書畫稿屬題,讀而覽之,如嚼冰雪,如見高僧,如在奇松怪石靈岩古洞間。蓋天台、雁宕之靈秀,自有以鍾之,宜何道州之亟許之。又有賢曾孫發潛德而表幽光,搜入遺稿以傳於後,不則後世之傳亦不易也。南海康有爲。"

王一亭題:"風流前輩未曾親,手澤綿延奕世新。想見寒梅與脩竹,高懷合讓古之人。辛酉秋初,樹雄世兄出其先德駭谷翁妙墨撮影成册屬題,展覽數過,其用筆清俊,愈見其襟懷磊落,令人欽佩。白龍山人王震。"(《白華山人詩書畫真蹟》,民國珂羅版)

1922年7月24日訪譚延闓,留午飯,飲啤酒,久不見,談至午後乃去。

《譚延闓日記》同日條:"七月二十四日晴陰,寒暖九十度。(狗赴驗)發信:夷午、特生、汪九、電承之。受信:汪九。七時三十分起,坐二十分鐘。瘤後流膿,以膏藥貼之,更不愈,仍當乞靈俞鳳賓也。陳夙芳來談借款事,坐頃之去。易茀焘來自郴州,行云陳護芳十三始由郴赴汝城入粤,冀與許黄軍令。仍趍利避害之心,不敢徑下車石也。豎子不足當大事,可歎。大武來,旋去。曾九來,久不見矣。留同飯,飲啤酒,談至午後,乃行。作書與夷午、特生,此二人又水火矣。吾作書但言正義,不存挑撥排拒之心,然逆知無信從者。易寅村來,遂以函交之,今晚行也。大武來。周夢賢以腔特奈車來,邀出游,拒之去。土根爲狗傷,捕房捉'斡不而'赴驗,又遣人來查吾家凡幾狗,不知更將何作。乃遣人往納犬捐,亦臨渴之井也。大武飯後同安甫出。余乃於燈下爲人作屏聯書一小時。晚算賬。就浴乃寢,近一時矣。"

1922年8月4日壬戌六月十二日,鄭孝胥爲所藏丁立鈞師之畫題詩。

《鄭孝胥日記》同日條:"題《楓橋秋禊圖》,爲馮曉青作;又爲曾士元題丁叔衡畫。"

鄭孝胥《題丁叔衡畫》(壬戌閏五月):"世人久見輕,誰歸念逝者?當時相重意,得此蓋已寡。此意殊不忘,耿耿中難舍。偶然見翰墨,何異接杯斝。恒齋廢右肱,左臂猶揮灑。豪情晚未盡,中有淚盈把。曾侯感知己,風義託弓冶。使我書其端,愴懷平生雅。"(《海藏樓詩集》,上海古籍出版社2003年8月版)

按:《海藏樓詩集》作"閏五月"。

1922年8月6日譚延闓在功德林赴宴,席散出,在門口相遇,時與李筠庵、李健、蔣驢孫同行,立談而别。

《譚延闓日記》同日條:"八月六日陰雨風,寒暖八十四度。(至大武家。飲功德林)發信:蔡、陳、田、劉。受信:夷午電。八時醒,坐三十分起。吕滿來。李特僧來,今日往湘西也。留早餐而去。胡子靖來。爲人書楷屏四幅,頗有悟入處。馬君武、但植之、郭泰祺來,坐久之去。張石侯來,不見三年矣,坐樓上。鍾才宏來,坐樓下。鍾、張不欲相見,乃飯胡、鍾而别爲張設食焉,亦一奇也。鍾久談去。張復留談至五時,乃與胡先後去。吾携秋、曙至大武家,大武尚未愈,爲之焦心。以汽車迎巢鳳初來診,云不要緊,更數帖當霍然。巢去,乃俟車歸,至功德林。蔣雨巖請客伯毅、經百、挹群、伯陶、韻松、慧僧,又張尗鸞、吴應圖,皆中華新報人也。况松最後至,已散矣。出至門前遇曾九、李三、仲乾、蔣驢孫,立談而别。仍至大武家,已睡,遂携秋、曙歸。大風振窗,頗凉適。十時後遂睡。以蘇爾福水濯足,乃大痛。"

夏秋之間,錢雲鶴(病鶴)糾集同志,組織上海書畫會,徵集書畫,於8月7日壬戌六月十五日假新世界開展覽會。

《上海書畫會通告》:"本會自六月望日起陳列書畫於新世界,頗蒙觀者稱許,無如來件過多,未能悉數懸壁。兹經公共議决,先將原稿縮印成册,廣爲傳播,遠近同志如願參加,極爲歡迎,函索詳章,本埠附郵一分,外埠三分。△陳列處因新世界自用建醮,廿四日起暫停七天,七月朔日照常陳列。△浙西金石書畫社主任吴小庵先生於六月初三病故,社務無人掌管,現由畢醰甫、汪蔚山、顧軼庭、潘琅圃、朱憶椿、錢病鶴諸君出而料理善後,查點社内器具,變價償還房金等費外,不

敷之數,暫由同人墊付,以作結束,恐未週知,特此附告。”(1922 年 8 月 16 日《申報》)

以應徵書畫作品過多,未能盡數陳列,爰由同人公决,將作品製版精印,名曰《神州吉光集》,第一集於 10 月 10 日出版。

錢雲鶴志:“我國書畫夙爲中外人士所推重,近以時尚新奇,愈趨愈下,反致國粹淪亡,殊(深)浩嘆。爰集同志,徵求書畫,在新世界開陳列大會,自壬戌夏曆六月十五日起至七月三十(當爲廿九)日止,來賓參觀盛極一時。各家書畫陸續送到本會,數逾千件,則雖廣厦五楹,未能悉數陳列,不得已,更迭披露,終如曇花一現,轉瞬即滅,尚屬缺點,乃由公决,審定原本,依樣縮小,製版精印,藉以就正有道,又可垂爲永久紀念。書中次第,無分軒輊,但依來件先偶爲準,或者尺寸稍有不合,恐佔閑空地位,且於形式上未必雅觀,擇其篇幅大小,配合成頁,絶無階級意識存乎其間,盧前王後,在所不免,深望海内鑒家幸各諒諒。吴興錢病鶴志。”

按:錢病鶴即錢雲鶴。上海書畫會會所在閘北中公益里 175 號。不舉會長,凡有書畫陳列者,一概認爲會員。不收會費,但取售去書畫潤資二成爲會所租金與印刷費用。自 1922 年至 1925 年共出版《神州吉光集》八期。集中除刊登會員作品外,並載會員書畫潤例與小傳,頗受歡迎,此後數年,多處競相出版潤例集幾成風氣,以此爲開其先河者。

1922 年 8 月 10 日至俞明頤家赴宴,座有李筠庵、曾五、鬼子、聶管臣、聶潞生、聶慎餘、譚延闓兄弟及李安甫。

《譚延闓日記》同日條:“八月十日晴,寒暖九十度。(翦髮。雙龍。俞醫。先施。永安。大武家。飲俞家、會賓樓)受信:夷午電、大生。七時四十五分醒,坐十五分起。周夢賢來。楊公庶來,爲晢子通情者也。大武來,爲人作對聯十餘副。遂與安甫、大武至俞三家,今日設具請客也。曾九、李三、曾五、鬼子、聶四、聶六、聶十咸在。飲啤酒,菜甚可。既散,仍與大武歸家。吕滿來談,旋同去。余假寐頃之。將晚,出至雙龍。遇俞鳳賓,不及就診,取藥而歸。遂至大武家,吕滿亦在。同出,至都益處,吕下。余與大武至先施、永安、亨達利一覽,又過會賓樓。伯夔請客聶六、周坦生、王三、吟秋及秉三之代表吴鏡寰。既散,送大武至家,挈秋兒歸。與安甫坐話廊上。祥、端往俞家,至十二時後乃歸。余左眼胞忽腫,殊不耐,浴後即寢。”

1922年8月16日壬戌立秋後八日，題《賀啓南女士楷書九歌册》。

題《賀啓南女士楷書九歌册》："啓南女士小真書精品。古人稱作小字如大字，以筆法腕力不輕放過也。今觀女士此書風骨遒腴，近代不多覯也。壬戌立秋後八日，大風除酷熱，熙爲題此牋復識數語，時年六十二。"（《賀啓南女士楷書九歌册》，民國石印本）

陳師曾題："吴興楷則香光繼承，而以疏宕出之，故有清初年趙、董合參。帝王提倡，臣工風靡，盛於一時。厥後務爲輭美，畫肉無骨，真意漓矣。細玩此册，秀健於中，腴潤於外，不僅難求於巾幗，即當世士夫號書家者，未能媲美，反有搔首弄姿之態，真可謂不櫛進士也。殘煤秃管記於燈下以質之，宴池當不以我爲阿好。壬戌春二月五日，衡恪。"

譚延闓題："世人以側媚爲吴興，實不爾也。此書以衡山之俊逸兼華亭之遒韵，真能嗣法吴興者。壬戌五日，譚延闓敬觀。"

譚澤闓題："澤闓同觀於慈衛室。"

羅惇㬊題："九歌詞妙世無倫，筆寫簪花更入神。曾記冰紈承贈與，如今信爲衛夫人。癸亥夏六月唐牒樓，展玩旬餘，敬賦小詩。惇㬊。"

姚茫父題："魏國當年畫九歌，道昇藏拙却因何。今日啓南真不櫛，更補精書出琢磨。壬戌二月十有七日蓮花盦觀過，賦二十八字代跋。姚華茫父。"

梁啓超題："昔人稱小楷之工，曰拳石泰華。非有泰華之雄深，則琢石雖巧，不足觀也。啓南女史此册，驟視驚其秀美媚，細玩轉覺遒健。余方憩香山之見心齋，爲亡婦寫《法華》。宴池出此見眎，幾欲焚筆研矣。甲子重陽前五日，梁啓超。"

齊白石題："字小行行古所無，眼花相看悮烏絲。三千疋絹三千字，説與夫人價要知。山谷扶犁凍雨收，字如錢小力如牛。世間有此佳夫婿，却勝加封萬户侯。堪笑前人學寫經，只今留得俗書名。老夫手種芭蕉葉，專待秋天夜雨聲。癸亥二月廿又六日，敬觀啓蘭女史工楷九歌册題此。齊璜白石山翁。"

樊增祥題："甲子燕九日，樊山老人增祥拜觀，時年七十有九。"

熊希齡題："不忍重聞澤畔吟，故鄉風物更沈沈。只憑絶妙簪花手，寫盡纏綿悱惻心。甲子四月，希齡敬題。"

周大烈題："以整秀之筆，寫騷憤之詞，故里湖山，仍其整秀。九歌之志，亦寫九歌者之志，此楚人所以於楚也。甲子二月，楚人周大烈讀此册因記。"

鄭沅題："予與賀氏，世姻也。二十餘年不還鄉，乃不知啓南女士精詣若此。頃基培表弟携此册見示，爲之驚異不已。其結體圓净，用筆秀而有力，且到底不懈，足徵福澤之厚，爲尤可喜耳。乙丑上元節後五日，沅識時年六十。"

湯滌題:“啓南夫人此書驟視之似吴興,其冲和圓勁處,則得力於蘭亭者居多,方今莊蘩詩、吴芝瑛,俱以行楷負盛名,得夫人洵足稱鼎足矣。佩服佩服。戊辰歲莫,太平湖客湯滌敬題。”

宴池題:“啓南喜作小楷,其學書路徑,由吴興上溯右軍,參以虞體,無意中頗似率更。此册寫已八載,由白門移住燕京,第二年所作也。時初由趙而王,將變未變,本係尋常字課,偶置案頭,亡友師曾見而稱賞,裝成展轉傳觀,題識殆滿,頗多溢美之辭,要如江南崑曲,板眼精嚴,不掉花腔者,顧猶未能手譜霓裳,戛戛獨造也。今年春爲結褵十稔之期,曾印書畫册百本,頃刻分盡,兹更出此,照原來尺寸印之,並記數行,以爲之殿。戊辰除夕前一日,宴池題於香山暢風樓。”

1922年8月17日晚,至陶樂春,魏紹殷宴客,到胡子靖、劉宏度、周矜公、譚延闓兄弟等。席散,譚延闓送歸。

《譚延闓日記》同日條:“八月十七日晴,寒暖九十二度。(至先施、民厚。飲陶樂春)受信:次煌。九時醒,近所無矣。坐十分即起,亦向所無。客已滿座矣。黄夏鈞來,張秉文來,李同西來,陳雯裳來。客去,至大武新居。大武已來,子靖亦在。復歸,見廩丞、葆心。午飯,留子靖同飲啤酒,飯後去。至大武家看佈置。乃携繩、秋出至先施公司整鐘。乃至民厚里,大武舊居已成空屋矣。年年病暑,卧而哭,乃令繩乘車延巢鳳初爲診。秋患瀉,亦請立方。送巢至其家,仍與繩、秋歸,至大武居小坐。晚,偕大武至陶樂春,魏紹殷請客子靖、劉宏度、周矜公、曾九、趙某及魏子明德,新聘教英文者。魏父名棠,衡陽人,今日之局以子受聘也。十二元整,菜亦復應有盡有。既散,送大武、曾九至家,乃歸。與安甫納凉苑中,十二時始入寢。”

1922年8月18日,譚澤闓移居塘山路35號半新屋,往賀。

《譚延闓日記》同日條:“八月十八日晴,寒暖九十三度。(大武移居塘山路)發信:汪九。六時醒,坐三十分起。爲人書屏聯頃之。吕滿來。九時,大武移家至入居三十五號半新屋。吾三家遂相聯,雖異居,仍如同屋也。安置神位,行禮如儀。賀客來者,俞三先去,王三、魏紹殷、秦子直、石醉六、宏群、袁大、袁六、吟秋、心滌皆留午飯,且以汽車送之去。(曾九來。)吾還家,見淑及孫女,已知學語矣。歲月如流,使人惆悵。與吕、岳、石談久之。余堯翁携五歲兒來看秋千,又至大毛家,乃去。晚,吕滿、宏群設席煖新居。開丁未酒。座有俞三、(子靖、)安甫,餘皆吾家人。飲廿杯而散。不飲紹酒百日矣,今益覺其醇美也。客去,稍坐,遂歸。已十一時後,乃就卧。今日有具酌相邀者,皆以病辭之。”

1922年8月19日壬戌七月既望，以趙孟頫筆法補《唐易州鐵像碑》所缺十四字並跋。

跋《唐易州鐵像碑》："蘇録事筆法，出隨（隋）丁道護。趙吴興學北海（按：即李邕），亦學録事書。此碑闕十四字，予以吴興法補此。壬戌七月既望，曾熙。"（《唐易州鐵像碑》，佛記書局民國印本）

鈐印：曾熙之印（白文）。

壬戌新秋得舊拓鄭文公碑，以鄭體書"冠帶思全盛，歌詠及清時"五言聯。

自書五言聯："冠帶思全盛，歌詠及清時。壬戌新秋得舊拓鄭碑，書此。農髯曾熙。"（私人藏）

灑金箋。161×34cm

鈐印：曾熙之印（白文）。農髯（朱文）。髯翁六十後書（朱文）。

1922年8月22日午，譚澤闓在新屋宴客，到有余堯衢、曾五、唐子中、俞明頤、袁伯夔、袁思彦、唐心滌、石醉六等。

《譚延闓日記》同日條："八月二十二日晴，寒暖九十二度。（至譚醫處。至雙龍、先施、商務）發信：阜南、王昌學。受信：夷午電、振吾。七時三十分醒，坐二十分鐘。左將指乃大腫痛，行路亦跛矣。子靖來，言籌費事。李蒓生偕汪曦鸞至書來談，蓋求作書者，亦議員也。挈秋生至譚以禮處請診。秋足背以蚊傷致腫，余亦請治將指也。歸已十二時。至大武家，王三已來。今日大武觴客也，堯翁、曾九、曾五、唐子中、俞三、袁大、袁六、唐心滌、石醉六皆至。菜尚精好。余飲紹酒，此醰亦罄矣。既散，假寐頃之。客盡去。余與大武、大毛、細毛同車至北京路電器舖。又至先施、商務印書館、雙龍，遂歸。憩大武家，久乃還飯。大武諸兒同食，諸女皆飯大武家也。晚，與諸兒女説故事。隨口編造亦頗有足誘啓小孩者。登樓，敷藥足上。十時後即寢。章太炎來函，云拳擊孫岳，亦一新聞料矣。"

壬戌新秋，書"斯文粹精，刊之彝器；其人秀挺，發自名山"八言聯。

自書八言聯："斯文粹精，刊之彝器；其人秀挺，發自名山。仲盤仁兄法家正之，壬戌新秋，曾熙。"

灑金箋。248×42cm

鈐印：曾熙之印（白文）。農髯（朱文）。髯翁六十後書（朱文）。

壬戌秋日，與吴昌碩爲朱績辰代定書潤。

《朱績辰書潤》："奉賢朱績辰，一字絜闇，別署聽竹居，遯庸先生第三子也。其書克承家學，更得李道士梅庵傳。當梅庵長兩江師範時，於全校數百人中，獨重君書，君益肆力於書不懈而及於古，篆分真草，靡不雄勁超脱，古趣横溢，篆刻之工，尤其餘事。爰爲代定潤格，以便世之求君書者。（潤例略）壬戌秋日，吴昌碩、曾農髯同定。"（1922年《神州吉光集》第2期）

按：曾熙爲朱績辰（後改名朱積誠）作五字聯如下："明德在毋我，大智亦猶人。績辰仁兄法家正篆，農髯曾熙。"無年款，姑繫附於兹。

1922年9月6日與向樂穀至譚延闓家，爲雷鑄寰潤筆事。是日恰爲譚延闓亡妻生日，爲之設奠，以餕餘款客。

《譚延闓日記》同日條："九月六日晴，寒暖七十八度。（朱來，解去。卞夫人生日。至世界書局、大世界。步月至俞家）發信：袁士權、鑄人、夷午、霖蒼。受信：鑄人。六時五十分醒，坐三十分起。至大武家一坐。還，爲人作書，又新來許多物事也。今日爲亡妻生日，爲之設奠。感念生平，終日不怡。袁六及淑來，袁大亦至。曾九、向樂谷來。吕滿及其夫人來。午，上供。以餕餘款客。曾、向以爲雷鑄寰潤筆也。二袁、吕外皆家人，有康伢、同伢、二客，凡十三人。翅尚佳。既散，客去。（朱鐵錚、張庾丞來，旋去。）與淑、祥談頃之。秋、年歸自校，以餃子食之。淑、祥同車去，祥入校也。吾與大武、曙邨以比而克車出，至世界書局買課本，遂至大世界，聽鍾姑娘之《烏龍院》、白雲鵬之《鬧江州》，皆各極其妙。沖甫、吕滿亦在坐。出，登車，行不半里，車輪忽壞，恐德沅致之。乃附電車至日升樓易車。至大馬中，忽見士根開車自校還，乃呼停而亟下電車，乘之歸。比而克亦旋至。飯後，同大武、曙邨步月至俞家，大毛亦來。坐一小時，同俞三步還。洪慈庵放燄口，月下風凉，頗有凄冷之致。俞三去，乃獨坐頃之。十二時睡。"

壬戌立秋後，與戴畊辛、袁履登等爲王祺代訂書畫潤例。

《王祺書畫潤例》："楹聯：丈以上二十元，五尺以上五元，四尺以下三元。屏條同整幅倍之。扇面册子二元。壽屏百元。碑誌市招別議。畫加十之三。磨墨費十之一。壬戌立秋後，農髯代訂。介紹人：戴畊辛、袁履登、孫洪伊、邵仲輝、汪精衛、徐謙、厲樹雄、張繼、潘公弼、、趙南公、嚴諤聲。收件處：上海愷自邇路太平洋雜誌、四馬路泰東書局、各大紙莊、杭州第一師範學校、廣州瑞雲樓。"（1922年9月13日《申報》、9月30日《時事新報》）

按：王祺（1890—1937），字淮君，別署思翁、酥散居士，湖南衡陽人。清末畢業於長沙優級師範學堂,參加同盟會。民初留學美國。曾任國民政府候補執行委員、立法委員、監察委員、中國美術學會總幹事。1918年護法運動失敗,一度遯至浙江,任教於浙江省立一師。此際,任教於上海民國女子工藝學校。曾任蔣經國秘書的黄寄慈《憶恩師》提及王褀介紹他認識曾熙一事:"我在浙江一師學習時,有幸結識了思翁先生。那是我快要畢業的一年,思翁先生來到一師授學,給我們講過課。他講授的《易經》甚受同學們歡迎。嗣後,得知他精於書畫、詩文、金石,對這方面,我不但有着濃厚的興趣,而且開展了細心的研究,所以不知不覺中與他更親近了。記得當年他寫送我的幾頁《岣嶁》《爨龍顔》《黑女誌》等册頁,同時還介紹我與曾農髯先生往還。當年曾先生還寫了一幅'四時皆畫稿,六法即文章'的對聯及一幀山水畫給我,畫面上題了:'髯不解畫,第知以篆隸之筆寄諸山川草木之間,不知寄慈兄以爲何如?'"(《衡陽文史資料》第10輯,1990年12月版)王褀前來研討書學具體時間已不可考,查其《書畫習作自述》中有云:"因訪臨川李梅庵先生,不數月而吾鄉曾農髯先生亦至,往還頗頻,相與究論要旨,參證實多。"彼此探究的時間當在1915年1916年之交,即曾熙初至上海而王褀尚未去湖南之際。

1922年9月,有正書局出版所書"逸書發禹穴,高節表綿山"五言大對聯。

按:見《時報》廣告。

1922年9月25日壬戌八月五日,長子憲璵將由杭返湘,爲其寫《松石圖》。

自題:"韓子云:'其根深者其葉茂,惟其葉茂故能衛其根本。'今世荒唐之説,倡之一夫,少年惑焉。因寫此松與摯男,蓋務本之義耳。壬戌八月五日,摯男繇杭將返湘,予病初快寫此,漏巳四下矣。熙。"(私人藏)

設色紙本。87×51cm

鈐印:曾熙之印(白文)。農髯(朱文)。

壬戌八月,有洞庭東山客賚金乞書,寫《枇杷圖》置齋中,以四時有東山風味而自樂其樂。

自題:"有客從洞庭東山來,以白金乞髯書,不與我枇杷,心嘗憾之。寫此一枝,置之齋中,四時嘗有東山風味,其樂何如! 壬戌八月,老髯。"

鈐印:曾熙之印(白文)。

王一亭題:"洞庭西山黄金果,味甘渾似波羅(菠蘿)蜜。拈花我佛一微笑,笑

着花時果已結。癸亥春初，白龍山人題。”(台北國泰美術館藏)

紙本。67.5×35.5cm

鈐印：王震大利(白文)。一亭(朱文)。

1922 年 10 月 5 日中秋，又爲姚雲江寫《柏石圖》横幅。

自題：“蒼蒼莽莽，柏耶石耶？雲江弟學吾篆分，其亦知此乃吾篆分之蜕形耶？壬戌中秋，老髯寫於戲海樓。”(私人藏)

紙本。33×130cm

鈐印：曾熙之印(白文)。農髯(朱文)。

1922 年 10 月 15 日中秋後十日，爲弟子姚雲江寫《五松圖》。

自題：“仰而高者，橋也；俯而卑者，梓也。髯寫老松一株，小松四株，亦商子詔康叔伯禽之遺意也。近日學説，荒怪甚於洪水猛獸，雲江賢弟嘗深惡之，請以此畫勉諸弟及友朋之同志者。壬戌中秋後十日，偶得篋中舊紙寫此，老髯。”(私人藏)

設色紙本。83×44cm

鈐印：曾熙私印(白文)。

同日，爲門人施保昌臨《六朝經卷墨蹟》題跋。

跋《施毓奇臨古册子》：“毓奇弟酷好太傅書，凡臨戎路、宣示、薦季直諸表，皆能以分書法入之，别有風韵。近臨六朝經卷墨蹟，沈寐叟一見大奇之。嘗語髯曰：‘施子書非近代人所能有，蓋其人胸襟渾澹，不雜塵緣，故能至此。’寐叟真知施子矣。壬戌中秋，髯識。”(《施毓奇臨古册子》，民國珂羅版)

鈐印：永建齋(白文)。

按：施保昌(1888—?)，字毓奇，清光緒三十三年考入兩江師範學堂，爲李瑞清、曾熙門弟子。

1922 年 10 月 6 日中秋既望，爲黄楚九母親七秩冥壽作詩。

爲黄楚九母七秩冥壽大慶題詩：“神霄今夕敞雲屏，絳闕新開不夜城。大壽本來無甲子，仙樂何用數韶韺。麻姑麟脯從東海，王母鸞旗接上清。福慧應須超廣果，大千處處仰光明。壬戌仲秋既望，黄君楚九爲其母夫人七秩冥壽，敬作此詩。曾熙。”(《黄母貢太夫人七旬仙慶集》一)

鈐印：曾熙之印(白文)。

吴昌碩題耑:“黄母貢太夫人七十冥誕徵辭。甲子三月,吴昌碩題耑。”

鈐印:吴俊之印(白文)。

黄楚九自述:“楚九少而失怙,自幼至長,教養婚娶皆先慈貢太夫人主之,鞠育恩勤,心力交瘁。楚九之置身社會,得有今日,皆秉先太夫人之訓也。顧子業方成,而親年不待。溯自慈氏見背,忽忽已三十□載矣。白雲親舍,孝養無從,寸草春暉,百身莫報。歲壬戌七月十七日爲先太夫人七秩冥壽之辰,楚九奉遺容,張賓筵,聊盡人子思親之義,而四方鴻碩,海内知交,寵以名篇,投之佳什,或爲書,或爲畫或爲文,或爲頌,或爲詩,或爲聯,或爲額,如奏衆仙之樂,笙磬同音,如登群玉之山,琳琅滿目,皆所以廣孝思而錫類,發潛德而闡幽。楚九泥首拜嘉,銘心誌惠,敬裒集成集,俾垂久遠,以收到之先後爲編纂之次序,庶幾藏之名山,永拜贈言之賜,貽之子孫,得增家乘之光焉。追慶子黄楚九敬述。”

張大千題詩:“黄母貢太夫人七秩冥慶。温温黄母,淑德孔彰。幼習詩禮,長悟岐黄。相夫視疾,奕葉流光。門庭丕顯,義聲克揚。孝子錫類,俾熾而昌。車馬在門,主賓稱觴。願玄有述,式闡幽光。大千張季爰。”

按:黄楚九(1872—1931),名承乾,字磋玖,浙江餘姚人。早年從母習醫,後創辦中法藥房,與夏粹芳合辦五洲大藥房,其名牌産品“艾羅補腦汁”暢銷數十年不衰。他創辦的大世界游藝場成爲上海標誌性游樂場,名馳中外。他多方投資,涉足電影、戲劇、金融諸領域,晚年債臺高築。《黄母貢太夫人七旬仙慶集》共二集,收録甚廣。張大千題辭與曾熙題詩均收録於第一集,没有鈐印。此際張大千名尚不顯於世,能爲赫赫有名於世的黄楚九題辭嘉賓,當由曾熙提携的結果。

壬戌八月,爲李仲乾寫《雲霧老松圖》,鼓勵其承清道人之學廣播於世。

自題:“老松化龍,曜爪雲漢。其同根挺出之小松,鬱鬱蒼蒼,佳氣喬皇。喻仲乾吾姪能承其仲父文潔之家學。雲護根株,雨露更深,仲乾將以其所學教育其子弟,此髯拳拳於故家之深意也,仲乾姪當亦據几再拜,樂誦吾言也。壬戌八月,老髯。”(安思遠《中國近代書畫》)

設色紙本。84×66cm

鈐印:曾熙之印(白文)。心太平庵鉢(白文)。

藏印:松瀑廬藏(朱文)。

壬戌八月,與李瑞奇合作《桂石圖》,賀蔣蘇盦三十歲生日。

自題:“奇哉此石,大類齊罍。挹取桂漿,以介維祺。壬戌八月,老髯畫石,阿筠補桂,敬賀蘇盦賢弟三十生日。髯並記。”

李瑞奇題："�盦補桂。"(私人藏)
設色紙本。80×58cm
鈐印：曾熙之印(白文)。農髯(朱文)。筠庵書畫(白文)。

壬戌八月，爲震亞書局出版《藝海樓金石文字》題識。

題《藝海樓金石文字》："此顧湘舟(按：即顧沅)先生所輯三代秦漢文字也。先生癖嗜金石，凡笻屐所至，荒榛幽隱之地，搜羅必殫其心力，一有得則與友朋置酒討論以爲快。此尚是泰山之一塵耳，然海内名人跋識極多，蓋不得之物也。阿梅前屬朱挹翁景之，今景本出，而阿梅不得見此物，可悲也已。壬戌八月，農髯題。"

鈐印：曾熙之印(白文)、農髯六十後作(朱文)。

李健題："此元和顧湘舟先生手輯金石搨本也。其椎搨之精審，尤以漢建安弩機文爲最，蓋不減敬吾心室漢雝廟府鼎文矣，近世殊乏此拓手耳。此册本吾叔父褆廬中物，先仲父文潔公奇賞之，時置案頭展翫，已屬震亞書局主人景印，惜乎印成而公不及見矣，撫卷悲憯，泫然流涕。壬戌十月，臨川李健識。"(《藝海樓金石文字》，上海震亞書局出版)

鈐印：李仲乾(白文)。

壬戌秋，爲楊節母邱太夫人六秩晉一壽辰書"貞嘏延鴻，綏福孫子；嘉賓式燕，共祝期頤"八言聯，並署名於由馮煦撰、李健書之壽序。

八言聯："貞嘏延鴻，綏福孫子；嘉賓式燕，共祝期頤。楊節母邱太夫人六秩晉一榮壽，壬戌秋九月，衡陽曾熙頓首拜祝。"(《楊母邱太夫人六秩壽言》)

馮煦撰、李健書《楊節母邱太夫人六秩晉一壽序》："自來婦女之所重者，曰節曰烈。吾以爲烈之難在一時，而節之難在時時。吾國數千年，先聖昔賢，欽崇節婦，旌表不遺，封章朝入，恩命夕頒，綽楔之榮，彪炳寰宇，所以獎勵人倫，振飭世教，典至鉅意至美也。慨自新學盛行，士大夫不惜教猱升木，以自由平等爲倡，婦女飫聞其說，靡然傾向，弁髦紀綱，決棄藩籬，放蕩失節而不可耻。間有卓守苦節者，反不爲若輩所尊，視女德墮落如懸崖轉石，一往而不可遏，有心人旰衡太息，竊慮世亂之未有已也。何意江河日下，名節掃地之秋，乃有楊母太夫人者，猶以節母稱於時。吁！是可敬已。太夫人大埔百侯，邱功焕公之次女也。家貧，九歲童養同里楊氏，訂婚子先公。當是時，侍奉舅姑，助理家政，雖年稚若成人，鷄鳴而興，夜分不寐，勞而不倦，深得堂上歡。年十六，遭君舅喪，哀毁若孝子。十八與子先公結褵，琴瑟協，伉儷和，融融如也。無何，子先公以治生迫，而隨伯兄出賈海上。如是,辛勤持門,子職婦事,太夫人一身兼之矣,由是閭里宗親翕然稱之。未幾,伯嫂逝世,遺孤二,撫如己出。遭家多故,長子幹臣殤,富臣生甫三齡,而子先公以服賈操勞過度棄養矣。維時太夫人年僅二十九耳。擗踊號泣,一慟幾絶,屢欲身殉,賴宗親百方勸解,謂上有邁姑,下有藐孤者,若棄置不顧,使死者褱恨九京,於心安乎？乃涕泗受命,忍痛料量喪事,婦修子職,母兼父道,昕夕勤女紅,供菽水,一燈達旦,未嘗一得暇豫。姑尤以痛子失明,凡飲食起居,以至洗滌便穢溺器,亦太夫人躬爲之,事無巨細,莫不曲意仰體。姑嘗曰:有汝侍左右,我不自知無目也。旋姑衰暮病篤,調護湯藥,衣不解帶者數月,養生送死,克全孝道,時富臣十一齡耳。覩生計之艱,請命來滬習賈業。臨别奉太夫人之訓曰:汝年幼,我奚忍汝遠離膝下？爲廣大門閭季計,又奚忍視汝坐食不圖進取耶？夫商以誠信爲主,汝能實踐,我志慰矣。富臣謹志之不敢忘。至今富臣能自樹立,蜚聲商界,益信其得力於母教者多也。太夫人雖處蔗境,自奉極儉,仍與食貧時無異,獨對於公益慈善事業,則慷慨樂輸,以爲濟一人不如濟萬人也。如百侯之浮梁暨義渡,曾捐貲助其成。梅潭河淤塞,又捐資爲之疏濬,行旅稱便,頌聲載道。殆迎養到滬,絶不慕滬俗奢靡,屏除華飭,一如居鄉時樸素,熱心善舉不稍輟。上海粵商醫院、廣益醫院、大埔同鄉義務學校、華洋義振會,均各捐有巨款。至其典釵撤膳,周人之急,不知凡幾,尤難僂指數。歲在辛酉,值太夫人花甲初度之辰,富臣臚陳太夫人事實,請於有司得上聞,邀'旌典如例'四字表閭輝煌,誠足以愧末俗而振頹風矣。今年爲太夫人六秩晉一帨辰,富臣諏吉,九月二十八日進壽觴禮所宜也。太夫人則曰:我早歲嫠居,含冰茹蘗垂三十年,幸有今日家庭和藹,子孫繁熾,顧而色喜,應捐萬金,在鄉自建校舍,立兩等學堂以培後進;並捐千金作家祠,永久烝嘗,經費聊留花甲稱慶紀念。蓋其樂善好施,至老不倦也。善人自富,康彊逢吉,繇此而大耋而期頤,天之報施節母者,正未有艾焉。同人等,或與富臣有相知之雅,或有葭莩之親,躋堂稱觥,以介壽之辭屬煦,煦因撮舉太夫人嘉言懿行之犖犖大者,著之於篇,以爲太夫人壽,兼以振末俗,明婦德也。謹序。賜進士及第、頭品頂戴、前任安徽巡撫部院、侍生馮煦頓首拜撰。前特旨内閣中書改内閣制誥局僉事、侍生李健頓首拜書。賜進士出身、二品頂戴、前廣西提學使司提學使、侍生汪詒書,賜進士出身、前兵部特旨主事、侍生曾熙,二品頂戴、前江蘇淮揚道兼護理江北提督、侍生奭良,前江蘇候補道署理巡警道、愚姪朱承昌,前兩江督標補用參將、請補廟灣游擊、姻愚姪陳偉卿,財政部主事、愚姪王國用,前泰興税務所長、江蘇任用縣知事、愚姪林嘉煒,前委署湖南芷江縣知事保送薦任職、愚姪趙愷,姻愚姪顧仁山,愚姪陳東、李少蓮、蔡榮翰、華封三祝期頤同頓首拜祝。元黓閹茂之年季秋之月下澣穀旦。"(《楊母邱太夫人六秩壽言》,民國石印本)

按:是書由曾熙題籤,王一亭題耑。内有沈曾植、孫中山、韓國鈞、康有爲、譚延闓等人題字。楊富臣生平不詳,時任江西省省長公署諮議。

1922年10月20日,在譚澤闓家,與譚延闓、李筠庵談。

《譚延闓日記》同日條:"十月二十日晴,寒暖五十度。(詣孫。雙龍、飛隆。觴俞、余家)發信:夷午、汪九。受信:承之、蔡、田、劉。七時醒,坐四十分鐘起。吕滿來。宏群偕謝紹園來,新自湘西來者。言彼中情形甚悉,其人亦伉爽,非庸流也。客去,遂詣中山,談頃之出。至飛隆,爲新車配件,又上周伢子,當不小矣。過雙龍對表,遇李特生,遂同車歸。今日俞三之學生公請俞三,以吾兄弟、吕滿、楊雁峰作陪。主人凡十人,向厚甫、陶葵舉、朱鐵錚、周果泉、雷時若、李特生、岳宏群、廖素孚、張石侯、易苐燾。菜尚可。余亦飲三杯,近久戒飲,不敢縱也。客去,至大武家。與曾九、李三談。歸,與小孩説故事。晚飯後,庶母劉夫人坐談長沙家事甚多。壽曾兄弟荒唐至此,更數年,家傾矣。此豈先兄所及料哉,爲之歎息而已。晚,爲人作書甚多。大武觀劇歸,小坐去。十二時就睡。"

1922年10月24日,致信譚延闓,譚患病將往杭州醫治。

《譚延闓日記》同日條:"十月二十四日晴。(訪盧、杜)發信:曹鳳岡、楊華生、大武、余堯、子靖、衡生。受信:曾鳳岡、大武、衡生、余堯、曾九、子靖。八時醒,坐二十分鐘起。旬日來,曙邨卧外室,今日乃撤去床,宿客棧。以夏五新委卷菸局,不欲妨其客室也。早餐後,至督辦署見范敏黔、盧子嘉、何佩文,遇杜梅叔。訪何志薑,不遇。歸飯,吕、李、何皆至。午後,偕夏五至鹽運使署,訪杜梅叔。署爲舊忠義祠,明嚴顥廷園也。古樹山石皆數百年物,收拾亦潔淨。坐久之,歸。汪九來。晚,卞鍇孫字鐵笙請客,卞頌翁姪孫,夏五外甥也。菜即夏廚。汪九、吕滿、李特、何志、左南、陶卡、曙邨同座。菜殊精美。散後,陶卡惠談辛亥四川事。合江黄知縣守城禦敵大有張致,遂張大之幾與張睢陽、閻典史齊驅矣。客去,與夏談至十二時,乃寢。"

按:此際譚延闓患腦溢血赴杭州醫治,寓前浙江教育廳長夏敬觀寓。見《時報》本年10月31日報導。旋回滬,壬戌九月十三日與譚澤闓參加南洋兄弟菸草公司簡照南在其所居之南園宴請程艷秋(硯秋)盛會,見《時報》本年11月5日之報導。

壬戌九月,與李瑞奇談《樂毅帖》有感,自書己見。

自書:"觀《樂毅帖》,其循守元常法度,與臨《宣示表》無異,但傳世所刻皆臃

肥。壬戌九月,與阿筠論此帖。”(《曾熙書法集》)

紙本。136×66cm

鈐印:曾熙之印(白文)。

1922年11月8日壬戌九月二十日復倪壽川書,一問來滬之期,一告以乞書之匾及馬話山索書聯即將寄上。

與倪壽川書:“前函悉。何時來滬?甚念。此間有《乙瑛碑》,以‘壁’字考之,當在明季清初,墨氣亦黝黑,而價亦祇百二十元,弟能購即回信,以售者不能少延也。扁與話翁聯即寄上。壽川弟足下,髯啓。九月廿。”

重九前,爲張大千重題戊午年所書“長歌發清徵,素月明容光”五字聯。此聯本已廢棄,旋流出,張大千以重金回購,携求重題。

自書:“長歌發清徵,素月明容光。此戊午年所書,已敝簏中物矣,而季蝯弟乃酷好之,且以重值購得之,乞髯補題。足見一物之成毁,亦有數定,况大此者乎! 壬戌重九前,熙。”(《曾熙書法集》)

紙本。134×38cm

鈐印:曾熙之印(白文)。農髯(朱文)。

秋,張君綬爲張善孖、大千胞弟,年前亦在門下習藝,書畫皆過其兄,此際入京觀内府所藏金石書畫,忽寄書大千,曰將蹈海,旋不知所踪,聞之痛惜不已。

《季蝯書畫例言》:“季尚有弱弟,年未冠,書畫皆過其兄。前歲,入都觀内府所藏,以書遺季曰:‘將滔(蹈)海’。然無踪迹,或以爲遯入海外禪林云。”

《張善子畫例》:“君綬前以憤時蹈海,莫知所終。聞者惜之。”

題張君綬《柏石圖》:“君綬弟從予學書一年,盡得筆法,又戲爲畫,畫亦澹逸,卓然名家。又嘗手自烹飪以進髯,今正不得見矣。題此愴然。”

1922年11月21日,諸友來賀得孫慶壬,在家宴客,座有譚延闓兄弟、俞明頤、魏紹殷、李筠庵、吴劍秋、向樂穀、宋小坡、李謙六、張子武等,席間吴劍秋出示蔡戀生所藏利瑪竇畫。

《譚延闓日記》同日條:“十一月二十一日晴,寒暖六十二度。(詣孫。至岳家。飲曾家。看共舞臺)發信:周鼇山。受信:蘭汀、李崇純、劉成勛。七時醒,坐一小時乃起。劉曙汀來。張廩丞來。偕張家至岳家,邀謝維周同往見孫中山,談頃出。仍返謝於岳，遇石侯，稍坐。至先施，買一照像器及附件送李特生。又買煙三十二聽，前受汪九之百元禮券便了銷。遇衡生往龍家，不知龍八今歸否。還家，小坐。飯大武家，看報乃歸。田季葦來，江浴民來。子武自北京來，言買書畫數萬元，實不名一錢，不可謂不豪矣。偕大武至曾九家，賀其生孫。留同俞三、魏少殷、李三、吴劍秋、向樂谷、宋小坡、李謙六同飲，菜皆鄉味。子武亦來。吴劍秋出示蔡戀生所藏利瑪竇畫四幅，以中國筆墨用油畫法，頗别致，聞有人出價四千元云。出，偕俞三、大武至共舞臺，看《貂蟬》。雷時若、謝維周、李特生、岳、吕均至。復看王克琴之《雙釘記》，年華已去，尚存舊戲風規，惟白口太怯耳。諸人以文艷《乞戒》一幕後，皆起出，余亦遂歸，至家未十一時也。濯足即睡。"

按：《龍田曾氏六修族譜》：憲珂長子慶壬(1922—2010)，字克碩，行四，又行一。生於民國壬戌(1922)十一年十月初一日卯時。1948 年 6 月兵工工程學院造兵系，至 1982 年退休，副教授，處級。

壬戌立冬後，寫《水墨蘭竹圖》。

自題："君子之交，穆如清風。壬戌立冬後，農髯熙寫。"

設色紙本。89×58cm

鈐印：曾熙之印(白文)。農髯(朱文)。

李健題："此農髯年伯遣興之作也。全用分筆爲之，未可以尋常畫法衡之耳。八大山人之書法通之畫法，若徒事吮粉研丹，爲法所縶，爲形所拘，古今來正不知墮落英雄幾輩耳。此幅竹榦之勁，竹葉之渾，何減冬心蘭葉，亦何讓所南哉！癸亥一月，觀大滌子蘭竹菊花通景屏風於錢沖甫丈家，歸來燈下記此。鶴然居士李健。"(國泰美術館藏)

1922 年 11 月，與章一山、吴劍秋、伊峻齋爲周菊仙女士代訂書畫潤例賑灾。

《介紹醉墨軒周菊仙女士書畫潤例》："女士原籍江右，自幼隨乃父雲如軍門宦浙，寄籍鄞縣，乃孝廉江後村先生之女弟子，即甬東柳憩南先生之夫人也。秉性貞閑，存心慈慧，鍼黹之餘，醉心翰墨。軍門之夫人教以書畫，悉臻妙境，花卉翎毛，尤得南樓老人之遺意，凡一花一鳥，得之者無不什襲珍藏。近因各處災黎鴻嗷遍地，女士心切憂之，願以書畫爲賑災之助，爰定潤例列後：(略)收件處：九江路民豐里周鋭記號，或上海各紙鋪均可。曾農髯、章一山、伊峻齋、吴劍秋代訂。"(1922 年 11 月 10 日《申報》)

秋間與王一亭、吴昌碩以書畫贊助市北中學，11月18日開奬。

《學界消息△市北中學》："發行興學書畫券，昨日開奬，頭奬得王石谷山水、王穀原山水册頁、吴昌碩石鼓文立軸、曾農髯魏碑大中堂各一。二等奬得黄尊古山水立軸、朱古微行書聯、吴昌碩行書立軸、潘蓮巢花卉立軸各一。三奬得王一亭人物立軸、黄尊古山水立軸、陸純伯行書聯各一。等等。"（1922年11月19日《時報》）

壬戌仲冬，許徵白游滬，與吴昌碩、章一山等爲訂潤。

《清籟館潤例》："倉頡造字，由畫而書，洨長《説文》，乃伸其誼。許君徵白，鼻祖祭酒，篆隸而外，書宗北海，沿流溯源，尤善六法。髫齔弄筆，輒詫天授，摹臨勾勒，駸駸入古。小住滬瀆，恒自珍秘，偶得一幀，捧若球璧，宣和邱壑，澠水氣韵，兼而有之，絶非溢美。世有知者，當獲賞音，不揣檮昧，爲懸潤格。（潤例略）壬戌仲冬，章一山、高野侯、李仲乾、吴昌碩、曹蔚廬、天台山農、曾農髯、王一亭、費衹園同訂。"（《近現代金石書畫家潤例》，上海畫報出版社2004年7月版）

壬戌仲冬，自書四屏。

自書一："（節臨鍾繇《賀捷表》略）元常此表與《王基》同意，曾見東坡老人臨此，骨韵蒼逸。"

自書二："（節臨《南石窟寺之碑》略）《石窟寺》能使《龍顔》《暉福》冶爲一爐。"

自書三："（節臨《黄庭外經》略）以《瘞鶴》筆勢臨此經。"

自書四："（節臨《程喆碑》略）以《程喆碑》書此，蓋繇隸化真，不混分書一筆也。壬戌中冬，曾熙。"（西泠印社2009年秋拍圖録）

紙本。176.5×57.5cm

鈐印：曾熙私印（朱文）。農髯（白文）。游天戲海之廔（白文）。武城第七十三派（朱文）。

1922年11月21日壬戌十月初三日丑時，沈曾植（子培）逝世。以聯挽之曰："迂性不求人，知每言必争，卅年今日猶初識；至誠卒未天，格臨殁望闕，九廟先靈鑑此心。"

《沈子培先生逝世》："沈子培先生，名曾植，嘉興人。博通今古，而於佛學尤精深淹博，教下各宗典籍，悉能貫通，深得其旨，有清三百年來，端無人能出其右者。詩詞古文著作極富，皆未刊行。書法從章法得力，大類元明以上人所作。前清光緒朝，以安徽藩司護院；宣統時，以學部尚學書用；光復以來，隱居滬瀆，各界人士,均奉爲泰斗。今年八月間,以小便阻塞,經西醫醫治,漸愈後,又患便血,其舊曆十月初三日丑時,壽終於新閘路九十一號寄寓。老成凋謝,海内學子,同聲惋惜。”(1922 年 11 月 22 日《時報》)

沈穎輯《海日樓哀挽録》:“曾熙:迂性不求人,知每言必争,卅年今日猶初識;至誠卒未天,格臨殁望闕,九廟先靈鑑此心。”(1933 年鉛印本)

小雪前二日,書“席月澗門,横琴雲際;植根芳苑,濯秀清流”八言楷書聯。

自書八言聯:“席月澗門,横琴雲際;植根芳苑,濯秀清流。集陶宏景吕安書句,壬戌小雪前二日,曾熙。”(中國嘉德四季第 13 期拍賣圖録)

紙本。171×30cm

鈐印:髯翁六十後書(朱文)。曾熙之印(白文)。

小雪後,題弟子施保昌所書《千字文》。

題《施保昌書千字文》:“毓奇弟初喜予爲《夏承》、《華山》諸碑,既又喜所爲太傅書。及見六朝經卷,凡近太傅所書,皆酷好之,所臨近百卷皆別具風骨,沈乙盦先生稱爲當世有古心者於施生見之。每謁乙盦,乙盦必竟日與之論書。繇是益工草法。此册從光明經得筆,而結體取韵皆戛戛獨造,非有古心不能到此,惜乙盦先生不及見此册也。壬戌小雪後。農髯熙。”(《施保昌書千字文》)

1922 年 12 月 2 日午後,譚延闓持田寄葦所送顔真卿墨蹟來,並見向樂穀,皆以爲紙非宋代物,乃元明人摹寫。彼此論畫甚久,譚爲集《黑女》字作數聯。

《譚延闓日記》同日條:“十二月二日晴,寒暖五十二度。(落齒。至共舞臺。雙龍、商務、先施、何瑞生、大世界)受信:朱彦材、覃、汪九。八時醒,坐三十分起。李明揚來,數年不見,鬚已薙矣。乃一猥瑣男子,可笑也。吴章、吴有倫來。黄贊元來。張石侯來。吕滿來。聶六來。留張、聶、吕同飲。既散,張毓昆來。客去,與大武、吕滿至共舞臺,看《紡綿花》。劇將終矣,俄延數分以慰觀者,此手段也。幕閉,吾輩即出。往雙龍、商務、先施,何瑞生家看落齒。乃至大世界,聽鍾一曲而歸。飯大武家。還,小坐。田季葦所送顔書墨蹟至曾九家,並見樂穀,請其鑒定,皆以爲必元、明人摹寫,以其紙非宋紙也。又論畫久之。爲集《黑女》作數聯,乃歸。已一時矣,遂睡。左隅齒摇動已久,午飯時忽自落,此生平落齒第四矣。”

1922年12月4日上午,張子武約往蔣孟蘋密韵樓看字畫,譚延闓兄弟亦至。

《譚延闓日記》同日條:"十二月四日晴,寒暖三十三度。(雙龍。密韵樓看字畫)受信:粟墨安。八時四十分醒,坐十五分起。張廩丞、周雍能來(黄實來),言古巴華僑國民黨事。午,請客黄鏡仁、張石侯、護芳,吕、岳,(子武亦來。)而扱寰最後至。散後,偕大武至雙龍。遂至西摩路蔣孟平(蘋)家,子武所約看字畫也。主人甚爾雅,有鑒别,非以收藏爲名高者。曾九至而復去。李木公、高欣木及書畫賈少卿者同飲後,看宋、元人字至十一時,乃散歸。大瀉一次。十二時寢。是時所見畫凡二十餘種,書五種。李龍眠《九歌圖》,趙子固《四香圖》,(五代)徐崇嗣《雙兔圖》,(唐人)處士大軸,趙文敏《三世畫人馬卷》,趙、管《蘭竹卷》,(五代)貫休《羅漢》長卷,夏仲昭竹,黄鶴山樵(立軸)《山水卷》(又一册),梅道人梅竹卷,唐子華山水卷(又軸),王孟端《烹茶圖》(竹□山房物),李六如《松廬别業圖》,文衡山《袁安卧雪圖》(山水又一卷),沈石田畫卷(又册),吴虞山畫册(二卷),王煙客畫卷,王湘碧畫卷(又一卷翁題),陳老蓮畫卷,石溪畫卷,石濤畫一捲(又册),蘇東坡《樂安帖》、《興龍宴詩》,趙子昂臨王帖,《妙嚴寺碑》,鮮于伯幾石皷詩。畫中王孟端,李木公云本僞作,書則蘇二種皆僞也。"

1922年12月7日壬戌十月十九日,應約赴日人俱樂部,與同人雅集。同座有鄭孝胥、向樂穀、姚賦秋、宗方、西本及筱崎之友秋田康世。

《鄭孝胥日記》同日條:"赴筱崎之約於日人俱樂部,坐有曾士元、向樂穀、姚賦秋、宗方、西本及筱崎之友秋田康世。"

壬戌十月,跋李瑞清《黑女志臨本》。

跋《道人黑女志臨本》:"髯亦喜臨《黑女志》,然以太傅法寫之,或以分書章草入之,但攝其神意即大快。文潔每臨一帖,如唐時諸賢之模《蘭亭叙》,筆法部位無不畢肖。《書譜》所謂'審之既精,擬之貴似'。米顛而後,臨古之功,蓋未有能及文潔者矣。此册爲教魏公子所作,其雍容沖和之度,更不可及。因勸震亞主人景之,以公同志。髯識,壬戌十月。"(《清道人書黑女志》,上海震亞圖書局出版)

鈐印:曾熙私印(朱文)。農髯(白文)。

按:參見本譜辛亥七月條。

壬戌中冬,題陳潮甲午夏篆書"騷作四始勍敵,賦爲六詛坿庸"六言聯。

題陳潮甲午夏篆書六言聯:"東之先生與道州爲同年友,道州篆法多取東之,

天不予年，流傳亦少，殆亦命耶？此聯古厚，髯所見第一聯也。壬戌中冬，衡陽曾熙注。”（葉鵬飛《陳潮篆書六言聯賞析》）

鈐印：曾熙私印（朱文）。農髯（朱文）。

按：陳潮（1801—1835），字東之，江蘇泰興人。八歲能作聯，十歲能詩，有神童之目。精通六書音韵與周髀之學。時人譽爲“江南才子”。1831 年中舉人，旋流寓京師，卒於客舍。

壬戌冬，爲向燊代訂潤格。

《向燊潤例》：“衡山向叟燊，字樂穀，晚號抱蜀子，又號瓜廬老人，老髯商校金石書畫老友也。當學制初改，湘省大吏以髯創設南學，其時人多厭棄舊物，而樂叟獨抱殘碑古器，討辨臨摩以爲樂。髯方以校事倚重，不知樂叟好古且過髯也。後樂叟以觀察使入隴權鞏秦階道，辛甲之際，備歷險阻，幾死者再，而樂叟抱周器唐佛、齊梁經卷出入鋒刃。乙卯髯來滬，與道人盡所發藏觀之。道人曰：余辛亥所棄多矣。樂叟好古，不但過髯，且過道人。樂叟爲湘綺弟子，治《穀梁》，兼通毛《詩》、《尚書》，其爲詩則變師法，書喜鍾元常，嗣由元常入元魏，又以漢人分書入之，故臨李仲璇碑，其神妙殆過之。篆善殷法，由盂鼎下窺三公、景君、天璽書，其將獨步一時耶！樂叟慨世變，久欲從南山深處以書畫吟嘯自娱，今南山已非昔比矣，因勸其鬻書，甘爲雅人之奴，爲之代擬其直於後。壬戌冬晨，農髯曾熙。（潤略）”（《神州吉光集》第 3 期，1923 年 4 月版）

1922 年 12 月 9 日，譚延闓兄弟、俞明頤來，饗以家庖，向樂穀與其子教師同座。席間談碑談畫甚樂。譚見近所作畫甚多，嘆爲“欲追道士矣”。

《譚延闓日記》同日條：“十二月九日晴，寒暖五十四度。（至雙龍、永安、先施。訪張。飲曾）受信：馬嗣良、曉峰、大生、向復安、萸賡。九時醒，坐十五分起。林學衡（衆難）來，唐萸代表也。以詩卷見示，久談乃去。朱澍蕃自湘來，談頃之去。午飯後，與秋、年、韵出，至雙龍、永安、先施買玩意。余手挾之，恍惚間忘置何處及授何人，及悟已忘矣。精神不能貫注一至於此，使人興嘆。送小孩至吕家，獨步訪石侯，談甚久，又見張杏福（匹青）。仍至吕家，呼小孩出，並携毛妹子同歸，則吕滿已在吾家矣。小坐，與大武、吕滿同車至俞三家，邀同至曾九家。與樂穀及其子之師同席。菜乃家庖，惜不爛耳。談碑，談畫，甚樂，樂谷之唐畫，有人出二千元，亦見好奇者之多。曾九已大作畫，欲追道士矣。十時乃各散歸。稍坐，即寢。連日起遲，殆睡晚致之，今姑早睡，以復常度。”

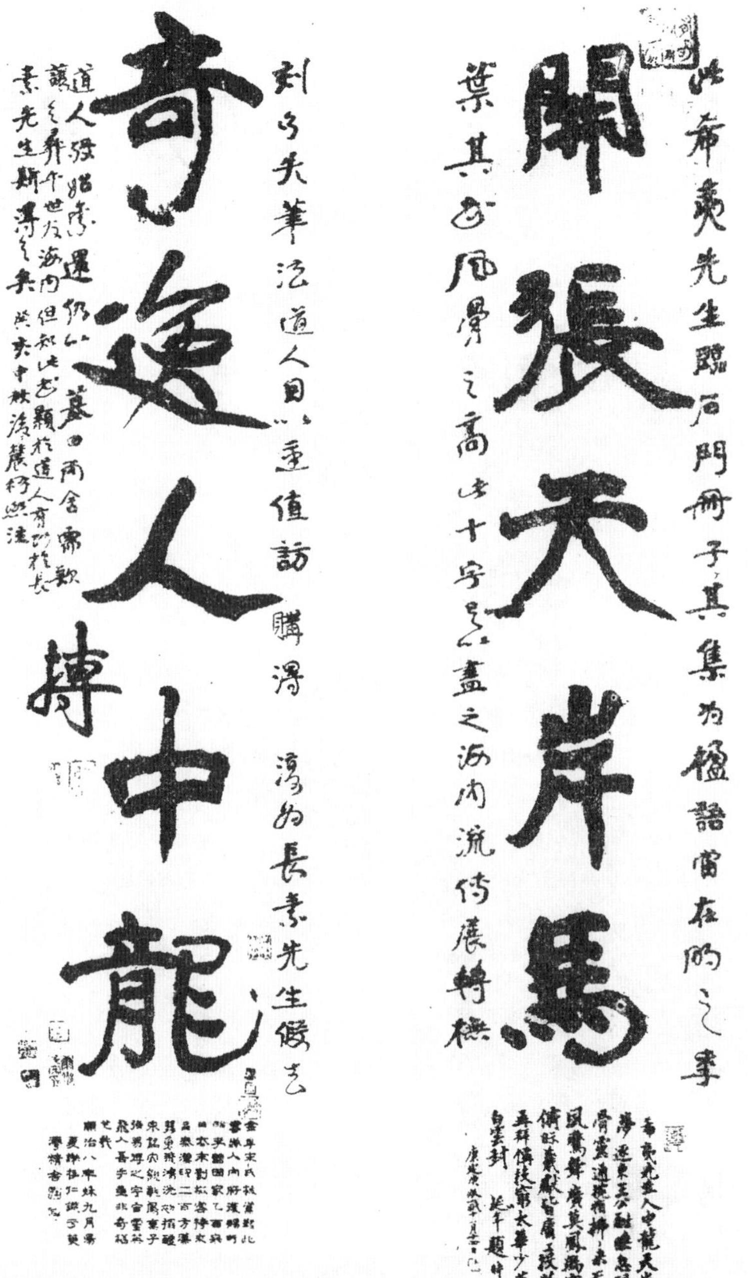

題陳搏行書五言聯　1923年

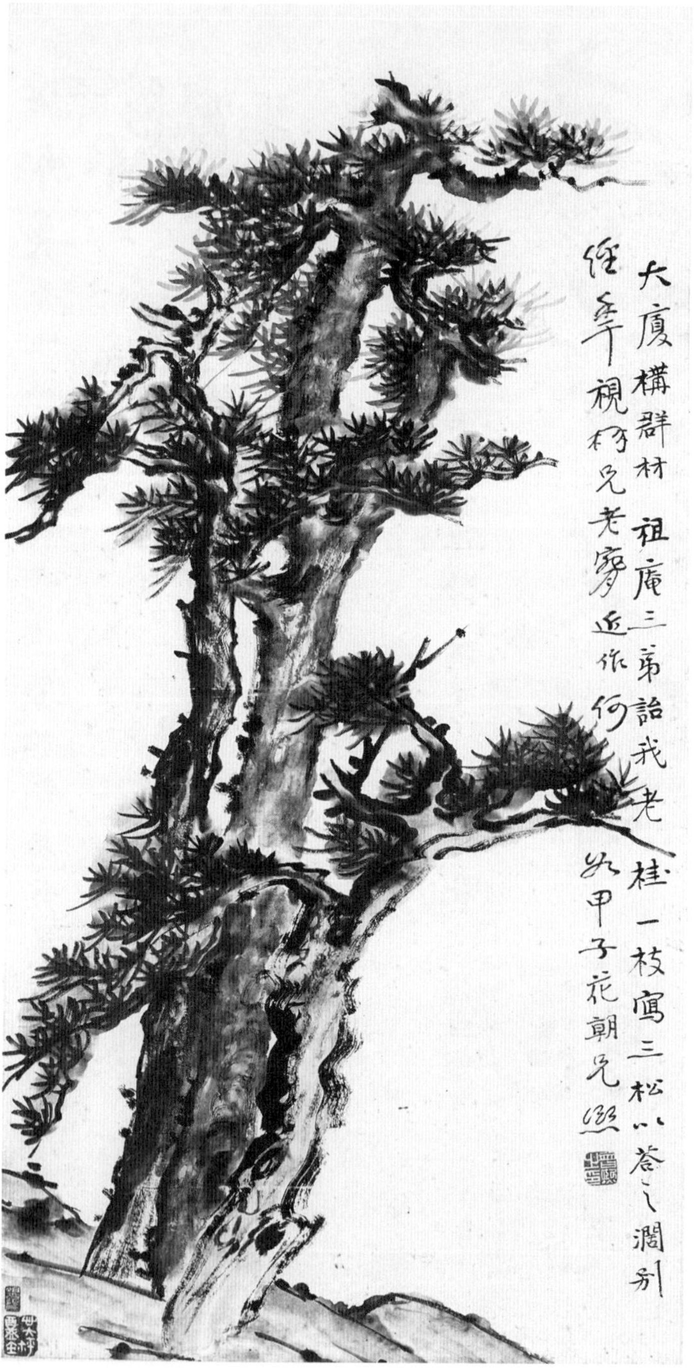

贈譚延闓三松圖　1924 年

菩提達摩圖

爲張善孖與楊浣青新婚作富貴牡丹圖　1923 年

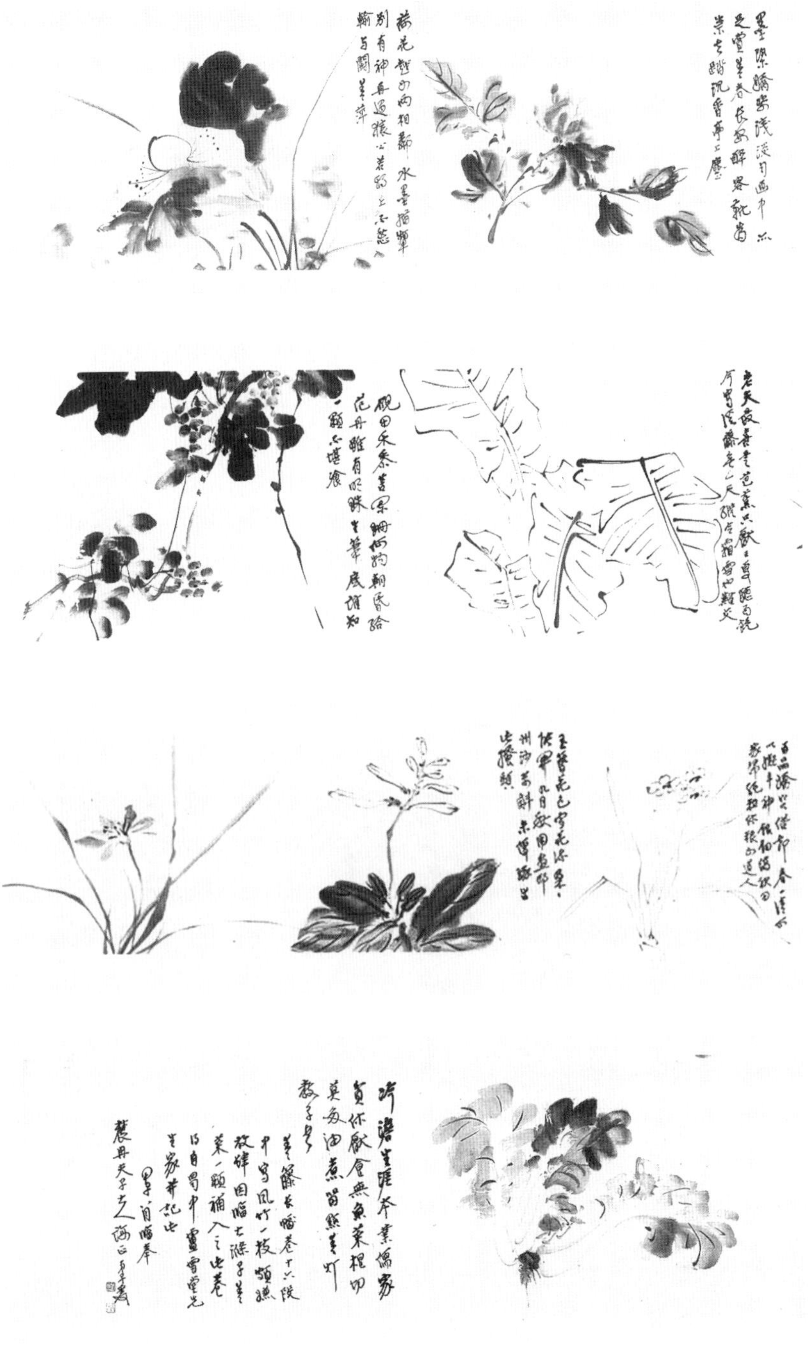

花卉圖卷　張大千臨呈譜主　1924 年

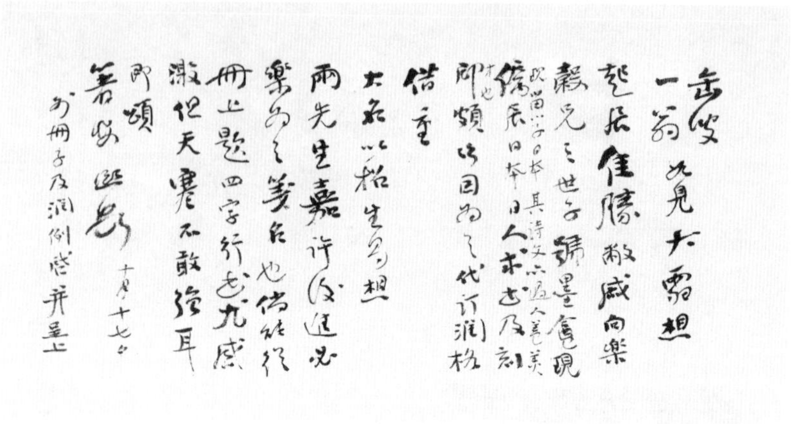

致吴昌硕　王一亭书

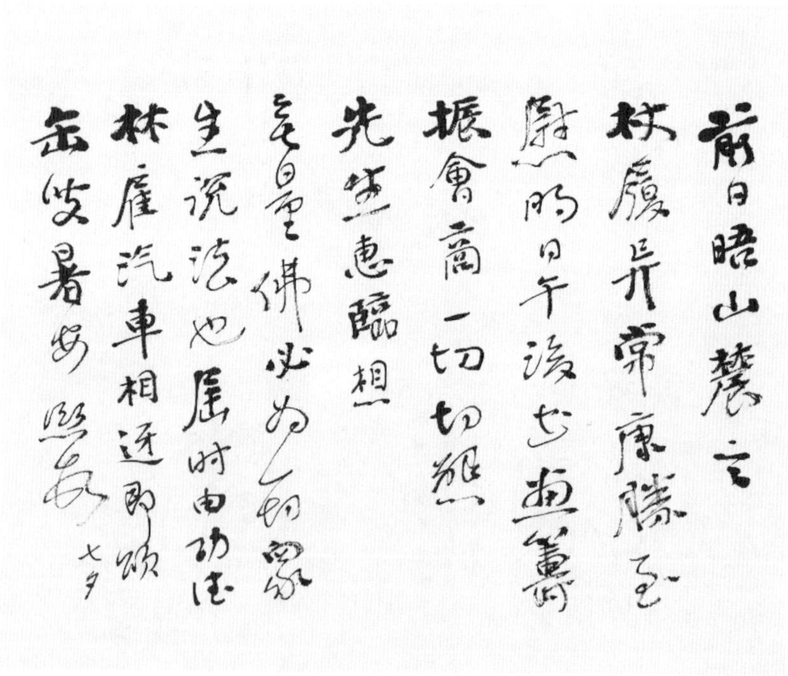

致吴昌硕书　1924 年

爲吴昌碩八十壽辰作古柏靈芝圖　1924 年

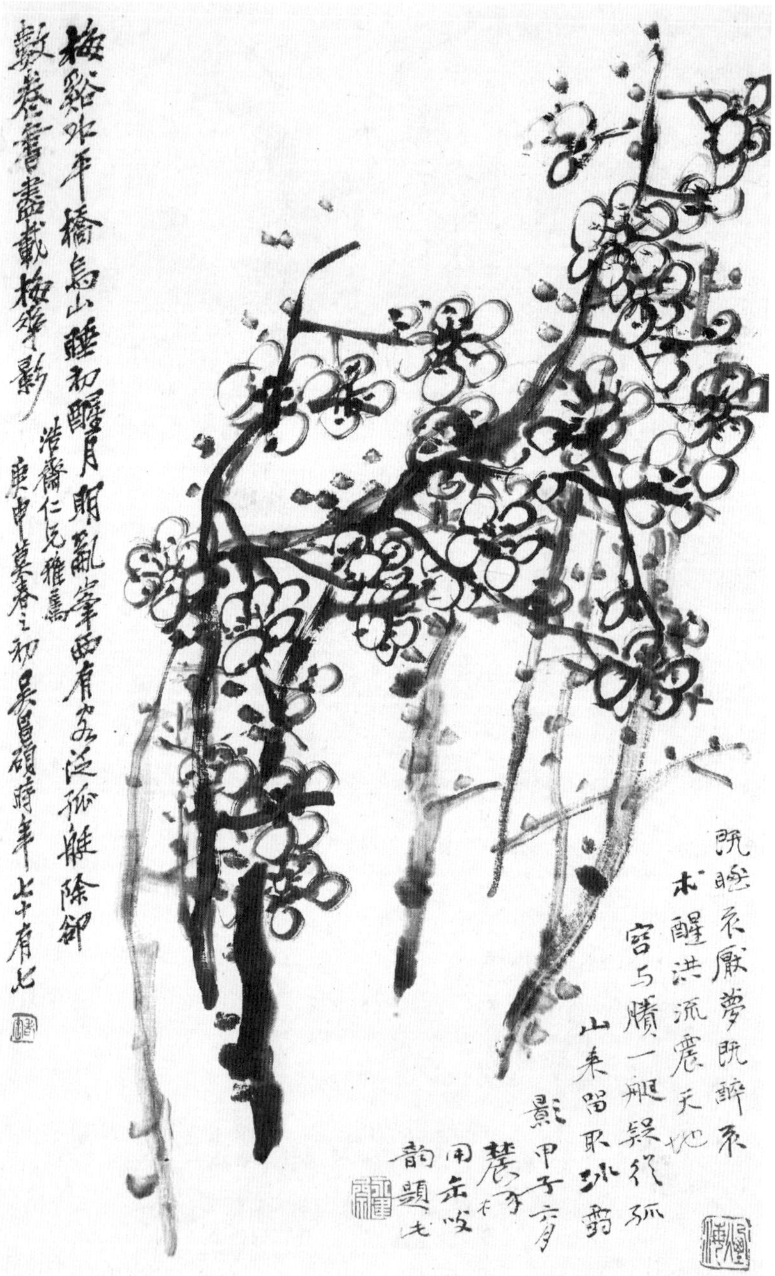

题吴昌碩墨梅圖　1924 年

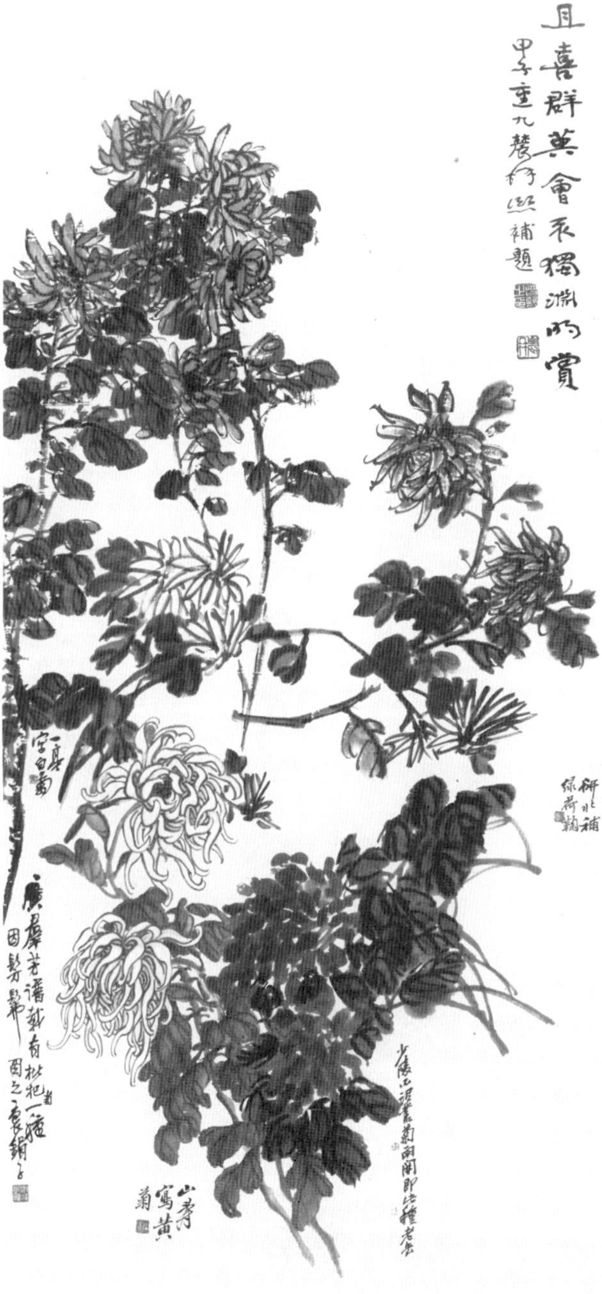

題吴昌碩　王一亭　黄山壽　吴待秋　何研北合寫九秋圖　1924 年

一葉輕舟圖　1924 年

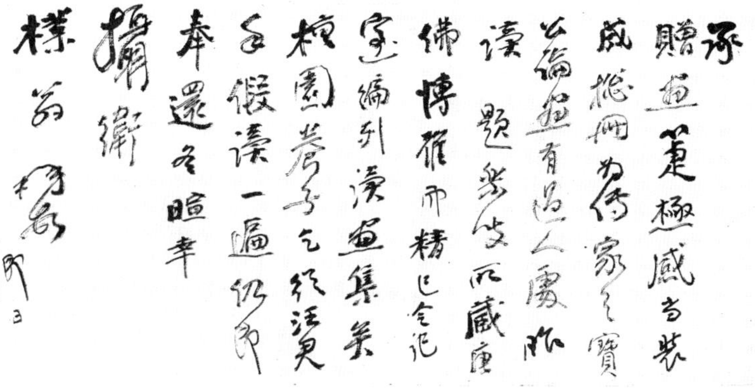

致黃賓虹書

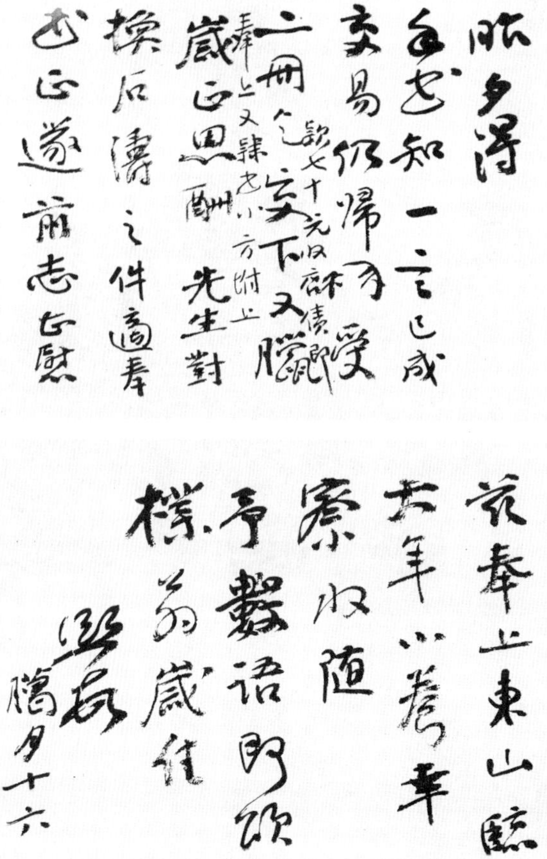

致黃賓虹書

爲王秉恩八十壽辰作息廬校書圖　1924 年

松石圖　1925 年

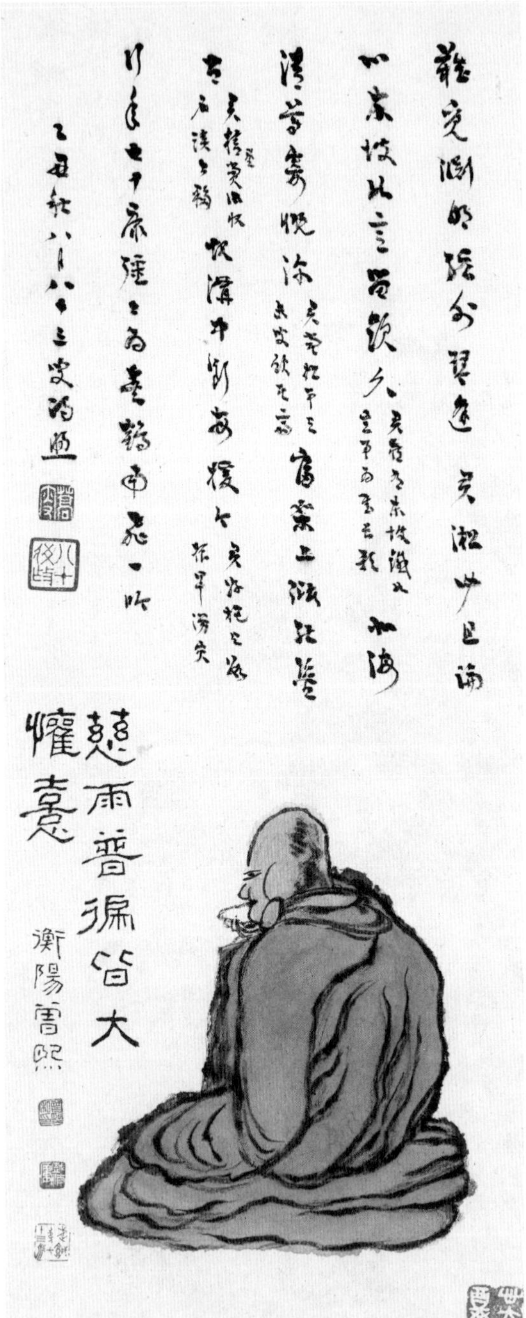

無量壽佛圖　1925 年

贈馬宗霍無盡溪山圖　1926 年

贈趙子威篆書五言聯　1925年　湖南省博物館藏

1922年12月13日介紹筆工徐三葆至譚宅賣筆。

《譚延闓日記》同日條:"十二月十三日晴,寒暖五十六度。(竟日不出。請客)發信:汪九、趙、曹。受信:孔明綬、王三。八時醒,坐十五分起。鄭崑者來,中山所介東方儲蓄公司總經理,亦黨人也。朱劍帆、彭德尊來談湘事,韋淑明(榮熙)來談粤事,皆隔別相見。朱湘溪來,張石侯、陳正勳(禹襄)、張杏初、周匯湘來,吕、岳來,皆今日所請客也。飲啖大歡。散後,各去。石侯與吕、岳留談頃之,乃同大武出。余與諸兒談故事頃之。晚飯後,爲人作屏聯書。復學畫久之。大約姿質所近,但能爲野狐禪,不能作細工夫矣。十一時後睡。魏氏爲黎文肅外孫,今居大毛家,晚來同飯。連日早起時皆不醒豁,豈空氣不足耶。今夜乃懸帳而卧,使室中空氣流通。曾九薦徐三葆來,筆工也,買十餘元試之。"

1922年12月22日,與吴昌碩爲高邕之甥卞公弢代定鬻書潤例登報介紹。

《卞公弢先生鬻書》:"真州卞君公弢,奕世纓緌。君之曾祖竹辰公,開府浙江,爲時重望。尊人璞園先生富收藏,精鑒别,元章之緒,紹述在君。君嘗以五馬游湘鄂間。幼而嗜書,改革後益大進。慨晚近草法久絶,因循孟津以窺羲、獻,一洗後來偏宕之習。君舅氏高李盦先生嘆爲深得古人遺意。同人戲邀君爲籠鵝之换,代立潤例,惟好古君子,評而鑒之。(潤例略)吴昌碩、曾農髯同啓。"(1922年12月22日《申報》)

1923年 民國十二年 癸亥 六十三歲

1923年1月2日壬戌十一月既望,書"盡日游山不倦,此懷與水同清"六言行書聯。

自書六言聯:"盡日游山不倦,此懷與水同清。壬戌十一月既望,農髯曾熙。"(上海崇源2004年春拍圖録)

紙本。164×36cm

鈐印:曾熙之印(朱文)。農髯(朱文)。髯翁六十後書(朱文)。

同日,書"浮江得黄石仙侣,銘山惟上皇真人"七言聯。

自書七言聯:"浮江得黄石仙侣,銘山惟上皇真人。壬戌冬十有一月既望,集玉煙堂《鶴銘》字,唐太宗評書稱右軍筆法,勢似倚爲反正,惟此石足以當之,後人

但以右軍未至焦麓爲疑，殆失之矣。農髯曾熙。”(私人藏)

紙本。220×50cm

鈐印：曾熙之印(朱文)。農髯(朱文)。

1923年1月5日，六十三歲生日，譚澤闓等來賀。

《譚延闓日記》同日條：“一月五日晴，寒暖四十八度。(書壽屏)發信：銘師、毖甫、元徵、蔡、陳、蔡、田、趙三、汪九。受信：唐斌、楊毓棻、時若。八時四十分醒，坐三十分起。作書廊上，以受朝暄。陳護芳來，以商件交之。鍾忠今日行也。楊典、蕭昌瓚來辭行，亦今明日行者，以書予之。方午飯食麵，而聶六、石侯來，聶六稍坐去，石侯同飯。飯後，廩丞來，乞作書保周雍能及彼可任幹事云。袁大、袁六來，二張去。余堯翁携幼子來，談久之，同二袁去。曾九今日生日，大武往拜去，大毛、曙邨同去。余爲袁大書其所作《賀尹家傳》，凡六百餘言，作徑寸字，以一小時了之。晚飯仍喫麵，偶然欲書，適壽銘師壽屏已送來，遂發願，以一夜書之，自八時將至十二時止，書十二幅，幅五行，行廿四字，僅三滿幅，餘有空格，然一千二百字以上矣。速則誠速，工乃未能，特不誤明日郵寄之期耳。一時後，整理藥裹(?)乃就睡，已二時矣。右足破爛如故，足臁亦有腫意且微痛，不知何祥，左足漸愈。”

壬戌十一月十九日，爲其超畫石，題云畫石要點，不能純用中鋒。

自題：“寸璧。畫石不能純用中鋒，方有陰陽嚮背。其超爲和老弟子，得此良師，其於畫亦應超超不群。壬戌十一月十九日，老髯注。”(私人藏)

紙本。28×37cm

1923年1月11日，訪譚延闓，小坐去。

《譚延闓日記》同日條：“一月十一日晴，寒暖五十四度。受信：彦遠、時若、子靖。八時三十分醒，坐三十分起。人殊不適，牙疼尤甚，乃服萬應錠及瀉丸。廩丞來談，留同午飯，乃去，石侯來，介夫、心滌來，坐至瞑始去。包打聽來，爲張明德事，云捕房拘人不能過廿四鐘，應即解公堂云云，乃作書並原書兩封與之，然頗悔此事，不應如此小題大做也，事所以貴三思也歟。晚飯仍食麵，胃口不甚好矣。巢醫來診，云血熱宜服石膏也。晚八時後即就睡，然人事時來相擾，熟睡亦十二時後矣。曾九來，小坐去。今晚以紅靈丹塗脚創，似有痛意。頭暈牙疼並劇，人極不適。”

1923年1月12日壬戌十一月廿六日，爲弟子朱大可書“長天瘺修羽，寒

月上東亭"五言聯。

自書五言聯:"長天瘍修羽,寒月上東亭。壬戌十一月二十六日,冬炕無雪,解衣書與大可賢弟清督,農髯熙集《戎路表》。"(私人藏)

鈐印:曾熙之印(朱文)。農髯(朱文)。

1923年1月16日壬戌冬十一月三十日,應從甥趙子威之請,爲其舅趙恒惕四十四歲撰壽文。

《趙恒惕先生四十四壽言稿》:"壬戌之冬十有一月,彝午(按:即趙恒惕)世友先生晉四十四歲,湘中父老咸欲獻言於先生。其宗人曰子威,熙之從甥也,以書告熙曰:吾湘士皆以文事屬吾舅舅,其無辭焉。熙曰:予海上之棄民也,久不聞當世事,言焉不切,何以爲壽?且與先生共患難,共圖湘事,莫如茶陵譚(按:即譚延闓)君,其文惟譚君宜。趙甥曰:否否!熙曰:今世人皆稱鳳皇熊氏(按:即熊希齡),熊又湘憲法中人也,熊又能善推吾湘公民之意,以憲政頌,頌先生其於時也,不亦宜乎?趙甥曰:否否!嗟乎!熙海上之棄民也,十年以來,所號爲共和政府者,直强盜政府耳!民也何辜,而出今日政府之下!今聞吾湘自立憲法,民皆喁喁望風。其在詩曰:求民之瘼。又曰:民具爾瞻。由前之義爲先生賀,由後之義爲先生勉。賀者何?吾湘苦兵革已久,農多輟耕,商或棄市。富者遠徙,貧者填溝壑。今既與吾湘豪傑更始,其求民之瘼,孰有急於今日!一念求之,吾父兄子弟,已慶更生,倘念念求之,事事求之,其迪福於吾湘父兄子弟,寧有涯耶!勉者何?先生既受湘民之付託,而用人則曰民選,予但恭已以聽。應興應革,而曰憲法有範圍,非一人所得專,但擁赫赫之盛名,不建巍巍之大業,所謂民具瞻者,猶膚說耳!古稱立德立功。孟子曰:雖有知慧,不如乘勢;雖有鎡基,不如待時。今先生既有其時,復居其位,其少年磊落,抱澄清之志,蓋將一一施之於吾湘也。今中原已裂,大事無可爲,但以湘人治湘土,安湘民,使鄰省之兵不加於湘土,四境之民,各安其耕作,三年小成,五年大成。熙老矣,亦將率父兄子弟焚香,祝先生於南岳山前。至先生之家世,與令先君子之儒業,及積行爲善於鄉里,前於碑誌已詳述之,可告百世矣。夫獻諛者,小人之術,責善者,朋友之義。簡軍以來,其信賞必罰者,軍吏能道之。令德在民,六十數州縣得頌之孝友敦宗趙氏之族,能備記之。熙謬託世好,但以《春秋》責在賢者之義,直書之,以爲先生壽,先生其許我乎?"(原稿)

鈐印:曾熙之印(白文)。農髯(朱文)。閑居翫古不交當世(朱文)。

按:趙恒惕(1880—1971),字夷午,一字彝五,號炎午,湖南衡山人。

壬戌十一月，寫《紅梅圖》贈張子鶴，自云不解畫，但以作書之法作畫，人見而驚嘆，而己亦自得。

自題:“髯不解畫，但解書，然以吾作書之法作畫，見者多驚嘆之，髯亦頗自得。子鶴先生精於賞鑒，寫之贈之。壬戌十一月，農髯熙。”(私人藏)

設色紙本。98×62cm

鈐印:曾熙之印(白文)。農髯(朱文)。游天戲海之樓(白文)。

壬戌十一月，集金剛經字書“名世應五百歲，説法有三千人”六言聯。

自書六言聯:“名世應五百歲，説法有三千人。壬戌十一月，集金剛經。農髯曾熙。”(《曾熙書法集》)

金箋。170×36cm

鈐印:曾熙之印(白文)。農髯(朱文)。心太平庵鉢(白文)。

壬戌冬日，節臨《暉福寺碑》。

自書:“(節臨《暉福寺碑》略)《暉福寺碑》，其源出元常，蓋穆子容所開也。壬戌冬，曾熙。”(私人藏)

紙本。50×65cm

鈐印:曾熙之印(白文)。農髯(朱文)。心太平庵鉢(白文)。

1923年1月18日　壬戌臘月朔，爲進逡作《墨梅圖》。

自題:“直以篆書寫榦，分書寫花耳。進逡道兄詩家既好髯書，視此爲何如耶？壬戌臘月朔，農髯熙。”(日本觀峰館藏)

紙本。

鈐印:曾熙之印(白文)。

按:進逡不詳，疑爲進宧。進宧爲陳直(1901—1980)之字，著名史學家和考古學家。此圖藏日本觀峰館，承其提供使用。

1923年1月19日，譚延闓爲譜主堂弟題譜主爲其所作畫。

《譚延闓日記》同日條:“一月十九日微雨，寒暖四十八度。(至牙醫處。商務。聞王三喪)發信:楊桂青、汪九。受信:師子英、汪九。宋阜南電。八時醒，坐三十分起。介夫來，所見亦多是處。陳護芳來，張廩丞來，留二人同午飯。飯後，石侯談至三時乃去。宋葆初來辭行。余出至牙醫處診，遂過商務一覽。歸，步至大武家，因留飯，喫炸醬麵，飲三杯，牙疼不能嚼，乃大苦事。歸，聞梁夷雲電話，王三於五號逝世，仲鵠已往奔喪，爲之不怡（者）久之，舊人兩逝，往事多傷，真韓子所謂‘人欲久不死，而歡居斯世者何’也。爲人書數聯止，諸僕輩以吾不可久立，故不以紙進，其意亦正可感，然殊不盡興也。爲曾九之堂弟題曾九畫，於信筆寫一詩，既而悔之，恐其以爲意存譏刺也。十一時遂濯足而睡。月餘不雨，今始得微雨，尚不能濕塵也。足指已愈，足心發癢，殆將合乎。唇燥眼澀，殆將上火，以梨汁清之。”

此際，以相火旺未能節制房事，乃病。

《譚延闓日記》同日條：“一月二十二日風雨，寒暖四十六度。（至牙醫處。先施、永安。仍衣狐裘）發信：承之、心滌。受信：岳、胡電、才宏、子靖、葉召烈，孔北。八時四十分醒，坐三十分起。承之來書，爲張敬輿勸余入京，此人慣以吾爲市，不自量度，真可笑歎，覆書正拒之，彼不知京滬道上奔走者相望，而妄欲自獻，所謂盲不識路者也。朱谷芬、魏芷汀來。午，飯大武家，不食白飯者久矣，今乃盡兩碗。李筠安、向樂穀來，談久之去。聞曾九病乃相火太旺，老年尚不能閉房，此非壽徵也。送客後歸。作屏聯久之。與大武、細毛同出，至牙醫處診出，待車頃之，大武等乃來，同至先施、永安一覽。歸，晚飯，仍炒食之。至大武家，坐看大武壬子、癸丑日記，吾壬子未書，然事散見大武日記中，往日艱危如在目前，然當時家庭全盛，賓從嬉游，雖偶歸亦有至樂，政局屼嵲，不足撓吾心也，以今視之，别一天矣，追憶前塵，不勝悵觸。歸，獨坐久之。十二時始睡。始濯足，言種種情事。惟右足心尚塗藥，餘均愈矣，纏綿近一月，可怕也。今年今日始雨，恨不大耳。足已全愈，蚌又作，奈何。”

1923年1月24日壬戌大寒後三日，節臨《師酉敦》。

自書：“（《師酉敦》略）《師酉敦》亦齊書之例。壬戌大寒節後三日，農髯曾熙。”（朵雲軒2006年春拍圖録）

紙本。130×66cm

鈐印：曾熙之印（白文）。農髯（朱文）。

同日，集《毛公鼎》文爲惠忱書“龍王酒國尊惟我，猶作司人信有天”七言聯。

自書七言聯：“龍王酒國尊惟我，猶作司人信有天。惠忱仁兄法家正瑑，集《毛鼎》文。壬戌大寒節後三日，農髯曾熙。”

紙本。132.6×31.9cm

鈐印:曾熙之印(白文)。農髯(朱文)。

壬戌大寒後,以寫古松法臨《叔向父敦》。

自書:"(叔向父敦略)《叔向父敦》,以寫古松之法臨此,蓋又可輸之書矣。壬戌大寒後,曾熙。"(私人藏)

鈐印:曾熙之印(白文)。農髯(朱文)。

1923 年 1 月 27 日,介紹謝文炳參謀段超見譚延闓。

《譚延闓日記》同日條:"一月二十七日晴,寒暖四十三度。(訪盧。謁孫。請客)發信:蔡、陳、禮堂、協和。受信:徐大、周昂僧、凡生、漢聲。七時四十分起。吕滿來談,袁樹勉來,自稱調白使者,見面則非是,自云在庫倫爲軍需長,今將投効中山,滿口之乎者也,一荒字號人,意在借錢,正拒之乃去。朱仲星來。廖素孚、陶葵舉來,段超來,曾九介紹,乃謝文炳參謀也。登樓,見彭謙谷、李安甫,談甚深。陳護芳、張廩丞來,以中山撥陳款萬五千面交,作書及據與之。留陳、張、彭、李同飯。後陳、張去,送彭、張至福康里。訪盧田茄。及往見中山,遇陳樹人於外室,與楊滄白、于右任、路丹甫同談於中山室,既出,遇濤泉,及談頃之乃行,遂歸。中山今日本赴粵,忽得電,沈滇軍補(捕)殺魏禮堂,遂中止。粵事複雜,可憂乃大。既與群獸同穴,欲不争食得乎?至家乃閱報。晚,請客,彭德萬、周筠樵、姜潤鴻、朱劍帆、謙谷、安甫、簡先生、劉勁西、吕滿、大武同桌。菜殊平平。飲數杯。散後,談頃之乃去,以車送之。與吕滿久談,甚深。至今日,處事接人在在須用心,吾近殊闊略,亦一短處,皆由無耐心,可懼也。吕滿十二時去,稍坐遂睡。"

1923 年 1 月 30 日譚延闓四十四歲生日,與李筠庵、吴劍秋、向樂穀往賀。

《譚延闓日記》同日條:"一月三十日晴,寒暖四十七度。(四十四歲生日。宴客。至袁家聽余叔岩)發信:電趙、謝。汪九、夏五、蔡、唐、熙農、蒲凡、岸稜。受信:汪九、冠軍、孟蕭。祖澤。賀電。七時醒,坐三十分起。今日吾四十四歲生日也。宏群父子、李特生絶早來,頃之客大至,仍如昨例,設二席,來者即請就飲,而以長廊爲坐憩之所,熟人畢集,惟首惟一、鄧世英兩人新來,余酬應其間,不入座也。大武與家人食麵大毛家。就樓上談者,爲石侯、介夫、彭謙谷、李安甫諸人,大約有三四十客,吕滿與諸人招待之。余但陪曾九、李三、吴、向諸人耳。過十二時,則客去盡矣。與伯夔今宴散原、堯老、俞三、聶六、龍滿、汪四、吟秋、吕、岳、安甫於大武家,袁六亦在座。菜甚豐美。飲聶六酒盡十餘杯。客散後歸。與淑談頃之。看群兒嬉。今日亦有未見面之客,如李希易兄弟、梁五、柳菊生。是晚,仍設飲,得吴劍秋、樂谷、曾九之子、俞三、簡先生、吕、岳及大武、曙邨、衡、繩同食。菜亦不惡。既散,諸人先後去,赴共舞臺,公局詠洪諸人約也。余至九時後始送淑至其家,聞散原、堯老在座,入談甚久。及至共舞臺,予倩正演《百花獻壽》,藝非無取,不免肉麻。次則余叔岩之《陽手關》,舉止全摹老譚,亦有虎賁之似,嗓太不佳,尚能運用,然終不免翻板之歎,且並其眨眼而學之,亦太過矣。戲散,與簡先生、大武、大毛、秋、年同車歸,曙、繩别車送俞三。始歸。就睡已一時後。"

1923 年 2 月 1 日,病,譚延闓過訪。

《譚延闓日記》同日條:"二月一日晴,寒暖四十二度。(至中國實業、先施、曾家。陳珍客)發信:汪九、盧錫卿、詠安。受信:唐鑄、袁雪安。七時三十分醒,覺凜,何也?坐三十分起。廖素父、黄文棋、歐陽堃來。朱九昨送湯圓來,食四枚,令人有今昔之感。吴子承、馬振吾來,郭衛來,胡子靖、郭仲和來,張廪丞來,留胡、郭、張同飯後去。聞廪丞言種種陰謀事,使人不怡,今世界不能從人心上根本改造,無如何矣。偕大武同出,至中國實業見砥青,又過先施買物送詠安,訪曾九,值其病,吴、向皆他出矣。還,憩大武家,吕滿、閎群來。今晚陳護芳、趙梅甫、陳憲民、陳國器公請也,簡、岳、吕外,皆吾家兄弟子姪。少飲,而不劇談。趙曾署茶陵知事代魏壽貞言及此,頗忸怩,極力掩飾,頗爲支絀,可見人之不可做虧心事也,其實吾未嘗容心張部生死,何關魏朝興慶乎。客去,吕、岳留談,石侯偕成國屏來,言明日赴浙,即轉奉天事,吾知之矣。爲柳菊生書對聯四十餘副,筆債一空。楊滄白電話,頃之,十二時後始睡。以壽山石章贈魯詠安,此陳翰林舊物,先吾登科六十年也。"

同日,爲左益齋書"品仰咸賢懷齊管樂,文崇遷固年永老彭"八言聯。

自書八言聯:"品仰咸賢懷齊管樂,文崇遷固年永老彭。益齋仁兄法家正之。集禊帖字,以篆法攝《鶴銘》書之耳。壬戌臘月既望,農髯曾熙。"(私人藏)

金箋。172×37cm

鈐印:曾熙之印(白文)。農髯(朱文)。髯公六十後書(朱文)。

1923 年 2 月 9 日壬戌祀竈日,向姚虞琴借其所藏清眭嵩年《山水》並題識。此畫曩爲李瑞清高價得之而爲姚虞琴所攘去者。

題《眭嵩年山水》:"眭嵩年先生,諱明永,丹陽人。明崇禎壬午舉人,授華亭儒學教諭。乙酉八月三日,松江城破,自經不死。投泮池被執,不屈見殺。著有

《經世堂稿》。明季士大夫，尚氣節，工書畫，如黄石齋、倪鴻寶諸先生，凡得其片紙隻字，珍同璧玉。嵩年先生，其大節昭日月，而書法之遒邁，畫筆亦不讓張風，傳世既少，畫史不傳。李文潔極愛此畫，重值得之，嗣爲虞琴攘去，願虞公焚香寶之，勿輕示人也。壬戌祀竈，假觀題此。農髯熙。"(《教育部第二次全國美術展覽會專集第一種・晉唐五代宋元明清名家書畫集》，教育部第二次全國美術展覽會管理委員會編，商務印書館印行)

鈐印：曾熙之印(白文)。

壬戌臘月，爲錢病鶴書"奇文共欣賞，澹意得長年"五言隸書聯。

自書五言隸書聯："奇文共欣賞，澹意得長年。病鶴仁兄大法家雅正，壬戌臘月，曾熙。"(《神州吉光集》第 3 期，1923 年 4 月版)

鈐印：曾熙之印(白文)。農髯(朱文)。

按：錢病鶴此際發起上海書畫會。該書畫會的宗旨是"挽救國粹之沈淪，表彰名人之書畫"，會址設閘北中公益里 175 號，不舉會長，凡有書畫陳列者，一概認爲會員。章程云："開辦費已由同人認定，入會會員並不收費，如願特别捐資或以潤助會作爲延長經費者，同人極誠歡迎。陳列本會書畫如遇來賓購去，即以所得潤資之内扣取二成，以備本會租金及司事印刷登報等費，或有指定某君書畫本會代爲介紹，扣資亦同。"《神州吉光集》即爲該會編印，内爲會員書畫圖版與小傳、潤例，計出版六期。

壬戌臘月，書節臨《格伯敦》、《師虎敦》對屏。

自題一："(節臨《格伯敦》略)《格伯敦》善用短勁之筆，惜其文殘闕，多不可讀。農髯曾熙。"

鈐印：曾熙之印(白文)。農髯六十後作(朱文)。

自題二："(節臨《師虎敦》略)壬戌臘月，臨《師虎敦》，農髯曾熙。"(上海工美 2003 年春季拍賣圖録)

鈐印：曾熙之印(白文)。農髯(朱文)。

紙本。136×68cm

壬戌臘月，萬振聲六十大壽，爲撰書《萬振聲先生六旬壽言》。

《萬振聲先生六旬壽言》："洞庭東山，有萬先生，號振聲。吴之人皆稱其富而好善。其先考曰梅峰先生，初以鄉塾教授，既棄業爲商。當滬埠初開，萬國設場，捷足先得，遂獲勝算。梅峰先生起家巨萬，每滬上商會及大義舉，必曰梅峰先生，其聲譽之峻如此。先生幼承庭訓,孝友純篤,蒙業繼世,以好善爲心。凡鄉里貧乏,及橋樑、道路、義倉,罔不捐金竭力。以視坐擁厚貲,獨榮妻妾者,殆未可以道里計也。萬氏多壽人,三世年皆八十。今先生夫婦六十,德優年高,宜以詩賀。詩曰:萬頃太湖水,斟爲壽者觴。善禾秋大有,華黍篇成章。指使多賢俊,眉齊浸熾昌。本支多壽相,何用乞仙方。壬戌臘月,曾熙。"(《萬振聲先生六旬壽言》,民國石印本)

壬戌臘月,自書論畫。

自書:"畫家以隸篆之筆,寫枯木竹石,亦各視其才性之所近。趙吴興多空靈之氣,吴仲圭則雄厚。壬戌臘月,曾熙。"(北京盤古2013年春季拍賣會圖録)

紙本。131×36cm

鈐印:曾熙之印(白文)。

是年,譚延闓題所作《海松圖》。

譚延闓題《海松圖》:"農髯本不畫,畫乃藏胸中。一朝奮筆起,四座驚神功。奇石盡天色,海起生長松。筆勢若篆籀,鬱屈蟠蛟龍。古人寧有此,信知書畫通。我見不忍攫,還之東家翁。試聽素壁間,謖謖來天風。"(譚延闓《慈衛室詩草》,民國石印本)

1923年2月11日壬戌祀竈後二日,爲朵雲軒箋扇莊將發行之趙起(雲壑)《趙子雲先生書畫集》題詞。

題《趙子雲先生書畫集》:"琴能審人之憂樂,而不能傳其形鏡;能有人之美惡,然不能寫其心,惟書畫則其人品之高下,襟懷之雅俗,幾如琴之不可以欺心,鏡之不可詐以形也。髯來海上,見缶叟所爲書畫,嘆仰無已。既讀其詩,見其所處,故人子弟年來相見益密,每並几縱談,諧笑終日,然後知此叟渾渾浩浩,年八十不鑿其天也。子雲先生,缶叟弟子,其爲書畫,置之缶叟固不能辨。至其寫山水,爲篆爲草,爲花爲石,則又於缶叟離景以攝神。長史之書,再傳魯公;石田山水,衡山並轡。爲子雲生先賀,並爲缶叟賀也。壬戌祀竈後二日,農髯識。"

吴昌碩題:"雲壑子餘墨。壬戌歲十一月老缶篆於扈。"

顧麟士題:"趙君子雲,爲吴缶廬入室弟子,所寫山水花果,風行一時,名聞海外。其畫從篆隸法中得來,既富師資,又高見地,宜其名貴也。今以畫譜問世,當與繡水王氏《芥子園》並傳。余佩服甚,因書其後。壬戌大寒節,元和顧麟士。”

按:《趙子雲先生書畫集》,褚德彝癸亥正月題籤,由上海朵雲軒箋扇莊總發行。

壬戌臘月下浣,自書畫論。

自書:“惠崇《水村圖》,其寫古柳榦,墨如漆,筆如籀,水平曲繞,路廣樹接,遠岫煙嵐,與村相接。壬戌臘月下浣,農髯曾熙。”(浙江一通 2010 年冬季拍賣圖録)

紙本。101.5×47.5cm

鈐印:曾熙之印(白文)。

1923 年 2 月 14 日壬戌十二月廿九日,鄭孝胥來訪。

《鄭孝胥日記》同日:“陰雨。作字。以馬車出,過葉伯皋、陳容民、吴昌碩、朱古微、曾士元、王聘三、吴博泉、王梅笙。”

癸亥春,自訂鬻畫潤例,並於 2 月 28 日《時報》第一版刊出。譜主鬻畫例以此爲首見。

《曾農髯先生鬻畫直例》:“花卉。老髯年來頗苦作書,嘗寫奇石、古木、名花、異草,與生平經涉山川之幽險,目中所見世間之怪物,不過取草篆行狎之書勢,灑蕩其天機耳,悦生娛志,不貴人知,然見者攫取賫金叩門。冬心六十後寫竹,髯豈其時耶! 古人論畫,始於有法,終於無法,吾師萬物,是吾法也。吾腕有物,吾目無物,是無法也。夫以畫論畫,當世之所謂畫,髯不知其爲畫也。以書論畫,髯之所畫,古人嘗先我爲之矣。昔者與可觀東坡墨竹,驚爲太傅隼尾波書。米襄陽嘗曰:予點山落如漢人作隸;趙松雪寫枯木竹石,題曰:石如飛白木如籀,寫竹還於八法通。若也有人能會此,方知書畫本來同。近世蝯叟蘭竹、松禪山水,其畫耶? 抑書耶? 道人既歿,將與天下能讀髯畫者質之。農髯。

(堂幅)四尺二十元。三尺十五元。二尺十二元。五尺以上别議。横幅同。

(屏條)四尺十六元。三尺十二元。二尺十元。五尺以上别議。

(册卷子)每尺十元。扇子每柄十元。小扇不畫。

(一) 山水加半。小筆山水加倍。畫佛較山水加倍。松梅通錦屏加倍。點景加倍。金箋加倍。水墨設色同直。劣紙不畫。

(二) 書畫磨墨費加十之一。

通訊收件處:上海東有恒路六百三十五號衡陽曾寓。上海各大紙店及有正書局。"(1923年2月28日《時報》)

按:坊間所傳曾熙六十二歲始作畫,與兹處潤例所自言相符。張大千1930年自題仿石谿山水亦有云:"衡陽曾師六十二歲後始作畫,以篆籀之筆臨石谿,遺貌取神,蒼蒼莽莽,自然高逸,不似之似,此境良不易到。"然而,這僅就一般而言如此。如在1916年1月23日《民國日報》刊登的《曾子緝書例》裏就有這麽一條:"余亦有時作畫,山水花卉,或一爲之,有相索者其直倍。畫花艸横石,其直比於篆書,山水畫佛其倍篆。"顯然,從其懸潤賣字伊始,花卉、山水、畫佛就時或爲之。

又:本年出版之《神州吉光集》第3期刊佈之《曾農髯書畫》與此不盡相同。録如次:

"書潤

楹聯:丈二尺廿四元,丈疋廿元,七八尺十二元,六尺十元,五尺八元,三四尺五元。

堂幅:丈二尺卅四元,丈疋廿四元,七八尺十六元,六尺十元,五尺八元,四尺六元,三尺五元。

以上横幅同例,冷金箋倍直。

屏幅:丈二尺廿二元,丈疋十六元,七八尺十二元,六尺八元,五尺六元,三四尺五元。以上每幅計算,每堂照加。

卷册:每尺六元。

扇:每柄六元。

名刺:每字二元。銅牌書眉册首同。

榜書:每方尺三元。三四尺每方尺五元。

(一) 行草比真書減一元。篆書倍直。隸書加半。

(二) 壽屏碑誌及書畫題跋别議。

(三) 册頁以一尺爲度,過則倍之。每開以五行爲例。

(四) 屏聯來文金箋絹綾均加倍。加烏絲欄者别議。聯過八言加倍。

畫潤

花卉

堂幅:四尺二十元,三尺十五元,二尺十二元。五尺以上别議。横幅同。

屏條:四尺十六元,三尺十二元,五尺以上别議。

册卷:每尺十元。

扇:每柄十元。

山水加半。小筆山水加倍。畫佛較山水加倍。松梅通錦屏及點景、金箋均加倍。水墨設色同直。劣紙不畫。”

存考：譜主賣畫，自云仿金冬心六十後寫竹故事，然而自更爲遼闊的美術史視野觀之，其發生恰恰落在“國畫復活的運動”之節骨眼上。這個節骨眼是前十年和後十年中國畫生存狀態的分水嶺。中國畫家主體意識的蘇醒發生在新世紀初年，1900 年李叔同、張小樓等發起的書畫公會是近現代第一個由書畫家自發發起的書畫社團，其編發的《書畫公會報》是第一份專業書畫報。繼其後，1909 年、1910 年分別成立的豫園書畫善會與中國書畫研究會(海上題襟館書畫研究會的前身)是這一發展趨勢的高潮。這個高潮來臨之際，譜主尚在湖南政壇浮沉，壓根兒不會料到藝術潮流的興衰會與他有什麽關聯。花開易謝，高潮很快跌入落潮。西方古典美術通過日本美術教育的引進成爲一時“新學”，吸引了整整一代人。折衷畫和月份牌時裝仕女畫，尤其後者，以摧枯拉朽之力將中國畫驅逐出社會審美領域，廳室陳設，店鋪裝飾，雜誌封面，時裝仕女畫充塞其中，直到 1924 年依然“風韵不減”(見此年 2 月 17 日《時事新報》汪亞塵《馬路上的月份牌》)。新文化運動之始，提倡西學，冒充“歐美新派”的月份牌畫受到清算與抨擊，而以西方寫實具象畫法改造中國畫之呼聲亦不鮮見。中國寫意畫成“美術革命”的對象。隨着新文化運動的深入，發端於世紀初的歐洲現代繪畫被即時地介紹進來，而其不重形似重個性的特點扭轉了人們對西洋畫的舊認識。由於不重形似重個性的特點與中國寫意畫契合，於是中國畫從美術革命對象變身爲西方現代繪畫的“老師”(豐子愷語)。這個時期大致在 1919 年至 1923 年之間。1930 年代上海通誌館的胡懷琛著文稱在 1923 年發生了“國畫復活的運動”。在此，我們看到，譜主捕抓時代趨向的能力超越我們的想象。1922 年，錢雲鶴組織上海書畫會，陳列書畫，出版《神州吉光集》，刊載會員書畫作品、潤例與小傳，譜主就參與其事。本年譚延闓就注意到譜主作畫甚多，嘆爲“欲追道士矣”。下面將可看到，停雲書畫社開會成立時，譜主是其首批成員之一。上海書畫會和停雲書畫社都是國畫復活運動中成立最早的中國書畫社團，於玆顯示譜主介入 1920 年代書畫活動的願望。也許可以説，弟子張大千、張善孖、馬企周等，都是他帶入上海畫壇的。

癸亥一月，應趙子威轉請，爲宇澄寫《蘭竹圖》。

自題：“宇澄道兄從子威乞髯書，不知髯近日之書皆瀉之畫，亂寫蘭竹頗肖石濤，宇兄視此如何？癸亥一月，熙。”(私人藏)

紙本。102×45cm

鈐印：曾熙之印(白文)。游天戲海之樓(白文)。

癸亥二月，爲夢菊寫《松石蘭花》橫幅。

自題："神龍見首不見尾，此松頗似之。寫上夢菊老兄法家正之。癸亥二月，農髯曾熙。"（私人藏）

紙本。66×135cm

鈐印：曾熙之印（白文）。游天戲海之樓（白文）。

癸亥二月，作《吾廬自有春色圖》。

自題："以南阜寫石，以復堂法寫芍藥，吾廬自有春色。癸亥二月，農髯曾熙。"（私人藏）

紙本。128×66cm

鈐印：曾熙之印（白文）。農髯（朱文）。

癸亥二月，寫《祝融奇石圖》。

自題："南岳自九峰山蜿蜒直起祝融，其間多奇石，或依山築堡以避亂，或結茆種瓜以爲業。此寫石頭寨境也。山石雲氣舒翔，其産茶多異香，其人壽常至百歲，距髯山居之廬直十餘里耳。山人嘗以雲茶芽相贈，每取宇石巖泉水煎之，其味清以瑟，今八年不飲此茶矣，寫此頗有故鄉蒓菜之思。癸亥二月。農髯曾熙。"（私人藏）

設色紙本。133×48cm

鈐印：曾熙之印（白文）。

癸亥二月，節臨《師虎敦》。

自書："（節臨《師虎敦》略）《師虎敦》究爲殷法之遺。癸亥二月，農髯曾熙。"（安思遠藏《中國近代書畫》）

紙本。149×81cm

鈐印：曾熙之印（白文）。農髯（朱文）。

收藏印：安思遠藏（朱文）。

1923年4月1日癸亥二月既望，應張大千之請，作《富貴長春圖》與文叔。

自題："文叔四兄，酷好書畫，季蝯乞髯作此富貴長春圖以答知好，未知有當於大雅否？癸亥二月既望，農髯熙。"（私人藏）

鈐印：曾熙之印（白文）。

存考：張善孖、大千昆仲本年有入蜀迎親之行，曾農髯深許之，有長聯以贈，見張善孖《曾農髯夫子之孝思》："癸亥，孖與季弟大千迎養，深見喜許，並賜長聯：

‘管夫人一門富丹青,白髮揮毫,彩衣棒硯;潘太尉萬觴羅絲竹,板輿日暖,蘭砌風和。’”(1930 年 9 月 26 日《申報》)文叔不詳何許人,抑張大千蜀中知好,待考。又,本年張大千回蜀得倪雲林《岸南雙樹圖》,旋歸篋中,見張大千《仿倪雲林岸南雙樹圖》題跋:“雲林此幅予癸亥歸蜀得於重慶,今爲髯師有矣。想其意寫此,雖未能追踪迂翁。竊幸未落四王窠臼也。丙寅冬日並志。張爰。”(上海崇源 2003 年春拍圖録)

癸亥二月,自書“古有文章與我爲戲,天將風月助人之歡”八言聯。

自書:“古有文章與我爲戲,天將風月助人之歡。俞曲園先生集《唐紀太泰山銘》,此十六字可爲此老象贊也。其集《金剛經》,亦多自寫其老懷。癸亥二月,曾熙時年六十三。”(上海大衆 2014 年秋拍圖録)

紙本。146×30cm

鈐印:曾熙之印(白文)。農髯(朱文)。

是際,耒陽伍昭葵來滬,請爲其父伍壽春銘墓,爲作《伍府君墓誌銘》。

《伍府君墓誌銘 衡陽曾熙撰並書 衡山向燊篆蓋》:“君諱壽春,字經郛。耒陽伍氏,蓋伍員之苗裔,子孫散居吴楚,皆成鉅族,漢魏之間,風烈彪著。其在明世,有自江西遷耒陽者曰宣義,歷世三十六,冠蓋相望。耒陽大姓,稱梁、伍、資、謝,伍氏一族,烜赫南城。君之考曰瓊林,妣龍氏,敦行累德,鄉里所敬。生五子,君其長也。植性莊懿,優於好善。幼習詩禮,長躓名場,遂讀貨殖之書,摻陶白之術,以商起家,富顯一邑。配黄安人,考曰承績,妣謝氏,邑之望族也。淑臧知禮,相敬以義。酒食豐絜,芬苾在堂,乾餱無諐,式燕姻亞。繇是姑感其孝,鄰誦其德。君子蓋早卜伍氏之必興也,君負商略,尤精醫學,兼治眼科,於縣設醫藥局,自製明眼神藥,救人無筭,不取一錢。黄安人爲君和藥,舅姑病,侍疾進藥,累月罔懈。舅姑嘗嘆曰:願汝子婦,他日亦如汝事予。族中社穀、賓興、孤老諸善舉,協心合力,俾底於成。壬戌閏五月朔又七日,君卒於里第,享年七十有六。越月廿二日,黄安人卒,少君一歲,卒後一月,詩賡偕老,其殆庶幾。君以直隸振捐,獎州同父母封典如例。男二人:長昭著,英敏早世;次昭葵,孝龔克家。孫六人:徽衡、徽謙、徽休、徽照、徽𤋮、徽爊;孫女一人,永康。以癸亥二月己丑朔十九日丁未,葬君於縣北鄉匽山沖之陽,黄安人附焉,禮也。昭葵哀毁骨立,深懼遺行弗彰,齊衰來滬,乞熙銘墓。銘曰:耒之水清兮,馬阜之山舒荚兮。彼君子兮篤於兄弟,其於孝知本,其爲善有終。同心同穴,松柏青青。銘以永之,以旌善人。”

癸亥春日,張大千來寓,寫蔬果長卷《百果圖》,未成,九年後重加點染題跋。

張大千自題《百果圖卷》:"癸亥春日寫於先師農髯先生心太平庵,越九年,壬申之十二月從敗簏中檢出重加點染並記。大千居士爰。"(日本京都博物館藏)

紙本。28.8×661.5cm

鈐印:大千(朱文)。張爰印(白文)。

1923年3月,與康有爲、吴昌碩、朱古微等介紹羅癭公鬻書賣文。

《羅癭公鬻書賣文例》:"吾門能書者至夥,而順德羅惇曧(癭公)爲特出。非獨吾門,即海内並世英儁,亦所罕覯。蓋其天才卓絶,而復以學問濟之,故能險勁巉刻,入古而出,自成一家。又其詩詞駢散文雅麗清妙,能樸能華,可以傳世,念年來久著名於京師,内外知之者多,無俟縷述。頃以倦游,來滬鬻書賣文,詩文書三絶並擅者,今日實少其比,亟爲之介紹。吾素不輕譽人,海上諸君子當能以信吾者信癭公。潤例如下(略)。更生康有爲代訂。吴昌碩、朱古微、岑雲階、鄭蘇堪、張季直、曾農髯、譚組庵、王雪丞、況夔生、張菊生、簡照南、甘翰臣、李雲書、宋漢章、李拔可、狄楚青同啓。"(1923年3月11日《時報》)

癸亥上巳前一日,作《古松飛瀑圖》。

自題:"千尋之碧,上有古松,下有飛瀑,此境吾衡多有之。癸亥上巳前一日,農髯熙。"(私人藏)

鈐印:農髯(朱文)。

1923年4月18日癸亥上巳,大雨如注,江萬平(曼倩)來謁論畫,寫《枯樹圖》示以筆法,時向燊在座,以爲造詣超乎明人。

自題:"癸亥上巳大雨如注,既不能約同人脩禊,適曼倩來齋中與髯論畫。髯曰:'當世士大夫無知與不知,莫不稱四王、吴、惲,曼倩志鋭年强,當遠追宋元,以矯近習。'髯因隨意寫郭河陽(按:即郭熙)蟹爪樹法,以馬遠石法襯之,其勾草則趙昌之法也。畫成以示向叟樂穀,向叟大驚異,以爲此畫當從明以前求之。曼倩起曰:'今聞夫子言,且觀夫子用筆,但見夫子作畫之樂,其奔走古人而不爲古人役者耶?'髯曰:'予書亦如是耳。'良辰應有所記,遂以此畫記之,因書事。是日,向叟臨李營邱(按:即李成)山水,並記此。熙。"

鈐印:熙(白文)。

又:"兩歲以來,江西(西江)蔡京卿所藏之馬遠大幅山水,郭河陽《幽谷圖》,

宋徽宗《雄鶏牧雛圖》,其餘元明以來名蹟,尚多置之齋中,朝夕展玩一月之餘。汪士元所藏宋徽宗《晴麓横雲圖》,與《雄鶏牧雛圖》同置案頭,同時得宣和花卉山水,隨意縱覽。向叟稱髯既享清福又多奇遇,拜天之祚錫亦何厚耶。同時並記。”(《神州吉光集》,1923 年 8 月第 5 期)

鈐印:阿九(朱文)。

按:張大千曾見蔡京卿存曾熙處畫,1980 年有《仿郭河陽幽谷圖》,題曰:“郭河陽《幽谷圖》。此圖爲安麓邨舊物,清末歸西江蔡金臺先生。先生與先衡陽曾農髯師爲至友,其所收藏往往寄存齋中。三十年前兩公俱歸道山,此畫遂不知落於誰氏矣。予嘗爲髯橅之,尚能記其大略。摩耶精舍與二三朋好閑話,爲擬寫之。六十九年歲庚申歲不盡日,八十二叟爰。”

鈐印:張爰之印(白文)。大千居士(朱文)。

張氏又題:“此原畫本爲半幅,若能窺全豹,其構景幽邃當不可思議也。大千再記。”(匡時 2012 年春拍圖録)

鈐印:大千唯印大年(朱文)。

又:張大千有題:“蔡金臺,字燕生,晚號嗇庵。清末爲甘肅學使。國變後寓居舊京。好收藏,與景樸孫齊名。蔡先生所藏名蹟有郭熙《幽谷圖》、馬遠《踏歌圖》,圖畫俱在大陸。先生游戲神通,喜改易古人畫名,此畢宏《霧鎖重關圖》其一也。予當時一見,驚嘆以爲奇蹟。雖明知非真,亦以必得爲志,而其價特昂。抗戰前半,始議妥歸大風堂。越二年,又從香港得老蓮畫,乃知的爲奇蹟也。”(中國嘉德 2012 秋季拍賣圖録《憶梅庵長物——羅寄梅夫婦七十年珍藏》)

又:郭熙《幽谷圖》現藏上海博物館,馬遠《踏歌圖》現藏故宫博物院。

此際,《神州吉光集》刊出弟子馬企周潤例,爲之作序。

《馬企周潤例》:“馬駘字企周,别號邛池漁父,蜀人也。性癖嗜畫。當在塾時,見古人畫稿,摹擬必肖。邑中有名畫家周子鏡塘,見而奇之,遂授以筆法。由是搜羅古今名蹟,凡人物花卉羽毛山水,或對臨,或意擬,一筆不得,夜不安枕,其勤苦如此。學既通,乃東渡重瀛,游吴越,所至凡收藏大家盡發其藏,與之賞玩,邵英伯太史其最著者也。今歲來滬,與髯論書,因得盡窺漁父之所爲畫,蓋無畫不工,無工不妙,生平所未見也。然漁父性傲岸,一語不合,即拂衣去。一日請曰:將以漁父歸隱邛池矣。髯曰:蜀亂未已,邛池尚非桃源,不若以書畫與髯同作海上之漁父何如? 邛池漁父乃心領之,因爲之定直於後。農髯曾熙手訂。(潤略)吴昌碩、何詩孫、邵英伯、鄭蘇戡、朱古微、王雪澄同啓。”(《神州吉光集》第 3 期,1923 年 4 月版)

1923年4月18日癸亥上巳日，寫《菊石圖》。

自題："東坡稱菊能明目，取以代茶，能使人壽百歲，故古名菊爲延齡花。癸亥上巳日，農髯曾熙。"（翰海2007年夏拍圖録）

設色紙本。42×73cm

鈐印：曾熙之印（白文）。游天戲海之樓（白文）。

1923年4月20日癸亥上巳後二日，從黄浦江畔歸齋寫《山水圖》。

自題："江嶼一亭，雙榦凌霄。春浪翻雲，山緑欲雨。癸亥上巳後二日，雨後少晴，從歇浦歸齋寫此。農髯熙。"（私人藏）

設色紙本。120×50cm

鈐印：曾熙之印（白文）。農髯（白文）。戲海樓（白文）。

收藏印：雲江心賞（朱文）。雲江珍藏（朱文）。

1923年4月21日癸亥上巳後三日，題弟子張君綬遺墨《柏石圖》。

題張君綬《柏石圖》："君綬弟從予學書一年，盡得筆法，又戲爲畫，畫亦澹逸，卓然名家。又嘗手自烹飪以進髯，今正不得見矣，題此愴然。癸亥上巳後三日，農髯熙。"（《蜀中三張畫集》，爛漫社1929年2月版）

癸亥上巳後，於東窗寫設色花卉四屏。

自題一："宋人畫竹，無不雙勾。徽宗花鳥，以幽秀取姿，而寫竹則古厚，新羅偶爲之。冬心老人雙勾朱竹，大類朱搨分書。髯以籀書法勾之，亦自有風骨。癸亥上巳後，老髯。"

鈐印：曾熙之印（白文）。農髯（朱文）。心太平庵鉢（白文）。

自題二："以郭河陽寫山之法寫石，以馬遠寫松筆勾花榦，遂成老蓮手筆。老髯。"

鈐印：曾熙之印（白文）。農髯（朱文）。游天戲海之樓（白文）。

自題三："古人寫菊皆寫小菊，東坡老人詩中有大如盤之句，然宋人如趙昌之所傳又皆小品。明人亦無寫大菊，髯見石田畫菊二卷，皆葉簡花小。髯此幅取昌之本，而以髯法行之耳。農髯熙。"

鈐印：曾熙之印（白文）。農髯（朱文）。心太平庵鉢（白文）。

自題四："去夏以重金得吴仲圭松卷，臨此頗自適意。農髯寫於戲海樓之東窗。"（中國嘉德2009春拍圖録）

鈐印：髯翁六十後書（白文）。心太平庵鉢（白文）。

紙本。105×48cm

癸亥上巳後，題《舊拓瘞鶴銘》。

題《舊拓瘞鶴銘》："此出水初拓本也，其拓手之精，亦何減六舟和尚。近石既蝕損，而好事者每以意爲之，其貽誤後學不少。此本宜付印，以公同好。癸亥上巳後，農髯熙。"(《舊拓瘞鶴銘》，四川美術出版社 1987 年 6 月版)

鈐印：曾熙之印(白文)。農髯(白文)。

癸亥上巳後，爲藹軒所藏陸恢《消夏圖》，題引首並題跋。

自題引首："《消夏圖》。癸亥上巳後，曾熙。"

鈐印：永建齋(白文)。曾熙之印(白文)。

自題："曏從北京既見廉夫畫花木竹石，志在臨宋元。既見其寫石長卷，蒼逸可愛。在滬年來友人多以山水册子乞題，其韵雅逸且深厚。此《消夏圖》，工細之中，復見蕭澹，是其所以過人也。藹軒老兄好古，宜其寶藏，不輕示人也。癸亥上巳後，曾熙識。"

鈐印：曾熙之印(白文)。

陸廉夫自題："消夏圖。光緒己亥秋日，臨兩峰道人真本，吴江陸恢，時客滬上。"

又："是卷告竣後，署款方畢，適常熟翁叔平相國有事南旋，便道來滬，顧舍叙談，不覺將圖章倒印，相國掀髯笑曰：'吾家舊藏石谷子《長江無盡圖》卷印文亦倒，與此可爲二難並矣。恢又記。'"(上海德康 1994 年第 22 届藝術品拍賣圖録)

癸亥三月，題哈少甫藏《張瑞圖寫十八羅漢册》。

題《張瑞圖寫十八羅漢册》："佛無色聲相，云何得其象。佛無色聲相，即心即佛相。果亭善寫佛，下筆勢奔放。天然草稿書，忽現應真狀。哈叟喜護持，壽與佛無量。少甫先生出示果亭寫十八羅漢，神品也，題此。癸亥三月，熙。"

鈐印：永建齋(白文)。

哈少甫題："少夫私翫，生平癖好，所獲秘寶，不借不易。"

蒲華題："二水先生書法照耀古今，寫山水亦入神品，嘗屢見之，寫人物則世不多見矣。今於寶鐵研齋觀此十八羅漢圖册子，以作書之法作畫，洵屬逸品。每幅題五絶一首，俱入化境。詩畫超妙，所謂不食人間烟火者。然雖不題名，巨眼卓識，當能辨之。癸卯上巳後四日，秀水蒲華觀並跋，藉志眼福。"

楊守敬題："二水書法遒峭，在宋似包孝肅，在明似黄忠端。畫亦蒼勁有骨，脱胎大癡,疑其爲人矯然自異,不隨時俛仰。相傳其書畫懸之室中,可避水火,其爲當世推重可知。顧有《魏監生祠》之作,較之陸務觀《南園記》尤爲口實,豈以其奉詔摛辭,不能自脱耶?而日本人則酷嗜之。此册爲哈君少夫所藏,日本人至以千餘金求之而少夫不許,雖交遍謫我不計,真可謂性命視之矣。宣統元年四月廿二日宜都楊守敬記於滬上,時年七十有二。"

陸恢題:"宋之亡趙,魏公以存族歸元。元之亡,危太僕以存史歸明。明之亡,吴梅村以存母歸本朝。推原其故,皆有不得已之苦衷,非朝秦暮楚比也。果亭自入本朝,默默無所建白,惟以法書名畫了此餘生已,爲魏武左右之徐元直矣。况開國之初,聲靈赫濯,四方未定,反側難安,故國舊臣,皆在周防之列。果亭處此,想必閉門却掃,遠杜嫌疑。寫山水則思桃源,寫人物則思仙佛,西方美人之感,其在斯乎?此十八應真册,即其懺悔今生,證盟諸佛之現象也。精神所會,筆墨皆飛,有心人讀之,當見其迹而知其心。少夫哈先生精鑒博覽,遇果亭之蹟,不知幾許,獨抱此册,至許千金而不易,其中豈無故而然哉!恢與少夫交,久知其癖,並疏其癖之故。宣統元年己酉秋八月,陸恢題跋。"

楊葆光題:"勝國詞臣,雄奇草聖,孟津應數王鐸。早聞二水開先,書畫尤爲超卓。才人同病,論臣節,俱嫌凉薄。豈絶藝可駕驚龍,問道幾同投閣?今見此,阿羅手拓,群謂此,揮豪不弱,落想固極超超,措辭更驚嶽嶽。千金不易,願裒此,常甘藜藿。(謂日本人欲以千餘金易之而君不許)與世尊同會靈山,筆陣遍垂瓔珞。調寄東風第一枝。奉題少夫仁兄先生所藏張二水十八尊者,並題詠册請正。八十弟楊葆光。"

吴昌碩題:"尊者修慧不修福,供奉惟存水一掬。古能貌之惟貫休,金光大地駭人目。二水下筆亦似之,趺坐莊嚴意中熟。展觀合十稱南無,已疑置身在天竺。龍可降,虎可伏,若畫五百尊,只恐豪毛秃。成人成佛一例根忠孝,佛與孔子之戒同芬馥。倒行逆施忽又見當世,死不扶持佛難獨。題詩我亦太多事,晚餐猶飽花猪肉。更招十八尊者來寫照,寫照更磨墨一斛。(末句更易快字)癸丑夏五月,少孚先生出二水畫十八阿羅漢屬題幸正,吴昌碩時年政七十。"(《張瑞圖人物册》,西泠印社1934年11月版)

癸亥三月,爲筱竹寫《雙勾牡丹圖》,自謂"取宋元法而以篆分行之"。

自題:"自徐青藤以曠逸之才破宋元矩矱,其流至揚州諸賢,以天機任其奔放,然風韵雅逸,近則粗獷不堪矣。髯不工畫,但知以書家筆墨寫之,其雙勾取宋元法,而以篆分行之,則髯法也。筱竹老兄久以賞鑒名京師,其視髯畫爲何如耶?癸亥三月,農髯熙。"(《西南五省(區)文物商店藏品圖録選》)

設色紙本。121×54cm

鈐印:曾熙之印(白文)。農髯(白文)。游天戲海之樓(白文)。

1923年4月30日癸亥三月望日,作《松石圖》。

自題:"松秉川嶽之正氣,石涵太古之貞英,故君子與松比節,與石同壽。癸亥三月望日,農髯熙寫於戲海樓。"(私人藏)

紙本設色。116×47cm

鈐印:曾熙私印(白文)。農髯(朱文)。

1923年5月24日浴佛日,書補《金剛經》缺字。

書補《金剛經》缺字:"(補《金剛經》缺字略)震亞局縮本爲清道人舊藏,行世已久。陳君復得明拓,較震亞稍加大,其間缺字乞髯補,髯但以己意爲之耳。東魏人喜蔡、鍾書法,蓋穆子容所開此徑,即指爲元常榜書亦無不可,學者宜寶愛之。癸亥浴佛日,農髯。"

鈐印:曾熙之印(白文)。

又:"此册缺字補成,不但便學者臨寫,且便佛子諷誦,並識此。髯再注。"(《曾熙書補金剛經缺字》,上海大衆書局出版)

鈐印:永建齋(白文)。

1923年5月31日癸亥夏四月既望,爲吴博泉作《蒼松圖》。

自題:"歲癸亥夏四月既望,寫似博泉仁兄法家補壁,即乞正之。農髯熙作於海上戲海樓。"(上海泓盛2008年春拍圖録)

設色紙本。136×34cm

鈐印:老髯六十後所作畫(白文)。曾熙私印(朱文)。永建齋(白文)。

按:博泉,吴姓,見本譜本年2月14日條。

癸亥夏四月,重立湯夫人墓碑。

自書碑文:"恭人生同治甲子四月二十日,以光緒己亥八月十六日歿於京師,癸丑正月厝龍陽,甲寅四月葬此。夫熙率男憲璵、憲瓚、憲璚、憲珂,孫男慶蕃、慶定、慶和、慶壬等敬立。癸亥夏四月吉。"

按:在原碑左右兩側補立兩石,刻文如上。1914年所立之碑碑文爲"母湯恭人墓"。

癸亥季夏月中浣，弟子馬企周歸自日本，作《坐看紅葉圖》，寫譜主詩意。

馬企周自題："老眼不隨煙雲轉，坐看紅葉勝三春。寫吾師老髯句。癸亥季夏月中浣，自三島歸來，邗池漁父馬駘企周甫，逭暑製於春申浦上。"（泓盛2013年春拍圖録）

紙本。153×53cm

鈐印：企周（朱文）。馬駘私印（白文）。

癸亥四月，參用石濤、石溪筆法爲醒翁寫《山水圖》。

自題："予生平最酷好石濤、石溪。石濤如天馬行空，奇境天開；石溪以老衲坐深山，登高横睨，嘗得真山水生氣。此幅參用二石之法，其枯墨老處，得之石溪更多，未識醒翁老法家視此爲何如？癸亥四月，農髯熙作於戲海樓。"（香港蘇富比1988年秋季拍賣圖録）

設色紙本。105×37cm

鈐印：曾熙之印（白文）。農髯（白文）。

癸亥四月，題趙叔孺所藏《梁虞思美造碧玉像》。

題梁虞思美造碧玉像："阮氏南北派之説，髯辨之極詳。此玉造像，其方折與龍門固無分别，且與蕭碑通消息，其爲梁代法物無疑。有數文字，悲庵（按：即趙之謙）寶之於前，叔孺守之於後，當爲此玉賀。癸亥四月，熙。"

鈐印：曾熙私印（朱文）。

趙之謙題："天地間有數文字。梁王象題名，舊藏江寧甘氏。撝叔趙之謙。"

趙叔孺題："梁虞思美造碧玉象題名記。辛酉年得之滬瀆，供養於南碧龕中。甲子歲朝春，㭎。"

王國維題："阮文達作南北書派論，世人推爲創見。然世所傳北人書皆碑碣，南人書多簡尺，兩體本自不同，北人簡尺世無一字存者。然西域所出前涼草書尺牘，與羲、獻規摹亦不甚遠，而南朝碑板，若始興忠武王碑之雄勁；瘞鶴銘之浩逸，與北碑自是一家眷屬。又如此刻若不著年號地名，又誰能知爲蕭梁物耶？不知文達見此又作何説？叔孺先生屬題，壬戌七月，海寧王國維。"（樊克勤主編《筆墨菩提》，上海文化出版社2009年4月版）

此際，《牡丹松崖圖》横幅由有正書局出版發行。

廣告："新出曾農髯《牡丹松崖》大横幅，每幅定價大洋一元二角，外加裱工大洋八角。上海、北京、天津有正書局發行。"（1923年7月28日《時報》）

癸亥端午前三日，自書“文章故淵雅，風節自高騫”五言聯。

自書五言聯：“文章故淵雅，風節自高騫。癸亥端午前三日，農髯曾熙。”（美國矽谷藝術館藏）

鈐印：曾熙之印（白文）。農髯（朱文）。農髯六十後作（白文）。

1923年6月26日，在粵從事北伐之譚延闓回信。

《譚延闓日記》同日條：“六月廿六日雨晴，寒暑計八十四度。（五月十三）。七十一、汪九、吕滿、曾九、秋。茀電。晨八時醒，坐二十分起。浴後，見軍官新畢業三學生，談頃之。邀和卿、岑虎、韶覺同渡海至大本營。徐、伍之流已至，待胡漢民，至十一時乃開會。中山先生以軍事將告結束，欲得一刷新政治辦法，諸人各以臆對，吾則默然，結果亦與不開會等。小伍報告西文宣言辭，頗正大，亦未知緑眼人視爲如何也。午飯後，映波來電，云前方已接觸。紹基電亦云已下令今早反攻。李師不能調，調楊旅，然楊鐵龍來電，云去英德十餘里，須下英德乃歸，則北江當易得手也。蔣伯器來，魏禮堂來。蔣介石出示汝爲致仲愷書，詞甚謬妄，敗將乃能向摯友作惡語，勝當何如，粵將其終不振矣。介石復書乃殊婉妙，大異尋常拙劣之作。晚同滄白渡海至范石生。范今日上書大元帥求江固艦，大被批斥，故往慰之。其人對部下作謾語亦非純臣也。食荔支久之，桂味已空，黑葉終非佳，只别滄白以舟歸。餐於大廳，遇王棠，近殊窘迫。有白髮華僑來，坐談，亦但作希望語耳。歸室。作書與汪九，得彼二書未復也。遂復吕滿、曾九書及作家書。麐丞來談所計畫。得茀熹郵電，仍七號前事也。江蝦送糯米米□□來，黄磐亦致桂味，參互食之，仍以桂味爲佳。甜而不膩，脆而不靡，味近龍眼而腴厚過之，將不知視掛緑如何耳。濯足後，至十二時乃寢。”

1923年7月14日，介紹馬午雲之孫訪譚延闓。

《譚延闓日記》同日條：“七月十四日晴，寒暑計九十五度。（六月初一）晨七時醒，坐二十分起。就浴。黄蓮膏已罄，癬子仍未愈也。宋菊生來。馬生來，曾九所介紹馬午雲孫也。偕麐丞出至建設部。與伍瑞南次長久談，又見一鄧維賢。乃訪印波，塵埃在衣，憔悴可憐，云决心保持此數百人，而吾則微諷之，以不應以金錢運動也。同映波渡海至大本營，則楊紹基電已至，以破壞建制部隊爲辭，此人整頓之効未形，驕矜之情已見，難乎爲上矣。午飯後，與展堂談湘事。海濱來。北軍已退庾嶺外，西江亦追至都城。東江砲臺已成，明當猛擊，意者惠州必下矣。與滄白談楊映波事甚詳，天下事無利害參半者，在决行如何耳。晚，同滄白、宋、蕭至亞洲,訪鄧和卿不遇,乃憩吾室中。九時,與滄、紉乘舟至東隄珠江一葉,赴鄭韶覺、路丹甫之招。客先後至,至十二時乃入席,無可悦目賞心者,但悶頭而已,後此將不入此等宴會矣。乘小舟送紉秋歸,乃還亞洲。仙莊來辭行,明日行也。爲人作屏聯書。二時乃寢。"

1923年7月20日癸亥六月望,應哈少甫(觀津)之請,題王一亭作《論古圖》。

題王一亭《論古圖》:"閒亭四面蔭脩篁,風動琅玕入秋凉。更有歲寒真契在,不隨封拜受秦皇。觀津先生屬題,癸亥六月望,農髯曾熙。"

王一亭自題:"盎然道氣樂天真,彝鼎圖書左右陳。共賞奇文欣有得,往還如見古之人。觀津先生屬畫論古圖。壬戌冬仲,白龍山人王震。"

吴昌碩題耑:"論古圖。觀津先生得一亭妙繢屬篆耑,癸亥花朝,吴昌碩年八十。"

伊立勳題跋:"述古聯三友,論交契一堂。圖書生異彩,松竹有清香。尚德兼尊齒,怡情且舉觴。高齋多寶氣,鐵研早傳芳。癸亥六月中澣奉題觀津先生論古圖,即希教正。峻齋伊立勳,時年六十有六。"

潘飛聲題:"滄桑放眼山河在,松竹論心我□□。誰管鷄蟲問得失,閑身且入畫中來。此間名貴擬清都,坐右圖畫賞不孤。我抱焦桐談古調,游山餘席許分無(時西泠社内新闢勝境,擬約君小住其間)? 觀津社長命題乞正。癸亥中秋,水晶庵老道士、弟潘飛聲年六十又八。"

趙雪侯題:"真賞期千載,心交得幾人。穹廬相對處,頫仰有餘春。眼底走煙雲,胸中羅寶庫。落落宗少文,卧游生奇慕。酸鹹殊俗嗜,悉古有同調。皤皤三壽者(圖中并坐居右者爲何叟詩孫,居左者爲馮叟夢華,對案者即觀津主人也),臨軒發長嘯。觀津仁丈先生屬題《論古圖》,勉綴三絶,即希弜正。癸亥四月,雪侯趙士鴻。"(私人藏)

7月29日癸亥六月既望,用石溪法爲趙眠雲寫《紅樹青山好放舟圖》扇面。

自題:"紅樹青山好放船。略用石溪法寫此。石溪從石田翁出,取石田翁之筆,以行草出之,即殘道三昧也。眠雲仁兄法家正之,癸亥六月既望,曾熙。"(《心漢閣扇集第一集》,1927年6月版)

鈐印:髯公(朱文)。

按:趙眠雲(1902—1948),原名紹昌,字復初,眠雲爲其號。室名心漢閣。吴江縣平望鎮人。好文藝,工書畫,精鑒賞。晚年以賣書畫爲生。曾影印《心漢閣扇集四集》行世。

癸亥六月二十日,假寐聞絡緯鳴,驚秋將至。

《癸亥六月二十日坐胡床假寐,忽聞絡緯聲清幽解人,遂賦此》:"當午姿(恣)酣睡,絡緯鳴唧唧。方憚暑氣深,儵驚秋聲疾。草蟲本無知,逐時相喧寂。予少喜苦吟,及老甘簡逸。閑閑止以神,容容朝復夕。白髮尚初心,此意兒童識。兒童何所識,終日無休息。天機與之翔,欲取忘所適。吾道貴坐忘,不取白生室。有時着丹青,醇樸還素質。猶嫌昭昭中,終滯形與迹。"(《大風堂存稿》)

1923 年 8 月 6 日癸亥立秋前二日,集陶淵明句以《鄭羲碑》筆勢書"疑義相與析,高操非所攀"五言聯。

自書五言聯:"疑義相與析,高操非所攀。癸亥立秋前二日,集陶靖節先生句以《鄭羲碑》筆勢書之。曾熙作於戲海樓。"(中國嘉德 2006 年四季拍賣圖録)

紙本。149×40cm

鈐印:曾熙之印(白文)。農髯(朱文)。髯翁六十後書(朱文)。

1923 年 8 月 8 日癸亥立秋日,爲朱侗僧寫《紅梅圖》並記。

自題:"朱君侗僧,其王父石琴先生於書齋東隅手植紅梅一株,當同治庚午歲,一歲三花,其時名流争賦詩紀其事,先生因名其齋曰三度梅花館,其詩集曰三度梅花館吟稿。侗僧追揚先芬,乞髯寫紅梅,並記其事。癸亥立秋日,農髯曾熙。"(中國嘉德 2007 年 9 月 15 日四季拍賣圖録)

設色紙本。125×65cm

鈐印:曾熙之印(白文)。農髯(朱文)。農髯六十後作(朱文)。

鑒藏印:野人山房(朱文)。

按:朱中原,名堪,字侗僧,生卒年不詳,别署應如是盦,又號顯齋居士,江蘇南京人。爲清道人高足,書得其師漢中石門一派,畫追宋元,治印尚周秦。曾任教於松江縣第二中學,學生有施蟄存等。

1923 年 8 月 9 日癸亥立秋後一日,用石溪筆法爲朱鏡波寫《松石圖》書畫合璧扇。

自題:"癸亥立秋後一日,用石溪筆法爲鏡波兄寫此。農髯。"

鈐印:農髯(朱文)。

自書:“戴文節舟過清遠峽,寫石崖叢篁,其幽秀之氣澹遠之神,當是此老生平高品,因索值過昂還之。鏡波仁兄法家正,農髯熙。”(北京匡時2007年秋拍圖録)

鈐印:曾熙私印(白文)。

按:朱鏡波(1889—1968),齋號月波樓,江蘇蘇州人,畫家、金石家、收藏家。

癸亥七月,書“大度海深,高名山仰;德威霜重,雅教風行”八字聯。

自書八字聯:“大度海深,高名山仰;德威霜重,雅教風行。癸亥七月,集《禮器碑》。農髯曾熙。”

鈐印:曾熙之印(白文)。農髯(白文)。

1923年8月12日癸亥七月朔,李懷霜、任堇叔等發起組織之停雲書畫社成立。爲首批社友。

《記停雲書畫社組織之緣起(來)》:“法租界大自鳴鐘之南(榜署麥底安路)明德里一衖,海上停雲書畫社在焉。陰曆七月朔成立,記者先期亦奉函招,因得躬與其盛。是日適颶風挾雨,陰曀如晦,而一時碩德名彦聯翩命駕者,頗不因雨而阻,是可想見其號召之力矣。先是滬上有兩書畫社,南市者曰書畫善會,社長高聾公,駐辦人則黄克明也。北市曰題襟館,創辦兼社長則汪三先生暨何詩老也。汪死以吴缶翁長社,而王一亭、哈少孚副之,畫人吴待秋、印人徐星洲輩相繼迭爲駐辦。以費絀將中輟,乃集社友而謀遷社於汕頭路三號俞君語霜家,勞以社事。語霜頗鋭自任,割宅之半以集社友,常年不責屋賃,不徵社費,自願繳費者聽。因之座客常滿,樽酒不空,有畫孟嘗之目焉。今夏語霜慘殂,同人星散,旋有吴君臧堪出而主持,遷社改組,復行徵費制度,長社者仍爲吴、王、哈三人。語霜肥碩善飲,同時南社之黄克明不善飲,而肥則過之,人稱南北畫社兩偉人。後語霜死凡四十九日,黄亦病中風不起,年皆四十九歲,是既奇矣。更有奇者,伶人馮春航謀從俞語霜學畫,未及委贄而俞死,乃改師黄克明,先黄死一日,執贄登門,黄固無病,請業則期以明日,明日再往,則一瞑不視矣。

停雲社之發起人李懷霜、任堇叔、吕海昌、唐吉生、洪西廬、朱立我、何企嶽、蔣鴻文、鍾祖培、蔡逸民等,皆俞語霜生前摯友,而懷霜、堇叔尤有文章盛名,爲語霜所心折,人以是翕然歸之。聞其社章甚完善,不設社長,一律平等。社友約六七十人,就中耆舊,則朱古微、鄭太夷、曾農髯、吴缶翁、張忍老等,名流則王一亭、于右任、張臥禪、黄鬢(賓)虹、吴仲熊、樓辛壺、郭和庭、宗履谷、張石園、劉山農、錢化佛、張聿光等,閨媛則吴淑娟、榮嶧琴等,惟取志同道合,不拘一格以求,故人材稱盛云。”(1923年8月21日《申報》)

癸亥七月，爲胡殿臣寫水墨《山水圖》扇面。

自題："賞鑒最難，如吴仲圭寫松長卷，墨之沈著，骨韵之蒼古，决非明以來人所能爲也。殿臣仁兄雅正，曾熙。"(上海崇源 2005 年春拍圖録)

鈐印：曾熙之印(朱文)。

按：殿臣即胡殿臣，馮超然妹夫。此扇另面爲是年七月馮超然所寫《愛梅圖》，是畫無年款，當在同時。

約此際，題宋高宗勅岳飛《起復詔》。

題宋高宗勅岳飛《起復詔》："班師不奉詔，未必飲黄龍。俎豆千秋日，不讀春秋功。衡陽曾熙題。"(西泠印社 2008 年秋拍圖録)

鈐印：曾熙之印(白文)。農髯(白文)。

按：此卷歷代題詠者甚多，近代有吴昌碩、康有爲、張善孖、張大千、諸宗元等。曾熙題跋未落年款，以康有爲"癸亥七月"題跋在先，黄元秀"民國十三年冬月"題跋在後，曾熙題跋應在兩者之間。姑繫於兹。

1923 年 8 月 13 日癸亥立秋後五日，自書論石溪畫。

自書："石溪爲清溪居士寫小幅山水，筆筆破碎，一寸間出奇峰十數，煙水空濛，真神品也。癸亥立秋五日，農髯熙時年六十三。"(北京卓德 2012 年春拍圖録)

紙本。110×54cm

鈐印：曾熙之印(白文)。

癸亥立秋後，爲朱心佩作畫論横幅。

自書："叔明(按：即王蒙)畫，其勝人處，精細幽深中復能渾渾浩浩。石田(按：即沈周)翁嘗臨巨幅，以石田翁之强硬而以叔明之幽深入之，其妙處不可擬議。惜索值過重，仍失之，至今猶不無所悔。癸亥立秋後，爲心佩仁兄書此即正，農髯熙。"(私人藏)

紙本横披。32×132cm

鈐印：曾熙之印(白文)。農髯(朱文)。衡陽(朱文)。

按：朱心佩，九華堂箋扇莊股東。

癸亥立秋後，爲符鐵年書畫集撰序。

《鐵年先生書畫集》序："符子鐵年，名鑄，亦號瓢厂，子琴先生之公子也。

三十年前，髯至迴雁峰，見山門刻大字楹書，瑰奇邁逸，天機翔舞，旁署‘清泉八齡童子符鑄書’。嗟乎！以子琴先生抱磊落不羈之才，僅以書畫流傳海内，宜繼世有人也。及丁酉歲，程商叟來京，子琴先生訪商叟亦來京，每置酒論書畫，子琴先生曰：‘年老苦氈案，粵中所求多令鑄兒爲之。’及髯回籍，見鐵年書畫，嚴守家法，間亦别闢新逕。戊午鐵年來海上，道人勸其以書畫自給。居一歲，而嚴孟繁君愛其才，招之居幕府，日焚香誦經，閑則作畫自賞，得意則寄髯。大滌不云乎磅礴渾浩，蓋書畫家平日養氣之功，鐵年其知所養矣。故年來所作，氣蒼而韻秀，骨奇而格雅，是殆陶鑄國朝諸大家，屹然有以自立者。徐小圃君好書畫，尤好鐵年所爲書畫，將鏤版公之同好，老髯爲之題其耑。癸亥立秋後，曾熙。”

鈐印：曾熙之印(白文)。

潘飛聲題：“蔬筍詩家畫格新，低徊往事卅番春。客心喜倒掀髯笑，親見停雲後起人。湘江嗚咽送移家，故里桃源認已差。别有義熙籬落感，西風紅醉寫霜華。小詩奉題鐵年仁兄名畫册，甲子七月，潘飛聲。”(《鐵年先生書畫集》，四色玻璃版精印，徐氏五雲雙星硯齋總發行，甲子中秋後出版)

癸亥立秋後，以李晴江筆法寫《拂水國香圖》。

自題：“以李晴江用筆寫此。癸亥立秋後，農髯熙。”(嘉德四季第37期拍賣圖録)

紙本。110×46cm

鈐印：曾熙之印(白文)。

約此際，張善孖、大千昆仲迎養來滬，書長聯“管夫人一門富丹青，白髮揮毫，彩衣捧硯；潘太尉萬觴羅絲竹，板輿日暖，蘭砌風和”相贈。

張善孖《曾農髯夫子之孝思》：“吾師衡陽曾夫子，少年之文名，近二十年來之書名，與夫垂老尤以畫得名。凡知夫子者，未有不景仰其文字書畫者也。惟夫子生平，有可矜可式者，正在文字書畫以外。故組庵(按：即譚延闓)先生贊夫子之像曰：‘行可以伏一世，而德淑於一身。學足以追三古，而化不被於人人。書畫特其餘事。’蓋組庵先生之於衡陽兄事者三十年，知之最真切也。及門中孖與季氏大千之於夫子，過從最密，談次晝不足繼以夜，舉足出言，諄諄然以孝行爲勸勉。偶述及庚子覯拳匪之亂，荷短衣，負太師母出都門，走數千里，興奮處忼慨不已，繼以涕零，其馴孝出乎天性，已可概見。癸亥，孖與季弟大千迎養，深見喜許，並賜長聯：‘管夫人一門富丹青，白髮揮毫，彩衣捧硯；潘太尉萬觴羅絲竹，板輿日暖,蘭砌風和。'今者泰山其頹,撫髯追髯,神獨愴然。因憶及夫子六十七歲日,寫雪景一幅,題詩云:'我生年又六十七,一歲三月成孤息。母啼兒笑苦不知,鞠養艱難歷五十。五十四齡母棄我,不意餘生及今日。歲歲家人歡置酒,我獨潛淚仰天泣。當年破屋母所居,父病經年倚母力。呱呱墮地冰雪中,且飲冰水作朝食。鄰媪急進生薑湯,掃雪洗兒長嘆息。平生苦節不敢憶,膝下授經月下織。報德無力只刺心,此生此痛曷有極。小南山下雲氣深,但有魂夢接朝夕。擬將橐筆入南山,老依母墓剪荆棘。'又畫册寄二世兄繼尹,跋云:'此册乙丑冬所作,亦有未題之幀,今忽忽又四年矣,裱成補題,寄與述男。述今年四十矣,猶憶予四十是爲庚子歲,負母携汝輩從運河南下,始脱拳匪之亂。時汝十二齡,汝兄十四齡,汝弟八齡耳。汝母先歲歿京師,而先王母年六十九,朝夕携汝輩號泣。及亂作,予但短衣以一僕自隨,百難千辛,今猶歷歷如昨日事,而不覺予年六十八,而汝亦四十歲矣。予出,即命汝居衡,爲守先王母墓耳。處今之世,求不飢餓幸矣。以勤苦守身,以忠實守志,凡事求下人一等,則自處多餘之地矣。述男謹識之,戊辰五月二十有二日記。'此以當趨庭之訓云云。一詩一跋,反覆味之,直孝思録耳。於以見吾夫子之馴孝,雖出於天性,亦鑒於太師母撫育之孤衷。今者子若孫孫又有子矣,吾世兄輩皆幹蠱之材,晚出有如藩者,亦秀拔英挺,門楣不易,甚顯長以夫子之心爲心也。"(1930 年 9 月 26 日《申報》)

張大千在重慶購得倪雲林山水圖,譜主見而愛之,遂歸篋中。

張大千自題仿倪雲林山水:"雲林此幅予癸亥歸蜀得於重慶,今爲農髯師有矣,想相(像)其意寫此遂未能追蹤迂翁,幸未落四王窠臼也。丙寅冬日並誌,張爰。"(《大千世界藝術欣賞》,集古齋有限公司 1999 年 10 月版)

癸亥秋初,弟子張善孖與楊浣青喜結良緣,寫《富貴牡丹圖》賀之。

自題:"富貴同心,宜男草秀。寫頌善孖賢弟嘉禮。農髯熙。"(香港蘇富比 1997 年春季拍賣圖録》)

紙本。122×52.7cm

鈐印:曾熙之印(白文)。農髯(朱文)。

藏印:大風堂印(白文)。謫仙館藏(朱文)。

題籤:大風堂舊藏曾熙富貴牡丹圖,謫仙館藏。

張善孖題《耕香館畫賸》(第一册)封面:"善孖癸亥偕浣青游都門,購此於琉璃廠來熏閣藏書處。八月秋日。"

張善子題《耕香館畫賸》(第二册)封面:"善孖、浣青同游都門購。"

張善孖題《耕香館畫賸》(第三册)封面:"善孖、浣青癸亥八月,同游都門購。"

楊浣青題《耕香館畫賸》(第四册)封面:"癸亥八月,浣青隨善哥游京都購此。"

鈐印:張澤(白文)。善子(朱文)。浣青(白文)。

王家誠著《畫壇奇才張大千》:"在松江,懷忠夫婦結識一位四川籍的僧人,知道善孖鰥居,便全力作伐。對方是松江望族,芳齡十九歲的楊浣青。曾友貞相過後,認爲滿意,就爲長子下了聘禮。當時在川北鹽場任上的善孖,接奉母命,不敢有違,於民國十二年由四川專程赴來松江舉行第三度婚禮。"(《畫壇奇才張大千》,王家誠著,九歌出版社有限公司2006年3月10日版)

1923年8月18日七夕,張善孖來謁,請教書法畫法,張問曾答,討論書畫,不覺將曉。譜主囊括所論,作書畫答問以示之。

《曾農髯與張善孖論書畫之問答》:"古人稱作畫如作書,得筆法;作書如作畫,得墨法。前義允矣。後義墨法,云猶宋元以後書家之言耳。以篆法言之,書家筆筆皆畫法也;以筆之轉使頓宕,究何異寫古松枯樹。古稱吴道子畫人物爲蒓菜條,即篆法也。篆法有所謂如枯藤,畫法也。神而明之,書畫一原,求諸筆而已矣。離筆而求畫,謂之畫匠;離筆而求書也,謂之書吏。然則所謂筆,筆法云耳。筆圓能使之方,筆突能使之勁,筆濕能使之枯,正用之,側用之,逆使之,縱横變幻,至不可思議,神而明之,存乎其人。包安吴(按:即包世臣)論執筆膠柱鼓瑟,不可訓也。米老(按:即米芾)嘗云:作書在得勢。無論書家畫家,不外得勢。能得勢則生,不得勢則死。書家枯潤相生,始於思翁(按:即董其昌),備於石庵(按:即劉墉)相國,乾嘉書畫家類多如是。戴文節(按:即戴熙)取以入山水,施之生紙,亦别有風韵。所謂枯潤相生,筆法墨情以適其韵而已。古法不如此。古人稱東坡書,其墨如童子瞳光,不貴枯澹也。吴仲圭(按:即吴鎮)點山苔,數百年來,其黑如漆,又何當從枯處取韵? 思翁臨叔明(按:即王蒙)山水,其皴山點苔,尤多篆隸之法,異常古拙。一家用筆,且不同如此。吴仲圭畫松皆篆法,王叔明勾水亦籀文。吴固不能篆,王篆又反不如勾水,此畫不能入書也。何道州(按:即何紹基)行押書如寫枯木古藤,奇石異草,其畫蘭竹不能得行押書萬分之一二,此書不能輸之於畫也。功有偏重,才有長短,此又不可概論也。筆與墨,無情之物也,惟氣足以生之。天地之氣,賦於人分清濁;人之氣,賦於筆墨分雅俗,此言質也。濁者使之清,俗者使之雅,則惟澤之以詩書,蓄之以道德,據德依仁游藝,此其本也。試問以盗跖之心,而欲安弦奏南風之曲,能乎否耶? 孫過庭不云乎:審之貴精,擬之貴似。畫家亦猶是耳。宋元以來,贋蹟既多,審定確有把握,不可臨橅,審之既精,臨之貴似,所謂有古人無我也。及其臨樵既久,下以己意,所謂有古人有我也。功力既久,神解妙悟,然後以我之神志意趣,磅礴紙墨之間,所謂有我無古人。但卓然成家,此境良不易到。然禪家有頓悟宗,此生有慧根,非尋常説法也。善孖弟善畫虎畫佛,既通西法,又求宋元以來諸大家參證之,自當卓然成家。然謙冲且以書法畫法質之老髯。髯不解畫,但解畫家筆法。粗舉大略,善孖弟其謂何? 癸亥七夕,農髯燈下,時已五鼓,天將明矣。張善孖按:癸亥秋,澤由蜀至滬,晉謁農髯夫子。春風化雨中,發探奇好異之想,欲窺書法堂奥,而求畫法捷徑。明知非所問,且不當問,乃小扣小鳴,大扣大鳴,竟無一不饗我之問,真不負此問,於以見書畫同源。農師之示澤者,正自不少也。張澤謹識。"(1929 年 1 月 1 日《申報》,並據《大風堂存稿》對校)

1923 年 9 月 12 日癸亥八月初二日,爲貢南寫《秋豆圖》。

自題:"髯鄉居時,閑步園畦,見秋豆實成,緣樹而生,其花頗類紫綬,常携童稚四五人坐嘯其間。今忽忽九年矣,寫此慨然。癸亥八月二日,貢南仁兄法家正之。農髯熙。"(私人藏)

設色紙本。101×40cm

鈐印:曾熙之印(白文)。

中秋前,爲劉湖涵寫《秋林古刹圖》。

自題:"丁未予主嶽麓,仲宏甥侍予舟中。行至昭山,舍舟攀巖,坐古寺中。廟無古代碑石,但看巖下,霜葉已丹,而遠峰突兀若在肘下,流連至日晡歸舟。追憶前游,恍如昨日,爰仿石溪筆法寫此。時癸亥中秋前,爲湖涵仁兄法家補壁,即正之。農髯曾熙。"(中國嘉德 1994 年春拍圖録)

設色紙本。144×80cm

鈐印:曾熙之印(白文)。農髯(朱文)。

1923 年 9 月 28 日中秋後三日,以石濤墨法寫《山水圖》。

自題:"萬山一松立,磊磊落落石。俯視雲生屨,水聲天外激。癸亥中秋後三日,戲以大滌堂墨法寫此。農髯熙。"(翰海 2008 年迎春拍賣圖録)

設色紙本。104×62.5cm

鈐印:曾熙之印(白文)。農髯(朱文)。

此際與余誠格、左孝同、吴昌碩、徐乃昌爲陳叔子代訂賑濟日災書畫

潤格。

《陳叔子先生書畫潤格例言》:"沅南陳叔子以滁名齋,因稱滁叟,易實甫之舅,曾農髯、清道人皆其同年友也。著述頗多,如《中西兵略》、《練兵臨陣秘要》、《交涉輯要》、《治匪方略》、《教育改良》諸書,政治家多重之。曩與清道人同官江南,考校金石。辛亥後,退老皖南,翰墨自娱,八分兼漢唐,行草合顔柳蘇黄,而尤近山谷,畫梅参酌古今專家,氣骨大似彭剛直,年逾古稀,走筆猶蒼勁雄□。當兹東瀛各省需振孔亟,勸其以筆墨之半費藉濟災區,爲普渡萬一之助,同人等因爲代定潤格如左(潤例略)。余誠格、左孝同、吴昌碩、徐乃昌、曾熙仝訂。"

癸亥八月,題宋陳摶(希夷)書"開張天岸馬,奇逸人中龍"五言聯,十月又題之。

題陳希夷書五言聯:"此十字册,嚮藏嵩山,好事者改爲十字聯,海内轉相句(勾)刻,但其皮相。今觀墨蹟,直使古今書家一齊俯首,蓋别有仙骨,非臨池所能。癸亥八月。熙注。"

又:"此物李文潔得之,歡天喜地,因以所藏乾隆舊錦付裝池,乞熙詳題。未一月,康君長素假去,苦索未歸。及文潔殁始歸之,置熙篋又兩歲,卒以建造玉梅花庵乏款,遂之讓與彝午世友。此物既爲文潔、長素與熙所寶愛,願世友秘之。癸亥十月,熙。"

按:關於此聯,流傳的傳説版本不一,兹録高拜石《新編古春風樓瑣記(十)》中《書法讓能——曾農髯書法溝通南北》相關章節於次:"宋初陳摶,世稱'希聖先生',遺墨中有一副對聯,句爲'開張天岸馬,奇逸人中龍',其字奇崛蒼渾,有虎躍龍騰之勢,石曼卿曾題詩贊云:'希聖先生人中龍,天岸夢逐東王公。酣睡忽醒骨靈通,捥指拂拂來天風。鸞舞廣漠鳳翔空,俯視羲獻皆庸工。投筆再拜稱技窮,太華少華白雲封。'此遺墨於民初在上海發現,清道人那時賣字已有些錢,遂不惜重金把這件稀世之珍收買了下來,歡天喜地地用所藏的乾隆舊錦精裝,並請農髯一起觀賞。農髯即題其上云:'此十字直使古今書家一齊俯首,蓋别有仙骨,非臨池所能也。'其時康有爲亦在上海,聽説希聖法墨由清道人收藏了,便苦苦向道人請借去臨摹,道人情面難却,遂由其持去。康聖人自稱精於鑒别,他的名氣大,脾氣更怪,生平見不得奇書珍籍、古董、名字畫,見了便一定要到手,到了手更不肯放。他從清道人處借到這副稀有的對聯,喜愛至極,張之壁間,朝夕相對,久而久之成了'劉備借荆州',不提起了。清道人逝世時,康寫聯哀挽,并親往吊祭,極盡愴痛之情,當時自不便向他索取。過了些時,道人之姪李仲乾爲了此事,曾親到康宅投謁,想問康要回來。聖人知道來客之意,一見面就一把眼淚一把鼻涕,説道人生前和他如何交厚,如何親密,説得凄愴至極。這樣仲乾便無法開口,結果空跑了一趟。農髯知道了,很不以爲然,自告奮勇,親訪叩聖人之門,終於把對聯要回來了。以後李家爲在牛首山建造‘玉梅華庵祠墓’需款,不得已以五千銀元賣歸趙恒惕先生。農髯又在聯上題曰:‘此物李文潔得之,歡天喜地,因以所藏乾隆舊錦付裝池,乞熙詳題。未一月,康君長素假去,苦索未歸。及文潔歿,始歸還之,置熙篋又兩歲,卒以建造玉梅花庵乏款,遂讓與彝午世友。此物爲文潔、長素與熙所寶愛,願世友秘之。’”

又:世界書局1925年版之《影印名人楹聯真蹟大全》,此聯有譜主題跋與上題不同,當爲譜主爲石印本專題。跋云:“此希夷先生臨《石門》册子,其集爲楹語,當在明之季葉。其書風骨之高,此十字足以盡之。海内流傳展轉橅刻,多失筆法。道人因以重值訪購得,復爲長素先生假去。道人歿,始索還。仍以墓田丙舍需款讓與彝午世友。海内但知此書顯於道人,有功於長素先生,斯得之矣。癸亥中秋後,農髯熙注。”

癸亥秋,譚延闓爲題所作《蓼莪圖》。

譚延闓題《蓼莪圖》:“農髯畫筆自權奇,爲感烝嘗寫孝思。我亦鮮民愴霜露,那能重誦蓼莪詩。”(譚延闓《粤行集》,民國石印本)

1923年10月11日癸亥重陽前七日,以李晴江(方膺)筆法寫《松風桐韵圖》。

自題:“松風桐韵。癸亥重陽前七日,以晴江先生筆法,寫於戲海樓。農髯熙。”(1925年1月1日《申報》)

鈐印:曾熙之印(白文)。

按:此畫刊於《申報》元旦增刊,爲犀道人藏。刊出時有藏者介紹:“曾農髯先生之書畫,近所罕有,其筆法均以大篆鐘鼎運用之,故古樸不同凡響。先生與清道人最友善,二人書畫,雖同一宗派,而各有特長之處,此殆天才各賦之故歟!”

1923年10月18日《金鋼鑽》報創刊,應弟子朱大可之請,爲題報頭。

鄭逸梅《關於〈金鋼鑽〉報》:“《晶報》的余觳民喜歡駡人,今天駡甲,明天諷乙,他自以爲得意。(陸)澹安、(朱)大可、(施)濟群被駡被諷,覺得没有地盤和它對壘,於是便想辦一報刊,借此泄忿吐氣。在《金鋼鑽》報創刊十二週年時,陳秋水曾有回憶一文,談到創辦的情况:《金鋼鑽》報創刊以來於今已十二年矣,回憶當時之發起者爲施濟群,題名者爲朱大可,漱石翁擊掌贊成之,而余亦稍參末議。

其時在中秋左右,其地乃在前《大世界報》館中。漱石翁方執筆删潤《大世界報》稿件,濟群娓娓談進行方針,而大可則高踞沙發上,予亦行其間也。當然施濟群辦報的動機是爲了不堪受《晶報》余穀民的諷罵,同時孫瀨石、嚴獨鶴、嚴芙孫、劉山農、陳秋水、鄭子褒等或多或少也被余穀民挑過眼,説過壞話,有的抱着正義感同情於無端被駡被諷者。所以每人拿出10塊錢合成100元爲辦報資本,預備出數期蝕光爲止。100塊辦報當然有困難,好在這時白報紙只二三塊錢一令,託山海關路東方印刷所代印。這印刷所是張光宇、張振宇弟兄辦的,大家相熟,印刷費可以拖欠。又這時的報紙都有包銷者繳納保證金,澹安、大可、濟群對於包銷人員摸不着路,便請孫漱石介紹包銷《大世界報》的人設法推銷。外地託各處熟朋友寄售,没有什麽費用的。其時逸梅在蘇州,便是代銷的負責人。諸如此類推銷就不成問題了。那麽爲了和《晶報》對壘,題一個什麽報名呢?想到金剛鑽的硬度可以刻晶,所以決定用'金剛鑽'作爲報名。又看到《晶報》的報頭作北魏體很挺拔,認爲是李梅庵寫的(後來才知這報頭不是李梅庵寫,而出於吴門范君博手筆),和李功力悉敵的有衡陽曾農髯。農髯在上海賣字很有名,大可是他的高足,即由大可連夜往名師門請他大筆一揮,鑄爲鋅版,作爲報頭;並請沈泊塵畫家繪一天神,彎弓射箭,箭頭光芒四射,象徵一顆金鋼鑽,用以掃射那些妖魔小醜,也是爲余穀民等而發,後來每逢週年總把這副插圖列在報名的右上角。"(《文史資料存稿選編》)

1923年11月,與程雪樓、葉柏皋等爲湖埭散人史志超代訂書例。

《湖埭散人書例》:"散人夙工篆隸,尤善真草,並於歷朝各大名家碑帖均有心得,求者踵接,爰代定例如左:(潤例略)。程雪樓、葉柏皋、吴昌碩、曾農髯、天台山農、七子山人、毛子堅、黄楚九同訂。"(1923年11月4日《申報》)

癸亥冬,爲衆生作《依舊江山圖》扇面。

自題:"作舊江山能識我,生面全非昔所思。癸亥冬寫似衆生仁兄法家正之。農髯熙。"(《中國扇面珍賞》,上海科學技術出版社、商務印書館(香港)有限公司1999年版)

癸亥冬日,爲《石廬金石書志》題書眉。

自題:"石廬金石書志。曾熙。"(《石廬金石書志》,癸亥冬日刊於南昌)

癸亥冬,作《梅花圖》。

自題:"爾其拳曲,若螭之旋,若虯之盤。爾其勁骨,若石之頑,若鐵之堅。並群芳而獨立,餐冰雪而益妍。是直花之清聖,非尋常畫史所能傳。楊(揚)補之梅花長卷,道人屢與髯言之,及夢公從京携此卷來,道人已不得見,並記此。癸亥冬,農髯熙。"(湖南圖書館藏。《湖南明清以來書畫選集》,湖南美術出版社版)

紙本。136×64cm

鈐印:曾熙之印(白文)。

癸亥十月,節臨《石門銘》。

自書:"(節臨《石門銘》略)王遠《石門銘》。癸亥十月,曾熙。"(日本須磨舊藏,現歸日本京都博物館)

紙本。

鈐印:曾熙之印(白文)。農髯(朱文)。

癸亥十月,爲映斗作山水立軸。

自題:"祝融高插霄漢上,終古雲氣相摩蕩。白雲深處有異人,不許人間規(窺)色相(將至衡山縣十里,望岳有此景)。"(《大風堂存稿》)

癸亥十月爲少雲書"脱落塵凡高世度,旁通經史妙文章"七言聯。

自書:"脱落塵凡高世度,旁通經史妙文章。少雲仁兄法家正文。癸亥十月,農髯曾熙。"(嘉德2014年四季第三十九期拍賣圖録)

蠟箋。201×42cm

鈐印:曾熙之印(白文)。農髯(朱文)。農髯六十後書(朱文)。

按:少雲不詳,疑或樊少雲。

此際,偶戲寫山水以遣夜,翌日晨起門弟子馬企周來,見而奇之,乃以此畫贈之。

自題:"寥廓寄一舟,孤心托雙槳。絶巘矗天起,蒼松緣崖上。疑有避秦人,巢雲恣偃仰。舍舟將從之,四時悦幽賞。(前夕不成寐,戲寫此。晨起展視,設想取景,頗有幽奇之趣。適邛池漁父來,大奇。此畫遂和《招隱》一首與之。漁父工山水,自夏、馬以迄本朝,寫之無不工,乃亦愛髯畫耶?)"(《大風堂存稿》)

1923年11月8日癸亥十月朔,集《張黑女志》字,書"名曜漢霄,氣蕩河岳;風高中散,義感平原"八言聯。

自書八言聯:"名曜漢霄,氣蕩河岳;風高中散,義感平原。集《黑女志》字,此志導流太傅,而取勢極空。蝯叟嘗師其腕法,以入平原,故高出唐賢,自立門户。癸亥十月朔,農髯曾熙。"(私人藏)

灑金箋。170×36cm

鈐印:曾熙之印(白文)。農髯(朱文)。髯翁六十後書(朱文)。

癸亥冬十月,作論畫行書四屏。

自書之一:"吴仲圭從董北苑出,董之點落如晉人作書,雍容出之,吴則淋漓奔驟矣。讀梅花道人山水長卷。"

自書之二:"黄鶴山樵世多傳其小筆,惟白鷗山人所藏詩書畫一軸,松則滿紙風聲,山亦疏逸見天倪。論叔明。"

自書之三:"子久山水,外間流傳,橅本耳。惟内府册子與倪迂合裝,確是真蹟,蓋從破碎中含有剛健之氣。論黄子久畫。"

自書之四:"麓臺云:今人但以枯筆一二爲得倪迂法,不知倪迂從董巨來,其筆所不到,具有絶大力量。麓臺論雲林畫一則。癸亥冬十月,農髯曾熙。"(《曾熙書法集》)

紙本。142×40cm

鈐印:曾熙之印(白文)。心太平庵鉨(白文)。農髯(朱文)。農髯六十後書(朱文)。農髯大利(白文)。

癸亥冬十月,門生趙忠獻定製瓷板畫像賀六十晉三壽辰。

趙忠獻題:"民國十二年癸亥冬十月農髯夫子六十有三榮壽。受業趙忠獻敬呈磁像。"(《歲月衡陽——衡陽博物館館藏文物精選》,嶽麓書社 2010 年 12 月版)

癸亥冬十月,寫《八百遐齡圖》,並題詩。

自題:"太初之石,千歲之柏。留此元氣,還我堅白。芝秀其下,芬芳世澤。癸亥冬十月,曾熙。"(私人藏)

設色紙本。106×48cm

鈐印:曾熙之印(白文)。心太平庵鉨(白文)。

癸亥冬十月,節臨《華山廟碑》。

自書:"巖巖西嶽,峻極穹蒼。奄有河朔,遂荒華陽。觸石興雲,雨我農桑。

癸亥十月，農髯熙。”(上海劉海粟紀念館藏)

紙本。143×40cm

鈐印：曾熙之印(白文)。農髯(朱文)。

癸亥十月，題吴昌碩、陸廉夫、倪墨畊、黄山壽、吴觀岱、趙子雲，金夢石、金壽石、何研北九家合寫《九秋圖》。

題《九秋圖》：“陸廉夫、倪墨畊、黄山壽三君已作陳人，渭石先生乃請海上名家補成九秋圖，真可寶愛。癸亥十月，農髯注此。”(私人藏)

設色紙本。126×65cm

吴觀岱題識：“九秋圖。渭石先生屬題。癸亥重九節，弟吴觀岱。”

鈐印：曾熙之印(白文)。吴俊卿(白文)。陸恢私印(白文)。無錫吴觀岱印(白文)。吴觀岱印(朱文)。山壽(白文)。趙臣(白文)。何煜(白文)。龢印(白文)。墨耕(朱文)。

1923年11月19日癸亥十月十二日致書哈少甫，請其派人取回其所藏李瑞清信稿，並告以不印入鄭孝胥與張大千(季蝯)題跋，以其評騭相左。

與哈少甫書：“少甫先生閣下：李册爲張季蝯攜至松江，今題來，與鄭公反對，二題均可不印，已與朱言之，先生着妥使來取。又向樂翁前存尊處之銅器有受主否？價當可磋減。即頌近祺。熙頓首。十月十二日。”

按：“李册”即哈少甫所藏李瑞清辛亥年答程德全都督、蔣奂珽等信稿，見本譜辛酉三月條。“鄭公”爲鄭孝胥，其1921年1月5日題跋有云：“乞命賤庭等兒戲，頓首死罪尤費辭。”張季蝯(大千)題《先師文潔公顧問函》有云：“中丞印已付泥沙，方伯逍遙海上槎。多少逃臣稱遺老，孤臣只許玉梅花。”譜主以兩題評騭不侔，且後者所題有暗諷鄭氏，故囑朱抱芳不要印入《清道人手札》中。

此際，與向樂穀、譚澤闓(瓶齋)、黄曉汀等人，發起組織一書畫會。

《藝林瑣訊》(雪)：“衡陽曾農髯先生近與向樂穀、譚瓶齋、黄曉汀諸君，發起組織一書畫會，已命其高足江龍渠、糜潔民、姚雲江、朱大可諸人尋覓房屋，聞已在英租南京路大慶里及餘興里等處，覓得數處，惟須俟農髯先生親自看過方可定奪云。”(1923年12月9日《金鋼鑽》報)

存考：曾氏辭世後，《金鋼鑽》報刊有“衡陽書畫學社撮影——曾農髯先生及其門人合影”，注：“中坐者曾先生。自右至左：一、倪壽川，二、朱大可，三、糜潔民，四、江一平，五、江萬平，六、張君受(綬)(已故)，七、雷聽秋(已故)，八、姚雲江。”此幀照片具體攝於何時不詳,但投江而死的張君綬尚在合影之列,合影時間當不晚於1923年初。衡陽書畫學社所存材料只有這張照片,其活動待考。

1923年12月21日癸亥十一月將望,爲伯元寫《松石圖》書畫合璧扇。

自題:“太初之石,千歲之松。同抱古心,相對雍容。歲癸亥十一月將望寫此,似元伯仁兄法家雅正。農髯熙。”(私人藏)

鈐印:髯公(朱文)。

自書:“以鶴銘筆勢爲此,覃溪所謂‘憬然大字勒崖初’也。農髯熙臨黄庭。”

鈐印:曾熙私印(朱文)。

收藏印:有風堂(朱文)。

1923年12月22日癸亥十一月望,爲符鐵年畫佛像。

自題:“絶六法力,普照十方。癸亥十一月望,敬爲鐵年老弟造此像,普照一切衆生,福德無量。佛弟子熙。”(紐約蘇富比1992年6月拍賣圖録)

設色紙本。105.7×62.9cm

鈐印:曾熙之印(白文)。戲海樓(白文)。

1923年12月30日起,青年書畫會在慕爾堂展覽書畫四天,出品《山水》。

《藝苑清音·書畫展覽會之第二日》:“青年書畫會在三馬路慕爾堂開書畫展覽會,昨爲第二日,各界人士前往參觀者較第一日爲多,由該會職員錢季寅、劉綸、陳夢得等爲引導員,招待頗爲週到。陳列之任堇叔楹聯已爲錢化佛所售。昨又由書畫保存會主任錢季寅君介紹周君伯唐參觀時,售得吴昌碩花卉一件,如獲異寶。陳列書畫,除原有外,另添停雲書畫社、書畫保存會、天真美術館等會員之作品,均係當代名流。兹特將其名貴之作品略志如下:王一亭《牡丹》、《山水》,吴昌碩《紅梅》、《書石鼓文》,曾農髯《山水》,吕選青之《空谷鳴泉》、《菊花圖》,汪亦軒《夾竹桃》,鄧春澍《錢塘山水》,錢化佛《達摩》,孔及之單條,諸文(聞)韵《牡丹》、《水仙》,張伯鈞《虎居深山圖》、蔣東初之《菊花》,劉文淵之《山水》、胡涂之《青石》、陳子恒《雪景》等,均稱珍貴墨寶。餘如樓卜雄、楊君函、沈進頊、陳文潞、楊草仙等之單條、楹聯等,亦均得觀者之贊賞。會場中並分發展覽目録,聞明日尚有一日云。”(1924年1月1日《申報》)

癸亥冬十一月書論孟麗堂花卉。

自書畫論:“孟麗堂花卉從白陽、青藤蜕出,而澹逸古秀,純是一種天翔舞。

一生客粤中,故大江南北鮮有能道及者,豈一藝之顯晦亦有時耶? 癸亥冬十一月,農髯曾熙。"(《虛懷齋藏中國書畫精品集》,保利藝術博物館編印)

紙本。173×93.5cm

鈐印:曾熙之印(白文)。農髯(朱文)。衡陽(朱文)

癸亥冬日,作山水立軸,並於題跋中論作畫體悟,有云"性喜石田、石溪,但求之氣骨,不耐臨摹,其分處、合處、任意出入處,但止於天機之自然而矣"。

自題:"江嶼喜新晴,茆亭露猶溼。紅葉經秋後,灼灼映朝日。渡江陟重岡,言訪幽人室。白門在山曲,求之少人迹。寄語商山人,毋爲留侯識。(髯性喜石田、石溪,但求之氣骨,不耐臨摹,其分處、合處、任意出入處,但止於天機之自然而矣。此紙内府所藏,當嘉道□紙,尚能受墨。)"(《大風堂存稿》)

癸亥冬夜,寫《松樹圖》以自遣。

自題:"獨秀巖谷,氣凌雲霄。癸亥冬夜寫此破寂,髯。"(紐約蘇富比 1990 年秋拍圖録)

設色紙本。81.3×40.6cm

鈐印:曾熙之印(白文)。

是年,張大千爲同門學長朱大可畫四屏條,其一爲"仿髯師寫松"。

張大千自題:"髯師寫松身,先以淡墨塗之,然後以濃墨用篆隸筆勾勒,遂成樸茂,古人無此,蓋創法也。仿爲大可學長兄雅教。癸亥,弟爰。"(中國嘉德 1995 年春拍圖録)

設色紙本。150×40cm

鈐印:季爰之印。

按:此幅《松石圖》,爲張大千贈朱大可四屏條中之一。又張大千另有一幅《墨梅》扇面亦係用曾熙畫法,題云:"先師農髯先生畫梅,不襲宋元以來筆法,而自然高逸,竊一二以爲秋屏仁兄教之。大千居士。"(北京誠軒 2006 年秋季拍賣圖録)。

所書李根源之母《清誥封旌表節孝李母黄恭人墓表》本年由上海泰東圖書局印成。

按:墓表由趙端禮撰文,安吉吴昌碩篆額。印本由章太炎題籤,章士釗題扉頁。李根源(1879—1965),初字養溪,旋字印泉,一字雪生,室名曲石寄廬。雲南騰冲人。清末赴日學陸軍,加入同盟會,任雲南陸軍講武堂總辦。先後曾任陝西省省長、北洋政府農商總長與代總理。1949 年後,任西南軍政委員會委員、全國政協委員等職。

1924 年 民國十三年 甲子 六十四歲

1924 年 1 月 4 日癸亥十一月廿八日,弟子姚雲江之父姚慎卿溘逝,爲其撰書《姚慎卿先生家傳》。

《姚慎卿先生家傳》:"慎卿先生,諱寶梓,浙江嘉善縣人,門人雲江之父,而熙寓舍主人瞿鍾麒之外舅也。瞿氏每歲時,伏臘飲酒,必召先生。先生至,必豪飲,必數斗然後快;或投壺决勝負,然後散。先生自爲主人,亦如之。先生性慷慨,少年喜任作狹(俠)。嘗酒後與熙談往事,乃曰:予少貧,弱齡即廢學,以商爲業。其時歲所入無幾,盡以奉堂上甘旨。或不足,或典質,或貸假之友朋,必使老人嘗處有餘,未嘗以艱苦告。然及壯盛,商務頗有以自立,及爲兒輩婚嫁,動或數千金。回首曩時,不覺淚涔涔下。又一日,飲先生宅,有白髮翁年八十餘,杖入席。先生語熙曰:此予葉外舅。所出僅内子一人,予以數千金,使自主一廛,將數十年矣。今歲爲次子授室,將出後葉外舅(?)。先生厚義疏財,凡兄弟、伯叔兄弟及朋友緩急之事,皆竭誠相與,故人樂與之交。歲癸亥十一月二十八日日入時,無疾卒,生同治甲戌(按:1874 年),年五十。先數日,熙見先生,未嘗少有疾。及是夕,雲江侍坐與予語,未及數語,家人來告,雲江歸,氣將絶,醫來不及救。先生平日每日入必小睡。雲江舍距予舍數十武,雲江見先生安閑小睡始出,及歸乃遭此痛。配葉夫人,先歲六月卒,先生悼之哀。或勸先生置妾,先生曰:予貧賤之妻事予父母,備嘗辛苦多矣。葉夫人居貧能約,處富不驕。生四子:長雲江、仲雲峰、叔雲福、季雲炳,女二:長適周,次適瞿。"

"曾熙曰:所貴乎士者,事親、信友、知禮義廉耻而已。今則不然,教者務藝,學者務利。學或小成,無不挾此以要厚利;及得厚利,無不私妻子恣頤養,其亦聞慎卿先生之行事而内愧於心乎! 衡陽曾熙拜稿。"(《姚慎卿先生家傳》,民國年間石印本)

鈐印:曾熙之印(白文)。農髯(朱文)。

按:姚雲江(1899—1950),業醫,曾熙弟子。

1924 年 1 月 9 日,致信譚延闓寄達。

《譚延闓日記》同日條:"一月九日晴,寒暑計六十二度。(十二月初四)第四、淑、衡生。荃父、百五九、淑、祥、秋、韻、曾九。七時,矇朧中似有所見,懵騰至八時十五分乃醒,坐二十分起。羅楨符來爲我診,立方而去。羅達存來。飯後,仁化縣知事包順健及會長來,言五軍騷擾事,乃慰遣之。趙士觀來,打東江事。阜南、伯雄、張矮子來,言攻贛計畫。冠軍、護芳、弼青來。偕方、張、岳出,渡河至大本營。候甚久,乃得見大元帥,論出師計畫。辯論甚苦,至五時乃出。中間遇伍梯雲、廖仲愷、楊滄白,論建國政府事至詳,此亦一是非,吾惟有不干政而已。余至南堤小憩,邀同路丹父訪樊老二,於其家談甚久。忼慷自負,亦自不凡。約明日同見帥座,請願出北江云。偕路至亞洲,諸人盡出,乃同至二樓喫西餐,亦甚飽。偕路至濠車街實業銀行,渠之司令部也。坐談頃之,乃出。乘輿歸,方欲熨足,而彭璋來,言前方若況三軍内容甚悉。惟忍乃濟,惜今知者希也。濯足,敷藥乃睡,已一時半矣。今日在南堤見馬超俊,言整理兵工廠事,人固不易知也。又得淑書言其家事,吾僅癡聾而已。李登同、王若周來。謝南藩來,彭汝清來,爲我診脈。此兩行昨日日記中事。"

癸亥臘月,自書論畫。

自書:"倪高士畫贋品極多,有蜀人官粵得竹石枯木小軸,董思翁云倪畫石得關仝法,其枯樹得李營邱法最多,此觀此幅,庶幾近之。癸亥臘月,曾熙。"

鈐印:曾熙之印(白文)。農髯(朱文)。

按:曾熙論書論畫,除題跋多以單幅書之,如:"叔明山水蒼勁茂密,然功力深天機少。倪迂無意求工,偶然涉筆,逸趣湍發,豈其胸次過人耶?伯韞仁兄法家正之,曾熙。"等等。

1924年1月15日臘八後二日,書"虚能引和,静能生悟;仰以察古,俯以觀今"八言聯。

自書八言聯:"虚能引和,静能生悟;仰以察古,俯以觀今。癸亥臘八後二日,農髯曾熙。"(臺灣高雄市立美術館藏)

紙本。167×34cm

鈐印:農髯六十後書(朱文)。曾熙之印(白文)。農髯(朱文)。

癸亥臘八後,作行書條幅。

自書:"趙無興書《快雪時晴》,而大癡畫圖,徐幼文補圖。癸亥臘八後,曾熙。"(《中國書法》,1999年第4期)

鈐印:曾熙之印(白文)。農髯(朱文)。

1924年1月15日,晤梅蘭芳,梅蘭芳求賜法書,欣然允之,並望梅以畫爲交换。交談中,極贊賞梅蘭芳對程艷秋的提命之功。

《梅訊(東園)》:"曾農髯昨見畹,畹求得法書,曾欣然,謂並當求畹畫一幀爲交换,言次又及程艷秋,盛稱畹提命之功。"(1924年1月16日《申報》)

癸亥臘月,張善孖調任府諮議兼吴佩孚巡使顧問。北上前,以揚補之畫梅法,臨金文卷贈其夫婦。

《張懷忠先生家傳》:"(張善孖)卒業明治大學,歷任四川鹽場知事,癸亥冬内調任府諮議兼吴巡使顧問。"(《張懷忠先生家傳》,民國年間石印本)

自書:"(臨金文略)善孖弟善畫,其夫人當亦善畫。因以楊(揚)補之畫梅法臨此,以贈北京之行。癸亥臘月,熙。"(匡時2007年春季拍賣圖録)

紙本。33×267cm

鈐印:曾熙之印(白文)。農髯(朱文)。心太平盦鉢(白文)。

張善孖題籤:"髯師鐘鼎,善孖藏。"

按:吴巡使即吴佩孚。

癸亥臘月,題陸恢《四季花卉》圖卷。

書引首:"情采自凝。癸亥臘月,曾熙。"

鈐印:曾熙之印(白文)。衡陽(朱文)。

題陸恢《四季花卉》圖卷:"自青藤老人、陳白陽恣意騁才,而畫家花卉爲之一變,沿至揚州諸老,各寫性靈,筆外傳意,畫外有寄,皆儒雅風流,極一時之盛。古人云:未有多文不解畫者,未有不文而能畫者。近則不然,或目不辨亥豕,亦據丹青之席,所謂世亂無不亂也。陸廉夫先生,當在京即得其臨古花卉,既見其題識,金石書畫,其博雅之君子歟! 此卷寫四時花木,筆奔放而韵雅逸,不易得也。癸亥臘月,既爲書眉,復識數語,主人其重寶之。農髯熙。"(北京翰海2004年秋季拍賣圖録)

鈐印:曾熙私之(朱文)。

按:此卷尚有楊逸、吴觀岱、吕景瑞等題跋。又,爲陸恢弟子宗履谷題其師畫册,題未紀年,合録於兹:"廉夫初客龐萊翁家,萊翁收藏書畫甚富,廉夫臨橅亦勤。後居吴中丞幕府,入湘得窺瀟湘、九嶷之勝,畫益大進。此册寫瀟湘,且見蓬心所作,其爲入湘後所作無疑。願履谷仁兄重寶之。熙。"(私人藏)

1924年2月4日癸亥除夕，爲張大千臨《瘞鶴銘》。此册因戰亂流入市估之手，復爲同門許冠群購得。

自書："(瘞鶴銘略)。季蝯弟好髯爲《鶴銘》書，據匋齋(按：即端方)水前本臨此與之。癸亥除夕，熙。"(《曾熙書瘞鶴銘》，2010年4月上海辭書出版社)

紙本册頁。31×15.5cm

鈐印：曾熙之印(白文)。

收藏印：大風堂(朱文)，戚叔玉氏珍護(朱文)。

譚澤闓題："覃溪先生句云：曾見《黄庭》肥拓本，憬然大字泐涯初。蝯叟嘆爲真知《黄庭》知《鶴銘》者，得農髯九兄此臨，益可證矣。丙寅春分，澤闓。"

鈐印：瓶翁寫記(朱文)。

又："此農髯書與張季爰者。乙丑兵後，輾轉市估手，遂爲冠群吾兄所得，復以見示前題，記後忽忽十餘年，去農髯之殤亦及一紀。循覽反復，真所謂焕若神明，頓還舊觀者矣！冠群亦農髯高足，能傳筆法，獲此師模，它日衡陽書派，殆待君而昌大之，欣然復識其後。辛巳浴佛日，譚澤闓。"

鈐印：譚澤闓(白文)。瓶翁(朱文)。

甲子開歲，寫《古柏靈芝圖》祝吴昌碩先生八十壽辰。

自題："九齡初進，百歲方新，寫頌昌碩先生甲子開歲九十初進，預賀百歲之喜。農髯熙，時年六十四。"(私人藏)

按：是年爲吴昌碩年八十壽辰。

設色紙本。116×70cm

鈐印：曾熙之印(白文)。農髯(朱文)。

甲子元月，以石溪筆意寫早年攀蘿捫葛摩挲禹碑情境，感慨時光之易逝。

自題："繇將軍廟左上尋岣嶁古迹有此境。今居海上將十歲矣，因以石溪道人筆意寫此，昔年攀蘿捫葛，摩挲禹碑，此境如在目前。"(《大風堂存稿》)

1924年2月15日甲子正月十一日，爲長子憲璵寫《梅柳渡江春圖》寄之。

自題："梅柳渡江。春甲子歲朝立春，曆家稱爲二千年所僅有，海上旬日晴和，如三月氣候，梅已盛開，而柳緑可愛，因寫此幅寄與摯男，知老父年來尚能寫小柳如褚河南作小楷蠅頭書也。正月十一日，髯。"(私人藏)

設色紙本。114×55cm

鈐印:曾熙之印(白文)。農髯(朱文)。

甲子元月,以《流沙墜簡》中晉人殘箋筆勢書"齊清惠和,古人可望;老虛稽放,賢者不爲"八言聯。

自書八言聯:"齊清惠和,古人可望;老虛稽放,賢者不爲。集禊帖字,以《流沙墜簡》中晉人殘簡筆勢爲之。甲子元月,農髯熙。"(上海天衡2010年拍賣圖録)

灑金箋。124×25cm

鈐印:曾熙之印(白文)。農髯(朱文)。

甲子孟春,與吴昌碩、王一亭、鄭午昌、陸丹林等爲許徵白清籟館重訂潤格。

《清籟館重訂潤格》:"揚州許君徵白,精繪事,擅山水,兼長仕女花卉,筆墨神逸,迴異流俗,向摹宋元名蹟,無不亂真。又工篆刻,書法亦挺秀可喜。自來滬,求者紛至,爰定潤例如左:(潤例略)甲子孟春,吴昌碩、王一亭、鄭午昌、曾農髯、陸丹林、黄藹農重訂。收件處:上海各大紙扇莊、鼎臠週刊社。本寓上海閘北青雲路恒裕里九十號。"(1926年9月26日《鼎臠》美術週刊)

此際,畫松贈黄秋夫,别將十歲,寫以志念。

自題:"獨抱太初心,坐嘯澗中石。鐵骨不可磷(?),蒼然古之直。(髯年來喜讀畫,興之所到,隨意揮灑,無法律之束縛,任天機之翔舞,知畫者多激賞,然難庸史語也。)"(大風堂存稿)

1924年3月6日甲子花朝,譚延闓來滬贈老桂一枝,作《三松圖》答之。

自題:"大廈構群材。祖庵三弟詒我老桂一枝,寫三松以答之。闊别經年,視髯兄老腕近作何如? 甲子花朝,兄熙。"(私人藏)

紙本。107.5×55.5cm

鈐印:曾熙之印(朱文)。心太平盦鉢(白文)。

甲子二月,書"四知堂"匾額。

自書:"四知堂。甲子季春之吉,衡陽曾熙題。"(《曾熙書法集》)

紙本。66×236cm

鈐印:曾熙之印(白文)。農髯(朱文)。

1924年3月20日二月既望，陰霾既久，天稍晴明，欣然仿元人吳仲圭畫松寫《松樹圖》。

自題："前歲見汪君所藏吳仲圭松卷，一濃一澹，骨氣沉雄中，復能澹遠疏逸。其卷中多蠟痕，未免白璧之玷耳。偶倣其蒼厚一柯，莊生所謂以神遇時。甲子二月既望，陰霾既久，天稍晴明，寫此頗快。農髯熙時年六十有四。"（原件及《大風堂存稿》）

設色紙本。56×98cm

鈐印：曾熙之印（白文）。農髯（朱文）。

按：汪君不詳，疑爲汪律本。汪律本，字鞠友，黄賓虹密友，二江師範學堂監學。民國《歙縣誌》有傳。

同日，作松石圖，張大千來見而愛之，以爲有青藤之空妙而骨韵勝之。

自題："蒼榦兮玉立，朱英兮霞粲。異香千里兮，華信因風散。石本無知，馮若據按，喜其堅勁，樂此岸岸。[甲子二月既望，晴明可愛，見元人寫松有純用方筆者，因以方筆，庶（不失）此樹之骨。]"

又："此石寫成，適門人季爰見之，以爲有青藤之空妙，而骨韵當勝之。髯曰此直能作草篆之藤耳。書此奉博一笑。髯補記心太平庵。"

前年唐吉生發起有美書畫會，將杭州西湖湧金門基地捐會建築會所，與吳昌碩、王一亭等助之，爲之捐助書畫。會所前月落成，已由姚叔平、吕選青等主持會務。

《藝術界消息》："新安唐吉生君爲保存國粹美術起見，於前歲發起一書畫會，特將其所置西湖湧金門基地一方捐入會中，起建三層樓房，並將名畫家吳昌碩、王一亭，名書家曾農髯、左孝同、伊立勳、鄭孝胥諸名人之贊助，捐入書畫一千餘件，爲建築會址之基金。刻聞已於前月落成，取名曰西湖有美美術畫會，已推定名畫家姚叔平、吕選青主持會務，將於三月間開會展覽云。（晛）"（1924年3月30日《時報》）

1924年3月21日春分，天氣晴明宜人，以剩墨用沈石田筆勢寫《松樹靈芝圖》横幅。

自題："抱兹太初心，結根已千歲。朱英曜朝日，黛色參天翠。甲子春分，陰霾既久，晴明可愛，適硯有剩墨，用白石翁筆勢爲此。農髯熙時年六十四。"（原件及《大風堂存稿》）

設色紙本。57×98cm

鈐印:曾熙之印(白文)。農髯(朱文)。髯翁六十後畫(朱文)。

1924年3月24日致書譚延闓寄到,隔日譚延闓回信。26日姪曾難生訪見譚延闓。

《譚延闓日記》三月廿四日條:"三月廿四日陰,寒暑計七十二度。(二月二十日)曾九。九時乃醒,坐二十分起。手足皆似有効,但微不適。吕滿來。出見李藩,曲偉卿代表也。又見唐堯欽,談病狀久之,渠所言較爲近理。與岳、吕偕出,渡海辦公,(吴鐵城來談事。)登樓白事,鄧澤如辭職。帥意將以禁煙事屬之湘軍,滇賭湘煙成事實矣。吾初意不願湘軍有此,然今湘軍將領皆欲甘心焉,吾何爲阻之,但自傷誠信不孚於有衆耳。下樓至協和處小坐,乃渡海至吴八司令部,一酒館也。凡樓四重,家私、壁畫皆酒家物,門臨珠江,蛋艇如雁,亦自有憑闌之樂。坐頃之,宏群、護芳、詠安、阜南續來,廩丞後至。同飯,食臘菜,酒半,毓昆、鰲山來,至談禁煙署事,鰲山頗有見地,吾爲之動容。吴八得阜南畫,請余題詩,寫兩絶句於上。諸人渡海請訓,余遂歸寓,已五時矣。醫來,如昨日針胸、腹、腰、尻、手、足共三十四針,如昨日灸則甚久,周身皆遍,八時乃畢事。吕滿來,同飯,典欽來談。吕滿亦以阜南畫請題詩,信筆寫數語於上。以熱水拭足部,十一時後即寢。爲吴八題宋阜南畫:樓閣參差塔影間,春來樹色渡頭看。游人指點應相訝,道是詧邱著色山。刁斗聲中氣若雲,只今誰是李將軍。不須更數唐時事,畫苑風流也屬君。爲吕滿題宋畫帳額:□有將軍大小李,界畫金碧稱神工。後人立論强分别,遂使北派慙南宗。晉卿將家亦好事,煙江疊嶂傳無窮。爾來雨生能作健,投戈講藝殊從容。數子風流豈不尚,上馬殺賊嗟無功。何如我友智且武,絳灌隨陸真兼通(隆)。江湘戰血在衫袖,腕底乃與煙雲同(通)。憂患相從渡南海,偶然落筆非匆匆。知君愛此意有在,布帳浩浩來天風。吾聞南皮昔論畫,畫外無物非英(豪)雄。兼資文武豈易得,天之所相亦已豐。方今四郊正多壘,未可握管思弢弓。贈君圖畫(山水)好粉本,羅浮翠色韓江東。"

《譚延闓日記》三月廿六日條:"三月廿六日晴,寒暑七十度。(二月二十二日)卅九、謝四、曾九。四十、汪九。八時醒,坐十五分起。與吕、岳計事。(曾難生來,曾九之姪。)何勤修來,言湘軍包賭事,廣州新賭乃至數千家。噫,甚矣。偕吕同出,渡海至祕書室辦事。丹父來,登樓説事。既下,與丹父至協和室中談,遂渡海,至詠安寓談,繆觀章在坐。頃之,胡劍夫、周貫虹來。出,至宋阜南寓,張師、(方師)、王、朱旅、湯、雷參謀長及劉競西皆在,談甚久。楊希閔已赴石龍而吾軍遲遲若此,可歎之。宋留飯,飯後起出徑歸。與易致中談。爲人作書久之。吴

八、張矮來,劉競西來,粟誠青、彭德尊來,言香港接頭事,直謂之無利益而已。謝慕韓來言事。吾作書時,吉光、竹雅來。諸人去乃飯,飯後尤忌生冷物,聽從其言,至月底止。周匯青來,云包煙約尚未簽約,明日再議。吁嗟闊兮,不我活兮,亦此之謂矣。人頗倦,十時三十分即寢。汪九信言,大毛爲之不怡者累日。"

1924年3月29日甲子春分後八日,集陸放翁句,書"參透莊生齊物論,寧知陶潛止酒詩"七言聯。

自書七言聯:"參透莊生齊物論,寧知陶潛止酒詩。集陸放翁詩句,以《鶴銘》篆勢入北朝,庶渾浩之中而骨力勁逸,其庶免湘綺'石工'之誚乎?甲子春分後八日,農髯曾熙。"(《曾熙書法集》)

箋本。171×43.5cm

鈐印:曾熙之印(白文)。農髯(朱文)。髯翁六十後書(朱文)。閑居翫古不交當世(朱文)。

1924年3月31日甲子春分後十日,爲朱心佩書"抗心希古,任其所向;研精耽道,悦兹幽深"八言聯。

自書八言聯:"抗心希古,任其所向;研精耽道,悦兹幽深。永康胡月樵觀察集成句,書似心佩仁兄法家正之,甲子春分後十日,農髯熙。"(私人藏)

紙本。132.5×25.5cm

鈐印:曾熙之印(白文)。農髯(朱文)。髯翁六十後書(朱文)。

藏印:冰庵珍藏(朱文)。

甲子二月,自書四體書。

自書一:"(臨草書略)星鳳樓所刻《月儀》,雖勝他刻,然不足學。農髯熙。"

鈐印:曾熙之印(白文)。

自書二:"(臨隸書略)《史晨碑》腴厚而謹嚴,但易局促耳。曾熙。"

鈐印:曾熙之印(白文)。農髯(朱文)。髯翁六十後書(朱文)。

自書三:"(臨篆書略)《毛公鼎》骨氣勁厚,謹嚴有度,當是西周士夫之書。熙。"

鈐印:曾熙之印(白文)。農髯(朱文)。衡陽(朱文)。

自書四:"(臨真書略)《敬史君碑》與《劉碑造像》,蓋出一手。甲子二月,曾熙。"(上海敬華2005年秋拍圖録)

鈐印:曾熙之印(白文)。

紙本。111.5×52cm

甲子二月，作《松石芝秀圖》寄曾勉堂補祝六十壽辰。

自題："松石芝秀圖。松石爲壽者相，靈芝主子孫發祥。寫此爲勉堂八十弟補祝六十開慶，甲子二月，兄熙。"（原件。《大風堂存稿》）

鈐印：曾熙之印（白文）

按：曾勉堂，曾熙族弟，曾熙衡陽齋寓之管家。

甲子二月，爲于卿書"遠囑高瞻周秦以上，頤神適志蓬島之間"八言聯。

自書八言聯："遠囑高瞻周秦以上，頤神適志蓬島之間。于卿仁兄法家正之，甲子二月，農髯曾熙。"（《國泰美術館藏書畫精選》第三集，國泰文化事業股份有限公司1979年10月版）

紙本。203×41.5cm

鈐印：曾熙之印（白文）。農髯（朱文）。

甲子二月，集《瘞鶴銘》字書"天外丹禽，山陰玄侣；門前華表，亭上石經"八言聯。

自書八言聯："天外丹禽，山陰玄侣；門前華表，亭上石經。甲子二月集《鶴銘》，農髯曾熙。"（私人藏）

紙本。163×36cm

鈐印：曾熙之印（白文）。農髯（朱文）。髯翁六十後書（朱文）。閑居翫古不交當世（朱文）。

1924年4月4日甲子三月朔，爲夢庚書"昇泰山訪秦石，游洛邑得周彝"六言聯。

自書六言聯："昇泰山訪秦石，游洛邑得周彝。夢庚仁兄法家正之。甲子三月朔，曾熙。"（西泠印社2012年秋拍圖録）

灑金箋。232×47cm

鈐印：曾熙之印（白文）。農髯（朱文）。心太平盦鉢（白文）。

1924年4月6日甲子三月初三日，自書論畫有云"功力過深，天機轉薄"。

自書："本朝山水，世人皆宗石谷。石谷貫綜古法，卓然成家，宜其享此大名。然功力過深，天機轉薄，窮畢生之力於六法，不謂之畫史不得也。唐摩詰、宋襄陽

父子、元明諸老無非寄之筆墨。甲子三月三日，農髯曾熙。”(私人藏)

1924年4月29日甲子三月廿六日，弟子張善孖、張大千、張君綬之父張懷忠病逝於松江寓舍，爲撰書《張懷忠先生家傳》。

《張懷忠先生家傳》:“先生諱懷忠，字懷忠，四川内江縣人也。其先有用廷君者，廣東番禺人，康熙二十五年以進士授内江縣知縣。川亂甫平，城郭殘毀，君至，募民修築，且曰:寇未已也。後李黨再煽，他縣多陷，獨内江無恙，民感威德，依若父母，遂籍内江焉，高曾相承，世守儒業。父諱朝瑞，歲貢生，補授南溪縣教諭，以正心誠意，率厲縣士，尤重孝弟力田，嘗取農桑諸書，授南溪四鄉子弟。先生稟性純謹，自童蒙授經，及爲郡縣試文字，皆承庭訓。又懼責善太過。爲延名師，然屢試屢躓。教諭君曰:‘學官清貧，不足贍妻子，汝輩終身困場屋，不若掘井煮鹽，或可療貧。’先生於是治鹽業。未幾，丁父憂，母年已髦，又多病，先生事母奉甘旨，未嘗須臾離膝下，井竈悉付之人。繇是折閱，不堪其窶。夫人曾氏，雅擅丹青，以筆代耕，頗給歲需。其時太夫人在堂，先生親匜盥，夫人進食，貧而知義，鄰里稱之至今。先生嘗詔諸子曰:‘先子勖予學，大者行已知恥，次及進身。予弗能顯揚，且叢脞井竈之間，旦夕思之，嘗悒鬱不自安。汝曹能成學，是先子之志也，貧也何傷。’子六人:長榮，殤。次澤，卒業明治大學，歷任四川鹽場知事，癸亥冬内調任府諮議兼吴巡使顧問。又次信，經理重慶宜昌商鋪，剏造入川輪船。又次檝，附生，歷任成都、資中、内江、重慶中學教習，今經商駐滬。其季子曰權，喜佛學，癖嗜書畫，與季爰皆居熙門下。數歲以來，滇蜀構兵，先生盡室避地松江。前歲過予舍，見其輕步揚塵，方羨其健，乃於甲子三月二十六日日入，病歿松江寓舍。檝侍疾未離寢門，澤先夕自京歸。信、權自蜀、鄂先後奔喪。先生體清癯而志度簡嘿。年六十五，未嘗有病，初春偶咯血，飲藥即止。當權之入蜀，其時先生方燕居安食，出未浹旬，乃遭此痛，豈亦命耶！先生以長子雖殤，宜立後，以信生子心銘後之。孫十人。前以中書科中書加同知銜，授奉政大夫。論曰:文吏起家教諭，承流詩書之澤，其衣被遠矣。先生長者，終日事母，趑趄幃闥，其亦言治井竈耶！語云:‘不在其身，在其子孫。’五子皆通才，其三游予門，因得紀其始末云。衡陽曾熙撰並書。”(《張懷忠先生家傳》，民國年間石印本)

甲子三月，跋謝彬所著《新疆游記》。

《新疆游記書後》:“自顧紀《方輿》、魏圖《海國》，既詳地形，復備風土，爲政治家所參考。然援古證今，每多隔閡，得自傳聞，難裨實用。吾衡謝子曉鍾，前歲以財政部委員,出查新疆省阿爾泰財政,行四萬六千餘里,所至必書,所書皆實。至其建議之宏遠,紀事之精密,尤爲自來規畫新疆者所不及。曏者創建南學,曉鍾方以中學卒業,但見其言行謹慤,文章爾雅,不知其政事文學皆過人也。熙老矣,尚望積學養才以俟時,毋爲亂流所得,其庶幾乎! 甲子三月,農髯書後。"(《新疆游記》,中華書局1923年4月版)

按:謝彬(1887—1948),字曉鍾,號作法,祖籍衡南縣。幼貧。1905年加入同盟會,1912年入日本早稻田大學學習政治經濟,與孫中山、黄興、廖仲愷等結識。1916年學成歸國,即投入護國討袁運動。是年10月,奉孫中山之命,以財政部特派員身份前往新疆考察,往返歷時越十五月,成《新疆游記》一書,凡三十餘萬言,孫中山親爲作序。除《新疆游記》,另著有《中俄劃界痛史》、《國民政黨史》、《新湘軍志》、《王船山遺書研究》等。

甲子三月,集《曹景完碑》字書"葉布枝分,高槐列市;水清石出,織茅爲亭"八言聯。

自書八言聯:"葉布枝分,高槐列市;水清石出,織茅爲亭。甲子三月,集《曹景完碑》字,農髯熙書於戲海樓東軒。"(遼寧省博物館藏)

紙本。136×29cm

鈐印:曾熙之印(白文)。農髯(朱文)。閑居翫古不交當世(朱文)。心太平盦(白文)。

甲子三月,自書"我尋高士傳,君與古人齊"五言隸書聯。

自書五言隸書聯:"我尋高士傳,君與古人齊。甲子三月,集太白詩句。農髯曾熙。"(《曾熙書法集》)

紙本。130×33cm

鈐印:曾熙之印(白文)。農髯(朱文)。閑居翫古不交當世(朱文)。心太平庵(白文)。

甲子三月,作《牡丹春夢圖》。

自題:"亂寫一場拉雜春夢。甲子三月,老髯。"

鈐印:曾熙之印(白文)。農髯(朱文)。

甲子仲春,胡光煒招李仲乾、蔣國榜來齋中,以李瑞清遺稿輯成六册寄陳散原,請其審定,而以遺墨付李仲乾。

蔣國榜《清道人遺集·後序》:"臨川李梅庵師,歸道山已一紀,遺稿多散佚,偶見之書眉牘尾。同門胡光煒小石於甲子仲春，招師兄子仲乾與榜，集農髯先生齋頭，抱師遺墨如生時，戲署萬寶全書者都十七册，寫輯六册寄散原精舍，而以遺墨付仲乾。師於諸子中最愛仲乾，學由躬授，書法得心傳，能自樹立者也。是月望後，榜與印霜結褵湖上有美堂，散原先生造賀青廬，舉寫本見還，以篤老心情惡未遑董理，後卒匄得其序文。榜細繹師遺稿多錯雜，中有不完間有子弟代擬者。交游贈答，如編年分次，實非親切摯愛如仲乾者不克知。顧仲乾迂緩，榜雖窮敦迫，而經年歷歲不能舉。丙寅小春仲乾遠涉南洋，音訊斷絶者，至謂不在人間矣。嗚呼！師遺稿將終聽緘敝簏，若存若亡，閟其聲光耶？榜學殖荒落，未敢肩其重任，知交多相究詰，商之同門張善孖、大千昆玉、江萬平、朱大可諸君，仍敦小石，未應，轉嚴督責於榜，乃勉取所輯，類分年次可考與所及知者，釐其先後，爲遺稿若干卷。又以積歲所輯爲佚稿一卷，仲乾所取遺墨十七册亦展轉索得，其中漫漶殘錯，復羼各手塗抹，狼藉不可編檢者，窮日夜力，爬羅剔抉之爲遺墨攟遺一帙，末係師五十壽言及哀挽之作，乞師石交譚瓶齋先生定之。既竣，諸同門謀付梓焉。嗚呼！師高風亮節，國變後兒童販豎無不知清道人者，孤憤一寓文字，世當諒其苦緒。以云書法，實綜南北，融碑帖，摩唐宋，躡六朝，上溯秦漢以道源三代，脱縛於石，一求於鼎盤卣鬲。禹鑿龍門，孔門以書，師當入室，惜即世早，無專著，一麟片爪，亦僅如篆勢隸體之偶見中郎，子安本集，世無白石，孰能續過庭《書譜》耶！是師遺著，尤當珍於近賢阮氏、包氏所立説也。農髯先生初持師傳不在此，與仲乾竊持之力，抑知學者得此，猶賴點曝。每痛師鬻書自活，隱痛至深。既未斂以黄冠，復邀謚典，瘞恨泉壤，則斯文未灰，倘亦得師之遺志否耶？抑又感仲乾明珠譽早，銅盤之愛深，幼備恩遇於兹，當鍥而不捨，卒乃自淪異域，委此重付，獨使不似如國榜者，值外侮憑陵之年，爲星鈔雪勘之役，憂天指日，守闕存疑，竟此一編，無當三起。嗚呼，八甎斷硯，一幅春雲，淚滴黄龍，神凄牛首（師藏阮氏八磚吟館黄龍硯、高春雲曉靄軸均歸敝齋），摩挲遺物，亦姑自贖焉已。至小石創輯於始，江、張諸子促成於後，師門拳拳，誼不可及。若鈔録采訪之勤，則鍾君德涵、從子錫麒用力亦劬云。辛未長至後，受業蔣國榜。”

按：《清道人遺集》，中華書局 1939 年 9 月出版。

甲子春，爲弟子張大千作《季蝯書畫例言》，並代訂潤格。

《季蝯書畫例言》：“張蝯，字季蝯。内江人。生之夕，其母夢黑蝯坐膝下，覺而生季，因名蝯，字曰季蝯。季性喜佛，故曰大千居士。季之仲兄曰善孖，畫人物山水，尤好畫虎，蜀中與京師士大夫多争取之。然與季少時皆受筆於母。季昆季十二人，每歲學金皆出自母氏筆墨。季入學校數歲，謂科學少生人之趣，不足學。

遂東渡,與日本名宿參論中日畫理。又以日人新舊煩雜不足學,歸游名山,日與僧人言禪學。一日執贄就髯席請曰:願學書。髯曰:海上以道人(按:即李瑞清)爲三代、兩漢、六朝書,皆各守家法,髯好下己意不足學。因攜季見道人。道人好奇,見季年二十餘,其長髯且過髯,與語更異之,繇是季爲髯書,復爲道人書,人多不能辨,近則刻苦求於髯與道人書之外,卓然自立矣。季初爲畫,喜工筆人物,及見髯與道人論畫山水,則喜方方壺、唐子華、吴仲圭、王叔明、大滌子,花卉則喜白陽、青藤、八大及揚州諸老。季昆季中,多善爲計學,近又蜀中富人矣。季因不汲汲自見,然終日爲人奴隸,亦何所取,因爲之定其書畫例下(下略)。季尚有弱弟曰君綬,年未冠,書畫皆過其兄。前歲入都觀内府所藏,以書遺季曰:將蹈海。然無踪迹,或以爲遁入海外禪林云。甲子春,農髯曾熙。”(原件)

同時,爲弟子張善孖訂潤格。

《張善孖畫例》:“張澤,字善孖。蜀之内江人。好畫虎,髯因稱之曰虎癡。門人季爰之兄也。髯居上海之三歲,季爰居門下。一日持善孖所爲《十二釵圖》乞題。髯曰:鄙不喜爲閨閣綺麗之辭。季曰:‘虎耳。’大驚,展眎果十二虎:踞者、立者、渴飲者、怒者、媚者,極數變態,皆奇想天開。嗟乎! 善孖其善以畫諷世者歟! 去歲來滬,携其平日所畫虎,大者丈餘,小或數尺;或寫群虎争食,喻當道賢者;或寫犬而蒙以虎皮,喻賢者中之又賢者。嗟乎! 張生何諷世之深耶? 然予觀古來畫虎者,每多類犬,寫生家又但能傳其皮相,不能得虎之天性,君操何術至此? 善孖曰:‘予因畫虎,遂豢虎有年矣。虎性貪利得肉,予每日以肥豚大方飼之。待其飽,然後弛其鐵繩,縱之大壑,須臾風生,若怒若醉,長嘯奔舞,山谷異勢。及其饑,復置肥豚檻柙中,虎且摇尾而前,若敬主人者。’髯曰:虎得肉足耳,且知有主人耶! 善孖又善畫佛,其於山水鳥獸,皆能折衷中西法,取其所長。近與髯論畫,且學書,其爲人端慤,任事勤密,讀善孖畫,可以知其人矣。農髯曾熙。(下略)”(《金石書畫家小傳》,參以原件)

按:《金石書畫家小傳》及原件均未署年,以“去歲來滬”及“近與髯論畫”推之,則與乃弟張大千《季蝯書畫例言》訂於同一時期。

1924年5月3日立夏前三日,以蔣南沙章法作《牡丹蒼松圖》。

自題:“富貴昌宜長年。鄙見南沙樵元人有此本。南沙用筆雖工,然荒率處尚見天機。髯但法其佈置,其用筆仍以篆草之法行之,以適其性耳。甲子立夏前三日,農髯曾熙。”(私人藏)

紙本。133×66cm

鈐印:曾熙之印(白文)。心太平盦鉨(白文)。

同日甲子立夏前三日作《富貴長年圖》,寫成,適楊浣石來,欲奪之,許以再寫寄之。

自題:"富貴長年圖。甲子立夏前三日,衡陽曾熙寫於滬上戲海廔之東軒。"

又:"山中富貴春長在,且向虯髯學低頭。此幅寫成,適浣石楊君來,直欲奪之,許以他日再寫寄之。並題此補空。髯識。"(私人藏)

紙本。136×68cm

鈐印:曾熙之印(白文)。農髯(朱文)。曾熙詩書畫印(白文)。

1924年5月11日甲子四月八日,爲籌募美術教育籌備金,停雲書畫社將現代名人書畫發行書畫券抽籤集資。

《停雲書畫社大展覽△舊曆四月八日舉行》:"國聞通信社云:海上停雲書畫社自去夏成立以來,規模弘大,人材衆多,其治事諸人志願在使吾國美術日進無極,惟願宏而款絀,興辦各種未能即觀厥成,目下擬將現代名人朱古微、吴昌碩、王一亭、鄭蘇戡、譚延闓、曾熙、章一山、田桐、于右任、吴杏芬、任堇、洪西廬、吕選青等數十人捐助書畫九百種,編號爲次,每號至少有十元之價格,再多者二十元、二十五元、三十元以次至二百元不等,概作五元,開會之日以抽籤手法定之,所得之款作爲美術教育籌備基金。聞日昨書畫券發行之後,各方争購,該社擬添印若干,舉行之日定爲舊曆四月八日,舉行之地事前通告云。"(1924年4月17日《時報》)

同日爲曾一哉寫佛像一軀並題偈一首。

自題:"有法非佛,無法即佛。有佛非佛,無佛即佛。我見佛非佛,我見我非我。無佛無我,還之自然,釋迦云可。(一哉五弟近好佛,且專一佛學,視兄此偈何如? 甲子浴佛日,兄熙薰沐寫此。)"(《大風堂存稿》)

1924年5月13日,譚延闓寄信來。

《譚延闓日記》同日條:"五月十三日晴,寒暑計九十度,(四月初十)六十六、醉六、精衛、秋、曾九。六八、六九、秋。三時醒,似爲夢魘,然了不記何夢。風寒臂冷,手指僵直,知受寒之因,乃以衾自覆,頃之復睡去。及醒,已九時,坐十五分起。邱鴻鈞、李懷新來,皆可不見之客也。吕滿來語行事。飯後,得大武書,知陸判索賄,或者案有頭緒,故撞木鐘耶。王靈官來施術,意頗厭之,且看今日復如何再説。施術竟,前方來人正在外室商事,語喁哳不可知,余意亦倦矣。一時後出至省長署,與滄白商一事,乃渡海至大本營,登樓謁帥,言近事甚久。蔣介石來,遂同出渡海。余至滄白處談。謝無量來,談白話詩、笑話甚多。就餐,惟滄、謝、吴、朱四人,惜太少,不能飽也。紉秋歸來,出種種西洋美術畫,了不異人。與滄白談近事,推想甚深,恐其危矣。一時,乃與李荃傳同車歸。到家濯足,二時乃寢。"

1924 年 5 月 18 日甲子四月望,爲翊園主人陳文甫書"翊園"匾額。

書"翊園"匾額:"翊園。主人於浦東横沔鎮闢地二十餘畝,建築亭榭,濬渠鑿池,橋如虹垂,綠柳筱竹,映帶清漪,其勝景雅懷當過半淞園也。甲子四月望,農髯熙。"(上海朵雲軒 2007 年春拍圖録)

紙本。53×169cm

鈐印:曾熙之印(白文)。農髯(朱文)。游天戲海之廔(朱文)。

按:翊園,俗稱陳家花園,又稱王家花園,位於横沔鎮東市梢。建於 1921 年,占地三十餘畝。園主陳文甫,横沔人,原在猶太人哈同所辦的企業任職,傳説還是哈同妻的乾兒,後回鄉在原籍仿哈同花園格式建成翊園,故當地人直呼"小哈同花園"。園門西南,進得大門,即是石笋松樹組成的花壇,環壇五色鵝卵石路面,鋪成"丹鳳朝陽"、"麒麟送子"、"松鶴延年"等花鳥景物圖案,石徑向三面延伸,通往各個景區。"凌霄古藤長廊"兩旁多栽桂花,佔盡春秋風華;猴潭一帶,靈石巧疊,曲橋穿連,亭閣隱現其間。過梅林,沿白蓮池,可觀九龍戲珠的雕塑,可惜在"文化大革命"期間,毁去六龍,現存三龍。承禮堂前有櫻桃數叢,稍偏後有一幢二層樓住房,即當年主人居所。面對大門,有一座按國畫景致佈局而成的林石景壇,正中太湖石上刻着"瑞雲"兩字。壇内石山有洞,洞有噴泉。翊園在 1949 年後一度成爲横沔的敬老院,近年園地有所擴建,原來游覽景區基本保持原狀。(據《上海地方誌》)

1924 年 5 月 19 日甲子四月既望,爲寧波阿育王寺書"此間珍裝法寶,曰論,曰律,曰經,總稱三藏;者里彌滿清浄,即中,即真,即俗,的指一心"十六言隸書聯。

自書隸書十六字聯:"此間珍裝法寶,曰論,曰律,曰經,總稱三藏;者里彌滿清浄,即中,即真,即俗,的指一心。歲次甲子夏四月既望,衡陽曾熙書於心太平庵。"

尺寸 315×55cm

鈐印：曾熙之印(白文)。農髯(朱文)。

按：此聯現嵌於寧波阿育王寺法堂門前。

同日，論畫云王原祁畫之長處在“生”，瘦勁而有風骨。

自書：“思翁論書畫云：‘作書須熟後求生，畫須熟外得生。’故思翁八十以後所作畫，其風骨特高。麓臺嘗云：‘石谷畫失之過熟，二瞻(按：即查士標)頗能生。’麓臺所以一生長處在生而瘦勁，有士大夫之風骨。甲子夏四月既望，農髯曾熙。”(私人藏)

紙本。143×47cm

鈐印：曾熙之印(白文)。農髯(朱文)。

按：此類將研習書畫心得寫成書法作品，是曾熙藝術的一大特點。有應索者，有自存者，有署年款者，亦有未署年款者。其未署年款者，除前已附入本譜者，尚有：

“右軍寫《黄庭》，以篆法行之。其草書每方轉、方折，蓋從章草來也。大令真書用隸，而作草純以篆法行之，閣帖可取證也。冠群弟近從《鶴銘》得筆法，從篆來也，即化《鶴銘》爲行書，而以《蘭亭》佐之。熙。”

“朱子謂書法，米元章理會得，黄山谷理會不得。石庵(按：即劉墉)云：‘山谷非不解書理，其天禀如此，亦只自盡其才而已。’予謂宋三家勢成鼎足。蘇出太傅，取横勢。山谷出《鶴銘》，取從(縱)勢。米由褚(按：即褚遂良)窺平原(按：即顔真卿)，如鷹之善下。仲武仁兄法家正之，農髯熙。”

甲子小滿(5月21日)後，節書《莊子・雜篇》。

自書：“(節書《莊子・雜篇》略)節書《莊子・雜篇》，甲子小滿後，曾熙。”

紙本。104×51cm

鈐印：曾熙之印(白文)。農髯(朱文)。

甲子五月，仿王蒙(叔明)山水與甥趙子威。

自題：“海上見叔明畫凡四軸，其幽秀濃密，煙霧霏結，爲叔明正宗者，蔣孟蘋所藏，戴文節篋中舊物也。其疏而潤逸，雜而不亂，蕩乎規矩，和以天倪，董思翁所稱天下第一王叔明者，狄平子所藏，臨川李春湖侍郎舊物也。其雄厚雋邁，白鵰(?)主人所稱王翬一見叫奇絶，百遍橅寫忘寢食者，今歸二師酉敦齋主人矣。其精細神品册子，爲松雪所作，嶽雪樓舊物，門人季爰得之，歸日人所有。年來見叔明真蹟既多，隨意寫此，頗有深悟。原付內子守之，因子威趙甥數以書乞畫，遂

與之,時甲子五月。"(《大風堂存稿》)

甲子夏,爲弟子江萬平作《無盡藏齋鬻畫例言》,並代訂潤格。

《無盡藏齋鬻畫例言》:"無盡藏齋主人江萬平,字龍渠,又曰曼屏,髯嘗呼曰曼倩,沈乙盦(按:即沈曾植)、鄭海藏(按即鄭孝胥)皆稱之曰曼君,並因以爲字,前郎官江莱生先生之公孫也。髫年即喜爲畫,其王母與其母皆工六法,其父又喜收藏,故曼倩習與性成,所造益遠。曼倩賦性豈和,而思精力鋭,每臨宋元以來名蹟,神形畢肖。乙盦稱其才逼文(按:即文徵明)、仇(按:即仇英),道人謂多師文,髯獨詔其以歐(按:即歐陽詢)、褚(按:即褚遂良)勁健之筆,直追唐子畏(按:即唐寅)。曼倩寫山水將二十矣,髯每以書法進之,蓋求畫於畫,不若求畫於書也。故曼倩數歲以來,畫益大進,求者日益繁,因爲之定其直例於左。甲子夏,農髯。山水畫例:堂幅每尺五元,逾六尺每尺六元,逾八尺每尺八元。屏幅每尺四元,逾六尺每尺五元,逾八尺每尺六元。横幅整幅同堂幅,半幅同屏幅。琴條同屏幅。卷册每方尺六元。紈摺扇每柄四元。過大者倍直。畫佛視山水例加半。青緑没骨白描吹雲彈雪工細之作倍直。金箋綾絹加半。通景屏倍,點景補圖倍,臨摹古人名蹟别議。墨費加十之一。收件處:上海各大箋扇莊。通訊處:上海東有恒路六百三十五號衡陽曾寓,寶山路口升順里三號澹廬。"(《書畫留真》,民國年間珂羅版)

甲子五月,爲嚴載如題嚴氏《三世耄耋圖》。

自題:"太古之民,人皆百歲。沐浴天龢,不矜巧慧。六竅既鑿,貞元斯敝。嚴氏三世,耄祺爾儷。修德云虖,壽豈世繼。是謂家祥,川嶽委蜕。載吉載昌,光顯後裔。嚴氏三世耄耋圖贊。衡陽曾熙。"

鈐印:曾熙之印(白文)。農髯(朱文)。

按:此贊未署年款,圖有陳三立題,云:"嚴侯授我耄耋圖,神芝暎發山之隅。清芬三代近可接,龐眉皓首何蘧蘧。其間三媪亦矍鑠,偕老日與春風俱。得致大年果何術,奕世隱德今誰知。林泉游釣養天趣,衣食布施瞻荒區。流傳盛事載家乘,鬱葱佳氣充庭閭。金貂七葉胡爲乎,牛車衆寶何其愚。君不見白榆歷歷種天上,此樂自與人間殊。甲子夏五月,義寧陳三立。"因繫諸甲子歲。

甲子五月,趙恒惕定製瓷板萬夫人五十八歲小像爲賀。

趙恒惕題:"衡陽曾伯母萬太夫人五十八歲肖像,甲子五月,趙恒惕敬題。"(《歲月衡陽——衡陽博物館館藏文物精選》,嶽麓書社 2010 年 12 月版)

1924年6月24日甲子五月二十三日從南京返滬，爲慎齋畫佛。

自題："大覺原非覺，真空非即空。山河回照里，福與衆生同。因此石上空地，以摩崖法題此。慎弟深於禪理，視髯悟處何如？"

又："莽莽蒼蒼煙霧裏，芻芻狗狗幾大千。何如揮純無消息，同證天根證自然。甲子五月二十三日從南京返滬作，寄與慎齋老弟，髯雖六塵未净，然尚有一綫光明能自得之耳。"（《大風堂存稿》）

是日，與譚延闓信寄到，勸其"諱女"，譚以爲"愛我而不知我"者。

《譚延闓日記》同日條："六月廿四日陰夜雨，寒暑計八十二度。（五月廿三）閱群、吕滿、胡、廖、汪、張、九十書、祥卅四。七十二、八十六、岳二、吕、曾九、余大、祥等、謝四、子靖。七時五十分醒，坐十五分起。手僵覺劇，盥後復瘥。飯後，余與護芳輿，毓昆、特生、慕韓、曙邨騎，同往平山訪吴八，凡行十里而至。余於輿中看曲徑，竟不覺也。吴八司令部視余所居爲小，但廳事後爲碉樓，主人居之，爲少異耳。吴之副官長王禮繩出見。設食。食罷小坐，看《石頭記》盡一本，久不看此，亦覺津津有味也。與陳、李、謝、曙出，毓昆獨留。余等至古嶺訪張弼青，至文昌廟訪陳憲民。歸途，聞朱强生來，折至九師師部訪之，張沛霖亦在。强生病居河源數月，昨始由迴龍歸，敵人初乃監視，後則護送，蓋林虎之爲也。自云病五十餘日，昏不知人，今由前方歸，將赴省養息，此當然者。歸，遇石侯於道，亦往訪强生者。至家，孫佛三來談，留同飯。魚長三寸，已若珍奇，山人之不足魚可知。得岳、吕十八書及大武、曾九、余大諸書，曾勸諱女，余勸釋兵，皆愛我而不知我者，然意可感也。復作書久之。十二時，伯雄、彦遠來談，一時乃去。雷雨復作，余亦就睡。黎六嘗以'鉤毛弦石溜'出處見詢，考今乃知出《内經》，'溜'亦有作'代'者，《診要經終論篇》云：厥陰終者，中熱嗌乾，善溺，心煩，甚則舌卷，卵上縮而終矣。註：筋者聚於陰器，而脈終於舌，故舌卷，卵上縮。知湘人謂生殖器爲卵之有本。"

按："諱女"意避忌女色。

1924年6月，與朱祖謀、聶其杰、譚澤闓、俞明頤等爲長沙汪頌年訂定潤例。

《汪貽書潤例》："長沙汪頌年學使貽書，晚號閑止老人。以名翰林視學廣西、江西、山西，洊攝山西藩司，提倡風雅，藉甚一時。書法不名一家，蒼勁秀絶，兼擅晉唐之勝。昔人評元常之瘦，所謂飛鴻戲海，舞鶴游天，庶乎得之。二十年來，湘中書家蔚起，閑止實開風氣之先。晚年醇而益肆，筆尖所到，奇恣横生，太華峰頭，但見秋隼，毫顛神妙，乃更不可名言矣。得其一縑，珍同拱璧，户限爲穿。同人爲訂潤格,以示海内求請之準,一紙百鵝,抑亦藝林佳話也。其目列後。朱祖謀、聶其杰、俞明頤、余肇康、曾熙、譚澤闓同啓。書例:堂幅:六尺十元,五尺六元,四尺五元,三尺四元,横幅同直。屏幅:六尺六元,五尺五元,四尺四元,三尺三元,横幅同直。楹聯:六尺六元,五尺五元,四尺四元,三尺三元,六尺以上每尺加一元。紈扇摺扇:每葉二元。卷子:每尺二元,册頁同直。匾字:每尺三元。題簽名刺:每字一元。金箋加倍,來文加倍,壽屏碑誌另議。收件處:上海各大箋扇店,杭州學士路星遠里九號。"(1924年6月29日《時報》)

1924年6月27日甲子五月二十六日,萬夫人五十八歲壽辰,衆弟子來賀。李健、張大千、善孖、江萬年、馬企周合作《達摩圖》,抱孫觀弟子作畫並題跋。

題《達摩圖》:"甲子五月二十六日,萬夫人晉五十八歲,學子咸來舉酒爲樂,張生季爰寫佛相,仲乾姪以篆法勾衣,江生萬平畫蒲團,馬生績周(企周)寫菩提樹,張生善孖朱花小竹,老髯抱元和、九一兩孫觀學生作畫,遂題其端。"(湖南省圖書館藏)

按:九一即曾慶壬。

甲子六月,以殘墨寫松。

自題:"老榦猶龍,張翼若鳳。東岱笑秦,南山留頌。程邃、戴本孝以焦墨寫山水,高且園、李世倬亦喜用枯煙。老髯作書之餘,研有殘墨,寫此頗自適。甲子六月,農髯曾熙。"

鈐印:曾熙之印(白文)。農髯(朱文)。

1924年7月2日甲子六月朔,爲夢松書"一亭臨流水,萬竹引清風"五言隸書聯。

自書五言隸書聯:"一亭臨流水,萬竹引清風。甲子六月朔,書似夢松仁兄法家正之,農髯曾熙。"(朵雲軒2006秋拍圖録)

紙本。143×38.5cm

鈐印:曾熙之印(白文)。農髯(朱文)。心太平庵鉢(白文)。

同日,以秦漢篆隸寫倪黄山水。

自題:"自明以來大家皆有倪黄合作,思翁以生辣之筆,取澹遠之意,二瞻學之氣,疏以直,亦遂成家。漸江取黄之疏而去其厚,取倪之直而趨於刻,然其氣骨之清高,亦倪黄之巨子也。八大以行草寫倪黄,其氣渾。田叔以草書寫倪黄,其

志狂。髯但秦漢篆隸，其奔赴腕下者，亦非有意求深厚，其與王奉常祖孫異者，筆之來源各别也。甲子六月朔。"(《大風堂存稿》)

1924 年 7 月 13 日甲子六月十二日，題何紹基己未秋居山東時所臨《石門頌》第三通。

題何紹基臨《石門頌》："此道州居山東時所臨，其時臨《禮器》多，此臨《石門》，故雜出《禮器》筆法。道州分書，以辛酉(1861)、壬戌(1862)二年爲恰到好處，前此韵勝而力有不及，後此力過而奔放太甚。然皆非伊(伊秉綬)、鄧(鄧石如)所能及也。星池吾兄其世守之。甲子六月十二日，農髯熙。"(《何子貞臨石門頌真蹟》，中華書局 1924 年 11 月 3 版)

章太炎題："蝯叟篆隸皆以草行，然小篆如蘭葉當風，披靡四出，隸稍嚴整，《石門》勢本奇宕，故得行其意耶？謂舞女氐腰，仙人嘯樹者，庶其似之，民國十三年孟秋章炳麟。"

鈐印：章炳麟(白文)。太炎(朱文)。

譚延闓題："蝯叟臨漢碑，余所見不下百通，以《張遷》爲最多，《石門》次之。最初爲使蜀時臨本，其定爲日課則在居山東時。此本其一也。星池吾兄得之，出以示余。舊所藏如李如唐，皆故家至好，跋尾如陳懷庭丈、汪偉齋、譚子佩諸人，手蹟猶新。區區一豪素間物，數十年中已變動不居若此，況其大焉者乎！星池方以明農自力，弆而藏之，時於釋耒輟耕之餘，展玩以自慰勞，勿更爲豪家見也。中華民國九年十一月十三日譚延闓題記。"

1924 年 7 月 17 日甲子六月既望，爲弟子馬駘《馬駘畫問》一書撰序。

《馬駘畫問序》："《畫問》，邛池漁父所作也。漁父山水、鳥獸、花木能參酌中西，自成家法，海内多輿金幣争貨之，納贄門墻日衆。漁父因作《畫問》一書，俾學子有所取益。雖然，筆法可授也，其氣骨則視其人與其學之所至；畫可學也，學蓋不在畫也。彈琴者，求之器乎？抑求之志乎？願海内學子，讀《畫問》一書，進而求之，此髯之厚望也，此髯之厚望也。甲子夏六月既望，農髯熙。"(《馬駘畫問》四册，1924 年 9 月朝記書莊出版)

同日，寫《奇花異石圖》。

自題："花開月月好，月月看花人不老。復堂有此本。甲子六月既望，農髯熙寫於海上心太平庵。"(安思遠《中國近代書畫》)

設色紙本。103×52cm

鈐印:曾熙之印(白文)。農髯(朱文)。髯公六十後書(朱文)。

藏印:洞庭静遠室珍藏(朱文)。安思遠藏(朱文)。

甲子六月,書"盛業垂丹簡,高名映碧霄"楷書五言聯。

自書楷書五言聯:"盛業垂丹簡,高名映碧霄。率更以隨(隋)人矩矱從右軍、《曹娥》蜕化,故險峭中風骨潤腴。甲子六月,農髯曾熙。"(《中國書法》1999年第4期)

紙本。148×39cm

鈐印:曾熙之印(白文)。農髯(朱文)。心太平庵鉢(白文)。

甲子六月,午睡初醒,浩齋來請爲題吴昌碩《梅花》與王一亭畫佛。

題吴昌碩《梅花》:"既睡不厭夢,既醉不求醒。洪流震天地,容與賸一艇。疑從孤山來,留取冰雪影。甲子六月,農髯用缶叟韵題此。"(《大風堂存稿》)

吴昌碩自題:"梅溪水平橋,烏山睡初醒。月明亂峰西,有客泛孤艇。除却數卷書,盡載梅華影。浩齋仁兄雅屬,庚申莫春之初,吴昌碩時年七十有七。"(《吴昌碩作品集》[續編],西泠印社出版社1994年版)

題王一亭畫佛:"無量佛,無量佛,我從衆生中,發生千萬佛。"(《大風堂存稿》)

題罷吴昌碩、王一亭畫,畫興大發,爲浩齋揮毫寫《松》。

自題:"此身豈是龍變化,獨抱寒雲凌太虛。(甲子六月,午睡初醒,適浩齋弟持缶叟梅花、一亭佛像,啓予畫興,寫此答之。)"(《大風堂存稿》)

甲子六月,爲鶴祚作《花卉》。

自題:"六法原有法,氣骨得之天。衲子日誦經,未必能得禪。白首困丹青,究竟幾人傳。老髯不解畫,書餘興偶然。難爲庸史識,留此證後賢。甲子六月寫此,寄鶴祚賢弟並繫以詩。"(《大風堂存稿》)

甲子六月爲紹庵寫花卉。

自題:"花開月月好,月月看花人不老。且喜此心同頑石,石隙又種長生草。髯於乾隆諸老,既愛南阜,又喜李晴江晚年用筆之横肆。此幅合寫之,未識吾紹庵老友視此爲何如?"(《大風堂存稿》)

1924年7月18日,譚延闓寫信來。

《譚延闓日記》同日條:“七月十八日,寒暑計八十八度。百一、日記、祥卅一、淑、大生十三、汪九、曾九、余大、夏五、詠四參。護芳、冠軍。八時十五分醒,坐十五分起。以紫光治手,周次峰偕蔡軍周參謀來言近事。飯後,(喻先明、羅藩瀛來。)出至省長公署見仲愷,談甚久,留飯,遇鄒殿邦。出至大本營,與胡展堂談甚久,遇邵元沖。連日湖水大漲,南隄馬路及大本營皆被水浸矣。至頤養園訪宋阜南、吴熙農,談頃之,李抱冰來,蓋亦養病其中者,談移防事。晚盧美霖來診病,既去,余亦歸部,車不能行,以人力車歸。煮麵食之,僅存之門牙亦作痛,人頗不適。典欽來談。十一時遂寢,服阿司匹林一粒及洋參水。解福來云明日行,乃作寄滬書。及畢事已十二時三十分矣。”

甲子夏,喜得石濤《松竹蘭石圖》,此圖曾印入神州國光社畫册中。

題石濤《松竹蘭石圖》:“此石濤極晚年之作,明亡已六十一年,當七十餘矣。曾見神州社主人景册,遍訪不得,不知其爲西江余介卿篋中物也,得此喜極遂記此。甲子夏髯識。”(《明月清風——至樂樓藏明末清初書畫選》,香港藝術館編製,2010 年)

水墨紙本。118.3×40.5cm

鈐印:曾熙私印(朱文)。

此際,爲弟子馬宗霍之母寫佛爲壽。

自題:“苦節既異人,孝慈九可風。游子行不歸,白髮誰爲容。携兒鞠姑懷,洗淚意融融。有婦能採菽,終勝禄萬鍾。弱子依機下,自昔稱神童。十歲成文章,聲譽馳郡中。六籍原紛雜,執義守其通。翔步來獎左,耆舊喜相逢。立身顯母德,青氈光熊熊。且爲傾萬酌,吾道信綏豐。熙既爲宗霍妹倩之太夫人寫佛一區爲壽,復作此詩附於大雅之末。”(《大風堂存稿》)

1924 年 8 月 4 日甲子七月初四日,酷熱得雨,爲李鳳亭作《漫游圖》,施以明人枯筆焦墨法,觀者咸稱之。

自題:“漫游圖,爲鳳亭賢弟作也。鳳亭欲攬江山之勝,且欲考察列邦之政要,屬寫斯圖。髯聊取大癡用意而以明之程邃、戴本孝、萬年少純用枯筆焦墨之法寫此。甲子七月四日,酷熱得微雨頗快,農髯熙年六十又四。此圖寫成,向樂叟及來觀者稱爲必傳,豈其然乎!”(《大風堂存稿》)

甲子秋七月,將爲李鳳亭作《漫游圖》題詩録贈姚雲江。

自書:“莊子逍遥游,我生苦不早。畢竟南北溟,行地等潢潦。我志能御風,神照窮荒島。大禹所不鑄,搜之作畫稿。清風過吾廬,庭前長芳草。饑溺且忘已,何用滋煩惱。寫此壯君行,遺我安期棗。爲李鳳庭寫《漫游圖》,並繫以詩,録與雲江弟賓之。甲子秋七月,農髯熙。”(《曾熙書法集》,上海辭書出版社2013年12月版)

紙本。105×23

鈐印:曾熙之印(白文)。農髯(朱文)。衡陽(朱文)。

1924年8月7日甲子七月初六日,以甥趙子(祉)威所贈六紫四羊筆作山水。

自題:“七月六日試子威贈六紫四羊筆並記此。莊子逍遥游,我生苦不早。畢竟南北溟,行地等行潦。我志能御風,神照窮荒島。大禹所不鑄,搜之作畫稿。清風過吾廬,庭前長芳草。饑弱且忘已,何用滋煩惱。寫此壯君行,遺我安期棗。雨後頗除熱悶,並繫以詩。髯之安期□麓臺畫耳。髯不學麓臺,何取於此? 惟某家所藏,大異平日,不無去後之思,可問子威。髯再注。”(《大風堂存稿》)

甲子秋,爲佩仁五十雙慶寫《百齡圖》祝之。

題識:“《百齡圖》,寫祝佩仁賢老弟五十雙慶。甲子秋,農髯兄熙。”(私人藏)

設色紙本。125×67cm

鈐印:曾熙之印(白文)。農髯(朱文)。髯公六十後作(朱文)。

甲子秋,寫《秋山錦繡圖》,適爲吴君見之,以白金求購,以祝哈少甫七十大壽。

自題:“秋山錦繡。甲子秋,略仿房山大意,寫上少甫先生七十大壽。衡陽曾熙。”

又:“此幅寫成,適少甫先生之世友見之,激賞無已,遂以白金相易。且曰:‘少甫先生最癖愛髯山水,而後生非此無以爲敬。’世友吴君鑒,蓋素承先生知愛也。同日,熙並記。”(安思遠藏《中國近代書畫》)

設色紙本。135×66cm

鈐印:曾熙之印(白文)。農髯(朱文)。永建齋(白文)。髯公六十後作(朱文)。心太平庵鉢(白文)。

藏印:江寧哈麐(白文)。寶鐵硯齋(朱文)。松瀑廬藏(朱文)。安思遠藏(朱文)。

1924年8月8日晚,與聶雲台、向樂穀等以湖南鄉里受災慘重,假座功德

林宴請題襟館書畫會、停雲書畫社、西湖有美書畫社、豫園善會各會會長，籌開書畫助賑大會。

《書畫家熱心湘賑△組織湘災書畫助賑會》："旅滬湘紳曾農髯、聶雲台、向樂穀等，以湘省災情慘重，已承各慈善家慷慨捐助，而海上書畫家對於助賑素來熱心，特於前晚假功德林宴請題襟、停雲、有美、書畫善會各會會長，籌開書畫籌賑大會。計到會者有吴昌碩、哈少孚(即哈少甫)、伊峻齋、商笙伯、任堇叔、吕選青、趙叔紓、姚虞琴、吴臧堪、劉山農、唐吉生、符鐵年等。首由曾農髯、聶雲台報告開會宗旨，僉以事屬善舉，全體贊成。議定辦法數項：一、本會定名爲湘災書畫助賑會，由題襟館、停雲社、西湖有美社、書畫善會四會組織之。一、事務所設寧波路九號湘省水災義賑會内。一、公推曾農髯、聶雲台兩君爲主任，丁輔之、吴臧龕、姚虞琴(題襟館)、任堇叔、洪麗生、田梓琴(停雲社)、劉山農、吕選青、唐吉生(有美社)、汪仲山、沙輔卿(書畫善會)諸君爲幹事。一、議定售書畫票二千張，每張五元。一、書畫家名單住址，由四書畫會分擔調查，報由事務所具函公請，仍假功德林爲集會地點。一、登報徵求書畫，由本會及上列各書畫社收件。一、由本會印書畫收條分發各社。查此次該會組織得吴昌碩諸大名家擔任書畫，誠爲難得，票價又廉，人捐數元，即可得名人書畫，又屬善舉，海内外人士必以先得爲快云。"(1924 年 8 月 12 日《時報》)

與吴昌碩書："前日晤山農，言杖履異常康勝，至慰。明日午後書畫籌賑會商一切，切懇先生惠臨，想無量佛必爲一切衆生説法也。屆時由功德林雇汽車相迓。即頌缶叟暑安！熙頓首。七夕。"(西泠印社 2011 年秋拍圖録)

按：以報導推似爲 8 月 10 日，然從曾熙致吴昌碩書觀之，會議在七夕後一日即 8 月 8 日舉行，蓋報導之稿爲報社延遲之故。

1924 年 8 月 20 日由錢化佛主辦之藝乘書畫展覽會開幕，出品《米家山水》。

展覽會廣告："藝乘書畫展覽會。出品：山水、花卉、人物、仕女、佛像、真書、草字百餘件。日期：八月二十號起，八月二十三日止。每日上午九時起，下午九時止。地點：南京路雲南路口六一號。主任錢化佛。"

周元琪《藝乘佛畫》："秋暑困人，日惟北窗下卧，讀畫吟詩而已。比得錢化佛君柬，知君方主南京路雲南路口藝乘金石書畫會，乃冒暑訪老友於會中，談笑甚歡。會中四壁張畫殆滿，以曾農髯丈之寫米家山渾而有骨。此老素以書名聞海内，畫名反爲所掩，實則此老之畫，正如林琴南老人之爲文所掩也。由里山人繆甫(莆)孫寫菊一幀，筆致工細絶俗，着色停匀，並題以句云：'石上流泉無客賞，數枝寒菊是知音。’不禁爲之呼絶妙佳構也。其他若張聿光之《虎》,黄賓虹山水,劉海粟之寫真,共計有三十餘件,均係絶妙精品。(下略)”(1924年8月25日《申報》)

1924年8月,《申報》介紹弟子江龍渠(萬平)、道樊兄妹訂潤鬻書。

《藝苑清音》:“畫家江龍渠君(萬平),工山水,學古入化,每臨宋元以來名蹟,神形畢肖,古法如吹雲彈雪、没骨白描,無不並臻神妙。間作佛像,尤超古雅秀。著有《無盡藏齋談畫》,曾刊入《小説新報》藝苑欄,譬論精審,曲中竅要。近歲踵索者日繁,已由曾農髯代訂潤例行世矣。”

又:“女畫家江道樊女士,龍渠君妹也。工詩能文,尤長書法,兼擅篆隸分楷,與乃兄並爲書畫家清道人、曾農髯之得意弟子,已早定例行世,篆隸分書,並皆超古,楷尤健秀,得錢南園神髓,海上得女士書者無不珍若至寶。藝林風雅,萃於一門,洵嘉話也。”(1924年8月22日《申報》)

1924年8月25日甲子七月二十五日大雨,一洗暑氣,題吴穀祥《山村秋深圖》詩堂。

題吴穀祥《山村秋深圖》詩堂:“曏見吴臨明人册子十二幅,其臨文、唐二幅,氣韵之雅逸幽秀,當爲此老生平無上妙品。此幅臨戴文節(按:即戴熙),取韵設色能以神會。近日學戴,但具皮相,不能得其深處,其去此遠矣。甲子秋七月二十五日大雨,一洗煩濁之氣,題此頗快。農髯曾熙。”(私人藏)

鈐印:曾熙之印(白文)。農髯(朱文)。

吴穀祥《山村秋深圖》自題:“孤村霜葉紅,田曠稻已獲。布帆秋風中,沽客方行役。見戴文節有此本,偶一憶及,仿佛擬之,並繫短句,吴穀祥。”

紙本。48×36cm

鈐印:吴穀祥(白文)。隴梅軒(白文)。

按:吴穀祥(1848—1903),字秋農,號秋圃,浙江紹興人。善山水、花卉、人物。

1924年9月11日中秋前三日,寫《牡丹圖》,許昭(徵白)補鳥。

自題:“富貴昌宜侯,王俾壽而臧。白石翁有此本。甲子中秋前三日,大雨如注。農髯熙寫於海上。”

許徵白題:“徵白補鳥。”(私人藏)

設色紙本。106×58cm

鈐印:曾熙之印(白文)。農髯(朱文)。許昭之印(白文)。

1924年9月15日甲子中秋後二日作《菩提松》，祝哈少甫七十大壽。

自題："須彌山有松，常千歲不易葉，其葉拳曲類蟹，爪如菩提散花，故稱菩提松。其西出一枝能蔭西方諸國，渴者常飲其露，故又稱甘露松。少甫先生以慈善累行修德，寫此敬頌七十大壽。歲甲子中秋後二日，衡陽曾熙頓首頓首。"(私人藏)

設色紙本。137×67cm

鈐印：曾熙之印(白文)。農髯(朱文)。

1924年9月17日，致譚延闓信寄達。

《譚延闓日記》同日條："九月十七日晴，寒暑計八十五度。(八月十九日)曾九。八時醒，坐二十分起。徐方濟來，乃以樊醒民書欲賣公安局局長，可怪也。飯後，張藹紫偕日本住粵武官重藤來，敷衍久之，忽忽數小時，遂已午後。(冠軍來。)出訪石青陽，談甚密切。渡海至祕書廳，正遇胡展(堂)辦事，坐談頃之。登樓開會，到者劉顯臣、范小泉，楊、許、胡、范皆派代表，擬一電致表諸軍將領意見，以撤防爲北伐先聲，且□陳炯明之覺悟，亦可謂與狐謀皮者矣。散後，渡海至謝冠軍家，宋、吴、陳軍長，陳、唐司令，張矮子先在。看王明燮辦魚，生取活魚，刮去鱗，破腹，剥皮，尚未死也，記在永州時看人作此，今七年矣。既登於案，飲食若流，阜南獨少，蓋不慣也。復喫飯而散。歸家，陳、唐二司令來言給養，意甚不平，慰遣而去。與謝參謀、吴處長一談，乃爲人作屏聯，頃刻立盡。陳鍾烈來縛脚，仍以熱水洗而擦之。十二時，食豆汁，遂睡。"

甲子秋，至牛首山祭祀，察看玉梅花庵工程進展，並與道明和尚商談經費事。

按：見本譜乙丑五月十八日與道明法師書。

1924年9月25日甲子八月二十七日，爲原配湯夫人之母即譜主岳母唐太恭人撰《杏軒公德配唐太恭人八十壽序》。

《杏軒公德配唐太恭人八十壽序》："外舅母湯母唐太恭人，熙元室湯恭人之母也。唐氏金溪望族，世守詩書。外舅母有弟二人，長曰漢承，季曰堯松。堯松姻翁昔館從兄家，數以文字相往還者也。外舅母笄齡歸外舅中憲大夫杏軒先生。外舅生一歲而孤，外王母劉氏年十九撫育孤子，其時遺産不過數十畝，因習勤勵苦，采山種竹，辟荒墾田，濬池養魚，山居尚儉，遂擴舊業，治新宅，延師課子，聲譽隆隆，鄉人莫不嗟誦。當湯恭人入門，熙年二十三，逾歲生女曰智秋。智秋生五月,熙率湯恭人始以禮見外舅、外舅母與外王母。外王母執熙手曰:'予年十九苦節,今始得見外曾孫矣。'既喜復自感。是時,外舅喜賓客鄰里來會百數十人,熙見外舅母句婁竈下,事必請命。外王母頭班(斑)白,精神不稍衰。是時外兄弟六七人,姨妹三人,長者十數齡,少者初免懷,群兒牽裾,啼者哭者,外舅母但摩撫慰之,未嘗發一語。外王母必鷄鳴起,焚香誦經;外舅母亦鷄鳴起,未嘗有倦容。有敬海先生者,外舅族叔也,語熙曰:'元村能有今日者,皆外王母與外舅母拮据之力。外舅性直而俠,言事慷慨,都人多引以爲重,無日無客,苦汝外舅母矣。'越歲丙戌,熙以府縣試前列,入縣學。丁亥長子摯生,己丑次述生。其時母氏居舊宅,煙竈十數户,人稠室隘。嫂氏已生三女,家中無婢媼,湯恭人與嫂氏日夕執薪炊爨。母或負,或携,或褓,夜則祖孫一榻。最幼者須乳,抱送湯恭人乳之。外舅母少熙母十三歲,其遇熙母,嘗謹且恤。熙母過勞,嘗語熙母曰:'孫輩宜令兩婦自撫之,年將六十,食且不安,小兒夜啼哭,展轉起坐,不得安寢,何自苦若是耶!'母曰:'吾苦節,與若姑同,若姑尚有田廬可守,予惟箴黹紡織以養以教,及今日有孫,予懼少婦撫哺失慎耳。'且語且泣,外舅母亦泣下。辛卯熙舉鄉。是歲次女生,適夏氏。外舅暨外舅母皆來賀,外舅曰:'是予九年前心所許者,然此尚不足爲甥賀。'湯恭人來歸爲甲申歲,先一歲問字納聘,故云九年。癸卯遷斗江宅,三男卓生。甲午、乙未居京。乙未春試後納粟爲主事,分兵部。其時熙居京内,而仲兄又以營務委員居山海關。母以書來言:'外舅養病斗江宅,旬日病益亟,歸家治病。歸未數日即歿。'熙既遠離,又貧無以爲賻。嗟乎!外舅生平每以熙詡詡稱藉於人,卒無分力以酬萬一,其命也夫!丙申秋,熙侍母入都,仲兄携嫂氏以知縣赴桂林,戚族皆來餞送。外舅母執母手曰:'吾女性直寡言,已善遇之,予無所介懷,依依者,惟老年遠别耳。'今以仲子隨侍,湯恭人哭不成聲,忽大聲曰:'女幼依外王母,二十一始離寢門歸曾氏,今逾數千里,懼母女不再見。'熙初以爲生别之言,及居京一歲,生四男北生,逾年周歲,吴劍秋外部以女字之,程商叟爲之主媒。及己亥夏,湯恭人小産後,倏歐(嘔)血,血止,鬱鬱熱作,然未嘗有重病。北生甫三歲,發慢脾症殤,湯恭人哭之哀,病加劇,八月十六歿。其時母六十八,方念仲兄、嫂氏及諸孫女客桂林,今倏遭此巨痛,摯男年十三,述男年十一,卓男七歲,長女十五,次女九歲,母不堪其苦,熙遂不敢離寢門跬步,然未嘗以書告外舅母也。庚子亂作,侍母反里。辛丑主講石鼓書院,萬氏來歸。外舅母未入門乃大哭,熙執外舅母手曰:'曏者若女臨别之言,竟成讖語。'外舅母曰:'小女彌留之際,亦念及老婦否?'熙曰:'湯恭人病,醫者稱百日癆,但潮熱,減飲食,羸瘦,至垂危神明不亂。但曰:王母與吾母及季妹幸善遇之。語終遂瞑。'時吾母與外舅母語更詳,家人皆哭。外舅母禀性和易而與人寬恕,自持恭勤,每坐吾母榻前,或語或附,或同起卧,夜或更盡不離,其於嫂氏嘗忘年分相與。壬寅遷居龍陽。癸卯成進士。甲辰居長沙。乙巳反衡，創建南路師範。是歲珂男生。丙午大水，鄉居雅宜堂。庚戌由雅宜遂慈德新宅。每還，外舅母必來賀；每别，吾母必執外舅母手哭，外舅母亦哭，皆若有所失。甲寅，母氏棄養，外舅母撫棺號泣，至發喪，然後歸去。秋，固請來會嫂氏喪，家人固止之，其天性且過人類如此。熙自乙卯小祥後來海上，不得登堂問安已十年矣。外舅知我，既無以爲報，今復遠隔數千里，時耶？命耶？徒悒悒爾！外舅有子六人：長冠不禄，次仲仁，四矩秋，皆以文事佐政務，三悦輔，五頌輔，季碩輔，均力田起家。女四人：湯恭人居長，次適魏，殉夫以節烈請旌，三適陳煦皆，煦皆事母不出，故能常侍外舅母，季女適王，蚤逝。孫男十餘人，其第四孫紹履，已能理桃源釐局税務矣。外王母節而勤，外舅母孝慈恭惠，必有卓越其人奮起者，蓋天道也。外舅母視萬恭人若所出，萬恭人亦愛若其母，遠方之物，皆出萬恭人手。今歲八旬新進，將治酒爲外舅母壽，熙爰序所知與所經歷者書之屏，以告衆賓。若頌德娱老，當俟之賢者云爾。謹序。歲次甲子秋八月二十七日。甥曾熙頓首拜撰。"（《黄梅湯氏四修譜》）

按：黄梅在衡陽縣石市鄉龍田橋西三十里，俗名獅子橋。此譜現藏衡陽蕭培。

甲子八月，弟子張大千以臨習徐渭花卉圖卷請教正，其最後一段改臨石濤《青菜》。

張大千自題："青藤長幅卷十六段中，寫風竹一枝頗嫌放肆，因臨大滌子青菜一顆補入之。此卷得自蜀中盧雪堂先生家，並記此。甲子八月，臨奉農髯夫子大人誨正，弟子爰。"（香港佳士得 1991 年春拍圖録）

紙本。43×801cm

鈐印：張爰印（白文）。大千（朱文）。

存考：此畫用筆稍嫌輕薄浮滑，題字亦類胡光煒，然已透露其後來間架。本年張善孖在京都，張大千曾往探，同游琉璃廠，見張善孖題《石濤山水册》："八弟季爰嗜古若命，見名畫必得之爲快，甑無米，榻無氈，弗顧也。甲子歲，余客京師，八弟來會，偶於廠肆獲見此册，以索價奇昂弗能有。旋游滬瀆，吴人持此踵門求售，八弟見之，如逢故人，驚喜欲狂，卒以七百金得之，藏之大風堂。物必聚於所好，是果有翰墨緣耶？庚午夏，内江善孖張澤記。"

甲子八月，爲人三書"修名千佛上，至味五經中"五言聯。

自書五言聯："修名千佛上，至味五經中。人三仁兄法家正之。甲子八月，農髯。"（《曾熙書法集》）

灑金箋。166×36cm

鈐印:曾熙之印(白文)。農髯(朱文)。髯翁六十後書(朱文)。

1924年10月7日甲子重九,題吴昌碩、王一亭、吴徵、黄山壽、何研北合作《五菊圖》。

題《五菊圖》:"且喜群英會,不獨淵明賞。甲子重九,農髯熙補題。"

吴昌碩自題:"少陵所謂'叢菊雨開'即此種。老缶。"

王一亭自題:"一亭補白菊。"

吴徵自題:"《廣群芳譜》載,有枇杷菊一種,因仿佛圖之。褒鋗子。"

黄山壽自題:"山壽補黄菊。"

何研北自題:"研北補緑荷菊。"(上海天衡2005年春拍圖録)

設色紙本。148×69cm

鈐印:曾熙之印(白文)。農髯(朱文)。吴俊卿印(白文)。俊(朱文)。王震(白文)。詩債待秋徵(白文)。山壽(白文)。何煜(白文)。

1924年10月8日重陽後一日,爲西泠印社發行之《瘦鐵印存》撰序。

《瘦鐵印存》序:"錢君瘦鐵,大鶴山人弟子也。凡畫佛、刻印,多出瘦鐵手。吴缶叟見瘦鐵所刻,稱爲兩漢遺矩,瘦鐵亦嘗接几席。近日刻者高言兩漢三代,然如瘦鐵之骨韵遒雋,蓋鮮矣。因書其耑。甲子重陽後一日,農髯熙。"

鈐印:曾熙私印(白文)。農髯(朱文)。

橋本關雪題:"癸亥四月,余携妻孥游杭蘇之間,終促瘦鐵錢君相伴。回焉留杖我白沙書莊,故舊門生乞刻者頗多,皆是我國名流逸士也。君近輯其所刻之印,以欲記鴻爪,徵余言。余原不精篆刻,雖然,今看其畫俊逸清秀,深得古人之旨,其刻又必高雅可知也,聊記一語。甲子之歲新春,東海謫仙書於滬上客館燈下。"

鈐印:關雪(朱文)。

符鐵年書錢氏潤例:"余曩來海上,聞人談印者,莫不稱金匱錢君瘦鐵。及見所刻印良佳。越三年乃復見其畫山水,清矯拔俗,能自闢蹊徑,巖壑險峭,林木蒼古,多用枯筆淡墨,而韵致殊勝。余謂瘦鐵畫才優越,襟懷超曠,抗心希古,其得名當遠在篆刻之上。世之稔瘦鐵者或不謬吾説邪！其值例次於後。甲子二月鐵年符鑄。書:扁額尺以内每字二金。中堂六尺以内每尺一金。屏條視中堂減半。楹聯六尺以内二金。扇面册頁二金。以上篆隸加半。畫:山水中堂五尺以内每尺四金。屏條減半。手卷每尺方四金。扇面册頁三金。佛像加半。泥金、綾絹、重色、點品均加一倍。補圖加二倍。書畫磨墨費加一成。篆刻:石章每字一金,來文加倍。銅章每字三金。金晶玉翠加倍。朱文加半。潤資先惠。每金一元。立索不應。劣紙頑石不應。收件處:上海寧波路渭水坊西泠印社。寓上海貝勒路三百七十三號唐宅。電話:西三千七百八十號。"(《瘦鐵印存》,1924 年 12 月西泠印社發行)

1924 年 10 月 14 日甲子九月既望,爲庶平書"古柳陰中來走馬,好花深處又鳴禽"七言聯。

自書七言聯:"古柳陰中來走馬,好花深處又鳴禽。庶平仁兄法家正之,甲子九月既望,農髯熙。"(《曾熙書法集》)

紙本。144×24cm

鈐印:曾熙私印(白文)。農髯(朱文)。

甲子九月,爲素心作《枯墨松石圖》。

自題:"歲甲子九月,從劉丞參家讀畫,見石溪枯墨松石,爲素心先生畫此。農髯熙年六十又四,時寓滬濱。"(《人間醉錦——李葉霜鄭善禧聞名畫廊抓狂集》,2007 年 8 月版)

鈐印:曾熙私印(白文)。農髯(朱文)。

甲子秋九月,爲唐生智(益灊)集《毛公鼎》文以《散氏盤》筆勢書"作之君,作之師,庶有善俗;弘乃德,弘乃智,庸造大邦"十言聯。

自書十言聯:"作之君,作之師,庶有善俗;弘乃德,弘乃智,庸造大邦。集《毛公鼎》文以《散氏盤》筆勢爲之,益灊先生大法家正篆。甲子秋九月,農髯熙作於海上之心太平庵。"(《曾熙書法集》)

紙本。233×30cm

鈐印:曾熙之印(白文)。農髯(朱文)。心太平庵鉢(白文)。

1924 年 11 月 8 日立冬日爲趙叔孺作山水圖。

自題:"獨坐復何思,思我意中人。江流無可挽,白日倏西淪。自耻餘生健,觸聲成苦辛。淚盡向隨語,白髮對淞濱。甲子立冬日,北風慘烈,寫此並題數語。"(《大風堂存稿》)

1924 年 11 月 12 日甲子十月既望,書"永思平生好,所貴金玉交"五言聯。

自書五言聯:“永思平生好,所貴金玉交。甲子冬十月既望,農髯熙。”(中國嘉德2008年12月四季拍賣圖録)

紙本。131×32cm

鈐印:曾熙之印(白文)。農髯(朱文)。髯翁六十後書(朱文)。

甲子十月,購得清道人生前所藏《沈石田山水册頁》。

按:見本年十一月八日條。

甲子十月爲王雪澄作《息廬校書圖》祝八十壽。

自題:“息廬校書圖。國破豈有家,吾生亦何樂。白髮書萬卷,取此塞飢渴。老彭商之賢,好古述不作。大道日經天,留此待後覺。甲子冬十月寫此爲息叟八十壽。嫠髯熙。”(翰海2014年秋拍圖録。《大風堂存稿》)

紙本。100×58cm

鈐印:曾熙之印(白文)。農髯(白文)。

按:王雪澄(1845—1928),名秉恩,字息存,(一作雪岑、雪丞、雪域,號茶龕)。四川華陽人。同治十二年中式舉人,光緒初官廣東布政使、貴州按察使。張之同對其深爲器重。推薦其任廣雅書局捉調。嘗刻《廣雅叢書》,數量之多,實用價值之大,不亞於浙江官書局。鼎革後流寓上海,與譜主、清道人、繆荃孫、葉昌熾等多有交集。工書法,尤善行隸,精校勘,藏書之富罕有甚匹。著有《養雲館詩存》。

1924年11月30日甲子十一月初四日,黄賓虹自池州歸滬來訪,相與論畫極洽,乘興寫山水圖。

自題:“既無山可隱,揚帆任所適。甲子冬十一月四日,與賓虹叟論畫極快寫此。熙。”(1997年6月廣東拍賣圖録。《大風堂存稿》)

設色紙本。81×49cm

鈐印:曾熙之印(白文)。

方地山題:“山虛水深,萬籟蕭蕭。扁舟一葉,容與逍遥。伯舫仁兄囑題。大方。”

按:黄賓虹於本年初秋避戰事挈眷至安徽貴池數月,待戰氛消弭始歸上海。貴池是黄賓虹前此準備離滬去耕讀之地,購地築屋,然而長江水患將其收穫一掃而盡,不得已仍歸滬作筆耕生涯。曾熙題畫云“無山可隱”,即暗寓此事。

1924年12月4日甲子十一月初八日，題《沈石田山水册頁》。此册爲上月所得，較清道人生前所摯愛之畫册爲尤勝，深痛老友不能與己同賞。

題籤："石田老人山水妙蹟。凡八幀，自題一幀，共九幀。甲子十月老髯得之海上，並記此。"

自題《沈石田山水册頁》："道人前得石田老人(即沈周)册子十葉，其用筆如寫篆籀。每客退清談，道人必出此册，相與賞玩。及道人殁，爲北京有大力者所攘，每念及此，不勝感痛。此册古潤戴氏舊藏，十月歸髯篋，道人前所得，蓋是用功時藁本耳，但有其骨。此册設色四葉，骨勁韵蒼，爲此老功力所獨到，然尚易遇也。至水墨四幀，澹逸深永。有突入南宋人者，有非吴仲圭所能到者，功力深處，復見天機，其過人蓋在此。得此册極喜又極痛，痛道人不與髯同賞也。阿筠(清道人之弟李筠庵)來，見此册亦謂勝其兄前所得。此老自題亦謂自家興味，不能多得，可以想見其圓滿快意矣。甲子冬十一月八日，農髯熙。"(《沈石田山水册》，有正書局1926年1月初版)

按：册頁原件現藏上海劉海粟美術館。

甲子仲冬，集孫元宴張籍句書"義士要教天下見，高情自與俗人疏"七言聯。

自書七言聯："義士要教天下見，高情自與俗人疏。集孫元宴張籍句，甲子仲冬，農髯熙。"(中國嘉德2005年3月四季拍賣圖録)

臘箋。170×36cm

鈐印：曾熙之印(白文)。農髯(朱文)。髯翁六十後書(朱文)。

甲子冬十一月，門弟子朱大可祖母陳太宜人病逝，爲其撰《朱母陳太宜人傳》並書。

《朱母陳太宜人傳》："太宜人朱陳氏，門人朱大可之王母也。大可喜爲詩、古文，從予學書。每侍坐，述其王母陳太宜人之言，曰：'爲學務專，處事務勤，待人務恕，律己務嚴。'又曰：'儒佛不同，其濟世之心則一：儒家繇己推之人，佛家無己但有人。吾行年八十，不茹素，亦不喀經。吾姻族有貧乏者，罔不周助，患難者，罔不扶持，其有合於儒與佛之用心，吾不計也。'又嘗曰：'今之少年，喜謗議前人，往往狂肆無忌憚，徒滋浮薄，自損才智，可爲太息，於戲！'太宜人之行事垂教如此，是宜有賢子孫也。太宜人，江寧人諱衍吉女，適同里朱筱亭先生。筱亭官浙右四十年，有惠政。太宜人嘗以俗薄民失教罹罪，爲勸其慈恕類如此。子二人，孫三人，曾孫二人。長子丙一，宣平縣知縣。次子辛樵，國學生。長孫即大可,次孫其石,學於舅氏劉君山農,餘尚幼。太宜人以甲子冬十一月病歿,年七十又九。歸安朱侍郎(按:即朱祖謀)爲之傳,予復摭所聞於大可者書於篇。曾熙曰:自古聖賢豪傑多秉母教,若朱母陳太宜人者,方之列女,固無多讓。世亂,女失其教,其害將不可勝言,痛哉! 衡陽曾熙拜撰並書。"(《朱母陳太宜人傳》,民國石印本)

按:此書無版權頁,有馮煦題署,吴昌碩"甲子冬仲"題遺像,並有朱孝臧撰書之《傳》,及鄭孝胥、伊立勳、向燊、金蓉鏡、劉文玠等題。

甲子仲冬,書扇論畫。

自題:"禪家有頓悟宗,書畫家亦有之。衲子鼂夕誦經,不能得禪家衣盋,蓋俗根已深故耳。甲子仲冬,農髯熙。"(浙江南北2008年春季拍賣圖録)

鈐印:曾熙之印(白文)。

按;另面爲王震所繪《馬草圖》,題云:"嚙草嘶風逸氣生,秋高猶自一長鳴。天驕未盡龍□老,忍聽中原鼙鼓聲。桂增仁兄雅屬,乙丑,王震。"

是年,爲《先施公司二十五周紀念册》題"題詞"插頁。

按:見《先施公司二十五周紀念册(1899—1924)》。

甲子冬月,爲《横江歐陽氏四修族譜》撰序。

《横江歐陽氏四修族譜序》:"甲子冬月,歐陽氏四修族史成,族長棣夫先生暨其族諸君子郵書問叙於余。余維鼎革之後,政體更張,海宇紛紜,近之一家一族,遠之一鄉一邑,以至於九州之大,億萬其人,則億萬其心,不相聯屬,末由統一,愈治而愈不治。種族之義不明,此天下之所以多事也。夫九州之土地至廣矣,九州之人民至衆矣,而循流溯源,則實一人之所出。一人之所出,而千萬其人,千萬其心,爾我之,秦越之,可乎? 九州之人,皆吾黄帝之子孫,當不可以爾我之,秦越之,而况同祖同宗之族屬乎! 今世之以偉人自負者衆矣,然皆欲自異於種族之外,而不欲自同於種族之中者也。今棣夫先生,處紛争之時,而獨深明乎聯合之義,慨然以收族自任,捐金以速其成,其不有以異於人乎! 考歐陽氏,系出自禹,自亭侯蹏受封於歐餘山之陽以來,因土錫姓,爲歐陽氏,歷漢、晉、唐、宋、元、明,世有賢哲。横江一支,則以明洪武間官指揮同知諱應誠者爲始祖,由明至今,五百餘年,以稼穡爲根柢,忠孝爲門户,詩書爲墻垣,道德文章,家聲日振,遂成爲吾衡之巨族。曩者家居,程君商霖招全横江,得晤先生於其宗祠,言論風采,藹然可欽,固知其爲君子人也。余自遯迹海上,久不識故鄉風味,每自憾不能得日與族人接，嘉先生與其族諸君子之能收合族屬而聯爲一體也，遂書以爲贈。農髯曾熙拜撰。民國十三年甲子冬月穀旦。"

鈐印：曾熙(朱文)。

此際，爲其題字之聯益箋發行。

廣告："名家書畫集錦，創製美術信紙，張丹翁先生題字，聯益箋。〇題字有海内名家如曾農髯、康有爲、徐謙、于右任、王一亭、余天遂、唐駝、楊了公、顧公覺、李健先生等百人，其餘名家不及細載。〇繪圖有海内名家王一亭、余天遂、劉海粟、丁悚、胡亞光、顧公覺、孫雪泥、張聿光、謝公展、許一鷗、王鷟、朱鳳竹、徐進、王玉書、趙藕生等百人，其餘名家不及細載。〇格式(略)〇印刷(略)〇紙料(略)〇裝潢(略)〇優待(略)〇價目(略)上海勞合路南京路口聯益貿易公司總發行。"(1924年12月19日《時事新報》)

甲子冬臘月，寫《墨梅圖》。

自題："澹月疏影一枝斜。甲子冬臘月，農髯熙。"(蘇州博物館藏)

紙本。

鈐印：曾熙之印(白文)。農髯(朱文)。

藏印：南潯劉氏(朱文)。

甲子臘月，自書論畫條幅。

自書："黄州一帶山勢雄奇，此惟石田翁尚能圖寫一二筆，文五峰以纖巧之筆圖赤壁，失之遠矣。甲子臘月，農髯曾熙。"(浙江南北2007年秋拍圖録)

紙本。144×38cm

鈐印：曾熙之印(白文)。農髯(朱文)。

甲子十二月四日(12月29日)，爲龐元濟藏南宋李嵩《西湖圖》題簽。

題《西湖圖》外簽："南宋李嵩《西湖圖》真迹，虛齋先生珍秘。甲子冬十二月四日，農髯熙題。"(張珩《木雁齋書畫鑑賞筆記》第一一八頁，文物出版社2000年影印本)

鈐印：曾熙之印(白)。老髯(朱)。

是年，合肥蒯德標之孫先鑑過滬，持其祖之行狀請馮煦撰《合肥光禄公神道碑》，並來請書丹篆額。

存考:蒯德標(1816—1909),字蔗農,晚自號怡園老人,初籍江西,明季遷合肥。爲清光禄大夫、廣東布政使。現存譜主致朱挹芬書一通或與此相關,録如下:"前收蒯誌、李誌各五十份,李篆額因散條整印,行氣不舒暢,當另書之。天寶樓可來寓商之答覆,不能置之不理。又,向親翁先人墓誌及相片,當面交閣下,乞早晚至寓商辦,日中恐出也。挹翁。髯頓首。十四日。"

1925年 民國十四年 乙丑 六十五歲

1925年1月23日甲子除夕,吴昌碩爲朱彊邨寫梅花十二幀,製爲《十二洞天梅花册》,爲其題籤。

爲《十二洞天梅花册》題籤:"缶叟爲彊邨先生寫梅花十二幀。一亭寫像,蘭枝作圖,曾熙敬署其檢。甲子除夕。"(民國珂羅版)

鈐印:曾熙之印(白文)。髯公(朱文)。

1925年正月,題錢化佛《白描羅漢圖》。

題錢化佛《白描羅漢圖》:"此豈化佛翁所化耶? 登臺或歌或哭,或謾或舞,早已化東方朔,大士化身七十二,化佛翁殆將有恆河沙無量化身以拯世耶? 乙丑正月,髯注。"(北京匡時2013年秋拍圖録)

鈐印:曾熙私印(朱文)。

自書:"甲子小春月,錢化佛寫於海上萬佛廔。"

鈐印:錢玉齋(白文)。化佛畫印(朱文)。萬佛樓(白文)。

乙丑正月二十四日(2月16日),題龐元濟藏石濤雙璧。

題石濤雙璧:"此石濤詩書畫三絶妙跡也。以勝朝宗室,鬱鬱哀憤,不得已而寄之書畫,故其詩、其書、其畫皆其血淚之憤。舒一卷《離騷》,其香草美人紛紛鬱鬱者,即石濤之朱紫雜陳,恢恢奇奇者也。世人莫不效石濤,嗟乎! 無屈子之心,而但摘其藻艷以爲上,直盗跖操舜位耳。二百年間贊賞無間,然者前有麓臺,後惟鹿床。小雅怨而不傷,石濤變不失正,其庶幾矣。虚齋同年先生出示石濤雙璧,因書其後,未識以髯爲知言否? 丁卯正月二十又四日,農髯熙。"

乙丑正月,爲左季書"清風隨竹引,逸韵協天穌"五言聯。

自書五言聯:"清風隨竹引,逸韵協天穌。左季四兄法家正之。乙丑正月,曾

熙。”(私人藏)

鈐印:曾熙之印(白文)。農髯(朱文)。

1925年2月28日乙丑二月初六日,爲姚雲江書董其昌論畫數則。

自書:“畫家六法,一曰氣韵生動,氣韵不可學,此生而知之,自然天授。然亦有學得處,讀萬卷書,行萬里路,脱盡塵俗,自然丘壑内營,成立鄞鄂,隨手寫出,皆爲山水傳神矣。古人論畫,有云便有凹凸之形,此最懸解,吾以此悟,高出歷代處,雖不能至,庶幾效之,得其百一,便足自老,以遊丘壑間矣。作雲林畫,須用側筆,有(衍‘側’字)輕有重,不得用員(圓)筆,其佳處在筆法秀峭耳。宋人院體皆用圓皴,北苑獨稍縱,故(爲)一小變,倪雲林、黄子久、王叔明皆從北苑起祖,故皆有側筆,雲林其尤著者也。畫須先工樹木,但四面有枝爲難耳。山不貴多,以簡爲貴。北苑(畫)小樹,不先作樹枝及根,但以筆點成形,畫山即用畫樹之皴,此人所不知,乃訣法也。(中缺)爲工,然倪從太傅蜕出,大滌學蘇,亦參用倪法。髯不耐從人後學步,此殆從六代經卷手抄而直以天趣行之,亦可爲雲江助其興味。乙丑二月六日,天晴,兩日皆出,較去冬神意少(稍)快,檢思翁論畫數則,爲雲江書之。農髯熙。”(中貿聖佳2003秋拍圖録)

紙本。28.5×14cm

鈐印:曾熙之印(白文)。農髯(白文)。

藏印:二仲居士姚雲江(白文)。二仲藏書(朱文)。魏塘姚氏(朱文)。

乙丑二月,寫《古松圖》。

自題:“其淩空肖張大風,而古厚恐過之矣。乙丑二月,老髯寫於海上。”(私人藏)

乙丑二月歲寒,作《長松圖》自況。

自題:“偌偌長松瘦幹蟠,風欺雪壓半摧殘。而今蜷曲知何用,留與空山伴歲寒。乙丑二月,農髯曾熙並記。”(私人藏)

紙本。136×33cm

鈐印:曾熙詩書畫印(白文)。農髯(朱文)。髯翁六十後書(朱文)。

乙丑春,吴昌碩、鄭孝胥等爲女弟子江道樊代訂潤例。

《江道樊女士書例》:“錢塘江小雲先生曾孫女道樊女士,幼承家學,精研八法,工詩能文,年甫及笄而譽滿藝林。常請益於臨川李梅庵、衡陽曾農髯兩先生,於齊侯罍、毛公鼎、《禮器》、《張遷》、《石門》諸碑，研摹頗具心得。楷宗魯公，能得南園神髓，筆力遒勁，殊不類女子書。年來踵索者日益繁，因爲重訂潤例如左：楹聯八尺十二元，七尺八元，六尺五元，五尺四元，四尺内五元。堂幅八尺十六元，七尺十二元，六尺八元，五尺六元，四尺五元。屏條八尺每幅八元，七尺六元，六尺五元，五尺四元，四尺内三元。紈摺扇每件二元，大字騎行細書别議。卷册每方尺二元。榜書方尺每字二元，二尺内每字四元，過大别議。銅牌每字一元，過大别議。名刺、書眉、封面每件二元。壽屏五尺内每幅十元，六尺每幅十二元。楷隸同直。篆書倍。金箋綾絹倍直。書畫題跋每件十元，古刻名蹟不泥。像贊題詞每件十元。磨墨費加一。十二日取件。乙丑春日，吴昌碩、鄭蘇戡、向樂穀、馮夢華、余堯衢、程聽彝同訂。收件處：上海各大箋扇莊。通信處：上海東有恒路六百卅五號衡陽曾寓，寶山路口升順里三號澹廬。”(《書畫留真》，蜀滇黔三省書畫賑災會書畫贈品目録，1927年)

按：江道樊，生卒不詳，名百平，别署小江村人，浙江杭州人。與兄萬平、一平同受業於曾熙、李瑞清。兄妹三人同入衡陽書畫社、曾李同門會。1934年9月18日《申報》刊出其兄爲重定潤例如下：“余妹百平，字道樊，髫齡執贄臨川、衡陽兩師之門受書法，於鼎彝篆隸分楷，稍稍能窺望宫墻之美，兩師輒期許殷至。十五年丙寅索書者日衆，衡陽師爲定例制限。旋負笈校舍攻會計，學校舍不可張案舒紙，凡大箋巨幅遂弗能應。今歲學業已完，家君更勉其肆力臨池，以求精進，俾毋負兩師所期許，命爲重定潤例。聊助其揮毫染翰之興云爾。甲戌秋日江萬平、江一平。”

乙丑二月，爲李祖夔書“清猶臨水竹，惠若當風蘭”五言聯。

自書五言聯：“清猶臨水竹，惠若當風蘭。吴平齋太守集禊帖聯語，揭此爲祖夔仁兄賢令清鑒，即正之。乙丑二月，農髯熙。”(中貿聖佳2004年秋拍圖録)

紙本。145.5×39cm

鈐印：曾熙之印(白文)。農髯(朱文)。農髯六十後書(朱文)。

乙丑二月，寫《山水圖》。

自題：“學房山(按：即高克恭)乃返麓臺，豈腕下亦有金剛杵耶？乙丑二月。熙。”(私人藏)

鈐印：曾熙之印(白文)。

乙丑二月，與吴昌碩、劉山農等爲平湖江良筠代訂書例。

《平湖江良筠書例》:"江君良筠,浙西名孝廉也。碑學則胎結六朝,源尋秦漢,帖學則出入鍾王,襟帶蘇米,而狂草奔逸則近懷素,圓美又如孫虔禮,三十年功力,洵能書之士也。(潤例略)。乙丑春二月,介紹人吴昌碩、曾農髯、劉山農、顧軼庭同訂。"(《有美堂金石書畫家潤例》,1925 年 5 月)

1925 年 3 月 8 日乙丑二月將望,試玉川堂加重長鋒筆作書。

自書:"嵩山之陽有古刹,其上浮圖刊《金剛經》,筆法當在魏齊之間,所惜年月殘蝕。乙丑二月將望,試玉川堂加重長鋒筆。農髯曾熙。"(私人藏)

紙本。170×90cm

鈐印:曾熙之印(白文)。農髯(朱文)。

乙丑三月,爲念慈書"文章清逸世少比,胸臆廣博天所開"七言聯。

自書七言聯:"文章清逸世少比,胸臆廣博天所開。念慈仁兄法家正之,乙丑三月,農髯熙。"(嘉德 2012 春拍圖録)

紙本。201×42.5cm

鈐印:曾熙之印(白文)。農髯(朱文)。髯翁六十後書(朱文)。

乙丑春,《楊忠勤公傳志》由其外孫劉朝叙印成於上海,爲其神道碑篆額。

自書:"清故建威將軍贈太子少保湖南提督楊忠勤公神道碑銘。"(《楊忠勤公傳志》,民國石印本)

按:神道碑由湘潭袁思亮撰文,茶陵譚澤闓書丹。

1925 年 4 月 23 日乙丑四月朔,自書論書,云書畫功力深處,能不掩其天機,無生無熟皆妙品。

自書論畫:"畫禪室稱書須從熟後求生,可謂得書家三昧矣。莊生云:其嗜欲深者,其天機薄。書畫功力深處,能不掩其天機,無生無熟皆眇品。乙丑四月朔,曾熙。"(《曾熙書法集》)

紙本。152×82cm

鈐印:曾熙之印(白文)。農髯(朱文)。

同日,作《仿石濤山水》。

自題:"昨見石濤辛未長卷,蓋明亡已四十八年。石濤少八大十餘歲,以時考之,亦將六十所作。蒼蒼莽莽,無一筆一墨不臻絶眇,真神品也。髯但倣其大意

寫此。乙丑四月朔,農髯熙寫於海上戲海廔。"(香港蘇富比1983年春拍圖録)

紙本。115.5×48.5cm

鈐印:曾熙之印(白文)。農髯(朱文)。

自春夏以來,三次病濕瘟,旋愈旋翻,病時大熱大汗,身體疲弱,精神疲困。

按:見下文致道明法師書。

1925年4月28日乙丑四月初六日病起,題張大千所得李瑞清《落英繽紛圖》。

題《落英繽紛圖》:"此道人擬南田,究不讓南田,宜季爰得之大快。髯注,乙丑四月六日病初起。"(上海崇源2004年秋拍圖録)

紙本。148×39cm

鈐印:曾熙之印(白文)。髯公(朱文)。

1925年5月1日與吴昌碩、李平書、王一亭等介紹周惺弇半潤鬻字。

《惺弇鬻字半潤》:"(潤例略)詳細潤例向各收件處取閲。總收發處:上海棋盤街泗涇路口休城胡開文墨店。收件處:静安寺路江海關公署及各箋扇店,杭州、常州各箋扇店。吴昌碩、李平書、曾熙、王震、天台山農、高野侯、吕摯庵、唐駝同啓。"(1925年5月1日《申報》)

按:李瑞清題《武進周惺弇臨漢魏李唐石刻》有文字介紹:"武進周君惺弇,少工書,尺牘零縑,人争知寶。近以所摹漢魏李唐石刻見示,寓變化於整齊之中,標神奇於矩矱之内。書體之變,自漢而大,至魏而盛,降及唐而極,宋以來未有能變者也。惺弇所學不涉宋以下,故所造詣,遂精絶如此。戊午夏六月,清道人。"(《武進周惺弇臨漢魏李唐石刻》,常州新群書社1923年1月印行)

1925年5月8日乙丑四月既望,爲同鄉王祺(淮君)寫《水墨山水圖》。

自題:"年來得石田卷册尚多,雖不喜臨橅,得益究不少。淮君老弟嘗以書法入畫,髯嘗稱爲禪家頓悟法,視髯所作何如?乙丑夏四月既望,兄熙。"(私人藏)

水墨紙本。52×39cm

鈐印:曾熙私印(朱文)。農髯(白文)。永建齋(白文)。

同日,爲方稼孫題《戴本孝傅山書畫合册》。

題《戴本孝傅山書畫合册》:"明初畫家多沿元人,中葉沈、文由元追宋,自思翁出，盡掃古人之糟粕，挹其精英，而以氣韵爲宗，海内爲之風靡。明季雖以八大、石濤之才，尚多出入鷹阿山樵，得思翁晚年之墨法，枯潤相生，而品誼之純正，胸次之高潔，詩譜其聲，畫傳其氣，皆儒者氣象也。青主，俠士也，書畫多奇，詩亦岸岸，得此雙璧，知室中當有祥雲來護也。乙丑四月既望，稼孫仁兄囑題。農髯熙。"

設色紙本。20×23cm

鈐印：曾熙私印(朱文)。髯公(朱文)。

顔世清題："鷹阿山樵畫以元人，極見功力。昔見老友王孝禹藏一册水墨畫甚精，惜交臂失之。此册設色居多，而又精好，兼有傅青主題詩，尤爲難得。戴處士與石濤、青主皆爲莫逆，其筆墨高尚亦相若，時一披閲，冷然如列子禦風。畫能解此，庶甜俗不能近。世不乏正法眼藏，當以余言爲不謬。辛酉正月，瓢叟記。"(上海博物館藏)

乙丑夏四月，爲嗣颿寫荔枝圖扇面。

自題："萬利圖。乙丑夏四月，寫似嗣颿老兄法家雅屬，農髯熙。"(誠軒 2010 年春拍圖録)

鈐印：曾熙之印(白文)。髯公(朱文)。游天戲海之印(朱文)。

乙丑夏四月，趙子威過滬，爲書"湖心微月至，墻東新柳斜"五言聯。

自書五言聯："湖心微月至，墻東新柳斜。子威吾甥，繇湘過滬，書此與之。乙丑夏四月五日，舅氏熙。阮氏爲大篆，雖非篆法，然篆分雜出，别有天趣。吴中以小篆書三代文字，殊少古意。蝯叟過於奔放，其雍容遒古，惟吾臨川李癡一人，髯不及也，並記此。"(《湖南明清以來書畫選集》，湖南美術出版社 2010 年版)

紙本。133×23.5cm

鈐印：曾熙之印(白文)。農髯(朱文)。心太平盦鉢(白文)。閒居翫古不交當世(朱文)。

乙丑四月，張大千仿石濤山水册頁八開呈教。

張大千自題一："聽泉入山麓，訪舊入松源。踪迹無知處，高枝一掛蝯。乙丑三月，季爰。"

張大千自題二："虎林洪承德舊藏有大滌子，此幅蓋寫坡公後游赤壁，登山舒嘯也。今想相(象)其意作此，呈髯師大人誨正。乙丑四月，受業季爰。"(孔祥東《藏畫瑣記》，書海出版社 2005 年 1 月版)

設色紙本。25.8×37cm

1925年5月26日,以十三件畫作參加由中華教育改進社美育社、江蘇省教育會美術研究會舉辦的現代名畫家展覽會。

《現代名畫家展覽會將開幕》:“中華教育改進社美育社、江蘇省教育會美術研究會,敦請現代國畫名家吴昌碩、王一亭、曾農髯、劉海粟、吴臧龕、許醉侯、王季眉、汪仲山、謝公展、唐吉生、潘天授、王陶民、沈珊若、錢瘦鐵、吴杏芬、楊雪玖、胡偉平等十餘人,集近作精品三百餘幅,定於夏曆閏四月初五日起,至十五日止,假上海法租界愛多亞路三洋涇橋安樂宫,舉行展覽大會十天,輪流更换,不收門券。參觀時間,每天上午十時,至下午六時止。”(1925年5月21日《申報》)

《國畫名家近作展覽會參觀記》:“昨天爲中國畫名家近作展覽會開幕日,記者之會觀覽,參觀士女紛至沓來,車馬盈門,足見社會愛好藝術之興趣,日益增高。會場在安樂宫二層樓,共分四室陳列,作品三百幅左右,未能陳列,將於第六日全數更换陳列,名作如林,布署亦精美絶倫,兹就個人所見,略述如下:吴昌老作品共五幀,以《桃實》、《葡萄》二幀爲最,筆意勁逸,生氣奕奕,氣勢魄力,離奇超妙,允堪壽世。王一亭出品十二幅,《杜鵑花》一圖,筆墨瀟灑,雅秀絶塵,佳作也;《八仙圖》亦深得癭瓢老人縱逸之致;《梅花仕女》與《無量壽佛》古趣盎然,真絶技也。劉海粟以油畫名,此次所有出品十三幅,筆意豪放,氣勢遒逸,脱盡時習,生動驚人,誠天縱也。《九溪十八澗》一幅,山石蒼渾,流水潺潺,最爲精絶;《精忠柏》一幅,以濃墨揮灑,如石刻,如搨古銅器,筆力雄偉,逸趣横生,是乃天姿,非學力所及,其餘如《紅梅》、《言子墓》諸作,皆神品也。曾農髯十三幅,仿孟麗堂山水一件,筆意清勁,肌理細膩;《古木奇石》一幅,功力深邃,出筆遲拙如石刻。曾氏不獨書法之足傳矣。其餘仿石溪仿清湘都有神似處。徐朗西《達摩面壁》墨氣淹潤,高出時流,聞徐君非畫家,實軍人也,故出筆不爲法則所縛。許醉侯作品十五件,以《鄧尉采梅》與《九溪十八澗》爲最勝,筆意在漁山、石谷間,雲氣滃鬱,極空靈淡宕之致。王陶民出品十四件,皆清逸雅秀之筆。潘天授展作各畫,皆超越前人蹊徑,而能獨標新領異者也。謝公展有大幅,有指畫,筆力都蒼潤勁逸,傳寫各種花艸,意境開拓,魄力沉雄,設色亦古雅清潔,其餘佳作尚多,容再續記。”(1925年5月27日《申報》)

《名畫家近作展覽會》:“中國現代名畫家近作展覽會係中華教育改進社美育組、江蘇省教育會美術研究會發起,集現代第一流畫家十餘人最近精品數百件,原定閏四月初一日開幕,刻因籌備局促,已改爲初五日開幕。兹探録該會發出通告如下:敬啓者,藝術爲文化晶瑩,民族思想性靈,一一表著其間,現代各國政府學者莫不(以)急務觀之。吾國藝術發達最早,晉唐而下,名作如林,清季以還,藝術能手,豈落人後,惟以提倡宣傳之力較弱於前,故社會信仰藝術之興趣,略遜於他邦。敝會深鑒及此,爰敦請現代國畫名家吴昌碩、王一亭、曾農髯、潘天授、王陶民、沈珊若、錢瘦鐵、吴杏芬、楊雪玖、胡偉平等十餘人,集近作精品三百餘幅,定於夏曆閏四月初五日起十五日止,假上海法界愛多亞路三洋涇橋安樂宫舉行展覽會十天,畫件輪流更换,不收門券,每天上午十時至下午六時止,恭請撥冗光臨鑒賞,不勝榮幸之至。中華教育改進社美育組、江蘇省教育會美術研究會啓。”(1925 年 5 月 21 日《時事新報》)

《中國現代名畫展覽會△二十六日上午十時開幕》:“中國現代名畫展覽會加入者有吴昌碩、王一亭、劉海粟、吴臧龕、許醉侯、曾農髯等二十餘人,所有陳列之品均爲各作家傑作,全部共有三百餘件,安樂宫地位雖極寬敞,然尚未能盡量佈置,刻規定三日一换,所有安樂宫之食堂、會客間、跳舞間佈置殆遍,時間自上午十時起,下午六時止,任人自由參觀,不收入場券,備有出品目録分贈來賓。並聞此次出品羅致極廣,其中新穎超拔之作,實足啓發東方固有之精華。該會於數日前已具柬邀請各國領事及各界要人莅會參觀,揚播國光。會期共有十日云。”(1925 年 5 月 26 日《時事新報》)

《安樂宫觀畫記(雪帆)》:“昨日(廿九日)爲名畫展覽會第四日,第前三日所陳列者,又更换一新,參觀士女車水馬龍,頗極一時之盛,滿壁琳瑯,五光十色,均爲之瀏覽不忍去。其中吴昌碩之《老少年》、《墨竹》,全以篆籀之筆寫出,氣勢獨到。曾農髯仿清湘大滌子、南宋人等山水,筆多傲岸,自題有云:搜盡奇峰打草稿。誠然,亦可見其胸襟開拓也。王一亭之《停琴待月仕女》、《八仙醉酒》,筆硬如鐵,饒有神趣。劉海粟之《巒樹草堂》,頗得雲林宗派,《劍門奇石》一幀,雄渾天成,書法絶似南海,其得力於古碑深矣。徐朗西《達摩面壁》,生拙可愛,《猫》一幅,筆意在雪个、萬個(?)之間。王陶民墨筆,素稱能手,如《墨竹》,老竹半竿,根下衹有二葉,格局新奇,不易着手,真可謂筆簡意工,題以“孤竹君之二子”,尤爲詼諧有致。至潑墨《荷花》、《葡萄》二幀,濃墨中加以大紅大緑,古艷絶俗。他如山水花鳥有筆有墨,亦無不沉雄而儒雅,倘列之元明人畫幅中,當亦無甚差别。謝公展《紅荷》大横幅,氣象萬千,深得天趣,其枇杷、天竹、菊花、指頭櫻桃等,設色濃艷,不愧作家。潘阿(天)壽筆勢縱横,間有蒼老者,酷似缶叟。唐吉生設色花鳥二幅,均倣八大,得其神髓。許醉侯書畫得王一亭真傳,據聞是其高足,誠無愧也。錢瘦鐵山水,自立門徑,豪放處尤不可及。楊雪玖女士山水人物,脱盡閨秀習氣,其一種排奡之筆,另有特殊風趣。其餘之名作,旗幟飛揚,亦令人目不暇接,容再探誌。”(1925 年 5 月 30 日《時報》、《申報》)

《現代名家展覽會參觀記(淡巖)》:“日來海上十五名家將新近作品陳列於愛

多亞路安樂宫二層樓，公開展覽。予素嗜觀畫，而尤喜觀國畫，昨午特撥冗往抵會場，登樓見陳各家作品可百餘幀，首先吴昌碩之墨汁，瀟灑淋漓，深得板橋神髓，所作《獨松》及《雁來紅》二幅，亦均蒼古絶倫。王一亭作品甚多，其中以《蘆雁》一幅最有精彩，設色用筆，酷似壽民，《八仙圖》亦得癭瓢風韵。杏芬女士之工筆《魚花》，設色姿態均佳。丁墨農之山水，用筆蒼秀雄渾，鎔四王於一爐，所仿叔明、耕煙、麓臺諸品，均能窮其閫奥，堪稱能品。謝公展之《梅林》大幅，用筆奔放，亦爲難得之品。許醉侯、錢瘦鐵之山水人物，尚能入古，劉海粟之《蘭石》，楊雪玖之花卉人物，用筆縱橫，均堪稱傑作。王陶民之《墨蟹》，栩栩欲生。其餘五光十色，佳作如林，恕不一一繼述矣。"(1925年6月1日《申報》)

《讀畫之後(俞寄凡)》："這次中國現代名畫家展覽會，可説是大規模的展覽會了，可惜會場尚欠寬闊，未能將三百餘件出品全部掛齊，因輪流更换，未能窺其全豹，甚爲憾事。現將當時所留印象作約略之評記。於國畫既少研究，更憑着自我的見地，難免失當，尚希諸作家有以指正之。吴昌碩先生作品，除《雁來紅》以外，均是水墨之作，《獨松》一幅於蒼勁之中，尤見古厚獨到之處，自題"似天池、石濤"，確屬精品。《葡萄》一幅，全用籀篆之筆，作枯藤古幹，於生拙之中，滿露奇氣，是金石工夫，斷非餘子所敢仰望。王一亭先生出品中，以《椿蔭》《古佛》《醉中八仙》爲最佳，於挺健的運筆中，表現渾厚，其餘諸幅，恐非經意之作。曾農髯先生山水多仿作，倘説自立門户，自是不足，然以仿石濤仿清湘(?)各幅，墨韵渾成，頗得真髓，其餘多清逸，有書卷氣，亦先生之長處也。劉海粟先生以西畫筆墨偶作國畫，却有生拙健拔之趣，其中尤以《虞山言子墓》《九溪十八澗》二圖尤屬精品，《言子墓》似石濤而筆墨輕鬆，《十八澗》似石濤而筆韵古健，此乃出於天縱才華，非人工所能論及也。潘天授先生之《八哥》，可與八大並美，《古佛》則瀟灑出塵，《蘭花》《山水》二大幅，則興酣淋漓，其餘諸幅，亦都能不據恒法，獨辟新徑，是得天獨厚者之神化作品也。許醉侯先生之《鄧尉探梅》，以雄健勝石濤，頗得用墨深意，《墨荷》《芭蕉》二幅亦佳，風韰雲泉，似仿阿長本而添己意者，亦是有筆有墨之作。王陶民先生用墨用色，深得古意，布局多别開生面，《墨蘭》尤屬精神，淡妝濃抹，清香之氣，滿溢於紙墨之間，《擬元人海棠》亦深見工夫者。謝公展先生本熔化東西畫法於一爐之志，故諸作多帶有西畫色彩，《紅梅》大幅，堪稱上乘，指頭畫，工夫有餘，能更古拙，則盡美矣。汪仲山先生之作品中，以《卧雪圖》《織女圖》爲精品，頗得古人意旨，然未能跳出規矩工夫之外，亦美中不足也。其餘如楊雪玖女士之《大米山水》《秋山旅行圖》，胡偉(湋)平女士《臨文五峰山水》，確是閨閣中之優健作品。"(1925年7月12日《時事新報》)

《看了中國現代名畫家近作展覽會以後的印象(吴士綬)》："藝術這樣東西，確有造成趣味的人生觀的魔力。不要説旁的事情，就是我自己，從前在上海的時候,那邊雖滿地囂塵,没有清新的空氣可以吸收,好在常有美術展覽會的舉行,使我受着無限的愉快和安慰。現在到了蘇州,雖可領略許多天然的風景,可是没有享樂藝術的機會,總覺得異常乏味。前幾天忽接到朋友由上海來的信,知道那邊有中國現代名畫家近作展覽會之舉,却如久餓的食(客)一般,非常歡喜,我就特地的由蘇州乘車去看了看。會場極好,在法界愛多亞路安樂宫的二層樓上,原來是跳舞的地方,光綫充足,設備有外國式的茶几椅子等,和天然似的紅桃緑柳之布景,尤足以引起參觀者的興趣。室内專陳列中國畫百餘點,盡是現代名家的傑作,其中以上海美專各指導員的出品佔多數,全部用筆和構圖各具作家自己的面目,絶無雷同的地方,這確算是此會的特色,比較洋畫展覽會專以光綫色彩來閃耀人目的更覺有趣。可惜我因教務羈身,不能在滬久留,其餘更换的作品,統未看到,還不能算飽我的眼福。現在看了之後,將我腦海中所印象的幾家作品,拿來冒昧斗膽的略爲批評一下。昌碩先生之畫,以古勁取勝,他的用筆極有含蓄的意味,其《桃實》一幅,布局新奇,老榦挺挺,尤有想上達天府之慨,可爲他的代表作品。一亭先生之畫,以雄壯取勝,其傅色在紈絝氣中,却能脱盡時習,這是他獨步的地方。至於人物畫,運筆簡練而有神,尤爲空前之作。農髯先生的出品,山水居多,一點一畫,都含有古意,非極有功夫的人,怎能到此地步,也可佩的。陶民先生的畫,意不猶人(?),用筆也瀟灑可愛,其墨色的《鼠》《竹》《魚》《蘭》四幅,尤覺清高入古,令人敬佩。但是潑墨的《荷花》《葡萄》二幅,用極强烈的洋紅和石緑對照,看上去不大適意。伯龍先生的幾幅人物,很像一亭先生的筆,學到這步境涯,真不容易。海粟先生此次出品很多,筆墨不落平凡,一望而知是天才的流露,非學所致。先生素來以油畫著名,今作中國畫也神妙至此,這無怪看者有的説不是先生之筆。其作品中,《九溪十八澗》一幅,水聲涚湧,聽若有聲。《蘭竹》一幅,筆墨清高,意在清湘、八大之間而過之。《籬菊》一幅,也很能表現秋日荒凉的光景。這三幅,尤其是我欽慕的。天授先生這次出品也不少,他的學力怎樣,我不敢説,但是他確有車輪(?)似的眼光,非得天獨厚者不能作出這樣超然的意境。其指畫的《馬》一幅,更爲他的得意之作。雪玖女士的作品,全部看來,無絲毫閨閣的氣象,這確是他的獨到的妙處。臧龕、季眉二位先生的出品,都含有乃父的意味,比較上,吴先生的以《銀藤》爲最,王先生的以《雲霧三峽》爲最。公展先生的出品,指頭畫覺得未能免俗,《梅林》《湖蓮》二大横幅,確是他的强有力之作,其用筆雖略少含蓄的意味,却生動可佩。醉侯先生這次出品,寫生的居多,他的筆力和格調,雄健高古,非富有天才和學力的人,恐不能至此。其中《設色芭蕉》一幅,戛戛獨造,深厚可愛。《湖上觀荷》一幅,他的用墨用色,尤覺奕奕有生趣。他們學洋畫的人,有的蔑視國畫,專以能寫生自豪者,見先生之作,怎能不縮頭吐舌呢。上述諸評語,大概都偏重於主觀方面的,不對的地方很多,好在我對於國畫,既非專家,又無深刻的研究,妄言妄聽,想亦不致大受作者和閱者的苛責和嗤笑。而且其餘的作家,他們的出品使我佩服的地方很多,因爲我看的時候,未曾細細玩味他,不敢作瞎説的批評,並非我對於他們的作品有不滿意,這是要請作者原諒。十四.五.三.在蘇州。”(1925年7月12日《時事新報》)

1925年5月30日,申報刊出肖像,題爲“現代書畫界之泰斗——衡陽曾農髯先生”。

乙丑閏四月,爲美然作書論。

自書:“魯公三表真蹟,其雄鬱卓邁,每從澹易中得之,蓋米老所不能,何論其他。美然先生正之。乙丑閏四月,農髯熙。”

紙本。129×60cm

鈐印:曾熙之印(白文)。農髯(朱文)。

乙丑閏四月,爲祖楠書“遷、固同文,惠、列殊抱;管、樂佐世,老、彭引年”八言聯。

自書八言聯:“遷、固同文,惠、列殊抱;管、樂佐世,老、彭引年。集右軍稧帖,似祖楠仁兄法家正之。乙丑閏四月,農髯熙。”(泓盛2008年秋季拍賣圖録)

紙本。162×35cm

鈐印:曾熙之印(白文)。農髯(朱文)。髯翁六十後書(朱文)。

1925年6月4日乙丑閏四月既望,用石濤墨法寫《松石竹圖》。

自題:“老榦涵雨,大之正氣。故能鬱鬱蒼蒼,歷千歲而不改柯易葉。乙丑閏四月既望,以大滌堂墨法寫此。農髯熙時年六十有五。”(北京永樂2006年秋季拍賣圖録)

設色紙本。123.5×53cm

鈐印:曾熙之印(白文)。農髯(朱文)。

藏印:陳醒吾藏(白文)。

此際,爲史量才書扇。

自書:“奉佛弟子温邑盧元佐與弟元昇敬造釋迦像一區,願一切衆生同登覺岸。此造像亦太傅餘波。量才仁兄法家正之,農髯熙。”

鈐印:曾熙私印(朱文)。

按：此扇未署年款，以另面有王一亭畫扇云："春江乍漲胭脂水，點染寒梅發古姿。贏得南檐添日暖，飛來凍雀舞差池。乙丑，量才仁兄雅正。王震。"故繫於本年。再以書畫扇皆應在夏前備用，乃繫於夏前或夏初。史量才(1880—1934)，江蘇江寧人，1912 年任《申報》總經理，1934 年 11 月 13 日被刺身亡。

牛首山玉梅花庵工程資金缺口，寫信與山寺道明法師溝通，並先寄百元給曾一哉用於工程。

與馬宗霍書："今日又得一哉來函催款，從友人處零湊得百元，寄上尊處，如先挪用二百，此百元即作還款；如尚未挪用，請確交一哉，尚乞尊處再挪一百。此間閉市，各紙店不能支一錢亦係實，即大富翁此時亦與吾輩同也。即詢宗霍妹倩近佳。熙頓首。即日。(剛吾來函，乞來滬商定，切切。)"

與曾一哉書："二函均悉。工程可於端午節完結，至慰。此間銀莊一律罷市，前托宗霍從南京友人先挪借二百以應急需，亦未得覆函。茲寄上百元，如宗霍處不能挪，當急另設法，決不令弟爲難。即詢近佳。一哉五弟，熙手啓。閏月廿日。"

又："五弟如見：得牛首山來書，極慰極慰。碑廊木工已包，定價亦不貴，砌工一切並望及時完結。石子既難得，能否從山上之礦石小片，勘廟前坪中之近檐一周亦好看，太費亦不須用，處亂世工程亦宜樸拙也。預備種梅之花園，土高處再加高，作小山形，種小竹與梅，低處宜平。惟及時應修之路，以曲折爲好。和尚所定之工，乞弟切實催督。兄節後准來山上也。此間風潮已見報，紙錢店已閉，各紙店亦無錢收，公館先無存儲但向各友處支借零用。工程之款，已函託宗霍就近從王伯秋兄處代挪用，決不令弟爲難，乞放心，即速了爲盼。即詢近好，兄髯手啓。閏月十四。繼梅侄同問好。"

存考：兩信無紀年，以 1925 年有閏月，因知爲是年事，信中所云"風潮"，蓋指此際發生的五卅事件。

與道明法師書："道明大師慧鑒：前得大師病院來書，知患癰毒已復口，尚須調養，應即問候，但熙春夏以來，三次病濕温(瘟)，旋愈旋翻，皆大熱大汗，因之體疲弱不堪，精神亦異常疲困，是以遲遲未報耳。此間風潮尚未平定，各店皆不能全數收清款項，因之支絀。十日内當令金芳連來山，先付清工食與瓦錢零星，以清一哉經手之件。尊項前開單油漆、格窗、門户各件，大約三百之譜，去秋交大師百元，前月由胡宅交百元。去秋曾面與大師説明裝修各認一半，因原在前估工之數内，當時遺漏耳。大師去秋所説，大義昭然，且允許捐茆亭一所，且言本係山上工程，何須令李姓出費。不過山上近亦支絀，想大師亦尚記此語。至玻璃、木器，當令金芳連及時完結。惟住院之僧及工人，大師應早定妥。十日來，精神可望復元,入秋稍凉,即來山上與大師詳話一切也。即詢净福無量。熙頓首。五月十八日。”

1925 年 6 月 26 日起,上海美專學生會開書畫展覽會三日,發售編號書畫券,對號取件,以售資救濟“五卅”事件罷工工人。與章太炎、康有爲、吴昌碩、王一亭等均向其捐助書畫。

《學界之消息△美專學生會舉行書畫展覽會》:“上海美專學生會爲救濟五卅事件,定於六月廿六日起,開書畫展覽會三日,徵集現代名家書畫及青年藝術家之作品數千件,編號發券出售,每券售洋一元,購券者得憑券向該會抽取書畫一件,該會將所得券資,悉數救濟五卅事件之被難者。日内徵集股各幹事,除向美專各教授徵集作品外,更在校外徵集各名家如章太炎、康有爲、王一亭、吴昌碩、曾農髯、沈恩孚等之書畫,以助購券抒難者之清興。”(1925 年 6 月 14 日《時報》)

《美專五卅書畫展覽會昨日開幕》:“上海美術專門學校學生會,自五卅慘案發生後,熱心援助罷工募捐而外,又發起徵集名家書畫開會展覽,出售書畫券,所得券資,悉數援助工人。該會於昨日上午八時開幕,來賓絡繹於途,午後更形擁擠。會場之入口處,有臨時售券處,再進則爲抽籤處,樓上陳列作品佔七室,共二千餘件,多係名家作品,琳瑯滿目,美不勝收。閘北四川路某影片公司特到會攝影。”(1925 年 6 月 27 日《申報》)

乙丑夏,黄曉汀自杭來滬卜居,寓東有恒路五福里,相距不足百步,相與訂交。

存考:黄曉汀(1889—1941 後),名起鳳,江西上饒人。善山水,功力深,有書卷氣。1925 年夏來上海鬻畫爲生,租居五福里與譜主相距不足百步。見《申報》1926 年 5 月 26 日刊《農髯老人題黄曉汀居士山水大略》中云“(黄曉汀)客夏來海上,寓東有恒路五福里”,其文並引譜主題黄畫有云:“近與居士居,相距不百武,朝夕評定古今書畫極樂,蓋老年賞心之友也。”1927 年一度受聘爲上海美專國畫教授。其晚年資料稀缺,我們只知道他在 1941 年 2 月在報端刊出《黄曉汀加潤啟事》,有云“曉汀息影申江,筆耕而食,頻年歲出激增,硯税莫償,故不得已,於即日起照庚辰原潤增加二成,藉以助添筆潤”。並於同年 10 月 9 日又登報《重訂山水潤例》。其後行止不詳。本譜 1925 年 11 月 26 日吴堅仲往“東有恒路五福里‘拜会’張大千,並得晤黄曉汀”,究竟張大千此際亦租賃在五福里與黄爲鄰還是同租一屋,待考。據曾迎三先生云,他聽馬宗霍哲嗣聽父親談往時説,張大千仿古畫得黄曉汀幫助不小，有時合夥做假畫。馬宗霍記有日記，可惜這些日記在“文革”時因懼“文字獄”而燒燬了。記此備考。

乙丑端午後，爲黄曉汀友人浩甄作書畫扇面。

自題：“髯得晴江（按：即李方膺）松十二幀，奇姿異態，賞心實多，然不及髯之狂也。寫此似浩甄先生正之。浩甄蓋曉汀居士友也，未識居士視此何如？乙丑端午後，農髯熙。”

自書：“石田老人寫倪迂大幅，題識亦仿倪書，有項氏印章十方，左角蓋劉完庵題七絶一首，妙品也。髯既畫復書此。”（私人藏）

鈐印：戲海廔（白文）。曾熙私印（朱文）。

乙丑五月，小女小癡與婿夏叔鼇來滬省親，日侍案頭，寫小筆山水册頁八幀贈與存念。

自題一：“以石谿筆勢寫此，氣韵略有近處。老髯。”

自題二：“方壺淩空之筆，後來瞿山頗得之。乙丑五月十八日，老髯記。”

自題三：“張大風如雲中振羽，蓋書家之褚河南也。丙丁之歲，與道人、吴劍秋從神州社主人觀張風山水册子，此尚可迴想耶！乙丑五月，熙。”

自題四：“石濤題黄山詩云：石心有路松能引，天外無聲泉自争。此二句可謂窮黄山之妙，此幅背臨一角耳。髯記於海上。”

自題五：“亦有肖石田處，然觀者以爲近麓臺晚年所作，及細審之，肖固非也，近亦未必然，直老髯一種蒼横之筆耳！一笑。老髯。”

自題六：“五月江深草閣寒。海上雖酷熱，至晚潮夜静，無異深山密林，寫此頗自適。老髯。”

自題七：“山谷云：寫小字如作大字；米老云：小字雖細如豪髮，亦須八面員滿。髯以作畫，亦當如此耳！髯乙卯十月來海上，今十年矣。季女小癡歲歲請命來省予，皆嚴拒之。今夏聞髯多病，與婿叔鼇冒暑來滬，今病後精神已大復矣，小癡、叔鼇日侍案頭，因寫小筆山水八幀與之，可以觀老父之目力。乙丑五月十九日，老髯記。因碑帖背後紙頗舊，因取之，並注。”（私人藏）

設色紙本。39×26cm

鈐印：子（白文）。緝（朱文）。髯公（朱文）。曾熙之印（白文）。戲海樓（白文）。熙（白文）。髯（朱文）。老髯（朱文）。

按：夏叔鼇，名紹機。湖北省崇陽縣知縣，光緒己丑（1889）科進士夏時泰三子。生卒年不詳。又，現僅存七幀，一幀失之。

乙丑夏，濂山叔父七十晉一壽辰，以石濤筆法作《衡雲虬松圖》爲賀。

自題："衡雲深處，虬松千尺，爲壽者相，清福無極。濂山叔父，事親至孝，以筆耕起家，兒輩及族中子姓，多受其教澤。其生平持己謹嚴，而接物寬恕，自守清約，而推解不惜。蓋一鄉之山斗，實吾族之典型。自正衡大宗以來，伯叔父中愛熙之厚，僅吾叔父一人矣。乙巳，熙視南學事，自龍陽迎母氏返衡家，兄亦自粵西歸來，旋即鄉居，叔父課述、卓兩兒及諸女。熙歸則徹夜長談，熙出則與吾兄吾母話家常，瑣瑣前日之境，日在胸頭，亦不敢爲叔父告。今來海上又忽忽十年矣，叔父七十晉一，不得登堂祝嘏，謹效石濤筆法，寫呈爲叔父壽。叔父知老姪亦將七十，尚能以筆墨自食其力，一笑。乙丑夏，姪熙頓首。"(私人藏)

紙本。147×46cm

鈐印：曾熙之印(白文)。農髯(白文)。

按：曾濂山，曾熙之叔，馬宗霍之岳父，1924 年夏，馬有《外舅曾濂山先生暨外姑段太夫人雙壽序》，見《龍田曾氏五修族譜》卷三下。

孟夏，與楊雪玖、吴昌碩、王一亭、楊東山等集議開辦城東女學國畫專修科，乃假新校舍於中華路，登報招生。

《城東女學最近設施》："城東女學創辦國畫專科，其内部組織迭經王一亭、吴昌碩、楊東山、許醉侯諸家詳細擘畫，教材及施備方面，力求精雅完全。因原有竹行弄校舍不敷，已假定小南門中華路三五九號充該科，全部房屋刻已佈置完畢，陳列名家畫幅二百餘件，並各教授導師家藏精品及得意之作。聞女士前往參觀報名者甚衆。"(1925 年 7 月 9 日《時報》)

《上海城東女學創辦國畫專修科廣告》："城東女學爲楊白民先生創辦，迄今二十餘年，向設圖畫專科，造就女界英才，久爲社會所信仰。去秋白民先生作古，是科遂爾中輟。同人等惜其素志未竟，爰集議開辦國畫專修科。因原有竹行衖校舍不敷，除小學仍在故址，特假小南門中華路三五九號爲該科校舍，屋宇宏暢，交通便利，凡有志向學者，請閱本報招生簡則。贊助人：吴昌碩、曾農髯、楊東山、符鐵年、唐吉生、許醉侯、王一亭、吴杏芬、吴臧龕、汪仲山、沙輔卿、錢瘦鐵，創辦人：楊錫(雪)玖。"(1925 年 7 月 10 日《申報》)

《城東女學國畫專修科招生》："本校以造就女界專門人才，開發各個人之性靈，表彰中國固有詩書畫文化爲宗旨。(學額)正科三十人，預科三十人。(資格)正科須舊制中學畢業，或新制高中肄業兩年以上，預科須舊制高小畢業及同等程度者，以女生爲限。(報名)自陽曆七月十日起至念日止，每日上午八時至十一時，隨繳報名費洋五元。(考試)自報名日起，隨到隨考。(地點)本校。(開學)九月一日。考試科目及學程教授大綱，均載章程，函索須附郵票五分，空函不覆。本校啓。"(1925 年 7 月 10 日《申報》)

與吴昌碩、王一亭等被推爲城東女學國畫專修科導師。自 7 月 15 日至 19 日，城東女學國畫專修科舉辦教授書畫展覽會，出作品參展並出售，售款充作專修科開辦經費。

《城東女學國畫專修科之展覽會》："城東女學國畫專修科現已推定吴昌碩、王一亭、曾農髯、楊東山、吴杏芬爲導師，吴臧龕、許醉侯、張叔通、唐吉生、汪仲山、沙輔卿、錢瘦鐵、莫念初、楊雪玖、楊雪瑶、閔湘琴、胡漳平、吴若安等爲教授，由各作家匯集精品，定於陽曆七月十五日至十九日，每日上午九時至下午六時開展覽大會五天，内容計分山水、花卉、人物、翎毛、詩詞、書畫、金石、題跋各部。該處校舍既極優美堂皇，一經佈置，益增古艷，琳瑯滿壁，恍疑身入畫林，歡迎各界參觀，毋需門券云。"(1925 年 7 月 13 日《申報》)

《城東女學展覽會之成績》："前日爲城東女學國畫專修科教授作品展覽會第一日，其中陳列滬上名家作品甚多，逐日更换。前日到會參觀者亦絡繹不絶，陳列作品，除標明非賣品者不願讓度外，其餘均標明價格，一律出售，以爲城東女校國畫專修科開辦經費。聞前日售出王一亭、吴臧龕、楊雪瑶、楊雪玖、汪仲山諸家作品多件，價值不下數百金云。"(1925 年 7 月 17 日《申報》)

乙丑五月，苦熱難以安枕，起而寫《墨松圖》。

自題："張大風運腕如雲霄振羽，逼肖老髯，一笑。乙丑五月，酷熱不能安枕，夜起作此。"

《壽宴繽紛録(朱爵)》："蜀中名畫家張善孖五十生辰，在陶樂春宴客，到上海新聞界文學藝術家都百數十人，極文酒冠裳之樂。不才躬逢其盛，就所聞見，拉雜記此，雖云明日黄花，聊拾天涯芳草。△曾農髯畫松　壁間壽畫甚多，如王一亭之《善孖造像》，謝公展之《四季花》，賀天健之《墨筆山水》，馬萬里之《松》，葉渭莘、張聿光、汪仲山、高尚之等七人合作之《松鶴》中堂，吴一峰《青緑山水》，熊松泉《猴》，蔡逸民《朱竹》，皆一時之選。而又以曾農老《墨松》爲尤奇巧。農老此畫，係乙丑年作，寥寥矮松，極偃蹇踞傲之致，題爲'張大風運腕如雲霄振羽，逼肖老髯，一笑。乙丑五月，酷熱不能安枕，夜起作此'。農老下世，此畫爲其家人珍藏，此次曾夫人特檢贈善孖，爲門人致松柏之頌。善孖稱大風堂，而題中有張大風；善孖生日爲五月，而是畫亦五月作，若與張氏有夙緣，師門風義，翰墨因緣，洵爲至寶也。△分贈畫扇　席間分贈紈扇，以爲紀念。扇一面係影印善孖畫虎，而由大千補草竹設色，一面則爲善孖四介弟文修先生手書善孖五十自述兩章，書法《黑女》，秀隽異常，遂與書畫合成二絶，令坐客出入懷袖，洵爲至寶也。△和詩之佳(略)。”(1931年7月20日《申報》)

乙丑五月，寫《水墨山水圖》。

自題：“東坡云，作畫求之形，見與兒童鄰。求形者，百人得九十九焉。乙丑五月，農髯寫於海上戲海樓。”(私人藏)

紙本。108×30cm

鈐印：曾熙之印(白文)。農髯(白文)。

乙丑五月，爲姚滄客寫書畫合璧扇，有云：“自明以來，無不仿倪迂。石田擬之而骨勁，漸江師之而神清，煙客取其韵，麓臺勝以力，所謂有古人有我也。”

自題：“山谷云：天下幾人學杜甫，孰得其皮與其骨。自明以來，無不仿倪迂。石田擬之而骨勁，漸江師之而神清，煙客取其韵，麓臺勝以力，所謂有古人有我也。寫似滄客先生法正。乙丑五月，曾熙。”

鈐印：曾熙私印(朱文)。戲海廔(白文)。

自書：“臨黑女誌，滄客先生法正。”(私人藏)

鈐印：曾熙私印(朱文)、戲海廔(白文)。

按：姚滄客(1899—1979)，安徽桐城人。上海美專畢業，工書法，擅丹青，尤長花卉、翎毛。作品1930年比利時博覽會獲金牌。歷任各校教師。

乙丑五月，爲朱侣松寫《枇杷圖》扇面。

自題：“純以篆法寫之，豈洞庭佳種亦來自周秦國邪？乙丑五月，寫似侣松仁兄雅正，農髯熙。”(私人藏)

鈐印：曾熙之印(白文)。

按：曾熙爲朱侣松作書畫頗多，其中有未署年款者，如《松石圖》，題云：“石蹲如虎，松豈猶龍，萬劫不撓，涵濡太空。寫似侣松仁兄法家正之。農髯熙。”

乙丑夏，許稻蓀殁，張謇撰墓誌銘，吴昌碩篆蓋，爲其書丹。

按：見《武進許君稻蓀墓誌銘》拓本。許稻蓀名嘉穀，早孤，頻試不利，改習商，匄資建振藝絲廠於無錫，賴以大發。復與人創辦培工學校，以教員工子弟。卒於1925年乙丑七月十日，享年五十五歲。

乙丑五月，與吴昌碩等爲靈蘇老人訂書畫直例。

《靈蘇老人書畫直例》："（潤例略）曾農髯、吴昌碩、胡郯卿、楊草仙、胡樸安、胡伯翔、張菊生、沈叔玉、李拔可、徐容光同訂"（《有美堂金石書畫家潤例》，1925年5月）

乙丑五月，爲王陶民寫《水墨山水圖》書畫合璧扇。

自書："陶民大畫家，且日與海上畫家研究畫家之精理，見與當發狂嘯也。乙丑夏五月，農髯熙。"（2013年秋季浙江嘉翰拍賣圖録）

鈐印：熙（白文）。

自書："（篆文略）：以楊補之畫梅法爲陶民先生橅此蜎。熙。"

鈐印：曾熙私印（朱文）。

乙丑夏六月朔，節臨《焦山鼎》。

自書："（節臨《焦山鼎》略）此《焦山鼎》，無惠即鄦惠，古文省也。乙丑夏六月朔，曾熙。"（私人藏）

紙本。126×66cm

鈐印：曾熙之印（白文）。農髯（白文）。

乙丑六月，與鄭孝胥、公孫長子、張大千爲丁六陽代訂鬻畫潤例。

《六陽道人鬻畫例言》："蜀中青城之山，層巒疊嶂，環列如戟，高士托迹，倚丈人峰而呈詩態，借丹梯雪以寫幽情者，歷歷可稽。六陽道人，藉藉名家子也，逍遥游衆妙之門，清絶傳無聲之詩。卅年玄圃，披髮餐霞，半世青城，撚豪吟墨，金竈開火，慧心沉醉於丹鉛，玉樹臨風，畫筆直追乎元宋。偶爾避兵，來依歇浦，輕紈細綺，水碧山青，楚客吴儂，雲催鼓促，然而無以言報。人爲誰忙？用敢代舌，俾之詩原有價，莫謂道尚無爲。（潤例略）乙丑六月，曾熙、鄭孝胥、公孫長子、張季爰同訂。"（《中國現代金石書畫家小傳》，1926年）

按：丁愚，生卒歲不詳，字六陽，號六陽道人，青城山道士，四川華陽人。擅長細筆山水，兼工人物、走獸、花卉、松石。與張善孖、張大千兄弟友善，1929年2月19日同開畫展，並出版有《丁六陽張善孖張大千畫册》。

乙丑六月，爲黄曉汀書齋額"曉汀山房"。

自書："曉汀山房。曉汀居士畫必傳，則髯此額亦將千歲不朽，一笑。時乙丑

六月,居士新移山房海上,農髯熙。”(私人藏)

紙本。39×150cm

鈐印:曾熙之印(白文)。閑居翫古不交當世(朱文)。

1925年8月2日乙丑六月十三日,復書“西江新畫派,東海舊家風”五言聯贈黄曉汀。

自書:“西江新畫派,東海舊家風。曉汀居士,西江人也。其寫山水,則囊括元明,及本朝諸大家,而自下己意。西江畫派,當别一新幟矣。宇文公諒題子久畫果育齋銘圖詩云:黄公東海家,作畫逼荆關。居士既同姓,又好居富春山,蓋今之子久矣。髯年來每病,得此勝友,晨夕抗手談心,此樂曷極。歲乙丑六月十三日,農髯熙撰贈,並識數語。”(汪英賓《西山畫派述異軍》,1928年12月15日《申報》)

按:參見1928年戊辰六月條。

乙丑立秋日,爲林尔卿題陳白陽山水圖卷。

題陳白陽山水圖卷:“吴中丞藏文衡山寫意山水,純以澹墨取逸韻,其疏處放而能斂,縱而不肆。白陽此卷,蓋從衡山來也。白陽寫花卉,其真蹟常易遇,惟山水幾如星鳳。尔翁得此卷,假至案頭,朝夕賞心,由春將至秋矣,書此還之。乙丑立秋日,農髯熙。”(《中國古代書畫圖目十二》,中國古代書畫鑑定組編,文物出版社版)

鈐印:農髯(朱文)。

乙丑立秋後,爲錢君匋書“所交盡管鮑侶,入室有芝蘭香”五言聯。

自書五言聯:“所交盡管鮑侶,入室有芝蘭香。君匋仁兄法家正之。乙丑立秋後,曾熙。”(《桐鄉市館藏書畫精品集》,西泠印社出版社2005年10月版)

紙本 158×33.7cm

鈐印:曾熙之印(白文)。農髯(朱文)。閑居翫古不交當世(朱文)。

乙丑六月,爲承德題《泥模挎印佛像》。

題《泥模挎印佛像》:“敦煌石室經卷,予見南齊人書經,其卷背皆印千佛像,畫法亦同此卷,豈其同出一手耶? 乙丑夏六月,衡陽曾熙。”(上海博物館藏)

按:此像並有鄒壽祺、康有爲、褚德彝等題。鄒題:“此亦莫高窟所出佛像,初以爲北宋本,細審紙印,蓋亦唐本也。據焦氏《筆乘》,唐末益州始有墨版,多術數字學小書而已。蜀毋昭裔請刻版印九經,始用木版。此似每像各有一版,當爲泥版,在木版之先,法以雕笵印於泥上,再以紙印之傳世。有韓文銅笵即是合成泥版之先型,觀濰縣陳氏所藏秦瓦量文,可見漢以前已有是法。窟中所出寫卷多,畫像亦多,而印本恰少,故此頁價值尤高云。乙丑五月,杭州鄒壽祺。"康有爲題:"唐人畫佛,雖盈丈之卷,未足爲貴,以其傳世者多也。惟印本爲最佳,其刻工之精,有非後人所能,誰謂工藝進化,古不逮今耶! 承德仁兄重寶之,有爲。"褚德彝題:"刻字印刷之術,前人皆謂始於五代。張叔未得銅書笵,更得證明吾友羅叔言云,秦瓦量上有始皇詔,每二字爲一版,謂是活字之始。余謂利徙鐘字形作鳥篆,每一篆字外皆作方匡(框),蓋刻篆於木,印於土笵,即後來活字所自昉,是刻字之法秦前即有之矣。敦煌所出諸經中,有一種長四寸餘,刻佛偈,後題刻手雷延美並開元年號。此佛像亦敦煌千佛寺物,上無題字,乃刻木作小□,集印而成者,審其紙墨之色,與雷延美一種正同,定爲唐物無疑,當與吴越王刻陀羅尼經卷並重,考吾國雕版術者不可不知也。旃蒙赤奮若夏五月,餘杭褚德彝記。"

乙丑六月,題張善孖、大千之弟張君綬遺作《水墨山水圖》。

題張君綬《水墨山水圖》:"一紙已足傳,廿年成一世。白頭老親在,知君心未死。君綬有慧根,從予學書,篆草已臻神眇。父母以季子,愛憐更甚,諸兄友善,季爰尤形景不離,其蹈海何爲邪? 幼時喜依寺僧,及來滬,儵逃之普陀,季爰數月訪得之,豈真大覺邪? 乙丑六月,熙。"(《蜀中三張畫集》,爛漫社 1929 年 2 月版)

黄賓虹題:"文衡山令嗣彭、嘉,均享大年,惟臺早世,余曩曾覩其畫,超逸不減諸兄。今覩君綬筆,可信其不朽矣。已巳春日,黄賓虹。"

胡光煒題:"揩眼崚嶒何處山,死生隔紙已漫漫。秋鐙温夢蟲湘語,認汝天風海水寒。壬戌中元後三日題君綬遺墨。光煒。"

按:題詞者尚有張光、鄭岳、鄭午昌、謝覲虞等。

乙丑六月,節臨碑碣。

自臨:"(既顯武功,復布文德。下車三載,民樂熙雝。僚庶感戴,勒石道左。)發而不肆,斂而不踞,此石有之。乙丑六月,曾熙。"(上海工美 2004 年迎春拍賣圖録)

紙本。28×33cm

鈐印:曾熙私印(朱文)。戲海慶(白文)。

1925 年 8 月 11 日起,湘災書畫助賑會在總商會商品陳列所開展覽會,進行抽籤,對號取件。

《湘災書畫助賑會廣告》:"本會以去秋發起,原爲救濟湘省水災,乃滬上戰事發生,諸事停頓,直至今春始得徵齊書畫,編目録又因罷市稽延,近始完竣,適值湘省旱災慘重,迭接湘省各處函電,湘西辰沅一帶,赤地千里,民無宿儲,交通既以修阻,運輸困難,各處同患饑荒,乞糴無所。是以殷富,亦食粃糠,貧民惟食樹皮草根,餓死者觸目皆是。即湘南等處,近雖得雨,而未沾足者,收成仍無希望。昨報載永州米價每石二百串文,自盡者千數計,非有巨款,何能賑濟。而邇年各省賑務稠疊,募捐極難。兹幸海内書畫大家慨惠墨寶,共得一千八百餘件,如馮蒿叟、吴昌碩、王一亭、左逸叟、朱古微、鄭蘇龕、魏梅村、姚雪盦、查煙谷、錢瘦鐵、田桐、田桓諸先生各有多件,而曾農髯、余堯老、謝復園、曹蔚叟、向樂穀、譚瓶齋、符鐵年、丁輔之、姚虞琴、吴臧龕、李竹叟、鄭遺孫、魏墨卿、葉指發、王滄粟、鄧尉山僧諸先生,譚仲秦女士,竟各有三四十件或八十件、百件之多,其他名家不及一一細録。兹於八月十一日起,在北河南路總商會商品陳列所將書畫陳列,並於同日起,每日下午三時至六時,憑券抽籤。所有書畫均已編印目録,載明號數,持券者自行抽籤取件。未購券者,臨時購取,每券五元。各得名墨一件,同時救活數命,惟希好善君子共襄義舉,不勝代災民請命之至。再,去歲發出之券,尚有未退券又未交款者,請臨時交款抽籤可也。"(1925年8月12日《申報》)

《湘災書畫助賑會消息△以五元賑災△得名貴書畫》:"湘上湘省人士,鑒於湘災奇重,特發起湘災書畫助賑會,計徵集海内名家書畫都一千八百四十六件,陳列北河南路商品陳列所二樓。作者如洪公英、鄧尉山僧,楊雪玖、雪珍、雪瑶女士,姚雪盦、姚虞琴、鄭遺孫、李竹叟、吴待秋、葉渭莘、丁輔之、葉指發、魏墨卿、王滄粟、黄藹農、唐子湘、葉少巖、查煙谷、唐天爵、吴三癡、譚組雲、胡止安、田桐、田桓、左逸叟、劉之龍、譚仲秦女士、卞公弢、錢瘦鐵、王師子、全聲康、向樂穀、任堇叔、謝復園、曾農髯、符鐵年、王一亭、吴昌碩、鄭孝胥、馮煦、李健等數十人。凡入覽者,納資五元,即可抽籤按號領取書畫,聞所得書畫價值,每超過券資數倍,故日來陳列所内,觀覽者絡繹不絶云。"(1925年8月21日《時報》)

《名人書畫賑濟湘災》:"馮蒿叟、吴昌碩、鄭蘇戡、曾農髯、王一亭、左逸叟、朱古微、余堯老、查煙谷、趙子雲、任堇叔、趙雪侯、曹蔚叟、丁輔之、譚瓶齋、符鐵年、姚雪盦、向樂穀,各有數十件至百件之多,其餘大名家不能一一詳載。所有書畫均已編印目録,每券售五元,各得名墨一件,設在北河南路總商會商品陳列所二樓,任人參觀,售券抽籤時間,除禮拜一休息外,每日上午九時至十一時半,下午一時半至五時半。敬啓者:湘災書畫會原爲去年水災發起,疊經事變,近始能收齊書畫陳列抽籤,適值湘西一帶大旱爲災,斗米錢十千,流離死亡之慘,不亞於川黔兩省，而各地各界人士均以愛國運動爲急，募款濟工，對於此垂斃之千萬飢民，無暇顧及。近日疊接湘省告急之電，災地廣闊，死者盈野，賑款無着，切盼滬地慈善家之援救。惟冀好善樂義之君子，發慈悲心，解囊施濟，名人墨寶聊答盛意，所有功德，固不止此。王一亭、孫羹梅、聶雲台謹啓。”（1925 年 9 月 12 日《申報》）

《湘災書畫展覽會之一瞥（松山）》：“海内書畫名人集作品八百餘件，陳列總商會商品陳列所二樓，抽籤助湘賑。余昨蒞止該會，滿目琳瑯，近現代名家作品無不搜羅殆遍，蔚爲大觀。曾農髯助作品近百件，足徵老人對於慈善事業别具熱腸。所作書畫，遒勁超邁，山水介乎石濤、八大之間，有謂老人之畫，咸自狂草隸篆之法得之，此語殆不虚構，可見吾人習畫，必以字爲根本也。缶老工花卉，山水間或作之，然不多見。昨覯山水一幀，筆墨飛舞，花卉中尤見工力。老人之文章詩歌、書畫篆刻，能名世者，豈偶然哉！一亭先生力模缶老，深得形似。其他名家鄭孝胥、譚澤闓、馮煦、吴待秋、吴臧龕、趙子雲諸先生，各盡其長。余因走馬看花，略憑管見，未敢謂評也。”（1925 年 9 月 20 日《申報》）

1925 年 8 月 24 日乙丑秋七月初六日，爲趙子威題何紹基書崔子玉座右銘。

題何紹基書崔子玉座右銘卷：“樂叟携此卷來海上，沖甫兄見之，即託道人願以重值相讓，樂叟不許也。今歲子威甥來舍間，極好道州爲之歐書，樂叟遂歸之，乙丑秋七月六日，農髯注。”（私人藏）

鈐印：曾熙之印（白文）。農髯（朱文）。

按：樂叟即向樂穀，子威即趙子威，沖甫即錢沖甫。此卷 1957 年由馬宗霍在長沙得之，跋云：“蝯叟自謂學書四十餘年，溯源篆分，楷法則由北朝求篆分入真楷之緒。此書座右銘，篆意分情，神融氣聚，藏鋒蓄勢，腕和韵夷。曾求闕嘗言見子貞作字，真學養兼到，此信足以當之矣。丁酉冬十月，宗霍得此卷於長沙，爲識其後。”

鈐印：馬宗霍（白文）。

按：參見 1919 年 12 月條。

乙丑七月，爲丁輔之寫《墨梅圖》。

自題：“輔之先生屬寫楳花將踰歲矣，興在山水，遲遲未報，秋雨沈悶寫此，即乞正之。乙丑七月，熙。”（《一百家畫梅》（上、下），西泠印社 1930 年 6 月版）

按；丁輔之（1879—1949），名仁，號鶴廬，浙江杭州人。西泠印社創始人之一。書擅甲骨文，善刻印。甲子歲始學畫，專寫松枝梅花，遍索友人畫梅，竭數年之功,積爲《一百家畫梅》兩大册,由西泠印社刊行。

乙丑七月,集《石門銘》字書"高閣開秋曙,遠山帶夕陽"五字聯。

自書五字聯:"高閣開秋曙,遠山帶夕陽。乙丑七月集《石門銘》字,農髯曾熙。"(《朵雲軒藏品第八集》,上海書畫出版社2009年1月版)

紙本。138×34cm

鈐印:曾熙之印(白文)。農髯(朱文)。髯翁六十後書(朱文)。

乙丑秋七月,書論王蒙《樂志圖》。

自書:"山樵寫《樂志圖》,其製局純是宋人椝矱,而皴山畫水,此老常法,蓋成邸篋中舊物。乙丑秋七月,農髯熙。"(西泠印社2014年秋拍圖錄)

紙本。133×66cm

鈐印:曾熙之印(白文)。農髯(朱文)。閒居翫古不交當世(朱文)。

乙丑八月,寫《老松圖》。

自題:"九嶷雲氣生腕下,鬱鬱蒼蒼寫髯公。此松頗肖老髯,因題此。乙丑八月,寫於海上戲海樓。"

又:"此幅寫成,適小吴(按:即吴劍秋)携蝯叟(按:即何紹基)聯來,蓋中歲臨《道因碑》而骨韵勁秀,髯酷愛之。小吴請以此畫相易,遂許之。未幾,季爰弟又酷好此松,以重值購得之。曉汀、鐵年又苦向季爰求讓,卒不與也,可謂真好髯畫者,因記之。乙丑除夕,熙。"(《第四回日華繪畫聯合展覽會圖録》,東方繪畫協會編輯,大正十五年十二月十日印刷,十五日發行,發行者正木直彦。香港蘇富比1991年春拍賣圖録)

紙本。191.1×64.8cm

鈐印:曾熙之印(白文)。農髯(朱文)。

同月,復寫《墨松圖》,爲曾漸逵所得。

自題:"寫九嶷一株,疑有雲氣生吾腕下。時乙丑秋八月,農髯𤼵時年六十又五。"(四川省博物館藏)

鈐印:曾熙之印(白文)。

又:"此松與張生季爰所得之長幅蓋同日所作,略取大風之腕法。此松又爲漸逵宗弟所得,九嶷靈根將移之蜀矣,一笑。丙寅二月,熙補注。"

鈐印:曾熙私印(朱文)。戲海廔(白文)。

按：曾漸逵，四川人，曾熙弟子。1927 年與張善孖、錢化佛、季守正東渡日本舉行畫展，1930 年與張大千任教於江灣中國藝術學院中國畫系，1932 年際回成都。

乙丑秋仲，爲錢化佛《白猿獻壽》題字。

題《白猿獻壽》："白猿獻壽圖。化佛先生雅屬，農髯熙。"

鈐印：曾熙之印（白文）。

王一亭題："八千爲秋八千春，桃熟晉壽由兼旬。眉毫狒狒白垂銀，人老化猿猿化人，畫者美意殊苦辛。乙丑秋仲，錢化佛畫成，屬白龍山人署款並題。"（私人藏）

紙本。148×80cm

鈐印：曾熙之印（白文）。

乙丑中秋前爲小藹作《萬利圖》扇面。

自題："萬利圖。乙丑中秋前寫似小藹先生法家正之。農髯熙，時年六十有五。"（《中國扇面珍賞》上海科學技術出版社、商務印書館（香港）有限公司 1999 年版）

鈐印：曾熙私印（朱文）。

乙丑秋八月上浣，書論北朝人書法。

自書："北朝人結字，雖分書變化，而仍不損其天機。後人得其筆法，多失其機趣，每流板滯。乙丑秋八月上浣，農髯曾熙。"（西泠印社 2014 年秋拍賣圖録）

紙本。131.5×64cm

鈐印：曾熙之印（白文）。農髯（朱文）。烝陽（朱文）。心太平庵鉨（白文）。

乙丑中秋前，自書論書。

自書論書："墨卿分書，海内争傳，鼐亦稱之。今但見其楷書入分，然此習唐以來名家所未能免，不須苛論墨卿。乙丑中秋前，曾熙。"（浙江駿成 2009 年秋拍圖録）

紙本。31×38cm

鈐印：曾熙私印（朱文）。戯海廔（白文）。

按：此爲十二屏之一，其他爲田桐、伊立勳、朱祖謀、沈曾植、鄭孝胥等作。曾熙論墨卿（伊秉綬）者，除此尚有："墨卿先生行書從茶陵李文正得筆，文正以誠懸腕法入懷素,剛勁之中復能運腕如風。堅香仁兄法家正之。農髯曾熙。"

乙丑八月,爲錢瘦鐵題《曹景完碑》。

題《曹景完碑》:"曹景完碑,精氣内斂而神采外溢,後來學之者,但一味麄獷耳。此拓最舊而徑口尤絲毫未損,願瘦鐵弟重寶之。乙丑八月農髯熙。"(《民國書法篆刻人物辭典》,上海書畫出版社2012年12月版)

鈐印:曾熙之印(白文)。

1925年10月18日,吕滿等自滬至粵,譚延闓見譜主以書札寫扇面上,嘆爲"創作"之舉。

《譚延闓日記》同日條:"十月十八日晴陰,寒暑計八十度。(九月初一)百六十六、淑、祥七十六、大生十三。百十五、百十六、余大、夏五、淑、祥。九時起。與宏群談。飯後,至國民政府,與精衛談久之,遇王東成。歸,護芳、湯蔭棠來。爲人作屏聯書久之。午,同宏群食麵。聞新華船今日到,遣人往迎之。晚,吕滿、大毛來,問知滬居情况,並得種種書件,不勝奔年之感。大武寄示《泉男生墓誌》,小歐書,遲《道因》十七年而渾鷙之氣不減,何也。蔡鑄人來,談甚久,言及熊錦帆,頗爲歎恨,知仳離之兆常德已然矣。護芳來,同蔡去。余獨飯後,吕滿、大毛歸,蓋赴宏群約也。登樓,至吕滿室中久談,曾九以書札寫扇上,亦一創作。談至一時,乃下樓歸寢。"

1925年10月20日,譚延闓有信來。

《譚延闓日記》同日條:"十月二十日晴,寒暑計八十度。(九月初三)百六十七像片、余大、夏五、曾九、樂穀、協和。協和。九時起。與宏群談。詠洪來,護芳來,匯清來。飯時用鐵禪所説醋蒜鯉魚治骸腫,不知効否也。爲人作屏聯書久之。楊夫人來。一時,出訪牙醫,坐頃之,度非更數十分不得輪到,乃出赴國民政府,二時開預算委員會。余爲主席,伍、古、甘爲委員,俄人伊司馬諾夫爲顧問,陳樹人爲祕書,黄平爲繙譯。討論頗有條理,四時散會。待精衛至五時不來,乃開軍事委員會。古、伍外,登同來,張、黄、陳代表亦至,余爲主席。將散矣,精衛來。議事畢,復延宋淵源入,言閩南事,六時半乃散歸。同大毛飯,有峰湖蟹,皆吕滿携來者也。大毛問學問之要,與語頃之。林伯軒來。吕滿來,談舊事,因及馬學,此非西洋之馬術也。至一時乃睡。"

乙丑九秋,爲周夢坡作《枯木奇石圖》。

自題:“枯木竹石,久成畫家印板文章矣。髯以篆草之筆爲之,莊生所謂和之以天倪也。能讀畫者,須知南田醜拙,漸江橫肆,其庶幾乎。夢公爲文潔老友,素精鑒賞,既喜髯畫,寫此質之。乙丑九秋,農髯熙。”(蘇富比1986年秋拍圖録)

紙本。130×53.5cm

鈐印:曾熙之印(白文)。農髯(朱文)。

立冬後,題李瑞清書《李母李太夫人七慶壽屏》。

題李瑞清書《李氏壽屏》:“道人書壽屏,其雍容振腕,下筆謹嚴,如同作碑。此屏尤其精力所獨到。伯英先生因景印公諸海内同好,既彰太夫人之令德,而道人之書法衣被後學,其功匪淺,爰識數語於後。乙丑立冬後,衡陽曾熙。”

鈐印:曾熙之印(白文)。

按:此屏李瑞清應李宗黄爲其母七十歲壽慶所書,撰文章士釗,1925年10月付之影印,曾熙爲題跋語。李宗黄(1887——1978),字伯英,雲南鶴慶人。1910年加入同盟會,武昌起義赴漢,任革命軍督戰參謀。旋至淞滬,輔助鎮江都督林述慶。1935年任南京政府監察委員。1978年卒於臺灣。

乙丑十月三日(11月18日),題張大千仿石濤《後游赤壁圖》。

題張大千《仿石濤作〈後游赤壁圖〉》:“季爰自得髯所藏大滌巨幅册子,筆力更雄厚。此幀寫東坡後游赤壁,儒冠古服,真能得其劃然長嘯、草木震動之曠懷,大滌原本恐尚不能到此。乙丑十月三日,曾熙。”

鈐印:曾熙之印(白文)。

張大千自題:“大滌子有此本,蓋坡公後游赤壁也。乙丑,大千倚裝。”(香港蘇富比1992年秋拍圖録)

鈐印:内江張爰(朱文)。大千居士(朱文)。大千所作(白文)。

紙本。171.2×47cm

1925年11月28日乙丑十月十三日,張大千偕吴堅仲來訪,頗洽。

《滌石山房日記》同日條:“十三　廿八　土。飯後,余獨往東有恆路。季爰方久侯(候)於是,偕至對面晤曾君農髯。有湖南客在座,頗洽。出新購何蝯叟用功時所書《易林》五六十篇,用隸法,最整秀。其法有七分近《禮器》,三分近《張遷》,又原購爰(蝯)叟臨《張遷》全本,筆老而健,眼福不小也。”(巴驕整理《滌石山房日記》)

存考：吴堅仲(1878—1930)，名石存，字堅仲，號滌石，四川富順人。清末附貢生，畢業於四川警官學堂，1907年加入同盟會，參與辛亥革命。二次革命失敗，逃亡山中研究道學，傳教於成都、重慶、上海、紹興等地。1930年病逝。(以上據巴驕《吴堅仲〈滌石山房日記〉中所記述的張大千》。日記爲殘件。此日前二日11月26日記云："四鐘返騰芳(?)往東有恆路五福里拜會張季爰。坐譚，並得晤曉汀。曉汀山水，法密而筆潤，胸次亦不惡。"黄曉汀來滬入住五福里，前文已及之。如果我們推測不誤的話，黄的寓所在譜主的斜對門(不足百步)，而張大千的寓所則貼近黄宅。

乙丑孟冬月，以何紹基腕法爲盛熾書"魯廷臣作頌，周室命惟新"五言篆書聯。

自書五言篆書聯："魯廷臣作頌，周室命惟新。集頌敦字以蝯叟腕法入之，即似盛熾仁兄法家正瑑。乙丑孟冬月，農髯熙。"

紙本。129×32cm

鈐印：髯翁六十後書(朱文)。曾熙之印(白文)。農髯(朱文)。烝陽(朱文)。

乙丑孟冬，爲陳紹寬書"閣峻惟雲宿，水深憙魚游"五言聯。

自書五言聯："閣峻惟雲宿，水深憙魚遊(游)。厚甫仁兄法家正之。乙丑孟冬，農髯熙。"(西泠印社2012年秋拍圖録)

紙本。146×32.5cm

鈐印：曾熙之印(白文)。農髯(朱文)。髯翁六十後書(朱文)。

按：厚甫爲陳紹寬之字。陳紹寬(1888—1969)，福建閩侯人。曾任國民黨海軍上將，1949年拒往臺灣，歷任華東軍政委員、福建海防司令、福建省省長及民革中央副主席。

1925年冬，自作《山水圖》。

自書："仲圭、叔明每以功力掩其天趣，子久、雲林皆以天趣勝人，此作不蹈四王蹊徑，直窺元人堂奧，頗意到而筆隨之也。乙丑冬，熙。"(2013年秋季香港佳士得拍賣會圖録)

紙本。160.5×83.5cm

鈐印：曾熙之印(白文)。農髯(朱文)。

乙丑陽月，病後以仿近來所得李方膺(晴江)畫册寫梅。

自題："乾隆諸老寫某(按：即梅)華，壽門清高潔逸，可謂得梅之全體矣。餘如巢林雅而秀，南阜鬱而遒，復堂疏冷可愛，晴江横逸在骨。近得晴江册子，偶效其一枝數筆。大家着墨無多，逸趣横生，此殆未可爲近代作家語耳。乙丑陽月病後寫此，差喜精神已復。”(《大風堂存稿》)

孟冬月，得六舟拓《瘞鶴銘》本，臨之。

自書：“(節臨《瘞鶴銘》略)得六舟拓本臨之。乙丑孟冬月，曾熙。”(北京永樂拍賣圖録)

紙本。136×65cm

鈐印：曾熙之印(白文)。農髯(朱文)。閑居翫古不交當世(朱文)。

按：釋達受(1791—1858)，字六舟，浙江海寧人，人稱“金石僧”。耽翰墨，精鑒别古器碑版，摩拓金石，尤稱絶技。

1925年11月，與吴昌碩、伊立勳、林屋山人等爲朱其石代訂山水刻印直例。

《朱其石山水刻印直例》：“(潤例略)收件處：各埠各箋扇莊。總收件處：上海英租界帶鈎橋九福堂、城内邑廟青蓮室。吴昌碩、伊立勳、林屋山人、馮煦、朱祖謀、袁寒雲、鄭孝胥、曾農髯、天台山農代訂。”(1925年11月22日《申報》)

1925年11月，與吴昌碩、陳陶遺、馮夢華等爲李肖白重訂書例。

《李肖白重訂書例》：“李君肖白，别署病杏，精研八法，入漢魏，闢蹊徑，戛戛獨造，夙爲士林所珍重。曩年由王君一亭爲訂潤例，比以求者日衆，由張仲仁、韓紫石、曾農髯、吴昌碩、陳陶遺、馮夢華、朱彊邨諸名流，重爲釐訂。收件處：本埠各大箋扇莊、滿洲路三畏里上海書畫社、小西門中華職業學校。總收件處：海寧路天鑫里道南學校云。”(1926年11月25日《時事新報》)

1925年11月，與康有爲、吴昌碩、王一亭、劉海粟介紹畫家陳迺恭。

《介紹畫家陳迺恭先生》：“畫重品格，重神韵，可以意會而不可以言傳。吾國畫法，六朝至唐，代有名家。洎南北宋，更一變前人窠臼，而畫法始備，胸中邱壑流露於楮墨間，非近世美術家筆法所能仿其萬一。陳君迺恭，善山水，其筆法宗之米南宫，有時極洋灝，有時極挺拔，識者皆心賞之。兹以求者過多，不遑應接，爰擬潤格，開列如下：(潤例略)介紹人：康有爲、曾熙、吴蒼(倉)碩、王一亭、劉海粟同啓。”(1925年11月29日《時事新報》)

1925年12月2日，譚延闓寫信來。

《譚延闓日記》同日條："十二月二日晴，寒暑計七十二度。(十月十七日)百九十、淑、汪九、曾九、楊子杏。九時起。李月峰營長來，以病借錢也。詠安來，同至黨部，寂無人到。與吴玉璋(章)一談，毛澤東來，乃至别室開會，伯渠、富春繼至，談甚久，十二時散歸。滷子太劣，不能喫也。二時至鮑宅，開政治委員會，未畢而汪精衛赴廣大演説，余代之主席，四時散，從來所無也。徑至政府，待宋子文、依斯買諾夫來，開預算委員(按：漏一'會'字)，七時散。余至美洲酒店喫飯，去二元，亦有鴿子，如太平館也。歸，閱翁日記。與王先生習拳十五遍，安甫、衡生始由詠安處歸，余習足二十遍，遂罷。姜詠洪携《孔廟乾明元年碑》來，覃溪硃筆題識甚多，蝯叟亦有一詩一跋，皆駁覃溪説者，舊物，可寶愛也。閱翁日記，至一時半乃就寢。蔣慎先偕曾昭聲來老官粵者。"

冬，得黄公望(子久)《溪山雨意圖卷》，項元汴舊物。越日李瑞奇來，見之狂喜；又越日符鐵年來，亦嘆爲觀止。

自題丙寅年作山水："江山依舊六朝色，生面全非昔所思。去冬得大癡溪山雨意長卷，項氏舊物，爰擴其筆勢寫此，即似紉軒仁兄正之。"(《大風堂存稿》)

丙寅自題贈門弟子姚雲江山水册頁之一："去冬得子久溪山雨意長卷，題云：無一經意筆，無筆不神妙。擊節三嘆息，孤賞誰同調。越日筠弟來，爲之狂喜，以爲粵中所見一幅後，於此再見子久真面。又越日鐵年來觀，無不嘆爲希世之奇遇，聊師其筆勢爲此。丙寅立秋前三日病後爲江弟作十二幀。"(見丙寅立秋前三日條)

此際，與黄賓虹往來甚密。

黄賓虹與許承堯書："霽公先生鑒：……湘中向樂毅(穀)君言，當時頗多罕見之品，除贛蔡經(金)臺輩所得，大半爲羅雪堂影印，聞人尊藏者猶不乏瓌異，請示其目一二，或有照片借印更佳。樂老有唐人畫佛像真蹟，亦出敦煌者，甚佳。……專復，此請著安。黄質(更名賓衹)頓首。"

與黄賓虹書："承贈畫箑，極感。當裝成總册，爲傳家之寶。公論畫有過人處，昨讀題樂叟所藏唐佛，博雅而精，已令記室編列讀書集矣。檀園卷子，乞從汪君手假讀一過，仍即奉還。冬暄，幸攝衛。樸翁，熙頓首。即日。"

與姚雲江書："本日午後六時，約黄樸翁携石濤來舍(萬不可不看也，恐不能留)，弟可帶石濤、瞿山及倪迂之軸來舍會校。雲江弟，髯頓首。廿九。"

按：信中"樂叟"、"樂毅"指向燊，汪君指汪鞠友(律本)，兩江師範學堂督學、同盟會會員、國會議員，黄賓虹摯友，擅山水，此際常來往於池州、滬瀆之間。

乙丑陽月，作山水贈趙恒惕（彝午）。

自題："儻障洪流還禹甸，我從勾婁書新碑。洪水濫流莫甚於此時。彝午世友倘舊排没疏瀹之神勇，則功不下禹。熙雖白髮，當置酒載筆上勾婁峰，爲書紀功碑也。歲乙丑陽月。"（《大風堂存稿》）

此際，作山水寄舊游芭濱。

自題："右丞居輞川則圖輞南宫，居潤州即以潤州山作墨戲。子久一山一石，皆得之富春。石濤生梧州，腕下多粤西聳兀之氣。殘禿供奉牛首，蒲團唔皆天闕景象。髯居祝融山下，但見莽莽蒼蒼四寒無極。偶寫一角，寄與芭濱先生，尚能記憶昔日湘南之游否？"（《大風堂存稿》）

此際病腕，仿篋中黄公望（子久）山水小方設色以篆法作山水圖。

自題："岳雪樓藏大癡山水小方，安氏舊物，與大内芝蘭室圖同一用筆。偶仿其設色而以篆法行之，麓臺司農闕大癡者自相徑庭。乙丑下恂强病腕，作此時年六十又五。"（《大風堂存稿》）

按：《大風堂存稿》爲張善孖所抄，偶有脱漏錯筆，此處"乙丑下恂强病腕"即其一。以此題介於"陽月"與"陽月二十二日"之間，本譜繫於乙丑十月下旬。

乙丑十月下旬作《松圖》。

自題："老榦凌霄，虬枝屈鐵，舒嘯百年，樂飲冰雪。乙丑陽月下恂。"（《大風堂存稿》）

天寒以爐取暖，偶爲木炭一氧化碳所傷，所幸越三日即康復如初，12 月 7 日乙丑陽月二十二日作山水自頤。

自題："有舟不可楫，但隨波出没。年年柳色新，不許人人折。乙丑陽月二十二日，偶爲木炭煙瘴所老，逾時大醒。越三日精神如舊，頑軀老眼，留看江山之變幻，亦復奈何。寫此自頤。"（《大風堂存稿》）

1925 年 12 月，與于右任、吴昌碩、朱祖謀等爲劉謇代訂書例。

《劉謇先生書例》："（書例略）于右任、吴昌碩、朱祖謀、陳无咎、曾農髯、甘翰臣、勞敬修、陳炳謙、梁鼎銘、劉錫基、高冠昌同訂。收件處：上海河南路抛球場戲鴻堂箋扇莊、錕源煙行、南京路盆湯弄口大中煙公司及各大箋扇莊。"（1925 年 12 月 9 日《申報》）

上年弟子張大千得黄公望(子久)册頁一幀,送來置於案頭篋中數月,摩挲日久,獲益甚多,張以宋紙索畫子久筆勢,12月16日乙丑十一月朔以舊作山水予之。

自題:"危峰抻大起,絶壑少人迹。惟聞下界鐘,聊以破岑寂。𡒄登白石峰有此景,峰爲南嶽七十二峰之一。　劫餘殘卷在,蜀客何時來。鱗爪偶窺見,老懷爲之開。端忠愍藏子久火燒卷,予尚在重慶。季爰去歲得岳雪樓子久册一幀,題名片鱗一爪,置予篋數月,所得不少。季爰嘗以宋紙乞予畫此,須候之他日,因檢四紙付之。乙丑十一月朔。"(《大風堂存稿》)

1925年12月23日乙丑十一月八日,作山水册八開。

自題一:"豈是桃源客,笑殺武陵人。農髯。"

自題二:"此幅以生辣取勝,妙在能澹耳。"

自題三:"萬家雲樹裏,微聞管弦聲。熙。内府所藏方方壺小幅,純從小米出其趣韵如此。"

自題四:"十年樹木百年心,早知宅後已成林。庚戌新宅後,手種松萬株,今十六年矣。乙丑十一月八日,農髯。"(香港蘇富比1988年拍賣圖録)

按:圖録僅刊其半四開,餘四開不詳。

1925年11月29日乙丑陽月將望,爲左季作《古梅圖》。

自題:"宋玉、枚乘尚可賦此,廣平不許其下筆也。乙丑陽月將望,寫似左季仁兄法家正之。農髯曾熙。"(朵雲軒2006年春拍圖録)

設色紙本。114×40cm

鈐印:曾熙之印(白文)。農髯(朱文)。

乙丑陽月中浣,自書論書。

自書:"北齊人書,渾穆閑雅,其得力於元常之法極多,蓋東魏穆子容導其先路矣。乙丑陽月中浣,農髯曾熙。"(無錫市文物公司2008年迎春拍賣圖録)

紙本。131×65cm

鈐印:曾熙之印(白文)。農髯(朱文)。

1925年12月4日陽月十九日,弟子馬宗霍從南京來壽。寫《山水圖》贈之。

自題:"俯仰欣所適,到處即桃源。乙丑陽月十九,宗霍妹倩自寧來爲髯作生日,寫此答之。農髯熙。"(《集寶書畫》,上海書畫出版社2000年1月版)

鈐印:熙(白文)。農髯(朱文)。

乙丑陽月，題吴了村臨散氏鬲墨蹟。

題吴了村臨散氏鬲墨蹟:“近見吴缶叟以寫松石之筆爲篆籀，異常蒼古。了村先生臨三代鼎彝，筆筆入古，儻参以缶叟弦外得音之眇，小難二吴，後先争價矣。乙丑陽月，農髯熙拜讀並注。”

鈐印:曾熙之印(白文)。

王一亭題:“春蚓秋蛇。乙丑暮春，白龍山人題。”

鈐印:王震大利(白文)。一亭(朱文)。

吴昌碩題:“商周彝器文字，於楸鬲最爲古茂，筆筆有意溢字外。其姿勢若錘煉出之，非近時矯揉者而胡作驚人也。余閑一書之，惜耄矣，未能力學。了邨道兄橅此，神意兼到，驚爲奇特。乙丑冬仲，吴昌碩讀過，年八十二。”

鈐印:吴俊之印(白文)。

鄭孝胥題:“近人摹鐘鼎者甚多，必有能者崛起。然求工者失之板滯，使氣者流於粗俗。今觀了邨先生，工夫甚深，豈余所謂能者歟！以此餘力作小篆足矣，惟不求於工而自然工，乃得之耳。乙丑首夏，孝胥。”(《吴了村臨散氏鬲墨蹟》，有正書局 1926 年 2 月版)

鈐印:鄭蘇堪(朱文)。

按:吴了村，號了了齋，安徽合肥人。

乙丑陽月下旬，寫《梅花圖》。

自題:“乾隆諸老寫梅花，壽門清高潔逸，可謂得梅之全體矣。餘如巢民雅而秀，南阜鬱而遒，復堂疏冷可愛，晴江横逸在骨。近得晴江册子，偶效其一枝數花。乙丑陽月下旬，農髯熙。”(《鼎臠》週刊，1926 年 10 月 25 日版)

鈐印:曾熙之印(白文)。農髯(朱文)。

乙丑陽月，爲船山大學國學專修科畢業典禮，臨《瘞鶴銘》贈之。

自書:“(臨《瘞鶴銘》略)船山大學國學專修科於學成釋奠，書此與之。乙丑陽月，農髯熙。”

譚澤闓題籤:“農髯臨鶴名(銘)。澤闓題。”(《農髯臨鶴名(銘)》，民國石印本)

乙丑陽月，題田桓所藏《舊搨漢史晨前後碑》。

題《舊搨漢史晨前後碑》:“蝯叟嘗言，分書從《禮器》取其空，從《史晨》得其斂。此庚申以前用功之語也。庚申後則以篆入分，至其極晚之歲，則篆草並行

爲劉湖涵書齋額　1921 年

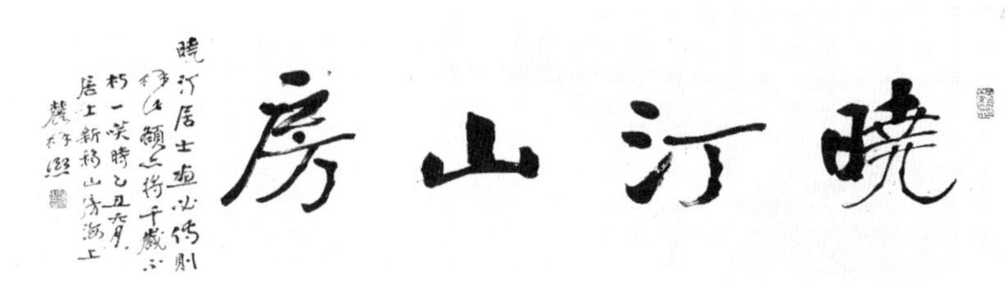

爲黄曉汀書齋額　1925 年

爲翊園主人陳文甫書匾額　1924 年

書四知堂匾額　1924 年

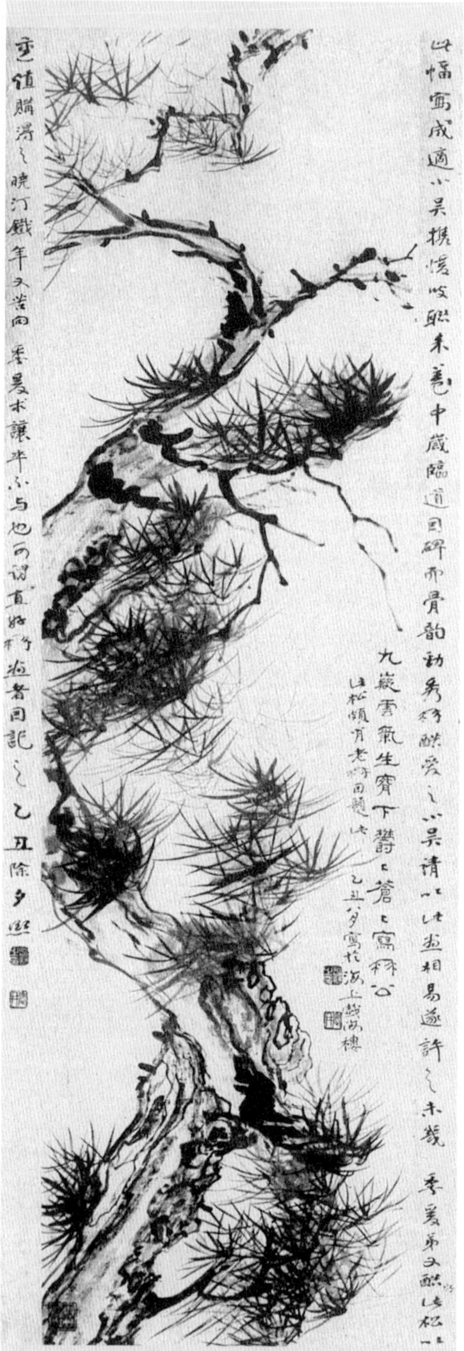

蒼松圖　1925 年　參展第四屆中日聯合畫展

贈姚虞琴墨梅圖(1934 年參展德國柏林中國現代名畫展) 1926 年

題張大千仿石濤後赤壁賦　1925 年

題劉海粟山水圖　1926 年

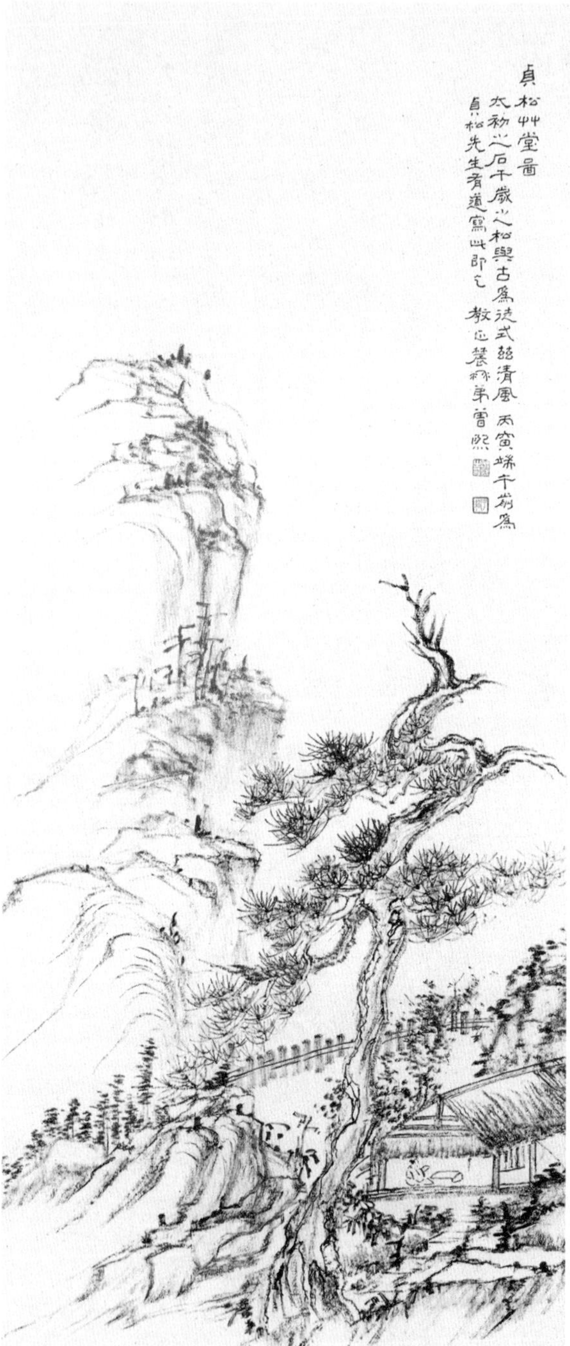

贈羅振玉貞松草堂圖　1926 年

犀園讀畫圖　1926 年

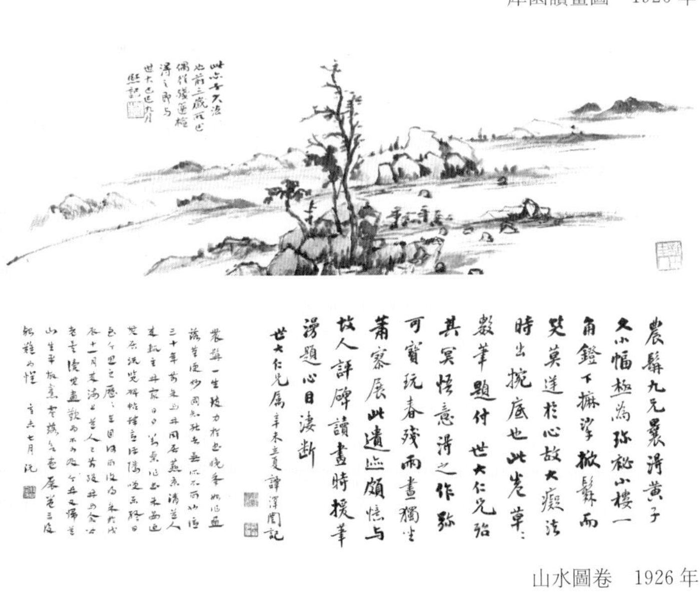

山水圖卷　1926 年

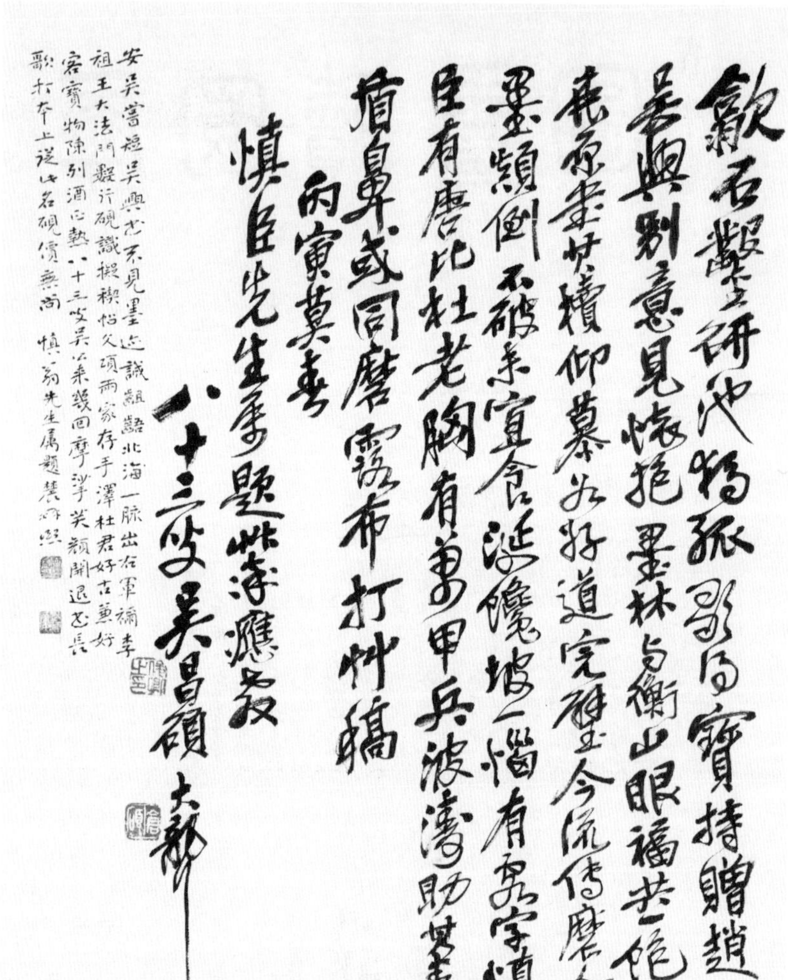

题杜锡珪藏砚　1926 年

矣。此碑氣鬱而斂,最便初步,求如此本,肅肅不損,亦不易遇,願田君重寶之。乙丑陽月,農髯熙。"(私人藏)

鈐印:曾熙之印(白文)。農髯(朱文)。

乙丑陽月,臨匋齋藏明拓本《瘞鶴銘》。

自題:"據匋齋藏明拓本臨此。此石從篆出,且可悟以欹反正之法。乙丑陽月,農髯熙。"(民國石印本)

鈐印:曾熙之印(白文)。農髯(白文)。

1925 年 12 月華商書局出版《海陵譚家書畫舫》,爲其題詞。

題《海陵譚家書畫舫》:"氣澹神逸,取法古人。老髯題。"

鈐印:曾熙之印(白文)。

此際,題譚組雲節臨《史晨碑》。

題譚組雲節臨《史晨碑》:"古人云:'書貴瘦硬方通神。'蓋指隸書而言之。海陵此書能得斯旨,如鐵筆畫沙,精神煥發。農髯曾熙。"(《海陵譚家書畫舫》)

1926 年 民國十五年 丙寅 六十六歲

1926 年 1 月 5 日,與同人介紹陳散原鬻書。

《陳散原先生書例》:"(潤例略)朱祖謀、王乃徵、譚澤闓、馮煦、王秉恩、余肇康、夏敬觀、陳夔龍、吳昌碩、汪貽書、趙尊嶽、鄭孝胥、吳慶燾、俞明頤、袁思亮同啓。"(1926 年 1 月 5 日《申報》)

1926 年 1 月 14 日乙丑臘月朔,於南窗寫《梅石圖》。

自題:"且喜江頭春意足,一枝直欲奪明霞。乙丑臘月朔,農髯熙寫於海上之戲海樓南窗。"(私人藏)

設色紙本。120×39cm

鈐印:曾熙之印(白文)。農髯(朱文)。

乙丑臘月初旬,書碑陰論。

自書:"禮器碑陽爲氈捶所蝕薄,反不如碑陰之鋒口明顯,故臨池最重碑陰。乙丑臘月初恂,曾熙。"(私人藏)

紙本。148×40cm

鈐印:曾熙之印(白文)。農髯(朱文)。

乙丑臘初,臨《大鼎》。

自書:"(銘略)乙丑臘初臨《大鼎》。農髯熙。"(私人藏)

紙本。150×42cm

鈐印:曾熙之印(白文)。農髯(朱文)。

乙丑臘月上旬,作山水圖。

自題:"荻煙漠漠柳綿綿,豈爲溪風舟不前。無意得魚魚極樂,相忘江海不計年。乙丑臘月初旬。"(《大風堂存稿》)

乙丑臘月,爲鏡心書"夸父誕宏志,彭祖愛永年"五言聯。

自書五言聯:"夸父誕宏志,彭祖愛永年。鏡心仁兄法家正之。乙丑臘月,曾熙。"

灑金箋。167×37cm

鈐印:曾熙之印(白文)。農髯(朱文)。

乙丑臘八後,書"高才食舊德,流藻垂華芳"隸書五言聯。

自書五言聯:"高才食舊德,流藻垂華芳。乙丑臘八後,曾熙。"(上海鴻海2008冬季拍賣圖録)

紙本。172×42cm

鈐印:曾熙之印(白文)。農髯(朱文)。

乙丑嘉平月題裴母祁夫人像贊。

題裴母祁夫人像贊:"懿矣裴母,南國華胄,秉喆自天,德成在幼。婉婉妙齡,女式授□,亦既有行,徽音孔懋,持肅居冲。處薄推厚,芳猷允昭。嫠居倏遘,遺孤載藐,受侮方驟,忍死誓天,以翼厥後,節厲嚴霜。青青柏茂,同濟艱難,克集休佑,天顯母節。迺賓迺秀,式瞻淑儀,金石同壽。乙丑嘉平□月初旬。"(《大風堂存稿》)

按:裴氏不詳。

此際跋張大千爲吴堅仲畫觀音像。

《滌石山房日記》2月1日條:"十九　二月一號。晴。晨,赴季爰約,渠自烹辣魚味頗鮮,且燉心肺,均及(極?)鮮美。渠前爲余畫觀音像遺失,遍尋不得,可惜曾農髯已經跋好。渠另畫一尊,仍倩農髯題跋其上。余如獲至寶。又託余帶明畫一軸,手卷長三丈餘,爲明妓馬湘蘭所畫。又元人書條幅一張,係楊厚卿的。"(巴驕整理《滌石山房日記》)

按:日記中"託帶",係指託楊厚卿帶往漢口者。張大千爲作觀音像,見《日記》1925年11月5日條:"十九日　五號　木。至季爰,以本日觀音誕日,作大士像一區(按:即軀),非常秀麗莊嚴,甚感謝之。"

春節前,弟子許冠群將歸省親,爲寫《獨佔人間第一春》圖贈之。

自題:"獨佔人間第一春。冠群賢弟從予學書已歷一載,誠樸謹介而進退知禮,知其服膺庭訓至深。今歸省,爰寫梅乞納之堂上,朱萼照日,知人間春色先到君家。即以此頌開歲新節。"(《大風堂存稿》)

此際,有客自家鄉來訪,告故宅屋後五十餘年前手栽瘦嶺移來之梅年年依舊盛開,有感而作《梅圖》。

自題:"移瘦嶺梅種予宅後,將五十餘年。前日客從予鄉來問予,所種梅花依舊年年朱萼競日,其酬報主人之意,抑何其殷勤眷戀不改前度耶!"(〈大風堂存稿〉)

丙寅元旦,弟子馬企周重訂鬻書潤例。

《馬企周重訂畫例》:"蜀畫家馬企周,名駘,别署邛池漁夫,爲曾農髯先生之高足,於魚蟲鳥獸、人物花卉之各派畫法,無不兼備,而尤以山水爲擅長,淺絳濃墨,輕描重抹,無不恰到好處。玆因求畫者衆,乃重訂丙寅畫例,廣結墨緣,視上年畫值頗多增減處。(潤例略)馬君現寓本埠法租界八仙橋西愷自邇路惟善里二號。丙寅年元旦環中子馬駘四次重訂於海上一粟浮家。"(1926年1月27日《申報》)

1926年2月17日丙寅正月初五日,門生張大千登廣告開始定值鬻畫。

《張季蝯賣畫》:"蝯幼研六法,不敢自爲有得,顧人多不厭拙筆,禿墨乾而追,有若逋負,不有定例,取予不無菀枯。自今以始,欲得蝯畫,各請以直。潤格存上海派克路益壽里佛記書局及各大箋扇店。通信處:上海北四川路永安里第四弄第十家四川張寓。"(1926年2月17日《申報》)

1926年2月19丙寅人日,集禊帖書"隨時觀感自得,臨類咸和與同"六言聯。

自書六言聯:"隨時觀感自得,臨類咸和與同。丙寅人日集禊帖。農髯曾

熙。”(上海雲薈 2008 年秋拍圖録)

紙本。146×37cm

鈐印:曾熙之印(白文)。農髯(朱文)。農髯六十後書(朱文)。

丙寅雨水後,自書書論。

自書:“六朝人以隸分爲真,故骨力勁厚而氣韵淵逸,後人不解隸分,宜趨滑浮。丙寅雨水節後,農髯熙。”(匡時 2011 年春季拍賣圖録)

紙本。130×67cm

鈐印:曾熙之印(白文)。農髯(朱文)。閑居翫古不交當世(朱文)。

1926 年 2 月 26 日元宵節前一日,於夜間携李復堂册頁往門弟子姚雲江齋中賞讀。

與姚雲江書:“弟夜間無多應酬,當持復堂册,至尊齋賞之。雲江。髯。丙寅元宵前一日。”(私人藏)

此際,重訂書畫潤格。

《曾農髯先生書畫直例(丙寅年)》:“(清道人序與自序同前例)

鬻書直例

楹聯:丈二尺四十元,一丈三十元,七八尺十八元,六尺十二元,五尺十元,三四尺八元。

堂幅:丈二尺四十八元,一丈四十元,七八尺二十四元,六尺十四元,五尺十二元,四尺十元,三尺八元。横幅同堂幅。冷金箋倍直。四行爲例。

屏幅:丈二尺每幅卅六元,一丈卅四元,七尺八尺十八元,六尺十二元,五尺十元,三四尺八元。五尺以上三行,四尺二行,每加一行加二元。横幅同。冷金箋倍直。

卷册子:每尺十元。

團摺扇:每柄十元,行草不減。

名刺:每字三元。銅牌及書眉册首同。

榜書:每方尺五元,三四尺每方尺八元。行草不減。

(一) 行草比於真書減一元。篆書倍直。隸書加半。

(二) 壽屏碑誌、書畫題跋、中堂屏幅指臨碑帖全文者别議。

(三) 册頁以一尺爲度,過則倍之。每開五行爲例。

(四) 屏聯來文加倍。金箋畫、綾子畫、金硃箋加倍。加烏絲欄者别議。楹聯過八言加倍。

鬻畫直例(花卉)

堂幅:一丈百二十元,七八尺八十元,六尺四十元,四五尺三十元,二三尺十八元。横幅同。

屏條:一丈八十元,七八尺五十元,六尺四十元,四五尺卅元,二三尺十五元。

册卷子:每尺十二元。

扇面:每柄十二元。小扇不畫。

(一) 山水不論粗細筆,照花卉加倍。畫佛照山水加半。松梅通錦屏加倍。點景加倍。金箋加倍。水墨、設色同直。劣紙不畫。

(二) 書畫磨墨費加十之一。

通信收件處:上海東有恒路六百三十七號衡陽曾寓、上海各大紙店、漢口新昌里大新印刷公司、衡陽補卹堂、長沙師古齋。"(原件)

按:是年書畫保存會編輯出版的《中國現代金石書畫家小傳》中,刊有譜主小傳和書畫潤例。《曾農髯先生小傳》:"曾熙,字子緝,晚號農髯。湖南衡陽人。以進士分兵部,初居長沙,與臨川李瘕相善。李瘕者,即清道人也。及居京,相與研究,求三代二漢六朝金石文字,臨摹殆遍,由是名傾京師。清季學制初改,湘撫請奏主湘學,先生志在養親,遂從所請。國變家居養母,及母卒,喪葬大事畢。清道人招至海上。其時道人以北魏名海内,先生專主南宗,或疑其背道争馳。未幾門限爲穿,故世有北李南曾之稱。先生晚喜爲詩,洗滌凡蕪,獨標真意,與淵明爲近。六十後喜爲畫,山水能陶鑄石濤、石田、石溪,而以篆隸行押之勢行之。其寫松石,縱横奇肆,爲文導源莊(按:莊子)、馬(按:司馬遷),亦莊亦諧,故人稱其畫,亦如其文云。"《曾農髯先生潤例》:(同上例)。

"書例

楹聯:丈二尺四十元,一丈卅元,七八尺十八元,六尺十二元,五尺十元,三四尺十元。

堂幅:丈二尺四十八元,一丈四十元,七八尺二十四元,六尺十四元。横幅同堂幅。冷金箋倍直。五尺十二元,四尺十元,三尺八元,四行爲例。

屏風:丈二尺每幅卅六元,一丈卅四元,七尺八尺十八元,五尺以上三行,四尺二行,每加一行加二元。六尺十二元,五尺十元,三四尺八元。横幅同。冷金箋倍直。

卷册子:每尺十元。

團摺扇:每柄十元。行草不減。

名刺:每字三元。銅牌及書眉册首同。

牓書:每尺五元,三四尺每方尺八元。行草不減。

（一）行草比於真書減一元。篆書倍直。隸書加半。

（二）壽屏碑誌、書畫題跋、中堂屏幅指臨碑帖全文者别議。

（三）册頁以一尺爲度，過則倍之。每開五行爲例。

（四）屏聯來文加倍。金箋畫、絹綾子畫、金朱箋加倍。加烏絲欄者别議。楹聯過八言加倍。

畫例

花卉

堂幅：一丈百廿元，七八尺八十元，六尺四十元，四五尺三十元，二三尺十八元。橫幅同。

屏條：一丈八十元，七八尺五十元，六尺四十元，四五尺卅元，二三尺十五元。

册卷子：每尺十二元。

扇面：每柄十二元。小扇不畫。

（一）山水不論粗細筆照花卉加倍。畫佛照山水加半。松梅通錦屏加倍。點景加倍。金箋加倍。水墨設色同直。劣紙不畫。

（二）書畫磨墨費加十之一。"

1926年2月27日元宵後二日，題譚澤闓藏何紹基臨《道因碑》。

題籤："蝯叟臨道因碑第五通。瓶齋藏，熙署。"

鈐印：子緝（朱文）。

題《蝯叟臨道因碑》："蘭臺（按：即歐陽通）取乃父（按：即歐陽詢）八分以入真，於唐碑獨開生面，且示後人由八分入真之法門，然分書至隨（隋）與真楷無甚差別。何蝯叟（按：即何紹基）從三代兩漢苞舉無遺，取其精意入楷，其腕之空取《黑女》，力之厚取平原（按：即顔真卿），鋒之險勁取蘭臺，故能獨有千古。此册爲其友人張石洲所書，故精鋭勝日課諸本。瓶弟（按：即譚澤闓）得此，即付石景，海内有志學書，得此可以超凡入聖矣。丙寅元宵後二日，農髯熙注。"

鈐印：曾熙之印（白文）。農髯（朱文）。

譚澤闓題："此蝯叟臨《道因法師碑》第五通共七十九頁，今歲得之何氏子孫者。銘辭首卅句百廿字，佚去四葉。余初謂何氏失之，後李子扉鈔示伯源先生筆記所載，乃知曾自張氏轉入廠肆，丁巳收回時已闕四紙矣，因借所臨第二通付詩翁者，縮影補入，以成完璧。蝯叟生平臨此碑僅七通，余見其四。李本有石刻，與第二通皆皮紙大字。第七通則山東皮紙小格書付吴氏女者，其它三通皆宜在何氏後人，殊不可覩，惟此本則宣楮朱闌，題記鄭重，必張殷齋爾時索書者，然至今未嘗付裝。殷齋蚤世不足異，詩翁亦不一潢治，直至余得之始檢裝成册，斯可嘆也。今歲兼獲蝯叟丙寅所臨晚香堂蘇帖全通,亦其生平鉅製,遂與此傑然稱二奇焉。乙丑除夕餞歲飲後薄醒,四鄰爆竹聲中撫抄展玩,欣然記此,澤闓時在滬壖。"

鈐印:天隨欣尚。阿瓶所得。

按:以上據《譚伯羽、譚季甫先生昆仲捐贈文物目録》。商務印書館出版時,曾題依舊,而譚澤闓題易,録如次:"蝯叟中歲,肆力蘭臺,從此得筆。所臨《道因碑》,何伯源先生筆記詳載,僅有七通,最足珍異。此第五通,乃道光己酉書爲張石洲者,正五十歲筆。伯源先生記中云:咸豐丁巳(按:1857)從琉璃廠博古齋收回,則不知何緣自張氏入廠肆爾。其第二通付詩翁(按:即何維樸),第三通寄李仲雲,第七通與吴氏女者,余並得見,皆皮紙課本,惟此則宣楮朱闌,題識鄭重,令人想見先輩友朋感惠徇知之雅,故落筆亦精,能過於自課也。李本舊有石刻,惜少流播,坊間所印子栗修本則獷俗,足誤學者。余既收此,因亟付影,以廣其傳,公同好云。乙丑長至日極寒,譚澤闓記。"(《蝯叟臨道因碑》,商務印書館 1926 年 4 月初版)

1926 年 3 月 7 日丙寅正月二十三日,寫《梅花圖》初成,老友姚虞琴來訪,出以相賞,極稱此,遂持贈。

自題:"平生知己惟此君。髯每寫梅不無所感,此幅初成,適虞琴(按:即姚虞琴)先生過予齋,出以相賞,乃激稱此,遂歸之。虞翁蓋玉梅花庵舊好,既好玉梅,復好髯所畫梅,乞留之齋中,以當友朋之清話。丙寅正月二十三日,農髯熙,時年六十又六。"(《中國現代名畫》)

鈐印:曾熙之印(白文)。農髯(白文)。

同日,致林尔卿書,商請前借諸件書畫寬以日月歸還。

與林尔卿書:"前假來寶藏各件,尚須賞玩數日,惟李長蘅册子及無款之石濤山水册,日來感冒不耐執筆,尚乞假我消悶何如? 即頌尔卿仁兄近佳。髯頓首,正月廿三。"(私人藏)

按:此書未署年款,查本年端午後爲林尔卿題"樂志堂"堂額有"熙年來與爾翁朝夕以書畫爲樂"之語,故繫於本年,以下諸條亦然。

1926 年 3 月 9 日正月廿五日,爲付趙養矯夫人賻儀,向姚雲江暫借百元。

與姚雲江書:"趙養翁有夫人之喪,不能不爲之小助,向弟處挪借百元,一月奉還。趙函並送上。雲江。髯啓。正月廿五。"(私人藏)

丙寅正月，爲春如書“苞涵以海爲量，博雅摭史之餘”五言聯。

自書五言聯：“苞涵以海爲量，博雅摭史之餘。春如仁兄法家正之，丙寅正月，曾熙。”（北京翰海第40期拍賣圖録）

灑金箋。202×43cm

鈐印：曾熙之印（白文）。農髯（朱文）。農髯六十後書（朱文）。

丙寅正月，書“修名千佛上，至味五經中”五言聯。

自書五言聯：“修名千佛上，至味五經中。丙寅正月，曾熙。”（私人藏）

紙本。129×32cm

鈐印：曾熙之印（白文）。農髯（朱文）。髯翁六十後書（朱文）。

1926年3月17日丙寅二月四日，集張黑女誌字，書“高名翔乎霄漢，清德映以岳星”六言聯。

自書六言聯：“高名翔乎霄漢，清德映以岳星。丙寅二月四日，嚴寒稍解，集張黑女誌。此誌海内孤本，蝯叟得自濟南，其墨黝黑，蓋無異宋拓本也。農髯熙時年六十又六。”（私人藏）

灑金箋。200×41cm

鈐印：曾熙之印（白文）。農髯（朱文）。農髯六十後書（朱文）。

1926年春，與向燊（樂穀）受聘爲上海女子美專新校董，並向學校捐助書畫。

《中華女美專添聘校董》：“霞飛路寶康里口中華女子美術專門學校創設滬上，業經八載，學務日漸發達，除前聘請徐謙、蔡元培、徐紹楨、譚延闓等爲校董外，近又新聘曾農髯、向樂穀擔任校董。聞曾、向二君極熱心，以書畫相助該校云。”（1926年3月20日《時報》）

1926年3月29日，東亞藝術展覽會在慕爾堂開幕，弟子張大千（季蝯）以其簡筆山水參展。此爲張大千見諸上海傳媒最早之報導。

《東亞藝術展覽會觀畫記》：“俞吟秋、錢化佛諸子，以年來國畫漸趨衰落，特組織東亞藝術協會，供研究藝術之用，其提倡國粹之精神，良足景仰。該會於前日（二十九）開展覽會於三馬路慕爾堂，余因事冗，始於昨午往觀，爰就聞見，拉雜書之。會中陳列書畫凡百數十幀，吴昌碩、鄭孝胥輩亦有作品，而最令觀衆注目者，厥爲臺中之二油畫，一爲徐悲鴻之《南海肖像》，姿勢自然，栩栩如生，令人相見南海瀟灑之態度;一爲張聿光之《獨彈》,設色姿勢,俱臻化境,而逸氣盎然,鏗鏘如聞其聲,油畫中之佳構也。國畫如錢君畫佛,久已馳名,此次陳列之《達摩圖》、《鳥巢師》及《龍中獻珠》諸幀,用筆縝密老練,莊嚴瑰麗,其平日刻苦經營,於斯堪見一斑。六陽道人之《青緑山水》,崇山峻嶺,奇峰怪崖,於行雲起伏中,顯清雅瀟灑之態,不禁悠然神往也。唐子湘之《古松》,筆力蒼勁,老氣橫秋,堪稱此中健者。姚墨邨之《雪景》,亦能恰到好處。張季媛之山水,以簡單取勝,寥寥數筆中,别成一格,可謂工於是道者矣。是日《朝日新聞報》記者中村氏亦蒞止,參觀後,錢君當贈一佛,並殷殷述其畫佛經過,謂落筆過重,似嫌俗氣,然因遵師言,不得不如此。蓋下筆枯澀而較清秀者易促壽命,余因怕死,故俗者佔多云云。國畫之在今日,佳構已如鳳毛麟角,良以頻年戰亂,政府既乏精神以提倡,各省又鮮開公開之展覽,今幸錢、俞諸子創設此會,爲國畫前途留一綫曙光,亦藝術界之好現象也。"(1926年4月1日《時報》)

1926年4月8日丙寅二月廿六日,致書林尔卿,歸還所假畫件,並乞假新得沈石田畫一讀。

與林尔卿書:"承枉顧,以高臥失迓爲歉。楊龍友畫極精,奚籖亦可愛,奉還。石濤無款册子、沈芥舟山水册,均奉上。向樂叟云吉兄新得石田畫,閣下已買之,乞假一讀。(令妹聯及條子,當照寫早交。)即頌尔翁晚佳,髯頓首,二月廿六燈下。"(私人藏)

丙寅二月,題劉海粟《山水圖》,有云"畫法即書法"。

題劉海粟《山水圖》:"海粟先生博究中西,六法功力既深,天機翔舞。此作純以勾勒取象外之意,無心於石濤而適得其似。至筆力遒古,畫法即書法,髯之法門,即作如是觀。丙寅二月,農髯熙。"(私人藏)

紙本。86×38cm

鈐印:曾熙之鉥(白文)。

劉海粟向江蘇省政府呈請獲准,王濟遠、滕固、張辰伯、唐蘊玉等於2月5日赴日本考察美術。歸來後,擇於4月17日至18日在上海日本人俱樂部展覽旅日期間所作作品。與王一亭、劉海粟、唐吉生、汪亞塵、俞寄凡、潘天授、諸聞韵等作爲後援者附展。

《又一繪畫展覽會△將在日人俱樂部舉行》:"旅外繪畫展覽會由上海美專暨天馬會發起,陳列王濟遠、張辰伯、滕固此次赴日考察之餘所作之小品畫件,及江新新由歐洲帶回歷年得意之作多幀,又有後援劉海粟、曾農髯、王一亭、汪亞塵、俞寄凡等之作凡百餘件,定於本月十七、十八假蓬路日本人俱樂部舉行,聞入場不需門券,任人觀覽云。”(1926 年 4 月 15 日《時報》)

《旅外繪畫展覽會今日開幕》:“旅外繪畫展覽會今日上午九時在虹口文路日本人俱樂部三層樓開幕,陳列旅日、旅歐各作家中西畫件大小百餘點,並有後援各名家書畫作品數十件。出品中如江新氏之自畫像,曾在法國國家展覽會受有榮譽;王濟遠等之水彩小品及近作,此次在東京畫壇上亦放異彩。劉海粟、錢瘦鐵之國畫,尤有特殊之精神。並聞駐滬日本總領事矢田松太郎等爲該會贊助員,俞寄凡等爲該會總幹事云。”(1926 年 4 月 17 日《時報》)

《旅外繪畫展覽會今日即須閉幕》:“旅外繪畫展覽會假蓬路日本人俱樂部三層樓全部爲會場,昨日上午九時開幕,往觀者絡繹不絶。因該會此次陳列旅日所作者居多,故日人來參觀者尤其踴躍。全部中西作品有一百數十件,各具獨特之長處,作者爲江新、王濟遠、張辰伯、錢瘦鐵、滕固、楊清磬,以及劉海粟、王一亭、曾農髯、唐吉生、汪亞塵、俞寄凡、潘天授等,日本畫家橋本、石川、小杉等之中西畫品,亦在其列。聞該會只有今日一天,下午六時閉幕,欲賞鑒者宜注意之。”(1926 年 4 月 18 日《時報》)

《旅外繪畫展覽會△今下午六時閉幕》:“旅外繪畫展覽會假蓬路日本人俱樂部三層樓全部爲會場,軒宇宏敞,陳列幽雅,昨日上午九時開幕,來觀者絡繹不斷。因該地此次陳列旅日所作者居多,故日人來觀者尤形踴躍,全部中西作者有一百數十件,各具獨特之長處,第一第二室陳列江新氏新由巴黎帶回之作品,擇其尤者十餘件,一號之《夢》,二號三號之《裸體》,五號《匈牙利女士像》,意境獨闢,用筆設色,更饒南國之風趣,允爲傑作。王濟遠氏所作共四十餘件,四十四號之《閨秀》,四十五號油畫《静物》,二十二號之《京都春雨》,其他旅日小品,畫風變輕靈典雅,已達圓熟之境。張辰伯所作十餘件,大抵旅日所作,富於裝飾意味,頗受日人歡迎。錢瘦鐵氏所作二十餘件,五十七號《奔泉》結構奇秀,用筆渾樸,五十六號《訪友》,構圖雄偉,而畫筆周密,六十五號《京都美人卷》,劉海粟氏評爲東方之瑪提斯。此外滕固、楊清磬等諸作,秀麗無倫。第三室陳列後援者之件,如劉海粟近作三幀,冷拙渾秀,獨標奇景境。王一亭、曾農髯、唐吉生、汪亞塵、俞寄凡、潘天授、諸聞韵,日本畫家橋本、石川、小杉等之中西畫品,高古精絶,不可多得。昨日來觀者,日本領事與旅滬之名流外,有杜錫珪等,盛加贊揚,許爲中國今代藝術之光榮。聞該會只有今日一天,下午六時閉幕云。”(1926 年 4 月 18 日《時事新報》)

1926年4月16日丙寅上巳後二日，爲琛伯書扇。

自書："山留太古色，人是四朝遺。倚石發長嘯，幽思當告誰？寫淺絳巨幅山水題此，録上琛伯世友法家正之。丙寅上巳後二日，農髯熙。"（上海嘉泰2011年春季拍賣圖録）

鈐印：曾熙之印（白文）。農髯（朱文）。

1926年4月17日，旅外畫家繪畫展覽會在日本人俱樂部開幕，有作品附展。

按：見前文。

1926年4月25日，解衣社將赴日展覽之古畫先行在六三園展覽一天，赴會參觀並參加六三園主之宴會。

《解衣社展覽古畫》："解衣社爲中日畫家所結合，五月間將在東京、大阪開第一次展覽，中國方面由錢瘦鐵、唐吉生向海内各大收藏家徵得古畫三十餘件，行將運日，陽曆四月二十五日午後，先在上海北四川路新公園西首六三花園陳列一天，以饗好古者。"（1926年4月24日《時報》）

《六三園之解衣社展覽會（萬葉）》："解衣社第一次畫品展覽會成立之先，曾由社員錢瘦鐵君借得任伯年氏所作缶廬五十歲時裸像一軸，與諸家畫品一同陳列，吴像解衣磅礴極爲美術家賞鑒家所歡迎，是社因有'解衣'之名。解衣社現有社員凡十人，中日兩國各得其半。中國社員爲王一亭、曾農髯、劉海粟、錢瘦鐵、唐吉生諸君，日本社員爲橋本關雪、小杉未醒、小川芋錢、森田恒友、石井林響諸君。是會籌備以來第一次之畫品展覽會將於本年五月畫展之季節中，前往日本東京、大阪次第舉行。東京之陳列所曰松屋，大阪市之陳列所曰高島屋，而在四月二十八日出發之先，特在滬北之六三園先行擇期陳列展覽。昨日（四月二十五日）爲是會舉行畫展之期，上海報界之往觀者，有周瘦鵑以及本報記者三四人，所陳列畫品極古者凡三種，以曾農髯藏元代大家方方壺之墨畫《太白龍湫圖》爲最名貴。記者生平所見世諸洲之山澗飛瀑雖甚多，却不能如此畫裏龍湫之幽爽也。清代諸作二十五種，以杜錫珪藏之新羅山人《百獸圖》大卷爲最偉大，其畫乃於山水畫中，羅致猩猩猿猴、狼虎狐鹿、馬牛羊犬豕等物，慘淡經營，不遺餘力，美國紐約博物院聘有長於摹寫鳥獸之寫生專家，舉國欽崇，矜爲當代一人，若與新羅山人比較，或遜其包羅萬象之氣魄也。此外名作者，高信木藏金冬心之《梅花》，哈少甫藏玉壺山水、改七香之《梅隱圖卷》，丁輔之藏閔正齋之花卉（端午景）、鄭在我藏新羅山人華秋岳之畫册、西泠印社藏羅兩峰峰之金石大家丁敬像、徐小圃藏高南阜之《秋樹圖》(高畫多粗筆,而此作獨工細)、唐吉生藏錢叔美《松隱圖》(得宋畫神味)及張夕庵《歲朝賞菊圖》、杜錫珪藏李世焯之山水册頁,均足顯示中邦藝術之精神,而爲扶桑三島所歡迎。六三園者,日本名士白石六三郎之别業。白石君有兄姊各三人,合之爲六人,故曰六三。虹口文路之日本俱樂部曰六三亭,亦白石君所手創者,吴昌碩比之爲當代之沈石田,因沈石田號白石,而以'翠持'名齋,並爲榜題園齋之名爲'翠持'云。展覽會設於翠持齋臨水之軒,小池畔噴泉激蕩,花影蕭疏,復有代表日本建築之陳設品羅列水前林下,如白石鑿成之雪見燈籠,籠頂四週略低而中央隆起,彷彿平板上積雪之狀。又如白石鑿成之春日燈籠,其頂如亭蓋,乃奈良式,於醲春麗日中見之,令人神遊扶桑三島之勝。六三君喜與中國名士相過從,並以日本特製之蒸美饅頭餉客,其物粉製,極似米團,外白内紅,甘美適口,在會任招待之飯島政男君,原係上海日報記者,今亦致全力於美術展覽之事業,是皆中日兩國文化事業之媒介人也。"(1926 年 4 月 26 日《時報》)

《六三園之春宴》:"滬北六三園爲日本名士白石六三郎之别業,四月廿五日於解衣畫會假該園開展覽會時,宴請中國報界及文學界。此圖上爲來賓之一部分,立於後之老者爲書家曾農髯氏。及所演表示中日親善之日本戲,下爲侍酒之藝妓。"(1926 年 5 月 16 日《時報》)

丙寅三月,爲李謙六題其所藏孟麗堂《小松山房圖》。

題孟麗堂《小松山房圖》:"松小幹老作翠色,古柳數枝梗於鐵。麗堂妙蹟無人識,留於君家作手澤。謙六老丈將歸南昌,題此歸之。丙寅三月。"(《大風堂存稿》)

1926 年 4 月 24 日丙寅穀雨後三日,節臨碑誌。

自書:"(節臨碑誌略)丙寅穀雨後三日,農髯曾熙。"(上海嘉泰 2010 年秋拍圖録)

鈐印:曾熙之印(白文)。農髯(朱文)。

丙寅三月,爲居易室主人書"履道當思順,揆往能卓今"五言隸書聯。

自書五言聯:"履道當思順,揆往能卓今。此隸法基於秦,盛於西漢,《開通褒斜》及《裴岑紀功》尚存筆法。書似居易室主人正之。丙寅三月,農髯熙。"(上海道明 2007 年春季拍賣圖録)

紙本。131×31cm

鈐印:曾熙之印(白文)。農髯(朱文)。

丙寅三月,清道人六十冥壽,囑張大千爲李瑞清造像,黄起鳳(曉汀)補成。

贊《清道人造像》:"赤子之心,大人之度。三古舒翔,六經作注。世欽其學,我惜其遇。黄冠草履,豈志之素。有墨皆淚,孤忠誰訴。天闕之山,出雲吐霧。靈之游兮,嗟嘆行路。門人張季爰畫像,鄉人黄曉汀寫衣履補景,故人曾熙贊之。丙寅三月。"

吴昌碩題:"狂是古狂仙爾去,道猶常道夢何因。山河甑已拚同破,雨雪樓終望不春。酒縱蜨迷酬古國,天無龍見泣孤臣。魂兮化鶴休棖觸,彭澤香風是舊鄰。丙寅春,吴昌碩時年八十有三。"

朱古微題:"骨折心摧淚亦乾,世人衹作等閑看。猶能下筆風雷起,便與臨觴醒醉難。著想何人到青史,收身百計讓黄冠。尋仙采藥誠知妄,海上風香或可餐。此壬子春寄清道人詩,越十五年,農髯先生以其画像属题,録以此正。丙寅四月,孝臧並記。"(《清道人遺集》)

丙寅暮春,杜錫珪招飲,與吴昌碩爲題所藏名硯。

題杜錫珪藏名硯墨拓:"安吴嘗短吴興書,不見墨蹟誠齟齬。北海一脈出右軍,禰李祖王大法門。數行硯識擬禊帖,文項兩家存手澤。杜君好古兼好客,寶物陳列酒正熱。八十三叟吴公來,幾回摩挲笑顔開。退書長歌打本上,從此名硯價無尚。慎翁先生屬題,農髯熙。"

紙本。60×47cm

鈐印:曾熙私印(朱文)。戲海廔(白文)。

吴昌碩題:"歙石鑿研池,獨孤歌得寶。持贈趙吴興,别意見懷抱。墨林與衡山,眼福共一飽。　　鹿原書其櫝,仰慕如好道。完璧今流傳,磨人墨顛倒。不破未宜食,涎饞坡一惱。有客自慎臣,有唐比杜老。胸有萬甲兵,波濤助其表。盾鼻或同磨,露布打草稿。丙寅莫春,慎臣先生屬題此,草率應教。八十三叟吴昌碩大聾。"(上海工美2005年秋拍圖録)

鈐印:俊卿之印(朱文)。倉碩(白文)

按:杜錫珪(1874—1933),字慎臣,又字慎丞,閩縣(今福州市)人。清光緒二十八年,畢業於南京江南水師學堂駕駛班,派赴英國見習。回國後,歷任艇艦大副、艦長等職。辛亥革命時,參加海軍起義。歷任艦長、第二艦隊司令、海軍總司令、海軍總長兼代國務總理等職。

1926年5月15日起,海上書畫聯合會在安樂宫開書畫展覽會募捐,與吴

昌碩、王一亭等均有作品參加。

《書畫聯合會展覽》:"昨日爲海上書畫聯合會假愛多亞路五十九號安樂宫陳列書畫展覽之第二日,有吴昌碩、王一亭、曾農髯等作品,海上書畫家到有查煙谷、魯指南、凌卓英、馬軼群等數十人,來賓參觀甚形踴擠,場中每券募捐二元,可拈得書畫一件。"(1926年5月17日《申報》)

《書畫訊》:"查煙谷聯合各書畫家、各書畫會組織上海書畫聯合會,在安樂宫舉行書畫展覽,昨日爲第四日,觀衆更形擁擠,計到者有徐悲鴻、錢化佛、黄警頑多人。會場内陳列書畫都數百種,琳琅滿目,而陸廉夫、張嗇庵、吴昌碩、鄭蘇戡、吕十千、陳文潞、陶勉厂、陸抱景等之作品,尤得觀衆之熱烈歡迎,當場購券者頗不乏人。聞展覽日期至十三日截止云。"(1926年5月20日《申報》)

1926年5月19日浴佛日,爲方稼孫題《王宸山水册》。

題王宸山水册:"蓬樵(按:即王宸)老人自守永州後,畫中氣骨爲之一變。蝯叟嘗言此老得三浯異勝,其鬱鬱兀兀自成一家風概。髯曰:能變家法,乃能守家法,麓臺之於西廬,蓬樵之於麓臺,觀此知奴古者不足與論畫也。此册爲最晚之作,尤爲難得,稼翁其珍秘之。丙寅浴佛日,熙。"(《南畫大成》)

鈐印:農髯(朱文)。

同日,爲蓀舲以戴本孝(鷹阿)"從枯取澹"法作山水圖。

自題:"明季諸老多紹大癡、柯雪和尚,以水取潤,而鷹阿居士則從枯取澹。髯喜鷹阿,故涉筆多枯墨。"(《大風堂存稿》)

按:《大風堂存稿》作"沐浴日"(星期日),其下一首爲"丙寅浴佛後三日",因知"沐浴日"誤。

1926年5月22日浴佛後三日作山水圖,以今近俗世間以趙之謙(撝叔)之作品價錢貴於元明之畫而感慨爲"怪事"。

自題:"風月不費錢,然好山好水間之風月必費錢,且可易錢。雖然,以神意蜕而爲山水,樂事也。以神意蜕出之山水,又蜕而爲金錢,則又可悲。然撝叔一紙,將過元明,忠臣考(孝)子之大幅或不及狗肉和尚粗狂之數筆,不更可怪耳。丙寅四月。"(《大風堂存稿》)

約是際,金城(北樓)過滬,寫《葡萄》相贈,乃作水墨《葡萄》並書扇贈之。

自題:"北樓爲當代大畫家,寫葡萄貽我,風骨邁逸,髯亦自忘其醜,爲東施顰笑,畫雖不佳,膽頗大。一笑。老髯。"

自書:"(節臨《張玄墓誌》略)北樓先生以畫貽髯,書此奉答,即指正。熙。"

鈐印:農髯六十後作(朱文)。戲海廔(白文)。曾熙之印(白文)。

存考:書畫均未紀年,1926年報載爲參加6月10日在東京举行之第三次中日聯合畫展,5月24日日本畫家渡邊晨畝與金城到滬,和上海畫家訂期偕行,故繫於是年。這是金氏最後一次赴日,及歸即一病不起,卒於滬寓。

丙寅四月,題《石濤山水册》。

題《石濤山水册》:"石濤奇蹟山水。石濤山水多以潑墨擅勝,獨此册構境既奇,而筆筆從沈痛處超躍,但未可爲淺嘗者道也。農髯識於戲海廔。"

鈐印:曾熙之印(白文)。

吴昌碩題:"墨趣禪心。石濤妙墨,讀竟篆耑。丙寅四月維夏,安吉吴昌碩年八十三。"

吴藏龕題:"筆走龍蛇墨象形,畫從古籀見傳燈。而今國破山河在,賸有斜陽續杜陵。老坐蒲團一佛尊,非同面壁悟元論。此中鬱勃縱横意,疑是禪機不二門。是册皴擦古茂,設景奇特,且隨意着色,亦雅有深趣,此爲清湘老人最經意者,若有無限悽感寓其間也。留井邊軒案頭旬日,展讀數過,爰綴截句以張之。丙寅夏仲,安吉吴藏龕。"

按:譜主題未落年款,從吴昌碩題記。

夏,與黄曉汀所居衡宇相望,朝夕過從,暢論書畫。

《農髯老人題黄曉汀居士山水大略》:"昨見黄曉汀居士山水數軸,皆有農髯老人題識。略云:'髯平日喜明季諸老山水,於康乾各大家不甚留意。今觀居士此幅,風韵直到廉州。有時幽秀,復類尊古。若小師道人,落筆即是,不意於海上遇之。'又一幀云:'華亭稱煙客倣叔明,其煙霏霧結,叔明尚未能到此,農髯於居士亦云然。'又一幀略云:'年來作書之餘,喜讀畫自遣,近與居士居,相距不百武,朝夕評定古今書畫極樂,蓋老年賞心之友也。'居士名起鳳,江西人,性好山水,僑居桐廬,杭人藏居士山水極多。客夏來海上,寓東有恒路五福里云。"(1926年4月26日《申報》)

1926年6月6日丙寅端午前八日,爲竹虚寫《南山圖》中堂。

自題:"予居祝融之右脅,實烝水之左腋。於所居手種松十萬株,蔚然成林,坐對南山,晨夕賞娱,又何必戀黄山之松谷耶!避亂滬將十二年矣,寫此益動鄉

思。丙寅端午前八日，似竹虛仁兄法家正之。農髯熙。"(私人藏)

設色紙本。133.5×66cm

鈐印：曾熙之印(白文)。農髯(朱文)。心太平龕鉢(白文)。

丙寅端午前，爲羅振玉寫《貞松草堂圖》。

自題："太初之石，千歲之松。與古爲徒，式兹清風。丙寅端午前，爲貞松先生有道寫此，即乞教正。農髯弟曾熙。"(上海嘉泰 2007 年春季拍賣圖録)

設色紙本。104×45cm

鈐印：曾熙之印(白文)。子緝(朱文)。

按：《羅振玉王國維往來書信》第 657 頁羅繼祖按語，羅氏丙寅四月赴申，五月望後返津。

丙寅端午前，爲徐葆三書"能齊萬毫力，横掃千人軍"隸書五言聯。

自書五言聯："能齊萬毫力，横掃千人軍。包安吴嘗稱萬毫齊力，然亦必選毫能察剛柔之性乃妙，因應之宜此，惟徐君葆三有之。丙寅端午前，曾熙。"(私人藏)

紙本。145×38cm

鈐印：曾熙之印(白文)。農髯(朱文)。髯公六十後書(朱文)。衡陽(朱文)。

按：徐葆三爲製筆名家。

丙寅端午前，自書論畫。

自書："鹿床(按：即戴熙)云：程孟陽得倪(按：即倪雲林)之疏，查梅壑得倪之清，南田老人得倪之澹，惟逸字鮮能之。丙寅端午前，曾熙。"(蘇州博物館藏)

紙本。

鈐印：曾熙之印(白文)。農髯(朱文)。

約此際，與吴昌碩、朱彊邨爲王彦寶代訂潤例。

《小仇池館鬻藝》："此吾友王彦寶避地南來，僑寓海上自榜所居也。有某寓公贈以詩曰：不相依傍不相師，海派翻新世少知。藝苑近成三角式，小鶼小蝶小仇池。蓋謂江小鶼、陳小蝶與君也。海上以書畫詩詞雜藝名家者，何止三君。贈者突梯滑稽，雖一時戲言，説者又嗤其躄眇多目，嗜痂異癖，要之推許，或非虚謬。余與君交，不止數十寒暑，知於斯道習苦良深。今喜雲萍再聚，偶出所作，以示缶廬、農髯諸君，咸推邃古有獲，爰邀同爲訂定潤格，並以告南北通都乞王生書畫者,它日仇池之館,吾知不異於碣石矣。潤例如左。安吉吴倉碩缶廬、衡陽曾熙農髯、歸安朱孝臧彊邨代訂。王彦寶字湘墅,今更名王僊,字崔奴。(潤例略)”(《墨海潮》第2期1930年10月)

按:此份潤例是1930年際畫家自訂,前綴舊時介紹。以1926年丙寅刊有畫家潤例以及停雲書畫社會員集體潤例,且吴昌碩尚在世,故繫於此。

丙寅端午後三日,爲《黄母張夫人墓誌銘》署檢。

自書:“黄母張夫人墓誌名。丙寅端午後三日,曾熙署檢。”(民國石印本)

按:墓誌銘由陳三立撰文,譚澤闓書丹,張人駿篆蓋。

丙寅端午後,爲林爾卿題“樂志堂”堂額。

自題:“樂志堂。爾卿先生得王叔明畫《樂志圖》,以篆書分段,書《樂志論》。其畫抗手宋人,工麗無比,自明以來諸名家皆有題識,希世之珍也。爾翁得此,可以樂志,因名其堂曰樂志堂。熙年來與爾翁朝夕以書畫爲樂,樂其可樂,因樂爲之額云。丙寅端午後,熙。”(雅昌藝術網)

丙寅五月十二日,爲弟子許冠群題《何紹基臨隸書册》。

題《何紹基臨隸書册》:“蝯叟臨《張遷碑》百餘通,流傳尚多,易得也。惟《石門頌》不多見,予得一册自庵先生舊藏,蓋在濟南所書。此册筆遒骨厚,其時臨《張遷》已八十餘通矣,故其家人珍重之。前數年詩孫歸道山,其世兄星叔出此册,因爲冠群弟購藏之。古人學書重墨本,其秘守之,勿輕示人也。丙寅五月十二日,熙識。”(《中國書法》1999年第4期)

鈐印:曾熙之印(白文)。

題籤:“何道州臨《石門頌》墨蹟。丙寅立秋後,農髯爲冠群弟署此檢。”

鈐印:曾熙之印(朱文)。農髯(白文)

譚澤闓題:“蝯叟以篆爲分,故於摩崖體相近。《石門》實取篆勢,宜其下筆訢合也。余藏一本署壬戌(1862)九月,蓋在此前所臨。《張遷》第一百通爲壬戌仲冬六日,亦在敝篋,則此臨尚在其後。蝯叟臨漢碑課本雖多,要以此種爲合作。農髯亦題信爲知言。余特考其書年,以見此册之尤可珍也。丙寅送竈後一日,酒後客退,爲冠群先生識此。譚澤闓。”(私人藏)

鈐印:瓶翁(朱文)。

初伏,自書書論。

自書:“東魏多師元常,而以八分參之,蓋倡自穆子容,至齊周之間,經生紹之。丙寅初伏,曾熙。”(香港淳浩 2007 年春季拍賣圖録)

紙本。104×53cm

鈐印:曾熙之印(白文)。農髯(朱文)。

1926 年 6 月 20 日,參加在唐吉生宅舉行之中日書畫家揮毫會。

《書畫揮毫會之舉行△欲得名家作品之良機(白石)》:“中日書畫家,如吴昌碩、王一亭、曾農髯、吴杏芬、唐吉生、木村、杏園等十餘人,定期邀集滬上書畫家,開一大規模之書畫揮毫會,昨已發出請柬,略謂兹定期於本月二十日上午十時,至下午四時,在法租界貝勒路仁壽里三七三號唐吉生宅内,開一絶大之書畫揮毫會,凡滬上中國書畫家及同好之士,均可參加。此會係公開性質,社會人士均可前往參觀,其於午前到會者,會中並備有中餐。倘請各名家書畫,取資甚廉,(分)别爲三元與一元兩種。”(1926 年 6 月 18 日《時報》)

約此際,爲許冠群書“新嗣勒寶册,章黄受鑾旂”五言篆書聯。

自書五言篆書聯:“新嗣勒寶册,章黄受鑾旂。冠群賢弟簪書,篆法求之三代彝器,變化備矣,若拘拘於小李,則與斲木爲圓何異,宜堅守之,勿惑! 農髯曾熙。”(《曾熙書法集》)

紙本。133×33cm

鈐印:曾熙之印(白文)。農髯(朱文)。

按:本聯未署年款,姑附於兹。

1926 年 6 月 24 日夏至後二日,書“城中原不夜,頂上又生花”五言聯。

自書五言聯:“城中原不夜,頂上又生花。丙寅夏至後二日,農髯熙。”(廣州市藝術品(公物)拍賣公司 2008 年迎春拍賣圖録)

紙本。172.5×36.5cm

鈐印:曾熙之印(白文)。農髯(朱文)。心太平盦鉢(白文)。

丙寅夏至後大雨經旬,書“大道碩猷,君子是則;用中執敬,古人之徒”八言篆書聯。

自書八言聯:“大道碩猷,君子是則;用中執敬,古人之徒。石鼓謹嚴中邕穌有度,金器惟小字之邵鍾似之。因參用邵鍾作此。丙寅夏至後大雨經旬,農髯熙。”(中國嘉德 2008 年四季第 13 期拍賣圖録)

紙本。172×29cm

鈐印:曾熙之印(白文)。農髯(朱文)。心太平盦鉢(白文)。

鑒藏印:吴平庵璽(朱文)。

1926年6月25日丙寅五月既望,爲朱犀園寫《犀園讀畫圖》横幅。

自題:"犀園讀畫圖。海上囂囂,無地可園,而廬山、天目,昔年清幽之靈境,今又喧雜不堪。應從江海孤寂之山,結廬其顛,朝夕讀畫爲樂。或偶步山腰,左眄右盼,江嶼如螺,小艇如燕,所謂畫外有畫,讀不勝讀。古人寫園林景,無非寄興。髯不喜陳陳相因,爰造此圖。犀園主人當置酒延賓,先讀髯畫也。一笑。丙寅五月既望,農髯熙,時年六十又六。"(安思遠藏《中國近代書畫》)

水墨紙本。24×80cm

鈐印:子緝(朱文)。曾熙之印(白文)。

又題:"酒邊説劍,花外彈棋,狂態非昨。禪榻茶煙,禁受髩絲蕭索。欲認前身明月影,且留後日名山約。但朝朝對生綃一幅,自專一壑。　　誰念我,故園金粟,幾日西風吹盡寒萼。萬疊蒼山,何處吾廬堪託?空谷時飄脩竹淚,仙源已負桃花諾。問髯翁,料輸他寥天一鶴。詞寄《倦尋芳》。丙寅秋,吴伯子伯琴避亂來海上,犀禪廿一兄出示髯所爲《讀畫圖》,伯子曰:枯木寒煙,蒼崖老屋,髯其翛然遊塵垢之外耶?爰以此詞款之,時伯子與犀禪昆季咸集予齋,酒後爲之書此。十月既望,熙。"

鈐印:熙(白文)。老髯(朱文)。

羅振玉題額:"犀園讀畫圖。羅振玉題。"

吴湖帆題:"樓外雲山色相空,牙籤玉軸卧游中。真真畫裏憑誰唤,仗爾犀靈一點通。犀園兄屬,吴倩。"

按:朱犀園(1890—1969),原名桂,字錫桂,又字犀園、西園,號犀禪,别署蘭石小主人、萬松居士。安徽涇縣人。祖傳有小萬卷樓,以藏書著。曾拜於曾熙門下習書畫。此畫另有吴昌碩、陳三立、朱孝臧、鄭沅、褚德彝、鄭孝胥、黄賓虹、夏敬觀、吴梅、吴子深、周瘦鵑、蔣吟秋等人題跋。

丙寅五月,應介侯屬題查士標《桃源圖卷》。

跋查士標《桃源圖卷》:"明以來寫《桃源圖》,其工細繁密。曩在京師文雪吟同年處,見文衡山所畫,其筆法構局與所臨《輞川圖》同意,其簡筆無過大滌子。李木公所藏册子,無上妙蹟,然不過十數筆,而神意無窮。梅壑師思翁,而以疏挺之筆攝之,豪端渴潤並施,剛多柔少,此其與思翁異者也。此幅寫桃源,其雲山絶處,忽見萬家煙火,田家樂事,世外風景,又令人羡漁父矣。假置齋中月餘,晨夕展覽,獲益不□(原題漏字),題此歸之。介侯世友屬題,丙寅五月,農髯熙。"(《張

大千溥心畬詩書畫學術討論會論文集》，臺北故宮博物院1994年5月初版）

丙寅六月之吉，寫《蒼龍芝壽圖》。

自題："蒼龍芝壽，丙寅六月之吉，農髯。曾熙並記。"（香港蘇富比1987年春拍圖録）

設色紙本。172×46.5cm

1926年6月18日至30日，第四次中日繪畫聯合展覽會於東京府美術館舉辦，以《老松圖》、《山水圖》二幅參展。7月7日至11日移師日本中之島中央公會堂展覽，以《山水》參展。

按：見鶴田武良《公刊〈日華（中日）繪畫聯合展覽會出品目録〉——近百年來中國繪畫史研究七》之《第四回日華繪畫聯合展覽會東京展品目録》，6月18日至30日曾熙兩幅參展：一《老松圖》、二《山水圖》，編號分别爲22號和108號；7月7日至11日一幅參展，編號爲209。

丙寅立夏後，寫《武夷第一曲》。

自題："矗矗鎮東維，天嶮少人迹。但見鹿豕嬉，誰入紫陽室。寫武夷第一曲，方壺、白石翁皆有此圖，題此三嘆。"（《大風堂存稿》）

1926年7月10日丙寅六月朔，譚澤闓（瓶齋）將載名酒携子姪輩視其兄延闓於廣州，設家宴爲之餞行，約姚雲江、黄曉汀作陪。並繪《載酒圖》以贈，聊備譚氏弟兄詩詞唱和之引。

與姚雲江書："今午後六七時爲瓶齋餞行，無多客，乞弟至舍一談，並約曉汀。龐册弟既極愛，弟可去曉（汀）一臨之，得名畫又可以弟財分友，兩美也。雲弟，髯啓。"

自題："丙寅六月吉朔，瓶齋五弟載名酒，携幼兒與諸姪覲其兄祖庵於粤，祖庵離滬將五載，家書之往還，無間一日，凡粤中購得名人手蹟，郵付瓶齋，海上有所得，必呈祖庵，雖萬里不啻一堂。吾湘文字友于之樂，夓稱白師兄弟，今但於祖庵兄弟之祖庵遺書之他無所需，惟載名酒一二罍，因寫載酒圖，並題二十八字：海南草木四時春，萬里天親載酒人。常棣孔懷詩可補，何如寫入畫圖新。此行賢兄弟當有唱和之作，請書之此圖之後，一段佳話也。昔萬年少寫載米圖付亭林，海内名人題詠殆遍，蝯叟曾有橅本（見蝯叟題萬年少四段，阿筠所藏）。又石谷有載竹圖，李春湖侍郎所藏，題詠皆乾嘉名流，今藏李木公篋。此圖用筆略仿萬年少，亦參用漸江。髯不足傳，祖庵、瓶齋詩書皆足傳，世界一大古董也。一笑。"（《大風堂存稿》）

丙寅六月初四日，大熱得雨，自書論詩。

自書："《三百篇》絃詩也，以聲爲主。《十九首》尚矣，魏武父子橫宕雄武，蓋霸國之遺風也。丙寅六月初四，大熱得雨，書此。農髯曾熙。"

鈐印：曾熙之印（白文）。農髯（朱文）。

1926年7月13日丙寅六月初四日，馬宗霍暑假來謁，寫《山水圖》贈之。

自題："無盡溪山殘禿筆，不襲其形取其液。精神直接三百年，天闕雲深開三益。石溪《溪山無盡》長卷，蔣孟蘋兄所藏，假置齋中，偶臨一過，凡下筆必有得，以髯腕相合也。石溪證果天闕，而玉梅花盦又在天闕，故有三益之句。宗霍妹倩冒暑來覲予，寫此與之。丙寅六月四日，農髯熙。"

設色紙本。94×44cm

鈐印：曾熙私印（朱文）。戲海樓（白文）。

癡遯題："髯翁書法，與梅庵爲一時之瑜、亮，晚年始寄興於繪事，尤得當世所推崇。熙廬主人出示此幀，運筆蒼勁，有文長、石濤之概，洵爲其生平之精品，爰志數語歸之。乙卯小春，癡遯題。"

鈐印：癡遯（白文）。

1926年7月15日，致譚延闓信寄達。

《譚延闓日記》同日條："七月十五日晴，寒暑計九十二度。（六月初六）耀亭。一百、淑、龍八、汪九、曾九、余大。七時半起。宏群來。孫大學生代表陳□□來。林文舉、王俊一來，王天培所使也。張炯、楊少炯來言黨事。大武及諸女來。吾出赴黨部，今日政治會議開始也。此後惟黨部每星期開會三次，以政治會議爲要，政治委員會則停開矣。遇頌雲於門，談頃之入，則人數已足，開會二小時散。吾不主席，復去年之舊，殊愉快也。至宏群家，大武、吕滿、宋滿、衡、繩、康、秋皆在，待徐大、安甫來，而曹廚久不至。心滌忽來，拉主人出催款，吾則偃息頃之，俟岳歸，入席，仍曹廚也，尚不重複。諸人劇飲，吾則啤酒。散後，與岳、吕、大武、康、秋同至海珠，浮橋已成，剎那即至，反不如中（容）與中流之樂。忽忽一覽，遂至黄花岡，坊不能登爲可惜。看鄧仲元、王昌墓後，訪朱執信、廖仲愷墓，遂過沙河，至第一師墓地。已暝，還，過伍秩翁墓而還。余獨詣司法委員會，盧興原、羅文翰請客，雷孟强、林伯渠、陳樹人、余垚、蕭崇道，菜乃盧庖，殊不惡。有燴白鶴，頗新，實行煮鶴矣。樹人云粵之鶴實鷺也，此語當待考也。散後，訪詠安不值，乃至廣衛樓，與大武、諸兒女納凉平臺，縱談至夜十二時後，乃歸。中間宏群、匯清皆一至，無離别之色也。到部後，詠安方坐候，共談至三時乃去。明當早起，預作大拜,就枕已三時半矣。(王道來診,仍用玉桂、黄芪、續斷、羌活、獨活、虎骨。)"

1926年7月19日,譚延闓回信。

《譚延闓日記》同日條:"七月十九日大雨,寒暑計八十五度。(六月初十)曾九、宋子良、詠安一。八時二十分起。吕滿率諸兒來。行紀念週於廳事,人益少矣。與心滌略談。習拳一遍,推手二十分,凉適而汗愈多,何也。文素松送看所藏碑册,一一爲印記還之,惟留《景君碑》及李宗顥《研山册》於大武處。考帖評碑要在有書佐證,行篋空空,但能作短識耳。茀(芾)來談。大毛來,自云無事做,過不得。告以讀書,凡人器識德量皆自静中來,讀書即求静之一事,雖卧看小説,亦勝於奔馳酬酢場,此意知者罕矣。大雨如傾天瓢。毛澤東來。雨甚,不外出,檢點所携鐵禪和尚書畫卷册,大武已題觀款,爲加印章。澹歸和尚詩卷誠爲佳迹,細看一過,輒題兩截句,然辭不盡意也。《題澹歸詩卷爲鐵禪》:空門猶恨世緣侵,三字寃家感不禁。何事殘年寫(原文:託)吟詠,低徊誰識澹歸心。虞淵落日誰能挽,苦海回頭即是家。惟有天然知此意,早從平世脱烏紗。天然和尚曾起莘登第,後即出世,澹歸師也。四時至廣衛樓,宋滿先在。假寐頃之,徐大亦來。雨止,偕諸人携兒至登雲閣,與駱老談,並看磁器、端研。送大武至姜詠洪宅,吾獨赴頌雲之約。新居宏敞,頗有規模,然明日行,眷屬亦將去矣。客爲嘉倫夫婦,携一兒一女,孔顧問夫婦携一女,木顧問、兩繙繹,林伯渠兄弟,頌雲之如夫人同坐。大三元燉翅,翅得之北海者,十斤許,不足一海碗,然料特精,如食麵也。菜亦略異南園,知粤菜亦非遍嘗不可下斷語也。吾既不飲,客主皆不舉杯,惟三小兒跳踉歌哭,如打諢耳。散後,女客先去,餘人略坐始行。方伯雄、李鐸來,送行人也。余留與頌雲深談,乃偕訪介石,樓燈盡熄,睡已久矣。乃立雨中,與頌雲珍重而别。頌雲近殊進,同袍中無比,必當有成。然其妾與吾語,輒字頌雲,所謂平等者矣。歸易衣,以雨溼故。方伯雄來,久談去。勾當公事。賀慶發來辭行,明日赴前方也。一時三十分乃睡。"

丙寅六月,爲景仁書畫扇面,一畫雙松,一書畫論。

自題:"若鳳翼之雙翔。丙寅六月,寫似景仁先生法家正之。農髯熙。"

鈐印:曾熙私印(朱文)。戲海廔(白文)。武城第七十三派(朱文)。

自書:"吴小僊從馬、夏得筆,與戴同。但吴嘗以草隸入山水,亦别開蹊徑,曾見一長卷。髯再書此。"(朵雲軒2009年秋季拍賣圖録)

鈐印:曾熙私印(朱文)。

丙寅六月，題錢化佛居士繪《佛像圖》。

題識："佛。化佛居士囑書，丙寅六月，曾熙。"(《化佛畫存》，上海佛像流通處1927年4月初版)

王个簃贈桃，7月29日丙寅六月廿日，繪《李子》扇面以回贈。

自題："啓子之桃甘且美，投桃還須報以李。此李色惡不可食，垂笑當年陳仲子。啓之前月貽我園桃四十枚，味甘且美，寫此報之。丙寅六月廿日，熙。"(《王个簃隨想録》，上海書畫出版社1982年版)

1926年7月31日，與劉海粟、錢瘦鐵等解衣社中方社員公宴日方社友橋本關雪，商議舉行展覽會事宜。

《日本美術家抵滬△解衣社昨晚歡宴》："解衣社爲中日第一流南畫名家十人組合，去年秋成立於東京，中國方面爲王一亭、曾農髯、劉海粟、錢瘦鐵、唐吉生，日本社員爲橋本關雪、小杉未醒、石井林響、森田恒友、小川芋錢，上月在東京舉行展覽會，譽稱一時。社員橋本關雪現任帝國美術院委員，前日乘長崎丸來滬，昨晚王一亭、劉海粟、錢瘦鐵、唐吉生等公宴於武昌路徐宅，協議在上海舉行展覽會云。"(1926年8月1日《時報》)

1926年8月2日，譚延闓録舊作爲書扇面十頁。

《譚延闓日記》同日條："八月二日雨。寒暑計八十四度。(六月廿四日)六時醒，聞雨聲甚大，七時乃起。推手十五分。吕滿偕繩、康、秋來。行紀念週，略作報告。雷時若來，見於副官長室。出至農民運動講習所，演説一小時，敷衍而已，了無精義。至毛潤之室一坐，遇於樹德歸部。(沈演公來。)蕭炳章來。權初來白事。連日四座陳花涸池蓄水，皆權初之爲也。無傳舍其官之心，乃無傳舍其居之事，事雖小可以見大。大武、繩孫來，同食滷子麵。護芳來，明日赴韶也。曾傑來。今日郵差罷工，信件斷絶，可謂自殺政策也已矣。爲時若書一横幅。遂爲曾九書十扇，皆録舊作，墨氣尚佳，字則不入格也。馮玉祥代表劉驥及方耀亭、張九維、方子樵、詹大悲同來，今始至也，談久之去。與應潮電話，屬其招待。遂與大毛同至廣衛樓，宋滿請客。吾家子姪及吕父子外，安甫、徐大共十人。菜頗新，魚肚尚可，飲啤酒。及罷，遂睡片刻，乃登車。訪子文不遇，云已睡，殆非也。歸，爲李子英者作横幅。雜臨諸帖，各二三十字，亦集錦書矣。風雨凉適，遂睡，亦十二時矣。"

1926 年 8 月 5 日，譚延闓爲譚澤闓等回滬餞行，以照相與三闕南園畫相贈。

《譚延闓日記》同日條："八月五日晴雨，寒暑計八十六度。（六月廿七日）雪竹、葉賀唐。九時起。伯雄來。大武、吕滿來。下樓見客，劉公潛引四川人陳炳堃、王震東來，民團代表也。顧孟餘介紹一王兆龍，北大畢業者。譚曙卿介紹一王臨翰，則求事者。李續源交卸歸，訴瓊州臨高之苦，而手出茄柑十八子爲贈。問以既無錢，何爲買物，則不能對，乃許以金易之。上樓，見羅毅、雪飆及韓國人李占陽、吴廷善、金亨天，皆加倫介紹爲教官者。以伍根華爲譯，皆韓人也。呼權初招待之。遂與大武、衡生至瑯環照相，吕滿亦往，携祥、韵、繩、康、秋來。總照，分照，至十二時後乃竣事。送諸人至廣衛樓，而吾赴葵廬静江約，老鮑、張春木、劉菊村、鈕鐵生先在。大雨驟至，二時菜乃來，食畢已三時半，吾遂歸部。爲人作書，寫扇十柄。近日墨光頗艷，詢之，乃以墨汁加磨，此不可久存者矣。既瞑，同衡至廣衛樓看性史一段，妄人爲生財計耳，有何研究可言。徐大、安甫、宋滿來，大武、吕滿諸兒亦歸，今日治具爲大武作餞，菜多，不能盡，飲啤酒一瓶。連日脚腫甚，不知是酒過否。十一時，送徐、李後，歸部料理寄滬件，以牧甫刻五印及《瘞鶴》水前拓諸碑交大武。又以三闕南園畫寄曾九。作書，檢帖，遂及二時乃睡。習拳一遍，就浴，右脇瘡潰不結痂，以屈臣氏膏貼之。晨，雷時若來辭行。（以像片寄曾、俞、余、聶三六、伯夔、叔乾。肉桂寄余大。）"

1926 年 8 月 6 日，譚澤闓一行定後天啓程回滬，譚延闓有信來。

《譚延闓日記》同日條："八月六日晴雨，寒暑計八十六度。（六月廿八日）曾九、汪九、余大。七時半起。習推手十五分。大武、吕滿、沈演公來。余出至廖夫人（保香凝）家，顧孟餘先在，談甚深，不覺至十二時，急赴政府。孫、鄧已去，會不開矣。料理公事。見廣大教習二人，所謂校務會議者也，談頃之去。與樹人一談，遂出。至徐大家，李特生爲大武設飲於茀燾寓，心滌、吕滿、衡、繩、康、秋皆在。曹廚菜，惟魚肚有吾家意風，但不如其厚美耳。散後，偕大武、吕滿諸兒返廣衛樓，看大武檢點行李。有一傖入門，大武作上海語拒之出，遂逡巡去。若有鄉音，必糾纏不休矣。徐大來。雨大，至五時余始赴黨部，開政治委員會議，顧、張、甘、（李、孫、宋）、何、丁、鮑、鈕畢集。陳樹人來，陳述工潮事。今日工人鬥於衢巷，傷亡至十餘，此而無以戢之，不成國矣。大衆乃共商决辦法，哲生亦頗持公道，可嘉也。八時半乃散，人人疲曳，後當謀所以救濟之。出赴太平館方伯雄招，徐、吕、大武、衡、繩、康、秋外有林振雄、唐滌誠，大武已喫兩枱，吾亦不欲多進，草草終局。仍與諸人至廣衛小坐，十一時，偕至徐大家，衡、繩不從，心滌、茀燾、安甫、衡士則先在。治具甚精，爲一飯。連日足腫大劇，右股向不腫，今亦與左同，豈啤酒致之耶，後當戒酒以驗之。散後，送大武歸，話別於車中，至門不下，忽有惘惘不忍别之意，何也，豈老境耶？中年傷於哀樂，不欲更難爲懷，故驅車徑歸。明早若不醒者，亦不更往送，蓋不能登舟故也。吕滿、繩、衡則送至港，大武夫婦乘啫臣總統船後日赴滬也。料理公事，一時五十分乃寢。"

1926年8月23日丙寅七月既望，爲楊潛庵寫書畫合璧扇。

自題："自臨川李文潔辭塵後，終日以讀畫爲樂。歲之所得，盡以易畫，興之所至，任意爲之，亦不問工拙。此扇少有清氣，即呈潛兄正之。丙寅七月既望，農髯熙。"

自書："曩者承惠内府墨一篋，志在以畫相報，稽遲至今，殊皇皇不適。三月漢上以篆書聯予我，腕力風均(韵)直入完白之室，趙撝叔尚不足似，早懸之中堂。拙書無長進，敬問潛庵老友起居，熙再拜。"(私人藏)

鈐印：髯公(朱文)。曾熙私印(朱文)。

同日，自書論查士標畫之岸岸之氣得之天性，雖出於董其昌，而筆墨迥異。

自書："二瞻(按：即查士標)山水雖出思翁，其岸岸之氣，蓋得之天性。其處境與思翁别，故筆墨亦異。丙寅七月既望，曾熙。"(安徽藝海2007年春季拍賣圖録)

紙本。145×37cm

鈐印：曾熙之印(白文)。農髯(朱文)。

得譚澤闓面交之錢南園畫，甚愛之。譚延闓聞之，頗有既意外又意中之快。

《譚延闓日記》8月24日條："八月廿四日晴。寒暑計九十四度。(七月十七)第六、第七、雲臺。八時起。習推手十分鐘，吕滿偕諸兒來，看其習拳。爲人書扇數柄。與諸兒同出，車乃不見，遂乘輿，行馬路中久之，車來，易乘至黨部中央執行委員會，中席而静江病作，吾代主席。徐季龍報告國民軍事，至一時乃罷，他議案皆閣置矣。歸部飯，權初、茀燾來白事，弼青亦來，安甫來。三時，出訪静江，遂偕至黨部政務會議，仍季龍報告北方事，有所決議。静江亦中席去，喉症作也。散後，至廣衛樓，喫捲子，略談，同車出，余歸部。就浴，作書致諸人。得大武書。曾九激賞錢畫，堯老極譽肉桂，皆出意外，然實意中，吾贈物總得當也。十二時睡。”

丙寅七月二十日,題龐元濟藏石濤《山水花卉圖册》。

題石濤《山水花卉圖册》:“書宜從奇險處落平,濃厚出化澹,畫亦然也。石濤由兩粤入湘,既躡黄山,窮吴中山水之勝,足之所至,皆其畫稿,宜其瑰奇過人。此册純歸平澹,所謂肆而後純也。虚齋京卿收藏富海内,此册亦髯生平所僅見,喜識數語。(蓋去蝯叟所題將六十年矣)。丙寅七月二十日,熙。”

鈐印:熙(白文)。

何蝯叟題:“本色不出不高,本色不脱不超。搜遍奇山打稿,豈知别有石濤。乙丑花朝於抱罍室,蝯叟。”(故宫博物院藏)

丙寅立秋後得雨,爲伯年寫《松》。

自題:“老幹堅於鐵,樂飲惟冰雪。不假東風力,璀璨朝日色。”(《大風堂存稿》)

丙寅立秋後,爲弟子許冠群所藏何紹基臨《石門頌》題籤。

題何紹基臨《石門頌》:“何道州臨《石門頌》墨蹟。丙寅立秋後,農髯爲冠群弟署此檢。”

按:其題跋見本年五月十二日條。

丙寅立秋後,書論書法條幅。

自書:“晉人書以風韵爲主,莊子所謂和之以天倪也。唐尚格律,宋使氣勢,古法已淪喪矣。丙寅立秋後,曾熙。”(《書法叢刊》,文物出版社 2009 年版。現藏湖北省博物館)

紙本。132.3×30.5cm

鈐印:曾熙之印(白文)。農髯(朱文)。

丙寅秋七月,爲凌霄作《秋山圖》與書論畫扇面。

自題:“以方外二石筆勢合寫,似凌霄仁兄法家正之。農髯熙。”(上海道明 2011 年春拍圖録)

鈐印:熙(白文)。

自書:“書畫形體無可合,神意無不可合。司農以高尚書與大癡合,此易見者也。丙寅秋七月,農髯再書。”

鈐印:曾熙私印(白文)。

1926年9月9日,中華女子美術專門學校舉行建校八週年紀念學生成績展覽會,作爲校董,與向樂穀以書畫參與陳列。

《中華女子美專今日開成績展覽會》:"霞飛路寶康里口中華女子美術專門學校自校長唐家偉女士創辦以來,學生成績頗優。該校定今日舉行第八週成績展覽會,會場陳列學生作品各種國畫外,並有刺繡、大篆、漢碑、翎毛、走獸、花卉、山水、人物百餘種,古香古色,華麗異常。另有工藝美術一室,大都各種實用品。又名人書翰有校董曾農髯、向樂穀、徐紹楨、周震麟等字畫多幀。聞今日上午至下午九時,歡迎來賓參觀,意在提倡美育,普及美術思想於社會云。"(1926年9月9日《申報》)

1926年9月18日丙寅中秋前三日,病愈後爲弟子姚雲江寫水墨山水册頁十二幀。

自題一:"竹塢深處雲亦深,縷縷疎煙窺窗牖。孟陽不得有澹逸中之拙樸。農髯熙作於戲海樓。"

自題二:"檐外柳色年年緑,不許行人來攀折。農髯熙。"

自題三:"以戴本孝墨法寫高尚書。熙。"

自題四:"廬依山之巘,水滿山之麓。荒曠少人跡,俯仰期自足。此幀用筆極簡而意極密,喜不涉倪迂蹊逕。熙。"

自題五:"生疎清勁而荒率,頗肖姜實節,蓋亦無心適合也。熙。"

自題六:"從石洞口躡九峰如此,蓋予三十年前所至。熙。"

自題七:"風定雲氣深,萬山皆沈寐。惟有流泉聲,天地相呼吸。曉翁(按:即黄曉汀)稱予此幀是鹿床(按:即戴熙)晚年極得意之畫,然予用意在以焦墨師南田取景耳。農髯熙。"

自題八:"偶然夢躡黄山雲,曾疑萬松手自植。石濤云'搜盡奇峰打草稿',石谿云'曾宿黄山,觀旦暮雲'。梅淵公,黄山人也。三子畫各不同。熙。"

自題九:"曉風楊柳,詩人畫家,罔不描寫,惟懼力所不至。髯以爲風前柳,不過輕絲飄颺,不若沙渚煙柳,有纏綿不盡之意,此境惟南田老人知之,能以筆傳之耳。熙。"

自題十:"烝水至查(渣)市有此境,長隄深柳,蓋彭剛直之故廬也。故鄉風景,寫此不爲深慨。老髯。"

自題十一:"殘秃道人大意。小圃新得四大段,道人爲青溪老人作,蓋端本堂紙,取以證髯所藏一段,紙幅尺寸不爽分毫,筆墨亦同時所爲,並記此。熙。"

自題十二:"去冬得子久《溪山雨意》長卷,題云:'無一經意筆,無筆不神妙。擊節三嘆息,孤賞誰同調。'越日筠弟(按:即李瑞奇)來,爲之狂喜,以爲粵中所見一幅後,於此再見子久真面。又越日,鐵年來觀、沖甫來觀,無不嘆爲希世之奇遇。聊師其筆勢爲此。丙寅中秋前三日,病後爲雲江弟作十二幀,熙。"

設色紙本。28×16cm

鈐印:熙(朱文)。農髯(朱文)。熙(白文)。曾熙之印(朱文)。子緝(朱文)。子(白文)·緝(朱文)。

藏印:姚雲江印(白文)。二仲居士(朱文)。

姚雲江題籤:"曾師山水尺頁,二仲居士署。"

丙寅中秋前,爲潤卿書"大道存觚,明德作鏡;制禮以節,載仁惟輿"魏體八言聯。

自書八言聯:"大道存觚,明德作鏡;制禮以節,載仁惟輿。潤卿仁兄法家正之,丙寅中秋前,曾熙。"(《書法》1999年第3期。《曾熙書法集》)

紙本。143×28cm

鈐印:曾熙之印(白文)。農髯(朱文)。

丙寅八月,向燊來,煮酒暢談。

按:見本譜下條。

丙寅八月十八日,陳文簡玄孫週歲之期,作《梅竹雙清圖》爲賀。

自題:"丙寅八月抱濁(蜀)子來談亟快,煮酒暢飲,一若前無古人後無來者耳。十八日乃嘉定陳文簡公之玄孫晬盤之期,同人往宴者甚夥。愚愧無爲禮,以箋素寫此梅竹雙清圖,存它日之厚望焉。農髯熙並記。"

紙本。123×32cm

鈐印:曾熙之印(白文)。農髯(朱文)。

丙寅中秋後,臨石鼓文。

自書:"(臨石鼓文略)鰋金器亦有作目,釋爲象魚頭,與許別一義也。丙寅中秋後,農髯曾熙。"(中貿聖佳2011年秋拍圖録)

紙本。117×50cm

鈐印:曾熙之印(白文)。農髯(朱文)。

1926年10月2日，楊令茀在女青年會舉辦作品展覽會開幕，題其展品《山水圖》。

《楊令茀繪畫展覽會之第一日》："携赴費城賽會之楊令茀女士作品展覽會，昨天（二日）假海寧路六號女青年會舉行。上午九時開幕，中外人士到會參觀者，頗形踴躍。下午尤覺擁擠，由楊令茀女士及王景石、項仲雍等引道參觀，交涉公署特派伍守恭、胡振庭招待外賓，英美煙公司派電影技師克蘭紐珂夫到會攝取影片。陳列室凡三，陳列女士得意之作百餘件，分山水、人物、花卉三種，琳琅滿目，精美絕倫。第一室中，以臨摹宋元本山水八幅爲最精，且有樊樊山、張季直、曾農髯、丁闇公、廉南湖諸名家爲之題跋，益覺可貴。第二室陳列手卷、册頁多件，中以《九歌》卷及《花蕊宫詞人物》册頁十二幅尤妙。更有《紅梅》四幅，出之瑜太妃手筆，每幅印有御璽，别饒意味。第三室亦多精品，故參觀者甚爲滿意。會場上有楊女士《詩畫萃》發售云。"（1926年10月3日《時報》）

1926年10月4日丙寅八月二十八日爲親家向樂穀作山水册頁十二幀。

自題："一、用大癡溪山雨意圖筆勢。二、玉梅華盦詠柳詩云：年年苦攀折，何故總棉棉（绵绵）。所謂傷心人别有懷抱。髯畫柳向以篆草行之，此亦有意求澹也。依依楊柳，漠漠晚煙，可起江淹賦之。三、禪林幽勝處，留與詩人看。髯不佞佛，亦不非佛，然每至禪林，樂其幽勝。用白石翁筆勢寫之。四、一亭立千韌（仞），萬流奔其下。老松引雲氣，濤聲從天寫。石頑太古心，地荒少游者。此山或可隱，當勝謀於野。樂叟因世變更甚，有稼穡之思，結句及之。五、當夏戀幽居，經秋喜高閣。寒奥（燠）有常理，愛憎今異昨。一歲且如之，百年將安托。所貴適以我，爲憂樂此畫。與舊作雜詩適合，因題此。六、九峰溪水經龍田橋，兒時行歌橋上，遊息柳陰，六十年來如昨日事。七、壬寅除夕先一日自都歸省龍陽，從林子口入有此景。八、昔人評南田畫，其妙處一澹字盡之，其勝人處在意餘而未盡。髯筆異南田，尚有能澹而有遠意。九、黄海雲濤。瞿山、石濤寫黄山皆各臻妙勝。此幅當於二家外求之。十、古人稱襄陽亦有蟹爪樹，如作章草八分，戲爲之。十一、胡士昆寫大癡，筆勁而韵遒，色古而氣厚。偶仿其大意爲此。十二、五歲以來，與樂叟親家晨夕皆以畫餉心。樂叟初喜煙客、麓臺，近更高元人。髯無家法，但以書腕法行之耳。鹿床云：作畫有七候，其第七候則在不生不熟之間。熙未至不生，幸不熟耳。病後以此調養良藥，得四十餘紙，就正樂叟。丙寅八月廿八日。"（《大風堂存稿》）

1926年10月5日丙寅八月二十九日，坐雨悶甚，檢案上舊紙寫松。

自題："霜餘老幹硬於鐵，溪前流水聲潑潑。得酒呼鄰鼓柤歌，風流當勝陶彭澤。丙寅八月二十九坐雨沈悶，檢案上乾隆舊紙寫，題二十八字。"(《大風堂存稿》)

丙寅八月，爲龐萊臣藏《墨井道人仿古山水十幀》題簽。

題簽："墨井道人仿古山水十幀。虛齋先生秘篋，丙寅八月，農髯熙題。"(南京博物院藏)

鈐印：熙(白文)

丙寅重陽前，鄭岳(曼青)携自作花卉册來請教，適遇頭暈，讀之立愈，欣然爲題。

題鄭岳花卉册："六法雖由學，氣骨得之天。澹泊詩人意，蕭疏畫中禪。丙寅重陽前，適有風眩，曼青兄持此册，讀之真如陳琳檄文，愈我頭風，率題二十字，以志墨緣。農髯熙。"(《大風堂存稿》)

鈐印：曾熙之印(白文)。農髯(朱文)。

按：民國石印本殘缺，無扉頁、版權頁，有鄭午昌題云："鄭岳，字曼青，世居浙之永嘉，少孤，承母教。十歲以詩名，兼善書畫，書法北海，花果、翎毛出入青藤、白陽間。弱冠游京滬，累以文藝任大學教授。當世耆宿吴昌碩、朱古微、鄭蘇戡、蔡孑民咸推重之。是册共八頁，曰蘭，曰梔子，曰玉簪，曰紫藤，曰菊，曰牡丹，曰梅，曰松，爲曼青得意之作，意境超卓，筆韻沖澹，已著諸家題跋，不贅。顧曼青年方壯，學益勤，造詣不可量，區區墨戲，謂已盡曼青之長，失曼青矣。戊辰春閏，嵊縣鄭昶。"是册有蔡元培、朱孝臧等題記，兹録吴昌碩一則於下："禪解拈花笑，歌辭行路難。長城詩獨立，破研飯加餐。殘夢天宜酒，家風土礙蘭。商量浮海去，筆底助波瀾。曼青詩人墨畫盈册，古拙跌宕，出之自然，雖與天池、雪个相近，乃能吸其精髓，棄其糟粕，年僅二十餘，進之不已，必成大家。丙寅秋，得彊公紹介，見此奇特，題句以誌欽佩。吴昌碩年八十又三。"

約此際，爲鄭岳(曼青)寫《玉梅圖》。

自題："筆端喚醒玉梅魂，滿袖春風不見痕。曼青畫家屬寫墨梅，農髯熙。"

紙本。92×46cm

曾熙之印(白文)。

按：鄭曼青(1902—1975)，名岳，號蓮父，改字曼髯，號玉井山人，浙江永嘉人。擅書畫，有詩書畫三絶之目。曾任北京郁文技藝大學教授。此際南下上海，任上海美專國畫系主任,1930年主持中國藝術專門學校。其姨母張光(紅薇),亦爲名畫家。鄭氏兼擅醫學及拳术,晚流寓台灣、南洋,有"畫聖"之目。

1926年10月15日丙寅重陽日,周夢坡、姚虞琴招海上文藝界名流七十餘人,於華安八樓登高雅集。時冒鶴亭途經上海,亦赴雅會,老友重晤,談笑甚歡。

《冒鶴亭先生年譜》九月條:"是月,(冒鶴亭)先生返回如皋,路過上海,周夢坡招飲華安八樓登高集會,先後有王病山、朱古微、吴昌碩、潘蘭史、曾農髯、程子大、徐仲可等七十餘人。先生由夏劍丞、葉遐庵等人陪同參加。先生重晤曾農髯,相談甚歡。"(《冒鶴亭先生年譜》,冒懷蘇編著,學林出版社1998年5月版)

沈醉愚題《登高雅集圖卷》:"丙寅九日,虞琴詞長約同昌碩、甸丞、農髯、夢坡諸老華安登高,繪圖記之。迨丁卯重九,復有華安登高之會,因憶去年所作長歌,追録卷末,以存雪泥鴻爪。"

吴昌碩題《登高雅集圖卷》:"江流四塞海中央,蜃氣翻翻一雁翔。酒之醉天人自壽,補蹉跎處又重陽。作賦無才老自嘆,佘山歇浦上闌干。滕王高閣依稀似,望斷天風助子安。　　黄華如斗蟹如盆,世界離奇佛漫瞋。造像一區如鑄我,聊充五季六朝人。丙寅重陽,虞琴老兄招飲海上層樓,賦此請正。安吉吴昌碩,年八十三。"

按:《登高雅集圖卷》由吴待秋、吕萬、吴湖帆、趙叔孺、吴昌碩、金蓉鏡、郭蘭祥、郭屺亭合作。1956年冒廣生題記由王福庵書云:"虞老爲此圖時,在丁卯,距今恰三十年,卷中人什不存一,吾與福庵猶得與虞老月謀鷄豚之局,可云天年。丙申上巳,冒廣生疚齋記,王禔福厂書。"此圖作於丙寅而非冒廣生回憶之丁卯,圖中層樓爲郭蘭祥作,有題:"丙寅重九日,郭蘭祥寫層樓。"登高之華安大厦,爲華安合群保壽公司興建,由美國建築師哈沙德設計,上海江裕記營造廠承建,1924年動工,1926年落成,名曰"華安大厦",1939年3—7層租借與香港商人爲"金門飯店"。1949年後爲"華僑飯店",今改回原名金門飯店。

同日,爲鍾廷書"史才惟師遷固,韵事當起曹劉"六言聯。

自書六言聯:"史才惟師遷固,韵事當起曹劉。鍾廷仁兄法家正之。丙寅重陽,農髯熙。"(私人藏)

金箋。204×43cm

鈐印:曾熙之印(白文)。農髯(朱文)。髯公六十後書(朱文)。

丙寅重陽後，爲李筠庵書"居擅吴城山水之勝；畫與承旨夫婦竝傳"八言隸書聯。

自書八言隸書聯："居擅吴城山水之勝；畫與承旨夫婦竝傳。阿筠三弟於吴城將卜新居，本月適晉五十六歲，而賢嫂湘筌老畫友於夏五月晉五十九，爰畫山水小册，執爵豪飲爲樂，聞警遂止。阿筠寫花卉得乾隆諸老逸趣，而湘筌畫友山水直入宋元室矣。丙寅重陽後，兄熙。"(私人藏)

紙本。166×40cm

鈐印：曾熙之印(白文)。農髯(朱文)。

1926年10月，張大千從北四川路永安里遷居西門路西成里一百六十九號。

《張季爰啟事》："鄙人移居法租界西門路西成里沿馬路一百六十九號，以後畫件逕寄敝寓可也。"(1926年10月17日《申報》)

此際，姚虞琴携漸江册頁一幀來，蔣穀孫亦携漸江長卷來，皆其中年所作。

按：見下文霜降後自題册頁："原來漸江石大肖鷹阿，何耶？前十日虞琴携來漸江册子一幀，蔣穀孫携長卷，皆漸江中歲所作，因並記此。"

1926年10月22日丙寅九月既望寫山水册頁，黄曉汀見而愛之，遂歸之。

自題一："生拙處大類姜實節。熙。"

自題二："曉汀居士見髯所爲八幀，大爲之激賞。遂歸之。居士畫家功力深遠，髯不過略有天倪耳，亦何所取。丙寅九月既望，熙。"(私人藏)

設色紙本。32×50cm

鈐印：曾熙私印(朱文)。子緝(朱文)。

按：八幀現存其二。

同日，題蔣孟蘋藏《石溪谿山無盡圖卷》。

題《石溪谿山無盡圖卷》："鹿床(按：即戴熙)云：董巨尚圓，荆關尚方；董巨尚氣，荆關尚骨。石溪道人當明季董法盛行之時，獨師荆關，故筆方而骨重，元明以來獨立一幟。此卷繇粤入湘，復爲孟蘋先生所得，前歲假置案數月，今又數月矣。石溪中幅尚易遇，如此長卷精品不易得也。題此以識墨緣。丙寅九月既望，農髯熙。"(《石溪谿山無盡圖卷》，商務印書館1934年9月初版)

10月下旬丙寅霜降後，作山水册頁十幀。

自題一："去臘得大癡溪山雨意小卷，自以爲老髯獨賞，及阿筠見之以爲奇遇，尚未携與湘荃畫友一讀也。"

自題二："到處有桃源，無須問津。近見程穆仲大册八幀，索值二十竿。曉汀、樂叟以爲髯腕下已自有之，遂割愛。"

自題三："此非石田之柳也，曹雲西當有此風韵。"

自題四："原來漸江石大肖鷹阿，何耶？前十日虞琴携來漸江册子一幀，蔣穀孫携長卷，皆漸江中歲所作，因並記此。"

自題五："亦大癡意也，阿筠、敬同、湘荃於意云何？"

自題六："董巨尚圓，而荆關尚方。董巨尚氣，而荆關尚骨。蔡京卿所藏關仝，潛道人(藏)荆浩，皆明初臨本耳。"

自題七："大似石田極晚年秃管之畫，方稼孫所藏小册子一方頗潆洄老髯心中。"

自題八："令仲子詠柳有'年年苦攀折，何故總綿綿'句，此柳庶幾近之，意頗淡遠，然非南田。阿筠問湘荃，當置老髯於古人何家。"

自題九："畫家以氣骨爲上，形色次之，簡静爲貴，縱横次之。"

自題十："江居原有'四時樂緣盡，紅酣疑是春'。丙寅霜降後，以鄒逸民筆勢爲此。逸民畫出子久，流傳甚少。竹香書室所藏，當是此老妙蹟也。並記此。"

丙寅九月，合鷹阿、垢道人兩家筆法寫《山水圖》，贈倪壽川。

自題："以鷹阿居士(按：即戴本孝)、垢道人(按：即程邃)兩家筆墨合作此幀，壽川賢弟視與前歲所畫何如？丙寅九月，熙。"(私人藏)

紙本。33×35cm

鈐印：曾熙私印(朱文)。

1926年11月14日作山水圖。

自題："謝靈運《反招隱》詩，其末四句云：'推分得天和，驕性失至理。歸來安所期，與物齊終始。'東晉以來士大夫山水之詩，多從莊老發揮玄理。髯此畫疏澹以養天和，適吾性，非矯性也，殆將以玄理寄之六法矣。"(《大風堂存稿》)

按：繫年從《大風堂存稿》。

1926年11月18日，與康更生(有爲)等介紹張小樓鬻畫鬻書。

《張小樓鬻畫鬻書》："(潤例略)康更生、吴昌碩、曾農髯、王一亭、姚紫若、顧馨一、朱吟江、姚慕蓮、沈潤挹、劉海粟、江小鶼、唐吉生、王濟遠、蕭厔泉同啓。”(1926 年 11 月 18 日《申報》)

按:張小樓(1877—1950),即張枏,江蘇江陰人。弱冠爲江建霞所賞識,甲午游日本。返國與李叔同等發起書畫公會,出版書畫公會報。任江南高等與兩江師範教座,與李瑞清爲忘年交。1923 年任職外交部,任駐朝鮮領事六年。1925 年秋充任滬南鐵路税務。工書擅畫,書善北魏碑誌,花卉學吴讓之、趙撝叔。此際出版之《小樓書畫集》收有曾熙與張小樓書一通:“日來晴和,想起居佳善,月之念一午後六時,乞駕至舍間小叙,幸勿却爲盼。即頌孝廔先生鑒。熙頓首。十九。”

丙寅十月吉朔,爲古墨齋書匾。

自書:“古墨齋。丙寅十月吉朔,曾熙。”(敬華 2014 年春拍圖録)

紙本。169.5×48.5

鈐印:曾熙之印(白文)。農髯(朱文)。

丙寅十月,題《南園先生雜書蘇詩卷子妙蹟》。

題《南園先生雜書蘇詩卷子妙蹟》:“南園先生雜書蘇詩卷子妙蹟。劉韞齋中丞舊藏,今入瓶齋。丙寅十月,熙署。”(《譚伯羽、譚季甫先生昆仲捐贈文物目録》,臺北故宫博物院 2000 年 8 月版)

鈐印:老髯。

丙寅十月小春,李仲乾赴南洋消息杳然,蔣國榜爲李瑞清遺著事商諸張善孖、大千昆仲和江萬平、朱大可,敦促胡光煒輯成,未應,乃自擔當斯任。

按:見本譜甲子仲春條。

此際,與張仲仁、韓紫石、吴昌碩、陳陶遺等爲李肖白重訂書例。

《李肖白重訂書例》:“李君肖白,别署病杏,精研八法,入漢魏,闢蹊徑,戛戛獨造,夙爲士林所珍重。曩年由王君一亭爲訂潤例,比以求者日衆,由張仲仁、韓紫石、曾農髯、吴昌碩、陳陶遺、馮夢華、朱彊邨諸名流,重爲釐訂,收件處本埠各大箋扇莊、滿洲路三畏里上海書畫社、小西門中華職業學校,總收件處海寧路天鑫(?)里道南學校云。”(1926 年 11 月 25 日《時事新報》)

《李肖白鬻書重訂潤例》:“李君肖白,工擅八法,久爲士林所珍。張南通生時,尤愛賞之。近因求者日衆,不勝其苦,由吴昌碩、章一山、曾農髯、馮蒿叟、朱彊邨、韓紫石、黄炎培、張一麐、王一亭等諸前輩重訂潤例，其緣起云：崑山李肖白，積學能書，入漢魏，闢蹊徑，戛戛乎其筆妙也，斯可以寶也歟！任教十五載，受其薰陶者，進步神速。今春中華職業學校校長潘君仰堯，慕肖白書，延主校中書法研究會者，成績大著，是足乎己以及乎人者。有道之士，不必窮而後工，顧肖白則遭際益窮，其書益工，是又君子固窮者。昔在庚申，王君一亭爲訂潤格，比以求者衆，而肖白不肯窮而濫也，同人等因重爲釐訂，明告當世得者寶之云云。聞李書收件處爲上海美術供應社、滿洲路上海書畫會及各大箋扇莊，總收件處爲海寧路天保(?)里道南學校云。”(1926年12月7日《時事新報》)

丙寅十月，爲汪仁壽先生編纂《金石大字典》書籤。

按：《金石大字典》(三十二册)，上海碧梧山莊出版，上海求古齋1926年10月發行。是書另有劉春霖、朱孝臧、張謇、康有爲、譚延闓、于右任、馮超然、吴湖帆等30多人作序和署檢。汪仁壽(1875—1936)，字静山，又字爾康。江蘇無錫縣安鎮人，祖籍安徽徽州。初拜師楊峴於蘇州，學漢分，不逾年而盡得其傳。又在潘伯蔭、吴大澂家，縱覽周秦以下諸古拓，大開眼界。後沉迷於金石之學，歷時三十餘年，1926年編纂《金石大字典》問世。

丙寅十月，爲陳叔子同年題其所輯《敬中閣碑聯集字十二種》。

題陳叔子輯《敬中閣碑聯集字十二種》：“陳叔子同年，漢壽世家，昆仲皆以政事、文學著於湘。其尊公愛皖山水，遂由湘遷皖。素性癖嗜金石，自秦漢以來臨橅殆遍。近以碑聯集字十二種見示，古味盎然，典雅芬粹，既能範古，復可式今，因勸其景石以餉同好。同年今七十有四，行不假杖，且能爲蠅頭書，非髯所能及也。丙寅十月，熙識。”(《敬中閣碑聯集字十二種》)

按：《敬中閣碑聯集字十二種》，編輯者沅南陳叔子，印刷所華盛印務局，發行所衡陽曾寓(東有恒路六百三十五號)。

1926年12月5日仲冬朔日，朱犀禪以自植小松爲贈，寫松報之。

自題：“犀禪賢棣以自植小松一瓶詒我，寫九疑(嶷)一株報之，蓋帝靈所護持，非秦皇所敢封也。丙寅仲冬之日吉朔。”(《大風堂存稿》)

1926年12月11日丙寅十一月初七日寫梅，憶及清道人舊事。

自題：“楊(揚)補之梅花長卷，尹和叟手橅一稿，予至長沙每詣和叟賞嘆。阿筠昆仲稱爲神妙迹。髯嘗憾以爲不得一見。庚申八月，友人自京師來，攜此卷乞清道人題,以其素所心賞也。其時道人已遐舉,髯與阿筠置酒祭之,並將其事書諸卷末。此卷近聞東渡矣。補之畫法,老蓮得其筆,但削繁以就簡拙耳。寫楳並記此。丙寅十一月七日。"(《大風堂存稿》)

丙寅冬至前,黄子林自天津來,相與論畫,歡若知己,乃作畫贈之。

自題:"時史尚形而名家尚氣,時(史尚)姿態而名家尚骨韵。然江河日下,解人不易索。子林老兄自津門來滬,極喜髯近日所作畫,相與談論,歡若平生,未識此幀能適意否?"

又:"鹿床論子久畫,其勝人處不外一静字,煙客不可及,亦在静而能鬱。髯向喜從(縱)横,近稍從斂字着力,未審子林老兄觀此爲何如? 丙寅冬至前。"

又:"抱此古心,獨盤桓虖須彌之顛。丙寅冬至前十日,寫似子林先生。"(《大風堂存稿》)

按:此條據《大風堂存稿》,畫贈子林三幅,此外一幅見下條。

1926年12月12日丙寅冬至前十日,爲黄子林寫《古柏圖》。

自題:"抱此古心,獨盤桓虖須彌之顛。丙寅冬至前十日寫此,子林先生老兄法家正之。農髯熙,時寓海上虹口之諸家橋。"(香港蘇富比拍賣公司1991年春拍圖録)

紙本。137.8×40.6cm

鈐印:曾熙之印(白文)。

丙寅冬至前,嚴寒逼人,爲破鉢盦主作山水圖。

自題:"釣不用勾,舟不需楫,相忘江海,且永今日,江渚垂釣寫此。大造本無心,逐形巧成拙。我志游鴻蒙,超然出塵劫。六法即寓言,此理静者得。破鉢有真鉢,卓解邁時傑。丙寅冬至前嚴寒,爲破鉢盦主寫此圖。"(《大風堂存稿》)

按:繫年從《大風堂存稿》。

此際,爲譚震青作畫贈之。

自題:"以程穆倩之研,試白石翁之筆,横逸馳驟,則髯年來行押書之本習也。震青先生老同年素精六法,其明以教我。"(《大風堂存稿》)

按:震青爲譚震青,見本譜1927年7月12日丁卯六月將望條自題七:"笪江上小册一幀,楊海琴太守舊物,今歸西江譚震青同年。假置齋中,略倣臨之。"

1926年12月25日丙寅冬至後三日，題北美諸友以畫留別其校長陳文虎之册。陳文虎兄弟均爲嶽麓高等學堂高材生。

題北美諸友留别其校長陳文虎之畫册："此北美諸友以畫留别其校長陳文虎弟之册子也。文虎鬌居嶽麓高等學堂，其時學生數百人，文學雅粹，無有出文虎昆季上者。既昆季均以優拔生貢京師，文虎簽分學部，任教育將十餘年。前歲來海上，與語誾誾然，不改前日儀度。陳氏，郴州世家，其尊人明學修己，蓋其優游誦習於趨庭之日深矣。此册萃西中諸畫家題詠，又皆當世風雅之士，他日儗補一圖，以飾好事，殆亦自忘其老且拙矣。丙寅冬至後三日，文虎賢弟屬題，熙。"(《北美甲子同人書畫集第一組》、《大風堂存稿》)

按：此册《書畫集》收甲子、乙丑年間中西繪畫17件，有蕭俊賢山水一幀，題曰："聽濤。文虎先生雅鑒，弟俊賢寫，時乙丑臘八後二日。"其餘多不聞名。題跋11件，除了譜主，尚有莊藴寬、胡漢民、譚延闓等題跋。《大風堂存稿》個别字有異。

1926年12月30日冬至後八日，題譚澤闓藏何紹基(道州)臨《漢碑十册》。

跋《何道州臨漢碑十册》："瓶齋藏何道州篆分行書數百種，此十册蓋自濟南及還湘後，分書之日課也。瓶齋取付商務館，且以示熙。熙曰：隸書，佐書之書也。秦刻金，漢刻印，邊徼刻石，皆佐書所書，分書則士大夫所書。覃溪翁氏(翁方綱)曰：'分書至中郎乃見性情。'熙竊以隸書見性，分書見情，至中郎(蔡邕)洞達特見才耳。然魏晉承流，骨弱韵薄；唐宋分書，純是楷法。本朝言分，伊(伊秉綬)鄧(鄧石如)並稱。伊守一家，尚涵書卷之氣。鄧用偃筆，肉丰骨嗇。轉相橅效，習氣滋甚。道州以不世出之才，出入周秦，但取神骨，馳騁兩漢，和以天倪。當客歷下，所臨《禮器》、《乙瑛》、《曹全》諸碑，腕和韵雅，雍雍乎東漢之風度。及居長沙，臨《張遷》百餘通，《衡方》、《禮器》、《史晨》又數十通，皆以篆隸入分。極晚之歲，草篆分行，冶爲一爐，神龍變化，不可測已。五嶺入湘起九嶷，其靈氣殆盡輸之先生腕下矣。十册既出，海内學分書者，得所守矣。丙寅冬至後八日，曾熙識。"

鈐印：曾熙之印(白文)。農髯(朱文)。

譚澤闓題："蝯叟書法，溯原篆分，故能自成一家，獨立千古。其致力於漢隸至勤，東京諸碑臨寫殆遍。課本流傳以《張遷》爲最夥，《韓敕》、《史晨》、《衡方》、《石門頌》已不多見。至《華山》、《武榮》、《曹全》、《李翕》、《乙瑛》則極難得。余搜求廿餘年，多方采訪，幸乃獲備，兹又擇其中精者，印爲《蝯叟臨漢十種》，以傳其學。六朝而後，言八分殆無能過蝯叟者。覩此臨本，何減漢人真蹟，蓋所藏皆名碑古拓,據以摹寫,各攝具髓,得一二種已足師承,況巨碣豐碑羅於一帙,誠其畢生精力所萃矣。余雖寶此墨緣,未敢獨秘。此本一出,學八分者,借爲津梁,庶可直造東京,無歧途之失乎。丙寅小暑日,茶陵譚澤闓記。”

鈐印:瓶齋(朱文)。

題籤:“蝯叟臨衡方碑。瓶齋藏。”

鈐印:瓶齋秘篋(朱文)。

何維樸題:“咸豐戊午,先大父年六十,在濟南濼源書院始專習八分書,東京諸碑,次第臨寫,自立課程。庚申歸湘,主講城南,隸課仍無間斷,而於《禮器》、《張遷》兩碑,用功尤深,各臨百通。此《衡方》碑書於壬戌,十二月乃臨《張遷》百通,後所臨者未及數本。次年正月即作嶺南之游,七月始歸,嗣後筋(精)力漸衰,從游諸生,日益衆,校藝不遑,隸課亦因之少輟矣。甲寅臘八,展視此本,謹識於後。詧道何維樸,時年七十又三。”(譚瓶齋收藏《蝯叟臨漢碑十册》,1933 年 8 月國難後商務印書館第 1 版)

鈐印:何維樸印(白文)。詩孫(朱文)。

是際,上海書畫保存會徵集、俞汝茂編輯《中國現代金石書畫家小傳》出版。爲之題册首。

《金石書畫家小傳出版》:“現代金石書畫家小傳一書,由上海老北門穿心街書畫保存會徵集,古虞俞汝茂編輯,已於前日出版。內載金石書畫家小傳一百餘則,海內名家,幾無不在內。所有各家歷史、品性、藝術、軼事等,無不一一詳載。傳後附載各家最近潤例,並有王一亭、李頌唐、康有爲、章一山、童愛樓、金息侯、顧鼎梅、李搢臣、劉未林、秦伯未、曾農髯、胡止安等諸名宿題續册首,真蹟印行,尤爲名貴。集諸賢藝術之能,徵一代人文之盛,不獨供各法家及賞鑒家聲應藝術之助,亦即將來編纂中國美術史料之參考也。全書二百餘頁,精裝一厚册,定價四角,實售三角二分,南京路文明書局、西泠印社,四馬路世界書局、大東書局,望平街中西書局、南華書社,及拋球場等各箋扇鋪均有出售云。”(1927 年 1 月 6 日《時事新報》)

是際,與王一亭、汪仲山、楊東山、錢病鶴等爲朱蘭如代訂書畫潤例。

《朱蘭如先生潤例》:“(潤例略)曾農髯、王一亭、錢病鶴、汪仲山、劉心僧、楊東山同訂。”(1926 年《中國現代金石書畫家小傳》)

按:朱蘭如,生卒年不詳。名雲卿,别署雲巖外史,浙江鎮海人。擅山水,精篆刻。

是際出版之《中國現代金石書畫家小傳》刊出與吴劍秋等爲陳쀟翁代訂山水潤例。

《陳쀟翁山水潤例》:"平齋先生,别號쀟翁,幼承家學,六法精研,酷愛四王,兼工二米。曩曾寄迹湘南,以醫濟世。偶出寸縑片楮,人珍拱璧。今蒞滬瀆,寡所交遊,不輕以筆墨示人。然此間雖畫家林立,如先生之耑精者,則不可多得,爰訂潤例如左,以爲愛畫諸君介紹焉。(潤例略)曾農髯、吴劍秋、趙叔孺、何詩孫、倪遠甫、高敠之代訂。"(1926年《中國現代金石書畫家小傳》)

按:此際何詩孫早於1922年去世,此件潤例當在何詩孫去世前所定,而出版則在此際。

是際,與吴劍秋、伊峻齋等爲周菊仙代訂花卉翎毛潤例。

《醉墨軒周菊仙女士花卉翎毛潤例》:"女士原籍江右,自幼隨乃父雲如軍門宦浙,寄籍鄞縣,乃孝廉江後村之女弟子,即甬東柳憩南先生之夫人也。秉性貞閑,存性慈慧,鍼黹之餘,醉心翰墨,軍門夫人教以書畫,悉臻妙境,花卉翎毛,尤得南樓老人之遺意,凡一花一鳥,得之者無不什襲珍藏。近因各處災黎鴻嗷遍地,女士心切憂之,願以筆墨爲賑災之助,爰定潤資,如有願得女士筆墨者,請先惠潤資,訂日取件。玆將潤例列後:(潤例略)伊峻齋、曾農髯、章一山、吴劍秋代訂。"(1926年《中國現代金石書畫家小傳》)

是年,與吴昌碩等爲馬孟容、馬公禺(公愚)代訂書畫金石潤例。

《馬孟容馬公禺書畫金石潤例》:"(畫例書例刻例略)收件處:上海法租界菜市路南口上海美術專門學校、寧波路渭水坊西泠印社、河南路九華堂、朵雲軒暨各大箋扇莊、法租界斜橋安臨里二十一號藝林、温州城内百里芳馬宅。吴昌碩、曾農髯、王一亭、蔡元培同訂。"(1926年《馬孟容馬公禺書畫金石》)

是年,爲掃葉山房《四體大字典》署檢。

自書:"真草隸篆四體大字典,曾熙署檢。"(《四體大字典》,掃葉山房1926年石印本)

是年,爲女弟子江道樊代訂書例。

《江道樊重訂書例》:"余妹百平,字道樊,髫齡執贄臨川、衡陽二師之門受書法,於鼎彝篆隸分楷,稍稍能窺望宫墻之美,二師輒期許殷至。十五年丙寅索書者日衆,衡陽師爲定例制限。旋負笈校舍攻會計學,校舍不可張案舒紙,凡大箋巨幅遂弗能應。今歲學業已完，家君更勉其肆力臨池，以求精進，俾毋負二師所期許，命爲重定潤例，聊助其揮毫染翰之興云爾。甲戌秋日，江萬平、江一平。”(1934年9月18日《申報》)

按：江道樊，生卒歲不詳，名百平，别署小江村人，浙江杭州人。與兄萬平、一平同受業於曾熙、李瑞清。工書於鼎彝篆隸分楷。中國女子書畫會會員。兄妹三人同入衡陽書畫社、曾李同門會。

1927年　民國十六年　丁卯　六十七歲

1927年1月4日出版之《紫羅蘭》載鄭逸梅《潤格璅誌》，收李瑞清爲訂潤例小叙及自叙。

按：是文鄭逸梅小記有云：“凡書畫金石家以藝技應世，必刊有潤格，而格式不一，且辭語有雋絶可誦者，因作潤格璅誌，以博大雅君子之粲齒焉。”

1927年1月11日丙寅臘八，爲朱犀園寫仿古山水册十幀。

自題：“一、荆關遺矩，潛翁所藏洪谷子大軸極古厚，所謂中郎已矣，虎賁在也。(前)荆浩、關仝尚方折而氣渾骨厚，李咸熙、許道寧多傳其法。元人師董巨，惟倪迂高步荆關。明季以思翁倪黄參寫，無不學倪黄，惟石溪用荆關法。每見鹿床臨荆關，其骨韵勝石田。二、董北苑《群峰雪霽圖》，戲以其意作此。思翁稱四源堂，蓋得北苑四畫，而《群峰雪霽》尚是極晚歲所得，亦何北苑之多耶！然《雪霽》圖卷確爲真蹟，元人不能有此渾静。三、李咸熙亦從洪谷子出。沈乙盦藏李咸熙《秋山行旅》立軸，自題元人所橅，骨韵極蒼厚沈鬱，當是宋名手所爲，置髯篋半歲。李咸熙畫有極厚勁又有極瘦勁，所謂中郎已矣，虎賁在也。四、金人李三好以篆法寫郭河陽蟹爪、雲頭，實髯之本家畫。蔡京卿藏河陽《幽谷圖》名蹟，已見著録，其蟹爪樹法，曹雲西常儗之。叔明與雲西同意，俱凌空類米襄陽書法，乙盦亦藏卷子十餘尺，當明賢所橅，不可不與《幽谷圖》並論。五、梅花盦主小筆山水，戲爲之。梅花盦主世所傳皆竹石枯木及卷曲篆法之松。山水多明人所橅，惟思翁臨本今藏内府者，純是小筆，從董巨一脈出，石田得其古厚，衡山得其勁密，藍瑛得其奔放。嚴寒温研題此。六、叔明短簡，孟蘋兄所藏。一卷畫不過數十筆，書乃千餘言。海上叔明畫以平子所藏爲異常妙蹟，思翁所題天下第一王叔明者。叔明雲頭皴原本郭河陽，但以草木披紛變其所出真相，平日樹不作蟹爪。此幅純用蟹爪法，思翁不以一語勾其玄。此前人所不及，因臨此，附此。七、志在倪迂翁,而使筆勁刻耳。清秘風流久寂然,偶從殘素得真筌。孟陽神儉漸師勁,蕩冶天機是畫禪。龐萊翁藏倪迂,六君子成邸舊物,每置酒出賞,所得益不少。孟陽、漸江皆學倪迂,孟陽秀而腕弱,漸江又過於瘦勁,以思翁能□蕩天機耳。此詩爲萊翁作畫題,並録此。八、從子久真蹟落筆與從王氏祖孫取法自别。予得子久一卷即《溪山雨意圖》,項氏舊物,見《清河書畫舫》。又嶽雪樓小册一幀,安氏舊物,皆入髯篋。思翁得北苑四,名其堂曰四源堂,髯當築其閣曰二黄閣,戲題此。九、以石田老人筆勢寫江村。髯得石田老人《白石山圖》,吴匏庵與同時諸友倡和,蓋中歲之作也。既得潤州戴氏所藏大册子,晚年所爲,骨韵澹遠而沈厚,生平所僅見。既得吴梅村所藏立軸,老横其氣,疏澹其神,一生與此老夙願深矣。十、鴻蒙留此石,老松直據之。雲氣作供養,舒卷任四時。犀禪金石家喜植瓶松,奇枝古榦,别有趣味。又喜寫松竹古石,屬寫山水十幀,因以松石殿之。丙寅臘八。"(《大風堂存稿》)

1927年1月15日丙寅臘月十二日,寫《歲寒三友圖》。

自題:"歲寒三友圖。丙寅臘月十二日。農髯戲墨。"(佳士得2006年春季拍賣圖録)

紙本。106.5×50.5cm

鈐印:曾熙之印(白文)。

此際,譚延闓作書自覺仍不脱譜主指出之病:行筆太暢而乏含蓄。

《譚延闓日記》1月15日條:"一月十五日陰雨,寒暑計四十八度。(十二月十二日)第六書、祥四、衡二、端、岸稜。第五八、第一、三、五、祥、韵、大生、衡生、端、岸稜、蕭紉秋。五時半起。待明,與吕滿、茀壽、繩姪、秋兒輿出德勝門,登小舟。風起浪湧,張帆絶流,而渡船勢傾側,浪入艙中,雖不危險,頗驚人也。達岸行沙蹟中,至牛行車站。初謂八時半當行,及問之,乃貨車,不搭客,客車在十時半。度不能坐待,乃强令掛三等車一輛於貨車,吾輩乘之以行,正八時半。車中甚冷,披大衣,著圍巾,風聲猶虎虎也。十時至涂家埠,車遂停。蓋南潯路自涂家鋪以上用小車頭,一列車不能勝,故分之,貨車雖先至,須客車到乃並以大車頭曳之。吾輩雖先行先到,於是不能不坐待矣。余素不知餓,而小孩、從人已皇皇有求食意。歷二小時而九江車來,胡子靖在焉,立車橋遙語,既而至余車,欲同往廬山,笑謝去之。李建業者,五師參謀,亦來言寶慶事,車開乃去。又待二時,已兩點鐘矣,南昌客車乃來,人如蟻附,宏群、富春在焉。所曳車多,中途車壞,宏群、富春皆來吾車,彼車雖頭等,幸擁擠,我車雖三等,幸安居。炒鷄蛋飯,食一碗。四時始到德安,沿途皆苦戰地,惟牛行車站敵人工事尚多存在,餘無可徵。德安車站焚燬,尚未復也。去德安十餘里,過馬回嶺,嶺傾斜急,車不得上,退回德安,去二貨車,乃復行。道旁小樹有骷髏在焉。過嶺已五時,至九江已七時半。從宏群步詣大東旅館,登四層樓,得三小屋。方部署間,解福生由漢口來,康伢子由上海來,固知此兒必勇於赴事也。得大武書數封,一一讀之,大慰。與李富春冒雨至東江樓,岳、吕、繩、秋、康伯皆至,旁室有狗男女謔浪笑傲,亦革命軍人也,爲之不快。遷至大廳,遇李六如,略談。此舘蓋山東人所開,菜皆北派,白乾甚佳,飲啖甚樂。散後,余以車歸。唐伯端來。今日在車中將十二小時,車行時間亦八小時,實則路程不過四小時耳。向聞人言,中國路以南潯爲最劣,初登車,見車輛枕木皆整齊過粵漢,方謂人言不可信,乃今知之,費時誤事,無過此者矣。散原評吾詩以毋快其疏宕,終範以嚴重爲規,諒哉是言。曾九往時謂吾書太暢,吾終身服之,今猶未能去此病,正與詩同其癥結也。岸稜送鴨毛被來,試以自覆,十二時睡。”

丙寅臘月,爲譚澤闓寫宋元山水册頁十二幀。

自題一:“元人李山喜以篆法寫郭河陽雲頭、蟹瓜。農髯熙。”

自題二:“沈乙盦藏李成《秋山行旅》立軸,以其筆寫岳寺春深。農髯熙。”

自題三:“松舍坐吟。師王叔明筆勢。農髯熙。”

自題四:“岳雪樓藏子久册子小幀,安氏舊物也,繇粵入蜀,今歸髯篋,略師其筆勢爲瓶齋五弟臨此。五弟喜髯畫,雖數筆殘墨亦拾之,且付裝池,爰寫成十二紙,留以觀他日所進,幸正之。丙寅臘月,兄熙。”(香港拍賣1988年秋季拍賣圖録)

按:現僅見四開,另八開未刊。

丙寅臘月將望,書“游覽天人,萬合爲一;詠懷古昔,情生於因”八字聯。

自書八字聯:“游覽天人,萬合爲一;詠懷古昔,情生於因。集右軍禊帖,以黑女誌筆勢爲之。丙寅臘月將望,農髯曾熙。”(《曾熙書法集》)

紙本。180×25cm

鈐印:曾熙之印(白文)。農髯(朱文)。

丙寅小除日,爲龐元濟題石濤《溪南八景圖册》。

題石濤《溪南八景圖册》:“石濤此册,文節數語推崇闡發殆無遺義,髯竊謂自元以來,文人學士以筆墨變化之眇,各立家法,可謂至矣。然出此入彼,矩矱井然,因流溯源,瞭然開卷。石濤以古人之筆,裁剪山川,復能以曠藐(邈)之胸吐舒煙雲。於文見莊子,於詩見太白,於畫見石濤而已。此册不但石濤畫中不多見,即題識諸賢,又豈易遇。虛齋京卿老同年,其勿輕以示人也。丙寅小除日,農髯熙。”(上海博物館藏)

鈐印:髯公(朱文)。

戴熙題:“世稱麓臺嘗云:東南有清湘,在清湘恃高秀之筆,爲纖細,爲枯淡,爲濃煤重赭。麓臺鑒賞矜嚴,數者當非所取,不知何所見而推尊。今觀《溪南八境》,方識清湘本領,秀而密,實而空,幽而不怪,淡而多姿。蓋同時石谷、南田皆稱勍敵,石谷能負重,南田能輕舉,負重而輕舉者,其清湘乎?麓臺殊不紿我,然自是清湘傑英十不得一二也,吴氏其世守之。平齋仁兄由維揚寄示此册,既顔端矣,復跋其後,以志傾倒。泉唐戴熙醇士書。”

丙寅冬,張大千以蜀中購入岳雪樓舊藏黄子久《天池石壁圖卷》割愛相讓,除夕展以題之。

題《天池石壁圖卷》引首:“大癡天池石壁眇墨。此畫張生季爰自蜀携歸,即留髯篋三歲,丙寅冬讓與髯,爲書其耑。農髯熙。”

鈐印:永建齋(白文)、曾熙之印(白文)。

題《天池石壁圖卷》:“此大癡老人寫《天池石壁》,安氏舊物,嗣歸岳雪樓,粤中如潘氏、伍氏皆有賞鑒圖章,元人勿軒題詩。勿軒,詩人,而書法之妙如此。題册左角有元人貢師泰印,其詳見《岳雪樓集》中。此卷張生季爰從蜀得之,季爰以髯酷好大癡,遂割愛讓髯。丙寅除夕,曾熙識。”(《中國書法》,1999年第4期)

鈐印:曾熙之印(白文)。子緝(朱文)。

丁卯元日,作《元日》詩。

《元日》:“除日子久來,老顔爲之開。且傾餞歲酒,高築二黄臺。丁卯元日,髯。”(私人藏)

按:此件爲書贈姚雲江詩箋。

1927年2月,與鄭孝胥等登報介紹六陽道人及張善孖鬻畫。

《六陽道人鬻畫》:“蜀中青城之山,層巒疊嶂,環列如戟,高士托迹,倚丈人峰而呈詩態,藉丹梯雪以寫幽情者,歷歷可稽。六陽道人,藉藉名家子也,逍遥游衆妙之門,清絶傳無聲之史,卅年玄圃,披髮餐霞,半世青城,撚毫吟墨。金竈開火,慧心沉醉於丹鉛,玉樹臨風,畫筆直追乎元宋。偶爾避兵,來依歇浦,輕紈細綺,水碧山青,楚客吴儂,雲催鼓促,然而無以言報。人爲誰忙,用敢代舌,俾知詩原有價,莫謂道尚無爲。曾熙、鄭孝胥、公孫長子、張季爰同訂。印有潤格,函索即寄。通訊處:上海西門路西成里一百六十九號。收件處:上海派克路益壽里佛記書局暨各大箋扇店。"

《張善孖鬻畫》:"張澤字善孖,蜀之内江人。好畫虎,髯因稱之曰'虎癡',門人季爰之兄也。髯居上海之三歲,季爰居門下。一日持善孖所爲《十二釵圖》乞題。髯曰:鄙不喜爲閨閣綺麗之辭。季曰:虎耳。大驚,展眎果十二虎,踞者,立者,渴飲者,怒者,媚者,極其變態,皆奇想天開。嗟乎!善孖其善以畫諷世者歟!去歲來滬,携其平日所畫虎,大者丈餘,小或數尺。或寫群虎争食喻當道賢者,或寫犬而蒙以虎皮,喻賢者中又賢者。嗟乎張生!何諷世之深耶!然予觀古來畫虎者,每多類犬,寫生家又但能傳其皮相,不能得虎之天性,君操何術至此?善孖曰:予因畫虎,遂豢虎有年矣。虎性貪利得肉,予每日以肥豚大方飼之,待其飽,然後弛其鐵繩,縱之大壑,須臾風生,若怒若醉,長嘯奔舞,山谷異勢。及其饑,復置肥豚柙中,虎且摇尾而前,若敬主人者。髯曰:虎得肉足耳,且知有主人耶!善孖又善畫佛,其於山水鳥獸,皆能折衷中西法,取其所長。近與髯論畫且學書,其爲人端慤,任事勤密,讀善孖畫,可以知其人矣。農髯曾熙。印有潤格,函索即寄。通訊處:上海西門路西成里一六九號。收件處:上海派克路益壽里佛記書局暨各大箋扇店。"(1927 年 2 月 9 日《申報》)

1927 年 2 月 16 日丁卯元宵,寫鄉景册頁八幀贈黄子林。子林以金冬心《梅花》見贈,作畫答之。

自題:"一、山市曉嵐。兵(岳)溪水經獅子橋,從山頭眺九峰山一帶,山如列玉筍。二、龍田煙雲。予籍龍田三百餘年,門對白石峰,每春夏之時,煙靄温煦,真一幅小米山水真蹟。三、洞谿石齒。以小筆吴仲圭筆勢爲此。四、烝江放棹。此距予家十二里,水道入郡縣此啓纜。五、鷗江秋意。兵(岳)溪水經予舍至此五里,族人亦多結廬。六、冬岑霜寒。予所居夾溪水,比屋連雲,林疏少樹,至霜降,但秃兀一二枝,然古拙可愛。少時曾有'拳曲一株作蝌蚪'之句,五十年前猶恍若時(昨)也。七、石門松秀。此獅子橋之石門山也。山石質堅險厚,鑿石通道,因稱石(門)山。自此鬱起小南山,先母幽宫在焉。年來束裝,湘亂頻起,嘗自憾云:'欲歸歸不得,夢繞小南山。'題此泫然。八、溪崖結柳(茆)。岳溪水,一名九峰溪,水至河口入烝水,其經龍田出鷗江橋而西,兩山夾峙,地幽水清。每舟過,擬結苑(茆)築書館,坐咏其間。今則蛇虎所踞,但圖之以志昔年懷想耳。子林先生别又數月,以所藏絹本冬心梅花相贈,寫此八幀以報,畫中皆予所居風景,知海上人無日不有思歸之意也。丁卯元宵。"(《大風堂存稿》)

按:黄子林不詳何許人,多次得譜主贈畫。

1927年2月17日丁卯元宵後一日俞琢吾招飲,爲作《梅花》小中堂。

自題:"老榦千尋,但爲巖壑留春。花非園叟、花傭,所取以媚人者。丁卯元宵後一日,琢吾先生招飲,寫此答之。"(《大風堂存稿》)

1927年2月19日丁卯元宵後三日爲陳介卿作《紅梅》中堂,補祝六十歲壽慶。

自題:"介卿先生,海寧陳文簡公之來孫,嘉興錢恭勤公之外孫也。起家牧令,所至有聲,風雅博聞,尤精六法。平日頗喜髯畫,寫此補祝六旬榮壽。詩云'眉壽無疆',爲介卿誦之。丁卯元宵後三日。"(《大風堂存稿》)

1927年2月,與向樂穀任中華女子美術專門學校書法教師,張善孖、大千任國畫教師。

《中華女子美專添聘教員》:"法租界霞飛路寶康里中華女子美術專門學校,經校長唐家偉女士創辦業已九年,内容注重國畫、刺繡、音樂、雕刻各科,所有學生繡品,歷在中外各展覽會獲有大獎及最優獎章。該校現又大加刷新,最近添聘各科教員,皆當代名家,披露如次:書法曾農髯、向樂穀,國畫張季蝯、張善孖,刺繡唐行輔女士,音樂劉韵蕖女士,英文張采蘋女士。聞本學期報名來學者,異常踴躍云。"(1927年2月22日《時事新報》)

1927年2月25、26日丁卯正月二十四、二十五日,題龐元濟所藏《石濤雙璧》。

題《石濤雙璧》:"此石濤詩書畫三絶妙蹟也。以勝朝宗室,鬱鬱哀憤,不得已而寄之筆墨,故其詩其書其畫皆其血淚之憤舒。一卷《離騷》,其香草美人紛紛郁郁者,即石濤之朱紫雜錯,恢恢奇奇者也。世人莫不效石濤,嗟乎!無屈子之心,而但摛其藻艷以爲工,直盗跖操舜絃耳。二百年間,贊賞無間,然者前有麓臺(按:即王原祁),後惟鹿床(按:即戴熙),小雅怨而不傷,石濤變不失正,其庶幾矣。虚齋(按:即龐元濟)同年先生出示石濤雙璧,因書其後,未識以髯爲知言否?丁卯正月二十又四日,農髯熙。"(原件。《大風堂存稿》。故宫博物院藏)

鈐印:農髯(朱文)。

又:"虚齋同年先生既得石濤詩書畫三絶妙蹟,復以此四段緘以一匣,稱爲雙璧。熙曩見石濤簡札册子,其中有云:'近作册子多規橅宋元,然不題出,正欲令讀予畫想像耳。'此四段氣骨已直偪南宋人，知石濤法古，然後知石濤能變古。髯嘗稱書畫宜分三期，初功但知有古人無我；及其久，有古人有我；其成也，有我無古人。未識同年以熙言爲狂乎否耶？丁卯正月二十五日，晨起識於海上心太平庵，農髯熙。"（原件，《大風堂存稿》略異）

鈐印：曾熙之印（白文）。

丁卯元月，題李筠庵藏八大山人《仿青藤老人墨荷圖》。

署簽："八大仿青藤老人墨荷絶品。阿筠裝成，熙署。"

題八大山大《仿青藤老人墨荷圖》："此清道人藏八大山人第一妙蹟也。嘗置之卧室，客有能賞八大畫者，引至榻前激贊以爲樂。張生季爰當執贄時，道人詒之曰：八大無篆書，此數筆荷柄即篆書耳。張生尚能記其遺事。此爲筠庵三弟護持。丁卯元月，熙。"（《教育部第二次全國美術展覽會專集第一種・晉唐五代宋元明清名家書畫集》，教育部第二次全國美術展覽會管理委員會編，商務印書館印行）

紙本。124×30cm

鈐印：曾熙之印（白文）。農髯（朱文）。

丁卯正月，作《松石圖》。

自題："石岸古松欲拂天，手栽已逾八千年。主人甲子不須問，生在南山北海前。石田老人題曹雲西畫松詩。丁卯正月，農髯熙寫於戲海樓東軒。"（私人藏）

鈐印：曾熙之印（白文）。農髯（朱文）。

1927年3月4日丁卯二月朔，題龐元濟所藏龔賢《清凉環翠圖卷》、《攝山棲霞圖卷》。

題龔賢《清凉環翠圖卷》："虚齋同年藏野遺設色山水二卷，一寫棲霞，此寫清凉山。同年以畫境筆墨，定爲中歲所作。髯嘗見野遺青緑大軸山水，其自題云：'平生不喜設色，至六十後，喜趙吴興設色幽秀，遂以應友人之請。'據此，則二卷當定爲六十後所作。野遺寓金陵最久，所寫山皆金陵，二圖尤蒼蒼鬱鬱，讀之如游棲霞、清凉，擴我壯懷也。丁卯二月朔，農髯熙。"（《中國古代書畫圖目》第22卷，文物出版社2000年7月版）

題龔賢《攝山棲霞圖卷》："眇然恩遠。棲霞爲遠公所居，因摭郭景純登百尺樓句以題其端。丁卯二月朔，農髯熙。"（《金陵諸家繪圖》，故宫博物院藏文物珍品大系）

1927年3月8日，上海美專舉行春季始業式，似今後每月每星期請譜主、王一亭等名家到校揮毫。

《劉海粟年譜》："上海美專舉行春季始業式。本學期添聘豐子愷爲圖畫理論教授、沙輔卿爲國畫教授。今後每月每星期請曾農髯、王一亭等名家到校揮毫。"（《劉海粟年譜》，1992年3月上海人民出版社出版）

1927年3月22日丁卯二月十九日，在窗外噪雜之聲如雷貫耳中，作小筆山水與燿飛。

自題："殘秃筆亦秃，本藉武林族。噓汲洞庭氣，來依天闕窟。蒲團悟天根，六法師造化。自雲游黄山，夜抱雲氣宿。焦墨挾秃腕，象外尋遺躅。丁卯二月十九日，窗外之聲如雷如霆，髯雍容寫此，頗近有石溪處，並繫以句。"（《大風堂存稿》）

此際，爲秦亮工題其舅氏卷子。

題秦亮工卷子："亮工賢弟，楊同年仁翁之甥。曏居京時，仁翁遣亮工從予學古文辭。予與仁翁及歐陽刑部君重任中書，壽文昆季置酒論國事，皆各攄膽肝，人或以爲狂，不計也。未幾，亮工又長揖歸里。嗟乎！三十年間，河山滄桑，故友淪謝，如亮工壯盛，乃亦屏息不問人間事，世尚堪問乎！嗟乎！予與若舅皆老矣，老而不死，不知天究何心也。"（《大風堂存稿》）

1927年3月25日丁卯二月二十二日，以沈石田筆勢作山水圖贈與汪貽書。

自題："予得石田大册子，又得極晚歲所寫右丞詩意，而石溪、石濤皆各藏二三册，擬築磊磊閣以居之。此幅累師石田筆勢，閑止先生素誇髯畫，殊不足與答知愛也。丁卯二月二十二日。"（《大風堂存稿》）

同日，作畫贈養源。

自題："古人稱畫能頤年適性，予每執筆，百慮皆净，無異身到極樂國，户外一切咆哮之聲，不能入耳。二月二十二日寫奉養源姻兄。"（《大風堂存稿》）

丁卯二月，囑張大千臨舊藏石濤小像。

題張大千臨石濤小像："貌兼心古迥造塵，老榦疏花自寫真。不與時流争姿媚，千秋萬古一圖春。舊得清湘老人小像，囑大千仁弟臨，老髯題。"

張大千識："曾老夫子取石濤小像仿之其略，丁卯二月大千居士記。"（香港《大成》雜志第一四四期）

丁卯三月，作《蘭石靈芝圖》。

自題："門外春光濃似酒，游人只説尋華柳。蘭芝壽石獨芳菲，未知若箇堪求友。丁卯三月，農髯熙。"

紙本。139×40cm

鈐印：曾熙之印(白文)。

丁卯三月，題錢化佛弱冠臨《李公麟羅漢手卷》引首。

題錢化佛臨《李公麟羅漢手卷》引首："龍眠法嗣。此化佛先生弱冠臨《龍眠羅漢卷子》也，天姿卓異而用功尤勤，宜今日以畫佛名傾中外也。丁卯三月，曾熙識。"(2013 年秋季北京匡時拍賣圖録)

鈐印：曾熙之印(白文)。

自題："丁卯三月，與張善孖、季守正、曾漸逵同道漫游扶桑，至東京大本山芝公園尊上寺，開第七次佛畫展覽會，該寺主持窪川旭丈出白玉印二，蓋之以作紀念，後列二枚係横濱鶴見寺之金印。化佛自識。"

按：是卷另有易大厂、楊度、葉恭綽等跋。

1927 年 4 月 4 日丁卯上巳，甘園修禊。歸後，再題黄子久《天池石壁圖卷》。

題《天池石壁圖》卷："大癡畫有時氣静神永，若無過人處，鹿床居士稱爲有道德者之畫。予藏煙客立軸，其用筆斂氣頗得之。有時老腕横披，雖豪髮之細，亦必挾千鈞之力，内府所藏《芝蘭室圖》，與此寫《天池石壁》是也。丁卯上巳甘園修禊歸，熙。"(《中國書法》1999 年第 4 期)

鈐印：曾熙私印(朱文)。

丁卯三月，寫松圖祝石孫七十壽辰。

自題："抱兹貞姿，飽嘗霜雪，獨不懼誰毁誰折，八閩之地，聖賢之澤，我思君子，雲山修隔。丁卯三月寫此，並繫以句，敬祝石孫觀察先生七十壽。"(《大風堂存稿》)

1927 年 4 月 7 日丁卯上巳後二日，寫山水圖贈甘翰丞。

自題："江村宿雨初收後，萬族芙蓉出雲端。前歲友人以許道(寧)卷子相贈，聊(以)其筆勢寫此，即似翰丞先生。丁卯上巳後二日。"(《大風堂存稿》)

按:翰丞或爲甘翰臣。

1927年4月8日丁卯上巳後三日爲劉翰怡寫《嘉業別墅校書圖》。

自題:"嘉業別墅校書圖。嗟呼!道喪斯文,在兹矯矯。劉子發秘,搜云可昔光有漢,累葉芬披,今承嘉寵欽若辭。(?)天有恒星,日月不毁。好古同心,載歌載起。翰怡先生癖嗜古書,搜求殆遍,擬築嘉業別墅,建閣居之,去歲以景刊宋版《史記》相遺,今復以前後《漢書》饋我,爰寫此圖以答雅愛,並繫數語,志好古有同心耳。丁卯上巳後三日。"(《大風堂存稿》)

按:劉翰怡名承幹。劉承幹(1882—1963),浙江吴興人。著名藏書家。1924年嘉業藏書樓在浙江南潯小蓮莊落成,内設書庫五十二間,藏書富甲天下。刻有《吴興叢書》,著有《海東金石苑補遺》、《周易正義校勘記》等。

丁卯三月,爲符鐵年作山水圖。

自題:"偶然數筆,尚見天倪。鹿床論畫云:'眼前地位放寬一步即是天機。'予畫固然。予今日所處亦何嘗不然。鐵年老弟平日每見髯畫,契賞露於眉唇之間,請留此,觀他年所進。丁卯三月。"(《大風堂存稿》)

此際,吴待秋以畫爲贈,寫山水圖以答其雅意。

自題:"待秋先生父子,皆以畫名海内,而待翁骨韵沈厚,直偪司農之藩,每見名作,賞贊不已。髯六十年來學畫未成,敢言六法,不過借此自遣餘年耳。既承雅贈,寫此以留紀念,不足云畫也。"(《大風堂存稿》)

此際,寫山水圖贈女弟子江亞南。

自題:"髯不解畫,但以篆分行狎書之筆,一洩之於巖石奇松異草,見者或以爲畫,或以爲非畫,皆非髯所知,髯不過自圖其老年狂態耳。亞南弟子從髯得書法,寫此留别。"(《大風堂存稿》)

此際,窗外風沙飛揚,車馬之聲不絶,但仍静心作畫。

自題山水:"古人論設色必墨中有色,色中有墨。然山川異狀,南北不同,草木華滋,春秋各異。有心雕刻,何異置造化於漆室乎?日來海上風□,塵沙驚起,髯但雍容以作畫爲樂,户外車馬之聲亦耳所不聞也。"(《大風堂存稿》)

丁卯三月,擬水路回衡陽避亂,作山水圖以紀。

自題:“巖上松陰崖下水,且試一帆鼓棹起。劫餘尚有青山在,呼僮當尋舊時里。里中壯年蚤白頭,昔年白頭今無幾。狂歌高唱歸去來,無錢買酒差歡喜。丁卯三月,將買舟回衡寫此,並以詩引之。”(《大風堂存稿》)

按:北伐軍將攻克上海,時局甚亂,故有回衡陽之擬。上文贈女弟子江亞南畫題有“寫此留别”之語,亦本此。

1927 年 4 月 16 日丁卯三月既望,烟塵少息,暮春佳日,作設色山水圖。

自題:“江山不改六朝色,置酒何須論興亡。丁卯三月既望,海上煙塵少息,天氣融合,九十日春光已過七十六,兩日來頗稱佳日,寫此並記之。農髯曾熙。”(《世變形象流風・中國近代繪畫 1796—1949 學術研討會論文集》,臺灣鴻禧美術館藏。《大風堂存稿》)

鈐印:曾熙之印(白文)。子緝(朱文)。

此際,爲徐積餘作松圖。

自題:“老幹蒼鬱飽霜雪,古心獨有頑石知。積餘先生好金石書畫,收藏既富,鑒賞尤精,幸教正。”(《大風堂存稿》)

按:徐積餘名乃昌。徐乃昌(1868—1936),號隨盦,安徽南陵人。翁同龢門人。兩江師範學堂第一任監督。後居上海,藏書極富。著作甚夥。

1927 年 4 月 22 日丁卯三月二十一日,春寒少解,作山水圖贈門弟子馬宗霍。

自題:“江上煙雲時變幻,豈無小渚寄吾廬。以白石翁筆勢爲宗霍妹倩寫此。丁卯三月二十一日春寒少解,几研温和,頗以作畫自頤。熙”(《大風堂存稿》)

丁卯三月,燕生伉儷將赴日本留學,作絹本山水贈之。

自題:“帰春山融冶生歡喜,天以韶光付少年。(丁卯三月)燕生世兄以尊人之命,夫婦同至東瀛求學,寫此餞之。”(《大風堂存稿》)

1927 年 5 月 1 日丁卯四月朔,晨雨,作書餘興,以梅花庵主吴鎮用筆寫山水圖。

自題:“丁卯四月朔,晨起得雨,快作書,尚有餘興,偶憶梅花庵主用筆寫此。至枯墨渴處又肖程穆倩學仲圭矣。”(《大風堂存稿》)

丁卯初夏，展觀三年前所得神州國光社鄧實舊藏張大風手卷，神澹骨清，興來寫松石圖。

自題："曩得張大風卷子，神澹骨清，當爲此老生平第一快意之筆。前與清道人同賞於神州社主，今歸髯篋踰三歲矣。丁卯初夏，農髯熙。"（原件。《大風堂存稿》）

1927年5月5日立夏前一日，在上海時局震蕩中，作山水立軸。

自題："山村日永長無事，得酒及時洽比鄰。丁卯立夏前一日，以老髯腕法行子久杼柚。時四方多故，寫此聊以遣悶耳。農髯曾熙。"（原作。《大風堂存稿》）

紙字。82×44cm

鈐印：曾熙之印（白文）、"子緝"（朱文）。

1927年5月10日浴佛後二日，作《白牡丹圖》。

自題："素王。涅而不緇，此花有之，不取姚魏風流。丁卯四月浴佛後二日，農髯曾熙。"（國泰美術館藏。《大風堂存稿》）

紙本。91×46cm

丁卯四月，爲上海群治大學第一屆畢業同學紀念刊題籤。

自題："上海群治大學第一屆畢業同學紀念刊。丁卯四月，曾熙題。"（群大丁卯級畢業同學會發行）

鈐印：曾熙之印（白文）

1927年5月14日，向燊（樂穀）忽患中風，經醫治旋愈。

譚延闓《衡山向樂穀墓誌銘》："十六年五月十四日，中風，向愈矣。"（《辛亥人物碑傳集》，卞孝萱、唐文權編，團結出版社1991年10月版）

1927年5月15日，與朱古微、王一亭登報介紹凌卓英鬻書。

《凌卓英書例》："卓英書法，縱橫古秀，久爲吴昌老推重。（潤例略）曾農髯、朱古微、王一亭介紹。"（1927年5月15日《申報》）

是日，爲橘泉作《老梅圖》横披。

自題："橘泉仁兄老鑒家正之。丁卯四月望日，農髯熙。"

又："雖冰雪之嚴慄，怉丹心而舒馥，感凡卉之蚤雕，振孤芳於幽谷。河山雖裂，而天獨此兀兀之瘦骨。此上有矜字。此幅寫成次晨，題此以補空。農髯熙。"（紐約蘇富比1986年秋拍圖録）

紙本横幅。52.7×104.2cm

鈐印:曾熙之印(白文)。農髯(朱文)。

1927年5月24日,赴畫家錢瘦鐵與松江韓潤秀(步伊)婚禮,爲證婚人。

畫家錢瘦鐵與松江韓潤秀女士結婚照説明:"五月二十四日,畫家錢瘦鐵與松江韓潤秀女士結婚禮於静安寺路海軍總會,冰人爲孫雪泥、楊了公,由曾農髯證婚。來賓大多爲海上文藝、美術兩界聞人,並有中日海軍要人,頗爲熱鬧。"(1927年5月26日《時報》)

本月,汪律本(菊友)携其所藏梅庚畫册、垢道人畫、汪無端畫來齋中觀賞,留汪無端畫於案頭昕夕觀摩。

按:見本年六月爲馬宗霍作册頁十二幀之一題跋:"前月汪菊友兄携其所藏梅庚册子、垢道人立軸、汪無端立軸。汪,皖人。三子皆開皖派,惟梅庚小筆册子平生所僅見,有與瞿山同意者,又與石濤出入者,偶憶寫此。汪軸則假置案頭,又浹旬矣。丁卯六月將望。熙。"

1927年6月4日端午,爲倫生作梅花扇面。

自題:"溪煙疏處看梅,乃有澹逸之景。"(《大風堂存稿》)

丁卯五月,爲王伯秋作《松樹圖》書畫合璧扇。

自題畫:"此樹鬱鬱蒼蒼,其盤根錯節已歷千歲矣。寫似伯秋先生法正。丁卯五月,農髯熙。"

鈐印:曾熙之印(白文)。

自書:"(臨曼龔父簠略)曼龔父簠,吳中丞所藏,當戰國時文字。熙臨並注此。"(北京保利2014年春拍圖録)

鈐印:髯公(白文)。

按:王伯秋(1883—1944),字純燾,湖南湘鄉人,孫中山婿。病逝於抗戰期間。

1927年6月13日,致譚延闓信寄到,翌日譚回信。

《譚延闓日記》同日條:"六月十三日雨,寒暑計八十八度。(五月十四日)曾九、五四、五五、五五、祥、秋、韵、大生。六時起。至餐車就食。還,過于右任一談,遂到孟瀟車。正過孝感,雨霏霏矣。稻田乾坼,得此可喜。與汪、彭食粥,于、孫亦來談。過灄口,則雨甚大矣。十時至大智門,歡迎群衆殊熱烈,爲孟瀟凱旋也。遇頌雲同車,談數語,知詠安已破敵,過潛江,爲一慰。至家,黎九、彝庭來見。護芳自長沙來,略談,乃就浴,遍身清爽。强生來,吕滿來。同飯後,偕護芳至軍事委員會。汪、唐、孫、程皆在,李、龔諸人畢至,開談話會,决定軍事方針。既散,偕汪、孫、林至政治委員會,于右任亦出席。湖南請願代表來,嘵嘵言屠殺,云田揚波夫婦被殺,以夫頭塞入婦陰,荒謬多類此。散後,吾歸寓。段儀亭請客,護芳、逸如、(宏群)、吕滿、簡叔乾、徐大、黎九、頤曾、吕覲九、錫九。飲宋仲圭送酒,致佳。散後,與諸人略談便睡,已十一時半。"

《譚延闓日記》6月14日條:"六月十四日陰,寒暑計八十九度。(五月十五日)五七、祥四二、曾九。祥。九時起,浴。李安國、劉公潛、蕭勁光、方竹雅、楊華生來。李遠來,清道人弟,在魏益三軍作少校參謀。正習拳,王先生來,始知錯誤已多。推手數分,汗下不止,久不爲此矣。魏先生來,針左腰二、左臂一、右臂及髎各一,立方而去。逸如來談,正住樓下也。(羅毅來,傷手,不甚重。)食炸醬麵,楊全勝所製,高於曹廚。出至軍事委員會,頌雲先在,待汪、唐、孫來開會,余主席。蔡繼倫喋喋爲馮要錢要子彈,可厭之至。散後,偕程、唐至汪家飯,飲啤酒一杯。陳友仁、孫哲生來,談黨務、政治,遂同詣老鮑,折臂已愈矣。談多語盡,三時始歸,又三十分乃睡。大生寄來蜜月照片,用費視内地結婚故爲廉也。"

1927年6月25日丁卯五月廿六日,萬夫人六十壽辰,譚延闓作詩以賀。

譚延闓《曾九妻六十生日》:"佳話早傳哥領嫂,大年行見婦承姑。家風孝友高湘上,令節壺觴盛海隅。不數鷗波偕魏國,真如鸞室伴田居。好憑夫子丹青筆,寫作吴中賃廡圖。"(《非庵詩草·丁卯》,民國石印本)

此際,爲夏自怡跋雙鈎鶴銘帖。

跋雙鈎鶴銘帖:"此石苔未剔拓本,鈎者亦遂誤爲點畫,如'得'字是也。匋齋藏水前本二,皆明本。兩罍主人所藏宋拓亦明拓也。此石唐以前定爲右軍書,自《集古録》疑詞,遂成訟案,以爲隱君書。隱君本學右軍,或相近也。但隱君道家,不得有瘗鶴之喻。此殆右軍誓墓不出之年,有此游戲筆墨,後人刻之焦麓耶?南朝禁立碑,右軍不傳今隸,歐陽亦但據行狎(押)疑之耳。覃溪老人跋鶴名(銘)詩云:曾見黄庭肥拓本,憬然大字勒崖初。蝯叟書其後曰:真知黄庭真知鶴名(銘)者。蓋考勒崖初據紛雜,不如辨筆勢之爲得也。自怡主人連日以名茶相貺,復携篋中所藏拓,且飲且賞,此樂曷極!遂記此。"(《大風堂存稿》)

丁卯五月，爲侃如作《萬石圖》。

自題："此萬石君也，體局而恭，勢峻而屈，能以富貴下人，故能令子孫長保其富貴，君子於此觀德焉。雖然，舉世方以不恭爲禮，得毋笑髯之迂乎！髯又安知笑者不轉非人之不恭者乎！丁卯五月。"（《大風堂存稿》）

按："侃如爲《大風堂存稿》題目所示。"

丁卯五月，爲子銓寫"著作空後世，禮樂法前王"隸書五言聯。

自書隸書五言聯："著作空後世，禮樂法前王。子銓仁兄法家正之，丁卯五月曾熙。"（《張大千的老師曾熙李瑞清特展》）

紙本。140.5×38cm

鈐印：曾熙之印（白文）。農髯（朱文）。髯翁六十後書（朱文）。

丁卯五月，爲明水女士寫《紅梅圖》。

自題："以李晴江筆勢，寫似明水女士法家清賞。丁卯五月，農髯熙。"（私人藏）

鈐印：曾熙之印（白文）。農髯（朱文）。

1927年7月12日丁卯六月將望，爲弟子馬宗霍寫《山水册十二幀》，歷時半年方竣工。

自題一："前月汪菊友兄携其所藏梅庚册子、垢道人立軸、汪無瑞立軸。汪，皖人。三子皆開皖派，惟梅庚小筆册子平生所僅見，有與瞿山同意者，又與石濤出入者，偶憶寫此。汪軸則假置案頭，又浹旬矣。丁卯六月將望。熙。"

鈐印：熙（白文）。老髯（朱文）。

自題二："老依江海上，往還二三友。既有筆可耕，無須人送酒。古人畫平遠，無不學趙大年之柳，老髯乃寫三松，且自況也。丁卯六月十八（日）爲宗霍妹倩作。熙。"

鈐印：曾熙之印（白文）。

自題三："三歲前，畫估携來范華原《秋山圖》，山頭皆作烏臼，異常古樸。蓋吴荷屋中丞所藏。索值既昂，而絹已蟲蝕已甚，留齋中近旬，棄之。及再索取，已爲日友所得，不能不戀戀於懷也。每讀思翁及石谷倣范，爲之三嘆。熙。"

鈐印：熙（白文）。老髯（朱文）。

自題四："萬木翳碧空，矗矗天可接。中有采芝人，恥作漢廷客。農髯熙。"

鈐印：熙（白文）。髯（朱文）。

自題五："龐萊翁藏鷹阿册子十幀、方稼孫十二幀，皆置髯案頭。萊翁又遺小立方一幀。平生喜鷹阿墨法,聊師其大意。"

鈐印:熙(白文)。髯(朱文)。

自題六:"高尚書渾拙處不易到。文潔公所藏,今已歸江寧蔣氏矣。熙。"

鈐印:曾熙之印(白文)。

自題七:"笪江上小册一幀,楊海琴太守舊物,今歸西江譚震青同年。假置齋中,略倣臨之。笪畫流傳極少,逸品也。熙。"

鈐印:髯公(朱文)。曾熙之印(白文)。

自題八:"宿雨初收,晨煙未泮。曩居天心湖,有此風景,今但可與艾唐兄一話舊也。熙。"

鈐印:曾熙之印(白文)。髯公(朱文)。

自題九:"楊龍友崇禎戊寅金山舟次背臨《水邨圖》爲無補作此卷。純是天機,與壽道人同意,而楊更荒率可愛。因倣其大略。卷爲季爰所得,楊愛琴舊藏也。"

鈐印:髯公(朱文)。

自題十:"以吴仲圭法寫此,與墨守石田老人究大别。熙。"

鈐印:髯公(朱文)。

自題十一:"欲窮黄海路,須到散花邊。逼眼峰當際,攀蘿臂接天。風生煙釀雨,雲駕石爲船。自此勝遊後,山名不浪傳。寫黄山頗肖石濤設色,因書石濤贈張南邨遊黄山詩。丁卯祀竈日,農髯熙。"

鈐印:髯公(朱文)。曾熙之印(白文)。

自題十二:"此幀頗近程孟陽,亦思翁餘波也。丁卯六月,爲宗霍妹倩作册子,至大除日,足成十二幀,並記之。熙。"

鈐印:髯公(朱文)。曾熙之印(白文)。

紙本。26×21cm

章太炎題:"農髯繪事。章炳麟署。"

鈐印:太炎(朱文)。

譚延闓題:"農髯以畫示世人,數年前事耳。然其畫藴蓄胸中者,蓋數十年。平日所游名山大川,所見吉金樂石,古今劇蹟,一旦噴薄而出,奔赴腕下,宜其邈然高絶,不可追攀。此不當於畫求之者,而畫之工莫是過矣。松雪論書,以朝學執筆暮已自誇爲末俗,豈知畫中有此超凡入聖之一境乎! 故拈出之以告世之徒求工於書畫者。未知宗霍先生以爲當否? 戊辰清明,延闓。"

鈐印:譚印延闓(白文)。

譚澤闓題:"同日弟澤闓同觀謹記。"

章太炎題:"楊越公教人圖宫殿,不授筆法,直引至宫殿,令觀之。髯生南嶽,所見已奇,更歷南北,閎覽川阜,故筆迹與尋常蹊徑少異云。中華民國十七年季春,章炳麟。"

鈐印:章炳麟印(朱文)。太炎(白文)。

陳三立題:"農髯與清道人皆以書勢名天下,顧皆晚歲始作畫。余嘗兩哂其爲蛇足,徒弄狡獪耳。久之,乃愈爲世所推重,以謂可攀宋元名輩,即余亦無異辭。蓋二子胸中所具邱壑,忍俊不禁,鬱積而一吐其奇,所習在意在目不在手,故自然成異境,非餘技也。農髯所就或過清道人,此十二幀寫授宗霍者,尤高澹獨絶。癸酉冬十月,散原老人陳三立年八十有一。"

鈐印:散原(朱文)。

夏壽田題:"余初遇髯在歲己丑(按:1889)同赴鄉試。時一揖通姓名後,即相携同游城中一古寺,寺名今忘之矣。天陰欲雨,秋氣薄人,兩人裴回廊廡間不見一僧。髯拾階間落葉視之,辨其爲梧葉,匆匆遂别。余心獨愛髯,甚久不之忘,顧亦莫能言所以愛髯之故。别後不相聞者且十年,歲戊戌(按:1898)復相遇京師。余賃廡晉陽寺,髯與清道人同居臨川館。髯與清道人至相得,約爲兄弟,朝夕齗齗論書家南北宗,又各出唐宋人畫相誇詫,髯得意時,輒聲震屋瓦。余時相過從,頗厭聞之,顧亦低徊,不忍捨之去。兩人所論至精微,且徵引繁博,今皆不復記憶,但記留食時,有茄羹甚甘,還家後遣廚人治之,遠不及也。是歲復别,别後偶通音問而已。西幸回鑾之歲,復一相見京師。自是余復南歸,蟄居桂陽,且深入山中絶世事,遂邈不相知。鼎革後,余自蜀歸游京師,聞髯與清道人鬻字滬上,不更與時事。兩人者趣向如一,交好數十年不衰,爲季世所難能也。歲戊辰(按:1928),余南行旅滬,則清道人死已久,髯遂獨步,書名遍海内,且以畫聞,名過其書,實亦勝之。余居滬一歲復北,北游一歲復至滬上,則髯亦從清道人於泉下矣。宿草之感,可勝言哉！滬人往往持髯遺畫索余題識,每一展卷,則必憶及長沙蕭寺裴回拾葉之髯,聲音笑貌,如在目前,至不能復下筆。人生幾何,夢影泡幻,不足論也。宗霍君於髯,有知我之感,持髯遺畫十有二章見示,遂書所感,憶於卷末。論髯畫者,莫允於散原,不更著語。時民國二十有三年元日,歲癸酉冬十有一月朔日也。直叟夏壽田識於海上之釋冰樓。"

鈐印:冰釋(白文)。夏壽田印(白文)。

1927年7月27日丁卯六月廿九日,酷熱難安枕,夜跋張魯庵藏《吴讓之印存》。

題《吴讓之印存》:"吴讓翁(按:即吴熙載)印存,復自序以遺稼孫(按:即魏錫曾),撝叔既爲稼孫序矣,復重書之,以付鄭齋(按:即沈樹鏞),又復爲鄭齋所藏。

當日金石之好,朋友同志之樂,於此想見。撝叔之言曰:‘徽宗從拙入,浙宗從巧入。’然完白山人(按:即鄧石如)取漢人碑額生動之筆,以變漢人印用隸法之成例,蓋善用其巧也。丁(丁敬)、黄(黄易)刀法取巧,然墨守漢印,固其善守拙也。讓翁宗完白,而撝叔别闢畦徑,所謂有古人復有我也。雖然,拙由天性,巧從機發,六朝人不及兩漢之拙,故其巧亦不及。從拙處得巧,毋從巧用巧也,書畫皆然,又豈僅刻印爲然哉!魯庵好古,當不河漢予言。丁卯六月二十九日酷熱,夜不安枕,檢此識之。農髯熙。”(《吴讓之印存》,西泠印社1998年5月第2版)

鈐印:曾熙私印(朱文)。

按:《吴讓之印存》有題記:“此譜爲魏錫曾同治癸亥年赴泰州晤吴熙載時所鈐印稿,定爲‘内外二册’,一自存,一付沈均(韵)初。此爲沈均初本,有吴氏自叙及魏錫曾、趙之謙、吴昌碩、趙時棡、褚德彝、曾熙、任堇、王禹襄、黄質、高時顯、王禔等序題記,今録出吴熙載、趙之謙、吴昌碩、高時顯、黄質、任堇、曾熙七則。諸家品評吴熙載、趙之謙印作,各尚所好,見仁見智,言多牴牾,且具論辯意味,爲古來印譜序跋中所罕見,足資後學研討。趙之謙一文據魏錫曾‘内本’録出。又魏錫曾撰有《吴讓之印譜》跋,吴讓之舊譜中有張丙炎題記,也一並輯入。”(《歷代印學論文選》,韓天衡編訂,西泠印社出版社1999年8月版)

丁卯六月,揮汗寫簡筆《山水圖》。

自題:“澄明江嶼氣,舒翕任四時。至人悟玄理,動静止以機。争巢恥鳩拙,營壘笑蟻癡。鑿智既損明,悲生終飾欺。仰觀巖上松,俯對水清漪。物性守自然,足已聊自持。丁卯六月酷熱,寫此並繫以句。農髯熙。”

紙本。112×49cm

鈐印:曾熙私印(朱文)。武城第七十三派(朱文)。

此際,夏敬觀以詩相贈。

夏敬觀《贈曾農髯》:“海樓一角垂古簾,榴枝照席明蒼髯。石硯開對嫗鏡匳,雙吐光氣如老蟾。皂袖拂拭素楮縑,或畫或書换米鹽。紀以甲子歲月淹,婦名偶向紙尾鈐。老年筆勢尤精嚴,日遣持去人不厭。夢攀祝融光炎炎,厚載忽入霜毫纖,吾聞土風競彌忺。”(《忍古樓詩》,中華書局1927年11月發行)

此際,題余肇康贈譚澤闓之何紹基臨《王基斷碑》簽條。

題何紹基臨《王基斷碑》簽:“道州臨《王基碑》,坿臨漢殘碑,瓶弟秘篋。熙署。”

鈐印:曾熙之印(白文)。

余肇康題:“倦知老人珍藏二十餘年矣,瓶齋書家南歸,以此□之。丁卯上巳後四日。”

鈐印:敏齋(朱文)。肇康之印(白文)。余伯子(朱文)。

譚澤闓題:“此臨《王基斷碑》,又數十字,當是庚申三月蝯叟在灤社書也。歲丁卯之春,余忽欲南歸,余倦翁以此爲别,後竟不果行,而倦翁以庚午遽逝,今忽忽過一紀矣!散帙覩此,言念舊游,友朋過從之歡,知契投贈之雅,如在目前,而余亦垂垂老矣,能無感嘆乎!癸未上巳後四日,瓶翁酒後記。”

鈐印:妙蓮居士(朱文)。

1927年8月8日丁卯七月十一日晚約周夢坡、黄子林、張大千在舍小聚。

與周夢坡:“明日午後七時略治衡州鄉菜已約黄子林兄並大千矣。極盼台從早臨,即詢。夢老近好,熙頓首。七月十日。”(《湖南省博物館藏近現代名人手札·四》,岳麓書社2012年6月版)

按:此信未署年,以本譜丙寅冬至前條有“子林自天津來,相與論畫,歡若知己”語繫此。參見該條。

1927年8月,爲王蓮友書畫文藝代訂潤格。

《王蓮友書畫文藝潤格》:“書例:四尺中堂三元,四尺堂屏四幅八元,四尺對聯二元,横直條幅每幅三元。五尺潤格加二,六尺加半。扁額每尺一元。磨墨加一。紈摺扇各一元。畫例:彩墨花卉,並專畫墨梅菊。以上比書例均加二成。十日取件。泥金□箋書畫壽屏碑石銘志手卷册頁序跋廣告撰作均可,價格面議。收件處各大箋扇莊、上海新大沽路紫薇坊慎餘里三五四號本宅。關炯之、王漁湘、張申之、王一亭、曾農髯、虞洽卿、黄涵之、釋太虚、謝蘅牕、高雲麓、釋諦閑、朱吉成。”(1927年8月8日《申報》)

丁卯七月,與朱古微等爲卓君庸訂書例。

《自青榭書例》:“閩縣卓君庸,家學淵源,精通毫翰,隸楷而外,尤工章草。比年以來,求者踵接,爰爲定例如左:(潤例、收件處略)丁卯七月,朱古微、陳弢庵、章一山、曾農髯、鄭蘇戡、李拔可、黄藹農同訂。”(《湖社月刊》第20册)

丁卯七月,與查煙谷、王息存、程雪樓等爲盧新蒲代訂書畫潤例。

《拜竹村農盧新蒲書畫潤例》:“盧先生新蒲,名政,别署拜竹村農。生長蜀南,弱冠入青城山修道,精道引術。今年逾花甲,而矍鑠若四十許人。少宦雲南,見闞仝、馬遠、松雪夫婦、南宫父子諸真蹟,壹意追摹,得其神髓。因前清鄂督張文襄公電,調任礦務幫辦。辛亥革命充鄂軍務部參議,迨袁氏稱帝後,解組歸農,學家圃以自娱,能詩書畫而不求售,寸縑尺楮,彌爲世所珍寶。山皴水痕,細入豪芒,精妙絶倫,幾疑神工,無煙火塵俗氣。偶寫花鳥人物,栩栩欲活。遇鄂中興黨禍,避而至滬,滬之畫家如先生之縝密深邃者,殆不多覯。先生懷此絶藝,烏可自秘,亟爲之紹介於世之愛古博雅君子焉。丁卯七月,煙谷查豐詒撰於海上書畫聯合會。(潤例略)王息存、程雪樓、曾農髯、王病山、章一山、王一亭、吴待秋、查煙谷同代訂。”(《墨海潮》創刊號 1930 年 9 月)

初秋,題甘翰臣所藏石濤《餘杭看山圖卷》。

題石濤《餘杭看山圖卷》:“赭黛凄迷千萬峰,餘杭山色一紙中。何須策馬西溪路,卧看南湖意未窮。腥風颯颯又年年,静熱名香對畫禪。大滌堂中生意足,宫縑數丈寫春妍。此卷讀罷,主人以石濤宫絹巨幅春景出觀,雄厚横逸,亦妙蹟也,次首因及之。丁卯初秋,題似翰臣先生雅正。農髯熙。”

鈐印:曾熙之印(白文)。

沈曾植題:“自寫家山入剡藤,不知翻似禹航能。使君印證師僧笑,東抹西塗更幾層。非宰官身非闍黎,竹冠藤杖入幽蹊。永和逸少如相見,更乞蒲葵八角題。籜石詩爲臺閣語,夢堂瞬得水雲機。山光却照甘行者,道道非園是也非。翰臣仁兄以此圖屬題,庋置齋中幾兩月矣。晨起推窗,忽若有會,口占三絶,以質病公。寐叟。”

鈐印:海日樓(白文)。

按:甘翰臣(1859—1941),名作蕃,字屏宗,晚號非園主人。收藏金石書畫極夥。其在舟山路建非園,又名甘園,爲譜主常去之所,詳見本譜辛酉九月條。

孟秋,與陳三立、譚澤闓等爲萬箬莊代訂書例。

《萬箬莊書畫例》:“(潤例略)收件處:上海各大箋扇莊及北蘇州河信昌隆吴楷記莊、天津路新昌源、萬隆申莊。寓法租界白來尼蒙馬浪路尚賢坊二弄念一號樓上。丁卯孟秋,陳三立、曾熙、譚澤闓、袁思亮、汪詒書、諸宗元、商言志、李健、劉鳳起、張履春、劉庭深、夏敬觀代訂。”(1927 年 8 月 20 日《申報》)

1927 年 8 月 15 日出版之《紫羅蘭》第二卷第三號刊載所繪《且坐茅亭聽江聲》。

1927年9月2日丁卯八月初七日，門人姚雲江來書請赴其女週歲宴，致書婉謝，倘有他客當作陪。

與姚雲江："來簡當爲女公子滿週之喜，尚有他客，當詣陪。如專爲髯及師母，則謝謝。雲江賢弟姚先生。髯手啓。八月七日。"（原件）

1927年9月3日丁卯八月八日，爲斗垣寫《秋山圖》書畫合璧扇。

自書："齊周之間，其經生亦上追中郎、太傅。今所傳金剛大小文殊碑，皆太傅法門，至經卷尤可參證。丁卯八月八日，得雨頗凉，書似斗垣仁兄法正，熙。"

自題："再以殘禿道人赭法，爲斗垣兄寫此即正，熙。"（匡時國際拍賣公司2007年秋季拍賣圖録）

鈐印：曾熙私印（白文）。曾熙（朱文）。

1927年9月5日，譚延闓偕澤闓、吕滿、俞明頤來訪。

《譚延闓日記》同日條："九月五日晴，寒暑計七十二度。（八月初十日）八時起。陳興漢來。出訪佘敏齋，談久之。乃過哲生，焕庭先在，偕至展堂處，雖有負氣語，然觀察事理最有心得，未可輕也。伍梯雲先在，張溥泉、蔡孑民、李石曾、胡清瑞來，談至一時。偕伍至其家，則許汝爲、謝慧生、張溥泉、覃禮門、吴鐵城、傅秉常先在，居覺生入席，飲數杯，菜乃粤館。散後，談黨事甚多，語皆懇切，意未真也。偕孫、許訪楊幼京，遇林知淵。昨晚得電話約談，謂是宋子文，乃至西摩路訪之，則子文不在。方欲迴車，忽傳延入，至客座，則子文妹獨在，云有事相商，則爲介石結婚事，子文反對，欲吾斡旋。此等事非外人所能與，然吾與介石、子文皆相識者，乃許以設法疏通而出。至汪四寓，訪汪九，大武、吕滿、（安甫）、淞伢皆在，同至袁家晤伯夔，見外孫祺寶，已能學笑，頗歧嶷可喜。分乘兩車還家，過俞明頤，晤曾重伯，鬚髪皓然矣。偕俞明頤返，袁六請客也。汪九、汪四、（聶六）、安甫、吕滿、楊文蔚、大毛、細毛、秋、年、曙邨、俞明頤及余兄弟、袁兄弟，凡十六人。曹廚饌尚佳，酒亦已未，飲十餘杯。散後，劉季孫來，云明日當行，電□王伯群備車，不通而止。偕大武、吕滿、俞明頤訪曾九，談頃之歸。至大武書室一坐，乃步還。與兒女談至一時乃寢。"

1927年9月7日，譚延闓將赴南京，一早訪之。

《譚延闓日記》同日條："九月七日晴雨，寒暑計七十三度。（八月十二日）六時半起。吕滿來，袁六來，曾九來，俞明頤來。今日赴寧，諸人來送。七時四十五分，偕吕滿、曙邨、楊文蔚赴車站，諸人皆乘車同往。宋子文、孔庸之、傅秉常及諸秘書皆至,哲生後來。八時五十分始開行,沿途停頓,十一時始過蘇州,十二時過無錫。至餐室就餐,仍於停車時返原坐車。與羅家倫談太平天國事甚久,羅自云於英法圖書館鈔得太平故實甚多也。過常州,狄君武來。至鎮江,大雨如注,更前行,則紅日杲杲,地不溼也。過龍潭,久停,戰迹已無可見,微有異臭從江岸來。見警衛師一營長頗努力,湘人也。七時五十分至神策門,驅車入城,見汪先生、白、李、朱益之、陳公博、廖夫人(即何香凝)。餐後,季龍來,面有愧色。與諸人談滬上接洽事,又與朱、汪久談,及寢已二時矣。《歸來》:歸來事事都依舊,惟有奔年去不還。襁負諸嬰頭已丱,階除老卒鬢成斑。情知瞥眼成千劫,稍喜勞生得半閑。猶有循簷微笑在,孤桐老桂借蒼顏。"

1927年9月9日丁卯中秋前一日,爲張善孖寫書畫合璧扇。

自題:"不是松,却是松,倘若是松,便是畫工。且醉且畫,此樂無窮。丁卯中秋前一日寫此,尚有筆趣,即爲善孖賢弟留之。熙。"

自書:"外峻内和,右軍之草法,至其真書則外和而内峻。陶靖節之詩,亦如是耳,倪迂畫亦何獨不然。畫後再書此。熙。"(私人藏)

鈐印:曾熙之印(白文)。曾熙私印(朱文)。

丁卯中秋,爲炎柏書"一室風生與可竹,萬言氣盛大年文"七言聯。

自書七言聯:"一室風生與可竹,萬言氣盛大年文。炎柏仁兄法家正之,丁卯中秋曾熙。"(傳是拍賣公司2010年秋拍圖録)

1927年9月11日晚,譚延闓自寧來滬,至其家與之久談,至十二時始歸。

《譚延闓日記》同日條:"九月十一日晴,寒暑計七十四度。(八月十六日)八時起。黄一中來,李德鄰、宋子文來,曹子谷來,李子扉來,左霖蒼來。出至梯雲家,精衛、哲生、汝爲、溥泉、海濱、覺生、慧生、理鳴、孑民、石曾皆在,静江亦來。以昨夜彼等所商特别委員會辦法相商,余爲主席。議垂定矣,溥泉忽發異論,精衛憤而退席,於是勸者勸,賠不是者賠不是,遂中止而喫飯。飯後繼續,敷衍了事,約以明日。與汪、孫略談,遂出至吕滿家,諸兒女皆在彼,無行意,乃至何瑞生以牙托囑修。出至朱九嫂家,言大生退婚事,其二子出見,朱八之二子亦來,余姨太亦來相見,舊日兒童今長大,不勝慨然。食掛麵而出。至袁家,主人皆出,惟見外孫,數月小兒能不認生,亦一奇也。至汪九處,知在龍八家,遂詣之。大武、吕滿適在,袁大、金寶亦來。稍坐,偕大武、吕滿訪巢鳳初就診,遇余堯老之少子百齡,吾昔見之襁褓中者也。出至庸之家,子文請客,精衛、哲生、公博、孟餘、甘乃光、于右任、朱益之，商今日所議，頗有疑義，然無以解之。食整桌酒席而出。至吕家，大武及諸兒女皆在，遂率之歸。甫登樓，曾九至，談至十二時乃去，復與淑、祥談至二時乃睡。今日仍咳。"

丁卯八月，爲黄曉汀書"鶴雛日長丹沙(砂)頂，巖溜時聞玉珮聲"篆書七言聯。

自書篆書七言聯："鶴雛日長丹沙(砂)頂，巖溜時聞玉珮聲。曉翁法家正之，丁卯八月，熙。"(安思遠藏《中國近代書畫》)

紙本。169×23cm

鈐印：曾熙之印(白文)。農髯(朱文)。

藏印：安思遠珍藏記(朱文)。安思遠鑒賞印(朱文)。

丁卯八月，與陳散原(伯嚴)、曾重伯等爲瞿宣穎(兑之)代訂書畫例。

《瞿宣穎兑之書畫例》："(潤例略)丁卯八月，陳伯嚴、曾重伯、曾農髯、俞壽丞代訂。"(1927年9月5日《申報》)

按：瞿宣穎(1894—1973)，字鋭之，兑之、蛻之，號銖庵，别號蛻園，湖南善化人，瞿鴻禨之幼子，王闓運弟子。博學，工詩文與書法，尤熟諳掌故，偶作花卉小品亦雋逸。著有《李白集校主》、《杶廬所聞録》、《養和室隨筆》、《駢文概論》、《銖庵文存》等。

丁卯八月，自書書論。

自書："右軍草書從章出，故尚方；大令以篆變父法，故尚圓。明以來則大令法也。丁卯八月，熙。"(順信拍賣公司2007年迎春藝術品拍賣圖録)

紙本。122×39cm

鈐印：曾熙之印(白文)。農髯(朱文)。

丁卯八月，爲朱侣松寫《山水圖》。

自題："不寐夜苦長，求息心轉促。紛沓案頭書，冥搜思蝕目。偶然墨戲謔，天機時往復。破觚適得圓，守拙或遠俗。有客過黄山，采茶探雲窟。一瓶遠相詒，甘澀散清馥。且畫且飲之，高歌以酬獨。侣松賢棣兩正。丁卯八月，農髯熙。"

丁卯秋，作《天香深處圖》。

題識："天香深處。丁卯秋，農髯熙。"(仁恒拍賣公司2005年春拍圖録)

1927 年 9 月 16 日丁卯中秋後六日，爲王文心畫扇。

自題："秋山如醉。丁卯中秋後六日，爲文心先生作即正，熙。"(私人藏)

秋，爲馬萬里畫集題籤。

題籤："馬萬里畫集。丁卯秋，熙署。"(《馬萬里畫集》，1930 年 5 月版)

1927 年 9 月 25 日，譚延闓寫信來。

《譚延闓日記》同日條："九月廿五日晴，寒暑計七十七度。(八月三十日)一百一、曾九、梁大、益之。梁□。八時起。劉梅齋來，久談，中間劉潛亮(馬續常)來，黃一中來，郭完來。黃玖瑜來，注射左手背。出至頌雲處，遇陳雪軒、范少陔、蔣雨巖、魯詠安。范邀赴湯山，遂與程、蔣、魯同去，吾與范同車。十一時行，至十二時十分乃達。座客已滿，乃先飯，飲葡桃酒二杯，菜則鄉村派。飯後，出至湯山俱樂部一看，工程未半，乃至舊湯池，一已污溷，一則聚浴者數人，云三十年前所築也。還就浴，吾先，詠安後，其一范、陳家屬浴焉。李德鄰繼至，與程、蔣、范相次就浴。吾假寐頃之，五時歸。凡行五十分，已入朝陽門，乃下至明故宮古物保存所一看，暮色蒼茫，不甚了了，他日當更來也。別諸人還寓，吕滿云龍八邀飲，遂偕吕、黎、段同出，至大中橋朱老二船。龍八兄弟叔姪、宋滿、安甫、特生、曙邨先在，詠安後來，劉競西中席至。今日爲朱船自治饌，頗異於館派。伏菜鴨、獅子頭最好，飲白乾數杯，十時乃歸。泊處荒凉，又無星月，幾與人世隔絶，忘其爲秦淮矣。得劉興電，並無入當塗事，昨日之言者殆有意挑釁耳。作書，發電，至十二時乃睡。"

1927 年 9 月 26 日戊辰九月一日，致書譚延闓。時國民黨中央特別委員會在南京成立，譚被推爲國民政府主席。

與譚延闓書："瓶弟云，弟以南京安靖，當料理應了之筆墨，即日束裝畫扇頗雄逸。目下弟款惟書面則凑合不成字耳。筠弟與向(按：即向燊)世兄當向佛前頂禮，未識大慈悲何以救之。祖庵三弟，熙頓首。九月一日。"

按：此信 9 月 28 日寄到南京，見《譚延闓日記》同日條："九月廿八日，寒暑計七十八度。(九月初三)百三。九七、曾九、汪四、九八、精衛。七時半起。黃玖瑜來，注射右手背，今日廿針已滿，此後將不注射此靜脈滅菌注射液矣。蔡孑民、易吟村來。得介石電，云啓行不改期，吾亦遂不赴滬。出至丁家橋，開國民政府會議，到者十餘人，鈕鐵生與焉，十二時散。與程、白、李一談。遂偕協和出豐澤門，至後湖長洲，有張月青別業在焉。烈武、溥泉先在，又有粵人劉子芬及孫銘前清協統者在。入席，詠安來，飲啤酒。散後，至傭廬，孫所居也。劉能談磁器歷史，故國會議員也。偕頌雲至高樓門協和寓小坐，亦甚爽塏，但屋少，云亦孫銘産。歸寓，林祖烈持汪先生書來，已歸牯嶺矣。吕滿來，商赴滬，欲趁夜車往，而未能决。詠安來談。出至丁園訪張溥泉、易吟邨，則已行矣。遇居覺生、謝慧生、鄒海濱，偕至頌雲室，遂同飯。三人去，吾獨留談至十時乃歸。以瞿鋭之所撰《子武行述》託吟邨交大武，遣張冰蛟赴車站送之。十二時半就寢。"

1927年9月27日譚延闓回信來。

《譚延闓日記》同日條："九月廿九日晴，寒暑計七十九度。（九月初四日）百四、祥五十、曾九、汪精衛。八時起。郭同來，孫伯蘭所使也。嚴寬來言事。出至陳雪軒家，范少陔、孫孟戟皆在坐，談甚久，乃至西花廳，軍事委員會初遷入也。與頌雲、德鄰、健生談公事，同西餐，四時始歸。爲人書屏聯，盡墨一鉢，吾書殊不進，此事亦當努力矣。閱報，知介石已於昨晨赴日本，宜不能待我也。詠安來談，頗急於向上發展。食蒸餃兩盤餘。晚，寫挽子武詩，欲離錢翁舊習，以上希蘇、米，然不能也。白健生來電話，云留俄歸學生控徐君虎爲共産黨偵探，乃遣人往捕，知在護黄家，遂使陳玉山往，令其交出事。不知誠然否。然嚴拏寬辦，吾意也。十二時睡。"

丁卯九月，爲松茂題其所藏董其昌綾本行書軸。

題董其昌行書軸："明人好書綾，文敏自製尤精密光潔，時人每稱之曰董綾。此不但書可愛，即此綾亦可愛也。丁卯九月，曾熙爲松茂仁兄題此。"（朵雲軒2013年春拍圖録）

鈐印：曾熙之印（白文）。農髯（白文）。

1927年10月4日丁卯重陽，與譚澤闓、余堯衢等參與吴昌碩等發起之華安八樓第二次登高雅集。

程頌萬《十九日會飲書奉虞琴老兄社長教和》："吴翁重九客五十，早占高樓百千尺。我還饌客紫芝家，□輩敲詩暮鐘急。主人酬客各三五，翁醉招尋誰六一。瀛壖勝踐此仙龕，秋力無權奪吟席。有樓高處山不如，登山老孄梯行徐。九層升降不借力，諸老去來無用扶。有歡過午重相續，風雨烈來詩滿屋。不妨鬥韵到更深，未了冥搜卷充腹。百年此日醉鄉逋，人物風流海内俱。有口不須來問菊，無歸何必定思鱸。稀齡大耋天長眷，少長酣嬉從所便。那得題糕處處同，會須落帽年年見。斲就人間信手詩，此觴元氣與天□。驕□壓□題名在，海上詩壇第一碑。是日兩觴,俱别有題名記,虞公當寫附圖後,不復贅記。丁卯嘉平月望,子大程頌萬初稿。"

按:《登高雅集圖》集1926年雅集合作圖卷題跋及1927年程頌萬等題跋,並有黄孝紓《丁卯九日華安市樓登高記》。圖録文字難辨,《登高記》不録,其記參與1927年雅集之題名録於次:王雪澄、秦子質、陳散原、余堯衢、王病山、朱古微、金甸丞、汪松年、潘蘭史、曾仲伯、吴寬仲、曾農髯、程子大、錢仲山、黄篤友、俞綬丞、沈淇泉、徐仲可、陳蔭軒、陳仁先、鄒適廬、夏劍丞、嚴孟繁、謝復園、宗子載、趙叔孺、褚禮堂、王綬珊、葉伯皋、李雲書、商笙伯、高欣木、丁輔之、袁伯夔、袁巽初、譚瓶齋、陳豪生、莫伯衡、白石農、闞炯之、何叙甫、吴東邁、惲覲叔、沈醉愚、王啓之、吴肅丹。期而未至者有惲孝申、徐積餘、陶拙存、張菊生、王一亭、冒鶴亭、李拔可、蔣孟蘋、王蒓農、吴引之、王璇甫、聶雲台主人、吴缶廬、周夢坡、狄楚青、姚虞琴、諸貞壯。1928年復有第三次登高雅集,譜主未參加。

1927年10月7日,譚延闓遣車往迎譜主而未至。是日譚爲向樂穀題譜主贈其畫册頁十二開,有云初識譜主未見其作畫,僅語胸中自藴畫稿,及至去滬五年歸,則見其書畫竟並重於世。

《譚延闓日記》同日條:"十月七日雨,寒暑計八十度。(九月十二日)百十、李燊。祥。七時起。八時赴第四中山大學,闃無一人,久之,校長張乃燕來。坐圖書館,待褚、蔡諸人齊至,乃赴禮堂,行開學禮,學生多長衫朋友。褚演説,吾繼之,蔡又繼之。迫獨脚之章桐出演,吾遂與蔡行。至政府開會,群委員至者數人耳。白、何皆未半即去,十二時後散。登樓西餐。甫畢,又赴軍委員(按:原文奪一'會'字),仍頌雲主席,議而不決,遂了半天,散已暝矣。出覓車,尚未來,蓋往迎曾九、吕滿也。步行還寓,將及門而車來,仍乘歸,則曾、吕皆未至,至者趙雲亭、黄愷心。與趙談琴澳久之,如出使大臣歸奉報也。蒸熱思浴,遂就浴,頓解煩鬱。食春捲兩盤。得汪、朱電,爲之啞然。李華英字少川來,云石醉六、王允恭、方伯雄皆其好友。詠安來。鳳岡來,酒氣薰人,舌蹇語複而纏綿不已。龍八來,言生事之苦,作了語對之。今日在第四中山大學遇支偉成、柳詒徵,柳云壬子曾相見於子靖飲席,了不記矣。支則少年之温舊書者。本欲早睡,而客不去,就寢已十一時半矣。《黎薇孫六十壽聯》:承家治譜傳賢助,壽世詩名更逸民。《爲向樂谷題農髯畫册》:自余識農髯,初未見其作畫,然髯嘗語余,謂畫稿積胸中,會當一傾寫,又謂書畫同一源,知書即知畫矣。余故不解此,惟惟而已。去滬五年歸,而髯之畫與書並重,始信言之非虚。樂谷先生,圖書畫兼能者,得此十二幅□,余但有驚怖,不能以言語形容也。樂叟之霍然病,已知非偶然矣。余方有幽憂之祛，其四十幅者安在，可思致之邪。丁卯重九後三日，延闓記於阿室。”

1927 年 10 月 11 日，致譚延闓書寄達。

《譚延闓日記》同日條：“十月十一日雨，寒暑計六十四度。（九月十六日）百十三、祥五二、珠浦、藹士、余大。百四、百五、曾九。九時起。魯岱偕李小聃代表劉衍仁來。（李西屏翊東來，以克强遺墨屬題。）護芳來。黄玖瑜來，注射左腕，並取聽筒診視咳嗽，立方而去。（雷時若來），余岸稜來。爲人書屏聯久之。劉季生來，言財政辦法。王亮疇來，言司法事。食滷子麵四椀。賀貴嚴來，李協和邀同出至招商碼頭，德鄰、海濱、禮鳴、劉子芬、鍾動、頌雲先在，板仄不可過，乃以小船渡，登頌雲運磁器小輪，看所收宋明康乾磁，余於此非專門，但知一哥緑大瓶絶佳耳。風起船蕩，發篋移箱，殊爲費事，久之乃已，未及半也。與德鄰同車至其家，登樓見兩婦人，但知其一爲夫人，皆引去，坐頃之，歸。北風甚深，衣重袴呢衫猶凜凜。出至護芳寓，吕滿、黎九、龍八、龍滿、岸稜、茀焘、唐心滌、方榮沿、李亞平皆在，方押詩寶，旁觀久之。護芳蒸蟹餉客，團臍未肥也，餘皆鄉味。飲矮瓦罐酒，云舊茅臺，味殊非是，標識有楊柳灣三字，疑非是也。酒罷，坐頃之，乃歸。與吕滿談，復朱益之電，十二時睡。《爲李西屏題黄克强手札册》：虎步龍驤跡已陳，相從猶有舊時人。遺箋數紙勤將護，留取他年話苦辛。境過始知時易失，人亡方惜世多才。低徊十六年間事，只與書生作史材。”

1927 年 10 月 14 日，譚延闓偕澤闓等來訪，適黄大壎等在，坐談甚久。

《譚延闓日記》同日條：“十月十四日晴，寒暑計五十四度。（九月十九日）八時起。清理舊時箱籠，檢得子武手書，皆辛亥武漢事起時書，擬裝池之，惜有脱落。淑家來電話促其歸，以車送之。張其鍼勉西來，子武之十七弟也，坐頃去。偕大武、曙邨步至俞明頤家，散原、汪九、汪四、袁六、聶六、聶十、安甫咸集。治饌甚精，皆爲醉飽，假寐久之。偕汪、俞、聶、李、大武訪曾九，遇黄大壎（立齋），汪、俞、聶先去，余等坐談甚久，看何道州與子愚手札百餘通，率意之作，不足收也。辭出，訪堯衢，不值，見其子鹿門，談頃之。出至袁家，皆出。見淑，並視外孫而出。至古益軒，俞明頤，汪九、汪四來，聶十作主人，菜亦不惡，飲啤酒而散歸。至大武家，聽無綫電所播音樂，年年、瑞姑皆歸自校。十時半歸家，與祥檢點衣册，擬賣去灰鼠衣，袁六云今大值價也。今日大冷，衣薄綿襖袴矣。十二時，服化橘皮而睡。”

1927 年 10 月 15 日，訪譚延闓，設筵款待，同座有余堯衢、汪九、汪四、李

安甫、左台生等。是晚譚爲跋所藏何道州去蜀入秦詩稿及子季銘藏譜主畫册頁十開。

《譚延闓日記》同日條:"十月十五日晴,寒暑計六十二度。(九月二十日)大生。八時起。蔡松墀偕其姪端生來。甘乃光來,(易吟邨來。)孫哲生來,言到潯、漢情形甚悉。人不易知,知人亦不易,弗可改也矣。(葉琪來,)鍾才宏來,黃蘅秋來。袁六偕袁巽初、唐吟秋來。今日先母七十二歲生日也,設奠大武樓上,率家人行禮。余堯翁、汪九、汪四、曾九、安甫、左台生來,設筵款之,合家中弟姪凡十六人。袁六、汪四、吟秋尚先去,趙雲亭特燉自買魚翅,翅爲青島產,易溶解,然製法則吾家風味也。散後聽播音器,假寐久之。及醒,聶四來,鄒雲峰來。既去,俞明頤來,遂偕汪、余、李及大武同車出。安甫中道下,余輩詣劍丞家,今日劍丞與拔可合請也。散原、袁大、余大、重伯、萬君默、沈崑山同座,菜殊精,翅不佳耳。酒罷,歸至大武寓,爲曾九跋所藏道州去蜀入秦詩稿,又所畫十幅册,其子季鳴所藏也。十時後乃還家,秋發熱,已睡。與祥、韵談久之,十二時半乃睡。"

秋杪,於弟子張大千席上,出所藏石濤細筆圖册與黃葆戉共賞。

黃葆戉《石濤山水精品十二開》:"吾生平所見尊者畫甚夥,心目中最不能忘者,無如去年秋初張大千席上見農髯老人手持細筆著色一册,與今日所見皆爲精品。但精而又奇,則莫如是册第四葉崖石如猛虎蹲踞狀,第八葉有神人飛行雲霧中,尤稱奇妙。楊氏《歸石軒畫談》此二幀憶記綦詳,何道州謂畫至苦瓜和尚,奇變狡獪無所不有。此册自寫以紀昔游,殆晚年精構之作,可謂奇而善變矣! 磊齋得此宜如何稱快耶! 戊辰秋杪,長樂黃葆戉。"(《石濤山水精品》,商務印書館1929年1月初版)

按:黃葆戉(1886—1968),一作黃葆鉞,字藹農,號青山農,福建長樂人。工書法篆刻,精隸書,亦擅繪畫。著有《曖廬摹印集》、《青山農書畫集》、《蔗香館印存》。時任商務印書館編譯所美術部主任。

1927年10月27日晨,譚延闓偕龍紱瑞(龍八)、龍紱年(龍十)、宋滿、特生等以三汽車赴板橋,過普覺寺半里即新建成之玉梅花庵,庵供李瑞清像。與譜主、李筠庵相會,餘人登山去,譜主偕譚延闓、徐大、李筠庵下山至李瑞清墓前一拜。復回玉梅花庵設祭行禮道士像前,食畢至普覺寺,寺僧與當地士紳出以款待,譚一行乃別去。

《譚延闓日記》同日條:"十月廿七日晴,寒暑計七十度。(十月初三日)百十五六、祥。七時起。偕龍八、龍十、徐大、黎九、宋滿、特生、彝廷、曙邨,以三汽車赴板橋,八時十分行,九時十分到,凡四十五里路,乃通蕪湖官道。石子布路,有極狹處,僅容車過,旁皆稻田,若有來車亦大難事。板橋乃一市鎮,吾輩以五輿、三馬、一驢行,惟李、段、宋、曙村騎耳。十五里行一小時又半,在山下一憩。山殊不高,而輿人殊苦。過普覺寺門半里,至玉梅花庵,新建築者,供李道士像,亦殊井井。神堂後有石巖,鑿佛像甚多,摩崖刻梵字,有景泰中題詩,詩不甚佳。撮景後,黎、李、(龍十、)曙村登山去,余與曾九、徐大、李三下山,至道士墳前一拜,局勢甚好,面方山,背牛首,尚有氣象。及歸,而登山者亦歸,云有塔甚古,恨不能登。設祭行禮道士像前,李三子志伊及道士嗣子繼梅咸在,十二人同餕之,曹廚所治也,以此享道士,爲不負矣。食畢小坐,乘輿至普覺寺,寺僧及徐、謝諸紳士出款接,已三時卅分矣,遂别曾、李下山。五時乃至板橋,登汽車,歸南京,到寓六時矣。得朱益之電,知汪先生實赴粵,決今晚赴滬見之,吕滿偕行。褚民誼來,一談去,遂過頌雲談,新移居尚爽塏,哲生亦來。九時出下關,至車站則軍車方來,開滬車未靠月臺,徘徊久之,始從間道登車。吕滿、安甫同行,褚民誼、楊少炯、陶制安皆在車上。十時始開,至神策門復停。民誼來談醫學,云林雲慶發明狗肉可治肺勞(癆),以狗無染肺病者,可由此得治肺注射劑也,十二時始去。車開,吾亦睡。"

1927 年 10 月,爲夏自怡訂鬻字潤例。

《夏自怡鬻字》:"自怡,江都人,馮蒿叟之弟子也,性嗜金石,所藏兩漢六朝碑銘甚富,考察既精,臨寫殆遍,用筆高古,氣韵超然。又好飲茶,嘗以奇茗惠啜,味香各别,且煮且飲,令人意遠,蓋清友也。熙等爰爲訂其書例於後。(書例略)總收件處:上海北京路瑞康里惜陰書齋及各大箋扇莊。曾熙、吴昌碩、朱古微、王乃徵、宣古愚、褚禮堂、趙叔孺、童大年、龔懷希、張丹斧、狄楚青、唐駝同訂。"(1927年 10 月 14 日《申報》)

天馬會第八屆美術展覽會前因時局動蕩,遲延甚久,現將舉辦,與吴昌碩等均有出品參與陳列。

《天馬會八屆美術展覽會預誌》:"天馬會第八屆美術展覽會,籌備將近二載,廣徵中西作件,凡八十餘家千餘件,業經審查委員會開會鑒别,計入選者國畫一百六十餘件,西洋畫百餘件,攝影六十餘品,雕刻十餘件,分四部陳列,會場在法租界霞飛路尚賢堂,準於陽曆十一月五日起至十二日止,開會八天。本屆出品分責任會員、普通會員、非會員三類。責任會員中,國畫如吴昌碩、王一亭、吴杏芬、丁悚、唐吉生等,均有最近之作。洋畫部如江小鶼、汪亞塵、王濟遠、張仁(辰)伯、楊清磐等,會員中如常玉、張道藩、毛賓、錢瘦鐵、王季眉、鄭曼青、謝公展,各有精心之作。更有非會員吴湖帆、馮超然、曾農髯等。攝影部有陳小山、黄梅生、陳萬里、丁悚、郎静山等。”(1927年10月30日《時報》)

1927年11月1日丁卯十月初八日,歸滬致書譚延闓,向燊以所藏唐人寫經讓譚氏,建議譚氏給與三百元洋以濟其貧病之境。

與譚延闓書:“昨夕得書並瓶弟復書,知已有前約,一豚之命,豈亦有定數耶?歸亦少疲,不得走談,當諒我。燊叟來書(原函附上),以唐人此經,其精過於《靈飛經》。弟當數年前贊賞之,即以贈所愛,實出至誠。弟白紙亦不受人,曾面告之。弟或憐老友之貧病,即以三百篇之數予之,髯意也,其許之乎?《晚香堂》確是初拓,惟十八册有無脱漏,當在店中不及細校,尚乞便告。道人碑弟能以大筆且書且刻之石,亦式閭封墓,古史所有,且能見重於今日,弟亦心許否?筠弟能從煙酒局安置,亦易易。向世兄浙省秘書,以遲去,已另委人,並告。祖庵三弟,熙頓首。十月八日。”

1927年11月1日,譜主以舊拓《晚香堂》贈予譚延闓,譚致書譜主。

《譚延闓日記》同日條:“十一月一日,寒暑計七十五度。(十月初八日)百廿五、曾九、百廿六、祥五八。山父。七時半起,甫過鎮江也。與吕滿、陶制安略談,八時四十五分到下關。與吕滿登車,徑入政府,到會人尚未齊,與協和談久之,乃開會,余爲主席,十二時散。與李、鄒、覃、謝、居、蔣同西餐,復聞覃談近時黨部事。至軍會,遇魏益三。與頌雲、健生談在滬經過,連日馮軍緊急,頃得電,已大勝利,乃得解矣。與劉峙、王勇公、熊斌握手而出,至家已四時。稍欲蘇息,羅鎮湘來,吴子承、劉勁西來,何又伊師來,魯詠安、譚逸如來,孫哲生來。食炸醬麵三盌。余岸稜來,蔣雨巖來。曾九以舊拓《晚香堂》見貽,樂谷復寄唐寫經來,一時遂有披賞之樂。兼民來,何敬之來,蕭崇道、黄翼球來。擬電復各處。趙筠亭來辭行,云明赴青島,以書託帶。十二時睡。”

1927年11月2日,1日信並《晚香堂》舊拓寄達,翌日譚澤闓至南京,譚延闓以澤闓携來何紹基臨《晚香堂帖》及手寫帖目,以較贈本,多不合,知尚非全本。

《譚延闓日記》同日條:“十一月二日晴,寒暑計七十二度。(十月初九日)益之。曾九。八時起。方振武代表史毓琨、鄧昆封來,李燊代表張其煦來,方伯雄代表董仲篪來。黄玖瑜來,注射左手腕。出至黨部開會,中間休會一次,决定監察院、最高法院人選。散會,至軍事委員會晤程、白,談久之,偕至政府開會,决定臨時政務委員辦法。散歸，看《晚香堂帖》久之。梯雲來，頌雲來，同食蟹，哲生、敬之繼至，小飲將畢，健生乃來。及散，登樓，有所商洽。得精衛電，有信誓旦旦之意。(鄭兆熙來。)曾鳳岡來，彭公望、蕭禮衡來，安甫來。一時半睡。"

《譚延闓日記》11月3日條："十一月三日雨晴，寒暑計七十二度。(十月初十日)八時起。湯薩棠來，仇亦山來，孟彦倫來，岸稜來。出至軍事委員會，與劍生一談，遂至政府，同協和西餐。至財政部，與哲生、梯雲、雨巖研究臨時政務員事。既已，又與梯雲、亮疇研究監察院章程，理鳴未至也。何敬之來，旋去。海濱來，遂同開財政監理委員會。將散，健生來，與健生同車至小營，梯雲亦至，看嚴鏡澄騎馬。敬之亦以三馬來，皆非捷足。楊杏佛來，亦騎顛馬者也。微雨，聞雷，與晨同。歸寓，小坐，嚴慶澄來，汪九、俞明頤、大武、大毛、細毛來自上海，早車，暝始到也。設食款諸人，有翅、鰒，吕滿、徐大、黎九、安甫、龍八同坐。龍滿、鐵英來，未入座，詠安則入座。未畢，而蔡孑民、楊杏佛來，言汪先生事，詠復久談。客去，與細毛同步往吕滿所佃屋(石板橋三號)，汪、俞、大毛居彼也。過遇純生、岸稜，將及門，汪九諸人亦出，同返，坐久之，心滌在焉。復偕諸人至徐大居，即對門屋也。稍坐，與大武歸。大武、細毛同睡吕滿床，吕滿則支行軍牀也。大武携何臨《晚香堂帖》及手寫帖目來，以較昨曾九贈本，多不合，蓋皆非全本，次第多顛倒矣。又李西涯致仕詩真蹟，子佩舊藏，有先公及王湘綺題跋。十二時始睡。連日便不暢，服清導丸。"

1927年11月4日，致書譚延闓寄達。

《譚延闓日記》同日條："十一月四日，寒暑計七十度。(十月十一日)曾九。八時起。汪九、俞明頤來，將同大武諸人赴湯山也。余出至政府開委員會，主席三小時，甚憊。散後，登樓，與李、蔣諸人西餐。乃步入軍會，馮軍乃大勝，已復歸德，閻軍亦佔古北口，何敬之今亦北進督師矣。歸寓，袁叔通來。出訪頌雲，談甚久。遇王允恭，遂至朱老二船，吕滿請客。汪九，俞明頤，安甫、純生、徐大、龍八、龍滿、鐵英、岸稜、大武、大毛、細毛，主客十五人，菜仍伏菜鴨、獅子頭可耳。純生引吭而歌，頓有京師之聲。散後，余與徐大、大毛、細毛先歸。哲生、梯雲、頌雲、劍生至，商李濟深來電事，孫、伍今日赴滬也。余與頌雲步訪俞明頤，尚未歸，坐其室中，談久之，乃别歸。咳劇，人亦不適。大武十二時乃同吕滿歸。又三十分睡。服阿司匹林及含幾怪二帕力脱，皆爲咳也。"

1927年11月10日晚，譚延闓寫信來。

《譚延闓日記》同日條："十一月十日晴，寒暑計六十四度。(十月十七日)經子淵、百廿八、子文、曾九、汪九、何敬之。百十七。八時起。欬欶仍劇,爲之不樂。路丹父來,蕭紉秋來,簡叔乾來,嚴寬、嚴武兄弟來。出至政府,午與協和飯。協和每見必言祕書無人才,(唐稼軒來。)而日所引進又世多譏者。甚矣,人才之難也。至軍會,與健生言事。(遇劉士毅。)得北岸捷電,然南岸寂然,北伐軍亦未下明光,何耶? 還家小憩,出至小營,軍隊方場操,不便乘馬。久之,健生來,杏佛亦至。看諸人騎馬。令狐楚少年行曰:'少小邊州慣放狂,驏騎蕃馬射黄羊。如今老大無筋力,獨倚營門數雁行。'乃今知其沉痛,然吾之山青亦遂遲鈍倍前,尚不如兔合。老大之嗟,物亦然矣。兔合馬亦老,陳雪軒以八百元得之山東,想見當時捷足也。歸而紉秋來,吕滿設食待之,以徐大、黎九、安甫、楊文蔚作陪。蕭茹素,吾輩則葷,葷亦僅有四碟、一水餃、一薄餅,蓋以素爲主也。既畢食,紉秋談至十時去。作書與滬上。十一時半睡。心忽蕩,如朱八所謂恨不頂上開窗者。"

丁卯十月,爲李瑞奇藏劉墉六開册頁題簽。

題簽:"劉文清真書精品。筠庵藏,丁卯十月,熙署。"(西泠印社 2014 年秋拍賣圖録)

丁卯十月,得譚澤闓分讓《何道州晚歲詩稿》。

自題《何道州晚歲詩稿》:"同時尚有使蜀詩稿,瓶弟分讓髯藏此册,字多不可辨,然如龍如蛇,直是一册草篆耳。丁卯十月,熙。"(湖南省博物館藏)

按:此册後另有譚澤闓、徐崇立二跋。

1927 年 11 月 18 日《時報》介紹上海美專教授方介堪之刻印,刻例有爲譜主刻"曾熙之印"白文方印一方。

1927 年 11 月 20 日午,在陶樂春宴客,到有譚延闓、陳散原、余堯衢、曾重伯、汪九、俞明頤、吕滿、譚澤闓等。

《譚延闓日記》同日條:"十一月二十日晴,寒暑計六十度。(十月廿七日)頌雲。七時半起。就厠上作書與頌雲,交白健生帶去。蕭紉秋、許汝爲來。吟邨以車來,吾乘往江灣訪之,談甚久,以《散盤》、《莽量》、新出土正始句驪殘石拓片,並看所收匋齋漢碑,久之乃歸。稍坐,出至陶樂春,曾九觴客,散原、堯老、重伯、汪九、俞明頤、吕滿、大武先在,以燒豬、燒鴨爲敬。既散,偕汪九、俞明頤至大舞臺觀劇,林樹森之《關公走麥城》煙燻火辣氣如故。姚玉英、梅雪芳《別窯》,令人想三十年北京小相公登臺景况。姚玉蘭、李桂芳《玉堂春》,姚爲汪九激賞者,實亦慰情勝無者,不如李桂芳道地作家也。遂不看小達子而出。余獨訪子文,談甚深,自云有常州廚製湯圓極佳,因出以見享。主人主婦殷勤勸進,情不能辭,爲盡廿枚,實在去柳德芳尚遠,無論曹廚,至朱李派,更所未夢矣。八時乃至吕滿家,汪九、俞明頣、聶六、細毛、秋、年、德淞、曙村皆在,有翃翁,今日太翁忌日餕餘也。勉强更食,皆不如平日踴躍。既罷,乃同大武、諸小孩歸,談至十二時,諸女始歸。檢點衣物,一時半始睡。帕勒托又罄一瓶。"

丁卯十一月,題盧新蒲畫。

題盧新蒲畫:"宋人法嗣。元人尚筆,宋人尚墨;元人尚氣,宋人尚骨;元人尚逸趣,宋人尚渾静。新蒲先生純守宋法,非近人所能到也。丁卯十一月,農髯熙題。"(1928 年 3 月 17 日《申報》)

丁卯十一月,爲鴻斌臨師遽敦蓋文。

自書:"(師遽敦蓋文略)丁卯十一月臨師遽敦蓋文,似鴻斌仁兄法家正之,曾熙。"(私人藏)

紙本。146×80cm

鈐印:曾熙之印(白文)。農髯(朱文)。

丁卯十一月,爲補孫書"宣時布和,修德行惠;增榮益譽,受福宜年"八言聯。

自書八言聯:"宣時布和,修德行惠;增榮益譽,受福宜年。補孫仁兄法家正之。丁卯十一月,曾熙。"(上海鴻海 2011 年春拍圖録)

金箋。161×34cm

鈐印:曾熙之印(白文)。農髯(朱文)。

1927 年秋,陳剛叔來滬作寓公,與同人爲其代訂潤格。

《介紹陳剛叔老先生書畫》:"丹徒陳剛叔觀察,别號天罡侍者,士林名宿也。工書畫,耽吟咏,隨畫隨題,夙有鄭虔三絶之稱,惟頗自矜惜。曩者宦游南北,當道聞名乞請,往往靳而不予。故得其尺楮寸縑者,争相寶貴。壬戌秋,爲漢上巨公邀游匡廬,便覽赤壁,一留數載,乞書畫者户限爲穿。兹作海上寓公,同人勸其廣結墨緣,以餉當世,爰公訂潤規,爲好書畫者介紹焉。(潤例略)吴昌碩、王一亭、曾農髯、袁克文、余大雄、天台山農、林屋山人、吴藴齋、胡葦江、馬式如、徐静仁、魏小輔代訂。收件處:各大箋扇店。天津路河南路口潤昌棧于蔭軒君,寓英租界重慶路前長浜路口西興隆坊三百四十七號。"(1927 年 11 月 3 日《申報》)

按:陳剛叔(? —1932),名運培,江蘇丹徒人,工書畫,擅詩文,與黄賓虹,張善孖、大千昆仲,熊松泉、蔡逸民等組織爛漫社,爲副社長。

此際,爲存古藝術學院籌募基金而捐贈作品。

《存古藝術學院發行時人書畫券》:"西門方斜路東安里十六號存古藝術學院同人,爲籌募基金,徵求海上當代名家。曾農髯、吴昌碩、王一亭、蔡元培、梁任公、馬軼群、任堇叔、趙子雲、程瑶笙、彩芝女士及各大名人,慨助精品書畫三百件,每件價值只(至)少二十元以上至百餘元不等。售券開標處:棋盤街泗涇路口六六號西首胡開文筆莊。"(1927年11月28日《申報》)

1927年11月27日丁卯十一月初四日,牙痛轉重,書請姚雲江來視,云有張大千新得鄒衣白山水可賞。

與姚雲江書:"牙痛旋愈旋翻,極不欲服藥,然今日更甚,仍乞弟來商之。季爰近得鄒衣白山水極佳,可看也。雲江。髯啓。十一月四日。"(原件)

吴昌碩逝世,12月1日大殮,前往吊唁。

《老人吴昌碩死矣》:"吴昌碩,字俊卿,别署缶廬,人多稱之蒼老。江西籍,善書畫,精金石,名滿天下,日本人尤多崇拜。寓北山西路昌吉里末弄第一家,標其門曰:文古齋。或謂即蒼老私産。今年八十有四,牙齒雖摇落,精神尚佳,指甲雖脱,乃生新者。有三子,長子早死,次子名子茹,字藏庵,年已五十一歲,今年六月,得病逝世。蒼老適在西湖避暑,聞之大慟,蓋能承衣鉢者也。幼子東邁,字藏龕,今年亦四十外矣。昨晨書畫界忽傳蒼老死,探之固確。蒼老年邁,精神已衰,有友訪者,接晤滿一小時,家人必阻來客再談,恐傷精神,此常例也。陰曆本月初二日下午,書畫家某叩門訪蒼老,兩人見後,暢談久久,家人阻止無效。黄昏過後,蒼老乃卧。翌晨初三日早起七八時,蒼老起身,進燕窩湯一碗,未幾,似覺有物塞喉間,吃吃不能言,因之起喘。陰曆初三日,蒼老之孫女出閣,喜堂設昌吉里本宅,介紹人爲天台山農。是日樓下嘉賓甚衆,人聲嘈雜,蒼老病卧樓上,家人禁來賓登樓,恐蒼老受煩。斯時已請林屋山人來醫,服藥調理。何如病不見減,迨至昨晨六點半卯時正,遂與世長别。蒼老去世後,知交若劉山農、步林屋、王一亭、袁克文,及日人數名,即往吊唁,頗爲悲傷。蓋劉、步等,平日皆尊蒼老爲丈,此外門人頗衆,約有千數。蒼老遺下金石書畫不少,統存幼子東邁手中,可寶物也。其最後之絶筆手蹟,爲致天台山農之信。蓋山農現寓蘇州,初二來滬携有山櫞四只,飭人贈與蒼老,蒼老得之甚喜,即覆一書稱謝。此信寫於是日下午五六

時,從此得病,不能動筆。山農現珍藏之,用爲紀念。"(1927 年 11 月 30 日《時報》)

《吴昌碩逝世》:"金石書畫大家吴昌碩自本月六日晨頓覺頭暈,半身不遂,醫言係類中風,多方調治,均屬罔效,於昨晨六時半在北山西路吉慶里九百二十三號寓所逝世,享年八十有四。前數日自吟七律一首,有'人頌壽翁宜飲食,自知泉路近晨昏'之句,不圖竟成讖語。病革時,家人團跽念佛,旋王一亭君來視,隨將其自念佛珠授之,並高聲教之念佛,已不能言,手不能動,惟唇顫指撥唸珠而已。逝世時容貌如生,雖倉老之物化,海上金石家又弱一個,聞者莫不悼惜。"(1927 年 11 月 30 日《申報》)

《吴倉老昨日大殮》:"金石書畫大家吴倉碩逝世詳情業誌前報。昨日(一日)下午申刻大殮,國内外藝術界及朋舊輩詣靈前弔唁者,車轍填門,如朱古微、諸貞長、王一亭、商笙伯、曾農髯、周夢坡、沈琪泉、鮑南屏、許玉農、顏純生、錢銘伯、徐積餘、馮君木、姚虞琴、李平書、陳藹士、莫伯衡、步林屋、袁克文、褚禮堂、趙叔孺、劉山農、胡郯卿、吴待秋、丁輔之、高欣木、青山農、魯道人、何纂甫、于右任、王續青、沈研傳等,及日人白石六三郎、吉井民三郎、柴田六次、大倉男爵代表雲鵲與大郎、駐滬日本商會長米里紋吉等,不下千餘人。同時日本大阪高島屋亦電王莡蓀君代弔。先生之門人中,如王啓之、趙雲壑、諸聞韵、吴松齡、汪克鈍等均縞衣志弔。尤可記者,距先生卒前一月,名劇家荀慧生適由京來滬拜先生門下學畫,當時亦衣白致奠,且淚下闌干云。附録大倉男爵致吴宅唁電云:頃接吴倉碩先生仙游悲報,不勝痛惜,請以深甚哀悼之意轉致吴君遺族爲禱。"(1927 年 12 月 2 日《申報》)

1927 年 12 月 3 日丁卯十一月十日,赴黄曉汀宴,歸寫《墨牡丹》以贈。

自題:"澹泊生涯,是無上富貴。丁卯十一月十日,獨啖雲江番鷄,清香之味,歸齋寫此,覺清意尚餘腕下,曉汀居士視此何如? 農髯熙。"(私人藏)

紙本。40×66cm

鈐印:曾熙之印(白文)。農髯(朱文)。

1927 年 12 月 5 日致書譚延闓,約翌日赴余堯衢家宴。

與譚延闓書:"十日來,因感冒牙痛,喉乾亦發痛,今日稍愈。知弟來滬,不得走談也。筠庵抄寄省政府批(批附上,縣批已失),尚是照例文章。前寄江寧批稍切,但就與僧人换田,於玉梅花庵經營,全未提及,弟當爲之及時設法補救。明日余堯叟之局,弟能過我同車去更好,或弟先至,再以車假我。病雖初愈,然堯老殷勤,不能不到,聞程頌雲來,確否? 並告。(又詩屏,候弟屏到即褾。)即詢祖庵三弟近佳。熙頓首。十一月十二。”

1927年12月6日晚，赴余堯衢家宴，座有陳散原、譚延闓、澤闓、李子扉、曾重伯、吕滿等。席散，譚延闓以車送歸。

《譚延闓日記》同日條：“十二月六日陰，寒暑計五十四度。（十一月十三日）八時起，頓寒。魏肇文、肇鼇來，吕滿來。出訪益之，談甚久。至吕滿家，與汪九，俞明頤、簡先生、大武同飲新開酒，丙辰釀，惜無糟香。假寐頃之，不勝酒力也。訪于右任、李德鄰、蔡孑民，皆不值，乃至任潮處。頃之，諸人畢集如昨日，益之亦來，各述所見，皆歸一致。公誼私情不得兩全，無如何矣。既散，至余堯翁家，散原、曾九、汪九、俞明頤、左十一、李子扉、曾重伯、吕滿、龍十、聶六、聶十、簡叔乾、大武陸續至，凡十五人，側身攘臂，運用殊苦。菜皆結實，如其爲人。散後，送陳、曾至其家，乃歸。入大武宅，看劉卷，有癸丑科中式人名，書卷面者及評語皆手書，精妙可寶。歸，録舊詩於册子，十二時半睡。”

弟子張大千新得畫四幅，丁卯十一月將望函告同門姚雲江來觀。

與姚雲江書：“有四畫大可看，皆季爰所已買者。病雖愈，然當不適，何耶？雲江。熙啓。十一月將望。”（原件）

鈐印：丁卯（朱文）。

此際，譚延闓爲撰萬夫人壽詩。

《譚延闓日記》12月9日條：“十二月九日晴，寒暑計四十一度。（十一月十六日）九時起。方振武來，吉來保妻及繙繹來，胡耐安，楊綿仲、張炯來，雷孟强來，周澂來，文欽明來，張秉文來，白崇禧來。客去已二時，乃至大武家，余大、汪九、俞明頤、吕滿、李子扉皆在，飲五十元一罎酒，甚芳美，殆己酉製者，久不嘗此矣。既罷，談久之。余大先去，余與大武以車送諸人至大世界，余訪孑民，談甚深。偕至南園，與朱益之、白健生、李德鄰談，伍梯、孫哲生、吴鐵城亦至，楊幼京、方韻松、王允恭先來，談甚久。飯後，諸人半去，與二李、楊、方、白、王談軍事，至一時乃歸。車齒輪忽壞，僅乃得歸。與兒女略談，一時十五分睡。《曾九妻萬夫人壽詩》：佳話早傳哥領嫂，大年行見婦承姑。家風孝友高湘上，令節壺觴勝海隅。不數鷗波偕魏國，真如鸞室伴田居。好憑夫子丹青筆，爲寫吴中賃廡圖。”

《譚延闓日記》12月10日條：“十二月十日晴，寒暑計五十一度。（十一月十七日）頌云。八時起。（黄一歐、劉孝叔來。）與祥同車至培正學校，余獨赴西摩路見蔣介石夫婦，談今日開會事，蓋已膺樂推矣。有頃，季陶來，遂同飯。飯後，偕戴訪張静江，卧被中與語。出至預備會議，汪精衛首提復子明辟案，表决贊成，全體一致,雖無東向南向之儀,而有讓三讓再之美。於是地點之保險,日期之指定,一賴總座主持,謂之非恃武力不可也。一念漢上不能合作之言爲之毛戴,日暮途遠一至此乎。最後,汪垂涕以發牢騷,蔡正言以示風格,此幕遂閉。至旁室,與介石語,乃欲著余爐火上,謹辭恪辭而已。過李應潮,值其飯,遂飯。與李、白、楊幼京、王允恭談久之,乃入大世界。尋大武輩不見,遂歸。自磨墨,爲淑書二扇,遂欲作書,試王秉文所寄新筆,以舊管改裝者,尚强健,惜不精純。作聯十一、横直幅五,又作曾九妻壽詩,寫之,復作榜書六字,墨罄乃已。登樓,書扇三,取印,印所書字,久不爲此矣。一時睡。"

1927年12月,與程瑶笙介紹嶺南畫家林介如鬻畫。

《嶺南畫家林介如鬻畫》:"林君介如,粤中名士也。善畫工寫生,運筆蒼勁,遠師中古,渲染渾秀,傚法歐西,舉凡山水人物、蟲魚鳥獸,莫不描寫入微,活氣横生。尤擅長畫虎,珠江一帶,夙負盛名。故所作皆極名貴,概見譽聲載道,無待贅言。比來慕名求畫者踵相接,特爲重訂潤例如作左:堂幅:猛虎孔雀每尺五元。山水走獸每尺四元。蟲魚翎毛每尺三元。扇册作一尺計。屏條對折。横幅例同堂幅。潤金先惠,立索不應,七天取件,約期不爽。收件處:河南路戲鴻堂、各大箋扇莊、四川路青社。介紹人程瑶笙、曾農髯同啓。"(1927年12月16日《申報》)

1927年12月,與章一山、王一亭等爲彭冰厂代訂書畫潤格。

《彭冰厂書畫潤格》:"(潤例略)曾農髯、章一山、王一亭、任堇叔、洪鼇生、方欠台、查煙谷同訂。"(1927年12月17日《申報》)

丁卯十一月,張善孖、大千之母壽誕,寫梅爲祝。

《眉壽無疆》:"眉壽無疆。三代彝器,凡言眉壽,文皆作釁,上象兩眉之形,下即頁頭部也。自宋以來,至阮、吴諸家無異義。劉氏《心源》釋作貴,不知眉壽三代吉貴語。貴壽,漢人吉語,且從頁從貝,尤易辨也。因寫梅爲宗姑張老夫人壽,並注此。丁卯十一月曾熙。"(臺北張大千故居藏件)

丁卯十一月,題譚組雲《花鳥圖》。

題譚組雲《花鳥圖》:"組雲先生書畫之名,久播海上,今日始得讀賜福梅花與此作。筆疏以健,神韵欲流,信名下不虚也。丁卯十一月,農髯熙。"(《曾農髯遺蹟》,收藏者蔡逸民、王一亭,編輯者李良臣,上海華商書局1931年2月版)

按:譚組雲(1876—1949),名德鍾,别署海陵老人,江蘇海安人。工書畫,精鑒賞。

丁卯十一月,自書論書。

自書:"齊周之間,風尚元常,經生亦知中郎元常法門,蓋東魏穆子容爲之先河。丁卯十一月,曾熙。"(上海嘉泰 2011 年春拍圖録)

紙本。104×53cm

鈐印:曾熙之印(白文)。農髯(朱文)。

丁卯十一月,寫《雙松圖》扇面,爲毅卿壽。

自題:"涵兩間之正氣,挺奇柯而雙榮。丁卯十一月,寫此,毅卿老先生壽。農髯熙。"(中國嘉德 2008 年 12 月四季拍賣圖録)

鈐印:曾熙之印(朱文)。

1927 年 12 月 24 日丁卯嘉平朔日,許雪齋將還湘,寫《簡筆山水圖》贈之。許雪齋前月自湘中來,携有許道寧山水畫,留置案頭賞玩匝月,弟子張大千來,亦賞而題之。

自題:"雪齋先生精賞鑒,前月自湘來滬,携有許道寧山水立軸,骨遒韵逸,確是宋人真蹟,留置案頭,欲仿不能。予性近明季諸賢,不敢望宋也。先生將還湘,寫此爲紀念。丁卯嘉平朔吉。農髯熙。"

同日又題:"久聞湘陰李文恭(按:即李星沅)公藏宋畫二幀,一郭河陽(按:即郭熙),一即許畫。今河陽既爲郭侗伯同年所得,此幀復歸雪齋,楚弓楚得,當置酒賀也。同日。熙再記於海上心太平庵。"

紙本。102.5×34cm

鈐印:曾熙私印(朱文)。永建齋(白文)。

藏印:正心誠意齋(朱文)、心迹雙清書屋(朱文)、區漢功藏(白文)等九方。

張大千題:"洞庭千里日光寒,蜀道百盤行路難。同是故鄉歸未得,青山還向畫中看。雪老道翁將還湘,予亦思入蜀,俱以阻兵,淹留海上,讀畫題詩,深爲悵惘。大千弟張爰。"

鈐印:張爰印(白文)。大千居士(朱文)。

宋禹題:"髯老此作,融貫明季諸遺逸,用墨以垢道人爲多,但枯淡中仍饒風韵。質之雪齋先生以爲何如? 禹。"(香港蘇富比 2005 年春季拍賣圖録)

鈐印:宋禹之印(白文)。

楊鈞著《草堂之靈·記宋畫》:"湘陰李文恭(李星沅,1791—1851)公藏書畫甚富。其子弟以賤價售盡，不復有矣。余得見甚多。仲欽所藏，大半皆李氏物。許道寧畫，落於市賈李氏之手。畫寬尺許，長四尺，寫屋寫樹，皆用濃墨，寫山用淡墨，右側作'臣許道寧'四小字，右下角有'清河書畫舫收藏印'，左下角有'李仲雲收藏印'。雖爲紙本破爛不堪，款書不可靠，畫則明以前作也。尚有郭河陽小幅，已爲郭侗伯所有。侗伯名宗熙，藏郭熙畫，誠爲適當。畫側王文治題'郭河陽松溪泛棹圖真蹟'數字，與七絶一首：'幾疊煙鬟翠靄浮，一浮春漲碧如油。晴空飛絮浮疑雪，恰似山陰訪戴舟。'又曰：'郭河陽筆意，直逼李營邱，而沈着過之，文治題。'十年前，李梅庵與余書，謂見宋元人書畫甚多，惜無力購之。梅庵眼福，較我多矣！有自上海來者，云梅庵念我獨居長沙，必少聞見，繾綣之情，可欽可感。君子哉！梅庵也。"

按：此畫後歸廣東區漢功"正心誠意齋"收藏，鄧爾雅署簽"曾農髯山水"。

1927年12月12日丁卯十一月十九日六十七歲壽辰，在家人置酒慶賀之際，憶及母親養育之恩，不禁悲從中來，作《雪景》以紀六十七年前之大雪天。

張善孖《曾農髯夫子之孝思》："憶及夫子六十七歲日，寫雪景一幅，題詩云：'我生年又六十七，一歲三月成孤息。母啼兒笑苦不知，鞠養艱難歷五十。五十四齡母棄我，不意餘生及今日。歲歲家人歡置酒，我獨潛淚仰天泣。當年破屋母所居，父病經年倚母力。呱呱墮地冰雪中，且飲冰水作朝食。鄰媪急進生薑湯，掃雪洗兒長太息。平生苦節不敢憶，膝下授經月下織。報德無力秖刺心，此生此痛曷有極。小南山下雲氣深，但有魂夢接朝夕。擬將橐筆入南山，老依母墓翦荆棘。'又畫册寄二世兄繼尹，跋云：'此册乙丑冬所作，亦有未題之幀，今忽忽又四年矣，裱成補題，寄與述男。述今年四十矣，猶憶予四十是爲庚子歲，負母携汝輩從運河南下，始脱拳匪之亂。時汝十二齡，汝兄十四齡，汝弟八齡耳。汝母先歲歿京師，而先王母年六十九，朝夕携汝輩號泣。及亂作，予但短衣以一僕自隨，百難千辛，今猶歷歷如昨日事，而不覺予年六十八，而汝亦四十歲矣。予出，即命汝居衡，爲守先王母墓耳。處今之世，求不飢餓幸矣。以勤苦守身，以忠實守志。凡事求下人一等，則自處多餘之地矣。述男謹識之，戊辰五月二十有二日記。'此以當趨庭之訓云云。一詩一跋，反覆味之，直孝思録耳。"(1930年9月26日《申報》)

1927年12月24日，赴俞明頤家宴，座有陳散原、簡叔乾、陳隆恪、譚延闓、澤闓、吕滿、聶潞生(聶六)等，席散譚延闓以車送至大世界。

《譚延闓日記》同日條："十二月廿四日晴，寒暑計四十九度。(十二月初一日)八時起。大武携王子展藏宋拓陝本《座位》來。席蒙倩之子偕席楚霖來。步吳興夫婦富丹青。一門三世皆傳人。筠庵夫人今管氏。詩畫清才高當世。筠兄文采何狂健。公子六法亦北苑。當年曾見老翁極骨韻。蒼[?]意氣深。筠翁鑒賞稟之天。墨林辨容評讀。畫以神怡。平生惜墨如金。懶性當破。夫人真母夫人。研墨弄畫初成。筠翁滌滌作解嘲。於佗詩稱。氣生脩畫意詩情共綢繆。老夫登堂懷置酒。當時夫人作畫爲賞音之人本無多。而恨道遠阻山河。但祝長年老益妙。萬抽繡壽侍墨已妙。

壽李筠庵夫婦詩稿　1927年

與友人在上海六三園合影　後排左二爲譜主　1926 年

與友人合影前排中坐爲譜主　後排右一張大千　右二王个簃

民國時期上海東有恒路集市小景

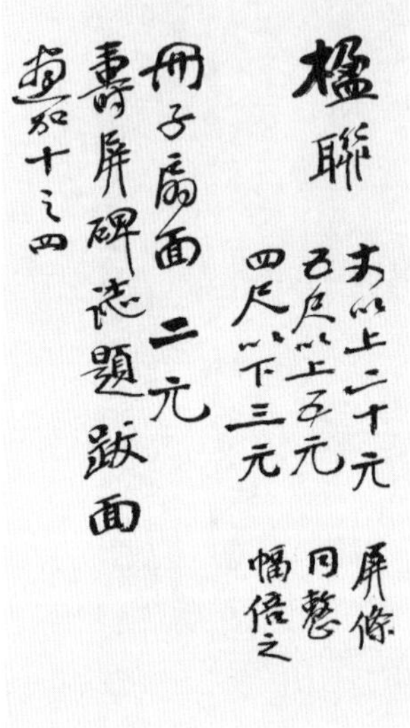
楹聯 丈以上二十元 五尺以上五元 四尺以下三元 屏條同楹 幅倍之
冊子扇面 二元
壽屏碑誌題跋面
畫加十之四

自書潤例

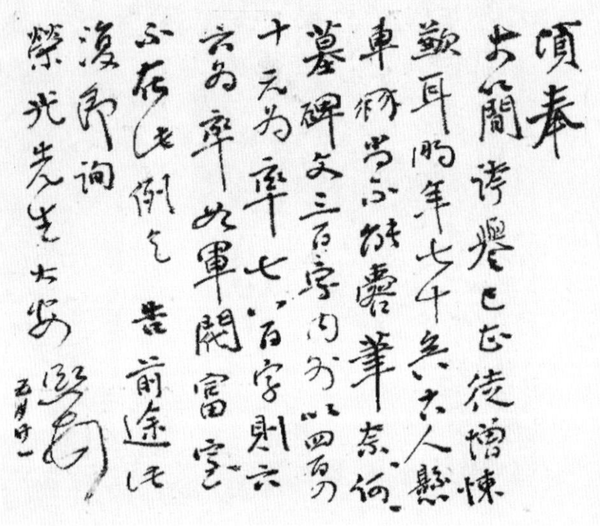
頃奉
大簡，詩卷已於徒增愧
歉耳。明年七十矣，大人懸
車，稍當不能書筆，奈何。
墓碑文三百字內，外以四百為
十元為率，七百字則六
六為率，如軍閥富室
不在此例也。書前途此
復，即詢
榮光先生大安
髯 五月廿一

致榮光書　1929 年

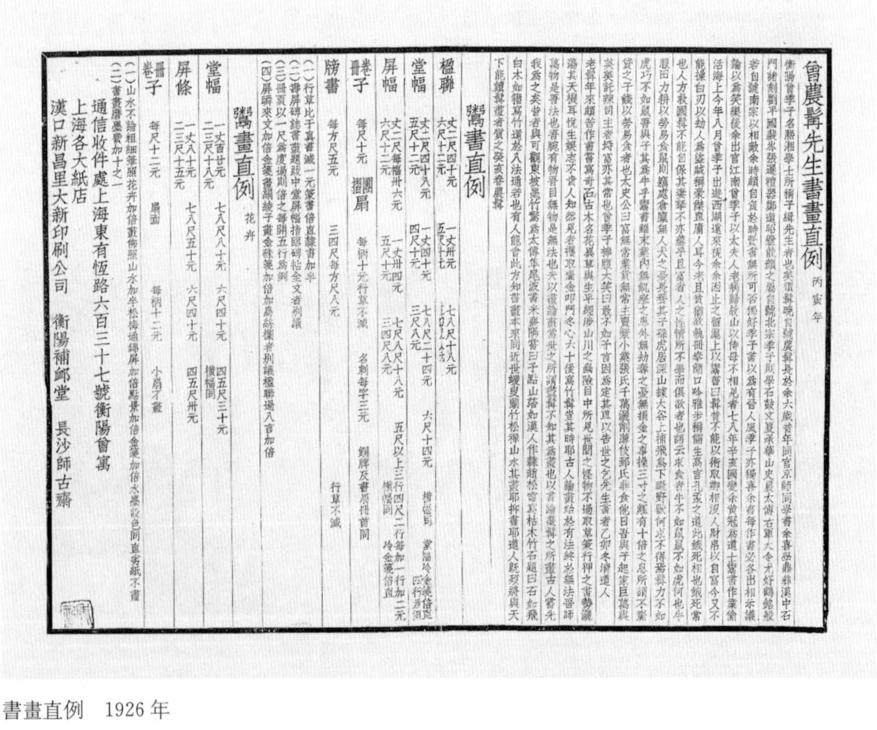
曾農髯先生書畫直例 丙寅年

衡陽曾季子名熙湘學士所稱子緝先生者也其須髯晚自號農髯長於余六歲青年同官京師同學書余喜學鼎彝漢中石門諸刻劉平國裴岑張遷禮器鄭道昭瘞鶴銘之屬自號北宗季子則學石鼓文夏承華山史晨太傅右軍大令尤好鶴銘般若自號南宗以相敵余時頗自負於時賢書無所可否獨好季子書以爲有晉人風季子亦獨喜余書每作書必各出相示議論以爲笑樂後余出官江南曾季子以太夫人老病歸故山以侍母不相見者七八年辛亥國變余黄冠爲道士鬻書作業偷活海上今年八月曾季子出遊西湖還來視余余因止之留滬上以鬻書曰髯昔不能以術取卿相沒人財帛以自富今又不能操白刃以劫人爲盜賊稱豪傑直庸人耳今老且貧猶欲執冊牽觚口吟雅步稱儒生高言孔孟之道此餓死相也餓死常也人方救國髯不能自保其妻孥不亦盩乎且富者人之性情所不學而俱欲者也語云求食者牛不如鼠鼠不如虎何也牛服田力耕以勞易食鼠則竊處倉廩無人犬之憂長養其子孫虎居深山據大谷上捕飛鳥下戮野獸何求不得髯力不如虎巧不如鼠吾與子其爲牛乎鬻書雖末業內無飢寒之患外無劫奪之憂無損金之事操三寸之觚有十倍之息所謂不竊貸之子錢以勞易食者也太史公曰富無常業貨無常主賣漿小業張氏千萬灑削薄伎郅氏鼎食他日吾與子起家巨萬與英英託辣司主者埒富亦其常也曾季子捧腹大笑曰取不如子言因爲定其直以告世之乞先生書者乙卯冬清道人

老髯年來頗苦作書喜寫奇石古木名花異草與生平經涉山川之雄險目中所見世間之怪物不過取草篆行押之書勢灑瀉其天機耳悅生娛志不貴人知然見者攫取畫金叩門冬心六十後寫竹髯豈其時耶古人論畫始於有法終於無法吾師萬物是吾法也吾腕有物吾目無物是無法也夫以書論畫當世之所謂畫髯不知其爲畫也以書論畫髯之所畫古人嘗先我爲之矣昔者與可觀東坡畫竹鷲爲太傅隼尾波書米襄陽嘗曰子點山谷如漢人作隸趙松雪寫枯木竹石題曰石如飛白木如籀寫竹還於八法通若也有人能會此方知書畫本來同近世蝯叟關竹松禪山水其畫耶抑書耶道人既歿將與天下能讀髯畫者質之癸亥春農髯

鬻書直例

楹聯 丈二尺四十元 一丈卅元 七八尺十八元
六尺十二元 五尺十七 三四尺八元

堂幅 丈二尺四十八元 一丈四十元 七八尺二十四元 六尺十四元 横幅同 堂幅冷金箋倍直
五尺十二元 四尺十元 三尺八元 四行爲例

屏幅 丈二尺每幅卅六元 一丈卅四元 七尺八尺十八元 五尺以上三行四尺二行每加一行加二元
六尺十二元 五尺十元 三四尺八元 横幅同 冷金箋倍直

卷子冊子 每尺十元 團摺扇 每柄十元行草不減 名刺每字三元 銅牌及書扇冊首同

牓書 每方尺五元 三四尺每方尺八元 行草不減

(一)行草比于真書減一元篆書倍直隸書加半
(二)壽屏碑誌書畫題跋中堂屏幅指臨碑帖全文者別議
(三)冊頁以一尺爲度過則倍之每開五行爲例
(四)屏聯來文加倍金箋書絹綾子畫金硃箋加倍加烏絲欄者別議楹聯過八言加倍

鬻畫直例 花卉

堂幅 一丈百廿元 七八尺八十元 六尺四十元 四五尺三十元
二三尺十八元 横幅同

屏條 一丈八十元 七八尺五十元 六尺四十元 四五尺卅元
二三尺十五元

冊子卷子 每尺十二元 扇面 每柄十二元 小扇不畫

(一)山水不論粗細筆照花卉加倍畫佛照山水加半松梅通錦屏加倍點景加倍金箋加倍水墨設色同直寫紙不畫
(二)書畫磨墨費加十之一

通信收件處上海東有恆路六百三十七號衡陽曾寓
上海各大紙店
漢口新昌里大新印刷公司　衡陽補郵堂　長沙師古齋

書畫直例　1926 年

張善孖畫例

戊辰五月重訂

張澤字善孖蜀之内江人好畫虎嘗因稱之曰虎癡門人季爰之兄也嘗居上海之三歲季爰居門下一日持善孖所爲十二釵圖乞題嘗曰是不爲閨閣綺麗之辭季曰虎耳大驚展睎果十二虎踞者立者渴飲者怒者媚者極數變態皆奇想天開嗟乎善孖其善以畫諷世者歟去歲來滬攜其平日所畫虎大者丈餘小或數尺或寫羣虎爭食喻當道或者或寫犬而蒙以虎皮喻賢者中之又賢者嗟乎張生何諷世之深耶然予觀古來畫虎者每多類犬寗生家又但能傳其皮相不能得虎之天性君操何術至此善孖曰予因畫虎遂豢虎有年矣虎性貪利得肉予每日以肥豚大方飼之待其飽然後弛其鐵繩縱之大壑須臾風生若怒若醉長嘯奔舞山谷異狀及其饑復置肥豚柙中虎且搖尾而前若敬主人者嘗曰虎得肉足耳且知有主人耶善孖又善畫佛甘於山水鳥獸皆能折衷中西法取其所長近與嘗論畫且學書其爲人端愨任事勤密讀善孖畫可以知其人矣　農髯曾熙

山水人物走獸

堂幅　丈二尺八十元　六尺廿四元　一丈六十元　五尺二十元　八尺四十元　四尺十六元　七尺三十二元　三尺十二元

屏幅　丈二尺每幅六十元　六尺十六元　一丈四十元　五尺十二元　八尺三十二元　四尺十元　七尺廿四元　三尺八元

横幅　整幅同堂幅　半幅同屏

琴條　同屏

卷子　每尺十元　冊子　每尺八元　摺團扇　每柄八元

花卉

堂幅　丈二尺六十元　六尺十六元　一丈四十元　五尺十二元　八尺廿四元　四尺十元　七尺二十元　三尺八元

屏幅　丈二尺每幅三十二元　六尺十元　一丈廿四元　五尺八元　八尺十六元　三四尺六元　七尺十二元

横幅　整幅同堂幅　半幅同屏

琴條　同屏

卷子　每尺六元　冊子　每尺四元　摺團扇　每柄四元

以上均係寫意工細加倍點景加倍寫意二十日取件工細四十日取件金箋加倍絹素不加

劣紙劣絹不應

作畫之餘間喜作篆有相索者與花卉同直楹聯同屏

磨墨費加十之一

收件處上海派克路益壽里佛記書局及各箋扇店

通信處上海法租界西門路西成里沿馬路一百六十九號張寓

外埠收件處北京宣武門大街南頭路東光華照相館
漢口前花樓張美之巷口永興祥號

爲張善孖訂書畫直例　1928 年

季蝯書畫例言

戊辰五月重訂

張蝯字季蝯内江人生之夕其母夢黑蝯坐膝下覺而生季因名蝯字曰季蝯季性喜佛故曰大千居士季之仲兄曰善孖畫人物山水尤好畫虎蜀中與京師士大夫多爭取之然與季少時皆受筆於母季昆季十二人每歲學金皆出自母氏筆墨季入學校數歲謂科學少生人之趣不足學遂東渡與日本名宿參論中日畫理又以日人新舊頗雜不足學歸游名山日與僧人言禪學一日執贄就髯席請曰願學書髯曰海上以道人爲三代兩漢六朝書皆各守家法髯好下已意不足學因攜季見道人道人好奇見季年二十餘其長髯且過髯與語更異之繇是季爲髯書復爲道人書人多不能辨近則刻苦求於髯與道人書之外卓然自立矣季初爲畫喜工筆人物及見髯與道人論畫山水則喜方方壺唐子華吳仲圭王叔明大滌子花卉則喜白陽青藤八大及揚州諸老季昆季中多嗇爲計學近又蜀中富人矣因不汲汲自見然終日爲人奴隸亦何所取因爲之定其書畫例季倘有賜弟曰君綬年未冠書畫皆過其兄前歲入都觀内府所藏以書遺季曰將蹈海然無蹤跡或以爲遁入海外禪林云

甲子春　農髯曾熙

花卉

堂幅　丈二尺六十元　六尺十六元　一丈四十元　五尺十二元　八尺廿四元　四尺十元　七尺二十元　三尺八元

屏幅　丈二尺每幅三十二元　六尺十元　一丈廿四元　五尺八元　八尺十六元　三四尺六元　七尺十二元

横幅　整幅同堂幅　半幅同屏

琴條　同屏

卷子　每尺六元　冊子　每尺四元　摺團扇　每柄四元

山水人物

堂幅　丈二尺八十元　六尺廿四元　一丈六十元　五尺二十元　八尺四十元　四尺十六元　七尺三十二元　三尺十二元

屏幅　丈二尺六十元　六尺十六元　一丈四十元　五尺十二元　八尺三十二元　四尺十元　七尺廿四元　三尺八元

横幅　整幅同堂幅　半幅同屏

琴條　同屏

卷子　每尺八元　冊子　每尺六元　摺團扇　每柄六元

書例

堂幅　丈二尺三十元　六尺十元　一丈二十元　五尺八元　八尺十六元　四尺六元　七尺十二元　三尺四元

屏幅　丈二尺每幅二十元　六尺六元　一丈十六元　五尺五元　八尺十二元　三四尺四元　七尺八元

横幅　整幅同堂幅　半幅同屏

楹聯　丈二尺二十元　六尺五元　一丈十六元　五尺四元　八尺十二元　三四尺三元　七尺八元

琴條　同屏

卷子　每尺四元　冊子　每尺三元　摺團扇　每柄三元

(一)隸直行草同直篆書加倍來文加倍　(二)畫件點景加倍工細加倍金箋加半劣紙劣絹不應　(三)壽屏每幅廿元　(四)碑誌及名人書畫題跋别議　(五)牓書每尺二元至三尺者每尺三元　(六)名刺每字二元書眉冊首銅牌減半直　(七)刻印石章每字二元餘不刊　(八)磨墨費加十之一

收件處上海派克路益壽里佛記書局及各箋扇店

通信處上海法租界西門路西成里沿馬路一百六十九號張寓

爲張大千訂書畫直例　1928 年

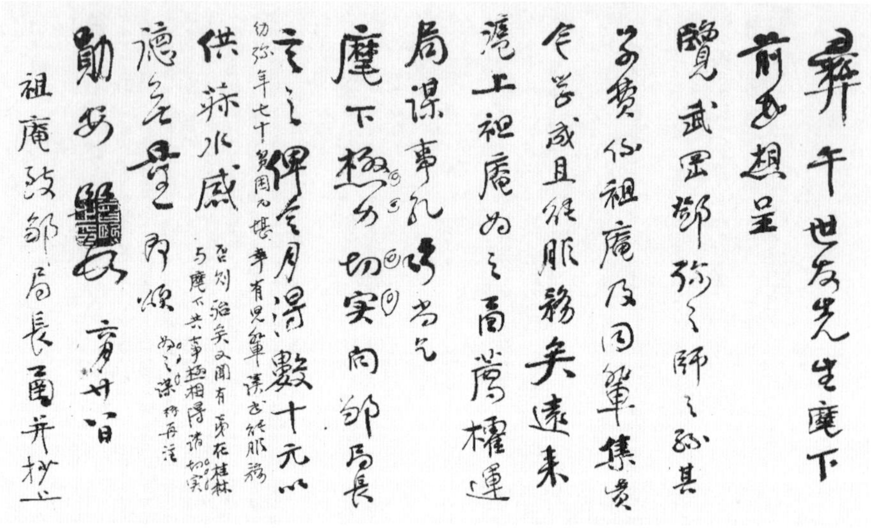

致趙恒惕書　1927 年

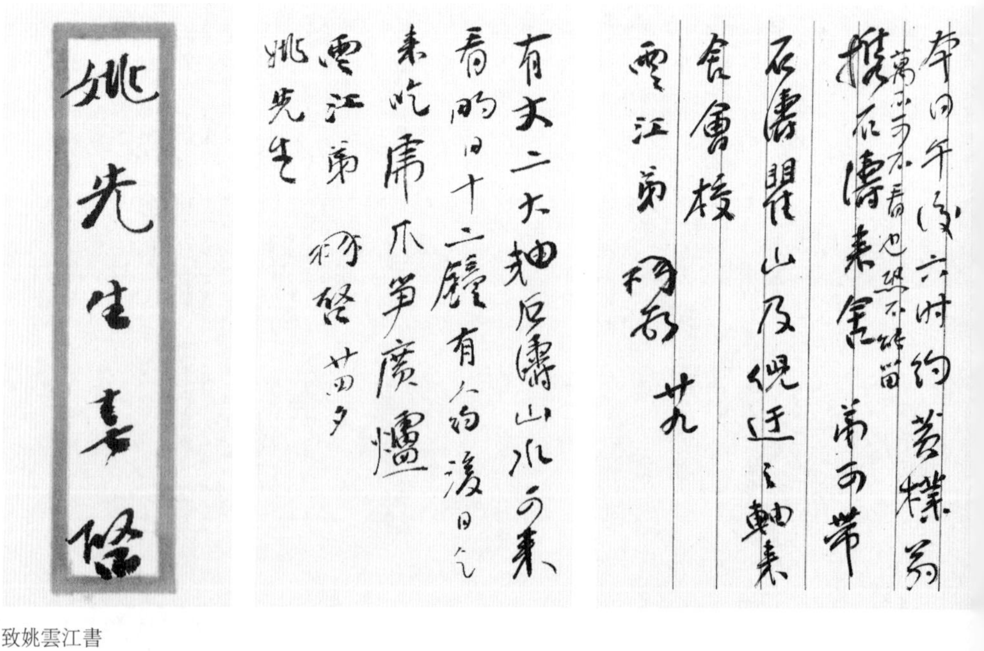

致姚雲江書

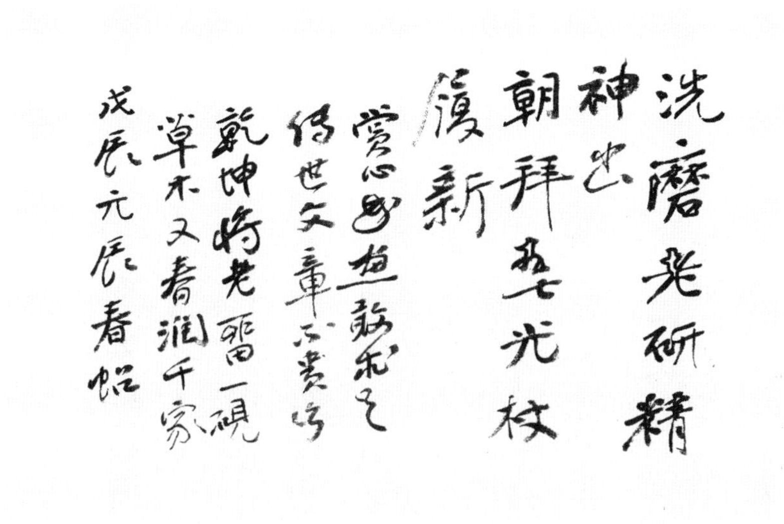

春帖　1928 年

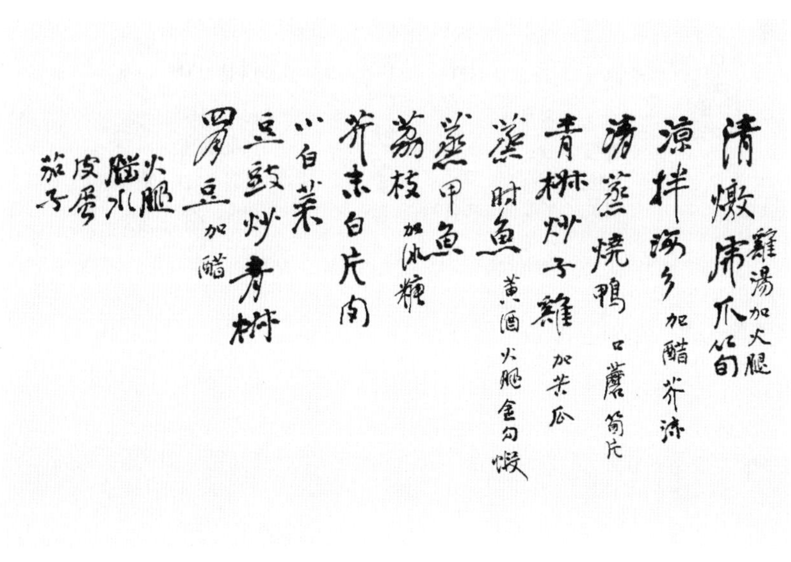

宴客菜單

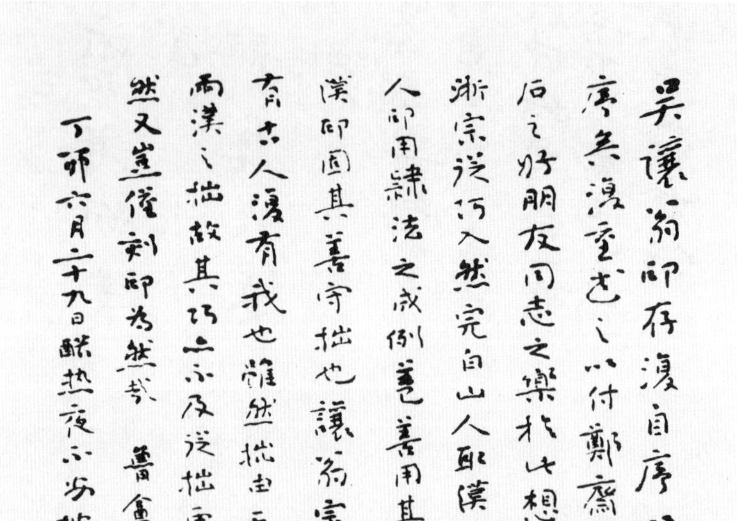

吳讓之翁印存復自序以遺稼孫撝叔既為稼孫序矣復重言之以付鄭齋又復為鄭齋所藏當日金石之好朋友同志之樂於此想見撝叔之言曰徽宗從拙入浙宗從巧入然完白山人取漢人碑額生動之筆以變漢人印用隸法之成例[illegible]善用其巧也丁黄刀法取巧然墨守漢印固其善守拙也讓之翁宗完白而撝叔別闢蹊逕所謂有古人復有我也雖然拙由天性巧從機發六朝人不及兩漢之拙故其巧亦不及從拙處得巧毋從巧用巧也若吾[illegible]然又豈僅刻印為然哉　魯盦好古當不河漢吾言

丁卯六月二十九日酷熱夜不安枕檢此識之[illegible]

題張魯庵藏《吳讓之印存》 1927 年　西泠印社藏

題張大千臨石濤山水圖卷　1928 年

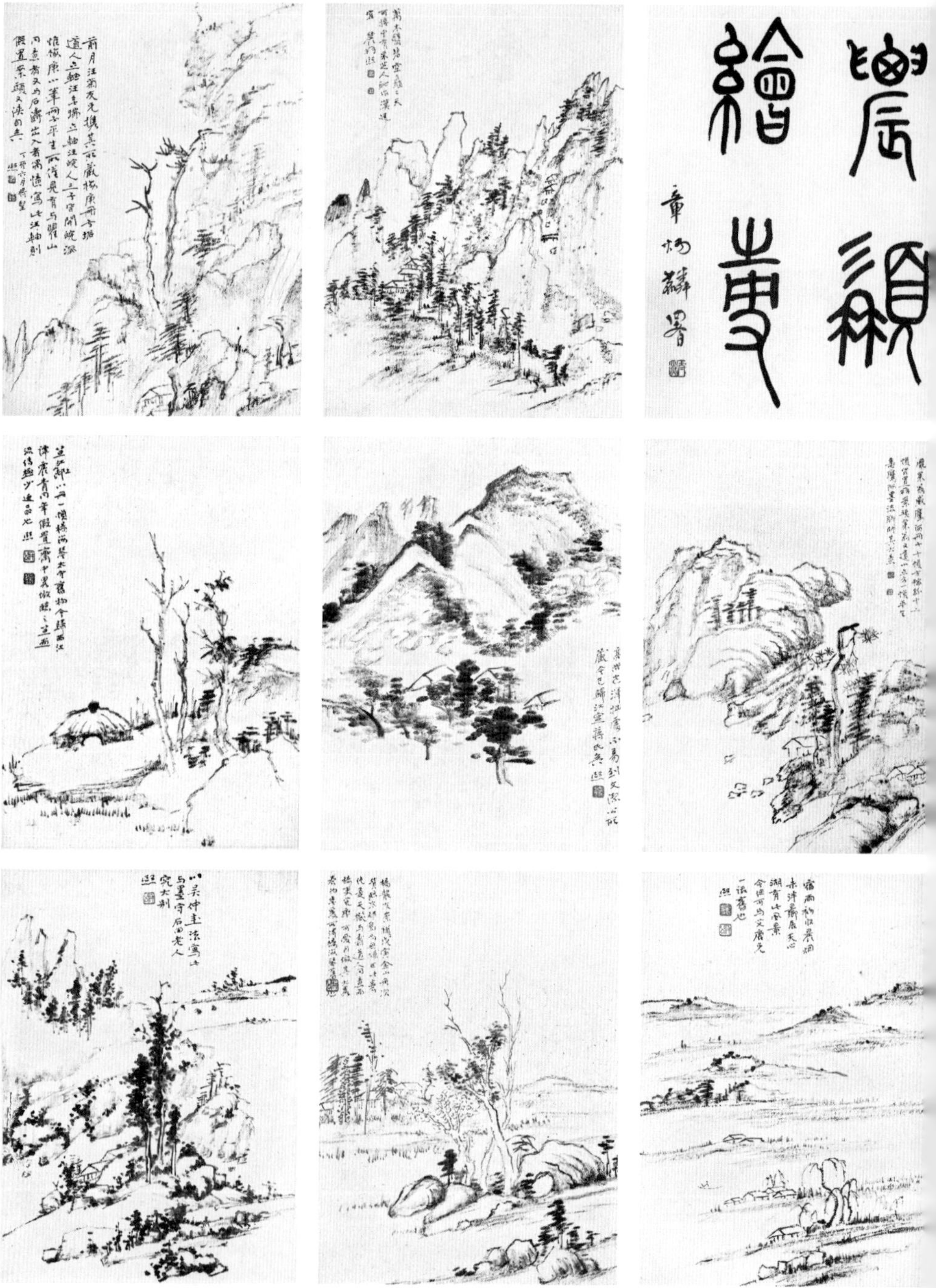

贈馬宗霍山水圖冊十二開　1927 年

農髯以畫示世人數年前事耳然其畫蘊蓄
胸中者蓋數十年平日所游名山大川所見古今
名跡一旦噴薄而出奔赴腕下宜其
邈然高絕不可追攀此不當於畫求之者而畫
之工莫是過矣松雪論書以朝學執筆暮已自
詡為未俗豈知畫中有此超凡入聖之一境乎
故拈出之以告世之徒求工於書畫者未知
宗霍先生以為當否　戊辰清明延闓

楊越以數人圖宮殿夯授
筆法直引出宮殿今觀
之髯生南岳所見已奇更
歷南北閱覽山川故筆迹
與尋常蹊徑少異云
中華民國十七年季秋章炳麟

農髯與清道人皆以書勢名天下顧
皆晚歲始作畫余嘗兩哂其為蛇足徒弄
枝猾耳久之乃愈為世所推重以謂可攀宋
元名輩即余亦無辭蓋二子胸中所具邱
壑忍俊不禁鬱積而一吐其奇所習在
意在目不在手故自然成異境非餘技
也農髯所就或過清道人此十二幀
寫授宗霍者尤高澹獨絕癸酉冬十
月散原老人陳三立年八十有一

余初遇髯在歲己丑同赴鄉試時一揖通姓名後即相攜同遊
城中一古寺寺名今忘之矣天陰欲雨秋氣蕭人兩人衆回廊
廡間不見一僧髯摭階間落葉視之辨其為楮葉欲以遺余
心獨愛其甚久不之忘顧亦莫能究所以愛其之故別後不相聞者
且十年歲戊戌復相遇京師余備座晉陽寺髯與清道人同來非
川館髯與清道人互相誤猶為兄弟朝夕斷斷論書家南北宗之說
[illegible]
[illegible]
[illegible]
[illegible]
且深入山中絕世事[illegible]余自謂歸[illegible]與清道

人嘗字漁上不重與[illegible]十年不衰為當世所
[illegible]
[illegible]
[illegible]
[illegible]
[illegible]
[illegible]
[illegible]
[illegible]

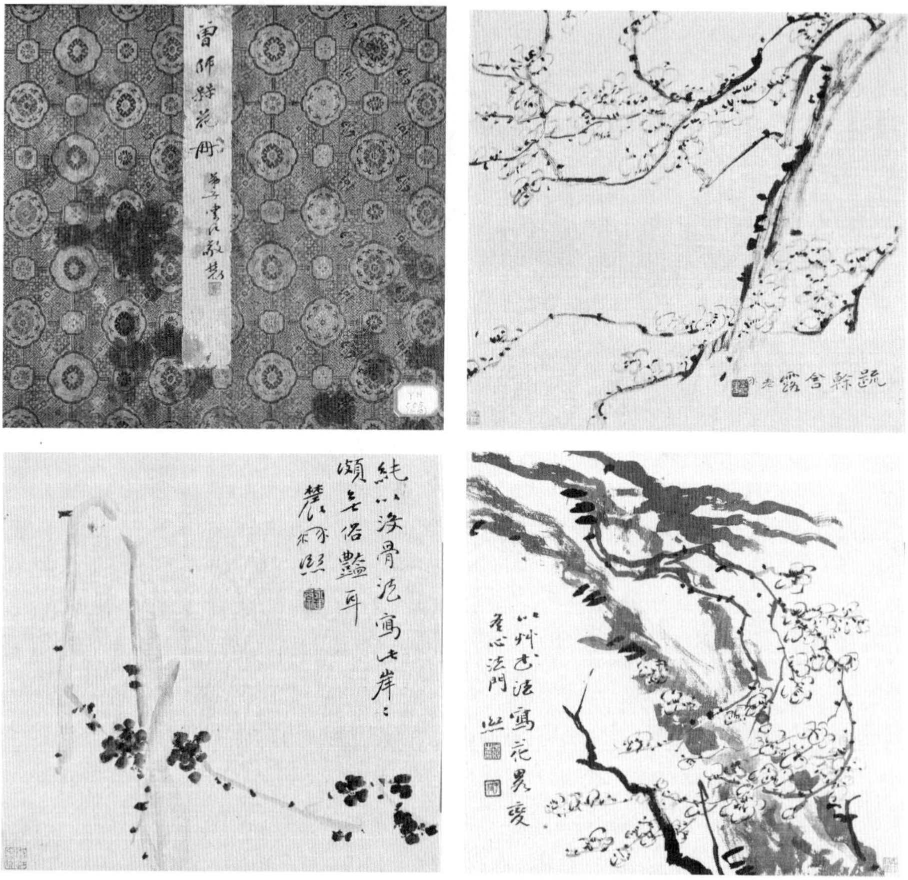

梅花圖册十開　1928 年

以篆法為之當是齋
農墨變相耳 熙

梅窩

絹油不能設色因筆尚生辣仍
題之存之 熙

意在倪南阜設色乃突入
元人矣 麓邨熙

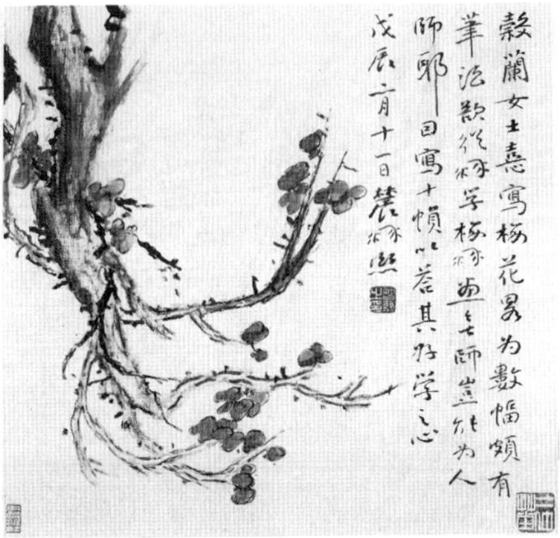
穀蘭女士喜寫梅花畧為數幅頗有
筆法欵從邨学梅邨畫之師豈能為人
師耶因寫十幀以答其好学之心
戊辰二月十一日麓邨熙

赠方介堪人物扇面

赠金城书画合璧扇

至大武家,看甘翰丞藏《晚香堂帖》,亦只廿四卷,與吾家本、何臨本互有出入,知亦非完帙矣。吕滿來。還家,見張静江,欲請余書其父墓銘也,坐久始去。偕大武、吕滿至俞明頤家,聶六、散原、曾九、簡叔乾、陳隆恪皆在,菜殊豐美,飲一斤許止。堯衢來,談頃之。余送曾大至大世界,乃往訪朱益之,久談出。過孫哲生,遇褚民誼、楊暢卿,談頃之。至伯夔家,爲書其妻墓上石,遂偕淑女携娟寶歸。淑携有所製肉筍包,食七枚。爲人書一聯、一扇。徐志摩爲其伯父蓉初乞書,云其曾伯祖傅三先生爲先公己酉座師也。與諸兒女略談,十時半即睡。"

1927 年 12 月 31 日丁卯十二月八日致書譚延闓,商議向樂穀托售藏品。

與譚延闓書:"尚未走賀,弟當知我初間有深憂也。昔則境苦心甘,今則境甘心更苦,亦無可如何耳。樂兄托售數件,其△出者,歸熙受之,《麻姑壇》宋拓,價尚可商量,餘一言堂耳。即頌畏公年福,熙頓首。八日。"

本年,與李瑞奇赴松江韓宅觀畫,見有王石谷山水册,所畫蒼肆,純以韵勝。

按:見己巳冬十月條題石谷山水圖册。

1928 年 民國十七年 戊辰 六十八歲

1928 年 1 月 1 日丁卯臘月初八日,爲《白龍山人墨妙》第四册題籤與扉頁。

題扉頁:"白龍山人墨妙。丁卯臘八,熙題。"(《白龍山人墨妙四集》,西泠印社丁卯十二月版)

1928 年 1 月 3 日赴譚延闓家,吕滿宴客,到有陳散原、余岸稜、汪九、聶潞生、聶慎餘,俞明頤散席半至。譚延闓明赴南京。

《譚延闓日記》同日條:"一月三日晴,寒暑計四十度。(以夏侯純陀造象拓片題寄文素松。)發信:大生 1、頌雲。受信:頌雲。八時起。楊文蔚來。與大武、年年同車至雙龍校表,遂至新新公司訪堯老,不遇。過裱畫店一看,乃歸。散原、(曾九)、余岸稜、汪九、吕滿、聶六、聶十咸至,吕滿設饌享吾輩也。繩、年、曙郚及吾兄弟,凡十五人,俞明頤席半至。菜甚豐美,尤以密(秘)製火骽爲最。散後稍坐,送散原至大世界,吾往訪子文、幼京,遇方韵松、王允恭、陳季良。出至梯雲家一談，乃至伯夔處，與淑女及娟寶同出，送之吾家，而余入大世界，看諸人打詩寶。與汪九、俞明頤、吕滿歸，飯大武家。(大毛來。)余右齲齒忽作痛，恐將脱矣，甚不樂。客去，至卧室静坐，服洋參。明日赴寧，從此多事矣。今日宴諸女客，始散，得漢電，爲之不怡，作書復電。王允恭來談。心境不佳，始知羊叔子之言碻也。十二時半睡。"

丁卯臘月，題譚少雲《花鳥圖》。

題譚少雲《花鳥圖》："少雲小友，從缶叟得筆，而逸秀之氣，稟之天性，喜後進之多才也。丁卯臘月，農髯曾熙。"(《曾農髯遺蹟》，收藏者蔡逸民、王一亭，編輯者李良臣，上海華商書局 1931 年 2 月版)

按：譚少雲(1901—1988)即譚志仁，號鳳皇山人，擅花卉。父組雲。

丁卯臘月，觀季守正印譜，爲之題詞。

題季守正印譜："守正先生工八分，頗有明季諸老風韵。又工鐵筆，上追秦漢。今歲游日，日友乞書與刻印，日不暇給。其將踵吴、王而興者乎！爲之狂躍。丁卯臘月，曾熙。"

王一亭題："守正仁兄，作隸之餘，兼工鐵筆，縝密之功，乃深得於秦璽封泥者，故其古趣深沈在一粟一秒間，於今世尤未多覯也。展讀數四，頃佩無已。白龍山人。"(《慈篌季氏叔姪書畫合册》，1935 年出版)

按：季守正(1875—1949)，號無暇居士，浙江慈谿人。工書、擅畫、精篆刻。

丁卯臘月，郭兆霖爲其曾祖母廖太夫人鎸《清芬録》，爲書"殉夫易，撫孤難，苦心蚤承天鑒；受册封，建坊表，盛德聿啓家祥"隸書十二言聯。

自書隸書十二言聯："殉夫易，撫孤難，苦心蚤承天鑒；受册封，建坊表，盛德聿啓家祥。誥封夫人旌表節孝郭母廖太夫人早經建坊立祠，撰此頌之。丁卯臘月，曾熙撰書。"(《郭節母廖太夫人清芬録》，1929 年際出版)

丁卯臘月，爲方稼蓀(孫)題所藏藍瑛《擬吴鎮王蒙兩家法山水圖卷》。

題藍瑛《擬吴鎮王蒙兩家法山水圖卷》："此蜨叟老人仿叔明極精之作也。蜨叟以一榻直下之筆寫梅花庵主，復以破碎之筆寫叔明，取兩家之所長，乾溼並用，逸興遄發，良不易到。此卷假置案頭將半歲矣，題以歸之。稼蓀先生雅屬。丁卯臘月二十日，熙。"

鈐印：曾熙之印(白文)。農髯(朱文)。

高邕之題引首："黄鶴精神。光緒乙未得於上海，宣統庚戌重裝題記，高邕。"

張大千題："此高聾公舊物，曾影入《泰山殘石樓畫集》中，後歸四明方稼蓀先生。方君與先農髯師交至深，每有所得，必乞先師鑒題。已而中日戰起，又流入日本，日人即入《南畫大成》。勝利後，乃爲于髯翁之長君望德所得。此五十年中展轉易主，予皆寓賞，頃又歸之鋭兄。鋭兄收藏三代兩漢六朝宋元以來磁銅玉石甚富，鑒别書畫尤精，出此屬題，爲婕叟慶得所，而亦自慶墨緣不淺也。庚戌四月十五，時目障方小愈，書不成字，幸諒幸諒。大千居士爰。"(中國嘉德 2011 年春拍圖録)

此際，爲郭兆霖祖母廖太夫人坊表書"節並松筠"横匾。

自書："節並松筠。欽命廣東提督學政葉爲誥封宜人節孝婦郭廖氏立，光緒九年莀月中浣穀旦。衡陽曾熙書。"(《郭節母廖太夫人清芬録》，1929 年際出版)

鈐印：曾熙之印(白文)。農髯(朱文)。

按：匾語爲光緒九年所建牌坊上之語，曾熙當應郭兆霖之請重書，仍依舊匾所書年款。

汪祖佑拜師學書畫及詩文。

按：見下 1929 年重陽後二日題女弟子汪祖佑《山水圖》。

1928 年 1 月 12 日丁卯臘月二十日，寫《紅梅圖》。

自題："留此丹心，照曜朱明。坐有宋玉、枚乘、司馬相如其人，請爲髯賦之。丁卯臘月二十日，農髯曾熙。"(臺北長流畫廊藏)

設色紙本。145.5×78.5cm

鈐印：曾熙之印(白文)。農髯(朱文)。

1928 年 1 月 15 日祀竈日，爲馬宗霍寫山水册頁。

按：見本年六月將望條。

是日，爲林尔卿題郭畀《仿米家山水卷》。

題郭畀《仿米家山水卷》："房山設色極濃厚，煙客尚能得一二筆，麓臺亦酷學，但苦刻堆砌，不能自然，然人尚可學步也。至水墨數筆，驟視疏澹，愈玩愈覺其厚密。前見房山《巢雲圖》，今見郭氏此卷，世無房山，得此斯可矣。願尔翁十城勿易也。丁卯祀竈，農髯熙。"(紐約蘇富比 1987 年秋拍圖録)

鈐印：曾熙之印(白文)。農髯(朱文)

1928年1月16日,致書譚延闓到,譚回信。

《譚延闓日記》同日條:"一月十六日晴,寒暖四十八度。發信:第七、曾九。受信:第五、曾九、汪九。八時半起。劉式夫來,爲江都縣所窘,欲求救,爲作書與張士仁。蕭禮衡來求事。出至政府紀念週,陳參事報告國際情形,僅説日、俄已一小時許,有博士賣驢之風。何敬之復説頃之,與協和皆作壯語也。上樓,蔣雨巖、宋子静、朱益之至,同餐。鄒琳以宋子文書來。陳元伯、葉香石來,談佛而去,余遂歸。眼花愈甚,非鏡不行,豈看書之効耶?然仍閲《湘綺日記》如故,竟日至辛巳止。夏斗寅來,一坐去。晚,約陳雪軒、蔣雨巖、朱益之、黄衡秋、張岳軍、賀貴嚴飲,以蘧孫作陪,雪竹中席乃至。菜非甚豐,客亦無知味者。散後,蔣、張、賀久談乃行。今日咳愈甚,豈不戒煙致之耶?明將戒煙以觀究竟。大武信來,言道州所藏《禮器》、《張遷》在錢沖甫處者,欲賣三千元。道士賣與錢時未必有此數也。一時半乃睡。"

1928年1月21日,段彝廷以譜主畫求譚延闓題。

《譚延闓日記》同日條:"一月二十一日雨,寒暖四十八度。(夜赴滬)十時起。黄玖瑜在坐,正喫麵,爲余注射左,仍止咳者,久無効,應故事耳。俞希稷來,言財政事。午,出至介石寓,與其夫婦同飯,談久之,楊杏佛遂起。歸寓,鄭赤崇來,李炎光來,云外所傳四十四軍將有他者,讆也。看《湘綺日記》。協和携第四子來,云其第三子病頗劇,久談乃去。段彝廷以曾九畫求題,欲作一詩而未能。余岸稜來。晚飯後,偕吕滿、楊文蔚往滬,八時二十分至車站,獨據一車。子文來談,在前車也,更前則何敬之車,云專車當先票車行。楊杏佛來,無坐處,乃許其附吾車,張岳軍亦然。陳雪掀則云車太小,已徑去票車矣。至子文車一看,張壽鏞來一坐。忽敬之云不去,則吾車當附票車,武人信不知物力也。方寫日記,忽又云敬之仍當來,而票車顧先開,事之不恒如此。十時,何來,少坐,車開。十一時,與吕滿對牀眠。"

1928年1月22日丁卯除夕,爲同鄉魏紹殷寫山水册。

自題一:"石谿用赭如用墨,故能澀,能毛,能深厚。去歲徐小浦所得四大段,甚悔以值重失之。"

自題二:"以鄒衣白筆勢爲此。農髯。"

自題三:"郭天錫樸拙,直可作高尚書讀。熙。"

自題四:"距予所居十里之石門如此,每過必停車坐也。熙。"

自題五:"湖鄉雨後有此景,壬寅歸舟如在目前。"

自題六:“潛道人藏九龍山人《枯木竹石》一小方,骨峭韵逸,背臨之。農髯熙。”

自題七:“適吾所適,不問所適。偶見明人集册中有此幀,寫其大意。熙。”

自題八:“農髯熙。”

自題九:“張生季爰所得岳雪樓子久卷子,去歲除夕始歸髯篋,此幅取其筆而已。”

自題十:“惟此雙松,飽餐霜雪。鬱鬱蒼蒼,超然浩劫。紹殷老哥近喜以六法自遣,寫此質之。丁卯除日,弟熙。”(私人藏)

紙本。18×28cm

鈐印:髯公(朱文)。曾熙之印(朱文)。戲海樓(朱文)。

題籤:“曾熙先生山水精品十幀。癸未仲夏,韓敏題。”

按:魏紹殷(1861—1943),湖南舉人。與曾熙爲同鄉同年又同學,長曾熙一日,故以兄事之。晚年居滬,以書畫自娱。

1928年1月24日上午譚延闓過訪,尚未起身乃去。

《譚延闓日記》同日條:“一月二十四日陰,寒暖四十三度。發信:吕康伯。八時醒,復睡,至九時始起。申憲來見,何鍵所使,較餘人爲有識。吴子承來。與大武、繩、秋、祥、韵喫湯餅。俞明頤來。遂與大武率繩、秋、年同出至曾九家,則未起。過聶六,未在,乃赴吕滿約,主人未歸,稍坐,待夏五,忽入汪九,曾大、聶六旋來。吕滿歸,唐心滌、羅伯蒼亦入,乃設食。仍飲乙未酒,人盡一壺。將散,李純生入,菜甚絜,用吾法作炸醬麵,而不用醬,亦佳也。諸人嬲純生唱京調,以無絃,哼哼而已。余送俞、汪、曾、吕、大武至大世界,而自訪李德鄰。遇伍梯雲,云明日與胡、孫同赴歐美,爲之悵然。今日得詠安電,云移軍嘉魚,甚爲驚疑。見李乃知葉變成事實矣。伍去,潘宜之來,亦言鄂事。過哲生,送行遇林焕庭及宋淵源。訪何敬之,又遇梯雲及張幹之。出過梯雲,稍坐。至大世界,則大武等已去。人湧如潮,急出,還至大武家,方飯,遂入座。黎萊歡自法國歸,同妻來此,與談久之去。看《湘綺日記》庚子一卷。步歸,十一時睡。今稍寒。”

大除日,歷時半年,爲馬宗霍寫山水册頁十二幀完成。

按:見本年六月將望條。

戊辰元旦,書春帖迎新。

自書:“洗磨老研精神出,朝拜春光杖履新。賞心書畫敢求之,傳世文章不貴

多。乾坤將老留一硯,草木又春潤千家。戊辰元辰春帖。"(私人藏)

1928年2月5日,譚延闓抱病爲段彝廷題譜主大幅畫。

《譚延闓日記》同日條:"二月五日晴,寒暖五十度。受信:江師母。展轉反側至十時半乃醒。甚疲憊,殆病矣。今日有西花廳議事及國府歡迎法公使,皆謝不往。蔣介石、于右任、蔡孑民、張靜江、李石曾來。强起見,談常務(委)員選舉,迄無善法。去後復睡久之,頗畏寒也。起食粥。協和來問吕滿病,不知其去滬也。假寐頃之。介石夫婦來,欲邀我至其家,謹辭恪辭。閲《湘綺日記》至丙辰,是卒前數日也,凡卅二本,二十三日乃畢。牛惠生來爲余診,决爲腎藏(臟)慢性炎,云必有蛋白質,宜禁食鹹。又云必入醫院始能精測醫治,以爲欬亦與腎有關也。牛此來乃宋三約來辦病院者。晚,食清湯麵,初覺有味,盡一盌即厭之,勉更一盌,不能進矣。爲段彝廷題曾九畫大幅。十一時半就睡。"

戊辰元宵,酒後爲譚少雲題其《花鳥圖》。

題《譚少雲花鳥圖》:"少雲畫友,幼侍庭訓,長游缶叟之門。今睹此幅,筆蒼勁而深厚,恰似缶叟七十歲時所作,所謂中郎已矣虎賁在,傳缶叟之學,當在少雲,傾佩無已。戊辰元宵酒後,農髯熙識。"(《曾農髯遺蹟》,收藏者蔡逸民、王一亭,編輯者李良臣,上海華商書局1931年2月版)

戊辰元月,作《古松》扇面。

自題:"陶徵士昔年所撫。戊辰元月,農髯熙。"

鈐印:曾熙之印(白文)。

朱大可書:"師諱熙,字子緝,别號農髯,湖南衡陽人。少孤,事母以孝聞,受業武岡鄧彌之之門。光緒某科成進士,特旨授兵部主事。值拳匪之亂,師負母間道走天津,三日夜始達,踵趾皆穿。自是,絶意進取。趙爾巽撫湘,聘師與熊希齡、譚延闓分監師範學校。師任事尤久,衡湘子弟泰半皆師門下士也。國變後,杜門不出。已而,臨川李梅庵易名清道人,鬻書海上,求者踵接。梅庵語人曰:我書何足稱道,衡陽曾君,斯真當代之太傅也。迺遺書拜之,師欣然報可。自是,海上論書者分南北二派。南派自《張黑女》、《瘞鶴銘》以溯秦漢,師爲之宗。北派自《鄭文公》、《爨寶子》以窺鐘鼎,梅庵爲之魁。然,師於各家之書無不臨摹,尤得力於中郎《夏承》、《華山》諸碑。晚年好作畫,意境在清湘、八大間,蓋所遭遇者有同然也。師風度端凝,鬚髯飄拂,望之如神仙中人。性好獎進後生,載酒問字者,常數十人。以庚午七月疾歿滬上,年正七十。有子四人,孫若干人。聚之先生以髯師遺畫便面索書，哲匠當前，不敢比美，因録舊撰髯師小傳於後，俾見者共知景仰云爾。大可。"。

1928年2月，與譚組安、黄藹農等爲長沙畫家譚炳勳代訂山水潤格。

《介紹山水名家譚炳勳》："譚君家駿，字炳勳，穎慧篤學，琴書詩畫，各有心得，尤善山水。原居長沙九峰山下，因號九峰煙樵。壯年提劍走粤桂閩浙、直魯豫奉、湘鄂蘇皖，所至有聲，裘帶雍容，以畫自樂，因又號劍影閣主人。生平好游名山大川，畫境因以益進，筆墨蒼秀渾古，上追宋元，下溯四王、吴、惲，而不宗一派，頗爲名流所稱許。軍書旁午，執筆鮮暇，得其畫者，恒珍如拱璧。因代擬山水潤格，以便世之求煙樵畫者。(潤例略)譚組安、曾農髯、黄藹農、商笙伯、王一亭、吴待秋、趙叔孺、向樂穀代訂。"(1928年2月6日《申報》)

1928年2月9日，譚延闓寫信來。

《譚延闓日記》同日條："二月九日晴，寒暖四十度。發信：十三、曾九、重伯、程、白、何。受信：重伯、十二。八時半起。申憲來，以湘書與之。周可均來，林益簡來，曾兆祥、兆六來。黎雨民來，立談而去。出遇葛崑山於門，亦立談去。至大學院開教育行政會，吾非政治委員亦被邀，殆誤也。與蔡孑民久談。委員半不至，改談話會。蔡外惟張乃燕、楊杏佛、張少蘇、金曾澄、韋慤，研究季陶所提案。登樓小飲，且飲且談，菜則市沽也。散後，又談久之乃歸。宋美齡偕其弟子良來，云介石已往徐州。昨以爲尚須幾日，不意鶻突如此。張岳軍來，何敬之來，頃之，其妻王文湘亦至，又稍坐乃偕去。今日始寫畢《麻姑壇記》，稚弱可笑，仍不脱卷摺氣，可恨也。侯石年來，何雪竹來，爲宋皐南游説，久談去。晚飯後，作書寄滬。與吕滿談政府事。十二時寢。"

1928年2月14日戊辰正月廿三日致書旅居日本之趙祉威。

與趙祉威書："拙甥便鑒：去臘及今歲得甥書，知垂念家園，此間亦兩月未得令妹手書，寄款亦未得復，又從重伯宗丈探問，亦久不得長沙信，凡自長沙來，但言近日亦無他項新聞，甥不須着急也，俟得信即隨告(尊公行狀極是，情文備至，略易數字即寄上)。彝叔安居如常樂，病亦漸愈，墨庵月百八十元，少濟家用。宗霍仍就大夏學校，鐵年生意平平，渠衡州住宅已售與髯(三千四百元)。將來特别畫與汝妹與珂男(卓为湯舅母之季子，珂尚在學堂又居季)，以兩男均居季而力弱也。髯去年所收足八竿，然以買宅仍不敷用。甥畫卷子，乞將重伯詩卷紙寄一尺寸，即爲之。如日本有白細高麗紙(日本自製之薄紙不適用)幸先寄一二張，能出墨味再托買可也。甥旅居以多讀有用之書，間以詩自遣，亦足以養性。髯體頗適，舅母以下均安。(此間極寒，日本如此?)此詢旅況，髯啓。正月廿三。”

1928年2月15日立春後十日，寫《松樹圖》。

自題：“風風雨雨，且歌且舞。獨立千年，橫眄六寓。戊辰立春後十日嚴寒，農髯熙。”

鈐印：曾熙之印(白文)。農髯(朱文)。

同日寫《梅圖》，頗得意，以清道人不得見爲憾。

自題：“皎皎冰雪姿，相依歲寒時。貞白誰相諒，獨故人知歲。戊辰立春後十日寫此梅，頗自快，惜吾友李仲子不及見也。因繫以句。”(《大風堂存稿》)

按：此圖題有“惜吾友李仲子不及見也”語，或即本年下半年參加第九屆天馬會美術展覽會之畫。

1928年2月18日，長沙畫家郭宜盦避戰亂來滬，與王一亭介紹其山水篆刻。

《山水免潤》：“長沙名畫家郭宜盦先生，避難來滬，免潤三月，以結墨緣。四五尺屏：甲種每堂收墨費十六元，中堂八元；乙種四五尺屏每堂五元，中堂二元半。餘照潤例減半。刻印石章每字三角，牙章五角。畫件刻樣，蟫隱廬均有樣本。收件處五馬路錦潤堂、三馬路新聞報館對門蟫隱廬。王一亭、曾農髯介紹。”(1928年2月18日《申報》)

1928年2月23日，陳叔通出所藏陳憲章《梅花圖》卷賞覽。

按：見下條。

1928年2月25日戊辰二月五日，趙恒惕招飲陶樂軒，譚澤闓携名酒，曾重伯行酒令。歸後題《梅花圖》。

自題：“前日，百梅花書屋(按：即陳叔通)以所藏陳憲章梅花卷出賞。柔枝繁花，煙露芬艷，題曰：孤山煙雨。繇髯觀之，直梁園才人乞供奉，非林處士之風也。髯不敢擬孤山，然骨清癯而神澹逸，其不岸岸而遠於俗者耶！寫成以西湖蓮心茶賞之。戊辰二月五日，彝午(按：即趙恒惕)世友招飲陶樂軒，瓶齋携名酒，重老(按：即曾重伯)行酒令，歸齋題此，熙。

鈐印：農髯(朱文)。”

又：“雲江來，頗深賞此梅，遂與之。熙。”(私人藏)

鈐印:衡陽(朱文)。"

按:曾重伯(1866—1929),名廣鈞,號觙庵,又號伋安,別署中國之舊民。祖籍湖南衡陽,出生於湘鄉縣荷塘。曾紀鴻長子,曾國藩長孫。光緒十五年(1889)進士,授翰林院編修,累官至廣西知府。詩才超群,王闓運稱爲"聖童",梁啓超譽爲"詩界八賢"。

是日,致姚雲江書索眼藥水。

與姚雲江書:"師母服方稍輕,惟眼尚未全愈,請再易一方。尊製眼藥水尚有否? 雲江弟,熙頓首。二月五日。"(私人藏)

1928年2月28日,致譚延闓書寄達,譚延闓回信。

《譚延闓日記》同日條:"二月二十八日晴,寒暖六十六度。(易布衫袴)發信:廿八、曾九、大毛。受信:廿七、曾九、大毛。九時起。黄玖瑜來,注射左手背,並云驗溺蛋白質已減。然連日下血且溺少,何也? 出至政府開會,到者濟濟,向未有也,十二時散。與李、蔣、宋、熊、劉、楊、張同餐,楊留久談。德鄰繼至,商發電事。出至黨部,與丁、蔡審查政治會議整理黨務案,將暝乃散。與蔡同訪静江,談久之,李石曾亦出洋矣,此等真視重洋如庭户者。歸飯,得大毛書,乃欲擇肥,真不知世故矣。爲日本人書小條,各謅數句與之。曙村明赴滬,作書與大武。得頌雲、健生電,於財政事殊懊惱。楊綿仲來,談鄂西戰况。一時寢。"

1928年3月1日,致譚延闓書寄達。

《譚延闓日記》同日條:"三月一日晴雨,寒暖七十二度。(易薄綿襖)發信:廿九、庸之、陳、岳。受信:廿八、曾九、汪九。八時半起。下血已止。作書護芳、閎群,交方連保携去。鄒子俊來,頭童齒豁矣。江小鶼來,亦甚蕉萃(按:憔悴),殆荒於色者。陳體泉之子來,能長沙語。鄭繼周來,林益簡來,皆求事者。林德軒來,鵠突猶昔。出赴黨部,開常會,二時乃散,余主席,甚憊也。還家飯,汗溼衣襦,咳似稍愈,溺亦非短,遂不堅守醫生禁鹽之戒。爲人作書一小時,胡子静來傍觀,復留談久之,云棲霞之游至樂,令人欣然規往。七時,出至外交部,黄英伯宴客,三桌二十餘人,政府、黨部諸人多集,飲數杯,九時散歸。吕滿來談。今日以協和所送八椅置書房,而以舊具分吕、黎房,亦各有備物乘時之意。與黎九談。看雨民詩稿,甚有佳篇,渡洞庭詩在焉。往時與黎六讀之歎賞,而黎六不以爲雨民詩者也。十二時睡。易薄綿被。錢雋逵來見,岸稜、彝庭皆悚然陪之,可笑。"

戊辰二月，陳叔通從超山觀梅將歸，作老梅圖。

自題："如此春寒，鄧尉尚遲遲，超山老梅當尚在醞釀中。農髯熙寫於虹口諸家橋寓廬，時叔通同年正從超山歸也。"（《大風堂存稿》）

1928年3月2日戊辰二月十一日，陳叔通自浙江超山歸來訪，云超山宋梅當是明季遺植，今年天寒，至今尚未開花。屬寫《朱梅圖》。

自題："醉寫齊罍又梅花，篆精草意認參差。夆丘有侶還相約，疑是丹成照赤霞。叔通同年先生藏宋元以來梅花卷册極富，屬寫朱梅，題此乞教正。農髯熙。"（私人藏。《大風堂存稿》）

紙本。113.5×41cm

鈐印：曾熙之印（白文）。農髯（朱文）。

是日，爲穀蘭女士寫《梅花圖册》。

自題一："意在擬南阜，設色乃突入元人矣。農髯熙。"

自題二："以篆法爲此，當是齊侯罍變相耳。熙。"

自題三："純以没骨法寫此，岸岸頗無俗艷耳。農髯熙。"

自題四："絹油不能設色，因筆尚生辣，仍題此存之。熙。"

自題五："疎幹含露。老髯。"

自題六："汪巢林好寫柔枝繁花，秀則有之，殊少骨氣。髯筆横强，原不相近，不過效其意耳。巢林花卉實勝其畫梅，不解何以以畫梅專家著名。熙。"

自題七："以草書法寫花，略變冬心法門。熙。"

自題八："梅窩。春雨紅酣。熙。"

自題九："叔通同年適自超山來，云宋梅當是明季遺植耳。天寒，今二月十日尚未著花，因記此，農髯熙。"

自題十："穀蘭女士喜寫梅花，略爲數幅，頗有筆法。欲從髯學梅，髯畫無師，豈能爲人師耶？因寫十幀，以答其好學之心。戊辰二月十一日，農髯熙。"（私人藏）

絹本。34×32cm

鈐印：曾熙之印（白文）。農髯（朱文）。曾熙之印（白文）。武城第七十三派（朱文）。戲海樓（白文）。永建齋（白文）。曾熙私印（朱文）。曾熙之印（白文）。子緝（朱文）。曾熙之印（白文）。

藏印：雲江心賞（白文）。二仲居士姚雲江藏（白文）。雲江珍藏（朱文）。雲江（白文）。二仲居士姚雲江珍藏印（白文）。二仲草堂（白文）。

姚雲江題册頁封面籤："曾師梅花册，弟子雲江敬裝。"

按:叔通即陳叔通。

1928年3月6日戊辰二月望,寫《磬松圖》。

自題:"磬松。歲戊辰二月望,微雨頗寒,偶憶九嶷,寫此一株。農髯熙。"(私人藏)

設色紙本。137×33cm

鈐印:曾熙之印(白文)。農髯(朱文)。心太平龕鉢(白文)。

1928年3月7日戊辰二月既望,以黃忠端筆勢寫松圖。

自題:"千軔枝拂地,護持太初心。戊辰二月既望,以黃忠端筆勢寫於心太平庵。"(《大風堂存稿》)

同日,有客携李方膺(晴江)梅花立軸來觀,乃仿其大意作《梅花圖》。

自題:"領袖春風。戊辰二月既望,客携李晴江梅花立軸,聊仿其大意作此。"(《大風堂存稿》)

此際,又作松圖。

自題:"涵兩大之精英,禀川岳之秀氣,故能欎欎蒼蒼,歷千歲而不改柯易葉。"(《大風堂存稿》)

3月8日戊辰二月十七日,約姚雲江與黃曉汀來舍小聚,並觀近作《梅花圖》。

與姚雲江書:"明日午後七時,略有鄉味一二,但請弟與曉汀至舍一談,且看近作梅花也。雲江弟,熙書。二月十六燈下。"

鈐印:戊辰(朱文)。

3月13日戊辰二月廿二日,内人感風寒,致書姚雲江,請開藥方,並促其五日内來觀新作山水圖。

與姚雲江書:"今日弟極忙,師母又感風寒,能予一方乎?五日之内,有近作山水二幅當可看。雲江弟,熙頓首。二月廿二。"(私人藏)

按:信未署年,以與上文之信裱於前後,故繫於此。

戊辰二月,寫《山鄉孤樹圖》。

自題:"獨樹老夫家,豈山麓之陰尚有杜少陵宅耶?歲戊辰二月,農髯熙寫於滬濱。"(私人藏)

紙本。105×48cm

鈐印:曾熙之印(白文)。農髯(朱文)。名在江南徐河陽郭錢塘戴後(白文)。

戊辰二月,爲黄曉汀作"每就榻前對煙容,從知海上有山樵"七言聯。

自書七言聯:"每就榻前對煙客,從知海上有山樵。曉汀居士,山水宗四王,寫煙客雨景,煙雲滿紙,墨未乾,即就榻。髯笑曰:公吐納煙雲,宜有此妙景,真煙客與?坐客大笑。居士喜爲黄鶴山樵,直過四王,海上人每倍其值争求之。去秋重來海上,客居合安里友人樓上,求畫者日數十起,門限雖未穿,而屐履之聲,如霆如雷,主人頗厭其煩,因移居焉。宅舍新飾,氣象萬千,書以慶之。戊辰二月,曾熙。"(汪英賓《西山畫派述異軍》,刊 1928 年 12 月 15 日《申報》)

按:參見本年六月條。

戊辰二月,自書論書。

自書:"學書從兩漢下窺六朝,譬猶登太山望齊魯一帶小山。今人以唐宋行狎之筆,上臨兩漢,宜無所得。戊辰二月,曾熙。"(北京保利 2007 年迎春拍賣圖録)

紙本。128×65cm

鈐印:衡陽(朱文)。曾熙之印(白文)。農髯(朱文)。

3 月中旬春分前,作《松圖》與冕南。

自題:"虬榦嵌崎,雲氣勃鬱。戊辰二月春分前寫此,即似冕南賢弟。"(《大風堂存稿》)

約此際,李筠庵自吴門來書,有藏《龍門造像》舊拓本者,願以之易所畫,乃作山水圖贈筠庵。

自題:"頃得筠庵弟自吴門來書云,有友藏《龍門造像》舊拓本數種,重金不能易,但欲得數筆山水,亦何相愛之雅耶!雖然,處今之世能與二三良友以校碑讀畫爲樂,不論何地即是桃源,寫此並記此。"(《大風堂存稿》)

1928 年 3 月 30 日清明前六日,題《散氏盤》全形拓片。

題《散氏盤》全形拓本:"此器愙齋(按:即吴大澂)中丞定爲楚器,道人(按:即李瑞清)治之不遺餘力,以書法求之。其盤曲横彊,實楚書耳。歲戊辰清明前六

日,曾熙注。”(《東方雜誌》中國美術號,1930年1月25日第27卷第2號)

按:此全形拓片上另有王同愈、王乃徵、陳寶琛、喻長霖、鄭孝胥、章一山、朱祖謀、葉爾愷、陳曾壽、羅振玉、吴士鑑、金蓉鏡、陳三立、余肇康等多人題跋。

1928年春,石侯頭陀鬻畫助賑,與許世英、王一亭、關炯之等登報介紹。

《石侯頭陀鬻畫》:“石侯,湘人,以舊家子遯入佛門,善畫能詩。嘗西入蜀南游兩粤,東攬吴越山水之勝,所至必圖之,或系之於詩。髯嘗見其畫册,設境既奇,而筆墨雄厚,所謂世外人别有會心耶? 曾農髯、許世英、王一亭、關炯之啓。專助佛教粤魯賑災協會扇面一百張,寄售南園凈業社。”(1928年4月1日《申報》)

老畫家葉指發長子渭莘將在日本人俱樂部開個人作品展覽會,與楊東山、王一亭俱爲之題詞。

《報道》:“已故名畫家葉指發之長公子渭莘(恂),精於山水花卉,其藝術悉本庭訓,家學淵源,洵無愧櫨梨濟美。兹由王一亭之介,定本月十日前後,在文監師路中,日本俱樂部開個人作品展覽會三天,大小作品五十餘件,精品由王一亭、楊東山、曾農髯題詞,聞大半由日人飯島政南重金定去云。”(1928年4月2日《申報》)

戊辰閏二月,爲張善孖《春馬飲水圖》題跋。

題張善孖畫馬:“説法期仰秣(秼),開宗賴馱經。諸天方夢夢,我佛但云云。善孖畫馬能窮馬之神意。水野先生遠來吾土,其將有馱經開宗之志乎? 戊辰閏月,農髯熙。”

鈐印:曾熙之印(白文)。農髯(朱文)

張善孖自題:“良樂惺惺辨驌驦,幾人勳業耀旂裳。燕王台畔春猶昨,市得千金骨亦香。寫似水野先生法家兩正,蜀中張善孖澤作於大風堂。”(《曾熙與上海美專書畫作品集》,劉海粟美術館編,上海辭書出版社2010年版)

設色紙本。125×35cm

鈐印:善孖長壽(白文)。張(朱文)。大風堂(白文)。

題籤:“張善孖畫《春馬飲水圖》。梅曉藏品。”

按:水野曉梅(1877—1949),早年來華就讀於上海東亞同文書院,畢來後,1904年赴湖南長沙創辦佛學學堂。曾任《支那時事》編輯。1925年組織在東亞舉辦的東亞佛教大會,致力於中日佛教文化交流。編者有《中國佛教近代史研究》、《日本佛教徒訪華要錄》等。

同時，爲張大千臨石濤《游黄山小景圖》題跋。

題張大千臨石濤《游黄山小景圖》："獨留蒼翠照山川，洞壑泠泠響遠天。最是松風無執著，吹將幽意落空禪。季爰寫此贈水野先生，熙題其耑。"

鈐印：曾熙之印(白文)。農髯(朱文)。

張大千自題："鸞翔鳳翥一身下，鶴舞龍蹲五大夫。瑶草野花渾不羨，撩人風月醉歸圖。曏見大滌子有此，蓋寫游黄山小景也，因爲水野先生臨之，益請雅教。戊辰閏月，張爰。"(《藝苑掇英》第76期。上海道明2006年秋拍圖録)

設色紙本。126×34cm

鈐印：張爰之印(白文)。大千居士(白文)。浪花無際似清湘(朱文)。

1928年4月9日，譚延闓、澤闓兄弟過訪，吴劍秋在座。

《譚延闓日記》同日條："四月九日雨，寒暖六十度。發信：吕滿、俠黄。九時起。秋已入學去矣。大武來，同食炸醬麵。與諸女談久之。至大武家飯。看舊日書帖久之。偕大武至俞明頤家談，袁伯夔、夏劍丞同至，言□橡皮股票失敗事，憂形於色。忽俞六來，促俞明頤入，云俞七已綿惙，於是客皆自散。余與大武至曾九家，遇吴劍秋，坐頃之出。乃過散原，以去年詩本請其嗤點，遂歸。淑、祥、韵皆來大武家飯。飯後，聽音樂。細毛今夜回南京去，以書予吕滿、李俠黄，告以不即來之故。與大武及諸女談舊事，十一時乃步還。服藥而卧。法領事送信來，爲漢口攻詆法界租共事。"

1928年4月18日戊辰閏月廿八日，將改畢趙祉威撰其尊行狀寄還祉威。

與趙祉威書："文極好，其勾處頗有所見，宗霍亦極以勾處爲是。因來稿雜入書畫箱内，三日搜始得之，即寄上。祉甥，髯復。閏月廿八日。"

1928年4月21日，許士騏發起之中國古今名畫展覽會在大華飯店皇后廳開幕，出品陳列。

《名畫展覽△從宋朝到現代△在戈登路大華飯店》："中國古今名畫展覽會於今日開幕，地點設戈登路大華飯店皇后廳，陳列作品自宋元明清以至近代，喬皇典麗，古色古香。海上名畫家黄賓虹、汪仲山、程瑶笙、王一亭、胡郯卿、張聿光、胡伯翔、謝公展、唐吉生、錢瘦鐵、陳戎生、陳小蝶、吴杏芬、錢化佛、曾農髯等均有作品陳列。聞該會爲許士騏發起組織，作國際藝術宣傳運動。"(1928年4月21日《時報》)

《中國古今名畫展覽會今日開幕》："中國古今名畫展覽會於今日開幕，地點假戈登路大華飯店皇后廳,裔皇典麗,陳列作品自宋元明清以至近代,約二百餘件,古色古香。海上名畫家黄賓虹、汪仲山、程瑶笙、王一亭、胡郯卿、張聿光、胡伯翔、謝公展、唐吉生、錢瘦鐵、陳小蝶、吴杏芬、錢化佛、曾農髯等,均有作品陳列。聞該會爲許士騏發起組織,許君亦有傑作數十幅陳列云。"(1928年4月21日《申報》)

《大華飯店皇后廳△展覽古今名畫》:"中國古今名畫展覽會爲許士騏所發起組織,以宣傳國際藝術爲旨趣,地點假戈登路大華飯店皇后廳展覽六日。日昨開幕,天雖陰雨,參觀者中外人士頗多。陳列分三室,計有古今名畫二百餘件,上至五代如周文矩《倦繡圖》仕女軸、米元暉《雨山圖》、趙子昂《秋林載酒圖》、文徵明山水大堂幅、陸治花鳥,至清代名家,有石濤、戴醇士、新羅山人、惲南田、查士標等,古色古香,盎然滿室。時人如黄賓虹、許士騏、胡伯翔、張小樓、張聿光、陳澤沛(霈)、陶冷月、錢化佛、謝公展、陳小蝶、張時敏女士等,俱有精美作品陳列,琳琅滿目,美不勝收。其間如許士騏《蜀山圖》,紆迴曲折,狀蜀道之難行;胡伯翔之《雪》,亦極天然之妙境。謝公展指畫花卉備(?)題字,筆致飛舞,尤勝於畫,誠屬難能。西洋畫亦有多幅。據聞其間古畫多係各收藏家加入,尤覺不易多覯。展覽日期至二十六日爲止,每日下午一至六時。"(1928年4月22日《時報》)

《名園展畫記(俞劍華)》:"友人許君士騏集古今名畫數百件,開展覽會於戈登路(按:今江寧路)大華飯店,昨偕友往觀。陳列室爲皇后廳,計分四室,最東一室爲古畫,餘爲今畫。古畫部有周文矩《倦繡圖》、黄筌《鷺鷥柳菊》、巨然僧墨筆山水、米元暉《雨山圖》、黄大癡山水、衛九鼎山水。其他尚有趙子昂、文徵明、石濤、黄癭瓢、戴醇士、方琮、查士標之山水,周之冕、陸包山、林良、華新羅、惲南田之花卉,曾鯨、張平山、酈青之人物,袁江之界畫,琳琅滿目,美不勝收。其中以石濤山水爲最有精采,題詩云:'蒼寮拂石瘦煙霞,雨洗苔斑點赤花。此間好着空亭子,野鹿歸來更有家。'查二瞻山水亦極整練,與習見者不同。陸包山花鳥十二幅通屏,可謂極富麗堂皇之致。今人畫亦不下四十餘家,其最爲余所心折者爲黄賓虹、曾農髯、許徵白、錢瘦鐵、張大千諸君之山水,張善孖君之走獸,張聿光之花鳥。杏芬老人出品五大幅,咸爲工筆,細如毫髮,老人精力如此,殊可驚嘆。新派畫中,胡伯翔山水近於日本,陶冷月山水近於西洋,允屬别樹一幟。其他佳作如林,未可一一細數,如王一亭、錢雲鶴、徐竹賢、胡子中、胡佩衡、張時敏、唐吉生、汪聲遠、胡郯卿、謝公展、丁六陽、程瑶笙、汪仲山、張小樓、王陶民、林君墨、奚屠格、馬萬里、錢化佛、李秋君等,俱一時之選,所作俱能各擅所長,共標異采。許君士騏出品獨多,中西畫不下數十幅,更有張聿光西畫十餘件。拙件忝附驥尾,殊屬汗顔。觀畢閑步於大華花園中,青草如茵,紅械欲燃,紫藤垂垂,黄花對對,真令人流連忘返。許君偕其新婚夫人殷勤招待,更使人艷羡不止云。"(1928年4月26日《申報》)

戊辰三月，吴劍秋來滬同住，朝夕暢談近一月之久，檢舊作《仿思翁山水》贈之。

自題："萬歲亦旦暮，所憂何汲汲。人心不厭亂，天禍寧有極。昔有山能隱，今無林可入。願誦逍遥篇，無適求所適。戊辰二月劍秋二弟來滬上，主予齋將一月，晨夕劇談，無異昔年居京時。每見予近兩歲所寫山水，極激賞之，因檢舊作並系以句，時事如此，但求自適，吾弟云何？幸兩正之。"(《大風堂存稿》)

1928年4月24日晚，靈學會假座雜糧公會宴請書畫名家徵集書畫以發售賑濟券，與王一亭、沈心海、楊東山、汪仲山等四十餘人應邀出席。

《靈學會歡宴書畫家》："靈學會以涿州兵災，擬徵集書畫發售賑濟券，昨晚假座雜糧公會宴請上海書畫名家，其到者王一亭、沈心海、楊東山、曾農髯、汪仲山、胡伯翔、張聿光等四十餘人。"(1928年4月25日《時報》。《申報》略同。)

1928年5月3日戊辰上巳後十日，爲李筠庵作《梅花》。

自題："梅花原是故人家，不見故人見此花。苦雨桂林行不得，哀殘凄對夕陽斜。令仲兄彌留，熙有約，弟往桂林視太夫人墓，年來烽火滿地，湘桂尤甚，熙與弟均是哀殘，奈何奈何！寫此並題寄阿筠三弟。戊辰上巳後十日，雨暘不時，不得與畫友劇談也。"(《大風堂存稿》)

1928年5月14日戊辰三月廿五日，鄭孝胥來訪。

《鄭孝胥日記》同日條："過曾元士、鄧孝先，又過宗子戴，不遇。"

戊辰三月，題門人張大千《臨石濤山水圖》卷。

題張大千《臨石濤山水圖》卷："莊生之文白也詩，行吟澤畔三閭辭。三子以後陳人畫，丹青亦是血支離。畫至石濤，洗盡元明以來畫家面目，而以所見山水工其剪裁，至其奇思譎采，驚絶千古，所謂傷心人别有懷抱也。季爰寫石濤，能攝石濤之魂魄至腕下，其才不在石濤下。他年所進，當不知如何耳！因見季爰弟臨此卷，並系以句題此。戊辰三月，熙。"

張大千自題："獻賊沈楚宗，血碧湘水色。陳人哀王孫，黯慘西日仄。孑遺瞎尊者，象教藉宏力。玉步雖已更，瓶缽自嚴飭。晚游江淮間，瀟灑餘戲墨。當年雪個翁，哭笑同莫測。鶩秃兩奇顛，盤礴造天極。愚騃重贋鼎，貧子慙耳食。今觀此遺素，神逸信難即。清晨梳白髮，撫卷長太息。石公此卷，着墨無多,創境幽邃,有非石谷子所能,王司農稱大江以南,當推石濤爲第一,信非虚語。歲戊辰二月二十三日燈下臨此,並書東莞陳白匋和詩其上。大千居士張爰。”

黄賓虹題:“清湘子、梅瞿山皆以游宿黄山,圖寫峰巒泉壑,煙雲出没,狀態窮極奇奥,畫臻上品。季爰社兄先生酷嗜兩家真蹟,搜羅富有,日夕把玩,寢饋深之,故能落筆精審,大含細入,無非前哲典型。近將裹糧槖筆,覽勝黄海,古松異石,一一收之囊中,由師古人以師造化,其必有方駕前軌而無難者。余於斯卷,賞觀再四,爲題數語,聊坿末塵。戊辰三月,黄賓虹。”(1972年舊金山《張大千四十年回顧展目録》,北京保利2010年秋季拍賣會圖)

按:此卷另有同時劉景晨、鄭曼青、謝玉岑、馬宗霍等題跋。又《大風堂存稿》題張大千仿石濤山水卷同此。

戊辰立夏後,題《挹珊先生機絲夜月圖題詠集》扉頁。

題《挹珊先生機絲夜月圖題詠集》:“遺墨不朽。戊辰立夏後,曾熙敬題。”(《挹珊先生機絲夜月圖題詠集》)

按:“挹珊先生”,田姓。《機絲夜月圖題詠集》之緣起見於田福祺識,録於下:“福祺垂垂老矣。憶少時隨侍先君子賓游皖幕,先君子於案牘餘暇,耽志詞章,規撫六朝,含咀唐宋,往往抽繹詩心見諸繪事,論者堪與改、費抗手,繪成輒爲朋輩取去襲藏,尠留存者。惟清同治甲戌歲在皖垣幕時所作《機絲夜月圖》一幅並題《金縷詞》一曲,寄意綿邈,當時知交賞嘆,絡繹題詠。厥後歷游大江南北,繼應台灣劉中丞聘經畫田賦,行篋中輒載是圖,一時名流題署,珠璣綿密,幀無隙地。迨光緒戊子復如皖,明年遽歸道山,忽忽數十年,福祺無狀,惟白頭弄翰,期無替家風。檢閱巾笈,愴然於先人遺稿散佚殆盡,惟是圖猶完好如新,淵雲妙墨,生氣磅礴,躍然於字裏行間。因謂仲弟礽祺曰:如斯手澤,詎忍終閟,盍思表揚以問世乎?仲弟忻然從事,乃刊圖泐引,遍求當世立言君子續加題詠,閱時十稔,得名作百數十家,裒然成帙。民國丙寅冬正擬付刊,不意江浙風雲驟起,波及梓里,倉皇戎馬中猝遭胠篋,原帙盡失。幸先君子原圖另扃篋衍,尚獲保存。事定後憂喜交併,不得已仍由仲弟重懇諸公再錫藻題,不期年恢復十之六七,惟中間或遭物故,或在遠道,徵引末由,致爲缺恨,歉疚良深。嗣復另求,復以益之,迄已巳秋前後,計得名作二百十餘家,視前所遺,幾增一倍,喜溢宿願,爰付剞劂,壽茲鴻寶。噫!是圖韜晦五十餘年矣,藏鳳半毛,未能濟美,戚愳奚似!而今得與諸名家手筆流播藝林,集狐千腋,蔚爲光芒,俾先君子遺墨傳如麟角,懇款捫心,抑亦幸甚。上虞田福祺伯綏甫謹識。”傅熊湘、馮煦、章一山、金梁、徐積餘、潘飛聲、徐珂、馮君木、楊東山、王一亭、易大厂、吴杏芬、葉景葵、張元濟、黄賓虹、朱祖謀等均有題詠。

1928年5月21日戊辰浴佛前五日，作山水圖。

自題："充楊子所至則老矣，充墨子所至則佛矣。舉世混混，吾誰與歸！茫茫山河，誰是主人？任筆所造，已落鴻濛之後矣。聊以自適，非敢求知。"(《大風堂存稿》)

1928年5月25日張光(紅薇)與鄭岳(曼青)在寧波同鄉會舉辦聯合書展，張大千撰文，對其出品極盡欽佩之情。

《觀張鄭書畫展覽會記(大千)》："德怡夫人，别署紅薇居士，予從鄭君曼青識之，曼青蓋居士之甥也。居士書畫，譽滿藝林，予亦服膺者久。比與曼青以所作書畫陳列西藏路寧波同鄉會，公開展覽，因與周夢公前輩、家兄善孖、門人胡儼冒雨往觀，辛壺、徵白二子亦先後莅止。辛壺於曼青爲舊交，知居士尤早，指一卷謂予曰：此居士數年前舊作，日人曩欲以二千金得之而未能者。卷長二丈餘，寫雜花百種，用筆輕倩，布局閑雅，繁枝密葉，冷蕊疏花，各具神態。用水特妙，挹之如清露未乾，殆欲襲人襟袂。夢老云：昔宋藕堂創爲水漬法，論者以爲媲美徐熙没骨，此卷則南田復作，亦當避席檢衽，蔡女蘿、惲清於、方白蓮諸女史無論已。夢老收藏甚富，賞鑒極精，自是名論。居士尤擅畫菊，通錦屏風六幅，寫叢菊繞籬落間，若金盞玉盤，銀台佛頂，各極其致。花之大者，有似芙蓉，不使東籬作寒乞相也。予嘗怪宋以來畫菊，皆小花無異種，而東坡先生已見如盤者，豈不堪入畫耶？潘岳《菊賦》云：垂綵偉於芙蓉，流芳越於蘭林。游女望榮而巧笑，鵷雛遥集而弄音。居士此屏，深得此賦之意，石後秋樹一株，紅葉離披，臨風欲戰，勾勒設色，絶似老蓮。其他如萬頃江田，一鷺飛之澹遠，一池月浸紫薇花之幽静，竹園清秋之冷雋，孤山疏影之古艷，皆令人瞻玩不忍去。予向聞曼青之畫，挺秀似陳道復，渾穆似孫雪居，鬆秀似華新羅，吾師農髯先生則稱其詩才淡雋如陶、謝也。此次展覽書畫共八十餘件，有丈匹《九秋圖》一幅，尤令人驚心動魄。古柏一株，黛色参天，蒼皮溜雨，如老龍作勢，後襯以疏柳數莖，則如十五女兒，月下作翩躚之舞，下綴棕櫚、黄菊、蜀葵、紅蓼諸花，絶似新羅，予坐其下，徘徊移時。辛壺戲謂予曰：子好之甚，索曼青贈子可也。予聞言欣然欲狂，特不知曼青見許否。又《桃花》一幅，寫老榦九株，落英水面，設境絶奇，直可作《桃源圖》觀，覺趙伯駒、仇實父千巖萬壑，不及此寥寥數筆爲有味也。又《五色石》一幅，高可六尺，以硃砂、石青、石緑、赭墨等，用没骨法爲之。東坡云：石文而醜。一'醜'字足以盡石之變化。此石磋砑特立，傲岸不群，大有懷才不遇之慨。又

《玄鶴赤松黄石》一幅，此稿未經人寫，而曼青隨手拈得之，遂成絶品。又《墨芙蓉》一幅，全用白陽筆法，而墨法過之。古人稱墨分五彩，此法久已失傳，近數十年來，海上畫史大抵濃墨破筆，狼藉滿紙，自以爲天池、雪个矣，不知古人作畫，首重氣韵，豈任意涂抹耶？徵白告予，别有《海棠》一幅，尚優於此，因隨往觀，則籬下一枝，倩立如帶雨，一小鳥啁啾其上。予笑曰：佳則佳矣，其如離人思婦何！君向瀟湘我向秦，予仍當挾《芙蓉》而歸也。徵白亦大笑。或問予曰：子向睥睨晚明初清，於乾嘉以下不屑道，何於曼青獨愛之重之如此？予曰：曼青，今人也。然其畫寢饋於古人者深，予固視其畫如古畫已。世有知曼青者，當不河漢予言。"(1928年5月29日《申報》)

按：張光(1878—1970)，字德怡，號紅薇，浙江永嘉人。居京十年，曾任北京藝術大學教授五年，大學院藝術教育委員會國畫研究委員。

戊辰四月浴佛節前，跋宋拓《蘭亭序》開皇本，並題簽。

跋宋拓《蘭亭序》開皇本："臨川李氏所藏宋拓各帖，多出松下清齋所藏，此本惜不爲静娱所見耳。假觀旬日，題此以志墨緣。戊辰浴佛前。熙識。"(馬成名《海外所見善本碑帖録》，上海書畫出版社2014年6月版)

鈐印：曾熙之印(白文)。

題簽："宋脱開皇蘭亭真本。曾熙題。"

鈐印：曾熙之印(白文)。

1928年5月26日浴佛日，跋清道人節臨六朝碑。

跋清道人節臨六朝碑："鬎侍武岡鄧師金陵文正書院，鄧師曰：'予酷好詩，有詰旦至日夕，能得一稱心之句。'其苦心慘澹如此。清道人當同寄京師，時有一筆不偪古人之藩，嘗達旦不休。祖庵(按：即譚延闓)曰：'道人書，思沈力厚，直似白香亭詩。'可謂真知白香亭詩與道人書者。道人殁忽九年矣，而髯書不少進，不足告知己於地下也，題此自嘆。戊辰浴佛日。農髯熙。"(《清道人節臨六朝碑四種第三集》，震亞書局發行)

鈐印：曾熙之印(白文)。農髯(朱文)。

清道人自跋："與《敬顯儁》絶相似，遒古勝之。曾農髯近全以生辣疏淡之筆爲之。"

鈐印：李瑞清(朱文)。

同日，爲王友石畫集題籤。

爲王友石畫集題籤："我師造化室畫存。戊辰浴佛日熙署。"(《我師造化室畫

存》,上海有正書局珂羅版)

按:王友石(1892—1965),名道遠,號履齋,山東招遠人。1914 年入北京高等師範(今北師大)手工圖畫科。曾追隨孫中山參加同盟會、國民黨。蔣介石叛變革命,他憤然退出。後投入抗日工作,他的家就是共産黨的地下聯絡站。解放戰争時期,在共産黨的領導下參與"人民教育聯盟"的組建工作。爲和平解放北平,參與策動原北平守軍司令侯鏡如起義的工作。1956 年參與北京中國畫院的籌建,出任黨組成員、院委。

同日,以玉佛寺新建寺廟,應該寺可成方丈之請,爲寺廟作丈幅《松》。

自題:"植根須彌,散葉諸天。不假雨露,蔚然翹然。衆生托命,大造爲緣。誰實爲此,是曰髯禪。同日熙再爲此松偈,歲戊辰浴佛日,可成方丈新建玉佛寺造成,曾熙製此。"(《大風堂存稿》)

戊辰四月,爲施毓奇寫《墨梅圖》,以無力踐行對清道人臨終前承諾前往桂林代省其母之墓而無可奈何。

自題:"梅花原是故人家,不見故人見此花。苦雨桂林行不得,衰殘淒對夕陽斜。令師文潔(按:即李瑞清)公當彌留之時,心許往桂林,爲相其太夫人墓地。今兩越烽火如此,而予又衰老,故有此感。寫與毓奇老弟並記此,戊辰四月,熙。"(私人藏)

戊辰四月,寫《齊眉偕臧圖》,賀吴劍秋夫婦六十雙壽。

自題:"齊眉偕臧。齊德復齊年,歡喜固且堅。西人稱金昏(婚),吾子有鴻篇。憂患與安樂,相隨各以天。兒時不須憶,白髮今爲妍。草木榮雨露,天命使之然。繩繩子孫盛,笑舞樂蹁躚。花燭當重暉,貽此照几筵。劍秋二弟與其夫人今歲同進六十,去歲有《金昏(婚)篇》。所謂樂不淫、哀不傷,蓋風之正也。予和未能,今寫此梅,聊系以句,非敢言詩。又少子將於壽筵授室,笙歌引鳳,此樂何如!二弟與夫人年六十,尚如少壯,八十花燭重暉,不足云老。戊辰四月,熙頓首。"(私人藏)

設色紙本。142×80cm

鈐印:師萬物(朱文)。曾熙之印(白文)。農髯(朱文)。

戊辰四月,俞劍華作山水一幀爲贈。

俞劍華自題:"農髯先生誨正,玉愚俞劍華。"

題籤:"劍華先生山水立軸。先生爲師曾入室弟子,承贈此軸,骨力韵味非近

人所能到,裝成記之。戊辰四月,農髯記。"(《玉愚畫趣》,1928年7月中華書局印刷,爛漫社發行)

按:参見本年端午前三日條。

1928年6月,與于右任、鄭孝胥、王一亭爲程邈訂定書畫潤例。

《書畫訊·書畫家程藐訂定潤例》:"書畫家程邈,擅詩文,尤工書畫,山水胎息宋元,清逸渾静;書法追步鍾、王,晉窺諸家。近以求者踵接,于右任、鄭孝胥、王一亭、曾農髯等代訂潤例,欲結墨緣者,可至金神父路新新里金城工業社。"(1928年6月8日《申報》)

1928年6月13日,致譚延闓書寄達,譚回信。

《譚延闓日記》同日條:"六月十三日晴,寒暖七十九度。發信:九九、曾九。受信:曾九。八時五十分起,即赴政治會議,有奉天來報告情形者,云張作霖實已死,秘不發喪云。一時散,又與于、李一談乃歸,袁六、秋皆在,同飯。爲鍾奇峰書《養生論》千餘字。出至静江家,吴、蔡皆來,于右任後至,談論甚久。静江赴滬去。又與吴、蔡久談,至十一時乃歸。周鰲山來,求往江西。唐心滌來,求往膠州,坐至十二時乃去。終日擾擾,皆爲人求飯碗,奈何設身處地,知今之厭倦矣。十二時睡。近日右手中指每至午即麻,不知何祥也。"

1928年6月13日至17日天馬會第九屆美術展覽會及平泉書屋珍藏明清兩代書畫展在寧波同鄉會舉行,出品《淡墨梅花》。

《今年之天馬會(柯定盦)》:"客歲天馬會第八屆展覽會,適爲余飄流來滬之時,得參盛會,曾爲文刊之本談。今歲爲該會第九屆展覽,時間提早,於六月十三起十七(日)止,地址爲西藏路寧波同鄉會。以余供職南京路三星廠,展覽第一日下午三時,公畢信步而往。上四層樓,爲陳列處,余得田寄痕君假予長期招待券,免費入場,並得出品目録,依次參觀,佳作如林,如入山陰道上,應接不暇,爰照目録次序,爲文記之,聊備日後觀摩云爾。一、國畫部:宋鳳竹《山水》二,筆法工整,設色清麗。徐穆如四《松蔭觀瀑》,閑雅自如;五、六,山水扇面二頁,各有佳處,非時下俗手所能望其項背。高尚之九《鍾進士》,怒目如球,大足嚇退妖魔小醜;十、十一《梅妻鶴子》、《抱瓮圖》二幅,均佳。趙桐蔭十二《梅花》,超凡之聖,洵佳構也。劉壽桓十四《山水》,十五《花卉》,二幅各臻妙境。紹曾君十八《水際招涼好》,令人讀之,如入畫境。蔡笑秋二十《牡丹》,設色秀雅可愛;二十一《花鳥》小屏四幅,亦佳。張時敏二十三《柳雀芙蓉》,二十四《月季鳶尾》,生動有致。馬允甫二十七《仿戴鹿牀山水》，淡雅宜人，實有出藍之勝；二十九《聽秋圖》，秋意颯爽，躍然紙面。吴立三十三《春夏秋冬屏》四幅，將四時好景，描寫無餘；三十四《匡廬瀑布》，爲一立軸，筆法挺勁，俱見真力。曹浩三十七《達摩出山》，上繪石壁峻嶒，蒲團一半，可見達摩入定時之定力矣；三十八《仿大滌子》，作法奇肖。奚屠格三十九《秋山落照圖》，四十二《溪山静逸圖》，四十三《枯木寒鴉》等數幅，真力彌滿，洵可佩也。黄賓虹四四、四五《山水》二幅，以清遠勝。此君作品，爲余所愛，斯二幅尤使余徘徊不能去。姜丹書五二《猫狗相親》，極妙；五三《晴嵐朝靄》，描寫天然佳景，溢出紙幅。盧新蒲六五《春山暮靄》，六六《松溪訪隱》，六七《竹林月影》，六八《雙駿》，各有是處。查煙谷六九《雷峰飛瀑》，七〇《秋山煙靄》，二幅筆致，蒼勁絶倫。朱屺瞻七一《松石》，古雅之氣盎然；七二《菊》，秋色宜人。李秋君女士七三《雙松》，樸茂淡雅，如壽翁；七四《菊□秋容》，力透紙背也；七五《聽松圖》，幽遠之意，令人神往；七七《琴趣》，仿佛琴音悠揚而出。李女士之畫，屢見各種畫報，余已服其致力之深，今見真蹟，使余愛不忍釋，且標價並不過昂，無如余飄萍海上，囊索無餘，不能懷之而歸，爲一憾事。李祖韓七八《徐朗西君小像》，神情絶肖，而背景亦絶佳；七九、八〇均繪唐人詩意，惜忘其題句爲悵也。張天帚八一、八二、八三、八四《水墨山水》四幅，均佳。余静芝女士八五《春夜宴桃李園圖》，工細非常，允稱傑作。許醉侯八七，《柳蔭歸艇》，八八《雙桂圖》，八九《危峰飛瀑》，九〇《珠瓜》，九一《葫蘆》，走筆若神龍，純以真力渲染而成，缶老之衣鉢弟子也。王師子九二《蒼松》，九三《秋菊》，九四《柳燕》，九五《芭蕉》，九六《紅蓮》，九七《墨荷》等幅，佳妙天成。王陶民九九《風雪天地》，一〇〇《花卉》屏幅，俱見魄力，作畫如此，誠難得矣。謝公展一〇五《指畫桃柳》，使余回憶春色惱人境候矣；一〇六《紅白薔薇》，微香猶覺陣陣也；一〇七《蓮花》，一〇八《桂石》，一〇九《雙魚》，一一〇《雙桐明月》，一一一《蒼松》，題句極佳，而筆致迥異常流，可寶也。劉貞晦一一二《□麗》，寫梅花巨幅，繁枝密朵，自然可愛；一一三，《嶷古春》，一一四《鐵骨朱顔》，一一五《湖山蒼玉》，一一六《與赤松游》等巨幅，設色清淡，如入香雪海中矣。紅薇居士一一七《雨沼》，一一八《金輦圖》，一一九《牡丹蛺蝶》，一二〇《湖上鴛鴦》，一二一《鶯花雙鳥》，畫法工整，色澤艷麗，可稱名作。馬孟容一二四《群鵝圖》，一二五《春風燕子》，一二八《松鷹》等幅，均佳。曾熙一三〇《淡墨梅花》，爲一横披，‘惜友人清道人未見，引爲憾事’云云(見題句)，可見是幅之神妙矣。樓辛壺一四一《仿石濤山水》，一四二《仿大癡山水》，一四三《松亭曉霽》，一四四《松巖觀瀑》諸幅，俱臻神妙。王一亭一六六《墨龍》，夭矯之態，令人生畏，畫中之神品也。二、洋畫部(略)。三、攝影部(略)。四、雕刻部(略)”(1928 年 6 月 17 日、18 日《申報》)

1928年6月16日至25日，虞澹涵發起麗澤書畫扇展覽會在寧波同鄉會舉行。

自題《紅梅圖》扇頁："此花其清在骨。戊辰四月，農髯熙。"

鈐印：曾熙之印（白文）。

江萬平題："戊辰夏日，虞澹涵女士售海上各書畫家所作便面數百幀，開會展覽，請余妹道樊訪髯師所徵件，師應五頁，道樊書背者二，此其一也。其四皆作山水，似皆較此工緻，而筆墨飛舞不易學步允推此箑。蓉舫兄獨能鑒賞於世俗之外，以十六金易之。蓉舫欲與髯師譾求補款，師曰：蓉舫獨愛此箑，真能知余畫者，曼倩請其代記其事，不愈於余補一款哉。余應曰：諾。因爲記其因緣如此，亦藝林一佳話也。是年九月錢塘江萬平因髯師所命，爲蓉舫鑒家題。"

鈐印：曼倩（朱文）。

戊辰端午前，自書論書。

自書："朱文公稱米元章於書尚理會得，黄山谷理會不得，或以山谷限於天禀，不知蘇、黄、米三家鼎足，無可分優劣。戊辰端午前，曾熙。"（私人藏）

紙本。134×86cm

鈐印：曾熙之印（白文）。農髯（朱文）。

1928年6月19日戊辰端午前三日，爲俞劍華《玉愚畫趣》題辭。

題《玉愚畫趣》："玉愚畫趣。畫見功力易，見天趣難。劍華功力既深，復多逸趣，不易到也。戊辰端午前三日，熙。"（《玉愚畫趣》，1928年7月中華書局印刷，爛漫社發行）

按：爛漫社爲1928年春由黄賓虹、陳剛叔、張善孖、張大千、馬企周、俞劍華、熊松泉、蔡逸民等組織起來的書畫社團，黄賓虹爲社長，陳剛叔爲副社長。俞劍華四十年代在《懷念黄賓虹先生》一文中回憶組織爛漫社緣起有云："民十八年頃，故友張善孖與其弟大千居西門路西成里，賓老曾由余之介，租居樓上厢房，而熊松泉與故友馬企周，均居相去不遠之永裕里，後余亦移居永裕里西鄰之西湖坊，與西成里望衡對宇，遂邀故友陳剛叔、蔡逸民共八人組爛漫畫社，賓老年最長，大千年最幼。"《玉愚畫趣》收作者題贈陳散原、蔡孑民、曾農髯、鄭洪年、朱古微、王雲五、黄賓虹、季融五、張大千、李隽青山水十幅，題贈季毅生、鄭午昌花卉二幅。有《小傳》一，録如下："俞劍華以字行，號玉愚，别署榆園、魯稷門人。少嗜畫，弱冠游燕京，爲陳師曾先生入室弟子。山水雄渾豪放，遒健娬媚，出入於石田、野遺、瞿山之間，得其神似。性嗜游，足迹遍南北，取彼天然邱壑，運以古人筆墨,故能獨樹一幟,不落恒蹊,創潑色法,色墨交融,雲煙變滅,出人意表。偶作花卉,亦頗似其師。工書善文,旁通西法,著書甚富,所輯畫家人名大辭典,搜羅古今畫家至一萬餘人云。爛漫社。”

1928年6月28日戊辰五月十一日,題黄曉汀《山水圖卷》。

題黄曉汀《山水圖卷》:“曉翁平日嘗言學石谷,及見所爲石谷則近廉州,蓋其天然之英秀與廉州合也。此卷偶爾執筆,聊以自遣,其骨韵直到明季諸賢,所謂賢者妄不可也。梅雨浹旬,悶損已極,觀此漫記數語。時戊辰五月十一日,農髯曾熙。”(台灣高雄市立美術館藏)

1928年6月,與譚延闓等署名介紹林蠖園行醫。

《譚延闓啓事》:“林蠖園先生,世家績學,研究《靈》、《素》垂二十年,學術湛深,經驗宏富,對於肺癆咳血尤有心得,一經診治,輒奏奇效。至於男婦大小疑難雜癥,亦皆能著手成春。延闓等相知甚深,勸其出而濟世,爰代定診例於下:(診例略)介紹人:譚延闓、王一亭、余堯衢、譚澤闓、曾熙、俞壽丞、汪貽書、聶管臣同啓。”(1928年6月29日《時報》)

1928年7月上海臨時義賑會爲籌賑魯災,議定徵求物品,發行福果券充賑款。爲贊助作品。

王震編著《二十世紀上海美術年表》據《申報》7月1日條:“上海臨時義賑會爲籌賑魯災起見,議定徵求物品,發行福果券充賑款,並特致當代書畫家函,略謂:謹將本會組織緣起等件送請察閲,敢祈鼎力匡助慨助新著,俾便編配贈品,實深盼禱。至蒙賜藝術品,於未經發出之先,敝會擬特設陳列會場,逐項標題裝潢陳列,以供中外名人之展覽,是於協助災賑之中,又寓提倡美術之意。”

又8月23日條:“至是日止,上海臨時義賑會共收到上海書畫家及少數外地書畫家五百餘人書畫作品數千件,今將部分書畫家名單列下(以交件先後爲序):狄楚青、崔滌川、丁炳之、佘壽鏞、鄧漱芳、定知齋、錢化佛、鈕浩之、熊衡仙、劉玉庵、大悲法師、石侯法師、魏病靈、馬軼群、吴邁秀、胡涂、栞契、陳小蝶、朱邕禪、趙半跛、譚韓佩芬、方玉山、哈少甫、徐惠之、童嘯秋、葉伯皋、鄭新伯、沈進廎、方椒伯、朱伯行、尤海樵、馬逸人、蔣文達、祝伊才、倪運甫、王竺師、胡澤山、王漢傑、符北屏、蕭蜕庵、張仲仁、鄧孝先、楊質君、冉紹熙、張鏡波、王光國、陶家春、許松如、陳佩文、陳守撰、劉燕春、陸抱景、邵文錦、阮紫陽、汪花農、凌卓英、徐愚叟、史仲瑾、闞富亭、張仲純、鄭穆、盧新蒲、陸光岳、張可鑑、沈思齊、楊了公、黄漢侯、朱劍山、張慰橋、張祝秋、徐菊庵、趙悔庵、鄧志豪、俞壽芝、吴穎芝、韓止叟、黄公渚、顔純生、周指南、沈醞石、盛省傳、邕如、金省三、黄伯禹、吴自遠、荀鶴皋、高雲楚、魯指南、馮君木、孟竹龕、鄧養賢、譚海陵、潘琅圃、俞達庵、胡淑儀、許鳳岡、夏菊農、蔡鍾濟、譚小雲、陳含光、周惺龕、王念慈、陳道一、許止净、楊東山、賈鵬雲、諸貞壯、蔡子平、朱獻淮、張伯川、高得齋、虞澹涵、朱癲僧、吴淑娟、孫松、賈角、劉海粟、沈聯奎、任堇、陳容民、陸澹盦、季守正、季伯先、孫雪泥、潘百里、陳庸庵、顧洛生、王凌霄、鄧春澍、劉季文、鄭輔東(許松如)、沈儀彬、汪頌年、張哲夫、王芹村、譚少雲、劉燦奇、許清之、王雷夏、朱良材、張翀若、劉元龍、章一山、韓無悶、顧趾全、胡宗武、陶壽伯、王師子、韓步伊、錢瘦鐵、六陽道人、張善孖、王一農、王一亭、許翼亭、鮑宇洪、陸仲超、高澤畬、林季璋、徐穆如、張樹熙、葉胥原、覺道人、黄素莽、吕劍雲、徐雁秋、姚虞琴、趙葦佛、王陶民、張孝若、李筠庵、沈紫霓、余紹舜、金雪塍、榮福齡、朱彊邨、王西神、班師古、謝清如、黄經閣、江述節、王滋圃、陳子樵、吴炯然、鄒明西、鮑心荃、吴敬之、陳石癡、段止敬、李逸休、孫守伯、孫蓴湖、金耐青、季自求、姚墨邨、沈益齋、盛亮生、胡毓台、陳心魯、汪雲奇、沈立之、樊少雲、韓鳳鳴、蔡震淵、吴松伯、顧雲昌、陳元康、吴曾華、唐伯謙、王選青、潘博山、朱静川、徐益之、陳迦盦、余覺、朱逃昌、沈淇泉、張宜仲、張小樓、唐希林、吴翔雲、劉潛樓、程棲庵、張大千、曾農髯、黄曉汀、趙禾生、祁仲淇、顧伯逵、金健吾、張哲惠、沈獨盦、孫滄叟、張庥亭、趙芝常、秦子質、陸鐵夫、陳忍先、夏伯瑾、鄭集賓、程紹伊、陳石農、張耀東、柳芝庭、王幼棠、樓辛壺、蔣志範、曹梅訪、商笙伯、楊清磬、劉小覺、蔡逸民、胡温如、沈守一、嚴若陵、黄仲果、汪建中、余彤甫、徐康民、方惟一、孫廑才、馬景行、沙佐、朱德賢、李隱塵、周渭濱、王鐵珊、陳蔭甫、蕭茂碩、林公任、王滄粟、張遠謨、程焕慈、龔鐵梅、朱亞樵、劉味青、陳墨迻、謝公展、奚屠格、朱馨谷、張時敏、明竹軒、鄭曼青、張德怡、馬孟容、馬公愚、方介堪、湯逸民、莊蘩詩、趙時棡、鄭蘇龕、天台山農、王惜庵、符鐵年等。(據《徵求物品助賑會會務報告》)”

1928年7月7日戊辰五月二十日,久兩乍晴,熱悶異常,爲方介堪作《湖山清幽圖》。

自題:“偶然作墨戲,不敢求人知。易米且泚顔,何況自居奇。予亦倦於游,將尋幽僻地。木石與居游,完我渾沌氣。介堪當知我,其或不我棄。介翁考究金石之學,其刻印無一筆無來歷,寫此答之。戊辰五月二十日,久雨乍晴,熱悶不安枕,寫此並題質之。農髯熙。”(温州市政協文史資料委員會編《方介堪與中國文化名人》,西泠印社出版社2012年12月版)

按:方介堪(1901—1987),永嘉(今温州)人。著名篆刻家。譜主又爲其作便面,自題云:"長嘯來此坐,不是栗里人。寫似介堪老兄法正。熙。"鈐印"曾熙私印"(朱文)、"戲海廔"(白文),未記年月。

1928 年 7 月 9 日戊辰五月廿二日,重題四年前所作圖册寄次子憲瓚(繼尹)。

張善孖《曾農髯夫子之孝思》:"(前略)又畫册寄二世兄繼尹,跋云:'此册乙丑冬所作,亦有未題之幀,今忽忽又四年矣,裱成補題,寄與述男。述今年四十矣,猶憶予四十是爲庚子歲,負母携汝輩從運河南下,始脱拳匪之亂。時汝十二齡,汝兄十四齡,汝弟八齡耳。汝母先歲殁京師,而先王母年六十九,朝夕携汝輩號泣。及亂作,予但短衣以一僕自隨,百難千辛,今猶歷歷如昨日事,而不覺予年六十八,而汝亦四十歲矣。予出,即命汝居衡,爲守先王母墓耳。處今之世,求不飢餓幸矣。以勤苦守身,以忠實守志。凡事求下人一等,則自處多餘之地矣。述男謹識之,戊辰五月二十有二日記。'此以當趨庭之訓云云。"(1930 年 9 月 26 日《申報》)

1928 年 7 月,與王一亭、馮超然等爲陸鐵夫教授國畫作介紹。

《有志學畫者鑒》:"陸君鐵夫爲吴門任阜長、許子振兩先生入室弟子,夙工花卉人物,尤長山水。光復後游燕數載,得見清宫珍藏名人真蹟,心領神會,故其所作能融冶各大家於一爐。曩隱焦山,執贄請業者踵相接。每成一稿,對於畫學原理,指導周詳,成就綦衆,名馳大江南北。今歲復來滬上,寓英租界大慶里一百五號,繪事之暇,願以平生心得傳授衣鉢,志在提倡國技,本自行束脩未嘗無誨之主旨舊例,致送贄儀,概不計較,風雅之士有志弄翰者,幸勿交臂失之。介紹人曾農髯、王一亭、馮超然、趙子雲同啓。"(1928 年 7 月 9 日《申報》)

此際,莫干山療肺院假大西洋酒樓宴請書畫家、收藏家,徵集書畫古玩,以之爲獎品,募集資金,擴建病院。以書畫捐助之。

《莫干山療肺院徵書畫古玩記(長生)》:"肺病爲人類大敵,文藝界士女尤易病肺,故療肺院於文藝界宜益有合作之需要。此莫干山肺病療養院宴徵書畫古玩之所由來也。席設於大西洋酒樓頭,翩翩裙屐,宴迄夜闌,所議進行辦法,已具端倪焉。△該院近況及徵品之計劃:莫干山在武康縣西北,風景清幽,空氣鮮爽。肺病療養院創辦情況,早見去年本報。一年以來,成績斐然,救人綦衆。近擬募款十萬元,添築大規模之病院,擬徵求書畫古玩二千件,其中時賢之品居三之二,古代居三之一,擇地開會,分期展覽,即以所有書畫古玩爲獎品,售獎品券,由熱心慈善者分任推銷,當衆開獎,先集萬元,再事勸募焉。△各方面贊助之熱烈:譚組庵、張静江、于右任諸君已允出其墨寶捐助該院,李石曾、蔡孑民、褚民誼、周柏年、周健初、胡伯平、周瘦鵑、章味三、鮑婁先、鄭曼青、馬孟容、樓辛壺、許徵白、鄭午昌、黄藹農、方介堪、謝介子、林秋坪、孫千程、丁冠顔、馬萬里諸君,及張紅薇、虞澹涵、奚屠格、張時敏、江道樊諸女士,均贊助此舉,組成委員會,並推張聿光、周健初、劉海粟、錢瘦鐵、朱應鵬、俞寄凡、謝公展諸君爲常務幹事,所有藝苑名家,如曾農髯、朱古微、伊峻齋、鄭孝胥、王一亭、趙叔孺、程子大、劉山農、徐朗西、王西神、張丹斧、胡郯卿、錢雲鶴、馮超然、黄賓虹、張大千、汪聲遠、江一平、江萬平、馬企周、張小樓、陳小蝶、錢化佛、張天帚、張辰伯、汪亞塵、江小鶼、楊清磬、張光宇、孫雪泥、劉未林、張善孖、許醉侯、姜敬廬、趙半跛、俞劍華、馬公禺、費龍丁、許士騏、丁慕琴、潘天授、賀天健、朱天梵、朱大可、唐吉生君等,及吴杏芬、顧青瑶、李秋君、陸景蘭諸女士,約三百餘人,均將陸續徵求,共襄善舉,各報館將請其廣爲宣播,將來如擬集印書畫等名作紀念册時,尚擬請出版業贊襄此舉焉。△未來之山亭紀念:該院爲酬答各名家贊助雅意起見,擬俟各項事務結束後,在該院之側,建立山亭一座,内設一紀念碑,將各贊助人芳名鎸入,以資紀念云。”(1928年7月15日《申報》)

1928年7月16日至譚澤闓家,譚延闓聞訊來見,激賞所携董思翁畫册、吴仲圭畫竹圖卷。午同至俞明頤家飲,陳散原、汪九、汪四、余大、左十一、聶潞生、聶慎餘皆在。

《譚延闓日記》同日條:“七月十六日晴,寒暖八十八度。(甚熱)七時起。浴後殊熱。(喫炒麵,尚佳)小孩來報,小狗已剩五隻矣。天熱固不可恃也。聞曾九至大武家,乃往見之。携有董思翁畫册,李春湖所藏,殊精妙。吴仲圭畫竹卷,自題草書,直逼過庭,皆可寶愛。董册九百元,吴則五十元,皆新收者。午,偕曾九、大武至俞明頤家飲,散原、汪九、汪四、余大、左十一、聶六、聶十,菜殊精潔。既罷,假寐。醒而大談張南皮,南皮製聯壽余母,乃問余大,聯甚切懂否,此大可恥辱語,而余大津津道之。客散,汪九、左十一留。將晡,偕大武携秋、年、汪、俞、左,偕入黄浦公園一游,食橘水而出。歸,看諸女飯,菜亦不劣,陳益壽故勝胡廚子。晚飯大武處,飲拿破崙勃蘭地一杯,江蝦舊贈也。九時,赴車站,與細毛各一室,汪四、秋、年、德、松皆來送。車開遂睡。過南翔聞雨聲甚大。十二時過蘇州,復鬱熱。自起開窗,煙煤撲身,如卧沙中。”

戊辰五月,爲小招隱館主人王佩初作《小招隱館校書圖》。

自題:“小招隱館校書圖。王子搜奇書,好古,予弗及。抱兹軼世才,自處甘岑寂。冲然道之體,攝生藴神識。六十髮青青,尚如年三十。矜已不苟同,孤行求自給。萬卷終易米,且讀且佐食。青主兒輓車,君有子負極。閑閑越江海,容容話今昔。投我新詩篇,力抗蘇黄席。予非能詩者,寫圖照四壁。歲戊辰五月,梅雨苦悶,不在病中。佩翁先生以詩遺我,圖此答之,幸兩正。農髯熙。"(香港蘇富比 2001 年春拍圖録)

設色紙本。103.5×26.4cm

鈐印:曾熙之印(白文)。農髯(朱文)。

藏印:張爰之印信(白文)。謫仙館珍藏書畫至寶(朱文)。

按:王禮培(1864—1943),字佩初,號潛虚老人,室名小招隱館,其讀書處曰掃塵齋。湖南湘鄉人。十歲時隨祖父寓居長沙,就讀於思賢講舍,1933 年任船山學社董事長。1893 年中鄉試舉人,1905 年出任湘鄉縣學堂學監,和禹之謨領導了湘鄉歷史上第一次學潮,禹被捕犧牲,王禮培流亡日本,加入同盟會。辛亥後專心於搜集奇書。作詩宗法黄山谷,意深味永,陳三立亟稱之。著有《小招隱館詩編》、《小招隱館談藝録初編》等。

戊辰五月,署《丁六陽、張善孖、張大千畫册(第一集)》扉頁。

署《丁六陽、張善孖張大千畫册(第一集)》:"丁六陽、張善孖、張大千畫册第一集。熙署。"(《丁六陽張善子張大千畫册(第一集)》,1928 月 5 日佛記書局版)

鈐印:曾熙私印(朱文)。

按:此畫册共刊登十二幅作品,丁六陽、張善子、張大千各四幅。

李健題籤:"丁六陽張善子張大千畫册。戊辰五月,李健題。"

鈐印:健(白文)。李(朱文)。

戊辰五月,自書論畫。

自書論畫:"小米畫澹逸冲漠,後來得其神意者,惟方壺一人而已,此外以點畫求其面貌即足。戊辰五月,曾熙。"

紙本。139×31cm

鈐印:曾熙之印(白文)。農髯(朱文)。

戊辰六月,爲孔生畫《蒼松》扇面。

自題:"蒼幹凌霄。戊辰六月,寫似孔生仁兄法家正之。農髯熙。"(上海朵雲軒 2008 年春拍圖録)

鈐印:曾熙私印(朱文)。

戊辰六月，介紹黄曉汀與汪英賓訂交。

汪英賓《西山畫派述異軍△曉汀居士之山水△農髯老人之妙聯》："曉汀居士，姓黄，名起鳳，西江人也。其地代有聞人，歷祀遞嬗，有光史乘，自來談藝苑掌故者，胥奉以爲國粹，地靈人傑，其信然歟？居士澹泊爲懷，自隱於畫，軒冕泥塗，無動於中，而獨寢饋於世道也。頻年橐筆漫游，與時下名流相接，靡不倒屣以迎，傾蓋論交。顧居士雅不欲以一代宗風自尚，恬逸以自遣，寧静以明志。卓爾不群，益爲士林所重。予震居士盛名，竊嘆吾道不孤，草草人事，羈縻孔多，顛倒遐想，只許神交。然悵惘伊人，輒復縈迴畫案書架間而莫能已。前輩曾農老知之，亟爲介紹。一經晤對，歡若平生，嗣是忙裏偷閒，嘗相過從。予於居士吐屬揮寫之間，承其緒餘，得窺崖略，乃知居士視其他作構，猶雕蟲小技，不屑措意，於山水一道，在今日實推祭酒。觀其定局佈勢，疏密層疊，到處可見靈奇，而於草木溝洫亭榭樑屋之位置，雲煙羽翼，杖履鞭鐙之點綴，信手拈來，自是不凡。綜其繪績，蓋既囊括四王，席捲明清諸大家，且又直窺石濤、石溪之門徑，若置身優游其中，一旦登堂入室，所獲乃不可量。以故尺幅甫展，神來筆下，兼參新意，品遂愈高。此其熏染蘊積與融會貫通之功，誠非率爾操觚者所能冀，目爲西江派之别樹一幟，當亦不誣。前者，居士曾卜畫樓，壁間張二聯，皆屬髯公所書。一曰：每就榻前對煙容，從知海上有山樵。又一曰：西江新畫派，東海舊家風。不知者以爲工整貼切，自非名手不辦，孰意髯公於第一聯中，别有語含雙關之妙乎？原公嗜才若命，愛重居士者以此。公又不喜阿芙蓉，而居士短笛信吹，樂此不疲，公良不忍居士之因沉湎而斲傷也，苦無術以進諍言，爰就楹語寓諷意。曰榻，曰煙客，此榻蓋非常榻，此煙客即亦别有所指。居士善悟，胸次無不了了，惟此一時佳話，殆其必傳矣。二聯各系長跋，並録存之。一曰：'曉汀居士山水宗四王，寫煙客雨景，煙雲滿紙，墨未乾，即就榻。髯笑曰：公吐納煙雲，宜有此妙景，真煙客與？坐客大笑。居士喜爲黄鶴山樵，直過四王。海上人每倍其值争求之。去秋重來海上，寄居合安里友人樓上，求畫者日數十起，門限雖未穿，而屐履之聲，如霆如雷，主人頗厭其煩，因移居焉。宅舍新飾，氣象萬千，書以慶之。戊辰二月，曾熙。'觀公行間調侃，謔而不虐，予爲嘆服。一曰：'曉汀居士，西江人也。其寫山水，則囊括元明，及本朝諸大家，而自下己意。西江畫派，當别一新幟矣。宇文公諒題子久畫果育齋銘圖，詩云：黄公東海客，作畫逼荆關。居士既同姓，又好居富春山，蓋今之子久矣。髯年來每病，得此勝友，晨夕抗手談心，此樂曷極。歲乙丑六月十三日，農髯熙撰贈，並識數語。'此聯作於距今四年，跋語未及煙霞雲霧，度居士猶未下陳蕃之榻，而芙蓉城土尚在縹緲鄉耶！然乎？不然乎？還以質諸居士，小子狂簡，信筆亂塗，幸勿嗔怪。述上文竟，予忽憶及居士曾以佳作貺我，是胡可以不志。乃即於畫笥中檢出製版，鐫諸報端。居士自跋云：‘英賓先生索畫，久未報命，適友人持大滌子册子來寓，偶發興寫此，並請法家正之。戊辰六月，曉汀居士。’又髯公跋云：‘曉翁寫山水，最擅廉州之秀，於元四家，尤能逼真王叔明。此幅志存擬石濤，逸趣天成，仍復自具本色，其過人蓋在此。英賓世友，工篆善草，畫才極高，所謂文人無所不能也。因志數語，以證同好。戊辰十一月，熙。’畫既名貴，髯公跋尤可重。至兩公之書法印章，高超雋逸，堪稱二難，同志之士，於縮影中領略其真面目，庶幾得之。惟居士既法家予，而髯公復以過奬，則汗毛站班之諺，予實不克自免，今日猶以蕪詞禍梨棗者，無他，斯二聯一畫之爲墨寶，終不敢不爲喤引，以待宏達之共賞而已矣。”(1928年12月15日《申報》)

按：汪英賓(1897—1971)，别號省齊。安徽婺源(今屬江西)人。1921年畢業於聖約翰大學，旋赴美習新聞學，獲碩士學位。回滬與朱應鵬等創辦晨光美術會，並主編《晨光》雜誌。爲《申報》協理，自是《申報》報導美術消息漸夥，爲後人留下美術史料甚豐。

1928年7月31日六月望，題王一亭、趙子雲、程瑶笙、吴待秋合作《三春妍麗圖》。

題《三春妍麗圖》：“三春妍麗。歲戊辰六月望，酷熱得雨少凉，展覽此幅，海上名家鬥華争妍，各抒妙藴，當爲之置觴其下也。農髯曾熙識。”(上海崇源2002年拍賣圖録)

設色紙本，140×69cm

鈐印：曾熙之印(白文)。戲海樓(朱文)。

1928年8月，觀雲山人重游滬上，勸其留滬鬻書，並爲其訂書例，與譚延闓、汪松年、符鐵年、余堯衢署名登報介紹。

《觀雲山人書例》：“山人雅好金石，篆隸真草，無一不精。前吴興陸樹藩、臨川清道人極器重之，余亦出其所藏以爲討論。今復游申，余以山人書法得力於道人極深，盍即留滬問世，爲之訂其值於後。衡陽曾熙啓。(潤例略)。總收件處：法租界帶鈎橋壽康里長沙湘益公。代收處：麥家圈尚仁里大一統書局、上海各大紙號及各大箋扇莊、帶鈎橋源泰里陳君海天。通訊處：東有恒路衡陽曾寓、天津路謙泰棧帳房、三馬路望平街華陽印刷所。介紹人曾熙、譚延闓、汪松年、余堯衢、符鐵年。”(1928年8月14日《申報》)

按：觀雲山人，姓名生平不詳。陸樹藩，字伯純，浙江歸安人。收藏大家陸心源之子。在上海經營湖絲不善巨虧，乃將其父之皕宋樓藏書賣與日本巖崎。

戊辰六月,再題黄子久《天池石壁》。

再題黄子久《天池石壁》:"明季諸賢多從大癡老人出,然寬閑逸雅,獨思翁一人。髯得思翁畫稿二十紙,高江邨舊物。江邨所題凡三千餘言。乾隆時煙客曾孫王古巖分割四紙,其十六紙流傳爲何道州所得,今夏歸髯。越月,古巖所分出亦入髯篋,所謂奇墨奇緣也。二十紙中,心追大癡居三之二。戊辰六月,熙記。"(私人藏)

鈐印:曾熙之印(白文)。

按:參見下文9月28日條。

戊辰七月既望,作《齊眉綏福圖》賀陳寅恪與唐曉瑩女士在上海喜結良緣。

自題:"齊眉綏福。寅恪賢世友嘉禮,戊辰秋七月既望,以五福堂朱墨寫於海上心太平庵。農髯熙再拜。"(《也同歡樂也同愁——憶父親陳寅恪母親唐篔》,陳流求、陳小彭、陳美延著,三聯書店2010年4月版)

鈐印:曾熙之印(白文)。農髯(朱文)。

《也同歡樂也同愁——憶父親陳寅恪母親唐篔》:"1928年7月上旬,父親與母親在北平城裏舉行訂婚儀式,賓客是男女雙方在北平的家人、親友,及女方同事。7月15日中午十二時,又在清華園南院趙元任伯父家,宴請父親清華的同事與朋友,席間還傳示了吴宓伯父用紅箋寫的賀詩,慶典至午後四時方散。由於祖父當年居住上海,而且母親的生母沈氏夫人是杭州人,過繼的母親潘氏夫人是蘇州人,不少親友都在蘇、滬、杭一帶,所以同年農曆七月十七日(1928年8月31日)父母在上海舉行結婚典禮。……父親與母親携手走過四十餘載,風雨同舟,患難與共。母親更是在生活、事業、學術上給予父親全力支持,不僅僅是生活中的賢妻良母,更是父親的心靈伴侣和精神支柱。在我們女兒看來,整個家庭雖然後來迫於種種歷史原因,遭受了不少苦難,但這段婚姻始終是極其美滿的。歷經數般浩劫,他們相敬如賓、相依爲命,更顯出愛情的真醇可貴。父母直至晚年,回首他們幾十年的婚姻,再三於《題紅梅圖》詩中明誓,他生仍爲夫婦:《又題紅梅圖一律(圖爲寅恪與曉瑩結褵時,曾農髯丈熙所繪贈,迄今將四十載矣)》:"卌年香茜夢猶存,偕老渾忘歲月奔。雙燭高燒花欲笑,小窗低語酒餘温。紅妝縱换孤山面,翠袖終留倩女魂。珍惜玳樑桑海影,他生重認舊巢痕。"

按:陳寅恪(1890—1969),江西義寧(今修水)人,陳三立子,陳師曾弟。早年留學日本,游學歐美。1925年任清華國學研究院導師。1949年後任中央文史研究館副館長、中國科學院學部委員。著有《隋唐制度淵源略論稿》、《元白詩箋證稿》、《陳寅恪集》等。

1928年8月24日夜譚延闓有上海之行,27日匆回,得譜主信,旋回信。

《譚延闓日記》8月24日條:"八月二十四日晴,寒暖八十六度。(赴滬)七時十五分起。宋子文來談,遂同至政府開會。薛子良、熊斌來,云馮焕章昨夜二時已返開封,云甘肅事亟,將往調度,有事當更來云。又作造謡資料矣。開會至十一時即散。登樓,與李、于、蔣、宋、張同餐。與雨巖談久之。勾當公事畢乃出,擬夜返滬。李特生來。陶家瑶來,前在滬時子武介紹向李家借款者,彼未提及,吾亦未言,當時吾書一據與之,其款即付精衛派李天德至津之一萬也。爲人書扇十柄。細看曾九藏《聖教記》下截損蝕處,似以他本接合,續痕可見,墨色故不同。又知□人拓碑每棄損蝕處,此例亦多也。照像片,印來三打,有廿六張可耳。走馬三紙用一杪(秒)三百分之一即得,前此用一杪(秒)千分之一,宜不合也。劉伯倫來,云今往湘。余岸稜來。晚,與秋、年、繩食炒飯。爲錫九書屏,楷書八十字。十時,率秋、年,偕尗乾赴滬,車行改十一時也。居非卧車,然較寬適。吕滿等來送,一新聞記者來談。十一時開車,簸盪殊不適,如在海船。"

《譚延闓日記》8月27日條:"八月二十七日陰,寒暖七十六度。(移床東壁,復舊時室中制。衣單衣。)發信:百五十三、祥六九、汪九、宋子文、何克夫、百五十四、詠安、袁六。受信:曾九。四時到鎮江(常州)。六時至鎮江,遂起。劉紀文來,談久之。尗乾來談。八時十分到下關,吕滿、細毛來迎。徑至國府紀念週,尚未散,報告滬情,聽張之江演説。散後登樓,與張、李談,乃判牘。滬昨大雨,此間但微陰,凉風習然,如秋深矣。歸,床已移,門亦復舊矣。爲叔乾寫湘綺覽古興詠詩,作四幅。又爲其子作大楷四幅。尗乾來,云明日决行也。與繩飯後,至中央黨部開會,惟于、李、周、何及余而已。于主席,五時散歸。作書與詠安,言近事。又作書復仲頤,勸其自卑尊人,以涉世爲學問,皆十餘紙。晚,設席饌尗乾,以王潤生、段彝廷、黎九、吕滿、曙村、仲圭、叔襄同食,菜平平,信錢少不足鼓興。散後,與叔乾一談。羅叔弘來,亦將歸辰州軍隊者。吕滿來久談,其女明赴滬就學,以汾酒托帶。書扇六柄。服淑草藥,以酒下,兩日無動静,必不効矣。十一時睡。李突入求信,可怪。"

《譚延闓日記》8月28日條:"八月二十八日晴,寒暖七十八度。(衣香雲紗、衫布衣)發信:百五十五、祥七十、曾九、閎群(鏡)。天明醒,甚凉,引綿(棉)被自覆。及醒已八時,急起,入府開會。十時畢,休息十分鐘,議定預算委員會人選,復開會决定,乃散。與王伯群談,知昨言中德約不滿人意由此也。登樓,與李、蔣、于、宋餐畢略談,乃治公牘。十二時半歸寓,復與繩飯。吕咸來,河北省委兼工商廳,云吕復劍秋之弟,送之下樓,與張頌芬、壽大嫂見於客堂。張爲文達師女,乃今爲圖書館助理員,壽嫂則乞補助者。登樓,見張韶海,外交部參事,陳寅恪所極口稱之者,亦稱中美、中德約不盡妥,中英約英漢文不符,正告之以當向部長陳之乃爲合理。陳勁節來。爲協和寫兩横幅,行有恆堂砑花牋,定府紙也。以游後湖五首書與之。吕女來,珏惠明日乃行也。晚,食薄餅,繩赴同學會宴也。楊杏佛來久談,蔡先生決不返矣。吕滿來談。書扇六柄。十一時睡。羅未弘明行,以遠鏡及大武書遺囑交帶與閎群。"

1928年8月,向燊中風病復發,遽卒,年65歲。

譚延闓《衡山向道尹墓誌銘》:"君諱燊,字樂穀,湖南衡山人。先世自江西來遷。曾祖諱拔亭,妣氏王,以節孝旌。祖諱奎照,佐勞文毅軍廣西,保舉同知。父諱熙,廣東萬州知州,妣氏張。君少穎悟,稱神童。及長,有大志,不事帖括。年三十始入縣學,補廪膳生。受業湘潭王先生,通《春秋》、《穀梁》、《左傳》、《毛詩》、《尚書》。游日本,卒業宏(弘)文學院。歸爲衡州府中學堂監督、南路實業學堂監督,被舉爲諮議局議員。以資爲道員,候補甘肅。辛亥起義秦州,爲副都督。民國既建,爲隴南觀察使,改渭川道尹。五年,爲湖南湘江道尹。六年,兼任財政廳長,棄官居海上。十六年五月十四日中風,嚮愈矣。明年八月疾復作,遽卒,春秋六十有五。(下略)"(《辛亥人物碑傳集》,團結出版社1991年10月版)

按:爲其請譚延闓撰墓誌與親自書石事,參見本譜1929年8月4日、11日條。

1928年9月7日戊辰七月廿四日致書趙祉威,告以已託日人水野(梅曉)在舟中照料甥婦。

與趙祉威書:"甥婦往日已託水野先生在舟中照拂,更穩當,俟到日即寄數語。祉甥,髯啓。七月廿四日。"

1928年9月,與王一亭、鄭孝胥、朱古微爲俞少林鬻畫刊登啓事。

《俞少林畫例》:"俞君少林,吾鄉天木太史之後裔也。天資過人,生平於花卉人物無所不工,未肯爲人多作筆墨。近年逾大衍,欲爲傳世計,因商訂潤例如次:(潤例略)總收件處:上海帶鈎橋北九華堂箋扇莊。譚組雲代訂。曾農髯、王一亭、鄭孝胥、朱古微同啓。"(1928年9月8日《申報》)

1928年9月,與朱古微、陳三立等爲陳阜如刻扇骨展刊登介紹啓事。

《朱古微、陳三立、曾熙、高野侯、丁輔之、青山農介紹陳阜如刻扇骨展期》:"當湖陳阜如限期刻扇骨已於十二日限滿,惟連日求者踵至,外埠來函亦絡繹不絶，致後至者均抱向隅，兹再展期十日，藉公同好，並備有墨拓式樣可以參觀。接洽處梅白格路新餘里五百四十八號陳明弢君，或北京路江西路口興業銀行水啓秀君，代收件處三馬路河南路朵雲軒箋扇莊。附印紐例：（略）再，凡在前截止期後交來之件，均於展期日起照刻。"（1928 年 9 月 11 日《申報》）

戊辰秋七月，爲芳正寫《梅花圖》。

自題："寫罷齊罍又梅花，石公相對枝横斜。嶺南亦有好梅客，是否林逋梅作家。戊辰秋七月，寫寄芳正仁兄法家正之，農髯熙。"（私人藏）

戊辰秋七月，張善孖臨趙孟頫《秋郊瘦馬圖卷》，爲其題跋。

張善孖自題："戊辰秋七月既望，善孖張澤臨於大風堂中。"

題張善孖臨趙孟頫《秋郊瘦馬圖卷》："秋雨瀟瀟秋草肥，昔年百戰苦征衣。長城既壞不堪憶，瘦倚寒林對夕暉。善孖賢弟臨松雪老人《秋郊瘦馬圖》，既擴大之而精神骨韵不下松雪，爲賦七絶並記之。農髯熙。"（蘇富比 2011 年秋拍圖録）

鈐印：曾熙私印（白文）。

按：本卷有己巳春日黄賓虹題引首"秋郊瘦馬"。

戊辰八月，爲張大千所得石濤《花卉册》題籤。

題石濤《花卉册》簽條："清湘老人細筆花卉册子。平生所少見，季爰既得絹本，復得此册，可稱雙絶。戊辰八月，熙署。"（佳士得 2008 年春拍圖録）

鈐印：曾熙私印（朱文）。

1928 年 9 月 9 日，與譚延闓、王一亭等登《中央日報》，再次介紹湖南畫家譚炳勳。

《譚炳勳山水畫》："譚君家駿，字炳勳，穎慧篤學，琴書詩畫，各有心得，尤善山水。原居長沙九峰山下，因號九峰煙樵。壯年提劍走粵桂閩浙、直魯豫奉、湘鄂蘇皖，所至有聲，裘帶雍容，以畫自樂，因又號劍影閣主人。生平好游名山大川，畫境因以益進，筆墨蒼秀渾古，上追宋元，下溯四王、吴、惲，而不宗一派，頗爲名流所稱許。軍書旁午，執筆鮮暇，得其畫者，恒珍如拱璧。因代擬山水潤格，以便世之求煙樵畫者。（潤例略）譚延闓、曾農髯、黄藹農、商笙伯、王一亭、吴待秋、趙叔孺、向樂穀代訂。"（1928 年 9 月 9 日《中央日報》）

按：初次刊本年 2 月《申報》。

1928年9月,與張一麐等介紹余紹宋(樾園)鬻書畫並代定潤例。

《介紹余樾園先生鬻書畫啓事》:"龍游余樾園先生紹宋,前掌法部,聲譽藉甚。退食之暇,精研金石,雅善書畫。平日深自珍嗇,不輕以片紙隻字與人,海内方雅,固無不知其爲一代巨筆也。著有《畫法要録》、《書畫書録解題》念四卷行世,闡微導竅,洩盡畫家三昧,爲自來著論者所未及,裨益後學,厥功弗淺。今夏先生擬回里幽棲,蕭然有退隱之意。僕等惜其作品流傳太希,謂無以□收藏家之望,共勸先生乘此清燕,廣結墨緣,亦以百年來風雅之道寖衰,晚近作者,尤愧古人,正欲先生起而張之耳。其書各體皆工,作行草合山陰父子矩矱,與章草法度爲一,俛仰操縱,自成精熟,深得皇索之遺。其作畫如作字,韵淡天成,命筆在蹊徑之外,識者嘆爲妙契北苑,頡頏元季浙中三大家云。謹爲介紹,以候同好之賞鑒,並代定潤格,請向收件處北京路四三號袁漢雲及九華堂、朵雲軒、戲鴻堂、怡春堂、文華堂、青雲閣各扇莊取閲。介紹人:張一麐、曾熙、張一鵬、盧信、趙叔孺、鄭天錫、江天鐸、樓恂如、袁漢雲同啓。"(1928年9月10日《申報》)

戊辰八月,爲上海神州大旅社開幕作楹聯賀之。

自書:"惟四時娱絲竹,喜萬國集冠裳。神州大旅社開幕書此慶之,戊辰八月,農髯曾熙。"(臺北國泰美術館藏)

戊辰八月,爲趙眠雲藏扇集題籤。

題籤:"心漢閣扇集。戊辰八月,農髯熙。"(《心漢閣扇集》,1929年己巳十月初版,慎修書社總發行)

按:趙眠雲(1902—1948),原名紹昌,眠雲爲其號,室名心漢閣。鴛鴦蝴蝶派作家,星社社員。善書法篆刻。參見《陶冷月年譜長編》相關條目。

1928年9月22日戊辰八月九日,致書譚延闓,代黄曉汀求贈字聯。

與譚延闓書:"前得弟爲珂兒書扇之精遒無匹,精神已充悦,《落齒詩》直是老杜,然亦何憂之深耶!《大覺》有時局之感。前歲瓶弟游粤,黄曉汀畫友(已畫扇贈弟,瓶弟交上)託熙求書一聯,瓶弟臨行,未及告渠以中秋日生日,乞弟書七字聯贈之(曉汀山水宗四王,而夫人亦能書,平日事疾最謹,然尚未得子聯,已畫格七字),非正生,不書生日字樣,以便常掛也。中秋當歸,髯必入坐。此上祖弟三先生,熙頓首。八月九日。外,素師《自叙帖》及《蘇釋》一本還上。"

1928年9月28日,譚延闓來滬,往見,以所收高江邨舊藏董香光畫稿二

十開示之，此册何紹基有長題，高江邨後人曾以四開割贈王煙客曾孫，而今分而復合，譚氏稱奇。

《譚延闓日記》同日條："九月二十八日晴，寒暖七十度。六時起。便血，咳稍活動，痰雖多，不甚作痛，藥有効也。大武及諸姪來，同食炸醬麵。吕滿自京來，同至大武家，朱賜瓊來拜節。羅伯蒼來，曾九來，以所收高江邨藏香光畫稿二十開見示，道州有長題，高子孫以四開割贈王俊，煙客曾孫也。今乃復合，亦一奇遇。文素松來，言其師祖（黄伯忠、陳護芳、余明秋、劉泮珠來）神異，約午後來診。夏五來，左台生來，袁大來，唐稼軒來，淑夫婦來，大毛來。午，設供，行禮如例，餕餘同享，有吕滿、袁六、衡、繩、秋、年、德、淞及吾兄弟，翅仍不入味，火候未至也。食罷而汪九、汪四、俞明頤、曾大、聶六來談甚久。劉神仙來，可四五十許，云二百歲，妄也。説吾病非三伏三九不能愈，愈之法在口訣，分七七日相投云云。一老江湖程梓臣之流耳，漫應之而去。與曾大談久之。偕汪九、聶六至俞明頤家，聶四來，同訪堯衢，少坐，乃至古益軒。尹玉安、黄伯忠請客，大武、汪四同至，主客十一人，左台生、吕滿後來，費三十六元，可謂侈矣。散後，歸家，女客方散，與兒女坐談，十時半睡。"

1928 年 10 月 11 日，譚延闓寫信來。

《譚延闓日記》同日條："十月十一日晴，寒暖六十六度。發信：山父、曾九、百八十八、八十九。七時起。八時，至黨部開常會，待至九時乃開，漢民主席，十時即散。歸，作楊滄白母像贊，語無倫次，然嬾改之。飯後，陳護芳來，商藻亭來，馬福祥、劉治洲來，戴季陶來，孫哲生來。王亮疇來，商考試院、監察院組織法。褚民誼、周君謀來，周旋去。忽外交委員會來電話，促赴會，乃至王儒堂寓，介石、稚暉、石曾、庸之、展堂、岳軍皆在，商對日問題，食茶點。散，偕展堂返吾寓，則林志超、陳果夫、吴鐵城、繆斌皆至，乃入席。吾不飲酒，食鹽菜皆不下箸，亦惟食糖菜而已。散後，登樓談久之，乃各去。書扇六柄。細毛來。十一時半睡。午後，陸仲安來改方，吕女亦診，皆愈矣。而吾耆木亦盡，買此間藥添。晚服，覺胸次不適，未知何因也。見盧師諦、黄復生、曾道、余際唐、吕超於樓下，談川事。"

1928 年 10 月 24 日戊辰重九後三日，作《秋江霜林圖》。

自題："老幹霜餘生意足，翹然疏秀立江頭。戊辰重九後三日，農髯熙。"（《當代名人畫海・甲編》，蜜蜂畫社徵集編輯，中華書局 1931 年 8 月版）

1928 年 10 月 28 日戊辰九月既望，長子憲璵從漢口來滬省親，檢所作設

色山水題贈。

自題:"此幅用筆在張大風、石濤之間。摯男適自漢上來滬,檢此與之。戊辰九月既望,老父時年六十有八。"(蘇富比紐約1988年秋拍圖録,《近現代中國繪畫集萃·曹氏默齋藏》,上海書畫出版社2010年7月版)

紙本。83×47cm

鈐印:曾熙私印(朱文)。戲海樓(白文)。名在江南河陽郭錢塘戴後(朱文)。

1928年11月7日,秋英會第一次書畫金石展覽會開幕。

《秋英會第一次書畫金石展覽會》:"地點:西藏路寧波同鄉會。日期:陰曆九月念六日至三十日。時間:每日上午九時至下午五時。本會聯合海上名家數十人,各出精美作品,共有三百餘幅,同時陳列,歡迎參觀,不用門券,並特約小觀園搜集最新出品奇種鮮菊千餘盆,以助雅興。"

《秋英會讀畫記(滄波)》:"秋英會第一次展覽會,值此海宇奠平,訓政伊始,投袂而起,遠近矚目。大會宣言,所以揭櫫園門者,將曰闡揚固有之藝術,以焜耀國光,而不知吾人於人慾横流之時,得一引道和平,陶養性情,可以助人倫,啓文化,如書畫金石者,其鼓舞期望,不特如上述而已,就其大體,可得而言。山水如農髯、一亭、待秋,德劭齒尊,已攘大名而去,無事品量。玄根居士,筆墨恬逸,可見其人,仿古四幀,不務刻畫,冥與古會,方之仙家,丹已九轉。《秋山行旅圖》微師北宗,《松風泉韵圖》則静穆雋永,自類北苑。午昌自梅瞿山、方方山,上窺黄鶴山樵,構境高奇,不同凡響。皴染純用渴筆,傳神處無迹象可尋,如以詩言,當爲羚羊掛角,以擬辛壺,正當方駕齊軌,不能强爲伯仲。徵白《柳岸》一幅,筆細韵遠,極杳渺悱惻之致,是能傳屯田曉風殘月之神者於其作品中,可推壓卷。《大士像》鈎勒精瑩,補景不逮矣。賓虹篤守古法,不染時尚,新安一派,階梯有自。青城散人能詩好游,足迹半天下,作畫一師造化,而會中仿藍田叔一幀,又極擬古之能,可見才人無所不可。小蝶熟精畫理,詩文外以其餘技作山水,寥寥短紙,已見胸中書卷,可謂少許勝人。瘦鐵黄山歸,筆益奇肆,用渴筆亦能渾茫。李浩然,新聞界巨子,而山水幽静,如湯琴隱,卓然成家。雲間黄素庵,出入四王,曩曾見其小品,清逸仿佛畫中九友,此次出品以水墨直幅最佳。閨秀中虞澹涵女士師麓臺,筆端沉着,直有金剛杵。奚屠格女士,一守蕭厔泉法,渾厚樸茂,例之鬟眉,所見亦僅。花卉工筆,首推紅薇老人,設色用筆,直追宋元,世謂其抗手南沙、南田,當非虚語。珠江香韵之《古艷三清圖》之清麗,風神絶世。近百年來,没骨鈎勒之妙,已成廣陵散絶,天生老人庶紹墜緒。《雨沼》寫意之作,狀煙雨之致,佳處在筆墨之外,古人所謂'手揮五弦,目送飛鴻'也。書法一宗河南,詩在中晚唐之間,尤可謂廣文三絶矣。寫意蕭疏淡雅，有鐵年、大千、瘦鐵、曼青，雄横古艷，以公展爲最，蓋此二者，各如其□，不能合併，自古味盎然也。鐵年《三友》之汗漫，水仙梅石之古拙，白陽、八大合於一冶，此公自有胸臆，所謂'以陰陽爲爐，固非槖籥之'，此句尤佳。海上自缶老下世，畫家之詩畫兼擅者，惟此公及任堇叔、鄭曼青耳。曼青抗志希古，睥睨當世，故其畫神光往來，不可端倪。所列如《九秋》之詭麗，《荷竹》之冷澀，《蘭》之温穆疏朗，即以大千、个簃之奇古，亦見而嘆服，比之石勒見高皇帝，自甘北面。此君去秋自北美專南下，今春又開會展覽，遂於海上藝術界中蒼頭軍特起，爲社會所珍視。吾嘗謂寫意之畫，最難者爲鍊與曲，蓋不鍊則氣不重，不曲則味不深，故畫家之用筆，如甌冶之鑄劍然，當千劈萬灌之，如季札論樂然，雖曲而當有直體。曼青於此二字，實兼有之。大千素宗石濤，今復戲仿天池花果二幀，超塵絶俗，此美髯公固能振衣□□矣。難兄善孖，以畫虎有'虎癡'之號，仿新羅鵝蓼，仿郎世寧焉，亦俱當行，可謂多藝。畫虎兩幀，雄踞壁上，合之房虎卿之兩黑龍，當令見者有風雲之思。公展爲秋英會發起人，既以畫菊負大名，所陳亦以菊爲夥，指畫尤佳，燦爛光怪，不掩筆墨。此公縱横南北二十年，弟子遍天下，工力既深，觸虚皆法。畫菊尤奇横超逸，獨力一幟，指頭筆端，悉現金碧，我佛以珊瑚爲舌，玻璃爲喉，白成色相，非寒乞可比，可爲詫服。趙半跛墨筆蟲魚兩小幀，神似復堂，《柳燕》一圖，清俊過人；題詩尤妙，文人畫也。馬孟容素稱院體派，畫蟹魚鶉鶉，俱栩栩如生，尤以無作家氣爲難。此外王師子之高潔，《天竹》一幀，揖讓復堂。汀鷺之法新羅，頗饒詞韵。臼庵《雙鳥藤》，吉生《果樹》，一法八大，俱爲上乘。王个簃之《螄子林》、《鼠燈》、《蘭石》、《歲朝圖》，一以金石大小篆刻之法，納之書畫間，蓋得名師衣鉢，吴昌老不死矣。馬萬里、湯眉蒨夫婦作品，清麗豐厚，聞爲新婚，宜其有陽春之氣。張時敏女士畫筆絶秀，類翁小海，此次出品不多，尤足珍貴。吴青霞女士以髫齡女子，奄有衆長，八尺《藤梟》，筆力雄横，不類鞶帨中人之妙。《吉祥佛》、工筆《蘆雁》，鈎勒近古，蘭陵自清□之後，嗣響無人，無地所鍾，庶乎在是人物。錢雲鶴老畫師，作品最多，鈎勒清挺，鬚眉入古，在老蓮、新羅之間。沈右撲女士初從公展學花卉，又從鴛湖潘振鏞學仕女，清麗雅健，能上追玉壺、曉樓之法，近時罕覯。書陳列獨少，如王惜庵之臨十三行，劉樹人之書經，方志遠之臨張遷碑，工秀可愛。曾公冶之篆分，橅散盤、石門，布白古茂。謝玉岑集鐘鼎文、龜甲文聯，神游三代，駸駸古法。方介堪臨開母秦敦，渾厚自然。此君爲金石名家，治章出入安吴、儀徵，上溯秦漢官私印、封泥，精瑩齊肅，且能對客奏刀，着手成趣，故其書自得剛柔相生之意。東邁石鼓，淵源家學，純陽入道，惜劍氣未斂耳。西神臨魏墓誌四幅，工麗瀟灑，有六朝煙水氣，詞人之筆也。金石介堪而外，有瘦鐵、个簃，俱承缶老法乳，各得一體，苦鐵一枝筆，溉沾後生多矣。此次陳列各品，都五百件，美不勝收，上之所舉，誠管中豹，僅一斑耳。然名家畫如超然、湖帆,書家如古微、蘇戡,皆以倉卒未克蒐集,誠爲觀者之缺憾。而秋英展覽會,方將以一次、二次至千萬次無窮,則吾人正不難拭目以待大成也。”(1928年11月16日《申報》)

1928年11月10日下午,秋英會同人在展覽會場舉行即席合作小品畫活動。

《秋英會議定紀念合作》:“秋英會聯合上海書畫名家,均出精美作品,假座寧波同鄉會公開展覽。連日來賓參觀,莫不稱許備至。昨晚同人集議,因會期五天轉瞬即過,值此團結精神之際,合作小品紀念畫件,公定平價,廣結墨緣,尺寸限於小軸、玩屏、横披、册頁,筆墨不拘山水、人物、仕女、花卉、鳥獸,工筆寫意,鎔冶一爐,現已議定進行矣,並告缺席諸君,如願參加合作,本星期六下午備筆印章蒞會,乘興揮毫,當場題款,以免日後多所麻煩云。”(1928年11月9日《申報》)

1928年11月11日立冬後六日,爲夏自怡寫《校碑品茶圖》。

自題:“校碑品茶圖。宜滋賢棣富收藏,喜臨六朝碑誌,筆秀雅;尤喜飲茶,每過寒齋,必携飲器、茶或荷露,蓮香清芬,潤留舌本,因寫此圖以答雅意。戊辰立冬後六日,農髯曾熙。”(1930年9月《上海畫報》)

設色紙本。142.5×39.5cm

鈐印:師萬物(朱文)。曾熙之印(白文)。農髯(朱文)。

題籤:“曾熙畫品香圖山水。自怡藏。”

戊辰十月,題爛漫社出版之張善孖《十二金釵图》。

題《十二金釵圖》:“此張虎癡之善諷世也。猛虎,人皆畏而避之,美人之搏噬人,蓋甚於虎,其亦覽斯圖而自警覺哉? 此十二幅較前十年所作更神妙。戊辰十月熙識。”(《十二金釵圖》,爛漫社戊辰十月出版發行)

鈐印:曾熙之印(白文)。農髯(朱文)。

戊辰立冬後,作分書論以贈馬宗霍,詔之以“骨宜厚,體宜平,神宜斂”。

自書:“盤梓老人(按:即何維樸)嘗言,其先大父東洲公(按:即何紹基)詔其學分書,以《禮器》擴之,以《史晨》斂之,分書之道即在是。熙以爲盤叟當時年尚少,舉此以爲程耳。《禮器碑》以瘦勁堅悍爲能,復雍穌有度,其眇(妙)不在擴張也。《史晨》拘束,取之以檠散縱漫衍之筆則可,不(按:即否)則鮮不爲病也。凡書之整散,在氣與神,求之形體,其次也。氣神不斂,雖日臨《史晨》,不過局(踞)

蹙而已。倘氣函(涵)神充,雖則褒斜大字,亦嚴謹有度,所貴求之氣與神也。宗霍喜爲分書,筆温雅有方,且矯變,惟骨宜厚,體宜平,神宜斂也。戊辰立冬後,熙。”(私人藏)

紙本。28×313cm

鈐印:曾熙之印(白文)。農髯(朱文)。

1928 年 11 月 12 日下午六時秋英會同人聚餐,並即席合作書畫。與同人五十餘人合作《九秋圖》兩幀。

民生《餐英盛會記》:“昨日爲秋英會第一次之書畫金石展覽會之第四日,預約定是日下午六時全體同人聚餐,並於餐前合作書畫,到者壽芝、春澍、公展、逸民、冷月、惜庵、六陽、介堪、孟容、聲遠、一亭、澹涵、辛壺、雲鶴、劍華、大千、善孖、亞青、陶民、寄凡、子鼎、玉岑、曼青、半跛、德怡、慕唐、公禺、師子、公冶、英賓、企周、哲惠、仲謀、屠格、个簃、素庵、博亭、吉生、杏芬、瘦鐵、葦佛、臼厂、鐵年、海粟、仲熙、青霞、雪泥、無聲、萬里、浩然等五十餘人。即席成四尺中堂九秋圖兩幀,一幀全屬菊花,墨筆彩色,光怪陸離,錯雜成趣。此外山水、人物、花鳥,無一不備,而愛山水者有時轉畫花卉,而畫人物者轉畫山水,玩一齣倒串戲,别生高趣。不畫者並當場題詩。辛壺爲玉岑畫枯木竹石一幀,半跛題詩曰:‘胸中君自有槎枒,的是江南老作家。瘦竹數竿一株樹,於枯淡處見高華。’尤爲出色當行。劍華、陶民、寄凡、大千、善孖五人合作《松》,以五色分繪,光怪奇肆。曼青題曰:‘何來四大夫,今從赤松游。不是黄山頂,韓、韋筆底秋。’又張紅薇畫黄月季,吴青霞補老少年,曼青補牽牛、菊,既成,公展興豪,又加秋海棠三五朵,益覺楚楚有情。玉岑題詩曰:‘各有生花筆一枝,秋影摇摇門夢絲。他日賓朋念江海,酒闌相對數花時。’此畫即爲玉岑取去。是日首畫者爲趙半跛,畫雁來紅一枝,第二人再畫雁來紅爲吴青霞女士,一則白髮詩人,一是髫齡少女,半跛歸語家人,咸以爲是真老少年矣。聯將畢,一亭來,瘦鐵、春澍、吉生方合繪一折枝梅石,一亭即加一古瓶、靈芝。大千題‘眉壽萬年’四鼎文於上,爲英賓購去。同時群以雲鶴於此次會中贊助最力,且今年爲五十大壽,發起合作一畫疇之。首由一亭畫白菜萊菔,此老信佛戒殺生,故擷園蔬爲雲鶴祈福,後由善孖補筍、公展壽容、辛壺葡萄、企周扁豆、春澍荸薺、萬里梨、曼青松,以幅大尚未完成也。入席後,杯盤狼藉,譚笑生春。公展先生以發起人招待尤勤,並親自發簡章及陳小蝶印刷預算表,可謂勞苦功高。席間坐客以張大千、善孖兄弟之美髯,鄭曼青之清秀如處子爲最奇。曼青作品蒼古,見者輒以爲老叟,不知爲一年少,而大千仿天池有翩翩欲仙之致,又孰意爲一虬髯客,方將躍馬襆被,有幽燕之行乎! 酒後,大千戲以小紙自塗其貌,隱菊花一枝，旁題‘曼青留别’，挽玉岑題四字，因默竄淵明詩‘悠然南望’四字，雙關得深意。以曼青、大千交最深，刻大千必悠然念曼青也。酒闌，公展、瘦鐵演説，公展聲如洪鐘，舌底波瀾，瀾翻不已。瘦鐵則爲英賓嬲出，滑稽可笑。復舉出修改簡章委員九人、編輯委員九人、審查委員十一人。散會時已十一時，菊影掩映壁間，送客歸矣。”(1928年11月13日《申報》)

1928年11月12、13日，秋英會延期二天。

《秋英會展覽書畫延長兩天》：“秋英會聯合海上數十名家公開展覽書畫於寧波同鄉會，原定限期五天，後因同道諸子各出作品加入者絡繹不絶，多數要求延長，議定於今日起，續開兩天，以增興味，而廣宣傳。該會前昨兩日，各家在會對客揮毫，逸興遄飛，臨時出品，當場被識者鑒定，立題上款，定去不少。晚間在會聚餐，共有五十餘人。聞此次各家出品盡係傑作，故來賓參觀，非常滿意，連日購去大小各件及整批指定者甚多云。”(1928年11月12日《申報》)

戊辰十月初旬，自書論書。

自書：“太傅以分書變楷，故勁厚，後惟齊經生得之。戊辰十月初旬，曾熙。”

紙本。106×52cm

鈐印：曾熙之印(朱文)。

立冬後，趙半跛來訪，談甚洽，爲題《藤雪樓畫册》。

題趙半跛《藤雪樓畫册》：“半跛翁寫花卉草蟲，韵逸骨清，蓋取青藤、雪个之法而自抒胸次，所謂有古人有我也。前日來寒齋暢談，其言高出儕輩，所見既遠，宜所爲詩畫過人，因書册後。戊辰立冬後，曾熙。”

鈐印：曾熙私印(朱文)。戲海樓(白文)。

朱孝臧(祖謀)題：“神假天造。奉題半跛先生畫稿。孝臧。”

鈐印：彊邨(朱文)。

潘飛聲題：“花竹樓高自嘯歌，君家墨妙點鷗波。青藤雪个無雕飾，翻笑徐黄傅粉多。文長游戲畫詩書，手種蒼藤十丈餘。笑哭不成圖畫裏，青山半壁閉門居。牡丹從不着胭脂，燕瘦環肥任是非。獨向畫家參色相，玉闌金屋寫緇衣。湖海烽煙君漸老，藤花和雪我仍留。連宵觥飲增豪興，爲問詩中幾酒樓(余因病，與君别半載，今承招飲市樓兩次，詩意及之)。半跛先生出眎藤雪樓畫册，奉題四詩乞正。戊辰十月愚弟潘飛聲，年七十一。”(《藤雪樓畫册詩鈔》二册，慎修書社1929年己巳三月版)

鈐印：潘蘭史記(朱文)。老詞客(白文)。華語樓(白文)。

按：尚有章一山、金梁、吴待秋、高振霄、趙雲壑、張宗祥、李鳳等題詞，兹録趙半跛自跋《藤雪樓詩草》："余已亥客杭州始從友人學詩，後漸耽吟詠。但拙於書，又懶甚，所作多不存稿。至壬寅館鄞縣居停，黄菊友先生喜作詩，與天童僧寄禪、邑紳陸漁老及余時相唱和，有《四明酬唱集》之刊。嗣後海上之消閑社天虚我生之《著作林》，余皆有詩，然悉未留稿。至己酉與白門鄭寄伯、南通張峽亭，以詩定神交。未幾，寄伯物故，峽亭廢吟，吟興受此打擊，又不復爲詩者近十年矣。民國七年，供鹺職，無多事，亡友陳荔汀君力勸余續爲詩兼習畫，此十年來幾無日不詩無日不畫。畫則被人索去，而詩則隨手塗改，不曾清稿，日久自亦不辨識也。現存者僅十分之二三，然馬勃牛溲，積久亦夥，全刊力不足，乃就近年所作，抉擇數十首，蓋敝帚自享意也。戊辰十月，半跛附記。"

存考：以上是爲張大千數十年後自吹其成名之畫會的"秋英會"的來龍去脈與活動的真相。張大千可謂善謔矣。他吹嘘的"秋英會"比這裏的秋英會提早了整整四年。作爲飯飽酒酣後的戲説，未嘗不可，然而作爲嚴肅的"個人履歷"則不能真贋雜陳。將本人神化，張大千在這裏僅僅是其一端而已。如果没有歷史記載這"另一隻眼"，歷史不就被張大千閹割了嗎？

戊辰十月，寫簡筆山水對屏。

自題一："逸筆縱横意趣深，焚香弄翰了餘生。窗前竹樹依苔石，寒雨蕭蕭待晚晴。倪高士畫意。戊辰十月，熙。"

自題二："見孟麗堂仿鄒逸民山水立軸，别有風韵，因寫其大意。農髯熙。"(上海工美 1998 年秋拍圖録)

戊辰冬十月，馬宗霍三十初度，書"萬卷常伴舟車，敏能好學；卅齡已多著述，我愧傳經"十言聯爲賀兼勉之。

自書十言聯："萬卷常伴舟車，敏能好學；卅齡已多著述，我愧傳經。宗霍賢妹倩，天姿(資)敏異，復奮迅力學，近所爲音均(韵)書，重伯(按：即曾廣鈞)宗人及太炎章君，決其必傳。雖然，學宜勤也，力亦宜惜，博覽百家，以求道德之歸，其庶乎！今歲三十初進，撰此嘉之，復識數語以進之。戊辰冬十月，老髯時年六十有八。"(私人藏)

紙本。178×31cm

鈐印：曾熙之印(白文)。

1928年11月27日，與朱古微等署名爲曾壽同書件免潤刊登啓事。

《曾壽同書件免潤啓事》:“昨荷古微、組雲、孝胥、農髯諸友爲余登報，得海上諸君之贊許，定件甚多，一俟書齊，即行照潤。今日來件仍收墨費，過期不收，謹白。剪報爲憑。(潤格略)收件處:上海西門蓬萊路普育里海陵譚廬或交各紙店。”(1928年11月28日《申報》)

按:譜主等登報啟事登載何報，待檢索。

1928年12月4日，致譚延闓書寄達。

《譚延闓日記》同日條:“十二月四日晴，寒暖四十六度。(安火爐)發信:二百卌四。受信:二百三十一、二、曾九。八時起。雪盡消矣，寒氣亦減。至行政院閲公事。羅餘來，此張小圃舊僚也。董康來，專言招商局事，不及文學，殊失所望。十時，開行政會議，焕章亦來。散已一時，歸飯。以布蒙窗，安火鑪，國貨也，壁爐太費，故改之。坐久覺頭眩，乃知室内高於室外十二度矣，急開窗以消息，後立廊際，爲人作書一小時乃愈。吾不能受火氣固矣。晚，爲蔣雨巖作餞延客，哲生先來，談導淮計劃。李鐸、張元祐、雷時若、何敬之、(吕滿)來，乃下見之廳中。黎世兄紹基、仇一山、吴子承、賀國光、王世杰來，待雨巖不至，乃入席，席半，雨巖來。既散，談久之。客乃去，雷、吴留談頃之。客去，閲報，費一小時，甚矣，吾目有變近視意，不須老光，昨忽發蒙，乃仍戴老光鏡，不可測也。十一時半睡，欲十時睡終不得，何耶？潘元燿寄錢幅、翁册來，幅行書真蹟，册多早年筆，不足珍。看尹紉秋詩稿，爲之太息。”

1928年12月6日戊辰十月二十五日，請譚延闓爲仕女畫家黄澹如潤例署名。

與譚延闓書:“海上畫家善畫侍女人物黄澹如先生潤格，乞弟署名蓋章，想亦樂爲之獎許也。祖庵先生，熙頓首。十月廿五。此箋黄君呈上。”

按:黄澹如生平不詳，在上海開有畫室。信未署年，姑繫於兹。

1928年12月9日，譚延闓在滬旋離去，約飲，譚以無暇辭。

與譚延闓書:“昨午後以澹豆汁湯服後，即大被蒙頭睡至六鐘後，稍覺風寒漸退，即雇車詣訪，我弟已出矣。明晨八鐘(九鐘前)幸少候，十二鐘約弟至陶樂(春)小喫何如？(即瓶弟、余壽老、重伯、宗文，由瓶點菜)祖庵三弟，熙頓首。十月廿七燈。”

《譚延闓日記》同日條:“十二月九日晴，寒暖五十四度。(夜返寧。著長絨韆)七時四十分起。大武、年、德、淞來。曾九函約飲,以不暇辭之。石醉六偕江小鶼、祁□及一留美攝影家來,爲吾攝數象去。後與大武諸人食薄餅,色濃味重,猶是趙筠翁所傳楊老闆法,盡一盤而止。出訪雨巖,不值,乃至護芳家,則雨巖、余大、汪九、俞明頤、大武、宋六、吴八、重伯、醉六皆在,入席,食其中饋,同聲贊美,但不知由衷否耳。大武去,爲楊文蔚證婚。余往貝勒路天祥里謁江師母,其兩女及壻潘志源皆出見,適祁女神似建霞師,憶十年前見時甚瘦,不如此也。建師卒年四十,今已二十九年,師母亦六十七矣,望久乃去。遍訪貝諦鏖路,歷一小時始得仁壽坊。入見頌雲,神情猶昔,談甚久。陳厚甫來,意懇懇,夠朋友也。出至汪九家,俞明頤、汪四、孝聰在,待大武來,同汪、俞至張矮子家,部置井井,如暴發户。周砥青、袁六、醉六、陳公俠、護芳。大武云公俠即陳樹齋之子,曾與莘田轟飲戚某家者,汪九所不許者也。有窖酒尚可,菜皆蠻燉,而鴨絶肥。散後,與袁六歸家,大武、年年亦來,祺寶已鼾睡矣。十時半至車站,袁六、秦康甫、汪旋父來送。客去,余即睡,車十一時二十分開。"

1928 年 12 月 12 日,致譚延闓書寄達,譚氏即覆書。

《譚延闓日記》同日條:"十二月十二日雨,寒暖五十度。(閻百川到。牙托壞)發信:二百卌九、祥百十三、護芳、曾九。受信:二百卅五、卅六、曾九、護芳。七時起。八時,至行政院。閲牘畢,陳仲詢攜咸同諸老手札册來,又一册,乃翁常熟家所粘,皆同時人,先君數札在焉,皆將來掌故也。九時,英公使藍溥生來,唐悦良爲譯,談久之去。余歸寓,子文來。十時,床次偕田川、船津來,鄧十一爲招待,船津作譯人,鄧大佩服,以爲無一漏義也。然所説皆真而不實,拉攏交情而已。十一時,至政治會議,頃之即散,乃訪閻百川,敦厚簡默,過於所期,非馮比也。稍坐,出至金紹武牙科,牙托裂,易備用品,而牙錯不入,乃修正而後安,然不易時取矣。歸飯,看手札。得大武書,作復,並手札寄之。張希元來,(百川來,劉樸忱偕至)送翁常熟像,惡劣極矣。爲人書屏聯榜書久之。晚,遣蘇起程赴滬。七時,至考試院,展堂、季陶請床次一行,蔡、王、孫、馮、閻、何皆至,閻不入席去。席凡四,吾與床次、岡本、煥章、敬之、沈觀履、展堂同坐。展堂、床次皆演説,沈爲譯,殊流利,演公第四子也。蜀峽酒席,多而不精。散已十時。歸,濯足,遂十一時矣,即睡。"

1928 年 12 月 21 日譚延闓到滬,往訪。

《譚延闓日記》同日條:"十二月二十一日晴,寒暖四十八度。受信:鹿山電。八時起。痔已易上,左手力增矣。與大武、繩、秋、年、(唐)、淑、祥、瑞食炸醬麵。陸仲安來,易方。萊歡來。部置禮堂,明日在吾廳堂行禮也。尹玉安偕仲績孫來,乃在湖北被通緝,亦可怪者。午,因留之飯,大武、繩、秋、年、袁六、萊歡、淑、祥、瑞同食,有電鍋野雞,吾不飲耳。散後,頌雲來談,偕至大武家,(顏福慶來診。)曾重伯先在,談久之去。汪九、俞明頤來。黎九來。今夜吕、黎請媒人也。待萊歡兄弟來,入席,俞、汪、黎、吕、萊歡、書年、繩、秋、年、德、淞及吾兄弟、袁六,凡十四人。曹九作菜,亦殊不惡。散後,陸仲安來,一診去,言已大愈,與顏福慶言不同,則云危險四伏,須入醫院診斷也。曾九來談。看諸兒預備明日禮事。十時客去,登樓,祺寶未睡,方於牀上跳踉,看食牛乳粉而睡,已十二時二十分矣。娟寶來,先睡去矣。"

1928年12月22日,黎六之子澤淵與吕滿之女竹筠借譚延闓寓行婚禮,往賀。

《譚延闓日記》同日條:"十二月二十二日晴,寒暖五十三度。(吕竹結婚。方如昨)發信:詠安。八時起。痔出血,上頗費力,但不須人助耳。今日黎六子澤淵與吕滿女竹筠結婚吾宅,大武率秋、瑞早去,吾與淑、祥、繩、年、德、淞食小米粥。下樓,黎九已來,汪九、大武、新郎偕至,吕滿一家均隨新娘來。陸仲安來,爲吾立方畢,亦下作賀。十時行禮,吾爲證婚,汪九、大武作介紹,黎九、吕滿主婚,秋、瑞作儐相,曾昭六司儀。禮極簡,軍樂亦不數奏即畢矣。新人至草坪攝影,吾輩遂至大武家,適遇俞明頤來,余大、左台生則後至矣。十一時,黎九送新人,吕滿家同去,新人已易衣來辭,即上火車,赴南京,此禮至新穎者。大武治饌,留余、汪、俞、吕、左、夏五、安甫食,曾九不食去。宋子文來。聶六中席至,爾後諸人皆出,余與汪九、左十一留看翁帖,翻閲大費氣力。既畢,乃畧休憩,睡頃之。大武、吕滿歸,俞明頤、林四至,復小酌,食麵。以車送客去,余還家,瀉一次,腹始舒,然嚏不已,豈感寒耶。吕滿宿吾書室。袁六來辭行,今夜赴湘也。看小孩頑耍久之,十時半洗足即睡。買一大沙發來,然而侈矣。"

戊辰十一月,題黄曉汀爲汪英賓所作山水。

題黄曉汀爲汪英賓所作山水:"曉翁寫山水,最擅廉州之秀,於元四家,尤能逼真王叔明。此幅志存擬石濤,逸趣天成,仍復自具本色,其過人蓋在此。英賓世友工篆善草,畫才極高,所謂文人無所不能也。因志數語,以徵同好。戊辰十一月,熙。"

按:見本譜戊辰六月條。

戊辰十一月,題許昭《紅梅圖》。

題許昭《紅梅圖》:"寫梅以瘦勁爲難。許君臨子固本,不但俏其形,且得其神骨,欽佩無已。戊辰十一月,熙注"。

鈐印:曾熙之印(白文)。子緝(朱文)。

許昭自題:"趙子固寫梅,工於鉤染,一枝一花,既見功力,又饒天趣,曩在小巖師所見其一本,秀挺奇逸,至今猶在心目,背橅其意,自喜仿佛似之。戊辰十月上弦,江都不煩子許昭。"

設色紙本。136×39cm

鈐印:徵白(朱文)。不煩子(朱文)。清簌館(朱文)。

黄葆戉題:"梅葩數壽意中原。海藏樓句。戊辰嘉平月,長樂黄葆戉題。"

鈐印:葆戉之印(白文)。青山農(朱文)。

鄭午昌題:"竹有畫竹、墨竹之分,梅亦有畫梅、墨梅之别。畫梅取色在工力之到家,墨梅取韵在意境之脱俗。惟趙子固工力意境可謂兼妙。蓋梅要不像,像之失之刻;要不到,到則失之描。子固乃能不像之像,不到之到,斯真能爲梅花傳神者矣。徵白善山水,出其餘技寫梅,古拙者類冬心,秀逸者過叔美,而此幀,神如子固,尤其傑作。春在筆端,着紙生香,而一種温静秀勁之韵,足以啓人高志,發人浩氣,洵可佩也。戊辰冬至,剡溪鄭昶拜觀並題。"(《許徵白畫集》,上海生生美術公司1929年6月10日版)

鈐印:午昌(朱文)。

戊辰十一月,三媳自湘來滬賀六十八歲生日。

按:見1929年1月17日條。

1928年12月30日,譚延闓、澤闓、俞明頤來拜壽,李筠庵、周家、胡思敬等在。譚爲題所作畫梅册籤。

《譚延闓日記》同日條:"十二月三十日晴,寒暖四十九度。發信:吕滿。受信:吕滿、協和、醉六、吉光。八時起。昨夜睡不安,内急,頻下氣,痔又突(凸)出,以萬金膏塗之始已。睡熟,聞鐘二點三刻矣。然今早復早醒,問細毛已到矣。痔下不易上,仍塗以膏。大武、細毛來,年、棠亦至。小唐白事,呈吕滿書,車價費六糟筍,可謂無益之費。食炸醬麵。俞明頤來。同大武偕之出,未數武,遇陸仲安來,乃復還診,云吾已愈,可去蓮、苓。大武、俞明頤皆就診,陸云俞脈無他,可保五年不死。祥今亦不適就診。陸去,偕俞明頤、大武至曾九家拜壽,遇李三、周家、胡思敬諸人。爲曾題畫梅册籤而出,遂歸。林四來辭行,明偕聶四行也。午,與大武、秋、年、淑、韵同飯。飯後,至大武家看道州丁巳、戊午日記一卷。大武赴龍八約去,余歸看小兒嬉。忽思畢作澍蕃碑銘,腹稿具久矣,寫書乃不愜,所謂辭不達意,古人所以枕上置筆研歟？與秋、淑、潤同飯,無兼味,然不減膳。陳碑至九時乃寫定,呼細毛來,令其謄真。與兒女看□像,如隔世事矣。濯足乃寢,十一時半矣。遣張斌蛟赴寧。”

1929 年 民國十八年 己巳 六十九歲

1929 年 1 月 1 日己巳十一月廿一日,以書囑長男憲璵至譚府向譚延闓賀歲。

與譚延闓、澤闓書:“新年新元旦令摯兒入賀用白箋者,從新例也。前乞吕公爲卓兒致書劉廳長,刻已無效,無須空費筆墨。髯擬寫大幅,或松或梅贈詠龕,並自書一函,但不言事,弟隨以數行爲卓言之。三媳已從湘來此,手携弟書與畫回湘,無非完滿其心以歸耳。病已愈十之八,數日後當令家廚蒸肥鷄,喫衡州乾肉,弟可早到看髯作松也。此上祖弟先生,熙頓首。瓶弟均此。十一月廿一。”

1929 年 1 月,譚少雲參加寒之友社第一次美術展覽會,爲其作品題跋。

《寒之友社展覽會明日開幕》:“經亨頤、陳樹人、李祖韓等發起寒之友社展覽會,於明日開幕,出品共有三百餘件之多,作者八十餘人,除上海名畫家外,泰半爲平日不常經見之作,徐季龍夫婦亦有畫件送來。地點在寧波同鄉會,自九日起至十三日止云。”(1929 年 1 月 8 日《申報》)

《書畫訊・書畫家譚組雲父子加入寒之友集社》:“該社爲經頤淵、陳樹人、汪英賓、劉海粟等所發起,定於本月九日在寧波同鄉會舉行第一次美術展覽會。聞以徵得各家出品有五百餘件之多。組雲父子海上各會向未加入,此次由同鄉王陶民及俞劍華二君介紹,出品有行草三,石鼓、博古各一,少雲畫五,爲花鳥、走獸、蘆雁、瑞兆圖,譚延闓、曾農髯、韓國鈞皆爲題跋,殊屬可貴云。”(1929 年 1 月 6 日《申報》)

1929 年 1 月 11 日戊辰臘朔,以《師酉敦》筆勢爲健父作“盡日相親惟白石,長年可樂有奇書”七字篆聯。

自書七字篆聯:“盡日相親惟白石,長年可樂有奇書。曏見道州八尺小篆聯極樸勁,今以《師酉敦》筆勢,書似健父仁兄法家正篆。戊辰臘朔,農髯熙。”(北京永樂 2010 年拍賣圖録)

金箋。132×32cm

鈐印：曾熙之印(白文)。農髯(朱文)。髯翁六十後書(朱文)。

戊辰臘月，作五松五梅花卉扇十幀，賀譚延闓五十歲生日。

自題："一、和白老人嘗言：楊(揚)補之畫梅榦如錢(鐵)鑄，阿筠亦稱道，談之津津有味。及庚申周夢公携此卷渡海來滬，展玩浹旬，知和白但解冬心，於補之猶未也。偶憶寫此。二、直是鼎彝變相耳。道州七十後儻畫梅，當有此風骨。三、骨瘦而疏，其清在神。四、相愛之深，雖遠不違，此花有之。五、昔魁百花，今號國香。六、蟠塞天地，其氣乃耳。七、頗肖南阜設色。八、石岸古松欲拂天，手栽已逾八千年。主人甲子不須問，生在南山北海前。石田題松句。九、以道州筆寫馬遥父松法。十、爲道者相，爲壽者相。戊辰臘月祖安三弟五十生日寫梅五幅松五幅，以徵五福。"(《大風堂存稿》)

此際，爲輔成作五尺松屏。

自題："以瞿山筆勢寫此，頗覺疏瘦有逸氣。"(《大風堂存稿》)

此際，爲春霖作五尺梅屏。

自題："丹花照日。"(《大風堂存稿》)

三媳趙氏將返湘，1月17日戊辰臘月七日作山水圖與之，題跋中有云，其父雖寄情於書畫，然"以之易錢則苦，須知一筆一點皆精神所寄，一錢一粟皆筋力交换得來"。

自題："今歲十一月卓男婦趙氏來賀予六十八歲生日，將返湘，以此幅與之，當歸告其夫曰：若父雖健，書畫樂事，然以之易錢則苦，須知一筆一點皆精神所寄，一錢一粟皆筋力交换得來。其深誦斯語，敬守之。臘七日，老髯記此。"

又："美哉此山河，劫後生意足。神聖雖徂淪，正氣鬱嶽瀆。貞元會有期，日月當旦復。勝殘百年事，所苦民命酷。得酒歡客飲，有書授兒讀。還我元漠心，澄慮且觀物。戊辰中秋復檢此幅書此，農髯熙。"(《湖南明清以來書畫選集》。《大風堂存稿》)

紙本。131×44.5cm

鈐印：曾熙之印(白文)。農髯(朱文)。永建齋(白文)。

1929年1月17日戊辰臘七日，爲昌伯作《山水圖》。

自書:"寥廓江天梅早放,一亭且遲故人來。歲戊辰臘七日寫此,即似昌伯仁兄法家正之。農髯曾熙。"(香港佳士得2013年秋拍圖録)

紙本:101.6×51cm

鈐印:曾熙之印(白文)。永建齋(白文)。名熙字曰子緝(朱文)。

1929年1月18日戊辰臘八爲遠居日本之趙祉威甥補作《申江送別圖》。

自題:"春申江上水,歲歲别離多。爲問瀛洲事,異邦近如何。祉甥去年游日本,重伯宗人以詩送别,髯允寫申江送别圖,今將一歲矣,補寫此圖,並題二十字,幸以詩答之。戊辰臘八日。"(《大風堂存稿》)

1929年1月19日戊辰臘九,自書論辭賦書畫。

自書:"辭賦書畫,其詣力所到,皆有止境。蓋才之所能,學以充之耳,不能别有增益。戊辰臘九,曾熙。"(私人藏)

紙本。145×79cm

鈐印:曾熙之印(白文)。農髯(朱文)。

1929年1月21日,譚延闓、澤闓、大生來,俞明頤、曾廣鈞(曾大)亦在,以家宴款之。曾廣鈞題譜主贈魯詠安畫,譚延闓爲書之。即興畫梅及松,談詩文久。

《譚延闓日記》同日條:"一月二十一日陰,寒暖五十度。八時起。大武、年、棠來,同食薄餅,大生亦至。偕棠步至大生家看艾令,坐頃之,淑、年亦至。大生夫婦出買藥,淑爲撫艾令,余與年、棠冒雨步歸大武家,遂同午飯。飯後,假寐久之。張承之來求事,乃類討債,吾甚厭之。遂歸,與祺寶玩。德、淞放學歸,祥亦歸自校。大生夫婦來,携贈品遍貽諸長幼,坐久之。大武來,偕大武、大生往曾九家,俞明頤、曾大先在,談頃之,以家庖見款,教書先生同坐。散後,曾大題曾九贈魯詠安畫,吾爲書之。又看曾九畫梅及松,皆不完而止。談詩文久之。曾大云堯老今日作階補四唱詩鐘'地欲借階韓萬户,天猶可補李高軒',以爲佳。又云'座上客常滿'打《三字經》'爲東漢',從滿漢兩字著想,頗新。十時携李晴江畫松梅兩册歸,實不如曾九也。與淑、祥、秋談久之,十二時睡。"

1929年1月23日譚延闓明日生日,賀客紛至。與李筠庵同詣。

《譚延闓日記》同日條:"一月二十三日雨,寒暖四十八度。受信:黎六。九時起。頃之,吕滿來,車誤點也。頃之,客續續至,下樓,見謝無量。步至大武家,汪九來，左台生來，黎九、徐大來，萊歡、書年來。大武治饌享客，兒姪輩皆與，聶十亦來。散後，與諸人談，乃步還家，客乃大至。家人行禮樓上，猶存舊風，乃麗亦跪拜如儀，此高宗純皇帝所不能改也。復下樓，劉梅齋、張開繼、頌雲、護芳、王大楨皆在，易茀焘、劉競西之流，凡二十餘人，鞠躬而散。乃至大武家，余大、汪九、夏五、俞明頤、左十一、徐大、聶六、黎九之屬均在，吾與大武各陪一席，曾九、李三後來。麵席，有翅，呂滿、岳胡、大生、秋生等則陪客，吾家女客二席，男凡八席，則流水云。既散，雷時若、石潮白、李安甫至，又車誤點者，別以食享之。余與諸人周旋，周鰲山勸止，乃上樓，女客猶未散。懷之自湘來，携何聯甚真，坐久之，大武又來同看。明日客當更多，勞民傷財，殊無謂也。晚十二時乃寢。懷之宿吾家。"

1929年1月24日，譚延闓五十歲生日，與李筠庵往賀。

《譚延闓日記》同日條："一月二十四日雪，寒暖四十八度。(易貉裘。芪十兩、參十兩、朮兩、芍八錢、膠四錢、茯神三錢、麥仁三錢、法夏四錢、山藥四錢、甘草二錢、川連五錢、黄參三錢、山萸六錢)受信：秉三。七時起。今日吾五十歲生日也，呂滿、宏群、特生皆早來，爲我招待賓客。宋阜南、蔡鑄人、吴熙農來，下見之，遂步至大生家看艾令，諸兒並來，大武、汪九、俞明頤亦至。同乘汽車返，家人行禮如儀。下，見客，一鞠躬，不能辨誰何矣。(易吟村來。)至大武家，汪、俞、曾、李、夏、左、龍八、滿、徐大、張承之、李安甫、(子直、曾九、李三、)王齊陶、黎九、雨民諸人皆至，待余大來乃入座，凡四席。方叔章、鄭叔進、曹子谷皆來，吾與大武、繩、秋分主四席。散後，龍八開詩寶，諸人踴躍並集，吾傍觀焉。假寐一小時。醒而陸仲安來，易方而去。龍滿亦請診焉。晚，汪、俞、左、曾、呂滿、懷之、黎九、叔孫、二龍、王齊陶、諸兒同座，凡兩席。散後，俞明頤開詩寶，九時乃散。余步歸家，女客半散，子武夫人來，談頃之。客去，大、淑、秋、祥同談，至十二時乃就睡。端、韵二時歸自校，六時復去，明乃散學也。聞南京大雪尺餘。"

1929年1月24日戊辰臘月將望，爲袁伯夔五十壽辰，寫《秋景如醉圖》賀之。

自題："提攝五嶽歸腕下，老髯六法君文章。老髯寫此幀，爲伯夔先生五十生日佐觴。戊辰臘月將望，熙頓首。"(北京匡時2007年秋拍圖録)

設色紙本。98×56cm

鈐印：師萬物(朱文)。曾熙之印(白文)。農髯(朱文)。名熙字曰子緝(朱文)。

按：袁伯夔(1881—1940)，名思亮，湖南湘潭人，室名雪松書屋。北洋時期曾任國務院秘書、印鑄局局長。流寓上海。富收藏。

1929年1月25日，譚延闓過訪，以客多未入。

《譚延闓日記》同日條:“一月二十五日陰,寒暖五十度。(仍衣羊裘)八時起。大生、秋、淑、祥、淞同食炸醬麵。劉梅齋來,談湘事甚久。客去,余出至俞明頤家,適已出,乃過散原一談。訪曾九,云客多,未入。過伯夔,亦出。詣秦子直,坐頃之。環堵蕭然,殊有升沉之感。遇汪九於道,乃往余大家,略坐出。訪頌雲談,已素食,自懺,所謂不向空門何處銷者耶。歸已二時,大生夫婦、祥、淑、秋、淞、德來,同飯樓下,祺寶已不認生矣。遣祥出謝諸女賓,娟寶亦歸去,以頭疼也。晚,俞明頤、龍八、聶六、聶十來,吕滿、特生、曙村、仲圭來,時若、滙清、茀齋、芾裳、安甫來,端、韵亦自校。曹廚設食,甚豐腴。曙村及諸兒女别席樓上,吾兄弟與懷之十五人同席,飲不多,不甚酣,三十七號久無此聚矣。散後登樓,大生夫婦皆易華服,十一時乃去。祺寶以蕭媽病,將同母睡,而憨戲不止。十二時乃就寢。劉震來,乃在同文書院預科,甚倜儻,吾許助學費,久未與之,乃助以二百元。”

戊辰臘月爲似昌寫梅。

自題:“寥廓江天梅早放,一亭且遲故人來。”(《大風堂存稿》)

1929年1月26日赴俞明頤家宴,同座有汪九、汪四、龍紱瑞、聶潞生、聶慎餘、吕滿、魯少安、譚延闓、澤闓、徐大均。

《譚延闓日記》同日條:“一月二十六日陰,寒暖五十度。八時起。步至大生家看艾令。秋來,同步還,相去二百有六步也。大武來,年、德、淞來,同食蒸餃,淑未起,祥、韵亦不多食。大武同秋出,吾至大武家。簡先生來,爲簡、唐寫聯二十五副、屏二。袁六來。偕簡及大武至俞明頤家,汪九、汪四、龍八、龍滿、聶六、聶十、吕滿、曾九、魯少安、徐大均同席,肴豐食飽。將散,宏群、大毛來。龍滿開詩寶,客去者半,吾傍觀久之。假寐頃之,乃偕大武歸。大生夫婦來。晚飯,懷之同座。頌雲來談,八時始去。登樓看大生、繩生頑牌,西人之過五關也。祺寶咳嗽早睡。吾定後日返,携秋、年、德、淞、祥、韵同去。今日陸仲安未來,停藥一日。十時半即睡。”

1929年1月26日戊辰臘月既望,爲朱缙侯題文仲子《豳風圖》。

題引首:“文仲子豳風圖妙蹟。戊辰臘月既望,農髯題。”

鈐印:曾熙之印(白文)。農髯(朱文)。

題《豳風圖》:“予性喜農桑,卜居西湖側(洞庭之西天心湖,予庚子侍母此,稱龍陽老農,其時未有髯也)。披圖三太息,今我歸不得。文仲子此卷,志在仿宋而工雅疏逸，别有天趣，以視其兄但乞靈於山樵，其風度敻乎遠矣，題句不無所慨。緡侯世友兩正之，戊辰臘月既望，農髯熙。”

鈐印：曾熙之印（白文）。戲海樓（朱文）。

朱孝臧題：“卜世靈長七百年，蒼姬王業本艱難。誰將蒼雪間耕織，寫入邠岐舊筦絃。民事急，歲功殫，吴興粉本筆能攀。幾曾負獻青宫畔，一卷承華並几看。調寄鷓鴣天，題文休丞豳風圖，緡侯仁兄正律，朱孝臧。”（寧波富邦2010年迎春拍賣圖録）

按：朱緡侯爲金石書畫收藏家。

1929年1月27日，譚延闓宴請，以病未赴。

《譚延闓日記》同日條：“一月二十七日雨，寒暖五十二度。發信：詠庵、星池。七時半起。作書與詠庵，並以數事寄之，交其子小安帶去。祺寶忽大咳嗽，亦小作熱，但嬉戲如常。先公曾言姑婆每携兒女歸，祖母輒促之去，云人家兒女難得耽心。四弟率爾問曰，大姑何爲常在此。先公曰，此言其常，非指大姑。先母爲一笑。今日思之，事如目前，余則垂垂老矣。蔣介石來，數語去。至大武家，大武與俞明頤合請，李芾棠、特生、安甫、岳宏群、徐健實、羅精心、吕滿、袁六、秋生、易茀焘、陳恭吉，凡十四人。既散，聞陸仲安來，余歸就診，易方而去。大生來。余假寐頃之。晚，具饌請客，余大、俞明頤、汪九、汪四、魯小安、袁大、袁六、夏五、曾大、李三、吕滿、李希易，鄭叔進不約而來，簡叔乾、聶六、唐懷之，凡十八人，正合伯弢所謂羅漢臨凡十八尊之數，幸曾九以病不來。程子大約而未至。然菜頗精，人多，僅人一箸，無碗不光矣。散後，余大欲見大生婦，問我曰，聞行拜跪不能起，信乎？其知如沈祖燕也。客去，看祺寶，看灌藥，乃喜食治嗽糖。十二時乃睡。（書扇二柄爲李三）”

此際，爲羅母白夫人作墓誌銘並書。

《羅母白夫人墓誌銘》：“夫人白氏，零陵人也。父諱仁信，生而見背，爰在藐冲，育於諸父，授以女誡，宛然蹈禮，苕發秀振，淑問遐流。及笄之年，歸同縣羅君敬廷。羅氏以鹽起家，懋遷淮右，中遘寇氛，家人迸徙。君母韓太夫人，艱次産君，彌愛憐之。夫人入門覿志，委佗媚姑，琴瑟有調，燕譽無間。無何，敬廷君卒，夫人勉從姒請，潛哀撫孤。姑老病痿，積月不起，夙夜床下，時其燥溼，溺遺失節，或澣或承，臨之以龔，惟恐弗逮。及姑既歿，家道益替，兄公告倦，乃議析居。夫人提挈子婦，單窶相持，拂塵看甑，飲水樂饑，拾葉爲薪，刈茅緝宇，辟纑織屨，寒暑靡輟，霜晨月夕，怡怡如也。嘗一日，諸子侍食，藜藿白羹，微有難色。夫人詔曰:居貧自力,宜甘蔬菲,一貪口腹,勢至屢空,求人速侮,吾無取焉。其義方之訓,皆此類矣。既而思大其門,爲子擇業。長子霖命習陸軍,攬轡驅馳,志存蕩滌,沈機果毅,遂總師干。次霆次震,仍習商計,不墜先緒,亦效於時。十載以還,霖在兵中,北旆南轅,所更非一,每奉母書,輒戒殘酷,去就之節,尤致諄諄,故能以識濟勇,以愛立威,用集休禄,還酬慈蔭。而夫人猶思昔苦,降心如約,絶情華麗,存意周恤,無告窮嫠,月廩錢米,可謂困而能守,裕而能施者已。仁聲所被,咸祝壽康,謂當期頤,遽從大化,年六十有四,以民國十七年,歲次戊辰十一月十一日卒於漢口寓舍。平居禮佛,神明不昧,遺言儉葬,端坐而瞑,三子皆在側。女一,適周。孫六:克治,克安,克家,克明,克敏,克勤。越年,歸窆零陵東鄉門樓灘大里府之舊塋。禮也既識徽美,宜昭懿行,伐石書銘,式光泉路。銘曰:猗與夫人,含睿懷潤。貞性内湛,方儀外峻。履屯早歲,食貧中年。晚膺胡福,受之自天。母型允昭,婦德孔粹。戚鄙交推,蘭芳瓊秘。瀟水清泚,嶷山危昂。鬱鬱千載,視此銘章。衡陽曾熙撰並書。"

1929年2月1日祀竈日,書論歐陽詢書法。

自書:"率更書繇隨(隋)人入唐,其化度寺一石兼右軍法,然北魏凝禪寺碑已導先路。戊辰祀竈日,曾熙。"(私人藏)

紙本。146×40cm

鈐印:曾熙之印(白文)。農髯(朱文)。

1929年2月2日祀竈後一日,爲潮州蔡逸民題吴昌碩繪《可齋圖》。

題吴昌碩《可齋圖》:"世人皆曰可,予獨不可;世人皆曰不可,予獨可。可乎?其不可乎?請問之可齋。戊辰祀竈後一日爲逸民仁兄題此,熙。"

鈐印:曾熙之印(白文)。農髯(朱文)。

吴昌碩自題:"可齋圖。逸民仁兄屬畫,爲擬海虞程□隅筆意於禪甓軒,癸亥冬吴昌碩時年八十。"

譚海陵題:"缶翁筆法奇古,不讓石濤。可齋主人屬題,時癸亥冬,海陵老人。"(《吴昌碩譚少雲書畫合集》,上海華商書局1932年11月版)

1929年2月9日戊辰除夕,檢舊作山水佛卷贈超明居士。

自題:"刑刑色色,適然天則。生生滅滅,以氣充塞。山(不)厭平,水不厭竭。大觀園妙,庶幾充悦。再題數語,以擴前義。此幅□頗覺生動。檢贈超明大居士清玩,戊辰除夕。"(《大風堂存稿》)

同日，譚延闓歸還所借李方膺松梅册頁。

《譚延闓日記》同日條："二月九日晴陰，寒暖四十六度。（戊辰歲除）七時半起。秋生已由寧至。有頃，繩來，並携大武廿二書，昨到寧者，即堯衢爲子杏求修志也。爲諸兒試血壓。大武來，亦試之，正一百四十度也，餘亦無不合者，六萬八千人之平均，固不可否認也。看譜。食炸醬麵。曾九前以李方膺（晴江）畫梅松多巨册見假，今遣還之。步至大武家，汪九、俞明頤、曾大、汪四、聶六皆至，大武設食款客，酒甚佳，亦飲一杯。諸人皆試血壓，惟汪九百七十餘度，餘皆與規定相符。客去，余亦歸。大生來，言已將吾室中清理一過。陸仲安來，爲開兩方，一常服，一治嗽，嗽猶甚也。聞曹四來，令主廚政，今日不及事矣。將暝，至大武，向先公妣位前行禮，諸兒女畢賀，大毛、端姑行禮先重，團年各家自辦。余率大、秋、祥、韵、乃麗飲樓下，陳益壽燉翅甚豐，尚有典刑。食罷，乃與大生照相室中，强光鏡宜無不可。秋買陞官圖，前清舊制，已足爲史料者。戲與兒女擲骰，余與祥皆負，十二時散。王婆主張出天行行禮。歸，食麵二碗乃睡，二時後矣。"

1929年2月11日譚延闓來賀年，久談。

《譚延闓日記》同日條："二月十一日陰，寒暖四十二度。七時半起。步至大生家看艾令。歸，諸兒女始起。大武、繩、年來，同食薄餅，逗祺寶頑耍。大生夫婦、繩婦、瑞來。朱九太來，吾未見之，大生一拜而退，亦此時此際難爲情之例也。午飯樓下，有曹四加肴，科班成名究勝票友。至大武家一坐。乃乘車出至散原、曾九、汪九、余大家，惟曾九夫婦出見，談久之乃去。袁大家遇周美權、黄公度，頷之而已。歸，至俞明頤家，汪九、聶六先在，汪四、大武旋來，聶十、（余大）後至，乃呼大生、細毛、秋生來。以燉翅餉俞明頤，然殊不如俞菜之精，陳益壽翅站不住矣。曾大半席來，食麵而散。余與兩兒歸，看與諸女擲升官圖。十一時，煮湯丸食之。大生言行事，諸女言家事，家庭恩斷義，能知此，乃能一切解决也。大生去，復與三女談，决明日赴寧，遣人止細毛，渠欲午車行也。濯足，上牀，已一時半矣。"

1929年2月12日，至譚延闓寓，偕同至譚澤闓家，左十一、護芳、李五、李子扉先後至，午同往俞明頤家賀其生日，汪九、聶潞生、汪四等皆在。

《譚延闓日記》同日條："二月十二日晴，寒暖四十八度。七時半起。大武、繩、年、淞來，同喫蒸餃，决今夜車返京。曾九來，同至大武家，左十一、護芳、李五、余大、李子扉先後至。午，同往俞明頤家賀其生日，汪九、聶六、汪四、聶家子弟皆在，凡二席，生人惟劉健之及沈姓老恪之子、散原之壻。菜有斟酌。既散，諸人打詩寶，余與大生歸。得介石書，知其來，乃促吾返。假寐頃之，爲人作書。介石以電相促，遂赴宋宅，牛惠生兄弟、劉瑞恒兄弟及協和諸醫皆在，七嘴八舌，乃由劉同潑爾倫、皮拉兩人偕余至弘恩醫院。初用聽器驗肺，繼用愛克司光拍照，更以皮拉驗吾眼，又由潑爾倫抽血一安士，復驗溺久之。雖無總報告，大率云危險而已。既出，諸人別去，余歸，與祥、淑、韵飯，大生有客，秋同繩、年出飯云。頃之，大武、繩、秋諸人來。忽四十號後牛奶棚火起，救火車畢集，不二十分鐘即熄。陸仲安來，立方而去。十時半，携繩、秋赴車站。"

己巳元月，寫《松》賀摩羲德配湯太夫人古稀大壽。

自題："庭前雙松，垂蔭多祐。以鼎彝之筆，用僧繇之法，寫爲摩羲姻先生德配湯太夫人古稀佐觴。"(《大風堂存稿》)

己巳正月，爲新梧題林紓(畏廬)山水卷。

自題："畏廬先生嘗喜以西法入宋人室。此卷純以□勝，而骨韵之清潔澹逸卓然名家，蓋從學問來也。新梧兄以其兄瑞桐先生隱於醫，遂爲兄寶此圖，蓋風雅有道之士，爲識數語。"(《大風堂存稿》)

1929年2月22日譚澤闓生日，赴宴，與譚延闓略談遂入席。蕭稚泉(俊賢)、張善孖亦來賀。

《譚延闓日記》同日條："二月二十二日晴，寒暖六十二度。(大武生辰。血壓百九十六度)發信：電蔣。受信：何雪竹電、蔣電。八時起。大武來，今日大武四十一歲生日也，憶小時事如夢過矣。步至大生家看其病，已不發熱，可起坐矣。歸，同諸兒女喫薄餅。陳護芳來，已知湘事，未深談耳。朱益之來，亦深以爲憂。偕朱、陳至大武家看狗子。朱去，陳留，賀客畢集，打詩寶於廊下，余與曾九、蕭稚泉略談。余大來，遂入席，席凡三。散後，諸人仍打詩，余送余大、秦二去後，亦就看賭局久之。聞陸仲安來，乃還家就診，云仍當使熱降，服黃蓮、黃芩、生地之屬。陸去，宋子文來，云魯已離長沙，乃以昨電示之。宋去，余至大武，得京電，知武漢政分會發表免魯、譚職，遣散軍隊，是不能怪詠安之不沉著矣。陳七、薛琛錫來，散原、子安壻也。曾大已贏，而去就他處輸矣。今日生客亦有數人，惟記一張澤，張爰之兄也。晚，仍具食，尚十餘客，吕滿獨飲，今午大武有醉意，吾幸病戒酒，人皆相諒，故不飲也。客散，與吕滿談。歸家，與祥、秋食棗粥。牛惠生來爲吾驗血壓，百九十六度，不知低耶，亦不如劉瑞恒之精也，留方而去。吾仍服陸方。十二時睡。"

是日，致書旅居日本之趙祉威甥書，請其代購毛筆。

與趙祉威書："見甥與珂兒書，知畫已入覽，因此圖不易著筆，既無山但有水耳。小筆山水俟有少適意之作，再爲吾甥留之。甥婦與令妹同行，極不寂寥。寄上筆樣與應購各筆。甥買妥，客中如無款，即郵寄上。以小筆急於寫碑誌，乞先寄下。此詢祉威賢甥歲祺。熙手啓。正月十三。"

1929年2月，張善孖、張大千、丁六陽書畫展與大風堂書畫收藏展在西門路張宅舉辦，爲其書畫題詞。

公展《大風堂觀畫記》："張善孖、大千昆仲、丁六陽道人書畫展覽會大風堂所藏書畫展覽會，連日間在西門路西成里一百六十九號舉行。余與二十日午後與萬里往觀，次夕以閑來小集之雅集輪值善孖、大千，遂復偕蕭厔泉丈冒雨與會，口福眼福，俱覺不淺，拉雜記之如下。△第一室之所見：是室四壁俱懸古畫，如黄尊古《仿王孟端山水》、吴穀祥《紅樹青山圖》、蔡松原《白描仕女》、張大風《天目龍鳳圖》、王蓬心《石芝柏樹》、八大山人《艾虎圖》、羅兩峰《水墨觀音》，均爲精品。予尤愛大滌子山水三幅，一幅題'片墨看君興欲翔，尊前滉漾有餘光。憑君好作徐熙賞，百里空明水閣長'，一幅題'梅子金黄杏子肥，麥花雪白菜花稀。日長籬落無人過，惟有蜻蜓蛺蝶飛'，一幅題'何處移來一葉舟，人於月下坐船頭。夜深山色不須遠，獨喜清光水面浮'，畫筆詩情，令人心醉。中部置長案，陳列丁六陽袖珍工細山水手卷，細若牛毛，而精氣横溢，曾農髯丈題云：'直可作一卷小言賦讀，六陽道人此卷工細精絶，世無其匹也。'又《溪山煙靄》長卷，曾丈題：'道人初師石谷，繼而臨遍百家，抉玄探奥，不遺餘力，推其詣力所到，不難直入營邱、河陽之室。既額其端，爲識數語，以紀墨緣。'又汪巢林《梅花》手卷，陳老蓮手卷，俱精絶。善孖《袖珍雙驥圖》及《秋林散牧》長卷，精心獨運，農髯丈題云：'秋雨瀟瀟秋草肥，昔年百戰苦征衣。長城既壞不堪憶，瘦倚寒林對夕暉。'大千仿石濤山水卷子，筆歌墨舞，才氣横溢，農髯、賓虹、辛壺、貞晦諸公皆有題跋，余尤愛曼青題句云：'大千筆有神，苦瓜呼不起。洗眼看飛泉，足悦聾丞耳。'△第二室之所見：第一室觀畢，經一窄衖，兩壁懸何子貞、錢南園諸名家楹聯。一瞥之後，急入第二室，則四壁均爲六陽道人作品，花卉山水參半，尤以山水多精品。中列長案，羅列善孖《八駿》、《四龍》諸卷子，及大千仿六如《松林觀瀑》長卷，清逸之氣，撲人眉宇。大千自跋：'居士此卷，予曾三度見之，皆以索價奇昂，未能入我篋笥，至今不無戀戀。此幅草於第二次見時，過眼匆匆，不能盡其妙也。'此室内外兩間，内間所懸爲善孖、大千昆玉最近之傑作，尤覺引人入勝。善孖畫犬一幅，題云：'守義年年矢不移，爪牙心膂相追隨。寧如入世辜恩甚，反噬偏忘豢養時。'讀之令人在優美環境中,頓興無窮感喟。又《殘荷水鳥》三幅,寫野蓮蒼鬱中,立一蘆括括,側首而視,酷如當年泛舟玄武湖風景。題云:'横塘野色深,聳身對秋水。守獨非自誇,感彼螗蛉子。'大千所作墨筆畫鳥諸幅,或仿玉池,或仿青藤,均精美絶倫,題筆尤多風趣。△畫中之艷史:(略)△觀畫後之狂啖:去年秋英會後,諸友宴集於英賓寓齋廬,酒酣以往,合作書畫,興之所至,爰有閑來小集之發起。首次輪值英賓,是夕輪值善孖、大千昆仲。定約每次變飲啖方法,酒罷可以乘興合作書畫。是日午後,適全國美術展覽會開分組會議於華安公司六樓,藝術界同志濟濟一堂,復易邀集。薄暮會散,善孖告余,今夕閑來小集之肴饌,純係大千一手自製,於是群赴大風堂預備飽啖。予與蕭厔泉丈後至,則大千方短衣出入廚竈,儼然一老練廚師務也。兩席設展覽會第一室。大千川産,善製川菜,每一菜至,無不立罄,花樣翻新,既美且豐。予等一席較前席少一人,前席諸子每罄其盆缶後,必眈眈虎視予席,啖力稍後,則群來攫食,大笑而去。瘦鵑本狼虎會中健將,飽啖之下,笑謂:'如此嘉肴,明日雖發胃病,依舊想喫。'笑聲雜沓中,群呼肚子脹不能坐,而美菜仍陸續至。時大千已出廚竈,尚謙説菜恐不能可口,予輩勞之杯酒,一飲而盡。問何以又能抱此絶技,大千慨然,謂其尊人在日,考究飲饌,非家人親製不啖,而大千季弟所製菜絶精,季弟逝後,大千始注意練習,竊嘆才人固無所不能。座中師子亦素以善治饌聞,衆乃大談做菜法。公冶謂此道吾輩確值得研究,此後最好每逢閑來小集,必須主人親製,且不許説誑。於是大衆摇頭咋舌,笑説如此主人難乎爲繼。酒罷,英賓爲其至友索同人合作一畫。善孖畫狗,師子寫桃花,予補老松。斯幀未竟,英賓又出一紙,屬諸友各畫種子果實,先强瘦鵑寫一松子,於是孟容寫蓮蓬,玉岑寫荔枝,公冶梨子,厔泉柿子,鐵年石榴,師子枇杷,余補桃子。正筆歌墨舞時,小蝶、清磬、瘦鐵破門而入,酒氣薰天,謂因老蝶留住小酌,且對大套琵琶一段,所以遲來。問能再飲乎,三人笑頷,似尚携有一部分肚皮來。大千神速之至,俄頃復製造數簋出,余與鐵年、厔泉因有他約先行,恐行後大風堂中必尚有許多笑語可紀也。"(1929年2月25日、26日《申報》)

開歲,爲劉俊英作《管領春風圖》以賀新年。

自題:"管領春風。乾隆時畫梅,世皆推冬心先生。然畫朱梅,予獨愛高西唐,巢林不足取也。寫頌俊英賢弟己巳開歲之喜,熙。"(安思遠《中國近代書畫》)

設色紙本。117×59cm

鈐印:曾熙之印(白文)。農髯(朱文)。名在江南徐河陽郭錢塘戴後(朱文)。

藏印:水磨山莊(朱文)。安思遠藏(朱文)。

按：俊英，即劉俊英，曾熙弟子，爲曾李同門會會員。

1929 年 2 月 15 日與曾農髯、黄賓虹、志圓和尚諸人組織之青青書畫金石展覽會在報本堂開幕，出品《觀音大士》。

《青青書畫金石展覽會》："報本堂青青書畫金石展覽會宣稱，本會歡迎參觀，不收門票，會内佈置，分參考、研究、賣品、非賣品四室，有中堂、立軸、屏條、對聯、尺頁、扇面、琴條、横披，大小數百件，古今名人山水、花鳥、人物、走獸、佛像等，莫不應有盡有。畫如曾農髯山水花卉，向樂穀山水，倪墨耕仕女，吴仲熊山水，張聿光白鶴、錢化佛佛像，黄賓虹山水、志圓和尚梅花。書如王一亭《古詩》，陸光嶽《毛公叔》，于右任題崑崙匾額，謝復園、戈鵬雲行書，諸名人佳作，聚精會神，莊嚴雄厚，各有所長，琳琅滿目，美不勝收，如游覽一周，眼福當不淺也。"（1929 年 2 月 18 日《申報》）

《青青書畫會讀畫記(雪崕)》："客歲除夕，飲於老友化佛家，酒後興豪，縱談書畫。彼謂今庚新正，海上書畫名家王一亭、曾農髯、黄賓虹、志圓諸人組織青青書畫金石展覽會，陳列於報本堂，邀余相助。余於書畫金石均未深究，然嗜之深，故開始展覽即赴往，琳琅滿室，目爲之眩。兹憑一已之好惡，述其厓略如下。明花鳥名家吕紀手蹟，海内存者頗尠，余除於美人某氏所編之《中國藝術》中曾睹其花鳥一幀外，無真蹟觸余目。今該會陳列吕紀之大幅中堂，寫百靈工精絶倫，鈎染都非今人所能望其向背者，以絹及色辨之，其爲吕紀真蹟無疑。陸包山《白燕粉梅》立軸一幀，着筆不多，而敷粉殊佳，洵屬精品。倪墨耕《鍾馗》一幀，神采奕奕，爲余所未前睹者。論者謂倪畫設色易褪，非福相，此言余屢屢以其畫證之，其畫固十九褪色，然非福相，恐亦誕妄也。蒲作英《竹石》一幀，竹硃砂寫，叢林側出，丰姿婀娜類其書，題詩亦殊難。曾農髯以善寫《張黑女》銘於世，其寫畫亦即以書法入之。今該會陳列雖僅山水一幀，而潑墨渾瑩，直得米派神髓，殊可珍瑶。一亭鄉丈，化佛老友，均以寫佛著稱於海内外。此次該會陳列一亭丈僅《觀音大士》一幀，化佛亦只類點而已。化佛邇來潛心寫佛，精進殊速，其在現代畫史中，早有相當地位，無庸余之贊賞。黄賓虹先生金石書畫，都有深造，會中今陳列其山水一幀，氣韵獨豐，自是名作。志圓大和尚，以參究佛乘之暇，寫梅以遣興，(冷)孤高傲，一如其人，空門聖手，當之無愧。關富亭君、艾珍女士夫婦之花卉，筆致設色，工艷罕有倫比。關君伉儷之作，尚爲余初睹，堪佩也。書件之陳列者，有于右任、楊了公、戚飯牛、王景石諸名家之聯屏横披等，此數老之書法，海内已有公許，毋待余作外行之語也。"（1929 年 2 月 19 日《申報》）

1929 年 2 月 16 日己巳正月初七人日作《幽林閑居圖》。

自題:“幽林閑居圖。三年前,粵客携來吴仲圭臨巨然小軸,絹如青銅墨,黝黑似漆,留齋中十日,以絹破如百衲,遂棄去,然常追悔於中,因憶寫其大略。己巳人日,六十九叟熙戲墨。”

又:“入山未必深,幽棲或苦寂。坦然有至樂,𥦗(窗)外風習習。吴仲(圭)嘗言:尋山水幽處結廬。予以爲静躁憂樂,心主之,山水嘗自予心而異,形無真相也。湘中寄來鼠穎,試筆題此。”(《衡陽歷代名家書畫集》,湖南美術出版社 2008 年 11 月版)

存考:中貿聖佳 2002 年秋拍圖録有譜主《山水四屏》,中二幅題跋與此略同,疑僞。其題如次:

自題一:“幽林閑居圖。三年前,粵客携來吴仲圭臨巨然小軸,絹如青銅墨,黝黑如漆,留齋中十日,以絹破如百衲,遂棄去,然常追悔於中,因憶寫其大略。己巳人日,六十九叟熙戲筆。”

自題二:“入山未必深,幽棲或苦寂。坦然有至樂,牕外風習習。吴仲(圭)嘗言:尋山水幽處結廬。予以爲静躁憂樂,心主之,山水嘗自予心而異,形無真相也。己巳六十九叟熙。”

自題三:“是米,非也;不是米,亦非也。不是米而是米,其庶乎可與論米。予此幅頗近鄒衣白之學董鹿床,所謂古人似我。己巳正月,農髯熙。”

自題四:“山峻而清,松蒼益勁。我行江渚,言擷其勝。己巳正月元宵後,熙。”

1929 年己巳正月,爲抗松書牛首山玉梅花庵聯語。

自書七字聯:“六朝山色今猶昔,百世人倫我所師。此牛首山玉梅花庵楹聯,抗松弟屬髯書之。己巳正月,農髯熙。”(《歲朝衡陽 · 衡陽博物館藏文物精選》,李安元主編,嶽麓書社 2010 年 12 月版)

紙本。145×29.8cm

鈐印:曾熙之印(白文)。農髯(朱文)。

1929 年 2 月 27 日元宵後三日,戲擬倪雲林山水大略。

自題:“畫有能品、逸品之别。如遇物肖形,賦色傅彩,佈置工麗,如極其妙者,能品也。如落筆大方,墨氣渾厚,山川雲物,如出天然者,神品也。如設景不多,瀟灑數筆,意閑而趣亦深,味淡而神愈遠者,逸品也。神、逸二品,非讀書高尚不能致也。己巳元宵後三日,六十九叟熙戲似雲林大略於心太平庵。”

又:“程邃、戴本孝以焦墨寫山水,高且園、李世倬亦喜用枯煙。老髯作書之餘,研有殘墨寫此,頗自適也。農髯又筆。”(安思遠《中國近代書畫》)

水墨紙本。116×49cm

鈐印:曾熙之印(白文)。戲海樓(朱文)。曾熙之印(白文)。農髯(朱文)。曾熙之印(白文)。

藏印:安思遠珍藏記(朱文)。

己巳元宵後,寫《松樹圖》。

自題:“此松直是千年前一尊古佛骨耳。考《須彌山志》稱:老僧坐巖中三百年,一日解脱,忽化千年松,松傍一石,頗肖其生前所持之缽。群弟子羅拜松前,亦時有舍利光。其即此松與? 己巳元宵後,曾熙寫於心太平庵。”(《美展特刊》,1929 年 11 月出版,正藝社發行)

1929 年 3 月 1 日己巳正月二十日,題楊沂孫五言詩四屏。

題楊沂孫五言詩四屏:“汲古主人來言,屏中有脱文,實汲汲重文,當時遺二字耳,從汲下補之。濠叟(按:即楊沂孫)篆書筆充實,究在吴愙齋(按:即吴大澂)中丞之上。己巳正月二十日,農髯熙注。”(上海崇源 2004 年秋拍圖録)

鈐印:曾熙之印(白文)。戲海樓(朱文)。

己巳正月,爲陳雲章寫《山水圖》。

自題:“畫禪室稱畫須熟外求生。髯爲之注曰:功力深處,但懼少天機耳;能不掩天機,生與熟皆到妙境。農髯熙墨戲。”(私人藏)

鈐印:曾熙之印(白文)。農髯(白文)。心太平盦鉢(白文)。

又:“雲章先生法家雅正。己巳正月,熙補題。”

設色紙本。84×56cm

鈐印:曾熙之印(白文)。農髯(朱文)。

1929 年 3 月 7 日,譚延闓得陳調元寄來所書三字,以爲了無古法,亦非譜主言有筆意者。

《譚延闓日記》同日條:“三月七日晴,寒暖五十六度。發信:卅六、大、祥甘、二非、李審言。受信:卅三、二非、李詳詩,逸如電。八時起。連日溺復有微質,脚腫亦增,惟咳止痰少耳。大碗分兩次喫藥,已數日矣。出訪益之,云明偕魯行。又過静江,不遇,乃至黨部開常會。余主席,石曾爲北平黨事報告,議論甚多,十二時半乃散,未與言也。歸飯,細毛同食。飯後,打盹頃之。詠安來言行事。劉文島、王芃生、粟海槎來,見之樓下,劉已娶陸伯葵孫女,前妻姪也。云廖家憐其孤寂,勸娶以得安慰云。奇哉,目動言肆,疑餂我也。周鰲山來,欲使弟行。出至行政院判稿。陳調元寄'樅陽門'三字來,了無古法,安吴固誤聽,曾九所言有筆意者亦非矣。歸,少坐,赴哲生約。展堂、亮疇、伯群及□門皆至,談合貲公司辦飛機辦郵務事,留食安樂園,群對此舉皆有非難,改合貲爲借款而散。歸,詠安來。逸如派陳聲孚來,廿六自常德行,廿八過益陽。羅梅仙甫退,葉琪正來,云號發長沙,又云逸如主堅守一月,其電則主反攻,意氣尚盛也。作書答醉六,其言過火矣。一時睡。"

按:陳調元(1886—1943),字雪暄。河北安新人。保定軍官學校畢業。歷任營長、旅長、淮海鎮守使、蘇皖宣撫軍第三路總指揮、孫傳芳部第五方面軍總指揮、國民革命軍第三十軍軍長、安徽省政府主席,第一、第二集團軍總指揮,山東省政府主席、贛粵閩湘鄂五省"剿共"預備軍總司令、軍事參議院院長。

1929年3月13日己巳二月朔又二日,略師黄公望淺絳山水寫《山水圖》。翌日晨復題之。

自題:"一葉已嫌廣,一楫勞在掌。不如縱所之,隨波爲俯仰。己巳二月朔又二日,略師大癡淺絳山水寫此,並題二十字,農髯熙。"

又:"所見胡不廣,千歲猶反掌。無楫且忘舟,天地自俯仰。前詩處亂世之道,此則出世矣,次晨再疊前韵題此,時年六十又九。"(湖南省博物館藏品。《湖南省誌》)

設色紙本。65.7×50cm

鈐印:曾熙之印(白文)。子緝(朱文)。阿九(朱文)。

1929年3月19日己巳驚蟄後三日,爲李况松寫《朱梅圖》。

自題:"况松賢弟囑寫宋本朱梅。時己巳驚蟄後三日,農髯熙。"(《南京市政府教育局第一次美術展覽會書畫册目録》。李况松藏。)

按:李况松,湖南衡陽人,曾熙弟子。曾任南縣縣長。工書法。

約此際,再爲李况松作山水圖,論畫有云"實處易,空處難;繁筆易,簡筆難"。

自題:"畫山水實處易,空處難;繁筆易,簡筆難。况松弟近究心六法,視此作如何?"(《大風堂存稿》)

己巳二月,《衡陽師弟子畫册》由爛漫社編輯出版。

按:據爛漫社出版之《大風堂所藏書畫集》廣告頁,未見畫册實物,不詳畫册收有哪些弟子及作品。

己巳二月,爲《大風堂所藏書畫集》題封面。

按:該集收録大風堂所藏書畫共十二幅。

己巳二月,爲弟子張善孖、張大千、張君綬畫册題籤。

題《蜀中三張畫册》:"蜀中三張畫册。己巳二月,農髯題。"(爛漫社出版)

己巳二月,題《張大千己巳三十自寫小像》。

題《張大千己巳三十自寫小像》:"老髯之髯白於雪,喜子髯虬翠如墨。一十二年几席親,每出一幅人嘆絶。米書嘗作内史觀,子畫應爲好古得。未必古人勝今人,此語難與世解説。不貴人相貴我相,自寫面目留本色。松下曖曖雲氣深,恍若置身天都側。蜀中兄弟稱坡髯,書畫到今名不滅。願子策力抗前哲,再見岷峨生光澤。己巳二月,農髯熙題於戲海樓。"

張大千自題:"大千己巳自寫小像。"

黄賓虹題:"歐陽永叔,年方逾冠,自稱醉翁。今大千社兄,甫三旬而虬髯如戟,風雅不讓古人,觀此寫照,尤爲欽佩不已。黄賓虹。"

楊度題:"秀目長髯美少年,松間箕坐若神仙。問誰自寫風流格,西蜀張爰字大千。大千先生正,己巳春楊度。"

按:張氏以此幀參加全國第一次美術展覽會。圖上另有陳三立、譚延闓、譚澤闓、符鐵年、魏紹殷、朱孝臧、謝无量、趙熙、葉恭綽、曾克耑、方地山、樓邨、謝玉岑、謝稚柳、溥心畬、林山腴、鄭午昌、鄭曼青、吴湖帆、徐悲鴻、沈尹默、馬宗霍等三十二位書畫名家題詠。又,《大風堂存稿》題爲"題張生季爰自造像",文字略同。

己巳二月,戲擬倪雲林大意寫水墨《山水圖》。

自題:"人各有所好,若能專志於畫,每有進境即有樂境。有樂境,自然雜念漸除,從此可以涵養身心,而品亦端雅矣。畫之一藝,亦可爲入德之助,故古人不廢也。畫雖小藝,求工甚難,故必藉人品資學乃能神其技而傳於後。己巳二月,農髯熙戲擬雲林大意。"(香港蘇富比 1991 年拍賣圖録)

水墨紙本。141×78cm

鈐印:曾熙之印(白文)。

己巳二月,爲蕊初四十歲生日寫《江天秀氣圖》。

自題:"江天秀氣。己巳二月,寫此爲蕊初十兄四十生日佐觴。農髯曾熙。"(私人藏)

設色紙本。97×37cm

鈐印:曾熙之印(白文)。戲海樓(朱文)。

己巳二月,臨《散氏盤》。

自書:"(臨《散氏盤》略)己巳二月,臨《散氏盤》。農髯曾熙。"(私人藏)

紙本。132×66cm

鈐印:曾熙之印(白文)。農髯(朱文)。

1929 年 3 月 20 日己巳二月十日,爲譚嫂黎節母五十大壽作山水圖。

自題:"岳峻松青。己巳二月十日寫爲譚嫂黎節母五十大壽佐觴。"(《大風堂存稿》)

1929 年 3 月 29 日己巳二月十九日致書趙祉威,告其姪赴日證明書日本大使館已開具,然其姪病瘟,恐要推遲赴日。並告托購之毛筆收到。

與趙祉威書:"前托日本使館請證明書(青年無證明書不准登岸)遲遲。嗣得證書,已將買船拍電,而令姪忽病春温極重,現服藥已愈十之三四,根本固無容遠慮,醫藥髯當慎重,恐非十日後不能起程。寄珂男函已悉。祉甥,髯啓。舊二月十九日。(筆八支收到)"

己巳二月,書孫遵法碑。

書孫遵法墓誌銘:"(前略)十八年己巳二月縣人馮幵記,衡陽曾熙書,半浦同志公益會同人立。"(《曾農髯書孫君碑》,上海大衆書局出版)

按:孫君諱遵法,字衡甫,浙江慈谿人。經商起家,熱心鄉里公益,築路浚港,鄉人銘石紀之。

此際,江陰李復重訂鬻書潤例,爲其樣本書"江陰李復四體書篆刻大觀"。

《李復重訂鬻書潤例》:"江陰李復四體書篆刻大觀。曾熙題。復始至滬,以訪名師益友爲宗旨,鬻書其次焉者也。諸友愛復者咸以請前輩名士介紹之策進,復竊不謂然。蓋筆畫一道，非抱有愚公移山之志，禹鑿龍門之力，必有中道而蹶者。故往往父不能傳子，兄不能詔弟。復果全無學力，雖親若昆季，猶當竊笑於復。但自問專心此道三十餘年，上自三代，下迄宋元，雖稍有心得，然心目所至，力有未逮，惴惴乎不敢自滿。故鬻書之日，無非求學之日也。孟子曰：若夫豪傑之士，雖無文王猶興。復雖不敢以豪傑自負，然心竊慕之。諸友聞余言，有笑爲迂遠者，有目爲狂怪者，間亦有以爲知言者。爰再訂廉潤，但願與海内風雅君子結墨緣，因不憚其老也。潤例如左。（潤例略）庚午仲春，江陰李復謹識。各箋扇莊執事先生台鑒：逕啓者，復於今歲重訂潤格，並將四體書篆刻大觀第一集出版紙樣，已規定所有從前潤格及樣本一概作廢。如蒙賜顧，須於貼頭上照兩種新樣本（此樣本如未經專足送到，可順道來取），所列號碼，注明用何號體何號紙，以免兩歧，是爲至禱。順請財安。李復謹啓。”（1930 年 4 月 8 日《申報》）

1929 年 4 月 1 日清明前四日作《松》贈覺民醫士。

自題：“以南阜法寫須彌松。覺民大醫士活人無算，殆如須彌老松，能護持一切衆生也。”（《大風堂存稿》）

1929 年 4 月，錢化佛在重慶路佛像流通處舉辦佛像展覽會，有作品參與陳列。

《佛像流通處近訊》：“佛像流通處爲海上著名畫佛家錢化佛君所主者，去歲曾經一度展覽，備受賞鑒者之稱譽。此次聞錢君爲提倡宗教藝術起見，擬於陰曆下月間在重慶路慶餘里佛像流通處内，舉行佛像展覽會，以備各界前往參觀。除其個人之得意傑作外，尚有王一亭、曾農髯、楊了公諸名人作品，書畫屏條，搜羅齊備，陳列一處，公開展覽，諒屆時必有一番盛況云。”（1929 年 4 月 2 日《申報》）

1929 年 4 月 3 日，《金剛鑽》報刊出門人朱大可答友人論書書。

朱大可《答友人論書》：“蘇堪（按：即鄭孝胥）師於各家書，無所不習。海上四馬路三山會館及‘應運朝宗’諸字，見者莫不以爲何子貞所書，實則蘇堪師早年書也。即此可知師在早年亦嘗致力於何書者。比及中年，始融合諸家，自成一派。然細察之，轉折之處多近誠懸，撇捺之處多近東坡，蓋師於此二家，功力爲尤深也。今人每謂師多效山谷，此真不知師，更不知山谷矣。農髯師早年習《夏承碑》、《戎輅表》、《黄庭經》，樸茂之中，饒有風韵。近年粥書海上，始以魏碑爲號召耳。然以魏晋筆法入六朝，故與專習六朝者，有上下床之别。今人不知魏晋，又何論乎有漢乎！彊邨姻丈篤嗜平原（按：即顏真卿），惟平原間架猶有左低右昂之

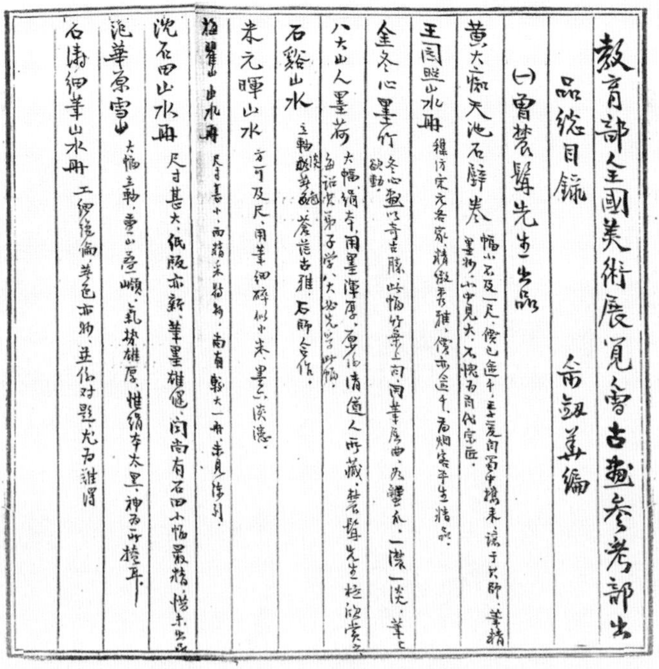

教育部全國美術展覽會古畫參考部出品總目錄　俞劍華編

(一)曾農髯先生出品

黃大癡天池石壁卷　幅小不及一尺，價已逾千，王孫從蜀中携來，讓于農師，筆精墨妙，小中見大，不愧爲百代宗匠。

王圓照山水冊　襍仿宋元名家，精緻秀雅，價亦逾千，爲煙客平生精品。

金冬心墨竹　冬心畫以奇古勝，此幅竹葉上向，用筆屈曲，如蟹爪，一濃一淡，筆筆欲動。

八大山人墨荷　大幅，絹本，用墨渾厚，原爲清道人所藏，農髯先生極欣賞之，每語其弟子學八大必先學此幅。

石谿山水　立軸，淡設色，蒼莽古雅，石師合作。

米元暉山水　方可及尺，用筆細碎，似小米，墨亦淡遠。

梅瞿山山水冊　尺寸甚小，而精采豐富，尚有較大一冊，未見陳列。

沈石田山水冊　尺寸甚大，紙版亦新，筆墨雄健，聞尚有石田小幅最精，惜未出品

范華原雪山　大幅立軸，重山叠嶂，氣勢雄厚，惜絹本太黑，神爲所掩耳。

石濤細筆山水冊　工細絕倫，筆色亦粉，並仿對題，尤爲難得

教育部全國美術展覽會古畫參考部出品目録(局部)　1929 年

沈石田農家樂圖　譜主舊藏

沈石田山水畫册　譜主舊藏　劉海粟美術館藏

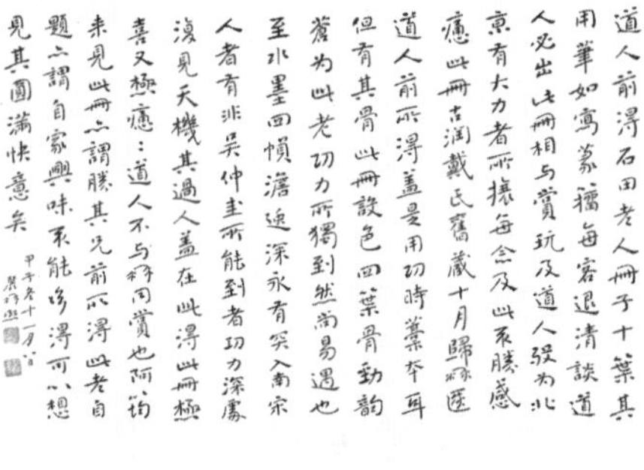

沈石田山水畫冊　譜主舊藏　劉海粟美術館藏

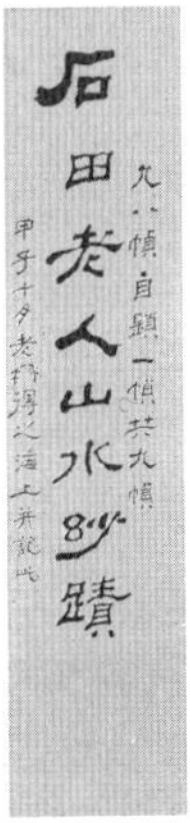

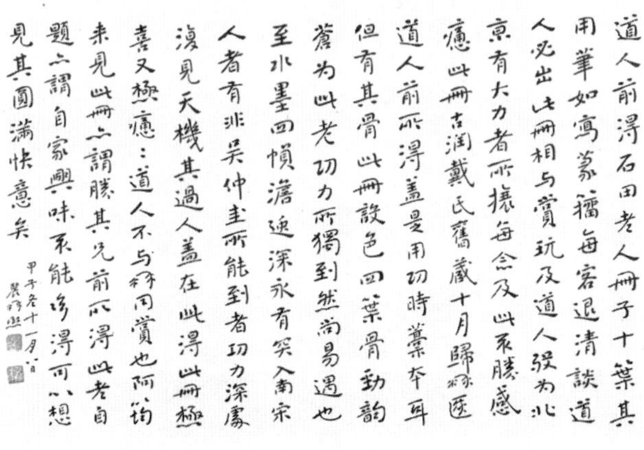

題沈石田山水畫冊　1924 年

張大千題跋局部

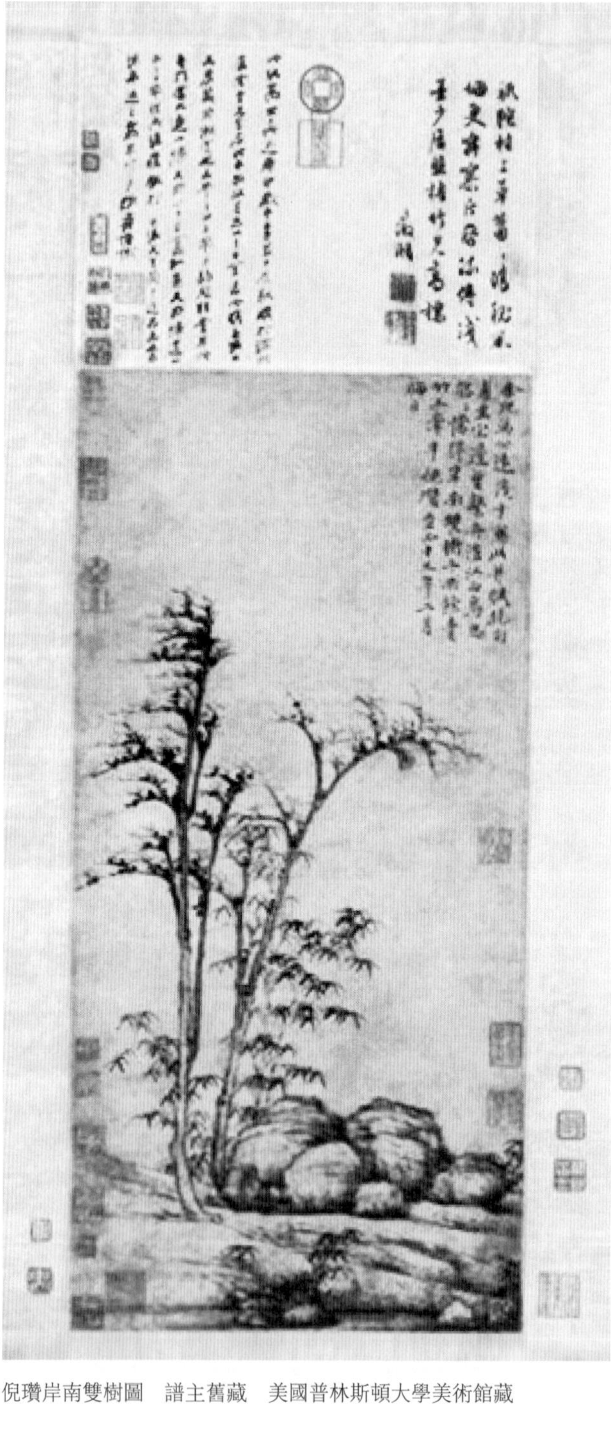

倪瓚岸南雙樹圖　譜主舊藏　美國普林斯頓大學美術館藏

方方壺太白瀧湫圖　譜主舊藏

八大山人荷花圖　譜主舊藏

石濤早春圖　譜主舊藏

石濤岩瀨帆影圖　譜主舊藏

石谿山光雲影圖　譜主舊藏

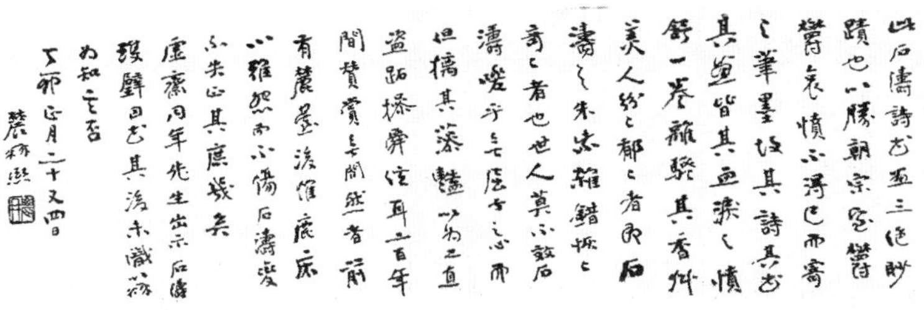

題龐元濟藏石濤詩畫稿圈卷　1927 年　故宮博物院藏

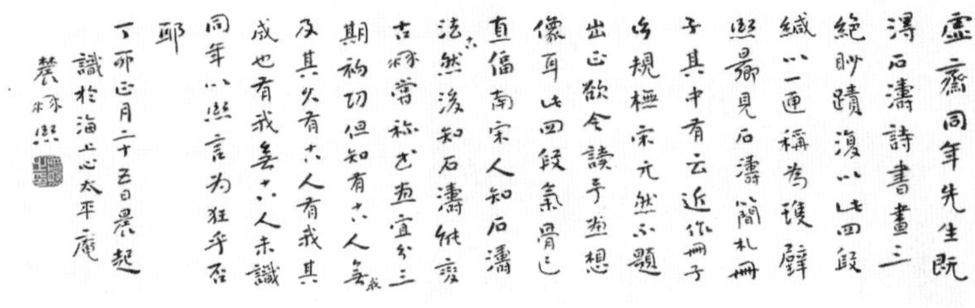

題龐元濟藏石濤四段山水圖卷　1927 年　故宮博物院藏

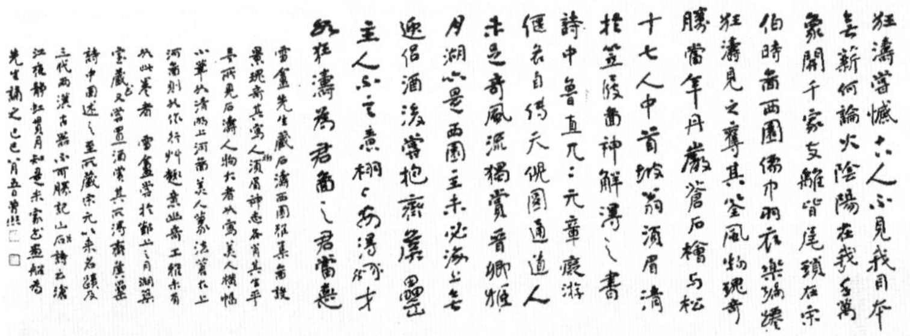

題周湘雲藏石濤西園雅集圖卷　1929 年　上海博物館藏

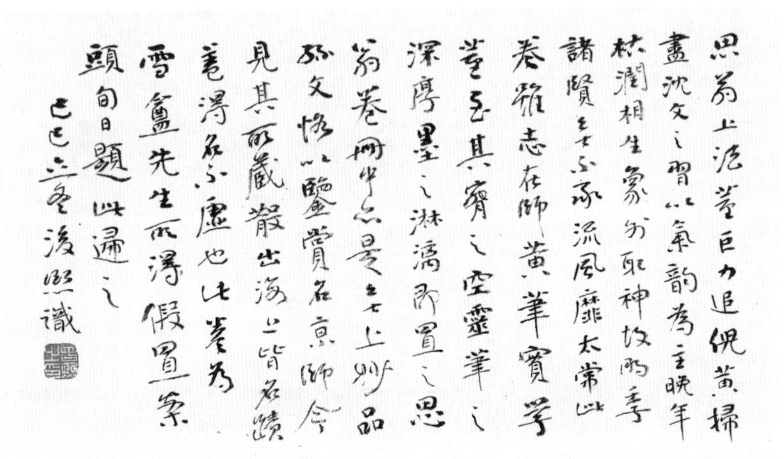

題周湘雲藏王時敏倣子久山水圖卷　1929 年　上海博物館藏

李瑞清墓碑

南京牛首山李瑞清墓景　左起李承仙　李承化　1929 年攝

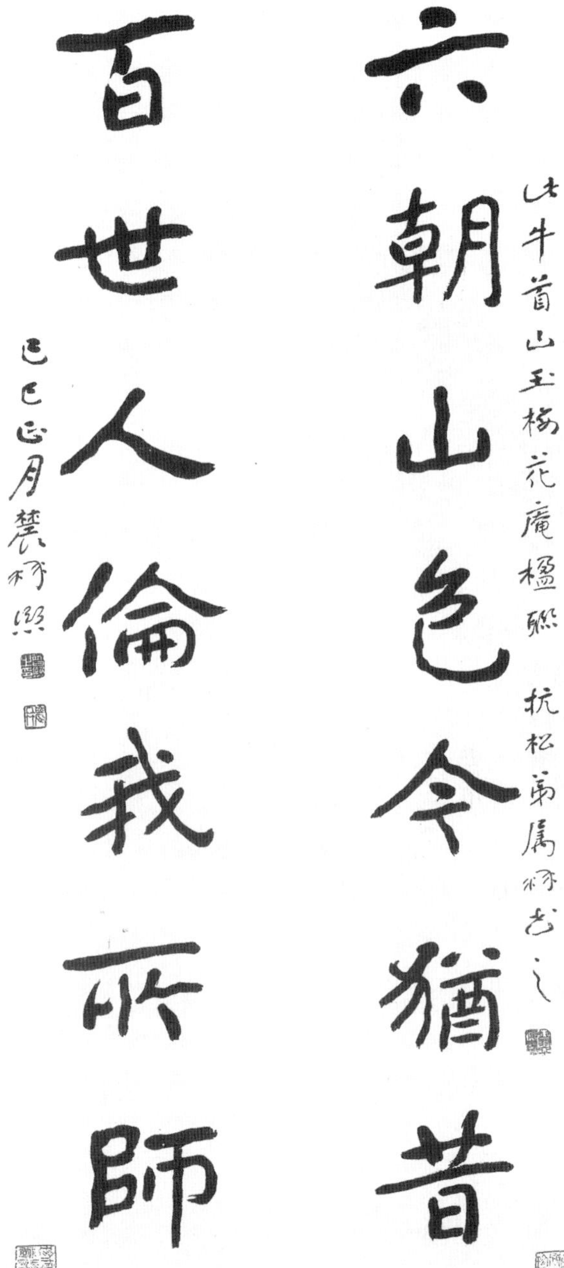

南京牛首山玉梅庵楹聯　1929 年　衡陽市博物館藏

三十歲自畫像　張大千　1929 年

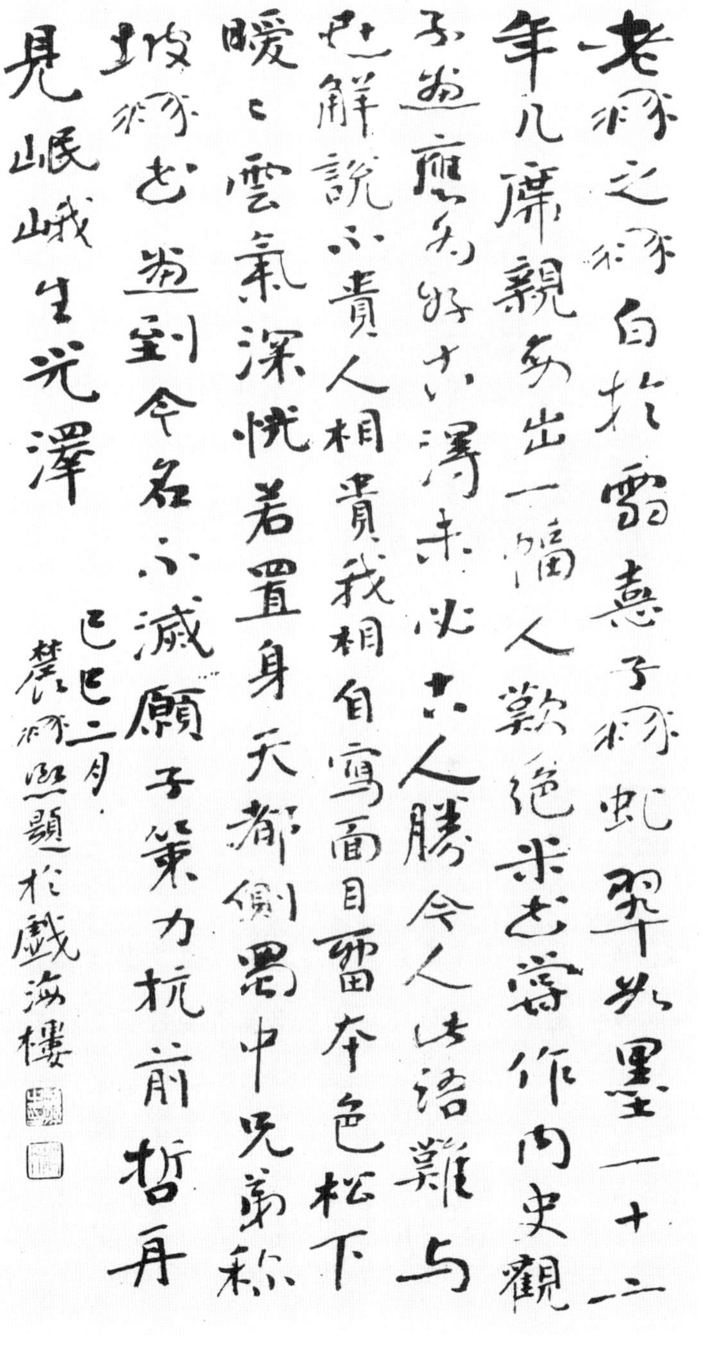

題張大千三十歲自畫像　1929 年

美展

曾熙

中華民國十八年五月四日

第九期

每張售洋一角

發行者全國美術展覽會編輯組

地址上海南市國貨路

本期文字目錄　題字　農髯

惑之不解　徐悲鴻

惑之不解　徐悲鴻

題美展特刊第九期刊額　1929 年

美術界特刊目錄

王個簃	五清圖	孫雪泥	黃山	張紅薇	桕
王一亭	一葦渡江	孫雪泥	聽鶴	張月川	山水
王東莊	仿董思翁	孫雪泥	歸鴻	張善孖	雙虎
呂選青	山水	馬企周	山水	曾農髯	山水
何香凝	梅花	馮超然	桃花	趙子雲	九秋圖
李秋君	幽磵松風	馮超然	山水	趙子雲	山水
李祖韓	蓮塘詩思	商笙伯	桃花	趙子雲	山水
吳墨井	山水	商笙伯	牡丹	褚禮堂	博古
吳杏芬	山水	虛谷	枇杷	鄭曼青	松鶴
吳杏芬	山水	符鐵年	園蔬	鄭午昌	移氏圖
吳湖帆	巫峽清秋	符鐵年	竹石	熊松泉	獅
吳湖帆	仿倪雲林	黃素奔	山水	錢瘦鐵	山水
倪墨耕	馬	黃素奔	瀟湘烟雨	錢瘦鐵	山水
陳小蝶	山居晚晴	黃賓虹	山水	韓步伊	山水
陳小蝶	琴操悟道	張穀年	紅樹白雲	韓步伊	花卉
陳剛叔	蠏	張大千	山水	顧鶴逸	山水
孫雪泥	野橋秋思	張大千 鄭午昌	合作仕女	全冊五十二圖	
孫雪泥	山村圖	張大千	自畫像	共計五十頁	

民國十八年四月十號初版

全國美術展覽會出品

美術界特刊定價大洋五元

上海南京路德裕里五十號生生美術公司出品

教育部全國美術展覽會特刊目録　1929 年

山水圖　1929 年　教育部全國第一次美術展覽會出品之一

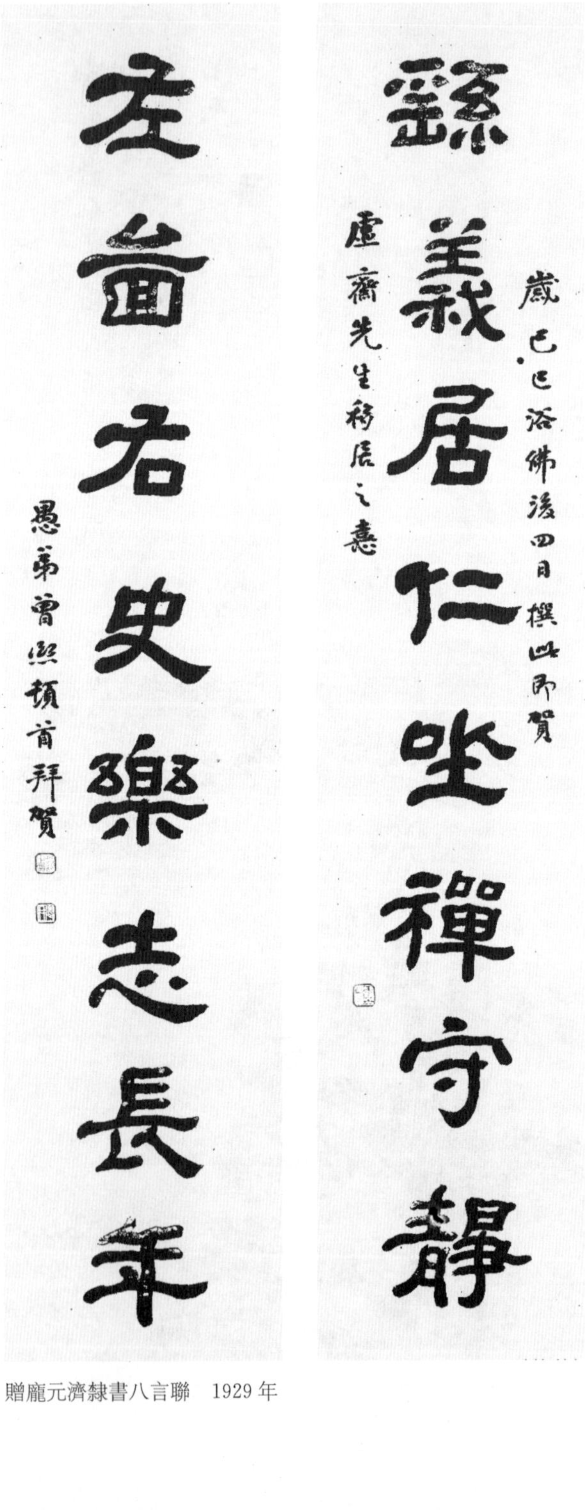

贈龐元濟隸書八言聯　1929 年

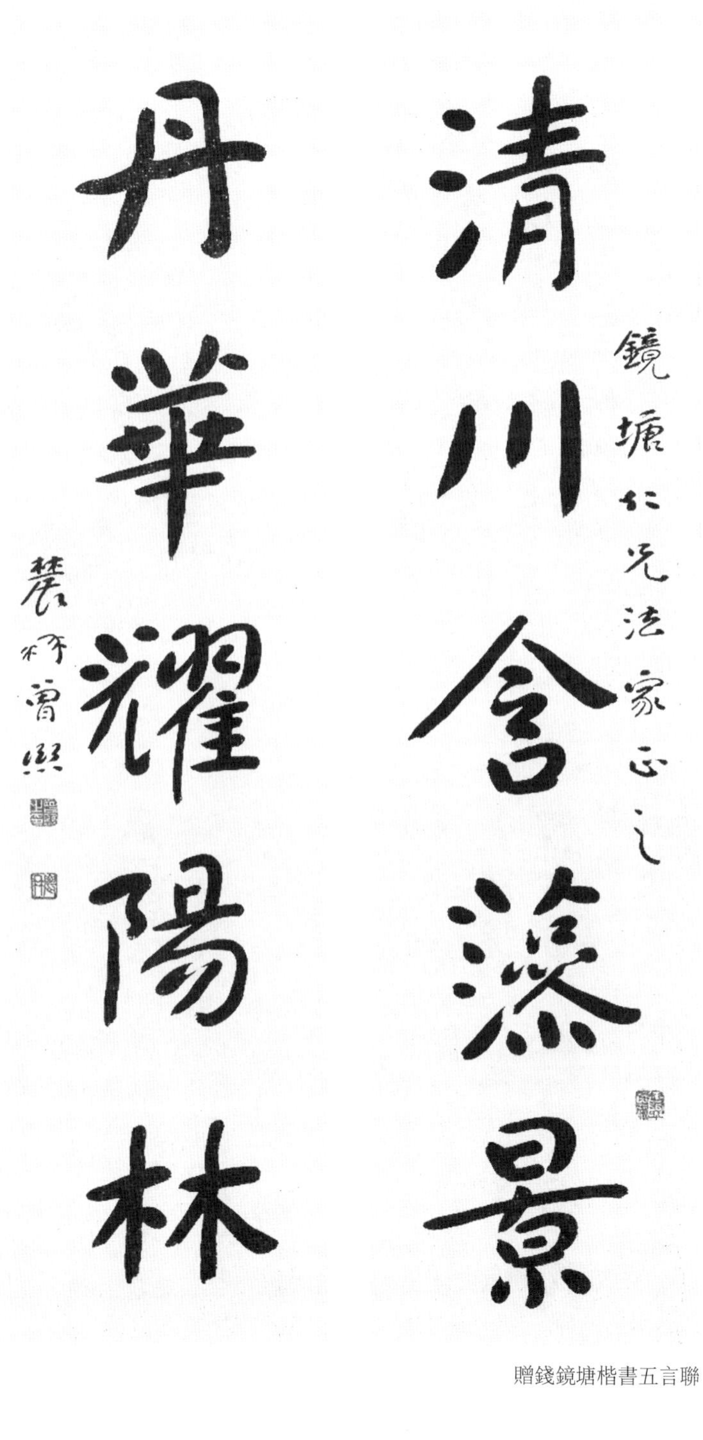

贈錢鏡塘楷書五言聯

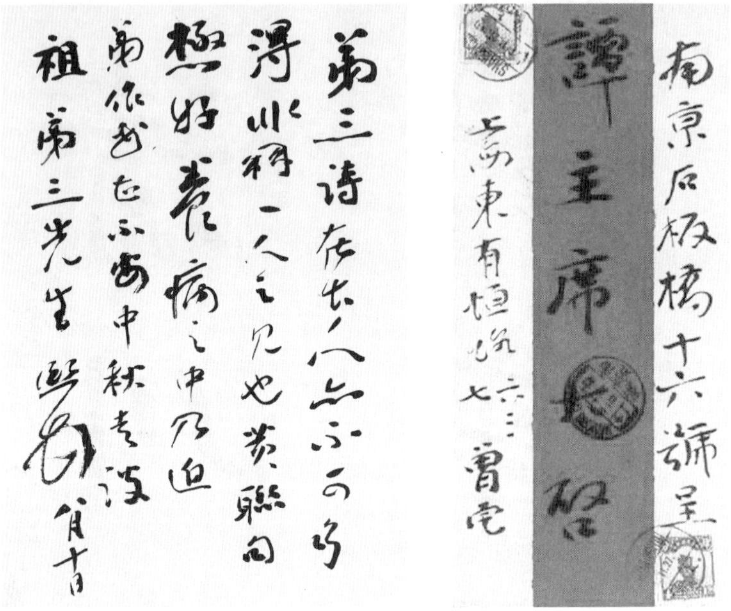

致譚延闓書　1929 年

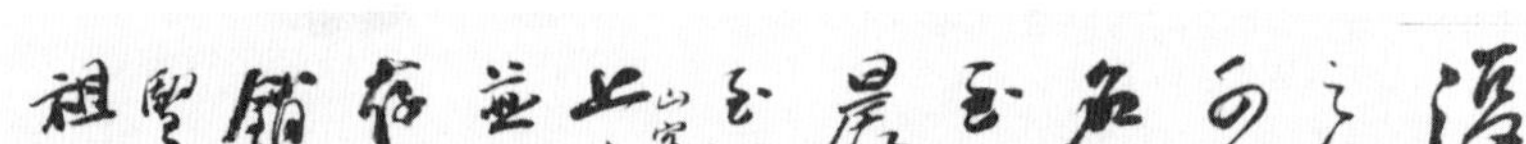

致譚延闓書　1927 年

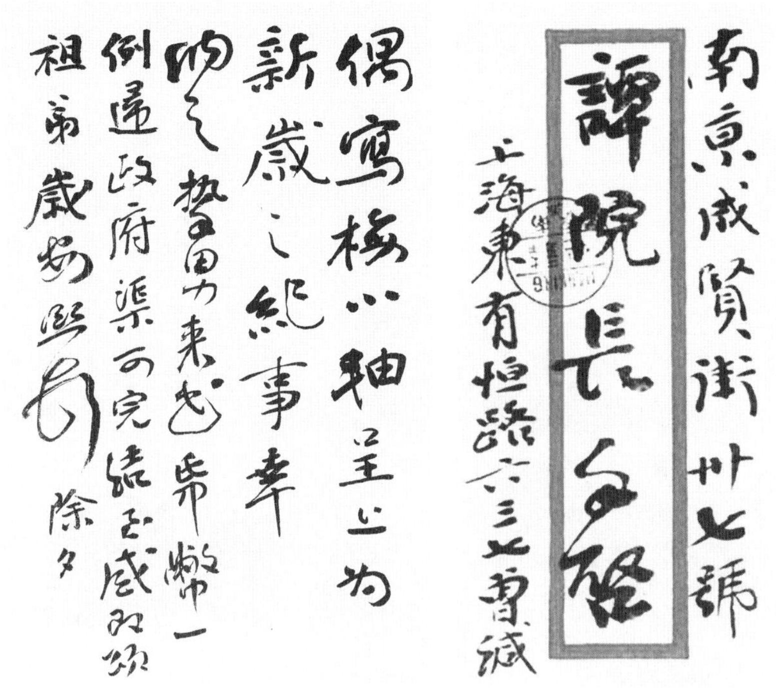

致譚延闓書

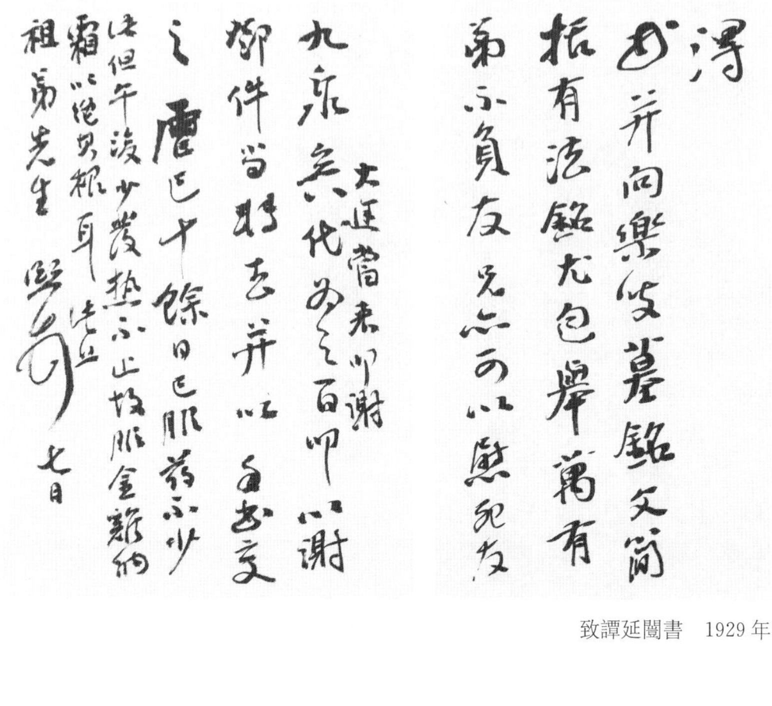

致譚延闓書　1929 年

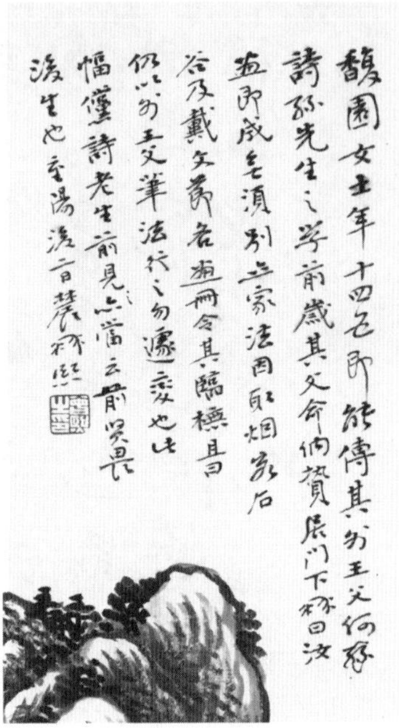

題汪祖佑山水圖　1929 年

習,彊丈更平其不平而已。此與昌老石鼓之左絀右支者,蓋有異曲同工之妙。要之,諸老之所以能卓然特立、克享重名者,或各取所長,别成一體,或自出新意,不主故常,而不拘泥古人,墨守成法,則固若合一契也。抑僕更有數語,不可不爲君告者,諸老之氣節學問,皆數百年之所僅見,藉令不工於書,滿紙塗鴉,後人得其寸縑尺楮,亦將和璧隋珠視之。况於書法又自有其不朽者乎! 後生小子,不能務其大者遠者,而徒於書法小技求之,捨本逐末,亦終歸於泯滅無聞而已。"

1929年4月10日己巳上巳前二日,自書書論。

自書:"南園得力於河南《枯樹賦》,後來以米法入之,故絶眇。己巳上巳前二日,農髯曾熙。"

紙本。109×45cm

鈐印:曾熙之印(白文)。農髯(朱文)。

1929年4月10日上午10時,教育部全國美術展覽會隆重開幕。爲書"教育部全國第一次美術展覽會"門額。以《山水圖》、《古松圖》參展。

王顯詔《參觀第一次全國美術展覽會記略》:"我四月二十五抵申,已是開會期中倒數之第六日,下午二時左右,到南市新普育堂會場參觀。此時景况,已是暮景蕭條,名流們多數以事離滬,所餘辦事人而已,然參觀者仍絡繹不絶。場門爲中國風之牌坊式,額爲農髯書,曰:'教育部全國第一次美術展覽會。'左爲入口及售券處,右爲出口,各有警察及招待員把守。會場全座,以紅色瓦砌成,廣可數百畝,頗壯嚴,爲滬上中國自築集會場所之最宏敞者,去年大規模之國貨展覽會,亦以斯地爲會址。門之對過爲大禮堂,兩江女體專校正在表演歌舞助興。週圍一大匝,爲三層樓之西式建築,庭中有花圃,噴水池,曲徑復以藤蘿,頗幽雅,游觀仕女,憩息其間,略現清閑氣象。樓下爲辦事處、招待所、餐室,和海上各大美術書店租賃爲陳列古今名人書畫真蹟或印刷品之發售室,各以精品羅列,任人參觀。西樓下又設樂室,陳列琴瑟、箜篌、笙、簧、豎琴、箏等古樂,不下三十餘種,定時彈奏。左方二、三樓共列書畫八百六十八件,禮堂二樓陳列書畫三百六十件,左面二樓轉角處,陳列金石拓本印存等共七十五件,右方二樓正中,陳列西畫三百五十四件,二樓禮堂,陳列雕塑五十七件,右方二樓又陳列建築模型及圖影三十四件,工藝美術二百八十八件,美術攝影二百二十七件。右方三樓爲參考部,除日本西畫出品和近人西畫遺作外,近人及古代書畫,皆逐日更换,敦請海内大收藏家輪流值日,將所藏精品陳列,入文部參觀,要另買門票。我走馬看花似地瀏覽一週,夕陽已西下了。"(載1930年《廣東省二師月刊》第5、6期)

自題《山水圖》:“鼒居京時,每見思翁畫有不穩處,即指爲贋蹟,不知思翁眇處多不滿尋常意,八十以後純是一片天機矣。己巳正月。熙戲擬思翁大意。”(《美展》第8期,1929年5月1日)

鈐印:曾熙之印(白文)。農髯(朱文)。名熙字子緝(朱文)。

自題《古松圖》:“此松直是千年前一尊古佛骨耳。考須彌山志稱:老僧坐巖中三百年,一日解脱,忽化千年松,松旁一石,頗肖其生前所持之鉢,群弟子羅拜松前,亦時有舍利光,其即此松與? 己巳元宵後。曾熙寫於心太平庵。”(《美展特刊》今古兩大册,1929年11月正藝社出版發行)

出品古代書畫藏品十件,陳列於展覽會古畫參考部。

俞劍華編《教育部全國美術展覽會古畫參考部出品總目録》:“一、曾農髯先生出品:△黄大癡《天池石壁卷》(幅小不及一尺,價已逾千。季爰自蜀中携來,讓於其師。筆精墨妙,小中見大,不愧爲百代宗匠)。△王圓照《山水册》(雜仿宋元各家,精緻秀雅,價亦逾千,爲煙客平生精品)。△金冬心《墨竹》(冬心畫以奇古勝,此幅竹葉上向,用筆屈曲,如蟹爪,一濃一淡,筆筆欲動)。△八大山人《墨荷》(大幅絹本,用墨渾厚,原係清道人所藏,農髯先生極欣賞之,每詔其弟子,學八大必先學此幅)。△石溪《山水》(立軸淡著色,蒼茫古雅,石師合作)。△米元暉《山水》(方可及尺,用筆細碎似小米,墨亦淡漶)。△梅瞿山《山水册》(尺寸甚小,而精采特妙,尚有較大一册,未見陳列)。△沈石田《山水册》(尺寸甚大,紙版亦新,筆墨雄健,聞尚有石田小幅最精,惜未出品)。△范華源《雪山》(大幅立軸,重山疊嶺,氣勢雄厚,惟絹本太黑,神爲所掩耳)。△石濤《細筆山水册》(工細絶倫,著色亦妙,並係對題,尤爲難得)。”(上海圖書館藏品)

同日,全國美術展覽會編輯組發行《美展》三日刊第一期,爲撰著者之一。

按:《美展》三日刊,4月10日創刊,5月7日第十期出版後停刊,另出增刊一期。八開,每期八面。旋改爲《美周》即美術週刊發行數期。地址:上海南市國貨路。第一期編輯者:徐志摩、陳小蝶、楊清磬、李祖韓。撰著者:葉恭綽、曾農髯、吴湖帆、豐子愷、徐悲鴻、王濟遠、黄賓虹、邵洵美、鄭曼青、賀天健、俞寄凡、俞劍華、林風眠、陳子清、張禹九、倪貽德、狄楚青、褚禮堂、張若谷、鄭午昌、唐腴廬。第二期開始,撰著者增加蔡元培、楊杏佛、褚民誼三人。

1929年4月11日己巳上巳前一日,與弟子論書畫,有云“入聖處,不見功力,但得天機”。

自書論書畫:“書畫必須功深力厚,方能成家。然入聖處,不見功力,但得天機,純粹嬰孩,乃到絶妙。己巳上巳前一日,偶與學子論書畫書此。農髯曾熙。”(私人藏)

鈐印:曾熙之印(白文)。農髯(朱文)。

作爲全國美術展覽會參考品部委員會委員赴會值日。

《教育部全國美術展覽會參考品部委員會出品值日表》:“四月十日書畫:李祖韓、錢瘦鐵、陳小蝶、秦清曾、吴幼潛、徐嘯波、吴慈堪、杜錫珪。十一日書畫:黄賓虹、鄧秋枚、張善孖、白堅甫、曾農髯、王文心。十二日書畫:黄賓虹、鄧秋枚、張善孖、白堅甫、曾農髯、王文心。十三日書畫:狄楚卿、龐萊臣。十四日書畫:徐志摩、翁瑞午、陳叔通、江小鶼、徐申如。十五日書畫:王一亭、哈少甫、金潛厂。十六日書畫:王一亭、哈少甫、金潛厂。十七日金石:陳淮生、吴湖帆、童心盦、黄賓虹、褚禮堂、許修直。十八日書畫:閻甘園、金誦清。十九日書畫:葉玉甫、李拔可、嚴家熾、吴湖帆。二十日書畫:李祖韓、陳小蝶、秦清曾、吴幼潛、徐嘯波、杜錫珪、吴慈堪。二十一日書畫:姚虞琴、方稼蓀、林爾卿、金潛厂。二十二日書畫:徐志摩、翁瑞午、陳叔通、江小鶼、徐申如、金潛厂。二十五日書畫:王一亭、哈少甫。二十六日書畫:王一亭、哈少甫。二十七日金石:陳淮生、褚禮堂、童心盦、黄賓虹、趙叔孺。”

1929年4月21日己巳三月十二日,鄭孝胥七十歲生日,作松圖賀之。

自題:“一木豈擎天,百折心不死。吾黨固多賢,愛君不好子。蘇戡先生數歲以來,患難從公,可謂不負平生志矣。今歲七十,鬚髮未白,未明而起,精神奮迅,不異三十年前初相見時。天之福,先生蓋有在也。寫此松,題此爲壽。”(《大風堂存稿》)

1929年4月27日,與李筠庵至譚澤闓寓,譚延闓在,賞何蝯翁(紹基)舊藏劉墉臨《十三行》。

《譚延闓日記》同日條:“四月二十七日,寒暖七十度。受信:仲恂、滄白。六時即醒,七時起。大瀉,溏而不水。吕滿偕繩自寧來。大武來,秋、年歸,食薄餅。陸仲安來開方,仍主補藥。瀉後人倦,至花園,略瞻望。步至大武家,曾九、李三來。看劉臨《十三行》又一册,爲何蝯翁藏。曾、李去,吾略偃卧,乃步歸。飯後三時,龔醒齋、李經輿按摩如昨日。去後,下樓見顔福慶、陳夙荒、趙潤文、王孚玕。顔爲吾診,云試血壓百六十度,其説閃灼。周可均偕崛川潔齋來,云精神病衆,約七時後再來。曙村來自寧。晚，治具，與吕滿、大武、曙村、繩、秋、年、德、淞、祥同飯廳下。復瀉一次，氣火，非糞瀉也。崛川來，久久周可均來，令吾卧床，以手施術，閉目静卧，毫無感覺。繼乃以針穿手示術，令其試以念力切柑子，謝以時間須長，乃行，遂送十五元而去。周女亦來。客去，看祺寶。吕滿、曙村皆宿此。手足尚不能云已愈也。十一時睡。"

1929年4月28日，致書建議譚延闓吸鴉片療病。

《譚延闓日記》同日條："四月二十八日晴，寒暖七十度。受信：袁六、蘭汀。六時醒，復睡，起九時。陸仲安來診。與諸兒女食蒸餃。林特生、簡朩乾、魯小安來。特生病不似前，步履如常人矣。與小孩稍步園中，乃至大武家，汪九、俞明頤、余大、秦二、聶六、吕滿皆在。袁大、夏五來，稀客則梁大、梁五、汪四、汪五、黎滿兒。曾大後來，大毛亦來自寧。行禮樓上，門生故吏皆登樓行禮，余拜，踵覺喫力，信未痊也。曾九不來，而以書勸余吸鴉片，豈仁人之言哉。設二席，余與大武各陪一席，余大、秦二、俞明頤、汪九、汪四、汪五、袁大、夏五同坐。酒乃庚（癸）卯，尚可，余一杯止。菜乃曹四，然亦平平。散後，諸人打詩寶，余歸。卧待龔醒齋，三時乃來，按摩如昨，今日足力似勝，手尚未也。秋、年送龔，遂入校去。余步至大武家，諸客盡去矣，略坐看報，大武赴席去，余同祥歸。與兒女飯，大生夫婦久坐去。吕滿九時後乃回，大武來。十時後，吕滿偕繩上火車回京，余擬請假一星期，俟調治有効再説。十一時寢。"

1929年4月，與朱古微、童心安、黄賓虹等介紹朱尊一書刻。

《朱尊一書刻潤例》："（潤例略）收件處：麥根路四十四號半及各箋扇莊。介紹人：朱古微、童心安、黄賓虹、汪英賓、曾農髯、黄藹農、徐積餘、胡樸安。"（1929年4月21日《上海畫報》、4月28日《申報》）

按：朱尊一即朱貫成。室名壯悔室，安徽涇縣人。任職上海儉德儲蓄會。精篆隸，篆書用筆在完白、濠叟之間。尤工刻石，奏刀雍容，氣息入古。黄賓虹1937年啟用之名章即出其手。1949年後尚在世。

1929年4月29日，至譚延闓家少坐。

《譚延闓日記》同日條："四月二十九日晴，寒暖七十度。受信：吕滿電。八時醒，曙村已去矣。起，與祥食炒麵。足力似稍勝，手不如。仲安來改方，云口角流沫亦病徵，改方而去。大武來。看小孩戲於園中。至大武家一坐。還，與乃麗、祥飯。假寐頃之，未著也。龔醒齋來，按摩三刻鐘去。大武出謝客。曾九來，少坐去。大生來。目爲塵眯,久之始解。晚,有酥合子,大武、祥、德同食,大生夫婦互座,乃麗俄國有之,與此正同,不知孰爲先,想俄人學於中國也。吕滿電,云孫言誠請解職,率兵返汴,鹿瑞伯已出京,恐第二幕即將開矣。逗祺寶頃之,乃睡,十時半矣。吟村送參芪來,適濟所需,遂受之。孫言誠辭職赴汴,鹿瑞伯等皆不辭而去。以湧泉膏貼脚,以龔語云最効也。"

1929年5月1日出版之第8期《美展》刊出譜主《山水圖》。

按:畫跋見本譜4月10日條。

1929年5月2日,過訪譚延闓。

《譚延闓日記》同日條:"五月二日晴,寒暖七十三度。發信:吕滿。受信:吕滿。八時起。同曙村、祥食薄餅。大武來。吕滿專足來,作書復之。宋子文來,談武漢事甚悉。登樓見張毓昆,云日内赴北平也。聶六來。秋、年自校歸。午,同兒女飯。坐睡一小時。龔醒齋來按摩。陸仲安來易方。爲人作聯、榜書,臂弱不勝筆,信左右手相爲用而吾之衰也。步至大武家,德、松來。還,而大生夫婦至。(曾九來。)晚飯後,看祺寶憨跳,小兒漸長,知識漸多,不易控制矣。十時睡。明日以東瓜皮煎水洗脚,看有効法。治痰喘咳嗽。"

1929年5月4日出版之第9期《美展》刊名爲譜主題寫。

按:《美展》爲三日刊,全國美展開幕日創刊,5月7日第10期出版後改週刊《美周》。《美展》刊名題者分别爲:第1期:葉恭綽。第2期:楊杏佛。第3期:黄賓虹。第4期:蔡元培。第5期:張善孖。第6期:馮超然。第7期:張大千。第8期:陳小蝶。第9期:曾熙。第10期:馬叙倫。

1929年5月4日立夏前二日,作細筆山水。

自題:"靡歲不構兵,生民禍無極。舟中彼何人,自稱曰天逸。鼓棹發狂歌,悲風生兩腋。太息綱維絶,河山將異色。一舟將安之,溯洄以永夕。己巳立夏前二日寫此並題五言詩一首。"(《大風堂存稿》)

己巳立夏前十日,書論書直幅。

自書:"石庵八十所臨《洛神十三行》嘗以柳法入之,蓋緣思翁不從柳,無以升右軍之堂。己巳立夏前十日,農髯曾熙。"(私人藏)

紙本。127×64cm

鈐印:曾熙之印(白文)。農髯(朱文)。

5月,己巳立夏後,應趙恒惕之請,撰並書《衡山趙氏九修族譜·序》。

《衡山趙氏九修族譜·序》:"《易》稱君子以類族辨物,《書》稱别生分類。是故昭穆有次,掌於小史。世繫有奠,誦於瞽矇,譜牒之作,由來尚矣。趙之得姓,實惟造父,世載其德,代有達人。其在衡山,則宋忠靖公之苗裔也。予嘗道出白果,郕井相望,咸爲趙氏,越陌度阡;祠廟錯立,烝嘗之禮,隆於一邑。抑其流風自遠,故葆世滋大乎!方今民志日漓,彝倫失叙,親盡如路,數典貽譏,而彝午(按:即趙恒惕)世友,守庠考之家學,成戡亂之奇功,讓賢退隱,蕭然世外,乃與其族人述先烈、誦清芬,歸厚之美,庶無間焉,予故樂爲序之。歲己巳立夏後,衡陽曾熙。"(《衡山趙氏九修族譜》,1929年仲秋月刊)

鈐印:曾熙之印(白文)。農髯(朱文)。

己巳立夏後,題公孫長子《粉紅城主雙鈎各種碑帖》。

題《粉紅城主雙鈎各種碑帖》:"予向疑《懷仁集聖教序》,既見覃溪老人考證所從出,然禊帖以外所闕尚多。今觀長子先生雙勾各種碑帖,筆法神理輸之腕下,當時懷仁不過就右軍書雙勾入石耳。前有懷仁,今見長子,可稱'古今兩絶'。己巳立夏後,曾熙注。"(四川省内江市東興區文管所藏)

鈐印:曾熙之印(白文)。農髯(朱文)。

按:本册由張大千題籤:"粉紅城主雙鈎跋語。長子大哥博教,弟爰題。"除曾熙外,尚有于右任、馮玉祥、黄賓虹、馬宗霍、李健等跋。

全國美展完美結束後,爲謀藝術前途得以繼續發展,與上海藝術家如朱古微、程子大、葉譽虎、狄平子、王一亭等發起觀海談藝社,商定簡章,徵集會員。

《觀海談藝社之新組織》:"上海文藝界諸同人以近世潮流正宜提倡藝術,又覩於全國美展會之盛况,乃謀所以繼之者,因爲小小結社,藉結群彦,俾藝術前途得以增進。該社近者會議已有數次,業已組織就緒。發起諸公爲朱古微、曾農髯、程子大、葉譽虎、狄平子、王一亭、馮君木、徐志摩、吴湖帆、康通一、趙叔雍、曹靖陶、管一得、李毅士、余盛明、况有韓、况小宋、趙安之等。刻正在徵集會員,簡章已定,即待散發,入社者已有數十人矣。如同志願入社者,請到申報社向况小宋君接洽可也。"(1929年5月11日《申報》)

1929年5月10日,與同鄉符鐵年、羅傑召集海上書畫界名流雅集於一品香菜社,爲群治大學籌建新校舍募集基金。

松厂《雅宴》:"前夕曾農髯、符鐵年與羅傑大讌海上書畫家於一品香菜社,蓋爲群治大學建築新校舍,擬募集各名家書畫,售充經費也。到者有商笙伯、黄賓虹、許徵白、馬孟容、馬公愚、謝公展、謝介子、鄭曼青、蕭厔泉、張紅薇、張善孖、張大千、俞劍華、陳剛叔等五十餘人,濟濟一堂,觥籌交錯,談笑風生,有可紀者,爰録一二如次。△曾農髯精神矍鑠:農髯老人,爲海上書畫家中之年事最高者,鬚髮皤然,而精神不衰。是夕執主人禮,對客酬酢,備極殷勤,略無倦容。自古藝術家多壽康,觀於此老益信。△謝公展大吹喇叭:謝公展有演説天才,而聲音宏亮,有稱之爲'謝喇叭'者,每一啓齒,必驚四座。羅傑請其代表致詞,口若懸河,而掌聲雷動矣。△張大千食不下咽:張大千前日見馬孟容畫册中之鯉魚,活潑如生,而腮間貫以柳枝,意謂此魚當不勝其痛苦,每涉想及此,輒覺兩頷下頸際隱隱作痛。是夕舉箸食魚時,竟不能下咽。昔劉褒畫《雲漢圖》,能令見者覺熱,畫《北風圖》,見者生寒,名畫之足以感應心理,有如是乎?△馬公愚妙語解頤:馬公愚素善詼諧,有'滑稽書畫家'之目。席間有談及多妻問題者,公愚戲舉案上茶壺茶杯爲喻,曰:男子,茶壺也,女子,茶杯也,一壺可有數杯,一杯不能同受數壺,此殆中國多妻制度之所由來歟?語妙古今,聞者軒渠。"(1929年5月13日《申報》)

按:羅傑(1867—?),長沙人。附貢生。留學日本法政大學。1904年4月與湘籍留日學生仇鰲等在東京發起成立"新華會",以響應華興會謀在長沙起義。回國後,歷任長沙立達師範學堂監督、群治法政專門學校校長、長沙自治研究所所長。1909年任湖南諮議局議員、常駐議員、審議長及資政院議員。1911年秋辛亥俱樂部成立,當選爲總部成員。不久回湘,與粟戡時等六人發起組織辛亥俱樂部湖南支部,任候補常駐議員和候補評議,往來北京、湖南之間,致力於君主立憲活動。1913年初湖南籌蒙會成立,被推爲評議長。袁世凱復辟帝制時,他任政事堂法制局參事。後出任上海群治大學校長等職。群治大學最初發起人爲章太炎、李登輝、張湘紋、羅傑四人。後章、李、張三人引退,由羅傑獨力維持校務。譚延闓爲名譽校長,羅傑爲校長,學生二百餘人,校址在上海勞勃生路(今長壽路)。

1929年5月11日,上午譚延闓來,李筠庵在。午後譚延闓偕陳三立來,出示董其昌畫稿,高江邨題跋甚多,有何紹基長跋。

《譚延闓日記》同日條:"五月十一日陰,寒暖六十九度。(紅十字醫院驗蛋白質,略有,比重1009。尿圓柱有而透明,血球無,膿球有而少。自驗尿無沉澱,比重1012)發信:吕滿、協和、袁六、林四。受信:吕滿、林四、袁六。七時半起覺,夜不醒，豈藥致之耶？步至大武家一看，遂步往俞明頤家，值其出，又入散原家，未起，乃乘汽車至曾九家，見李三。還，爲人作聯屏。往時一氣四十聯，今不然矣，十聯已汗出。飯後，周可均、山本榮治視昨所驗溺，已無沉澱物，驚爲易愈。俞明頤來，待龔按摩後亦按摩。汪四來。袁大來，旋去。龍八、龍滿來，大武來。待陸先生至，俞亦就診，陸云蘿蔔纓可治糖溺，未之前聞也。大生歸，遂携之，與曙、秋至散原家少坐。邀同散原至曾九家，見董畫稿，高江邨題極多，蝯叟長跋，殊精於□書。又紀年父漢玉印、端匋齋藏漢塗金箭貯日本刻經卷，楊惺吾以爲神護景雲四年刻也，索百金，可怪。曾伋、李三、向樂谷、劉姓壻同座，乃陶樂春，余爲鰣魚刺所梗，曾伋畫九龍水，又以飯吞之，莫知誰愈也。談甚歡，十時乃送散原至其家。還，寫數扇乃寢，已十二時矣。（扇44）"

此際，作梅圖。

自題："煙煙雨雨又風風，三兩橫斜出墻東。孤山豈是忘情客，款款丹心照水紅。"（《大風堂存稿》）

1929年5月13日，譚延闓自滬回南京，寫信來。

《譚延闓日記》同日條："五月十三日陰晴，寒暖七十四度。發信：七十四、大五十二、岳軍、袁六、汪九、曾九。受信：詷白、林四。六時起。七時已到下關，吕滿、宏群、曹、李諸人、大、細毛皆來迎。由海陵門入城，至則諸迎者先到，周旋頃之，乃登樓。繩歸來。余至介石家，已出，宋未起也。至行政院判櫝（牘），行紀念週。與胡、陶談，鄧、黄診病。步入政府，見介石談，乃遇陳紹寬。行紀念週後，復與介石久談，乃還。掛字畫，與祥飯。飯後，鍾子年來，薛子良來，亦不敢云不至決裂矣。坐而假寐，看報久之。黎九來，黎書年兄弟來。晚，王風雄假座請客，余與吕滿、宏群、徐大、黎九、芾棠、特生、仲圭、曙村、競西、叔襄皆在，曹四索重金而菜亦不惡，鰣魚尤佳，上海所未有也。未散，蔣介石、宋三同來，登樓見之，呼祥出見，談頃去。吾復入席。席散，與繩、祥坐談，十時乃去。洗脚後睡，已十時三十分矣。（下略）"

1929年5月20日浴佛節後四日，爲龐虚齋作"繇義居仁，坐禪守静；左圖右史，樂志長年"八言聯，賀其喬遷新居。

自書："繇義居仁，坐禪守静；左圖右史，樂志長年。歲已巳浴佛後四日撰此，即賀虚齋先生移居之喜。愚弟曾熙頓首拜賀。"（嘉德2014年秋拍圖録）

蠟箋。199×41cm

鈐印:曾熙之印(白文)。農髯(朱文)。農髯六十後書(朱文)。

1929年5月22日己巳四月將望,爲子質書畫摺扇。

自題:"喬柯霜勁。己巳四月將望,寫上子質先生教之。熙。"

鈐印:曾熙之印(白文)。龍田里人(朱文)。

自書:"思翁八十後臨柳,腕柔思以剛佐之,故其書倪寬傳贊骨遒而韵逸,腕和而神永,當生平第一書。子質先生再正,熙。"

鈐印:曾熙(白文)。農髯(朱文)。

1929年5月25日譚延闓寫信來。

《譚延闓日記》同日條:"五月二十五日陰風,寒暖七十四度。(易散桌椅用繩帶)發信:八十七、大生六十、鳳岡、曾九、重伯。受信:八十三。八時起。擬出訪客,孏於出門而止。庭床草將罄,接濟不上,可慮也。周海清往迎大武,作書與之。題胡薊門先生家書後,又題劉子恭藏五權憲法演稿後,皆書與之。午飯後,爲人書聯二十幅。余岸稜來。書扇四柄。近日手力不足,提筆不穩,可哀。五時,出至政府開奉安會議,漢民主席,庸之、楚傖皆至,上鐙後散。韓復榘已有通電,而庸之疑爲馮授意,趙次龍以爲難説。今日之事誠難説也。歸,與祥食炸醬麵三碗。張稚潛、簡叔乾來言簡姪事,張何時爲軍官政訓部秘書吾乃不知,簡姪褎然舉首。難乎,其爲伯矣。細毛來。吕滿來,言奉迎事,吾慮不能久步行,雇一馬車隨後,看不用否。竟日北風,天轉凉,低於昨十度有奇矣。十一時睡。以次謀事略寄曾伋。(扇206)"

1929年5月28日己巳四月二十日,黎明即起,以十年前友人所贈乾隆漆光紙作五尺水墨山水。

自題:"長夏草木深,石徑苔蘚積。云有異人居,望塵常不及。朝宿巖之巔,暮息羲之隰。挹露以爲飲,吸氣充作食。當是王高侶,不須姓名識。歲己巳四月二十日,及明即起,適檢十年前友人所饋乾隆漆光墨寫此,並繫以詩。"(《大風堂存稿》)

己巳四月,與張大千爲李漢魂作書畫合璧扇。

自書:"(節臨《張黑女志》略)伯豪仁兄法正。曾熙。"

鈐印:曾熙之印(白文)。

張大千自題:"似董非董,似米非米。雨過秋山,光生如洗。但出但入,憑翻

筆底。己巳四月,寫似伯豪仁兄法家正之,大千居士張爰作於大風堂下。"(嘉德2009年9月四季拍賣圖録)

鈐印:張爰(白文)。大千居士(朱文)。

按:李漢魂(1894—1987),字伯豪,號南華。廣東吴川人。國民黨抗日愛國將領,早年參加北伐戰争,歷任師長、軍長、軍團長、集團軍總司令。抗日戰争時期,任六十四軍軍長。以戰功卓著,國民政府特授予所部以"鋼軍"稱號。曾任廣東省政府主席六年,1949年任國民政府總統府上將參軍長、内政部部長。後隨李宗仁赴美國,定居紐約。工書,尤擅楷體。喜與書畫界名流交往,得近代名家書畫甚富。

1929年6月1日,致譚延闓書寄達。

《譚延闓日記》同日條:"六月一日晴,寒暖九十度。(奉安)發信:大生六二、淑。受信:曾九。二時起。細毛來,同喫包子。同車至工商部下,吾赴黨部。三時,諸人畢至,喫飯。四時行禮起攢,三十分鐘乃扶櫬出門,余不加入執紼,乃乘汽車歸。假寐久之。孑民、靖江先後來,張乃燕亦至。同出太平門,繞路至陵下,登輿上山,至禮堂正七時,坐休憩室。八時已聞樂聲,第一行列至,及靈車到山下已九時,舁登十時矣。行禮畢,下肆,與祭者皆入參觀。禮成十一時,山下行列亦散盡,本期十二時,不意早到,蕆事之速如此。余與介石、孑民、子文、志超候至十二時過乃下山,仍舁也。今日風和日麗,又無鬱蒸之矣,然林璧(?)予猶悶絶云。與孑民同車,仍繞太平門,車忽壞,乘副車歸。與秋、祥飯,繩已歸飯矣。假寐久之。護芳、用吾來,用吾以舊搨《顔家廟碑》見示,不敢斷爲宋拓也。四太、端、嘉保來。偕瑞、韵往瞻仰孫陵,不得入禮堂也。晚,有酒食,諸僕醵金爲四、五太來,而女太不食,吾輩乃食之。吕滿及諸女皆至。今日甚熱,然微有風。十一時睡。"

己巳五月作松圖。

自題:"香清益遠。"(《大風堂存稿》)

己巳五月,臨《頌敦》贈弟子朱大可。

自書:"己巳五月,臨《頌敦》,大可賢弟商正。農髯熙。"(上海大衆2010年1月拍賣圖録)

紙本。135×33cm

鈐印:曾熙之印(白文)。農髯(朱文)。

己巳五月,爲縵琴書"秉河岳之奇氣,臨霄漢而高翔"六言聯。

自書六言聯:“秉河岳之奇氣,臨霄漢而高翔。縵琴仁兄法家正之。己巳五月,農髯曾熙。”(朵雲軒2008年秋拍圖録)

紙本。171×37cm

鈐印:曾熙之印(白文)。農髯(朱文)。閑居翫古不交當世(朱文)。

此際,題張大千之寸紙潑墨手卷付其兒啞弗。

題張大千寸紙潑墨手卷:“三歲小兒初學語,聞説黄山意栩栩。乃父新躡泰岱雲,癥懷恣戀黄海雨。侍母坐兄棚陰下,癡兒索畫歌且舞。寸楮潑墨付癡兒,兒癡父癡髯獨與。”(《大風堂存稿》)

1929年6月11日己巳端午,爲震亞圖書局出版之《何道州册封琉球賦小楷》題籤。

自題:“何道州册封琉球賦小楷。己巳端午,熙題。”

鈐印:曾熙之印(白文)。

1929年6月端午節後爲藴黄作山水圖。

自題:“雨後江嶼,洗青錯黄。有若老嫗,時露古妝。松則蒼蒼,水則洋洋。無舟何往,結廬層岡。”(《大風堂存稿》)

己巳五月,書“吟缶廬”匾額。

自題:“吟缶廬。己巳五月,曾熙題。”(《曾熙書法集》)

紙本。46×163cm

鈐印:曾熙之印(白文)。農髯(朱文)。閑居翫古不交當世(朱文)。

己巳五月,張伯川自大連來滬,將返,作書贈之。

自書:“張君伯川曩從大連寄贈篆書聯,及山水中堂。書既骨遒韵逸,而山水之墨氣生動,渲染有法,格局尤能自創,洵海上不多見也。今歲來滬,方擬置酒賞畫爲樂,而伯川君又返大連,書此以識墨緣。己巳五月,農髯熙。”(《湖社月刊》第31至第40册合刊)

1929年6月22日己巳五月既望,爲孟嘉作《古梅圖》。

自題:“小師道人云,揚州某宅尚有唐梅一株,人多不能辨,當約人訪之。己巳五月既望,爲孟嘉先生法家寫此,即正之。農髯熙。”

鈐印:曾熙之印(白文)。

1929年6月23日，譚延闓來滬治病，偕譚澤闓訪於寓，談頃之。

《譚延闓日記》同日條："六月二十三日陰，寒暖七十三度。發信：電介石。受信：醉六。六時起。蚊風甚盛，南京所無也。瀉止，腹仍脹。大武、細毛、年、淞、大生來。食炸醬麵一盌，仍食糊米粥。與小孩散步園中。同祥率祺寶至大生家，歸飯。大生夫婦出，淞來同食，吾仍粥也。大武來。假寐久之。周可均來。與祥同至淑家久坐。大生夫婦來。與大同訪仲安，立方而出。偕乃麗、祥同還。晚飯仍粥。仲安云瀉不可食粥，幸糊米也。繩、年來看祺寶，憨跳至久。大武偕曾九來，談頃之去。十一時始睡。馮已至運城，入晉想可去矣，但圖了事不恤失州也。致電介石言病狀，或從此爲脱卸之基未可知也。大薰卧室以除蚊，淞手捕已三十餘，多可知矣。夜一時，聞祺寶鬧而醒，及熟睡已二時矣。連日小便少於前者一半。"

1929年6月26日，譚延闓將住療養院治療。往訪久談。

《譚延闓日記》同日條："六月二十六日晴，寒暖八十度。受信：吕滿。七時起。昨夜以起溲，蚊入帳，呼鄧晉雲來，始得清静，然耽閣三十分睡矣。腹仍不適，豈未痛瀉耶？大武、唐來，同食蒸餃。祺寶歸去，祥送之往。曾九來談，久之去。午，渴睡頃之，乃起。飯樓下。飯後，率秋、年、祥、松至何瑞生處，云吾牙已將脱，若製新托須多星期，乃謝之而出。至先施、新新，一看而歸，欲買物與年而未得也，以其中學畢業，乃與以廿元。宋子文來，力勸住療養院，用電氣治療，以爲非此無根本辦法，遂許之，約明日同往。袁大忽偕祺寶來，至晚復去。晚，與大武赴夏五招，秦子直、冒鶴亭、袁大、汪九、俞明頤、李子扉，菜亦平平。吾忽腹脹不適，意興索然，不多進食，九時半歸。大瀉一次，非水瀉，而糞有不消化物，或病在胃矣。人困倦，即睡。張斌蛟自南京來。"

陝西賑災會請上海書畫名家合作賑災，與王鈍根、王一亭等爲發起人，將在7月13日開書畫賑災展覽會於寧波同鄉會。

《書畫名家籌賑陝災展覽》："陝災奇重，待賑方殷，中外善士先後捐助者絡繹不絶，而全國書畫名家亦聞風興起，並由抵滬陝西賑災會，請滬上書畫名家合作發起賑災展覽會，現已定於七月十三日開幕，假座西藏路寧波同鄉會爲會址。其發起人中有王鈍根、王一亭、曾農髯、李蠖叟、伊峻齋、謝公展、錢雲鶴、鈕元伯、虞澹涵、程瑶笙、李浩然、程萬里、曾廣鑛、孫慕唐、何卍齋、汪吉門、于右任、閻甘園、孫郎西、王菩僧、蒙壽芝諸名流云。"（1929年6月28日《申報》）

6月28日，日本畫家倉橋西峰、渡邊晃堂來華寫生，後經費拮据，與上海書畫同人揮毫，贈畫以售資助其盤纏。

《中日畫家聯歡》:"日本南畫家倉橋、渡邊二氏，爲采取畫材來華，經時二月，遍歷大江南北，畫囊富足，而阮囊羞澀。兹將歸去，由曾農髯、王一亭、張善孖、張大千邀請陳樹人、黄賓虹、何香凝、天罡侍者(陳剛叔)、孫雪泥、王个簃、熊松泉、馬企周、馬孟容、鄭曼青、蔡逸民、俞寄凡、俞劍華、王陶民、胡可莊、張紅薇、謝公展、唐振超諸名畫家，於昨日午刻假陶樂春暢叙，即席揮毫，計作畫件六十餘幅，將於七月六、七日在日本俱樂部，由日本名流主催繪畫展覽會，並加入二氏之作，用抽籤法發售，所得收入均歸二氏，以壯行色云。"(1929年6月29日《申報》)

按:展覽會舉辦在7月13日到14日，名曰中日畫家聯歡繪畫展覽會。見該日條。

己巳五月，爲湖南畫家王蘭訂定鬻畫值例。

《王蘭鬻畫值例》:"王蘭爲吾湘之郴人，其畫能貫綜中西，凡山水、花卉、蟲魚，能得生物之性，其設色異采眩目，蓋其學既深，而畫才尤過人。曩以美術教湘南子弟，數歲中，或粤或鄂，皆以美術爲當道所尊崇。今來滬，將欲擴其所學輸之國中，髯爲之訂其值例於後。己巳五月，曾熙。堂幅:整張一丈六十元，八尺四十八元，六尺三十二元，四尺二十元，三尺十五元。屏條:對開照堂幅三分之二計算。摺、圓扇:每柄六、四元。立軸:寬窄一律每尺五元。册卷每尺五元。一、仕女佛像翎毛走獸加倍;二、指定畫題加倍;三、專約畫蝶每隻三元，大小一律;四、金箋重色工細點景加倍，劣紙不畫。西畫(風景動物):油畫每方尺十元。水彩每方尺六元。本社陳列中畫西畫，歡迎來賓參觀，如欲學習者，另有詳細簡章，函索即寄。潤資先繳，約日取件，立索不應。代收處:湖南郴縣西塔街慎記;漢口日本租界新興街大竹院;上海各大紙店，四馬路鏡明圖章印務局;蓬萊市場内蔚然書畫社。總收件處:上海法租界貝勒路望志路口樹德南里十號香祖書畫社。"(《蘭君畫册》第2集，香祖書畫社1932年5月出版發行)

鈐印:曾熙之印(白文)。

己巳夏五月，爲鄢克昌書扇。

自書:"飛錫尋秋踏晚香，是空是色恰逢場。屢霜栗里塵緣盡，步月蘭闍法象忘。綉佛自堪參妙諦。爲克昌仁兄法家正之。農髯曾熙。"

鈐印:曾熙之印(白文)。

按:書未署年款，以另面張善孖畫扇署款爲"己巳夏五月"，本譜從之。鄢克昌(？—1984),江西南城人,1932年畢業於上海美專藝術教育系圖工組,留校任教。參加百川書畫會、中華藝術教育社、江西藝社、中華美術協會等。逝於台灣。

己巳五月,爲王春渠節臨《齊侯罍》。

自書:"(《齊侯罍》略)春渠仁兄法家正。己巳五月,農髯熙。"

鈐印:曾熙之印(白文)。

按:録自《當代名人書林》。該書收録名家書法作品124家,囊括當年海上書畫家,兼及京津書家。由中華書局出版於1932年12月,重版多次。其序云:"輓近以來,國學放佚,詩若文無論矣,即書家八法亦廢而不講。世所謂藝術者,類以丹青相標榜而不及書,竊獨異之。己巳冬,謝君玉岑在里,相與數並世能書之士,欲乞其翰墨爲觀摩遣憂之具,得如(若)干人,爰仿舊京精製以楮界絲闌博徵之,其以詩文名者重其詞翰,以書名者貴其臨撫。書有博約之殊,文有長短之異,則別行間爲廣狹以就之。北極燕雲,南至滇越,歷寒暑凡三,所得近二百家,去其不經意者,存百二十四人,則是編所載也。體類萬殊,燦焉俱備,飾以文繡,張之四壁,俯仰左右,顧而樂之。嗟乎!予少嘗有志於文字,習於怠荒,無所成就。弱冠以還,涉獵西籍,及從仕宦,益墮塵俗。今乃丐人文字,以寄其好尚,不亦大可哀乎?昔項憶雲有言:不爲無益之事,何以遣有涯之生。竊嘆爲至言。然而憶雲之所謂無益者,固已裒成巨帙足以傳世,而名家非真無益者,予今所爲,其果能如憶雲也耶?玉岑以文章書法知名當世,徵集之功,太半出于其力,次則張君大千、鄭君午昌、陸君丹林,相助尤多。而上海中華書局陸費君伯鴻、舒君新城,慨然爲謀印行,尤爲盛事。書成記其緣起如此。壬申立冬日,武進王春渠書於白雲溪上之微波館。"

1929年6月29日,己巳夏五月二十三日,爲王伯群寫山水扇。

自書:"徐庾文章在,爲寫六朝山。己巳夏五月二十三日,寫似伯群先生法家正之。農髯熙。"(北京翰海拍賣公司2013年春拍圖録。《大風堂存稿》)

紙本。19.5×55.5cm

鈐印:曾熙之印(白文)。農髯(朱文)。

按:此扇背面爲譚延闓行書。

王伯群(1885—1944),原名文選,又名蔭泰,以字行,貴州興義下五屯景家屯人,貴州軍閥劉顯世之外甥。年幼時從父學易、書二經,又學陽明學、四書等。十八歲喪父,從貴州姚茫父、熊範輿、徐叔群三人專攻讀《孟子》、《左傳》和數理學。後東渡日本留學,入東京中央大學政治經濟系,適逢孫中山在日本宣導革命,便加入中國同盟會。後任交通部長等職。

1929年7月2日己巳五月二十六日，萬夫人生日，畫家數十人即席揮毫爲壽。

按：見下文俞劍華《大風堂雙壽記》："二十六日爲曾農老夫人設帨之辰，畫家數十人咸臨時揮毫以爲壽。"

1929年7月3日己巳五月二十七日，赴張善孖四十八歲生日壽宴。

俞劍華《大風堂雙壽記》："連日海上藝術界壽筵甚多，大有應接不暇之勢，二十五日爲經師子淵五十三歲壽辰，已爲文作畫以紀之。二十六日爲曾農老夫人設帨之辰，畫家數十人咸臨時揮毫以爲壽。二十七日爲善孖社兄四十八歲生日，而不才年三十五適與之同日，乃招宴於大風堂。是日到者有曾農髯父子、李筠庵、魏弱叟、馬宗霍、公孫長子、楊清磬、姚雲江、馬企周、熊松泉、蔡逸民、俞寄凡及古董商等數十人。不才以便面而索善孖兄畫松五羊一，松吾所愛，羊吾所屬也。公孫長子題詩曰：小詩裁成宫樣子，騷人觸起不周風。羊頭借重通侯賤，丁固生平一夢中。善孖自題有云：劍華後予十三年，而生適同日，揮此爲壽，所謂南極老人拜如來佛，究不知其何事也。一笑。農髯先生出示爲清磬所題吴昌碩畫册，詞曰：昌碩先生寢饋三代兩漢，復能以其天趣，神與古合，故其刻印爲有清一代所獨步。以刻石之腕法入篆，故篆奇；以篆法入畫，故畫奇；偶取金石書畫之遺籟洩之於歌詠，故詩奇。海内學者師之，友邦鑄金事之，可謂至矣。然予每置酒酬酢，諧笑風生，及至夜深論詩，述及先德，未嘗不嗚咽涕下。蓋其性情過人，今已三年不得見矣，題此愴然。竊爲昌碩先生名滿天下，而其作品則毁譽參半，或且有身謝道衰之虞，今得農髯先生爲之張目，九原有知，亦當感念老友不止也。善孖兄以畫馬自壽，公孫長子題曰：脊强腹張，一躍千里，非公孫瓚之群騎，實穆天子之騄耳。驗摩頂松之東向，知馬齒之加長矣。馬宗霍援筆立題：淺草長松大漠姿，青綾紫電見權奇。會當一嘯空凡俗，小立蒼茫有所思。馬君爲太炎先生高足，詩華清新，舉座欣賞。農老將嫁甥女，以畫四幅壓妝，不才首寫石榴，善孖寫牡丹，大千寫蓮柱，農老將自寫紅梅。飯後筠庵煙興大發，乃偕農老赴企周處，同人戲謂筠庵爲煙客（王時敏號），農老爲耕煙（王石谷號）。農老怠耕，執耒而睡，一覺醒來，已過午四時，同仁早飢腸轆轆矣。"（1929年7月8日《申報》）

己巳夏六月，馬宗霍新造廬舍養親，爲書"子含慈雲，王母受福；湖光嶽雪，嘉氣入門"隸書八言聯。

自書隸書八言聯："子舍慈雲，王母受福；湖光嶽雪，嘉氣入門。宗霍賢妹倩新營養廬，以奉重慈，門當西湖、岳屏之間，爰撰句賀之。己巳夏六月，曾熙。"

(《曾熙書法集》)

紙本。201×42cm

鈐印:曾熙之印(白文)。農髯(朱文)。

己巳六月,爲熊松泉作書畫合璧扇箑。

自題:"己巳六月,爲松泉兄寫松頗振拔,所謂壯當努力,老當益壯,交相勉也。農髯熙。"

鈐印:曾熙之印(白文)。

自書:"予嘗以《谷朗碑》入真,李仲(按:即李瑞清)以爲大肖《曹哲》,及檢《曹哲碑》,亦頗有神似之筆,所謂古人似我也。熙再書。"(私人藏)

鈐印:永建齋(白文)。

按:熊松泉(1884—1961),名庚昌,以字行。江蘇南京人。擅畫人物、山水、花卉、鳥獸,後專攻走獸,有"熊獅子"之稱。爛漫社社員。

己巳六月初,爲老友吴劍秋夫婦六十雙壽撰徵文啓事。

《宜黄吴劍秋先生暨德配徐夫人六十雙壽徵文啓事》:"歲己巳六月朔,吴劍翁之公子静漪自粤歸,手出陳真翁徵文啓及自述世德一篇,熙曰:何不早以書遺我? 静漪曰:予父固辭之,且深責之。熙曰:若父年六十,而精神志氣無異三四十時,宜不以老自居,然人子於父母生日召賓客,將以歌詠發皇孺慕之歡心情也,禮所許也;且若父與予交且三十有四年矣,若父性摯實而志恢邁氣,磅塞而行慎蜜(密),涉百家,重事功,貴名實,嘗輕儒者迂闊。義寧陳散原、臨川李癡,平生信友也。嘗曰予敬其人而不取其學,以其無當於世也。當新學發軔,海内豪杰風靡,若父又曰某者予取其言,又深鄙其人。夫是非者之所集,以一人之志求伸於天下難。此若父所以抱苦心終歲,嘗棲棲而不自適者也。當予侍母居京,嘗登堂見若父與世父侍王母坐。王母日寫《漢書》一卷,且以《小學》授若輩。又嘗侍母會食,王母與母道及生平皆涕下。然予母長王母,嘗多病,若父未嘗三日不至寢門問病,其考(孝)也,蓋又能加諸人之母也。當是時,新建高叟遐九、武陵歐九君重、清泉周三敬甹、長沙二任(壽文、壽國)相與儗議古今,不可一世,今則殂喪相繼,僅予與若父且頑且健,具放言於人道將絶之秋,其亦幸矣。曩者李癡愛弟以姑息,若劍翁之愛兄,則師也,友也。其殁也,若四海之内無此人不可居也。其天性過人,蓋如此。配徐夫人,舊家世好,觀禮髫齡,齊德齊年,偕老先藏,伉儷之情,在老益篤,出必携手,幾忘其白髮婦矣。爰以歲之六月十五介壽之日,爲公子二人成昏(婚)禮,花燭暉皇,孫子羅拜,此樂曷極! 敢敬告之好之以詩文爲壽者。

曾熙頓首。”(《大風堂存稿》)

1929年7月9日,與陳樹人、王一亭等介紹雕刻家朱子常。

《雕刻家朱子常》:“永嘉朱子常爲現代雕刻大家,其作品精美絶倫(黄楊木雕刻人物肖像),海内外早有定評,不待介紹。兹緣朱君游杭之便,同人等擬請其留滬收件。如承鑒賞家惠教,請至法界斜橋安臨里十九號朱寓接洽可也。潤格承索即寄。曾農髯、陳樹人、經子淵、徐寄廎、王一亭、丁輔之、汪英賓、黄溯初、劉貞晦、馬孟容、周守良、鄭曼青、馬公愚、方介堪同啓。”(1929年7月9日《申報》)

己巳六月爲蕊初寫梅,賀其四十歲生日。

自題:“獨佔人間第一春。江天秀氣。己巳六月寫似蕊初先生四十生日。”(《大風堂存稿》)

1929年7月13日、14日,與駐滬日人和上海畫家發起“中日畫家聯歡繪畫展覽會”,與前此衆多上海畫家當場揮毫贈送之作品合二氏作品共同展覽。

《中日畫家聯歡繪畫展覽會△本月十三、四二日在每日新聞社舉行》:“日本南宗畫家故田近竹邨氏之門人倉橋西峰氏與東京寫生派内多門氏之門下渡邊晃堂氏,於本年五月間抵申,由各路聯合會會長林雄吉、新聞記者波多博、三井銀行土屋計左右、南滿鐵道局梅津理、同文書院古井邦彦、東洋棉公司已斐平二、觀光局局長相澤信次發起,中國方面多數名畫家相助,定於本月十三、十四兩日,假上海每日新聞社三樓爲繪畫展覽會場,是會名之曰‘中日畫家聯歡繪畫展覽會’,況且倉橋、渡邊兩氏均當代的名畫家,其用筆之神妙、丹青之優美,誠滬上不可多見之逸品,加之中國名流諸書家曾農髯、陳樹人、天罡使者、馬企周、俞寄凡、張紅薇、王一亭、經子淵、孫雪泥、馬孟容、俞劍華、謝公展、張善孖、黄賓虹、王个簃、鄭曼青、王陶民、汪英賓、張大千、何香凝、熊松泉、蔡逸民、胡可莊、狄楚青、王師子、唐振超表示歡迎,各出作品,共約數十件之多,共同展覽,所有售出作品之代價,均贈與倉橋、渡邊兩氏,以壯行色。”(1929年7月9日《申報》)

聯歡畫展閉幕後,倉橋以畫贈馬企周,馬氏回贈所繪佛像一尊。爲馬氏繪佛像題詩堂。

題馬企周繪佛像:“慶友尊者造像。曾熙題。”

鈐印:曾熙之印(白文)。

馬企周自題:"鉢以將降龍,傳來法正宗。有人持椰粟,於此足温恭。戊辰春王正月,企周馬駘敬造。"

鈐印:企周(朱文)。馬駘(白文)。

又:"倉橋觀智畫伯,今歲來華,遍游大江南北,所畫精邃高古,頗得宋元神韵,緣海上諸名士樂與道義交,合開聯歡畫展,而求者踵接,大有紙貴洛陽之概。閉幕後,行將歸國,承錫墨寶一幀,尤覺多情,靡不珍同拱璧。爰檢篋中舊製,用作投桃之報,並爲分袂之紀云爾。己巳夏六月既望,邛池漁父馬駘企甫周識於海上之一粟浮家。"

鈐印:馬駘私印(白文)。師造化(朱文)。

譚延闓入住療養院,7月23日往視,久談。

《譚延闓日記》同日條:"七月二十三日晴,寒暖九十二度。(血壓196早,又192晚。未電療。體重午一百八十六磅,夜同)發信:吕滿。受信:吕滿。六時半起。繞園三匝。繩、秋、年、德呼早餐食之。大武信並撿書來,改定壽秉三詩,壽詩本不易工,打油而已。梅醫、季醫同來驗血壓,云早晨本高,晚浴後當減也。十時浴如昨,以藥塗全身,以痱子大發也。閱況夔笙《阮堪(庵)筆記》一過畢,所謂附庸風雅小名家者耶? 午餐,只三肴,然亦飽。蔣夫人來,以一表爲贈,云孔夫人意也。假寐一晌,已數日不午睡矣。粟海槎偕袁六來,談頃之。曾九亦同秋、德至。袁送蛋糕,秋携蒸餃,餉客同食。粟、袁先去,曾久談,同秋、德行,吾送之上車,乃復還。今日甚熱。吕滿書言南京有一百〇二度,地可畏也。俄事盤馬彎弓,亦醬菜炒芥絲耳。老彭言包先生出電療,改時如昨夜。老彭今早爲運鹽汽車所□,輪過右手足而未傷,亦幸矣。晚餐,憩平臺,見街人舁門,傷者來求治。七時,浴如昨。梅醫來,驗血壓。鮑尚未來,遂不電療。九時睡。《鏡花緣》李松石(汝珍)撰,李撰有《李氏音鑑》。直隸定興有《奉聖夫人德政碑》,黄立極撰,張瑞圖書,皆稱義男。韓詩'夜半青蟲聖得知','聖得',當時方言。"

1929年7月19日至25日陝西人蒙壽芝等發起陝災書畫助賑會在寧波同鄉會舉行,與伊峻齋(立勳)、王一亭等二十餘人贊助之。

《讀畫小語(柯定盦)》:"陝西災情奇重,餓殍載道,慘不忍睹,各處天堂之江浙同胞,聞之將作何感想。天南地北,相去若是,胡天之厚於吾而薄於彼,誠不可解之事也。旅滬陝人蒙壽芝君等爰有陝災書畫助賑會之發起,贊助者有曾農髯、伊峻齋、王一亭、王鈍根、謝公展、李浩然、李蠖叟、虞澹涵、程萬里等二十餘人,自七月十九日起二十五日止,公開展覽於西藏路寧波同鄉會。余於昨日午後往觀,滿目琳琅,不暇應接。書畫出品人均爲一時名家,如鄧春澍、馬企周、陳樹人、陳陶遺、王師子、李秋君、符鐵年、馬孟容、公愚昆仲、于右任、趙子雲、江道樊、張善孖、大千昆仲、鄭曼青、吴青霞、趙含英、張丹斧、王潛樓等百餘人。張善孖之《龍》、《虎》中堂,所謂生龍活虎,無以過是。馬孟容之《江南春景圖》,寫'正是江南好風景,似曾相識燕歸來'句,設色柔和,如處春風中。《柳塘春雨》一幅,寫楊柳、海棠、翡翠,参以日本畫派而不落恒蹊,允稱傑作。《墨卉圖》寫小觀園之仙客來、荷包花等,頗多奇趣。《楊柳山茶》寫柳色與茶花争艷,可謂奇觀,蓋孟容故鄉,天氣較暖也。李秋君女士之《山水》、《花卉》、《金魚》諸幅,各有是處。趙含英《山水》,丹斧爲之題句,尤覺可寶。尚有淡墨《芭蕉》超塵絶俗,丹斧題以'一卷芳心緑臘干,秋霜脱敝碧妝殘。亭亭閑立西風裏,何事姿容不耐寒'。陳剛叔有《荷花》、《松》二幅,均以淡墨出之,雅逸一如其人,洵奇構也。蒙壽芝書畫皆精,山水數幀,類均精品,余最愛其《蘿蔔》一幅,自題'隨時爲農爲圃,不須風雨經營',丹斧題'好大蘿蔔'四字,益覺佳趣横生矣。新安程瑶笙,老畫家也,作畫頗怪,余最愛《松鼠青蛙圖》,自題'忽覺清光來眼底,偶然活躍到毫端。蕭疏未染塵中意,此境塵中時得看',造境新奇,題句復妙,誠傑作也,標價爲一百二十元,實不爲過。他如樓辛壺之山水,王陶民之花鳥,錢雲鶴之佛像等,佳作如林,不勝枚舉。扇面約有二百餘件,仿佛一扇面展覽會,中以江道樊、虞澹涵二女士合作扇面爲最佳,每頁標價六元。又該會書畫券每張只售五元,購者既有名家書畫之實惠,又得拯救陜省災民之美名,海上同胞,速起購諸!"(1929年7月26日《申報》)

己巳六月,作百齡圖扇與魏紹殷老同年。

自題:"須到百齡無暮氣,同將六法樂天倪。己巳六月寫上紹殷同年。志能帥氣,故朝慕(暮)之氣,志主之耳。少而偷安,壯而耽逸,即暮氣也。熙與阿哥年六十九,阿哥尚以書畫問世,熙雖盛暑不輟筆墨,即朝氣也。畫題句,願與阿哥徵信之。"(《大風堂存稿》)

1929年8月1日新華藝術大學爲籌建校舍,將籌募所得書畫在大世界四樓開展覽會,捐有大幅畫作陳列於會。

《新華藝大書畫展覽會》:"新華藝術大學爲鞏固校基,籌建校舍,於上學期發起組織籌募基金書畫會,籌備以來,已屆數月,捐得海内八十餘名家作品一千餘件,如于右任、經頤淵、陳樹人、何香凝、曾農髯、王一亭等均有大幅出品,已於昨日起,假大世界四樓公開展覽,憑券抽彩,每券可得名家書畫一件至數件,聞券價爲五元云。"(1929年8月2日《申報》)

《新華開書畫展覽會》:"新華藝術大學書畫展覽會已於昨日起在大世界四樓開幕,有海内八十餘名家作品一千餘件,如于右任、經頤淵、陳樹人、何香凝、曾農髯、王一亭等均有大幅出品,聞日期爲一日至七日。"(1929 年 8 月 2 日《時報》)

1929 年 8 月 2 日己巳六月廿七日,致書譚延闓,請其爲老師鄧彌之之孫寫薦書給唐財政,並致書趙恒惕請求援手。

與譚延闓書:"前日承許爲鄧世兄作薦書與唐財政並允給川貲,令其走謁,勿使久滯此地,何如? 祖庵三先生,熙頓首。六月廿七。"

與趙恒惕書:"彝午世友先生麾下:前書想呈覽。武岡鄧彌之師之孫,其學費係祖庵及同輩集貲,今學成且能服務矣。遠來滬上,祖庵爲之函薦榷運局謀事孔多,尚乞麾下極力切實向鄒局長言之,俾令月得數十元以供菽水,感德無量。(幼彌年七十,貧困不堪,幸有兒輩讀書能服務,否則殆矣。又聞有弟在桂林與麾下共事極相得,請切實爲之謀。髯再注。)即頌勛安! 熙頓首,六月廿八日。祖庵致鄒局長函並抄上。"

8 月 4 日己巳六月廿九日,爲味蔬寫《松》。

自題:"寫此松付與味蔬賢弟。渡遼中當多千年之木,不知劫火所餘幾何,其蒼然特立,殆天可相也。己巳六月廿九日。"(《大風堂存稿》)

1929 年 8 月 4 日,至療養院視譚延闓病,並送向樂穀事略,遵向氏遺命以劉石庵卷爲贈。

《譚延闓日記》同日條:"八月四日晴陰,寒暖八十二度。(體重午 182 半,晚 185 磅。割挑針)發信:吕滿。受信:吕滿。六時起。晴日在窗,下行園中四周,約千五百步。還,爲年寫金扇,用金不匀矣。昔時佩之和數杯金作一扇,今忘其法。大生、繩、秋、年、淞來,同早餐。曾九送向樂谷事略,屬爲作志銘。以劉卷爲貽,云樂谷遺命也。文不當受禮,但稱遺命,不能拒之。此劉書向在諮議局所買也。梅醫來,初以麻醉藥注射眼胞,後乃以刀刺兩挑針,皆破,流膿血,覆以布,右目遂不視矣。下就浴,但罨胸,以眼割不能施術也。浴後,歸房獨坐。宋葆疇忽闖入,粟松村繼來,談久之,先後去。午餐。閲《珊瑚鉤詩話》,宋張表臣著,《韵語陽秋》,葛立方著。二時,電療。祥、韵來,同食蒸餃三十枚。聶十來談。看《珊瑚鉤詩話》、《韵語陽秋》畢。晚餐。步平臺上。夜,浴如昨。同浴人者蓋多新來,居此彌月者少也,慨然有新陳代謝之感。九時睡。阿濫堆,張祐詩'邨笛猶吹阿濫堆',鳥名,明皇以笛寫其聲。'著紫''荷囊'是兩事,今人誤作'紫荷囊',不知

‘荷’去聲。(扇 357)”

1929 年 8 月 6 日己巳七月初二日,檢來信背面一書,方知譚延闓患目疾,致書建議服凉藥。

與譚延闓書:“復後始檢背後一書,知弟忽發目腫,蓋電氣所蒸迫。鄙見宜即服涼藥以清火,專治目(目最緊要,不可隨便置之,中藥最有效),其他不顧,切切。祖庵三弟先生,熙頓首。七月二日。”

同日,譚延闓爲代作題吴壽岡觀潮圖詩。

《譚延闓日記》同日條:“八月六日晴雨,寒暖七十八度。(歸家。未午浴,電療。體重百八十二磅。血壓百九十二度)發信:吕滿。受信:吕滿。四時四十分醒,正天明也。仍六時起,眼似已好,可揭幕矣。昨睡太少,不可解。步園中四周,微喘,何也。曾九求代作題吴灣(壽)岡觀潮圖詩二首與之:‘得時行志古今難,誰遣書生作好官。料理歸裝無長物,只留圖卷與人看。’‘布韈芒鞋返初服,長眉秀目劇精神。怒潮不與庚申劫,天道終去福善人。’吴,戊午生,不與庚申之難。大武、繩、秋、淞來,正午餐。梅醫來,揭去眼上布,豁然開朗,挑針亦銷(然血壓仍未低也)。易寅村來,坐談久,吾俟其去,偕大武同歸至家,大雨,簷溜如瀑。十二時,同大武至俞明頤家,俞明頤與伯嚴請媒人汪九、聶六,而余大、曾大、聶十、夏五及余兄弟陪之,菜極精,翅未透耳。久不近芻豢,尚未敢放量多食。席散,談久之。至三樓看新房,遇俞四,大生亦來。客散,余歸家一坐。偕秋、年、祥、韵赴院,道遇繩,亦同來,晚餐後去。今日登樓尚不大喘,其殆愈乎?看《掌故叢編》八期一過。夜熱,浴乃大汗。九時半睡。今日歸家值大雨,而醫院則無雨,夏雨分牛脊,不虛也。(下略)”

己巳孟秋病腕,爲達存寫松,題云少時見松梢奇異,即坐其下或竟日不去;及壯游泰山,北上燕山,每見奇柯必下車。

自題:“己巳孟秋起病腕,爲達存我兄寫此松,頗有疏宕卓邁之氣。予少時見松梢奇異,即坐其下或竟日不去。及壯游泰山,北上燕山,每見奇柯必下車。近所寫松,多生平所□遇。爲達存兄再書此。”(《大風堂存稿》)

己巳孟秋,自書論書。

自書:“南齊人書經卷,蒼厚古樸,其骨韵幾躋西晉。盇抱蜀老人秘篋所藏。己巳孟秋,曾熙。”(私人藏)

紙本。137×68cm

鈐印：曾熙之印(白文)。農髯(朱文)。

1929年8月11日譚延闓在滬療養中，謄清《向燊墓誌銘》即送譜主，譜主爲書之。

《譚延闓日記》同日條：“(停療養一日)五時半起。下步園中五周。上樓，謄正《向志》以送曾俟園。早餐後，大生、淞淞來，云吕滿已到，諸兒並歸，乃偕大、淞出，看淑、娟、祺，袁大亦出周旋，稍坐歸。至大武家，吕滿、繩、秋、年皆在，談頃。至三十七號一坐。復飯大武家。俞明頤來，李特生來，諸兒並同席，吾不多食也。既散，俞去，吾還家，爲蔡鑄人、吴熙農作聯屏。不作書月餘矣。至六時，吕滿來，遂同吕滿、大武至陶樂春，重伯請客，散原、余大、汪九、俞明頤、李子扉、夏五、袁大、護芳、吕滿、大武、聶十，凡十三人，尚有蕭稚泉、聶六未來。燒豬尚好，翅則平平。曾大贏錢，故喫紅也。散已八時半，余仍歸醫院，已九時矣，遂不浴。今日停止水電一日矣。食亦甚雜，且看如何。十時睡，反復不覺，十二時乃睡去，豈胃有食作怪耶？‘欲識爲人賤，先須看四般。飯遲痾屎急，睡易著衣難。’(《雞肋篇》)”

譚延闓《衡山向道尹墓誌銘》：“君諱燊，字樂穀，湖南衡山人。先世自江西來遷。曾祖諱拔亭，妣氏王，以節孝旌。祖諱奎照，佐勞文毅軍廣西，保舉同知。父諱熙，廣東萬州知州，妣氏張。君少穎悟，稱神童。及長，有大志，不事帖括。年三十始入縣學，補廩膳生。受業湘潭王先生，通《春秋》、《穀梁》、《左傳》、《毛詩》、《尚書》。游日本，卒業宏(弘)文學院。歸爲衡州府中學堂監督、南路實業學堂監督，被舉爲諮議局議員。以資爲道員，候補甘肅。辛亥起義秦州，爲副都督。民國既建，爲隴南觀察使，改渭川道尹。五年，爲湖南湘江道尹。六年，兼任財政廳長，棄官居海上。十六年五月十四日中風，嚮愈矣。明年八月疾復作，遽卒，春秋六十有五。君體貌魁碩，聲如洪鐘。事親孝，與人忠，才識閎敏，長於治事。學堂初興，士論囂然，惟君所處獨無事。爲議員，辯論侃侃，不少屈，盡服其座人。秦州以一隅，響應東南，奠安秦隴，皆君謀畫。官道尹時，賊號白狼者，俶擾數行省，陝甘列城，望風崩潰，覆軍殺將，官吏走匿，獨君守不去，城破被執，身受夷傷，罵不絶口，賊相謂此好官也，竟捨之去。袁世凱將稱帝，有招君者，憤而歸鄉。四年，被推爲湘江道尹，君曰：戮力故鄉，份也。事定，謝去，居上海，鬻書畫自給。所與游，臨川李瑞清梅庵、衡陽曾熙俟園，以文行相高。及卒，幾無以爲殮。嗚呼，可謂執德不回之君子也已。妻文氏，無所生，胡氏、顔氏先後入門，胡生大廷、大建，顔生大延。文、顔相繼殁，十年以胡爲繼室。大廷早稻田大學政治學士、交通部科長。大建卒業通材商業學校，大延卒業雲南講武堂。女四人，孫受典。余識君由曾侯園，嘗共艱危，猥托相知。今年與君同病，而幸得愈，乃益悲思君疾。非不可爲，而志不得究也。二十年四月將葬君於攸邑小集石灣田鵝形之原，癸山丁向，禮也。大廷以君遺言銘，其敢辭。銘曰：才高意廣，誰之不如。群飛刺天，而獨次且。目營八區，局於一隅。時不我與，志則勿渝。功用不竟，退而窮居。蕭然滬濱，有圖有書。如何不弔，倏然已徂。故民哀思，執友漣洳。後有達人，來觀楷模。賜進士出身國民政府行政院院長世弟譚延闓撰。賜進士出身陸軍部主事姻愚弟曾熙書石並篆額。"（《辛亥人物碑傳集》，團結出版社1991年10月版）

與譚延闓書："得書並向樂叟墓銘，文簡振有法，銘尤保舉萬有。弟不負友，兄亦可以慰死友九泉矣，代爲之百叩以謝（大廷當來叩謝）。鄧件當轉去，並以手書交之。虐（瘧）已十餘日，已服藥不少。此但午後少發熱不止，故服金鷄納霜以絶其根耳。此上祖弟先生。熙頓首，七日。"

按：七日即七月初七日，陽曆爲8月11日。

1929年8月25日在陶樂春宴客，到有譚延闓兄弟、余大、汪九、宋阜南、蔡鑄人、陳護芳兄弟、李筠庵、簡伢子，符鑄（鐵年）亦來。談至三時。

《譚延闓日記》同日條："八月二十五日晴，寒暖九十度。（歸家。停療養一日）受信：姜克家。五時醒，正天明也，三十分起。遶場行七匝。歸室，（王風雄來。）汗不止。今早已八十六度，午可知矣。早餐後，秋來，遂同歸家。吕滿、德、淞自南京來，談久之。食炒麵。至大武家，偕大武、吕滿午赴曾九約，余大、汪九、宋阜南、蔡鑄人、陳護芳（、室星）兄弟、李三、簡伢子同席，陶樂春，燒豬尚可。正苦熱，忽風雨來，遂解煩□。（符鑄來。）談至三時，乃偕大武、汪九至大武家。晚，余大、汪四來，吕滿、曙邨、繩、秋、年、德同食，堆翅過豐，轉失堆翅作用。散已八時，送余、汪歸，余返醫院，竟不浴，已九時矣，十五分睡。魯詠安來，大武家見之，談久乃去。報紙云多日來之熱數年所無，不但爲今年未有，疫症大發，賣棺者爲之一空。入院二月，惟七月七日及今日停療。秋今晚同吕滿入京。周鰲山送肥城桃六枚來，吾未嘗，以予大武。"

1929年9月4日己巳八月二日，寄書譚延闓，請其代擬題石濤《西園雅集圖》詩。

《譚延闓日記》同日條："九月四日陰，寒暖八十四度。（體重午百七十七度，晚百七十七度。血壓百九十六度，百九十四度）發信：吕滿。受信：魯盪平、方鼎英。六時十五分起。下樓，步園中八周，從正門上樓，表則四十五百度，不知何多若是也。繩、秋、特生來，早餐。八時，梅醫生來驗血壓，乃高二度，人亦不爽快，豈有痔耶？九時浴，至十一時始畢。粟顯揚以魯詠庵函保之，宋子文批令作復也。患得患失如見肺肝，宋亦惡哉。電療於東室，稍候，乃入西室照燈。午餐，菜可食，不覺多進，然每早步行覺足軟思食，豈所謂餓乎？看《齊東野語》，記張魏公常國事甚詳，霞軍殺將不失名臣，吾知之矣。偃卧頃之。淑、祥、瑞及吕滿女珏麻來，携蒸餃，盡一盤。今日食多，看明早如何。吴熙農、易茀焘來。曾九以石濤畫《西園雅集圖》來求代作詩，畫佳，當有古人題記，乃盡去，重裝池，藏者可知矣。晚餐，有飯，盡一碟。久不食□矣。背有小癤作痛，以碘酒傅之，發不至成疽也。今人殊恍惚，不如前數日之爽健，何耶？季醫來量血壓，已二百度，乃令浴，先浸浴盆十五分乃摩擦。浴後又來視，云已九十四度。九時睡。宋以前諱名故事，《齊東野語》記之極詳。"

與譚延闓書："近來寒熱皆無所苦，當是陰陽失調，昨服桂正大效誤作虐（瘧），攻代已失之矣。弟前日舍間坐談良久，頗有笑言勉彊之處，近精神如何，極念極念。周湘雲藏有石濤《西園雅集圖》極精，來乞題，弟能爲熙代作七古一首乎？弟七步即成，熙將老髯全數撚斷，亦不能及弟之一字，他日人見之所題，又將以熙爲詩人，豈不大可喜耶！湘雲藏小米《瀟湘白雲圖》，號寶米室，又月湖築室藏書畫，稱月湖主人。又吴平齋齊侯罍及二師酉敦，皆歸之，略述爲尾句之材料。此公乞題詩，筆貲嘗百元，不應草草，故乞援也。又幼彌夫人兩函坿上，惟弟籌之。此上祖弟三先生，熙頓首。八月朔。"

1929年9月5日，譚延闓代作題石濤《西園雅集圖》，並爲子憲珂書扇。

《譚延闓日記》同日條："九月五日晴，寒暖七十八度。（扇364）（血壓百九十八度。體重午百七十五磅，晚百七十六磅半）發信：吕滿、林四。受信：吕滿。五時醒，天甫明也，（大便甚暢，多食之効也。）覺冷，展轉至六時十分起。不行園中，遵醫教停止一日，看血壓高否也。爲曾九作題圖詩。季醫來，量血壓，云百九十八度，勸勿食，但飲橘水。秋、年來，早餐去。大武請客，吾本欲歸，然懼負醫生，更增煩惱，遂不敢也。九時浴，費二小時。滕姓言陸幹卿在此養病時事甚詳，人固不欲死也。還，閱《齊東野語》，放翁《沈園》凡一詞四詩，吾但記其二詩耳。午餐，强進，稍多。宋子文偕陳銘樞來，一坐去。假寐久之。李經輿送王文成致羅整菴手札卷來，娓娓千言，皆論學者，不僞也。寫扇，爲曾。簡伢子、祥來，携滷子麵，麵浸滷中久，水乾味濃，非平時壽筵所能有矣。姜詠洪、李特生來看病。陳護芳、許克强、閻青來。晚餐，無可食，然亦强納之。晚浴，仍罨背，九時半始畢。季醫生已去，云來驗血壓，竟失約也，遂睡。夜凉，以絨氊蓋。二時醒，小便，食橘子水，復睡去。睡甚沉，夢多奇怪。今日最高八十四度，早晚七十餘矣。"

譚延闓代作題石濤《西園雅集圖》:“狂濤嘗憾古人不見我目本無薪何論火。陰陽在手萬象開,千家支離皆尾瑣。在宋伯時圖西園,儒巾羽衣樂蹁躚。狂濤見之奪其筌,風物瑰奇勝當年。丹巖蒼石檜與松,十七人中首坡翁。鬚眉清於笠屐圖,神解得之書詩中。魯直兀兀元章癡,游優各自傳天倪。圓通道人未足奇,風流獨賞晉卿姬。月湖亦是西園主,未必海上無逸侶。酒後嘗抱齊侯罍,主人不言意栩栩。安得髯才如狂濤,爲君圖之君當喜。雪盦先生藏石濤《西園雅集圖》,設景瑰奇,其寫人物鬚眉神志,各肖其生平。予所見石濤人物,大者如寫《美人》横幅,小筆如《清明上河圖》,《美人》篆法蒼古,《上河圖》則如作行草,趣意幽奇工雅,未有如此卷者。雪盦嘗於鄞上之月湖築室藏書,又嘗置酒賞其所得齊侯罍,詩中因述之。至所藏宋元以來名蹟,及三代兩漢古器,不可勝記。山谷詩云:滄江夜静虹貫月,知是米家書畫船。爲先生誦之。己巳八月五日,曾熙。”(《豪素深心——上海博物館珍藏明末清初遺民金石書畫》,澳門藝術博物館出版)

按:查譚延闓《非翁詩稿》己巳年所作詩,未收録此詩,僅收録譚延闓《題清溪道人西園雅集圖(代曾九作)》,當爲此際代擬。詩云:“吾聞畫有南北宗,亦如禪門侈宗風。又聞善畫非形似,不似之似真神通。西園雅集盛才彦,李圖米畫世所崇。絹素千年久薔落,追摹僵走嗟群工。眼明見此清溪卷,湛湛若對青芙蓉。不須界畫罨金碧,自有雲物蟠心胸。二蘇秦黄與李米,意態一一傳其中。臨流撫石各静妙,展卷奮筆何雍容。水聲樹色如可見,衣紋鬢影紛來從。揮毫不脱本家法,用意直掩前人蹤。始知能者無不可,至竟南北誰雌雄。幅終屈筆寫圖記,如騁騏驥盤蟻封。道人風致本高絶,若拊龍眠揖南宫。頓還舊觀或已泰,别開生面成孤穹。古今書畫理一貫,惟有智者觀其通。沈粗文細强分别,世論久矣鄰兒童。月湖主人多賞會,炯然不眩懸雙瞳。寶米室中富藏弆,珍重直欲罍敦同(齊侯罍、師酉敦皆所藏)。不辭塗抹污紙尾,或者吟噪同秋蟲。還君此卷三嘆息,黽勉十駕勤衰翁。”又,《大風堂存稿》亦有記,爲“題雪盦藏石濤西園雅集詩:狂濤嘗憾古人不見我,月本無薪何論火。陰陽在手萬象開,千家支離皆尾瑣。在宋伯時圖西園,儒巾羽衣樂翩躚。狂濤見之奪其荃,風物瑰奇勝當年。丹巖蒼石檜與松,十七人中首坡翁。鬚眉清於笠屐圖,神解得之書畫中。魯直兀兀元章癡,游優各自傳天倪。圖適道人未足奇,風流獨賞晋卿姬。月湖亦是西園主,未必海上無逸侣。酒後嘗抱齊侯罍,主人不言意栩栩。安得髯才如狂濤,爲君圖之君當許。題雪盦藏石濤西園雅集。雪盦從鄞上月湖築室,又藏《齊侯罍》,詩中及之。”

得詩與書扇,致書關心譚延闓病情。

與譚延闓書:“手書悉,卷子收。弟少有不適,慎勿下筆,切屬切屬。血壓平否？即告我。祖安三弟，熙頓首。八月三日。"

又："詩來，大可交卷，客滿坐尚未細誦。(髯病已除，能作三尺榜書矣，並告。)爲珂兒書扇，筆之風格遒逸，足見精神如前，三日後究如何，血壓平否？乞告我。此上祖弟三先生。熙頓首。八月三日。"

入秋，病咯血，屬李瑞奇(筠庵)來寓同居。

削穎《曾農髯軼事》："去秋胃咯血，醫者囑静養，數月未嘗下樓，請道人族弟李瑞奇先生來寓其家。偶逢佳日，始柬邀茶神夏自怡先生携茶具過訪，相與瀹茗共話而已。"(1930 年 9 月《上海畫報》)

約是際，查煙谷來書詢問書寫墓誌銘潤例，9 月 12 日己巳八月十日覆信查煙谷，並允病痊瘉後，約期請其來寓觀近來所得書畫。

與查煙谷書："煙谷仁兄閣下：得手教，抑何屬辭之謙婉耶！每見大作，功力深厚，氣味雅潔，無任欽佩。入秋即病寒熱，往來已旬有餘日矣，今晨少痊，然尚畏風，俟大復後，當約閣下來觀近所藏也。墓誌字在五百内定值四百四十番，隸分不加，但以册子式書，可隨時去其譌誤，較易工耳。(可合墓石大小計方，改爲册子且便收藏，即印送人亦便。)尊友是否如皋人，以如皋亦同時乞書也。即頌節祺。熙頓首，八月十日。"(《墨海潮》第 3 期，1930 年 11 月)

1929 年 9 月 7 日己巳八月五日，寫梅。

自題："不寫齊壘寫梅花，璆枝繚曲任參差。平齋兩拓蝯翁篆，恍惚苔深落照斜。"(《大風堂存稿》)

己巳八月九日，題《馬萬里畫集》。

題《馬萬里畫集》："六法以氣韵得之天授，思翁所謂愈學愈遠也。萬里賢棣以眇齡所爲書，書畫骨韵之清麗，當壓倒一切，老髯亦當引爲畏友。己巳八月九日。農髯熙。"(《馬萬里畫集》，1930 年 5 月出版)

鈐印：曾熙之印(白文)。農髯(朱文)。

譚延闓爲作三詩及書聯，9 月 12 日致信感謝。

與譚延闓書："弟三詩在古人亦不可多得，非髯一人之見也。黄聯句極好，養病之中，乃迫弟作書甚不安。中秋走談。祖弟三先生，熙頓首。八月十日。"

譚延闓《又代曾九作》："得時行志古今難，誰遣書生作好官。料得幔裝無長物,只留圖卷與人看。　布襪足鞋返初服,秀眉長目劇精神。怒潮不與庚午劫,天遣終知福善人。"(譚延闓《非翁詩稿》,民國石印本)

按:曾信中云"三詩",《非翁詩稿》僅收其二。

1929年9月14日己巳中秋前三日爲笠舫作《桂》。

自題:"桂生南裔,拔萃岑嶺。廣莫熙葩,凌霜津穎。氣王百藥,森然雲挺。己巳中秋前三日節郭景純《桂贊》。"(《大風堂存稿》)

1929年9月,經亨頤、陳樹人、何香凝宴請上海書畫家於海廬,與衆書畫家赴會,席間調色揮毫,畫興大發,與畫友合作甚夥,並爲經夫人繪觀音大士像。

《海廬雅譙(悲厂)》:"經亨頤、陳樹人、何香凝於月前宴海上名流於海廬,到計有王一亭、曾農髯、商笙伯、黄賓虹、樓辛壺、馬孟容、馬公愚、張大千、張善孖、鄭曼青、鄭午昌、張紅薇等書畫家三十餘人,一時群賢畢集,談笑風生,雅事流傳,足資談助,略志一二如次。△畫興勃發:几席之間,素箋柔翰,與肴果杯盤,紛然雜陳。飲之半酣,主賓競起,調色揮毫,寫意寫生,或工或粗,莫不酣暢淋漓,涉筆生趣。俄頃之間,璀璨琳琅,爛然滿目矣。王一亭最後至,而所作獨多,爲經夫人繪觀音大士一幀,尤爲高古超逸,迥異凡筆。此老畫興,當以是日爲最豪矣。△特別妝奩:經之女公子二,長已及笄,幼方舞勺,慧中秀外,風雅興成,持紙便索諸賓書畫,珍重收藏,積數十幅,而未嘗稍饜。有時二女同愛一幅,至相争奪,經爲莞爾,戲謂之曰:兒今日所獲,值逾千金,他日出閣,阿翁不再辦妝奩矣。二女欣然,應曰:諾。誠藝林之佳話也。△巧對解頤:坐客有戲以舊對'東當鋪,西當鋪,東西當鋪當東西',屬諸賓對。原對爲'南通州,北通州,南北通州通南北',馬公愚應聲曰:'男教員,女教員,男女教員教男女。'客曰:'君爲二十年老教授,男女生徒甚多,宜乎開口不離本行。然我試爲改易數字,則更覺新穎。曰:男學生,女學生,男女學生學男女。蓋近來男女同校,自由戀愛之結果,厥爲實行總理之民族主義耳。'聞者哄堂。△紛紛合作:是日畫件,尤多合作。何香凝有一扇面,爲黄賓虹、張紅薇、張大千、馬孟容、馬公愚、鄭曼青、鄭午昌等九人所合作。馬公愚有一扇面,爲王一亭、經亨頤、陳樹人、何香凝、黄賓虹、張善孖、商笙伯等十六人所合作。經亨頤有一長卷,可二丈許,爲海上名家五十餘人所合作,于右任題耑,是日復屬諸賓爲之增補,合作畫幅之長,人數之衆,當以此爲首屈一指矣。"(1929年10月17日《申報》)

1929 年 9 月 17 日中秋，譚延闓返家，往視。

《譚延闓日記》同日條："九月十七日晴陰，寒暖八十一度。(體重百七五磅。歸家)發信：呂滿。受信：呂滿。(扇 385)六時起，眼仍紅，齒微痛，心不寧。下，步園中一周，以恐運動亟致他症也。治眼。秋、年來，早餐，遂同返家，秋今日廿歲矣。感念昔時，不勝奔年之歎。大武來，同喫炸醬麵。姜詠鴻來。爲民誼書聯、榜。袁六夫婦、子女咸來。易茀焘、胡星池、趙梅甫、張莆田來，胡以劉翁聯幅、何手札爲贈。客去，步至大武家，行禮如儀。曾九、俞明頤來，並留易同餕餘，皆家人，大、繩、秋、年、淞、棠。翅尚可，原料不如上次。將散，汪九來，坐談頃。曾仲威、袁大、唐稼軒來。客去，余步至家看祺寶、嘉寶、艾令，群兒大集，知吾不能與彼輩争此世界矣。坐秋房，游日廊次，矢隨屁出，急往瀉一次。四時，送祺寶、嘉寶各至其家，余乃入院。書三扇。李明揚來。客去，乃晚餐，泡飯一小盌。已暮，不能散步矣。洗眼。商藻亭來，梅醫來。八時乃電療，五分者皆加至六分，及畢已九時十五分。浴房燈熄，乃不馬撒基，只立浴，以火酒擦身而出。九時五十分睡。夜大風，始閉窗。"

1929 年 9 月 19 日中秋後二日，題黃曉汀爲許冠群繪《劍鳴廬校碑圖》。

題《劍鳴廬校碑圖》引首："劍鳴廬校碑圖。冠群賢弟屬額，農髯熙。"

鈐印：曾熙之印(白文)。農髯(朱文)。

題《劍鳴廬校碑圖》："予少喜學劍，與子同一癡。棄劍而學書，篆分日委蛇。及今四十載，苦樂且忘疲。寧拙勿取巧，興至涣其機。子性能守拙，久之天自隨。執一御萬變，毋爲時論移。黄子妙六法，直偪康雍時。讀碑兼讀畫，樂天復奚疑。冠群弟少喜學劍，因名其廬曰劍鳴廬。既從予學書，所習篆分，及爲《鶴銘》、《金剛》、《文殊》各碑，骨健氣渾。平日守信義，一言不欺，蓋吾門之子夏也。曉翁此卷，骨寒神清，不讓石谷、廉州之臨古，其珍重藏之。已巳中秋後二日，農髯熙。"(私人藏。《大風堂存稿》)

鈐印：永建齋(白文)。曾熙之印(白文)。

黄曉汀自題："劍鳴校碑圖。戊辰冬月，曉汀居士擬元人筆法，時客海上芝蘭室。"

鈐印：黄起鳳(白文)。寒山翁(朱文)。

符鐵年題："劍鳴學劍心膽雄，劍鳴校碑神味融。糜險沙搨湛古色，龍泉寶匣寒青鋒。拂拭光芒騰坐起，摩挲不覺日移晷。得意真同碧落看，置身聊欲崆峒倚。曉汀居士今大癡，爲君寫圖人稱奇。何當造廬對清坐，聽君説劍還談碑。己巳中秋後十日，鐵年符鑄。"

鈐印:符鑄(白文)。

鄭孝胥題:“庚午四月叔雍以此卷見示,因得展閱。孝胥。”

鈐印:夜起庵叟(朱文)。

朱孝臧題:“冠群大兄,讀書之暇,喜橅篆分,所蓄碑帖亦多精本,頃介(況)又韓以此圖屬題,漫識數字。朱孝臧。”

鈐印:彊邨(朱文)。

錢振鍠題:“名山未學兩京書,到老惟堪畫墨豬。自悔少年忙裏過,而今羞對校碑圖。

髯翁原是舊同年,殿角相逢亦偶然。却有蘭陵高弟子,冠群碑學冠時賢。弟錢振鍠拜題。”

鈐印:名山(朱文)。

按:是卷有譚澤闓題籤。除上引各題外,尚有程瑶笙癸酉繪、吴子深乙亥繪《劍鳴校碑圖》各一,陳夔龍庚辰、莊清華庚辰題各一。

此際,爲王伯初題黄曉汀所繪圖卷。

自題:“萬樹梅花萬卷書,人間清福此何如。衡山舊事君須記,再後十年始卜居。”(《大風堂存稿》)

己巳孟秋既望,祝履中(幼珊)將刻其祖父《茗香館遺草》,爲寫《茗香館圖》。

自題:“茗香館圖。劫後文章多苦辛,天留殘稿照詩人。當年濠泗行吟地,那計茗香歲歲春。幼珊兄將刊刻其先王父茗香館詩草,不忘先德。既圖且以詩繫之。己巳孟秋既望,曾熙。”(《茗香館遺草》,民國石印本)

鈐印:曾熙之印(白文)。髯公(朱文)。

按:此册尚有金蓉鏡、張宗祥、吴子鼎、趙半跛作圖,吴待秋、盛炳緯、省傅甫、張壽鏞、朱孝臧、章一山、潘飛聲、陳其業、陳其采、劉鳳起、高振霄、周慶雲、趙子雲等人作序和題跋。王禹襄題籤:“茗香館遺草。己巳秋月,惜庵王禹襄題籤。”

己巳七月,日本《東華》雜誌第十二集,刊出題山水詩。

《題山水》:“美哉此山河,劫後生意足。神聖雖徂淪,正氣鬱嶽瀆。貞元會有期,日月當旦復。勝殘百年事,所苦民命酷。得酒歡客飲,有書授兒讀。還我元漠心,澄慮且觀物。”(《東華》第十二集,藝文社編纂)

青厓評語:“筆致老蒼,骨韵高遒,玄漠之中,自有悲壯之氣。”

按:《東華》雜誌,月刊,日本昭和三年(1928 年)在日本東京出版,藝文社編纂。該刊爲同人雜誌,刊中日詩人畫家詩文。名譽員、顧問、理事,名譽員有中國書畫家溥心畬、羅雪堂、齊白石、曹纕蘅、楊令茀、賀履之、葉遐庵、王一亭、狄楚青、黄賓虹、張善孖、曾熙、魏弱叟、鄭孝胥等。

1929 年 9 月 22 日,譚延闓自療養院來,適戴惠安父子、李筠庵及子壬尹兄弟在,爲人書扇一。午後往訪譚延闓,携李筠庵藏畫欲抵押。

《譚延闓日記》同日條:"九月二十二日晴,寒暖七十八度。(體重百七十六磅。家中毯來。始用阿氣悉活絡。)受信:崔湘畸。五時醒,復睡至六時半,滕來治眼,鼻塞仍未愈,殆受寒矣。起,步園中三周,且行且看日本説明書,不覺其遲,坐廊下閲畢。乃上樓早餐。吕滿、大武、大生來。商藻亭來,梅醫來。與大武等同出至重松藥房,買阿氣悉活絡器。歸家少坐,獨詣曾九,本云明日行,今作罷矣。遇戴惠安父子、李三及任尹兄弟。爲人書扇一柄。談至十二時,乃赴俞明頤家,李希易約,余大、汪九、吕滿、台生、子谷、詠鴻、聶六、陳護芳、稚泉、大武同坐。菜極精,余仍不多食也。既散,曾九來,携李三竹香書屋劉書今畫,鄧秦欲押款,看久之去。余與大武歸,略坐。同祥、秋亟送祥至韵校。同秋至醫院晚餐。與張岳軍談頃之。吕滿來,袁六來,傍晚乃去。與滕文起研究阿氣悉活洛用法久之,欲一試。宋子文來,談久之。張發奎由湘西竄桂,方振武已監視其軍隊,亦解散矣。晚浴,浸足,罨胸,九時半始畢。十時睡。以阿氣悉活絡繫手足,試用之。(扇 397)"

1929 年 10 月 4 日午後譚延闓過訪,戴邃安、段彝廷、魏弱叟,及譜主次子在。譜主以喪孫,擬歸故里。晚,與兩子往訪譚延闓,九時歸。

《譚延闓日記》同日條:"十月四日晴,寒暖七十四度。(停療養一日)發信:吕滿、静江汪托。受信:吕滿。六時起。七時出赴張岳軍家,遇殷汝康、水野梅曉、賀貴嚴。出訪孔庸之,不遇。過宋子文,汪九、余大、秦二,秦子□芬已亡,康甫往粤料理,子直尚未知也。出至袁家,見袁大,遂偕淑、祺寶歸,過林洞省,爲祺診耳瘡,余坐車中俟之,歸已十一時半。稍坐,乃赴陶樂春,陳護芳招,余大、汪九、俞明頤、聶六、聶十、希易、詠洪、海槎、大武、特生,翅、豬、菜甚多。食畢,過何瑞生修治牙托,尚未能如舊托之吻合也。出過曾九,遇戴邃安、段彝廷、魏弱叟、曾第二子。曾九喪孫,擬仍歸湘,談頃之出。歸大武家,看報。携秋同大武同至江灣,訪易寅邨,談頃之。見魏胡太后造像,疑其僞也。又見畫扇印片歸。(譚芝雲來求事。周可均强欲見,却之。)看祺寶、艾令頑。晚飯,牙頗不適。清理物件,備明日行事。粟松邨、胡星池來,坐久之去。此次在滬凡三月又十五日,體重減四十餘磅,腿腫全消，是其効也。然血壓未低，病根仍服，未知到寧如何。紙煙由五十支減至十五支。曾九三父子來談，九時去。卅分睡。食物甚少於昨，睡亦舒適，但熱耳。”

1929年10月，與鄭孝胥、莊驤、譚組雲登報介紹胡祥麟書畫。

《胡祥麟贈書畫三天》：“先生書畫，古健秀逸，頗得明季諸大家之神妙，復參以公壽、梅庵遺意，向不輕爲人作。茲因觀潮過滬，爲暫訂墨費，登報以結墨緣，過期仍照戊辰例計潤（畫每尺四元，書每尺二元，餘詳潤格）。愛先生墨寶者幸勿交臂失之。今日只收墨費例如下：（略）通信收件處：上海西門内蓬萊路普育里華商書局。鄭孝胥、莊驤、曾熙、譚組雲。”（1929年10月5日《申報》）

1929年10月11日己巳重九，爲弟子馬企周畫集《企周畫賸・第一集》作序。

《企周畫賸・第一集》序：“企周弟寫山水花卉人物，久爲海内人所争購。所賸戲墨雜幅，老髯見之，意趣無窮，大可爲世人所共賞，因勸其付印，並可積久成大觀也。因志數語。己巳重九，曾熙。”（《企周畫賸・第一集》，上海爛漫社己巳十一月版）

己巳重九，書“敬勝怠，義勝欲；稽在身，度在人”六字聯。

自書：“敬勝怠，義勝欲；稽在身，度在人。己巳重九，曾熙。”（《中國書法》1999年第4期）

鈐印：曾熙之印（白文）。農髯（朱文）。

1929年10月13日重陽後二日，題女弟子、何詩孫外孫女汪祖佑《山水圖》。

題《山水圖》：“馥園女士年十四五，即能傳其外王父何詩孫先生之學，前歲其父命納贄居門下。髯曰：‘汝畫即成，無須别立家法。’因取煙客、石谷及戴文節各畫册，令其臨撫，且曰：‘仍以外王父輩筆法行之，勿遽變也。’此幅倘詩老生前見之，亦當云前賢畏後生也。重陽後二日，農髯熙。”

汪祖佑自題：“漁艇閑移傍釣磯，松庭不歸長苔衣。幽人别有關心處，雅愛青山瀑布飛。己巳重陽後一日，馥園女史汪祖佑。”（私人藏）

1929年10月17日，致譚延闓書寄達。

《譚延闓日記》同日條：“十月十七日晴，寒暖六十四度。（體重早百七十八度，晚百七十六度。步度五千度。）受信：百七、曾九。七時起。步園中一千步。

頻日早起皆食麵一小盌,今則倍之。出至中央黨部,開常會,季陶主席,案多議碎,九時後吾遂先請假出,至介石家,適赴湯山,乃訪何敬之談,今日出發也。遂至金紹武處試牙托,修正久之,似合式矣,然尚是蠟樣,須後日乃製成橡皮也。歸,與淑、祥飯。寫扇,又爲人作聯三十二幅。唐孟瀟偕其妻及蔣百里來,以打火機贈,唐渠今日出發也。胡遵來,將隨伯雄赴前綫。謝无量、石青陽來,言四川事,謝求請多也。段彝廷來。大毛、曙村來,吕滿來。三時後電療,五時始畢。龍八來,並携其女來。晚,留龍八小飲平臺,望月,忽聞人喧,則遠見火起,且聞偪膊之聲,火光甚巨,遣人覘,乃小營馬房失火,吾馬幸已移。以車送龍去。八時半,乃就浴罨背如例,十時十分乃畢。仍服活絡丸而睡。用阿氣悉活絡。晚,食老西及炸醬麵稍多,恐妨睡。今早甚冷,晚稍暖。"

1929年10月18日,譚延闓回信。

《譚延闓日記》同日條:"十月十八日,寒暖六十八度。(體重百七十六磅。步度四千六百度。)發信:百十四、大生七七、曾九。受信:百八、大生。(扇441)六時半起。步園中一千步。食麵即出,赴國府,與古湘芹、李仙根一談,乃下至議廳。胡、戴、趙、林、孫、陳均至,介石來,乃開會,九時散。訪唐少川於王儒堂家,談久之,問前三月所言以手治頭法,乃每睡即以指按擦前後頸部,猶馬撒基意,西書所傳還童法,渠行之三年矣。歸已十時後,乃就電療,左臂仍痠,故治之也。午,與淑、祥飯,祺寶耳後癤已潰,或愈也。爲人寫三十聯。張矮子來,陳雪軒來,言百川前曾簽字於叛牒,山東劉、孫兩部不足恃而去。張維翰、張邦翰來,言雲南事。(沈、郭兩人,馬廷襄代表。)王伯群來。孫哲生來,商航空郵務事,得一解決而去。余至介石家,尚未歸。吴稚暉、戴季陶來。介石歸,胡展堂、古湘芹、陳果夫、陳立夫來,談近事,遂用飯,西餐也,少而精。有廣東洋桃,所謂五棱子者,不如花埭之佳。散後,吴老大開話匣。胡、戴赴孫哲生宴少川,吾謝不往。歸浴,罨背及左臂,十時半畢,乃睡。聞蕪湖喬團變亂,遣兵擊潰之。"

孫祖基托王伯初招游無錫惠山,以多病婉謝之,於10月18日己巳九月既望作《秋山紅樹圖》答之。

自題:"人事日門新,山容不改舊。年年霜花紅,轉覺春色醜。勝地闢名園,嘉會集良友。長老各言觀,童冠奔恐後。施政慰邦人,兢兢務不朽。何以答璚瑶,縑素爲君壽。祖基孫君,長本邑,於惠山築公園,托其友王君伯初以書招游園,老朽多病,不足以慰雅意,爰寫秋山紅樹,並以詩記之。"(《大風堂存稿》)

是際，陳三立過訪，程學恂在座。原與朱彊村偕游甘園之約作罷。座間談清道人往事。

程學恂《滬上過農髯喜遇散原翁賦呈》:“海雲棲影霜髭在，相見方疑老一回。杖外行吟試腰脚，塵邊坐嘯挾風雷。因貪茗椀温閒夢，罷向芳園踏破苔(翁與彊村先有甘園之約，至是作罷)。餓死寧爲天所惜，斯言詼謔蘊奇哀(李道士初來海上，貧甚，一夕語翁曰:‘天或不使我餓死乎?’翁曰:‘天視餓死一措大如死一蟻乎，何顧惜之有!’因相對大笑。頃翁於座間述此言)。”(《影史樓詩存》卷三，轉引之李開軍《陳三立年譜長編》，中華書局版2014年3月版)

1929年10月21日，譚延闓發信來。

《譚延闓日記》同日條:“十月二十一日晴，寒暖六十五度。(體重早百七十四磅，晚百七十七磅。步度六千五百度。)發信:百十七、十八、静江、曾九。六時起。早寒甚，臂復痠矣。步園中一千步。就浴如昨。出至行政院，行紀念周，略作報告，仍覺氣不屬也。請王潤生來較正太極拳，猶未一半也，已汗下矣。步至國府，與古文官談。十時，至禮堂，新建，殊宏闊。介石來，禮畢，同上樓談，益之亦至。散後，至金紹武處，再配牙托作備用，打模畢歸。與淑、祥飯，今日九月十九，淑乃齋食。午後，假寐頃之。爲人作聯廿餘。曙邨來，偕淑、祥率祺寶步至研究院博物館，看豹及猴與橐駝，又有錦鷄、雉，皆寥寥。步歸，至五時乃有電，遂赴電療治臂痠，尚有味。吕滿來。晚，食炸醬麵三椀。看故宫所印清宫散佚物目，溥傑得宋板書二百餘部，字畫千餘卷軸，可謂當世第一人，而陳、朱大人借看之物亦不少，所謂没有白來者也。九時就浴，十時十分畢。服化橘皮，以痰故也。十時半睡。大毛今日往滬，以故宫托帶與大武。許鄧仲期來。昨吸煙只十支，今亦十一支，仍蹔減。雷時若來。(扇456)”

1929年10月23日己巳九月二十一日，爲程伯臧寫《空山積雲圖》及論畫合璧扇。

自題:“己巳九月二十一日，以思翁枯潤相生之法，寫似伯臧先生法家正之。農髯熙。”

自書:“襄陽嘗云:作書以得勢爲主。予以此求元以來畫家，亦無不從取勢以得神，否則必少生趣。熙再書。”(朵雲軒2006年秋拍圖録)

紙本。20×53cm

鈐印:曾熙之印(白文)。永建齋(白文)。

按:程學恂，字公魯，號伯臧，新建縣人。精於詩詞，擅書畫。

己巳九月,自書“臣以壹經自樂,史稱萬石之家”六言聯

自書六言聯:“臣以壹經自樂,史稱萬石之家。集繹山碑,己巳九月。曾熙。”(天津市文物公司2008春季競買圖録)

鈐印:髯翁六十後書(朱文)。曾熙之印(白文)。農髯(朱文)。

己巳九月,撿三年前舊作《仿黄子久山水》贈世大。

自題:“此亦子久法也。前三歲所作,偶從殘篋檢得之,即與世大。己巳九月,熙記。”(保利2012年秋拍會圖録)

紙本。18×55cm

鈐印:曾熙之印(白文)。龍田里人(朱文)。

譚澤闓題:“農髯九兄曩得黄子久小幅,極爲珍秘,小樓一角燈下摩挲,掀髯而笑,莫逆於心,故大癡法時出腕底也。此卷草草數筆,題付世大仁兄,殆其冥悟意得之作,彌可寶玩。春殘雨畫,獨坐蕭寥,展此遺蹟,頗憶與故人評碑讀畫時,援筆漫題,心目凄斷。世大仁兄屬,辛未立夏,譚澤闓記。”

鈐印:茶陵譚澤闓印(朱文)。瓶翁手畢(白文)。

鄭沅題:“農髯一生致力於書,晚年始作畫,落筆便妙,固知能者無所不可也。憶三十年前,余與髯同居燕京,清道人來輒主髯家,日夕對案作書。余每過其居,流覽碑帖,肆意評騭,笑樂終日,至今思之,歷歷在目,何所復得。余於戊辰十一月來海上,道人已前歿,髯與余皆老矣。讀其畫,歎爲不可及。今髯又歸道山,生平故舊,零落欲盡,展卷三復,殆難爲懷。辛未七月,沅。”

鈐印:習叟(白文)。

此際,有粤友携孟麗堂《百齡圖》來觀,有拙中發妍之致,有感作《百齡圖》。

自題:“前日粤友携來孟麗堂先生《百齡圖》,古勁而靈芝設色拙中發妍,尤此老生平所獨得。”(《大風堂存稿》)

按:傳熙從《大風堂存稿》。下同。

此際,爲箬浮寫梅而懷念老友李瑞清。

自題:“清度誰與比,吾友李道士。迢迢天闕雲,悠悠大江水。此幅寫成,頗覺有清氣,因憶玉梅主人題此。”

又:“乾隆諸老畫梅,晴江蒼而逸,冬(心)莊而雅,巢林密近弱,西塘能疏尚

健。未識箬浮兄視此何如?”(《大風堂存稿》)

己巳立冬後,爲周湘雲(雪盦)題王時敏《倣子久山水圖卷》。

題王時敏《倣子久山水圖卷》:“思翁上法董巨,力追倪黄,掃盡沈文之習,以氣韵爲主,晚年枯潤相生,象外取神,故明季諸賢無不承流風靡。太常此卷,雖志在師黄,筆實學董,至其腕之空靈,筆之深厚,墨之淋漓,即置之思翁卷册中,亦是無上妙品。孫文恪以鑒賞名京師,今見其所藏散出海上皆名蹟,蓋得名不虚也。此卷爲雪盦先生所得,假置案頭旬日,題此歸之。己巳立冬後,熙識。”(《故宫上博珍藏王時敏王原祁及婁東派繪畫精品集》。《大風堂存稿》)

鈐印:曾熙之印(白文)。

己巳冬十月,題王石谷山水圖册,有云王石谷畫人事勝於天機,而惲南田畫到九分而止即暢然意滿。

題王石谷山水圖册:“予嘗與阿筠評王惲兩家之畫,石谷臨古最工,然局於法度,所謂人事勝,天機淺。南田但到九分即暢然意滿。阿筠極激賞予言。此册渾淡而静,學倪而能繁,所謂真見倪之勝蹟者。前歲與阿筠松江韓宅賞畫,見石谷册子,純以韵勝。韓册蒼肆,此册静逸,應送阿筠同賞之。”(《大風堂存稿》)

此際,以草隸筆寫墨蘭。

自題:“偶以草隸筆,寫爲荃蓀心。屈、賈淚已枯,無須問湘靈。乾隆諸老畫蘭,世人僉稱板橋,髯獨喜晴江。每見其一葉半花,古味樸厚,蓋其氣骨高峻,真性流露,非尋常易學步也。”(《大風堂存稿》)

此際,作梅圖。

自題:“老幹盤作鐵,丹心吐作花。獨立無可語,孤懷寄水涯。”(《大風堂存稿》)

此際,爲傳熙寫松。

自題:“巍然百木長,鬱兹千歲姿。貞固秉之性,不待歲寒時。老髯再題此補空。”(《大風堂存稿》)

此際,爲昭剛寫梅。

自題:“和靖固詩人,偶寄孤山下。梅豈一家私,寫與同心者。”(《大風堂存

稿》)

己巳冬,以孟麗堂筆意作《松樹圖》爲墨溪賀壽。

自題:"獨立不懼,此松有之。偶以孟麗堂筆寫此,爲墨溪賢老弟壽。己巳冬,熙。"(《歲月衡陽——衡陽博物館館藏文物精選》,嶽麓書社 2010 年 12 月版)

己巳十月,爲漢英寫《秋山如醉圖》。

自題:"以奔狂之筆,從象外窺子久,不落石濤,又頗肖周(應作鄒)逸民、鄭穆倩之所爲,未審漢英先生云何? 己巳十月,熙。"(私人藏)

紙本。136×66cm

鈐印:曾熙之印(白文)。心太平盦鉢(白文)。

1929 年 11 月 1 日,中日現代繪畫展覽會在上海康腦脱路徐園舉行,以水墨《山水圖》二幅參展。弟子張善孖、張大千、馬駘、汪馥園女士等均有出品。

《中日現代畫展開幕△張市長親行揭幕禮》:"中日現代畫展籌備詳情,已誌前報。昨日爲開幕之期,上午十時,中日兩國出席代表暨來賓四百餘人,齊集於康腦脱路徐園大禮堂,舉行揭幕儀式。首由王一亭司儀,楊清磬記録,張岳軍市長行揭幕禮,兹分述如下:△張市長致開會詞。張市長略謂,今日爲中日現代繪畫展覽會開幕之期,承諸君不棄,命鄙人參加開幕典禮,不勝榮幸。東洋藝術有二千餘年歷史,自周、秦以至於唐,繪事始盛,自兹分爲南北二宗,歷宋元明清,代有名人,藝術之精妙固不待言,其人大都有極高之品格,對於文學亦多有深湛之研究,此種高尚藝術,實爲東方最優美之文化,吾人有提倡之必要。今日所開之中日現代繪畫展覽會,及去年在日本所開之古代繪畫展覽會,其目的皆在求東洋文化之發展。此仍非常重大之問題,可以説是種族上的一重大問題。因凡一種族,其精神完全由文化上表現,吾人觀於諸君如此努力於東洋文化之發展,無任欣慰,預想因諸君之努力,而使此高尚之藝術有復興之可能。至於陳列之品,皆爲現代精作,吾人得於同一時間、同一地點内參觀如許佳畫,實屬無上榮幸。惟鄙人非藝術家,對於繪畫事極少研究,故無精刻之意見,以供諸君之參考,惟有恭祝諸君的健康與成功,並頌東洋藝術前途之發展與進步。△日總領重光葵演説(略)△工商部孔部長代表、日本東方文化事務部長坪上、日方畫家代表荒木演述兩國畫家携手爲世界美術地位努力意義,詞長從略,末復有中國畫家代表狄平子致答詞,葉譽虎致謝詞。△中國畫家代表狄平子致答詞:略謂今日中日兩國現代繪畫展覽於徐園,集兩國藝術界之精英聚會一堂,儼然一幅徐園雅奏之圖。然則今日更有祝者,此會之後,兩國畫家必能組織一種東方畫,特出最優美最高尚之流派,行將產出一個寧馨佳兒,於明年兩國開會時,如吃湯餅喜筵云。△葉譽虎致謝詞:此次承張市長、孔部長、日總領事,暨兩國名流參加典禮,甚爲感謝。而日代表諸作家遠道而來,成此空前未有之盛舉。在此種情形之下,給予我人以極深之印象。我人應根據此好現象,來發揚東方文化之真精神,亦本會希望兩國同志努力進取者也。承諸位給予極多貢獻,我人當努力而求諸實現。鄙人謹代表本會感謝來賓,並亦祝此會順利而開展擴大、兩國作家康健云。散會後,即攝影茶點,並由兩國招待員引導來賓參觀會場,時已十二時矣。”(1929 年 11 月 2 日《申報》)

《參觀中日現代繪畫展覽會(虎)》:“余最嗜書畫,舉凡書畫展覽會,莫不欣然往觀。中日繪畫展覽會組織已久,始於本月一日在徐園揭幕禮,聞前往觀者甚爲踴躍。此次中國畫陳列極有順序,分爲人物、花木、鳥獸、蟲魚、山水五部,各部分别陳列,參觀者易於查考。第一、第二部分陳列花木,首先丁輔之所作之《丹荔石斛》,用筆工麗脱俗。狄平子之《六根清浄》,瀟灑入古。經亨頤之《竹》,謝公展之《荷》,馬瑞圖之《松菊》,用筆奔放不凡。張大千之《四季花圖》,筆致超越。吴東邁之《菊》,設色用筆,均有乃父風韵。王國祥《工筆海棠》,秀麗有致。徐世昌之《松》,尚能入古。第三室爲人物室。王一亭之《寒山拾得》,筆致古潑,堪稱佳作。陳少梅之《白香山像》,用筆酷似老年。沈子丞之《白描佛像》,李鳳廷之《美人》,周赤塵之《十八羅漢》,設色運筆,各極其妙。黄少梅之《枯禪》,筆致蒼老,古趣盎然。更進爲第四部,陳列蟲魚。高劍父之《寒潭魚夢》,栩栩如活。房虎卿之《墨龍》,潑墨生動。趙少昂之《群魚》,尤爲特色,群魚或沉或浮之姿勢,維妙維肖。第五部爲鳥獸室。王一亭之《雪天竹犬》,神態活潑。陳樹人之《嶺南秀色》,高奇峰之《霜馬》,高劍父之《紅棉宿鳥》,張坤儀之《早秋》,着色運筆,皆自不凡。笪子鋭之《飲馬圖》,工細纖巧,亦爲罕見之作。其餘張善孖之《虎》,趙少昂之《孔雀》,形容盡致。第六室爲山水室。狄平子之《蜀道帆影》,用筆極超越,蓋得力於收藏也。丁墨農之《溪山深秀》,筆致蒼古雄厚,直逼四王。李浩然之淺赭山水,頗近鹿牀神韵。吕十千之青緑山水,李祖韓之《秋林黄葉》,余紹宋之《浮嵐暖翠》,均有獨到處。宋伯魯之墨筆山水淡淡數筆,曲曲傳神。顧鶴逸之仿古山水,得梅道人神韵。日本畫共分二部陳列,不以畫類分,又不以個人爲單位。此次絹本占大多數。渡邊晨畝所作之《孔雀》,極爲特色。此幀高幾及丈,繪雄雌孔雀各一,雄旁立三四雛雀,毛羽艷麗工巧,神態逼真。秀鶴之《梅花小品》,荒木之《鷄》,耕野之《早春》,蕉琴之《八哥鳥》及《白鷺》,均着力於纖巧工細方面。關雪所作之《伯樂》及《漁樵閑話》二幀,用筆超越,極饒中國畫派。草平之《雨景山水》,渲染入趣,極能表出山之陰溼雨氣。柱月所作之《臺灣所見》一幀,用筆縱横,亦能以藝術手腕,描出路之凹凸。爲山之《果物》,翠村之《黄鷄頭》,均維妙維肖。其餘五光十色,佳作如林,愧未能一一縷述矣。”

《第五回中日繪畫聯合展覽會出品目録》:“曾熙,字農髯,湖南衡陽人。第一八七號山水,墨筆山水。第一八八號山水,墨筆山水。”[鶴田武良《公刊日華(中日)繪畫聯合展覽會出品目録——近百年來中國繪畫史研究》]

己巳十月,爲吴仲衡作山水册十幀。

自題:“一、霜崖孤松秀,疏嶼連江屯。戴文節稱大癡畫有二,其一閑雅雍和,全無縱横之氣,蓋有道德者之畫也。内府所藏芝蘭室圖與予所得石池石壁小方幅,别一派。二、江居無客至,一葉清閑。亦大癡法,不落入漸江,以漸江瘦刻傷韵也。三、遥知疏柳下,定有處士盧(廬)。薄於梅花盦主,却厚於檀園老人。四、人事日鬥新,山容不改舊。年年霜花紅,轉覺春色醜。此寫秋山與孫祖基之詩,節其首四句題此。予此幅在師宋人。五、有亭須載酒,期君君不來。閑情寄松下,長嘯江雲開。六、舉世黑闇之中,尚能露此清白頭面耶?王洽潑墨之法,不意後有老髯之狂,石濤得毋駭笑乎!七、此君卓立,愛清愛直,虚心友竹,堅貞師石。此作可許九龍山人讀之。八、疏狂之氣肖老夫,一竿兩竿青何如。此間亦宜小卜宅,但呼老吴□與居。老吴謂劍秋二弟也。九、秋容錯餘綺,殘照蒲山紅。以没骨法寫山,頗有逸韵。十、聊取雲山供游戲,此是老米獨立軍。予此幅取韵在思翁,仲衡世兄頗喜予畫,平日所寫山水,筆極清健,寫十幅以志所愛。”(《大風堂存稿》)

1929 年 11 月 3 日譚延闓閲趙撝叔《歷代名人書畫過目記》,記起譜主所藏梅花道人吴仲圭草書類孫過庭。

《譚延闓日記》同日條:“十一月三日晴,寒暖五十九度。(停電、水療。復阿氣悉活絡。閲撝叔《歷代名人書畫過目記》。)發信:百廿八耆、百廿九、余大胖。受信:淑、百廿、堯老。七時醒。吕滿來。九時起,瀉一次,不快。乃坐睡房不出,如往日之忌風。曙邨夫婦、子女均來。(皋農來。)十一時服金鷄納霜二粒,十二時又服二粒,熱度、脈搏均平,不知午後如何也。與祥及清伢飯,飯一盌,小米粥一盌。二時服金鷄納丸二粒,似較昨爲勝,熱度亦未增。祥與秋、韵通電話,以星期皆假歸。秋云下星期五來。大解一次。卧以待瘧,隔二小時服金鷄納一丸,至晚而瘧不作,豈截有効耶?乃起。卧時,閲趙撝叔《書畫過目記》,得蜀後主令黄參改作吴道子鍾馗抉鬼目事,昔時屢思不得者,爲之大快。又有山谷書□《丹元子傳李太白詩》,後有金相蔡松年等跋,與廣州所見東坡墨蹟同,必有一僞。蔡跋云先生將赴定武云云，及他跋皆似東坡，非山谷，然一王弇州跋此則的係黄書，以七佛偈爲比，恨不並兩蹟一較，孰爲真帖假跋也。又所珍吕紀、馬元馭皆吾家所有，今不知能得見否？梅花道人草書學□光，吾見曾九所藏草書，似過庭，則□光亦不可輕，米老刻論耶？作書復大武，並以告之。吕滿來。晚，食葱豉麵二盌，寒熱不作，人則疲軟。得詠安電，言鮑剛投誠事。九時睡，用阿氣悉活絡。”

1929年11月4日，譚延闓夜夢在村塾遭虎追逐，虎爲塾師譜主所豢養云云。

《譚延闓日記》同日條："十一月四日晴，寒暖六十五度。(體重百六十七磅。步度二千五百度。復水、電療。)發信：百卅、連保、詠洪、岳軍。受信：百廿一。七時起，熱度、脈搏均如平，人殆愈也。習拳三遍，王先生未來。下至浴室，先冪首，浸足，罨胸，得汗。馬撒基，立浴，乃電療。先以電注全身，乃熨胸，紫光熨兩手，抽搐機振胸及左手足，不照燈而罷。登樓已十一時半。龍八來。特生、吕錫九來，稍坐皆去。與祥同飯。吕滿來。作書聯六、屏一、横幅二、直幅三，墨盡乃止。十二時服金鷄納丸三粒，二時、四時各一粒，迄五時無寒熱，則不知瘧愈歟，抑截之効也。題《三希堂帖》簽三十二，以印印記之，此吕滿爲買，拓尚精，非豬□或嘉道間拓也。與祥整理書室久之。工人來安水汀，推鑿諸室，下看，池中注水已泓然矣。步一周至祥所居室一看。還，已暮，病愈覺疲，足不力也。晚，食麵三盌。欲作書與仲安，未果，今日輕前者六磅，可令加重矣。清筆墨久之，舊用多不知何往，知年來棄筆已多矣。九時半睡，仍服清導丸，用阿氣悉活絡。得唐生智卅一捷電，與介石昨電同也。何敬之電，閻已就出兵就職，何爲畀此職哉。睡時如昨，覺胃不適，如心慌。至十二時醒，乃夢在村塾爲虎逐，虎則塾師所豢，吾化爲豹，與俱入江。既塾師爲曾九，謂吾道士所遣，乃□衡人禍，忽虎同櫬至，曾大勸其受。即吾又幻爲女人，亦在吊客列，虎似知之，撲我，我聽其大嚼。忽虎欲見曾九嫂，復同上山，行脚中，劉小宋謂余伯弢來，知事兀已去。曾九又言此□□□□多矣，山上亦設祭。”

1929年11月10日，爲紀念吴昌碩逝世二週年，王一亭與日本三井銀行土屋計左右等吴氏生前友好搜集各家收藏吴昌碩精品數百件，假六三園開遺作展覽會。與諸名流與會。

《吴昌老遺作展覽會△近日舉行》："吴昌碩先生遺作展覽會今日在寶山路六三園舉行，由三井銀行土屋及王一亭等搜集各家珍藏精品，不下數百件，石章自珍外，有嘗爲高聾公、閔園丁所刻各若干枚，字篆隸真草皆備，更有早年臨模散氏盤全文等精作。先生素以花卉著稱，惟此次出品中有翎毛走獸人物，題詞有數十家之山水長卷多種，皆不易得見之寶，尤爲特色云。"(1929年11月10日《申報》)

《安吉吴昌碩先生己巳追薦會紀事(个簃)》："安吉吴先生在遜清民國間，以書畫金石刻縱横睥睨，執大江南北壇坫牛耳者垂數十年，年臻耄耋，神明不衰，享年八十四歲而卒，蓋民國十六年舊曆丁卯十一月六日也。生前書畫尤爲東方人士寶貴，争以巨金購置，至範金爲像事之。今屆先生逝世三(二)週紀念，中日人士與先生生前雅故或欽遲先生行誼者，召集親好及海上名流，公同發起組織己巳追薦會，於本月十日假江灣路六三花園舉行，並於會陳列先生生前作品及手澤遺物之有文藝價值者。先期中日各報皆有記載，洵塵囂甚上中不易數覯之勝集也。△會場之人物：是日天高日晶，風不揚塵，自晨及晡，冠蓋咸集，綜計名簿簽到者，共一千餘人。中國方面名流，如朱古微、葉譽虎、王聘三、曾農髯、狄平子、王一亭、馮君木、劉翰怡、哈少孚、任堇叔、金甸丞、李拔可等，政界有唐少川、于右任、勞敬修、陳藹士、王曉籟等，學界則海上各校外更不勝計。新聞界楊清磐、汪英賓、馬公禺、俞劍華等。日本方面有横山平三郎、堺與三吉、山田謙吉、井手三郎、田邊輝雄、越智喜三郎、立川團三、友永霞峰、土屋計左右、吉井民三等。△會場之佈置：園主白石六三郎君雅重先生爲人，會場布置皆君及友永君預爲設計，在園中草地空曠處植木作架，以色布幕端高楣紅地金色卍文，廣丈餘，袤數丈，中設几筵爐香瓶卉，位置楚楚。其他雜陳果食時物清醑苦茗之屬。其上巍然供奉先生執卷小立影幅，道氣迎人，依然生前笑貌。△追薦之秩序：是日日屆午，來賓方縱觀陳列，聞鈴聲鏗然，知開會矣，乃相繼魚貫入場，對遺影致敬，寺僧諷經，來賓演説，禮畢攝影。王君一亭與先生有知遇之感，是日在場奔走司儀，周旋中日賓客，敢所謂一生一死，乃見交情者非耶！予儕弟子之列，亦踝躞其間。衆中一人欷歔不能仰視，反袂掩面，凄然欲涕者，則山陰任君堇叔也。君爲名畫家伯年先生長子，與先生爲忘年交，前年挽先生一聯尤沉痛，聯云：'盡用漢祠法，書本秦相斯，賞析樂晨昏，文字恩私，深於骨肉。蓄我猶弟舅，事公以父執，蒼范成缺憾，寢門一慟，失此須臾。△山田岳陽之演説：東亞同文書院院長謙吉，字子敬，號岳陽，邃於漢學，雅擅吟詠，尤好先生所爲古近體詩，演詞略謂先生書畫篆刻，天然自成一宗派，可以表見東方之藝術的真精神，絶對非西方人所能領悟。然余崇拜先生者，不在藝術，而在文學，此則先生畢生抱負與性靈學問所寄託，非今日陳列所及等語，至理名言，饒有價值。△遺物之陳列：園中有樓三層，皆陳列先生生前長物及作品，有携自來賓者，有出先生家藏者，東鱗西爪，皆先生心魄所寄，魂兮歸來，呼之欲出矣。畫類有先生少年所作山水八段錦長卷，朱古微侍郎每段各綴小詩，其他名人數十家題詠殆遍。又捐館前一日所繪蘭草，馮君木題詩，極情文相生之妙。詩曰：'衰腕猶能百屈申，自濡秃筆挽餘春。芬芳后土吴將老，窈窕山河若有人。出水花光增惝恍,嘔心詩句雜悲辛。綿綿神理應無盡,乞與相累作後身。'又爲朱古微侍郎作梅花小册十三葉,又先生戲作一猫,皆精品。書類有臨散氏盤全文,又贈譚復堂行草詩卷,係蔣姓客携來。金石刻類有自用名印,及爲閔園丁、高聾公所作諸印。遺物類有明拓石鼓善本,顧西津爲作校碑圖,又缶廬所以得名之'缶'字有考,蓋出自金俯將之贈,先生詩集中時見題詠者,即是物也。"(1929年11月22日《申報》)

1929年12月12日,譚延闓發信來。

《譚延闓日記》同日條:"十二月十二日,寒暖五十度。(體重晚百六十九磅。步度五千九百度。)發信:百七十二、祥九三、汪九、曾九、俞明頤。受信:百六十六、百六十七、俞明頤。(散原寄伯弢集序來,信爲佳製。)六時半起,天甫明也,大便,忽有類膿者一條,滕文啓主盛之送檢驗,心亦不能無忐忑也。停止早課。出訪介石,始知粤戰真相。又見閻電,自云電張聯銜對時主張西報所傳確也。趙次隴來,謂不可,乃更電張□發公有把握誓服從云云。吾謂有妻謂夫曰,吾與人約同寢,既知不可,已不行。介石則曰自首減等,去電許予之。古文官來言逸如事,皆不詳。同古至中央開會,吾主席,本只一案,忽議報告汪精衛事,始大起辯論,邵力子外皆主宣佈通緝,戴則主監察委員,哲生辭尤鋒厲,至以去就争非通緝不可,令人憶漢口開會時。陳立夫兩解之,遂以認爲應開除、通緝,交監察院而散。訪介石,值其出,見高淩白。趙次龍復余電,言閻决心出兵鄭州,但兵不到不宣佈,懼橋斷也。歸而劉瑞恒來檢驗,糞中無膿血球、寄生蟲蟲卵,乃大慰。劉去,仍食粥如昨,加飯和之。(益之來,立夫來)大毛來。石醉六來。爲人書聯十餘。電療未半,伯群來。出示敬之蒸電,無綫亦三日矣。與小唐、祥、秋電話頃之。晚,食粥。吕滿來談。浴後已十時,睡將十一時。服陸治盲腸藥半劑。今日無大捷電,但云敵將撤退,則非殲敵可知。蒸日譚師敗毛師,未遇敵而退,幾牽全局,幸粤軍能支耳。"

1929年12月13日,復譚延闓書寄達,告以秋來因食羊肉致咯血。

《譚延闓日記》同日條:"十二月十三日陰雨,寒暖五十六度。(體重晚百七十二磅。步度三千一百度。天氣甚暖,蓋薄被)發信:百七十三、祥九三、秦二。受信:曾九。七時起,昨夜一時始睡熟,豈清道丸作怪乎?腹則不痛,亦未敢歸功陸方也。大便溏而不瀉,三丸無力矣。小便仍紅。下樓,已八時,遂食麵。赴國務會議,介石請假,吾主席,朱益之來到席,新參上任也。十時半散,往介石家,遇何雪竹,對時局甚樂觀,欲飛漢口,雨甚,不行,吾勸乘軍艦同介石去。歸飯,中國菜不佳,火鍋尤劣。一時歸。與吕滿談,下見凌冰,將之古巴也。子靖來,大毛來。今日甚暖如春,短衣坐室中。王先生來,習拳,推手。曙邨來,舊筆以予曙邨,易日本、湘鄉筆各一支。大毛來。電療,加右足抽掣一次,以右足似乏力也。細毛來,同食湯麵,甚好,各盡四碗,實當乾麵三碗耳。看《墨妙軒》久之。晚浴。服陸盲腸方一劑,其量減半,又服清導丸四粒。十時十五分睡。何敬之來電,已佔花縣,張發奎退銀盞場,剩三千人耳。介石得敬之電,桂逆軍尚攻,左翼已陷,蘆包正在激戰,調五十師歸八路指揮。吕滿與大武電話,祥擬星期日來。徐源泉電,以孫殿英擾後路,集中臨汝,望鄂軍進,雪竹今日去鄂。韓復榘、石友三派楊冏持手書來輸誠。古湘芹言劉子江作四會縣令,有控所差嚇死其子者,劉批云:該氏子一嚇即死,豈非人類所生。"

與譚延闓書:"瓶弟來言,弟足少有腫漲(脹),近如何? 謡言孔多,弟守常持之可也。熙以冬燥食羊肉,致吐血,初如吴倉老之大點梅花,近四日以來漸少。此血確是胃管所損吐出,故極鮮濃。以不藥治之,日但飲梨汁數大碗而已。摯男聞有稟呈,乞向魏一言,熙不欲累弟也。此詢祖(安)三弟先生近好,熙頓首。十一月十二。"

1929年12月14日譚延闓覆信。

《譚延闓日記》同日條:"二月十四日雨,寒暖四十九度。(體重早百七十磅。步度四千一百度。風起,寒於昨,居家易綿襖,絲棉不能著)發信:百七十四、曾九、俞明頤、方老太。受信:百六十八。七時起。雨不出,瀉亦不暢。步室中頃之。就浴。習拳。食麵。出至中央黨部,與果夫判稿。過介石談軍事。歸至行政院,楊冏來,談韓復榘令其來意及所經歷,亦甚明白。(連保來,以函及川貲付之。)還家,與繩飯,有醃鴨極佳,吾以爲南安,問乃知即南京桶鴨,須風乾透蒸,故不鹹不臭,向輕南京鹽水鴨,今知非浪得名矣。宋葆疇來,胡子靖來,見之樓上,宋非樓上客也。(赤保來,以季陶送日本筆贈之。)下樓見張之江,告奮勇往撫石友三,亦好事者。宋光務來,阜南所使,言湘事者。何鍵爲自身利害故發昨電,非然者必附唐矣。(仲恂來。)石醉六來談。王先生來,習拳,推手十五分鐘,多於往日也。爲人作聯十餘。爲俞明頤書夢中聯'片藥冷添殘竈水,一椽浩接滄江煙'寄之。試季陶所贈日本筆,殊不佳,試湘鄉筆,爲陳協之作小屏六幅,廣老近多朱絲欄求直條,協之倆之也。吕滿言求書者皆畏吾作草,豈以吾草不工,殆抑不識耶? 此後當以草拒之矣。大毛來。電療後作書。秋電話告祥明早九時車來。晚,同繩食紅炖肉麵,仿庸人而成别派。夜復多食,四碗止。與吕滿談久之。不浴。以昨夜熱,又至一時始得寐,今早寢以補之,然亦十時矣。聞譚師鹵獲甚多,惟左翼桂軍尚在激戰中。"

1929年12月16日致譚延闓信寄達。

《譚延闓日記》同日條:"十二月十六日大雨,寒暖四十三度。(體重早百七十磅,晚百七十二磅。步度六千五百度)發信:百七十六、伍叔保。受信:秋、曾九。(連日盥黄水,今早始清,濾之効也。水塔猶未成,以無電機,水不上。)六時半起,便甚暢,雨甚,不出步。習拳兩徧。就浴。古湘芹來,欲有所商,約以更談乃去。食麵。即赴行政院行紀念周,作報告。乃至國府見古,介石亦至,見石友三致韓復榘電,欲激閻以乘勢,乃立告次龍,以伐其謀,然閻實予以職,無怪其就,今天下事誠不可測哉。出行紀念周於大廳,以禮堂方佈置,受古巴國書也。步入行政院,與吕滿談,遂歸。祥來談。吕滿來。午,同祥飯。渴睡頃之。朱益之來,所見甚遠,其辭懇至,示王均元電,尚在偃師,又傳聞之異辭者。王先生來,習拳,推手十分鐘。三時至中央黨部開會,哲生主席。散後,與胡、戴、孫、王開外交組會議,决定不同意小幡來使。季陶尚欲依違其間,謂易人亦小幡,欲不以公牘而以私函。展堂甚斬截。余謂拒一已知之小幡,來一未知之小幡以爲合算,可不負國人也。乃决。余乃往見介石告之。見數電,介石云敬之率三師先歸,亦有成算矣。歸,與祥、繩談。電療後食包子,大個,僅十枚止。八時就浴,九時半畢,服仲安藥及果子鹽,十時睡。宋美齡云阿司匹林不如 phenacctin 之和平,記之。唐生智有向襄樊狀,殆欲聯蜀耶?"

此際咯血未愈,譚延闓聞而憂之。

《譚延闓日記》同日條:"十二月二十五日晴陰,寒暖四十度。(偃卧竟日如昨。電療)發信:百八十五、汪九、俞明頤。受信:百八十、大毛。七時醒,仍覺心跳。呼滕來驗,無熱度,脈搏八十二,無病也,然人不適,乃請浚(俊)明來診,脈如平人,右稍大,主服柴胡湯以和之。九時五十分起,大便不多而暢。坐頃之,仍睡,如昨日,以資休息。午,食粥二碗。劉月如來爲余診。醉六談祥得瑞信,云大武前日大嘔,今無信來,甚疑,乃令細毛電話問滬,知已愈,乃放心。睡頃之。取電器至卧室,行電療如例。吕滿來。□毛由滬,來得大武信,就榻上復之。胡東一忽於昨早逝世,先母舊庖人也,爲之愴然。晚,食麵三碗。與祥、繩閑談。卧而不敢吸煙,以昨日吸煙致嗽也。九時半遂睡去。十二時醒,服俊民藥二道,腹總覺不適,亦非劇痛,無如何。諸醫皆云非盲腸炎,只令聽之無病,人白血輪八千至一萬,而吾則九千,未爲多云。聞鄧幼彌已死,前日電言托孤,亦人窮多詐之意歟?大武信云周鼇山尚爲唐生智吹入襄樊,豈有是耶!聞曾九吐血未愈,血豈可常吐耶？可憂。”

1929年12月，爲弟子馬企周在寧波同鄉會開國畫展，與黄賓虹等刊登開幕啓事。展覽期間，親往觀覽。

《名畫家馬企周國畫展覽會開幕》：“名畫家馬企周先生，精研古今中西畫學，達於微妙，名早已傳播中外，生平佳作，鮮窺全豹。同人等勸將傑作山水、人物、花鳥、鱗蟲、走獸精品一百餘件，開展覽五日，以公同好。歡迎參觀，不用門票，爲結墨緣，非欲圖利，定價低廉，無不精妙，幾類宋畫之大觀，專此通告，敬請各界仕女賁臨賞鑒爲荷。爛漫社曾農髯、陳剛叔、黄賓虹、張善孖同啓。地址：本埠西藏路新世界側寧波同鄉會。日期：本月廿一日起廿五日止，每日上午九時至下午六時。”(1929年12月22日《申報》)

《馬企周畫展第三日盛況》：“畫家馬企周君畫展在本埠寧波同鄉會開個人作品展覽會，昨日爲第三日。值兩日雪霽陽明，天公助美，故得爲一時之盛，自朝至暮，約有千餘人參觀，會場幾無立足之地，東西洋人亦有往觀者，王一亭、童大年、丁輔之名人皆到。參觀者無不稱贊其作品爲當今畫家第一。昨日賣去數十幅，實有應接不暇之勢，其擁擠狀況，實爲從來各展覽所無，且有一幅數人預約，故昨日一日亦售去一千三四百元，可謂盛矣。聞會期尚有今明兩日云。”(1929年12月24日《申報》)

《馬企周畫展第四日盛況》：“昨日雪霽天朗，參觀馬企周君畫展會者，較前日又多，海上名人碩儒有馬壽民及乃師曾熙諸老，亦各接踵蒞臨，無不贊美，稱爲大觀。乃師曾農髯並贈有聯語云：其才誠畫院博士，以齒長吾門諸生。蓋馬君之畫，無一不能，無一不精，皆有數十年苦功，乃能熔冶古今中外法派於一爐，不惟畫得宋元之妙，而書法頗具乃師之神，且各幅款識地位適合，尤爲難得。所以定購者争先恐後，紛至沓來，以致昨日定出大半，雖然衆貪價廉，亦各幅皆係精品之故。如《峨嵋煙靄》、《雲巖飛瀑》、《蜀山朝霪》等，已定出十餘件，而尚有照樣定畫者，每件竟五六人之多，四處定畫紙條滿壁，業已超過陳列之數，實冠海上諸畫展會，足稱一時之盛舉。該會尚有一日，以後須至貝勒路永裕里七十四號馬氏畫寓訂件矣。”(1929年12月25日《時事新報》)

《馬企周畫展會閉幕》：“畫家馬企周君，在本埠寧波同鄉會開個人國畫展覽會五日，各界人士對馬君因慕名已久，前往參觀者日必千人。觀賞陳列名畫，無不交口稱譽，推馬君爲國畫能手，蓋無論人物、山水、花卉、鳥獸，色色具備，件件皆精，洵難能也。總計五日内，觀衆數千，而知名者，如王一亭、曾農髯等均往觀賞。除陳列之畫百餘件，盡行售去外，訂購者如日本警務處田島昶等三百數十起,成績之佳,得未曾有,現已於昨晚閉幕。今後欲訂馬畫件者,須往西門路永裕里七十四號馬氏畫寓接洽矣。"(1929年12月26日《申報》)

1929年12月杪,與黄賓虹等爲俞劍華寒假期間鬻書畫訂特例。

《俞劍華書畫特例》:"俞君劍華擅六法,尤長山水,出入於石田、婕叟、石溪、遠公、石濤之間,更工半千,有出藍之妙。平日以兼任新華藝大國畫系主任及愛國女學文科級任,校課忙碌,索畫者每多向隅。今寒假將屆,乃發願普贈各界同仁等,恐其勞而難周,乃代訂特例,以示限制。自即日起至十九年一月十日止爲第一期,十一日至廿日爲第二期,廿一日至卅日爲第三期,訂件自一尺至五尺,大小隨意,書每件第一期只收一元,二期二元,三期三元(按潤五尺六元);山水每件一期十元,二期十五元,三期廿元(按潤五尺四十元)。逾期按潤,潤須先惠,十日取件。外埠紙代備,另加紙郵費每件一元。收件處:上海五馬路棋盤街合衆公司二樓及各箋扇莊,寓小西門黄家闕路久安里十二號。王一亭、曾農髯、陳散原、蔡孑民、于右任、程瑶笙、王曉籟、經子淵、黄賓虹、張善孖同啓。"(1929年12月27日《申報》)

己巳十一月,爲葛昌楣(蔭梧)寫《梅花》扇面。

自題:"花中清聖。己巳十一月,寫似蔭梧年世兄雅正。農髯熙。"

又:"花清誰堪比,吾友李仲子。迢迢天闕雲,悠悠大江水。江寧南關外之天闕山爲仲子墓地。熙再題此補空。"(《弢華館藏扇》)

題籤:"弢華館藏扇。詠莪世講所有,衡陽曾熙。"

按:葛昌楣(1886—1964),字詠莪,號蔭梧,室名傳樸堂、弢華館、辛夷花館。浙江平湖人。工書法篆刻,擅鑒賞。南社社友,著有《蘼蕪紀聞》、《樵六朝碑碣》等。

冬,冒鶴亭請繪《寫經圖》。

冒懷蘇《冒鶴亭先生年譜》1931年條:"冬,曾農髯曩爲先生畫《寫經圖》,用水墨畫,畫成,謂不稱意,殁後一年,其子珂致先生書:'白門承教,欽佩莫名。先父爲老伯所畫之寫經圖卷,現已尋出,玆遵命由郵寄上。'"

爲王个簃作梅扇。

自題:"兀岸頗肖詩人骨,清白但留處士風。"(《大風堂存稿》)

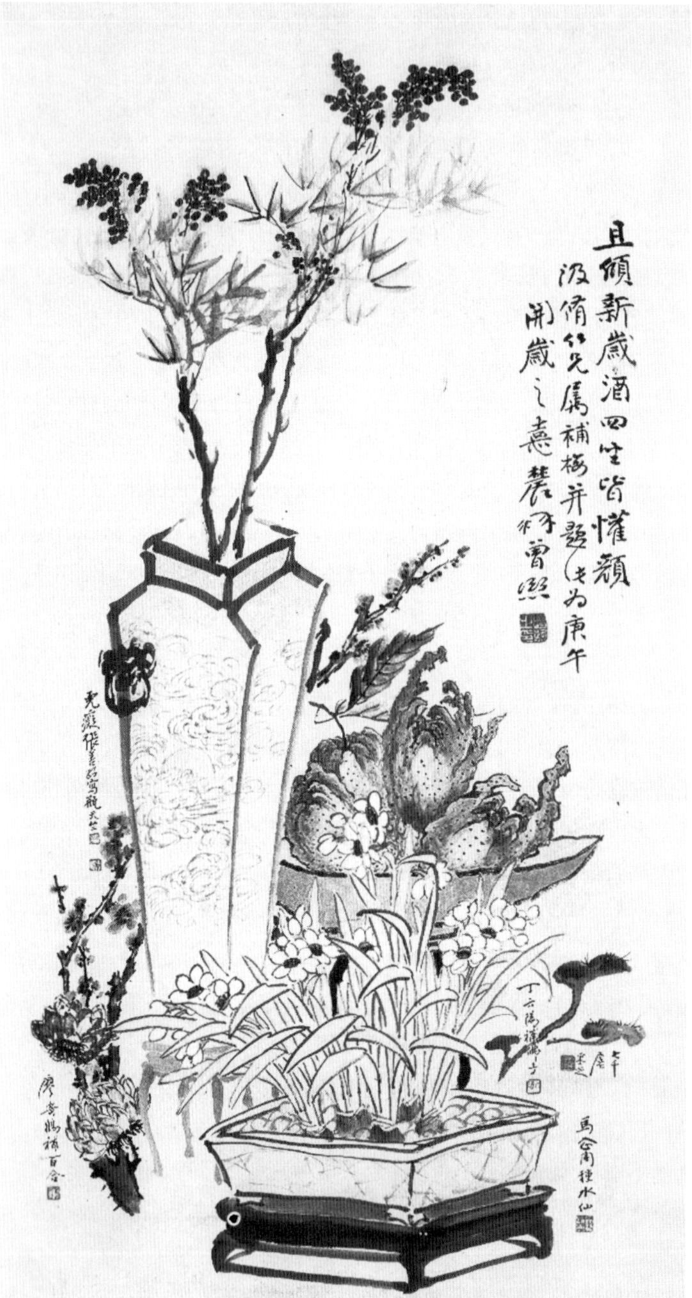

歲朝清供圖　與馬企周 張善孖 張大千 丁六陽 廖寄鶴合寫並題　1930 年

爲青峰書齋額

爲古墨齋題匾額　1926 年

題吟缶廬齋額　1929 年

爲昌明藝術專科學校書橫幅　1930 年

書法作品出版物

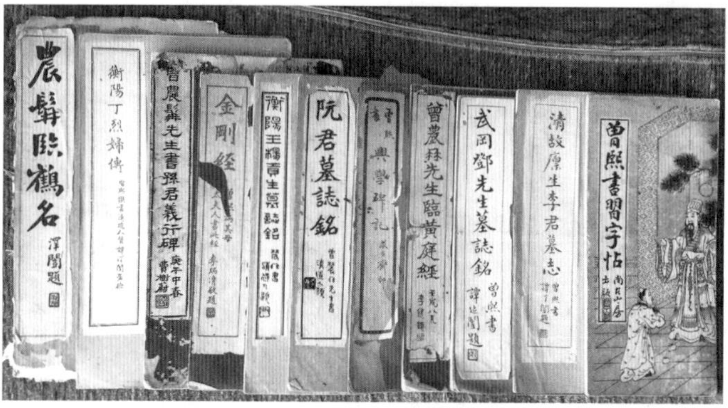

書法作品出版物

書法册題簽集錦

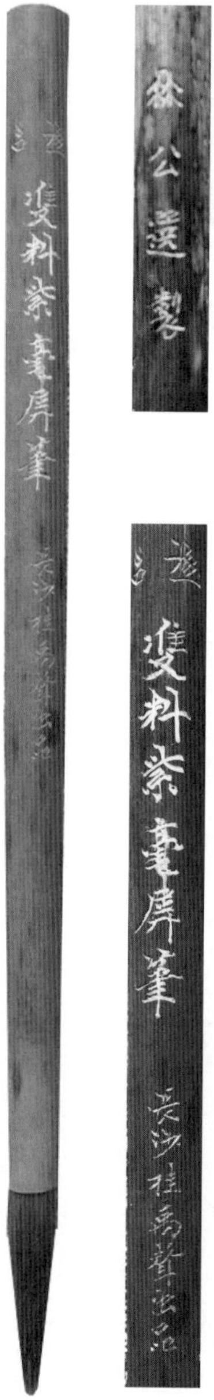

自用筆

自用筆筒

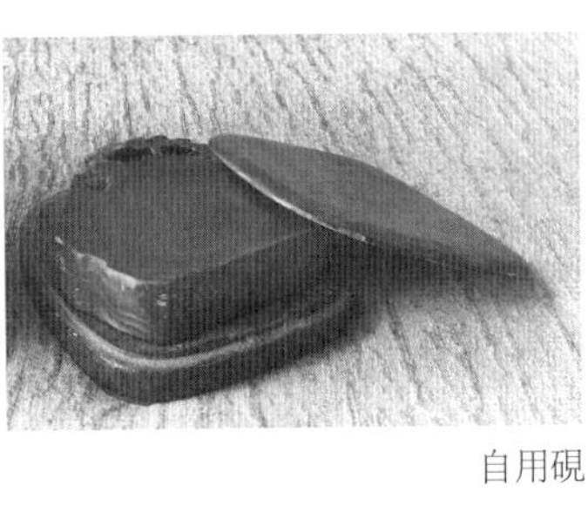

自用硯

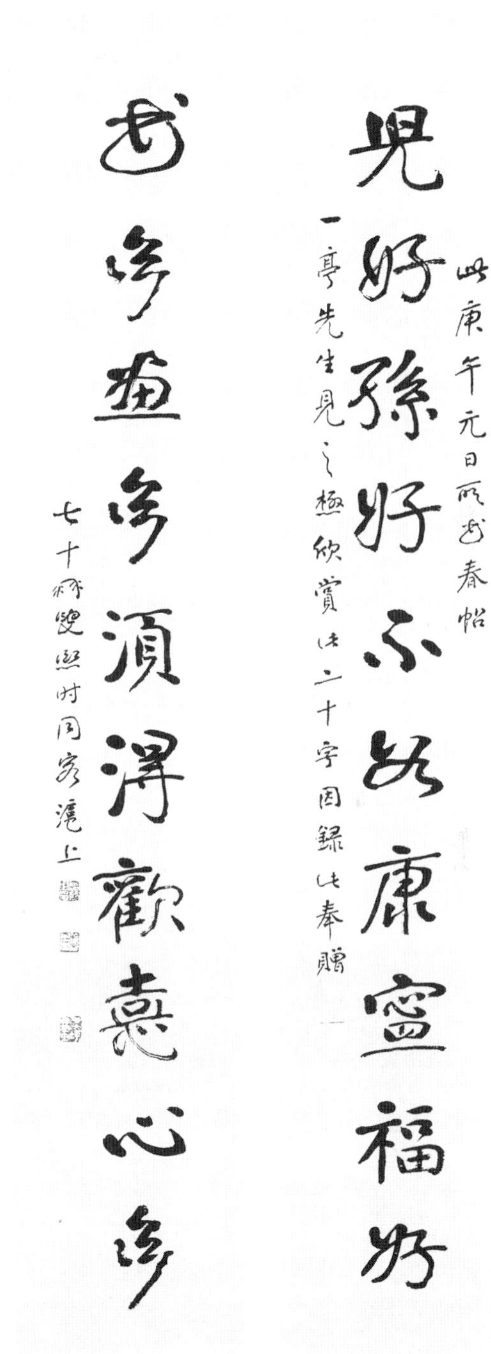

贈王一亭行書十言聯　1930 年

題中國最新地圖

題上海玉佛寺大雄寶殿匾

題張善孖駿馬圖　1930 年

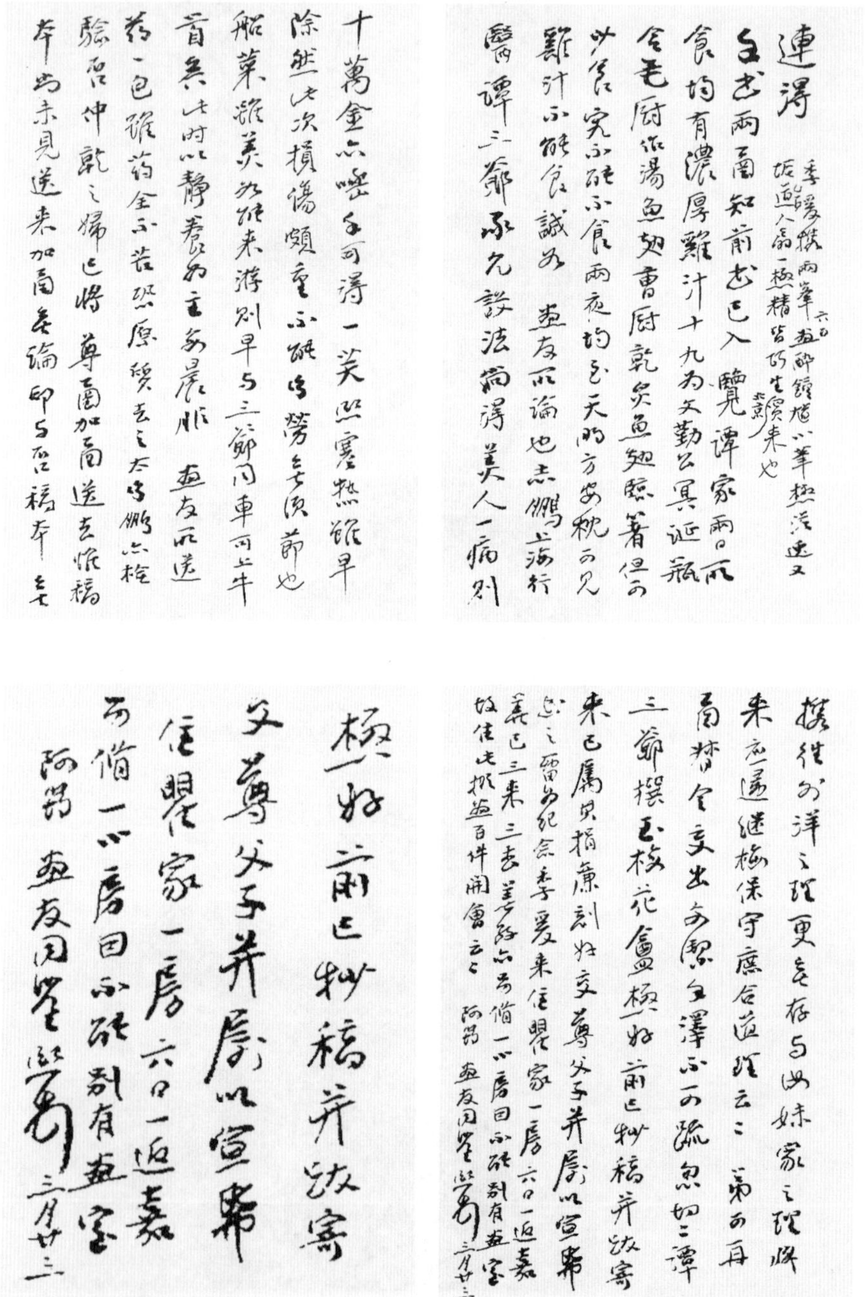

致李瑞奇書　1930 年 3 月 23 日

季爰開會之籌備百件作百票，每票二十元，須先向王叔并熙商計承認若干票，餘交情上之分別刻印已有六十票矣。另五百票完全可得千元，以標價開錯，另費須一千也。曉翁生意頗好，尚不時过去一次。

賢翁

殘札

1930年 民國十九年 庚午 七十歲

1930年1月3日嘉平朔又三日，自書論書。

自書："東洲居士（按：即何紹基）嘗冒渡江携氈墨手搨《鶴名（銘）》，置酒賞之。此搨近不知所在，見於題識。己巳嘉平朔又三日，農髯曾熙。"（私人藏）

紙本。133×65cm

鈐印：曾熙（白文）。農髯（朱文）。

己巳臘月，自書書論。

自書："《管壇碑》首一行陶隱居所書，蓋元常筆勢。碑之正文，其弟子所爲，後來《凝禪寺》所法。己巳臈月，曾熙。"（上海馳翰2010年秋季拍賣圖録）

鈐印：曾熙之印（白文）。農髯（朱文）。

臘月，賦詩寄陳三立廬山。

陳三立《曾農髯見寄一詩次韵答之》："農髯搦管灑蘭雪，兀兀窮年忘白頭。妙收衆藝歸自得，神凝造化沃内熱。安知二豪更侍側，我竄窮山幾苟活。久無鮮鱠供縷切，日飽苦笋比遺蕨。行篋尚搜髯水墨，光精不污龍戰血。况吐俊句躋三絶，死友獨抗李文潔。髯果來博猿鳥悦，爲買泉明上京宅（陶詩'疇昔家上京'，蓋爲其故宅）。"（《散原精舍詩文集》，上海古籍出版社2003年6月版）

按：時陳三立居廬山，陳三立《哭曾農髯》有云："别髯棲窮山，悃款遞長句。更許摹隱廬，懸影霰雪瘞。尺幅滯郵筒，纏疾髯已逝。"曾農髯答允陳三立之請，爲其畫《隱廬圖》，寄到之時，老友已逝。

1930年1月4日，譚延闓爲書其癸亥、甲子所作絶句十六紙寄來。

《譚延闓日記》同日條："一月四日陰晴，寒暖三十三度。（體重晚百七十四磅。步度三千四百度）發信：第四書、曾九詩、淑。受信：第二書。（册葉三）七時起。昨睡覺乾燥如行沙漠中，開窗納空氣，十二時後始得寐，今醒猶惺忪也。大便則暢矣。下樓，步六百步。習拳。上樓，食麵。出至行政院，新年第一次也。見協之、李大年、陳仲恂、謝心準。勾當畢，出遇何又師於門前。詣介石，遇展堂，同談久之，乃出。介石方約鄧召蔭談經濟也。展堂言凡地震後天氣必變，晴雨，雨晴，在日本歷試不爽。昨震鎮江、揚州皆與此同，今必晴矣。歸家，果日出。繩生自上海來，車誤點一時許。大武寄示梁山舟九十二歲書卷，殊潑辣，多老筆，無平時熟媚之習，致爲可觀。然老筆以年致之，非關學力，故自下石庵一等，特在梁書爲難得耳。又以曾文正、李春湖幅寄吕滿,曾書殊不苟,李則非至者。午,與兒女飯後,打盹甚久之。下樓,見鄧静安。爲曾九書癸亥甲子所作絶句,凡十六紙,紙盡而止,不盡寫近詩也。晚,電療,王先生來,未推手。晚,諸僕弁醵貲爲壽,燕、翅皆佳。吕滿父女、大、繩、秋、祥、繩婦、祺寶皆入席,曙邨亦來,飲二杯止。食後少坐,乃浴,十時畢。大、秋赴上海去。十時半睡。"

1930年1月5日己巳十二月初五日,致書譚延闓索詩。

與譚延闓書:"新年已晉,大局復安。熙之頑血吐除後,精神亦將漸復,極盼弟來快叙。大雪當有新詩,能以小紙卷(六寸高)並舊作七絶寫與髯乎?摯男來書稱該縣知縣已遷地,保衛兵亦同去,四鄉匪起,日夜不安。志在調安,非求調優,懇弟向魏部切託之,熙亦書乞戴毅夫向魏詳言之。蘧弟贈髯御墨,大喜大喜。餘面談,即頌祖安三弟先生新福。熙頓首。五日。"

信方發出,即得譚延闓信與詩箋十六紙。

與譚延闓書:"適發函後,令季子持弟函并手寫七絶册子十六紙,病後得此,快慰不可言狀。但癸、甲二歲所作,誠如弟言,不能滿所欲,他日有暇,尚幸爲髯寫足,何如?當依式裁紙封寄。弟詩寬和有度,才性得之,自然一如弟之爲人,故樂讀也。髯病咯血,確是胃熱,全未飲藥,已十餘日,净除之矣。自受病以來,一月有餘,眠食如常,初愈手足少疲,近精神更暢爽,雖嚴寒亦照常工作矣,弟來滬可久談也。摯男承向魏言之,已將弟書尾語寄去。瓶弟新得之劉册及東洲書神道碑墨蹟,弟已見之否?此頌祖安三弟先生新福,並賀世界大同年。熙頓首。八日。"

按:此信爲己巳十二月初八日寫。

1930年1月6、7日,前信相繼寄達譚延闓。

《譚延闓日記》1月6日條:"一月六日陰,寒暖三十三度。(體重百七十一磅半。未電療。汪、徐來。步度六千一百度)發信:第六、大、秋第一。受信:第五、曾九、子杏、大、秋。六時半起。大解不暢。步六百。習拳。就浴,無熱水,水管凍也。馬撒基後即止。食麵。出至行政院紀念周,演説後即歸,以糞隨屁出,似欲瀉。如厠,下氣多而不瀉。稍暢適後,復出至政府,見介石。紀念周後,考試、禁煙委員會皆作就職宣誓禮。胡、蔣演説,戴、張答詞。禮畢,撮景門前而散。歸,與祥飯,祺寶不上桌也。坐而假寐久之,乃醒。寫《崔子玉座右銘》一通與大生。楷書愈弱,不能穩健,又似黄□之屏幅,其力衰之効耶?遂不赴會。五時,汪九來，相見樓上，遂同步歷各室。外間殊冷，乃披斗篷，同至吕滿家，龍八、黎九、李特生來。吾覺冷，乃先出，不同飯。七時，往展堂家，協之先在，亮疇、哲生、傅秉祥、(傅秉常)、吴尚鷹後來。入席，乃家庖，亦頗有廣州風，甚不惡，過安樂園遠矣。飲啤酒一杯，談至九時半散，歸已十時。吕滿來，知徐兼民來。睡已十時半。夜溺甚多，啤酒爲之耶？今日頗疑復受寒，腹亦不適，然竟不病。連日大冷，室外晨只十九度，水管皆凍，舊水箱在三層樓已成冰箱矣。汪九云車中甚冷，頭等尤甚，可笑。"

《譚延闓日記》1 月 7 日條："一月七日陰，寒暖三十二度。(體重晚百七十四磅)(步度三千度)發信：第七。受信：第六、淑、曾九。七時起。步樓下六百。登樓，習拳。食麵。出訪汪九，先至龍八家，尚未起，乃至龍滿室，汪九正坐談久之。龍八來。九時後，乃往行政院，開行政會議，十二時散。與子文坐談久之，乃歸。與祥同飯。飯後，磨墨頃之，奴子忽以墨來兑，兩墨相羼，乃色較淡，知同治前墨黑多矣。打盹頃之，爲胡展堂書册葉，墨色不黑，豈未濃耶？抑羼壞也。徐大來談，詳黎薇生死時光景，爲之不怡。二子已向傅姬索錢，錢只四百元，信黎六之無私蓄也。其自挽有'九重孤嶠隔滄溟'，爲子改作'九原'，亦太無徇父之膽矣。腹響忽甚，如厠，不得甚解。汪九、黎九、吕滿、鄧十一、李特生、曙村、龍八、龍滿來，細毛亦至，乃下。入席，翅尚佳。鄧十一方歌《坐大營》，而聶十來，遂敗興。蜜製火腿甚佳。散後，坐談頃之，乃各去。余就浴。今日以汽融冰，换舊水管，乃大費事，令水通乃能浴也。十時畢，覺浴室冷，不夠八十度信不行也。服陸方，十時半睡。唐生智以五萬出洋，軍隊交劉興，閻已許之，可怪。王儒堂言楊幼京被綁票，尤可怪。"

1930 年 1 月 8 日，致譚延闓信寄達，旋回復。

《譚延闓日記》同日條："一月八日晴，寒暖三十三度。(未浴。步度四千三百度)發信：第八、曾九。受信：第七、八、曾九。(扇七柄、屏一堂、册頁)七時半醒，始起，昨夜睡殊熟，亦不醒，故起晏也。下步六百步。登樓習拳。食麵後，出赴政治會議。介石不來，吾主席，十一時乃散。開外交組會議，子文始來。王儒堂出示奉天伯力會議紀録，皆大憒憒。實則戰敗求成，有何勝利可言。乃主電張學良而散。余過介石，談頃之。遇李仲公。歸而小便甚急，特長於平日。與祥、祺同飯後，爲胡展堂書册葉，紙盡而吾不知，乃爲添紙二頁，須另裱付之矣。近來事多錯迕，亦精神貫注不到致之。欲稍睡而客至，近人喜於午後來，殆知吾見客時乎？當却之也。彭泉舫、王鳳喈來，見之樓上。醉六來，見之樓下。皆無事而來相嬲者。三時，即電療。又約健石來電療，以其左手作痛也。吕滿來。六時，赴孫哲生約，哲生已移新居，無(?)陳設一新，信爲南京第一也。展堂、庸之、季陶、亮陶、儒堂來,商中俄協定事久之。入席,凡二席,吾輩一席,其一則劉季孫、傅秉常、梁寒操、吴尚鷹、王夫人、孫夫人。菜爲世界大飯店與安樂園,亦惟之與阿耳。歸,携荔支食祺寶。十時半睡。"

同日己巳臘九,自書論明刻王羲之書。

自書:"明人憙刻右軍真書,當時士大夫崇尚元常與右軍,其刻之精者究不減宋搨。己巳臘九日,曾熙。"(私人藏)

紙本。132×66cm

鈐印:曾熙之印(白文)。農髯(朱文)。

1930年1月13日己巳臘月十四日致書趙祉威,告其當以書畫壽其舅趙恒惕五十初度。

與趙祉威書:"彭君函並未遞到,甥南轅北轍,髯固知之,但無從寄書耳。彝叔五十,當以筆墨壽之,不准甥出錢也。我因冬初亢陽,偶食羊肉,咯血月餘,今全愈,惟精神少疲,每晨燕菜一碗,大有官氣矣。此復,即頌祉威賢甥歲佳。熙頓首,臘十四。"(《湖南省博物館藏近現代名人手札》)

1930年1月14日,致譚延闓書寄達。

《譚延闓日記》同日條:"一月十四日晴,寒暖三十五度。(體重百七十一磅半。步度二千二百度。大武去)發信:山父、余大。受信:山父、曾九。(聯八十五)七時起。步樓下六百步。習拳。就浴。食麵二盌。至行政院,十時開會,一時始散。至介石家,子文來,留同西餐,談甚多。歸已三時,吕滿請客亦散矣。爲人作書,又題吴八劉册,及舊拓《九成宫》,號宋拓,實明翻耳。又有《千驢圖》,□無故實,且不知畫者易闢爲何人,無從著筆,爲書引首四字而已。吴八、鑄人、茀燾來,上樓坐頃之去。未電療。大武、大生、聶六皆晚車行,以黄翼球所送《廣陵先生集》鈔本交大武帶去。吕滿來談。晚,徐大具饌享客,聶六、大武、尹大、黎九、鄧十一、吕錫九、吕滿、大生、大毛、細毛同座。菜頗精潔。既罷,復與諸人坐談至九時半,大武率瑞姑去,聶六亦行,吾未送也。已十時,遂睡,不更浴。得前方電,唐部已一律繳械,近所無也。唐聞匿開封,則不可得矣。廣陵先生《王令集》,外孫吴説編,紙浥爛不可著手,非裱背不能收藏,此間圖書館有二鈔本,不知視此如何。此本有項子京、季滄葦圖書,然字不類宋人,或明鈔也。"

1930年1月17日臘月十八日,爲悔遲寫水墨山水扇。

自題:“畫家以筆墨爲主,然筆可求也,所難蓋在氣韵。從畫索畫,不足與論畫也。己巳臈月十八日嚴寒,寫似悔遲老兄法家正之。農髯熙。”(私人藏)

鈐印:曾熙私印(朱文)。

按:此扇另面爲蕭俊賢所寫水墨山水。

庚午元日,書“兒好孫好,不如康寧福好;書多畫多,須得歡喜心多”春聯。王一亭見而賞之,復書以贈。

自書春聯贈王一亭:“兒好孫好,不如康寧福好;書多畫多,須得歡喜心多。此庚午元日所書春帖,一亭先生見之,極欣賞此十二字,因録此奉贈。七十髯叟熙,時同客滬上。”(《曾農髯遺蹟》,收藏者蔡逸民、王一亭,編輯者李良臣,上海華商書局1931年2月版)

紙本。170.5×30cm

鈐印:曾熙之印(白文)。農髯(朱印)。心太平庵(白文)、髯翁七十以後作(朱文)。

此際,爲張子鶴作《不老松圖》。

自題:“長年不老,歲歲平安。寫此即頌子鶴先生庚午歲朝百吉,熙。”(私人藏)

紙本。203×39cm

鈐印:曾熙之印(白文)。心太平盦印(白文)。

按:據譜主之孫曾慶壬云,此人爲古董商人,來往於京滬間,交友甚廣。

1930年2月1日,譚延闓在滬,往訪之。

《譚延闓日記》同日條:“二月一日晴,寒暖五十度。(步度九千六百度。壽俞)五時四十五分醒,六時起。與秋下樓步園中。習拳。遂步至大武家,皆尚未起,乃步往俞明頤家,由大武門首至俞明頤門首四百餘步。今日俞六十歲生日也。入見其父子,坐客室。俞自以家人無過六十者,又林貽書云其去年必死,今皆無驗矣。食果盤、年糕。大武、繩、年來,車至,乃同歸。喫蒸餃,問祺寶,已去袁大家矣。護芳來,蔡鑄人、吴八、易茀焘來,聶六來。客去,乃與淑、祥、(細毛)、秋、韵、娟至淑家一坐。新衖堂,尚精潔。又訪汪九、俞明震,皆已出,乃至四太家,亦新移居也。大毛、端、嘉寶出見。留繩、秋,同大毛車出,率淑、祥、韵、娟至袁大家,亦新居,尚爽塏,視舊屋轉整齊也。森寶出,周旋久之乃出。余至俞明頤家,諸女歸去。袁大携祺寶在此。客甚多,皆熟人,凡四席。余與袁大、夏五、鄭三、秦二、余大、程子大、(李拔可、)大武、龍八同座。散後,步出,以車歸。秦二、袁、夏、余、龍皆至大武一坐。陳叔通、張藹紫來。歸家。大生夫婦往吴淞去。曾九、□伢子來，談頃去。與淑、秋、端、祥、韵、娟寶至淑家晚飯，鄉廚鄉味，爲之加餐。看霖寶久之，亦頗似祺寶孩時也。散後，送端還家，與淑、祥、韵、娟歸。今日頗倦，十一時睡。”

1930年2月3日立春前一日，書“叔子風流，人所欽服；陽城孝友，世奉典型”八言聯。

自書：“叔子風流，人所欽服；陽城孝友，世奉典型。庚午立春前一日，七十髯叟曾熙。”（私人藏）

鈐印：曾熙之印（白文）。農髯（朱印）。

庚午正月，題趙半跛《寒香圖》。

題《寒香圖》：“畫中原是詩人骨，清意寒香只自尋。半跛先生來談近日畫家參取西法，或徇世俗之意，朱墨填砌滿紙，既失古法，而於吾人之志氣精神反無所表見。先生以作詩之餘作畫，宜寫梅之清在巢林、玉几間也。庚午正月，農髯熙題。”（《當代名人畫海》，中華書局1931年8月版）

新春，與丁六陽、張善孖、馬企周、張大千、廖寄鶴合寫《歲朝清供圖》，以志開歲之喜。

自題：“且傾新歲酒，四坐皆歡顔。汲脩仁兄屬補梅並題此，爲庚午開歲之喜。農髯曾熙。”

張善孖題：“虎癡張善孖寫瓶天竺。”

張大千題：“大千居士采芝。”

丁六陽題：“丁六陽補佛手。”

馬企周題：“馬企周種水仙。”

廖寄鶴題：“廖寄鶴補百合。”（上海朵雲軒2004年秋拍圖録）

設色紙本。131×63cm

鈐印：曾熙之印（白文）。善子長壽（朱文）。張澤（白文）。大千居士（白文）。六陽（朱文）。馬駘長壽（白文）。寄鶴（朱文）。

庚午元月，自書論書，有云宜取骨於篆，取筋於隸，取肉於分，取勢於草，性情取之於其人度量，得之江海。

自書：“書法宜取骨於篆，取筋於隸，取肉於分，取勢於草，性情取之於其人度

量,得之江海。庚午元月,七十髯叟熙。”(私人藏)

紙本。136×66cm

鈐印:曾熙之印(白文)。

庚午正月,爲王一亭、吴東邁等創建昌明藝術專科學校書“與古爲新”横幅。

題爲昌明藝專:“與古爲新。東邁世友與同志創建昌明學校,古法爲之一新,爰節《詩品》句共勖之。庚午正月,七十髯叟曾熙。”(吴氏後人藏)

紙本。60×170cm

鈐印:曾熙之印(白文)。農髯(朱文)。髯翁七十以後作(朱文)。

庚午孟春,與同人登報介紹傅伯琴鬻畫。

《傅伯琴鬻畫潤例》:“傅君伯琴,浙江餘姚人,自幼嗜畫成癖,筆意高妙,别具蹊徑,不拘古法,獨標新格,近更努力進步,超軼絶塵,何可限量。爰爲代訂潤例如左,以告同好:(潤例略)。庚午孟春訂。介紹人:吴徵、曾熙、王震、葉爾愷、于右任、查煙谷。”(《墨海潮》創刊號,1930年9月)

庚午初春,爲王蘭所作《山水人物圖》卷題額。

題王蘭《山水人物圖》:“師于萬物。王蘭畫法頗能得生物之情性,爰以范寬語題此額。庚午初春,七十髯叟熙。”(《蘭君畫册》第二集,香祖書畫社出版,1932年5月發行)

鈐印:曾熙之印(白文)。農髯(朱文)。閑居翫古不交當世(朱文)。

庚午春,病復發,旋稍瘥。

按:見戊辰初秋條引削穎《曾農髯軼事》。

1930年2月19日,致譚延闓書寄達。

《譚延闓日記》同日條:“二月十九日晴,寒暖六十度。(體重晚百八十磅。步度四千度)發信:四十一、孫藥墀、大十。受信:四十四、曾九。七時起。下矢多而非瀉,胃辣如故,疑食物致之也。步園中千。上樓習拳。食阿馬士二錢。出至政治會議,介石不來,余代主席,十時散。開外交組會議,十二時散歸。賀弁自滬歸,得大武書,知轟款已還,字據寄來燬之。午,與連保、祥飯。飯後,醉六來,朱益之、黄衡秋來,王風雄來。黄瘦削似另一人,云胃病劇也,談久之去。看楊仲子所作《草堂之靈》,筆記耳,定名乃明人習氣,非大雅也;倚傍王壬翁、李梅庵爲名高,而時時又欲外之以立名,捉衿見肘,醜態畢露。本無所蓄積而故作高論,所謂打腫臉充胖子者耶?然閱之一過,費我三小時,電療遂不克舉行,亦云冤矣。晚,吕滿來。與祥、繩、連保食炸醬麵四碗。晚浴。體重乃大增,竟百八十磅矣,到南京數月所無也,又當設法減之。十時二十分睡。"

同日,柬邀唐吉生小酌,久候未至,初以爲郵遞之誤,旋得吴東邁來告,唐跌傷入院。

與唐吉生書:"正月廿一約兄過舍小酌,初以爲郵局之誤,嗣見東邁兄云,兄跌傷甚重,又以醫院非得家中人指導不得進。嗣聞足病已全愈,此時已出院否?乞以數行告我,以慰馳念。髯病虐又將浹旬,日來已愈十之八九矣。此復,即詢吉生兄痊安。熙頓首。三月九日。"

按:此後譜主兩次致書唐吉生,其一云:"前日得復書,知足已漸痊,昨晤瘦鐵云,數日前見弟較前又稍得力,近當更得力矣。此詢吉翁痊吉。熙頓首,四月七日。養病百事皆可不問,乃尚憶及小款,爲之不安。"其一云:"既能杖行,須静養閒步,至慰至慰。承贈印畫,謝謝。蔣母姓馬,七十壽,本月陰曆廿五日也。此上吉翁貴先生。熙頓首。"

1930年2月22日,譚延闓復信。

《譚延闓日記》同日條:"二月二十二日陰雨,寒暖六十度。(體重早百七十六磅,晚百七十七磅半。步度四千六百度。血壓高二百〇三度,低一百七十度)發信:四十四、汪九、曾九、易由甫。受信:四十七。(聯三百卌六、屏十九、榜書七十四)七時起。步園中千。上樓習拳,了無進益,何也。就浴。食油條、豆漿。胃酸如故,平胃散亦不效矣。出至中央黨部,果夫先在。判櫝頃之。楚傖來談。歸而人倦,胃不適,且惡食也。午,飯一盂,祥亦病,不飯也。坐而磕銃久之。爲人作書。夏斗寅來。曾鳳岡來。劉繼承來爲我診,云肝有病,膽汁入血分故珠色黄,胃則酸素多,宜治,非食水果涼物云。王時同李雲杰、羅霖來,兩人皆唐部,多自白之詞,李較老實云。米蘭生來,云楊永泰行至石家莊而中風不遂,未至太原也。亦知事無可爲,備陳辭意,略撫慰之而去。食劉藥,胃酸頓解,可謂靈矣,不知何物耳。晚電療。與連保食芝麻醬麵三盌,欲多,不敢也。祥、繩皆病卧,往視之,皆感冒之類,明必起矣。浴後,十時半睡。連日皆服清導丸,前兩日皆只得二次,今日乃三次,腹中甚舒,劉藥或亦有瀉劑也。"

1930 年 2 月 28 日庚午二月朔，與弟子張大千、三弟李瑞奇同觀北宋拓王獻之《洛神賦十三行》。

跋宋拓《洛神賦十三行》："庚午二月朔弟子張季爰、三弟阿筠同賞。曾熙記之。"(馬成名《海外所見善本碑帖録》，上海書畫出版社 2014 年 6 月版)

鈐印：曾熙之印(白文)。

1930 年 3 月 1 日庚午二月二日致書譚延闓，請爲李瑞清兩江師範學堂學生、南洋教員某代筆書聯及扁額。

與譚延闓書："前得書，允爲摯説項，極感。比將弟書另封寄去。《中興頌》尚是弟未往粤時交下，内子妥封固藏之(因爲弟物)，跋好交五弟，弟見知褾紙猶新也。昨有南洋教員求弟書匾額，因紙重難寄，欲乞五弟代筆，五弟來書已便交弟。尚有數聯亦係此人所求，蓋道人師範學生也。扁、聯乞弟屬幕友書之可也。惟求者不諒，因南洋船五六日内可到，並求速藻，不情之請，幸諒之。祖安三弟先生，熙頓首。二月二日。"

1930 年 3 月 5 日，致譚延闓書寄達。

《譚延闓日記》同日條："三月五日雨雪，寒暖四十六度。(未浴。步度三千四百度。浴室改水管。)發信：五十六。受信：五十九、六十、曾九。(斗方四)七時起。步廳事六百。上樓習拳。食麵。出至黨部開會，哲生主席，十二時半乃散。歸與祥飯。飯後，曹馨標來。五十師參謀，言平樂敗退情形甚詳。其人九年爲航政局長，記常見之，不復識矣。張治如來，謂食素可治喘，又勸服桂圓，不知果然否。假寐頃之。爲朱玖瑩寫斗方二，作小楷，老光鏡亦不行，可哀也。懸腕固不能，指力亦不夠。甚矣，吾衰。平臺雨漏，改舖牛毛氊，以雨停工。電療，正見養育公司運新浴器至，將改裝，易舊管，數月將就，或者更新後有効力耶？食麵二盌，乃出赴介石約。遇陳韶寬，談閩事頃之。胡展、古湘、于右、陳果、朱益、何敬、(張岳軍)、李石來，乃入座。西餐畢，孫哲、王亮乃至，談久之始散。已九時半，乃不入浴，實則浴室未興工也。服陸補藥，耆、黨各四兩，仍是輕劑好，不必高言重量也。十時半睡。張冰蛟請假返湘。趙次隴來電，百川大澈大悟，决下野，請放心。未知其詳。閻午間來電，請免去本兼各職，看下文分解。石友三軍已集鄭州，孫、楚則北退，則韓、石不附閻已明顯矣。何鍵電則謂粤勝電皆宣傳作用，且看如何。"

1930 年 3 月 8 日，譚延闓寫信來。

《譚延闓日記》同日條:"三月八日晴,寒暖五十五度。(體重早百七十三磅,晚百七十六磅。步度二千五百度。服李任藥)發信:五十九、六十、大十三、秋、淑、曾九、協和、逸如、宏群。受信:六十四。八時起。睡思昏昏,大便不暢。步園中千。習拳。就浴。食麵一盌。欲出仍倦,遂不出。坐而假寐久之。與繩、祥飯,不思食,一盌即止。李任來視吾痘,已發矣。怪道微有蚌痛,然後於祥、繩,豈年紀爲之耶。爲人作書一小時。石醉六來談。祥與繩出翦髮,吾乃電療。微覺畏寒,試熱度九十九度半,人亦不適,乃習拳,得汗始解。李任云胃未愈,舌苔重,消化不良,勸食一種特効藥,姑試之。吕滿來。晚,與祥食薄餅,不能多進,亦胃爲之。吾胃故無病,今午瀉一次,腹中不舒,豈藥致之耶?病從口入,不虛也。八時半浴,熱稍退,殆痘爲之。十時半睡。陸仲安方殊不合,先服凉藥尚精神,今則氣滿,又不下氣,或生地八錢致之。明當來,今晚遂停藥。檢每月决算,此間月必千餘元,長安真不易居也。大生與信祥,亦言滬寓之窘。樹大招風,非兒輩所能繼,然無吾正不需此多費也。遣人赴滬迎繩婦,不知有他人來否。(聯三百卅七、直幅卅三、横幅廿二、榜書九十九)。"

1930年3月11日,復譚延闓書寄達。

《譚延闓日記》同日條:"三月十一日雨,寒暖五十度。(體重早百七十二磅半。步度六千七百度。至湯山)發信:六十三。受信:六十七、大生、曾九。七時半起。步廳事中六百步。上樓習拳。下樓就浴。宋子文來。及去,乃食麵。即赴行政院開會議,何敬之初出席。案多,至十二時一刻乃散。偕子文同車赴湯山,介石約也。及至,一時二十分矣。展堂、亮疇先在,有所商。同飯,有奉化廚子,魚翅頗憶苗勝春江北空城者也。飯後,宋、王先去,吾以痘不浴。睡頃之,殊不適。出至廳事,與蔣、胡談,四時半乃歸。到家即電療。晚,與繩、祥喫紅燒鷄麵三碗,此學孔庸之而不至者,剽學信不行也。以明須起早,遂不浴。吕滿來。九時半睡。聞馮已至潼關,但尚秘密,山西老兒信多詐也。初聞滚蛋笑呵呵,又似冬天戀被窩。臨走撒污非劇做,賊開門放賊不多。狗須喫矢真難改,猴要鑽圜没奈何。搬石定規先打脚,這回才算鬧翻窠。大武前函來,問舊本、舊拓,及吴石潛所稱新舊真贋,徐大、黎九皆不能答。今函云,詠洪云舊即舊字,見《説文通訓定聲》。及檢《説文》,舊即在'舊'字下,'舊'本鴟鵂,鳥名,借作新舊之'舊',後乃别製'舊'字。然則'舊'不可作新舊代也,用者有意求新,吾輩亦未免失檢矣。"

同日,蜜蜂畫社主辦《蜜蜂》美術旬刊創刊,刊出譜主七十歲小像。

按:見《蜜蜂》美術旬刊。蜜蜂畫社,是1930年初成立的中國畫社團。由鄭午昌、張善孖、王偉、謝公展、賀天健、陸丹林等發起，以提倡發展研究中國美術爲宗旨。社員有方介堪、張大千、馬企周、王一亭、應野蘋、謝之光、吴青霞等一百五十餘人。

1930 年 3 月 11 日蜜蜂畫社古今名畫展覽會假巴黎舞場舉行，出藏品陳列。

《書畫訊・蜜蜂畫社古今名畫展覽會》："蜜蜂畫社在巴黎舞場舉行第一次古今名畫展覽會已誌前報，兹聞該社所徵集之古今名畫已由海内各收藏家選取古今精品送會陳列。該社此次藝術運動爲欲轉移藝術風會，故其所具精神與尋常不同。所有陳列各件皆屬名貴之品。該社爲鄭重計，售門票每張小洋四角，今日已開幕，並由中國文藝出版部在會場贈送該部出版之《中西畫集》一册，以資提倡。再該會爲優待參觀起見，倘在場訂閱《蜜蜂》旬刊全年或購畫件，可將該會票資四角抵用，惟限每人一票云。"(1930 年 3 月 11 日《申報》)

賀天健《蜜蜂畫展開幕記》："東風消息，漸透江南，個個蜜蜂，花間聯翼，正將從事其釀蜜之工作矣。本會乃應運而生，亦所以存其命名之意也。兹將其昨日開幕之情狀詳述於後。是日陳列者，今畫有王一亭之《梅雀菊和合》，謝公展之《花卉合景》，許徵白之《山水》《仕女》，鄭午昌之《山水》，錢瘦鐵之《山水》，孫雪泥之《山水》，張善孖之《虎》《馬》，張大千之《山水》，王師子之《花鳥》，張時敏之《梅花》，胡汀鷺之《花鳥》，青山農之《山水》，馬孟容之《花鳥》，葉渭莘之《花卉》《山水》，馬萬里之《花卉》，張紅薇之《花鳥》，趙半跛之《紫藤》，楊雪玖之《山水》，吴青霞之《花卉》，俞劍華之《山水》，黄素盦之《山水》，孫吟雪之《山水》，朱少鶴之《山水》，張泠僧之《山水》，鄧芬之《草蟲》，及不才之《山水》《仕女》等。古畫部如鄧用亨之《青緑山水》，細膩工緻，吴小仙之《麻姑仙》，用筆倜儻，直似曹衣出水，高鐵嶺之《蘆雁》，蹟簡意高，爲鐵嶺傑作，石濤之《山水》大幅，勁拙異常，八大之《飛禽》，栩栩欲活，新羅山人之《東籬賞菊》，静淡秀逸，高房山之《雨山》，滃鬱有神，陳老蓮之《人物》，古茂樸拙，羅兩峰之《佛像》及《觀音》兩幀，均精妙無比。其餘限於篇幅，不勝枚舉。是日陳列古畫，蓋有百十件云。"(1930 年 3 月 14 日《申報》)

賀天健《雲蒸霞蔚之蜜蜂畫展》："蜜蜂畫展自開幕以來，倏已數日，參觀之人甚形踴躍，而社員加入者亦如雨後春笋，可見社會之注重藝術，而藝術亦爲人生之急需也。名收藏家除曾農髯、閻甘園、許修直、許小仙、丁輔之、張善孖、李祖韓、項松茂、吴幼潛諸君外，又加入哈少甫、秦清曾諸君，所出之品，皆爲藝苑精英，平時不易得見。諸君於該社肯如此熱心贊助，自可見該社此次藝術運動之鄭重矣。社員作品除本刊上次所記外，又有汪英賓之《山水》，熊松泉之《走獸》，陳寶濂之《山水》,張雪揚之《山水》,陳小蝶之《山水》,商笙伯、唐吉生之《歲朝圖》,秦清曾之《山水》,閻甘園之字,馬孟容之《花鳥》,王个簃之《花卉》,黄曉汀之《山水》,陳倚石之《人物》,鄭曼青之花卉,沈子丞之《仕女》,吴子鼎之《仕女》,王季眉之《山水》,沈立民之《人物》,吴青霞之《花鳥》,吴(楊)雪瑶之《花卉》,皆爲一時精到之作,海上藝術之花,將由以上諸君而狂放矣。昨日爲社員聚餐會之期,即就會場舉行,酒後興酣落筆,合作畫件甚多,間有老詩人奚燕子題詩。小子躬逢盛會,不能自已,爰作小詩以紀其事,儻亦許爲藝苑佳話乎! 詩云:海上題襟幾劫灰,風流頓歇亦哀哉。豈知一隊丹青客,又作負香汲水來。今日社友謝公展所畫之合景屏條四幅,先有林君訂購一條,旋又有楊君争購全堂,謝之畫可謂名重一時矣。社友許徵白所畫之立軸《山水》,爲郵政供應股長西人招勛購去,招君並求見許君以致其傾佩之意。張君大千之《荷花》爲宋藺墅君購去。”(1930 年 3 月 18 日《申報》)

此際瘧疾復發近半月,服藥乃愈,然疲困異常。1930 年 3 月 16 日庚午二月十七日,得悉譚延闓來滬匆匆,即將回寧,寫信問候。

與譚延闓書:“昨日探知弟已來,今夕即回院,知公務忙也。然奔馳不遑,精神當極快足,頗喜也。熙虐(瘧)纏又將半月,服金鷄納已愈,但全身疲困異常,不得走談。李世兄聞弟即回寧,已於昨夕首塗省母,父子同行,並告。此上祖安三弟先生,熙頓首。二月十七。瓶弟未另。”

譚延闓得書乘車來訪,登樓長談。

《譚延闓日記》同日條:“三月十六日晴,寒暖六十二度。(血壓高百八十八度,低百廿度。步度二千度)六時半起。即乘車至療養院,見季陶,談頃之。又與唐少川立談,乃見米勒,爲吾量血壓,聽心藏(臟),云不如劉繼誠言,勸勿服藥。秋自校來,乃同至沙利文,食渥勒弗,雖非□曾之品,亦自佳也。電大武,淞、棠來。食罷歸,大生夫婦、艾令來,正食麵也。李芾棠、吴熙農、蔡鑄人來。左台生來。袁大、夏五來。客去,與夏、袁步至大武家。午飯,亦有加肴。客去,步歸。坐睡一小時。四太來,與秋乘四太車訪曾九,登樓久談。曾九顔魯公祭伯父文真蹟在滬,托其借看,此鴻寶矣。歸,大生夫婦去吴淞。大武來,余偕之率細毛赴陸仲安約,秋、年附車入校去。陸客皆吾輩,代約余大、汪九、袁大、夏五、汪四、詠洪。渠只約一薩福懋字桐孫者,然一桌已擠矣。菜乃北,甚可喫,不覺大飽。九時,偕大武、細毛、淑、端、祺寶在此,娟已歸矣。十時,與祥、繩赴火車站,還京。余與兒女別乘一車,此辦事者之過也。詠洪、海槎、汪四來,坐頃之去。余即睡,聞有來送者,不知何人矣。十一時開,忽又停,余至十二時後乃入睡。今日始服人銜送余之半也。”

1930年3月18日庚午二月十九日,致書譚延闓,以長子憲璵事相託。

與譚延闓書:“滬寓一談,弟之神意完足,至慰至慰。摯男承弟致書魏部長,聞此時更調缺多,能否便中再提及之乎? 大股匪雖遠,然縣署既徙,保衛團卒亦去,小匪竊發,夜嘗不安,此勢所必然,懇弟切爲之謀。此詢祖安三弟先生近佳。熙頓首。十九。”

按:尚存一信不知爲何信附件,録於下:“再,卓男前承允電趙爲薦雜税局長事,未識電已發否? 今日來電送上,如尚未發,能從財政廳薦之,或電趙,乞酌。髯頓首。”(原件)

1930年3月25日庚午二月廿六日,寄趙恒惕《佛》與壽聯,補祝其五十歲壽辰。

與趙恒惕書:“彝午世友閣下:不見將一歲矣,去臘得祉威書,知世友五十初度,其時患咯血,正月病愈,寄上《佛》一軸又聯,因近日褾成之畫即索釐税,故未褾也。嗣又發虐(瘧)病,旋愈旋翻,以致牋賀稽遲。北地禪友極多,當更有以展發其學,聯語下句可玩味也。熙近來常苦病多,七十多,病亦分所應爾。惟停筆即無自食,奈何奈何! 祉威近居何地,亦常見否? 前存書畫各件如數交鳳庭,想已函告。手此,即詢近安。熙頓首,二月廿六。”(《湖南省博物館藏近現代名人手札》)

1930年3月27日,致譚延闓書寄達。

《譚延闓日記》同日條:“三月二十七日陰雨,寒暖七十度。(體重晚百七十五磅半。步度三千二百度。服李藥)發信:七十七。受信:八十一、秋、曾九。七時起。雨不能出。食麵後,即赴中常會,到甚早也。八時半乃開會,余主席,十時散,遂歸。肩胛仍不適。吕滿來。與祥同飯。飯後,廣東旅行團三人來見,步行自東三省來。鄧錦暉者參預先戰事,傷左手四指,爲題其册,且同攝景而去。葉譽虎來,談久之去。王先生來,習拳一遍,祥已學四分之一矣。電療。覺臂、胛均舒,倘有效耶? 晚,赴蔣夢麟、楊杏佛招,看所掘蕭墓明器,與吾得自郴州者略同。右任、敬之、譽虎同席。又一美國人,一李、一董(光新)、一文、一魏(衛),均學界專門家,參預發冢者也。以一石塊云石器時代之斧,吾未敢同。一陶瓶,有六猴,甚精,如新製,釉色可愛,信精美矣。菜則市估,惡劣之至。于右任恭維一小館,云紹興館六花春(郇)魚翅甚佳,其無嘴已可知。看梁諸蕭碑額。歸,與吕滿談,遂浴,九時至十時半乃畢。睡已十一時矣。金鑄九部叛去一團,云韋□勿,往盧興邦處。馮已至洛陽,戰雲將合,介石尚不知明可歸否。”

1930年3月31日,跋《中興頌》寄達譚延闓,譚以爲非明拓而係乾隆後所拓。

題《中興頌》:“壬辰自都還長沙,道人與言楊海琴先生所藏宋拓《中興頌》,其尠處幾同《鶴銘》,以索值重棄之,嗣聞爲翁師傅所得。甲午、乙未與道人同居京,曾託丁師叔衡面詢常熟師傅,並未見楊氏宋拓本,豈此本尚滯長沙與?譚震青太守得楊氏書畫極多,細詢亦未見。此碑道人前所稱有與《鶴銘》同者,蓋當時所見玉烟堂本。此本董所勾橅,宜有颜法,若水前本則無可通處,恨不起道人一證予言也。此本碻是明拓,予居海上十六年,宋拓蜀本曾一見之,原石明拓未嘗一遇也。祖安三弟得此本裝成,假置予案頭已九歲矣,題數語歸之。庚午清明前六日,熙。”

鈐印:曾熙之印(白文)。永建齋(白文)。

題簽:“明脱大唐《中興頌》(二册)。”

鈐印:曾熙之印(白文)。

《譚延闓日記》同日條:“三月三十一日晴,寒暖六十八度。(體重早百七十三磅半,晚百七十六磅半。步度三千度。血壓高百九十三度,低百十三度。始注射。德、淞來。游孫陵,泛後湖。)發信:八十一、俞明頤、演公。受信:八十五、連保。六時半起。步園中千。就浴。(停早服藥)吕滿同細毛、德、淞自滬來。得大武所寄吴窸齋爲大兄書屏,以吾斷之非僞也,吴有人代筆則不可知。曾九跋袁大所送《中興頌》來,以爲明拓,細審非也,‘曆’字已描填,必乾隆後拓也。食麵一盌。出至行政院作紀念周,乃入國府,見古湘芹、馮康侯,才廿九耳,可造也。紀念周畢,與易寅村談,遂歸。同德、淞飯。吴子承來,路丹父來。李志鵬來,爲吾注射 astonin 於右臂,云須廿次,今日始也。除□亭外,餘藥皆停。偕德、淞至中山陵,直上至禮堂,雖氣促,尚不憊。遇值星人,乃茶陵人,自九年從先生作衛兵者。開墓門,入視,西人坤亦在焉。下,遂至後湖公園,遇馬雲亭。泛舟一周,乃入城,看小孩比槍。電療。吕滿來。晚,與繩夫婦、祥、德、淞至西北飯店,食二菜,劣極。孝敬一拔絲山嶽尚可,吾已不能食。麵甚佳,滷火好,吾食貓耳朵、撥魚子、揪疙瘩、削麵各一碗,如天成□協同慶也。歸浴。遣小唐明至滬。十時半睡。大武寄夏五爲祖庚校詞稿來,評改甚精,過於伯弢。若付刻便可遵其所言。”

按:譚延闓有跋,云:“魯公書《中興頌》在大曆六年,與《麻姑壇》同時,年正六十三也。磨(摩)崖刻石易剝落,後經剜洗,筆法僅存。此本吾甥袁仲頤得之滬上,以貽余。‘厝’字已不作‘曆’,但填改處尚可見是乾隆後拓本耳。視今拓及摹本自不侔,恨時有描塗處。農髯定爲明拓,亦稱譽過情也。吾兄弟皆習顔書,於諸碑皆務得好拓本。道人所謂宋拓不可見,得此亦慰情勝無耳。庚午春分,延闓記。"庚午春分在陽曆 3 月 21 日,早於曾熙題詞,或有意提前日期,以免失敬之嫌? 又,1931 年辛未二月廿九日譚澤闓亦有跋,録如次:"辛未清明,先兄既薨之五月,撿點遺帙得此,謹以奉之俠黄(李烈鈞)先生老兄。兄與先兄至契,又同習顔書,此册重爲先足舊藏,手澤爛然,先生時展覽之,如與故人相對,不異並幾評碑時也。曾九兄所題亦爲絶筆,記此悼然。"

1930 年 4 月 3 日譚延闓寫信來。

《譚延闓日記》同日條:"四月三日陰,寒暖五十八度。(體重晚百七十七磅半。步度二千一百度。血壓左高二百〇三度,低一百二十三度。右高一百九十度,低一百廿度。復熾火一日。秋來)發信:八十四、菊生、楚傖、夏五、曾九、俞明頤。受信:八十八、淑、秉三。(聯五百〇二、直幅七十二、横幅廿八、屏卅、榜書百九十、扇五十一)七時起。雨不能出。於樓上習拳二徧。食麵。出赴中央常會,哲生主席,未十時散歸。看祥病,已愈矣。午,同德、淞飯。爲人作書,筆未三月已不中矣。路丹父來,仇亦山來。四時,秋携祺寶自滬來,祺寶略高於前,小兒信易長也。作書與大武。李傑偕俞四來,李爲吾注射及量血壓,一人之身而左右不同,信不可恃矣。李薌荃已於前日死去,李氏兄弟謂其誤服日本醫生藥,呃逆不止,飲食不進,乃注牛奶於肛門口,苟延旦夕。出者入之,其可久乎? 至於死生誠非疾病,可不論矣。電療後,吕滿來。食果,昨於庸之座食一枚,此第二次也。至祥處一看。晚,與繩、秋、德、淞食芝蔴麵四碗。看張菊生所寄百衲本《廿四史》様本殿本,脱誤已多,校勘不易如此,亦見官書之不可靠。使乾隆當時知之,連篇果行脱落遺佚,修書者將無幸矣。晚浴,十時畢,十五分睡。聞介石今晚歸,到此必九時後。左臂胛晨猶微痛,午後稍愈,電療未全効也。"

1930 年 4 月 5 日庚午清明,爲佐林作《荔枝圖》。

自書:"寫柳侯祠一株。予最愛昌黎《柳侯碑銘》,又喜東坡所書。寫似佐林仁兄法家正之。庚午清明,七十髯叟曾熙。"(上海恒利 2013 年秋拍圖録)

紙本。112.5×52cm

鈐印:永建齋(白文)。曾熙之印(白文)。髯叟七十後作(朱文)。

1930 年 4 月 10 日庚午三月十二日致書譚延闓,告知李筠庵子志鵬來爲譜主治病。

與譚延闓書:“前日得弟書,極快。弟能回湘掃墓,髯當同行。承書陸君扁額,代謝謝。李志鵬世兄今日到寓,體極堅壯,足見衛生之有益也。熙因瘧疾復發,已五六日,渠云即去秋根株未除净,至春又發,當爲我净除之。不日即詣弟問病。弟以節勞爲第一要義。即詢祖安三弟先生近佳。十二。”

按:李志鵬爲李筠庵之子,留德醫學博士。

1930 年 4 月 11 日庚午三月十三日,致書譚延闓,請爲李志鵬謀職。過數日又致書爲其紹介。

與譚延闓書:“祖安三弟先生如見:瓶弟前遞來手書。《中興頌》雖有填補之筆,然確是明拓。碑在吾湘,然老輩流傳,正無一善本,殊憾事也。熙虐(瘧)後,又復因天時外感風寒,六日以來精神頗暢然,糾纏亦月有餘矣。弟注射後如何?志鵬醫學既高,而誠篤尤可愛,李家子弟當推第一人。惟此時來滬行醫,自是正辦,所苦目下最少亦須三千竿。筠安書畫典質亦盡矣。未識同濟能兼就一館否?又聞滬寧杭皆設有官醫,能否爲之謀充一席?我弟對於故家子弟無不竭力爲謀,應如何成就,惟弟裁之,並便復以釋懸念。此詢近佳。熙頓首。三月十三。”

又:“筠弟之世兄志伊從寧來,確探葉軍長之軍醫出缺,正在訪延人才。志伊去歲醫陸榮廷之足疾(中西醫三年不效),陸終身感之,爲之登報紙,確有功效證據,乞弟作介紹函,以上校位月二百餘元,如此可以救目前之困苦矣。擬再託趙彝午兄加一函,此請祖庵三弟午安。熙頓首,廿一。(志伊姪晋謁,幸納之。)”

又:“阿筠來書告,弟兩便並無糖,不過胃較尋常人大,其天受之大與因大致病當能辨之。(志鵬心極細,其檢查病情必確。)鄙見兩月以來,弟之神氣完足,隨時調養之,即得不須多服藥也。熙虐(瘧)病餘害尚未一律掃清,因服金鷄納過輕之故,並告。祖弟三先生,熙頓首。廿七。”

1930 年 4 月 12 日,昨日書寄達譚延闓。

《譚延闓日記》同日條:“四月十二日雨,寒暖六十度。(體重早百七十四磅半,晚百七十六磅。步度三千三百度。晚服李藥五滴)發信:九十二、汪九、曾九、袁六、連保。受信:九十六。七時起。步園中千。就浴。食麵二碗。爲李特生書大斗方四塊。午,同祥、祺飯。又爲特生書直幅一,蠟箋難乾易壞,使人無歡。石醉六來。古湘芹、蔣夢麐來,爲曉莊事,學風如此,非嚴厲不可,然教猱升木,正是我輩不可無以矯之也。爲人作書久之。張承之來,一身是病,淚零不已,吾勸其就李傑治之。爲陳融代人求書寫一屏,廣東人,以冷金紙畫朱絲闌請書,作俑者李仙根,今殆遍矣。黎九來。電療後,與吕滿略談。周桂生得大生電話,云明晚與淑及艾令母子來,甚可怪,渠等不知我將歸耶? 又得仲圭電,楊綿仲辭職避匿,不知何因,總之不好好當差也。晚,與繩、祥喫芝麻醬麵,盡四碗。體重旬日來不增不減,或不至又胖矣。晚浴,十時半乃畢。十一時始睡。甚寒,室中不及六十度。大武書言成親王跋潘貴妃本《蘭亭》,有余得慈寧賜陸平原《平復帖》、懷素《苦筍帖》,則李文正家陸帖正此本,不知何以不刻入《三希》,與《祭姪文》皆後得耶? (聯五百六十二、直幅八十七、屏卅四、斗方十八、榜書二百〇五)"

1930 年 4 月 16 日,譚延闓來滬,至譚澤闓家相見,乃同飯。

《譚延闓日記》同日條:"四月十六日晴,寒暖六十六度。(到滬。步度六千五百度。)五時半起。昨睡仍時醒也。六時五十五分到滬。淑夫婦、秋、德來迎。到家,大武來。陳益壽之兄亦製蒸餃,具體而微,與□各喫數十枚。袁六夫婦携祺寶去。至大武家一坐。俞明頤來,曾九來,遂同飯大武處,飲一杯,食麵二碗。客去,仍步歸家。乃麗、艾令來,艾令已能語言,長高矣。偕祥、秋至淑家,見霖寶,尚不認生。袁六來。祥、娟往韵校,余與秋食米粉。至六時,祥歸,乃同返。李希易、周砥青、李安甫來。同車至俞明頤家,袁大、夏五、詠洪、聶六、余大來。汪四來。俞明頤設饌甚精,鰣魚甚好,今年第一次食鰣魚也,上海已屢見,尚值八元餘一尾也。散後略談,乃先後散。余歸,繩、年、德、淞均來。十時睡。今日食多,服清道丸四粒。汪九已返湘,今早可過南京。吕滿當往見之,吾不候矣。易寅邨同車至滬,晨與談久之,云以四十元得嘉定本《法言》,蓋賈人不知嘉定爲宋本,故得廉也。《劉熊》已决以三千得之,云《聖教》、《祭姪》不能兼也。"

庚午三月,題張善孖四十八歲生日自寫《駿馬圖》。

題張善孖四十八歲生日自寫《駿馬圖》:"既舍我車,安用吾馬。閑閑自適,優遊松下。君子道喪,所求在野。善孖弟當道嘗求之,退隱於畫。此四十八歲生日所作,因題數語嘉之。庚午三月,七十髯叟熙。"(《當代名人畫海》,中華書局 1931 年 8 月版)

張善孖自題:"虎癡,己巳五月二十七日四十八歲初度寫此自受。"

鄭岳題:"長才寧何用? 中原苦逐鹿。散迹向員邱,龍池歸可宿。鄭岳題。"

馬宗霍題:"淺草長松大漠姿,青綾紫電見摧奇。會當一笑空凡骨,小立蒼茫有所思。善孖二兄四十八歲寫馬自壽,即席題贈,並乞正之。弟宗霍。"

按:此圖尚有樓辛壺、鄭午昌等題跋。

1930 年 4 月 17 日,譚延闓父冥誕,與衆人前往行禮。

《譚延闓日記》同日條:“四月十七日晴,寒暖七十度。(體重早一百七十五磅。步度二千二百度。血壓高左百九十五度,右百九十四度。低左百三十度,右百三十度。還京)(扇五十六)六時起。赴療養院就米勒診,云心尚大,血壓左右相近,舌强,宜用馬撒基。因就浴。看鈕鐵生,方以疝割睪丸,卧不起。又至三樓看王伯群,已愈矣。滕文起邀電療,已九時半,遂不去。歸,過萬國公墓,看静女墳,稚松已長,宰樹成林,徘徊頃之出,遂歸。李子扉來,同至大武家,諸客大集,上樓行禮,先公冥誕也,今年政百有九歲。秦二、余大、夏五、袁大、詠洪、(曾九、汪四、聶六、安甫)之流皆上樓行禮。余大後來,乃不得與。餕餘分兩席,吾陪秦、余、夏、袁等,繩、年與焉,袁六亦來。本曹四治具,而家中以家法復炖翅,遂有兩翅,各極其勝大者矣。散後,與大武、秋、年、松、淑同至古香齋,看袁六自北平辦銅甆,有美人霽、豇豆紅,云已賣其一瓶,直三萬。又有玉盤,薄如玻璃,信清宫之寶也。袁大、夏五亦在,看畢乃歸。爲人書二扇。六時,偕大武赴袁大家,袁與夏五約也。秦、余、仲安、詠洪、汪四、袁六,菜尚精潔。散後,偕大武、淑、祺歸家小坐。與淑、祺赴火車站,祥以待韵,繩以請假,皆不同行也。到火車即睡,十一時十分乃開,車中殊熱,睡亦不安,屢醒,覺不快也。”

庚午穀雨後,自書書論。

自書:“近人景六朝墓誌,精粹之品固多,然贋蹟亦不少,臨池宜慎取之不爲惑。庚午穀雨後,七十髯叟曾熙。”(安徽藝海2005年春季拍賣圖録)

紙本。144×36cm

鈐印:曾熙之印(白文)。農髯(朱文)。

1930年4月21日庚午三月廿三日,致函李筠庵,告以請託譚延闓爲李志鵬謀事得允,並告以張大千從北京購得羅聘畫醉鍾馗和程邃扇各一件極精,其兄弟正爲辦畫展忙與揮毫。

與李瑞奇書:“連得手書兩函,知前書已入覽。譚家(按:指譚延闓)兩日所食均有濃厚鷄汁。十九爲文勤公冥誕,瓶(按:即譚澤闓)令毛廚作湯魚翅,曹廚乾炙魚翅,臨箸,但可少食,究不能不食。兩夜均至天明方安枕,可見鷄汁不能食,誠如畫友所論也。志鵬上海行醫,譚三爺(按:即譚延闓)承允設法。倘得美人一病,則十萬金亦唾手可得。一笑。熙寒熱雖早除,然此次損傷頗重,不能多勞,無須節也。船菜雖美,如能來游,則早與三爺同車,可上牛首(按:南京牛首山,李瑞清墓地)矣。此時以静養爲主,每晨服畫友所送藥一包,雖藥全不苦,恐原質去之太多,鵬亦檢驗否?仲乾(按:即李健)之婦已將尊函加函送去,惟稿本尚未見送來,加函無論印與否,稿本無携往外洋之理,更無存與汝妹家之理。將來應歸繼梅保守,庶合道理云云。弟可再函,督令交出。文潔(按:即李瑞清)手澤不可疏忽,切切。譚三爺撰《玉梅花庵》,極好,前已抄稿並跋寄來,已屬其捐廉刻好交尊父子,並屬以宣紙書之,留爲紀念。季爰來住瞿家(按:指曾熙寓舍主人瞿鍾麒)一房,六日一返嘉善,已三來三去。善孖亦另備一小房,因不能別有畫室,故住此,擬畫百件開會云云。阿筠畫友同鑒。熙頓首。三月廿三。季爰携兩峰畫醉鍾馗(六百),小筆極淡逸;又垢道人扇一(乙百),極精,皆巧生北京買來也。"

庚午穀雨後,爲李瑞清弟子浩齋寫《墨梅圖》。

自題:"天闕雲深春又暮,何時與子祭梅花?浩齋弟爲玉梅花庵弟子,因敬師,乃以師禮事熙,禮意殷殷十餘年如一日,寫此並志數語。庚午穀雨後,七十髯叟熙。"(上海泓盛2008年春拍圖録)

紙本。92.5×56.5cm

鈐印:曾熙之印(白文)。

1930年5月4日,譚澤闓寄譜主所藏《玉虹樓帖》與譚延闓觀覽。

《譚延闓日記》同日條:"五月四日雨晴陰,寒暖六十八度。(體重早百七十五磅,晚百七十八磅。步度五千五百度。血壓左高百九十四度,低百十八度。右高一百九十度,低一百十四度。游後湖)發信:百十三、大生十七、夏五。受信:百十四、大生。七時五十分起,昨睡酣也。習拳。就浴、食麵。遂録翁評竹雲虚舟題跋竟,作跋記之。吾在京所見翁評非全本,冀將來更得補完也。曙邨來。大毛來。午,同淑、祥飯,袁六、細毛皆赴吕滿招也。李志鵬來,爲注射,量血壓,塗藥舌於扁桃腺而去。教祥推手,竟不行,呼細毛來,始略有眉目,吾技尚不能教人也。今日忽大雨,忽見日,陰晴不定。四時,與繩夫婦,偕淑、祥游後湖,步公園一周。復至舟步待船久之,船來,仍非大者。上船,繞行湖中,荷葉新出水,如錢如盞,皆作赤色,如嬰兒也。至玄武門,登車歸。看祺寶始醒,又坐茅亭聽鳥聲。九伢子携其兩女來,坐頃乃還。看報。胡漢民作詩和協和,吾亦不能不作矣。晚,與袁六、細毛、淑、祥喫滷子麵四碗。看祺寶玩笑久之,乃就浴。十一時睡。夏五寄作祖庚詞序,甚絜净,有法度。大武寄《玉虹樓帖》來看,曾九所藏,不知何時拓。已注明須二十四兩,則今皆當百金矣。"

1930年5月10日致譚延闓書寄達。

《譚延闓日記》同日條:"五月十日晴,寒暖八十四度。(體重早百七十六磅,晚百七十六磅半。步度一千五百度。血壓左高二百〇十度,低一百卅度。右高一百八十八度,低一百十一度。衣單衣,猶汗出)發信:百廿。受信:百廿、廿一、汪九、曾九。(聯六百六十一、斗方廿七、横幅卅五、扇八十二)六時起。步園中千。就浴。食麵。出訪楊杏佛,出示無量殿掘得之佛像,無頭,已斷爲二,有梁天監造像字,甚精。又有一佛首,無身,金塗未壞,又有數螺髻形物,似毘盧帽,有梵字繞之,不知何物,楊云係密宗物,狄楚青云。乃携造像歸,擬搨之。爲杏佛夫婦及其友寫斗方三紙。飯,有鰣魚,呼繩夫婦來,與淑、祥共食,僅飯一盌,食魚費時多也。張希伯來,送字帖看,約其明日來搨造像。(李傑來量血壓。)大毛來。吴子承同唐襄、王愷如來。張子江來。爲馮康侯寫横幅本,求臨《出師頌》,吾以其少,爲臨《急就章》,又恨其多,不先一其計之過也,然於余之習章又有益也。王寵惠、胡展堂、古湘芹來,以立法院對中日關税協定第五條,簽字後十日發生効力,以爲抹殺政府批准權,大起質問。研究半天,仍以喚王正廷來出席爲是。其實'簽字'易'批准'即無事,不知王正廷何以舍此用彼也。爲人作書頃之。晚,食芝麻醬麵三盌。浴正八時,九時半畢。平時體重早晚相差率二磅,今僅半磅,豈食少耶。十時睡。今日熱甚,晚大風,乃凉。"

1930 年 5 月 13 日譚延闓回信。

《譚延闓日記》同日條:"五月十三日陰晴,寒暖七十一度。(停醫療一日。試服施今墨方。步度五千九百度)發信:百廿二、余大、曾九。受信:百廿二、夏五、赤乾。七時起。大生夫婦携艾令來自滬,遂同早飯。(王亮疇、蔣夢麐來。)出至行政院,子文來談。十時開會,十二時散歸。同兒女飯。看小孩嬉戲,古人所謂弄孫也。王潤生來,習拳,推手。爲人作書。蔣夢麐來。林百克與其子保羅來,向哲濬爲譯,談甚久。古湘芹來。戴季陶來。特開爐汽蒸之,自修好來今日始開試也。出赴古湘芹招,林百克父子、向哲濬、胡展堂、王亮疇、李錦倫、李仙根同席。孫哲生先去,王儒堂後來。將半,與展堂起,赴戴季陶約,佛采而及其副官、夏姆堡、朱益之、朱家華(驊)、張靖江、陳恭俠、沈士華、沈覲鼎、張難先等皆在。凡兩席,余與佛采而、展、益、靖、騮先、沈士華、季陶同席。散後,又談久之,乃歸。諸兒女尚坐候。大生與楊公兆來,談久之,乃去。今日服施今墨方一劑,看有効否。十一時睡。今日知中日協定已通過,展堂頗費力。得桂張竄湘訊。佛采而明日赴徐州,静江亦去。亳州已復,在總攻擊前。(聯六百六十九、榜書二百卅、扇九十六)。"

1930 年 5 月 15 日庚午四月十七日,錢瘦鐵來謁,在寓所刻"髯翁年七十

以後所作”、“曾熙之印”、“髯翁畫記”印三方。

題錢瘦鐵篆刻：“庚午四月十七日，瘦鐵刻於心太平庵，腕法刀法直到漢人。熙並記之。”

任堇題：“此所謂單刀法也。如丈人承蜩，如僚弄丸，其詣當以徐臻，率爾效颦，便爲東家施哭矣。庚午首夏，任堇題識。”(《蜜蜂》雜誌第 11 期，1930 年 6 月 21 日)

庚午四月，題太平洋藝術社出版之張善孖《十二金釵圖》畫册。

題張善孖《十二金釵圖》：“虎癡寫《十二金釵圖》，老髯曰：今日金釵之流，其害非關一人之性命也，蓋甚於虎矣。噫！庚午四月，七十髯叟題。”(《十二金釵圖》，庚午五月再版，太平洋藝術社出版發行)

鈐印：曾熙之印(白文)。

庚午四月，爲《康南海諸天講》題扉頁。

題《康南海諸天講》：“康南海諸天講。庚午四月。七十髯叟題。”

1930 年 5 月 19 日庚午四月廿一日午間，約姚虞琴、趙叔孺、唐吉生來舍小叙。

與唐吉生書：“陰雨彌月，尚未造訪。廿一午前十二時，乞駕至舍間小叙。已約虞琴、叔孺矣。吉弟。熙頓首。四月十九。”

1930 年 5 月 21 日至 23 日，弟子張大千假寧波同鄉會舉辦首次個展。

張大千畫展廣告：“張大千個人畫展五月二十一日起至二十三日止，在西藏路寧波同鄉會四樓，歡迎參觀並祈指教。時間：每日上午九時至下午六時。張善孖與弟大千合作書畫摺扇同時展覽。”(1930 年 5 月 21 日《申報》)

《書畫訊》：“蜀中張大千君擅鄭虔三絶，修髯道貌，丘壑滿胸，而以畫最擅勝場。現定於今日起，將其最近作品一百餘點，假座寧波同鄉會四樓展覽三天。若花卉、鳥獸、山水、人物，均係張君近年游歷所得之寫實，筆法高古，設色静雅。至有大千與乃兄合作扇箑，更爲難得之作云云。”(1930 年 5 月 21 日《申報》)

又：“張大千個人畫展自於昨日(二十一日)假寧波同鄉會公開展覽後，雖值天雨，而來賓仍極擁擠，大有户限爲穿之概。所有與乃兄善孖合作之扇箑，每柄定價分十元、六元兩種，即昨日一日之中，已售出扇箑四十餘柄，並有專向預定者，足見兩張之書畫確有真確之藝術也。”(1930 年 5 月 22 日《申報》)

又:"昨日爲張大千假寧波同鄉會舉行個人畫展會之第二日,自上午九時起,迄至下午閉幕止,來賓簽到者達千餘人。團體有務本女學學生,由楊清磬畫師率領,前來參觀,莫不流連忘返。其他若黄賓虹、熊松泉、吴東邁亦蒞臨參觀,頗極一時之盛。"(1930年5月23日《申報》)

賀天健《大千投筆紀念畫展》:"今日海上之有二張,不亞昔之洛陽之有二陸,二妙千古,輝光相映,此畫苑之盛會也。善孖世號虎癡,以善畫虎稱,其實山水人物以及花卉草蟲,無所不精。大千有石濤再生之號,蓋一落筆,風雷挾走,非石濤不足擬。石濤乎?大千乎?撲朔迷離,未可識别也。此日大千何以以投筆聞?其間蓋有由矣。大千自以書畫問世以來,踵門求墨者,幾無日無之,所謂鐵限爲穿,誠非虚語。惟大千賦性灑落,疏俊不羈,興之所至,涉筆成畫,而求之者每以尺度篇幅限之,大千頗以爲苦。蓋有時欲作大畫,而必限之以小,有時欲作小畫,而必限之以大。大小固不足拘,而左右擁積,畫債成臺,由是興爲之限而趣爲之殺矣。故大千常與余語曰:大丈夫何事不可爲,必奴隸我於筆墨間乎?蓋欲投筆者屢矣。當去年大千浮海東游,北往瀋陽、大連、北平而歸,而其家中索畫之件,已有百十之數,所幸者,山川眼前,風雲腕底,造化粉本,性靈抒寫,適亦盈篋,經年畫債,足以相抵。於是而奮然曰:吾復忍爲楮筆奴隸乎!投筆之事乃實現矣。其師曾丈農髯聞而與語曰:子名已成,一旦投筆,不可無紀念。於是乎有幾年展覽會之舉。事聞於吾,慨然曰:世方以爲不得名爲苦,而大千既得名,乃望望然而去之,大千其將何爲乎?楮墨奴隸,固非吾男兒事也,然而敝屣名利,大千誠非常人所及矣。聞會址在寧波同鄉會,展覽之件可百餘幅,善孖與大千合作扇面及所作《十二金釵》等妙品,亦並參列,於二十一日開始展覽,吾畫界自有歷史以來,成名而去者,鮮有所見。大千此舉,蓋空前之事矣,豈可不紀念哉!爰作此文以紀之。"(1930年5月23日《申報》)

存考:對於别的畫家,個人作品展覽會到底舉辦於何年何月,不算問題,然而到了張大千這裏,却成了個問題。

在記載張大千自述和張大千年譜年表之類的著述中,公認的却是1925年舉行第一次個展之説。

據説1925年秋,張大千爲解决生計,以一個月時間作畫一百幅,在寧波同鄉會舉辦首次個展。展品不計類别、大小、簡繁,一律二十元,編號抽籤取件。

筆者爲弄清此際前發生的"國畫復活運動",曾地毯式搜索上海多種報紙,查讀報摘記,壓根兒找不到所謂寧波同鄉會有張大千首次個展的報導,連廣告也没有。换言之,所謂1925年張大千個展之説,如鏡裏花,水中月,是没影兒的事。

1928年秋英會書畫展覽會以後,我們順着時序逆行檢索。1930年有"張大千個人畫展"的廣告與報導,1928至1930年間,只有1929年2月間有在西門路西成里寓所舉辦張善孖、張大千、丁六陽與大風堂所藏書畫展覽會。

再擴展到秋英會以前吧，但，也叫人失望。

現存一封曾熙殘札，有云："季爰開會之籌備，畫百件作百票，每票二十元，須先向至契商計，願承認若干票，蓋交情上之分别。刻聞已有六十票矣。如百票完全可得千元，以褾價、開銷各費須一千也。曉翁生意頗好，尚不多，已去一次。熙再頓首。"

信缺前頁。前文所述"作畫一百幅""每票二十元"之説，可能來自這封殘札。

再看《申報》報導："蜀中張大千君擅鄭虔三絶，脩髯道貌，丘壑滿胸，而以畫最擅勝場。現定於今日起，將其最近作品一百餘點，假座寧波同鄉會四樓展覽三天。若花卉、鳥獸、山水、人物，均係張君近年游歷所得之寫實，筆法高古，設色静雅。至有大千與乃兄合作扇箑，更爲難得之作云云。"

"一百餘點"，和殘札之言接近。

再看曾熙給清道人弟弟李筠厂的信吧，其中也提及張大千兄弟籌備辦畫展的事。信没有署年，僅署"三月廿三"。爲鎖定何年所寫，現將全文録於下：

"連得手書兩函，知前書已入覽。譚家(按：指譚延闓)兩日所食均有濃厚鷄汁。十九爲文勤公冥誕，瓶(按：即譚澤闓)令毛廚作湯魚翅，曹廚乾炙魚翅，臨箸，但可少食，究不能不食。兩夜均至天明方安枕，可見鷄汁不能食，誠如畫友所論也。志鵬上海行醫，譚三爺(按：即譚延闓)承允設法。倘得美人一病，則十萬金亦唾手可得。一笑。熙寒熱雖早除，然此次損傷頗重，不能多勞，無須節也。船菜雖美，如能來游，則早與三爺同車，可上牛首(按：南京牛首山，李瑞清墓地)矣。此時以静養爲主，每晨服畫友所送藥一包，雖藥全不苦，恐原質去之太多，鵬亦檢驗否？仲乾(按：即李健)之婦已將尊函加函送去，惟稿本尚未見送來，加函無論印與否，稿本無携往外洋之理，更無存與汝妹家之理。將來應歸繼梅保守，庶合道理云云。弟可再函，督令交出。文潔(按：即李瑞清)手澤不可疏忽，切切。譚三爺撰《玉梅花庵》，極好，前已抄稿並跋寄來，已屬其捐廉刻好交尊父子，並屬以宣紙書之，留爲紀念。季爰來住瞿家(按：指曾熙寓舍主人瞿鍾麒)一房，六日一返嘉善，已三來三去。善孖亦另備一小房，因不能别有畫室，故住此，擬畫百件開會云云。阿筠畫友同鑒。熙頓首。三月廿三。季爰携兩峰畫醉鍾馗(六百)，小筆極淡逸；又垢道人扇一(乙百)，極精，皆巧生北京買來也。"

"十九爲文勤公冥誕，瓶令毛廚作湯魚翅"云云，指的是譚延闓、澤闓父親 109 歲生日。本譜引《譚延闓日記》1930 年 4 月 17 日陰曆三月十九日條裏提到這次事情，曾熙曾前往譚府行禮："歸，過萬國公墓，看静女墳，穉松已長，宰樹成林，徘徊頃之出，遂歸。李子扉來，同至大武家，諸客大集，上樓行禮，先公冥誕也，今年政百有九歲。秦二、余大、夏五、袁大、詠洪、(曾九、汪四、聶六、安甫)之流皆上樓行禮。"這裏的"曾九"就是曾熙,"大武"是譚澤闓。顯然曾熙這封信是1930年4月21日陰曆三月廿三日寫的。信裏提到張大千借住曾熙房東的一間房間趕畫,六天一至嘉善(看望母親),善孖也别借一間作畫。這裏也同樣出現"畫百件開會"的話。顯然前後所説的都是同一件事。

"張大千個人畫展自於昨日(二十一日)假寧波同鄉會公開展覽後,雖值天雨,而來賓仍極擁擠,大有户限爲穿之概。所有與乃兄善孖合作之扇箑,每柄定價分十元、六元兩種,即昨日一日之中,已售出扇箑四十餘柄,並有專向預定者,足見兩張之書畫確有真確之藝術也。"

這是傳媒的即時報導。不見了"每票二十元",也不見了"憑票抽籤對號取件"。這就是張大千第一次個展的真相。

1930年5月23日至6月7日,海上書畫聯合會在滬南半淞園之江上草堂舉辦第三屆扇展。

《書畫訊》:"海上書畫聯合會宣稱:本會扇面展覽,第一屆在文明書局進行,第二屆在安樂宫舉行,今歲第三屆已借定在半淞園舉行。定期國歷五月廿三日起,至六月七日止,凡捐助扇面者,寄售扇面者,均可至西門外西林路三興里七號本會事務所接洽云云。"(1930年5月22日《申報》)

《庚午年夏季扇面展覽會記(煙谷查豐詒)》:"惟中華民國十有九年國曆五月海上書畫聯合會主任查煙谷徵集會員會友合作扇面七百餘頁,假座滬南半淞園之江上草堂陳列展覽旬日。之間適逢天朗氣清,游人如織,參觀者達萬人以上。竊謂山水名勝之區,而書畫風雅之事,必須有名流好古之人爲之品題而表揚之。故書畫者得人而後彰,易地不爲良者也。書畫會之倡辦,於今六載矣,累年所蒐集海内書畫家之扇箑,何止數千葉,知名之士無不遍,於一藝之長無不容納,其姓氏别署,不勝更僕數也,不勝罄竹書也。此僅就今夏所新加入者而尤優美者,表而出之。其爲蠅頭端楷者有沈有壬與王雪槎。雪槎以近古稀之年而能作小楷,爲尤難得也。若少年新進,則有姜煊生之人物,吴韵泉之花卉,則後生可畏者也。汪聲遠傳叔平衣鉢,胡睡仙得仙槎法乳,王聯藻筆追冬心,陶冷月色參歐化,姚鴻劍動植俱肖申石伽,氣韵俱佳,楊毅莊、楊質堪、屈松聲、蘇亦厂均志在高山流水而各有所長,卞薇閣、蔣庸盦、糜倜人、楊敬齋、富樸安均蒐求斷碣殘碑而一意古,卿雲、小秋則秀出閨中,石侯、大悲則色空方外,此皆今歲所加入者也,逮閉幕之後,猶有程棲盦、顔二民、嚴紹曾、周惺庵、陳豆盦及裴仙女史由邗江寄扇來,陳兆五由汕頭寄扇來,扢雅揚風,後先踵接,文化之興,國粹之存,即寓乎斯,勿謂末藝小道無足觀也。"(《墨海潮》第二期,1930年10月20日)

《海上書畫聯合會會員題名録》:“本會自乙丑年倡始,迄今六載矣,未收會費,凡爲義務情誼捐贈書畫,曾以作品加入墨林藝苑者,與贊成宗旨以名譽上之贊助者,均認爲會員,謹以姓氏筆畫多少爲次,編列如左,或有遺漏,容俟續補。丁太弦,丁六陽,丁月江,丁醒愁,丁慕冰,丁墨農,于右任,于惠安,大悲僧,卞薇閣,王一亭,王二南,王士龍,王子甫,王木天,王子文,王師子,王叔用,王子斌,王道,王滄粟,王蒓農,王冕廷,王湘墅,王聯藻,王繼述,王雪槎,王璞山,王履齋,王濟遠,王念慈,王延慶,方壺冰,方佩香,石侯僧,田梓琴,田寄葦,史喻龕,史志超,朱彊邨、朱琢齋,朱其濬,朱家章,朱劍山,朱貫石,朱紀壽,朱蘊黄,朱謙甫,朱家元,江心田,江良筠,江道樊(女),江叔謙,江小鶼,江笑風,任堇叔,任延禧,邢碧霞,吕十千,吴昌碩,吴待秋,吴藏龕,吴琴木,吴東邁,吴仲和,吴雅之,吴小秋(女),吴山濤,吴韵泉,吴杏芬(女),吴頌莪,吴耳似,吴薌研,吴心澄,吴郁生,吴鐵梅,吴鐵珊,吴絅齋,吴巽齋,沈一夫,沈周卿,沈學涵,沈鳳翰,宋澂之,汪澤之,汪達川,汪仲山,汪溶,汪聲遠,汪英賓,李博亭,李圭昌,李橘叟,李芳園,李肖白,何卍廬,何際時,武劼齋,狄楚青,余覲光,宗履谷,花溪女,季守正,林古愚,林覺民,金誦清,金慕周,金松明,周夢坡,周言,周逸安,周錬霞(女),周恭甫,周卿雲(女),周乃園,胡涂,胡睡仙,胡毓臺,胡瓊修,胡癯鶴,胡育溱(女),胡谷蓀,易大厂,屈松聲,苦禪,茅月潭,哈少甫,俞古香,俞法三,俞舲薌,俞吟秋,俞劍華,俞勉廷,查掄先,查子春,查煙谷,查浣塵(女),姚虞琴,姚墨林,姚墨邨,姚鴻劍,姚水章,徐翰臣,徐鼎臣,徐穆如,徐曉春,徐芷湘,徐彜珊,潘俠鈞,徐鉢壽,徐次釪,徐緑芙,徐澤三,徐剔永,郭宜庵,郭鑑秋,洪釐生,馬企周,馬逸人,馬軼群,馬軼之,馬梅軒,馬溉甫,陳家鑑,陳心魯,陳少山,陳鴻甫,陳國鋭,陳剛叔,陳務人,陳文潞,陳无咎,陳馨之,陳耀如,陳問時,陳兆五,唐乃安,唐吉生,唐伯謙,唐子湘,凌卓英,凌碧雲,夏自怡,夏滄渌,孫星閣,孫景風,孫玉仙,孫守伯,孫友三,陸碧峰,路鐵夫,陸丹林,陸品珪,陸抱景,陸曉初,袁仲濂,袁缶鳴,袁庚丞,,耿逸仙,倪虚白,雯波,陶冷月,陶勉庵,梁敬齋,項駿,張善孖,張大千,張偉卿,張鏡波,張益君,張易平,張仲仁,張恂如,張小樓,張伯英,張松年,張伯川,張筱白,張漢癡,張忍庵,張識齋,張鳴玉,許徵白,許鑄成,許敬六,章一山,章南村,黄小癡,黄愚山,黄淡如,黄鐵生,曹恕伯,莊甲安,戚飯牛,崔滌川,曾農髯,曾公冶,程栖龕,程國琛,程民楷,富樸安,湯九,湯臨澤,童丕繩,童允嘉,童嘯秋,彭冰厂,彭仲煌,彭壽年,温綸,喻志韶,喻星侯,鄒樂生,鄒謹初,强夢漁,强雲門,蛟川巖影,傅伯琴,葉柏皋,葉秀峰,葉苦葉,葉聘臣,葉伯常,葉更生,楊東山,楊景山,楊敬如,楊毅莊,楊乙父,褚筱濤,蒙壽芝,齊静芳,趙海珊,趙叔孺,趙悔庵,趙玉尊,趙季蕃,鄭孝胥,鄭壽徵,鄭煙樵,蔻鳳,緑天女,鄧志豪,蔡震淵,蔡逸民,蔣鴻文,蔣旭丹,蔣庸龕,慧安,劉栖谷,劉山農,劉亞文、劉亞南(女),劉海粟,劉文淵,潘家元,潘敬齋,潘蘭史,樓龍如,樓辛壺,魯指南,錢瘦鐵,錢雲鶴,錢季寅,錢化佛,錢石僊,盧俊,盧新蒲,鮑秉之,謝公展,謝閑鷗,謝茀青,謝安瀾,謝泗泉,謝神芝,謝鳳藻,謝俠遜,韓鴻碩,糜倜人,蘇幼宰,蘇雲望,蘇人權,繆谷瑛,薛凝,戴春風,闕富亭,譚瓶齋,譚組雲,譚少雲,顧伯逵,顧曜君(女),顧吉龕,顧青瑶(女),顧九煙,顧篴庵,嚴志鴻,龔鐵梅。以上共計三百三十餘人,内沈周卿爲高麗人,其餘皆中華國籍。又張伯英有二人,一爲山東銅城,畫家,一爲浙江石門,書家。又黄淡如係書家,非畫家之黄淡如,合併申明。"(《墨海潮》第二期,1930年10月20日出版)

庚午四月,爲啖薺室主寫《紅梅》扇面。

自題:"置酒孤山尋處士,本來清興與君同。庚午四月,寫似啖薺室主正之。七十髯叟熙。"(私人藏)

鈐印:曾熙之印(白文)。

庚午夏五月爲達甫畫《梅石圖》扇。

自題:"相親惟有石,丹心爲君吐。庚午夏五月,寫似達甫法家正之。熙。"(西泠印社2012年春拍圖録)

鈐印:曾熙之印(白文)。龍田里人(朱文)。

庚午五月,作《莽蕩山河圖》。

自題:"莽蕩山河誰是主,蕭然一葉與天隨。庚午五月,七十髯叟熙寫。"

鈐印:曾熙(白文)。

庚午五月,書"兄弟高年文伯子,詩書善畫蘇長公"七言聯,祝弟子張善孖四十九歲生日。

張善孖《追念曾農髯師》:"余與八弟大千,過從更多,承契彌厚。今歲五月,余進四十九歲,師贈聯云:'兄弟高年文伯子,詩書善畫蘇長公。'雖愧溢量之稱,實見獎掖之篤。"(1930年9月9日《申報》)

本擬與譚延闓聯袂回湘掃墓,以近來常因風感冒,加之家人力阻,端午與譚延闓書,稱改入冬再行。

與譚延闓書:"手示悉。家人以近兩月常因風感冒,恐炎暑生病,誠兒自杭專來阻行,俟冬天再行回衡也。雲腿截作三段,以一奉上佐餐,一送五弟,又一乃髯留自食,但味之佳否,尚不知也。又廣人遺有鹹肉角黍,並分上,乞納之,又是重午佳勝,如何不來賀也。畏弟,髯頓首。(承餽多珍,謝謝)"

1930 年 6 月 14 日庚午五月十八日,致書譚延闓,告以得悉彼爲南京牛首山玉梅花庵所書楹聯已交李瑞奇,並順告以近來健康情形。

與譚延闓:"數日前得阿筠函,告知弟又患虐(瘧),此志鵬所易爲,但未有無他病夾之,幸詳告。髯三月中精神極暢足,方欲渡錢塘,窮覽富春一帶山水,嗣四月二十一日患瘟病,雲江來診,以爲髯來上海從未得此最重瘟病,大熱大汗,竟日不止,遂以重劑表藥下之。其云病初起,正氣未傷,可投重劑。連服三劑,至第三日熱平一半,然糾纏至端午後熱净除,除後三日又發虐(瘧)病,嗣以金鷄霜丸投之,虐(瘧)亦止,惟痰塞胸間,至今不爽快耳。聞玉梅庵聯已書刻交筠,又惠予志鵬二竿爲開辦經費,此天闕亡友感泣地下,髯與筠不得置詞也。三日來亦勉强日書數聯,亦不覺苦,並告。此上祖庵三弟先生,熙頓首。十八。"

1930 年 6 月 15 日,昨日致譚延闓書寄達。

《譚延闓日記》同日條:"六月十五日雨晴,寒暖七十五度。(體重早百七十二磅,晚百七十三磅。步度三千度。血壓左高百九十六度,低百廿六度。右高百八十一度,低一百十六度)發信:百五十二。受信:百五十七、曾九、汪九。昨夜翻復不得入睡,至一時始睡著。六時即醒,更不能睡,乃起。下步園中千。就浴後,食麵二碗。與益之電話,昨溧州報了無續音,敬之亦無復,可怪也。得介石昨電亦不及此,或者有誤耶?易美堂請書册頁擱置已久,發憤爲臨趙子昂《急就章》,盡八紙,未畢也,明再續書之,始知章之不易。曙邨夫婦及子來。午,同祥、繩飯。飯後,渴睡頃之。日本海軍武官菅洋恕人來。陳純芳爲譯,述所得謡言而去。以克强贈刀托其修理,此華工所不能也。得逸如電,數日不得電,知今日出通城,赴平江。陳紹寬來電,昨復岳州城陵磯。電療。大毛來,以四弟手稿請題籤,視之傷心,不忍更讀。人固有一死,惜其中夭耳。晚,與祥、繩喫炸醬稱條四碗。就浴。吕滿來談。十時半睡。李石曾、吴鐵城等來電,奉可出兵,但有請求,俟李來再説。詠安電,張師至長壽,金師至萍鄉,皆可如期達到任務。敬之電,已派一團赴岳州。使前方果如昨電,不至敢空國出兵,頗爲忐忑。(扇四百卅六)。"

1930 年 6 月 16 日,譚延闓寫信來。

《譚延闓日記》同日條:"六月十六日晴,寒暖七十五度。(體重早百七十二磅,晚百七十五磅。步度五千三百度。血壓左高一百九十六度,低一百廿四度。右高一百九十度,低一百十二度)發信:百五十三、子靖、吉光、曾九、汪九、伯

衡陽曾農髯師七十遺像

弟子張大千敬繪張善孖督印 大風堂珍藏

七十歲像　張大千　1930 年

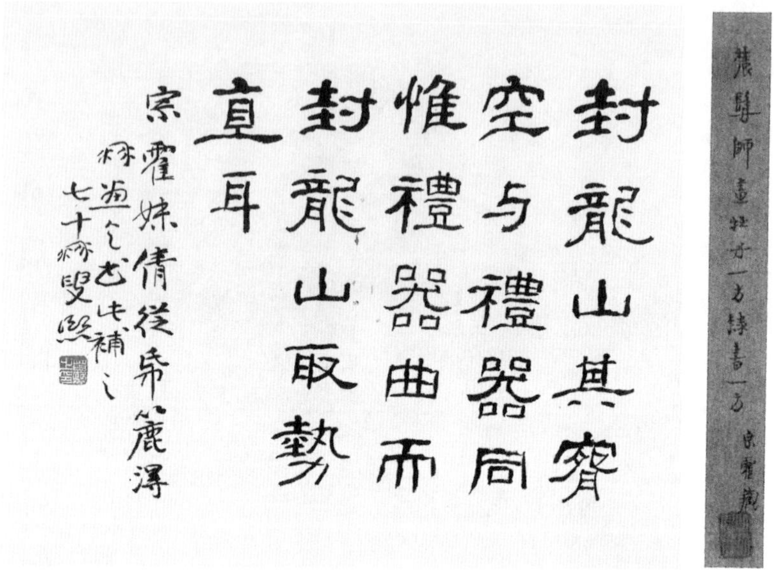
張髯師畫牡丹一方隸書一方 宗霍藏
封龍山其脊
空与禮器同
惟禮器曲而
封龍山取勢
直耳

偶寫白陽山人牡丹然亦不
及張老之淩空

墨牡丹並題　1930 年

柳侯祠一株　1930 年

自用印

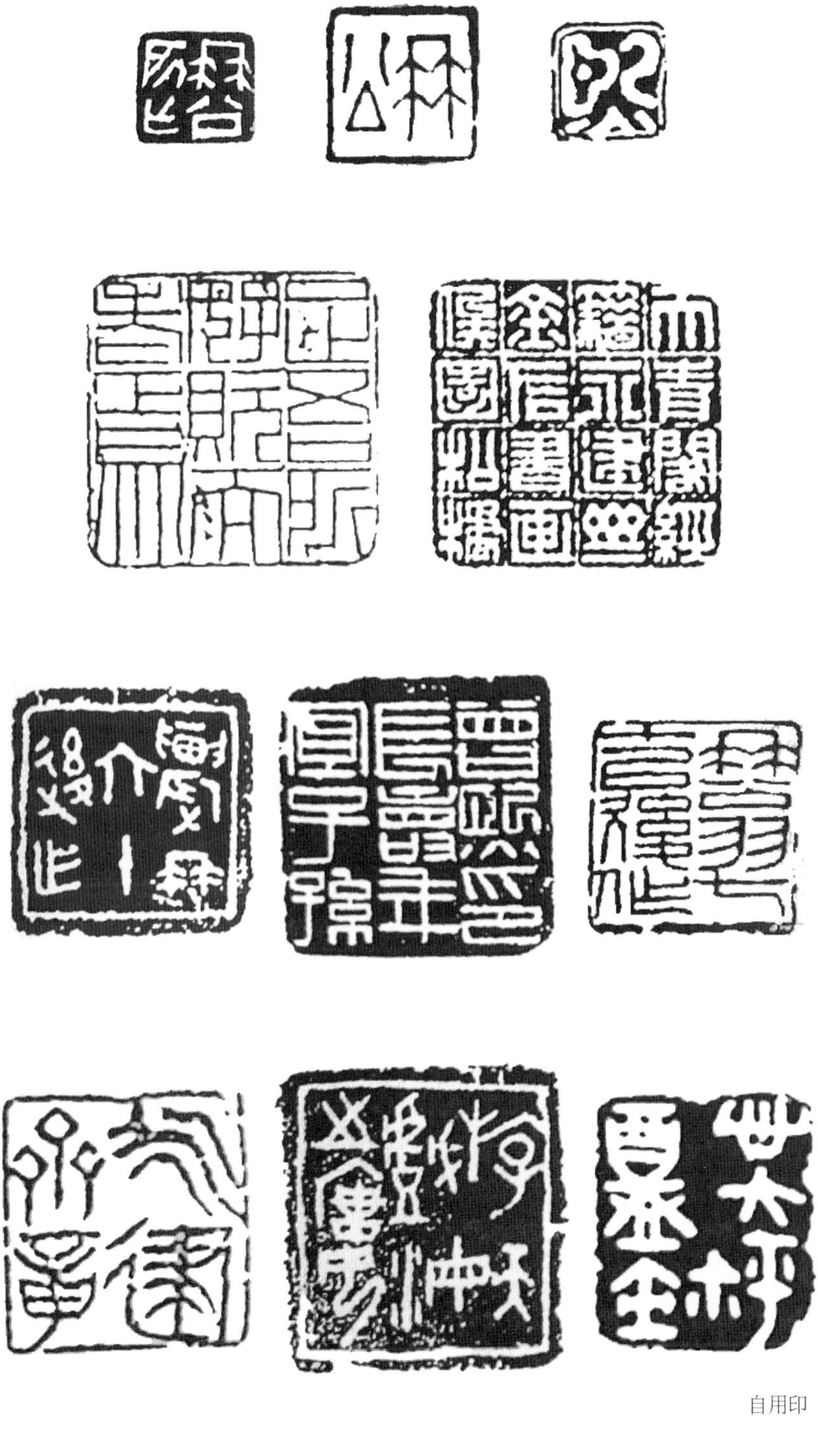

自用印

曾農髯先生訃告

啟者衡陽曾農髯先生痛於民國十九年八月廿七日申時壽終滬寓正寢茲擇於國曆九月廿成主廿六日領帖廿七日發引恕訃不週特此泐

聞諸維

恕鑒

上海虹口東有恒路谷大醫院左弄內六三七號衡陽曾寓治喪處謹啟

A2835

1930 年 9 月 15 日《申報》刊之訃告

遠。受信:子靖。(扇四百四十三、册頁十)六時半起。昨睡尚佳。步園中千。就浴。食麵二椀。赴行政院行紀念周,蒙古代表十餘人來見,辭行且有所言,甚明白,過於所期矣。詆章嘉至力,適章嘉代表來,遂謝不見。作書復吉光、子靖。步入國府,與相翁談,同出,作紀念畢。今日總理蒙難八周紀念。行禮後,吾致詞,展堂演説,少炯繼之,出攝景而散歸。馬雲亭來,談甚久。李志鵬來,注射,量血壓而去。午,與祥飯。飯後,書易美堂册頁十二紙畢,並録鮮于伯機跋俞和韵語於後。俞和楷書本釋此册,周某分割之,而不知韵語亦和所題,和今學之要有元一語可證,卓君庸作《章草考》乃不知之。吾謂《急就》本篇名,以章書之,故曰《急就章》,此義亦無知者。出至黨部常務談話會,渴睡一晌,閑話久之,六時後散歸。吕滿來,遂不電療。與繩、祥食滷子麵四碗。書扇數把。就浴,十一時睡。不服金鷄納矣。高凌百電,新計畫今日實行,亳州即可得。何敬之電,平漢綫以戰略退漯河東西,有計畫,無損失。詠安將出督師,吾以爲通河不可,令止之。”

1930年6月22日庚午五月廿六日,張大千爲造七十歲小像。

張大千自題:“衡陽曾農髯師七十造像。庚午五月二十六日,門人張爰。”(大風堂藏,民國印刷品)

庚申五月,由海上名人傳編輯部編輯出版的《海上名人傳》中,刊出小傳和小像。

《曾農髯先生小傳》:“曾先生名熙,字子緝,一字士元,號農髯,湖南衡陽人。少孤,事母以孝聞。少遊武岡鄧彌之先生門,稱高弟。光緒甲午科成進士,特旨授兵部主事。遭拳匪(舊時對義和團之誣稱)之亂,先生負母間道走天津,三日狂行數百里,踵趾皆穿。自是絶意進取,奉母居長沙,日以作書自娱。會巡撫陳寶箴創辦新學,檄先生與熊希齡、譚延闓各署監督,而先生任事尤久,衡湘子弟强半皆先生門下士也。國變後,杜門不出。已而李梅庵易名清道人,鬻書海上,頗享盛名。有乞書者,梅庵輒蹙額曰:‘吾書何足道,吾友曾子緝,斯當代蔡中郎耳。’乃貽書招之,先生亦欣然報可。自是海上談書者有南北二派,北派以梅庵爲宗,自《鄭文公》、二《爨》,以上窺鐘鼎古籀;南派以先生爲魁,自《瘞鶴銘》、《張黑女》,以力追中郎、太傅,唐宋而下不足道也。先生於兩漢六朝碑版無不臨摹,而尤得力於《夏承》,嘗以臨本影印示人,見者靡不嘆爲伯喈復生。間作山水,意境在八大、清湘之間,蓋其身世有相似者。平生與梅庵交最契,梅庵歿後,先生爲經紀其喪,葬之南京牛首山下,每歲僕僕滬寧道,憑弔遺阡,欷歔流涕若不自勝,其篤於故誼如此。先生今年逾七十，鬚髯飄拂，望之如神仙中人。海上後生載酒問字者，不下數十人，而張善孖、季爰、江萬平、一平、百平、朱大可、姚雲江，其尤著者云。”(《海上名人傳》編輯部編輯，上海文明書局1930年5月出版印售)

1930年6月24日，李志鵬向譚延闓辭行，云譜主病，將往上海爲之視病。譚延闓聞之寫信來。

《譚延闓日記》同日條：“六月二十四日雨，寒暖八十度。(體重早百七十四磅，晚百七十八磅。步度五千度。血壓左高二百〇四度，低一百度。右高一百八十四度，低一百十二度)發信：百六十二、百六十三、大生廿二、秋、曾九。受信：百六十六、大生、秋、淑。(扇四百九十九、聯九百七十四、直幅二〇八、横幅五十九)六時四十分起，昨睡仍醒，不甚酣也。雨，不出，乃就浴。習拳。赴行政院。劉月如來。開會，十一時散歸。與祥同飯。李志鵬來辭行，云明日赴滬，曾九病，將爲之診。爲我驗血壓而去。爲人作書久之。王先生來，習拳，推手。爲至安書大幅一，蠟箋，殊滑筆。電療至熨，胸機忽壞，久之不得復，遂停，胸、足、手三震動未施而起。黎爾谷、萊歡來，坐頃去。吕滿來。晚，與祥食滷子麵，盡五碗。晚浴，體重大加，食多之故耶。吕滿來談，復坐書房久之。十一時十五分乃睡。覺怔忡，服安眠藥。高凌百電，前方又成陣地戰，殊惱人。朱益之送電來，濟南危矣。魯詠安電，朱、毛入犯南豐，不能不調兵歸援矣。朱益生送浦口電，云韓向方退膠東，或未確也。今日爲龍八書一横幅，蠟箋殊苦，尚有一紙，以寄大武書之。”

1930年6月25日庚午夏至後三日，自書論書。

自書：“漸江書亦步趨倪迂，曾見小卷書古賦，純是迂之氣韵，略失之過謹。庚午夏至後三日，曾熙。”(私人藏)

紙本。106×56cm

鈐印：曾熙之印(白文)、農髯(朱文)。

1930年6月25日，致譚延闓信寄達，譚回信。

《譚延闓日記》同日條：“六月二十五日雨，寒暖七十五度。(體重晚百七十六磅半。步度六千五百度。血壓左高百九十度，低百〇八度。右高百八十度，低一百廿度。冷，又穿夾，蓋綿〕發信：百六十四、曾九、鳳岡、子文。受信：百六七、鳳岡、曾九。(扇五百十二、册頁十)六時四十分起。習拳。食麵。出至政治會議，余主席，九時即散。開外交組會議後，乃歸。爲陳夙芳寫册葉十二紙，係粤中五言詩，字殊了草，無精采。午飯後，書數扇。子靖來，醉六來，狄君武來。三時，赴黨部,開民食委員會,只孔、易、王三人及專門委員七人。此會真可不開也。散歸,胡星池、趙梅甫來。曾鳳光派一曾峻來。繆斌來,古湘芹來。電療至紫光摩擦止,振動器交特生帶滬修理也。文堯自開封來。晚,與祥食炸醬麵三碗,如李言少喫。李今午又來爲吾驗血,云怔忡乃胃病,晚宜少食,留藥方而去。吕滿來。浴後十時,睡已十時半。陳伯南電,敵在來陽。何敬之電則似朱已竄粤。山東黨部電,敬已移青島。馬少雲電則長清喫緊可危,尚未知濟南放棄,韓退周村尚未確。昨前晚皆覺心跳,李云是胃神經,因食太多。今日不多食,晚果不跳動矣。"

1930年6月27日致譚延闓書寄達。

《譚延闓日記》同日條:"六月二十七日晴,寒暖九十一度。(體重晚百七十五磅半。步度五千五百度。衣單衣、放袴管)發信:百六十六、汪九、大廿三、秋、淑。受信:百六十九、曾九、汪九。六時半起。步園中千。習拳。食麵。赴國府開會,九時半散。訪何又伊師於振華旅館,坐頃之歸。祥始出授課也,待其歸,同飯。吕滿來。渴睡頃之。梅屋莊吉偕一譯人程祥榮及德光好文來,足恭頃之去。渴睡頃之。出至黨部,開審查會,展堂、哲生、果夫、立夫、狄君武、聞亦有之流,國之預算不能成立,黨之預算成立無効。六時散歸。電療,只得電熨矣。又爲大武寄來求書者作書,試貂毫,殊不成筆,亂糟糟一團而已。晚,與祥、繩食滷子麵三碗。就浴。熱極,十時半睡。高凌百無電來,而介石有調兵電,又云敵已無抵抗力,不久可决勝,然則調錢夏爲泰安耶?朱益之送林蔚電,尚廿四事,今已不同矣。何敬之電,張發奎攻江東岸,已擊敗,有退意,白崇禧在常寧似不進,已合四路、九路圍擊之。吾終疑此非正兵,大股必他竄,未知何竄耳。詠安則以朱(德)、毛(澤東)内犯促師,還不知能及否。吴邁來,必欲相見,見亦無他,爲江西也。此豈待我言乎。(扇五百廿二、聯一千〇六、直幅二百十八、榜書三百四十四)。"

1930年6月29日庚午六月四日,題顧蓮村臨《齊侯罍》。

題顧蓮村臨《齊侯罍》:"骨蒼勁而氣内涵,吾門中能作大篆,未有能過顧生者,病後喜志數語,以觀異日之所進。庚午六月四日,七十叟熙。"

《丹青妙手顧蓮村·傳記》:"1930年夏,顧蓮村所臨《齊侯罍》寄給曾師請指導。曾農髯時患瘧疾方愈,立即提筆在顧蓮村的篆書後面題跋:'骨蒼勁而氣内涵,吾門中能作大篆,未有能過顧生者,病後喜志數語,以觀異日之所進。庚午六月四日,七十叟熙。'這年冬天(按:時間有誤),顧蓮村又以所臨篆書求教於曾師。曾農髯來信寫道:'筆勁且無破折之筆,所謂四面圓滿也。'曾農髯是針對當時有些人專以破筆取勢而言的。他們不知道一字形成,必須氣足神完,如果支離破碎,人家看了,心情便不舒暢。1931(按:應爲1930)年秋的一天,顧蓮村接到曾府的訃告,驚悉曾農髯因病長逝。惡噩傳來,顧蓮村悲痛不已,遥望南天,若有所失。第二年秋天,顧蓮村接到張善孖先生的邀請信,邀他參加'曾李同門會'。這個同門會是由海上大書法家曾農髯、李梅庵兩先生的弟子,爲紀念兩位老師聯合組織的。這次會議活動内容是公祭兩位老師。接信後,顧蓮村準時到上海。主祭者爲張善孖,其他有馬企周、朱大可、向默庵等二十餘人,張大千因去日本,没能參加。公祭地點在一家酒樓上,樓上恭奉兩位老師遺像,像前香燭齊備,祭菜雜陳。按年齡依次向兩師跪拜禮,顧蓮村年最小,排在最後。祭罷聚餐,一直到夜深才各自散去,當時都有這樣一個共同想法:'今後如何通過這個同門會的組織,來發揚兩位教師的藝術成就呢?'(下略)"

六月中浣之吉,題房毅《墨龍圖》、陸鐵夫《仿墨井道人柳溪圖》等四屏。

題房毅《墨龍圖》詩堂:"剪花女手憶纖纖,百萬群龍鬥正嚴。塞上風沙横縞素,書中滋味領齏鹽。軟紅不合來空谷,山翠兼難撲小檐。汲到寒泉倍清絶,銅瓶親自試茶興。庚午六月中浣之吉,七十髯叟熙。"(私人藏)

紙本 36×33cm

鈐印:曾熙之印(白文)。

題陸鐵夫《仿墨井道人柳溪圖》詩堂:"雲消雨霽喜新晴,春色宜人莫與争。殊雪半留鴻爪在,東風微送馬蹄輕。紅塵一帶潛無影,翠色平鋪隱繫情。前步陌頭楊柳地,閑閑側耳聽鶯聲。七十髯叟熙。"(私人藏)

紙本 36×33cm

鈐印:曾熙之印(白文)。

按:原件應爲四屏,現只發現二屏。

庚午六月,爲王一亭畫扇面《梅花圖》。

自題:"此花之清,殆亦六塵盡净,發笑極樂院中,願與一亭大居士同賞之。庚午六月,熙。"(《曾農髯遺蹟》,收藏者蔡逸民、王一亭,編輯者李良臣,上海華商書局1931年2月版)

1930年7月3日中華女子美術專門學校舉行學生成績展覽會三日,作爲教職員,與張善孖、大千以作品參加陳列。

《中華女美專今日起展覽》:"霞飛路寶康里口中華女子美術專門學校爲蔡元培、陳家鼒、唐家偉等所創辦,内分刺繡、國畫、西洋畫、雕刻等科,歷年造就人材甚多,均服務於國内各專門學校。該校爲推廣藝術,發揚國光起見,特定於今日起,連開展覽會三天,歡迎各界前往參觀指導。闡陳列者共三百餘件,實屬琳琅滿目,美不勝收,其中尤以陳樂君女士等作品最佳。"(1930年7月3日《申報》)

《中華女美校成績展覽會閉會》:"霞飛路中華女子美術學校成績展覽會,連開三日。昨日到江蘇農鑛廳馮位西、首都衛戍司令代表陳家鼒、畫家張善孖,以及各界人士三百餘人。會場陳列,除學生成績外,尚有該校教職員名家曾農髯之山水,張善孖之《五馬圖》,張大千之《鷄冠花》,王蘭之《老虎》,熊松泉之《醒獅》,以及陳樂君之《楓林雙鳥》,吴毓貞之《黄克强肖像》,皆爲傑作。參觀民衆異常踴躍,校長唐家偉女士以及各學生殷勤招待,至下午六時宣告閉會。聞下星期一舉行畢業典禮,擬下學期大加擴充云。"(1930年7月6日《申報》)

庚午六月,吴湖帆借所藏董其昌粉本廿葉臨摹。

吴湖帆自題:"庚午六月,臨董文敏畫廿幀,吴湖颿。"

又:"衡陽曾農髯先生得董文敏畫册粉本十六葉,俱有江邨跋語,繼得四幀,亦江邨舊藏之品,大小則二十幀不同,紙本亦各别。今夏假讀二日,盡一日工臨之。自知施嫫之誚所不免也。畫就後,携蘇裝池,比返滬瀆,而曾先生已先一日歸道山矣,能無惘然,應記於此。庚午七月既望,吴湖帆梅影書屋鐙下書。"(朵雲軒1996年春拍圖録)

馮超然題:"醜簃酷好思翁書畫,故其下筆便有神契,殆由天授也。此册二十葉,係思翁粉本,竹窗題跋計約三千餘字之多,藏農髯處。今夏醜簃假臨,意到筆隨,竟日而就,神完氣足,似非凡手所能。余謂天下畫才,醜簃應得八斗矣。昔人有云'到老方知非獵取,三分人力七分天',今觀此册,益信其語之不虚耳。庚午秋八月,晋陵馮超然識。"

陳子清題:"庚午七月朔訪醜簃吾兄於梅影書屋,出讀此册,余謂只許香光有此筆墨,豈三百年後,香光之魂繞其筆端乎?抑醜簃其香光之後身乎?正思狐禪遍野,誰與語此吾有師矣。弟陳子清。"

1930年7月10日,遣孫拜訪譚延闓,數語乃去。

《譚延闓日記》同日條:"七月十日晴風,寒暖九十八度。(體重早百七十四磅半,晚百七十七磅半。步度三千四百度。血壓左高一百八十五度,低一百廿度。右高一百六十五度,低一百十五度。又左高一百八十度,低一百十五度。右高一百七十度,低一百廿度)發信:百八十一。受信:百八十三、四、汪九、方九。六時半起。昨又用冰罨乃得睡,熱爲之,不盡心跳也。早仍昏昏,坐頃之乃出,步園中干。就浴,已覺熱甚,遂請假不出。爲陳融之畢寫所求。午,同兒女飯,偃息久之,不覺睡去。大武來信,注射不効反作疼,何也? 與諸女食緑荳汁。李任來,携帶一驗血壓機爲余量血壓,繼又以余機驗之,相差各五度,而左右相反,尤可怪,以此知血壓之不足憑也。李石曾來自滬,約展堂、亮疇、湘芹、哲生來談。熱極,對客殊苦。曾九之孫亦來,數語去。客散,遂與兒女晚食炸醬麵三盌。納凉平臺久之。就浴,十一時睡。今日服金鷄納霜如例。哲生言日中已百〇七度,室中九十九而山上則八十五。石曾則云上海較此間凉,頃下飛機如入甑中云。展堂云楊虎城爲雪竹所扣,恐不確。步度今最確,以未乘汽車簸動也。(扇606、直幅251、聯1107)。”

1930年7月12日,譚延闓發信來。

《譚延闓日記》同日條:“七月十二日晴風,寒暖百度。(體重早百七十七磅,晚百七十六磅。仍不適)發信:百八十三、汪九、曾九。受信:百八十一、八十六、八十七。七時起。仍微有熱度,近一百云。偃卧藤椅,苶然如病。就浴後,體重大增,不知所由。李、鄧藥雜進,頭總岑岑,若不清晰者。李石曾來,卧對之,去。李任來診,又云無熱,滕驗之則有熱,未知孰是。鄧俊民來,仍立昨方。樓下室較凉,乃移椅卧客廳中。昏昏至午,食粥二盌。祥亦病暑也。自力起,電療。服菓子鹽二次,得瀉,不暢。將晡,忽風起□覺凉,而人仍不快。登樓,作書。寒暑計已降至九十度。食炸醬麵一盌、粥二碗。又如厠,乃無糞。施今墨所謂虚恭也。就浴,體乃輕於早晨,豈瀉之効乎? 又服果子鹽一次。十時半睡。得賀耀組電,曲阜圍已解,援軍已集,馬雲亭送韓向方電亦然。又云今日開始總攻。岳宏群電,五十師調溧河。上海報云將有颶風來,法租界將停止游行。甚望其風之入京也。”

1930年7月19日庚午初伏,題故友向樂穀所藏敦煌石室草書《法華玄贊》。

題敦煌石室草書《法華玄贊》:“敦煌石室草書《法華玄贊》卷第十,沙門基撰,不著寫經人名。草有古法,且近章也。樂穀親家官隴時所得也。庚午初伏日,衡陽曾熙。”

按:此卷有向樂穀題記:“《法華玄贊》卷第十,草書,爲敦煌石室寫經特品,筆近章草,尤爲難得。此贊中土久已失傳,近自日本流入,已見刊本,誰知原寫本尚在國内也。初發見時,爲一敦煌縣幕友某君所得,後余至甘,價讓於余。(某君在敦煌時,尚未經法人搜羅,故所得皆精品。余藏六朝唐人經卷及佛相,皆其所讓。)尚有《法華玄贊》卷第二,首書‘大慈恩寺沙門基撰’,末書‘沙門瑜於西明寺寫記’,亦係草書,而不及此卷之精,頻年避地,轉入日本,而此卷猶存,行篋常有吉祥雲爲之擁護,誠至寶也。或以卷末贊詞前寫之數行,比後贊少四句,或即當初沙門基自寫稿本也。並存其說。民國十一年壬戌十月,衡山向燊記於申江。"又:"此卷共紙四十一張令(另)一條(計三行)。每張二十五行,共一千另二十八行,每行二十二、三字不等。内有十四行全無字。從第一張'友以爲名'至末'卷第十'止,約計二萬數千字,誠鉅觀也。同日再記。"又:"敦煌石室發現草書經卷,只此一部,共十卷,曩在甘肅見同寅所藏,尚有五卷,紙墨卷軸,長短如一,近聞爲日人以重值購去,存於國内者已稀若星鳳也,延年會合,不知何時,又爲之悵然矣。癸亥十一月抱蜀子燊再記此。"又:"此經十卷,聞多爲日人購去,昨晤羅貞松,云伊尚藏一卷,紙墨與此如一。張勳帛所藏二卷尚存,余在甘時曾見之。是國内者尚存四卷。保存國粹,具有同心,誠爲快幸,故記之。丙寅七月,燊記於申江。"

1930年7月19日庚午六月二十九日,咳不成眠,起爲仁忠寫《雙松》書畫合璧扇。

自題:"咳不成眠,起而寫此,頗有盤空之氣。庚午六月二十九,時漏已四下矣。仁忠仁兄即正,七十髯叟熙。"

自書:"玉池老人書法,亦師法湘鄉文正,至晚年宿墨,或淫或渴,妙趣不可思議,並不以學書爲能也。老髯再書此。"(私人藏)

鈐印:曾熙之印(白文)。龍田里人(朱文)。

按:玉池老人,郭崇燾(1818—1891)之號,原名先杞,字伯琛,號筠仙。湖南湘陰人。道光丁未科(1847)進士,以翰林院庶吉士授編修,署廣東巡撫兵部左侍郎,出使英法。著有《養知書屋遺集》、《使西紀程》等。

1930年7月,與朱古微、于右任、王西神等爲張聿光介紹賣虎贈鶴。

《張聿光賣虎贈鶴》:"山陰張聿光先生爲畫家名宿,才大不廉,舉凡山水、人物、鳥獸、蟲魚、花卉、瓜果,無不精妙入神,天趣盎然。蓋於國畫致力既深,而復參以西法,包羅萬有,觸類旁通,信筆揮灑,隨處流露其個性,久爲藝苑傳人,凡見先生畫者,無不同聲贊嘆也。近專注力於畫虎,精心獨運,妙到秋毫。不獨寫虎之貌,抑且傳虎之神,生氣拂拂從十指間出,張諸四壁,恍如置身於長林豐草間,血雨腥風,神寒骨悚,方之古人,未知何若,求諸並世,吾見亦罕矣。同人爲發揚藝術起見,力勸先生鬻虎應世,以廣流傳,並以極廉之潤餉遺同好,俾之普及。又以先生最擅長之白鶴,得者珍如拱璧,請其隨虎贈送,俾墨林星鳳,公諸世人,庶免矜秘之嫌,長作觀摩之助,藝術前途,同拜嘉貺。先生欣然應諾,爰爲代訂潤例於下，凡愛嗜先生藝術者，幸勿失此良機也。（潤例略）聿光先生年來繪積佳作甚多，及虎鶴扇面數百頁，現均陳列黄淡如處，任人參觀，隨人選購，單款隨時取件，雙款隔日取件。凡購虎扇一頁，則贈鶴扇一頁。聿光之畫，如請王西神先生題詩，代訂廉例，借結墨緣。（潤例略）通信及總收件處：上海小南門通俗影戲館斜對面天福里三號黄淡如畫寓。介紹人朱古微、于右任、王西神、嚴獨鶴、曾農髯、王一亭、劉山農、周瘦鵑同啓。”（1930 年 7 月 26 日《申報》）

庚午六月，書孟麗堂逸事。

自書：“孟麗堂喜食糖果，食必數斤，醉後發笑，乃下筆爲畫，逸趣横生，名盛粵中。庚午六月，七十髯叟熙。”（《曾熙書法集》）

紙本。132×65cm

印鈐：曾熙之印（白印）。農髯（朱文）。

庚午六月，爲譚延闓亡弟恩闓遺詩集《靈鶼蒲桃竟館詞》題籤。

題《靈鶼蒲桃竟館詞》：“靈鶼蒲桃竟館詞。庚午六月，曾熙題。”

印鈐：曾熙之印（白文）。

譚延闓《書後》：“余於詞未嘗致力，而弟祖庚喜爲之。其言曰：詞者意内而言外者也，必將狀微妙之旨達深湛之思，如古人之托於香草美人，非漫爲艷情而已。余友陳伯弢賞其用心，樂與講論，余瞠目視之而已。及弟之亡，不忍更檢其遺稿，今二十一年矣。其子光乃爲寫次，而夏劍丞爲删定之。憶弟幼時，好武尚氣，臨事果毅，爲余兄弟所不及。庚子以後，乃益沈默，恂恂如不能言。獨坐小樓，覃精典籍，嗒然不知披幃之有人也。不數年，遂以咯血卒。昔湘綺丈人述武岡鄧先生言，戒人勿學爲詞；長沙張猧叟以詞名家，亦謂詞不足學。夫以吾弟生長華膴，無生事之嗟，又謹飭，無子弟之過，好學不倦，宜可大成，而卒凋瘵以死，豈詞之罪乎？然生死，命也。使弟並此而不爲，則將益無以與世人相見以永其生平，此尤余所累嘆而深悲者也。十九年七月，延闓記。”

譚光題：“右先府君遺詞若干首，九年還湘覲墓，於湘齋書帙中檢得懼先人手澤散佚，爰鈔集之，乞六舅父威聖先生校勘，將以付梓，遭時喪亂，戎馬倉皇，荏苒十年，願久未果。兹幸統一告成，海宇敉定，因更乞夏吷厂世丈詳爲訂定，付諸棗梨，俾傳後世。所可悲者，六舅父於去年十月遽歸道山，不及覩兹編之刊成，附識篇末，用誌哀愴。民國十九年七月男光敬識。”（《靈鶼蒲桃竟館詞》，民國鉛印本）

庚午閏六月，節臨《張黑女墓誌》。

自題:"庚午又六月,七十髯叟,曾熙。"(安思遠藏《中國近代書畫》)

設色紙本。134×66cm

鈐印:曾熙之印(白文)。閑居翫古不交當世(朱文)。

藏印:松瀑廬藏(朱文)。安思遠藏(朱文)。

庚午六月,書論孟麗堂畫。

自書:"孟麗堂爲篠竹蟲鳥,多得新羅山人妙處,名盛桂林粵中常州,本籍不知也。庚午六月,七十髯叟熙。"(上海天衡2012年春拍圖録)

紙本。132×65cm

鈐印:曾熙之印(白文)。農髯(朱文)。

1930年8月4日庚午閏六月十日,致書譚延闓,請其爲孫慶蕃投考學堂開具證明函。

與譚延闓書:"志鵬來則車馬塞巷矣。瓶每晨來注射,熙亦以注射爲日課。弟病聞已痊。摯男又承函託,此時調缺當更不易。小孫慶蕃年將冠矣,决志投考中央政治學堂,淮君(按:即王祺)已函託之黨部,惟未入黨,淮君回湘,允爲將入黨手續辦清,此時作爲豫備黨員,乞弟以函證明之,俾令入場應考。年青未便阻其進取,不情之請,尚乞深諒。此上祖安三弟先生,熙頓首,六月十日。"

1930年8月20日,藝乘書畫社改組,另賃新址,重新開展活動,是日第一屆展覽會開幕,譜主《米家山水》參與陳列。

《書畫訊》:"藝乘書畫社宣稱:本社爲全國金石書畫家所合組,初賃社址於勞合路,社員加入者甚形踴躍。因地方過小,不敷展佈,去年年底曾經一度收束,從事改組。自山水專家李棲雲由粵返滬,乃以此事委托錢化佛君專責辦理,繼續進行。刻已賃定南京路雲南路口匯利公司樓上房屋數間作爲社址,頗軒敞適用,正在佈置一切,名人作品陳列甚豐。就中如王一亭、駱亮公、曾農髯、余天遂、錢化佛、黄太玄、張聿光、姚墨林、俞原等書畫,收羅允當,可見一斑。並聞該社業已聘定袁希濂律師爲法律顧問,不日即將開成立大會,求作大規模之進展云云。"(1930年7月27日《申報》、8月5日《時事新報》)

《藝乘書畫展覽會》:"出品:山水、花卉、人物、仕女、佛像、真書、草書百餘件。日期:八月廿號起,八月廿三日止,每日上午九時起,下午九時止。地點:南京路雲南路口六二號。電話:六三四零零。主任錢化佛。"(1930年8月20日《申報》)

《藝乘會開幕盛況》:"南京路雲南路口藝乘書畫會成立以來,已有多日,其第一次展覽會已於昨日(二十日)開幕，計有曾農髯、黄賓虹、王一亭、錢化佛、楊度、劉海粟、張聿光、俞劍華等作品百餘點，各界前來參觀者，莫不流連忘返，並有粤東女畫家周淑勤女士臨時揮有扇面若干件，筆致遒勁，著色淡雅，更爲觀者嘆賞云。”(1930 年 8 月 22 日《時事新報》)

周元琪《藝乘佛語》：“秋暑困人，日惟北窗下卧，讀畫吟詩而已。比得錢化佛君柬，知君方主南京路雲南路口之藝乘金石書畫會，乃冒暑訪老友於會中，談笑甚歡。會中四壁張畫殆遍，以曾農髯丈之寫米家山，渾而有骨。此老素以書名聞海内，畫名反爲所掩，實則此老之畫，正如林琴南老人之爲文所掩也。由里山人繆莆孫寫菊一幀，筆緻工細絶俗，着色停匀，並題以句云：‘石上流泉無客賞，數枝寒菊是知音。’不禁爲之呼絶妙佳構。其他若張聿光之虎，黄濱(賓)虹之山水，劉海粟之寫真，共計有三十餘件，均係絶妙精品。聞化佛言，此三十件佳作，祇有三天之展覽，繼之將由化佛個人舉行一佛畫展覽會，及前洪憲時代赫赫有名之楊度之書法展覽會。其最足使人注意者，則在徵求新舊劇界中人之能書畫者，若馮子和、金碧艷、鄭正秋、賈璧雲、李君磐、王芸芳、胡恨生、黄玉麟、陳嘉璘等十人，各出作品若干件，舉行一新舊劇界之伶人書畫展覽會。其中若金碧艷之畫馬，黄玉麟之隸書，賈碧雲之山水，均爲不可多得之作，想能轟動一時也。化佛並言，渠藏有各色自來火匣樣及紙煙殼標本甚夥。現擬徵求專藏此項無關大雅之物品，聯合舉行一展覽會，一新滬人耳目。友人汪仲賢氏，素以藏畫片名，聞斯消息，想亦躍躍欲試。聞本報之戈公振氏，專收羅各國之新聞紙類，設以之聯合展覽，當亦成洋洋大觀焉。化佛謂此項展覽名目，須别具風味。走擬以‘字紙簏’三字，而化佛則以‘零碎’展覽會爲佳。蓋此項展覽會，不限定以若何收藏物陳列爲標準，苟收藏有陳年宿古之物件，若扇子袋、鼻煙壺等，均可加入。化佛言時，津津有味，並以龍井之碧螺春進，香沁入脾，固不必盧同(?)之三徑也。走旋以另有要務，未克再聆化佛之妙語，歸而走筆如左。”(1930 年 8 月 25 日《申報》)

李志鵬連日爲注射，咳仍不愈，夜不得安，8 月 20 日忽痰迷。

《譚延闓日記》8 月 21 日條：“八月二十一日雨，寒暖七十五度。(體重晚百七十五磅。步度二千五百度。衣洋布衣袴。蓋毛毯，易草席。五太歸去。)發信：二百廿七。受信：二百卅四、敬之。(扇 718)六時半起。今晨大雨，凉如深秋。習拳。食麵。出至中央，冒雨入，開常會，有南洋歸人來，報星加坡情狀。坐而打盹，久之乃醒。十時半散歸。馬雲亭來，曾鳳岡來。客去，二時乃飯。飯後，略睡。王時來，言敬之計畫。賀貴嚴自徐州來，多事後先見之明。電療後，與二女同飯，食麵四碗。就浴，十一時睡，蓋夾被。李任午前來注射右臀。今日倦略減，足尚不健。大武信來,云曾九昨忽痰迷,已咳十日不得眠,家人皆怨李傑,真不可爲耶?高凌百昨電云子彈車忽火,貴嚴云百萬以上。逸如電云,當面之敵□退,正追擊中。貴嚴又云調歸乃教三師,非教一。王時又云總愈於今之湖南軍,與鳳岡論同。李抱冰電,本欲過河,奉令候命,未知有何他計畫。貴嚴云十師已調歸德,他尚未聞。"

庚午閏六月,爲朱心佩繪扇面。

自題:"氣韵尚生動。庚午又六月寫似心佩仁兄法家正之。七十髯叟曾熙。"

鈐印:曾熙之印(白文)。阿九(朱文)。龍田里人(白文)。

1930年8月,中華女子專門學校請以書聯賑濟湘災。

《中華女美校賑濟湘災》:"長沙此次遭□□洗劫,人民受其害者不勝其數,聞者莫不憐恤。上海中華女子美術學校爲湘人陳家鼐、唐家偉等所創辦,平日對於貧寒子女不收學膳等費,提倡平民教育,不遺餘力。此次因湘災可憫,校中已發起賑濟,將現有學生刺繡、圖畫及各科手工成績作品變賣,集資助賑湘災。聞已請蔡元培、譚延闓、曾農髯諸校董,懇其書聯相助,借襄盛舉,以示仁愛云。"(1930年8月10日《申報》)

是年,爲存之書"趨庭且喜傳《詩》、《李》,辨志還宜拜鄭、朱"七言隸書聯。

自書七言聯:"趨庭且喜傳《詩》、《李》,辨志還宜拜鄭、朱。存之小友清玩,七十髯叟曾熙。"(私人藏)

紙本。134.5×25cm

鈐印:曾熙之印(白文)。農髯(朱文)。髯翁七十以後作(朱文)。

爲唐吉生書"振衣思凌千軔,隱几目小六洲"六言聯。

自書六言聯:"振衣思凌千軔,隱几目小六洲。吉生仁兄法家正之,七十髯叟曾熙。"(私人藏)

印鈐:曾熙之印(白文)。農髯(朱文)。髯翁七十以後作(朱文)。

爲許徵白書"與君細論宣和畫,得暇偶臨内史書"七言聯。

自書七言聯:"與君細論宣和畫,得暇偶臨内史書。徵白仁兄大畫家正之,七十髯叟曾熙。"(劉海粟美術館藏)

紙本。126×33cm

鈐印:髯翁七十以後作(朱文)。曾熙之印(白文)。農髯(朱文)。

為梅芳撰書"談際月臨坐，書成煙在屏"五言聯。

自書五言聯："談際月臨坐，書成煙在屏。梅芳仁兄法家正之，七十髯叟曾熙。"(中國嘉德四季 2007 年第一期拍賣圖録)

紙本。149×37cm

鈐印：髯翁七十以後作(朱文)。曾熙之印(白文)。農髯(朱文)。

馬宗霍撿譜主仿白陽山人牡丹廢畫請補題，並補書論書語録。

自題："偶寫白陽山人牡丹，然不及張生之淩空。髯。"

鈐印：曾熙之印(白文)。

自書："《封龍山》其腕空與《禮器》同，惟《禮器》曲而《封龍山》取勢直耳。宗霍妹倩從紙簏得髯畫，乞書此補之。七十髯叟熙。"(《曾熙書法集》)

紙本。28×39cm

鈐印：曾熙之印(白文)。

為卞寶書"墨池傳舊業，畫壁補新詩"五言聯。

自書五言聯："墨池傳舊業，畫壁補新詩。卞寶仁兄法家正之。七十髯叟曾熙。"(上海泓盛 2011 年春拍圖録)

臘箋。147×38cm

鈐印：曾熙之印(白文)。農髯(朱文)。

為廉元書"盛德寵以金石，高名蕩乎雲霄"六言聯。

自書六言聯："盛德寵以金石，高名蕩乎雲霄。廉元仁兄法家正之。七十髯叟曾熙。"(《曾熙書法集》)

紙本。138×34cm

鈐印：曾熙之印(白文)。髯翁六十後書畫(朱文)。

與王息存等為盧新蒲代訂書畫潤例重刊《墨海潮》創刊號。

《拜竹村農盧新蒲書畫潤例》："盧先生新蒲，名政，别署拜竹村農，生長蜀南，弱冠入青城山修道，精導引術。今年逾花甲，而矍鑠若四十許人。少宦雲南，見關仝、馬遠、松雪夫婦、南宫父子諸真蹟，壹意追摹，得其神髓。因前清鄂督張文襄公電，調任礦務幫辦。辛亥革命充鄂軍務部參議，迨袁氏稱帝後，解組歸農，學稼圃以自娱。能詩書畫而不求售，寸縑尺楮，彌為世所珍寶，山皴水痕，細入毫芒，精妙絶倫，幾疑神工，無煙火塵俗氣。偶寫花鳥人物，栩栩欲活。遇鄂中興黨禍,避而之滬,滬之畫家如先生之縝密深邃者,迨不多覯。先生懷此絶藝,烏可自秘,亟爲之紹介於世之愛古博雅君子焉。丁卯七月,煙谷查豐詒撰於海上書畫聯合會。(潤例略)王息存、程雪樓、曾農髯、王病山、章一山、王一亭、吴待秋、查煙谷同代訂。"(《墨海潮》創刊號,1930 年 9 月)

入秋忽患病,且日重一日,病篤之際,爲魏弱叟寫小幅山水《思歸圖》。

张善孖《古道可風之魏弱叟》:"衡陽魏弱叟老伯,年逾七十,窮心六法,筆墨高深,不落時尚。與先師曾農髯交情契合,得未曾有。客冬曾師與弱叟古稀正壽,本擬壽筵合開,乃曾師未屆壽期,遽歸道山。弱叟傷感萬端,稱觴之舉,遂即中輟。憶曾師病篤時,曾爲弱叟寫小幅山水,題詩曰:'自濬溪流嘗繞閣,手栽園柳已成堤。劫餘尚有敝廬在,惆悵年年恨未歸。'此幅爲曾師絶筆,於以見二叟情誼之篤焉。頃又得吴劍秋老伯自北平寄轉補壽弱叟集詩與跋語。詩曰:'與君俱長宣和日,垂老真同爨下琴。不信年華如轉轂,可憐意氣尚憑陵。横林蟲鏤無全葉,醉後龍蛇滿剡藤。師友凋零身白首,了無人會此時心。每説人生七十稀,偷閑聊喜息塵機。多聞只解爲身累,温飽從來與道違。親滌硯池餘墨漬,誰家井臼映荆扉。更餘一事君知否,孤鶴三千歲後歸。弱叟先生於庚午冬月七十正壽,先生與亡友農髯九兄先後一日耳。九兄不幸先數月病故,先生傷同類之凋殘,輟壽觴而不舉,高懷古誼,深可佩已。緣(爰)集陸劍南詩二首,殊不能工,遥申補祝之意云耳。吴綺撰書,時在辛未仲夏。'其詩風骨高騫,實堪傳誦,尤足見曾師、弱叟及劍老之交情,不以生死易也。愚前月五十賤辰,蒙弱叟賁臨,白髮蒼髯,精神矍鑠,風度動人,語言雋永。今秋七月四日爲曾師週年諱日,弱叟又欲參與曾李同門會紀念會。古情高誼,生死不渝,若弱叟者,真可以厲末俗而矯薄習矣。"(1931 年 8 月 17 日《申報》)

按:魏弱叟(1861—1937),名紹殷,衡陽人,入民國流寓滬上。善書法。

此際神志尚清,惟痰聲如鋸,大汗淋漓。

《譚延闓日記》8 月 22 日條:"八月二十二日陰,寒暖七十八度。(體重晚百七十五磅。步度四千三百度)發信:二百廿八。受信:二百卅五、卅六、懷之。六時半起。甚凉,衣裌襖。步園中千。食麵不及,即赴國府開會議,主席,九時散。歸,乃食麵。李任來注射。覺連日有微咳,取嗽藥嗽之。得大武書,曾九未至危殆也。彭新民來,言湘事甚悉,一場笑話而已。同兒女食炒飯。雷時若來。龔詠來。爲人作書頃之,久不作書,手生臂怯,無一是處。李家白由前方歸,尚不知軍隊已前進,惟言給養之苦。張慕先來,則持何鍵函,報所登者也。電療後,譚逸如之老太太來,與祥見之。又一謝老太太也,不如其正大有做派耳。吕滿來。爲黄某題先君與其祖照,臨碧川先生書三十三通,皆甲戌、丁丑間作,欲以此爲求事媒,故題還之。浴後,十一時睡。古文官云蔣先生飛往濟南,吕滿則同往漯河。譚逸如軍向柘城、太康進。詠安來電促飛機,高安有匪也。十八師遂與諺之鍾馗等矣,嗚呼!(扇 323、聯 1196、直幅 274、横幅 67、榜書 405)。”

《譚延闓日記》8 月 23 日條:“八月二十三日晴,寒暖八十八度。(體重早百七十二磅半,晚百七十四磅半。步度四千二百度。仍夏布衣)發信:二百廿九、逸如。受信:二百卅七、子靖。(扇 328)七時起。步園中千,需十三分,視昔時遲鈍矣。就浴。食麵二碗。古湘芹來,遂同訪季陶,坐頃之。偕古、戴同至立法院見展堂,約亮疇來談。黄昌敬自鄂來,言辭職事。散歸,與兒女飯。醉六來。三時即往電療。近加紫光燈照脚,反正兩面,須時十六分。報來已半矣,而王時已來坐候。迨吾出,則賀貴嚴、李特生、雷時若皆來。鳳岡、新民、亦山、泉舫、彦遠、芾棠、吕滿皆至。設席外廳,主客十三人,既不鬧酒又不品菜,談湘事,作汎語,八時半乃散。九時半乃浴,浴後,吕滿來談。十一時睡。左耳前夜腫潰,流膿未净,今夜又擠許多,或愈也。大武信,曾九痰聲如鋸,但神識尚清,惟大汗,慮其脱,云明早小唐歸,當知其詳。蔣介石乘飛機至濟南,今日歸徐州,俟軍隊集中後,更向柳河。古來商發勦撫兼施電,文章自不可少,諸公皆同意。”

吴劍秋移榻來侍,8 月 23 日手書自題《思歸圖》一詩贈之,曰:“自濬溪流常繞閣,手栽園柳已成堤。劫餘尚有敝廬在,惆悵年年恨未歸。”

張善孖《追念曾農髯師》:“曾農髯師自國變以後,即避地海上,與臨川清道人李梅庵師,皆以鬻書畫自活,世所稱曾李者也。梅師既卒,感悵頗多,世亂日滋,欲歸不得。嘗於浴佛日寫山水,自題云:‘充楊子所至,則老矣;充墨子所至,則佛矣。舉世混混,吾誰與歸?莽莽山河,誰是主人?任筆所造,已落鴻蒙之後矣。聊以自適,非敢求知。’觀此可知其孤鳴獨醒之概。然其神志老而益康,據案濡毫,從不告倦。稍休即與門弟子月旦書畫,品藻詩文。余與八弟大千,過從更多,承契彌厚。今歲五月,余進四十九歲,師贈聯云:‘兄弟高年文伯子,詩書善畫蘇長公。’雖愧溢量之稱,實見獎掖之篤。又見師新爲魏弱叟老伯畫便面,題云:‘須到百齡無暮氣,同將六法樂天倪。’復書其他面云:‘志能帥氣,故朝暮之氣,志主之耳。少而偷安,壯而耽逸,即暮氣也。熙與阿哥年俱七十,阿哥尚以書畫問世,熙雖盛暑不輟筆墨,即朝氣也。畫上題句,願與阿哥徵信之。’蓋弱叟與師同鄉同年且同學,弱叟一日以長,故師以兄事之。余謂師朝氣長存,方當比壽大椿,不意入秋小恙,竟至不起。易簀前四日,尚手書一詩與吴劍秋老伯,云:‘自濬溪流常繞閣,手栽園柳已成堤。劫餘尚有敝廬在,惆悵年年歸未歸。’案此詩即題《思歸圖》者,圖則爲弱叟作也。魂魄猶樂故土,於兹可徵。劍翁亦師三十年前老友,當師病時,移榻師家。一日師忽忽不樂,語劍翁曰:'七十三年,丁此季世,能得友如子者撫棺一哭,死復何恨。'聲凄以永,所感深矣。故劍翁挽師云:'何以生爲,睹兹滿地荒殘象;今真死矣,尚有撫棺痛哭人。'嗟乎! 師之書畫已滿人間,師之聲名當留後世。全壽而歸,雖死猶生。吾輩山頹木壞之感,不能已於懷,江漢秋日,願與及門諸子共誦之。"(1930 年 9 月 9 日《申報》)

1930 年 8 月 24 日,譚延闓發信來。

《譚延闓日記》同日條:"八月二十四日晴,寒暖九十度。(體重早百七十二磅半。步度二千一百度。血壓左高百九十度,低百廿度。右高一百八十五度,低百十五度)發信:二百卅、介石、余大、曾九。受信:二百卅八。三時醒,展轉不得,復沉睡,七時乃起,四肢軟倦,遂不出步。八時,淞淞來,佯妝岸然。得大武寄《唐儉碑》、《百衲廿四史》、《漢書》。就浴。山本來報告情況。吾齒忽有斷者,急付金紹武修理,改用備件,殊不穩,以粉粘之。仙根同蔡廷楷、劉毅夫來,王儒堂來。登樓,與吕滿、徐大談久之。李傑來,注射左臂另一種液,專興奮神經者。午,與繩、秋、淞、祥、韵飯,牙不合,殊費咀嚼。睡椅上,三時乃醒。龍八來談。與繩同步園中一千步,須時十二分。電療後,已瞑矣。近日日出早五時,日入晚七時也。晚,與繩、秋、淞、祥、韵食伊府麵,盤罄,繼以一碗飯。作書與介石,明早交季陶携去。遂不浴,十時半睡。吕滿來,已醉矣。得何鍵電,匪勢浩大,欲求得救,海軍敬電云,何鍵退永安市,長沙甚危。高凌百電,軍隊正在移動,蔣休息徐州。逸如電,奉令已派岳旅回贛。(扇 730、斗方 53)。"

1930 年 8 月 26 日譚延闓聞小報已登載譜主病訊,有云發生"中西醫哄"。

《譚延闓日記》同日條:"八月二十六日陰,寒暖八十五度。(體重晚百七十五磅。步度三千九百度。衣洋布)發信:二百卅二、詠安、汪九、大生廿九。受信:二百卌、嗣曾、大生、曹伯聞。七時起。昨睡尚佳。步園中千。食麵二盌。出至行政院開會,十時散。與王伯群略談。熊育錫來自白。古湘芹來談,十一時後歸。李任來,合兩種針爲一劑注射之,云小報已登曾九病,云中西醫鬨也。午飯後,王家楨來,温應星來,仇亦山來。爲人作書頃之。徐大送《聖母帖》來,是明拓,惜未與子武藏本對勘。五時,出至中央,開外交組委員會,亮疇、展堂、儒堂、湘芹、立夫及余五人耳,殊無要事,談説久之散。歸,已七時,乃不電療。與兒女喫炸醬稱條,松松亦二碗,勝秋矣。就浴。吕滿來。十時五十分睡。睡甚沈酣。前方軍隊須月底運動乃畢,故無戰事。介石尚在徐州,閻致馮電,欲最後掙扎出皖北云。

何敬之來電,只知何芸樵退永安市,亦以無兵爲言。陳厚甫今日未送電,想尚無事,然湘人心碎矣。前爲電灼拇指及胸,今仍未愈,左耳亦尚有膿。(扇 738、聯 1214、直幅 281)。”

存考:載譜主病訊之小報未見,所謂“中西醫閧”詳情待考。上文“李傑”當爲李志鵬。

1930 年 8 月 27 日庚午七月初四日申時,長逝於寓齋,年七十歲。

《曾農髯先生訃告》:“啓者,衡陽曾農髯先生,痛今民國十九年八月廿七日申時壽終滬寓正寢。兹擇於國曆九月廿五日成主,廿六日領帖,廿七日發靷,恐訃不週,特此奉聞,諸維恕鑒。上海虹口東有恒路益大醬園左弄内六三七號衡陽曾寓治喪處謹啓。”(1930 年 9 月 15 日《申報》)

1930 年 8 月 28 日譚延闓聞訊,即與吕滿商派段彝廷赴滬,以二千元助喪,並致書任尹(憲璵)兄弟表示悼念。

《譚延闓日記》同日條:“八月二十八日,寒暖七十五度。(體重晚百七十三磅半。步度二千度。宏群來。曾九長逝,昨日事。衣袂衣)發信:二百卅四、任尹兄弟。受信:二百卌二、大生。七時起。昨睡殊沉迷也。盥洗畢,岳閎群來。吕滿、特生來,談近事甚悉。岳全旅明早始能到開九江也。同喫麵後,已八時半,吾出赴中央會議,主席,至十一時始散歸。得大武電,知曾九昨午逝世,爲之感傷。李任來注射,以告之,亦泣下不已。今注射右臂也。與吕滿商派段彝廷赴滬,以二千助曾九喪,尚未及言還款也。午,與兒女飯。淞淞捉蟋蟀甚多,此兒尚有生氣可愛,非童心也。胡子靖來,鬚已長□□□□。龍八偕來,彭國鈞亦至。爲人作書頃之。於平臺看兒女槍開,十餘年舊事斗(陡)上心來。入室作書。宏群、時若、萸溪、徐大、特生、吕滿來談。子靖來,遂邀諸人下至外廳,入席,今日足力覺佳而軟未愈,不知何也。大毛、曙郮、繩、秋皆同坐。席半,芾棠來。無翅翁,不及了,且太匆促也。九時散。浴後,十時四十分睡。詠安來電,方智敏將攻潯湖。何鍵來電,與敵相持,今日可接觸。不知果如何。日本人何鍵軍小部在永安市,長沙人心極慌亂。(扇 751、屏 70、聯 1230、直幅 286、榜書 407)。”

《譚延闓日記》同日條:“八月二十九日,寒暖七十五度。(體重晚百七十三磅半。步度三千度。去席。發日本筆)發信:二百卅五、鹿門、汪九、連保、簡赤乾。受信:二百卌三、四、鹿門、頌雲。(聯 1244、屏 73、直幅 290)七時起。夜凉,蓋毯尚不温也。宏群來。特生、吕滿來談,同食麵。八時,赴國府開會,主席,十時散歸。聞權初來,惜不得見。大武書來,曾九死事甚詳,繞室出庭,尚能指畫字,是非病憊也，而遽死耶？鹿門來信，言堯老已有轉機，則可慰也。李任赴滬去，尤見急難之情。午，與諸兒女飯。謝无量來，喋喋言錢，非所期矣。王時自歸德回，言前方事甚悉。爲人作書。開篋，得藏舊日本筆，試之，健利如人意。吾近自覺筆力衰退，字不勁險，豈知乃筆過乎？人非歐公，因不可不擇筆也。乃寄書赤乾托買之。近時所買皆仿筆製，非此類矣，恐赤乾不會此耳。宏群率部今三時始開船赴滬。看諸兒鬥蟋蟀，淞所捉也。老嬾固不爲此，壯夫亦羞之，惟少年能奮發有生氣耳。電療後，吕滿來，知詠安令岳駐涂家舖，報已云然。晚，與兒女喫打滷稱條四碗。體重日輕，何耶？浴後，十時五十分鐘睡。劉峙今日赴平漢綫。介石明日飛漢，期五日開始攻擊云。"

《譚延闓日記》同日條："八月三十日雨，寒暖七十五度。（體重早百七十二磅，晚百七十三磅半。步度一千九百度）發信：二百卅六翅。受信：二百四十五、六、鳳光。（朱彥材委携子女來，使小唐往見之，又一討債人也。）八時半起。夜冷，蓋被及毛毯，尚覺寒。醒復睡去，故起遲也。習拳。就浴。乃食麵。作挽曾九聯，數改不得當，才思退矣。展堂忽介紹楊宇震，生長印度之粤人，通英、德語，誇誇其談，欲組織游歷團，周游宣傳中國大同之學。請介紹古文官、王外部，爲之作書。終乃借錢，正色拒之而去，此新秋風客也。與兒女飯。張星舫、戴邃庵來。聞農髯死，慘然垂涕，不愧白髮人。曹籽谷來，陳果夫來。爲人作書及曾九聯。重一字乃改書，作一屏，尚佳。電療後，吕滿來。遼寧忽出兵通州，恐作漁父，未必助逆，而謡已大起矣。劉經扶、王雨民同來，言前方事甚詳。晚，食炸醬切麵三碗，覺較稱條切實也，後起故當勝。繩之廚人赴滬，作書並翅，令帶交大武作供菜。浴後，十一時乃睡。今日無他消息，惟遼有動作，而吴不報，可怪。何鍵回長沙，當係省視，未必遂敗。陳鳳光來函亦言兵怯勇兇，劉、危不睦事。（扇755、聯1262、直幅296、屏74）。"

治喪處收到挽聯甚夥，達八百副之多。

《曾農髯治喪所聞》："作古以後，識與不識，紛紛投贈聯語致挽。日來治喪處收到挽聯，竟過八百付之多，聯句書法，皆有可觀，傖父筆墨，固不足以塵此老也。"（《金鋼鑽》，1930年9月）

章炳麟挽聯："管幼安豈爲漢室效貞，以一意孤行，自遂平生雅操；王子淵能令關西學步，試再修書斷，知非南北分流。"

吴劍秋挽聯："何以生爲，睹兹滿地荒殘象；今真死矣，尚有撫棺痛哭人。"

朱大可挽聯："大節比姜齋，千古衡陽兩遺老；同歸有倦叟，一時海上共招魂。"

《挽曾農髯先生聯語酌録》:"王一亭聯:'能書能畫能詩,可稱三絶;有猶有爲有守,無愧完人。'朱彊邨聯:'嘆息對停雲,乘化終天,那復酒樽商畫理;過從無虚月,望衡十載,何堪鄰杵斷春輝。'狄葆賢即楚青聯:'品格在羲皇以上,書畫在唐晉之間。'譚延闓聯:'兄事卅年,豈意違離成永别;才包三古,只將書畫了生平。'楊度即皙(晳)子聯:'並世數梅庵,書法争傳南北派;舊游懷菜市,酒徙(徒)惟有夏程存。'王正廷聯:'白髮逐年多,墳上土分衡岳廟;黄泉相見晚,山中人葬玉梅花。'徐世澤聯:'傳世在儒林,出此餘緒,於藝苑中獨占一席;居家惟孝友,克全志節,繼船山後自有千秋。'查豐詒即查煙谷聯:'三省紹心傳,詩書畫並具專長,蔗境深嘗,骨肉團欒居歇浦;七甸(旬)尊齒德,歸去來未償夙願,蒿歌遽作,夢魂縹緲隔衡山。'"(《墨海潮》第 3 期,海上書畫聯合會編,1930 年 11 月)

陳三立作《哭曾農髯》一詩哭之。

《哭曾農髯》:"吾鄉清道人,不屈破亡際。黄冠變姓名,鬻書活夷市。石交有農髯,頡頏同臭味。高節與之並,又並擅絶藝。道人蜕一瞬,壇坫續樹幟。坐振神翰譽,光價重遐裔。靈根吐華蕤,雅咏雜嘲戲。晚歲弄畫筆,震發涎百輩。古貌出屨樓,中情率而摯。奔命護死友,築庵挹風義。夙昔曬二子。忘形無軒輊。踵過圖書室,把玩祓濁穢。别髯棲窮山,惆款遞長句。更許摹隱廬,懸影霰雪瘞。尺幅滯郵筒,纏疾髯已逝。天爲晦光景,老愈孤氣類。自詭超世懷,所償注海淚。峰燧穿一棺,衡雲接哀吹。"(《散原精舍詩文集》,上海古籍出版社 2003 年 6 月版)

王廷楊作詩挽之。

王廷楊《挽曾農髯》:"人生如飄萍,離合不可求。偶來芝蘭室,初與黄綺謀。高懷契叢菊,偕作東籬游。攬彼曉節芳,洗此萬古愁。涓涓南澗水,分作東西流。安得素心人,與數晨夕幽。幸有翰墨緣,締向海日樓。今春動鄉思,肅駕歸林丘。兵戈正云擾,所親苦挽留。天運有旋斡,桐葉知新秋。哲人忽萎謝,哀哉天一陬。備魚知戀群,飛鳥亦顧儔。吾友感知己,一慟病未瘳。七十古所稀,况云歷商周。堯桀與顔跖,共爲黄土坯。我本江海人,萬念歸浮漚。哀鳴同倦鳥,無枝安所投?"(《吴山草堂詩鈔》,金華市金東區文聯編 2006 年 6 月)

按:王廷楊(1866—1937),字孚川,金華蒲塘人。光緒二十四年進士,工部屯田司主事。歷任留日學生監督、浙江兩級師範學堂監督等。工書,尤善榜書。著有《吴山草堂集》。

譚延闓作像贊,云"行可以伏一世,而德淑於一身。學足以追三古,而化不被於人”。

《譚延闓日記》同日條:“九月五日陰雨,寒暖八十度。(體重早百七十一磅半,晚百七十二磅半。步度四千度。翦髮。修。赴滬)發信:曾任尹像讚。受信:二百五十四、五十五。六時半起。習拳。就浴。食麵。出至國府,主席,開會,十時散。訪馬雲亭一談。歸,王儒堂來。翦髮。吕滿來。得大武書,知已愈,但不發熱即無慮也。與繩同飯。飯後,林白克來,張國輝爲譯,無甚要事,使人倦對之。呼修脚人來,搓扞甚久。大毛來,問方朩章事,今日幾令其連根剷脱,後乃糊糊通過,不知更有文章否。古究厚道人也。見黎六第末卷詩集,做多則手猾,似不如前之精采,使伯嚴見之,必不云嚇倒老夫矣。劉紀文來,言甫與季陶自前方歸,清理行篋,今晚車擬赴滬。作曾九像贊,寄其子,明未必即能到也。電療。吕滿來。晚,與繩食打滷麵三盌。就浴。曙村、特生來,以假《雲麾碑》見眎。十時半,與繩同赴下關,趁火車赴滬。吕滿、特生、曙村送至車,車中殊覺熱。十一時十分乃開,又覺冷,乃關窗。睡殊不安,每車停必醒。何敬之來電,長沙出擊無進步,惟羅霖尚得手,賊已有退象。劉峙電,六號開始分三道進,蔣、蔡則預備隊云。”

按:像贊語參見下文張善孖《曾農髯夫子之孝思》:“吾師衡陽曾夫子,少年之文名,近二十年來之書名,與夫垂老尤以畫得名。凡知夫子者,未有不景仰其文字書畫者也。惟夫子生平,有可矜可式者,正在文字書畫以外。故組庵(按:即譚延闓)先生贊夫子之像曰:‘行可以伏一世,而德淑於一身。學足以追三古,而化不被於人。書畫特其餘事。’蓋組庵先生之於衡陽,兄事者三十年,知之最真切也。”

1930年9月6日,譚延闓自南京來滬吊唁。老友遽逝,不勝悲痛,此後數日,均縈繞於心。

《譚延闓日記》同日條:“九月六日雨,寒暖八十七度。(到滬)五時醒,正過蘇州,已天明矣。六時過崑山,乃起,草草盥嗽。七時到滬,秋、年來迎。鑄人、熙農、茀燾、憲岷來,同歸家。淑、祥、韵皆在家。步至大武家,登樓,看其所患寒熱,久退,以醫之忌風不下樓耳。袁六携娟、祺來,下步歸。大生夫婦、艾令亦來。繙舊日記,曾九存款事,三千是十年六月十三事,交五百是七月二十四事,取用五百則十□年□月□□事也。俞明頤來談,約午飯。出弔曾九,見任尹兄弟,感念昔游,不勝悲痛。問卒時事久之,以存款事語之而出。至堯衢家,病榻即在客廳,語言恍惚,有時亦清醒,然神昏,明秋在旁,鹿門云昨劇,今尚差。汪九、袁大、夏五來,相問凄然。偕汪九同車,詣俞明頤,汪十、汪四、帥南來,聶四、聶六、台生、希易、袁大、夏五亦至。入席，甚豐腆。散後雨至，余先歸。見協和、阜南、特生，談久之。出過宋子文，遇郭廠長。歸，看大武，室中空氣不流通，非計也。晚，看兒女，行禮先室靈前，明日其五十冥壽也。與兒女同餕之。大生夫婦率女去，娟、祺宿此。九時半，濯足，就寢。”

《曾農髯治喪所聞》:“聞先生生平，與譚畏公院長論書雅契，先生逝世後，畏公曾自都來滬，親往致祭先生，家族請畏公題主，畏公曰:‘使余題主，余不免痛哭一場，不如已也。’不竟畏公返京後，未及旬日，竟爾追隨先生以去，九泉相見，或者將破涕爲笑乎。”(《金鋼鑽》,1930 年 9 月)

《譚延闓日記》9 月 7 日條:“九月七日晴，寒暖八十度。(亡妻五十冥誕。歸京)二時醒，忽畏寒，發熱，服阿卡奴一粒，蓋毛毯，得汗。六時醒，已愈矣。起盥嗽，大解，乃知平日矢並不少，自不覺耳。步至大武家。八時，吕滿、大毛由京來。步還。食炸醬麵三盌。秦子質父子來。汪、俞明頤、左十一、聶六、汪四來。羅介夫來。客去，步至大武家，與汪九、俞明頤坐樓下談。汪四、帥南來。袁大、夏五來。今日以亡妻生日，設供，留諸人飲，女客在三十七號，男客在三十五號。汪、俞、袁、夏、吕、袁六及諸小孩，汪四、帥南先去。翅自燉，菜則陶樂春。既散，霖寶來，數日不見，已長高矣。打盹頃之。客皆散去，偕汪九至其家(至倦，赴家神識已喪，危矣)，三層樓一間，新屋，尚爽塏。汪十來，旋去。與汪九談至五時，同出訪李傑，值其出，與李三談久之，言曾九死狀、罪狀。姚雲江云甚沉痛，吾故疑熱藥之爲害也。同汪九至陶樂春，吴熙農、蔡鑄人請客，汪九、俞明頤、聶六、茀陶、趙梅父、宋阜南、(憲民)、林特生、汪四，吕滿醉來，德德同至。燒豬甚佳，菜亦豐腆。九時散歸。看小兒嬉。宋子文來。步至大武家一坐。還，與祥、繩赴車站，大、秋、年來送。阜南來，同引吾與吕滿、祥、衡坐公事車，繩宿卧車，十一時十分開。”

《譚延闓日記》9 月 10 日條:“九月十日陰雨，寒暖七十五度。(體重晚百七十四磅半。步度二千一百度。打針。復去席。停日光燈)發信:二百卌四、大生卅二、汪九。受信:二百五十七、大生、淑、連保。七時醒，昨睡酣也。大便甚多，豈晚飯食稻故耶? 習拳。食麵。出赴政治會議。散後，與孫、陳、邵開財政組會議，十一時散歸。與祥飯。朱彦才之女來見，甚能幹明白，子靖評語不錯也。得大武書，病愈，但疲茶耳。爲人書扇。楊杏佛來，言‘來沙’之治瘡癬効於海碘，因取抹食指。周鼇山來，所言亦有理。李傑治曾九正坐不知此，故力用而不討好也。李任來，勸服强慧米，云磷質多。又爲注射右臂，亦燐(磷)質，云在滬研究所得，前注射砒多，今易以燐，當有効也。徐大來。曙村來。電療後，以來沙治足。停燈照，照已久無甚效，徒費時也。吕滿來，言得黄友郢電話，堯老於昨日酉時逝矣。老成凋謝，可哀。得陳仲恂信，章縵仙亦近日去世，所遇無故物，安得不速老，可哀。晚,與祥、繩食伊府麵。浴後,十時五十分睡。今忽大凉,又似深秋矣,蓋薄綿被。得前方復太康電,隴海明日大進攻也。(扇775)。"

《譚延闓日記》9月13日條:"九月十三日晴陰,寒暖七十五度。(體重早百七十二磅,晚百七十四磅。步度一千九百度。衣羊袴。王先生來習拳)發信:二百四十八曾養、阜南。受信:二百六十一、二、汪九、介石、連保、赤乾、大生。(手卷六、聯1300、直306、榜書430)七時半起。步園中千。邊萬選來,張鴻烈所使,爲張鈁説法者。就浴後,食麵二盂。鄧正榮歸自滬,始知前失皮箱一,今去乃覓得,吾了不知,亦見蔽聰塞明之甚矣。大武寄褎碧詩校勘記來,分配各處,頃刻而盡。壽曾妻偕二女來,欲求入校,祥爲謀之,遂留同飯。馬雲亭來,談甚久。蔣夫人來,亦與入坐,呼祥同出。余堯衢挽聯作成寫去,殊不佳,然意已盡。又爲人作書久之。爲人題曾九畫卷。爲徐大題《靈台碑》,此復刻而丁拔貢以爲宋拓,勝黄小松藏,吾不談金石,作詩記舊情而已。徐大又爲人求作長卷,吾以爲寫《月賦》足了之,不意乃丈二紙,乃雜寫李、杜月詩以足之,此不先其計之過也。一平常人而爲精意作書,亦有幸不幸矣。大毛來。晚,獨食麵片三碗。繩赴席,祥未歸。浴罷,祥歸。吕滿來談,十一時睡。馬雲亭言吉鴻昌投誠事,果爾戰事當速了矣。譚逸如電言正進攻,介石函亦云今日總攻。高凌百電,平漢、隴海已聯合石友三渡河去。"

1930年9月8日庚午七月十六日,張大千在癖斯堂作畫懷念恩師。

張大千自題:"芋火今猶熱,世無李泌客。鐘聲出白雲,殘缽幾灰劫。先師農髯先生去年題我畫芋句也,爲个簃吾兄寫此並録之。个簃嘗云其鄉産芋多佳種,與他處迥異,他日當有以厭(饜)我老饕。老饕善治芋,不與常味同 ,惜不能起先師共嘗之也。大千居士並記於癖斯堂下,時庚午七月十六日燈下。"(西泠印社2012年秋拍圖録)

1930年9月9日《申報》刊登張善孖《追念曾農髯師》。

《追念曾農髯師》:"曾農髯師自國變以後,即避地海上,與臨川清道人李梅庵師,皆以鬻書畫自活,世所稱曾李者也。梅師既卒,感悵頗多,世亂日滋,欲歸不得。嘗於浴佛日寫山水,自題云:'充楊子所至,則老矣;充墨子所至,則佛矣。舉世混混,吾誰與歸? 莽莽山河,誰是主人? 任筆所造,已落鴻濛之後矣。聊以自適,非敢求知。'觀此可知其孤鳴獨醒之概。然其神志老而益康,據案濡毫,從不告倦。稍休即與門弟子月旦書畫,品藻詩文。余與八弟大千,過從更多,承契彌厚。今歲五月,余進四十九歲,師贈聯云:'兄弟高年文伯子,詩書善畫蘇長公。'

◎公祭曾農髯先生紀略 燭盦

衡陽曾農髯先生。氣節文章。當代推重。年來避地海上、鬻書自給。不幸於八月二十七日逝世。先生門生滿天下。本埠山額。同深悲悼。特於月之二十五日下午。在東有恒路曾寓舉行公祭。到者有張善孖黃曉汀李建初馬企周朱大可江萬平糜哲民姚雲江許冠羣江一平張季蝯馬宗霍劉俊英謝維梵向嚳庵等。由先生老友趙養矯司儀。曾翼雲讀文。一時上香獻爵。成禮如儀。祭畢。由諸君發起組織同門會、凡曾執贄於先生之門者。皆得加入。每歲春秋二季。舉行祀典。諸君之篤念先生、不忘崇報。足徵先生之循循善誘。遺愛在人也。祭文係出馬宗霍君手筆、古雅樸茂。允稱能手、附錄於此。藉見先生學行之一斑。詞曰峋嶁之山。實維南紀。丞出其腹。湘經其尾。懷珠韞玉。孕衞胎芷。物不獨鍾、哲人斯啓。厥啓伊何。夫子允敉。岐嶷性成。孝友天劭。生而偏露。繄母是娩。吮雪餐風。景弔形依。長播雋譽。振藻鄉黌。排青躡紫。羽儀上京。入踐華近。出育羣英。匪縻好爵。曰旌母貞、俄丁國變。復凋慈蔭。籲地無靈。稽天有浸。遂解世纓。還我初服。矯蹈巖阿。寄傲松菊。秋崇春敷。烟流月肅。一觴可樂。孤芳自馥。爰有嘉招、覯言出游。涉江越湖。東指海陬。觚者萃止。素心相酬。藉曰避地。亦既寫憂。自爾居閑。不交時貴。冲夷在躬。金石借契。兼該九流。博綜羣藝。或詩或文。亦書亦繪。詩惟意勝。不囿一家。澹比停雲、俊儷餘霞。嘗謂境遠。何有詞奢。文則高漢、半哉適上。下筆淵懿。摛旨粹亮。班蔡重弘。庶幾所抗。世之好者。迺尤好書。隸方分圓。直立草趨。嶽巖海沛。駿躍猿拏。仰揖鍾王。俯掩歐虞。晚始成繪。神與思接。尺素萬里。寸心千疊。雲合樹雜、水匝山沓。含毫邈然。自我為法。囊茲四妙。若絲在綠。人有其一。亦已足豪。惟吾夫子。謙尊而高。懷新以化。接問㕑勞。休光既遐。隱德彌峻。望之來崇。澹及窺釁。仁壽徒聞。龍蛇厄運。侯顏猶溫。聆音遂迅。孰謂百齡。奄從一瞬。藥又何辜。天實不慭。嗚呼哀哉。勁風夕厲。零露朝溥。嬔奚夫子。誰適為歡。昔承几杖。今牽厄甄。顧言永眷。雨泣汎瀾。文以送悲。悲其有殫。嗚呼哀哉。

1930 年 9 月 25 日《申報》刊登之公祭紀略

曾李同門會徵集會員

衡陽曾農髯故世後、其門人擬發起曾李同門會、曾誌前報、玆悉該會籌備處業已成立、昨特擬就緣起簡章、分發文藝界、徵集會員、玆錄其緣起及簡章於下、

▲緣起　衡陽曾農髯、臨川李梅庵兩師、道德文章、萬流景仰、而兩師交誼、老而彌篤、尤足爲我後生矜式、天不慭遺、後先作古、載聞噩耗、無任心喪、用特組織斯會、每屆春秋舉行公祭、餘則切磋德行、研討學問、庶幾兩師之澤得以弗墜、而我輩感情、亦可敦進、昔顧甯人閻百詩歿後、日下經生每歲設奠、而況我人得親炙兩師緒論者乎、泰山梁木、方興歎於哲人、江漢秋陽、益追懷夫鉅德、凡吾同門、其勗之哉、李師於庚申秋歸道山、是年冬、萬平侍曾師送李師葬於南京、四方同門來會葬者幾百人、其不及曾師之門者、亦皆以師禮事曾師、曾師受之曰、吾弟子即道人弟子、出道人門下者、吾亦當視如吾弟子也、時諸同門送葬在甯者、即議組曾李同門會、旋未果、今兩師俱作古、吾當有以承師志焉、萬平謹識、

▲章程　第一條、本會定名爲曾李同門會、凡出衡陽夫子曾農髯先生 臨川夫子李梅庵先生門下者、皆得入本會爲會員、諸同門之弟子、於兩夫子爲再傳、亦得入本會爲會員、但須經其師之引進、凡海內私淑兩夫子之所學而未及門者、經同門二人之紹介、得入本會爲會員、第二條、本會以崇奉兩夫子春秋之祀、切磋學問光大師學爲宗旨、第三條、本會每年開會員會兩次、以春秋祭日舉行之、第四條、本會設執行委員十一人、執行一切會務、由會員會選舉之、第五條、本會設常務委員三人或五人、以處理本會日常事務、由執行委員會互選之、第六條、本會暫不設會所、以常務委員中一人之住所爲總通訊處、其他常務委員住所爲分通訊處、外埠通訊處、由執行委員會之決議、推請各該埠之同門一人或數人擔任之、第七條、春秋祭期及地點、由執行委員會議定之期前一個月、通告全體同門、屆時與祭、凡同門來與祭者、每次人各納費三元、第八條、本會因切磋學問、研究藝術、發揚師學、得組織各項學會、各同門得因其所學、分別組織之、但須經執行委員會議決通過、第九條、本會各項會議、均以到會人數過半數之可決決定之、第十條凡本會會員有違反本會宗旨者、得經執行委員會提議、經會員會之議決、宣告除名、附條、本章程未盡事宜、得因會員會之決議、隨時修改之、

1930 年 12 月 3 日《新聞報》刊登之曾李同門會章程 緣起及徵集會員通知

張大千補成譜主遺作　1933 年

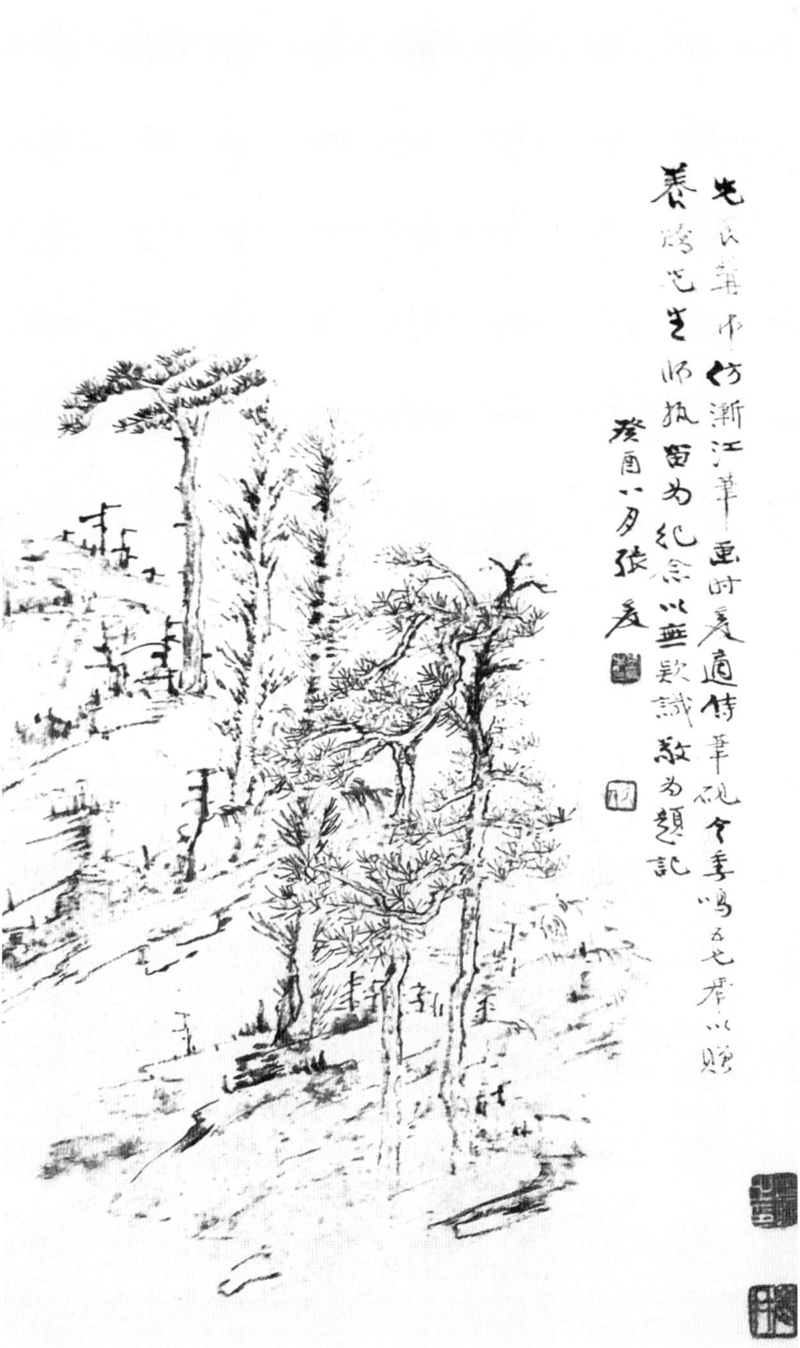

張大千題譜主遺作　1933 年

曾熙遺墨展　1992 年　上海中國畫院

曾熙遺墨展開幕式　左起韓天衡　□□□　胡立教　程十髮　曾慶王　毛國倫

曾熙 李瑞清書畫特展　2010 年　臺北歷史博物館

曾熙 李瑞清書畫特展開幕式場景

傅申(右)　曾迎三在書畫展上合影

曾熙與上海美專書畫展開幕式　2010 年　上海劉海粟美術館

場景之一

場景之二

鶴鳴雁迴——曾熙書法藝術展　2013 年　鎮江博物館

展覽場景

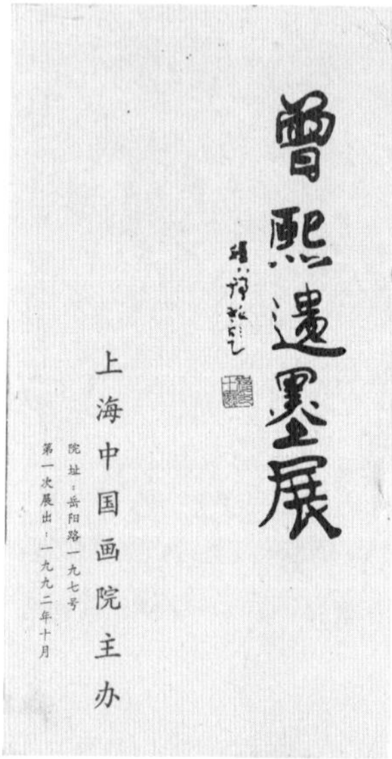
曾熙遺墨展
上海中国画院主办
院址：岳阳路一九七号
第一次展出：一九九二年十月

張大千的老師—
曾熙、李瑞清書畫特展
The Mentors of Chang Dai-Chien :
Painting and Calligraphy of Zeng Xi and Li Rui-Qing
國立歷史博物館
National Museum of History
2010.4.10—5.30
國立歷史博物館二樓展廳

曾熙翰墨文獻展
2010.7.25—8.24

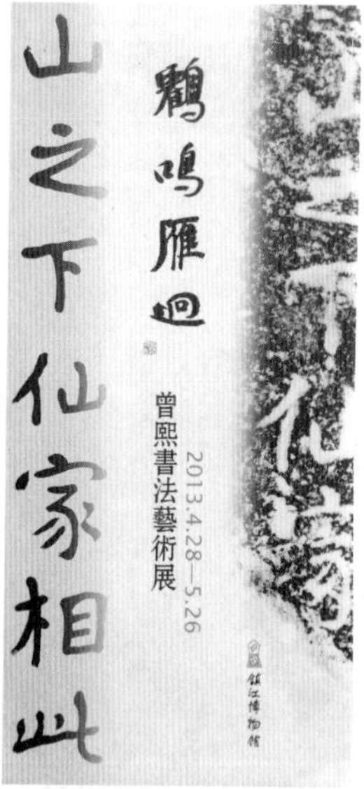
山之下仙家相此
鸛鳴雁迴
曾熙書法藝術展
2013.4.28—5.26
鎮江博物館

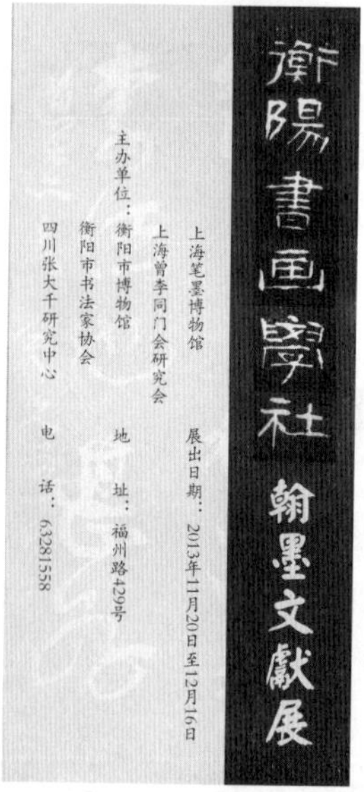
衡陽書畫學社
翰墨文獻展
主办单位：上海笔墨博物馆
上海曾李同门会研究会
衡阳市博物馆
衡阳市书法家协会
四川张大千研究中心
展出日期：2013年11月20日至12月16日
地　址：福州路429号
电　话：63281558

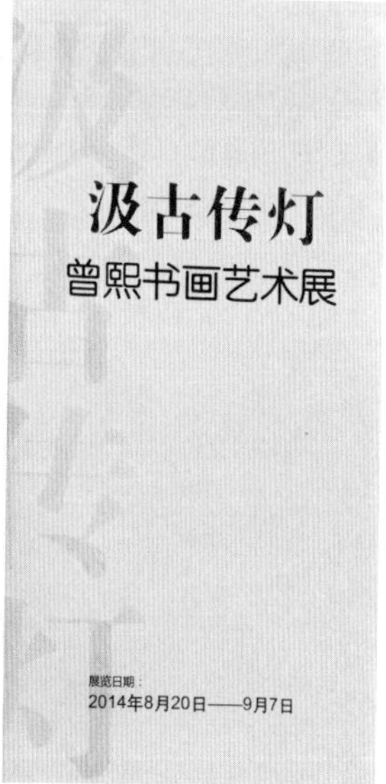
汲古传灯
曾熙书画艺术展
展览日期：
2014年8月20日——9月7日

部分展覽會請柬

曾熙塑像　衡南一中校史室前

雖愧溢量之稱，實見獎掖之篤。又見師新爲魏弱叟老伯畫便面，題云：'須到百齡無暮氣，同將六法樂天倪。'復書其他面云：'志能帥氣，故朝暮之氣，志主之耳。少而偷安，壯而耽逸，即暮氣也。熙與阿哥年俱七十，阿哥尚以書畫問世，熙雖盛暑不輟筆墨，即朝氣也。畫上題句，願與阿哥徵信之。'蓋弱叟與師同鄉同年且同學，弱叟一日以長，故師以兄事之。余謂師朝氣長存，方當比壽大椿，不意入秋小恙，竟至不起。易簀前四日，尚手書一詩'與吴劍秋老伯，云：'自濬溪流常繞閣，手栽園柳已成堤。劫餘尚有敝廬在，惆悵年年歸未歸。'案此詩即題《思歸圖》者，圖則爲弱叟作也。魂魄猶樂故土，於兹可徵。劍翁亦師三十年前老友，當師病時，移榻師家。一日師忽忽不樂，語劍翁曰：'七十三年，丁此季世，能得友如子者，撫棺一哭，死復何恨。'聲凄以永，所感深矣。故劍翁挽師云：'何以生爲，睹兹滿地荒殘象；今真死矣，尚有撫棺痛哭人。'嗟乎！師之書畫已滿人間，師之聲名當留後世，全壽而歸，雖死猶生。吾輩山頽木壞之感，不能已於懷，江漢秋日，願與及門諸子共誦之。"

1930年9月22日，《申報》刊登鄭逸梅《曾農髯之惜名》。

《曾農髯之惜名》："曾農髯之歸道山，同文已紀其軼事矣，尚有未詳盡者，爰再述之。農髯，諱熙，衡陽人。書名播海内，寫一扇一册，輒落落疏疏，數行而止，然古逸有奇氣，他人雖傚慕，莫能如也。有時兼事丹青，予於《心漢閣藏扇》中，見其所作山水一幀，蒼茫渾厚，直迫古人，求諸時流，罕與伯仲，但畫爲書名所掩，知之者甚少耳。有方蘭皋者，農髯之鄉人也。去歲蘭皋有事來滬，訪農髯於其寓邸，他鄉故知，倍極歡洽。時氣候燠熱，蘭皋手揮一摺扇，農髯取觀之，則己之手筆，於二十年前藻貽蘭皋者。自覺筆力稺弱，不可示人，迺索諸蘭皋而撕毁之，窮一日之力，精心成佳構以爲償。其惜名不苟有如此。農髯又工詩，然道貌岸然，不屑爲香奩兒女子語。海上畫家張善孖君，作《十二金釵圖》，求之題詠，農髯固却，及披讀其圖，則所謂十二金釵者，非傳情閨闥，乃斑斕虎畫十二頭也，遂頻呼狡獪，一笑題之。農髯曾客某處逆旅，忽駐兵嘩變，夜出肆掠，旅客驚惶失措，紛紛滅燭而匿身暗陬。農髯獨神定不懾，熒然燈火，故傾箱而翻篋，案座亂位，以爲疑陣，變兵果以爲劫灰不足覬覦，竟秋毫而未犯。其他旅客，無一幸免，咸稱佩其有急智不置。旅客中有貲用罄絶，進退維谷者，農髯反助以資斧，俾得遄返云。"

1930年9月25日下午，衆門生在曾寓舉行公祭。

燭童《公祭曾農髯先生紀略》："衡陽曾農髯先生，氣節文章，當代推重。年來避地海上,鬻書自給,不幸於八月二十七日逝世。先生門生滿天下,木壞山頹,同深悲悼。特於月之二十五日下午,在東有恒路(按:今餘杭路)曾寓舉行公祭。到者有張善孖、黄曉汀、李建初、馬企周、朱大可、江萬平、糜哲民、姚雲江、許冠群、江一平、張季蝯、馬宗霍、劉俊英、謝維梵、向墨庵等。由先生老友趙養矯司儀,曾翼雲讀文,一時上香獻斝,成禮如儀。祭畢。由諸君發起組織同門會,凡曾執贄於先生之門者,皆得加入,每歲春秋二季,舉行祝典。諸君之篤念先生,不忘崇報,足徵先生之循循善誘,遺愛在人也。祭文係出馬宗霍君手筆,古雅樸茂,允稱能手,附録於此,藉見先生學行之一斑。詞曰:岣嶁之山,實維南紀。丞(烝)出其腹,湘經其尾。懷珠韞玉,孕蘅胎芷。物不獨鍾,哲人斯啓。厥啓伊何,夫子允效。岐嶷性成,孝友天劭。生而偏露,鞠母是婗。吮雪餐風,景弔形依。長播雋譽,振藻鄉黌。排青躡紫,羽儀上京。入踐華近,出育群英。匪縻好爵,曰旌母貞。俄丁國變,復凋慈蔭。籲地無靈,稽天有浸。遂解世纓,還我初服。矯躅巖阿,寄傲松菊。秋索春敷,煙流月肅。一觸可樂,孤芳自馥。爰有嘉招,駕言出游;涉江越湖,東指海陬。龐耆萃止,素心相酬;借曰避地,亦既寫憂。自爾居閑,不交時貴。冲夷在躬,金石偕契;兼該九流,博綜群藝。或詩或文,亦書亦繪;詩惟意勝,不囿一家。澹比停雲,俊儷餘霞。嘗謂境遠,何有詞奢。文則高漢,半裁遒上。下筆淵懿,摛旨粹亮。班蔡重弘,庶幾所抗。世之好者,廼尤好書;隸方分圓,直立草趨;岳巖海沛,駿躍猨拏;仰揖鍾王,俯掩歐虞。晚始成繪,神與思接;尺素萬里,寸心千疊;雲合樹雜,水匝山沓;含毫邈然,自我爲法;囊兹四妙,若絲在繅。人有其一,亦已足豪。惟吾夫子,謙尊而高,懷新以化,接問靡勞。休光既遐,隱德彌峻,望之來崇。虐及窺釁,仁壽徒聞。龍蛇厄運,侯顔猶温。聆音遂迅,孰謂百齡。奄從一瞬,藥又何辜。天實不慭,嗚呼哀哉! 勁風夕厲,零露朝溥,邈矣夫子,誰適爲歡。昔承几杖,今奉卮槊,願言永眷。雨泣泛瀾,文以送悲,悲其有殫。嗚呼哀哉!'"(1930年9月30日《申報》)

《曾農髯諸弟子組織曾李同門會》:"海上書畫家衡陽曾農髯先生逝世後,其門人有聲於海上藝壇及各界者,頗不乏人,而散處四方及國外者亦復甚多。聞於曾先生舉殯之日,由門人江萬平會計師,創議組織曾李同門會,並舉行曾先生及海上十年前大書畫家清道人李梅庵先生春秋禮典,蓋兩先生生前相愛如兄弟,而門下弟子亦多並列兩先生門墻者。即於曾先生殯日開成立會,公推張善孖、張大千、黄曉汀、馬企周、劉俊英、江萬平、李建初、姚雲江、馬宗霍、朱大可、許冠群等十一人爲執行委員,推定馬宗霍擬同門録序文,朱大可擬緣起,江萬平擬章程,並於前日在江萬平宅開第一次執行委員會,通過章程草案,並互推劉俊英、馬宗霍、江萬平、張善孖、朱大可五人爲常務委員。聞海内列兩先生門墻者,數逾千人,日本方面,亦多有曾執贄禮者,將來此會聞將附設各種學會,以發揚兩先生之詩文

書畫。藝林有此盛大組織,即成一佳話云。"(1930 年 10 月 9 日《申報》)

1930 年 9 月 25 日舉行家祭,26 日領帖,27 日發引歸衡陽原籍。

《曾農髯治喪所聞(大悦)》:"衡陽曾農髯先生,病歿滬寓,已於前日(廿五)家奠,昨日領帖,今日發引,葬歸衡陽原籍。先生道德文章,萬流鏡仰,書法與清道人齊名,世稱'南曾北李'。作古以後,識與不識,紛紛投贈聯語致挽,日來治喪處收到挽聯,竟過八百副之多,聯句書法,皆有可觀,傖父筆墨,固不足以塵此老也。聞先生生平,與譚畏公院長論書雅契,先生逝世後,畏公曾自都來滬,親往致祭先生,家族請畏公題主,畏公曰:使余題主,余不免痛哭一場,不如已也。不竟畏公返京後,未及旬日,竟爾追隨先生以去,九原(泉)相見,或者將破涕爲笑乎?先生及門諸子,以先生既歿,殊抱江漢秋陽之痛,提議擴大衡陽書畫社,凡曾執贄於先生者,皆加入該社,每歲春秋,舉行祀典,餘則研討書畫,以志淵源有自。諸君子之篤念師門,誠爲叔世所罕覯,而先生之德愛在人,尤可見矣。"(1930 年 9 月《金鋼鑽》報)

1930 年 9 月 26 日《申報》刊登張善孖《曾農髯夫子之孝思》。

張善孖《曾農髯夫子之孝思》:"吾師衡陽曾夫子,少年之文名,近二十年來之書名,與夫垂老尤以畫得名,凡知夫子者,未有不景仰其文字書畫者也。惟夫子生平,有可矜可式者,正在文字書畫以外。故組庵(按:即譚延闓)先生贊夫子之像曰:'行可以伏一世,而德淑於一身。學足以追三古,而化不被於人人。書畫特其餘事。'蓋組庵先生之於衡陽,兄事者三十年,知之最真切也。及門中孖與季氏大千之於夫子,過從最密,談次晝不足繼以夜,舉足出言,諄諄然以孝行爲勸勉。偶述及庚子覩拳匪之亂,荷短衣,負太師母出都門,走數千里,興奮處忼慨不已。繼以涕零,其馴孝出乎天性,已可概見。癸亥,孖與季弟大千迎養,深見嘉許,並賜長聯云:'管夫人一門富丹青,白髮揮毫,綵衣捧硯;潘太尉萬觴羅絲竹,板輿日暖,蘭砌風和。'今者泰山其頽,撫髯追髯,神獨愴然。因憶及夫子六十七歲生日,寫雪景一幅,題詩云:'我生年又六十七,一歲三月成孤息。母啼兒笑苦不知,鞠養艱難歷五十。五十四齡母棄我,不意餘生及今日。歲歲家人歡置酒,我獨潸淚仰天泣。當年破屋母所居,父病經年倚母力。呱呱墮地冰雪中,且飲冰水作朝食。鄰媪急進生薑湯,掃雪洗兒長嘆息。平生苦節不敢憶,膝下授經月下織。報德無力只刺心,此生此痛曷有極。小南山下雲氣深,但有魂夢接朝夕。擬將橐筆入南山,老依母墓剪荆棘。'又畫册寄二世兄繼尹,跋云:'此册乙丑冬所作,亦有未題之幀,今忽忽又四年矣,裱成補題,寄與述男。述今年四十矣,猶憶予四十是爲庚子歲,負母携汝輩從運河南下,始脱拳匪之亂。時汝十二齡,汝兄十四齡,汝弟八齡耳。汝母先歲歿京師,而先王母年六十九,朝夕携汝輩號泣。及亂作,予但短衣以一僕自隨,百難千辛,今猶歷歷如昨日事,而不覺予年六十八,而汝亦四十歲矣。予出,即命汝居衡,爲守先王母墓耳。處今之世,求不飢餓幸矣,以勤苦守身,以忠實守志,凡事求下人一等,則自處多餘之地矣。述男謹識之,戊辰五月二十有二日記,此以當趨庭之訓云云。'一詩一跋,反覆味之,直孝思録耳。於以見吾夫子之馴孝,雖出於天性,亦鑒於太師母撫育之孤衷。今者子若孫孫又有子矣,吾世兄輩皆幹蠱之材,晚出有如藩者,亦秀拔英挺,門楣不易,甚願長以夫子之心爲心也。"

1930年9月,《上海畫報》刊登削穎《曾農髯軼事》。

削穎《曾農髯軼事》:"衡陽曾農髯先生,以善書畫名海上。今歲年屆古稀,愚於本報《鄭孝胥精練拳術記》文中,祝其長壽以享遐齡。不謂八月廿六日竟以宿疾逝於有恒路寓廬,距前記未出三月,聞之誠不勝人生朝露之感也。農髯與清道人李百蟹同鄉里,近年來漢魏碑版諸書,自道人改用澀筆,風氣爲之一變,學之者變本加厲,由澀而顫,致失原意,蒙描頭畫脚之誚。農髯力矯此弊,碑版摹張黑女,大篆作毛公鼎,各得神髓。硯田所入,歲頗不貲,道人歿後,其一派書法,遞邅至今,得未稍衰,農髯之功爲不可歿。昌碩作古,且隱然執海上書家牛耳。今後老輩零落,惟伊峻齋(立勳)碩果僅存,有後起無人之嘆矣。農髯寬衣博袖,古貌古心,其名刺用大紅帖子自書曾熙二字,字大及寸,猶有清代遺制,爲共和後所罕見。平常與人往來之便條與説帖,恒不署名,而蓋曾宅木戳於末,字迹與所書屏聯相彷。人以出諸先生之手,多寶藏之。實則概由其家人庖代,善書及於僕厮,風雅又可想見矣。去秋胃咯血,醫者囑静養,數月未嘗下樓,請道人族弟李瑞奇先生來寓其家。偶逢佳日,始柬邀茶神夏自怡先生携茶具過訪,相與瀹茗共話而已。今春復病,旋又稍瘥,作字則蓋'農髯七十後作'朱文印於壓脚,用志暮年歲月,孰謂丹青不知老將至耶。文孰知用斯印甫及半載,即遽歸道山耶。此《清史稿》:'曾廣垕妻劉,衡陽人。歸廣垕。舅老,姑前卒。兄公初喪,舅痛子,幾失明,出入需人。劉侍舅謹,日執炊,一飯三起視舅起居衣食。雖貧,必具酒肉。舅病,奉待七書夜不就枕。舅卒,棄田廬治喪。劉方産,徙陋巷,艱苦冰雪中。廣垕又卒,乃與姒李同居,以子爲之後。李亦苦節,劉事之如姑。書治針黹,夜則紡織,節衣食,命子熙就學,卒成進士。方極困,老稚或乞食,必分食與之。晚少豐,年饑,必出以賑貧者。'"

1930年11月3日《申報》刊登《客述曾農髯之度量》。

《客述曾農髯之度量》:"衡陽曾農髯,滬上書家之大名鼎鼎者也。輓近惡習,凡書畫家之得名於時,聲價日起者,輒有人橅仿爲之,往往贋鼎充斥,其橅仿好手,居然可以亂真。客有述曾農髯者,謂曾一日在友人處談天,其同居者持短屏四條來,請友人鑒别真僞,展視爲曾書,友人到眼即知僞託,因笑謂同居者曰:此位即曾農髯先生,可請其自觀之。曾略一觀覽,即首肯曰:此固余所書者,並無錯誤。友人默不作一語,同居者大喜曰:人皆以價值過廉,都指爲僞物,今曾先生自謂無錯誤,前疑盡釋矣。同居者既退,友人謂君隨便承認,不慮損及大名乎。曾笑曰:書畫玩物,僞者亂真,亦復何害。彼托吾名以爲生計者,若無此輩之胡亂收羅,不且槁餓於米珠薪桂生活萬難之海上乎。我不能濟人之急,此區區間接之利益,猶吝而不與,必斷斷與辨,鄙孰甚焉。友人聞言,稱善者再,謂君誠長者,非吾輩所能及也。又有人述,曾之同鄉某,以署名曾書之中堂一軸示曾,亦贋鼎也。曾見其書太劣,因謬曰:此吾病後所作。因即取筆,於空處跋二行云:余曩年病初愈書此,腕力全無,今日重行展視,愧汗欲流,因志數語,以彰吾過。見者謂此跋語三十字,極龍蛇飛舞之妙云。觀上所述,度量可謂宏矣。孟子有云:聞柳下惠之風者,鄙夫寬,薄夫敦。吾於曾先生亦云。"

庚午九月,遵循譜主生前遺願,安葬於湖南衡陽界牌峴塘冲。長子曾憲璵至廬山請陳三立作墓誌銘,並由譚澤闓書丹。

《龍田曾氏六修族譜》:"葬四十二都一區界牌峴塘冲正咀巽山乾。"

陳三立《清故兵部主事曾君墓誌銘》:"君諱熙,字子緝,初字嗣元,晚號農髯,姓曾氏,世爲衡陽人。父卒,生甫逾歲,君母劉太夫人艱苦撫君至成立。幼聰强,弱冠補諸生,博覽嫺藝文,復以工書稱儕輩。學使者張君亨嘉負雅望,拔君肄業校經堂,學益進。光緒辛卯舉鄉試,上禮部不第,納資爲郎,隸兵部。癸卯成進士,仍留兵部,補武選司主事,尋得記名提學使、弼德院顧問。先是甲午歲,劉忠誠公督師山海關禦倭寇,君一赴君幕,退而聯公車上書,慷慨陳時政,意氣甚壯。及妖民亂作,蒼黄奉母出都門,即被劫,君覓竹輿坐母,偕一僕肩曳行四十里許得附舟。當是時,母對君泣,君反笑示無苦,以慰薦母。既南返衡陽故居,長吏聘主講石鼓書院,兼漢壽、龍池書院。君本治戴氏《禮》、《公羊》、《左氏》、《春秋》,溢而爲文辭詩歌,雅懿棄凡進,生徒經君指授,從風爲改觀。復迭充監督師範、法政學堂、教育會、諮議局、自治局,物望翕然。國變後,母以天年終,君哀毁幾以身殉。久之,其友李文絜(潔)公瑞清號清道人者,方鬻書滬上,資糊口自活,爲書招君曰:'家居碌碌,盍來與我共一旦之命乎?'於是遂走依清道人。君於書與清道人同淵源，皆務復古，習秦漢篆隸，而後專摹六朝碑體，盡其態。清道人殁，君踵起，名益振，四方齎重直求索不絶，歲所贏輒推濟族戚交朋窮乏者。君事母極孝，終其身，語及襁褓中，母遘侵陵禦侮保孤狀，未嘗不流涕。於清道人爲卜葬金陵牛首山，築祠置祀田，世尤高其風誼焉。在滬居僻巷，而賓友或弟子常滿坐，古貌白鬚，呴呴披肝膈絮語，故親附者衆。晚歲喜購古先名輩遺蹟，餘興效作畫，崛奇出天授。一日余過君，有自寫潑墨山水裝池懸齋壁，雜清湘、雪个諸幅間，余誤而贊之，君掀髯狂笑曰：'老夫區區戲墨，亦可亂真耶?'余即自承爲誤，又摇頭曰：'不得言誤也。'其風趣詼詭類如此。君年躋七十，庚午七月四日病卒。所著有《左氏問難》十卷、《春秋大事表》兩卷、《歷代帝王年表》兩卷、《和陶詩》兩卷，書畫録、文集、詩集各若干卷。曾王考諱某，王考諱紀領，考諱廣叵，妣氏劉，旌表節孝，國史館立傳。配湯恭人，所出子曰摯、曰述、曰卓。女二，適譚、適夏。繼配萬恭人，所出子憲珂。孫男五人，孫女四人，曾孫一人。是年九月，歸葬君於衡陽界牌峴塘冲，其孤摯走匡廬山居乞銘。余於君號生平最狎習者也，掇次事狀所未備，繫以辭曰：亂驅一老投海裔，巧救飢腸厠鬻藝。初接黄冠騁聯轡，喪朋文采獨照世。飄髯蜃樓閲年歲，萬靈踴躍役運臂。立身本末根孝義，墨痕隱涴思親淚。道存亡命緬高致，流風蕩摩後誰嗣。魂合嶽氣片石瘞，鑱補聲詩道肆志。"(《散原精舍詩文集》，上海古籍出版社 2003 年 6 月版)

1930 年 11 月 21 日，曾李同門會在《申報》第二張刊登《曾李同門會通告》。

《曾李同門會通告》："本會爲衡陽曾農髯先生、臨川李梅庵先生門下弟子所組織，凡曾執贄兩先生之門下者，得爲會員，惟諸同門散處四方，通訊不周，用特登報通告。有意加入者，請即函知下列各通訊處，以便將章程寄上，不勝翹企。總通訊處：上海法租界西門路一六九號張善孖。分通訊處：上海靜安寺路斜橋路天樂坊卅號劉世傑；上海寧波路金剛鑽報朱大可；上海孟德蘭路一零五號江萬平；吳淞中國公學大學部馬宗霍。"(1930 年 11 月 21 日《申報》)

1930 年 12 月 3 日，《新聞報》第四張刊登《曾李同門會章程》、《緣起》及《曾李同門徵集會員》通告。

《曾李同門會徵集會員》："衡陽曾農髯故世後，其門人擬發起曾李同門會，會志前報，茲悉該會籌備處業已成立。昨特擬就緣起簡章，分發文藝界，徵集會員。茲錄其緣起及簡章於下：

《緣起》：衡陽曾農髯、臨川李梅庵兩師，道德文章，萬流景仰，而兩師交誼，老而彌篤，尤足爲我後生矜式。天不憖遺，後先作古，載聞噩耗，無任心喪，用特組織斯會，每居春秋舉行會祭，餘則切磋德行，研討學問，庶幾兩師之教澤得以弗墜，而我輩感情，亦可敦進。昔顧甯人閻百詩殁後，日下經生每歲設奠，而況我人得親炙兩師緒論者乎。泰山梁木，方興歎於哲人，江漢秋陽，益追懷天鉅德，凡吾同門，其勗之哉。李師於庚申秋歸道山，是年冬，萬平侍曾師送李師葬於南京，四方同門來會葬者幾百人，其不及曾師之門者，亦皆以師禮事曾師。曾師受之曰：吾弟子即道人弟子，出道人門下者，吾亦當視如吾弟子也。時諸同門送葬在寧者，即議組曾李同門會，旋未果。今兩師俱作古，吾當有以承師志焉。萬平謹識。"

章　程

第一條，本會定名爲曾李同門會，凡出衡陽夫子曾農髯先生、臨川夫子李梅庵先生門下者，皆得入本會爲會員，諸同門之弟子，於兩夫子爲再傳，亦得入本會爲會員，但須經其師之引進，凡海內私淑兩夫子之所學而未及門者，經同門二人之介經，得入本會爲會員。

第二條，本會以崇奉兩夫子春秋之祀，切磋學門光大師學爲宗旨。

第三條，本會每年開會員會兩次，以春秋祭日舉行之。

第四條，本會設執行委員十一人，執行一切會務，由會員會選舉之。

第五條，本會設常務委員三人或五人，以處理本會日常事務，由執行委員會互選之。

第六條，本會暫不設會所，以常務委員中一人之住所爲總通訊處，其他常務委員住所爲通訊處，處埠通訊處，由執行委員會之決議，推請各該埠之同門一人或數人儋任之。

第七條，春秋祭期及地點，由執行委員會議定之期前一個月，通告全體同門，屆時與祭。凡同門來與祭者，每次人各納三元。

第八條，本會因切磋學問，研究藝術，發揚師學，得組織各項學會，各同門得因其所學，分別組織之，但須經執行委員會議決通過。

第九條，本會各項會議，均以到會人數過半數之可決決之。

第十條，凡本會會員有違反本會宗旨者，得經執行委員會提議，經會員會之決議，宣告除名。

附條，本章程未盡事宜，得因會員會之決議，隨時修改之。

後記

繼《黄賓虹年譜》、《王一亭年譜長編》編撰出版，作爲姊妹編，本年譜的清樣也出來了，似乎有必要説一説編撰年譜長編的初衷。

黄賓虹、王一亭、曾農髯有一個共同的“名片”，他們都是上個世紀上半葉我國書畫名家，他們生活創作的構建是這個時代不可分離的有機部分。我們知道，發軔於道咸的中國書畫藝術中興到上述藝術家活動的上個世紀初數十年間，中國書畫藝術遭遇西方藝術的“東漸”，形成亙古罕見的兩種不同文化的碰撞、溝通、熔接波瀾壯闊的局面。兩種文化的對衝，爲中國書畫藝術中興注入了新的動力，提供了全新的參照系和前所未有的機遇。

鑒於此，黄賓虹、王一亭、曾農髯們的年譜已經超越了單純個人的或家族的意義，而成爲反映時代藝術活動的鏡子。藉助他們這面鏡子，我們看到：時代風采的締造，不僅出於少數幾位“大家”的努力，一群有志之士的集體努力才締造了這段光彩的歷史。

鑒於此，我們把這本年譜做成長編形式。這種形式有助於還原譜主真實的生活，有助於還原時代的真實風味，有助於塑造曾努力過也許被忘却了的同時代人的群像。

本譜合作者曾迎三先生受其父慶壬囑託，在上世紀末就開始關注收集曾農髯的作品與材料，找到我之前已草有二十多萬字年譜初稿。具體什麽時間已不復記憶，大概是我在圖書館爲王一亭年譜搜集材料之初。記得地毯式搜索《時報》之初，曾農髯就已經闌入我重點搜索的書畫家之列了。

本譜主要由三部分材料構成：一是包括初稿在内的譜主書畫作品。由於時代風雲變幻不居，作爲譜主後裔，曾迎三先生家藏譜主材料已蕩然無存，初稿主體主要是多年從藝術市場或購或借的原始作品上的信息或題跋，以及張善孖抄録譜主題畫論畫的《大風堂存稿》。二是清末民初報刊的即時報導，這些報導包括譜主在湖南的辦學和從政的信息。三是湖南省圖書館藏譜主文章手抄件，以及臺北“中研院”近代史所整理的《譚延闓日記》。

爲搜尋譜主散逸在故里湖南的文稿，我和曾迎三先生赴湖南省圖書館和博物館，在那裏得到譚國斌先生的熱情接待和幫助，順道至譜主故居與墓地作了實地“考古”。依據所獲信息，得知《譚延闓日記》已在海峽對岸整理釋文，然關山重重，只留渡海尋訪一條路。躊躇之際，正在該院做博士後研究的曾來過寒舍切磋中國書史料的劉宇珍博士接下了檢索的任務，承她不避暑熱，將相關材料一一傳輸給我。而郎紹君兄在城京霧霾重重日子裏，重讀數十萬字的成稿，並再度撰以序。此外，還得到董覺偉先生、喬晶晶女士、劉振宇先生、馬變文先生、蕭培先生、林樂倫先生、申雄平先生、蔡曉剛先生和包立民先生的這樣那樣的幫助。在此我，並代表曾迎三先生表示衷心感謝。

由於本編的題跋部分(包括同時代學者題跋)大多録自本人的手寫影印件，他們學有專長，字秉個性，雖然包括年譜初稿題跋釋文在内，均一一加以復核，限於學力，錯舛在所難免，尚祈讀者指謬爲幸。

王中秀

癸未元日

補記

史料無窮盡。從本譜清樣出來並寫了上篇後記至今，又過了三年。在有點漫長的編輯流程中，我致力於《黄賓虹文集全編》、《黄賓虹年譜長編》和《編年注疏黄賓虹論藝書信集》的編纂，到諸事完工，本譜成稿才重返我手。不長也不短的三年間，曾迎三先生一直關注着新材料；史料的無窮盡性，使得他頗有所獲。然而，鑒於"人物索引"已出清樣，無法再補入譜中。爲彌補這一遺憾，補記若干於下。

譜主致端方書一通：

浭陽尚書勛座：不親碩範，瞬經三載。勛曜廣照，海內同瞻天相，我國家元臣，奮筞尊攘，偉烈非公莫屬。熙以母氏春秋過高，牽絏鄉間，又自慙學植淺陋，才識卑下，不得馳驅左右，嘗引以自耻。然少保祠前，觥籌交錯，主賓盡懽，每憶勝會，爲之流連，公其猶系念乎？南校落成，公功不朽，尚乞賜予碑銘，以垂來葉。省校風習失之虚，不能求實。兩歲以來，苦志訓勉，意在去虚反實，然不變因而變，果責效寔難。公其何以教之？明正春漲，渡湖較易，當趨謁崇轅，藉聆雅教。茲寄上所學隸書，乞指正。又漢甎陶器，係里中出土者，並呈鑒藏。肅此，敬叩勛安！熙謹上。十二月十日。

此書沒有署年，以端方於 1905 年 7 月離開長沙，後推"三載"，當在戊申年。戊申年十二月十日爲 1909 年元旦，此時端方在兩江總督任上。此信透露二個重要資訊，一是端方在湖南巡撫的半年時間裏，和譜主有交集，譜主籌辦師範南校之初，得到端方的鼎力支持，譜主還參加過端方在長沙少保寺舉辦的盛宴，那觥籌交錯的景象，深深印入譜主記憶。一是南校落成兩年以來，譜主力致去虚反實，請求端方賜予碑銘，以垂永久。端方有沒有題辭，題了什麽辭，史無記載。如果題辭又樹碑，則風雲變幻，亦可能蕩然無存了。這不失爲研究湖南省教育史的新問題。

作爲本譜，這些史實，無疑會增添歷史的厚度和深度。

此外還新發現譜主給唐熊(吉生)的一些書信，雖無關宏旨，但也可以窺見譜主的某些活動,兹擇其可斷年月的補録於下。

其一:前與樂叟詣訪,適駕外出爲悵。敝省災情極重,擬以書畫助振,一切辦法與弟籌商。明日弟何時有閑,請告我,當走訪;或弟便道過我,亦乞便示。即頌唐先生吉生弟台侍安。熙頓首。六月廿七日燈下。

按:此信寫於 1924 年 7 月 28 日。8 月 10 日召開湘振會,此信顯示譜主與唐吉生、向樂穀等籌備該會的幕後情況。

其二:前晤虞琹,詳詢我弟近狀,知錢莊少有所失。且弟爲友所誤,人皆知弟之血忱相與,信義昭然,雖失猶得也。湘振書畫,尚乞稟明太夫人,得名畫一,勝奴子萬紙也。即頌吉弟侍福。熙頓首。八月八日。

按:虞琹即姚虞琹。"太夫人"即唐吉生之母吳杏芬。此信寫於 1924 年 9 月 6 日,在下信之前數日。

其三:前郵寄一紙,想詧收。奉上洋幣百二十番,季爰之顛道人也。季自稱與弟定之,弟已面允之。髯因戰事發生,懼相持久,節下所入,留爲日用之儲備。尚欠尊款,容再送上。即頌吉弟侍福。熙頓首。中秋日。

按:1924 年初秋發生"齊盧大戰",此信寫於戰事發生之際。

其四:前日因目疾,承枉顧,失迓爲歉。錢君瘦鐵亦未晤談。明日十二鐘,略以鄉味一二,請弟代約瘦鐵至舍一談。尊新得之藍瑛小卷可看一讀。又孟蘋之石溪尚在敝几,並乞弟校之。吉生弟。髯頓首。臘四。

按:"孟蘋"即蔣孟蘋,骨董商。譜主 1926 年 10 月 22 日題蔣孟蘋藏石溪《溪山無盡圖卷》有"前歲假數月,今又數月"之句,則此信寫於丙寅臘月初四,陽曆爲 1927 年 1 月 4 日。

尚有其他書信,難以定年月,且多涉書畫交易,不贅。此外尚有一通覆"李老姨太太"書,涉及李瑞清身後家事,亦附録於後:

李老姨太太安覽:頃奉手書,知漱堂先生已率其女過寧,臨行並未來寓,甚不可解。當道人生前原以天寶樓所存筆貲,乙千四百元爲渠女母子用,熙見所存尚少,因提陳伯嚴借去之二百元,再由熙送四百元,已足二千元,亦聊可資教養之費。惟漱堂先生非再得現洋千元不攜女回贛,因再三與祖庵、壽丞細商,由熙代借出洋壹千元,又再從書畫箱內檢出書畫,經漱堂先生先選,王雪老估價二千後,再由漱堂攜至西泠印社,估價壹千陸百元,由筠庵三弟點交。漱堂帶去,薄上但加圈點爲記,將來另紙抄上一單,以清手續,其餘所存各件,當交筠弟攜回蘇州。此時道人墓未修,墓田未賣,何得先挪款辦此不急之事。惟超超讀書爲重,故權宜行之。約計天寶樓所存,熙所補送,與此次之千元及碑帖書畫,亦四千有餘矣,倘經理得法,渠母子亦可安身。至漱堂向尊處詢索房屋典契,此舉甚非理。既屬至戚,亦應通盤計算。道人歿後,所餘幾,倘筠庵亦援漱堂之例,爲其子計,則六嫂亦不能至四千之多,况此時神主及道人靈位所在,何能計及所典之屋耶。凡事自有公道,請勿置懷,餘至自寧後,詳談。熙頓首。五月廿八日。

按:陳伯嚴即陳三立,祖庵爲譚延闓,壽丞爲俞明震,王雪老爲王雪澄。信中涉及李瑞清歿後家事,可資考證李瑞清生平之助。

最後值得一提的是,本譜人物索引經茅子良兄仔細核對,費時費力不少;且由於清樣未經對紅,遺留問題不少,加上本譜本身錯誤,連同清理,在此感謝不盡。

2016年6月23日

主要參考書目

《海上名人傳》,1930 年 5 月版,海上名人傳編輯部編輯,上海文明書局印刷代售

《湘綺手鈔圓明園詞》,民國石印本

《湖南校士録》,光緒辛卯冬十月湖南學院刊

《柳誠懸金剛經》,碧梧山莊印,求古齋發行,民國石印本

《曾農髯遺蹟》,上海華商書局 1931 年 2 月版

《曾農髯臨華山碑》,震亞圖書館 1918 年 9 月版

《曾農髯臨夏承碑全文》,震亞圖書館 1918 年 9 月版

《曾農髯臨黄庭經》, 上海震亞圖書局出版

《農髯臨瘞鶴銘》,震亞圖書館出版

《農髯臨瘞銘》,民國石印本

《曾熙書衡陽丁烈婦傳》,民國石印本

《曾熙書清故萬州牧向君之墓碑》,震亞圖書局發行

《曾熙書合肥蒯光禄公神道碑》,震亞圖書局 1921 年 10 月版

《曾熙書衡陽令趙君奉頌》,民國石印本

《衡山趙先生墓碑》,民國石印本

《曾熙書孫君義行碑》,民國拓本

《曾熙書騰沖李節母墓表》,泰東圖書局 1920 年印

《曾熙書衡山周處士墓誌銘》,民國石印本

《曾熙書雪竇寺澹禪禪師塔銘》,民國石印本

《曾熙書天門源泉許君墓誌銘》,民國石印本

《曾熙書習字帖》,尚古山房版

《曾熙書吴先生興學記》,上海務本女校校友會印發

《曾熙書補金剛經缺字》,上海大衆書局版

《曾熙書阿育王寺重修舍利殿記》,民國石印本

《曾熙書秋夫先生六旬晉一序》,民國石印本
《曾熙書傅君生壙志》,民國石印本
《曾熙書阮君墓誌銘》,震亞圖書局發行
《曾熙書雷母唐夫人墓誌銘》,民國石印本
《曾熙撰書張懷忠先生家傳》,民國石印本
《曾熙書武進許君稻蓀墓誌銘》,拓本
《曾熙撰書衡陽王楊貢生墓誌銘》,上海震亞圖書局 1918 年 1 月版
《曾熙撰書衡陽王楊氏家傳》,上海震亞圖書局 1921 年 10 月版
《曾熙撰書姚慎卿先生家傳》,民國石印本
《曾熙書金磷叟壽序》,民國石印本
《曾熙書清故廪生李君墓誌》,上海震亞圖書局 1921 年 10 月版
《曾熙書金剛般若波羅蜜經》,上海道德書局版
《曾熙書史君生壙志》,震亞圖書局發行
《曾熙撰書朱母陳太宜人傳》,民國石印本
《曾熙書武岡鄧先生墓誌銘》,民國石印本
《曾熙書餘姚謝氏希范義莊碑記》,民國石印本
《清道人書曾母傳》,求古齋發行
《清道人書謝公墓誌銘》,民國石印本
《李梅庵臨周散氏銘真跡》,中華書局印行
《李瑞清書耒陽伍母雷太夫人之墓誌銘》,民國石印本
《清道人藏宋拓石門頌》,民國石印本
《清道人節臨六朝碑四種第一集》,震亞書局發行
《清道人節臨六朝碑四種第二集》,震亞書局發行
《清道人節臨六朝碑四種第三集》,震亞書局發行
《清道人節臨六朝碑四種第四集》,震亞書局發行
《清道人臨張黑女》,震亞書局發行
《清道人臨毛公鼎全文》,上海震亞圖書局 1921 年 10 月初版
《清道人書寄禪禪師冷香塔銘》,新學會社 1920 年 10 月影印
《鐵年先生書畫集》,四色玻璃版精印,徐氏五雲雙星硯齋 1924 年總發行
《符鐵年訃告》,民國石印本
《十二金釵圖》,健社 1918 年 12 月出版
《十二金釵圖》,爛漫社 1928 年 10 月發行
《十二金釵圖》,太平洋藝術社 1930 年 5 月再版發行
《企周畫賸·第一集》,上海爛漫社 1929 年 11 月版
《張善孖張大千張君綬畫册》,爛漫社 1928 年 10 月發行

《石濤山水精品》,商務印書館 1929 年 1 月版
《石溪谿山無盡圖卷》,商務印書館 1934 年 9 月版
《張瑞圖人物册》,西泠印社 1934 年 11 月版
《金石蕃錦集》(第一、二集),上海震亞書局 1921 年 10 月版
《白華山人詩書畫真蹟》,民國珂羅版
《精印宋拓漢圉令趙君碑》,上海有正書局發行
《宋文山相國真跡》,民國珂羅版
《苕香館遺草》,民國石印本
《藤雪樓畫集詩草》,慎修書社製版,科學儀器館 1929 年 3 月發行
《弢華館藏扇》,平湖葛氏影印 1931 年秋月出版
《心漢閣扇集》(第一集、第三集),慎修書社 1929 年 10 月發行
《趙氏名家書法選萃》,趙聞起編,臺灣中華書局 1977 年 10 月 10 日版
《當代名人畫海》,中華書局 1931 年 8 月版
《南京市政府教育局第一次美術展覽册》,民國珂羅版
《北美甲子同人書畫集》,民國照片版
《名畫集成》(第一集),民國珂羅版
《湘綺樓詞抄》,震亞圖書局 1919 年 7 月版
《何道州册封琉球賦小楷》,上海震亞圖書局
《蘭亭序六種合刻》,震亞圖書局發行
《松禪書札》,震亞圖書局出版
《翁方綱臨化度寺碑》,震亞圖書局發行
《錢南園杜詩蘇詩合册》,震亞圖書局 1918 年 6 月版
《錢南園書魯公自告杜工部詩合册》,震亞圖書局發行
《錢南園書論坐帖》,震亞書局 1930 年 10 月 11 日出版
《南園楷書集册》,上海震亞書局 1932 年 11 月七版
《劉相國墨寶》,震亞書局發行
《劉文清真跡精品》,震亞圖書局發行
《明李文正公墨蹟》,震亞圖書局出版
《秦權量詔版景大本》,震亞圖書局 1918 年 4 月印行
《放大毛公鼎》,震亞圖書局 1918 年 4 月印行
《舊管壇碑》,震亞圖書局石印本
《中國現代金石書畫家小傳》,書畫保存會 1926 年 11 月版
《蜜蜂》,蜜蜂畫社主辦,美術旬刊創刊號
《蝯叟臨道因碑》,商務印書館 1926 年 4 月版

《郭節母廖太夫人清芬録》,民國石印本

《杏芬老人古稀録》(第一集),民國珂羅版

《碑聯集拓》,(上海)藝苑真賞社印行

《寒香館遺稿》,民國活字本

《清光緒朝中日交涉史料》,故宫博物院編

《唐易州鐵像碑》,佛記書局發行

《泰山殘石樓藏畫》,美術製版社 1929 年 1 月發行

《藝海樓金石文字》,民國珂羅版

《書畫留真》,民國珂羅版

《敬中閣碑聯集字十二種》,沅南陳叔子編輯,華盛印務局印刷,衡陽曾寓發行

《賀啓南女士楷書九歌册》,民國石印本

《宋仲温藏定武蘭亭肥本》,有正書局 1917 年 10 月版

《南園大招楷書》,民國石印本

《蘭君畫册》(第二集),香祖書畫社 1932 年 5 月發行

《墨海潮》(第三期),海上書畫聯合會編印,1930 年 11 月出版

《趙松雪臨黄庭經真跡》,有正書局 1922 年 9 月版

《謳歌集》,民國鉛印本

《忍古樓詩》,夏敬觀著,中華書局 1927 年 11 月發行

《楊母邱夫人六衺壽言》,民國石印本

《鄭叔問先生尺牘》,民國石印本

《何子貞臨石門頌真跡》,中華書局 1930 年 11 年 3 版

《靈鶼蒲桃竟館詞》,民國鉛印本

《當代名人真跡第一集》(第一册),庚申年九月藝海學社出版

《萬振聲先生六旬壽言》,民國鉛印本

《譚澤闓書清故兵部主事曾君墓誌銘》,民國石印本

《吴興墨寶》,民國石印本

《第四回日華繪畫聯合展覽會圖録》,東方繪畫協會編輯

《慈谿季氏叔侄書畫合册》,1935 年民國珂羅版

《黄母貢太夫人七旬仙慶集》(一、二),民國石印本

《吴母程太夫希齡》,民國石印本

《海日樓哀挽録》,民國鉛印本

《朱墓十二景》,民國石印本

《十二洞天梅花册》,民國珂羅版

《徐母郝太夫人褒楊徵文録》六册,民國石印本

《古今碑帖大觀》,民國石印本

《抱珊先生機絲夜月圖題詠集》,約1929年版

《黄梅湯氏四修譜》,民國石印本

《清道人遺集》,民國印本

《龍田曾氏五修族譜》,1940年庚辰孟春篤親堂刊本

《趙子雲先生書畫集》,1923年朵雲軒總發行

《清道人汪巨游山水花卉合册》,震亞圖書局版

《飲恨集》,壬戌四月印本

《譚祖安先生手寫詩册》,民國石印本

《神州吉光集》第5期,上海書畫會1923年8月版

《丁六陽張善子張大千畫冊》第一集,佛記書局1928年5月出版

《吴了村臨散氏鬲墨蹟》,上海有正書局1926年2月印行

《瘦鐵印存》,西泠印社1924年12月發行

《施毓奇臨古冊子》,民國珂羅版

《施保昌書千字文》,民國珂羅版

《玉愚畫趣》,爛漫社1928年7月發行

《我師造化室畫存》,上海有正書局珂羅版

《組安墓誌》,上海華商書局1931年6月初版

《萬里畫集》,無錫理工製版所1930年5月出版

《余肇康日記》,余肇康著,湖南省博物館主編,湖南人民出版社2009年9月版

《曾熙書法集》,曾迎三編,上海辭書出版社2013年12月版

《曾熙書瘞鶴銘》,曾迎三編,上海辭書出版社2010年4月版

《程頌雲詩詞集》,湖湘文庫(甲編),湖南人民出版社2009年10月版

《湘綺樓日記》,嶽麓書社1997年7月版

《歲月衡陽——衡陽博物館館藏文物精選》,嶽麓書社2010年12月版

《曾熙與上海美專書畫作品集》,劉海粟紀念館編,上海辭書出版社2010年11月版

《張大千的老師曾熙李瑞清書畫特展》,臺北歷史博物館編,2010年4月版

《鄭孝胥日記》,勞祖德整理,中華書局1993年10月版

《熊希齡傳》,周秋光著,百花文藝出版社2006年1月版

《康有爲全集》(第二集),上海古籍出版社1990年4月版

《康有爲變法奏章輯考》,孔祥吉編著,北京圖書館出版社2008年3月版

《王一亭年譜長編》,王中秀編著,上海書畫出版社 2010 年 8 月版

《黄賓虹年譜》,王中秀編著,上海書畫出版社 2004 年 6 月版

《書林藻鑑 書林記事》,馬宗霍輯,文物出版社 1984 年 5 月版

《草堂之靈》,楊鈞著,嶽麓書社 1985 年 3 月版

《張大千先生詩文集》,臺北故宫博物院 1993 年 6 月版

《新編古春風樓瑣記(十)》,高拜石著,作家出版社 2005 年 10 月版

《譚伯羽、譚季甫先生昆仲捐贈文物目録》,臺北故宫博物院 2000 年 8 月版

《張大千全傳》,李永翹著,花城出版社 1998 年 4 月版

《衡陽歷代名家書畫集》,湖南美術出版社 2008 年 11 月版

《向樂穀先生遺著暨文獻彙編》,向大延編,1999 年 3 月印行

《唐褚遂良雁塔聖教序》,上海書畫出版社 1980 年 9 月版

《海藏樓詩集》,鄭孝胥著,上海古籍出版社 2003 年 8 月版

《中國歷史大事年表(近代卷)》,沈渭濱主編,上海辭書出版社 1999 年 2 月版

《胡小石文史論叢》,周勛初編,南京大學出版社 2008 年 4 月版

《清王湘綺先生闓運年譜》,王雲五主編,長子代功述,臺灣商務印書館 1978 年 12 月版

《銅館感舊圖題詠册校訂》,袁慧光校注,嶽麓書社 2010 年 10 月版

《譚延闓——政壇不倒翁》,許順富著,廣西師範大學出版社 2007 年 3 月版

《師伏堂日記》,皮錫瑞著,國家圖書館 2009 年 6 月版

《辛亥北上日記》,譚延闓著,譚伯羽謄清稿本

《譚延闓日記》,譚延闓著,臺北"中研院"整理,劉宇珍博士提供檢索文本

《楊度日記(1896—1900)》,北京市檔案館編,新華出版社 2001 年 1 月版

《癸卯日記》,齊白石著,郎天舒釋文,郎紹君校

《中國書院制度研究》,陳谷嘉、鄧洪波主編,浙江教育出版社 1997 年 8 月版

《散原精舍詩文集》,上海古籍出版社 2006 年 6 月版

《冒鶴亭先生年譜》,冒懷蘇編著,學林出版社 1998 年 5 月版

《明月清风——至乐楼藏明末清初书画选》,香港艺术馆 2010 年版

《人間醉錦》,臺灣聞名畫廊 2007 年 8 月版

《岁月流金》,衡南一中校史汇编 2005 年出版

《植荷映日》,衡阳市第二中学百年校庆汇编 2006 年出版

《南社人物傳》,柳無忌、殷安如編,社會科學文獻出版社 2002 年 6 月版

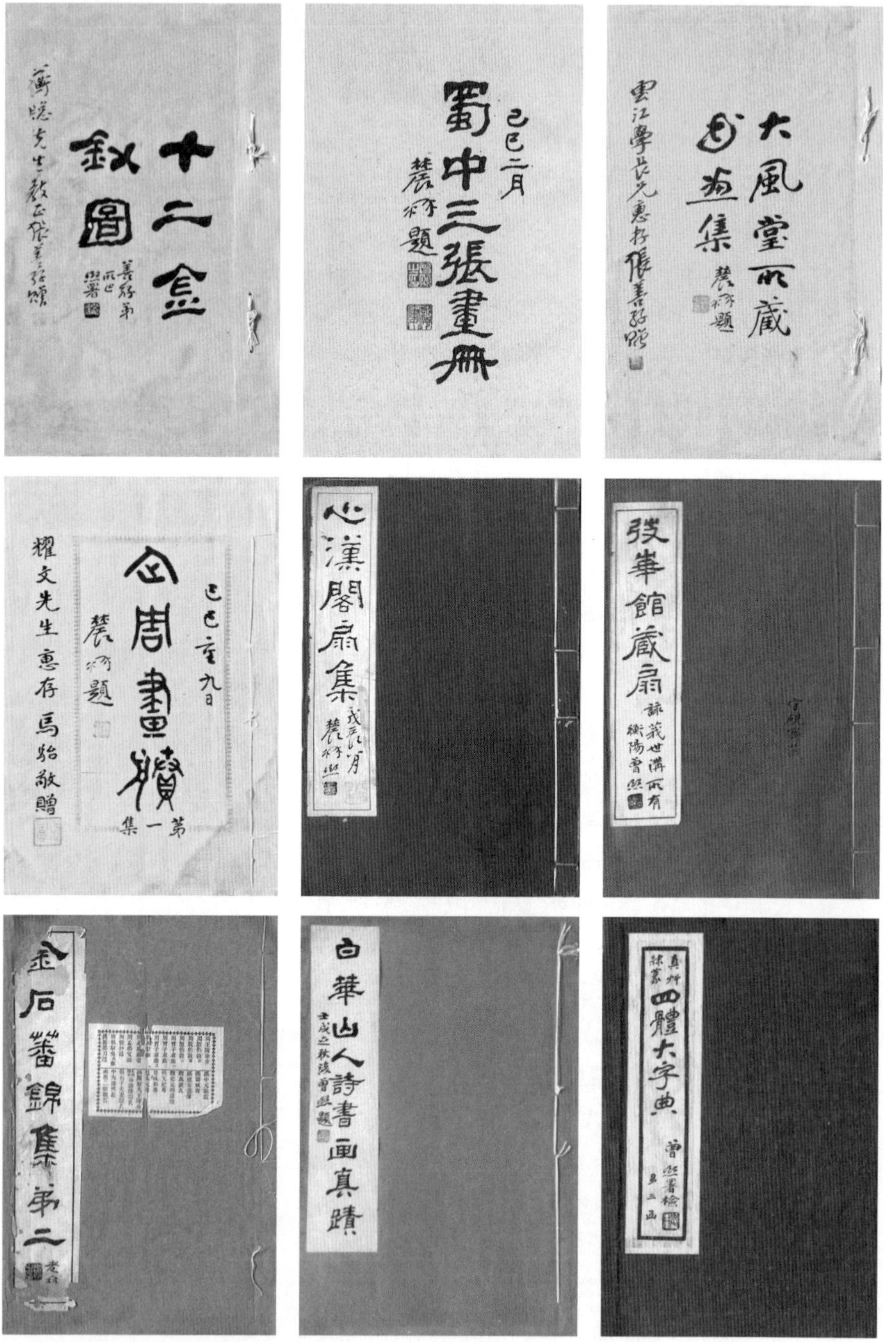

部分民國時期參考書書影之一

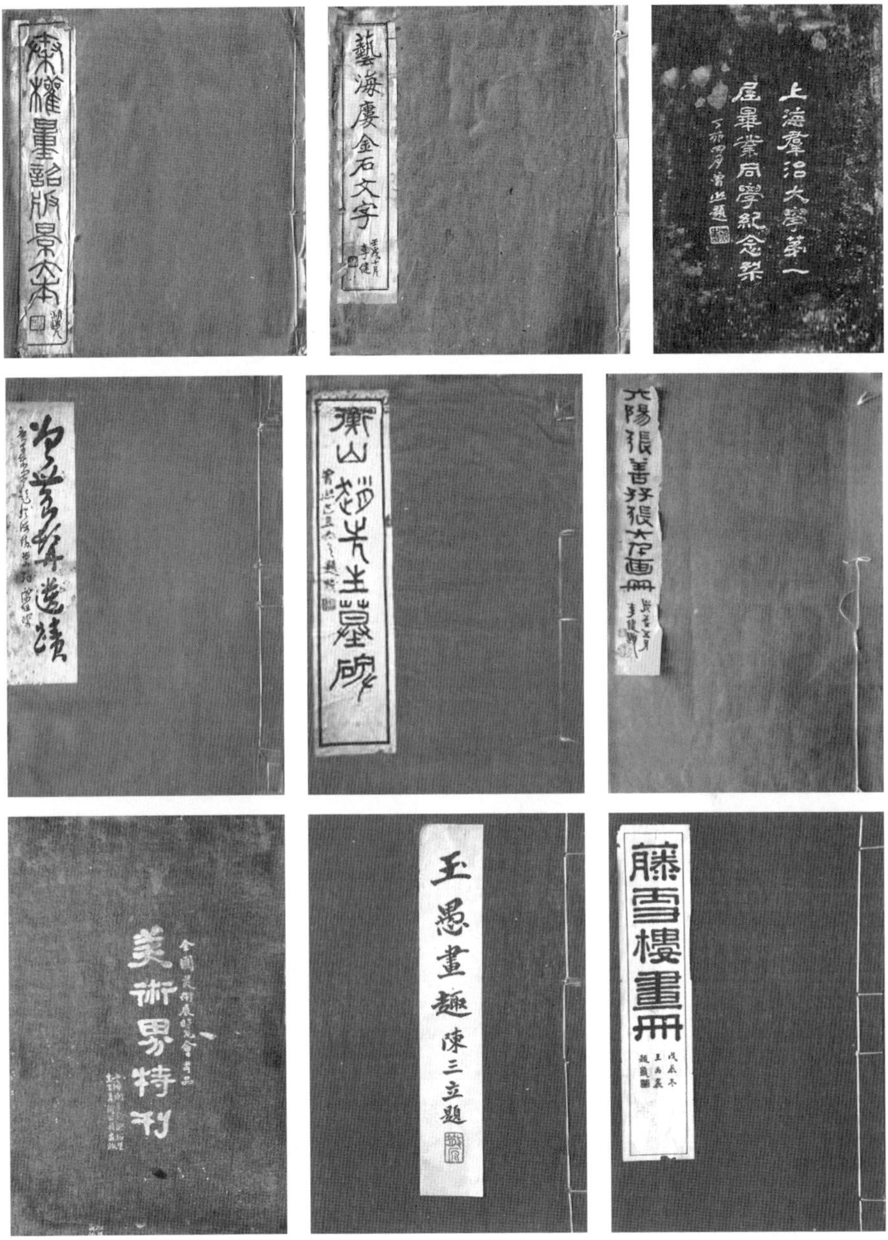

部分民國時期參考書書影之二

附録

附録一

湖南同鄉京官住址單(丁酉)

徐大人樹銘　壽蘅　南半截胡同北頭路西
李大人端棻　苾園　西郊民巷路北
瞿大人鴻禨　子久　米市胡同南頭路西
曾伯爺廣漢　慕陶　米市胡同中間路西
張大人百熙　埜秋　燒酒胡同東頭路北
陳大人兆文　蓀石　順治門大街北頭路西
曾侯爺廣鑾　君和　台基廠頭條胡同

內閣

方老爺榮秉　厚卿　南半截胡同南頭東路
黄老爺篤瓚　俯山　草廠十條湘潭館
趙老爺以煃　季宣　東華門內南灣子路北
劉老爺　鐸　振愚　國子路南學
任老爺錫純　壽文　南横街千佛庵
凌老爺盛熺　鑑清　棉花五條元通寺(出京)
曹老爺廣權　東寅　教場五條南頭栅欄門路南

翰林院

周老爺克寬　容皆　粉房璃琉街南頭路西
彭老爺清藜　少湘　西草廠胡同路北
陳老爺　鼎　伯商　菓子巷羊肉胡同西頭路西
杜老爺本崇　翹生　爛面胡同中間路東

陳老爺嘉言　梅生　繩匠胡同衡州館
張老爺建勳　季端　炸子橋路北大門内
曾老爺廣鈞　重伯　爛面胡同路西
王老爺以慜　夢湘　西草廠胡同西頭路南
趙老爺以炯　仲瑩　東華門内南灣子路北
黄老爺昌年原名履初杍與　菓子巷内大吉巷路南
汪老爺詒書　頌年　北半截胡同瀏陽館
洪老爺汝源　毅夫　米市胡同寧鄉館
俞老爺鴻慶　伯鈞　順治門大街善化館
趙老爺啓霖　芷蓀　草廠十條湘潭館
尹老爺銘綬　佩之　西長安街興隆街路西
鄭老爺　沅　叔進　南横街中間路南
王老爺龍文　澤寰　草廠十條長沙郡館

察院
馮都老爺錫仁　莘垞　草廠八條辰沅館
黄都老爺均隆　策庵　北柳巷路西
彭都老爺　述　向青　西磚塔胡同北頭路西

吏部
葉老爺德輝　焕彬　北半截胡同瀏陽館(出京)

户部
周老爺滋大　葆珊　延旺廟街路西
馮老爺正元　春農　海北寺街澧陽館
王老爺之杰　惠堂　沙土元路北
姚老爺榮壽　幼安　小安南營路南
何老爺慶浯　仲博　繩匠胡同路東
徐老爺敬立　恭甫　南半截胡同
李老爺夢瑩　荔村　官菜元上街路東
胡老爺鍾駒　次雲　永光寺中街永靖館
葉老爺楊俊　卓齋　草廠五條寶慶館
郭老爺人凱　喬生　賈家胡同北頭路東
夏老爺時濟　彜恂　草廠十條上湖南館

勞老爺啓揚　于廷　皮庫營路北
王老爺育桐　祚唐　潘家河沿路東
李爵爺長禄　穀生　繩匠胡同中間路東
李老爺前普　伯彊　椿樹頭條西頭路南
陳老爺鳳翥　信吾　賈家胡同路東
楊老爺廷桂　英泉　蘇綫胡同南頭夾道
謝老爺作庸　滌荃　南横街東頭路北

禮部
吴老爺國鏞　巨年　南横街西頭路北

兵部
張老爺荀鶴　幼度　鐵老觀廟路東
曾老爺紀先　經澤　草廠十條上湖南館
徐老爺廣思　新圃　鐵門北頭路東
曾老爺　熙　嗣元　繩匠胡同衡州館
伍老爺毓崧　香珊　香爐營二條路南
魏老爺業鎮　静涵　椿樹頭條西頭路北

刑部
勞老爺啓捷　闓臣　琉璃廠桶子胡同路西
鄧老爺亨先　暢甫　楊梅竹斜街酉西館
余老爺和壎　子厚　香爐營二條路南
周老爺文鳳　瑞三　高廟常德館
謝老爺樹熿　芋卿　南横街東頭路北
李老爺焕章　蘭次　延旺廟街路西
羅老爺維垣　石帆　潘家河沿南頭路西
王老爺世琪　炳青　北半截胡同北頭路西(出京)
蔣老爺德椿　樹人　粉房琉璃街中間路西
洪老爺汝冲　味聃　兵馬司中街路西
曹老爺廣楨　梅訪　教場五條南頭柵欄路南
李老爺希聖　亦元　果子巷内羊肉胡同路南
蔡老爺世昌　臯門　南横街中間路北
蕭老爺文昭　叔蘅　教場五條南頭路東

譚老爺傳贊　潞生　北半截胡同瀏陽館(出京)

工部
周老爺祖蔭　綰薌　南横街千佛庵
梁老爺　焕　梅村　西草廠胡同路南
劉老爺繩武　積生　長巷下頭條路東
趙老爺湘洲　沅香　菓子巷羊肉胡同西頭路西

都察院
楊老爺壽彤　惠皆　順治門大街善化館

光禄寺
李老爺紀麟　勳丞　椿樹頭條西頭路北
石老爺銘勳　韞璞　海北寺街澧陽館
謝老爺汝賡　晉笙　永光寺中街南頭路東

署宛平縣
劉老爺于祐　舜伯　署内

詹事府
唐老爺澤蔭　澄齋　草廠十條上湖南館

通政司
魏老爺錦棨　澧蘭　草廠五條寶慶館

國子監
謝老爺崧岱　祐生　椿樹二條西頭路南
劉老爺　鉅　笏雲　國子監南學
曾老爺炳熿　曉棠　椿樹三條西頭路南(兵部)

兵司馬
馮老爺有卿　善甫　蘇綫胡同北頭路東

提塘
張老爺　漢　雲珊　香爐營二條西口路西

侍衛
譚老爺　鼇　理堂
蕭老爺　錕　克明　上湖南館

(以上括號内爲手書,餘均印刷,間有更改地址用毛筆者。以下爲手……)

内閣
黄老爺鳳岐　草廠十條長沙郡館

户部
黄老爺　珩　永光寺中街永靖館
李老爺光瑜　椿樹頭條西頭路南
李老爺燮藩　琉璃廠松竹齋謝身
洪老爺本棻　米市胡同寧鄉館

兵部
吴老爺龍岡　長巷四條岳陽館
李老爺　業　椿樹三條長沙道館

刑部
何老爺宗楷　棉花八條東頭路北
朱老爺先輝　北柳巷黄宅
歐陽老爺錡　爛面胡同七井胡同關帝廟
戴老爺焕文　香爐營二條西口路西
許鄧老爺起樞　北半截胡同路西

工部
曾老爺廣鎔　爛面胡同路西
陳老爺爲祥　棉花六條路南
李老爺訓蒥　北半截胡同路東

分部郎中
楊老爺汝爲　虎坊橋東天仙庵

辛未科同年單(略)

湖南同鄉京官住址單

丁酉

徐大人樹銘　壽蘅　南半截胡同[illegible]路西
李大人端棻　苾園　西交民巷路北
瞿大人鴻禨　子玖　米市胡同南頭路西
曾伯爺廣漢　慕陶　米市胡同中間路西
張大人百熙　埜秋　燒酒胡同東頭路北
陳大人兆文　蓀石　順治門大街[illegible]
曾侯爺廣鑾　君和　台基廠頭條胡同

內閣

方老爺榮秉　厚卿　南半截胡同南頭[illegible]
黃老爺篤瓚　[俯]山　草廠十條湘潭館
趙老爺以煃　季宣　東華門內南灣子[illegible]
劉老爺鐸　振愚　國子監南學
任老爺錫純　壽文　南橫街[illegible]佛庵
凌老爺盛禧　[纖]清　棉花五條元通寺
曹老爺廣權　東寅　教場五條[illegible]門[illegible]

翰林院

周老爺克寬　容君　粉房琉璃街南頭[illegible]
彭老爺清藜　少湘　西草廠胡同路北
陳老爺鼎　伯商　菜子巷羊肉胡同[illegible]
杜老爺本崇　翹生　爛面胡同中間[illegible]
陳老爺嘉言　梅生　繩匠胡同衡州館
張老爺建勳　季端　炸子橋[illegible]大門內
曾老爺廣鈞　重伯　爛面胡同路西
王老爺以慜　夢湘　西草廠胡同[illegible]路南
趙老爺以炯　仲瑩　東華門內南灣子[illegible]
黃老爺昌年　[illegible]　果子巷內大吉巷[illegible]
汪老爺詒書　頌年　北半截胡同瀏陽館
洪老爺汝源　毅夫　米市胡同寧鄉館
俞老爺鴻慶　伯鈞　順治門大街善化館
趙老爺啟霖　芷蓀　草廠十條湘潭館
尹老爺銘綬　佩之　西長安街興隆街[illegible]

[illegible]老爺沅　叔進　南橫街中間路南
[illegible]老爺龍文　澤寰　草廠十條長沙郡館

[illegible]院

[illegible]都老爺錫仁　莘[坨]　草廠八條辰沅館
[illegible]都老爺均隆　[蔚蓀]　北柳巷路西
彭都老爺述　向青　西磚[illegible]胡北頭路西

吏部

葉老爺德輝　奐彬　北半截胡同瀏陽館

戶部

周老爺滋大　蓀珊　延旺廟街路西
馮老爺正元　春農　海北寺街澧陽館
王老爺之杰　惠堂　沙土元路北
姚老爺榮壽　幼安　小安南營路南
何老爺慶涵　仲博　繩匠胡同路東
徐老爺敬立　恭甫　南半截胡同
[illegible]老爺蕃瑩　蓀村　官菜園上街路東
胡老爺鍾駒　次雲　永光寺中街永靖館
[illegible]老爺楊俊　卓齋　草廠五條寶慶館
郭老爺人凱　喬生　賈家胡同北頭路東
夏老爺時濟　[illegible]　草廠十條上湖南館
勞老爺啟揚　于廷　皮庫營路北
王老爺育桐　祚唐　潘家河沿路東
李[illegible]老爺長祿　穀生　繩匠胡同中間路東
李老爺前晉　伯彊　椿樹頭條西頭路南
陳老爺鳳翥　信吾　賈家胡同路東
楊老爺廷桂　萸泉　麻線胡同南頭東邊
謝老爺作庸　滌荃　南橫街東頭路北

禮部

吳老爺國鏞　巨年　南橫街西頭路北

兵部

張老爺荀鶴　幼度　鐵老鸛廟路東
曾老爺紀先　經澤　草廠十條上湖南館
徐老爺廣思　新廬　鐵門北頭路東
曾老爺熙　嗣元　繩匠胡同衡州館
伍老爺[illegible]崧　香珊　[illegible]二條西南
魏老爺業鑌　靜涵　椿樹頭條西頭路北

刑部

勞老爺啟[illegible]　闇臣　琉璃廠桶子胡同[illegible]
鄧老爺亨先　暘甫　楊梅竹斜街西[illegible]館
余老爺和熏　子厚　香爐營二條路南
周老爺文鳳　瑞三　高廟常德館
謝老爺樹蘋　芋卿　南橫街東頭路北
李老爺煥章　蘭次　延旺廟街路西
羅老爺維垣　石帆　潘家河沿南頭路西
王老爺世琪　炳青　北半截胡同北頭[illegible]
蔣老爺德椿　樹人　粉房琉璃街中間[illegible]
洪老爺汝沖　味聃　兵馬司中街路西
曹老爺廣楨　梅訪　教場[illegible]南[illegible]柵欄[illegible]
李老爺希聖　亦元　果子巷內[illegible]胡同路南
蔡老爺世昌　梁門　南橫街中間路北
[illegible]老爺文邵　叔衡　[illegible]廠五條南頭路東
譚老爺傳贊　滌生　北半截胡同瀏陽館

工部

周老爺祖蔭　紹薌　南橫街千佛庵
梁老爺煥　梅村　西草廠胡同路南
劉老爺繩武　積生　長巷下頭條路東
趙老爺湘洲　沅香　果子巷羊肉胡同[illegible]

都察院

楊老爺壽彤　惠皆　順治門大街善化館

光祿寺

李老爺紀麟　勳丞　椿樹頭條西頭路北
石老爺銘勳　韞璞　海北寺街澧陽館
謝老爺汝賡　晉笙　永光寺中街南頭[illegible]

署宛平縣

劉老爺子祐　舜伯　署內

詹事府

盧老爺[illegible]　[illegible]齋　草廠十條上湖南館

通政司

魏老爺錦榮　澧蘭　草廠五條寶慶館

國子監

[illegible]老爺[illegible]　祐生　椿樹二條西頭路南
劉老爺[illegible]　紉雲　國子監南學
曾老爺炳熿　曉棠　椿樹三條西頭路南

兵馬司

馮老爺有慶　善甫　麻線胡同北頭路東

提塘

湖南同鄉京官住址單(丁酉)

本譜編者在龍田曾景公祠前合影　左起王中秀　曾迎三　2012 年

人物筆畫索引

（以畫數爲序編排，同畫數以一丨丿、乛編次）

二畫

三畫

四畫

五畫

六畫

七畫

八畫

九畫

十畫

十一畫

十二畫

十三畫

十四畫

十五畫

十六畫

十七畫

十八畫

十九畫

二十畫

二十一畫

二十二畫

二十三畫以上

編後語:本編索引與譜主誕生前已故者不收,所收相關中外人士繁多,涉及各行各業,編纂爲難。兼之外國人士同一人譯名不一;本土人士名號别稱雜出,難以稽索;報刊手民植字亦常有魚魯之誤,故本編舛誤在所難免,敬請讀者亮鑑,並祈不吝指教。

圖書在版編目(CIP)數據

曾熙年譜長編 / 王中秀, 曾迎三編著. --上海 :
上海書畫出版社, 2016.10

(書畫名家年譜大系)

ISBN 978—7—5479—1339—0

Ⅰ. ①曾… Ⅱ. ①王… ②曾… Ⅲ. ①曾熙(1861—
1930)—年譜 Ⅳ. ①K825.72

中國版本圖書館 CIP 數據核字(2016)第 222344 號

曾熙年譜長編

王中秀　曾迎三　編著

責任編輯　王　彬
審　　讀　茅子良
技術編輯　包賽明

出版發行　上海書畫出版社
地址　上海市延安西路 593 號　200050
網址　www.shshuhua.com
E-mail　shcpph@163.com
印刷　上海中華商務聯合印刷有限公司
經銷　各地新華書店
開本　787×1092　1/16
印張　68.5
版次　2016 年 10 月第 1 版　2016 年 10 月第 1 次印刷
印數　0,001—1,000

書號　ISBN 978-7-5479-1339-0
定價　238.00 圓